include MyDesk

Per accedere a MyDesk vai su
www.alphatest.it/tu25356
e segui le istruzioni.

Cos'è MyDesk e cosa ti offre?

MyDesk è l'esclusivo sistema di e-learning adottato anche in tutti i corsi di preparazione Alpha Test. Acquistando questo volume, hai diritto ad accedere a MyDesk usufruendo di contenuti supplementari utili per la tua preparazione.

A tua disposizione trovi:

- **Informazioni** aggiornate sui test
- **Video-lezioni** dei docenti Alpha Test
- **Tutorial** su test e preparazione all'esame
- **Contenuti digitali** aggiuntivi

L'abbinamento del libro con MyDesk ti consente di potenziare lo studio, l'esercizio e la verifica della preparazione offrendoti le maggiori possibilità di successo nella selezione.

TESTUNIVERSITARI

Alpha Test
Ingegneria - Tolc I
Manuale di preparazione

edizioni

Alpha Test

Via Mercalli, 14 – 20122 – Milano (Italy)

Tel. 02 5845981 – fax 02 58459896

servizi@alphatest.it

www.alphatest.it

La possibilità per l'utente di accedere a MyDesk abbinato al volume e di ricevere assistenza informatica da Alpha Test cessa due anni dopo la data di attivazione o, se viene prima, un anno dopo l'uscita dell'edizione dal catalogo editoriale di Alpha Test.

ISBN: 9788848325356

Quattordicesima edizione: novembre 2022

Prima edizione: maggio 1994

Stampato da L.E.G.O. S.p.A. Lavis (TN)
per conto di Alpha Test S.r.l.
nel novembre 2022

Indice

Prefazione

Per gli studenti italiani (ma anche stranieri che vogliono studiare in Italia) l'iscrizione all'università è ormai da parecchi anni subordinata al superamento di una prova di selezione (o talvolta di valutazione), che ha lo scopo di verificare se e in quale misura le aspiranti matricole abbiano le potenzialità di frequentare con profitto il corso di laurea prescelto.

Attualmente, in Italia – sia nelle più importanti università private sia in quelle statali – quasi tutti i corsi di laurea magistrale a ciclo unico (Medicina e Chirurgia, Odontoiatria e Protesi dentaria, Medicina Veterinaria, Scienze della Formazione primaria, Farmacia, Architettura, Giurisprudenza ecc.) e molti corsi di laurea triennale sono caratterizzati dalla presenza del **numero programmato** a livello nazionale o locale: il numero di iscritti al primo anno di questi corsi non può quindi superare il limite di posti stabilito dal Ministero o dai singoli atenei.

La selezione tra i candidati che desiderano accedere a un corso universitario a numero programmato viene effettuata quasi sempre mediante una prova a test, composta da domande a risposta multipla: si valutano in tal modo le conoscenze e le attitudini degli studenti. Il test viene predisposto, a seconda dei casi, o a cura del ministero dell'Università e della Ricerca (come, per esempio, per le prove nazionali di accesso ai corsi di Medicina/Odontoiatria e Veterinaria) o dalle singole università o da consorzi interuniversitari (quali il CISIA o il CINECA). Il risultato che uno studente ottiene nel test determina il **punteggio** con il quale entra nella **graduatoria dei candidati** in base alla quale vengono attribuiti i posti a disposizione. In pochi corsi a numero chiuso locale, a definire la posizione nella graduatoria finale contribuiscono anche i voti conseguiti negli ultimi anni di scuola superiore o il voto dell'Esame di Stato, ma con peso minore (se non minimo) rispetto al punteggio del test.

La normativa impone ormai anche ai corsi di laurea ad accesso libero di attivare **prove valutative** e/o di **orientamento**, di solito a test; lo scopo di tali prove è rilevare per ogni studente il livello della preparazione iniziale ritenuta necessaria per frequentare con successo un dato corso (talvolta indicata con la formula "saperi minimi"). Tale valutazione non ha lo scopo di precludere l'iscrizione ma, in caso di mancato raggiungimento della soglia stabilita, attribuisce alcuni **obblighi formativi aggiuntivi** (OFA) che lo studente dovrà assolvere entro il primo semestre o il primo anno di corso, dimostrando di aver colmato le lacune evidenziate. In taluni casi, gli OFA vanno saldati prima di potere affrontare gli esami del primo anno di corso. Talvolta lo studente – prendendo atto di un esito insufficiente della prova – può decidere spontaneamente di rivedere la propria scelta di studi.

Dunque, anche chi intende frequentare un corso universitario ad accesso libero deve affrontare una prova prima dell'immatricolazione; ciò impone agli studenti seriamente motivati di prepararsi in modo adeguato per iniziare senza penalità il proprio percorso di studio.

Alpha Test è la più importante organizzazione in Italia che, per prima e da oltre 30 anni, offre agli studenti strumenti e percorsi diversi per affrontare con successo i test di valutazione o di selezione. A questo scopo pubblica la **collana TestUniversitari**, composta da oltre ottanta tra manuali ed eserciziari, specifici per ogni area di studio (informazioni su alphatest.it/Libri).

In particolare, questo libro è specifico per la preparazione ai test di ammissione per i corsi di laurea triennale delle aree di **Ingegneria** (L-7 Ingegneria civile e ambientale; L-8 Ingegneria dell'informazione; L-9 Ingegneria industriale). Le tre classi di laurea si articolano, di ateneo in ateneo, in curricula variamente caratterizzati. Per esempio, la classe **L-7** forma i profili di ingegnere civile, ingegnere ambientale, ingegnere gestionale, ingegnere per la tutela del territorio e dell'ambiente, ingegnere dei rischi ambientali e delle infrastrutture, ingegnere della sicurezza ecc. La classe **L-8** forma inoltre i profili dell'ingegnere dell'automazione, ingegnere biomedico, ingegnere elettronico, ingegnere informatico, ingegnere delle telecomunicazioni, ingegnere della sicurezza e protezione delle informazioni ecc. La classe **L-9** forma invece i profili di ingegnere aerospaziale, ingegnere dell'automazione, ingegnere chimico, ingegnere energetico, ingegnere dei materiali, ingegnere meccanico, ingegnere navale, ingegnere nucleare, ingegnere della sicurezza e protezione industriale ecc.

Il volume è inoltre adatto per quei corsi di laurea dell'area **Informatica** (L-31) che, in molte sedi universitarie, hanno come prova di ammissione il TOLC-I o test autonomi di ateneo (incentrati su domande di logica, ragionamento quantitativo, matematica ed elementi di fisica e chimica). Alcune università adottano invece per le triennali della classe L-31 il TOLC-S (che prevede anche domande di altre discipline, come Scienze della Terra non trattate in questo volume).

In generale, questo libro è adatto per l'accesso a **tutti i corsi di laurea** per i quali i singoli atenei prevedono come prova di accesso lo svolgimento del **TOLC-I** (in alcune sedi, per esempio, è utilizzato per i corsi della L-41di Statistica, o per le nuove lauree professionalizzanti come L-P01 Professioni tecniche per l'edilizia e il territorio, o per la L-25 Scienze e tecnologie agrarie e forestali e diverse altre).

Si consiglia sempre di verificare sul bando di ateneo quale TOLC è richiesto per il corso di laurea di interesse e/o quali materie sono previste dal programma di esame.

L'acquisto di un volume della collana TestUniversitari, consente di accedere a **MyDesk**, l'esclusiva piattaforma online sviluppata da Alpha Test, con materiali di studio aggiuntivi (videolezioni, tutorial dei docenti, informazioni aggiornate ecc.) e un avanzato **sistema di simulazione** per svolgere esercitazioni per materia o prove simulate secondo tempi e modalità dell'esame ufficiale.

Per **accedere a MyDesk** basta seguire le istruzioni che si trovano nella seconda pagina di questo volume.

Alpha Test – attiva su tutto il territorio nazionale, con sedi nelle principali città universitarie – si avvale inoltre della collaborazione di un corpo docente di grande esperienza, organizzando **corsi specifici di preparazione** di diversa durata, in presenza oppure online (informazioni su alphatest.it/Corsi).

Un altro utile strumento per i lettori è **Alpha Test Academy**: una piattaforma online di assistenza personalizzata allo studio, che guida lo studente in un programma graduale di esercitazioni, fino al raggiungimento di una completa preparazione al test.

Il parere dei lettori è importante

Per continuare a migliorare la qualità delle proprie pubblicazioni, Alpha Test considera estremamente prezioso il parere dei propri lettori ai quali chiede la cortesia di esprimere un giudizio su questo libro nell'apposita sezione "Valuta un libro" del sito alphatest.it.

Ringraziamenti

Alpha Test ringrazia i numerosi lettori, i partecipanti ai corsi e i collaboratori che, con i loro interventi, suggerimenti e in particolare con i giudizi ogni anno forniti al termine dei corsi, hanno contribuito a migliorare nel tempo la qualità dei volumi e dei servizi offerti.

parte prima

INTRODUZIONE

1 | Natura del test e caratteristiche di questo libro

1.1 | Natura del test

L'accesso ai vari corsi di laurea attivati nelle università italiane può essere libero oppure a numero programmato, su base nazionale o locale. A seconda dei casi, è prevista una prova di ingresso valutativa delle conoscenze di base oppure una prova selettiva.

Le prove che dovranno affrontare i lettori di questo volume sono molto spesso **selettive** e gestite in autonomia dalle singole sedi universitarie, sia per quanto riguarda le caratteristiche pratiche sia per i contenuti dell'esame. Ciò comporta che la struttura l'ora e la data di svolgimento delle prove, le discipline interessate, il tempo a disposizione, l'attribuzione di valore a ogni quesito e i criteri con cui viene elaborata l'eventuale graduatoria di merito o assegnati gli OFA possono variare non solo tra un corso o un indirizzo e l'altro ma tra una sede universitaria e l'altra. Per questa ragione è importante che ogni studente si procuri per tempo, sul sito dell'ateneo che intende frequentare, il **bando per l'ammissione al corso di proprio interesse**. Su tale documento si possono reperire tutte le informazioni necessarie

Il TOLC-I

In particolare, per l'ingresso ai corsi di laurea triennali delle classi L-7, L-8 e L-9 dell'area **INGEGNERIA** ciascuna università o formula **un proprio questionario** oppure si serve dei **test predisposti dal CISIA del tipo TOLC-I** (Test On Line CISIA - Ingegneria).

Diversi atenei si avvalgono del TOLC-I anche per altri corsi di laurea (ad esempio per molti corsi della classe L-31 di Informatica o L-41di Statistica, o per le nuove lauree professionalizzanti L-P01 Professioni tecniche per l'edilizia e il territorio, o L-P03 Tecniche industriali e dell'informazione, o ancora per alcuni corsi della L-25 Scienze e tecnologie agrarie e forestali ecc.).

Questa prova, composta e somministrata in modalità *computer based* dal consorzio interuniversitario CISIA, può essere sostenuta **più volte** dallo studente (anche una volta al mese), in una delle numerose date prefissate durante l'anno, a partire **da febbraio/marzo sino a novembre.** A seconda del modo di erogazione accettato nelle varie università, tutti i tipi di TOLC si possono sostenere (se previsto) presso le aule dell'ateneo (cosiddetto TOLC all'università) oppure dalla propria abitazione nella modalità TOLC@CASA. Le **date** e le **sedi** per lo svolgimento della prova e tutte le informazioni su questi test sono pubblicate sul sito www.cisiaonline.it, alle pagine relative, nel caso nostro, al TOLC-I.

Ogni prova somministrata di uno stesso tipo di TOLC è **diversa** tra un candidato e l'altro ma composta da quesiti equipollenti, estratti dallo stesso database CISIA. Tutti i test di un medesimo tipo hanno perciò pari livello di difficoltà.

Il **TOLC-I** è strutturato in sezioni, ciascuna da svolgere in un tempo prefissato, nel modo seguente:

• matematica	20 quesiti	50 minuti
• logica	10 quesiti	20 minuti
• scienze	10 quesiti	20 minuti
• comprensione verbale	10 quesiti	20 minuti
totale	**50 quesiti**	**110 minuti**
• inglese	30 quesiti	15 minuti
totale con inglese	**80 quesiti**	**125 minuti**

Per la valutazione del test, viene assegnato 1 punto per ogni risposta corretta, 0 punti per ogni risposta non data e una penalità di – 0,25 punti per ogni risposta errata.

Per la sezione di inglese invece, non è prevista la penalità per le risposte sbagliate e viene assegnato 1 punto per le risposte esatte e 0 punti per le risposte sbagliate o omesse. Non sempre il risultato dei quesiti di inglese viene computato per l'inserimento nella graduatoria di merito. Spesso è considerato a parte, come mera indicazione del livello di competenza e/o per attribuire OFA relativamente alla lingua.

Sempre per i corsi di laurea dell'area **Ingegneria**, alcuni importanti atenei somministrano prove autonome e prevedono la possibilità per gli studenti di sostenere il test ammissione anche prima dell'Esame di Stato, non solo durante il quinto anno di scuola secondaria superiore ma anche durante il quarto anno.

Il test di ingegneria al Politecnico di Milano

Il **Politecnico di Milano**, per esempio, organizza diverse "finestre" di selezione mediante una prova denominata **TOL** (Test On Line). Si tratta di un test *computer based* da svolgere a distanza in date prefissate.

Il TOL è composto da **65 quesiti** così suddivisi in 4 sezioni, ciascuna da svolgere in un tempo prestabilito:

• logica, matematica e statistica	25 quesiti	65 minuti
• fisica	5 quesiti	10 minuti
• comprensione verbale	5 quesiti	10 minuti
• inglese	30 quesiti	15 minuti

Per la valutazione del test, viene assegnato 1 punto per ogni risposta esatta, 0 punti per ogni risposta omessa e una penalità di – 0,25 punti per ogni risposta errata.

I punteggi sono convertiti in centesimi e il peso attribuito ai quesiti delle quattro sezioni che formano il test è differente. Pesa 1/3 il punteggio per ogni quesito di inglese; 2,6 per ogni quesito di logica, matematica e statistica; 3 per ogni quesito di comprensione verbale; 2 per ogni quesito di fisica.

Gli studenti di quarta, possono svolgere il **TOL anticipato** anche una volta al mese, tra gennaio e luglio. Chi ottiene un punteggio pari o superiore a 60/100 acquisisce il diritto di iscriversi al corso che desidera nella prima fase di immatricolazioni dell'anno accademico successivo al suo diploma.

Gli studenti di quinta o già diplomati possono svolgere il **TOL standard**: hanno a disposizione tre prove, una per ciascuna delle tre sessioni tra maggio e luglio. Iscrivendosi al test possono esprimere fino a quattro preferenze per i corsi di laurea attivati al PoliMi. Con almeno 60/100 lo studente viene inserito, in base al punteggio ottenuto e secondo le preferenze espresse, nella graduatoria di uno dei quattro corsi indicati e può iscriversi nella seconda fase di immatricolazioni dell'anno accademico entrante. In caso lo studente, pur avendo il punteggio necessario, non riesca a inserirsi nella graduatoria di nessuno dei quattro corsi prescelti, può indicare altre quattro preferenze per altri corsi in cui risultino posti liberi, iscrivendosi durante la terza fase di immatricolazioni. A questa fase possono accedere anche studenti con punteggio pari o superiore a 20/100, a cui però vengono imposti OFA da assolvere nelle varie discipline.

Anche chi ha sostenuto una prova CISIA **TOLC-I** può fare valere il suo punteggio per immatricolarsi al PoliMI purché esso (dopo apposito procedimento di conversione) risulti pari a 60/100 del TOL per le prime due fasi di immatricolazioni o a 20/100 del TOL per la terza fase.

Il test di ingegneria al Politecnico di Torino

Anche il **Politecnico di Torino** ha un proprio autonomo test di ingresso, denominato **TIL-I** (Test in Laib – Ingegneria). Questo ateneo consente la partecipazione solo agli studenti già diplomati o che frequentano il quinto anno di scuola secondaria di secondo grado. Si tratta di un test *computer based* da svolgere in presenza iscrivendosi alle date prefissate delle diverse sessioni, tra marzo e agosto.

Il **TIL-I** è composto da **42 quesiti** suddivisi in 4 sezioni, ciascuna da svolgere in un tempo prestabilito:

• matematica	16 quesiti	36 minuti
• comprensione del testo e logica	10 quesiti	20 minuti
• fisica	10 quesiti	22 minuti
• conoscenze tecniche di base	6 quesiti	12 minuti

La sezione tecnica, aggiunta dall'a.a. 2022/2023, comprende 3 quesiti di tipo tecnico-grafico sulla rappresentazione spaziale degli oggetti (bidimensionale e tridimensionale) e 3 quesiti di conoscenze informatiche e di programmazione. Questi argomenti vengono approfonditi in uno dei contenuti scaricabili da MyDesk, ma si consiglia comunque ai lettori di visionare il materiale pubblicato sul sito del PoliTo.

Per la valutazione del test, viene assegnato 1 punto per ogni risposta esatta, 0 punti per ogni risposta non data e una penalità di −0,25 punti per ogni risposta errata. Questi punteggi vengono poi trasformati in centesimi.

Ogni studente può sostenere una sola prova per ogni sessione. Iscrivendosi al test, ciascuno deve indicare in ordine di preferenza fino a cinque corsi dell'area di Ingegneria attivati dal PoliTo. Chi ottiene un punteggio pari a superiore a 60/100 ha diritto a immatricolarsi nel suo corso di prima scelta. Chi ottiene un punteggio inferiore a 60/100 ma pari o superiore a 20/100 viene inserito nella graduatoria di merito di tutti i corsi da lui indicati e può immatricolarsi nel corso per cui si trovi in posizione utile.

1.2 | Caratteristiche di questo libro

Il volume contiene la spiegazione e l'analisi degli argomenti e delle tipologie di esercizi previsti nei test selettivi o valutativi a cui è rivolto. È dedicato a corsi di laurea diversi, in quanto i test utilizzati da tali corsi insistono sulle medesime discipline e presentano molti aspetti in comune. Per questa ragione, all'interno del volume, il lettore non troverà parti distinte dedicate esclusivamente a una sola area o corso di laurea: quasi tutte le tipologie di esercizi esaminate sono di interesse per i candidati a tutti i test oggetto del libro. Tuttavia, per maggiore chiarezza, nelle righe introduttive di ogni parte, viene indicato il maggiore o minore interesse per i vari indirizzi di studio o per il TOLC da sostenere. Questa informazione consente al lettore di indirizzare la propria preparazione in modo ancora più specifico.

Il volume è così strutturato:

- questa **prima parte** illustra le caratteristiche dei test di ingresso e le implicazioni del **numero programmato**, nonché la funzione che hanno oggi i test di ammissione ai corsi di studio in Italia. Il lettore troverà inoltre alcuni **suggerimenti pratici** su come prepararsi e affrontare tali prove;
- la **seconda parte** del volume è invece dedicata ai quesiti di **comprensione verbale** e **logica**, comprensiva di esercizi di analisi critica di brani, logica verbale, problemi di ragionamento deduttivo e inferenziale, logica matematica, successioni di figure, numeri e lettere, esercizi di insiemistica, interpretazione di tabelle e grafici statistici ecc.;
- la **terza, quarta** e **quinta parte** propongono una sintesi teorica relativa alle discipline oggetto delle prove a test, rispettivamente **matematica, fisica** e **chimica**. Ciascuna materia è presentata attraverso la **spiegazione e il ripasso** dei diversi argomenti, seguiti da un consistente numero di esercizi del tutto simili e, in alcuni casi, uguali a quelli presenti nei test ufficiali degli anni passati.

In apertura e in chiusura di ogni capitolo, il lettore troverà due "punti di sosta". Il primo è **Mettiti alla prova** e consiste di alcuni quesiti significativi, tramite i quali è possibile verificare il proprio livello iniziale di conoscenza e padronanza degli argomenti che saranno trattati nel capitolo. Le risposte esatte vengono riportate subito dopo i quesiti, mentre le spiegazioni sono fornite gradualmente, nei punti opportuni del capitolo, seguendo lo svolgimento degli argomenti stessi.

Il secondo punto di sosta è **Ripassa da qui**, a chiusura di capitolo; consiste di schemi riassuntivi, sintesi e mappe di nozioni e concetti sopra esposti o necessari a risolvere le tipologie di esercizi presentate.
In ogni capitolo, infine, sono presenti numerosi **esercizi commentati** e accompagnati dall'esposizione dei metodi risolutivi più efficaci, che aiutano a migliorare la preparazione, verificando la comprensione degli argomenti e la capacità di applicare le nozioni apprese. In alcuni casi possono riguardare concetti non approfonditi nella parte teorica e rappresentano dunque un'ulteriore fonte di apprendimento.

È opportuno ricordare che gli atenei dove sono attivati i corsi a cui si riferisce il volume possono somministrare test comprensivi di tutti o solo di alcuni degli argomenti o tipologia di esercizi tra quelli analizzati nelle varie parti del libro.

Dal momento che ogni anno i test di accesso ai singoli corsi di laurea possono presentare novità rispetto a quelli degli anni precedenti, si consiglia di studiare e di esercitarsi su tutte le tipologie di esercizi analizzate nel libro, **concentrandosi maggiormente su quelle che trovano corrispondenza con la natura della prova così come descritta nel bando di concorso al quale si rimanda quale fonte ufficiale di informazioni**. Si potrà in questo modo ottimizzare la propria preparazione minimizzando eventuali sorprese al momento della prova.

Per prepararsi al test di ammissione a uno specifico corso di una particolare sede universitaria, in modo conforme al programma e alle modalità ufficiali, si consiglia di frequentare il relativo **corso Alpha Test**: durante le lezioni vengono infatti descritte in modo dettagliato le **caratteristiche** peculiari della prova di ammissione e fornite **indicazioni** precise circa le tipologie di esercizi più frequenti e le modalità di svolgimento della prova stessa, tenendo conto delle eventuali e più recenti novità.

Simboli utilizzati nel volume

- Definizioni
- Osservazioni e concetti importanti
- Esempi e applicazioni
- Approfondimenti
- Esercizi svolti
- Mettiti alla prova: quesiti d'ingresso per valutare la preparazione iniziale sugli argomenti del capitolo e indicazioni di risposta esatta.
- Ripassa da qui: spiegazione dei quesiti d'ingresso e ripresa sintetica dei concetti salienti in chiusura di capitolo.
- Presenza di contenuti su MyDesk collegati all'argomento trattato nel paragrafo.

2| I suggerimenti e gli strumenti di Alpha Test per prepararsi al test di ingresso

Il **primo passo** in ogni percorso di preparazione consiste nel procurarsi tutte le informazioni disponibili sul test che si vuole affrontare, cominciando dai contenuti delle sue precedenti edizioni. Le fonti più autorevoli e complete sono il **sito del ministero dell'Università e della Ricerca** (MUR), i **siti degli atenei** di proprio interesse e **alphatest.it**. Sul sito del MUR gli studenti possono trovare tutta la normativa in materia, mentre sui siti delle singole università e di Alpha Test vengono pubblicati i bandi per i diversi concorsi di ammissione, che integrano le indicazioni del Ministero con le specifiche proprie di ciascuna sede.

Su **alphatest.it** vengono costantemente aggiornati il calendario con le date di svolgimento delle prove a test e la normativa sulle prove di ingresso; vengono inoltre pubblicati i test ufficiali degli anni precedenti risolti e commentati, nonché dati e approfondimenti relativi ai diversi corsi di laurea.

Anche i canali social Alpha Test (Facebook, Instagram e Youtube) sono sempre informati su tutte le novità riguardanti sia i test sia le iniziative del Ministero o degli atenei; nelle rispettive *communities* gli studenti hanno inoltre la possibilità di relazionarsi tra loro e con gli esperti di Alpha Test.

Un altro utile strumento a disposizione degli studenti è il **magazine on line** di Alpha Test (**http://magazine.alphatest.it**), dove è possibile consultare articoli e approfondimenti sempre aggiornati in tema di ammissione all'università, metodi e strumenti di studio, orientamento universitario e bandi di concorso.

Il metodo Alpha Test: libri, Alpha Test Academy, corsi in aula e online

Il **passo successivo** per conseguire una buona preparazione è costituito dallo **studio individuale** da effettuare sui libri. Tra i volumi che Alpha Test ha realizzato appositamente per chi deve affrontare i test delle **aree economica**, **giuridica** e delle **scienze politiche**, i principali sono il MANUALE DI PREPARAZIONE, la raccolta di quesiti suddivisi per materia ESERCIZI COMMENTATI e il volume 3800 QUIZ. Ognuno di questi libri consente l'accesso a **MyDesk**, l'esclusivo ambiente di formazione online creato da Alpha Test, con contenuti e strumenti aggiuntivi a disposizione del lettore.

- **MANUALE DI PREPARAZIONE**: è il principale strumento di studio. Raccoglie la sintesi di tutti gli argomenti previsti dal bando del test, materia per materia. È un valido aiuto a non disperdere gli sforzi di fronte alla vastità dei programmi da svolgere, perché consente lo **studio** e il **ripasso** mirato. L'esposizione degli argomenti è resa più efficace e completa mediante schemi, tabelle, glossari, mentre l'apprendimento è facilitato e consolidato grazie ai numerosi esercizi di esempio (nella forma a risposta multipla), risolti e commentati.

  Lo spazio **MyDesk** del MANUALE propone videolezioni su argomenti di matematica, tutorial sullo svolgimento dei test, sintesi, formulari e ulteriori materiali di studio. Nel libro, un'apposita icona – visibile sul margine della pagina – segnala la presenza di contenuti aggiuntivi su MyDesk.

- **ESERCIZI COMMENTATI**: questo libro rappresenta un ulteriore step da usare nella fase intermedia della preparazione. Si tratta di un volume di esercitazioni guidate, con centinaia di quesiti, suddivisi tra le materie oggetto d'esame. Lo studente può svolgere ogni quesito in autonomia per poi verificare la soluzione nel relativo commento, dove troverà richiamate le nozioni teoriche necessarie e i metodi risolutivi più efficaci. In tal modo, il lettore può sia **esercitarsi** sia **accrescere la preparazione**.

  Nello spazio **MyDesk** correlato, è possibile accedere a un **simulatore online** per svolgere esercitazioni per materia, combinando i quesiti a disposizione di una stessa disciplina, o per comporre prove simulate secondo le modalità e i tempi dell'esame ufficiale.

- **Prove di verifica**: è uno strumento agile ed efficace, consigliato nella **fase finale** del percorso di preparazione. Consente di valutare i propri risultati nella soluzione di prove strutturate, monitorare la preparazione raggiunta e intervenire sulle materie o aree in cui si rilevano incertezze o lacune. Contiene 10 test completi, composti con domande ufficiali dei concorsi degli ultimi anni, in forma di **prove simulate**, accompagnate da indicazioni pratiche (tempo a disposizione, criteri di calcolo del punteggio ecc.) che consentono di svolgerle e valutarle nei modi dell'esame ufficiale.
  Nello spazio **MyDesk** correlato, è possibile svolgere online le prove contenute nel volume e confrontare così il proprio risultato con quello degli altri lettori. Sono inoltre disponibili alcune prove aggiuntive.
- **4000 quiz – I quesiti delle prove di ammissione**: è la raccolta completa dei quesiti delle prove ufficiali. Gli esercizi sono suddivisi per materia (1600 di comprensione di testi e logica; 1100 di matematica, 500 di fisica, 400 di chimica e 400 di inglese). Alla fine di ogni sezione sono riportate in tabella le soluzioni di tutti i quesiti. Questo volume può essere utilizzato o in parallelo allo studio del Manuale, o con le stesse finalità delle Prove di verifica.
  Come nell'eserciziario, lo spazio **MyDesk** correlato consente l'accesso a un **simulatore online**, per svolgere esercitazioni mirate sulle singole discipline o argomenti e comporre numerose prove simulate da svolgere secondo le modalità e i tempi dell'esame ufficiale.

Alpha Test AlphaTestAcademy

È l'innovativo ambiente di studio online, **personalizzato** e **assistito**, che guida lo studente nella preparazione ai test. Per ciascuna delle materie e degli argomenti previsti nelle prove di ammissione, il programma accompagna lo studente ad accrescere il livello delle sue conoscenze, proponendogli in modo **adattivo** batterie di domande a difficoltà graduale e differenziata; ogni domanda è corredata da spiegazioni o da commenti multimediali (link, videotutorial), con specifici richiami di teoria. Il materiale e l'assistenza offerti da AlphaTestAcademy consentono di chiarire lungo il percorso ogni quesito e dubbio individuale, migliorando e consolidando progressivamente conoscenze e capacità in vista del test ufficiale. Questo lavoro di preparazione mirato e specifico rappresenta quindi un utile affiancamento al manuale di preparazione o a un corso Alpha Test in aula. L'abbonamento alla piattaforma è in dotazione ai partecipanti ai corsi Alpha Test e viene abilitato al momento dell'iscrizione.

Corsi

Un ulteriore e importante strumento di preparazione alle prove di ammissione, che Alpha Test ha ideato per gli studenti più motivati, sono i numerosi **corsi**, svolti **in aula** oppure **on line**, con durata differenziata (da pochi giorni di lezione ad alcuni mesi). Frequentare un corso Alpha Test consente di completare, perfezionare e consolidare la propria preparazione grazie ai seguenti punti di forza.

1. **La didattica interattiva.** Ogni corso prevede cicli di lezioni e di esercitazioni dedicate al ripasso di tutti gli argomenti oggetto d'esame. Gli studenti possono beneficiare della professionalità di docenti con un'esperienza d'insegnamento unica in Italia, maturata in oltre 30 anni di attività di Alpha Test nel campo specifico della preparazione ai test universitari.
2. **Il materiale supplementare consegnato ai corsi.** Durante le lezioni, a ciascun partecipante viene fornito materiale di studio e di esercitazione aggiuntivo rispetto ai volumi, consegnato al momento dell'iscrizione. Si tratta di contenuti didattici aggiornati e specifici, redatti in base alla struttura e ai contenuti del test che si deve affrontare.
3. **I corsi online** prevedono un mix tra lezioni sincrone e asincrone e si svolgono nell'aula virtuale di MyDesk, uno spazio di e-learning completo, appositamente realizzato da Alpha Test e già sperimentato con soddisfazione da migliaia di corsisti. MyDesk consente infatti ai docenti Alpha Test di seguire gli studenti con la stessa cura che hanno in classe, assicurando quindi la più alta qualità non solo nelle fasi di spiegazione ed esercitazione sulle singole materie ma anche in termini di assistenza e supporto a chiarimento di dubbi individuali. Sono inoltre favoriti il rapporto e il confronto diretto con gli altri studenti nonché la puntuale verifica dei progressi nella preparazione.
4. **L'esperienza "sul campo".** In ciascun corso vengono svolte più simulazioni d'esame per mettersi alla prova e per confrontare la propria preparazione con quella di altri candidati.

Infine, chi desidera prepararsi al test di ammissione senza rinunciare a divertimento e nuove amicizie può partecipare a una delle **vacanze-studio Alpha Test** (per informazioni: **alphatest.it/Corsi**).

2.1 | Indicazioni per i partecipanti ai corsi Alpha Test

Alpha Test:

- è la **prima** società in Italia specializzata nel preparare gli studenti ai test di ammissione all'università;
- è l'**unica** organizzazione che può vantare un'esperienza di 35 anni e migliaia di corsi già organizzati su tutto il **territorio nazionale**;
- dal 1987 a oggi ha **preparato con successo** ai test universitari **decine di migliaia di studenti** che si sono trovati in vantaggio rispetto alle altre aspiranti matricole;
- è **la più scelta** dagli studenti che superano le selezioni per l'università (secondo i rilievi di una primaria società di indagini di mercato, l'**85%** degli ammessi a Medicina si è preparato con Alpha Test);
- propone **corsi** con durata, programmi e costi differenziati a seconda della prova di selezione e delle esigenze dei singoli studenti, comprese **vacanze-studio, corsi online** e **corsi residenziali**;
- vanta un corpo docente composto da oltre 200 esperti rigorosamente selezionati e costantemente formati: docenti e ricercatori universitari, professionisti e insegnanti con un'**esperienza didattica unica** e **specifica** nel campo della preparazione ai test universitari;
- ha sviluppato, per prima in Italia, una **metodologia didattica innovativa** e specifica per affrontare le prove a test, oggi potenziata con **Mydesk**, un originale spazio di e-learning riservato ai corsisti;
- propone ai suoi corsisti **prove simulate**, corrette individualmente; ciò consente ai partecipanti di verificare in tempo reale il proprio livello di preparazione e di apprendimento;
- effettua l'analisi e la discussione in aula delle **prove ufficiali** già utilizzate negli anni passati;
- ha sviluppato una collana di volumi specifici per i diversi test di ammissione, già scelti da oltre cinque milioni di studenti, che vengono **forniti ai partecipanti ai corsi** all'atto dell'iscrizione;
- ha sviluppato **AlphaTestAcademy**, la piattaforma di training online personalizzata, attivata per tutti coloro che si iscrivono a un corso;
- mette a disposizione anche dei suoi lettori l'accesso online a **MyDesk**, con materiali e strumenti aggiuntivi per la preparazione.

I risultati conseguiti nelle prove di ammissione dai corsisti Alpha Test nei tanti anni di esperienza confermano che prepararsi a un test frequentando lo specifico corso Alpha Test rappresenta la scelta migliore per chi è veramente motivato ad accedere al corso universitario desiderato. I dati dicono che in tal modo si aumenta fino a sette volte la probabilità di ammissione rispetto a quella degli altri candidati.

Alpha Test e il suo corpo docente mettono a disposizione l'esperienza maturata e forniscono tutto l'aiuto necessario affinché i propri studenti possano prepararsi nel modo più rapido, completo ed efficace alla prova di selezione. Per accrescere ulteriormente la probabilità di successo è comunque **essenziale l'impegno** di ogni aspirante matricola nelle attività di **studio individuale** e di **esercitazione prima e durante lo svolgimento del corso**. Per consentire agli studenti un approccio preliminare alle materie, Alpha Test consegna già all'atto dell'iscrizione i volumi MANUALE DI PREPARAZIONE, ESERCIZI COMMENTATI e la raccolta di Quiz e il codice di attivazione per AlphaTestAcademy.

Si consiglia ai corsisti di leggere i libri (almeno il manuale) **prima dell'inizio del corso, per acquisire almeno una conoscenza di base degli argomenti trattati**. Questa raccomandazione vale in particolar modo per chi sceglie di frequentare uno dei corsi Alpha Test di durata minore.

Sempre al momento dell'iscrizione al corso, Alpha Test fornisce una guida operativa con istruzioni e consigli utili per avviare la preparazione anche prima dell'inizio delle lezioni e con importanti informazioni sul test di ammissione di interesse dello studente.

Durante il corso l'attenzione viene focalizzata in modo specifico sulle tipologie di quesiti previsti nella prova di ammissione di interesse. Viene inoltre esaminato e discusso con i docenti un consistente numero di esercizi diversi da quelli presenti nei libri e contenuti in appositi materiali didattici aggiornati ogni anno e distribuiti durante il corso esclusivamente ai partecipanti.

Informazioni e modalità di iscrizione ai corsi Alpha Test

Le iscrizioni ai corsi Alpha Test per la preparazione ai test di ammissione universitari sono sempre aperte, sino all'esaurimento dei posti previsti. I corsi sono infatti riservati a un numero limitato di partecipanti.

Per ciascun corso, sono disponibili su **alphatest.it** le informazioni aggiornate relative al calendario e alla quota di partecipazione.

Per chi avesse già acquistato **direttamente da Alpha Test** l'ultima edizione dei libri in dotazione al corso, è prevista una riduzione della quota di iscrizione al corso pari al 100% del prezzo di copertina dei libri; se i libri sono stati acquistati **in libreria** tale riduzione è pari al 50% del prezzo di copertina.

L'iscrizione ai corsi e l'acquisto dei libri Alpha Test possono essere effettuati su **alphatest.it**

Per ricevere maggiori informazioni sui libri o una consulenza gratuita sui corsi è possibile scrivere a info@alphatest.it oppure scegliere una delle modalità indicate nella sezione "Richiedi informazioni" su **alphatest.it**

3 | Il numero programmato e i test di ammissione

3.1 | Numero chiuso e sistemi di selezione nelle università italiane

Con l'espressione **numero chiuso** o **numero programmato**, in relazione ai corsi universitari, si indica un sistema di regolamentazione delle immatricolazioni che risponde a diversi fattori, tra cui:

- il rapporto fra il numero degli studenti e i servizi che l'ateneo deve assicurare (es. laboratori);
- la necessità per il sistema universitario di investire sugli studenti più capaci e meritevoli, per non disperdere le risorse in un numero non sostenibile di insuccessi formativi;
- la necessità per il sistema universitario di ridurre il tasso di abbandono negli studi e, conseguentemente, di aumentare la produttività delle proprie attività di formazione;
- l'opportunità di adeguare il numero di laureati alle effettive esigenze del mondo del lavoro nei diversi settori professionali;
- la necessità di adeguare il sistema formativo italiano alle direttive dell'Unione europea.

Nonostante coinvolgano ogni anno centinaia di migliaia di studenti, il significato, le motivazioni e le implicazioni del numero chiuso, unitamente alle modalità di selezione adottate dai singoli atenei, sono ancora poco conosciuti da molti studenti al termine delle scuole superiori.

La programmazione degli accessi è costituzionale?

Tra gli argomenti di chi è contrario al numero chiuso e ne chiede l'abolizione è compresa l'accusa di incostituzionalità, perché violerebbe il diritto allo studio e gli articoli 2, 3, 33 e 34 della Costituzione.

A questo proposito preme osservare che nell'articolo 34 il Costituente, nel disporre che «la scuola è aperta a tutti» (comma 1), aggiunge significativamente che hanno **diritto** ad accedere ai **gradi più alti degli studi «i capaci e meritevoli**, anche se privi di mezzi» (comma 3). Programmare l'accesso ad alcuni corsi universitari (cioè ai gradi più alti degli studi e non alla scuola dell'obbligo o alla secondaria) allo scopo di promuovere la qualità della formazione per gli aspiranti studenti, risulta pertanto coerente con il diritto all'istruzione. Il rispetto del dettato costituzionale imporrebbe, se mai, di potenziare l'offerta di borse di studio o di altre forme di sostegno ai capaci e meritevoli privi di mezzi economici.

Già nel novembre del 1998 la Corte Costituzionale si era pronunciata sulla legittimità costituzionale del numero programmato, evidenziando anche la necessità di garantire agli studenti una qualità dell'insegnamento conforme agli standard imposti dall'Unione europea. Nella stessa sentenza la Corte sollecitava «un'organica sistemazione legislativa», giunta l'anno successivo con la legge n. 264 del 1999, attualmente in vigore. Il 2 aprile 2013 anche la Corte europea dei diritti umani ha ribadito la compatibilità del numero chiuso e del sistema di regolamentazione dell'accesso all'università vigente in Italia con la Convenzione europea dei diritti umani.

L'adozione del numero programmato

Oggi, gran parte degli atenei sia pubblici sia privati prevedono per molti corsi di laurea il numero programmato: il numero di studenti che può iscriversi a tali corsi è dunque prestabilito ogni anno per ogni sede. La selezione avviene mediante una prova a test, quasi sempre a risposta multipla.

I primi test di accesso sono stati adottati dalle università italiane all'inizio degli anni Ottanta e l'uso sistematico di queste prove d'ingresso è stato regolamentato alla fine degli anni Novanta.

L'articolo 1 della legge 264/1999 elenca i corsi di laurea con numero programmato a livello **nazionale**:

1. Medicina e Chirurgia; Medicina Veterinaria; Odontoiatria e Protesi dentaria;
2. Architettura e Ingegneria edile-Architettura;
3. corsi di primo livello delle Professioni sanitarie (Fisioterapia, Infermieristica ecc.);
4. Scienze della Formazione primaria.

Per i corsi a ciclo unico del punto **1.**, *programmazione nazionale* del numero chiuso significa che per tutti gli atenei valgono gli stessi programmi (o *syllabi*) per le stesse materie, la stessa struttura del test e le medesime sessioni in cui svolgerlo e soprattutto che viene prodotta una graduatoria unica e nazionale.

Per i restanti corsi dell'elenco, invece, il MUR stabilisce i programmi, le discipline e la struttura della prova e talvolta l'unica data di svolgimento, mentre sia le prove sia le graduatorie risultanti sono prodotte e adottate dai singoli atenei.

Sempre per la legge 264/99, molte università statali hanno adottato il numero programmato **locale** per diversi corsi triennali o a ciclo unico, come Scienze biologiche, Farmacia, Biotecnologie, CTF, Scienze motorie, Psicologia, Economia e altri ancora. La selezione in ingresso è utilizzata anche dai principali atenei privati, quali Bocconi, LUISS, Università Cattolica, LIUC, Università Vita-Salute San Raffaele ecc.

I test di ammissione: selettivi o valutativi

Le selezioni per l'accesso a un corso di laurea a numero chiuso, nazionale o locale, si svolgono mediante una **prova a test**. Lo stesso vale per le procedure valutative. Solo in pochi casi (per lo più di atenei privati) sono previsti anche colloqui motivazionali e molto di rado al punteggio utile per l'ammissione concorre anche il voto dell'Esame di Stato o la media scolastica degli ultimi due anni di scuola del candidato.

Si consiglia sempre di controllare esattamente tempi, scadenze, programmi e modalità di selezione e/o valutazione sul bando di ammissione al corso di interesse.

I test **selettivi** per l'iscrizione a un corso a numero programmato, locale o nazionale (per esempio nei corsi dell'area medico-sanitaria e veterinaria, o di Architettura, Economia, Psicologia ecc.) consistono di questionari con quesiti a **risposta multipla**, in modo da produrre con velocità una graduatoria di ammissione in base ai punteggi ottenuti da ogni studente. Solo chi si colloca in posizione utile rispetto ai posti disponibili può iscriversi al corso prescelto.

Anche i corsi di studio ad accesso libero sono tenuti a somministrare alle matricole o aspiranti tali test di verifica della preparazione iniziale. Questi test **valutativi**, anche se obbligatori, non precludono l'iscrizione e non mettono in competizione un candidato con gli altri per accedere al corso d'elezione. Tuttavia, chi non raggiunge la *soglia minima* di punteggio fissata dall'ateneo, si vede attribuiti degli **OFA** (*obblighi formativi aggiuntivi*) in una o più discipline. Ciò comporta l'impegno a seguire dei corsi di recupero e superare una nuova verifica, di solito entro il primo semestre o il primo anno di corso, per dimostrare di avere colmate le lacune. Alcuni atenei richiedono di assolvere gli OFA prima di potere sostenere gli esami del primo anno. Perciò, anche chi intende iscriversi a un corso che non ha adottato il numero programmato deve prepararsi con determinazione a superare un test relativo alle conoscenze di base di alcune discipline e ai prerequisiti considerati necessari per il corso di suo interesse. In caso contrario, infatti, l'inizio del suo percorso universitario sarà più oneroso.

3.2 | Suggerimenti per affrontare al meglio il test

Per affrontare al meglio un test a risposta multipla è importante conoscerne le caratteristiche rilevanti: per esempio quali siano le modalità di svolgimento, la composizione, il numero dei quesiti e delle alternative di risposta, o – se possibile – quali tipologie di esercizi si dovranno risolvere. In tal modo si possono studiare anche opportune "strategie" per valorizzare al massimo le proprie conoscenze e potenzialità.

Nelle prove per l'ammissione ai corsi a numero programmato, i candidati sono selezionati sulla base di un criterio di tipo **comparativo**. Cioè, per superare la selezione **lo studente deve figurare tra i migliori** nella graduatoria: non è quindi tanto rilevante il punteggio assoluto ottenuto quanto svolgere il test di ammissione meglio di un certo numero di altri candidati.

È bene però ricordare, soprattutto nei casi dei test di ammissione a base nazionale, che a volte è prevista una soglia minima qualificante: in tal caso anche qualora residuassero posti disponibili, i candidati con punteggio inferiore a tale soglia non potrebbero immatricolarsi perché giudicati non idonei. Dunque, totalizzare i punti minimi rappresenta una condizione necessaria ma non sufficiente per l'immatricolazione.
Prima di addentrarsi nell'analisi dei contenuti dei test e degli esercizi che li compongono, è opportuno considerare alcuni suggerimenti solo in apparenza banali, e invece molto utili al fine di ottimizzare il risultato nella prova di ammissione.

3.2.1 | Prima del test

Il primo suggerimento, di carattere generale, è leggere con grande attenzione e per intero il **bando di concorso**, compresi gli allegati con i programmi di esame. Inoltre bisogna tenere in considerazione anche le **disposizioni** pubblicate dalla sede universitaria dove lo studente svolgerà la prova. Gli atenei e il Ministero, infatti, sono le fonti di informazioni **ufficiali** relative alle norme, alle modalità di selezione, alla struttura e ai contenuti della prova che regola l'ammissione al corso di studi scelto.
In particolare è importante avere ben chiare le indicazioni relative a: modalità di iscrizione alla prova; titoli necessari per potere partecipare al concorso; giorno e ora di svolgimento della prova di interesse, nonché la sua durata ecc.
L'emergenza pandemica ha spinto molte università e corsi di laurea ad adottare prove selettive *computer based*, da svolgere in multisessione (cioè su più turni e/o più giorni) in una pluralità di sedi o addirittura al domicilio dei candidati. Sarà cura dello studente verificare in quale modalità sarà somministrato il test di suo interesse. Sicuramente, in caso di test in presenza, bisognerà ricordare di recarsi all'esame con un documento di identità valido, la ricevuta di iscrizione ed eventuali ricevute di pagamento richieste.

3.2.2 | Il giorno del test

In sede d'esame, prima del suo inizio, di solito vengono comunicate ai candidati le **norme alle quali attenersi durante tutte le fasi di svolgimento del test**. Tali norme riguardano, per esempio: il tempo totale a disposizione, le modalità con cui indicare le risposte sull'apposita scheda cartacea o, in caso di prova *computer based*, le istruzioni per l'utilizzo della piattaforma; vengono inoltre fornite altre indicazioni su come comportarsi durante l'esame e al suo termine.
È necessario rispettare scrupolosamente tutte le regole, evitando così errori banali ma sostanziali (quale, per esempio, la compilazione errata della scheda per le risposte o l'omissione di una firma), che potrebbero compromettere la validità della prova e quindi l'ammissione.
In alcuni casi, all'interno del test stesso gli esercizi sono preceduti da **istruzioni circa le modalità di risoluzione** dei quesiti e a volte anche da un esempio risolto. È importante in questi casi non lasciarsi prendere dalla fretta di mettersi subito al lavoro, ma dedicare la massima attenzione alla lettura di queste istruzioni, indispensabili per capire la logica degli esercizi e per rispondere correttamente alle domande.

3.2.3 | Domande a risposta multipla

I test che vengono utilizzati per l'ammissione all'università sono costituiti da domande a risposta **chiusa**, le cui risposte sono cioè predefinite: il candidato deve individuare la sola risposta esatta tra le alternative proposte. Per rispondere a una domanda *aperta* (cioè non corredata da risposte prefissate) come per esempio "Qual è la capitale della Colombia?", occorre conoscere l'esatta nozione che consente di dare la risposta. Nel caso di *domande a scelta multipla* è invece possibile procedere anche in maniera diversa.
Si ipotizzi, per esempio, di dover rispondere al medesimo quesito, però a risposta multipla.

---

1 **Qual è la capitale della Colombia?**
- A Delhi
- B Buenos Aires
- C Bogotá
- D Brasilia
- E Santiago

In questo caso è possibile determinare la risposta corretta procedendo in due modi distinti:

1. ragionando come se si trattasse di una domanda aperta: sapendo che la capitale della Colombia è Bogotá, si individua direttamente la risposta corretta (**C**) senza valutare le altre risposte proposte;
2. se, al contrario, non si conosce la risposta alla domanda, ma si ricordano altri accoppiamenti Paese/capitale, è possibile individuare la risposta corretta eliminando le alternative errate: sapendo che Delhi è la capitale dell'India, Buenos Aires dell'Argentina, Santiago del Cile e Brasilia del Brasile, per esclusione si può concludere che la risposta esatta è la **C**.

In altre parole, per rispondere correttamente a una domanda a scelta multipla non è sempre strettamente necessario conoscere la risposta esatta: a volte la soluzione può essere individuata indirettamente, escludendo le alternative errate.

Nel caso in cui, procedendo per esclusione, il candidato non riesca a eliminare tutte le alternative errate, il metodo di risposta per eliminazione permette comunque di aumentare le probabilità di individuare la risposta corretta: l'esclusione di una o più risposte riduce infatti il numero delle alternative tra cui si rimane incerti e quindi incrementa la probabilità di individuare l'alternativa corretta.

3.3 | Valore dei quesiti e gestione del tempo

Come i partecipanti ai corsi Alpha Test hanno modo di sperimentare durante lo svolgimento delle prove simulate, il **tempo** rappresenta uno dei fattori critici per affrontare con successo un test di ammissione. Infatti, le prove sono spesso progettate e formulate in modo tale da permettere solo ai più preparati e ai più veloci di rispondere, entro i termini concessi, alla totalità delle domande.

È dunque imperativo impiegare razionalmente ogni minuto, avendo ben presente – prima di iniziare la prova – il tempo medio a disposizione per ogni quesito (calcolato sui minuti complessivi divisi per il numero dei quesiti stessi), ed evitando di soffermarsi su una singola domanda per un tempo eccessivamente superiore. In generale, il consiglio è di non superare il tempo medio per più del 20%: questa dilazione per gli esercizi più complessi viene infatti compensata dalla presenza di altri di più veloce risoluzione.

Ormai in quasi tutti i test, ogni risposta corretta fa "guadagnare" lo stesso punteggio: dunque a parità di tempo impiegato conviene risolvere due esercizi semplici piuttosto che uno complesso.

Poniamo che il tempo a disposizione per l'intero test sia di 100 minuti e gli esercizi da risolvere 60, il tempo medio per quesito è di 1 minuto e 40 secondi (100 secondi): quindi, bisogna evitare di dedicare più di due minuti allo svolgimento del singolo quesito.

L'obiettivo da raggiungere è rispondere correttamente al maggior numero possibile di esercizi; si consiglia quindi, compatibilmente con i vincoli imposti dalle modalità di svolgimento della prova, di affrontare prima gli esercizi che – per argomento o tipologia – si presume di riuscire a risolvere più facilmente e velocemente, per tornare poi a quelli più ostici per i quali si prevede un dispendio di tempo maggiore.

3.3.1 | Scelta casuale della risposta?

La correzione dei test attribuisce in genere un punteggio positivo per le risposte corrette e, nella più parte dei casi, l'attribuzione di un punteggio negativo per ogni risposta errata (di solito quantificato in una frazione di punto). Ai quesiti omessi, a cui cioè non si è risposto, viene di norma attribuito punteggio nullo.

Spesso l'attribuzione del punteggio avviene secondo la seguente modalità:

- Risposta esatta: +1
- Risposta errata: –0,25 (–1/4)
- Risposta omessa: 0

La penalità sulle risposte errate ha lo scopo di annullare il punteggio positivo che, statisticamente, il candidato potrebbe conseguire rispondendo a caso in assenza di tale penalità.

Ma **è conveniente o no rispondere a caso** ai quesiti a cui non si sa trovare soluzione?

Si supponga di non conoscere assolutamente le risposte di 20 quesiti (con 5 risposte alternative ciascuno) della prova. Scegliendo a caso, si risponderebbe statisticamente in modo corretto a 4 esercizi (20/5) e si sbaglierebbero i restanti 16 quesiti. Il punteggio totalizzato sarebbe dunque:

- risposte esatte: $4 \times (+1) = +4$
- risposte errate: $16 \times (-1/4) = -4$
- risposte nulle: $0 \times 0 = 0$
- punteggio totale: $4 - 4 = 0$

Si otterrebbe quindi un punteggio nullo, esattamente identico a quello che si totalizzerebbe scegliendo di non rispondere ai 20 quesiti. Dunque, è possibile distillare una regola utile su come comportarsi nel caso in cui non si riesca a identificare, tra le diverse risposte alternative, quella corretta:

> conviene rispondere casualmente ogni volta che il numero di alternative tra cui si è indecisi è pari o inferiore al reciproco del punteggio negativo attribuito alle risposte errate.

È evidente che il punteggio totalizzato rispondendo casualmente potrà essere tanto maggiore quanto minore sarà il numero di alternative tra cui si è indecisi e quanto minore è la penalità attribuita alle risposte errate. Il numero delle alternative tra cui si è indecisi non coincide necessariamente con quello delle alternative esistenti. Se, per esempio, le alternative proposte sono 5, ma il candidato riesce a eliminarne due perché le si riconosce come errate, la valutazione statistica va rivista su 3 alternative (cioè 5 – 2).

Nella pratica, scartare almeno due alternative di risposta è possibile anche quando l'argomento sia poco o per nulla noto al candidato. Si veda per esempio:

---

1 **In base alla Costituzione, l'Italia è:**

A una repubblica regionale
B uno Stato federale
C una repubblica democratica, fondata sul lavoro
D una repubblica presidenziale, fondata sul lavoro
E uno Stato federato

Anche senza ricordare la definizione precisa che la Costituzione dà dello Stato italiano, è facile riuscire a escludere le alternative B ed E che si segnalano per l'evidente implausibilità. L'Italia infatti è uno Stato unitario che non si articola al suo interno in altre entità statali né è a sua volta parte di uno Stato federale. Al candidato resterà dunque, eventualmente, il dubbio tra tre sole alternative (la risposta esatta è C).

parte seconda

COMPRENSIONE VERBALE E LOGICA

Indice

1 Comprensione verbale

Mettiti alla prova

Brano **In base alle informazioni contenute nel brano seguente, rispondere alle relative domande.**

I francobolli italiani

La funzione del francobollo è di affrancare la corrispondenza al fine di inoltrarla al destinatario, attraverso i servizi postali, pubblici o privati. Affinché possa espletare questa funzione è indispensabile che il francobollo rechi l'indicazione dell'autorità che lo ha emesso (indicazione che denota anche l'origine della corrispondenza affrancata) includendo anche una cifra relativa al suo valore facciale. In altre parole, il francobollo è un mezzo di comunicazione grafica latore di due messaggi, l'uno relativo all'autorità emittente, l'altro riguardante il suo costo, che è anche il costo della funzione cui è destinato. Costituito da un piccolo pezzo di carta dai contorni regolari, di formato rettangolare, quadrato o (raramente) triangolare (non interessa qui se il verso ne sia gommato o no e neppure se i suoi margini siano dentellati o debbano essere singolarmente ritagliati con le forbici) il francobollo reca sulla sua faccia, eseguiti a stampa, i due messaggi che ne costituiscono gli elementi essenziali. In condizioni ideali, da cui fosse esente ogni elemento accessorio, dati costitutivi e funzione dovrebbero identificarsi. Ma tali condizioni vengono meno nella nascita stessa del francobollo, la cui genesi e la cui realizzazione ne comportano necessariamente una serie di scelte grafiche, tecniche e simboliche. Il tipo della stampa, i caratteri delle scritte e delle cifre, l'immagine con cui l'autorità emittente si dichiara, sono tutti dati da cui il bollo postale deriva una precisa posizione storica, ben più complessa di quel che sia implicito nel suo semplice atto di nascita. Ed è una posizione le cui radici assumono valori e legami culturali, divenuti via via più articolati con il diffondersi delle emissioni commemorative (di cui la più antica, dedicata al cinquantesimo anniversario dell'assunzione al trono della regina Vittoria, apparve nel 1887 nel Regno Unito d'Inghilterra) seguite poi da altri tipi, celebrativi di speciali occasioni, di avvenimenti di particolare significato politico, oppure relativi ad aspetti di costume e di arte, della fauna o della flora. Beninteso, non mancheranno certo occasioni in cui il francobollo (come la carta moneta) potrà presentarsi sotto aspetti di estrema concisione, con le indicazioni indispensabili ridotte al minimo; ma anche in casi siffatti (e infrequenti) saranno il tipo della carta, l'anonimità generica dei caratteri di stampa, la rozzezza dell'esecuzione a costituire le precipue componenti di stile e di connotati, denunciando anormali circostanze di crisi sociale o politica, dalle quali è stata preclusa la necessaria gestazione preliminare, la rosa delle scelte e la cura nel realizzarle.

Provvisto di connotati così vari e complessi, di una carica semantica talmente ampia e di radici storiche e figurative tanto profonde e articolate, il francobollo può anche venire considerato e giudicato sotto il semplice profilo estetico, alla stregua cioè di un'incisione o di una stampa più o meno d'arte. Una lettura del genere non terrà in alcun conto la sua ricca (e praticamente infinita) serie di allusioni, simboli, riferimenti, né si preoccuperà di rilevare quello che è il suo significato primario: di essere un indicatore assai preciso di situazioni politiche e culturali. Ma un'interpretazione delle opere figurative maggiori, siano esse dipinti o sculture, architetture o incisioni, risulta parziale, quando venga condotta sotto il solo ed esclusivo aspetto formale (senza tenere cioè in alcun conto i connotati iconografici o iconologici, e gli aspetti socio-culturali) risultandone una successione di testi figurativi avulsi dalla realtà storica e legati tra di loro da una astratta rete di rapporti di stile e di evoluzione delle forme; così la lettura del francobollo, se condotta in modo unilaterale sotto l'esclusivo aspetto grafico, rimane sorda e cieca ai suoi connotati più validi e significativi. In realtà, il francobollo è oggi il mezzo figurativo più stringato e concentrato di propaganda, quasi un manifesto murale ridotto ai minimi termini, dal quale il substrato sociale e politico si rivela con estrema chiarezza e pregnanza. Ed è anche il mezzo figurativo di propaganda più capillarmente diffuso, sia nei diversi strati della società, cioè a livello locale, sia, in senso orizzontale, per i suoi destinatari situati in un sistema terminale che ignora distanze e frontiere.

I Il valore facciale è:

- A il costo del trasporto
- B il prezzo convenzionale unico
- C il costo effettivo del servizio postale
- D il costo di produzione del francobollo
- E il prezzo di acquisto del francobollo

II La lettura del francobollo sotto l'aspetto estetico:

- A serve per stabilirne l'origine
- B costituisce una lettura parziale
- C ignora il valore simbolico
- D è completamente fuorviante
- E ne mette in risalto il valore funzionale

II La "posizione storica" del francobollo indica:

- A i suoi elementi figurativi e culturali
- B il territorio per cui è valido
- C la durata della sua validità
- D l'ente emittente
- E l'anno di emissione

IV Un francobollo di aspetto rozzo e con indicazioni estremamente concise indica:

- A la provenienza dal terzo mondo
- B la sua rarità
- C il suo minor pregio
- D la sua antichità
- E una crisi sociale o politica

V Una emissione speciale:

- A ha validità limitata
- B vale solo per certi territori
- C è fatta per scopi commemorativi o celebrativi
- D ha finalità filateliche
- E serve per corrispondenze particolari

Ecco le risposte esatte dei 3 quesiti proposti: I E, II B, III A, IV E, V C:

Negli esercizi di comprensione di testi viene sottoposto al candidato un brano di varia natura (scientifico, tecnico, letterario, storico, giornalistico ecc.), di lunghezza generalmente compresa tra una e tre pagine e seguito da alcuni quesiti (di norma quattro o cinque).

La finalità degli esercizi di comprensione di testi è quella di valutare le capacità del candidato, da un lato, di **assimilare i concetti principali**, i dati e le nozioni riportate in un testo ed eventualmente di dedurne delle conclusioni; dall'altro, di **inserire il testo in un contesto**, alla cui definizione concorrono vari fattori, quali l'identità e la nazionalità dell'autore, lo stile e l'argomento del brano, l'epoca storica e la zona geografica in cui gli avvenimenti sono collocati, l'intento dell'autore e così via.

Nei test di ammissione degli ultimi anni i quesiti relativi a brani si sono concentrati in modo particolare sull'**assimilazione di concetti esplicitamente o implicitamente presenti nel brano.**

Brani, soprattutto di una certa lunghezza, vengono molto utilizzati nel test del Politecnico di Milano, ma anche nei test proposti dal Cisia.

1.1 | Principi utili per una lettura critica dei brani

Il lavoro da svolgere su un brano non può consistere esclusivamente in una rapida lettura. L'errore tipico del candidato è quello di "buttarsi" a leggere il testo, senza cercare di differenziare le informazioni che riceve e senza analizzarle criticamente.

Innanzitutto, si tengano presenti alcuni principi.

- **Ogni brano è basato su un'idea o concetto centrale**: è necessario mettere a fuoco tale idea, prestando minore attenzione a tutte le frasi e i vocaboli superflui concentrandosi invece sulle tesi e sulle argomentazioni dell'autore.
- **La prima parte del brano è solitamente quella più importante** poiché contiene informazioni chiave circa la finalità dell'autore, ciò che egli intende dimostrare, il suo punto di vista e il tono utilizzato: occorre dunque leggere attentamente i primi paragrafi, se necessario rileggerli e comunque dedicarvi un tempo superiore rispetto al resto del brano.
- **I dettagli servono solo a chiarire i concetti più generali**: si consiglia di leggere tali dettagli velocemente e di tornarvi unicamente nel caso in cui i quesiti lo rendano necessario, evitando di memorizzarli nel corso della lettura.
- **Ogni paragrafo è volto a chiarire un elemento utile all'espressione dell'idea centrale del brano**: occorre dunque, per ogni paragrafo, cercare di estrapolare il concetto o l'idea che l'autore ha cercato di comunicare, se necessario parafrasando mentalmente il testo.

1.2 | Come svolgere un lavoro ben strutturato

Gli esercizi di comprensione di testi presentano spesso problemi maggiori rispetto alle altre tipologie, sia per la loro intrinseca complessità sia per il tempo che richiedono. Diviene, dunque, importante per il candidato impostare un efficace metodo di lavoro, che consenta di ottimizzare il tempo dedicato alla lettura e di velocizzare la risoluzione dei quesiti.

- È indispensabile una **veloce lettura delle domande prima** di leggere il brano. Ciò consente di:
  - intuire l'argomento oggetto del brano prima di iniziare a leggere;
  - concentrare maggiormente l'attenzione su quelle parti del brano che saranno poi oggetto dei quesiti.
- È utile **sottolineare quelle frasi su cui si basano eventuali quesiti** relativi a specifici concetti o dettagli riportati dal brano (luoghi, date, affermazioni, personaggi, date, quantità, prezzi ecc.).
- È opportuno **analizzare tutte le alternative** proposte da una domanda prima di scegliere quella corretta. Infatti, le domande di comprensione di testi sono spesso caratterizzate dalla presenza di diverse alternative "verosimili". Il candidato deve dunque individuare quella che risponde al quesito **nel modo più preciso e completo** (ossia la risposta più coerente con il contenuto del brano).

- Al fine di poter rispondere agevolmente ai quesiti relativi alle implicazioni e alle conseguenze logiche di quanto affermato nel brano, è opportuno concentrarsi **non solo sul significato esplicito** del testo, **ma anche sul significato implicito**. Si può ottenere ciò domandandosi quale siano le premesse o le conseguenze di una determinata affermazione o di una certa opinione espressa dall'autore.
- Rispondere unicamente sulla base di quanto affermato nel testo e non sulla base di eventuali conoscenze personali sull'argomento trattato. Meglio ancora: **tutto ciò che serve per rispondere alle domande di comprensione testuale si trova nel brano stesso**. Le domande, infatti, vertono esclusivamente su quanto sostenuto nel testo o su quanto da esso è possibile dedurre in modo logico. Pertanto, anche se si è esperti della materia oggetto del brano, occorre prescindere dalle proprie conoscenze e concentrarsi sul contenuto. Viceversa, se il tema risulta sconosciuto, non è il caso di allarmarsi.

1.3 | Tipologie di quesiti

Nei paragrafi che seguono vengono evidenziate le tre principali tipologie di domande utilizzate in questo genere di esercizi.

1.3.1 | Quesiti relativi a specifici concetti o idee espresse nel brano

Si tratta della tipologia di domande più frequenti e costituita essenzialmente da frasi da completare. Per esempio, in un brano sulla crisi economica del 1929, come quello comparso in un test somministrato in una facoltà di Ingegneria, le domande potrebbero essere del tipo:

- Quali sono state le cause della crisi?
- Quali erano le condizioni economiche alla fine della prima guerra mondiale?
- Quale fu la reazione dei Governi di fronte alla crisi economica?

Sono evidentemente domande la cui lettura preliminare guida in modo prezioso nella sottolineature delle parti del testo utili per rispondere.

1.3.2 | Quesiti relativi al pensiero centrale del brano

Si tratta di domande che sono generalmente poste in una delle seguenti forme:

- Il titolo che meglio esprime le idee del brano è …
- L'idea principale espressa dal brano è …
- L'affermazione che meglio sintetizza il tema centrale del brano è …
- Il brano illustra …
- Lo scopo dell'autore del brano è di …

Si tratta dunque di quesiti che intendono valutare la comprensione da parte del candidato del tema centrale del brano e della finalità perseguita dall'autore nello scriverlo. Generalmente il tema centrale può essere sintetizzato in una singola frase, che potrebbe fungere da titolo del passo.

Per rispondere a questa tipologia di quesiti, è per lo più sufficiente leggere attentamente la parte iniziale del brano.

1.3.3 | Quesiti che richiedono di identificare le implicazioni e le conseguenze logiche di quanto affermato nel brano

Queste domande sono il più delle volte espresse in una delle seguenti forme:

- Dal brano è possibile dedurre che …/ non è possibile dedurre che …
- Il paragrafo che precede il brano riportato probabilmente afferma che …
- Quale delle seguenti sarebbe una logica continuazione del brano?
- Quale delle seguenti conclusioni non può essere dedotta dal brano?

Si tratta di quesiti più complessi dei precedenti, giacché non si limitano a indagare la comprensione di quanto esplicitamente affermato nel passo, ma mirano a valutare anche la comprensione di ciò che può essere logicamente dedotto dal testo.

Sono soprattutto questi quesiti a richiedere una lettura critica del brano.

Brano 1 **In base alle informazioni contenute nel brano seguente, rispondere alle successive domande.**

Il metodo morelliano

Tra il 1874 e il 1876 apparvero sulla «Zeitschrift für bildende Kunst» una serie di articoli sulla pittura italiana. Essi erano firmati da un ignoto studioso russo, Ivan Lermolieff; a tradurli in tedesco era stato un altrettanto ignoto Johannes Schwarze. Gli articoli proponevano un nuovo metodo per l'attribuzione dei quadri antichi, che suscitò tra gli storici dell'arte reazioni contrastanti e vivaci discussioni. Solo alcuni anni dopo l'autore gettò la duplice maschera dietro a cui si era nascosto. Si trattava infatti dell'italiano Giovanni Morelli (cognome di cui Schwarze è il calco e Lermolieff l'anagramma, o quasi). E di «metodo morelliano» gli storici dell'arte parlano correntemente ancora oggi. Vediamo brevemente in che cosa consisteva questo metodo. I musei, diceva Morelli, sono pieni di quadri attribuiti in maniera inesatta. Ma restituire ogni quadro al suo vero autore è difficile: molto spesso ci si trova di fronte a opere non firmate, magari ridipinte o in cattivo stato di conservazione. In questa situazione è indispensabile poter distinguere gli originali dalle copie. Per far questo, però (diceva Morelli) non bisogna basarsi, come si fa di solito, sui caratteri più appariscenti, e perciò più facilmente imitabili, dei quadri: gli occhi alzati al cielo dei personaggi di Perugino, il sorriso di quelli di Leonardo, e così via. Bisogna invece esaminare i particolari più trascurabili, e meno influenzati dalle caratteristiche della scuola a cui il pittore apparteneva: i lobi delle orecchie, le unghie, la forma delle dita delle mani e dei piedi. In tal modo Morelli scoperse, e scrupolosamente catalogò, la forma di orecchio propria di Botticelli, quella di Cosmé Tura e così via: tratti presenti negli originali ma non nelle copie. Con questo metodo propose decine e decine di nuove attribuzioni in alcuni dei principali musei d'Europa. Spesso si trattava di attribuzioni sensazionali: in una Venere sdraiata conservata nella galleria di Dresda, che passava per una copia di mano del Sassoferrato di un dipinto perduto di Tiziano, Morelli identificò una delle pochissime opere sicuramente autografe di Giorgione. Nonostante questi risultati, il metodo di Morelli fu molto criticato, forse anche per la sicurezza quasi arrogante con cui veniva proposto. Successivamente fu giudicato meccanico, grossolanamente positivistico, e cadde in discredito. (È possibile, d'altra parte, che molti studiosi che ne parlavano con sufficienza continuassero a servirsene tacitamente per le loro attribuzioni). Il rinnovato interesse per i lavori di Morelli è merito del Wind, che ha visto in essi un esempio tipico dell'atteggiamento moderno nei confronti dell'opera d'arte – atteggiamento che porta a gustare i particolari anziché l'opera complessiva. In Morelli ci sarebbe, secondo Wind, un'esasperazione del culto per l'immediatezza del genio, da lui assimilato in gioventù, a contatto con i circoli romantici berlinesi. È un'interpretazione poco convincente, dato che Morelli non si poneva problemi di ordine estetico (ciò che gli venne poi rimproverato) ma problemi preliminari, di ordine filologico. In realtà, le implicazioni del metodo proposto da Morelli erano diverse, e molto più ricche. «I libri di Morelli, – scrive Wind, – hanno un aspetto piuttosto insolito se paragonati a quelli degli altri storici dell'arte. Essi sono cosparsi di illustrazioni di dita e di orecchie, accurati registri di quelle caratteristiche minuzie che tradiscono la presenza di un dato artista, come un criminale viene tradito dalle sue impronte digitali..., qualsiasi museo d'arte studiato da Morelli acquista subito l'aspetto di un museo criminale...». Questo paragone è stato brillantemente sviluppato da Castelnuovo, che ha accostato il metodo indiziario di Morelli a quello che quasi negli stessi anni veniva attribuito a Sherlock Holmes dal suo creatore, Arthur Conan Doyle. Il conoscitore d'arte è paragonabile al detective che scopre l'autore del delitto (del quadro) sulla base di indizi impercettibili ai più. Gli esempi della sagacia di Holmes nell'interpretare orme nella fanghiglia, ceneri di sigaretta e così via sono, com'è noto, innumerevoli. Vedremo tra poco le implicazioni di questo parallelismo. Prima però sarà bene riprendere un'altra preziosa intuizione di Wind: «Ad alcuni tra i critici di Morelli sembrava strano il dettame che "la personalità va cercata là dove lo sforzo personale è meno intenso". Ma su questo punto la psicologia moderna sarebbe certamente dalla parte di Morelli: i nostri piccoli gesti inconsapevoli rivelano il nostro carattere più di qualunque atteggiamento formale, da noi accuratamente preparato». "I nostri piccoli gesti inconsapevoli...": alla generica espressione "psicologia moderna" possiamo sostituire senz'altro il nome di Freud. Le pagine di Wind su Morelli hanno infatti attirato l'attenzione degli studiosi su un passo, rimasto a lungo trascurato, del famoso saggio di Freud *Il Mosè di Michelangelo* (1914). Ridurre quest'influsso, come è stato fatto, al solo saggio sul *Mosè* di Michelangelo, o in genere ai saggi su argomenti legati alla storia dell'arte significa limitare indebitamente la portata delle parole di Freud: «Io credo che il suo metodo [di Morelli] sia strettamente apparentato con la tecnica della psicoanalisi medica». Ma che cosa poté rappresentare per Freud – per il giovane Freud, ancora lontanissimo dalla psicoanalisi – la lettura dei saggi di Morelli? È Freud stesso a indicarlo; la proposta di un metodo interpretativo imperniato sugli scarti, sui dati marginali, considerati come rivelatori. In tal modo, particolari considerati di solito senza importanza, o addirittura triviali, «bassi», fornivano la chiave per accedere ai prodotti più elevati dello spirito umano; «i miei avversari» scriveva ironicamente Morelli (un'ironia fatta apposta per piacere a Freud) «si compiacciono di qualificarmi per uno il quale non sa vedere il senso spirituale di un'opera d'arte e per questo dà una particolare importanza a mezzi esteriori, quali le forme della mano, dell'orecchio, e persino, *horribile dictu*, di così antipatico oggetto qual è quello delle unghie». Inoltre, questi dati marginali erano, per Morelli, rivelatori, perché costituivano i momenti in cui il controllo dell'artista, legato alla tradizione culturale, si allentava per cedere il posto a tratti puramente individuali, «che gli sfuggono senza che egli se ne accorga». Ancor più dell'accenno, in quel periodo non eccezionale, a un'attività inconscia, colpisce l'identificazione del nucleo intimo dell'individualità artistica con gli elementi sottratti al controllo della coscienza.

---

1 Secondo Morelli, i mezzi esteriori sono i più importanti per l'attribuzione delle opere perché sono quelli:

A che dimostrano maggiormente i tratti più individuali di un artista
B a cui un artista dà meno importanza
C a cui nessuno guarda con attenzione
D più facilmente imitabili
E su cui agiscono di più i tratti tipici della scuola di appartenenza

La domanda verte sull'idea centrale del brano, ovverossia il motivo per cui il brano è stato scritto, qual è il tema centrale che percorre tutto il testo. Sono i piccoli indizi, "i particolari più trascurabili", gli elementi minori di un'opera d'arte che, secondo Morelli, ne permettono la corretta attribuzione e lasciano perfino intravedere una parte della personalità dell'artista. Alla luce di ciò, la risposta corretta risulta indubitamente la A. Si noti come, perquanto riportata esplicitamente nel testo, l'alternativa B non risponda alla domanda posta e non possa quindi essere considerata la risposta cercata.

---

2 Il metodo morelliano:

A fu accettato dagli storici dell'arte, perché permetteva di risolvere tutti i problemi di attribuzione
B fu accettato da tutti gli storici dell'arte, solo dopo aspre violente critiche
C fu considerato troppo meccanicistico e positivistico
D non fu mai criticato in maniera convincente
E fu rifiutato perché troppo psicoanalitico, ma fu rivalutato dopo i libri di Freud

A proposito del metodo proposto da Morelli per l'attribuzione delle opere d'arte, a metà del brano si legge che *successivamente fu giudicato meccanico, grossolanamente positivistico, e cadde in discredito* (risposta corretta C).

---

3 Il metodo morelliano per l'attribuzione delle opere d'arte si basa sul riscontro:

A della presenza degli elementi più imitati di un artista
B della presenza degli elementi noti di un artista
C degli elementi più trascurabili, che sono quelli più influenzati dagli stilemi di scuola
D dei dettagli secondari, meno influenzati dagli stilemi di una scuola o di un artista
E degli elementi dove maggiore è l'attenzione dell'artista e che meglio dimostrano il suo stile

Anche a questa domanda è facile rispondere correttamente a partire dall'esplicito contenuto del brano, laddove si legge che *bisogna invece esaminare i particolari più trascurabili, e meno influenzati dalle caratteristiche della scuola a cui il pittore apparteneva* (risposta D).

4 Il metodo morelliano dimostra un atteggiamento davanti all'opera d'arte:

- **A** di tipo romantico
- **B** coerente con le moderne sensibilità
- **C** basato solo sulla psicologia dell'artista
- **D** di tipo estetico
- **E** considerata come entità autonoma che non ha relazioni con le restanti opere di un'artista

Morelli, secondo quanto riportato da Wind, adotta, nella disanima di un'opera d'arte, un atteggiamento coerente con la moderna psicologia secondo la quale i piccoli gesti quotidiani sono profondamente rilevatori della reale personalità dell'individuo. Ed è questa concezione così attuale, così moderna che guida alla risposta **B**.

5 Qual è la caratteristica più evidente dei libri di Morelli?

- **A** Sono cataloghi dei particolari più facilmente imitabili di un artista
- **B** Sono cataloghi dei particolari più appariscenti dello stile di un artista
- **C** Sono cataloghi di particolari utili agli scrittori di romanzi gialli
- **D** Sono libri di psicanalisi medica più che di storia dell'arte
- **E** Sono cataloghi dei particolari più trascurabili di un artista

Wind scrive che *I libri di Morelli* [...] *hanno un aspetto piuttosto insolito se paragonati a quelli degli altri storici dell'arte. Essi sono cosparsi di illustrazioni di dita e di orecchie, accurati registri di quelle caratteristiche minuzie che tradiscono la presenza di un dato artista*. In altre parole i libri di Morelli sono, così come sostenuto dall'alternativa **E**, dei cataloghi dei particolari minori di un artista.

Brano 2 In base alle informazioni contenute nel brano seguente, rispondere alle successive domande.

«La critica storica ha ormai confutato l'opinione un tempo comune secondo la quale non vi sarebbe stato alcun reale progresso scientifico e tecnologico nell'età medievale. Il periodo successivo al secolo XII fu infatti caratterizzato da uno sviluppo rapido e pressoché ininterrotto che non si esaurì neppure con il sopraggiungere della grande crisi economica e demografica dovuta alla peste nera.

Sul piano culturale, con il sorgere delle università si crearono dei centri per lo studio delle scienze naturali, studio che si basava in gran parte (ma non esclusivamente) sulle opere degli antichi greci. La tecnologia ricevette un forte impulso dallo sfruttamento di forze naturali quali l'acqua e il vento, dall'adozione di macchinari tessili e di una metallurgia più efficiente, nonché dal diffondersi di invenzioni più recenti come l'orologio meccanico, la bussola e la polvere da sparo, che aprirono una nuova era nella produzione, nel commercio e nella strategia militare.

Naturalmente, si può obiettare che era ancora necessario smantellare buona parte delle dottrine elaborate nell'Alto Medioevo perché le nuove idee e i nuovi metodi si potessero affermare nel campo della scienza e della medicina, e inoltre, che bisognava rivoluzionare le pratiche dell'artigianato medievale perché si potesse sviluppare una società moderna. Ciononostante, le conquiste raggiunte in ciascun campo verso la fine del secolo XV costituirono un salto di qualità rispetto agli standard prevalenti all'epoca di Carlo Magno, paragonabile soltanto a quello provocato dall'avvento della scienza e della tecnologia nel secolo XIX. Senza questo stadio intermedio, non avremmo avuto né la rivoluzione scientifica del secolo XVII, né la rivoluzione industriale del secolo XVIII.

Il riconoscimento di questi progressi è determinante per l'impostazione iniziale del nostro lavoro, in quanto sarebbe un errore attribuire tutti i mutamenti fondamentali della scienza e della tecnologia sia all'originalità senza precedenti del pensiero moderno, sia esclusivamente al gioco deterministico dei fattori economici. Nessuno di questi campi conobbe mai un momento di profonda e violenta transizione; al contrario, i cambiamenti si verificarono gradualmente man mano che nuovi metodi e nuove idee mostrarono la loro validità; alcuni orientamenti dell'età medievale ebbero applicazione concreta, mentre altri vennero abbandonati.

Contrariamente a quel che si può credere, neppure il fenomeno delle nuove invenzioni, che pure fu un attributo fondamentale della scienza e della tecnologia dell'Europa occidentale durante la prima fase dell'età moderna, produsse, se non raramente, dei mutamenti repentini nella vita economica o scientifica. Un aspetto basilare della progressiva differenziazione tra il mondo medievale e quello moderno forma il tema centrale di questo capitolo. Si tratta del rapporto tra il filosofo e l'artigiano, o, in termini moderni, tra lo scienziato e il tecnico.

Troppo spesso si è ritenuto, in maniera alquanto sbrigativa, che la frattura esistente nella società medievale tra le due rispettive funzioni fosse essa stessa, in gran parte, la causa sia della sterilità della scienza che del livello rudimentale della tecnica. Si è finito in tal modo con il concludere che un duplice progresso ha avuto origine in tempi moderni dalla consapevolezza dei forti legami e della comunanza di interessi tra queste due funzioni: la scienza ha smesso di essere speculativa e la tecnologia è divenuta oggetto di analisi più serie. Di qui, il luogo comune che lo sviluppo tecnologico richieda un parallelo incoraggiamento della scienza "pura" e costituisca il requisito essenziale di una produzione efficiente.

Il pericolo implicito in questa concezione è l'idea che la tecnologia si sviluppi sempre e soltanto se "guidata" dalla scienza, e, per converso, che la scienza avanzi soltanto se stimolata dai bisogni tecnici. Ma, nel passato, le cose andarono ben diversamente. Nel Medioevo e nel Rinascimento, tale relazione tra lo studio e il controllo della Natura a scopi umani venne riconosciuta solo in alcuni casi, tra cui quello dell'utilità di appurare le proprietà delle erbe nella cura delle malattie. Tuttavia questa connessione non venne ignorata per mera ottusità mentale, ma perché le condizioni oggettive le toglievano ogni reale valore. In effetti, le forme di ricerca scientifica allora in voga e i confusi processi di un artigiano tradizionale avevano così poco in comune che certamente nessun vantaggio sarebbe risultato da una più stretta collaborazione. Solo in alcuni casi molto limitati, la ricerca scientifica si rivelava utile a scopi pratici, come ad esempio nell'applicazione dell'astronomia alla navigazione oceanica nel secolo XV, oppure determinati bisogni pratici suggerivano ai filosofi "naturali" concreti problemi da risolvere.

Benché la descrizione sistematica dei procedimenti commerciali sia cominciata soltanto nel corso del secolo XVII, buona parte delle nostre conoscenze in fatto di tecnologia dell'età medievale e della prima fase dell'età moderna risale ai resoconti dei mestieri dell'epoca redatti da uomini di cultura. Che tali scrittori, malgrado l'interesse che portavano per questo argomento, non siano stati in grado di fornire un'analisi esauriente delle tecniche degli artigiani, ci dà la misura della frattura esistente tra la teoria e la pratica.

Era dunque necessaria una lunga serie di mutamenti indipendenti e interi stadi di sviluppo sia nella scienza che nella tecnologia perché queste due discipline potessero completarsi a vicenda. Lo scienziato doveva ancora imparare l'importanza di un esame rigoroso dei fatti, del metodo sperimentale e della prudenza nella formulazione di teorie generali.

Soltanto dopo aver acquisito una rigorosa base sperimentale, meccanica, fisica e chimica egli poté chiarire i relativi procedimenti tecnici. D'altra parte, perché la scienza trovasse pratica applicazione era pur sempre necessario un certo livello di organizzazione tecnica ed economica.

Lo sviluppo di una produzione su larga scala, la ricerca di nuove fonti energetiche, di macchinari più elaborati e di procedimenti chimici più complessi, gli effetti della competizione e la ricerca di un'autosufficienza nazionale, tutte queste cose messe insieme contribuirono a suscitare l'esigenza dell'analisi scientifica e di tecniche più sistematiche.

Durante il periodo in questione la scienza si sviluppò in modo del tutto indipendente dalla tecnologia; solo negli ultimi anni la figura dello scienziato sperimentale fu finalmente in grado, in alcuni casi, di assumersi l'iniziativa di nuove invenzioni. Verso la fine del secolo XVIII questa grave frattura tra scienza e tecnologia cominciò a colmarsi, e tra le due discipline ebbe inizio una fase reale di collaborazione; ma fino a quel momento i loro rispettivi problemi e il loro autonomo sviluppo erano stati più importanti di qualsiasi occasionale interconnessione.»

6 Qual è il titolo che meglio esprime le idee del brano?

A Il progresso scientifico nel Medioevo

B Il rapporto tra scienza e tecnologia nell'età moderna

C Scienza e tecnologia dall'epoca medievale all'epoca moderna

D Le scoperte scientifiche dal Medioevo all'età moderna

E Il rapporto tra filosofia e artigianato nel Medioevo

La risposta esatta è la C. Infatti il brano descrive il problema dei rapporti tra sviluppo scientifico e progresso tecnologico nel periodo che va dal Medioevo all'età moderna. Verso la metà del brano si fa esplicito riferimento al *tema centrale*, rappresentato dal rapporto tra filosofo e artigiano (o, in termini moderni, tra scienziato e tecnico), come elemento di differenziazione tra mondo medievale e mondo moderno. L'alternativa A è da scartare, in quanto il brano non analizza unicamente il progresso scientifico, ma anche quello tecnologico e più precisamente il rapporto tra i due; inoltre il periodo in esame non è solo quello medievale, ma piuttosto la transizione da quest'ultimo al periodo moderno. Analogamente, le alternative B, D ed E sono da scartare, in quanto prendono in considerazione rispettivamente solo il periodo moderno, solo le scoperte scientifiche e solo il periodo medievale.

7 Nel brano sono presenti tutte le seguenti affermazioni tranne una. Quale?

A Sono rari i casi in cui, nel Medioevo e nel Rinascimento, la ricerca scientifica si è rivelata utile a scopi pratici

B La connessione tra scienza e tecnica nel periodo medievale e rinascimentale venne ignorata a causa della scarsa comunanza dei processi utilizzati nei due rami

C Le nostre conoscenze relative alla tecnologia medievale derivano da scritti di intellettuali dell'epoca

D L'utilizzo delle erbe nella cura delle malattie è un esempio efficace delle frequenti applicazioni concrete della ricerca scientifica medievale

E La descrizione sistematica dei procedimenti commerciali delle età medievale e rinascimentale è iniziata nel secolo XVII

La risposta corretta è la D. L'autore del brano afferma infatti ripetutamente che i contatti tra scienza e tecnologia nel periodo medievale erano particolarmente rari. Le rimanenti alternative rispondono invece pienamente a quanto riportato nel passo.

8 Il carattere del brano è:

A colloquiale

B polemico

C economico

D descrittivo

E tecnico-scientifico

La risposta esatta è la D. Si tratta di un quesito relativamente semplice che non necessita di particolari spiegazioni: l'analisi storica effettuata dall'autore nel corso del brano è infatti caratterizzata da un tono tipicamente descrittivo/divulgativo.

9 L'autore ritiene che:

A le nuove invenzioni della prima fase dell'età moderna contribuirono a migliorare rapidamente la vita economica e scientifica dell'Europa Occidentale

B il progresso scientifico e tecnologico avanza rapidamente in corrispondenza delle scoperte più rilevanti, per poi attenuare il proprio sviluppo e attraversare fasi statiche durante le quali i progressi vengono assimilati e pienamente utilizzati

C il periodo dal Medioevo all'epoca moderna rappresenta uno stadio intermedio, in termini di sviluppo scientifico e tecnologico, che ha favorito la rivoluzione scientifica del secolo XVII e quella industriale del secolo XVIII

D la frattura tra scienza e tecnica nel Medioevo rappresenta la causa dell'astrattezza della ricerca scientifica e della rudimentalità dei processi tecnologici del periodo

E una collaborazione più intensa tra scienza e tecnica nel periodo medievale avrebbe sensibilmente beneficiato entrambe

La risposta esatta è la **C**. Infatti, alla fine del terzo paragrafo, l'autore afferma esplicitamente che il Medioevo rappresenta uno stadio intermedio senza il quale non sarebbero state possibili "né la rivoluzione scientifica del secolo XVII, né la rivoluzione industriale del secolo XVIII". L'alternativa **A** è errata in quanto all'inizio del quinto paragrafo lo scrittore sostiene che "il fenomeno delle nuove invenzioni della prima fase dell'età moderna non produsse, se non raramente, dei mutamenti repentini nella vita economica o scientifica". L'alternativa **B** è errata: infatti l'autore afferma, all'inizio del quarto paragrafo, che i progressi della scienza e della tecnica non avvengono a salti, cioè seguendo violente e profonde transizioni, ma piuttosto si verificano "gradualmente man mano che nuovi metodi e nuove idee mostrano la loro validità". L'alternativa **D** è errata: all'inizio del sesto paragrafo, infatti, lo scrittore asserisce il contrario, dicendo che troppo "spesso si è ritenuto, in maniera alquanto sbrigativa, che la frattura esistente…". L'alternativa **E**, infine, è errata in quanto l'autore afferma, a metà del settimo paragrafo, che "le forme di ricerca scientifica allora in voga e i confusi processi di un artigiano tradizionale avevano così poco in comune che certamente nessun vantaggio sarebbe risultato da una più stretta collaborazione".

10 Secondo quanto riportato dal brano, la frattura tra scienza e tecnologia:

A cominciò a colmarsi soltanto verso la fine dell'Ottocento

B necessitava di organizzazione tecnica ed economica per essere superata

C era caratteristica del secolo XIX

D era imputabile alle scarse relazioni tra scienziati e tecnici

E era stata evidenziata dai resoconti degli uomini di cultura dell'epoca

La risposta esatta è la **B**. Infatti a metà dell'ultimo paragrafo si afferma esplicitamente che perché la scienza trovasse pratica applicazione, era pur sempre necessario un certo livello di organizzazione tecnica ed economica. L'alternativa **A** è errata in quanto l'autore del brano afferma che tale frattura cominciò a colmarsi verso la fine del secolo XVIII, ossia verso la fine del Settecento e non dell'Ottocento. L'alternativa **C** è palesemente sbagliata, in quanto il brano descrive ripetutamente tale frattura come caratteristica del periodo medievale. L'alternativa **D** è errata in quanto l'autore afferma più volte che la menzionata frattura non era dovuta a scarse collaborazioni o relazioni tra scienziati e tecnici, ma piuttosto a divergenze relative ai campi d'indagine e ai procedimenti seguiti. Infine l'alternativa **E** è errata in quanto, con riferimento ai resoconti menzionati, l'autore afferma unicamente, alla fine del penultimo paragrafo, che essi non erano stati in grado di fornire un'analisi esauriente delle tecniche degli artigiani.

Brano 3 **In base alle informazioni contenute nel brano seguente, rispondere alle successive domande.**

«Questa fonte, le cui origini si possono far risalire all'epoca di Agrippa (19 a.C.) rischiò di essere soppressa quando papa Innocenzo fece deviare l'Acqua Vergine nella nuova fontana dei Fiumi di Piazza Navona.

Essa aveva costituito per secoli, comunque, la "mostra" terminale dell'Acqua che le aveva dato anche il nome, provenendo da Trebium, località a 13 chilometri da Roma. Nel Quattrocento era stata restaurata dall'Alberti e dal Rossellino, in forma di semplice fonte a tre sorgenti, con una liscia e breve facciata. Molti progetti si erano poi fatti per mutarne aspetto e posizione nella piazza, fino a che il Bernini, sotto Urbano VIII, cominciò a demolirla per riedificarla a fianco, ma fu interrotto per sopravvenute difficoltà economiche. Furono fatti allora vari progetti e uno di questi, certamente ispirato dal Bernini, mostra una monumentale facciata a cinque fornici, in bugnato, con fastigio decorato di statue. La fontana vera e propria è costituita da gruppi scultorei addossati alla facciata, con una vasca antistante: l'idea dell'attuale fontana era quindi già nata.

A questo primo progetto, ne seguì un altro sotto Innocenzo X, nel 1647 (documentato da un disegno recentemente ritrovato), in cui si vede come il Bernini avesse inserito l'idea della fontana entro la monumentale facciata del palazzo, che era stato proprio allora acquistato dalla potentissima donna Olimpia Pamphili. Le sculture si venivano raggruppando, dietro la grande vasca, su una specie di montagnola rocciosa, assai simile a quella che sosteneva i Fiumi in Piazza Navona. Il suo antecedente sembra vada cercato nel Parnaso di una fontana di Villa Aldobrandini a Frascati, del Della Porta. Neppure questo secondo progetto del Bernini trovò esecuzione e il problema della fontana di Trevi si trascinò in tentativi falliti e concorsi inutili fino a papa Clemente XII, che nel primo Settecento riprese l'opera. Scartato un progetto del Vanvitelli, l'incarico di edificare la nuova fontana passò a un architetto romano, Nicola Salvi, nel 1732. Ed ecco che costui, evidentemente conoscendo il secondo progetto berniniano, lo rielaborò abbastanza fedelmente, sostituendo al Parnaso l'Oceano e mantenendo la quinta architettonica. Morendo nel 1751, il Salvi fu sostituito da Giuseppe Pannini che, nel 1762, terminò l'opera, riavvicinandosi ancor più al modello berniniano, nella sostituzione delle due statue nelle nicchie laterali (un Agrippa e una Vergine) con le due figure profane della Abbondanza e Salubrità, scolpite dal Della Valle. L'Oceano al centro è invece opera del Bracci.»

---

11 **Quale potrebbe essere il titolo del brano?**

- **A** Il progetto di Bernini della fontana di Trevi
- **B** Storia della fontana di Trevi dal XVIII secolo a oggi
- **C** Le statue della fontana di Trevi
- **D** La fontana di Trevi
- **E** Bernini, Vanvitelli e papa Clemente XII

La risposta **B** è sbagliata dal momento che, per oltre metà del brano, l'autore parla della fontana nel periodo precedente al Settecento. Le alternative **A**, **C** ed **E** individuano argomenti che, pur essendo citati dall'autore, non rappresentano il tema intorno al quale ruota l'intero brano, come accade invece per la risposta **D** che è dunque la soluzione esatta del quesito.

---

12 **Il carattere del brano è:**

- **A** didascalico
- **B** poetico
- **C** polemico
- **D** comico
- **E** ironico

Il brano è di carattere didascalico (risposta **A**), nel senso che insegna la storia della fontana. D'altro canto, le alternative **B**, **C**, **D** ed **E** si possono scartare facilmente perché decisamente non corrispondenti al tono con cui l'autore svolge la trattazione dell'argomento.

13 **Sotto Innocenzo X:**

- **A** Bernini realizzò il primo progetto della fontana di Trevi
- **B** Bernini cominciò a demolire la fontana precedente
- **C** Della Porta progettò una fontana di Villa Aldobrandini
- **D** nasceva l'idea dell'attuale fontana di Trevi
- **E** fu realizzato da Bernini un secondo progetto della fontana di Trevi

Nel brano si spiega (terzo paragrafo) che, sotto il papato di Innocenzo X, il Bernini realizzò un "altro progetto" della fontana, cioè il secondo. Ne risulta che le risposte **A** e **B** sono errate, mentre la **E** è corretta. Sempre dal terzo paragrafo si ricava che anche la **C** è errata, perché la fontana di Villa Aldobrandini di Della Porta è citata come "antecedente" del secondo progetto di Bernini. Infine la **D** è errata perché, come si legge nelle ultime righe del secondo paragrafo, "l'idea dell'attuale fontana era quindi già nata" con il primo progetto di Bernini, all'epoca di Urbano VIII.

14 **Nel raccontare la storia della fontana di Trevi, l'autore sottolinea in particolare:**

- **A** la spesa economica per la realizzazione della fontana
- **B** l'alternarsi di numerosi progetti
- **C** l'influenza della figura del Papa sui progetti architettonici
- **D** le sorgenti d'acqua della fontana
- **E** l'intervento di Olimpia Pamphili

Sebbene nel brano si dica (secondo paragrafo) che il progetto del Bernini fu interrotto per sopravvenute difficoltà economiche, quest'ultimo aspetto non è certo ricorrente nel brano e dunque la risposta **A** è errata. Nel brano compaiono invece diverse frasi ("Molti progetti si erano poi fatti..."; "Furono fatti allora vari progetti..."; "A questo primo progetto ne seguì un altro..."; "Neppure questo secondo progetto trovò esecuzione..."; "Il problema della fontana di Trevi si trascinò in tentativi falliti e concorsi inutili fino a..."; "Scartato un progetto del Vanvitelli, l'incarico passò a...") che fanno ritenere esatta la risposta **B**. Le risposte **C**, **D** ed **E**, infine, indicano argomenti soltanto citati e non sottolineati nel brano.

15 **Quale tra i seguenti artisti non ha mai realizzato alcun intervento sulla fontana di Trevi?**

- **A** Pannini
- **B** Alberti
- **C** Rossellino
- **D** Vanvitelli
- **E** Tutti i precedenti artisti restauratono in momenti diversi la fontana di Trevi

Secondo quanto affermato nella prima parte del brano, Alberti e Rossellino restaurarono la fontana nel '400 e dunque le risposte **B** e **C** sono errate. Le ultime righe del brano consentono poi di scartare la risposta **A** e di individuare nella **D** la soluzione esatta del quesito.

Brano 4 **In base alle informazioni contenute nel brano seguente, rispondere alle successive domande.**

Isaac Newton è stato sconfitto: un team di ricercatori tedeschi è recentemente riuscito a dimostrare che, in particolari casi, il terzo principio della dinamica non funziona. Peccato che per riuscire a incastrare lo scienziato inglese i suoi colleghi contemporanei abbiano barato, almeno un po'. Ma andiamo con ordine.

La terza legge di Newton (il principio di azione e reazione) si applica ai sistemi inerziali, quei sistemi cioè in cui un punto non sottoposto a forze manterrà il suo stato di quiete, per esempio un libro sopra un tavolo.

Ebbene, in questi sistemi, a ogni forza prodotta in un corpo corrisponde una forza su altro corpo uguale e contraria. Un classico esempio è quello delle palle da biliardo, che quando si scontrano schizzano via in direzioni opposte.

Ulf Peschel e i suoi colleghi dell'Università di Erlangen-Norimberga sono però riusciti a far scontrare certi impulsi laser all'interno di un circuito di fibre ottiche evitando l'effetto "palla da biliardo" e battendo così sul campo un principio fisico stabilito nel 1687.

Ma per riuscire a dimostrare questo effetto hanno dovuto conferire alla luce una massa, piccola, piccolissima, ma pur sempre maggiore di zero. E qui sta il trucco.

Già la NASA all'inizio degli anni '90 aveva cercato un modo per superare il principio di azione e reazione: a livello teorico, se uno dei due corpi avesse massa negativa, dopo lo scontro accelererebbero entrambi nella stessa direzione. Se le due masse continuassero a interagire si avrebbe un'accelerazione continua, che prima o poi spingerebbe le due masse a velocità superiori a quelle della luce.

Questa speculazione è alla base dei motori a curvatura, la cui realizzazione si scontra però con un altro principio fisico: una massa non può avere un valore negativo. Anche l'antimateria, le cui particelle hanno carica e spin opposto a quello della materia, ha massa positiva.

Quanto pesa la luce?

Ciò che hanno fatto Peschel e i suoi collaboratori è stato dotare di massa i fotoni, cioè le particelle di luce. O, meglio, hanno fatto sì che i fotoni si comportassero come se avessero una massa. Per ottenere questo risultato hanno sparato gli impulsi laser attraverso uno speciale cristallo, che attraverso un complicato gioco di riflessioni e rifrazioni li ha, di fatto, rallentati conferendo loro proprietà fisiche uguali a quelle di particelle dotate di massa.

Giocando sulla forma delle onde luminose e sulla struttura del cristallo i ricercatori sono riusciti a creare impulsi di luce con "massa virtuale" negativa e a farli scontrare con quelli a "massa virtuale" positiva. Per ottenere l'interazione tra queste strane entità fisiche avrebbero però avuto bisogno di cristalli straordinariamente lunghi.

Gli scienziati hanno ovviato al problema realizzando due anelli in fibra ottica disposti a 8, di cui uno leggermente più piccolo dell'altro e vi hanno sparato dentro gli impulsi laser nella stessa direzione. Nel punto di contatto gli impulsi del primo anello cedono alcuni fotoni all'impulso del secondo: dopo qualche loop si viene a creare uno schema di interferenza tale per cui uno dei due impulsi ha massa positiva e l'altro negativa.

Quando l'impulso a massa positiva e quello a massa negativa si scontrano a loro volta, accelerano effettivamente nella stessa direzione, in barba alla terza legge di Newton. E ad ogni passaggio accelerano sempre di più.

Mantenendo il loop all'infinito, gli scienziati hanno di fatto realizzato qualcosa di molto simile a un minuscolo motore a curvatura. Servirà a costruire le astronavi del futuro? Probabilmente no, ma secondo Peschel potrebbe servire per costruire computer molto più veloci di quelli attuali. Per esempio conferendo una massa virtualmente negativa agli elettroni presenti nei semiconduttori dei circuiti elettronici e dei processori. Oppure per costruire display laser di nuova generazione, in cui il loop controlla la lunghezza d'onda dei fotoni e quindi il colore della luce.

"Ma", avverte lo scienziato "l'applicazione pratica di questo studio potrebbe essere decisamente complessa".

tratto dalla rivista «Focus»

16 In base a quanto riportato nel brano:

- **A** i principi della dinamica non funzionano
- **B** due corpi di massa positiva che si scontrano non seguono il terzo principio della dinamica
- **C** i ricercatori inglesi per ottenere dei risultati scientifici normalmente barano
- **D** un impulso a massa positiva e uno a massa negativa scontrandosi non seguono il terzo principio della dinamica
- **E** l'antimateria ha massa negativa

Il brano afferma che in questo caso gli scienziati inglesi hanno usato un trucco per dimostrare come, non sempre, il terzo principio della dinamica funzioni (alternative **A** e **C** errate). Quello che il brano afferma è che "quando l'impulso a massa positiva e quello a massa negativa si scontrano a loro volta, accelerano effettivamente nella stessa direzione, in barba alla terza legge di Newton" come affermato dall'alternativa **D**, soluzione del quesito.

17 **La realizzazione di un motore a curvatura:**

- A prevede l'esistenza di una massa negativa
- B si basa sulla presenza di due masse positive
- C prevede che due corpi scontrandosi prendano direzioni differenti
- D non potrà mai in alcun modo essere realizzato
- E nessuna delle altre alternative è corretta

La realizzazione di un motore a curvatura, afferma il brano, si scontra con il principio della fisica secondo cui una massa non può essere negativa. Il principio del motore a curvatura, infatti, prevede che due masse scontrandosi accelerino la corsa e non vadano in direzioni differenti e affinché ciò sia possibile una delle due masse deve essere negativa (A soluzione del quesito).

18 **In base al brano i fotoni:**

- A hanno massa negativa
- B hanno massa positiva
- C non hanno massa
- D sono particelle di metallo
- E sono cristalli

Il brano afferma che i ricercatori inglesi sono riusciti a dotare i fotoni di massa, o meglio, a farli comportare come se avessero una massa. Si può, quindi dedurre che i fotoni sono privi di massa (C soluzione del quesito).

Brano 5 **In base alle informazioni contenute nel brano seguente, rispondere alle successive domande.**

La storia romana fra la fine della repubblica e la caduta di Nerone è difficilmente intellegibile se non si rinuncia al pregiudizio di vedere la plebe romana come un ceto di proletari, cioè di lavoratori manuali dipendenti e in qualche caso autonomi, sia nell'agricoltura sia nell'industria. La plebe della decadenza repubblicana e dell'impero è un ceto che non lavora e quindi non produce, mentre invece ha diritti da tutti riconosciuti: tutti i cittadini romani abitanti nella città e nell'area suburbicaria non lavorano, perché è ritenuto ovvio che abbiano diritto a vivere sui proventi dell'impero.

Il sistema prevedeva l'acquisto da parte dello stato di enormi quantitavi di cereali, procedura che influendo sul libero mercato, danneggiava i proprietari fondiari italici, con conseguente depauperamento della penisola. In difesa di questi ultimi Augusto pensò di eliminare le frumentazioni e di sostituirle con sussidi in denaro, con la creazione di un'apposita tessera che testimoniasse il diritto ai sussidi. Il progetto fu sospeso in quanto ritenuto politicamente pericoloso, e anzi una legge annonaria limitò la libera circolazione dei cereali.

Un problema ulteriore era costituito dall'evoluzione del servizio militare. Nel mondo classico questo era inteso come un obbligo del cittadino che non pagava imposte dirette se non con i rischi e le fatiche della prestazione militare. In questo modo lo stato limitava le spese per l'esercito e per la guerra. Ma, con l'introduzione dell'esercito professionale pagato, il servizio militare cessò di avere carattere di tributo. Di qui l'aumento delle spese dello stato e la necessità per Augusto di imporre ai cittadini tasse prima inesistenti che colpivano le vendite degli schiavi, le vendite all'asta, l'asse ereditario nelle successioni, eccetera.

Le nuove tasse augustee (ad eccezione della tassa sulla vendita di schiavi, che ha origini antiche) sono innovative, dato che per la prima volta viene colpita la proprietà privata, con prelievi fiscali che, pur lontani da quelli praticati nelle province, costituiscono una decurtazione dei diritti tradizionali dei cittadini romani.

19 **Dal testo si evince che la parola "depauperamento" indica riduzione di:**

- A libertà
- B sviluppo
- C ricchezza
- D fertilità
- E povertà

Il termine depauperamento si trova all'inizio del secondo paragrafo: "il sistema prevedeva l'acquisto da parte dello stato di enormi quantitavi di cereali, procedura che influendo sul libero mercato, danneggiava i proprietari fondiari italici, con conseguente *depauperamento* della penisola". Si nota come in questo caso il termini indichi una riduzione della ricchezza generale prodotta nella penisola italiana (si parla infatti di influenza sul "libero mercato" e danneggiamento dei proprietari fondiari). La **C** è quindi la soluzione del quesito.

20 Dal testo si evince che all'epoca di Augusto non godevano della cittadinanza romana:

- **A** i militari
- **B** i proprietari italici
- **C** i plebei
- **D** gli abitanti delle province
- **E** i lavoratori manuali

Alla fine del penultimo paragrafo si afferma che Augusto dovette imporre ai cittadini tasse prima inesistenti. L'ultimo paragrafo afferma poi che le nuove tasse augustee erano innovative, dato che per la prima volta veniva colpita la proprietà privata anche se i prelievi fiscali praticati erano lontani da quelli già praticati nelle province. Si può quindi dedurre che gli abitanti delle province non erano cittadini romani, in quanto già pagavano tasse, imposte invece da Augusto ai cittadini per la prima volta al fine di finanziare l'esercito. La **D** è quindi la soluzione del quesito.
Siamo ora in grado di rispondere ai quesiti proposti all'inizio del capitolo.

Quesito I. La soluzione del quesito è la **E**. La domanda fa riferimento al seguente passaggio del brano: "è indispensabile che il francobollo rechi l'indicazione dell'autorità che lo ha emesso (indicazione che denota anche l'origine della corrispondenza affrancata) includendo anche una cifra relativa al suo valore facciale. In altre parole, il francobollo è un mezzo di comunicazione grafica latore di due messaggi, l'uno relativo all'autorità emittente, l'altro riguardante il suo costo, che è anche il costo della funzione cui è destinato."

Quesito II. La soluzione del quesito è la **B**. Il passaggio del brano a cui la domanda fa riferimento è il seguente: "il francobollo può anche venire considerato e giudicato sotto il semplice profilo estetico, alla stregua cioè di un'incisione o di una stampa più o meno d'arte. Una lettura del genere non terrà in alcun conto la sua ricca (e praticamente infinita) serie di allusioni, simboli, riferimenti, né si preoccuperà di rilevare quello che è il suo significato primario: di essere un indicatore assai preciso di situazioni politiche e culturali."

Quesito III. Come evidenziato nei due passaggi seguenti, la soluzione è rappresentata dall'alternativa **A**: "Il tipo della stampa, i caratteri delle scritte e delle cifre, l'immagine con cui l'autorità emittente si dichiara, sono tutti dati da cui il bollo postale deriva una precisa posizione storica", "Provvisto di connotati così vari e complessi, di una carica semantica talmente ampia e di radici storiche e figurative tanto profonde e articolate..."

Quesito IV. Per risolvere questo esercizio occorre fare riferimento al seguente passaggio: "non mancheranno certo occasioni in cui il francobollo (come la carta moneta) potrà presentarsi sotto aspetti di estrema concisione, con le indicazioni indispensabili ridotte al minimo; ma anche in casi siffatti (e infrequenti) saranno il tipo della carta, l'anonimità generica dei caratteri di stampa, la rozzezza dell'esecuzione a costituire le precipue componenti di stile e di connotati, denunciando anormali circostanze di crisi sociale o politica". La soluzione, di conseguenza, è la **E**.

Quesito V. Secondo quanto riporta il testo, un francobollo comunica "valori e legami culturali, divenuti sempre più articolati con il diffondersi delle emissioni commemorative... seguite poi da altri tipi, celebrativi di speciali occasioni, di avvenimenti di particolare significato politico". La soluzione è dunque la **C**.

Ripassa da qui

Volendo sintetizzare e schematizzare le diverse fasi di analisi e soluzione dei quesiti, si può quindi procedere come di seguito.

Veloce lettura preliminare del/i quesiti.
Leggere solo le domande, non le diverse risposte alternative.

Lettura attenta della prima parte del brano

Leggere attentamente i primi paragrafi (per un brano breve il primo paragrafo), concentrandosi sui seguenti elementi: tema o idea centrale del brano, intento dell'autore, carattere del brano, tono, contesto geografico e temporale.

Lettura veloce del resto del brano

Leggere più rapidamente il resto del brano, soffermandosi brevemente a identificare mentalmente i concetti e le argomentazioni di ogni passaggio.

Analisi dei quesiti

Esaminare tutte le alternative a disposizione per ogni quesito, restando pronti a tornare velocemente, se necessario, alla parte del testo relativa al quesito.

Evitare di passare a un brano successivo senza aver prima completato la serie di quesiti relativa al brano già letto.

2 Logica deduttiva

Mettiti alla prova

I **Su una pista di atletica sono presenti diciotto corridori, alcuni appartengono alla squadra Lampo, gli altri alla squadra Fulmine. Una parte dei corridori presenti sulla pista di atletica calza scarpe rosse. Il numero di corridori presenti sulla pista che non calza scarpe rosse è maggiore di quello dei corridori che le calza. Il numero di corridori appartenenti alla squadra Lampo presenti sulla pista è superiore a quello dei corridori appartenenti alla squadra Fulmine e quello dei corridori appartenenti alla squadra Lampo che non calzano le scarpe rosse è pari a quattro. Si può quindi dedurre con certezza che tra i corridori presenti sulla pista ci sono:**

- **A** al massimo due corridori appartenenti alla squadra Fulmine che calzano scarpe rosse
- **B** otto corridori appartenenti alla squadra Fulmine
- **C** al massimo sei corridori appartenenti alla squadra Lampo che calzano scarpe rosse
- **D** al massimo dieci corridori appartenenti alla squadra Lampo
- **E** almeno otto corridori appartenenti alla squadra Fulmine

II **«Non si può essere allegri quando non si è sereni, equilibrati e spensierati».**
«Non si può essere sereni, equilibrati e spensierati senza essere allegri».
Se le precedenti affermazioni sono vere, quale delle seguenti conclusioni è errata?

- **A** Se si è sereni, spensierati ed equilibrati, allora si è allegri
- **B** Essere sereni, equilibrati e spensierati è condizione necessaria per essere allegri
- **C** Chi non è allegro non può essere sereno, equilibrato e spensierato
- **D** Chi è allegro non può non essere sereno, equilibrato e spensierato
- **E** Essere sereni, equilibrati e spensierati è condizione necessaria, ma non sufficiente per essere allegri

III **«Alcune recenti ricerche hanno respinto l'impossibilità della non veridicità della tesi secondo la quale non esiste una correlazione negativa tra età media delle persone e quantità media di sigarette che tali persone hanno fumato».**
Se quanto sopra riportato è vero, quale delle seguenti affermazioni è vera?

- **A** Il fumo accorcia la vita media delle persone
- **B** Non vi è correlazione negativa tra quantità di sigarette fumate e vita media delle persone
- **C** Il fumo allunga la vita media delle persone
- **D** È impossibile che vi sia una correlazione negativa tra quantità di sigarette fumate e vita media delle persone
- **E** È possibile che vi sia una correlazione negativa tra quantità di sigarette fumate e vita media delle persone

Ecco le risposte esatte dei 3 quesiti proposti: I **A**, II **E**, III **E**.

I problemi di ragionamento sono volti a **misurare le capacità logico-deduttive di un individuo**. Più in particolare, essi intendono valutarne l'attitudine a comprendere relazioni di causa ed effetto, riconoscere categorie concettuali, distinguere i ragionamenti coerenti da quelli privi di fondamento, seguire accuratamente una sequenza complessa di affermazioni tra loro interdipendenti, comprendendone le implicazioni.

Si tratta di capacità che un individuo generalmente utilizza nella vita di tutti i giorni, indipendentemente dal proprio campo di studi o dal proprio tipo di attività. Non è dunque richiesta alcuna conoscenza di logica formale né una preparazione su specifiche discipline.

Per prepararsi a una prova logico-attitudinale bisogna studiare le tipologie di domande solitamente utilizzate e acquisire familiarità con i procedimenti di risoluzione attraverso l'esercizio.

Sono soprattutto le facoltà di Ingegneria che utilizzano il test Cisia a fare largo uso di queste tipologie di esercizi.

2.1 | Deduzioni logiche

Si tratta di esercizi che intendono valutare le capacità deduttive e di ragionamento del candidato. È necessario analizzare attentamente il testo delle istruzioni e della domanda per poter individuare correttamente le conclusioni da esso deducibili in modo logico (cioè necessario) e identificare così le risposte. Innanzitutto, dunque, occorre individuare con rigore le relazioni logiche esistenti fra le varie parti dell'argomentazione proposta.

2.1.1 | Condizione necessaria e condizione sufficiente

Una condizione indica un fatto alla cui esistenza è subordinato il verificarsi di una certa conseguenza.

Una condizione può essere:

- sufficiente, la sua esistenza garantisce sempre il verificarsi di una determinata conseguenza;
- necessaria, la sua esistenza è indispensabile, imprescindibile affinché una determinata conseguenza si possa verificare.

Per riconoscere se si tratta di una condizione necessaria o di una condizione sufficiente è utile ricordare che:

- "se" introduce una condizione sufficiente;
- "solo se" introduce una condizione necessaria.

È possibile risolvere velocemente un esercizio con la condizione sufficiente applicando la seguente regola: quando si ha una frase del tipo

se A allora B,

l'unica cosa che è possibile dedurre con certezza è che:

se non B allora non A.

In altri termini: se A è sufficiente perché si verifichi B, allora il non verificarsi di B implica che anche A non si verifichi, perché se A fosse vera lo sarebbe anche B.

Si consideri la frase «se gioco a carte mi diverto».

Applicando la regola appena vista si può dire che *se A* (se gioco a carte) *allora B* (mi diverto).

L'unica cosa che si può affermare con certezza è che *se non B* (se non mi sono divertito) *allora non A* (non ho giocato a carte).

È invece possibile risolvere velocemente un esercizio con la condizione necessaria applicando la seguente regola: quando si ha una frase del tipo

solo se A allora B,

si può dedurre che:

se non A allora non B

oppure

se B allora A

In altri termini: essendo A necessaria per B, è evidente che se A non si verifica allora non può verificarsi neppure B. Analogamente, se B si verifica significa che anche A deve essere verificata (essendo necessaria).

Si consideri la frase «solo se mi alleno divento un bravo atleta».

Applicando la regola appena vista si può dire che *solo se A* (solo se mi alleno) *allora B* (divento un bravo atleta).

Si può, quindi, affermare con certezza è che *se non A* (se non mi alleno) *allora non B* (non divento un bravo atleta), ma anche che *se B* (se sono diventato un bravo atleta) *allora A* (mi sono allenato).

Esiste poi una terza **condizione** che è quella **sia sufficiente sia necessaria** introdotta dall'espressione "se e solo se" ed è quindi del tipo:

se e solo se A allora B,

In questo caso si potrà dedurre sia quanto ricavato dalla condizione sufficiente, sia quanto ricavato da quella necessaria e cioè:

se non A allora non B
se non B allora non A,
se B allora A.

Ricapitolando:

- **Condizione sufficiente**
  Frase del tipo: *se A allora B.*
  L'unica cosa che è possibile dedurre con certezza è che:
  se non B allora non A.
- **Condizione necessaria**
  Frase del tipo: *solo se A allora B.*
  Le uniche cose che è possibile dedurre con certezza sono che:
  se B allora A;
  se non A allora non B.
- **Condizione necessaria e sufficiente**
  Frase del tipo: *se e solo se A allora B.*
  Le cose che è possibile dedurre con certezza sono che:
  se non B allora non A;
  se B allora A;
  se non A allora non B.

Esempi

---

1 "Se lasciassi cadere il vaso di porcellana, questo si romperebbe". Se l'argomentazione precedente è corretta, quale delle seguenti è certamente vera?

- **A** Se il vaso di porcellana è intatto, ciò vuol dire che non l'ho lasciato cadere
- **B** Se non lascerò cadere il vaso di porcellana, questo non si romperà
- **C** Se il vaso di porcellana è rotto, questo indica che l'ho lasciato cadere
- **D** Se il vaso di porcellana è intatto, non vuol dire che non l'ho fatto cadere
- **E** Condizione necessaria, ma non sufficiente affinché il vaso di porcellana si rompa è che lo si lasci cadere

Nel caso in esame, l'atto di far cadere il vaso risulta essere una condizione *sufficiente* affinché il vaso di porcellana si rompa, ma non *necessaria*: infatti il vaso di porcellana potrebbe anche rompersi per altre cause (alternativa **E** errata).

Ciò che si può dedurre con certezza è che se non B (se il vaso non si è rotto) allora non A (allora non lo ho lasciato cadere). Infatti, poiché il vaso si rompe ogni volta che lo lascio cadere, se è intatto certamente non l'ho fatto cadere (**A** soluzione del quesito).

Quando una condizione è sufficiente vuol dire che non è però l'unica che può portare a una determinata conseguenza. Dire che se faccio cadere il vaso questo si rompe, vuol dire che il vaso può rompersi anche per altri motivi (non si rompe il vaso SOLO quando cade, ma si rompe SE cade). Non si può, quindi, dedurre che se non A (se non lo lascio cadere) allora non B (allora non si rompe) e per lo stesso motivo non si può dire che se B (se il vaso è rotto) allora certamente A (allora certamente è caduto). Come si vede le alternative B e C sono errate.

---

2 Soltanto se la mia automobile ha benzina può funzionare.

Se quanto affermato sopra è vero, allora quale delle seguenti affermazioni è vera?

a) Se la mia automobile ha la benzina, allora funziona

b) Se la mia automobile non funziona, allora non ha benzina

c) Se la mia automobile funziona, allora ha benzina

A a

B b

C c

D a e b

E b e c

La risposta corretta è la C. Infatti, questo esercizio presenta il tipico caso della *condizione necessaria ma non sufficiente*. In altre parole, il fatto di avere benzina è condizione necessaria, ma non sufficiente, per il funzionamento dell'automobile. Dunque, la a) e la b) sono entrambe errate: la a) in quanto, essendo la presenza di benzina unicamente condizione necessaria, l'automobile potrebbe non funzionare per altri motivi; la b) in quanto l'automobile potrebbe non funzionare per motivi diversi dall'assenza di benzina. È possibile osservare che l'affermazione alla base di questo esercizio è del tipo: *soltanto se è vera X, allora è vera Y* (cioè: soltanto se l'automobile ha benzina, allora può funzionare).

Ne segue anche che è valida: *se è vera Y, allora è vera X* (cioè: se l'automobile funziona, allora ha benzina). Non è invece valida in questo caso: *se non è vera Y, allora non è vera X* (se l'automobile non funziona, allora non ha benzina), così come non è valida: *se è vera X, allora è vera Y* (se ha benzina, allora funziona).

---

3 Se e solo se fa fisioterapia il paziente può guarire.

Se la precedente affermazione è vera allora è certamente vero che:

A anche se non fa fisioterapia il paziente può guarire

B anche se fa fisioterapia il paziente potrebbe non guarire

C è più importante fare fisioterapia che assumere medicinali

D se il paziente è guarito ha fatto fisioterapia

E il paziente guarito potrebbe non aver fatto fisioterapia

Dire che il paziente guarisce se e solo se fa fisioterapia, significa che fare fisioterapia è sufficiente per guarire (quindi non può accadere quanto previsto dall'alternativa B che è errata), ma è anche necessario: non si può guarire senza averla fatta (alternative A ed E errate). È vero, invece, che se un paziente è guarito, certamente ha fatto fisioterapia, perché farla era necessario per guarire (D soluzione del quesito).

---

4 Per passare l'esame è necessario ma non sufficiente avere o fortuna o una solida preparazione. Determinare quale delle seguenti situazioni è NON compatibile con questa affermazione.

A Riccardo ha fortuna, ma non ha passato l'esame

B Riccardo non ha fortuna, ma ha passato l'esame

C Riccardo ha passato l'esame ma non ha una solida preparazione

D Riccardo ha una solida preparazione e fortuna, ma non ha passato l'esame

E Riccardo ha passato l'esame, ma non ha né fortuna né solida preparazione

Se per passare l'esame è necessario avere o una solida preparazione o fortuna significa che se non si dispone di solida preparazione o di fortuna non è possibile passare l'esame e se si ha passato l'esame certamente si ha una una solida preparazione o fortuna (la condizione è infatti necessaria).

Non è pertanto possibile quanto indicato dall'alternativa **E**, che è dunque la risposta cercata.

---

5 **Aldo è titolare di una officina meccanica, e può aggiustare l'auto del sindaco se e solo se ha a disposizione sia gli attrezzi sia i ricambi. Determinare quale delle seguenti deduzioni è corretta.**

A Aldo oggi possiede gli attrezzi, quindi può aggiustare l'auto del sindaco

B Aldo oggi non può aggiustare l'auto del sindaco, quindi non possiede i ricambi

C Aldo oggi possiede gli attrezzi ma non può aggiustare l'auto del sindaco, quindi non possiede i ricambi

D Aldo oggi non può aggiustare l'auto del sindaco, quindi non possiede né i ricambi ricambi né gli attrezzi

E Aldo oggi non può aggiustare l'auto del sindaco, quindi non possiede gli attrezzi

Il testo dell'esercizio afferma che condizione necessaria e sufficiente (*se e solo se*) per poter aggiustare l'auto del sindaco è avere a disposizione sia gli attrezzi sia i ricambi (tutti e due); ciò significa che se non si possiedono gli attrezzi oppure i ricambi (basta non averne uno) non sarà possibile aggiustare l'auto del sindaco.

Risulta pertanto corretta l'alternativa **C**: se Aldo possiede gli attrezzi ma non può aggiustare l'auto del sindaco significa che non ha i ricambi.

---

6 **Quando il mio capo fa le parole crociate vuol dire che è rilassato. Sulla base di questa sola affermazione, quale delle seguenti deduzioni è corretta?**

A Il mio capo non è rilassato, quindi non fa le parole crociate

B Il mio capo non sta facendo le parole crociate, quindi non è rilassato

C Il mio capo non sta facendo le parole crociate, quindi è rilassato

D Il mio capo è rilassato, quindi sta facendo le parole crociate

E Il mio capo non è rilassato, quindi sta facendo le parole crociate

Il testo dell'esercizio afferma che se il capo fa le parole crociate allora è rilassato; ciò significa che per il capo fare le parole crociate è condizione sufficiente per essere rilassato. Si può dunque dedurre che se il capo non è rilassato certamente non fa le parole crociate (se facesse le parole crociate, infatti, dovrebbe essere rilassato). La risposta corretta è dunque la **A**.

2.1.2 | Problemi con relazioni logiche (sillogismi)

Una variante dei problemi di deduzione logica è costituita da esercizi che, nella loro formulazione, richiamano i sillogismi. Si tratta di esercizi in cui vengono presentate alcune premesse (generalmente tre) esplicitanti relazioni tra soggetti diversi, dalle quali si possono trarre o non trarre determinate conclusioni. L'esercizio richiede di identificare, tra le alternative proposte, quella in cui compare un'affermazione deducibile logicamente da quelle iniziali.

Esempi

1 **Tutti gli avvocati sono prolissi; Giorgio ama la montagna; tutte le persone che amano la montagna sono prolisse.**

Se le affermazioni sopra riportate sono vere, quale delle seguenti è necessariamente vera?

- **A** Giorgio è un avvocato
- **B** Tutte le persone prolisse sono avvocati
- **C** Tutti gli avvocati amano la montagna
- **D** Giorgio è prolisso
- **E** Giorgio avrebbe voluto essere un avvocato

La risposta esatta è la **D**. Infatti se Giorgio ama la montagna e tutti coloro i quali amano la montagna sono prolissi, anche Giorgio è prolisso.

L'alternativa **A** è errata in quanto Giorgio, amando la montagna, è necessariamente prolisso, ma ciò non implica che sia avvocato. Il fatto che tutti gli avvocati siano prolissi non implica necessariamente che tutte le persone prolisse siano avvocati. Per lo stesso motivo è dunque errata anche l'alternativa **B**.

L'alternativa **C** è errata in quanto l'unica informazione certa sugli avvocati è che essi sono prolissi e il fatto che anche le persone che amano la montagna siano prolisse non consente di dedurre che tutti gli avvocati amino la montagna. La **E** è palesemente errata e non necessita di spiegazione. Alla soluzione si sarebbe potuti giungere anche schematizzando le relazioni logiche, metodo che risulta spesso particolarmente utile ed efficace. Le tre affermazioni iniziali possono infatti essere graficamente riportate come segue:

$$\begin{array}{c} \text{avvocati} \rightarrow \text{persone prolisse} \\ \uparrow \\ \text{Giorgio} \rightarrow \text{persone che amano la montagna} \end{array}$$

Seguendo le frecce che riproducono le tre affermazioni è possibile giungere dall'insieme *Giorgio* all'insieme *persone prolisse*. Non è invece possibile giungere dall'insieme *Giorgio* all'insieme *avvocati*. Per far ciò sarebbe stata necessaria una freccia dall'insieme *persone prolisse* all'insieme *avvocati*. In altre parole, sarebbe stato necessario sapere che tutte le persone prolisse sono avvocati. Mancando tale informazione, ne segue che le alternative **A** e **B** sono errate.

Analogamente, per poter collegare l'insieme *avvocati* con l'insieme *persone che amano la montagna*, ossia per poter affermare che tutti gli avvocati amano la montagna, sarebbe stato necessario avere una freccia dall'insieme *persone prolisse* all'insieme *persone che amano la montagna*. In altre parole, sarebbe stato necessario sapere che tutte le persone prolisse amano la montagna. Mancando tale informazione, ne segue che l'alternativa **C** è errata.

Leggere le seguenti affermazioni e rispondere alle relative domande.

- **Maria Teresa è laureata in Ingegneria**
- **Tutti coloro che vogliono avere successo professionale sono laureati in Ingegneria**
- **Chi si laurea in Ingegneria trova impiego entro due anni dalla laurea**

---

2 **Se le tre affermazioni sopra riportate sono vere, quale delle seguenti è vera?**

- **A** Maria Teresa certamente lavora
- **B** Maria Teresa vuole avere successo professionale
- **C** Tutti i laureati in Ingegneria vogliono avere successo professionale
- **D** Chi ha trovato lavoro entro due anni dalla laurea è laureato in ingegneria
- **E** Se Maria Teresa non lavora allora troverà lavoro entro due anni

L'esercizio si risolve esplicitando le relazioni logiche tra le tre affermazioni date.

- Maria Teresa → laureata in Ingegneria.
- chi vuole avere successo professionale → laureati in Ingegneria.
- laureati in Ingegneria → trovano un impiego entro due anni dalla laurea.

Avendo presente queste relazioni non si può affermare che Maria Teresa lavora, in quanto potrebbe essere laureata da meno di due anni (alternativa A errata), né che Maria Teresa vuole certamente avere successo professionale (non è detto che si sia laureata in Ingegneria per via del successo professionale), né tanto meno (per lo stesso motivo) che tutti coloro che desiderano il successo professionale siano laureati in ingegneria (alternative B e C errate). Allo stesso modo non si può affermare che solo chi ha trovato lavoro entro due anni dalla laurea è laureato in ingegneria (anche la alternativa D è dunque errata) La risposta corretta è dunque la E: se Maria Teresa, che è laureata in ingegneria, non lavora è perché ancora non ha trovato occupazione, ma ciò accadrà entro due anni dalla Laurea.

Leggere le seguenti affermazioni e rispondere alle relative domande.

3 **Se è vero che:**

- **tutti i filosofi sono saggi;**
- **alcuni filosofi sono anche matematici;**
- **Aristotele fu un importante filosofo greco;**

se ne deduce necessariamente che:

A i saggi greci furono filosofi
B tutte le persone sagge sono anche matematici
C alcuni matematici sono saggi
D Aristotele fu anche un matematico
E esistono matematici che non sono saggi

L'affermazione "alcuni filosofi sono anche matematici" significa che tra i matematici alcuni sono anche filosofi. Poiché tutti i filosofi sono saggi se ne deduce che alcuni matematici (essendo filosofi) sono saggi (risposta corretta C).
Si osservi che l'affermazione "Aristotele fu un importante filosofo greco" è del tutto irrilevante per determinare la soluzione del quesito.

4 **Un Venusiano osserva che:**

- **la metà di tutti i Venusiani è sportivo;**
- **la metà di tutti i Contosiani è sportivo;**
- **la metà di tutti i Venusiani è gentile.**

Sapendo che non si può essere contemporaneamente gentili e sportivi, il Venusiano deduce che una sola delle seguenti deduzioni NON è possibile; quale?

A Tutti i Contosiani sono Venusiani
B Metà dei Contosiani sono gentili
C Non esistono Venusiani che sono anche Contosiani
D Contosiani e Venusiani sono lo stesso gruppo di persone
E Tutti i Venusiani sono Contosiani e nessun Contosiano è gentile

Poiché metà dei Contosiani è sportiva non si può escludere che l'altra metà sia gentile (la B è quindi possibile). È anche possibile che Venusiani e Contosiani siano lo stesso gruppo di persone, per metà sportivi e per metà gentili (D possibile), come è possibile che siano due gruppi completamente distinti (C possibile). Immaginando che l'altra metà dei Contosiani sia gentile, è infine anche possibile che tutti i Contosiani siano Venusiani (A possibile) come rappresentato nel seguente schema:

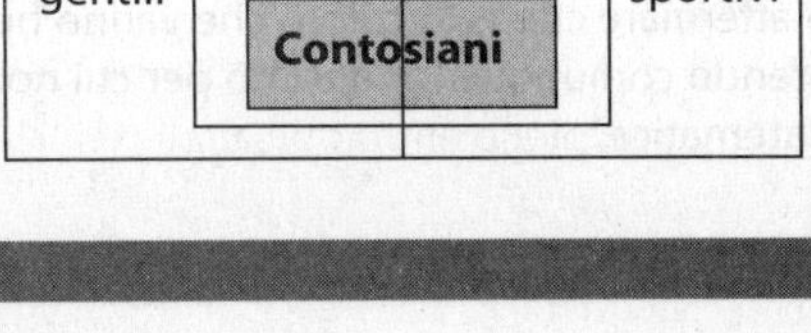

È però impossibile che tutti i Venusiani, che per metà sono gentili, siano Contosiani senza che qualcuno di questi ultimi risulti anch'esso gentile (**E** soluzione del quesito).

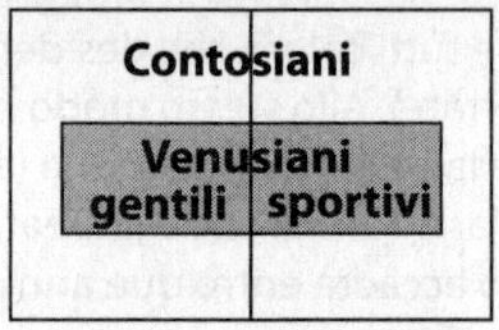

5 **Non tutti gli studenti che vanno bene in italiano vanno bene in matematica. Quindi si è certi che:**

- **A** tutti gli studenti vanno bene in italiano
- **B** tutti gli studenti vanno bene in matematica
- **C** almeno uno studente va bene in italiano e matematica
- **D** almeno uno studente va bene in italiano e non va bene in matematica
- **E** almeno uno studente va bene in matematica e non va bene in italiano

Per poter affermare che non tutti quelli che vanno bene in italiano vanno bene in matematica è necessario che ci sia almeno uno di coloro che vanno bene in italiano che non va bene in matematica come correttamente proposto dall'alternativa **D**. Si può rappresentare graficamente tale relazione nei seguenti modi:

1

2

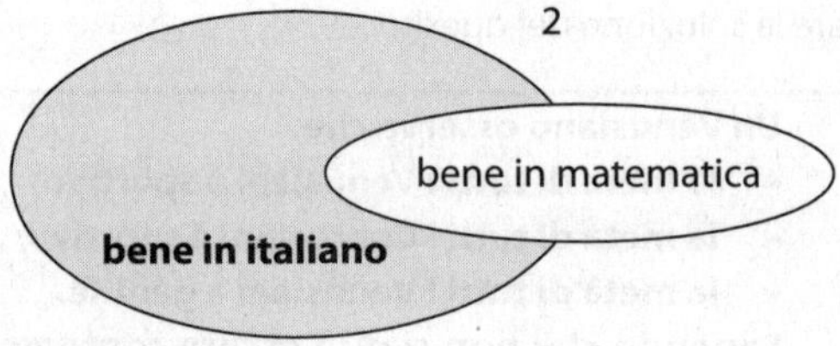

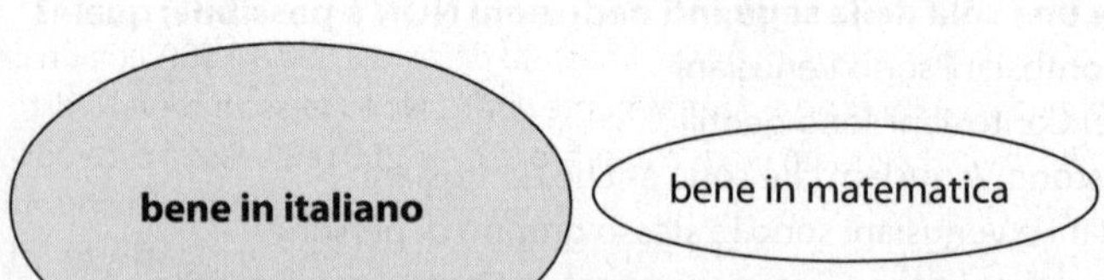

3

In tutti e tre i casi, infatti, c'è sempre almeno uno studente che va bene in italiano che non va bene in matematica.

Si presti attenzione all'alternativa **C**, errata in quanto è solo un caso possibile, ma non necessariamente vero (i due insiemi – coloro che vanno bene in italiano e coloro che vanno bene in matematica – possono anche non aver alcun elemento in comune rispettando comunque l'enunciato del quesito). Errata risulta anche l'alternativa **E**: se infatti l'insieme di chi va bene in matematica è incluso nell'insieme più ampio di chi va bene in italiano, posso affermare che tutti coloro che vanno bene in matematica vanno anche bene in italiano, non contraddicendo comunque l'enunciato per cui non tutti quelli che vanno bene in italiano vanno anche bene in matematica.

2.1.3 | Problem solving

Sono esercizi che presentano al candidato una situazione, un problema, chiedendo la soluzione dello stesso. Molto più simili a giochi di logica che possono essere fatti anche tra amici, solitamente, più che attraverso l'utilizzo di schemi o di tabelle, questi esercizi, qualora prevedano un ragionamento complesso, possono essere risolti attraverso l'analisi delle alternative.

1 **Il venusiano Vrxff afferma: *"Su Venere nessuno può avere più di una mgl"* Il suo amico marziano Mrkzz lo informa che su Marte questa norma non è in vigore. Dunque, necessariamente:**

A i Marziani possono avere più di una mgl

B ogni Marziano ha più di una mgl

C almeno un Marziano ha più di una mgl

D tutti i Venusiani hanno una e una sola mgl

E se un Venusiano abita su Marte allora ha più di una mgl

Affermare che "su Venere nessuno può avere più di una mgl", significa che ogni venusiano non possiede alcuna mgl o al ma ssimo ne ha una; l'alternativa D è pertanto errata. Poiché tale regola non è valida per Marte, si deve concludere che per gli abitanti di Marte non esistono vincoli; dunque anche le alternative B, C ed E sono errate. L'unica alternativa corretta è pertanto la A, ossia i marziani possono avere più di una mgl.

2 **Per quanto riguarda i luoghi artistici in Italia, l'Associazione Amici dell'Arte (AAA) ha censito nel 2003 circa 8.400 punti di interesse e poco meno di 400 musei, e nel 2013 circa 8.600 punti di interesse e poco più di 200 musei. Quale delle seguenti affermazioni è possibile dedurre da questa frase?**

A Tra il 2003 e il 2013 i punti di interesse sono diminuiti

B Il turismo verso le città d'arte in Italia tra il 2003 e il 2013 è diminuito

C Il numero di punti di interesse censiti dall'AAA ha registrato una contrazione tra il 2003 e il 2013

D Nei dieci anni considerati, al contrario dei punti di interesse, il numero di musei è diminuito

E Il numero dei musei si è ridotto a un terzo tra il 2003 e il 2013

Tra il 2003 e il 2013 il numero di punti di interesse è passato da circa 8.400 a 8.600, con un incremento di circa 200 unità; quindi le alternative A e C sono evidentemente errate. Nello stesso intervallo di tempo il numero di musei è passato da circa 400 a circa 200, con un decremento di circa 200 unità, ossia circa della metà e non di un terzo; pertanto anche l'alternativa E è errata. Infine anche l'alternativa B non è corretta in quanto dal testo dell'esercizio non è possibile dedurre alcunché riguardo al turismo verso le città d'arte. La risposta esatta è dunque la D: nel 2003 il numero di musei, come visto, è diminuito, mentre quello dei punti di interesse è aumentato.

3 **C'è una scatola contenente gettoni da gioco. La metà di essi è quadrata e l'altra metà è rotonda. I gettoni per metà sono verdi e per metà sono blu. Si può dedurre necessariamente che:**

A il numero di gettoni deve essere un multiplo di quattro

B il numero di gettoni rotondi verdi è uguale al numero di gettoni quadrati blu

C i quattro tipi di gettoni (quadrati blu, quadrati verdi, rotondi blu, rotondi verdi) sono in numero uguale

D il numero dei gettoni quadrati blu è uguale al numero dei gettoni rotondi blu

E il numero dei gettoni quadrati blu è uguale al numero dei gettoni quadrati verdi

COMPRENSIONE VERBALE E LOGICA

Per semplificare il ragionamento si supponga che la scatola contenga 10 gettoni. In base al testo si può facilmente dedurre che 5 sono quadrati e 5 rotondi; quanto al colore, 5 sono verdi e 5 blu. Tra i 5 gettoni quadrati X saranno di colore verde e i rimanenti 5–X di colore blu.

Se si esaminano i 5 gettoni rotondi, quelli verdi devono essere 5–X: infatti il numero totale di gettoni verdi è 5, di forma quadrata ve ne sono X e dunque ne rimangono 5–X che devono dunque avere forma rotonda.

Analogamente, i gettoni blu in totale sono 5; quelli di forma quadrata sono 5–X e dunque i rimanenti (ossia 5–5+X = X) sono quelli di forma rotonda.

In conclusione, si è trovato che:

- gettoni quadrati verdi = X
- gettoni quadrati blu = 5 – X
- gettoni rotondi verdi = 5 – X
- gettoni rotondi blu = X

Pertanto, qualunque sia il valore di X, il numero di gettoni rotondi verdi è uguale al numero di gettoni quadrati blu; la risposta corretta è quindi la B.

---

4 Ci sono N persone (con N > 1) disposte in circolo, che sono o Menzogneri (dicono sempre il falso) o Veritieri (dicono sempre il vero). Ciascuno accusa la persona alla sua destra di essere un Menzognero. Ciò è possibile SOLO SE:

A N è un numero pari

B N è un numero primo

C N = 3

D N è un numero dispari

E N = 2

Affinché ognuno possa accusare il vicino di essere Menzognero, senza cadere in contraddizione con ciò che è lui stesso (Veritiero o Menzognero), ci deve essere un'alternanza perfetta tra i due gruppi di persone, accanto a ogni Menzognero ci deve essere un Veritiero e viceversa. Se infatti capitano vicine due persone dello stesso gruppo, quella che accusa il vicino di destra di essere Menzognero cadrà sicuramente in contraddizione con ciò che è essa stessa (un Veritiero non può dire a un altro Veritiero di essere Menzognero e un Menzognero, dando del Menzognero a uno del suo gruppo, dice la verità e non il falso come dovrebbe). Affinché ciò sia possibile è necessario che N sia un numero pari (non per forza solo uguale a 2 come erroneamente riportato dall'alternativa E), come correttamente espresso dall'alternativa A, soluzione del quesito.

---

5 A una gara podistica partecipano 100 persone. Fra di esse almeno una è donna. Se prendo a caso due persone, tra di esse vi sarà sempre almeno un uomo. Quanti sono gli uomini?

A 50

B 77

C 90

D 88

E 99

Per risolvere il quesito è necessario prestare attenzione all'affermazione "se prendo due persone, tra di esse vi sarà sempre almeno uomo". Questo significa, infatti, che qualunque coppia io prenda non avrò mai due donne e che quindi alla gara podistica è presente una sola donna (se fossero anche solo due, almeno una volta prendendo due persone a caso dovrei avere due donne, fatto escluso dal testo del quesito). Gli uomini presenti alla gara saranno, allora, 99 e la soluzione quella fornita dall'alternativa E.

6 Quale delle seguenti affermazioni equivale a dire: "Non tutti i laureati in Ingegneria fanno l'ingegnere"?

- **A** Nessun laureato in Ingegneria fa l'ingegnere
- **B** Tutti i laureati in Ingegneria fanno l'ingegnere
- **C** Non esiste un laureato in Ingegneria che non faccia l'ingegnere
- **D** Vi è almeno un laureato in Ingegneria che non fa l'ingegnere
- **E** Tutti i laureati in Ingegneria fanno un lavoro diverso dall'ingegnere

L'affermazione equivalente a quella del testo dell'esercizio è: "Vi è almeno un laureato in Ingegneria che non fa l'ingegnere", che è quella riportata correttamente dall'alternativa **D**.

7 È stato confermato che a tutti e soli i candidati ammessi alla prova selettiva è stata inviata una comunicazione via email. Poiché risulta che ad alcuni candidati, pur avendo fatto domanda, non è arrivata la comunicazione via email, si può dedurre con certezza che:

- **A** non tutti quelli che sono stati ammessi alla prova selettiva hanno fatto domanda
- **B** non tutti quelli che sono stati ammessi alla prova selettiva hanno ricevuto l'email
- **C** tutti quelli che hanno fatto domanda sono stati ammessi alla prova selettiva
- **D** non tutti quelli che hanno fatto domanda sono stati ammessi alla prova selettiva
- **E** c'è qualcuno tra coloro che è stato ammesso al concorso che non aveva fatto domanda

L'insieme di coloro che sono stati ammessi alla prova selettiva coincide con l'insieme di coloro che hanno ricevuto l'email.

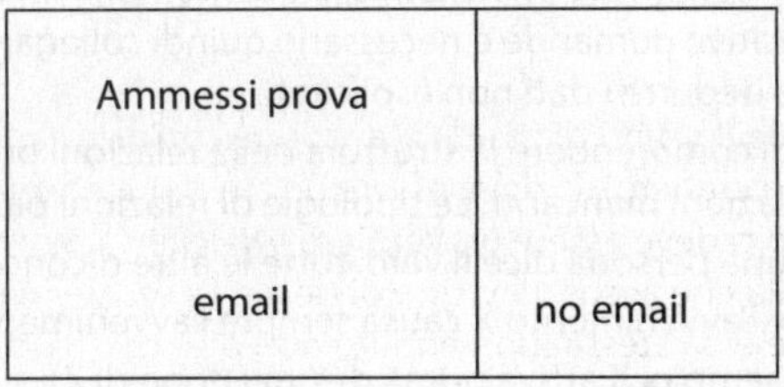

Se un candidato non ha ricevuto l'email allora non è stato ammesso alla prova. Se esistono candidati che, pur avendo fatto domanda non hanno ricevuto l'email, vuol dire che qualcuno, pur avendo fatto domanda, non è stato ammesso alla prova selettiva (**D** soluzione del quesito).

8 Si consideri l'affermazione "In ogni momento c'è almeno un carabiniere in caserma". Questa implica che:

- **A** di notte non ci sono carabinieri in caserma
- **B** non ci sono mai due carabinieri in caserma
- **C** c'è sempre lo stesso carabiniere in caserma
- **D** a Natale non ci sono carabinieri in caserma
- **E** nessuna delle precedenti alternative è corrette

Affermare che "in ogni momento" si trova un carabiniere in caserma, vuol dire che non esistono momenti in cui non se ne trova neanche uno (alternative **A** e **D** errate). Questa affermazione, però non vuol dire che ci sia sempre lo stesso carabiniere (**C** errata) in caserma e non preclude che ce ne sia più di uno (ce ne è sempre almeno uno, ma potrebbero anche essere in numero maggiore: perciò anche l'alternativa **B** è errata). La soluzione al quesito è quindi fornita dall'alternativa **E**.

Suggerimenti

- Per rispondere alle domande occorre basarsi **unicamente sulle informazioni** fornite dagli esercizi e non sulle proprie eventuali conoscenze relative all'argomento trattato.
- Occorre prestare particolare attenzione al **tipo di relazione** esistente tra due eventi, senza confondere una semplice **affinità di significato** con una **consequenzialità logica**. Così, per esempio, se si afferma che *una percentuale elevata di persone che contraggono tumori ai polmoni sono fumatori*, ciò non implica necessariamente che tutti i fumatori contraggano tumori ai polmoni, né che i tumori ai polmoni vengano solo ai fumatori.
- Allo stesso modo occorre non confondere la **necessità** di una condizione con la sua **sufficienza**. Se si afferma che *solo i fumatori contraggono tumori ai polmoni*, ciò non implica che tutti i fumatori contraggono tumori ai polmoni. Il fatto di essere fumatore sarebbe cioè condizione necessaria ma non sufficiente per contrarre un tumore ai polmoni.
- Per rispondere alle domande è importante analizzare l'argomentazione di base, facendo attenzione non solo alle **conseguenze** che da essa si possono **dedurre rigorosamente**, ma anche alle **ipotesi implicite** sulle quali essa si basa. Spesso infatti, a un esame attento, l'argomentazione manca di un anello che viene volutamente taciuto o dato per scontato. Le domande possono chiedere di identificare proprio questo anello mancante (*qual è l'ipotesi alla base dell'argomentazione?*). Per esempio, se si afferma che *Giorgio dovrebbe nuotare più spesso perché la sua forma fisica è piuttosto scadente*, è implicitamente assunto che il nuoto contribuisce a migliorare la forma fisica.
- È utile, una volta individuata la risposta esatta, controllarla tornando al testo dell'esercizio e verificando che l'alternativa scelta rispetti tutte le condizioni poste dal quesito.

2.2 | Esercizi di ragionamento logico

In questa tipologia di esercizi vengono presentati alcuni enunciati tra loro strettamente interdipendenti. Tali relazioni sono, però, prive di contenuto informativo, o quantomeno incomplete, se considerate isolatamente. Per rispondere alle relative domande è necessario quindi collegare tra loro le informazioni presentate, valutarne le relazioni e dedurre i dati non esplicitati.

Il problema è, dunque, quello di comprendere la struttura delle relazioni presentate e di dedurre da esse nuove informazioni, ossia le relazioni mancanti. Le tipologie di relazioni più frequenti sono:

- **vero/falso** (esempio: solo una persona dice il vero, tutte le altre dicono il falso);
- **causa ed effetto** (esempio: l'avvenimento X causa sempre l'avvenimento Y);
- **successione temporale** (esempio: X arriva prima di Y ma dopo di Z);
- **collocazione spaziale** (esempio: X è a ovest di Y e a est di Z);
- **posizione gerarchica** (esempio: X è superiore a Y ma subordinato a Z).

Esempi

Leggere il testo del seguente problema e rispondere alle domande successive.

I membri degli equipaggi di due aerei sperimentali devono essere scelti tra gli unici sei piloti esperti che vi sono a disposizione: Giugni, Holborn, Iannarone, Johnson, Katey e Lawrence. Ogni equipaggio deve avere esattamente tre membri. Si sa inoltre che:

- **se Katey viene selezionato per un equipaggio, anche Lawrence deve essere selezionato per lo stesso equipaggio;**
- **per motivi di comunicazione, i due equipaggi devono avere almeno un membro in comune;**
- **Katey e Giugni si rifiutano di lavorare nel medesimo equipaggio.**

È subito evidente che, sulla base delle informazioni fornite, non è possibile individuare i membri dei due equipaggi. Esse possono comunque essere riprodotte schematicamente per essere successivamente utilizzate in modo più veloce nel corso dell'analisi dei diversi quesiti. Per semplificare lo schema, si ricorre alle iniziali dei nomi dei possibili membri degli equipaggi.

$$K \rightarrow L;\ \text{Membro comune} \geq 1;\ K \neq G$$

1 Quali dei seguenti possono essere i membri degli equipaggi?

A Giugni, Johnson e Katey in un equipaggio, Iannarone, Giugni e Holborn nell'altro

B Lawrence, Giugni e Johnson in un equipaggio, Holborn, Iannarone e Katey nell'altro

C Giugni, Lawrence e Katey in un equipaggio, Johnson, Iannarone e Lawrence nell'altro

D Iannarone, Katey e Lawrence in un equipaggio, Lawrence, Giugni e Johnson nell'altro

E Giugni, Holborn e Iannarone in un equipaggio, Lawrence, Johnson e Katey nell'altro

Per rispondere a questa domanda occorre controllare una a una le diverse alternative e vedere se effettivamente rispettano le tre condizioni schematicamente riprodotte sopra. Le alternative A e B possono essere scartate in quanto non rispettano la prima condizione: in entrambe le alternative vi è infatti un equipaggio con Katey ma senza Lawrence (inoltre l'alternativa A non rispetta neppure la terza condizione). L'alternativa E è errata, in quanto non rispetta la seconda condizione: i due equipaggi proposti non hanno infatti alcun membro in comune. Infine, l'alternativa C può essere scartata, in quanto non rispetta la terza condizione, essendovi insieme nel medesimo equipaggio sia Giugni che Katey. La risposta esatta è dunque la D.

2 Se Giugni, Holborn e Iannarone formano un equipaggio e Johnson, Lawrence e Holborn formano l'altro, quale membro di uno dei due equipaggi potrebbe essere sostituito da Katey senza violare le regole?

A Johnson B Lawrence C Holborn D Iannarone E Giugni

Anche in questo caso, per rispondere occorre "andare per tentativi", provando cioè a sostituire Katey a ognuno dei membri delle risposte alternative e controllando se vengono violate le condizioni riportate nello schema. La risposta corretta è la A. Infatti, sostituendo Katey a Johnson, non viene violata alcuna regola. Viceversa, se Katey viene sostituito a Lawrence, viene violata la prima regola, essendo presente Katey ma non Lawrence nel medesimo equipaggio (il che esclude la B). Sostituendo Katey a Holborn viene violata la seconda regola, venendo di fatto a mancare il membro comune ai due equipaggi (il che esclude la C). Sostituendo Katey a Iannarone vengono violate la prima e la seconda regola, essendo presente Katey ma non Lawrence nel medesimo equipaggio ed essendo presenti Katey e Giugni nel medesimo equipaggio (il che esclude la D).

Infine, sostituendo Katey a Giugni (alternativa E) viene ancora una volta violata la prima regola, essendo presente Katey ma non Lawrence nel medesimo equipaggio.

3 Se Katey e Iannarone sono due dei membri di un equipaggio e Holborn è un membro dell'altro equipaggio, quali dei seguenti potrebbero essere i restanti due membri dell'equipaggio di Holborn?

A Giugni e Johnson

B Katey e Iannarone

C Katey e Giugni

D Lawrence e Giugni

E Katey e Johnson

Le risposte B, C ed E possono essere scartate, in quanto esse violano la prima e la terza condizione: tutte e tre le alternative prevedono infatti un equipaggio con Katey ma senza Lawrence; la C prevede inoltre un equipaggio con Katey e Giugni insieme. L'alternativa A deve invece essere scartata in quanto, per rispettare la prima condizione, il terzo membro del primo equipaggio dovrebbe necessariamente essere Lawrence, perché c'è già Katey. Verrebbe così violata la seconda condizione, in quanto non vi sarebbe alcun membro comune nei due equipaggi. L'unica alternativa possibile è dunque la D.

Leggere il testo del seguente problema e rispondere alle domande successive.

Al torneo di tennis femminile del circolo F&C si sono iscritte cinque ragazze: Alessandra, Anna, Lara, Manuela e Raffaella. Il regolamento del torneo prevede che tutte le giocatrici si incontrino tra di loro due volte. Per ogni vittoria viene assegnato un punteggio pari a 2, mentre in caso di sconfitta il punteggio è pari a 0 (nel tennis non è prevista la possibilità di pareggio dell'incontro). Quando ogni giocatrice si è incontrata una volta con tutte le altre si ha che:

- **Manuela è a punteggio pieno;**
- **la seconda in classifica ha sei punti;**
- **Alessandra è quarta in classifica da sola;**
- **tutte le partecipanti al torneo hanno vinto almeno una partita tranne Lara;**
- **Raffaella ha battuto Anna.**

4 A quanti punti è Raffaella?

A 4 B 2 C 6 D 8 E 0

Per rispondere al quesito è necessario costruire una tabella a due colonne in cui riassumere le informazioni fornite dall'esercizio:

Atleta	Punteggio

Se Manuela è a punteggio pieno e ha disputato quattro partite (ha infatti incontrato una volta sola ognuna delle quattro avversarie) ha un punteggio di 8 punti. Lara, non avendo mai vinto una partita, ha un punteggio pari a 0. È inoltre noto che la seconda in classifica ha 6 punti e che Alessandra occupa da sola il 4° posto (quindi Lara è quinta da sola con i suoi 0 punti).

Atleta	Punteggio
Manuela	8
	6
Alessandra	
Lara	0

Per completare la tabella è necessario fare ora un altro ragionamento. Manuela è la prima in classifica avendo vinto tutte le partite; la seconda classificata ha 6 punti, quindi ha vinto tutte le partite tranne quella contro Manuela.

Poiché si è indecisi se la seconda in classifica sia Raffaella o Anna, basta considerare l'ultima affermazione secondo la quale Raffaella ha battuto Anna. Raffaella è quindi la seconda in classifica e Anna la terza.

Atleta	Punteggio
Manuela	8
Raffaella	6
Anna	
Alessandra	
Lara	0

A questo punto resta solo da ricavare il punteggio conseguito da Anna e da Alessandra. Anna ha perso con Manuela e con Raffaella, ma ha vinto con Lara e, dal momento che la precede in classifica, ha vinto anche con Alessandra e ha quindi accumulato 4 punti. Ne segue che Alessandra ha vinto solo contro Lara e ha dunque un punteggio pari a 2 punti. La tabella può quindi essere così completata:

Atleta	Punteggio
Manuela	8
Raffaella	6
Anna	4
Alessandra	2
Lara	0

La soluzione al quesito posto è quindi la C.

---

5 Chi è la terza in classifica?

A Anna B Lara C Raffaella D Manuela E Alessandra

Sulla base della tabella sopra riportata appare evidente che Anna è la terza in classifica, quindi la risposta corretta è la A.

---

6 Quante partite ha vinto Anna?

A 0 B 2 C 3 D 1 E 4

Dalla tabella risulta che Anna occupa il terzo posto in classifica e ha un punteggio pari a 4. Ciò significa che Anna ha vinto due partite e dunque la soluzione al quesito è fornita dall'alternativa B.

Suggerimenti

- Leggendo le relazioni, è importante **non fare ulteriori infondate supposizioni**. Se, per esempio, è stabilita una relazione di peso e di altezza tra i componenti di una squadra, non bisogna supporre che chi è più pesante di un altro debba, per questo, essere più alto. Analogamente, non bisogna basarsi sulle proprie conoscenze per rispondere alle domande, ma attenersi unicamente al testo dell'esercizio.
- **Le domande di una serie sono indipendenti tra loro**. La risposta a una domanda non è condizione per rispondere a un'altra domanda della stessa serie.
- È fondamentale tracciare uno **schema che riproduca graficamente le informazioni fornite** dalle relazioni date e che consenta di dedurre le relazioni mancanti. Il tipo di schema dipende naturalmente dal tipo di relazioni presentate. Il ricorso a un *diagramma* (schema, tabella ecc.) è tuttavia il metodo più efficace per la risoluzione di questi esercizi. Tale schema, una volta compilato, consente infatti di rispondere a tutte le domande senza dover tornare a esaminare le relazioni.
- È spesso conveniente **limitarsi a trascrivere unicamente le iniziali** e non interamente i nomi di persone, animali, luoghi ecc., risparmiando così del tempo utile per la risoluzione. Per questo scopo, molto spesso gli esercizi riportano nomi con iniziali differenti.
- Gli enunciati che definiscono le relazioni **non devono essere necessariamente analizzati nell'ordine presentato.** A volte può essere utile saltare da uno all'altro, a seconda delle informazioni che si riescono progressivamente a raccogliere.
- Occorre prestare **molta attenzione alla fase di lettura** degli enunciati che definiscono le relazioni. La maggior parte del tempo, infatti, deve essere dedicata a un'analisi delle relazioni presentate, finalizzata a tracciare lo schema o il diagramma che consente poi di rispondere in modo sufficientemente rapido ai quesiti. Per questo motivo, il tempo concesso per rispondere alle domande risulta generalmente appena sufficiente.
- Occorre prestare attenzione alle **espressioni che descrivono o limitano le relazioni**, come *soltanto, esattamente, mai, sempre, deve essere* e così via.

Siamo ora in grado di rispondere alle tre domande poste all'inizio del capitolo.

Quesito I. Per risolvere il quesito conviene costruire una tabella a doppia entrata in modo da poter individuare le quattro categorie di elementi proposti: atleti della squadra Lampo con scarpe rosse, atleti della squadra Lampo senza scarpe rosse, atleti della squadra Fulmine con scarpe rosse, atleti della squadra Fulmine senza scarpe rosse:

	Scarpe rosse	NON scarpe rosse	
Lampo			
Fulmine			

Sapendo che in totale gli atleti sono 18 e che il numero di quelli che non ha le scarpe rosse è maggiore rispetto a quelli che le hanno, si può dire che a non avere le scarpe rosse sono almeno 10 e che quelli che le portano sono al massimo 8. Stesso ragionamento per la società di appartenenza degli atleti: quelli della squadra Lampo saranno almeno 10 e quelli della squadra Fulmine saranno al massimo 8.

	Scarpe rosse	NON scarpe rosse	
Lampo			$n \geq 10$
Fulmine			$n \leq 8$
	$n \leq 8$	$n \geq 10$	

Si sa poi che gli atleti della squadra Lampo che non calzano scarpe rosse sono 4, quindi quelli di questa squadra che le calzano devono essere almeno 6:

	Scarpe rosse	NON scarpe rosse	
Lampo	$n \geq 6$	4	$n \geq 10$
Fulmine			$n \leq 8$
	$n \leq 8$	$n \geq 10$	

Inoltre, poiché gli atleti che non indossano scarpe rosse sono almeno 10, quelli della squadra Fulmine che non le indossano devono essere almeno 6 e quindi quelli della squadra Fulmine che invece le indossano al massimo 2 (A soluzione del quesito):

	Scarpe rosse	NON scarpe rosse	
Lampo	$n \geq 6$	4	$n \geq 10$
Fulmine	$n \leq 2$	$n \geq 6$	$n \leq 8$
	$n \leq 8$	$n \geq 10$	

Quesito II. Le due affermazioni del testo possono essere trasformate nel seguente modo:

- solo se si è sereni, equilibrati e spensierati si è allegri;
- se si è sereni, equilibrati e spensierati, allora si è allegri.

Dunque l'essere sereni, equilibrati e spensierati è condizione sia sufficiente, sia necessaria per essere allegri.

Ricordando che nel caso di una frase del tipo "se e solo se A allora B" (condizione necessaria e sufficiente) è possibile dedurre con certezza che:

- se non B allora non A;
- se B allora A;
- se non A allora non B.

Le alternative A, B, C e D sono tutte deducibili da una delle due affermazioni, mentre la E risulta errata ed è quindi la soluzione del quesito.

Quesito III.

È questo un esempio di quella tipologia di esercizi in cui bisogna tradurre e interpretare il significato di un'affermazione espressa in una forma tutt'altro che immediatamente comprensibile. La risposta esatta è la E. È possibile arrivare alla soluzione procedendo in modo sequenziale:

- alcune recenti ricerche hanno respinto l'impossibilità… ⇒ *è possibile;*
- è possibile la non veridicità della tesi secondo la quale non esiste ⇒ *è possibile che esista…*

COMPRENSIONE VERBALE E LOGICA

Ripassa da qui

CONDIZIONE SUFFICIENTE

► **Se A allora B**

È possibile dedurre con certezza che: se non B allora non A.

CONDIZIONE NECESSARIA

► **Solo se A allora B.**

È possibile dedurre con certezza che: 1) se B allora A; 2) se non A allora non B.

CONDIZIONE NECESSARIA E SUFFICIENTE

► **Se e solo se A allora B.**

Le cose che è possibile dedurre con certezza sono che: 1) se non B allora non A; 2) se B allora A; 3) se non A allora non B.

Rappresentazione grafica delle condizioni

Condizione sufficiente

Se A allora B

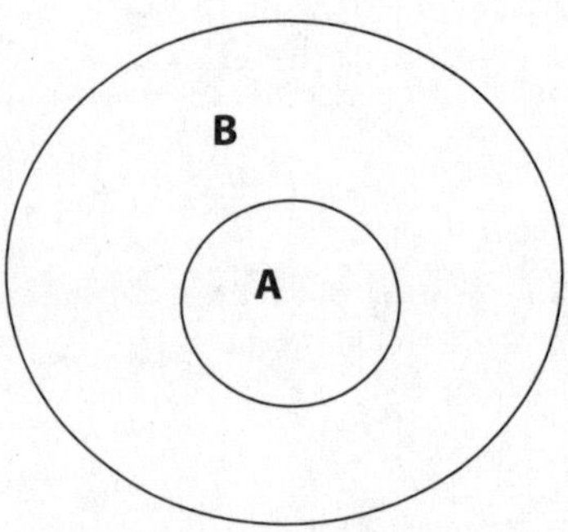

Deduzione: Se non B allora non A

Condizione necessaria

Solo se A allora B

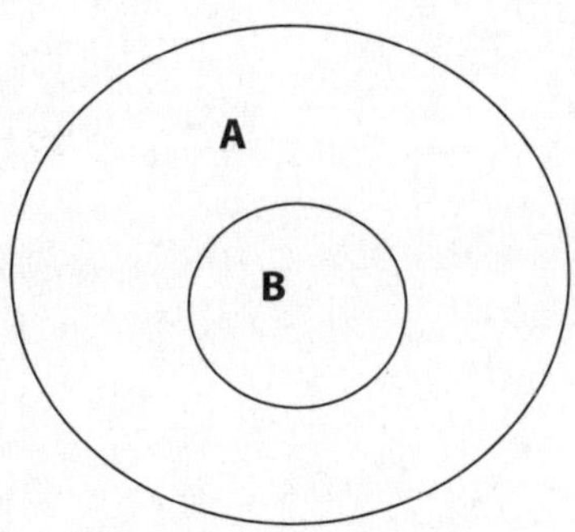

Deduzioni: Se non A allora non B
Se B allora A

Negare una totalità

► Per negare una totalità (cioè una proposizione relativa alla totalità di un insieme) è necessario e sufficiente che almeno per un elemento di quell'insieme la proposizione non sia vera.

Negare una frase con la "E" o con la "O"

► **Congiunzione "E"**

Bevo il vino e mangio la pasta.

Una proposizione composta da due proposizioni elementari legate dal connettore "e" risulta vera solo se entrambe le proposizioni risultano vere. Per negarla, quindi, basta che o l'una o l'altra non sia vera.

- **Disgiunzione inclusiva "O"**

  Per superare l'esame della patente devo imparare a memoria i quiz o studiare tutta la teoria.

  Una proposizione composta da due proposizioni elementari legate dal connettore "o" inclusivo (per il quale le due proposizioni non si escludono reciprocamente) risulta vera se almeno una delle proposizioni che la compongono è vera; risulta falsa solo se entrambe le componenti sono false.

- **Disgiunzione esclusiva "solo una O solo l'altra"**

  Vado al cinema o rimango a dormire.

  Una proposizione composta da due proposizioni elementari che si escludono l'una con l'altra (tramite connettore "o" esclusivo) risulta vera se solo una delle due proposizioni è vera, mentre è falsa sia se entrambe sono vere sia se entrambe sono false.

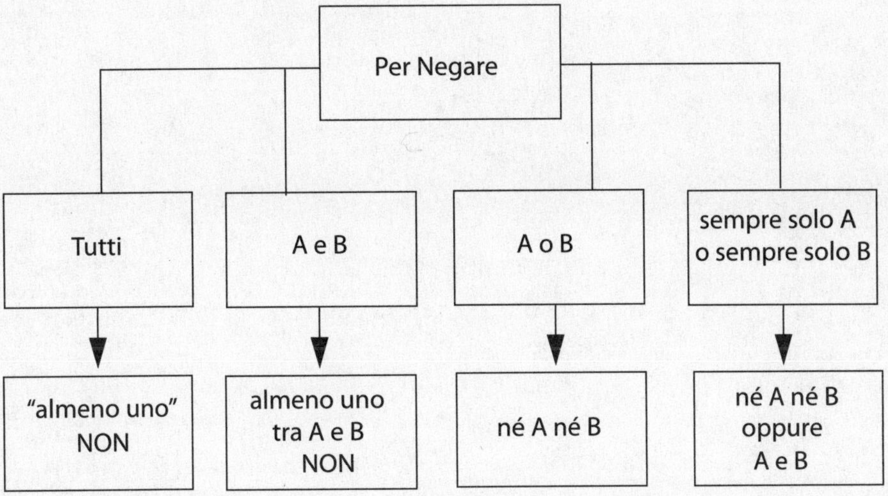

COMPRENSIONE VERBALE E LOGICA

3 | Ragionamento logico matematico

Mettiti alla prova

I Il 01/01/2018 il signor Franco compra 100 azioni della ditta XYZ. A fine gennaio 2018 il titolo XYZ ha perso il 20%. Di quanto deve crescere il titolo XYZ a febbraio per recuperare alla fine del mese il suo valore iniziale?

- A 20%
- B 22,5%
- C 25%
- D 30%
- E Nessuna delle precedenti possibilità è corretta

II Paolo arriva a casa a mezzanotte, dopo aver passato la serata da Francesca, ma si accorge di aver lasciato le chiavi dall'amica che abita a 12 km di distanza. La avverte telefonicamente e si incammina verso casa di lei alla velocità di 6 km/h. Francesca gli va incontro immediatamente, camminando assonnata a 2 km/h. Paolo la incontra per strada, prende le chiavi e si incammina nuovamente verso casa sua sempre a 6 km/h. A che ora potrà finalmente entrarvi?

- A Alle 4.00
- B Alle 3.00
- C Alle 2.30
- D Alle 2.00
- E Alle 5.00

III Un test è costituito da 50 quesiti per ognuno dei quali sono presentate 5 risposte alternative (di cui una sola è esatta). Si determini la probabilità di indovinare, rispondendo a caso, tutte e cinquanta le risposte.

- A 1/50
- B 1/5
- C 1/10
- D 1/15
- E $(1/5)^{50}$

Ecco le risposte esatte dei 3 quesiti proposti: I C, II B, III E.

Gli esercizi di ragionamento matematico mirano a valutare le **capacità di ragionamento** e la **velocità dei candidati** nel risolvere gli esercizi, più che a misurare le conoscenze specifiche acquisite nel corso degli studi.

Lo svolgimento di questa parte della prova presuppone la conoscenza di poche nozioni di *matematica,* che dovrebbero essere alla portata di tutti.

Quanto detto sembra sminuire l'importanza della fase di preparazione per la risoluzione dei quesiti relativi alla parte di matematica. Esistono, al contrario, alcuni validi motivi che rendono estremamente importante il lavoro di preparazione:

- le poche nozioni necessarie di matematica, che tutti dovrebbero conoscere, non sono sempre note;
- la capacità di ragionamento è certamente aiutata da un lavoro di sintesi e di schematizzazione delle nozioni e dei più frequenti passaggi logici necessari per la risoluzione dei quesiti;
- la migliore preparazione alla prova di selezione si ottiene **esercitandosi** sulle operazioni e i passaggi logici richiesti;
- il tempo a disposizione è poco: una preparazione adeguata mette il candidato nelle condizioni di rispondere più velocemente alle domande.

3.0.1 | Problemi con frazioni

I problemi con frazioni sono semplici quesiti basati sull'utilizzo dei rapporti tra numeri interi. Al candidato generalmente è richiesto di individuare, tra più frazioni, quella maggiore o minore, o di effettuare semplici calcoli con numeri frazionari.

Cenni di teoria: operazioni tra frazioni

Addizione e sottrazione tra frazioni: per addizionare (o sottrarre) fra loro due o più frazioni occorre che esse abbiano lo stesso denominatore.

Per ridurre più frazioni al *minimo comune denominatore* si riducono le frazioni ai minimi termini (se non lo sono già), si cerca il m.c.m. dei denominatori e si trasforma ciascuna frazione nella frazione equivalente che abbia il m.c.m. trovato come denominatore.

Una volta ridotte le frazioni al minimo comune denominatore, si considera come somma (o differenza) delle frazioni date una nuova frazione avente per numeratore la somma (o la differenza) fra i numeratori e per denominatore il minimo comune denominatore trovato.

$$\frac{3}{4}+\frac{5}{6}-\frac{7}{8} \xrightarrow{\text{essendo m.c.m.}(4,\,6,\,8)\,=\,24} \frac{18}{24}+\frac{20}{24}-\frac{21}{24} = \frac{18+20-21}{24} = \frac{17}{24}$$

$$\frac{1}{2}-\frac{4}{6}+\frac{12}{15} = \frac{1}{2}-\frac{2}{3}+\frac{4}{5} \xrightarrow{\text{essendo m.c.m.}(2,\,3,\,5)\,=\,30} \frac{15}{30}-\frac{20}{30}+\frac{24}{30} = \frac{15-20+24}{30} = \frac{19}{30}$$

Moltiplicazione tra frazioni: il prodotto fra due o più frazioni è la frazione avente per numeratore il prodotto dei numeratori e per denominatore il prodotto dei denominatori.

$$\frac{3}{4}\cdot\frac{5}{6}\cdot\frac{7}{8} = \frac{3\cdot5\cdot7}{4\cdot6\cdot8} = \frac{5\cdot7}{4\cdot2\cdot8} = \frac{35}{64}$$

Per quando riguarda il segno di un prodotto tra frazioni, questo è positivo se le due frazioni sono concordi, negativo se sono discordi.

Inoltre, in una moltiplicazione tra frazioni è possibile effettuare la semplificazione prima di svolgere il prodotto, dividendo il numeratore di una delle due frazioni e il denominatore dell'altra per il loro M.C.D.

$$\frac{3}{4}\cdot\frac{5}{6} = \frac{{}^{1}\not{3}}{4}\cdot\frac{5}{\not{6}_{2}} = \frac{1}{4}\cdot\frac{5}{2} = \frac{5}{8}$$

$$\frac{7}{5}\cdot\frac{15}{4} = \frac{7}{{}_{1}\not{5}}\cdot\frac{\not{15}^{3}}{4} = \frac{7}{1}\cdot\frac{3}{4} = \frac{21}{4}$$

Divisione tra frazioni: per dividere fra loro due frazioni si moltiplica la prima per la reciproca (ossia la frazione ottenuta scambiando fra loro numeratore e denominatore) della seconda.

$$\frac{3}{4} \div \frac{5}{6} = \frac{3}{4} \cdot \frac{6}{5} = \frac{18}{20} = \frac{9}{10} \qquad \frac{4}{7} \div 2 = \frac{4}{7} \cdot \frac{1}{2} = \frac{4}{14} = \frac{2}{7}$$

Confronto tra frazioni: per confrontare fra loro due o più frazioni occorre che esse abbiano lo stesso denominatore. Una volta ridotte le frazioni al minimo comune denominatore, si confrontano fra loro i numeratori.

Per confrontare fra loro le tre frazioni $\frac{3}{4}$, $\frac{5}{6}$ e $\frac{7}{8}$ le si riduce allo stesso denominatore, ottenendo:

$$\frac{18}{24}, \frac{20}{24} \text{ e } \frac{21}{24}$$

Essendo 18 < 20 < 21, si ottiene:

$$\frac{18}{24} < \frac{20}{24} < \frac{21}{24} \rightarrow \frac{3}{4} < \frac{5}{6} < \frac{7}{8}$$

Se le frazioni da confrontare sono soltanto due (per esempio a/b e c/d) esiste un metodo più rapido: si confrontano i due prodotti $a \cdot d$ e $b \cdot c$ e si utilizza la regola seguente.

La frazione più grande è quella il cui numeratore compare nel prodotto maggiore.

Per confrontare fra loro le due frazioni $\frac{4}{5}$ e $\frac{3}{4}$, si calcolano i due prodotti $4 \cdot 4 = 16$ e $5 \cdot 3 = 15$.

Essendo 16 > 15, il numeratore che compare nel prodotto maggiore è 4, per cui la frazione maggiore è $\frac{4}{5}$, ossia $\frac{4}{5} > \frac{3}{4}$.

Esempio

---

1 Si considerino le due frazioni 2/3 e 1/6. Qual è la loro differenza?

A 5/12
B 3/6
C 1/3
D 1/4
E Nessuna delle precedenti alternative è corretta

La frazione 2/3 equivale alla frazione 4/6, per cui la differenza tra questa e 1/6 è pari a 3/6 (B soluzione del quesito).

3.1 | Percentuali e loro applicazioni

3.1.1 | Definizione di percentuale

Le percentuali sono in sostanza delle frazioni: **per cento** è un sinonimo di **centesimi**, nel senso che 25% significa 25 centesimi.

Una percentuale è pertanto una frazione con denominatore pari a 100. È possibile esprimere le percentuali sia come frazioni che come numeri decimali.

$$25\% = \frac{25}{100} = \frac{1}{4} = 0{,}25 \qquad 10\% = \frac{10}{100} = \frac{1}{10} = 0{,}1 \qquad 100\% = \frac{100}{100} = 1$$

Dal momento che 100% rappresenta l'unità, moltiplicare o dividere un numero qualsiasi (intero, decimale o frazionario) per 100% non ne cambia il valore. Quindi:

- per convertire un numero (intero, decimale o frazionario) in percentuale lo si moltiplica per 100% (ossia si moltiplica per 100 e si affianca il simbolo di percentuale);
- per convertire una percentuale in un numero la si divide per 100% (ossia si divide per 100 e si toglie il simbolo di percentuale).

Convertire 0,67 in percentuale: $0{,}67 \cdot 100\% = 67\%$, da cui $0{,}67 = 67\%$.

Convertire 35% in frazione: $35\% = \frac{35\%}{100\%} = \frac{35}{100} = \frac{7}{20}$, da cui $35\% = \frac{7}{20}$.

In altre parole, per convertire una percentuale in un numero decimale è sufficiente eliminare il segno di percentuale (%) e spostare la virgola di due posizioni a sinistra (il che equivale a dividere per cento):

$$25\% = 0,25 \; ; \; 2.000\% = 20 \; ; \; 0{,}3\% = 0{,}003$$

Generalmente sono date due variabili ed è richiesto di calcolare la terza. Sebbene molti di questi esercizi possano essere risolti con un semplice ragionamento, le formule a cui fare riferimento sono le seguenti:

$$A = T \cdot B \; ; \; B = \frac{A}{T} \; ; \; T = \frac{A}{B}$$

dove T rappresenta il tasso percentuale espresso in numero decimale. Quindi:

- per convertire un numero (intero, decimale o frazionario) in percentuale lo si moltiplica per 100% (ossia si moltiplica per 100 e si affianca il simbolo di percentuale);
- per convertire una percentuale in un numero lo si divide per 100% (ossia si divide per 100 e si toglie il simbolo di percentuale).

PARTE SECONDA

Esempi

---

1 Per fare il 30% di un certo lavoro ho impiegato un'ora e mezza. Per completarlo, lavorando alla stessa velocità, mi mancano

A 300 minuti
B 250 minuti
C 180 minuti
D 210 minuti
E 230 minuti

Se in 90 minuti (un'ora e trenta) ho fatto il 30% del lavoro (cioè i 3/10) del lavoro, allora si può scrivere che:

$$90 = 3/10\ X$$

dove X è il tempo totale che mi serve per fare il lavoro. Ma allora X = 300.
Avendo fatto già 90 minuti di lavoro me ne mancheranno 210 (D soluzione del quesito).

---

2 Giovanni ha acquistato una casa. Dopo un anno decide di venderla e vuole realizzare un guadagno del 20% sul prezzo pagato un anno prima. Alla fine riesce nel suo intento vendendo la casa a 204.000 euro. Qual era il costo sostenuto da Giovanni per l'acquisto della casa?

A 180.000 euro
B 160.000 euro
C 163.200 euro
D 170.000 euro
E 200.000 euro

Giovanni realizza un guadagno del 20% sul prezzo pagato un anno prima, quindi 204.000 euro sono pari al prezzo pagato più il 20% dello stesso, cioè:

$$204.000 = x + 20\%\ x$$

dove x è il prezzo di acquisto della casa. Si può quindi dire che:

$$204.000 = 120\%\ x$$

dunque:

$$204.000 = 12/10\ x.$$

Risolvendo questa equazione si ottiene $204.000/12 \cdot 10 = 170.000$ euro che corrisponde alla cifra pagata da Giovanni un anno fa. La D è la soluzione del quesito.

Siamo ora in grado di rispondere al primo dei tre quesiti proposti all'inizio del capitolo.

Quesito I. Si supponga che le 100 azioni della ditta XYZ vengano acquistate dal signor Franco a 100 euro. Perdendo il 20% nel corso del mese, a fine gennaio avranno un valore pari a 80 euro. Per poter recuperare devono quindi crescere di 20 euro, che corrispondono a 1/4 del loro valore attuale (80). La crescita a febbraio deve, quindi essere pari al 25% (**C** soluzione del quesito).

3.2 | Problemi risolvibili con equazioni

Si tratta di esercizi in cui vengono solitamente definite, per mezzo del linguaggio comune, alcune relazioni tra diverse quantità. Tali relazioni permettono di esprimere i dati del problema con un'equazione in cui è presente un'incognita. L'incognita, che corrisponde alla soluzione da ricercare, si ricava applicando i metodi di risoluzione tipici delle equazioni lineari di primo grado, che si consiglia di ripassare.

Il metodo generale per risolvere questo tipo di problemi è quello di *tradurre la formulazione della domanda in un problema algebrico.*

Esempio

1 **Determinare il numero *x*, sapendo che sottraendo 10 al triplo di *x* si ottiene un terzo del doppio di *x*.**

A 1/2 **B** 30/7 **C** 3/4 **D** 21/3 **E** 18/5

Traducendo in equazione le informazioni fornite dall'esercizio si ottiene:

$$3x - 10 = \frac{2x}{3} \quad \Rightarrow \quad 9x - 30 = 2x \quad \Rightarrow \quad x = \frac{30}{7}$$ (risposta **B**).

3.3 | Problemi su distanza, velocità e tempo

In questa classe di problemi si incontrano tre grandezze fisiche (o variabili) con le rispettive unità di misura:

1. lo **spazio** *s* espresso in metri (m) o attraverso i suoi multipli e sottomultipli;
2. la **velocità** *v* espressa in metri al secondo (m/s) o in chilometri all'ora (km/h); vale la conversione: 1 m/s = 3,6 km/h;
3. il **tempo** *t* espresso in ore (h), minuti (min) e secondi (s): 1h = 60 min = 3600 s.

Generalmente il problema fornisce due delle tre variabili e chiede di ricavare la terza.
Si tratta di applicare una delle seguenti formule:[1]

$$v = \frac{s}{t}; \quad s = v \cdot t; \quad t = \frac{s}{v} \qquad [I]$$

Per esempio, può venire chiesto quanto tempo impiega un'auto che viaggia alla velocità media di 40 km/h a percorrere uno spazio di 100 km. Dati $s = 100$ km e $v = 40$ km/h, si ha:

$$t = \frac{s}{v} = \frac{100 \text{ km}}{40 \text{ km/h}} = 2{,}5\text{h}$$ (ossia 2 h e 30 min)

Spesso si incontrano esercizi più complessi che presentano due (o più) corpi in movimento. È opportuno osservare che, quando i due corpi viaggiano lungo la stessa direzione, la velocità *v* (di avvicinamento o di allontanamento) è data dalla differenza delle due velocità ciascuna presa con il suo segno. Il passaggio logico è quello di pensare **fermo** uno dei due corpi e attribuire all'altro una velocità data dalla somma algebrica delle due velocità.

Riassumendo, se viene richiesta la *velocità di avvicinamento* o *di allontanamento* di due corpi A e B che si muovono lungo la stessa direzione, rispettivamente con velocità V_A e V_B, questa è data dalla differenza o

1. Le formule sono applicabili solo quando il moto è rettilineo uniforme (velocità costante) o quando si considera come velocità *v* la velocità media.

COMPRENSIONE VERBALE E LOGICA

dalla somma delle due velocità a seconda che i due oggetti viaggino nello stesso verso o in versi opposti. I quattro casi che si possono presentare sono schematizzati nella tabella seguente.

1	V_A ⟶ V_B ⟶ stesso verso con $V_A > V_B$	Velocità di avvicinamento = $V_A - V_B$
2	V_A ⟶ ⟵ V_B verso opposto	Velocità di avvicinamento = $V_A + V_B$
3	V_A ⟶ V_B ⟶ stesso verso con $V_A < V_B$	Velocità di allontanamento = $V_B - V_A$
4	⟵ V_A V_B ⟶ verso opposto	Velocità di allontanamento = $V_A + V_B$

1 A e B camminano l'uno verso l'altro e la loro distanza iniziale è di 600 metri. A procede a 6 km/h, B a 4 km/h. Quanto distano A e B tra loro quando mancano 3 minuti al loro incontro?

A 100 m
B 500 m
C 60 m
D 50 m
E 250 m

La velocità di avvicinamento delle due persone è data dalla somma delle rispettive velocità: 6 km/h + 4 km/h = 10 km/h. A 3 minuti dall'incontro la distanza tra A e B è data da:

$$s = 10 \text{ km/h} \cdot 3 \text{ min} = 10 \text{ km/h} \cdot 3/60 \text{ h} = 1/2 \text{ km} = 500 \text{ m}.$$

La risposta corretta è la B.

Siamo ora in grado di rispondere al secondo quesito proposto all'inizio del capitolo.

Quesito II. Poiché i due amici si muovono uno verso l'altro lungo la stessa strada, la velocità con cui si avvicinano è data dalla somma delle due velocità: 8 km/h. Dovendo percorrere 12 km, avvicinandosi a 8 km/h impiegheranno un'ora e mezza. I due amici si incontrano quindi all'1.30 e in quel lasso di tempo Paolo (camminando a 6 km/h) ha percorso 9 km e Francesca 3 km. Una volta che si incontrano a Paolo servirà esattamente lo stesso tempo per tornare indietro (quindi un'altra ora e mezzo) e potrà quindi entrare in casa alle 3.00 (B soluzione del quesito).

3.4 | Problemi di calcolo della probabilità

Prima di affrontare gli esercizi sul calcolo delle probabilità occorre chiarire alcuni concetti, a cominciare dalla definizione di probabilità.

3.4.1 | Probabilità

La probabilità *P* di un evento *E* è definita come il **rapporto tra il numero dei casi favorevoli al manifestarsi di *E* e il numero dei casi possibili**.

La probabilità che dal lancio di un dado esca il numero 2 è 1/6. Infatti i casi possibili sono 6, quante sono le facce di un dado, mentre il numero di casi favorevoli (l'uscita del numero 2) è pari a uno (perché una sola delle sei facce del dato contiene il numero 2).

La probabilità che un evento *E* si verifichi, indicata con *P(E)*, è un numero compreso fra 0 e 1; in particolare si ha che:

- $P(E) = 0$ se *E* è un **evento impossibile**. Infatti il rapporto tra casi favorevoli e casi possibili si annulla solo se il numero di casi favorevoli (il numeratore della frazione) è pari a zero, ossia se l'evento è impossibile.
- $P(E) = 1$ se *E* è un **evento certo**. In tal caso significa che il numeratore della frazione (numero di casi favorevoli) coincide con il denominatore (numero di casi possibili); pertanto, poiché tutti i casi possibili sono casi favorevoli, è certo che l'evento *E* si verificherà.

La probabilità assume dunque un valore sempre compreso tra 0 e 1. Soluzioni riferite a una probabilità che si trovano al di fuori di questo intervallo sono dunque immediatamente da scartare.

Nota: la probabilità che un evento *E non* si verifichi è pari a $1 - P(E)$.

La probabilità che dal lancio di un dado non esca il numero 2 è uguale a 5/6 ossia è pari alla differenza tra 1 e la probabilità che esca proprio il numero 2, pari a 1/6.

3.4.2 | Teoremi sul calcolo della probabilità

Teorema delle probabilità totali

Siano $\mathbf{E_1}$ ed $\mathbf{E_2}$ due eventi incompatibili (nel senso che se si verifica il primo non si può verificare il secondo e viceversa); la probabilità che si verifichi $\mathbf{E_1}$ o $\mathbf{E_2}$ è uguale alla somma delle probabilità dei singoli eventi.

Se si immagina di lanciare un dado, ciascun numero ha una probabilità 1/6 di uscire; la probabilità che esca il numero 1 *oppure* il numero 6 è:

$$P(1, 6) = 1/6 + 1/6 = 1/3.$$

Teorema delle probabilità composte

Siano $\mathbf{E_1}$ ed $\mathbf{E_2}$ due eventi indipendenti; la probabilità che si verifichino contemporaneamente è data dal prodotto delle probabilità dei singoli eventi.

La probabilità che in due lanci del dado esca due volte il numero 1 è data da: $\frac{1}{6} \cdot \frac{1}{6} = \frac{1}{36}$.

In alcuni casi è la stessa definizione di probabilità a consentire di risolvere il problema proposto.

Esempio

---

1 Giocando con due dadi qual è la probabilità di ottenere 4 come somma dei punteggi dei due dadi?

A 1/36 **B** 1/18 **C** 1/9 **D** 1/6 **E** 1/12

La probabilità è la frazione (il cui valore varia tra 0 e 1) al cui numeratore si trova il numero dei casi favorevoli, mentre al denominatore il numero dei casi possibili. Lanciando 2 dadi si hanno in tutto 36 combinazioni possibili (si immagini che uscendo 1 col primo dado si hanno sei combinazioni possibili col secondo, uscendo 2 altre sei ecc). I casi favorevoli sono dati dalle combinazioni che hanno come risultato 4 e cioè se esce 1 col primo dado e 3 col secondo, se esce 3 col primo e 1 col secondo e se esce 2 con entrambi i dadi (questa combinazione va presa, logicamente, solo una volta). I casi favorevoli sono quindi 3 e la probabilità è pari a 3/36 cioè 1/12 (**E** soluzione del quesito).

Siamo ora in grado di rispondere al terzo quesito proposto all'inizio del capitolo.

Quesito III. La probabilità di individuare la risposta corretta rispondendo in modo casuale a una singola domanda (con 5 alternative, di cui una sola esatta) è pari a 1/5. La probabilità di indovinare rispondendo a caso a tutte e cinquanta le domande è calcolabile applicando il teorema delle probabilità composte: poiché i 50 eventi (individuare casualmente la risposta esatta di ciascuna domanda) sono tra loro indipendenti, la probabilità che si verifichino contemporaneamente è data dal prodotto delle probabilità dei singoli eventi:

1/5 x 1/5 x 1/5 ... per 50 volte.

La soluzione al quesito è fornita dall'alternativa **E**.

3.5 | Problemi di lavoro

Con il termine *problemi di lavoro* si intende una categoria di problemi nei quali vengono descritte le modalità e i tempi di svolgimento di un generico lavoro da parte di più soggetti. Nel termine *lavoro* rientrano vari tipi di attività, fisica e non: mangiare qualcosa, costruire una casa, fumare sigarette ecc.
Le variabili in gioco in questo tipo di problemi sono: i ritmi di lavoro dei singoli soggetti, la quantità di lavoro da svolgere e il tempo impiegato. Alcuni di questi elementi sono noti, altri sono da ricavare. Anche la soluzione di questi problemi non richiede conoscenze matematiche di tipo nozionistico, ma una certa attitudine al ragionamento. Generalmente ai candidati viene richiesto di *individuare il tempo che il singolo individuo o le persone coinvolte impiegano per portare a termine il lavoro.*
I problemi di lavoro si possono suddividere in due principali tipologie, in relazione al ritmo con cui il lavoro viene svolto dai differenti soggetti:

- soggetti che lavorano allo stesso ritmo;
- soggetti che lavorano a ritmi diversi.

3.5.1 | Soggetti che lavorano allo stesso ritmo

In questo tipo di problemi, si assume che tutti i lavoratori abbiano lo stesso ritmo di lavoro, ossia realizzino la stessa quantità di lavoro nell'unità di tempo.
Il ragionamento per risolvere questi esercizi è il seguente: se un lavoro richiede k lavoratori per 1 ora di tempo, significa che ogni soggetto realizza in 1 ora una quantità di lavoro pari a $1/k$. Se un lavoro richiede m lavoratori per h ore, allora ogni soggetto realizza $1/m$ del lavoro in h ore e pertanto compie, in un'ora, $1/h \cdot 1/m$ del lavoro complessivo. Si veda ora, attraverso alcuni esempi, come tali principi trovano applicazione negli esercizi.

Esempi

---

1 **Sei artigiani, lavorando allo stesso ritmo, impiegano 24 giorni per realizzare un mosaico. Quanto impiegherebbe un solo artigiano a compiere lo stesso lavoro?**

A 36 giorni **B** 6 giorni **C** 124 giorni **D** 144 giorni **E** 48 giorni

Il quesito proposto è un tipico problema di lavoro. Si tratta di quesiti caratterizzati dal fatto di coinvolgere per la loro risoluzione capacità sia logiche sia matematiche (non richiedono conoscenze matematiche di tipo nozionistico, ma una certa attitudine al ragionamento con quantità e numeri).
Dal momento che i sei artigiani lavorano allo stesso ritmo, un operaio in un giorno svolge un lavoro pari a:

$$\frac{1}{6} \cdot \frac{1}{24} = \frac{1}{144}$$

del lavoro totale. Quindi per compiere l'intero lavoro un solo operaio impiega 144 giorni. Alternativamente si può calcolare che un solo operaio impiega sei volte il tempo impiegato dal gruppo per realizzare il mosaico (perché la forza lavoro è composta da 1 anziché da 6 operai): 24 giorni · 6 = 144 giorni (risposta **D**). Si osservi che l'alternativa **B** è facilmente scartabile poiché propone un valore inferiore a 24 (se 6 persone impiegano 24 giorni è impossibile che una persona sola impieghi un tempo minore).

È utile precisare che *l'applicazione delle proporzioni può facilmente condurre a una soluzione errata* di tali esercizi. Infatti, si potrebbe intuitivamente esprimere il testo dell'esempio considerato attraverso la proporzione 6 : 24 = 1 : x. Così facendo si avrebbe: x = 26/6 = 4,3. La soluzione è evidentemente errata dal momento che il valore di x (tempo impiegato da un solo artigiano per fare il mosaico) non può essere inferiore a 24 (tempo impiegato da sei artigiani per realizzare il mosaico).

---

2 Il direttore di un progetto informatico sa che, per realizzare il lavoro di cui è responsabile, sono necessari 12 giorni utilizzando tutti i programmatori che ha attualmente a disposizione. Se potesse avere altri tre programmatori, il lavoro verrebbe compiuto in 10 giorni. Tuttavia, la sua software house, anziché fornire altri tre programmatori, sottrae tutte le risorse dal progetto, lasciando un solo programmatore. Quanti giorni impiegherà il programmatore rimasto a realizzare il progetto, nell'ipotesi che tutti abbiano lo stesso ritmo di lavoro?

A 72 B 112 C 156 D 180 E 135

Sia x il numero di programmatori inizialmente a disposizione del responsabile del progetto; se x persone impiegano 12 giorni per completare il lavoro, nell'unità di tempo (ossia in un giorno) le x persone realizzano 1/12 del lavoro totale. Allo stesso modo, se (x+3) persone impiegano 10 giorni a completare il lavoro, in un giorno le (x+3) persone realizzano 1/10 del lavoro totale. A questo punto si può ricavare la differenza tra il lavoro effettuato da (x+3) persone e quello realizzato da x persone nell'unità di tempo:

$$(1/10 - 1/12) = 1/60$$

Tale valore corrisponde alla quantità di lavoro che può essere portata a termine da tre programmatori nell'unità di tempo; pertanto un solo programmatore può svolgere, in un giorno, 1/180 del lavoro complessivo e quindi impiegherà 180 giorni a realizzare l'intero progetto (risposta D).

3.5.2 | Soggetti che lavorano a ritmi diversi

In questo tipo di problemi i soggetti hanno ritmi di lavoro differenti, ossia realizzano quantità di lavoro diverse nell'unità di tempo. Per risolvere questi esercizi, bisogna innanzitutto *ricavare la quantità di lavoro svolta dai singoli soggetti nell'unità di tempo*.

---

1 Stefania, Piera e Maria lavorano in una biblioteca in cui, periodicamente, occorre spostare tutti i libri da una scaffalatura a un'altra. Per compiere questo lavoro Stefania da sola impiega 8 ore, Piera da sola impiega 24 ore e Maria da sola impiega 12 ore. Quanto tempo impiegherebbero le tre bibliotecarie a spostare i libri se lavorassero insieme?

A 4 ore B 2 ore C 3 ore D 6 ore E 8 ore

Il quesito proposto è un esempio di problema in cui i soggetti lavorano a ritmi differenti. In questo tipo di problemi, quindi, i soggetti realizzano quantità di lavoro diverse nell'unità di tempo. Per risolvere questi esercizi, bisogna innanzitutto ricavare la quantità di lavoro svolta dai singoli soggetti nell'unità di tempo. In questo caso, come è facile intuire, la quantità di lavoro svolto dai singoli nello stesso tempo sarà diversa a seconda del soggetto. Se, dunque, Stefania impiega 8 ore per effettuare il lavoro, in 1 ora (unità di tempo) compie 1/8 del lavoro. Lo stesso ragionamento vale per Piera che in 1 ora compie 1/24 del lavoro e per Maria che in 1 ora compie 1/12 del lavoro.
Conoscendo il lavoro svolto dai singoli soggetti nell'unità di tempo, è possibile individuare (sommando le tre frazioni) la parte di lavoro svolta dalle tre bibliotecarie insieme, sempre nell'unità di tempo:

$$1/8 + 1/24 + 1/12 = 1/4 = \text{lavoro svolto in 1 ora dalle tre insieme.}$$

Dato che le tre insieme in 1 ora svolgono un quarto del lavoro, per compiere l'intero lavoro hanno bisogno di 4 ore (risposta A).
Nell'esempio considerato sono noti i tempi impiegati dai singoli soggetti per compiere il lavoro e viene richiesto il tempo impiegato dai tre insieme. È possibile invece che quest'ultimo dato sia noto e che l'incognita del problema sia il tempo impiegato da una singola persona per terminare il lavoro. Come si nota nell'esempio seguente, il ragionamento di fondo per giungere alla soluzione non cambia.

2 **Lavorando insieme, Aldo, Giovanni e Giacomo fabbricano 10 tubi in 2 ore; Aldo da solo impiegherebbe 5 ore e Giovanni da solo ne impiegherebbe 10. Quanto impiegherebbe Giacomo da solo a fabbricare i 10 tubi?**

A 10 ore
B 5 ore
C 30 minuti
D 3 ore
E 15 ore

Inizialmente si procede come nell'esempio precedente: si individua la quantità di lavoro svolta, nell'unità di tempo (1 ora), dai diversi soggetti:

- Aldo fabbrica 10/5 = 2 tubi in 1 ora;
- Giovanni fabbrica 10/10 = 1 tubo in 1 ora;
- i tre insieme fabbricano 10/2 = 5 tubi in 1 ora.

Per ottenere il numero di tubi che Giacomo è in grado di fabbricare da solo nell'unità di tempo, bisogna sottrarre il numero di tubi che Aldo e Giovanni fabbricano insieme (2 + 1 = 3), al numero di tubi che tutti e tre insieme fabbricano in un'ora (5):

5 – 3 = 2 = numero di tubi fabbricati da Giacomo nell'unità di tempo

Ancora una volta, il ragionamento conclusivo è il seguente: se Giacomo in 1 ora fabbrica 2 tubi, per fabbricarne 10 impiegherebbe 5 ore (risposta B).

3.6 | Ragionamento matematico

In questo tipo di esercizi viene presentata una situazione problematica, spesso ispirata alla vita reale, che il candidato deve risolvere individuando un metodo o una procedura adeguata. Si tratta dunque di esercizi nei quali è molto importante la corretta comprensione del problema e la definizione dei passaggi logici che portano alla sua risoluzione.

Nella maggior parte dei casi il problema contiene alcuni dati numerici grazie ai quali, applicando la corretta logica risolutiva ed effettuando semplici calcoli, il candidato può giungere alla soluzione.

1 **Ho 40 conigli bianchi e 31 conigli neri suddivisi in 10 gabbie. Quale delle seguenti affermazioni è sicuramente vera?**

A Esiste almeno una gabbia in cui ci sono almeno 5 conigli bianchi
B Esiste almeno una gabbia in cui ci sono almeno 8 conigli
C Esiste almeno una gabbia in cui ci sono esattamente 4 conigli neri
D In ogni gabbia ci sono almeno 7 conigli
E In tutte le gabbie, il numero dei conigli bianchi è maggiore o uguale a quello dei conigli neri

Il testo non fornisce alcuna regola di distribuzione dei conigli nelle gabbie: si potrebbero mettere 71 conigli nella prima gabbia e lasciare vuote le altre, così come si potrebbero distribuire in modo uniforme. Ciò che certamente è vero è che almeno una gabbia contiene almeno 8 conigli (risposta esatta B). Le alternative A, C, D ed E propongono configurazioni possibili ma non *certamente* vere.

2 **L'età della nonna supera di 16 anni il triplo dell'età della nipote. Se la nonna ha 73 anni, quanti ha la nipote?**

A 20 B 19 C 21 D 22 E 27

Per risolvere il quesito basta togliere 16 anni ai 73 della nonna ottenendo 57 anni, che rappresenta il triplo dell'età della nipote: 19 anni (B soluzione del quesito).

3 **Luca colleziona fumetti. Della serie "Zagor" gli mancano molti numeri divisibili per 11. Ha invece tanti numeri che sono però divisibili per 6, ma nessuno di quelli divisibili per 7. Quale tra i seguenti numeri manca certamente a Luca?**

A 66 B 34 C 154 D 64 E 88

Per essere certi di individuare il numero che manca a Luca è necessario trovare, tra quelli proposti, quello divisibile per 7 (a Luca infatti mancano tutti i numeri divisibili per 7). La soluzione al quesito è quindi fornita dall'alternativa C (154 è infatti un multiplo di 7). Non è detto, invece, che gli manchino i numeri 66 o 88: infatti a Luca mancano molti numeri divisibili per 11 ma non tutti e quindi non si sa con certezza quali.

4 **Cinque fratelli sono nati a distanza di un anno l'uno dall'altro. La somma della loro età è uguale alla somma dell'età dei genitori. La madre che è più giovane di cinque anni rispetto al padre, aveva 30 anni quando è nato il primo figlio. Qual è l'età attuale della madre?**

A 60 anni B 50 anni C 45 anni D 55 anni E 40 anni

Per risolvere il quesito si può partire dalle alternative. Si provi per esempio la B, si supponga cioè che la madre abbia attualmente 50 anni. Questo vuol dire che sono passati 20 anni dalla nascita del primo figlio. Il marito avrebbe attualmente 55 anni e i figli rispettivamente 20, 19, 18, 17 e 16 anni. La somma delle età dei genitori sarebbe 105 anni, mentre quella dei figli 90 anni. Affinché la somma delle età dei figli sia uguale a quella dei genitori devono quindi essere passati più anni dal concepimento del primogenito e quindi l'età della madre più avanzata. Se la madre avesse 55 anni, il padre ne avrebbe 60 e i figli rispettivamente 25, 24, 23, 22 e 21 anni. Sia la somma delle età dei genitori, sia quella delle età dei figli ha come risultato 115 e dunque è proprio di 55 anni: l'età attuale della madre, e la D la soluzione del quesito.

Per risolvere il quesito si può anche ragionare nel seguente modo. Quando il quinto figlio ha compiuto un anno la madre ha 35 anni e il padre 40. I figli hanno rispettivamente 5, 4, 3, 2 e 1 anno. La somma delle età dei genitori è pari a 75 anni, quella dei figli pari a 15 e la differenza da colmare pari a 60. Ogni anno che passa la somma delle età dei genitori aumenta di un valore pari a 2 (un anno in più il padre e uno in più la madre), mentre quella dei figli aumenta di un valore pari a 5. Ogni anno che passa, quindi, la differenza tra la somma delle età dei genitori e dei figli diminuisce di un valore pari a 3 (5 – 2). Per colmare la differenza iniziale di 60 anni devono allora passare altri 20 anni. Ma dopo altri 20 anni la madre ha 55 anni (D soluzione).

5 **Venti maccheroni pesano 24 grammi. Quanti maccheroni circa ci sono in un pacco da un chilogrammo?**

A Fra 830 e 840

B Fra 840 e 850

C Fra 800 e 810

D Fra 820 e 830

E Fra 810 e 820

Per risolvere l'esercizio è possibile ragionare nel modo seguente: se 20 maccheroni pesano 24 grammi, allora 200 maccheroni pesano 240 grammi (10 volte tanto). Ma allora 800 maccheroni (4 volte i 200) pesano 960 grammi. A questo punto mancano ancora 40 grammi per arrivare ai 1000 grammi (un chilo) richiesto. Ma se 20 maccheroni pesano 24 grammi, allora 36 maccheroni pesano 30 grammi e 40 maccheroni pesano 48 grammi. Il numero di maccheroni mancante deve quindi essere un valore tra 30 e 40 e quindi la soluzione è la A. È possibile risolvere il quesito anche usando le frazioni: un maccherone pesa i 24/20 di un grammo, cioè i 6/5. Servono quindi i 5/6 di 1.000 maccheroni (cioè i 5/3 di 500) per fare 1.000 grammi: 833,33 maccheroni.

Suggerimenti

- Cercare di riscrivere quanto proposto dal testo in forma di **equazione** o sistema di equazioni.
- Utilizzare le alternative e procedere quindi provandole quando non si riesce a impostare il problema.
- Rivedere concetti base come frazioni, percentuali e variazioni percentuali.
- **Nei problemi di lavoro evitare l'utilizzo di proporzioni**: non sono lo strumento matematico per risolvere questo tipo di problemi, **ricavare la quantità di lavoro** svolta dai diversi soggetti **nell'unità di tempo** e se i ritmi di lavoro dei diversi soggetti vengono forniti sotto forma di relazioni tra loro, **individuare il soggetto che lavora al ritmo più lento** e rappresentare schematicamente, rispetto a questo, il ritmo di lavoro degli altri soggetti.

3.7 | Interpretazione di grafici e tabelle

Anche attraverso grafici e tabelle viene valutata la capacità del candidato di interpretare, riformulare e connettere le informazioni fornite. Si tratta ancora una volta, infatti, di esercizi su casi o problemi, anche di natura astratta, la cui soluzione richiede l'adozione di forme diverse di ragionamento logico.

Dal momento che le prove di ammissione possono proporre grafici di diversa natura, vengono illustrate di seguito le principali tipologie, accompagnate da alcune indicazioni in merito alla loro lettura e interpretazione.

Grafico lineare

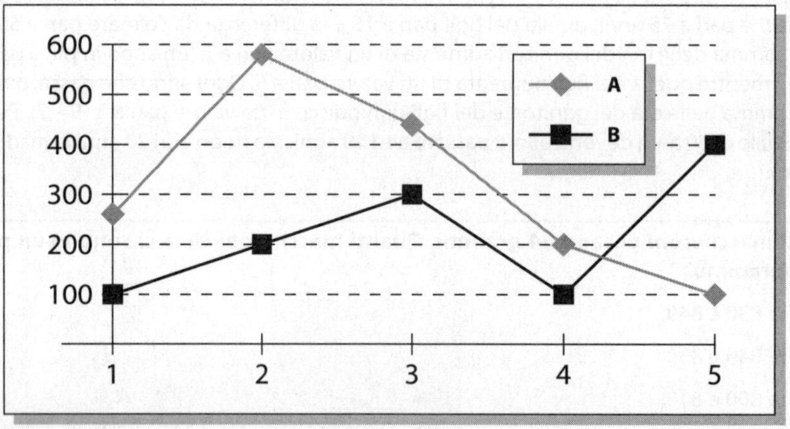

Quello **lineare** è forse il tipo di grafico più diffuso, soprattutto perché rappresenta nel modo migliore *quantità che mutano nel tempo*. Generalmente, infatti, si può leggere sull'asse delle ascisse una scala temporale (annuale, mensile, settimanale, oraria ecc.), mentre sull'asse delle ordinate è rappresentato il valore delle variabili di cui si studia l'andamento (queste variabili potrebbero essere espresse anche in forma di percentuale). Naturalmente le varie linee rappresentate sul grafico non sono altro che l'unione dei punti definiti dalle coppie *tempo-valore* e quindi evidenziano l'andamento temporale delle variabili in esame.

Per esempio, il grafico sopra riportato potrebbe essere utilizzato per rappresentare l'andamento del prezzo di due titoli azionari (A e B) nei primi cinque mesi dell'anno (1, 2, 3, 4, 5).

Grafico a barre verticali o istogramma

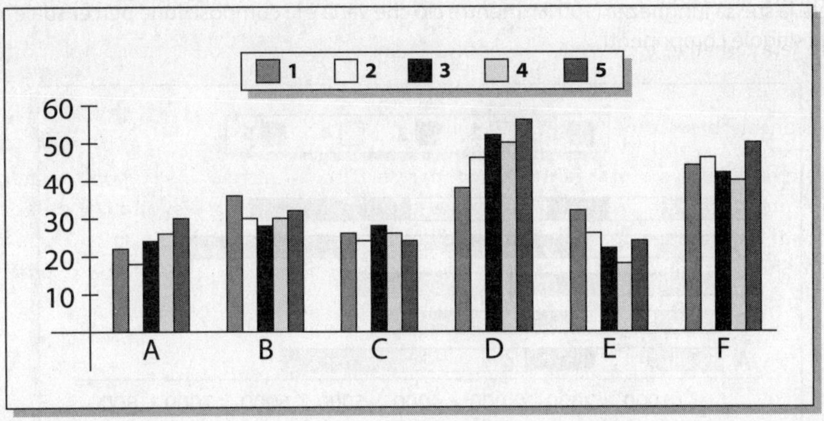

Anche l'*istogramma* è alquanto comune ed è utilizzato prevalentemente per il *confronto di variabili diverse in tempi o luoghi diversi.*

Nel caso riportato nella figura, ogni variabile indicata con un numero da 1 a 5 potrebbe indicare le vendite di cinque differenti prodotti, mentre le variabili indicate dalle lettere potrebbero indicare diversi Paesi. Il grafico rappresenterebbe dunque il volume delle vendite di ogni prodotto in ciascun Paese. Si noti che attraverso questo tipo di grafico si rende possibile un confronto sia tra i valori assunti dalle vendite di un singolo prodotto in Paesi diversi, sia tra le vendite dei vari prodotti in un singolo Paese.

Occorre ricordare, infine, che le stesse informazioni possono essere rappresentate da istogrammi in cui le barre sono orientate in senso orizzontale anziché verticale.

Grafico a torta o areogramma

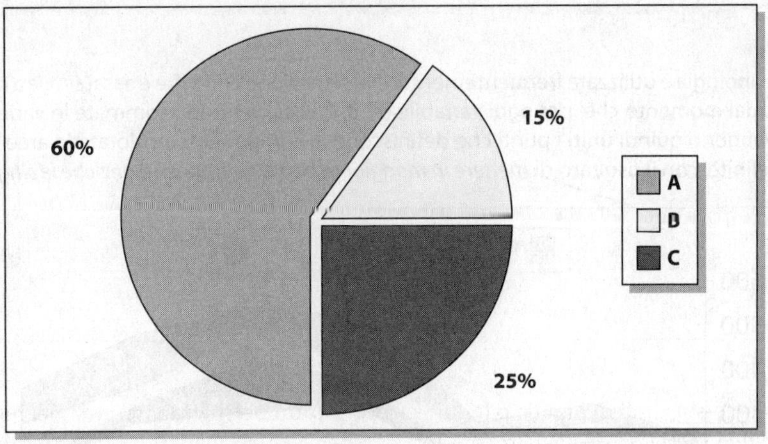

Il grafico *a torta* viene utilizzato per *mostrare la suddivisione di una variabile nelle sue componenti*. Nel caso sopra riportato, per esempio, la componente B rappresenta il 15% del fenomeno considerato nel suo insieme.

Grafico a barre cumulative o sovrapposte

In questi grafici, che potrebbero presentarsi anche in forma verticale, per ogni variabile viene disegnato un istogramma la cui *lunghezza totale è data dalla somma delle varie componenti* (le singole porzioni colorate in modo diverso) *della variabile stessa.*

Nei due esempi sotto riportati, i dati sono gli stessi ma, mentre nel primo caso vengono indicati in forma assoluta, nel secondo sono stati percentualizzati. In quest'ultimo caso è evidente che tutti gli istogrammi devono avere la stessa lunghezza (100%), mentre ciò che varia è la composizione percentuale, cioè la lunghezza delle singole componenti.

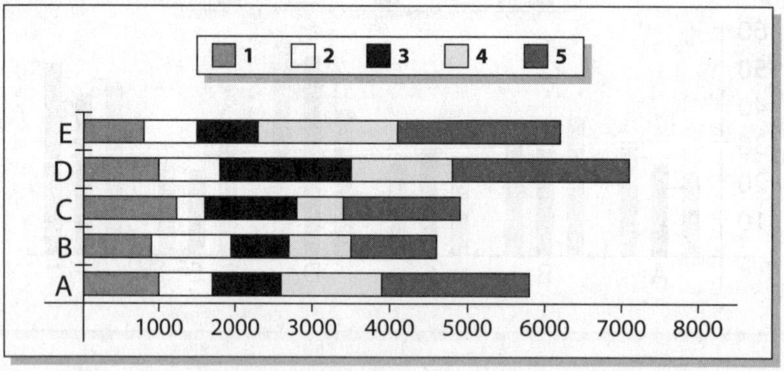

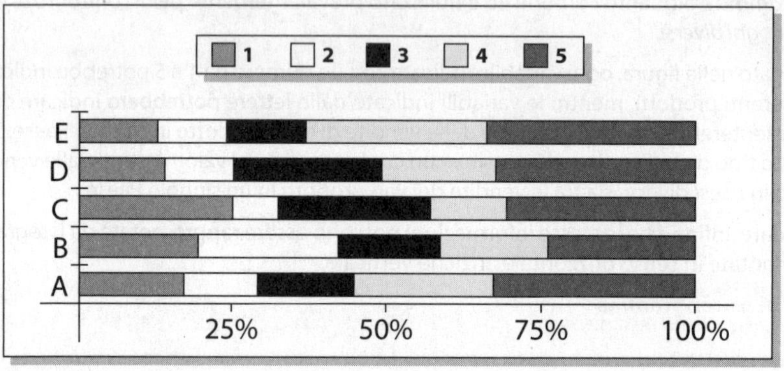

Grafico ad aree

Anche questa tipologia è utilizzata frequentemente. L'informazione che offre è assai *simile* a quella dei *grafici cumulativi*, dal momento che, per ogni variabile (A, B, C ecc.), vengono sommate le varie componenti (1, 2, 3 ecc.). Vengono quindi uniti i punti che definiscono le componenti e colorate le aree comprese tra le linee così definite, con il risultato di *mettere in maggior risalto le componenti anziché le singole variabili.*

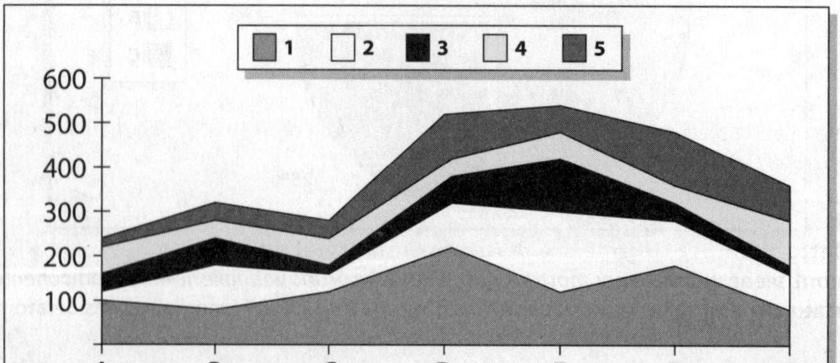

Dal grafico in esame si deduce, semplicemente osservando la grandezza delle aree, qual è la componente che ha maggior peso nel complesso di tutte le variabili.

PARTE SECONDA

Gli esercizi sono solitamente introdotti da un testo che presenta i dati contenuti in un grafico e/o in una o più tabelle. Le situazioni descritte sono attinenti agli ambiti più disparati e dunque possono fare riferimento, per esempio, agli effetti di una determinata terapia su diverse patologie, alla diffusione di una certo prodotto o tendenza in aree geografiche o popolazioni diverse, al confronto degli effetti prodotti da una pubblicità sulle vendite ecc. Seguono in genere una o due domande riferite al caso descritto.

Esempi

Leggere il testo del seguente esercizio e rispondere alle domande successive.

Il grafico riporta i valori medi (espressi in milligrammi per centimetro cubo di sangue) dell'ormone melatonina rilevati negli uomini e nelle donne nell'arco delle 24 ore.

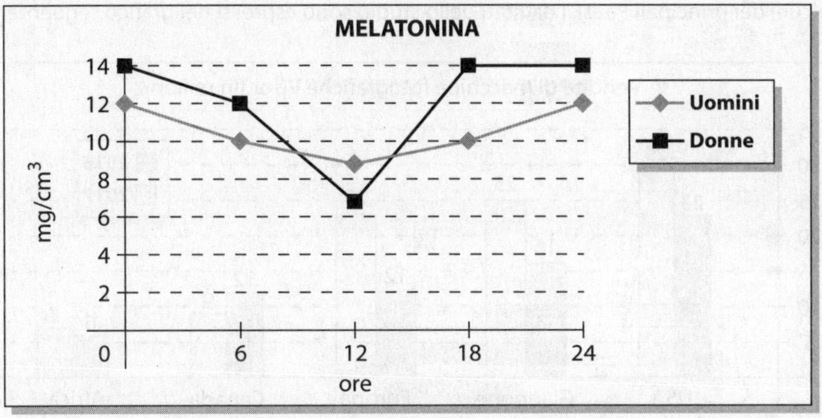

1 Quale delle seguenti affermazioni è falsa sulla base dei dati riportati nel grafico?

- **A** Alla sera le donne hanno una concentrazione di melatonina superiore a quella degli uomini
- **B** La concentrazione di melatonina negli uomini non cresce in modo costante nel corso delle 24 ore
- **C** La concentrazione di melatonina negli uomini è inferiore a quella delle donne solo a mezzogiorno
- **D** Durante la notte, le donne hanno una concentrazione di melatonina superiore a quella degli uomini
- **E** A mezzogiorno sia gli uomini che le donne mostrano un calo nella presenza di melatonina nel sangue rispetto alle altre ore della giornata

Il grafico mostra che a mezzogiorno (ore 12 sull'asse orizzontale) cambia il rapporto tra la concentrazione dell'ormone melatonina nel sangue degli uomini e quella contenuta nel sangue delle donne, nel senso che la prima diviene maggiore della seconda e non viceversa come invece sostiene l'alternativa **C**. Da tale osservazione si deduce che l'alternativa **C** è falsa.

2 Esiste una pillola che innalza il valore di ormone melatonina di un milligrammo e tale effetto dura per tutte le ore della giornata. Qual è il numero minimo di pillole che dovrebbe assumere una donna, con valori ormonali pari alla media femminile, per registrare valori di melatonina superiori alla media maschile in ogni ora della giornata?

- **A** 2
- **B** 3
- **C** 4
- **D** 8
- **E** 1

COMPRENSIONE VERBALE E LOGICA

L'unico momento della giornata in cui una donna ha una concentrazione di ormone melatonina inferiore a quella degli uomini è a mezzogiorno. In particolare, dal grafico si osserva che in corrispondenza delle ore 12 il valore ormonale delle donne è pari a circa 7 milligrammi, contro un valore, negli uomini, pari a circa 9 milligrammi. Si deduce, quindi, che per raggiungere un valore superiore a quello della media maschile in ogni ora della giornata una donna con valori ormonali pari alla media femminile dovrebbe assumere almeno tre pillole al giorno (risposta B).

Leggere il testo del seguente esercizio e rispondere alle domande successive.

Nel biennio 2016-2017 è stato lanciato sul mercato mondiale un nuovo tipo di macchina fotografica digitale, chiamata Visor. Al termine del 2017 la casa produttrice ha deciso di verificare l'andamento delle vendite in alcuni dei principali Paesi. I risultati dello studio sono espressi nel grafico seguente.

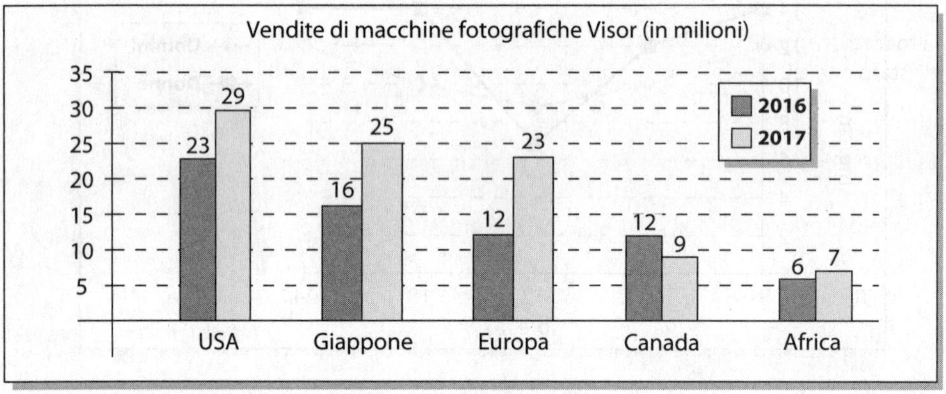

3 Nel biennio considerato, quante Visor sono state vendute in Canada?

A 21

B 2100

C 21000

D 2100000

E 21000000

Dal grafico si osserva che, in corrispondenza del Canada, la barra relativa al 2016 rappresenta il valore 12 mentre quella relativa al 2017 rappresenta il valore 9. La somma di questi valori è dunque pari a 21. Dal momento che i valori raffigurati nel grafico sono espressi in milioni, il numero di macchine fotografiche Visor vendute in Canada nel biennio considerato è pari a 21 milioni. La risposta corretta è dunque la E.

4 Nel 2017, qual è stata la percentuale di Visor vendute negli USA, rispetto al totale dell'anno?

A Circa il 20%

B Circa il 25%

C Circa il 30%

D Circa il 40%

E Circa il 45%

Il numero complessivo di macchine fotografiche Visor vendute nei Paesi considerati nel 2017 è pari a 93 milioni mentre il numero di Visor vendute negli Usa nello stesso anno è pari a 29 milioni. Pertanto la percentuale richiesta è pari a 29/93 (cioè poco meno di un terzo), pari a circa il 31% (risposta **C**).

5 A quanto ammonta la variazione percentuale delle macchine fotografiche Visor vendute nel 2017 rispetto a quelle vendute nel 2016 considerando tutti i Paesi sopra esaminati?

- **A** A circa il 20% in più
- **B** A circa il 26% in più
- **C** A circa il 35% in più
- **D** A circa il 2% in meno
- **E** A circa il 50% in più

Il numero totale di macchine fotografiche Visor vendute nel 2016 è pari a 69 milioni, mentre nel 2017 tale valore è stato pari a 93 milioni. La variazione percentuale si calcola quindi risolvendo la seguente espressione:

$$\frac{93-69}{69} = 0,347 \cdot 100 = 34,7$$

La soluzione dell'esercizio è quindi fornita dall'alternativa **C**.

6 Dal grafico si possono trarre tutte le seguenti conclusioni tranne una. Quale?

- **A** Tra il 2016 e il 2017, il maggior incremento percentuale nel numero di macchine fotografiche Visor si è avuto in Europa
- **B** Il numero di macchine fotografiche Visor vendute in Canada è diminuito dal 2016 al 2017
- **C** Nel biennio considerato, sono state vendute più macchine fotografiche Visor in Giappone che in Europa
- **D** Tra il 2016 e il 2017, il numero di fotografi è aumentato negli Usa più che negli altri Paesi
- **E** Nel biennio considerato, l'aumento percentuale di macchine fotografiche Visor vendute negli USA è stato di poco superiore al 25%

Tutte le informazioni proposte dalle diverse alternative sono ricavabili dai dati contenuti nel grafico a eccezione della **D** che è dunque la risposta corretta. Il fatto che negli USA, nel 2017, il numero di macchine fotografiche Visor vendute risulti superiore a quello relativo agli altri Paesi non significa infatti che negli USA il numero di fotografi sia aumentato più che altrove.

Suggerimenti

- Leggere attentamente i **titoli delle colonne** nelle tabelle, come pure le variabili rappresentate sugli **assi dei grafici** o le eventuali note.
- Fare attenzione a quali **unità di misura** sono usate per esprimere le quantità rappresentate nelle tabelle e nei grafici (percentuali, anni, euro, metri ecc.).
- **Non confondere decimali con percentuali.** Se per esempio una colonna rappresenta cifre in forma percentuale, un numero come 0,2 significa 0,2% e quindi è uguale a 0,002.
- Quando il grafico è costituito da più serie di dati (per esempio più linee o più barre), è conveniente **"etichettare" ogni serie in accordo con la legenda del grafico**, in modo da distinguere velocemente le diverse serie di dati quando si risponde alle domande.
- Se in un esercizio vengono presentati più grafici, occorre **individuare con attenzione il grafico al quale fa riferimento la domanda in esame**.

3.8 | Capacità di individuare informazioni rilevanti

Un'altra tipologia di esercizi di questa sezione richiede di individuare informazioni rilevanti all'interno di una consistente mole di dati, forniti da numerosi grafici e tabelle. Per rispondere correttamente alle domande è necessario dapprima individuare, tra quelli proposti, il grafico o la tabella che contiene i dati a cui il quesito fa riferimento. Si veda il seguente esempio.

Tabella 1: andamento delle esportazioni e delle importazioni della società *Forza e Coraggio*

Anno	Esportazioni (in milioni di Euro)	Importazioni (in milioni di Euro)
2013	1	0,6
2014	1,2	0,6
2015	1,5	0,4
2016	1	0,6

Grafico 1: ripartizione della produzione di grano nel 2016 tra Francia, Germania e Italia

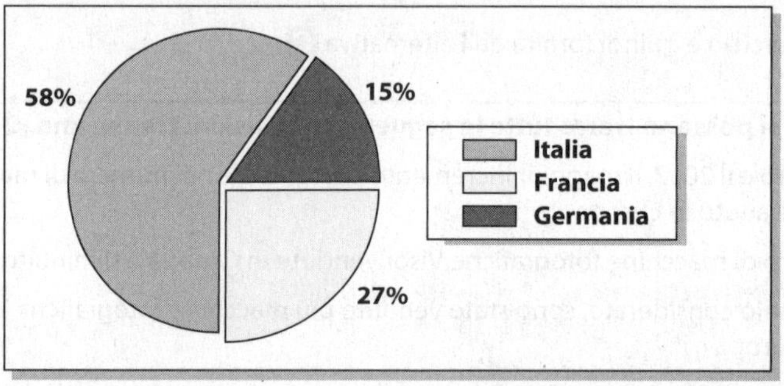

Tabella 2: laureati impiegati per tipologia di impiego

Tipologia di impiego: Lavoro indipendente	% di laureati impiegati
Imprenditore Libero professionista	28,9%
Lavoratore in proprio	1,2%
Altro	5,7%
Totale	35,9%

Tipologia di impiego: Lavoro dipendente	% di laureati impiegati
Dirigente	1,4%
Insegnante	14,0%
Funzionario	9,2%
Impiegato pubblico	31,1%
Altro	8,4%
Totale	64,1%

Tabella 3: aziende a confronto: *Pala* e *Manca*

Azienda	Fatturato (milioni di Euro)	n° impiegati	% esportazioni su fatturato 2016	% importazioni su fatturato 2016
Pala	6,5	24	10%	12%
Manca	10	52	15%	2%

Sulla base delle tabelle e dei grafici sopra riportati si risponda alle seguenti domande.

1 Il numero degli impiegati nel settore pubblico è:

A 31.000 circa

B 1.500 circa

C 14.000 circa

D 25.237

E nulla si può dire riguardo al numero assoluto di impiegati nel settore pubblico

Tra le tabelle e il grafico forniti, l'unica fonte di informazione sull'impiego nel settore pubblico è costituita dalla **tabella 2**, nella quale però sono riportati solo valori percentuali. Senza conoscere il numero totale di impiegati non è dunque possibile calcolare il numero di impiegati nel settore pubblico. La risposta corretta è dunque la E.

2 Se in Francia nel 2016 la produzione di grano è stata pari a 1.350 tonnellate, a quanto ammontava la produzione tedesca dello stesso prodotto nello stesso anno?

A 1.000 tonnellate

B 750 tonnellate

C 500 tonnellate

D 600 tonnellate

E 650 tonnellate

Il **grafico 1** fornisce la ripartizione della produzione di grano tra tre Paesi europei nel 2016. Da esso si ricava che la produzione francese è stata pari al 27% di quella totale. Sapendo che la Francia ha prodotto 1.350 tonnellate, la produzione totale (X) si ricava nel seguente modo:

- 1.350 = 27% X
- da cui X = 5.000.

La produzione tedesca è pari al 15% di 5.000 e quindi pari a 750 tonnellate. La risposta corretta è dunque la B.
Si poteva arrivare a tale valore pensando che se il 27% del totale era pari a 1.350, il 3% era pari a 150 e quindi il 15% pari a 750.

3 In termini assoluti, nel 2016, le esportazioni della società *Forza e Coraggio* sono state:

A superiori a quella della società *Pala* e inferiori a quelle della società *Manca*

B superiori a quella della società *Manca* e inferiori a quelle della società *Pala*

C inferiori sia a quelle della società *Manca* che a quelle della società *Pala*

D superiori sia a quelle della società *Manca* che a quelle della società *Pala*

E non esistono elementi sufficienti per rispondere

In questo caso è necessario confrontare le informazioni contenute nella **tabella 1** (esportazioni della società *Forza e Coraggio* nel 2016 pari a 1 milione di Euro) con quelle della **tabella 3** (esportazioni nel 2016 delle aziende *Pala* e *Manca*). Innanzitutto bisogna calcolare il valore in milioni di Euro delle esportazioni di *Pala* e *Manca* nel 2016: sapendo che l'azienda *Pala* ha effettuato esportazioni pari al 10% del fatturato si può ricavare il valore 0,65 milioni; analogamente, le esportazioni del 2016 dell'azienda *Manca* corrispondono a 1,5 milioni. La risposta corretta è quindi la A.

Leggere il testo del seguente esercizio e rispondere alle domande seguenti.

Per capire il mutamento delle abitudini degli italiani, la società Conses ha studiato l'andamento delle vendite di alcuni tra i più comuni mezzi di trasporto in Italia. I risultati dello studio sono rappresentati nella tabella seguente che riporta, espressi in migliaia, i dati delle vendite divise per tipologia di mezzo e per anno:

	Biciclette	Motorini	Motociclette	Automobili
2014	10	15	12	50
2015	8	20	16	60
2016	6	25	11	50
2017	8	50	18	90

4 La vendita di quale mezzo di trasporto ha rivelato la maggiore variazione percentuale tra il 2014 e il 2017?

- A Biciclette
- B Motorini
- C Motociclette
- D Automobili
- E Motociclette e automobili a pari variazione percentuale

Per rispondere al quesito è necessario calcolare la variazione percentuale delle vendite dei diversi mezzi di trasporto considerati prendendo i dati del 2014 e quelli del 2017. Si potrebbe essere tentati di scartare a priori le *biciclette* in quanto queste presentano un decremento tra il 2014 e il 2017. In realtà l'esercizio parla di variazione percentuale senza specificare se debba essere positiva o negativa. Comunque, da una semplice osservazione dei dati riportati, senza dover fare calcoli complicati, ci si accorge immediatamente che i motorini hanno avuto un incremento superiore al 200% (cioè sono più che triplicati), percentuale che nessuno degli altri mezzi di trasporto ha raggiunto. La soluzione dell'esercizio è quindi la B.

5 Nel 2016 si è verificata una flessione generalizzata delle vendite dei diversi mezzi di trasporto che non ha però riguardato i motorini. Qual è stata la variazione percentuale delle vendite di questi ultimi in quell'anno rispetto al precedente?

A 20% B 25% C 30% D 50% E 40%

Tra il 2015 e il 2016 la vendita di motorini è passata da 20000 a 25000 unità. L'incremento percentuale è quindi stato pari a:

$$\frac{25000 - 20000}{20000} = 0,25 \cdot 100 = 25\% \text{ (alternativa B)}.$$

6 Tra il 2014 e il 2015 quale mezzo di trasporto tra motorini e motociclette ha realizzato la maggiore variazione percentuale nelle vendite?

- A Motorini
- B Entrambi hanno realizzato un incremento delle vendite pari a circa il 25%
- C Entrambi hanno realizzato un incremento delle vendite pari a circa il 33%
- D Motociclette
- E Entrambi hanno realizzato un incremento delle vendite pari a circa 5.000 unità

Applicando le formule già viste più volte in questo capitolo ci si accorge come la variazione percentuale sia dei motorini sia delle motociclette tra il 2014 e il 2015 è stata pari al 33,3%. La soluzione all'esercizio è quindi fornita dall'alternativa **C**.

7 **Tra il 2015 e il 2016 quale mezzo di trasporto tra motociclette e automobili ha realizzato la maggiore variazione percentuale negativa nelle vendite?**

- **A** Automobili
- **B** Motociclette
- **C** Entrambe hanno realizzato un decremento delle vendite pari al 10%
- **D** Entrambe hanno realizzato un decremento
- **E** Entrambe hanno realizzato un incremento delle vendite pari al 30%

Il decremento nella vendita di motociclette tra il 2015 e il 2016 è stato pari a circa il 30%, mentre per le automobili risulta inferiore al 20%. La risposta corretta è quindi la **B**.

8 **Per il 2018 si prevede che verranno vendute 80000 automobili, 30000 motorini, 7000 biciclette e 20000 motociclette. Quale sarà la variazione percentuale delle vendite degli automezzi considerati tra il 2018 e il 2016?**

- **A** Circa il 43%
- **B** Circa il 25%
- **C** Circa il 17%
- **D** Circa il 49%
- **E** Circa il 38%

Nel 2018, secondo le previsioni, saranno venduti in totale 137000 automezzi tra biciclette, motorini, motociclette e automobili. Nel 2016 questo dato era pari a 92000 unità. La variazione percentuale tra i due anni è quindi pari a:

$$\frac{137000 - 92000}{92000} = 0{,}489 \cdot 100 = 48{,}9\%$$

L'alternativa **D** è quindi quella che fornisce la soluzione al problema.

Leggere il testo del seguente esercizio e rispondere alle domande seguenti.

Nel 2017 nella città di New York si sono verificati incidenti stradali in misura maggiore rispetto all'anno precedente; il Comune di New York ha deciso di svolgere uno studio statistico per capire le ragioni del fenomeno in questione. I risultati dello studio sono espressi nel grafico seguente.

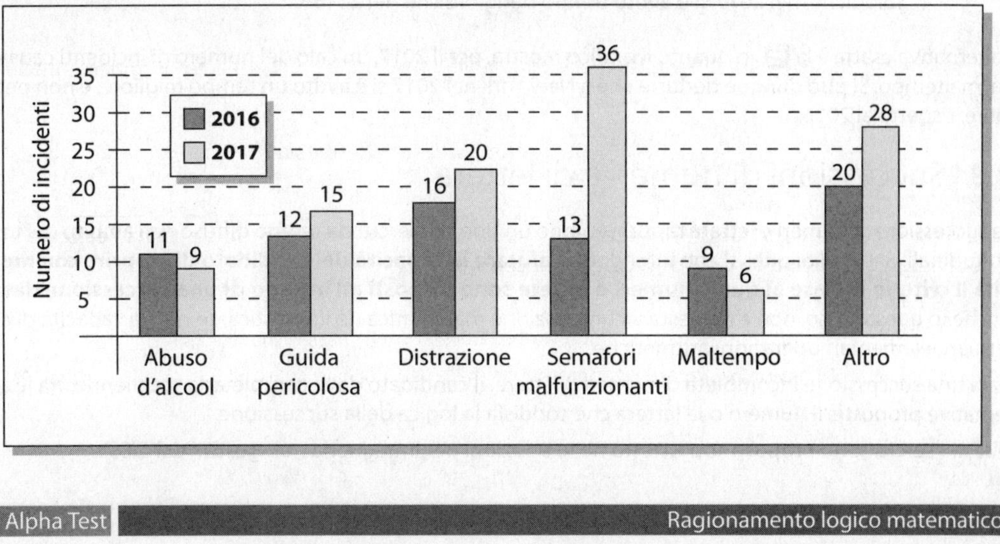

9 **Quale percentuale di incidenti può essere imputata alle cause rientranti nella categoria *Altro*, nel 2017?**

A Circa il 60% **B** Circa il 45% **C** Circa il 25% **D** Il 39% **E** Circa il 90%

Si nota dal grafico che gli incidenti nel 2017 sono stati complessivamente 114, di cui 28 (colonna *Altro*) rappresenta circa il 25% (risposta **C**).

10 **Dal 2016 al 2017 sono aumentati in percentuale maggiore gli incidenti per *Guida pericolosa* o per *Distrazione*?**

A Si sono verificati aumenti in numeri assoluti identici
B Sono aumentati entrambi del 25% circa
C Per guida pericolosa
D Per distrazione
E Non è possibile rispondere

Nel grafico si legge che l'aumento in valore assoluto è stato di 3 unità per *Guida pericolosa* e di 4 unità per *Distrazione*, ma, in termini percentuali, tale aumento risulta uguale. Infatti:

- aumento casi per guida pericolosa: $\frac{15-12}{12} = \frac{3}{12} = \frac{1}{4} = 25\%$
- aumento casi per distrazione: $\frac{20-16}{16} = \frac{4}{16} = \frac{1}{4} = 25\%$

L'alternativa esatta è dunque la **B**.

11 **Dal grafico si possono trarre tutte le seguenti conclusioni tranne una. Quale?**

A L'incremento percentuale di incidenti più elevato è stato quello causato dai semafori mal funzionanti
B Il numero di incidenti causati da abuso d'alcool è diminuito dal 2016 al 2017
C Sia nel 2016 che nel 2017, la distrazione e il maltempo hanno causato complessivamente un numero di incidenti maggiore rispetto all'abuso d'alcool e alla guida pericolosa insieme
D L'aumento generale di incidenti può essere attribuito soprattutto a un peggiore funzionamento dei semafori
E Se il numero di incidenti causati dal maltempo è un buon indicatore delle condizioni meteorologiche, nel 2017 si è avuto tempo peggiore che nel 2016

L'alternativa esatta è la **E**, in quanto il grafico mostra, per il 2017, un calo del numero di incidenti causati dal maltempo. Si può dunque dedurre che a New York nel 2017 si è avuto un tempo migliore, e non peggiore, rispetto al 2016.

3.9 | Successioni di numeri e di lettere

Le successioni di numeri e lettere rappresentano un tipo di esercizi da tempo diffuso nell'ambito dei test attitudinali. Si tratta di quesiti che intendono **valutare la capacità del candidato di scoprire con rapidità il criterio in base al quale numeri e lettere sono disposti all'interno di una successione data.** Anche in questo caso, non è richiesta alcuna nozione matematica né linguistica, se non la capacità di effettuare elementari operazioni aritmetiche.

Data una successione incompleta di numeri o lettere, il candidato deve completarla scegliendo, tra le alternative proposte, il numero o la lettera che soddisfa la logica della successione.

Questi esercizi sono proposti soprattutto nelle selezioni per Ingegneria non gestite dal CISIA.

3.10 | Successioni di numeri

Si tratta di successioni nelle quali compare un'incognita che il candidato deve sostituire scegliendo, tra le alternative proposte, un numero che soddisfi il criterio logico che governa l'intera successione. Vengono analizzati di seguito alcuni esempi che mostrano i principali criteri logici alla base delle successioni di numeri.

Esempi

---

1 11, 17, 23, 29, 35, ...?

A 45 B 41 C 48 D 49 E 52

Si tratta di una *successione aritmetica additiva*, in cui ogni numero è ottenuto sommando un valore costante al numero precedente. Nell'esercizio proposto la costante è pari a 6 e quindi l'incognita è uguale al numero che si ottiene sommando 6 a 35, cioè 41 (alternativa B).
Esistono anche esercizi in cui un valore costante viene sottratto passando da un numero al seguente della successione.

---

2 5, 20, 80, ...?

A 160 B 240 C 320 D 100 E 140

Questo esercizio mostra una *successione geometrica*, in cui cioè ciascun elemento è uguale al precedente moltiplicato per un numero costante (nell'esempio pari a 4). Il numero mancante è quindi 320, che si ottiene moltiplicando 80 x 4 (alternativa C). In altri casi, i numeri della successione possono essere divisi, anziché moltiplicati, per un numero costante.

---

3 3, 9, 81, ...?

A 729 B 2187 C 90 D 272 E 6561

In questo esercizio ogni numero è dato dal precedente *elevato a un esponente costante*: nell'esempio l'esponente è pari a 2 e il numero mancante è $81^2 = 6561$ (risposta E).

---

4 3, 4, 7, 11, 18, 29, ...?

A 47 B 51 C 33 D 75 E 38

In questa tipologia non è utilizzato alcun numero costante da sommare, sottrarre o moltiplicare, ma *ogni elemento della successione è ottenuto sommando i due numeri che lo precedono*: 3 + 4 = 7; 4 + 7 = 11; 7 + 11= 18; 11 + 18 = 29; 18 + 29 = 47. Il numero mancante è dunque 47 (alternativa A).

---

5 5, 10, 8, 12, 11, 14, 14, ...?

A 24 B 11 C 14 D 12 E 16

In questo caso, *si alternano due serie di numeri,* che occupano una le posizioni dispari e l'altra quelle pari della successione data e che presentano due logiche indipendenti tra loro. Nell'esempio si hanno due serie di tipo additivo: la prima è composta dai numeri 5, 8, 11, 14 (si aggiunge 3 passando da un elemento al successivo); la seconda è 10, 12, 14... (si aggiunge 2 passando da un elemento al successivo). L'elemento incognito occupa una posizione pari e quindi appartiene alla seconda delle due serie che si alternano. Il suo valore è perciò dato da: 14 + 2 = 16 (risposta E).

---

6 2, 4, 7, 6, 12, 15, 14, 28, 31, ...?

A 29 B 30 C 27 D 62 E 34

In questa successione compaiono più *operazioni aritmetiche che si ripetono ciclicamente*; l'ordine delle operazioni è il seguente: moltiplicare per due (x 2), aggiungere tre (+ 3), sottrarre uno (– 1). Osservando la successione data, si nota il seguente andamento: 2 × 2 = 4; 4 + 3 = 7; 7 – 1 = 6; 6 × 2 = 12; 12 + 3 = 15; 15 – 1 = 14; 14 × 2 = 28; 28 + 3 = 31; 31 – 1 = 30.
Il numero mancante è perciò 30 (alternativa B).

7 Individuare il numero mancante.

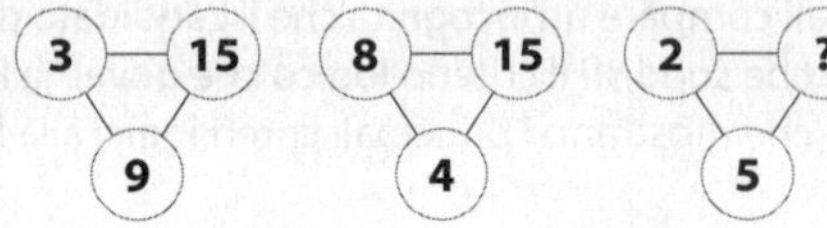

A 15 **B** 10 **C** 13 **D** 8 **E** 15

In questo caso vi sono *tre successioni di numeri* (ciascuna delle quali è disposta a *triangolo*) che rispondono allo stesso criterio logico. Per comprendere tale criterio e individuare il numero mancante occorre analizzare le due terne di numeri interamente note.
Nell'esempio, all'interno di ciascuna successione, il numero in alto a destra è ottenuto aggiungendo 3 alla somma degli altri due: nelle prime due successioni si ha infatti:

$$3 + 9 + \mathbf{3} = 15 \text{ e } 8 + 4 + \mathbf{3} = 15.$$

Allo stesso modo, nella terza successione il numero mancante deve essere uguale a:

$$2 + 5 + \mathbf{3} = 10 \text{ (alternativa B)}.$$

8 Individuare il numero mancante.

10	18	22
20	40	?
6	10	13

A 72 **B** 22 **C** 24 **D** 32 **E** 45

In questo esempio vi sono ancora tre terne, ciascuna delle quali è però disposta in senso verticale e racchiusa all'interno di un rettangolo. La logica che lega i tre numeri di ogni successione è la seguente: il numero al centro di ciascun rettangolo è dato dalla differenza tra il numero in alto e il numero in basso, moltiplicata per 5. Cioè: (10 – 6) x 5 = 20; (18 – 10) x 5 = 40; (22 – 13) x 5 = 45.
La soluzione esatta è dunque la **E**.

9 Quale numero tra quelli proposti completa la seguente serie?

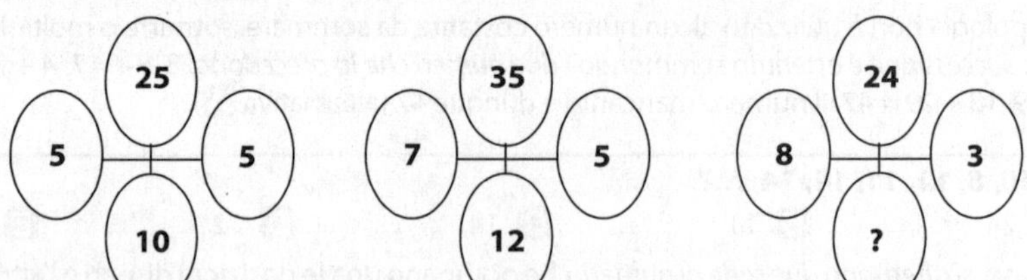

A 10 **B** 12 **C** 15 **D** 11 **E** 5

In ciascuna figura, il numero in alto è ottenuto moltiplicando i due numeri ai lati, mentre il numero in basso è il risultato della loro somma: così nella prima figura 5 x 5 = 25 e 5 + 5 = 10. Il numero mancante nella terza figura è quindi 11 e la **D** è la soluzione cercata.

10 Completare correttamente la seguente serie: 45654 - 56765 - 67876 - ?

A 78887 **B** 78977 **C** 78987 **D** 78988 **E** 78978

I numeri proposti dal testo del quesito sono palindromi (letti da sinistra a destra e da destra a sinistra risultano identici) con le cifre che prima crescono (fino alla terza cifra) e poi decrescono. Il numero che segue la stessa logica è quello proposto dall'alternativa **C** (soluzione del quesito).

3.10.1 | Successioni di lettere

Per poter risolvere questo tipo di esercizi è indispensabile avere sempre ben presente la successione ordinata e completa delle lettere dell'alfabeto utilizzato, scrivendola nell'ordine corretto.

Esempi

---

1 **C, F, I, N, Q, ...?**

A T
B O
C R
D Z
E S

Si tratta di una sequenza alfabetica il cui ordine va dalla A alla Z, ma in cui, tra un elemento e il successivo, manca un gruppo di due lettere. In sostanza, è una successione del tutto simile a quella numerica additiva (aggiunge 3 passando da un elemento all'altro). La lettera incognita è dunque T (risposta A) che è situata a 3 posizioni dalla Q.

3.10.2 | Successioni combinate di numeri e lettere

In questi esercizi, la sequenza di numeri e quella di lettere si trovano combinate in un'unica successione, ma ciascuna segue una propria logica.

Esempi

---

1 **Z, 2, U, 4, S, 16, Q, 256 ..., ...?**

A O, 65536 B Q, 272 C 23, O D S, 4096 E V, 128

Per risolvere l'esercizio, la successione va sdoppiata in una *successione di lettere* (Z, U, S, Q), in cui ogni elemento è ottenuto procedendo a ritroso di due posizioni rispetto al precedente, e in una *successione di numeri* (2, 4, 16, 256), in cui ogni elemento è ottenuto elevando al quadrato il precedente; la risposta esatta è quindi la A. Si noti che la soluzione esatta deve presentare nell'ordine corretto i due elementi (in questo caso prima la lettera e poi il numero). Per questa ragione, l'alternativa C è immediatamente riconoscibile come errata.

Anche nel caso delle successioni combinate di numeri e lettere, la disposizione spaziale può assumere una configurazione particolare, come illustrano gli esempi seguenti.

---

2 **Individuare l'elemento mancante.**

15	**18**	**17**	**20**	**19**	**22**	**21**	**?**
b	**e**	**g**	**l**	**n**	**q**	**s**	**?**

	A	B	C	D
	15	**27**	**24**	**u**
	b	**f**	**v**	**12**

I numeri e le lettere sono contenute in figure rettangolari, ma, anche in questo caso, *la sequenza dei numeri e quella delle lettere sono indipendenti*, nel senso che seguono ciascuna una logica differente.

Per quanto riguarda la *sequenza dei numeri*, si passa dal primo al secondo aggiungendo 3, dal secondo al terzo sottraendo 1, dal terzo al quarto aggiungendo 3, dal quarto al quinto sottraendo 1, e così via (la sequenza di operazioni è quindi: + 3; – 1; +3; – 1 e così via).

Il numero mancante è perciò 24.

Per quanto riguarda la *sequenza di lettere*, bisogna innanzitutto considerare che, non comparendo nessuna lettera che appartiene esclusivamente all'alfabeto inglese, è probabile che l'alfabeto a cui l'esercizio fa riferimento sia quello italiano. In effetti, secondo quest'ultimo, le lettere dell'esercizio sono determinate in base alla regola seguente: si passa dalla prima lettera alla seconda avanzando di tre posizioni nell'alfabeto, dalla seconda alla terza avanzando di altre due e così via. Procedendo quindi con intervalli +3, +2, +3, +2 si scopre che la lettera mancante è la *v*.

La soluzione dell'esercizio è pertanto l'alternativa **C**. Si noti che l'alternativa **D** è palesemente sbagliata in quanto le posizioni del numero e della lettera risultano tra loro invertite.

3 Individuare l'elemento mancante.

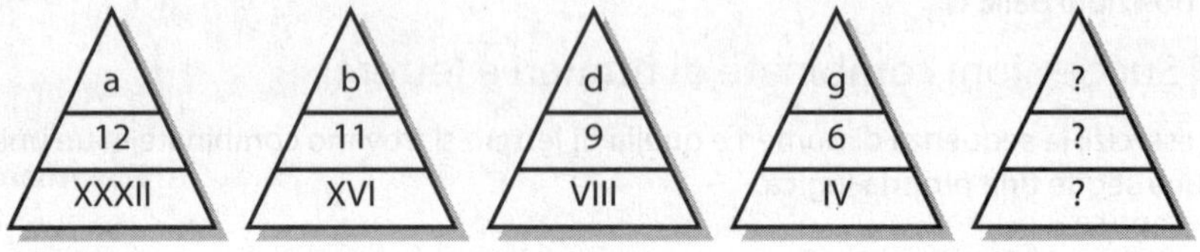

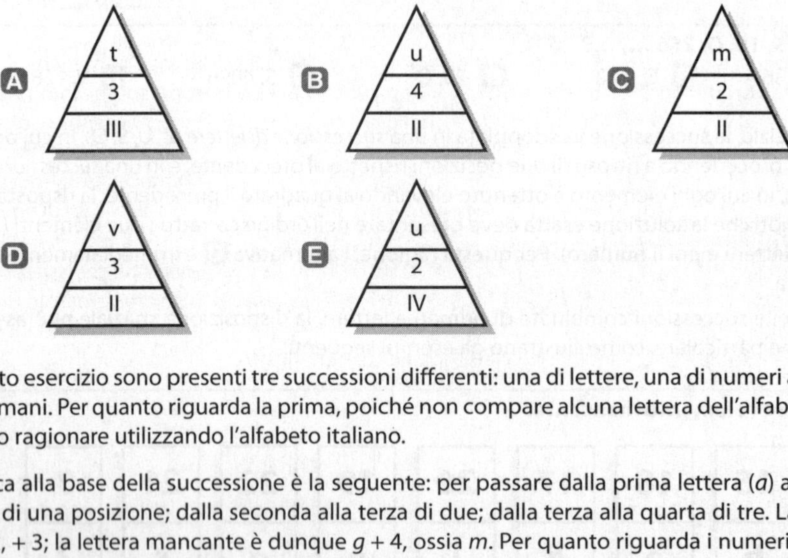

In questo esercizio sono presenti tre successioni differenti: una di lettere, una di numeri arabi e una di numeri romani. Per quanto riguarda la prima, poiché non compare alcuna lettera dell'alfabeto inglese, è opportuno ragionare utilizzando l'alfabeto italiano.

La logica alla base della successione è la seguente: per passare dalla prima lettera (*a*) alla seconda (*b*) si avanza di una posizione; dalla seconda alla terza di due; dalla terza alla quarta di tre. La logica è quindi: + 1, + 2, + 3; la lettera mancante è dunque *g* + 4, ossia *m*. Per quanto riguarda i numeri arabi, la logica è – 1, – 2, – 3 e quindi il numero mancante è dato da 6 – 4 = 2. Infine, nella successione dei numeri romani ogni elemento è ottenuto dividendo per due il numero precedente; quindi la cifra mancante è IV diviso 2 = II. La risposta corretta è dunque la **C**. Si noti che, come spesso accade in questi esercizi, per giungere alla soluzione esatta non era necessario individuare i criteri logici di tutte e tre le successioni.

3.10.3 | Successioni combinate di numeri e parole

Nelle prove di ammissione degli ultimi anni sono state utilizzate anche serie un po' particolari, che prevedevano successioni di parole di senso compiuto (e non di semplici lettere), affiancate a numeri. La difficoltà nella risoluzione dei quesiti consisteva nel comprendere la logica che collegava tali parole ai numeri a esse connessi.

Esempi

1 **Individuare l'alternativa che completa correttamente la serie.**
Tela = 20 Quadro = 30 Pittore = ?

- A 40
- B 600
- C 35
- D 50
- E 500

La logica che sottostà alla successione si basa su un'operazione di moltiplicazione, che si ripete con costanza per le tre parole proposte. Gli elementi numerici, infatti, sono ottenuti dal prodotto fra il numero di lettere che compongono ciascuna parola e il numero 5:

- 4 (t-e-l-a) x 5 = 20;
- 6 (q-u-a-d-r-o) x 5 = 30;
- 7 (p-i-t-t-o-r-e) x 5 = 35.

L'alternativa corretta, dunque, è la C.

Suggerimenti

- Per quanto riguarda le *successioni numeriche*, è conveniente analizzare la sequenza dapprima nel suo insieme per cercare di capire l'andamento che questa presenta (crescente, decrescente o composto). Successivamente è opportuno **cercare tra gli elementi adiacenti l'operazione aritmetica più semplice** (addizione, sottrazione, moltiplicazione ecc.) che li lega. Nel caso non si riesca a individuare un criterio logico che governi l'intera successione, occorre provare a **scindere la stessa in due sequenze alternate** e ripetere il procedimento per ciascuna di esse.
- Per le *successioni di lettere* valgono gli stessi suggerimenti relativi alle sequenze numeriche. È inoltre molto utile **scrivere l'intero alfabeto ordinato,** in modo da averlo sempre sott'occhio per capire velocemente la relazione tra le lettere adiacenti della successione. Tale suggerimento risulta tanto più utile quanto più numerosi sono gli esercizi di successioni di lettere presenti nel test. Per capire, inoltre, qualora non sia stato specificato, qual è l'alfabeto a cui gli esercizi fanno riferimento, è sufficiente osservare che, **se nelle successioni compaiono le lettere J, K, W, X o Y, si è sicuramente in presenza dell'alfabeto inglese.**
- Infine, relativamente alle *successioni di parole e numeri*, è bene tenere presente che spesso, come nell'esempio sopra riportato, la difficoltà di risoluzione è accresciuta dal fatto che le parole utilizzate appartengono allo stesso ambito (nell'esempio, la pittura), ma questo legame concettuale non ha alcuna relazione con la logica che conduce alla soluzione del quesito.

Ripassa da qui

Frazioni

- Ricorda che nei problemi con frazioni il concetto chiave è il resto: data una frazione p/q, è detto *resto* il numero dato da 1 – p/q. Per esempio, se i 2/5 di un bicchiere sono pieni, i restanti (1 – 2/5) = 3/5 sono vuoti.

Percentuali

- Le percentuali vanno viste come frazioni. *Per cento* significa *diviso per cento*, quindi, per esempio:

$$30\% = \frac{30}{100}$$

Una percentuale è pertanto una frazione con denominatore pari a 100. È possibile esprimere le percentuali sia come frazioni sia come numeri decimali.

Conversioni

- Se si ha una frazione e la si vuole esprime in percentuale, si può provare a scrivere la frazione equivalente (quindi moltiplicando o dividendo sia il numeratore, sia il denominatore per uno stesso valore) che abbia al denominatore 100 o un valore vicino, quando non possibile:

$$\frac{11}{25} = \frac{11}{25} \times \frac{4}{4} = \frac{44}{100} = 44\%$$

$$\frac{7}{17} = \frac{7}{17} \times \frac{6}{6} = \frac{42}{102} = \text{poco meno del } 42\%$$

Variazione percentuale

- La formula per ottenere la *variazione percentuale di una variabile* è:

$$\text{variazione percentuale} = \frac{\text{nuovo ammontare} - \text{ammontare originale}}{\text{ammontare originale}} \cdot 100\ \%$$

Problemi di lavoro: relazione tra le variabili

- **Forza lavoro/Tempo**: inversa proporzionalità
- **Forza lavoro/Quantità di lavoro**: diretta proporzionalità
- **Tempo/Quantità di lavoro**: diretta proporzionalità

Velocità avvicinamento/allontanamento

- Se due corpi vanno **uno verso l'altro** seguendo la stessa strada (per esempio due treni, uno da Milano per Roma e l'altro da Roma per Milano) la velocità di **avvicinamento** e poi di **allontanamento** una volta che si sono incontrati e proseguono in direzioni opposte si ottiene SOMMANDO le due velocità.
- Se un corpo **insegue un altro** lungo la stessa direttrice ed è più veloce di quello che lo precede (per esempio un veicolo che segue la stessa strada di un altro più lento che lo precede) la velocità di **avvicinamento** e poi di **allontanamento** una volta che il più veloce ha raggiunto il più lento e lo ha sorpassato si ottiene SOTTRAENDO le due velocità.

Conversioni

- Tempo
  - 1 ora = 60 minuti = 3600 secondi;
  - 1 giorno = 24 ore = 1440 minuti;
  - 1 anno = 365 giorni e 6 ore; 52 settimane + 1 giorno + 6 ore (anni bisestili da 366 giorni ogni 4 anni).
- Distanza
  - 1 km = 1000 m;
  - 1 m = 100 cm;
  - 1 cm = 10 mm.
- Velocità
  - 60 km/h = 1 km ogni minuto;
  - 30 km/h = 1 km ogni 2 minuti.

  Per trasformare la velocità espressa in km/h in velocità espressa in m/s basta dividere il valore per 3,6, mentre per trasformare quella espressa in m/s in quella equivalente espressa in km/h si deve moltiplicare il valore per 3,6.

Grafici e tabelle

- Leggere attentamente i **titoli delle colonne** nelle tabelle, come pure le variabili rappresentate sugli **assi dei grafici** o eventuali note.
- Fare attenzione a quali **unità di misura** sono usate per esprimere le quantità presenti nelle tabelle e nei grafici (percentuali, anni, euro, metri ecc.).
- Prima di effettuare calcoli, **leggere le risposte alternative**, dal momento che spesso sono richiesti valori approssimati. In questo modo è possibile "arrotondare", guadagnando tempo.
- **Non confondere decimali con percentuali.** Se per esempio una colonna rappresenta cifre in forma percentuale, un numero come 0,2 significa 0,2% e quindi è uguale a 0,002.
- Quando il grafico è costituito da più serie di dati (per esempio più linee o più barre), è conveniente **"etichettare" ogni serie in accordo con la legenda del grafico**, in modo da distinguere velocemente le diverse serie di dati quando si risponde alle domande.
- Quando in un esercizio vengono presentati più grafici, è opportuno **individuare con attenzione il grafico da utilizzare** per rispondere a ogni domanda.

4 Logica verbale

Mettiti alla prova

I **Completare la seguente proporzione tra parole:**

freddo sta a gelato come ... sta a ...

1: bollente
2: caldo
3: bello
4: atteso
5: sfinito
6: arrivato
7: estate
8: stupendo
9: sole
10: stanco

A 1; 2
B 3; 8
C 4; 6
D 7; 9
E 5; 10

II **Indicare la parola da scartare.**

A Polimero
B Polimetro
C Polimorfo
D Poliomielite
E Polipo

III **Indicare la parola da scartare.**

A Osso
B Anna
C Reo
D Ala
E Otto

Ecco le risposte esatte dei 3 quesiti proposti: I B, II D, III C.

Gli esercizi di logica verbale sono presenti da molti anni nei test di ammissione ai corsi dell'area di Ingegneria. Le capacità sottoposte a verifica sono principalmente quelle relative alla **proprietà di linguaggio** e all'individuazione delle **relazioni logiche tra più vocaboli**. Si tratta dunque di esercizi che valutano non solo la conoscenza della lingua italiana, ma anche capacità e attitudini.

4.1 | Analogie concettuali

Gli esercizi di analogia concettuale stimolano la capacità di analizzare il rapporto che lega tra loro più coppie di parole. In alcuni casi gli esercizi richiedono di individuare il rapporto anomalo tra più coppie di termini, in altri casi si presentano come *proporzioni* – per utilizzare un termine mutuato dalla matematica – tra parole, incomplete di uno o due termini. In questa seconda eventualità, si tratta di individuare, tra le alternative proposte, quella che completa correttamente la proporzione, cioè quella che rende la relazione tra i primi due termini uguale a quella che lega il terzo con il quarto termine, il quinto con il sesto e così via.

Esempi

Individuare, negli esercizi che seguono, la coppia di termini che completa correttamente la proporzione.

1 **Goniometro : angolo = X : Y**

A X = cronometro, Y = metro

B X = termometro, Y = gradi

C X = pantografo, Y = colore

D X = barometro, Y = pressione

E X = odometro, Y = velocità

La relazione logica che lega i due termini del primo membro (*goniometro* e *angolo*) è in questo caso di *misurazione*: il goniometro misura infatti l'angolo. L'alternativa che rispetta tale relazione è la D: *il barometro misura la pressione*. Si osservi che l'alternativa B è errata in quanto i *gradi* rappresentano l'unità di misura della grandezza da misurare e non la grandezza stessa. Affinché l'alternativa B fosse corretta, al posto di *gradi* avrebbe dovuto riportare il termine *temperatura*.

2 **X : nave = decollare : Y**

A X = navigare, Y = aeroplano

B X = capitano, Y = pilota

C X = aeroplano, Y = approdare

D X = ormeggiare, Y = aeroplano

E X = salpare, Y = aeroplano

L'alternativa B può essere facilmente scartata in quanto, pur essendo il *capitano* di una *nave* l'equivalente del *pilota* di un *aeroplano*, non compare nella proporzione il termine *aeroplano*. Le alternative A, C e D sono errate in quanto i verbi *navigare, approdare* e *ormeggiare* non hanno un significato equivalente a quello di *decollare*. La risposta esatta è quindi la E. Infatti il verbo che indica la partenza di una nave è *salpare* così come il verbo che indica la partenza di un aeroplano è *decollare*.

3 **Tiepido sta a caldo come X sta a Y**

- **A** X = estasi, Y = gioia
- **B** X = bello, Y = stupendo
- **C** X = bollente, Y = freddo
- **D** X = estate, Y = sole
- **E** X = gelido, Y = freddo

In questo caso, il quesito si presenta in forma leggermente differente, anche se la logica dell'esercizio rimane inalterata: la proporzione non viene proposta in forma simbolica ma espressa in una frase per mezzo del linguaggio comune. La relazione tra i due termini dati (*tiepido* e *caldo*) è di un *grado di intensità differente*: tiepido e caldo sono due aggettivi che esprimono il concetto di temperatura elevata, ma con un diverso grado di intensità (caldo è più intenso di tiepido).

Si osservi che, tra le alternative proposte, ne esistono tre che rispettano la relazione di *diverso grado di intensità*: la **A**, la **B** e la **E**. La **A** e la **E**, tuttavia, presentano i due termini in ordine inverso, ossia prima il più intenso e poi quello meno intenso. L'alternativa corretta è dunque la **B**.

4 **Come "aia" sta a "191", "ceffo" sta a...**

- **A** 357715
- **B** 356615
- **C** 516653
- **D** 33615
- **E** 488416

La lettera "a" è la prima lettera dell'alfabeto italiano o inglese, così come la "i" è la nona. La corrispondenza quindi tra la parola aia e il numero 191 riguarda la posizione di ogni singola lettera all'interno dell'alfabeto (italiano o inglese). La "c" è la terza lettera, la "e" la quinta, la "f" la sesta e la "o" è la tredicesima nell'alfabeto italiano, ma la quindicesima in quello inglese. Utilizzando quest'ultimo alfabeto si trova, quindi che la soluzione è quindi l'alternativa **B**.

Tipologie di relazioni

Di seguito viene riportata una lista delle tipologie di relazioni di analogia concettuale più frequentemente utilizzate nei test di ammissione. Tale lista non ha dunque la pretesa di essere completa (si potrebbero infatti agevolmente individuare altre possibili relazioni).

Relazioni	Esempi
Lavoratore e frutto del lavoro	scrittore : libro; compositore : sinfonia
Lavoratore e strumento utilizzato	scultore : scalpello; pittore : pennello
Strumento e oggetto su cui lavora	martello : chiodo; pialla : legno
Sequenza temporale	presto : tardi; alba : tramonto
Causa ed effetto	germe : malattia; esplosione : macerie
Grado di intensità	tiepido : caldo; gioia : estasi
Classe e specie	insetto : formica; mammiferi : delfino
Relazioni grammaticali	io : mio; ha : ebbe
Sinonimi	gentile : benevolo; bugia : menzogna
Contrari	mai : sempre; amore : odio
Parte del tutto	soldato : esercito; stella : costellazione
Sesso	mucca : toro; gallina : gallo

Suggerimenti

- Prima di analizzare le alternative possibili, occorre cercare di **individuare il tipo di relazione** esistente tra i due termini dati della proporzione. Quindi analizzare le varie alternative, per vedere quale di esse rispetta tale relazione.
- Prima di passare all'esercizio successivo, è importante **controllare tutte le alternative**, verificando che quelle scartate siano effettivamente errate.
- È importante prestare **attenzione all'ordine con cui sono presentati i due termini** della relazione. A volte infatti, sono presenti alternative che rispettano la relazione di partenza, ma con l'ordine delle incognite invertito.
- Nel caso in cui **le incognite di una proporzione siano relative a due membri** diversi della stessa, occorre andare per tentativi, ossia provare a sostituire i vocaboli delle diverse alternative e controllare se la proporzione acquista significato.

PARTE SECONDA

Siamo ora in grado di rispondere al primo quesito proposto all'inizio del capitolo.

Quesito I. La relazione tra i due termini dati (*freddo* e *gelato*) sta nel crescente *grado di intensità*: freddo e gelato sono due aggettivi che esprimono il concetto di temperatura bassa, ma con un diverso grado di intensità (gelato è più intenso di freddo). Si osservi che, tra le alternative proposte, ne esistono tre che rispettano la relazione di *diverso grado di intensità*: la A, la B e la E. L'ordine dei termini nelle alternative A e la E, tuttavia, è invertito, dal più intenso al meno intenso. L'alternativa corretta è dunque la B.

4.2 | Serie di parole

Si presentano come sequenze di vocaboli, tra i quali il candidato deve individuare quello da scartare perché non coerente (per una ragione da individuare) rispetto alla serie data. In questa tipologia di esercizi, in altre parole, si tratta di identificare il legame logico o etimologico esistente tra le parole della sequenza e, sulla base di tale legame, individuare il termine che non lo rispetta. Esistono due diverse tipologie di esercizi, a seconda del tipo di legame esistente tra i vocaboli. La prima, più frequente, è quella in cui il nesso logico è riferito al *significato* delle parole; la seconda, molto meno frequente, è quella in cui il nesso logico è riferito al *significante*, ossia al modo in cui i vocaboli sono scritti.

4.2.1 | Nesso logico del significato

All'interno di questa prima tipologia è possibile identificare diverse categorie di legami logici fra le parole della serie. Si considerino, a titolo di esempio, i seguenti esercizi.

Esempi

---

1 **Indicare la parola da scartare.**

A Balena

B Serpente

C Pipistrello

D Gnu

E Coniglio

Nesso di *classe* o *genere*. La risposta esatta è la B: si tratta infatti di mammiferi, a eccezione del *serpente*, che è un rettile.

---

2 **Indicare la parola da scartare.**

A Gli   B Le   C Voi   D Lui   E I

Nesso *grammaticale*. La risposta esatta è la **E**: i termini dati sono (o possono essere) tutti pronomi a eccezione di *i*, che è solo articolo.

---

3 **Indicare la parola da scartare.**

A Mozzarella
B Yogurt
C Olio
D Panna
E Ricotta

Nesso di *derivazione*. La risposta esatta è la **C**: l'*olio* è l'unico alimento, fra quelli elencati, non derivato dal latte.

---

4 **Indicare la parola da scartare.**

A Avvalorare
B Confermare
C Ratificare
D Giustificare
E Convalidare

A eccezione di *giustificare*, tutti gli altri verbi sono sinonimi. La risposta esatta è quindi la **D**.

Siamo ora in grado di rispondere al secondo quesito proposto all'inizio del capitolo.

Quesito II. L'esercizio è abbastanza complesso. Il nesso è di derivazione. Tutte le alternative, tranne la **D**, propongono parole composte dalla parola greca *polys* (molto). Così, il *polimero* (*polys* – molto + *meros* – parti) è in chimica una sostanza composta da più elementi; *polimetro* (*polys* – molto + *metron* – misura) è detto di componimento composto da versi o strofe di vari metri; polimorfo (*polys* – molto + *morphe* – forma) è detto di chi può assumere varie forme e, infine, il polipo (*polys* – molto + *meros* – podos) è caratterizzato dai molti tentacoli.

Poliomielite, invece, deriva da *polios* (grigio) e *myelos* (midollo) e, avendo una radice differente dalle altre, è la parola da scartare. La soluzione al quesito è, dunque, fornita dall'alternativa **D**.

4.2.2 | Nesso logico del significante

Gli esercizi di questa seconda tipologia, molto meno frequenti, somigliano ad alcuni rompicapo di tipo enigmistico. Pochi esempi risulteranno sufficienti a comprendere la loro natura. Occorre ricordare che in questo caso il nesso logico fa riferimento al *significante* dei vocaboli, ossia a come i vocaboli sono scritti e non al loro senso.

Esempi

---

1 **Indicare la parola da scartare.**

A Nerone
B Sindaco
C Grosso
D Viola
E Regime

La risposta esatta è la **E**. Infatti tutti i vocaboli contengono, al loro interno, il nome di un colore (*nero, indaco, rosso, viola*), a eccezione di *regime*.

2 **Indicare la parola da scartare.**

A Mosso

B Rossore

C Addosso

D Cipresso

E Fosso

La soluzione è la D, poiché tutti i vocaboli a esclusione di *cipresso* contengono la parola *osso*.

Siamo ora in grado di rispondere anche al terzo quesito proposto all'inizio del capitolo.

Quesito III. La soluzione è la C, poiché tutti i vocaboli, a esclusione di *reo*, sono palindrome (lette, cioè, in senso inverso mantengono immutato il significato).

Suggerimenti

- **Esaminare i vocaboli a due a due**, cercando di identificare il nesso che li lega. Successivamente, controllare se lo stesso nesso logico viene rispettato dagli altri vocaboli.
- **Ricordare almeno alcuni dei nessi logici** più comuni esaminati sopra e provare a vedere se i vocaboli presenti negli esercizi sono riconducibili a uno di essi.
- **Concentrarsi dapprima sulla ricerca di un nesso logico riferito al significato** e non al significante. Esercizi basati su quest'ultimo sono infatti molto più rari. Solo se non si riesce a individuare una logica legata al significato, è opportuno ragionare sul significante dei termini proposti.

4.2.3 | Sinonimi e contrari

In questo tipo di esercizio il candidato deve individuare, tra una serie di alternative, il sinonimo o il contrario del termine proposto. Occorre prestare attenzione all'alternanza tra le domande che richiedono il contrario e quelle che richiedono il sinonimo. Inoltre, in alcuni esercizi che richiedono il contrario il candidato può trovare tra le alternative anche il sinonimo del termine proposto e viceversa.

Esempi

1 **Qual è un sinonimo di *glabro*?**

A Insufficiente

B Estremo

C Sottile

D Villoso

E Liscio

La risposta corretta è la E: infatti *glabro* significa *liscio, rasato. Villoso* (risposta D) è invece il suo contrario.

2 **Qual è un sinonimo di *flebile*?**

A Febbricitante

B Fioco

C Flessibile

D Forte

E Intenso

Flebile significa fievole, fioco, sommesso. La risposta esatta è quindi la B. *Forte* e *intenso* sono due termini con significato contrario a quello di *flebile* e quindi le risposte D ed E sono sbagliate.

3 **Un sinonimo di *ipotesi* è:**

- **A** presunzione
- **B** pregiudizio
- **C** congettura
- **D** falsità
- **E** esempio

L'*ipotesi* è una *supposizione*, una *congettura* che tende a spiegare fatti di cui non si ha una perfetta conoscenza. Anche nel linguaggio matematico, all'interno di un teorema, l'ipotesi è un'affermazione, una congettura che si suppone essere vera per spiegare una tesi. La soluzione al quesito è, dunque la **C**.

5 | Logica figurale

Mettiti alla prova

I **Osservando le figure sotto riportate, quale delle seguenti affermazioni è vera?**

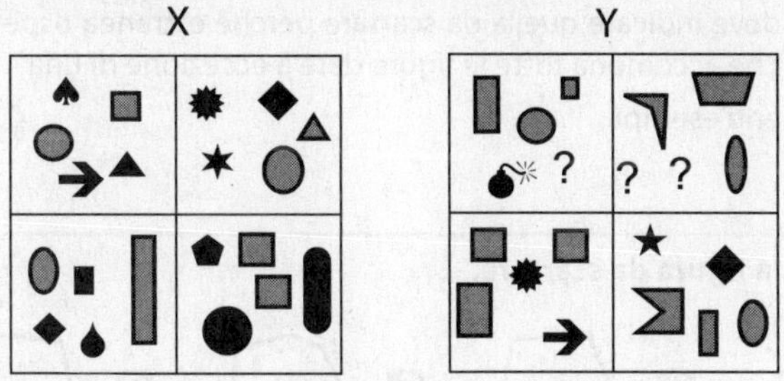

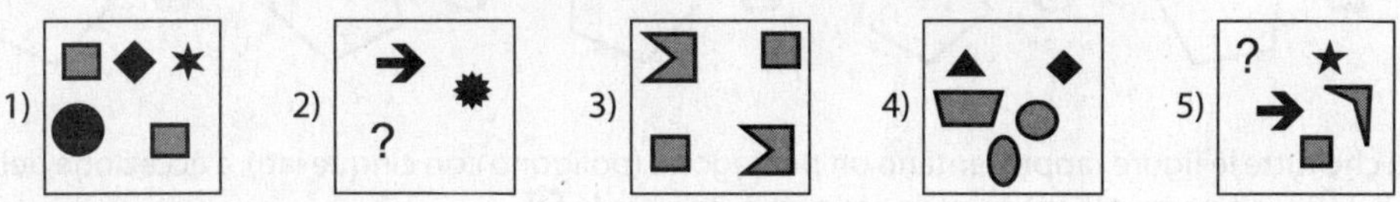

A La 1) non appartiene a X
B La 3) appartiene a Y
C La 2) appartiene a X
D La 4) appartiene a Y

II **In base alle figure precedenti, quale affermazione è esatta?**

A La 2) e la 5) appartengono allo stesso insieme
B La 1) e la 4) appartengono allo stesso insieme
C La 4) e la 5) appartengono allo stesso insieme
D La 1) e la 5) appartengono allo stesso insieme
E Nessuna delle altre alternative è vera

III **In base alle figure precedenti, quale affermazione è falsa?**

A La 2) non appartiene a X
B La 4) appartiene a Y
C La 1) e la 4) non appartengono allo stesso insieme
D Una sola delle altre alternative è falsa
E La 1) e la 3) appartengono allo stesso insieme

Ecco le risposte esatte dei 3 quesiti proposti: I **D**, II **D**, III **E**.

Gli esercizi di logica figurale (comparsi di rado nei test degli ultimi anni) intendono valutare nei candidati l'**attitudine logico-spaziale,** intesa come capacità di cogliere ed elaborare i rapporti quantitativi, qualitativi e spaziali esistenti tra più oggetti o figure astratte.

Le tipologie più utilizzate nei test di ammissione sono le seguenti:

- figura da scartare;
- sequenze di figure;
- analogie tra figure;
- matrici di figure;
- ricomposizione di facce di cubi.

5.1 | Figura da scartare

In questo tipo di esercizi viene presentata una successione di figure (generalmente quattro o cinque) tra le quali il candidato deve indicare quella da scartare perché estranea rispetto alle altre. Occorre quindi individuare la logica che accomuna tutte le figure date a eccezione di una.

Si considerino i seguenti esempi.

Esempi

---

1 **Individuare la figura da scartare.**

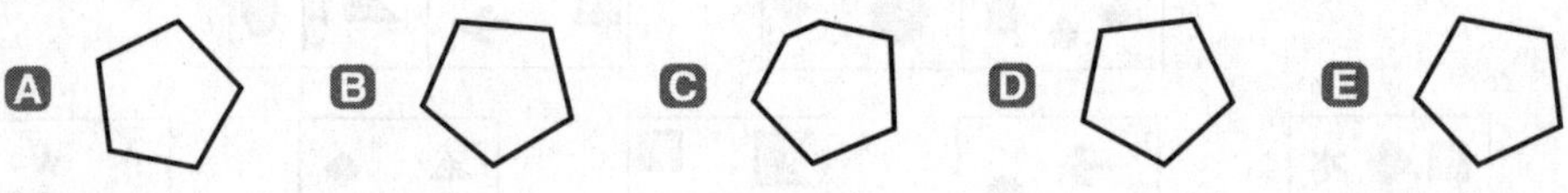

Si noti che tutte le figure rappresentano un pentagono (poligono con cinque lati), a eccezione della terza in cui il poligono ne ha sei; la figura da scartare è dunque la **C**.

---

2 **Individuare la figura da scartare.**

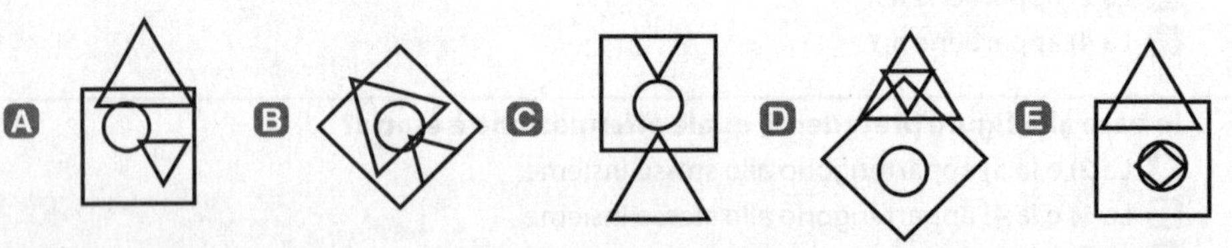

Le prime quattro rappresentazioni grafiche sono composte dalle stesse figure geometriche: due triangoli, un quadrato e un cerchio. La figura da scartare è quindi quella individuata dall'alternativa **E**, nella quale, al posto del triangolo piccolo, compare un quadrato.

5.2 | Sequenze di figure

Questi esercizi richiedono di scoprire con rapidità il criterio in base al quale le figure sono disposte all'interno di una sequenza data. In questi esercizi viene fornita una serie incompleta di figure nella quale compare un'incognita. Il candidato deve sostituirla scegliendo, tra le alternative proposte, la figura che soddisfa il criterio logico che governa l'intera sequenza.

Vengono analizzati di seguito alcuni esempi, dai più semplici ai più complessi, che mostrano i criteri logici alla base di questa tipologia di esercizi.

Esempi

1 Individuare la figura che completa correttamente la seguente serie.

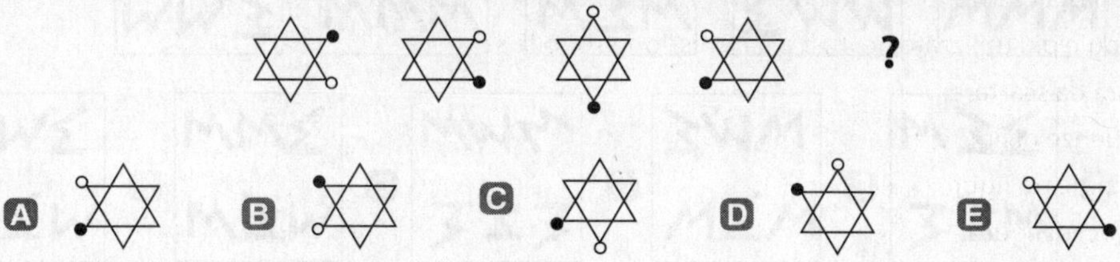

Analizzando le figure della sequenza, si osserva che, passando da una figura alla successiva, il cerchio bianco si sposta sui vertici della stella in senso antiorario mentre il cerchio nero si muove in senso opposto. La risposta corretta è dunque la B.

2 Individuare la figura che completa correttamente la seguente serie.

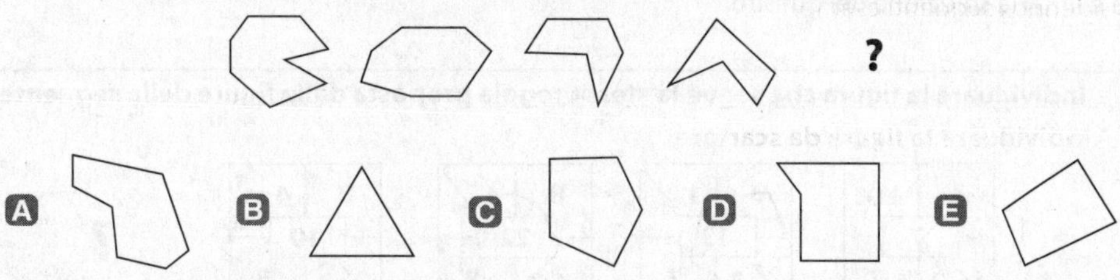

La serie data è costituita da poligoni irregolari aventi un numero di lati decrescente: il primo poligono ha 8 lati, il successivo ne ha 7 e così via. La figura mancante deve dunque essere un poligono con 4 lati, come quello proposto dall'alternativa E.

3 Individuare la figura che completa correttamente la seguente serie.

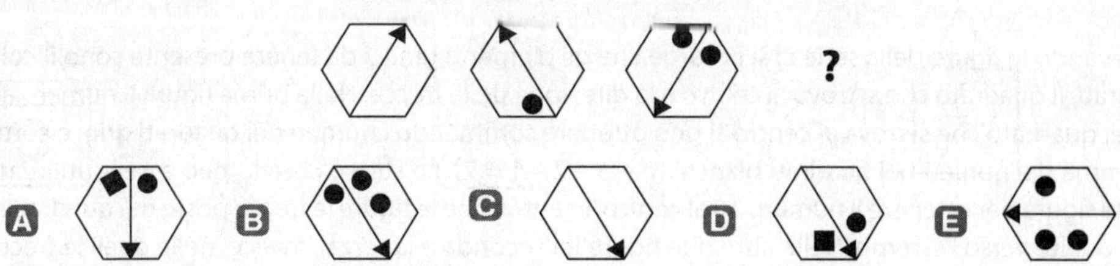

In questo esempio, ogni figura è costituita da un esagono contenente una freccia. Analizzando le prime due figure della sequenza, si osserva che passando dalla prima alla seconda compare un cerchio nero alla base della freccia e la freccia si sposta sul secondo vertice del lato superiore dell'esagono. Nel passaggio dalla seconda alla terza figura i cerchi neri aumentano di un'unità mentre la freccia conserva la stessa direzione della prima figura, ma ha il verso opposto. La quarta figura, di conseguenza, dovrà vedere il numero di cerchi neri aumentare di un'ulteriore unità, mentre la freccia dovrà avere stessa direzione ma verso opposto rispetto alla seconda figura. L'unica alternativa che, sostituita al punto di domanda, consente di rispettare tale logica è la B.

4 Individuare la figura che completa correttamente la seguente serie.

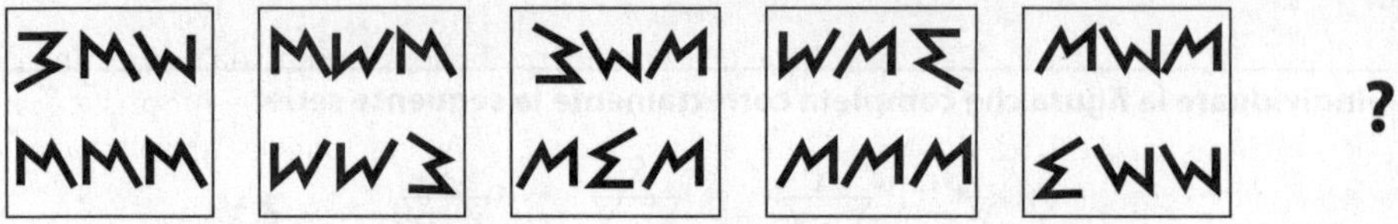

Osservando l'andamento delle figure si nota una corrispondenza tra la prima e la quarta figura e tra la seconda e quinta. Osservando, infatti le due righe di elementi nella prima figura si vede che esse vengono ripetute, ma in modo speculare (ciò che è a sinistra è a destra e viceversa, come se ci fosse uno specchio), nella quarta. Stessa cosa accade tra le seconda e la quinta figura. L'alternativa che completa la serie deve, quindi, riprendere le due righe di elementi della terza figura e proporli in modo speculare. Tra quelle proposte è la **B** la soluzione del quesito.

5 Individuare la figura che segue la stessa regola proposta dalle figure della seguente serie.

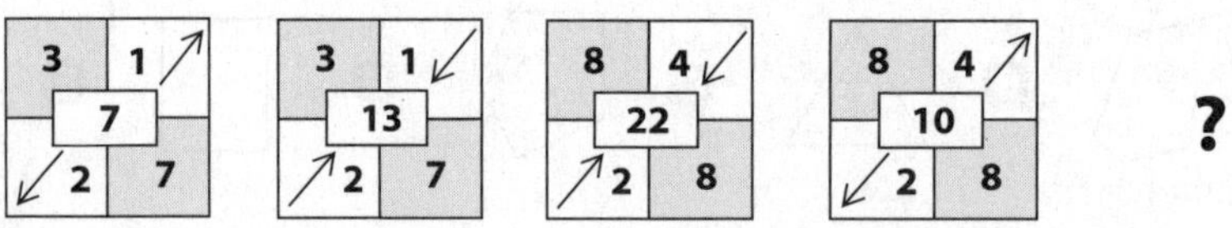

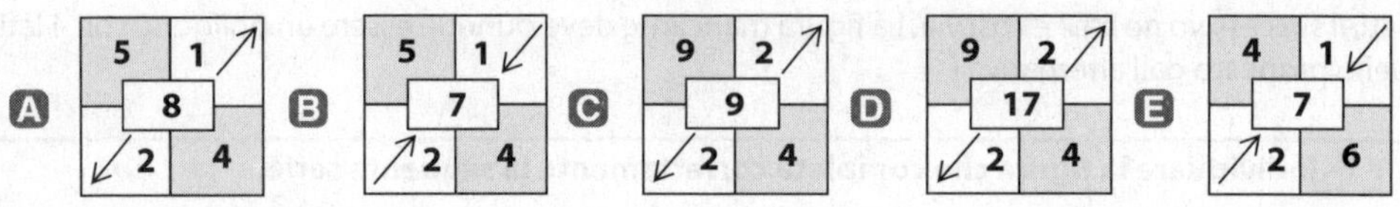

Osservando le figure della serie ci si accorge che gli elementi grafici da tenere presente sono il colore dei quadrati, il quadrato che si trova al centro e la direzione delle frecce. Nella prima figura il numero all'interno del quadrato che si trova al centro si può ottenere sommando i numeri nei quadrati grigi e sottraendo la somma dei numeri nei quadrati bianchi (7 + 3 – 2 – 1 = 7). Lo stesso criterio può essere utilizzato nella quarta figura per ottenere il numero 10 al centro. In entrambe le figure le frecce poste nei quadrati bianchi sono rivolte verso l'esterno. Nelle altre due figure (la seconda e la terza), invece, nelle quali le frecce sono rivolte verso l'interno, il numero al centro si ottiene sommando tutti e quattro gli altri numeri, sia quelli posti nei quadrati bianchi, sia quelli posti nei quadrati grigi. Seguendo questa regola, allora non può essere soluzione la **A** (5 + 4 – 2 – 1 = 10), ma neanche la **B** (5 + 4 + 2+ 1 = 12) o la **D** (9 + 4 – 2 – 2 = 9) e la **E** (6 + 4 +2 +1 = 13). È, invece, soluzione del quesito l'alternativa **C** (9 + 4 – 2 – 2 = 9).

Suggerimento

- È consigliabile osservare con attenzione le figure e analizzare la **relazione esistente tra gli elementi adiacenti**. È dunque opportuno riconoscere la relazione che lega le figure adiacenti, verificando ciò che avviene passando da una figura alla successiva.

5.3 | Analogie tra figure

Esempi

Si tratta di esercizi costituiti da una proporzione i cui termini sono rappresentati da figure. Uno dei quattro termini è incognito e va individuato scegliendo l'alternativa corretta tra quelle proposte. Trattandosi di una proporzione, la condizione da rispettare è l'equivalenza della relazione esistente tra le due figure costituenti la prima coppia con quella esistente tra le due figure della seconda.

---

1 **Individuare la figura mancante.**

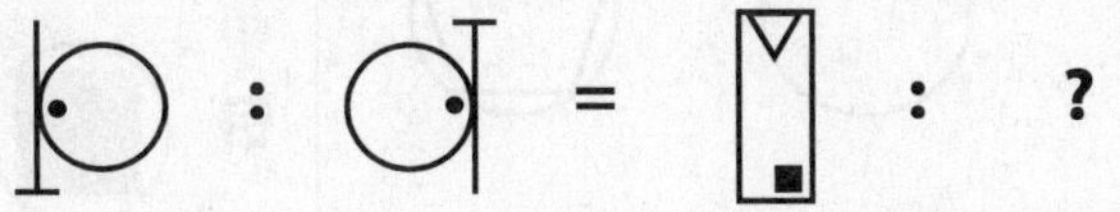

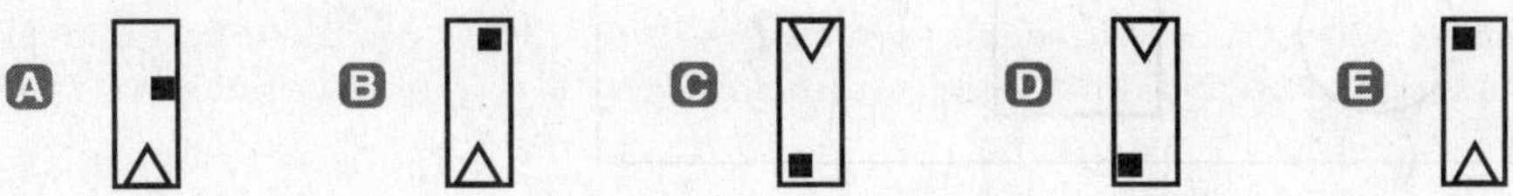

Si osservi la relazione tra le figure del *primo membro*: la seconda è uguale alla prima ma è stata rovesciata sia verticalmente che orizzontalmente. Affinché la stessa relazione venga mantenuta anche nel *secondo membro*, è necessario ripetere le stesse operazioni sul rettangolo che contiene il quadratino nero e il triangolo. La risposta corretta è dunque la E.

---

2 **Individuare la figura mancante.**

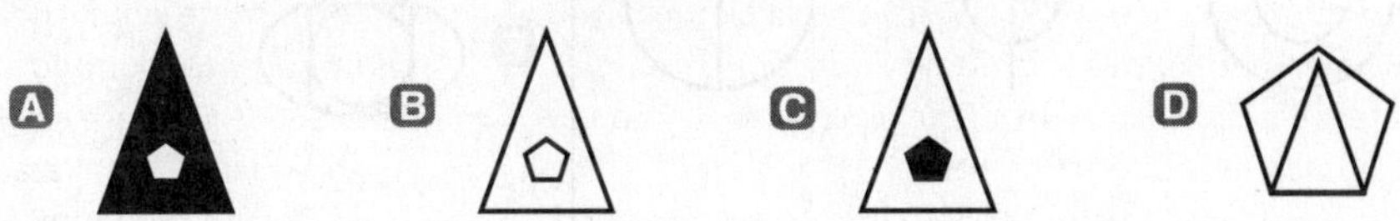

Il primo membro della proporzione è composto da due figure di cui la seconda corrisponde "al negativo" della prima. Applicando la stessa logica al secondo membro della proporzione si ottiene la soluzione dell'esercizio (risposta C).

5.4 | Matrici di figure

Questo tipo di esercizio si presenta come una serie di figure (rappresentate da motivi astratti, geometrici o soggetti stilizzati), generalmente disposte su più righe, in cui un elemento è incognito e va individuato tra le alternative proposte.

Esempi

1 Individuare la figura mancante.

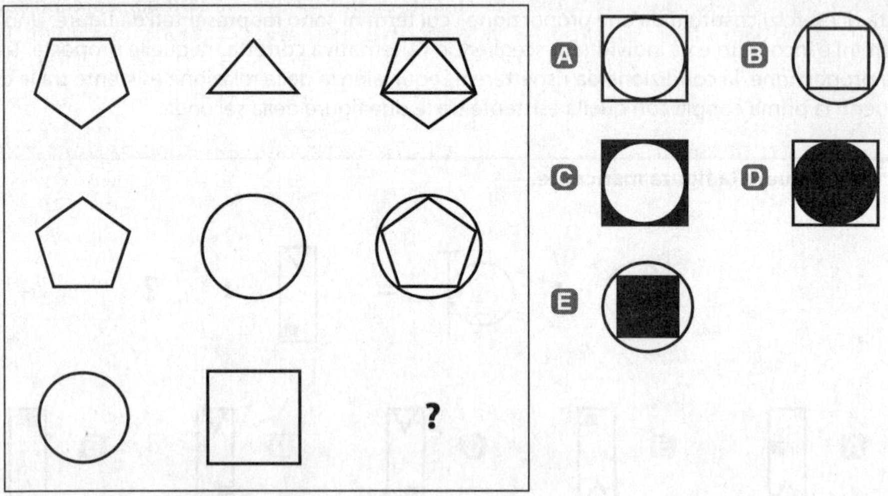

Questo esempio mostra una logica che frequentemente sta alla base delle matrici di figure: la **sovrapposizione e addizione di elementi differenti.** Si nota infatti che, nelle prime due righe, la terza figura a destra è ottenuta mediante la sovrapposizione delle due figure che la precedono. Lo stesso criterio deve essere rispettato nella terza riga, quindi l'alternativa corretta è la **A**.

2 Individuare la figura mancante.

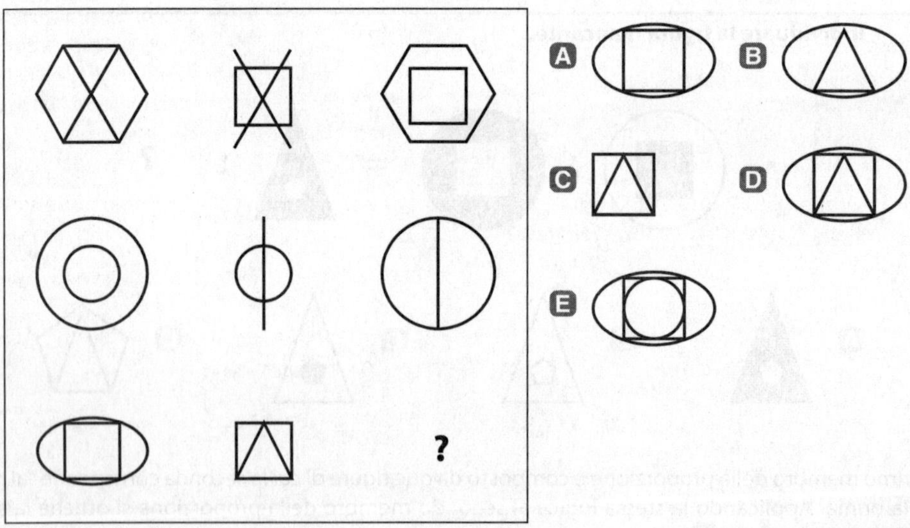

Questo esempio prevede, come criterio logico, **la sovrapposizione con eliminazione degli elementi comuni.** Nelle prime due righe, infatti, la figura più a destra è ottenuta sovrapponendo le due figure che la precedono e, contemporaneamente, eliminando gli elementi grafici che esse hanno in comune. La figura da sostituire al punto di domanda si ottiene, dunque, sovrapponendo l'ellisse al triangolo ed eliminando il quadrato che le due figure hanno in comune.

La risposta corretta è quindi la **B**.

5.5 | Ricomposizione di figure

In questi esercizi viene proposto lo svolgimento in piano di una figura solida che il candidato deve individuare tra quelle proposte dalle alternative. Una variante di questo esercizio è proporre al candidato una serie di figure e chiedere quali, tra quelle presentate, sono necessarie per ricomporre una determinata figura.

Esempi

---

1 **Quale dei cinque cubi (A, B, C, D ed E) corrisponde alla composizione volumetrica della figura piana sotto riportata?**

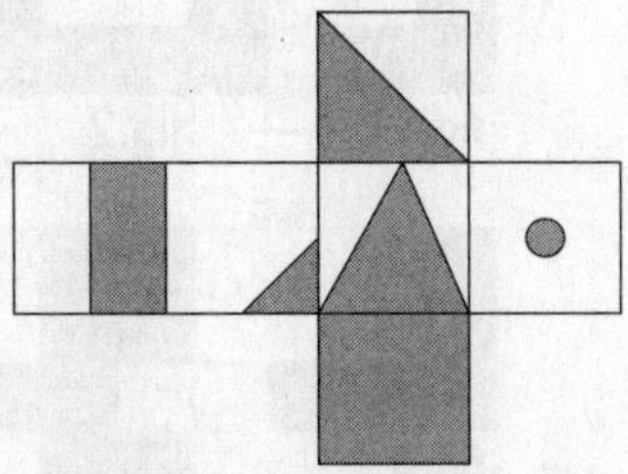

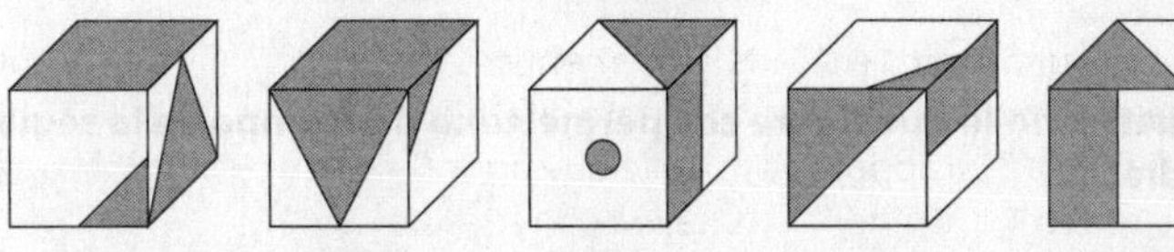

A B C D E

Nel test sono comparse domande sulla posizione di determinate facce nella composizione di un cubo. Si tratta di esercizi che, come quello sopra riportato, valutano la capacità del candidato di "vedere" figure tridimensionali variamente disposte nello spazio. La tecnica più semplice per giungere alla soluzione è considerare la disposizione di due facce contigue per volta. Procedendo in questo modo nell'esercizio sopra riportato, si giunge a individuare la soluzione nell'alternativa B.

---

2 **Quale dei cinque cubi (A, B, C, D ed E) corrisponde alla composizione volumetrica della figura piana sotto riportata?**

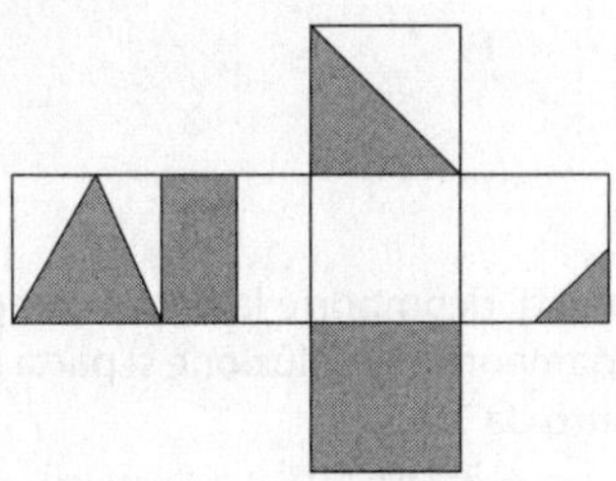

A B C D E

Per scartare le figure **A**, **B** e **D** è sufficiente osservare la posizione errata della banda grigia rispetto al triangolo grigio, mentre per scartare l'alternativa **E** è sufficiente considerare che, nella figura da ricostruire la faccia completamente grigia è opposta a quella grigia per metà, mentre in tale alternativa le due facce risultano adiacenti. L'unica alternativa che, invece, riporta una ricostruzione corretta del cubo è la **C** (soluzione del quesito).

---

3 Fra le seguenti quattro figure:

indicare quali sono le due figure che permettono di ricomporre la seguente figura formata da 13 quadratini.

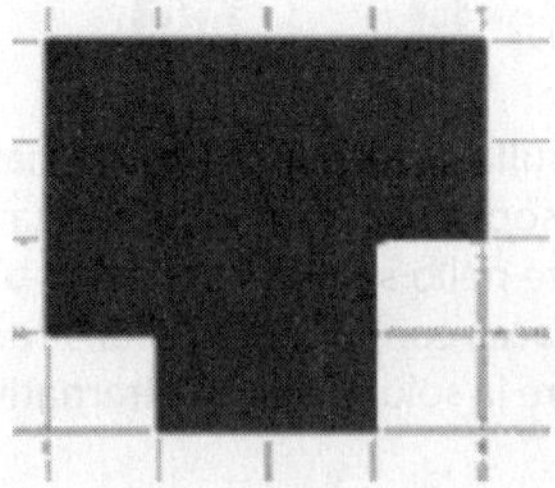

- **A** Le figure 1 e 2
- **B** Non è possibile
- **C** Le figure 3 e 4
- **D** Le figure 2 e 3
- **E** Le figure 1 e 4

Le uniche due figure che consentono di ricomporre la figura composta da 13 quadratini sono la 1 e la 2 (soluzione **A**). Per arrivare più rapidamente alla soluzione si parta dalla considerazione che la figura finale ha un lato da 4 quadratini e un altro da 3.

Ecco le risposte ai primi tre quesiti riportati all'inizio del capitolo.

Quesito I. Ogni quadrato del gruppo X propone due figure grigie e tre nere, mentre quelli del gruppo Y tre grigie e due nere. La figura 1) appartiene, quindi, a X (alternativa **A** errata), mentre la 2) e la 3) non appartengono né a X, né a Y (alternative **B** e **C** errate). La figura 4) appartiene, invece, proprio a Y, come correttamente indicato dall'alternativa **D** soluzione del quesito.

Quesito II. Le figure 1) e 5) appartengono a X, la 4) ad Y mentre la 2) e la 3) non appartengono né ad X né ad Y. La soluzione al quesito è, quindi, fornita dall'alternativa **D**.

Quesito III. È vero che la 2) non appartiene a X (non appartiene neanche a Y), come è vero anche che la 4) appartiene a Y e non allo stesso insieme della 1), che è X. È, invece, falso che la 1) e la 3) appartengono allo stesso insieme (a X la prima e nessuno la seconda), per cui la **E** è l'alternativa cercata (è quindi anche vero quanto affermato dalla **D**, e cioè che una sola delle altre affermazioni, la **E**, è falsa).

COMPRENSIONE VERBALE E LOGICA

6 | Diagrammi insiemistici

Mettiti alla prova

Per ciascuno degli esercizi seguenti, indicare la rappresentazione insiemistica che soddisfa la relazione esistente tra i 3 termini dati (le alternative proposte per ciascun esercizio sono quelle raffigurate qui di seguito).

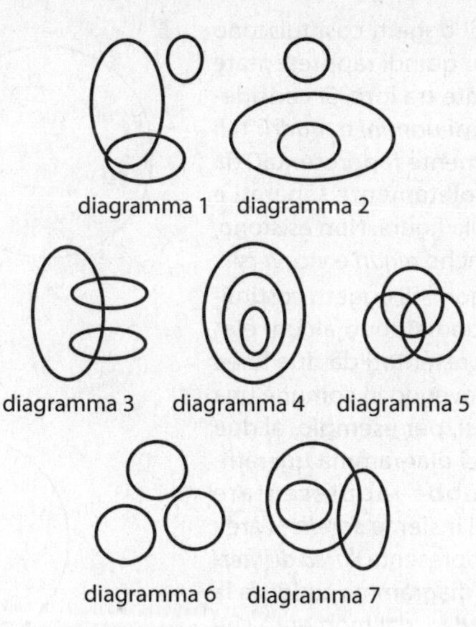

I **Individuare il diagramma che soddisfa la relazione insiemistica esistente tra i termini dati: Numeri compresi tra 3 e 7, Numeri compresi tra 5 e 18, Numeri compresi tra 9 e 14**

A) Diagramma 1
B) Diagramma 2
C) Diagramma 4
D) Diagramma 6
E) Diagramma 7

II **Individuare quale diagramma soddisfa la relazione insiemistica esistente fra i tre termini seguenti: cani, mastini, allevatori.**

A) Diagramma 1
B) Diagramma 2
C) Diagramma 3
D) Diagramma 5
E) Diagramma 6

Ecco la risposta esatta per il quesito proposto: I **E**, II **B**.

Gli esercizi di natura insiemistica mirano a **valutare le capacità logiche** del candidato. Generalmente questo tipo di esercizi propone tre termini e richiede di individuare, tra una serie di diagrammi, quello che rappresenta correttamente la relazione insiemistica esistente tra di essi.

Per una migliore comprensione di questa tipologia occorre innanzitutto definire la nozione di insieme. Un **insieme** è *un gruppo di uno o più elementi aventi caratteristiche comuni*: per esempio, si può avere l'insieme *automobili* o l'insieme *studenti universitari*, oppure ancora l'insieme *Lombardia* (in quest'ultimo caso la parola non definisce effettivamente un gruppo di elementi ma *un insieme costituito da un solo elemento*). In pratica, un insieme risulta definito quando esiste una "regola" che permette di stabilire se un qualunque elemento appartiene o meno all'insieme. Le pagine seguenti chiariranno ulteriormente questo concetto.

6.1 | Relazioni tra insiemi

Le relazioni esistenti tra due classi di oggetti o insiemi possono essere di tre tipi.

1) **Estraneità**: le due classi di oggetti costituiscono due insiemi distinti e sono quindi rappresentate da due linee chiuse staccate tra loro. Si considerino, per esempio, i termini *uomini* e *madri*: tali termini vengono correttamente rappresentati da due insiemi tra loro completamente separati e distinti, come illustrato nella figura. Non esistono, infatti, *uomini* che siano anche *madri* e viceversa.

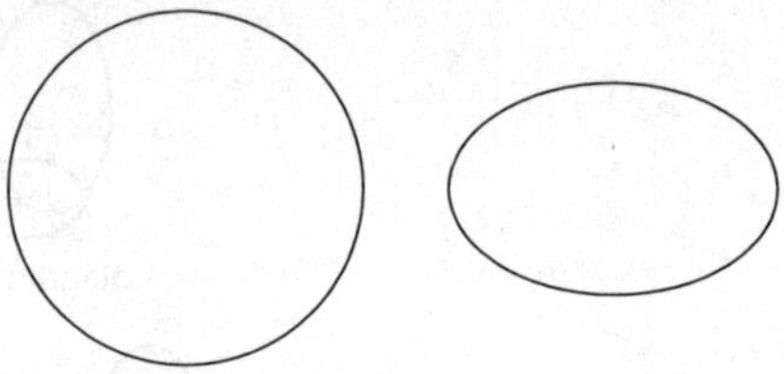

2) **Intersezione**: le due categorie di oggetti costituiscono due insiemi che condividono alcuni elementi e sono quindi rappresentati da due linee chiuse che si intersecano, avendo in comune una porzione di piano. Si pensi, per esempio, ai due termini *madri* e *sorelle*: nel diagramma qui raffigurato il cerchio potrebbe rappresentare l'insieme *madri* e l'ellisse l'insieme *sorelle*; l'area comune alle due figure rappresenta l'*area di intersezione* dei due insiemi. Il diagramma soddisfa la relazione tra i due termini dati, dal momento che esistono *madri* che sono anche *sorelle* e *sorelle* che sono anche *madri* (area comune). Vi sono però anche *madri* che non sono *sorelle* così come *sorelle* che non appartengono all'insieme *madri* (aree non comuni del cerchio e dell'ellisse).

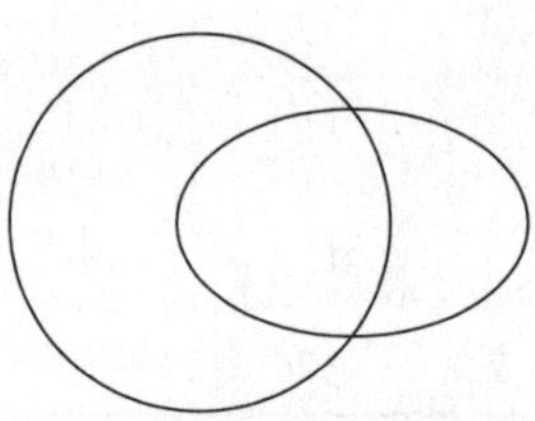

3) **Subordinazione (o inclusione)**: tutti gli elementi di uno dei due insiemi fanno parte dell'altro, ma non viceversa. Si pensi, per esempio, ai termini donne e madri: tutte le madri (insieme più piccolo) sono comprese nell'insieme più grande delle donne; non esistono infatti madri che non siano donne, mentre esistono donne che non sono madri.

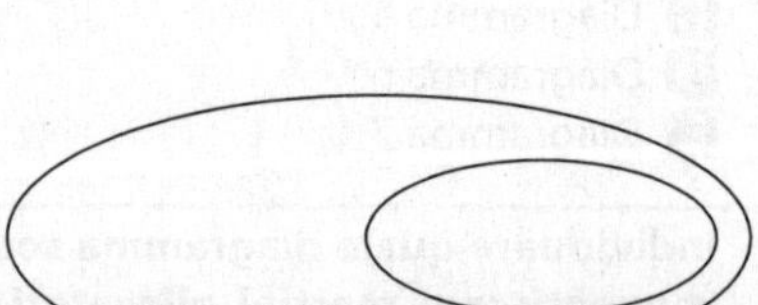

Di seguito, vengono analizzati alcuni esempi di esercizi nella forma in cui si presentano nei test di ammissione universitari.

Esempi

1 Individuare quale diagramma soddisfa la relazione insiemistica esistente fra i tre termini seguenti: chitarre, musicisti, strumenti musicali.

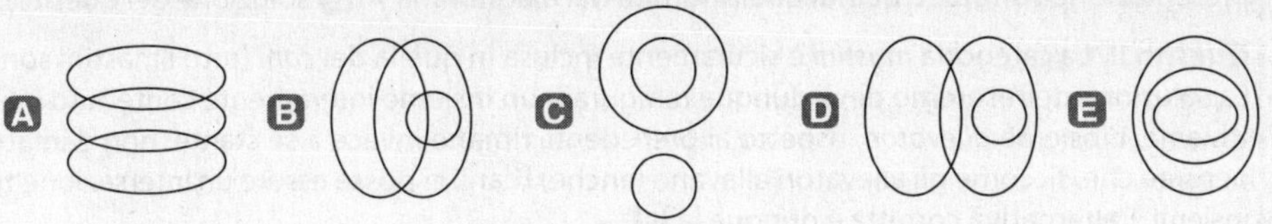

La categoria *chitarre* è sicuramente inclusa in quella degli *strumenti musicali* (tutte le chitarre sono strumenti musicali); i due insiemi sono pertanto caratterizzati da un rapporto di **subordinazione**. La soluzione dell'esercizio deve dunque raffigurare un insieme interamente contenuto in un altro insieme. L'insieme *musicisti*, rispetto ai precedenti, rimane invece a sé stante: non è infatti lecito pensare che, siccome i musicisti utilizzano strumenti musicali, gli uni rappresentino un sottoinsieme degli altri! Il collegamento, infatti, non è di natura insiemistica: un musicista non è uno strumento musicale e uno strumento musicale non è un musicista. Si deve dunque affermare che i due insiemi sono caratterizzati da un rapporto di **estraneità**.

L'alternativa corretta, di conseguenza, è la **C**.

2 Individuare quale diagramma soddisfa la relazione insiemistica esistente fra i tre termini seguenti: avvocati, francesi, biondi.

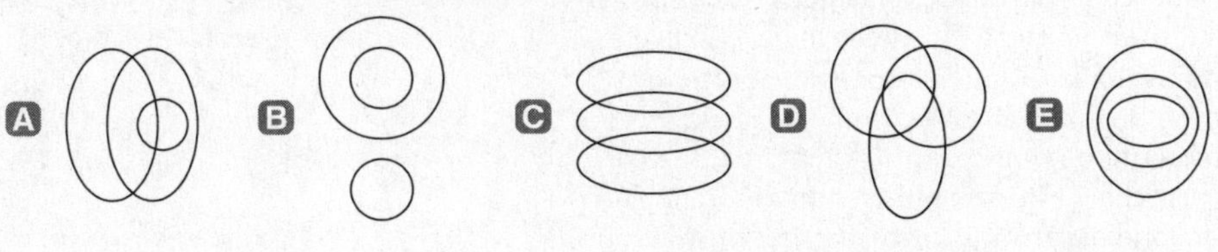

È questo un tipico esempio in cui le tre categorie di oggetti si intersecano parzialmente dando luogo a una rappresentazione insiemistica come quella descritta dall'alternativa **D**. Nell'esercizio, i tre insiemi sono caratterizzati da un rapporto di **intersezione**, dal momento che esistono *francesi* che sono *avvocati*, *avvocati* che sono *biondi* e *francesi* che sono *biondi*. Nel contempo è anche vero che non tutti i *francesi* sono *avvocati*, così come non tutti gli *avvocati* sono *biondi* e non tutti i *francesi* sono *biondi*: per tale ragione la sovrapposizione tra i diversi insiemi è solo parziale.

3 Individuare quale diagramma soddisfa la relazione insiemistica esistente fra i tre termini seguenti: armi, armi da fuoco, pistole.

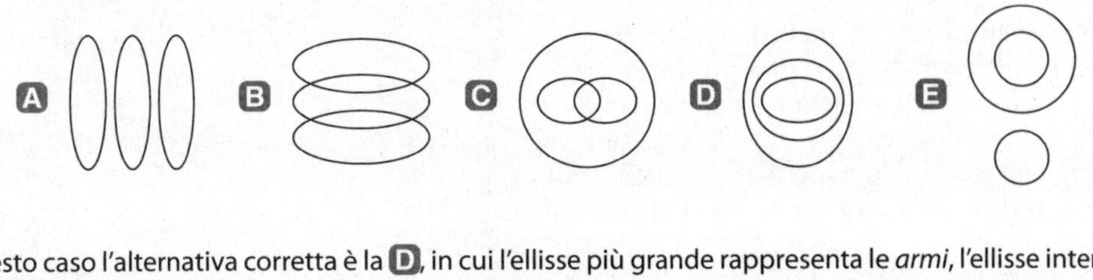

In questo caso l'alternativa corretta è la **D**, in cui l'ellisse più grande rappresenta le *armi*, l'ellisse intermedia le *armi da fuoco* (tutte le *armi da fuoco* sono necessariamente anche *armi*) e l'ellisse più piccola corrisponde alle *pistole* (che sono infatti un sottoinsieme sia dell'insieme *armi* sia dell'insieme *armi da fuoco*). Il rapporto esistente fra i tre insiemi è dunque di **subordinazione**.

Siamo ora in grado di rispondere ai quesiti posti all'inizio del capitolo.

Quesito I. L'insieme dei numeri compresi tra 9 e 14 è completamente all'interno dell'insieme dei numeri tra 5 e 18. Quest'ultimo insieme si interseca anche con quello dei numeri compresi tra 3 e 7 che però non ha alcun elemento in comune con quello dei numeri compresi tra 9 e 14. La rappresentazione corretta è quindi quella fornita dal diagramma 7 (**E** soluzione del quesito).

Quesito II. La categoria *mastini* è sicuramente inclusa in quella dei *cani* (tutti i mastini sono cani). La soluzione dell'esercizio deve dunque raffigurare un insieme interamente contenuto in un altro insieme. L'insieme *allevatori*, rispetto ai precedenti, rimane invece a sé stante: non è infatti lecito pensare che, siccome gli allevatori allevano (anche) i cani, ci possa essere un'intersezione tra i due insiemi. L'alternativa corretta è dunque la **B**.

Suggerimenti

- Non conviene procedere per esclusione, esaminando tutte le alternative proposte per individuare quella esatta. Risulta invece più veloce **stabilire la relazione esistente tra i termini dati (considerandoli a due a due)** per poi ricercare, tra le alternative proposte, l'unica soluzione che soddisfa, da un punto di vista insiemistico, tale relazione.
- Non è necessario che vi sia corrispondenza tra l'ordine con cui vengono presentate le tre categorie di oggetti e l'ordine con cui si succedono i relativi insiemi all'interno di ciascuna alternativa.
- **Il tipo di figure** (cerchi, ellissi, rettangoli ecc.) utilizzato per rappresentare gli insiemi, i rapporti di grandezza tra le figure e l'ampiezza della loro eventuale area di intersezione **non ha alcuna importanza ai fini della soluzione.**
- **Non bisogna considerare legami tra i termini dati che, seppure esistenti, vadano al di là della relazione insiemistica dei termini stessi.** Ciò potrebbe portare come a un'erronea soluzione dell'esercizio.

7| Informatica

Nei paragrafi seguenti si riportano alcuni elementi di teoria (e i relativi esercizi) utili in particolare per prepararsi ai test di ammissione ai corsi universitari dell'area informatica.

7.1 | Gli algoritmi

In generale per **algoritmo** si intende una sequenza finita di istruzioni, che permettono a un "esecutore" di portare a termine uno specifico compito. Per esempio, una ricetta di cucina è un algoritmo, ossia una sequenza di istruzioni che conduce il cuoco (l'esecutore) alla realizzazione di un piatto. I programmi per calcolatori si basano su algoritmi: il programmatore, per mezzo di un linguaggio di programmazione, codifica l'algoritmo per risolvere un determinato problema, descrivendo passo dopo passo le operazioni che il computer deve fare per arrivare alla soluzione.

Gli algoritmi devono soddisfare le seguenti tre proprietà:

- devono essere costituiti da un insieme di regole ben precise;
- devono poter essere applicati a dati variabili;
- devono portare a un risultato, ottenibile quando i dati sono stati scelti correttamente.

Questa definizione di *algoritmo* può essere assimilata ai concetti di *metodo* e *procedimento*. A chiarimento del concetto di algoritmo, si consideri l'esempio seguente.

Esempi

Descrivere quali azioni bisogna compiere per effettuare una telefonata (supponendo di utilizzare un telefono fisso).

Algoritmo:

1. alza il ricevitore;
2. ascolta il segnale acustico;
3. se ricevi il segnale di occupato allora esegui il punto 12;
4. componi una cifra;
5. ascolta il segnale acustico;
6. se ricevi il segnale di occupato allora esegui il punto 12;
7. se non sono state composte tutte le cifre esegui il punto 4;
8. ascolta il segnale acustico;
9. se ricevi il segnale di occupato allora esegui il punto 12;
10. se nessuno risponde, attendi fino a 10 squilli, poi esegui il punto 12;
11. conversa;
12. abbassa il ricevitore.

Nell'ambito specifico dell'informatica, occorre precisare meglio la precedente definizione di algoritmo, integrandola con alcuni elementi di carattere operativo. La definizione di algoritmo attualmente utilizzata in campo informatico è stata data da Knuth (nel libro *The art of computer programming*) il quale afferma che: "Un algoritmo è un insieme di regole aventi le seguenti caratteristiche:

- deve essere finito;
- deve essere definito e preciso, cioè ogni istruzione deve essere definita in forma non ambigua;
- se ci sono dati in ingresso, occorre specificare il loro campo di applicazione (numeri interi, numeri reali ecc.);
- deve fornire almeno un risultato in uscita;
- deve essere eseguibile, cioè tutte le operazioni devono poter essere eseguite in un tempo finito da un uomo che utilizzi mezzi manuali."

7.2 | Diagrammi di flusso

Qualora un algoritmo sia particolarmente complesso, è conveniente utilizzare un *metodo di rappresentazione* adatto a schematizzarne i passaggi logici. Il metodo di rappresentazione maggiormente utilizzato è quello dei *diagrammi di flusso*, che permette di associare determinati simboli grafici ad alcune specifiche operazioni.

Di seguito vengono proposti i simboli che si utilizzano per tradurre in forma grafica i passaggi dell'algoritmo, unitamente a un esempio di visualizzazione di un algoritmo completo.

Simbologia nei diagrammi di flusso	Significato
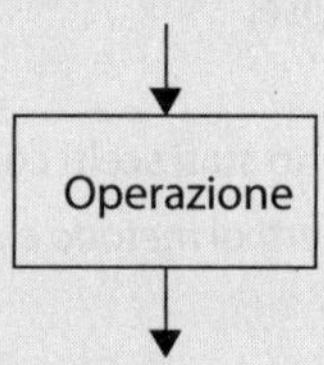	Esegui l'operazione … Esempio: Confronta i due numeri A e B
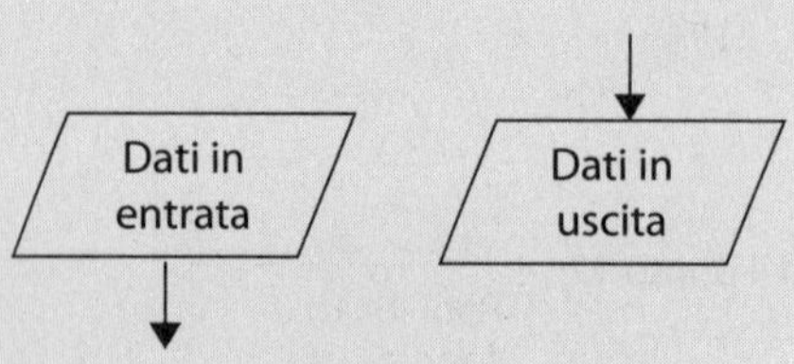	Ricevi... Comunica … Esempio: Considera i due numeri A e B
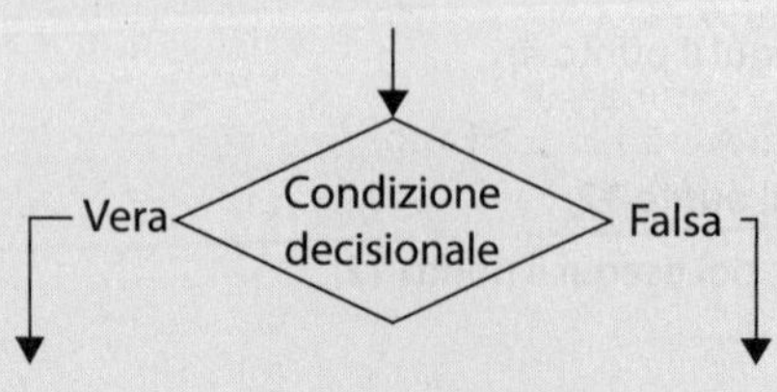	Se … allora … altrimenti … Esempio: Se il primo numero è minore del secondo, scambiare i due numeri, altrimenti …

Esempio

Si considerino 4 celle (individuate dalle lettere A, B, C, D) che possono contenere un numero intero ciascuna:

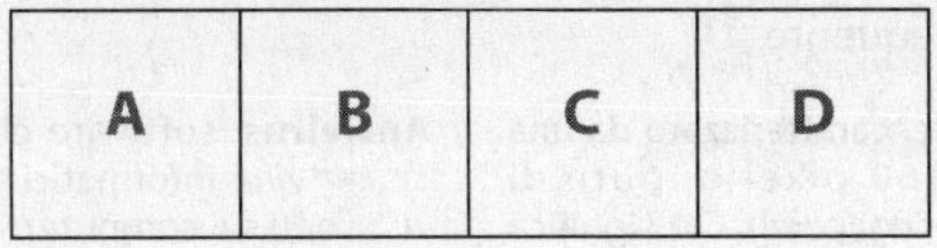

e la seguente sequenza di istruzioni:

1) se il contenuto di B è dispari, incrementalo di 1;
2) se D è pari passa alla 4);
3) poni in D il doppio del contenuto di B, poi passa alla 2);
4) scambia fra loro i contenuti di A e di D;
5) se la somma di A e C è pari termina, altrimenti torna alla 1).

Il diagramma di flusso può essere disegnato così:

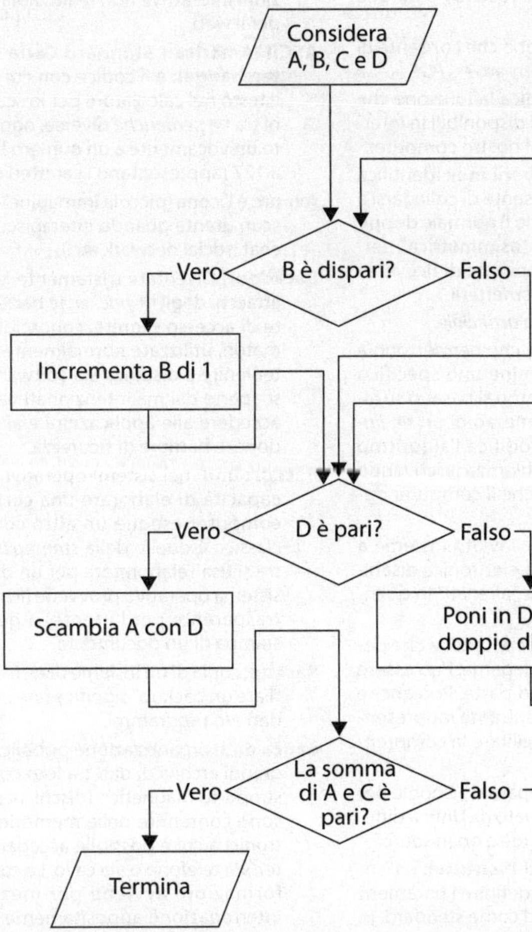

7.3 | Glossario dei termini di informatica

Il glossario seguente vuole essere un'utile base di riferimento per i quesiti relativi alle conoscenze informatiche previsti in alcune prove. Tale elenco, pur non avendo la pretesa di essere completo ed esaustivo, include i termini di uso più frequente.

4K: Standard per il video digitale, caratterizzato da una risoluzione di 4096×2160 pixel oppure di 3840×2160 pixel (circa 8,3 megapixel). Ciò significa che un'immagine in 4K è 20 volte più dettagliata rispetto a quella di un ☞ DVD-Video.

@: in italiano è nota come "chiocciola", mentre in inglese si pronuncia "et" e significa "presso". È il segno distintivo di ogni indirizzo di posta elettronica: separa il nome che si è scelto per l'indirizzo dal nome di dominio. È uno dei primi simboli di ☞ *internet*: risale infatti al 1972.

Access point (punti di accesso): in una rete ☞ *wireless* hanno il compito di comunicare con i dispositivi mobili. Sono access point anche gli ☞ *hot-spot* Wi-Fi.

Account: accredito necessario per poter accedere a un computer, una rete o una serie di servizi messi a disposizione da un provider. L'account è composto generalmente da un nome utente (*UserID*) e da una ☞ *password*.

Acrobat: software sviluppato da Adobe che consente di scambiare e riprodurre i file in formato ☞ *PDF*.

Active Desktop: nome con cui si indica la funzione che permette di utilizzare i contenuti disponibili in Internet direttamente dal desktop del nostro computer.

ADSL (Asymmetric Digital Subscriber Line): identifica la più diffusa tecnologia che consente di collegarsi a internet ad alta velocità sfruttando il normale doppino telefonico. È una tecnologia "asimmetrica" perché la larghezza di banda che consente di ricevere i dati è più ampia di quella per trasmetterli.

AI: artifical intelligence ☞ *Intelligenza artificiale*.

Algoritmo: sequenza finita di azioni, che permettono a un "esecutore" di portare a termine uno specifico compito. I programmi per calcolatori si basano su algoritmi: il programmatore, per mezzo di un ☞ *linguaggio* di programmazione, codifica l'algoritmo per risolvere un determinato problema, descrivendo passo dopo passo le operazioni che il computer deve fare per arrivare alla soluzione.

Allegato: in inglese *attachment*, file inviato insieme a una e-mail. Molti sistemi di posta elettronica disabilitano la possibilità di ricevere file "allegati" in quanto potenziali veicoli di virus.

Ancora: il punto di partenza di un ☞ *link*, la zona che deve essere "cliccata" per attivare il legame. Può essere un testo, un'immagine o una loro parte. Può anche identificarsi con un bottone, un pulsante rappresentato da una icona in modo da facilitare la comprensione della sua funzione.

Android: è il sistema operativo sviluppato da Google per i dispositivi mobili, anch'esso derivato da Unix; a differenza di Apple ☞ *iOS*, Android è free e open source.

ANSI (American National Standard Institute): è l'istituto americano che si occupa di definire i parametri tecnici che devono essere assunti come standard, in molti settori.

Antivirus: software che proteggono da attacchi di ☞ *virus* informatici ed eliminano eventuali virus presenti sul computer.

API (Application Programming Interface): librerie che semplificano la creazione delle applicazioni, in quanto consentono ai programmatori di utilizzare istruzioni e procedure già realizzate per lo svolgimento di particolari compiti, quali ad esempio l'accesso alle risorse hardware.

App: applicazione, cioè un programma atto a essere eseguito su smartphone, computer o altro dispositivo dotato di capacità elaborative.

Applet: (combinazione di application e gadget) piccolo programma, solitamente scritto in ☞ *Java*, che può essere inserito all'interno di una pagina html ed eseguito sul client del destinatario. Un applet è solitamente usato per rendere disponibili agli utenti funzioni interattive non realizzabili con altre tecnologie per il web.

ASCII (American Standard Code for Information Interchange): è il codice con cui viene rappresentato il testo nel calcolatore per lo scambio di informazioni tra ☞ *periferiche* diverse: ogni carattere è associato univocamente a un numero binario; i numeri da 0 a 127 rappresentano i caratteri di testo.

Avatar: è l'icona (piccola immagine) che rappresenta ciascun utente quando interagisce con la rete (tramite chat, social network etc.).

Backdoor: Diventate tristemente famose a causa degli attacchi degli ☞ *hacker*, le backdoor sono delle porte di accesso segrete, conosciute solo dai programmatori, utilizzate normalmente per controllare e intervenire a distanza sui software. Quando vengono scoperte dai malintenzionati vengono sfruttate per accedere alle applicazioni e ai computer, superandone le barriere di sicurezza.

Background: nei sistemi operativi ☞ *multitasking* è la capacità di elaborare una certa attività mentre il computer esegue un altro compito. Un esempio classico è quello della *stampa in background*: mentre si usa l'elaboratore per un determinato lavoro, il sistema operativo provvede (in maniera autonoma e trasparente per l'utente) a gestire il processo di stampa di un documento.

Backup: copia di un insieme di ☞ *file* o di un intero disco. "Fare un backup" significa fare una copia di riserva di dati e/o programmi.

Banca dati: organizzazione pubblica o privata dotata di grandi archivi di dati tra loro correlati e registrati su supporto magnetico (dischi, nastri). Le informazioni sono contenute nelle memorie di elaboratori elettronici a cui è possibile accedere mediante computer, via telefono o via cavo. La consultazione delle informazioni avviene per mezzo di linguaggi di interrogazione appositamente formulati come per esempio ☞ l'*SQL* (*Structured Query Language*).

Banda: in campo informatico e nelle telecomunicazioni, il termine banda indica la quantità di dati che possono essere trasferiti, attraverso una connessione, in un dato periodo di tempo.

Basic (Beginner's All Purpose Symbolic Instruction Code): è un linguaggio di programmazione ad alto livello. Molto diffuso nei personal computer, è uno dei linguaggi più semplici da imparare.

Baud: esprime, nei sistemi di ☞ *telecomunicazione*, la velocità di trasferimento dati nell'unità di tempo, ossia il numero di ☞ *bit* trasmessi per secondo (BPS).

Bit: la più piccola quantità di informazioni che un calcolatore può manipolare. Un bit può essere pensato come una "scatola" contenente il numero 0 oppure 1. Ogni comando, programma o dato viene gestito dal computer come sequenza di bit. L'insieme di 8 bit viene detto ☞ *byte*.

Blog: abbreviazione di Weblog, termine composto da Web e da Log (giornale di bordo, diario). Sono siti di solito personali e a tema, dove sono riportati scritti (pensieri, commenti, note) in ordine cronologico. Una caratteristica dei blog è la semplicità di gestione e pubblicazione che non richiede alcuna conoscenza di html o programmazione.

Blogger: creatore di un ☞ *blog* o persona che si occupa della creazione dei suoi contenuti.

Blue-ray disc: supporto ottico commercializzato nel 2006 e a prima vista perfettamente identico a un ☞ *compact disc*. A seconda del numero di strati utilizzati, può arrivare a contenere sino a 200 GB di dati, corrispondenti a diverse ore di video in full HD. Nonostante le migliorie tecniche i blu-ray continuano a vendere molto meno che i ☞ *DVD*, e la sempre maggiore diffusione di contenuti digitali on-demand ne sta, progressivamente e in misura sempre maggiore, limitando il mercato

Bluetooth: tecnologia di comunicazione tra dispositivi wireless (senza fili). Bluetooth utilizza onde radio a basso raggio e a basso consumo.

Bookmark: letteralmente "segnalibro", indica un indirizzo web, salvato in una opportuna lista di "preferiti" del ☞ *browser*, che evita di dover digitare ogni volta l'indirizzo completo.

Boot: fase di avvio di un computer; consiste nella lettura da ☞ *memoria di massa* (per esempio un disco) e conseguente caricamento in memoria di uno o più programmi (sistema operativo, utility ecc.) per rendere la macchina operativa.

Browser: applicazione software che permette di navigare su ☞ *internet* sfogliando le pagine dei vari siti.☞

Buffer: area di memoria temporanea in cui vengono scritte da un dispositivo (o programma) alcune informazioni, poi lette, a velocità differente, da un altro dispositivo (o programma). Un esempio classico è il *buffer di stampa*.

Bug: indica un errore di programmazione che causa un comportamento anomalo del programma stesso. Letteralmente il termine significa *cimice* e viene utilizzato in ambito informatico poiché uno dei primi computer fu messo fuori uso proprio da una cimice che si era inserita in uno dei tanti connettori, provocando un cortocircuito.

Bus: percorso sulla piastra dei circuiti principali, al quale sono collegate tutte le parti del computer che hanno funzioni di controllo come per esempio il processore, la ☞ *RAM*, schede di espansione ecc. Quando un nuovo componente viene inserito in un alloggiamento, detto anche ☞ *slot di espansione*, viene di fatto inserito direttamente nel bus, condividendo così l'attività di tutte le unità.

Byte: insieme di 8 ☞ *bit*. Un byte può rappresentare un numero, una lettera, un segno di punteggiatura o un altro carattere. La dimensione dei ☞ *file*, dei dischi e della memoria viene sempre misurata in byte o multipli di byte (☞ *kilobyte*, ☞ *megabyte*, ☞ *gigabyte*). Poiché un byte è l'insieme di 8 bit (ognuno dei quali può assumere solo il valore 0 oppure 1), le diverse configurazioni di un byte possono essere 256 (00000000, 00000010, 00000011 ..., fino a 11111111).

C: linguaggio di programmazione ad alto livello. Un programma scritto in C è facilmente "trasportabile" da una piattaforma ☞ *hardware* a un'altra.

Cache: porzione di memoria molto veloce, utilizzata per contenere le parti più utilizzate di un programma, mentre il programma stesso è in esecuzione. Viene utilizzata per aumentare la velocità di esecuzione di alcune applicazioni.

CAD (Computer Aided Design): rappresenta l'uso del calcolatore per il disegno industriale. Sviluppato originariamente per la progettazione dei circuiti integrati, identifica oggi anche applicazioni di supporto alla progettazione architettonica.

CAE (Computer Aided Engeneering): si tratta di applicazioni di supporto all'attività ingegneristica.

CAM (Computer Aided Manufacturing): complesso di tecniche e strumenti per il controllo dei cicli produttivi per mezzo del computer, come per esempio il comando di macchine utensili e l'automazione di catene di montaggio.

Campo: ogni informazione contenuta nel record di un ☞ *database*. Per esempio l'autore, l'editore oppure l'anno di pubblicazione possono essere i campi di un archivio di libri.

Capacità di un disco: quantità massima di dati che può essere contenuta in un disco. Viene solitamente misurata in ☞ *gigabyte*.

CASE (Computer Aided Software Engeneering): strumenti e metodologie finalizzati alla produzione e revisione di ☞ *software*.

CC: sigla per *Carbon Copy* (letteralmente Copia Carbone, in italiano Copia Conoscenza) che indica l'elenco degli altri destinatari (oltre al principale) ai quali si invia per conoscenza copia di un messaggio. Gli indirizzi dei destinatari in CC sono visibili da tutti gli altri destinatari, mentre gli indirizzi in BCC (*Blind Carbon Copy*, copia carbone cieca, in italiano CCN, Copia Conoscenza Nascosta) risultano invisibili agli altri destinatari.

CD-ROM: disco ad alta capacità (640-800 megabyte) basato su tecnologia ottica. La sigla sta per *Compact Disk Read Only Memory* (ossia memoria di sola lettura). La fase di scrittura iniziale del CD-ROM è detta ☞ *masterizzazione*; in seguito l'utente non può più modificare le informazioni contenute sul supporto, ma tutti i dati possono essere consultati, copiati e stampati.

Chat: letteralmente "chiacchierata", indica le conversazioni con altri utenti, tutti collegati contemporaneamente a ☞ *internet*, tramite appositi programmi.

Chip: piastrina di materiale semiconduttore, solitamente silicio, appositamente trattato per svolgere le funzioni di un intero ☞ *circuito elettronico*.

Cibernetica: disciplina che si occupa dei legami e delle similitudini esistenti tra macchine, sistemi e organismi viventi. Gli elementi base sono la teoria dell'informazione, la teoria degli algoritmi e la teoria degli automi.

Circuito elettronico: insieme di resistenze, condensatori, diodi e transistor opportunamente collegati.

Client: ☞ *server*.

Clip Art: immagini già pronte (disegni e fotografie) in formato digitale, ossia su ☞ *file*, che possono essere utilizzate dall'utente così come sono.

Cloud computing: insieme di tecnologie che permettono di memorizzare/archiviare e/o elaborare dati grazie all'utilizzo di risorse hardware/software distribuite e virtualizzate in ☞ *internet*.

CMYK: acronimo di *Cyan*, *Magenta*, *Yellow* e *blacK*, i quattro colori utilizzati per la stampa in quadricromia.

Cookies: letteralmente "biscottini", sono piccoli file di testo che i siti web utilizzano per salvare alcune informazioni (per esempio, le preferenze) nel computer dell'utente.

Compact disc: ☞ *CD-ROM*.

Compilatore: programma che traduce in linguaggio macchina, in maniera definitiva, un programma scritto in un linguaggio ad alto livello.

Connessione: legame che si instaura fra due o più apparecchiature elettroniche, o fra due o più nodi che indicano un ipertesto.

Coprocessore: ☞ *chip* che lavora in coppia con il ☞ *microprocessore* e si occupa di effettuare calcoli in virgola mobile a velocità molto elevata e con un grado di precisione superiore rispetto a quello ottenuto dalla ☞ *CPU*. Risulta estremamente utile quando si utilizzano applicazioni scientifiche o di modellazione grafica.

Core: sono le unità di elaborazione inserite all'interno della ☞ *CPU*. Quando c'è una sola unità di elaborazione, il processore prende il nome di "single core"; se, invece, ce ne sono due o più, il processore è un "multi core". Più precisamente: un "dual core" se sono due; un "quad core" se sono quattro, e così via.

CPU (Central Processing Unit): unità centrale del computer, il cervello della macchina. Ogni ☞ *bit* che entra o esce dal computer passa attraverso la CPU per essere elaborato o reindirizzato. Controlla l'attività basilare del computer inviando e ricevendo segnali di controllo, indirizzi di memoria e dati da una parte all'altra del computer attraverso il ☞ *bus*.

Database: archivio elettronico ossia una raccolta organizzata di dati, che possono essere facilmente manipolati e selezionati. Ogni database è costituito da un insieme di ☞ *record* ognuno dei quali contiene dati all'interno di ☞ *campi* predefiniti. Per esempio, una rubrica elettronica è un database; ogni nominativo contenuto nella rubrica costituisce un record; ogni record è costituito da più campi (il nome, il cognome, l'indirizzo, la città, il telefono ecc.).

Deep web: è costituito dall'insieme dei siti web, delle banche dati, dei forum e – in generale – delle risorse informatiche che, seppur presenti sulla rete globale, non vengono indicizzate dai motori di ricerca. I motivi possono essere legati alla realizzazione tecnica, al fatto che i contenuti siano stati reputati come illegali o immorali, che l'accesso sia riservato, oppure a precise scelte dei creatori delle stesse risorse.

Default: valori che vengono assegnati ai parametri di un programma o di una ☞ *periferica*, al suo avvio.

Desktop: è la "scrivania" virtuale del nostro computer. Cioè: l'area dello schermo sulla quale si trovano le icone, le finestre e tutti gli altri elementi dell'interfaccia utente.

Device: nome generico con cui si indicano tutte le periferiche di un computer. Device, infatti, vuol dire proprio "dispositivo".

Disco inizializzato: disco che è pronto per memorizzare dati. Un disco inizializzato ha subito la fase di ☞ *formattazione*, cioè è stato organizzato in *tracce* e *settori* dal computer.

Disco rigido: disco di metallo sigillato in un apposito involucro (viene anche detto *disco fisso*). Può essere interno al computer oppure esterno. Ha una capacità di immagazzinamento dati variabile da qualche decina ad alcune centinaia di ☞ *gigabytes*.

DNS (Domain Name Server): fra le tante sigle di Internet, DNS è quella più importante quando scriviamo gli indirizzi dei siti che ci interessano. Grazie al "Domain Name Server", infatti, il computer è in grado di associare al nome mnemonico di una pagina web – ☞ l'*URL* – il corrispondente ☞ *indirizzo IP*.

DOS: *Disk Operating System*; è stato per anni il sistema operativo più diffuso su personal computer. È stato creato dalla Microsoft.

Download: trasferire un ☞ *file* da un computer al proprio tramite una ☞ *rete locale* o ☞ *internet*.

Dpi (Dots per inch): indica il numero di punti o ☞ *pixel* per pollice quadrato (un pollice corrisponde a 2,54 centimetri) che una stampante o un monitor riescono a riprodurre. Maggiore è questo valore, che viene detto anche ☞ *risoluzione*, migliore sarà la qualità.

Driver: dall'inglese "condurre", "portare". Il driver è un piccolo programma software che permette la gestione e il controllo delle periferiche hardware. Tutti i dispositivi che colleghiamo al PC hanno bisogno di un proprio driver per poter funzionare correttamente.

DRM (Digital Rights Management): è l'insieme delle tecnologie il cui scopo è contribuire alla difesa del diritto d'autore e al contrasto della pirateria in ambito multimediale ed informatico; possono essere applicati su ebook, file video, file musicali, immagini ecc. Alcuni di questi sistemi consentono la riproduzione dei contenuti solo su un numero molto limitato di dispositivi.

DTP (DeskTop Publishing): è l'insieme di attività editoriali che vengono realizzate con un personal computer, utilizzando programmi di grafica e di impaginazione. I programmi di DTP si basano sulla filosofia ☞ *WYSIWYG*: ciò che si vede a video corrisponde esattamente a ciò che viene stampato.

DVD-Video: standard di registrazione video, presentato nel 1996, contraddistinto da una risoluzione massima di 740x576 pixel, suono multicanale, compressione MPEG2 e supporto ai formati widescreen. Di qualità nettamente superiore alle videocassette VHS, senza essere affetto dai problemi di deterioramento di queste ultime legati al ripetuto utilizzo, all'influenza dei campi magnetici e dell'umidità, consente di registrare fino a 4 ore di filmati.

eBook: è un libro in formato digitale. Si tratta di un file consultabile su computer, telefonini di ultima generazione, palmari ed appositi lettori digitali (detti *eBook reader*).

E-commerce: commercio elettronico via ☞ *internet*.

E-mail: sta per *electronic mail*, ☞ *posta elettronica*.

EDP (Electronic Data Processing): indica comunemente il trattamento dati con un calcolatore.

E-learning: formazione a distanza via ☞ *internet*.

EPROM (Erasable Programmable Read Only Memory): è una memoria elettronica a sola lettura cancellabile e programmabile. Le memorie elettroniche hanno una grande rapidità di accesso e sono realizzate sotto forma di circuiti integrati (utilizzano il silicio come materia prima); altri tipi di memoria elettronica sono la ☞ RAM (*Random Access Memory*) e la ☞ ROM (*Read Only Memory*). Esistono poi le memorie magnetiche (hard disk, floppy disk o di un nastro) e le memorie ottiche (per esempio i CD-ROM).

Epub: uno dei formati attualmente più diffusi per i libri digitali, i cosiddetti "ebook".

Ethernet: tipo di ☞ *rete locale* ad alta velocità molto utilizzata nelle comunicazioni tra computer.

Facebook: si tratta del ☞ *social network* più famoso e diffuso, lanciato nel 2004 da Mark Zuckerberg, oggi uno degli uomini più ricchi del mondo.

FAQ (Frequently Asked Questions): è l'elenco delle "domande frequenti" (con relative risposte) e contiene le informazioni indispensabili su un determinato argomento. Nei ☞ *forum* serve per chiarire le idee agli ultimi arrivati senza far perdere tempo ai frequentatori abituali.

Feed: è un file ☞ *XML* contenente il ☞ *link* una fonte di informazioni web.

Fibra ottica: da un punto di vista fisico, si tratta di un insieme di fili vetrosi che trasmettono i segnali digitali ad alta velocità. L'utilizzo della fibra ottica consente l'accesso alla banda larga e la creazione dei grandi segmenti di rete detti backbone. Attualmente, la fibra ottica viene utilizzata da tutti i principali gestori di telefonia per offrire ai propri abbonati servizi Internet sempre più completi e veloci.

File: struttura di dati di lunghezza variabile, posta nella ☞ *memoria centrale* o nella ☞ *memoria di massa*; può contenere dati, numeri, testi, programmi ecc.

Firewall: sistema di sicurezza che crea una barriera elettronica per la protezione di una rete di PC dall'accesso di estranei tramite ☞ *internet*.

Firma digitale: è la firma elettronica di un archivio o di un documento digitale, che attesta l'identità del suo creatore e l'integrità dei contenuti. Per apporre una firma digitale è necessario un apposito software, un dispositivo hardware (in genere una smart card o una particolare chiavetta USB) e un certificato rilasciato da certificatori accreditati. Nel nostro paese la firma digitale ha la medesima validità della firma autografa.

Flash: software sviluppato inizialmente dalla Macromedia e ora di proprietà della Adobe che permette la creazione di siti particolarmente interattivi e con propensione all'animazione e alla grafica.

Font: tipo di carattere dotato di uno stile grafico proprio e unico, e di particolari caratteristiche (crenatura, peso, stile, ecc.). Alcuni font sono creati per scopi specifici, come ad esempio facilitare il riconoscimento dei caratteri da parte dei lettori ottici, oppure renderne la lettura a video più chiara e confortevole.

Formattazione: operazione di inizializzazione di un disco che viene suddiviso in tracce e settori e preparato all'input/output dei dati. Quindi, per rendere un disco leggibile e scrivibile da un computer, è necessario effettuare un'operazione preliminare di "preparazione" del disco: tale operazione viene detta formattazione e può essere effettuata da qualsiasi computer.

Fortran: linguaggio di programmazione ad alto livello utilizzato per il calcolo scientifico. Il nome deriva dall'abbreviazione delle parole *Formula Translator*.

Forum: su internet indica uno spazio on line dove più utenti possono discutere su un particolare argomento.

Frame: un fotogramma di un filmato o di una sequenza di animazione.

Freeware: ☞ *software* di dominio pubblico (free software), ossia i programmi per computer distribuiti dai programmatori gratuitamente.

FTP (File Transfer Protocol): indica il protocollo di trasferimento dati utilizzato in reti telematiche come per esempio ☞ internet.

Gigabyte (abbreviato Gb): multiplo di ☞ *byte*. Corrisponde a un miliardo di byte, o anche a 1.024 ☞ *megabyte*.

Gigahertz: multiplo di ☞ *hertz*. Corrisponde a un miliardo di hertz, o anche a 1.000 ☞ *megahertz*.

Gmail: servizio di webmail di Google

Google. è il più famoso motore di ricerca; rende disponibili all'utente moltissime funzionalità (casella email, software, social network, mappe, traduttore ecc.)

Grafica: la visualizzazione delle immagini sullo schermo di un computer o sulla stampante viene fatta attraverso un'insieme di punti detti ☞ *pixel*. La rappresentazione interna delle immagini al computer può però avvenire secondo due modalità diverse chiamate rispettivamente ☞ *vettoriale* e ☞ *bitmap* (o *raster*).

Grafica vettoriale: tutti gli elementi che compongono il disegno (linee, cerchi, quadrati ecc.) vengono trattati come entità matematiche di cui il computer conosce le dimensioni e la posizione: per esempio una linea è rappresentata dalle coordinate dei suoi due estremi e il computer provvede poi a disegnare tutti i ☞ pixel che la compongono. Le immagini in modalità vettoriale occupano poco spazio sul disco poiché non contengono l'immagine, ma solamente le istruzioni su come costruire il disegno.

COMPRENSIONE VERBALE E LOGICA

Grafica bitmap (o raster): l'immagine è costituita da un'insieme di punti: per esempio, una linea in grafica bitmap è rappresentata da un insieme finito di punti che congiungono i due punti estremi della linea. A ogni punto è associato un colore che può essere rappresentato da 8 o 24 ☞ bit, ossia 256 o 16.777.216 colori rispettivamente. Con l'aumentare del numero di colori migliora la qualità dell'immagine, ma anche la quantità di memoria richiesta.

Gruppo di continuità: si tratta di una batteria, collegata al computer, in grado di continuare a tenerlo in funzione – per un certo numero di minuti – anche nel caso venisse a mancare la corrente. Alcuni modelli permettono anche di stabilizzare l'alimentazione evitando, così, pericolosi sbalzi di tensione. Vengono chiamati anche "UPS", dalle iniziali dei termini inglesi: "Uninterruptible Power Supply".

Hackers: pirati informatici, in grado di eliminare le protezioni dei programmi e capaci di individuare i codici di accesso a reti telematiche pubbliche e private.

Hard disk: ☞ *disco rigido*.

Hardware: letteralmente *ferraglia*. È l'insieme dei componenti meccanici ed elettronici che costituiscono il computer (video, tastiera, unità centrale ecc.).

HDMI: è l'acronimo di High-Definition Multimedia Interface e identifica una moderna tipologia di interfeccia tra computer e periferiche. Le porte HDMI vengono utilizzate anche nei televisori HD e hanno sostituito le prese SCART.

Hertz: unità di misura delle frequenze dei fenomeni periodici. Indica la rapidità con cui opera un microprocessore per eseguire un'istruzione macchina. La velocità dei processori è dell'ordine di alcuni ☞ *gigahertz*.

Hex: indica il sistema di numerazione in base 16 (sistema esadecimale). Le cifre sono 16: 0, 1, 2, 3, 4, 5, 6, 7, 8, 9, A, B, C, D, E, F.

Host: computer che controlla una rete, ricevendo e trasmettendo informazioni attraverso le linee di telecomunicazione. Può essere un personal computer, un minicomputer o un ☞ *mainframe*.

Hot spot: punto di accesso pubblico a ☞ *internet* tramite la tecnologia di rete ☞ *wireless* (senza fili) Wi-Fi.

Html (HyperText Markup Language): è il linguaggio utilizzato per pubblicare pagine ipertestuali su ☞ *internet*.

Http (HyperText Transport Protocol): è il protocollo di trasferimento degli ☞ *ipertesti* utilizzato su ☞ *internet*. Questa sigla viene indicata prima dell'indirizzo internet e serve per far capire al ☞ *browser* quale protocollo utilizzare per interpretare i dati che riceve.

Indirizzo: nome internet di un utente su un sistema, per esempio nella posta elettronica, o di un sito su internet. È indispensabile per l'invio di messaggi o il trasferimento di file.

Indirizzo IP: corrisponde a un numero univoco scritto nella forma xxx.xxx.xxx.xxx (IP4) o xxx.xxx.xxx.xxx.xxx.xxx (IP6). I caratteri xxx possono assumere un qualsiasi valore compreso tra 000 e 255. L'indirizzo IP consente di identificare ogni dispositivo collegato a una rete e quindi, anche a Internet. Viene usato il termine 'indirizzo' perché, una volta noto, permette il corretto instradamento dei dati verso la destinazione desiderata.

Informatica: scienza che si occupa dello studio dell'informazione, della sua elaborazione automatica e delle problematiche legate alla trasmissione.

Inizializzazione: ☞ *formattazione* di un disco.

Instagram: social network focalizzato sulla modifica e condivisione di fotografie, mette a disposizione dei suoi utenti filtri e strumenti di fotoritocco.

Intelligenza artificiale: Insieme di algoritmi che simulano il ragionamento e le capacità cognitive e adattative della mente umana per cercare di risolvere nel modo più efficiente un dato problema.

Interfaccia: elemento che permette il collegamento tra componenti differenti. In particolare si parla di interfaccia ☞ *hardware* con riferimento a strumenti in grado di convertire i segnali provenienti da un dispositivo fisico in modo che siano comprensibili da un'altra unità fisica. Con interfaccia ☞ *software* si intende invece un programma (o file di dati) che consente a due processi software di colloquiare tra loro.

Interfaccia grafica: è ciò che permette all'utente di "dialogare" in modo semplice con il sistema informatico grazie all'utilizzo del ☞ *mouse*, di icone, di finestre e di altri elementi grafici.

Internet: la più famosa rete di computer. È anche nota come "la rete delle reti" ed è costituita da milioni di computer collegati fra loro. I servizi offerti da internet sono innumerevoli: ☞ *posta elettronica*, ☞ *shareware*, possibilità di acquisti telematici, collegamenti a musei, giornali, aziende pubbliche e private, università.

iOS: è il sistema operativo sviluppato da Apple per i propri dispositivi mobili (iPhone, iPod touch, iPad e Apple Watch); come Mac OS X si tratta di una derivazione di Unix.

IP (Internet Protocol): protocollo utilizzato nella trasmissione dei dati sulla rete ☞ *internet* per indicare il mittente e il destinatario della trasmissione.

Ipertesto: l'organizzazione non sequenziale delle informazioni digitalizzate, gestite da uno specifico ☞ *software* che permette percorsi di lettura liberi o guidati.

ISP (Internet Service Provider): società che fornisce l'accesso a internet e i servizi connessi (hosting, housing ecc).

Instant messaging: sistema scambiare messaggi in tempo reale. Il sistema attualmente più diffuso è Wathsapp.

Java: è un linguaggio di programmazione orientato agli oggetti, derivato dal C++.

Java Script: linguaggio di scripting simile a Java.

JPEG (Joint Photographic Experts Group): indica il più diffuso standard per comprimere e decomprimere le immagini digitali.

Kilobyte (abbreviato Kb): multiplo di ☞ *byte*. Corrisponde a 1.024 *byte*.

Kernel: traducibile con il termine italiano "nocciolo", nel senso di "nucleo"; è la parte del sistema operativo che si occupa di far dialogare l'hardware del computer con i software che lo utilizzano.

LAN (Local Area Network): ☞ *rete locale* in cui i computer e i vari dispositivi (stampanti, ☞ *plotter*, dischi ecc.) sono collegati tra loro per permettere agli utenti la condivisione delle risorse.

LCD (Liquid Crystal Display): schermo a cristalli liquidi. Hanno praticamente sostituito i monitor a tubo catodico (CRT).

LED (Light Emitting Diode): diodo emettitore di luce; è il nome con cui vengono indicate le spie e gli indicatori luminosi presenti su quasi tutti i dispositivi elettrici ed elettronici.

Linguaggio: insieme di comandi e regole che permette all'utente di programmare un computer (istruire la macchina per svolgere una funzione precisa).

LIM: la lavagna interattiva multimediale è una periferica informatica, in cui la superficie interattiva è sia una "periferica di input" (esercita il controllo sul PC come una tastiera o un mouse) sia una "periferica di output", in quanto funziona da schermo. Il docente è in grado di presentare, creare, modificare, manipolare e registrare i dati eseguendo i comandi direttamente sulla superficie della lavagna, visibile a tutti i presenti.

Link: detto anche ☞ *legame* o *connessione*, è ciò che unisce due ☞ *nodi*. Costituisce la struttura dell'ipertesto ed è segnalato attraverso la sua ☞ *ancora*. Il punto di arrivo di un legame può essere un testo, un'immagine o una loro parte oppure un suono o un'animazione.

Linkedin: social network di proprietà della Microsoft Corporation, conta centinaia di milioni di utenti registrati; il suo scopo è quello di creare interconnessioni di profili professionali considerati affidabili.

Linux: si tratta di una versione particolare di ☞ *Unix*. Il suo codice sorgente, a differenza di quello di ☞ Windows e di altri sistemi operativi, è disponibile e migliaia di programmatori contribuiscono al suo sviluppo: è di libero dominio, quindi può essere utilizzato gratuitamente.

Login: procedura che consente l'accesso a un programma, a un computer, a un sito Web protetto o a una rete. Generalmente, comporta l'inserimento di un "nome utente" (User ID) e di una password.

Logout: procedura che effettua l'uscita da un programma, da un computer, da un sito Web protetto o da una rete. Può essere effettuata manualmente dall'utente o in maniera automatica dal computer o dal server (per esempio dopo un periodo di tempo prestabilito di inattività).

Macintosh: nome commerciale dei computer prodotti da Apple, i primi a usare un sistema operativo grafico (con cartelle, cestino, icone…). Sono usati soprattutto in settori come editoria, grafica.

MacOs: sistema operativo dei computer Macintosh prodotti da Apple.

Mainframe: computer di grandi capacità e dimensioni, utilizzati per la gestione dell'informatica aziendale.

Malware: termine utilizzato per identificare programmi maligni e dannosi. Possono essere sfruttati dai malintenzionati per sottrarre informazioni dai computer, per visualizzare pubblicità indesiderate, per alterare i risultati delle ricerche effettuate su Internet, oppure, nei casi peggiori, per bloccare i dispositivi fino a quando non risulti pagato un vero e proprio riscatto. Solitamente i malware vengono occultati dentro altri programmi e quindi risultano difficili da individuare.

Masterizzazione: processo di scrittura dei ☞ *CD-ROM/DVD-ROM*.

Megabyte (abbreviato Mb): multiplo di ☞ *byte*. Corrisponde a un milione di byte, o anche a 1024 ☞ *kilobyte*.

Megahertz: (abbreviato MHz): multiplo di hertz, unità di misura delle frequenze.

Memoria centrale: memoria principale del calcolatore, anche detta ☞ *RAM*. Estremamente veloce nelle operazioni di immagazzinamento e recupero dati, la memoria centrale è a breve termine: quando il computer viene spento, essa viene liberata e i dati in essa contenuti vengono persi; viene quindi utilizzata come memoria di lavoro.

Memoria di massa: costituita da supporti di memorizzazione come ☞ *dischi rigidi*, cartucce magneto-ottiche, nastri e così via. È molto più lenta rispetto alla ☞ *memoria centrale*, ma ha una capacità di immagazzinamento molto più elevata e i dati non vengono persi fra uno spegnimento e il successivo riavvio.

Memoria virtuale: permette a un computer di comportarsi come se avesse molta più memoria di quanta ne ha fisicamente. Ciò è possibile grazie a un elaborato sistema di *indirizzamento* della memoria, basato sulla registrazione di alcune informazioni su disco e di altre nella ☞ *memoria centrale*.

Microprocessore: sinonimo di ☞ *CPU*.

MIDI (Musical Instrument Digital Interface): protocollo standard di comunicazione hardware e software per il collegamento di strumenti musicali a personal computer.

Modem: contrazione di modulatore/demodulatore. È un'apparecchiatura che permette di collegare due computer tra loro per mezzo di una linea telefonica. La velocità di trasmissione di un modem viene misurata in ☞ *baud*.

Motore di ricerca: programma la cui interrogazione viene effettuata tramite un ☞ *browser*, che si appoggia a un ☞ *database* e che restituisce gli indirizzi di rete dove reperire contenuti di vario genere, catalogati e classificati in maniera automatica secondo complessi algoritmi. Il motore di ricerca si occupa anche di effettuare calcoli relativi alla rilevanza dei contenuti del database rispetto alla richiesta dell'utente, e di presentarli in un preciso ordine (detto "posizionamento"). Il motore di ricerca più famoso è Google.

Mouse: dispositivo di "puntamento" utilizzato per controllare i movimenti del cursore sullo schermo. Viene usato per selezionare del testo, per disegnare, per muovere dati.

MP3: formato audio digitale compresso (MPEG-4 Audio Layer III).

MPEG (Motion Picture Experts Group): standard di compressione e decompressione video e audio.

Multimediale: aggettivo che indica la compresenza, all'interno di uno stesso prodotto, di informazioni di natura differente: testi, immagini, animazioni, suoni ecc. Il termine implica anche una possibile interattività tra le informazioni e l'utente.

Multitasking: capacità di un sistema operativo di svolgere diversi compiti contemporaneamente, come per esempio stampare un documento e parallelamente ricalcolare un foglio elettronico. Un computer che lavora in multitasking alterna le sue azioni tra i vari compiti assegnati.

Multiutente: sistema che permette a due o più utenti di operare contemporaneamente sullo stesso programma o documento.

Navigazione: è il movimento attraverso la rete di connessioni che costituiscono ☞ *internet* (o altre reti telematiche).

Network: sinonimo di rete, insieme di computer e periferiche (stampanti, ☞ *plotter*, ☞*scanner* ecc.) collegati tra loro (☞ *LAN*).

Nickname: è il *soprannome* utilizzato da un utente che non vuole far conoscere il proprio nome quando interagisce con la rete (tramite chat, social network etc.).

Nodo: indica la pagina di un ipertesto, cioè un documento di qualsiasi natura (testo, immagine, animazione ecc.) da cui hanno origine vari ☞*link*.

OCR (Optical Character Recognition): si tratta di programmi che eseguono il riconoscimento ottico del carattere. Vengono utilizzati dagli ☞ *scanner* per tradurre in forma digitale un testo contenuto su supporto cartaceo.

Office 365: insieme di programmi per la produttività personale sviluppata da Microsoft e distribuita come web application. L'utilizzo è subordinato al pagamento di un canone mensile, che varia in base alla tipologia e al numero degli utenti registrati e dei servizi aggiuntivi richiesti.

On-line (in linea): quando due computer sono collegati per mezzo di un ☞ *modem*.

Open source: modalità di distribuzione del codice sorgente dei programmi che ne consente la ridistribuzione e la modifica, libere e gratuite. Esistono una serie di requisiti che i software open source devono soddisfare. Tali requisiti vengono stabiliti tramite specifiche licenze e verificati da organizzazioni appositamente costituite.

P2P: ☞ *peer-to-peer*

Palette: tavolozza di colori disponibile per un programma o per il sistema operativo.

Pascal: linguaggio di programmazione ad alto livello caratterizzato da una forte strutturazione.

Password: sequenza alfanumerica case sensitive (parola chiave) utilizzata per impedire l'accesso, a utenti non autorizzati, a determinate risorse informatiche (dati, programmi, reti ecc.).

PDF (Portable Document Format): diffuso formato per la gestione di documenti elettronici, sviluppato dalla Adobe. Il vantaggio del formato PDF è che permette di mantenere una impaginazione professionale e costante indipendente dal sistema operativo con cui si visualizza il documento.

PEC (posta elettronica certificata): viene usata nelle comunicazioni fra gli enti e le persone, oppure a livello professionale, perché è la versione digitale delle raccomandate con ricevuta di ritorno e ha anche lo stesso valore legale. Solo aziende certificate ed enti governativi, possono rilasciare indirizzi PEC.

Peer-to-peer: architettura di rete nella quale tutti i computer possono funzionano sia come *client* sia come ☞ *server*. Non esistono gerarchie: tutti i computer sono uguali e di pari livello.

Periferica: qualsiasi dispositivo ☞ *hardware* a eccezione del computer. Si distinguono periferiche di input (tastiera, ☞ *mouse*, penna ottica ecc.) e periferiche di output (video, stampanti, ☞ *plotter* ecc.). Alcune periferiche possono essere sia di input che di output.

Phishing: truffa informatica che consiste nel carpire nomi utente e password, numeri di carte di credito e PIN o, ancora, codici di accesso a conti bancari on-line, al fine di sottrarre denaro o informazioni. Le vittime vengono coinvolte in questo tipo di truffa tramite messaggi e-mail o altri tipi di comunicazioni informatiche, che sembrano provenire da istituti postali, da istituti di credito o da società di e-commerce serie e affidabili. In questi messaggi, viene generalmente richiesto di inserire le proprie credenziali o altri dati sensibili, all'interno di siti che replicano fedelmente l'aspetto di quelli autentici ma che, in realtà, non sono altro che delle trappole predisposte dai malintenzionati.

PHP: linguaggio di programmazione per la creazione di pagine web di tipo dinamico.

Pinterest: social network focalizzato sulla condivisione di fotografie, immagini e filmati.

Pixel: contrazione della locuzione inglese *picture element* (elemento di immagine). L'unità minima (punto) di un'immagine visualizzata sullo schermo: la qualità di un'immagine dipende dal numero totale di pixel che formano l'immagine stessa.

Plotter: periferica di stampa che utilizza pennini scorrevoli (i cui movimenti sono controllati dal computer) e che viene utilizzata per disegni grafici e diagrammi.

Posta elettronica: sistema di comunicazione e scambio di messaggi tra computer diversi collegati in rete.

Provider: ☞ *ISP*.

Punto tipografico: unità di misura tipografica che equivale a 0,353 millimetri (1/72 di pollice).

Q&A: sezioni dedicate alle "Domande e Risposte" pubblicate nei siti web o sulle riviste cartacee. Si tratta dell'acronimo inglese di "Questions and Answers".

QR code (Quick Response Code): codice grafico costituito da una matrice, all'interno della quale sono presenti dei piccoli quadrati di colore bianco e nero e alcuni simboli più grandi. Vengono utilizzati per consentire agli smartphone di acquisire informazioni senza che l'utente debba digitare nulla: è sufficiente che inquadri il codice con la fotocamera e scatti una foto, un'apposita applicazione di decodifica pensa al resto.

QWERTY: non si tratta di una sigla né di un nome impronunciabile; è invece la sequenza di lettere – scritte sui primi cinque tasti presi dall'alto a sinistra – che identifica la disposizione dei caratteri sulla tastiera che usiamo anche noi in Italia. Le tastiere QWERTY, poi, possono contenere o meno le lettere accentate in base al mercato nazionale per cui vengono realizzate.

RAM (Random Access Memory): è la ☞ *memoria centrale* del computer.

Record: struttura di base di un archivio elettronico (☞ *database*).

Refresh: ridisegno dello schermo dopo l'esecuzione di un determinato comando. Si dice *refresh screen* il tempo necessario per portare a termine una modifica in un disegno in alcuni programmi ☞ *CAD*.

Rete Locale: un gruppo di computer e apparecchiature periferiche controllati individualmente e connessi tra di loro, insieme con l' ☞ *hardware* e il ☞ *software* necessari per il collegamento. Una rete locale è anche detta ☞ *LAN*.

RGB: termine composto dalle iniziali di *Red, Green* e *Blue*, che costituiscono l'insieme dei colori base nei sistemi di visualizzazione delle immagini a video.

Risoluzione: capacità grafica dei dispositivi di output (monitor, stampanti ecc.). Si misura in ☞ *dpi*.

ROM (Read Only Memory): rappresenta la memoria che contiene le informazioni necessarie per l'avvio del computer. Non può essere modificata dall'utente e viene quindi detta "di sola lettura".

Router: dispositivo che riceve e smista pacchetti di dati all'interno di una reta. Basandosi su una mappa della rete (*tabella di routing*) i router possono fare in modo che i pacchetti raggiungano le loro destinazioni attraverso i percorsi più idonei.

Scanner: apparecchiature che "leggono" tramite un raggio laser un'immagine stampata (fotografie, disegni, illustrazioni o testo) e la convertono in forma digitale, in modo che sia manipolabile tramite computer.

Server: computer o ☞ *software* che condivide le sue risorse con altri computer (detti *client*) attraverso una ☞ *rete locale*. L'architettura client/server è basata sul concetto di "elaborazione distribuita" per cui un'operazione viene suddivisa tra un server che memorizza e distribuisce i dati e un client con il quale ci si limita a richiedere i dati al server.

Shareware: deriva dai termini *shared* e *software* e identifica i programmi per computer che vengono distribuiti liberamente. Solo dopo aver utilizzato il programma e dopo averne valutato le caratteristiche, l'utente decide se acquistare il prodotto o smettere di utilizzarlo.

Sistema operativo: l'insieme dei programmi indispensabili per il funzionamento del computer e di tutte le sue componenti. Il sistema operativo, tramite i ☞ *driver*, gestisce anche le periferiche hardware.

Sito: ciascuna delle singole reti che forma ☞ *internet*. Nella dizione più ampia un sito internet è un "luogo virtuale" in cui possono essere consultate informazioni pubblicate in rete da aziende, associazioni, università, privati ecc.

Slot di espansione: alloggiamenti predisposti per l'inserimento di schede periferiche.

Smartphone: è un dispositivo portatile che abbina funzionalità di telefono cellulare a quelle di gestione di dati personali.

Social network: servizio informatico on line che permette la realizzazione di reti sociali virtuali. Si tratta di siti internet o tecnologie che consentono agli utenti di condividere contenuti testuali, immagini, video e audio e di interagire tra loro. Tra gli esempi più noti: Facebook,Twitter, Instagram, LinkedIn, Pinterest.

Software: programmi per calcolatore. Possono essere applicativi (word, excel ecc.) o di sistema (Windows, MacOs ecc.).

Sort: ordinamento, utilizzato soprattutto nei ☞ database per organizzare l'archivio secondo particolari criteri.

Spam: termine utilizzato per indicare la posta indesiderata, generalmente inviata in maniera massiva e ripetuta, allo scopo di effettuare promozione pubblicitaria o perpetrare truffe.

SQL (Structured Query Language): è un linguaggio utilizzato per effettuare ricerche all'interno di ☞ *database*.

Tablet: è un computer portatile che permette all'utente di interfacciarsi con il sistema direttamente sullo schermo mediante una penna o le dita.

TCP/IP (Transmission Control Protocol/Internet Protocol): definisce l'insieme di regole tecnologiche che consentono il funzionamento di internet. Tramite il protocollo TCP si "impacchettano" i dati da trasmettere, mentre attraverso il protocollo IP li si trasmette a destinazione.

Telecomunicazione: termine che indica un qualunque sistema per la trasmissione a distanza di informazioni di natura diversa (segnale telefonico, dati numerici, programmi televisivi ecc.), solitamente sotto forma di segnali trasmessi via cavo o diffusi mediante onde radio.

Template: con questo termine, che tradotto letteralmente significa "sagoma", vengono indicati i "modelli" di riferimento utilizzati per realizzare specifiche tipologie di documenti. I modelli di "Microsoft Word", per esempio, consentono di creare carte intestate, calendari, pubblicazioni, relazioni e molto altro ancora.

Terabyte (abbreviato Tb): multiplo di ☞ *byte*. Corrisponde a mille miliardi di byte, o anche a 1.024 ☞ *gigabyte*.

Twitter: ☞ *social network* nato nel 2006 che fornisce agli utenti una pagina personale aggiornabile attraverso messaggi di testo della lunghezza massima di 140 caratteri (microblogging).

Unix: sistema operativo particolarmente robusto, creato nel 1969 nei Bell Laboratories di AT&T. Si tratta di un sistema operativo *multiutente* (più utenti possono accedervi contemporaneamente) e *multitasking* (si possono eseguire più applicazioni contemporaneamente).

Upload: trasferire un ☞ *file* dal proprio computer a un altro tramite una ☞ *rete locale* o ☞ *internet*.

UPS: ☞ *gruppo di continuità*.

URL (Uniform Resource Locator): quando scriviamo un qualsiasi indirizzo web in un browser, stiamo indicando al programma l'URL del sito che ci interessa visitare. In pratica è quel nome univoco che ci consente di accedere alle risorse disponibili su Internet. Per trasformare l'URL nel corrispondente ☞ *indirizzo IP*, è necessario utilizzare un ☞ *DNS*.

USB (Universal Serial Bus): tecnologia molto diffusa per il trasferimento dei dati tra periferiche e computer. Messa a punto da Intel, permette il collegamento "a caldo" delle periferiche (senza doverle spegnere) e di poter connettere sino a un massimo di 127 periferiche alla stessa porta.

Virus: si tratta di un programma sviluppato con l'unico scopo di arrecare danni ad altre applicazioni. Può propagarsi con messaggi di posta elettronica o annidarsi in altri programmi software.

VoIP (Voice Over IP): tecnologia che consente di fare normali telefonate sfruttando ☞ *internet* anziché le normali linee telefoniche.

Web application: programma che non gira sul computer dell'utente, ma su un server che si trova in una rete , o che vi è collegato tramite Internet. L'applicazione si utilizzata per mezzo del browser, e ciò permette di semplificarne sia la distribuzione sia l'utilizzo su piattaforme e sistemi operativi differenti.

Webinar: noto anche come Seminario Online, è un neologismo coniato per identificare sessioni educative o informative la cui partecipazione in forma remota è possibile tramite una connessione informatica.

Wi-Fi: modalità di connessione senza fili fra computer appartenenti alla stessa rete locale. La sigla significa "Wireless Fidelity"; esistono varie tipologie di connessioni Wi-Fi, connotate con una o due lettere minuscole che vengono aggiunte al numero 802.11. La classe "802.11a", per esempio, funziona a 5 GHz di frequenza e ha un transfer rate pari a 54 Mbps.

Wiki: è una pagina (o comunque una collezione di documenti ipertestuali) che viene aggiornato dai suoi utilizzatori e i cui contenuti sono sviluppati in collaborazione da tutti coloro che vi hanno accesso.

Windows: sistema operativo attualmente più diffuso. È prodotto da Microsoft.

Wireless: tecnologia per la trasmissione dei dati e per il collegamento di periferiche senza l'utilizzo di cavi di collegamento. In un sistema wireless la trasmissione avviene di solito tramite onde radio o raggi infrarossi.

Word processing: programmi che trasformano un computer in un sistema di videoscrittura.

WWW (World Wide Web): ssistema di comunicazione che consente di accedere e di condividere informazioni in rete attraverso non più comandi complessi digitati sulla tastiera ma soluzioni grafiche che permettono di "navigare" su ☞ *internet* anche a coloro che non sono esperti di informatica.

WYSIWYG: acronimo di *What you see is what you get*. L'espressione di riferisce al problema di rendere su carta testi o immagini con una disposizione grafica identica a quella visualizzatasullo schermo del computer. Con il tempo il significato dell'acronimo si è esteso all'ambito della creazione di pagine web: il codice HTML, infatti, non da indicazioni sulla disposizione grafica degli oggetti nella pagina, ma solo sulla loro successione logica; perciò sono stati creati nuovi codici.

XML (Extensible Markup Language): metalinguaggio che permette di creare dei linguaggi personalizzati di descrizione delle informazioni (markup language) come il linguaggi ☞ *html*. XML in realtà è più potente dell'html, permettendo di definire documenti elettronici di qualsiasi tipo: non solo testi, dunque, ma anche informazioni strutturate (database).

Youtube: piattaforma web per la condivisione di video (video sharing).

Zip: formato di compressione, creato sul finire degli anni ottanta e distribuito gratuitamente. Offre buone prestazioni e funziona comprimendo a uno a uno tutti i singoli elementi che compongono l'archivio.

Esempi

1 Cosa si intende per streaming?

A Un sito che permette di vedere solo e soltanto video
B Un tipo di trasferimento di dati continuo e ininterrotto, che si attua mediante la suddivisione del file in pacchetti che vengono caricati uno alla volta dal destinatario
C Una tecnologia che non funziona con l'ADSL
D Un social network statunitense
E Un software per la gestione delle immagini digitali

La risposta corretta è la B: lo streaming è il flusso di dati continuo e ininterrotto tra una sorgente e una o più destinazioni tramite una rete telematica; i dati vengono riprodotti man mano che arrivano a destinazione (es. video, musica ecc.). Esistono essenzialmente due tipologie di streaming:

- on demand: i contenuti audio/video sono memorizzati su un server come file compresso; quando un utente li richiede, vengono inviati a pacchetti al suo computer e immediatamente decodificati e riprodotti, pochi secondi dopo la ricezione del primo pacchetto di dati.
- live streaming: simile alla tradizionale trasmissione radio/video; anche in questo caso vengono utilizzati opportuni sistemi di compressione per limitare il più possibile la quantità di dati trasmessi in rete.

2 **Un terabyte corrisponde a circa:**

A un milione di kilobyte

B cento gigabyte

C un miliardo di byte

D mille gigabyte

E mille megabyte

Per quanto riguarda le unità di misura, occorre ricordare che:

- 8 bit formano 1 byte;
- 1024 byte formano 1 kilobyte;
- 1024 kilobyte formano 1 megabyte;
- 1024 megabyte formano 1 gigabyte;
- 1024 gigabyte formano 1 terabyte.

Un terabyte corrisponde a circa mille gigabyte ossia a circa mille miliardi di byte. La risposta esatta quindi è la D.

3 **Nei software di archiviazione dati, un record è composto da un insieme di:**

A database

B campi

C caratteri

D transistor

E chip

I programmi (software) che permettono di archiviare e gestire le informazioni all'interno di un computer sono detti *database*. Essi organizzano le informazioni in *record*, strutturati a loro volta in *campi* (risposta B). Un *indirizzario* è un esempio di archivio in cui ciascun indirizzo è un record, composto a sua volta dai campi "nome", "cognome", "via", "città" ecc.

4 **In informatica, la tecnologia *cloud computing* permette:**

A di caricare le foto fatte con uno smartphone direttamente sul profilo Facebook dell'utente

B di far apparire specifiche pubblicità sulla ricerca organica di Google legate alle ricerche degli utenti

C di memorizzare/archiviare e/o elaborare dati grazie all'utilizzo di risorse hardware/software distribuite e virtualizzate in rete

D a terminali di utenza di collegarsi tra loro attraverso una rete locale

E di fornire una visione stereoscopica delle immagini

Sfruttando la tecnologia del *cloud computing* gli utenti collegati a un cloud provider possono svolgere diverse mansioni, anche tramite un semplice internet browser. Possono, per esempio, utilizzare software remoti non direttamente installati sul proprio computer e salvare dati su memorie di massa on-line predisposte dal provider stesso (risposta C).

5 **Che cosa è un virus informatico?**

A Una particolare tipologia di malware che si diffonde veicolandosi attraverso programmi non dannosi

B Un software per il backup dei dati

C Un programma per il controllo degli accessi a un sistema informatico che viene realizzato da hacker informatici

D Un tipo di programma che si nasconde nei file scritti in codifica ASCII

E Una parte nascosta del sistema operativo di un computer

In informatica un virus è generalmente un software, appartenente alla categoria dei malware, in grado di infettare dei file in modo da riprodursi facendo numerose copie di se stesso, generalmente senza farsi rilevare dall'utente. Categorie note di virus sono *trojan*, *worm* e *spyware*.

Quindi la risposta corretta è la **A**.

6 Cosa indica la banda di una connessione in rete?

- **A** La qualità dei contenuti multimediali che possono essere trasferiti
- **B** Il tipo di apparecchiatura usata per la connessione
- **C** La quantità di dati che possono essere trasferiti in un dato periodo di tempo
- **D** Il numero di server che possono essere contattati contemporaneamente
- **E** Il numero massimo di connessioni contemporanee a un server web

La risposta corretta è evidentemente la **C**. Nello specifico con banda larga (*broadband*) ci si riferisce alla trasmissione di dati sul medesimo cavo (o mezzo radio) grazie all'uso di mezzi e tecniche di trasmissione che supportino un'ampiezza di banda superiore ai precedenti sistemi a banda stretta.

7 Qual è il significato della sigla ROM?

- **A** Record on memory
- **B** Random access memory
- **C** Random only memory
- **D** Read only memory
- **E** Run out memory

ROM significa *Read Only Memory* e identifica la memoria che contiene le informazioni necessarie per l'avvio del computer. Si tratta di una memoria non modificabile dall'utente e per questo motivo è detta di "sola lettura". La soluzione è dunque la **D**.

8 Chi è il fondatore di Twitter, il servizio di microblogging attivo dal 2006?

- **A** Jack Dorsey
- **B** Larry Page
- **C** Steve Jobs
- **D** Sergey Brin
- **E** Mark Zuckerberg

Il fondatore di Twitter è l'informatico e imprenditore statunitense Jack Dorsey (risposta **A**).

Larry Page e Sergey Brin sono i fondatori di Google; Steve Jobs è stato uno dei fondatori di Apple mentre Mark Zuckerberg è il creatore di Facebook.

9 Qual è il significato della sigla FTP?

- **A** File Transfer Protocol
- **B** File Transfer Peripherical
- **C** Fax Testing Protocol
- **D** Fast Text Program
- **E** Folder Transfer Program

FTP è l'acronimo di *File Transfer Protocol* e indica il protocollo di trasferimento dati utilizzato in reti telematiche come per esempio internet: la risposta corretta è la **A**.

10 **Quale delle seguenti affermazioni è vera?**

- **A** Un terminale remoto è un terminale non più utilizzato perché ritenuto obsoleto dal punto di vista tecnologico
- **B** Il sistema operativo è una parte del software applicativo installato su un computer
- **C** La USB è un dispositivo di visualizzazione
- **D** Il termine wiki identifica una connessione wireless
- **E** Un "mouse" è un dispositivo di input

Per "terminale remoto" si intende un terminale collegato a distanza, quindi l'alternativa **A** è errata. Anche l'alternativa **B** non è corretta, in quanto il sistema operativo costituisce parte del software di base (l'insieme di programmi necessari al funzionamento del computer) e non del software applicativo (programmi di calcolo, videoscrittura, disegno ecc.). La sigla "USB" presente nell'alternativa **C** identifica un interfaccia di input/output di tipo seriale e non un dispositivo di visualizzazione. Anche l'alternativa **D** è errata: si confonde il termine *wifi*, che identifica appunto una rete senza fili, con il termine *wiki*, che in ambito informatico ha assunto il significato di una pagina che viene aggiornata dai suoi stessi utilizzatori e i cui contenuti sono sviluppati grazie alla collaborazione di chi vi ha accesso. Per esclusione, la risposta corretta è la **E**: il mouse è infatti un dispositivo di "puntamento" e quindi un dispositivo di input.

parte terza

MATEMATICA

Indice

1 | Insiemi, numeri e operazioni

Mettiti alla prova

I **Calcolare il M.C.D. e il m.c.m. di 48, 60 e 72.**

A 2 e 1440
B 3 e 720
C 12 e 720
D 24 e 1440
E 36 e 720

II **Una procedura iterativa consiste nel dividere un liquido in tre parti uguali, eliminare la prima, accantonare la seconda e adoperare la terza per il ciclo successivo. Qual è il rapporto fra accantonato ed eliminato dopo 10 iterazioni?**

A 1
B 1/3
C 1/2
D 2
E 1/10

III **Quali sono i due numeri tali che la loro somma è uguale a 17/4 e il loro prodotto è uguale a 1?**

A 3/4; 4/3
B 3/8; 8/3
C 4; 1/4
D 6; 1/6
E 16/4; 1

IV **Quanto vale la decima parte di 10^{20}?**

A 1^{20}
B 10^{2}
C 10^{10}
D 10^{19}
E 10^{20}

MATEMATICA

Ecco le risposte esatte dei 4 quesiti proposti: I C, II A, III C, IV D.

1.1 | Insiemi

Un *insieme* può essere inteso come una *collezione di oggetti* (detti *membri* o *elementi* dell'insieme): il concetto di *insieme* e quello di *elemento di un insieme* sono **concetti primitivi**, ossia non definibili tramite concetti più semplici.
Un insieme A risulta definito quando esiste una "regola" specifica (o *univoca*) che permette di stabilire se un qualunque elemento x appartiene o meno all'insieme A.

Esempi di insiemi:
- insieme delle consonanti dell'alfabeto italiano;
- insieme degli stati europei;
- insieme dei numeri relativi;
- insieme delle frazioni.

1.1.1 | Simbologia

- $x \in A$; x appartiene ad A
- $x \notin A$; x non appartiene ad A
- $A \subseteq B$; A è contenuto in B (A è **sottoinsieme** di B)
- $A \subset B$; A è contenuto propriamente in B (A è **sottoinsieme proprio** di B)

1.1.2 | Definizioni

Due insiemi A e B sono **uguali** quando contengono gli stessi elementi.

L'**insieme vuoto** (indicato con $\varnothing$) è un insieme privo di elementi.

Un esempio di insieme vuoto è l'insieme dei numeri naturali dispari divisibili per due: nessun numero naturale dispari può essere diviso per due.

Può capitare che la definizione di un insieme non sia completa, ossia che non consenta di identificare univocamente l'insieme.

Per esempio, l'insieme $A = \{x \mid 1 < x < 5\}$, ossia l'insieme dei numeri compresi fra 1 e 5 (estremi esclusi), non è univocamente determinato: se infatti x è un numero intero, l'insieme A conterrà solo tre elementi (ossia $A = \{2; 3; 4\}$), mentre se x è un numero decimale, l'insieme A sarà infinito.

Occorre, in altre parole, indicare l'*ambiente* da cui trarre gli elementi dell'insieme.

L'**insieme ambiente** o **universo** (indicato con U) contiene la totalità dei possibili elementi.

L'insieme delle vocali dell'alfabeto italiano ha come universo U proprio l'alfabeto italiano:

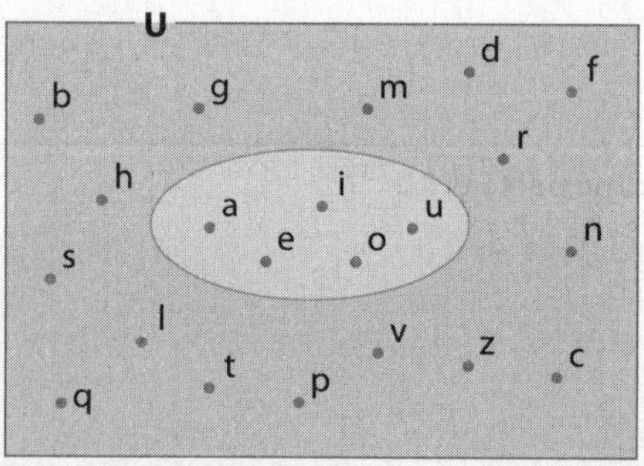

PARTE TERZA

1.1.3 | Corrispondenze fra insiemi

Dati due insiemi A e B, se esiste un criterio che permette di associare elementi di A con elementi di B, si dice che i due insiemi sono legati da una *corrispondenza* (o *relazione*).

Dati gli insiemi A = {1, 2, 3, 4, 5, …} e B = {0, 1} un esempio di corrispondenza è: associare a ogni numero dispari di A l'elemento "0" di B e a ogni numero pari di A l'elemento "1" di B.

Corrispondenza univoca

Tra due insiemi A e B vi è una corrispondenza univoca (da A a B) quando a **ogni** elemento a di A corrisponde **uno e un solo** elemento b di B.

Tra due insiemi A e B vi è una corrispondenza univoca quando esiste una legge che permette di decidere, preso un qualunque elemento $a \in A$, qual è **il** corrispondente elemento $b \in B$.

La corrispondenza univoca fra gli elementi di A e quelli di B viene anche detta **funzione** o **applicazione** φ di A in B e viene indicata con $\varphi: A \to B$.

Corrispondenza biunivoca

Tra due insiemi vi è una corrispondenza biunivoca quando a **ogni** elemento di un insieme corrisponde **uno e un solo** elemento dell'altro insieme **e viceversa.**

Per affermare che tra due insiemi A e B vi è una corrispondenza biunivoca, è necessario che sia definita una legge che associa a ogni elemento $a \in A$, uno e un solo elemento $b \in B$, e viceversa a ogni $b \in B$ uno e un solo elemento $a \in A$.

La corrispondenza biunivoca fra gli elementi di A e quelli di B viene anche detta **trasformazione** tra A e B.

1.1.4 | Operazioni con gli insiemi

Intersezione

L'insieme **intersezione** di A e B è l'insieme degli elementi appartenenti **contemporaneamente** ad A **e** a B, ossia a entrambi gli insiemi. In simboli:

$$A \cap B = \{x \mid x \in A \text{ e } x \in B\}$$

A = {0, 3, 8}; B = {0, 3, 22, 70}: $A \cap B = \{0, 3\}$

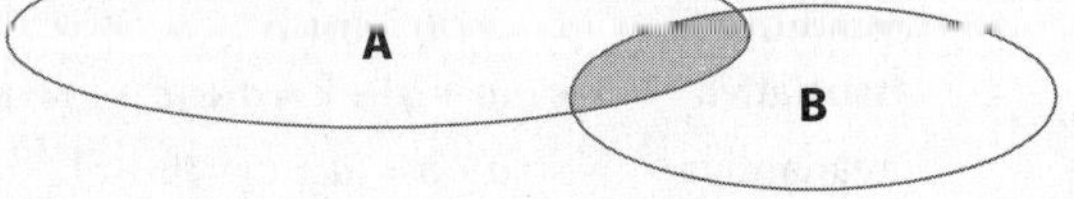

Unione

L'insieme **unione** di A e B è l'insieme degli elementi appartenenti ad A **oppure** a B, ossia ad almeno uno dei due insiemi. In simboli:

$$A \cup B = \{x \mid x \in A \text{ oppure } x \in B\}$$

A = {0, 3, 8}; B = {0, 3, 22, 70}: $A \cup B = \{0, 3, 8, 22, 70\}$

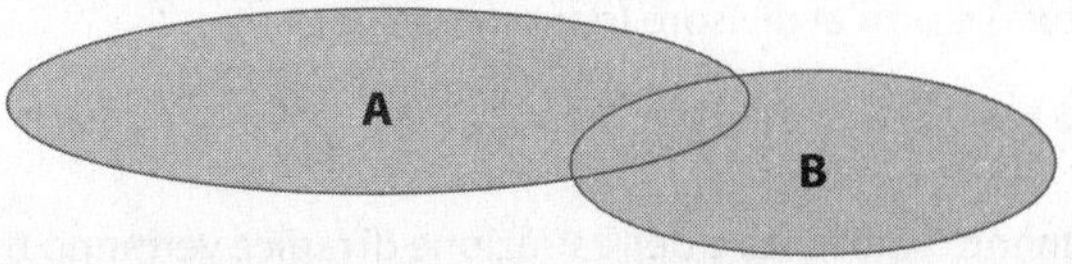

Uno dei primi obiettivi da perseguire è quello di essere in grado di *classificare* i numeri, ossia conoscere i differenti *insiemi numerici* (insieme dei naturali, insieme degli interi relativi, insieme dei razionali…). Partendo dai numeri naturali, con successivi ampliamenti delle **classi numeriche**, si arriva fino ai numeri reali. Nella seguente rappresentazione insiemistica appare evidente che ciascuna classe è un ampliamento di quella che la precede.

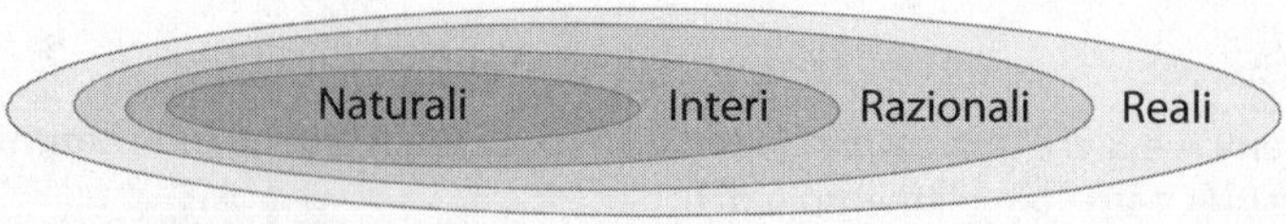

1.2 | Numeri naturali

I numeri naturali costituiscono un insieme infinito, generalmente indicato con il simbolo $\mathbb{N}$:

$$\mathbb{N} = \{1, 2, 3, \dots, n, \dots\}$$

I numeri naturali devono il loro nome al fatto che traducono l'azione *naturale* del contare.

1.2.1 | Operazioni fondamentali e loro proprietà

Alla base dell'aritmetica si trovano, oltre alla definizione di numero naturale, le definizioni delle operazioni (*addizione, sottrazione, moltiplicazione, divisione, elevamento a potenza* ed *estrazione di radice*), delle quali è importante conoscere le proprietà. In primo luogo occorre ricordare l'**ordine** con cui devono essere svolte le operazioni che si trovano nella medesima espressione.

Il corretto **ordine di priorità decrescente** è il seguente:

1: parentesi 2: potenze e radici 3: moltiplicazioni e divisioni 4: addizioni e sottrazioni

$3 + 4 \cdot (3 + 2)^2 = 3 + 4 \cdot (5)^2 = 3 + 4 \cdot 25 = 3 + 100 = 103$

La tabella seguente riporta le principali proprietà delle quattro operazioni fondamentali (addizione, sottrazione, moltiplicazione e divisione).

Operazione	Proprietà
Addizione	commutativa → $a + b = b + a$ associativa → $(a + b) + c = a + (b + c) = a + b + c$
Sottrazione	invariantiva → $a - b = (a \pm c) - (b \pm c)$
Moltiplicazione	commutativa → $a \cdot b = b \cdot a$ associativa → $(a \cdot b) \cdot c = a \cdot (b \cdot c) = a \cdot b \cdot c$ distributiva rispetto alla somma → $a \cdot (b + c) = a \cdot b + a \cdot c$
Divisione	invariantiva → $a : b = (a : c) : (b : c) = (a \cdot c) : (b \cdot c)$ distributiva rispetto alla somma → $(a + b) : c = a : c + b : c$

Si noti che in una frazione la proprietà distributiva della divisione rispetto alla somma è applicabile solo al dividendo (numeratore) e **non** al divisore (denominatore).

$(6 + 9) \div 3 = 6 \div 3 + 9 \div 3$ mentre $24 \div (4 + 8) \neq 24 \div 4 + 24 \div 8$

Le proprietà dell'elevamento a potenza e dell'estrazione di radice verranno trattate nei capitoli successivi.

1.2.2 | Divisione con resto, criteri di divisibilità e numeri primi

Nell'insieme dei numeri naturali non è detto che il problema di dividere fra loro due naturali *a* e *b* abbia soluzione (nel senso che non è detto che il quoziente fra due numeri naturali sia anch'esso un numero naturale).

L'operazione $12 \div 4$ ha come risultato il numero naturale 3: tale operazione **può** quindi essere effettuata nell'insieme dei numeri naturali.

L'operazione $5 \div 3$ non ha come risultato un numero naturale: tale operazione **non può** essere effettuata nell'insieme dei numeri naturali.

Dati due numeri naturali *a* e *b* (detti *dividendo* e *divisore*), con $a \geq b$ e $b \neq 0$, si definisce *divisione con resto* l'operazione che consiste nel determinare due numeri naturali *q* ed *r* (detti *quoziente* e *resto*), con $0 \leq r < b$, tali che $a = q \cdot b + r$.

Se $r = 0$, *a* si dice **divisibile** per (o **multiplo** di) *b*, mentre *b* è detto **divisore** (o **fattore**) di *a*.

Esistono alcuni *criteri di divisibilità* che consentono di stabilire rapidamente se un qualsiasi numero intero *n* sia divisibile (o meno) per 2, 3, 4, 5, 6, 7, 8, 9 e 11.

***n* è divisibile:**	
per 2	se è divisibile per 2 l'ultima sua cifra;
per 3	se è divisibile per 3 la somma delle sue cifre;
per 4	se è divisibile per 4 il numero formato dalle ultime due cifre;
per 5	se l'ultima cifra è 0 oppure 5;
per 6	se è divisibile per 2 e per 3;
per 7	se è divisibile per 7 la differenza tra il numero ottenuto escludendo la cifra delle unità e il doppio della cifra delle unità;
per 8	se è divisibile per 8 il numero formato dalle ultime tre cifre;
per 9	se è divisibile per 9 la somma delle sue cifre;
per 10	se l'ultima cifra è zero;
per 11	se è divisibile per 11 la differenza fra la somma delle cifre di posto pari e la somma delle cifre di posto dispari.

Qualsiasi numero naturale è **sempre** divisibile (senza resto) per sé stesso e per l'unità.

Si consideri, per esempio, il numero naturale 12: si ha che $12 \div 12 = 1$ e che $12 \div 1 = 12$.

Alcuni numeri naturali ammettono anche altri divisori (oltre a sé stessi e all'unità).

Si consideri ancora il numero naturale 12: i suoi divisori sono: 1, 2, 3, 4, 6 e 12.

Si dicono **primi** i numeri naturali maggiori di 1 che ammettono come divisori **solo** sé stessi e l'unità.

I primi dieci numeri primi sono: 2, 3, 5, 7, 11, 13, 17, 19, 23, 29.

1.2.3 | Scomposizione in fattori primi

La scomposizione in fattori primi di un numero naturale maggiore di 1 è la rappresentazione del numero stesso come **prodotto dei suoi fattori primi** (ossia come prodotto dei suoi divisori che siano anche numeri primi): indipendentemente dal procedimento utilizzato per il calcolo, la scomposizione in fattori primi è **unica**.

La scomposizione in fattori primi di 126 è: $126 = 2 \cdot 3 \cdot 3 \cdot 7 = 2 \cdot 3^2 \cdot 7$.

Per scomporre un numero in fattori primi si utilizza il metodo delle *divisioni successive*: si procede per tentativi cercando un numero primo (partendo dai valori più piccoli: 2, 3, 5, …) che sia divisore del numero dato finché si trova il primo fattore. A questo punto si riapplica il procedimento al quoziente ottenuto e così via fino a quando si trova come quoziente 1.

$$\begin{array}{r|l} \mathbf{126} & \mathbf{2} \\ \mathbf{63} & \end{array} \rightarrow \begin{array}{r|l} 126 & 2 \\ \mathbf{63} & \mathbf{3} \\ \mathbf{21} & \end{array} \rightarrow \begin{array}{r|l} 126 & 2 \\ 63 & 3 \\ \mathbf{21} & \mathbf{3} \\ \mathbf{7} & \end{array} \rightarrow \begin{array}{r|l} 126 & 2 \\ 63 & 3 \\ 21 & 3 \\ \mathbf{7} & \mathbf{7} \\ \mathbf{1} & \end{array} \rightarrow 126 = 2 \cdot 3 \cdot 3 \cdot 7 = 2 \cdot 3^2 \cdot 7$$

1.2.4 | Massimo Comune Divisore e minimo comune multiplo

Il **Massimo Comune Divisore** (M.C.D.) di due o più interi è il maggiore fra gli interi che dividono (senza resto) tutti i numeri dati. Il **minimo comune multiplo** (m.c.m.) di due o più interi è il minore fra gli interi multipli di tutti i numeri dati.

Per determinare il **M.C.D.** di due o più numeri, li si scompone in fattori primi e si calcola il prodotto dei **fattori primi comuni**, ciascuno preso una volta sola con il **minimo esponente** con cui figura.

Per determinare il **m.c.m.** di due o più numeri, li si scompone in fattori primi e si calcola il prodotto dei **fattori primi comuni e non comuni**, ciascuno preso una volta sola con il **massimo esponente** con cui figura.

M.C.D.(24, 144, 60) = 12 e m.c.m.(24, 144, 60) = 720 infatti:

$$\left.\begin{array}{l} 24 = 2^3 \cdot 3 \\ 144 = 2^4 \cdot 3^2 \\ 60 = 2^2 \cdot 3 \cdot 5 \end{array}\right\} \begin{array}{l} \text{M.C.D.}(24, 144, 60) = 2^2 \cdot 3 = 4 \cdot 3 = 12 \\ \text{m.c.m.}(24, 144, 60) = 2^4 \cdot 3^2 \cdot 5 = 16 \cdot 9 \cdot 5 = 720 \end{array}$$

PARTE TERZA

1.3 | Numeri interi relativi

Nell'insieme dei numeri naturali non sempre è possibile effettuare l'operazione di sottrazione fra due numeri.

L'operazione 4 − 7 non può essere effettuata nell'insieme dei numeri naturali.

Per rendere possibile la sottrazione anche nei casi in cui il minuendo è minore del sottraendo si introducono i numeri *interi negativi* (mentre i numeri naturali considerati sinora prendono il nome di numeri *interi positivi*) e lo zero.

Gli infiniti numeri interi positivi (ossia i numeri naturali), lo zero e gli infiniti numeri interi negativi costituiscono l'insieme dei numeri interi relativi.

I numeri relativi costituiscono quindi un insieme infinito, indicato con il simbolo $\mathbb{Z}$:

$$\mathbb{Z} = \{\ldots, -n, \ldots, -3, -2, -1, 0, +1, +2, +3, \ldots, +n, \ldots\}$$

L'introduzione dello zero rende necessaria la seguente osservazione.

Negli interi, come in ogni altro insieme numerico, **non si può dividere per zero.**
L'operazione $a \div 0$ è priva di significato.

Viceversa, l'operazione $0 \div a$ ha sempre significato per ogni $a \neq 0$ e si ha: $0 \div a = 0$.

Per il prodotto vale inoltre la notevole **legge dell'annullamento del prodotto**:

Il prodotto tra due numeri si annulla se e solo se almeno uno dei due numeri è uguale a zero.

1.3.1 | Valore assoluto di un numero relativo

Il *valore assoluto* (o *modulo*) di un numero relativo *a* (indicato con $|a|$) è una quantità **positiva o nulla** così definita:

$$|a| = \begin{cases} a & \text{se } a \geq 0 \\ -a & \text{se } a < 0 \end{cases}$$

Il numero $-a$ non è necessariamente negativo: se $a = -3 \rightarrow -a = -(-3) = +3 > 0$.

$|-3| = 3$; $|+7| = 7$.

Due numeri relativi aventi lo **stesso valore assoluto e segni contrari** si dicono **opposti** (o anche simmetrici o contrari). Due numeri relativi **aventi lo stesso segno** si dicono **concordi**. Due numeri relativi **aventi segno diverso** si dicono **discordi.**

1.3.2 | Confronto fra numeri relativi

Due numeri relativi si dicono **uguali** se hanno lo **stesso valore assoluto** e lo **stesso segno.**

Ogni numero positivo è maggiore di ogni numero negativo. Fra due numeri positivi è maggiore quello che ha il valore assoluto maggiore, mentre **fra due numeri negativi è maggiore quello che ha il valore assoluto minore.** Inoltre lo zero è minore di ogni numero positivo e maggiore di ogni numero negativo.

1.3.3 | Operazioni fra numeri relativi

Addizione di numeri relativi: se i due numeri sono concordi, si addizionano i valori assoluti e si mantiene lo stesso segno; se i due numeri sono discordi, si calcola la differenza fra i valori assoluti e si tiene il segno del numero con valore assoluto maggiore.

Per "visualizzare" le operazioni fra numeri relativi può essere utile fare riferimento a una sorta di scala termometrica (come quella utilizzata nei comuni termometri):

$(-2) + (-3) = -5$

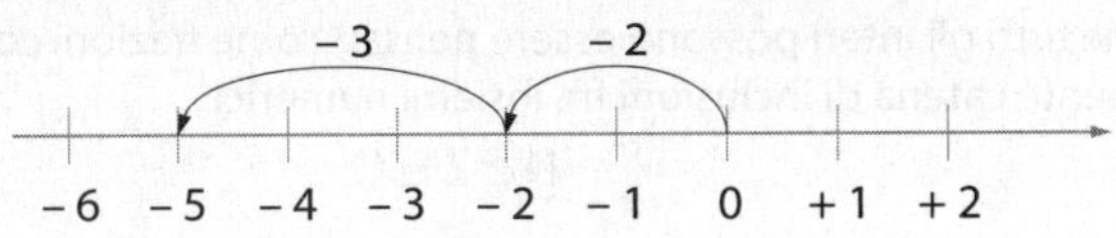

$(-4) + (+2) = -2$

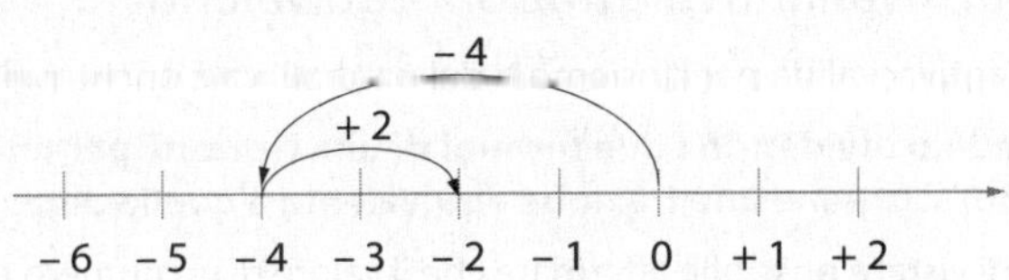

Sottrazione fra numeri relativi: la sottrazione è l'operazione inversa dell'addizione, quindi sottrarre un numero equivale ad addizionare il suo opposto. Conviene quindi trasformare la sottrazione in un'addizione e utilizzarne le relative regole.

$(-3) - (-4) = (-3) + (+4) = +1$

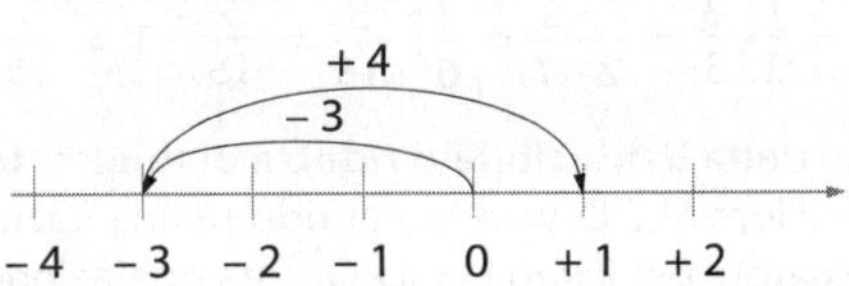

Anche le operazioni di moltiplicazione e di divisione risultano facilitate se si utilizza il concetto di valore assoluto.

MATEMATICA

Moltiplicazione e divisione fra numeri relativi: si esegue la moltiplicazione (o la divisione) fra i valori assoluti e si tiene il segno positivo se i due numeri sono concordi, negativo se sono discordi.

$(-2)\cdot(-3) = +6\,;\,(-4)\cdot(+2) = -8\,;\,(+6)\div(-3) = -2\,;\,(-12)\div(-4) = +3$

Per meglio memorizzare le regole sul segno di un prodotto o di un quoziente fra numeri relativi, può essere utile la seguente tabella:

Segno degli operandi		Segno del risultato
+	+	+
+	−	−
−	+	−
−	−	+

1.4 | Numeri razionali

Come si è visto, nell'insieme dei numeri interi relativi non sempre è possibile effettuare l'operazione di quoziente fra due numeri.

L'operazione $3 \div 8$ non ha soluzione nell'insieme dei numeri interi.

Per rendere possibile il quoziente anche nei casi in cui il dividendo non sia multiplo del divisore si introducono i numeri *razionali*.

Tutte le possibili frazioni (rapporti fra numeri interi relativi) costituiscono l'insieme dei numeri razionali.

I numeri razionali costituiscono quindi un insieme infinito, indicato con il simbolo $\mathbb{Q}$:

$$\mathbb{Q} = \{a/b \mid a, b \in \mathbb{Z} \text{ e } b \neq 0\}$$

La frazione $\frac{3}{8}$ è il rapporto fra l'intero 3 (il *numeratore*) e l'intero 8 (il *denominatore*).

È utile osservare che tutti gli interi possono essere pensati come frazioni con denominatore unitario, per cui si ricava la seguente catena di inclusioni fra insiemi numerici:

$$\mathbb{N} \subset \mathbb{Z} \subset \mathbb{Q}$$

1.4.1 | Proprietà invariantiva e frazioni equivalenti

La proprietà invariantiva, valida per l'insieme $\mathbb{N}$ dei naturali, vale anche per l'insieme $\mathbb{Q}$ dei razionali.

Moltiplicando o dividendo i due termini di una frazione per uno stesso numero (purché diverso da zero) **si ottiene una frazione equivalente a quella data.**

Da un altro punto di vista, è possibile affermare che il valore di un numero non varia se questo viene moltiplicato per 1. In una frazione, moltiplicare sia il numeratore che il denominatore per lo stesso numero equivale a moltiplicare la frazione per 1: la frazione non cambia. Lo stesso accade anche se, anziché moltiplicare, si divide per lo stesso numero sia numeratore che denominatore.

$$\frac{1}{2} = \frac{1}{2}\cdot 1 = \frac{1}{2}\cdot\frac{3}{3} = \frac{1\cdot 3}{2\cdot 3} = \frac{3}{6};\ \frac{5}{15} = \frac{5}{15}\div 1 = \frac{5}{15}\div\frac{5}{5} = \frac{5\div 5}{15\div 5} = \frac{1}{3}$$

Una frazione viene detta **irriducibile** o **ridotta ai minimi termini** quando i suoi termini sono *primi fra loro* (ossia quando il loro M.C.D. vale 1). Per ridurre una frazione ai minimi termini si divide sia il numeratore che il denominatore per il loro M.C.D. Questa operazione prende anche il nome di "semplificazione".

$$\frac{24}{60} \xrightarrow{\text{essendo M.C.D.}(24,\,60)\,=\,12} \frac{24\div 12}{60\div 12} = \frac{2}{5}$$

1.4.2 | Operazioni tra frazioni

Addizione e sottrazione tra frazioni: per addizionare (o sottrarre) fra loro due o più frazioni occorre che esse abbiano lo stesso denominatore.

Per ridurre più frazioni al *minimo comune denominatore* si riducono le frazioni ai minimi termini (se non lo sono già), si cerca il m.c.m. dei denominatori e si trasforma ciascuna frazione nella frazione equivalente che abbia il m.c.m. trovato come denominatore.

Una volta ridotte le frazioni al minimo comune denominatore, si considera come somma (o differenza) delle frazioni date una nuova frazione avente per numeratore la somma (o la differenza) fra i numeratori e per denominatore il minimo comune denominatore trovato.

$$\frac{3}{4}+\frac{5}{6}-\frac{7}{8}\xrightarrow{\text{essendo m.c.m.}(4,\,6,\,8)=24}\frac{18}{24}+\frac{20}{24}-\frac{21}{24}=\frac{18+20-21}{24}=\frac{17}{24}$$

$$\frac{1}{2}-\frac{4}{6}+\frac{12}{15}=\frac{1}{2}-\frac{2}{3}+\frac{4}{5}\xrightarrow{\text{essendo m.c.m.}(2,\,3,\,5)=30}\frac{15}{30}-\frac{20}{30}+\frac{24}{30}=\frac{15-20+24}{30}=\frac{19}{30}$$

Moltiplicazione tra frazioni: il prodotto fra due o più frazioni è la frazione avente per numeratore il prodotto dei numeratori e per denominatore il prodotto dei denominatori.

$$\frac{3}{4}\cdot\frac{5}{6}\cdot\frac{7}{8}=\frac{3\cdot 5\cdot 7}{4\cdot 6\cdot 8}=\frac{5\cdot 7}{4\cdot 2\cdot 8}=\frac{35}{64}$$

Per quando riguarda il segno di un prodotto tra frazioni, vale ancora la regola e la tabella vista nel § 1.3.3: il prodotto è positivo se le due frazioni sono concordi, negativo se sono discordi.

Inoltre, in un prodotto tra frazioni è possibile effettuare la semplificazione prima di svolgere il prodotto, dividendo il numeratore di una delle due frazioni e il denominatore dell'altra per il loro M.C.D.

$$\frac{3}{4}\cdot\frac{5}{6}=\frac{{}^{1}\cancel{3}}{4}\cdot\frac{5}{\cancel{6}_{2}}=\frac{1}{4}\cdot\frac{5}{2}=\frac{5}{8}\qquad \frac{7}{5}\cdot\frac{15}{4}=\frac{7}{{}_{1}\cancel{5}}\cdot\frac{\cancel{15}^{3}}{4}=\frac{7}{1}\cdot\frac{3}{4}=\frac{21}{4}$$

Divisione tra frazioni: per dividere fra loro due frazioni si moltiplica la prima per la reciproca (ossia la frazione ottenuta scambiando fra loro numeratore e denominatore) della seconda.

$$\frac{3}{4}\div\frac{5}{6}=\frac{3}{4}\cdot\frac{6}{5}=\frac{18}{20}=\frac{9}{10}\qquad \frac{4}{7}\div 2=\frac{4}{7}\cdot\frac{1}{2}=\frac{4}{14}=\frac{2}{7}$$

Confronto tra frazioni: per confrontare fra loro due o più frazioni occorre che esse abbiano lo stesso denominatore. Una volta ridotte le frazioni al minimo comune denominatore, si confrontano fra loro i numeratori.

Per confrontare fra loro le tre frazioni $\frac{3}{4}$, $\frac{5}{6}$ e $\frac{7}{8}$, le si riduce allo stesso denominatore, ottenendo $\frac{18}{24}$, $\frac{20}{24}$ e $\frac{21}{24}$. Essendo 18 < 20 < 21, si ottiene: $\frac{18}{24}<\frac{20}{24}<\frac{21}{24}\rightarrow\frac{3}{4}<\frac{5}{6}<\frac{7}{8}$.

Se le frazioni da confrontare sono soltanto due (per esempio a/b e c/d) esiste un metodo più rapido: si confrontano i due prodotti $a\cdot d$ e $b\cdot c$ e si utilizza la regola seguente.

La frazione più grande è quella il cui numeratore compare nel prodotto maggiore.

Per confrontare fra loro le due frazioni $\frac{4}{5}$ e $\frac{3}{4}$, si calcolano i due prodotti $4\cdot 4=16$ e $5\cdot 3=15$. Essendo 16 > 15, il numeratore che compare nel prodotto maggiore è 4, per cui la frazione maggiore è $\frac{4}{5}$, ossia $\frac{4}{5}>\frac{3}{4}$.

1.4.3 | Numeri decimali e frazioni generatrici

Ogni numero razionale (ossia ogni frazione) può anche essere rappresentato in forma di **numero decimale**: è sufficiente **dividere il numeratore per il denominatore** utilizzando la nota regola di divisione fra interi.

$\frac{2}{5} = 2 \div 5 = 0{,}4$

Trattandosi di una divisione fra interi, possono presentarsi due casi:

1. a un certo punto della divisione si trova un resto nullo: il quoziente risulta quindi formato da una parte intera (eventualmente nulla) seguito dalla virgola e da un numero finito di cifre (eventualmente nessuna). Si è ottenuto un *numero decimale limitato*;

   $\frac{8}{5} = 8 \div 5 = 1{,}6$

2. per quanto si prosegua nell'operazione di divisione non si trova mai un resto nullo: il quoziente risulta allora formato da una parte intera (eventualmente nulla) seguita dalla virgola e da un numero infinito di cifre. Si è ottenuto un *numero decimale illimitato*. I resti sono numeri interi minori del divisore, quindi proseguendo nell'operazione di divisione si deve ripresentare un resto già ottenuto in precedenza: da questo punto in poi, tutti i resti che seguono si ripetono sempre nello stesso ordine e così pure le cifre del quoziente. Il gruppo di cifre decimali che si ripete nel quoziente viene detto *periodo* (mentre il gruppo delle eventuali cifre fra la virgola e la prima ricorrenza del periodo viene detto *antiperiodo*) e il numero decimale è *illimitato periodico*.

   $\frac{10}{3} = 3{,}333... = 3{,}(3) = 3{,}\bar{3}$: il periodo è 3.

   $\frac{4}{15} = 0{,}2666... = 0{,}2(6) = 0{,}2\bar{6}$: l'antiperiodo è 2 mentre il periodo è 6.

Data una frazione è sempre possibile trovare il corrispondente numero decimale.

È vero anche il viceversa: dato un numero decimale limitato o illimitato periodico è possibile trovare la frazione corrispondente, che prende il nome di *frazione generatrice*.

Di nuovo si presentano due casi.

1. Se il numero decimale è limitato, si forma la frazione moltiplicando e dividendo il numero decimale per il numero costituito dalla cifra 1 seguita da tanti zeri quante sono le cifre decimali del numero dato: la frazione ottenuta potrà poi essere ridotta ai minimi termini.

   $0{,}06 = \frac{0{,}06 \cdot 100}{100} = \frac{6}{100} = \frac{3}{50}$

2. Se il numero decimale è illimitato periodico, si forma la frazione avente per numeratore la differenza fra il numero costituito dalla parte intera seguita dall'antiperiodo e dal periodo preso una sola volta e il numero composto dalla parte intera e dall'eventuale antiperiodo e, per denominatore, un numero composto da tanti 9 quante sono le cifre del periodo seguito da tante cifre 0 quante sono quelle dell'eventuale antiperiodo.

   - $0{,}(13) = \frac{13-0}{99} = \frac{13}{99}$: in questo caso non c'è antiperiodo.
   - $2{,}18(4) = \frac{2184-218}{900} = \frac{1966}{900} = \frac{983}{450}$: in questo caso l'antiperiodo è 18.

1.4.4 | Operazioni tra numeri decimali

Addizione e sottrazione tra numeri decimali: per addizionare (o sottrarre) fra loro due o più numeri decimali è conveniente allineare una sotto l'altra le virgole dei diversi numeri. Questo assicura che i decimi siano addizionati (o sottratti) ai decimi, i centesimi ai centesimi e così via.

Per effettuare la somma

$$\begin{array}{r} 0{,}6 + \\ 0{,}07 + \\ 0{,}008 = \\ \hline \end{array}$$

si utilizza l'allineamento

$$\begin{array}{l} 0{,}6 \quad\ + \\ 0{,}07 \ \ + \\ 0{,}008 = \\ \hline 0{,}678 \end{array}$$

Moltiplicazione tra numeri decimali: per moltiplicare fra loro due o più numeri decimali si effettua il calcolo come se fossero interi ("dimenticandosi" della virgola). Il risultato avrà un numero di cifre decimali pari alla somma dei numeri di cifre decimali dei fattori.

$$\begin{array}{rlll} 0{,}675 & \times & \rightarrow & \text{3 cifre decimali +} \\ 0{,}42 & = & \rightarrow & \text{2 cifre decimali =} \\ 1350 & & & \\ 2700 & & & \\ \hline 0{,}28350 & & \leftarrow & \text{5 cifre decimali} \end{array}$$

Divisione tra numeri decimali: per dividere fra loro due numeri decimali si moltiplicano sia il dividendo che il divisore per l'opportuno multiplo di 10 (per la proprietà invariantiva il quoziente non cambia) in modo che diventino entrambi interi, quindi si effettua la divisione nel modo usuale.

$0{,}675 \div 0{,}25 = 675 \div 250 = 2{,}7$

L'espressione $\{9{,}18 - [6{,}3 - (3{,}2 + 5{,}6)]\} + \{[(-4{,}1 + 4{,}21) - (3{,}65 \div 5)] - 9{,}06\}$ si svolge (applicando le regole viste finora) nel modo seguente:

$$\begin{aligned} &\{9{,}18 - [6{,}3 - (3{,}2 + 5{,}6)]\} + \{[(-4{,}1 + 4{,}21) - (3{,}65 \div 5)] - 9{,}06\} \\ &= \{9{,}18 - [6{,}3 - 8{,}8]\} + \{[0{,}11 - 0{,}73] - 9{,}06\} \\ &= \{9{,}18 - [-2{,}5]\} + \{[-0{,}62] - 9{,}06\} \\ &= \{9{,}18 + 2{,}5\} + \{-0{,}62 - 9{,}06\} = 11{,}68 - 9{,}68 = 2 \end{aligned}$$

Confronto tra numeri decimali: conviene aggiungere alcuni zeri dopo l'ultima cifra decimale di ciascun numero in modo che tutti i numeri abbiano lo stesso numero di cifre dopo la virgola. Si effettua poi il confronto nella maniera usuale.

Per confrontare fra loro 0,62, 0,073 e 0,0084 conviene trasformarli rispettivamente in 0,6200, 0,0730 e 0,0084 da cui si ricava che:

$$0{,}0084 < 0{,}0730 < 0{,}6200$$

Può capitare che venga richiesto di confrontare numeri decimali con frazioni: in questi casi, occorre "uniformare" i numeri, trasformandoli tutti in frazioni oppure tutti in forma decimale.

Per disporre in ordine crescente i seguenti numeri (decimali e frazionari):

$$x = 0{,}8; \quad y = 0{,}63; \quad z = 13/20; \quad w = 7/25$$

prima si trasformano i decimali in frazioni:

$$x = 0{,}8 = 8/10 \quad y = 0{,}63 = 63/100 \quad z = 13/20 \quad w = 7/25$$

poi si riducono tutte le frazioni allo stesso denominatore 100:

$$x = 80/100 \quad y = 63/100 \quad z = 65/100 \quad w = 28/100$$

Infine dal confronto fra i numeratori si deduce che l'ordine crescente è *w*, *y*, *z*, *x*.

MATEMATICA

Siamo ora in grado di rispondere alle prime tre domande poste all'inizio del capitolo.

Quesito I. Il primo passo consiste nella scomposizione in fattori primi dei numeri dati:

$$48 = 2^4 \cdot 3 \quad 60 = 2^2 \cdot 3 \cdot 5 \quad 72 = 2^3 \cdot 3^2$$

per cui risulta:

$$\text{M.C.D.} = 2^2 \cdot 3 = 12$$
$$\text{m.c.m.} = 2^4 \cdot 3^2 \cdot 5 = 720$$

La risposta corretta è dunque la **C**.

Quesito II. Poiché a ogni iterazione la quantità di liquido accantonata è uguale a quella eliminata (in entrambi i casi pari a un terzo della quantità disponibile all'inizio dell'operazione), il rapporto fra queste due quantità sarà sempre pari a 1, indipendentemente dal numero di iterazioni. La risposta corretta è quindi la **A**.

Quesito III. Affinché una coppia di numeri abbia prodotto uguale a 1 è necessario che siano l'uno reciproco dell'altro, quindi la risposta **E** può essere sicuramente scartata: occorre ora trovare, fra le quattro alternative rimaste, la coppia di numeri che abbia somma uguale alla frazione 17/4, ossia al numero decimale 4,25. L'alternativa corretta è la **C** (quella con il numero maggiore più vicino a 4,25) in quanto:

$$4 + \frac{1}{4} = \frac{16+1}{4} = \frac{17}{4}$$

Ecco altri due esempi di quesiti di calcolo numerico.

Dato il prodotto

$$N = 2010 \cdot 2011 \cdot 2012$$

determinare quale dei seguenti interi non è divisore di *N*.

- **A** 12
- **B** 15
- **C** 18
- **D** 20
- **E** 4022

Per rispondere al quesito occorre osservare in primo luogo che il prodotto *N* è divisibile per ciascuno dei divisori dei tre numeri 2010, 2011 e 2012. Ricordando i criteri di divisibilità è facile osservare che 2010 oltre a essere pari (quindi divisibile per 2) è anche l'unico divisibile per 3 (essendo divisibile per 3 la somma delle sue cifre) e per 5 (ultima sua cifra è zero), mentre 2012 è divisibile per 4 (essendo divisibile per 4 il numero formato dalle ultime due cifre).
Questo consente di confermare tutti i divisori proposti **tranne** il 18: in effetti *N* non è divisibile per 9 in quanto dei tre numeri l'unico divisibile per 3 è 2010, ma lo stesso 2010 non è divisibile per 9 (in quanto dovrebbe essere divisibile per 9 la somma delle sue cifre) e quindi 18 non può essere divisore di *N*: la risposta corretta è quindi la **C**.

Dividere un numero per 0,05 è lo stesso che moltiplicarlo per:

- **A** 2
- **B** 5
- **C** 20
- **D** 50
- **E** 100

Dividere per $0{,}05 = \frac{5}{100} = \frac{1}{20}$, significa moltiplicare per il suo reciproco, cioè per 20.

La risposta esatta è la **C**.

PARTE TERZA

1.5 | Percentuali

Le percentuali sono in sostanza delle frazioni: **per cento** è un sinonimo di **centesimi**, nel senso che 25% significa 25 centesimi.

- $25\% = \frac{25}{100}$
- $2000\% = \frac{2000}{100}$
- $0{,}3\% = \frac{0{,}3}{100} = \frac{3}{1000}$

Una percentuale è pertanto una frazione con denominatore pari a 100. È possibile esprimere le percentuali sia come frazioni che come numeri decimali.

- $25\% = \frac{25}{100} = \frac{1}{4} = 0{,}25$
- $10\% = \frac{10}{100} = \frac{1}{10} = 0{,}1$
- $100\% = \frac{100}{100} = 1$

Dal momento che 100% rappresenta l'unità, moltiplicare o dividere un numero qualsiasi (intero, decimale o frazionario) per 100% non ne cambia il valore. Quindi:

- per convertire un numero (intero, decimale o frazionario) in percentuale lo si moltiplica per 100% (ossia si moltiplica per 100 e si affianca il simbolo di percentuale);
- per convertire una percentuale in un numero la si divide per 100% (ossia si divide per 100 e si toglie il simbolo di percentuale).

Convertire 0,67 in percentuale: $0{,}67 \cdot 100\% = 67\%$, da cui $0{,}67 = 67\%$.

Convertire 35% in frazione: $35\% = \frac{35\%}{100\%} = \frac{35}{100} = \frac{7}{20}$, da cui $35\% = \frac{7}{20}$.

In altre parole, per convertire una percentuale in un numero decimale è sufficiente eliminare il segno di percentuale (%) e spostare la virgola di due posizioni a sinistra (il che equivale a dividere per cento):

$$25\% = 0{,}25\,; \quad 2000\% = 20\,; \quad 0{,}3\% = 0{,}003$$

La maggior parte dei problemi con le percentuali è riconducibile all'espressione:

Il tasso T percentuale di B è A

↓ ↓ ↓ ↓

Il 10 % di 60 è 6

Generalmente sono date due variabili ed è richiesto di calcolare la terza. Le formule da utilizzare in questo caso sono:

$$A = T \cdot B\,; \quad B = \frac{A}{T}\,; \quad T = \frac{A}{B} \qquad [1]$$

Per trovare il 15% di 50 si applica la prima delle [1] e si ottiene:

$$A = 0{,}15 \cdot 50 = 7{,}5$$

Per calcolare il numero B di cui 5 è il 10% si applica la seconda delle [1] e si ottiene:

$$B = \frac{5}{10\%} = \frac{5 \cdot 100}{10} = 50$$

1.5.1 | Problemi di sconto

Si tratta di problemi del tipo: "A quanto ammonta lo sconto se una automobile che costa 12.000 euro è scontata del 15%?".

La formula da applicare in questo tipo di problemi è la seguente:

$$\text{sconto} = \text{costo} \cdot \text{tasso di sconto} \qquad [2]$$

Essendo il tasso di sconto espresso in termini percentuali, la formula equivale alla relazione già incontrata: $A = T \cdot B$.

Per calcolare a quanto ammonta lo sconto se un'automobile che costa 12.000 euro è scontata del 15% si applica la [2] e si ottiene:

$$\text{sconto} = € \, 12.000 \cdot \frac{15}{100} = € \, 12.000 \cdot 0{,}15 = € \, 1800$$

1.5.2 | Problemi di interesse

Si tratta di problemi del tipo: "A quanto ammonta l'interesse che fruttano 5.000 euro investiti per 6 mesi a un tasso del 6%?".

Anche in questo caso c'è un tasso espresso in percentuale e il modo di procedere è analogo a quello visto nel paragrafo precedente. Compare tuttavia, nella formula da applicare per il calcolo dell'interesse, un nuovo elemento da considerare: il *tempo*.

$$\text{interesse} = \text{capitale} \cdot \text{tempo} \cdot \text{tasso di interesse} \qquad [3]$$

Il tasso di interesse va inteso come *tasso annuale*, a meno che il problema non ne specifichi uno diverso: tutti i tempi vanno convertiti in anni (o frazioni di anno).

Per calcolare l'interesse che fruttano 5000 euro investiti per 6 mesi a un tasso del 6% si applica la [3] e si ottiene:

$$\text{interesse} = € \, 5000 \cdot \frac{\overset{1}{\cancel{6}}}{\underset{2}{\cancel{12}}} \cdot \frac{6}{100} = € \, ^{50}\cancel{5000} \cdot \frac{1}{_1\cancel{2}} \cdot \frac{\overset{3}{\cancel{6}}}{\cancel{100}_1} = € \, 50 \cdot 3 = € \, 150$$

1.5.3 | Variazione percentuale

È opportuno infine ricordare la formula per ottenere la *variazione percentuale di una variabile* di cui si conoscono il valore iniziale e finale (ammontare originale e nuovo ammontare). Essa è la stessa sia che si consideri un *incremento* sia che si consideri un *decremento* percentuale: l'unica differenza che si osserva è il segno della variazione percentuale (positivo nel primo caso, negativo nel secondo).

$$\text{variazione percentuale} = \frac{\text{nuovo ammontare} - \text{ammontare originale}}{\text{ammontare originale}} \cdot 100\% \qquad [4]$$

Il numero di auto vendute da un concessionario è passato da 300 a 360. Per calcolare l'incremento percentuale di tale numero si applica la [4] e si ottiene:

$$\text{variazione percentuale} = \frac{360 - 300}{300} \cdot 100\% = 20\% \quad \text{(incremento)}$$

Il valore di un'azione è sceso da 30 dollari a 24 dollari. Per calcolare il suo decremento percentuale si utilizza ancora la [4] e si ottiene:

$$\text{variazione percentuale} = \frac{24 - 30}{30} \cdot 100\% = -20\% \quad \text{(decremento)}$$

1.6 | Potenze di un numero razionale

La *potenza* di un numero razionale *a*, detto *base*, con *esponente* intero *n* è il prodotto di *n* fattori tutti uguali ad *a*:

$$a^n = \underbrace{a \cdot a \cdot \ldots \cdot a}_{n \text{ volte}} \quad \text{con} \begin{cases} a \in \mathbb{Q} \\ n \in \mathbb{N} \end{cases}$$

$$3^4 = \underbrace{3 \cdot 3 \cdot 3 \cdot 3}_{4 \text{ volte}} = 81\,; \quad (-5)^3 = \underbrace{(-5) \cdot (-5) \cdot (-5)}_{3 \text{ volte}} = -125$$

Poiché la potenza di un numero è sempre riconducibile a una operazione di moltiplicazione, è possibile enunciare la seguente regola che permette di stabilire il segno di una potenza.

Se la base è positiva, il valore della potenza è sempre positivo.
Se la base è negativa, il valore della potenza è positivo se l'esponente è pari, negativo se l'esponente è dispari.

$$(+5)^3 = +125\,; \quad (-2)^4 = +16\,; \quad (-3)^3 = -27$$

1.6.1 | Proprietà delle potenze

Le seguenti proprietà sono conseguenze della definizione di potenza.

Il valore di una potenza con esponente unitario è sempre uguale alla base:

$$a^1 = a$$

Il valore di una potenza con base nulla è sempre nullo qualunque sia l'esponente (purché diverso da zero):

$$0^n = 0 \quad \text{con } n \neq 0$$

Dalla precedente osservazione è possibile ricavare la seguente.

Condizione necessaria e sufficiente affinché il valore di una potenza sia nullo è che sia nulla la base della potenza.

È utile inoltre osservare che al simbolo 0^0 non si attribuisce alcun significato.

Il valore di una potenza con base unitaria è sempre unitario qualunque sia l'esponente:

$$1^n = 1$$

1.6.2 | Potenze e operazioni fondamentali

Il prodotto di due o più potenze aventi la stessa base è una potenza avente per base la stessa base e per esponente la somma degli esponenti:

$$a^m \cdot a^n = a^{(m+n)}$$

Il quoziente di due potenze aventi la stessa base è una potenza avente per base la stessa base e per esponente la differenza degli esponenti.

$$\frac{a^m}{a^n} = a^{(m-n)}$$

Siamo ora in grado di rispondere anche all'ultimo dei quattro quesiti posti all'inizio del capitolo

Quesito IV. La decima parte di un numero si ottiene dividendo per dieci il numero dato. La risposta corretta è la **D** in quanto:

$$\frac{10^{20}}{10} = 10^{20-1} = 10^{19}$$

MATEMATICA

- $(-2)^3 \cdot (-2)^4 = [(-2) \cdot (-2) \cdot (-2)] \cdot [(-2) \cdot (-2) \cdot (-2) \cdot (-2)]$
$= (-2) \cdot (-2) \cdot (-2) \cdot (-2) \cdot (-2) \cdot (-2) \cdot (-2) = (-2)^7 = (-2)^{3+4} = -128$
- $\dfrac{(-3)^5}{(-3)^3} = \dfrac{(-3) \cdot (-3) \cdot (-3) \cdot (-3) \cdot (-3)}{(-3) \cdot (-3) \cdot (-3)} = (-3) \cdot (-3) = (-3)^2 = (-3)^{5-3} = +9$

In base alla precedente proprietà sul quoziente di due potenze risulta possibile dare un valore a due simboli (a^0 e a^{-n}) finora privi di significato come potenze.

La potenza con esponente nullo di una base qualsiasi (purché diversa da zero) **è sempre uguale all'unità.**

$$a^0 = 1 \quad \text{con } a \neq 0$$

Infatti, indicando con n un numero intero positivo qualsiasi, si ha:

$$a^0 = a^{n-n} = \frac{a^n}{a^n} = 1$$

La proprietà sul quoziente di due potenze consente anche di dare significato alle potenze con esponente negativo.

La potenza con esponente negativo è uguale al reciproco della stessa potenza, ma con esponente opposto.

$$a^{-n} = \frac{1}{a^n}$$

Infatti, indicando con n un numero intero positivo qualsiasi, si ha: $a^{-n} = a^{0-n} = \dfrac{a^0}{a^n} = \dfrac{1}{a^n}$.

- $5^{-2} = \dfrac{1}{5^2} = \dfrac{1}{25}$
- $\left(-\dfrac{2}{3}\right)^{-3} = \left(-\dfrac{3}{2}\right)^3 = -\dfrac{27}{8}$

1.6.3 | Proprietà distributive delle potenze

Per le potenze vale la proprietà distributiva sia rispetto alla moltiplicazione che rispetto alla divisione.

La potenza del prodotto di più fattori è uguale al prodotto delle potenze di ciascun fattore.

$$(a \cdot b \cdot c \cdot \ldots)^n = a^n \cdot b^n \cdot c^n \cdot \ldots$$

La potenza di un quoziente di due numeri è uguale al quoziente delle potenze di ciascuno dei due numeri dati.

$$\left(\frac{a}{b}\right)^n = \frac{a^n}{b^n} \quad \text{con } b \neq 0$$

- $(2 \cdot 3 \cdot 4)^2 = 2^2 \cdot 3^2 \cdot 4^2$
- $\left(\dfrac{3}{4}\right)^2 = \dfrac{3^2}{4^2}$

Una conseguenza della proprietà distributiva rispetto al prodotto è la seguente.

La potenza di una potenza di una base qualsiasi è una potenza avente per base la stessa base e per esponente il prodotto degli esponenti.

$$(a^m)^n = a^{m \cdot n}$$

$(3^2)^3 = 3^{2 \cdot 3} = 3^6$

PARTE TERZA

Ripassa da qui

Gli argomenti affrontati in questo primo capitolo tornano utili in molteplici tipologie di quesiti, talvolta appartenenti anche a materie diverse dalla matematica.
Da notare che al test non è possibile utilizzare la calcolatrice (tranne in casi specifici di DSA) quindi è importante avere una certa "manualità" nello svolgimento delle operazioni, in particolare per le divisioni.

Formule da ricordare

- Regole per il calcolo di M.C.D. ed m.c.m.
  - **M.C.D.**: prodotto dei fattori primi **comuni**, ciascuno preso una volta sola con il **minimo** esponente con cui figura.
  - **m.c.m.**: prodotto dei fattori primi **comuni e non comuni**, ciascuno preso una volta sola con il **massimo** esponente con cui figura.
- Criteri di **divisibilità**

n è divisibile:	
per 2	se è divisibile per 2 l'ultima sua cifra;
per 3	se è divisibile per 3 la somma delle sue cifre;
per 4	se è divisibile per 4 il numero formato dalle ultime due cifre;
per 5	se l'ultima cifra è 0 oppure 5;
per 6	se è divisibile per 2 e per 3;
per 7	se è divisibile per 7 la differenza tra il numero ottenuto escludendo la cifra delle unità e il doppio della cifra delle unità;
per 8	se è divisibile per 8 il numero formato dalle ultime tre cifre;
per 9	se è divisibile per 9 la somma delle sue cifre;
per 10	se l'ultima cifra è zero;

- **Segno** di un prodotto o di un quoziente fra numeri relativi

Segno degli operandi		Segno del risultato
+	+	+
+	–	–
–	+	–
–	–	+

- Proprietà delle **potenze**
  - $a^1 = a$
  - $a^0 = 1$ (con $a \neq 0$)
  - $a^{-n} = \dfrac{1}{a^n}$
  - $a^m \cdot a^n = a^{(m+n)}$
  - $\dfrac{a^m}{a^n} = a^{(m-n)}$
  - $(a^m)^n = a^{m \cdot n}$

MATEMATICA

Quesiti svolti

1 Si apre un vocabolario a caso e si legge il numero della pagina a destra: è la pagina 253. Si sollevano un certo numero di fogli e si legge di nuovo il numero della pagina a destra: è la pagina 523. Quante sono le pagine dispari tra le due pagine indicate?

A 130
B 134
C 270
D 135
E 270

Il numero delle pagine comprese fra la pagina 253 e la pagina 523 è uguale a:

$$(523 - 253) - 1 = 270 - 1 = 269$$

Di queste pagine 134 sono dispari e 135 sono pari. La risposta esatta è la B.

2 Qual è la scomposizione in fattori primi del numero 312?

A $2^3 \cdot 3 \cdot 13$
B $2^2 \cdot 3^2 \cdot 13$
C $2^4 \cdot 3^3$
D $2^5 \cdot 3^2$
E $2^3 \cdot 3^2$

Applicando il metodo delle divisioni successive al numero 312 si ricava:

$$\begin{array}{r|l} \mathbf{312} & \mathbf{2} \\ \mathbf{156} & \end{array} \rightarrow \begin{array}{r|l} 312 & 2 \\ \mathbf{156} & \mathbf{2} \\ \mathbf{78} & \end{array} \rightarrow \begin{array}{r|l} 312 & 2 \\ 156 & 2 \\ \mathbf{78} & \mathbf{2} \\ \mathbf{39} & \end{array} \rightarrow \begin{array}{r|l} 312 & 2 \\ 156 & 2 \\ 78 & 2 \\ \mathbf{39} & \mathbf{3} \\ \mathbf{13} & \end{array} \rightarrow \begin{array}{r|l} 312 & 2 \\ 156 & 2 \\ 78 & 2 \\ 39 & 3 \\ \mathbf{13} & \mathbf{13} \\ \mathbf{1} & \end{array} \rightarrow 312 = 2 \cdot 2 \cdot 2 \cdot 3 \cdot 13 = 2^3 \cdot 3 \cdot 13$$

La risposta corretta è dunque la A.

3 Sia *x* un numero razionale e si indichi col simbolo [*x*] (da leggersi: "parte intera di *x*") il più grande intero relativo minore o al più uguale a *x*. Dire quale delle seguenti relazioni è vera per ogni *x* e *y* reali:

A $[x + 1] = [x] + 1$
B $[x^2] = [x]^2$
C $[2x] = 2[x]$
D $[-x] = -[x]$
E se $x < y$, allora $[x] < [y]$

Conviene procedere per esclusione solo dopo aver capito bene la definizione data di parte intera di x. A tale scopo si vedano gli esempi seguenti:

$$[2] = 2 \, ; \; [2{,}9] = 2 \, ; \; [2{,}1] = 2 \, ; \; [-1{,}1] = -2$$

Per mostrare che una risposta **non** è quella corretta, nel senso che contiene una relazione non sempre vera, è sufficiente trovare alcuni valori numerici che non soddisfano la relazione in essa contenuta. La E non è verificata per ogni valore di x e y; basta infatti prendere $x = -2{,}9$ e $y = -2{,}1$. Si ottiene $[-2{,}9] < [-2{,}1] \quad \rightarrow \quad -3 < -3$. Per scartare la D basta prendere $x = 2{,}1$; si ottiene $-3 = -2$. Per la C basta porre $x = 5/2$ da cui segue $5 = 4$ e, infine, la B si scarta perché, ponendo $x = 3/2$, si ottiene $2 = 1$. Si conclude che la risposta esatta è la A.

---

4 Disporre in ordine crescente i seguenti numeri reali:

$$\mathbf{10^{-3}} \qquad \mathbf{-10^{3}} \qquad \mathbf{\frac{1}{10^{-3}}} \qquad \mathbf{-3 \cdot 10^{-3}}$$

A -10^3 ; $-3 \cdot 10^{-3}$; 10^{-3} ; $\frac{1}{10^{-3}}$

B $-3 \cdot 10^{-3}$, -10^3 ; $\frac{1}{10^{-3}}$; 10^{-3}

C -10^3 ; 10^{-3} ; $\frac{1}{10^{-3}}$; $-3 \cdot 10^{-3}$

D $-3 \cdot 10^{-3}$; -10^3 ; 10^{-3} ; $\frac{1}{10^{-3}}$

E nessuna delle precedenti

Per confrontare i quattro numeri conviene trasformarli tutti in forma decimale. Essendo:

$$10^{-3} = 0{,}001 \qquad -10^3 = -1000 \qquad \frac{1}{10^{-3}} = 10^3 = 1000 \qquad -3 \cdot 10^{-3} = -3 \cdot 0{,}001 = -0{,}003$$

si ricava che l'ordinamento corretto è:

$$-1000 < -0{,}003 < 0{,}001 < 1000$$

ossia:

$$-10^3 < -3 \cdot 10^{-3} < 10^{-3} < \frac{1}{10^{-3}}$$

La risposta corretta è quindi la A.

---

5 Un vetro avente lo spessore di 1 cm assorbe il 50% di un fascio di luce. Quale sarà l'assorbimento totale dello stesso vetro se lo spessore è di 3 cm?

A 150%
B 60%
C 87,5%
D 75%
E 55%

Sarebbe errato fare il ragionamento seguente: se un centimetro assorbe il 50% della luce allora tre centimetri assorbono tre volte il 50% cioè il 150% della luce entrante. La conclusione alla quale si perviene è, tra l'altro, priva di senso perché già un assorbimento del 100% significa assorbimento totale.

Occorre invece ragionare nel modo seguente: solo il 50% della luce incidente attraversa il primo centimetro di vetro; il secondo centimetro assorbe dunque il 50% del 50% della luce iniziale (cioè il 25% della luce iniziale). Il terzo centimetro assorbe il 50% del 25% della luce iniziale (cioè il 12,5% della luce iniziale). Complessivamente l'assorbimento causato dai tre centimetri di vetro vale 50% + 25% + 12,5% = 87,5% (risposta C).

MATEMATICA

6 Due grandezze *P* e *V* sono legate dalla relazione $P = 2/V$. Di quale percentuale circa deve aumentare *V* affinché *P* diminuisca del 40%?

A 40%
B 55%
C 67%
D 80%
E 35%

Dalla relazione $P = 2/V$ ricaviamo $V = 2/P$. Per semplicità poniamo $P = 100$: in corrispondenza di tale valore, risulta $V = 2/P = 2/100 = 1/50$. Se *P* diminuisce del 40%, il suo nuovo valore è: $P' = 100 - 40\%(100) = 100 - 40 = 60$ e, di conseguenza,

$$V' = 2/P' = 2/60 = 1/30.$$

Infine tramite la formula della variazione percentuale si ricava la percentuale di cui deve aumentare *V* affinché *P* diminuisca del 40%:

$$\frac{V'-V}{V} \cdot 100\% = \frac{\frac{1}{30}-\frac{1}{50}}{\frac{1}{50}} \cdot 100\% = \frac{50-30}{30 \cdot 50} \cdot 50 \cdot 100\% = \frac{20}{30} \cdot 100\% \approx 0{,}67 \cdot 100\% = 67\%$$

La risposta corretta è quindi la C.

7 La somma $2{,}5 \cdot 10^{-4} + 5 \cdot 10^{-5}$ è uguale a:

A $0{,}3 \cdot 10^{-3}$
B $30 \cdot 10^{-3}$
C $2{,}55 \cdot 10^{-4}$
D $7{,}5 \cdot 10^{-4}$
E $3 \cdot 10^{-5}$

Nel calcolare la somma richiesta è necessario prestare attenzione al fatto che gli addendi hanno differenti ordini di grandezza. Per evitare errori basta applicare le proprietà delle potenze che consentono di scrivere:

$$2{,}5 \cdot 10^{-4} + 5 \cdot 10^{-5} = (2{,}5 + 5 \cdot 10^{-1}) \cdot 10^{-4} = (2{,}5 + 0{,}5) \cdot 10^{-4} = 3 \cdot 10^{-4} = 0{,}3 \cdot 10^{-3}$$

per cui la risposta corretta è la A.

8 L'espressione $(2^n + 2^{n+1})^2$ con *n* intero positivo, è anche uguale a:

A $9 \cdot 4^n$ B 2^{4n+2} C 4^{4n+2} D 2^{2n^2+2n} E $3 \cdot 4^n$

Sfruttando le proprietà delle potenze è possibile scrivere:

$$(2^n + 2^{n+1})^2 = (2^n + 2^n \cdot 2)^2$$

ed effettuando un raccoglimento a fattore comune (§ 2.3.1):

$$(2^n + 2^n \cdot 2)^2 = [(1+2) \cdot 2^n]^2 = (3 \cdot 2^n)^2 = 3^2 \cdot 2^{2n} = 3^2 \cdot (2^2)^n = 9 \cdot 4^n$$

La risposta corretta è dunque la A.

PARTE TERZA

9 Quanto vale la frazione $\frac{10^{14} \cdot (10^3)^{-5}}{10^{-3} \cdot 10^2}$?

A 10^{-5}
B 10
C 1
D 10^{-1}
E 10^{-6}

Utilizzando le proprietà delle potenze si ottengono i seguenti passaggi:

$$\frac{10^{14} \cdot (10^3)^{-5}}{10^{-3} \cdot 10^2} = \frac{10^{14} \cdot 10^{-15}}{10^{-3} \cdot 10^2} = \frac{10^{14-15}}{10^{-3+2}} = \frac{10^{-1}}{10^{-1}} = 1 \quad \text{(risposta C)}$$

10 L'espressione $2^{-x} \cdot (2 + 2^{x^2} + 2^{-3x})$ è equivalente a:

A $2^{-x} + 2^{-x^3} + 2^{3x^2}$
B $2^{1-x} + 2^{x^2-x} + 2^{-4x}$
C $2^{1/x} + 2^x + 2^{-3}$
D $4^{-x} + 4^{-x^3} + 4^{3x^2}$
E nessuna delle precedenti

Utilizzando le proprietà delle potenze si ricava:

$$2^{-x} \cdot (2 + 2^{x^2} + 2^{-3x}) = 2^{-x} \cdot (2^1 + 2^{x^2} + 2^{-3x}) = 2^{1-x} + 2^{x^2-x} + 2^{-3x-x} = 2^{1-x} + 2^{x^2-x} + 2^{-4x}$$

per cui la risposta corretta è la B.

MATEMATICA

2 Algebra classica: monomi e polinomi

Mettiti alla prova

I **Il M.C.D. e il m.c.m. fra $8ab^2$, $3a$, $2abc$ sono rispettivamente:**

A $3c$, $2abc$

B a, $24ab^2c$

C $2abc$, $48a^3b^3c$

D $8a$, $24a$

E $3a$, $8ab^3c$

II **Il quadrato del trinomio $(a - b - c)$ è uguale a:**

A $(a + b + c) \cdot (a - b - c)$

B $a^2 - b^2 - c^2 + 2ab + 2bc + 2ac$

C $a^2 + b^2 + c^2 - 2ab + 2bc - 2ac$

D $a^2 + b^2 + c^2 - 2ab - 2bc - 2ac$

E $a^2 + b^2 + c^2 - 2ab - 2bc + 2ac$

III **La scomposizione in fattori del polinomio $x^4 - 7x^3 + 18x^2 - 20x + 8$ è:**

A $(x - 1) \cdot (x^3 - 2)$

B $(x - 1) \cdot (x - 2)^3$

C $(x - 1)^2 \cdot (x + 1)$

D $(x - 1)^2 \cdot (x - 2)^2$

E $(x - 1) \cdot (x^3 + 2)$

IV **Quale delle espressioni sotto elencate è uguale alla espressione algebrica:**

$$\frac{a^2 - b^2}{a(a + b)}$$

A $1 - b/a$

B $(a + b)/a$

C $-b$

D $(a - b^2)/(a + b)$

E nessuna delle precedenti

MATEMATICA

Ecco le risposte esatte dei 4 quesiti proposti: I **B**, II **C**, III **B**, IV **A**.

2.1 | Monomi

Si dice **monomio** qualunque espressione algebrica numerica o letterale in cui *non* figurano addizioni o sottrazioni.

Le tre espressioni:

$$2ab \quad \frac{1}{2}xy^2 \quad \left(-\frac{1}{3}\right)\cdot\frac{a^2}{b}$$

rappresentano altrettanti monomi.

I numeri 2, $\frac{1}{2}$ e $\left(-\frac{1}{3}\right)$ e le espressioni letterali ab, xy^2 e $\frac{a^2}{b}$ prendono rispettivamente il nome di *coefficienti numerici* e di *parti letterali* dei corrispondenti monomi.

2.1.1 | Grado di un monomio intero

Un monomio in cui le lettere non figurano a denominatore viene detto **monomio intero**.
Il **grado** di un monomio intero può essere definito in due modi.

Grado complessivo: è la somma degli esponenti delle lettere del monomio.

Grado relativo a una lettera: è l'esponente con cui tale lettera compare.

x^2y è un monomio di terzo grado (secondo grado rispetto a x e primo grado rispetto a y).

2.1.2 | Monomi simili e somma tra monomi

Due o più monomi sono **simili se hanno la stessa parte letterale.**

Dati due o più monomi, **la loro somma algebrica è un monomio soltanto se i monomi sono simili tra loro.**

La somma algebrica di due o più monomi simili **è un monomio simile agli addendi e avente per coefficiente la somma algebrica dei coefficienti.**

- $15abc^3$ e $24abc^3$ sono monomi simili e la loro somma vale $39abc^3$;
- $12ab^4c^2$ e $4ab^3$ non sono monomi simili e la loro somma non è un monomio.

2.1.3 | Prodotto tra monomi e potenza intera di un monomio

Il prodotto di due o più monomi è un monomio avente per coefficiente il prodotto dei coefficienti e per parte letterale il prodotto delle parti letterali.

Ogni fattore letterale compare, quindi, nel prodotto con un esponente uguale alla somma degli esponenti con i quali compare nei singoli monomi.

$(12x^3yz^2)\cdot(4xy^2) = 48x^4y^3z^2$

Dalla regola del prodotto si ha quella della potenza (con esponente intero positivo) di un monomio.

Per elevare alla potenza *n*-esima un monomio si eleva alla potenza *n*-esima sia il coefficiente che ciascun fattore della parte letterale.

$(3x^2yz^3)^3 = 27x^6y^3z^9$

PARTE TERZA

2.1.4 | Quoziente tra monomi

Un monomio si dice divisibile per un altro monomio (purché diverso da zero) **se esiste un terzo monomio che moltiplicato per il secondo dia come risultato il primo.**

Il terzo monomio prende allora il nome di *quoziente* tra il primo monomio, detto *dividendo*, e il secondo monomio, detto *divisore*. Indicando i tre monomi rispettivamente con le lettere Q, A e B, è possibile quindi scrivere:

$$A \div B = Q \leftrightarrow A = B \cdot Q$$

Dal momento che il grado del monomio A è uguale alla somma dei gradi dei monomi B e Q (osservazione che discende direttamente da quanto detto riguardo il prodotto tra monomi) risulta immediato che **il grado del monomio quoziente Q è uguale alla differenza dei gradi dei monomi dividendo A e divisore B.**

Affinché un monomio sia divisibile per un altro **è necessario che il dividendo contenga tutte le lettere che figurano nel divisore, ciascuna elevata a un esponente maggiore o uguale a quello che essa ha nel divisore.**

Se vale la precedente condizione allora il quoziente di due monomi è un monomio (intero) che si determina con la seguente regola.

Il coefficiente del monomio quoziente è uguale al quoziente dei coefficienti del dividendo e del divisore; la parte letterale è uguale al quoziente delle parti letterali, ossia è costituita da tutti i fattori letterali del monomio dividendo, ciascuno elevato alla differenza degli esponenti che esso ha nel monomio dividendo e nel monomio divisore.

$(-15a^5b^3c^4) \div (3a^3b^2c) = (-15/3)a^{5-3}b^{3-2}c^{4-1} = -5a^2bc^3$

Infatti $(-5a^2bc^3) \cdot (3a^3b^2c) = -15a^5b^3c^4$

Quando due monomi non sono divisibili l'uno per l'altro, non esiste un monomio quoziente *intero*: in questi casi il monomio quoziente è un *monomio frazionario*.

$$(12x^3yz^2) \div (-4xy^3zw) = \frac{12x^3yz^2}{-4xy^3zw} = -\frac{3x^2z}{y^2w}$$

2.1.5 | Massimo Comune Divisore (M.C.D.) di più monomi

È quel monomio che ha come coefficiente il M.C.D. dei coefficienti e come parte letterale il prodotto delle **lettere comuni** ai monomi dati, ciascuna di esse presa una volta sola con il **minimo esponente** con cui compare.

Il M.C.D. fra i tre monomi:

$$8a^2b^3c^3 \qquad 12ab^4c^2 \qquad 16a^3b^3$$

vale:

$$\text{M.C.D.} = 4ab^3$$

2.1.6 | Minimo comune multiplo (m.c.m.) di più monomi

È quel monomio che ha come coefficiente il m.c.m. dei coefficienti e come parte letterale il prodotto delle **lettere comuni e non comuni** ai monomi dati, ciascuna di esse presa una volta sola con il **massimo esponente** con cui compare.

Il m.c.m. fra i tre monomi:

$$12a^3b^2 \qquad 15abc^3 \qquad 24a^3c^4$$

vale:

$$\text{m.c.m.} = 120a^3b^2c^4$$

2.2 | Polinomi

La somma algebrica di più monomi (non tutti simili fra loro) si chiama polinomio. I singoli monomi prendono il nome di **termini** del polinomio.

L'espressione $\frac{3}{9}a^2 - \frac{1}{2}a^3b - \frac{5}{4}ab^2c + 2a^5 - 3ab$ è un polinomio.

I binomi e i trinomi sono polinomi costituiti da due e tre termini rispettivamente.

2.2.1 | Grado di un polinomio

Il grado di un polinomio è il massimo fra i gradi dei suoi termini.

$2xy^2 + 3x^2 + 5y$ è un polinomio di 3° grado, in quanto, fra i tre monomi che lo costituiscono, quello di grado massimo è $2xy^2$, ossia un monomio di 3° grado.

Un *polinomio omogeneo* è un polinomio costituito da termini aventi lo stesso grado.

$2xy + 3x^2 + y^2$ è un polinomio omogeneo di 2° grado.

2.2.2 | Somma e differenza di polinomi

La somma algebrica di due o più polinomi è un polinomio avente per termini tutti quelli dei polinomi addendi.

Dopo aver scritto la somma di più polinomi si deve operare la **riduzione dei termini simili**, ossia effettuare la somma algebrica degli eventuali monomi simili.

$$(4xy^2 - 3x^2 + 5y) + (4x^2 + 2y) = 4xy^2 \underline{- 3x^2} + \underline{\underline{5y}} + \underline{4x^2} + \underline{\underline{2y}} = 4xy^2 + x^2 + 7y$$

Similmente, la differenza di due polinomi è la somma del primo con l'opposto del secondo, ossia il secondo polinomio in cui sia stato cambiato il segno a tutti i termini.

$$(4xy^2 - 3x^2 + 5y) - (4x^2 + 2y) = 4xy^2 \underline{- 3x^2} + \underline{\underline{5y}} \underline{- 4x^2} \underline{\underline{- 2y}} = 4xy^2 - 7x^2 + 3y$$

2.2.3 | Prodotto e quoziente di un polinomio per un monomio

La moltiplicazione di un polinomio per un monomio può essere vista come una applicazione della proprietà distributiva della moltiplicazione rispetto all'addizione (algebrica).

Il prodotto di un polinomio per un monomio è un polinomio i cui termini si ottengono moltiplicando ciascun termine del polinomio per il monomio.

$$(4x^2 - 3x - 2y + 3z) \cdot (2xy) = 8x^3y - 6x^2y - 4xy^2 + 6xyz$$

Un polinomio si dice *divisibile* per un monomio quando tutti i termini (ossia tutti i monomi) del polinomio sono divisibili per il monomio.

Quando un polinomio è divisibile per un monomio, **il quoziente** (per la proprietà distributiva del quoziente rispetto alla somma) **è uguale al polinomio i cui termini si ottengono dividendo ciascun termine del polinomio per il monomio.**

$$(4a^3b^4 - 8a^2b + 3a^2b^2 - 6a^4b) \div (2a^2b) = 2ab^3 - 4 + \frac{3}{2}b - 3a^2$$

Quando il polinomio non è divisibile per il monomio si ha una *frazione algebrica* (§ 2.4).

2.2.4 | Prodotto di polinomi

Anche la moltiplicazione di polinomi può essere vista come un'applicazione della proprietà distributiva della moltiplicazione rispetto all'addizione.

Il prodotto fra due polinomi **è uguale al polinomio i cui termini si ottengono moltiplicando ciascun termine del primo polinomio per tutti i termini del secondo.**

$(a+b+c)\cdot(x+y) = a\cdot(x+y)+b\cdot(x+y)+c\cdot(x+y) = ax+ay+bx+by+cx+cy$

$$(a^2c+ab^3+bc^2)\cdot(a^3x^2+b^2c^3x) =$$
$$= a^2c\cdot(a^3x^2+b^2c^3x)+ab^3\cdot(a^3x^2+b^2c^3x)+bc^2\cdot(a^3x^2+b^2c^3x) =$$
$$= a^5cx^2+a^2b^2c^4x+a^4b^3x^2+ab^5c^3x+a^3bc^2x^2+b^3c^5x$$

Il grado del polinomio prodotto è quindi uguale (per quanto visto sul prodotto fra monomi) alla somma dei gradi dei polinomi fattori.

$$(2a^2b-3ab^2)\cdot(ab+5b^2) = 2a^2b\cdot(ab+5b^2)-3ab^2\cdot(ab+5b^2) =$$
$$= 2a^3b^2+10a^2b^3-3a^2b^3-15ab^4 =$$
$$= 2a^3b^2+7a^2b^3-15ab^4$$

in questo caso il primo fattore è un polinomio (omogeneo) di 3º grado, il secondo è un polinomio (omogeneo) di 2º grado, quindi il prodotto è un polinomio (omogeneo) di 5º grado.

Il prodotto di più polinomi si ottiene moltiplicando dapprima i primi due, il prodotto così ottenuto per il terzo e così via fino a esaurire tutti i fattori.

2.2.5 | Prodotti notevoli

Nelle applicazioni si presentano spesso alcune moltiplicazioni di particolari polinomi che danno luogo a risultati facilmente memorizzabili e quindi ottenibili in modo più semplice e rapido (evitando l'applicazione della regola generale del § 2.2.4).

1. $(a+b)\cdot(a-b) = a^2-b^2$
2. $(a+b)^2 = a^2+2ab+b^2$
3. $(a-b)^2 = a^2-2ab+b^2$
4. $(a+b+c)^2 = a^2+b^2+c^2+2ab+2ac+2bc$
5. $(a+b)^3 = a^3+3a^2b+3ab^2+b^3$
6. $(a-b)^3 = a^3-3a^2b+3ab^2-b^3$
7. $a^3+b^3 = (a+b)\cdot(a^2-ab+b^2)$
8. $a^3-b^3 = (a-b)\cdot(a^2+ab+b^2)$

$(3a+2b)\cdot(3a-2b) = (3a)^2-(2b)^2 = 9a^2-4b^2$

$(x^2y+2y^2)\cdot(x^2y-2y^2) = (x^2y)^2-(2y^2)^2 = x^4y^2-4y^4$

$(3a+2b)^2 = (3a)^2+2\cdot(3a)\cdot(2b)+(2b)^2 = 9a^2+12ab+4b^2$

$(x^2y-2y^2)^2 = (x^2y)^2+2\cdot(x^2y)\cdot(-2y^2)+(-2y^2)^2 = x^4y^2-4x^2y^3+4y^4$

$$(3a-2b)^3 = (3a)^3+3\cdot(3a)^2\cdot(-2b)+3\cdot(3a)\cdot(-2b)^2+(-2b)^3 =$$
$$= 27a^3-54a^2b+36ab^2-8b^3$$

MATEMATICA

2.2.6 | Potenza *n*-esima di un binomio e triangolo di Tartaglia

Se si osservano le formule (viste nel paragrafo precedente) per lo sviluppo del quadrato e del cubo di un binomio e la regola per la potenza con esponente nullo e con esponente unitario dello stesso binomio, ossia:

$$(a+b)^0 = 1$$
$$(a+b)^1 = a+b$$
$$(a+b)^2 = a^2+2ab+b^2$$
$$(a+b)^3 = a^3+3a^2b+3ab^2+b^3$$

si nota che ciascuno dei quattro sviluppi precedenti si presenta come **un polinomio omogeneo dello stesso grado della potenza e ordinato secondo le potenze decrescenti di *a* e crescenti di *b*.**

Tale osservazione consente di prevedere la parte letterale dei monomi che costituiranno lo sviluppo della potenza *n*-esima (con *n* intero e positivo) del binomio stesso. Per esempio, la quarta, la quinta e la sesta potenza del binomio avranno come parti letterali rispettivamente le seguenti:

$$(a+b)^4 = \mathbf{?}a^4+\mathbf{?}a^3b+\mathbf{?}a^2b^2+\mathbf{?}ab^3+\mathbf{?}b^4$$
$$(a+b)^5 = \mathbf{?}a^5+\mathbf{?}a^4b+\mathbf{?}a^3b^2+\mathbf{?}a^2b^3+\mathbf{?}ab^4+\mathbf{?}b^5$$
$$(a+b)^6 = \mathbf{?}a^6+\mathbf{?}a^5b+\mathbf{?}a^4b^2+\mathbf{?}a^3b^3+\mathbf{?}a^2b^4+\mathbf{?}ab^5+\mathbf{?}b^6$$

dove i punti interrogativi sostituiscono i coefficienti (per ora incogniti) dello sviluppo.

Tali coefficienti incogniti si ricavano tramite il cosiddetto *triangolo di Tartaglia*:

potenza con esponente 0:	1
potenza con esponente 1:	1 1
potenza con esponente 2:	1 2 1
potenza con esponente 3:	1 3 3 1
potenza con esponente 4:	1 4 6 4 1
potenza con esponente 5:	1 5 10 10 5 1
potenza con esponente 6:	1 6 15 20 15 6 1

per la cui costruzione basta ricordare che:

1. al vertice compare il numero 1;
2. ogni riga inizia e termina con il numero 1;
3. ogni altro numero si ottiene sommando i due numeri soprastanti della riga precedente (per esempio, il 15 presente nell'ultima riga si ottiene sommando 5 e 10).

Si è quindi in grado di calcolare anche i coefficienti (oltre alle parti letterali) dello sviluppo della potenza *n*-esima del binomio. In particolare, la quarta, la quinta e la sesta potenza del binomio avranno i seguenti sviluppi:

$$(a+b)^4 = a^4+4a^3b+6a^2b^2+4ab^3+b^4$$
$$(a+b)^5 = a^5+5a^4b+10a^3b^2+10a^2b^3+5ab^4+b^5$$
$$(a+b)^6 = a^6+6a^5b+15a^4b^2+20a^3b^3+15a^2b^4+6ab^5+b^6$$

$$(3a-2b)^4 = (3a)^4+4\cdot(3a)^3\cdot(-2b)+6\cdot(3a)^2\cdot(-2b)^2+4\cdot(3a)\cdot(-2b)^3+(-2b)^4 =$$
$$= 81a^4-216a^3b+216a^2b^2-96ab^3+16b^4$$

PARTE TERZA

Possiamo ora rispondere alle prime due domande poste all'inizio del capitolo.

Quesito I. Per calcolare il M.C.D. e il m.c.m., si riducono i monomi in fattori primi:

$$8ab^2 = 2^3ab^2; \quad 3a = 3a; \quad 2abc = 2abc$$

Seguendo le regole viste nel § 2.1.5 e nel § 2.1.6, si ha:

$$\text{M.C.D.} = a$$

$$\text{m.c.m.} = 3 \cdot 2^3ab^2 = 24ab^2c$$

Per cui la risposta corretta è la **B**.

Quesito II. Ricordando il prodotto notevole riguardante il quadrato di un trinomio

$$(a+b+c)^2 = a^2+b^2+c^2+2ab+2ac+2bc$$

e prestando attenzione ai segni, si ricava che la risposta corretta è la **C**.

2.3 | Scomposizione di un polinomio in fattori

Un'operazione di fondamentale importanza per l'algebra è la *scomposizione di un polinomio in fattori*, ossia la **trasformazione di una somma algebrica di più monomi in un prodotto.**

Non sempre tale scomposizione è possibile, né esiste una regola generale da seguire. Verranno indicati nel seguito alcuni metodi da utilizzare nei diversi casi di scomposizione: solo la pratica può aiutare nella risoluzione di questa tipologia di esercizi.

2.3.1 | Raccoglimento a fattore comune

È il tipo più semplice di scomposizione in fattori: consiste nel **mettere in evidenza un fattore comune a tutti i termini** (ossia i monomi) **del polinomio da scomporre.** La migliore applicazione di questo metodo consiste nel mettere in evidenza il M.C.D. dei termini del polinomio.

Per eseguire il raccoglimento a fattore comune **si calcola il M.C.D. dei monomi del polinomio e si pone il polinomio uguale al prodotto di due fattori di cui il primo è il M.C.D. stesso e il secondo è il quoziente tra il polinomio e il M.C.D.**

$15x^6-25x^4+5x^3 = 5x^3 \cdot (3x^3-5x+1)$ dove M.C.D.: $5x^3$

$3x^2-6ax+12xy = 3x \cdot (x-2a+4y)$ dove M.C.D.: $3x$

$6a^4b-8a^2b^3+2a^3b^2 = 2a^2b \cdot (3a^2-4b^2+ab)$ dove M.C.D.: $2a^2b$

2.3.2 | Raccoglimento a fattore parziale

Se il polinomio è del tipo:

$$ax+bx+ay+by$$

è possibile mettere in evidenza, nei primi due termini, il fattore comune x e, negli ultimi due, il fattore comune y:

$$ax+bx+ay+by = x \cdot (a+b)+y \cdot (a+b)$$

mettendo poi in evidenza il fattore $(a+b)$ si ha:

$$ax+bx+ay+by = x \cdot (a+b)+y \cdot (a+b) = (a+b) \cdot (x+y)$$

$$3x+6y-2x^2-4xy = 3 \cdot (x+2y)-2x \cdot (x+2y) = (x+2y) \cdot (3-2x)$$

$$\frac{1}{3}x^2-2xy+\frac{1}{3}xy^2-2y^3 = \frac{1}{3}x^2+\frac{1}{3}xy^2-2xy-2y^3 =$$

$$= \frac{1}{3}x \cdot (x+y^2)-2y \cdot (x+y^2) = (x+y^2) \cdot \left(\frac{1}{3}x-2y\right)$$

MATEMATICA

2.3.3 | Scomposizione tramite i prodotti notevoli

Le uguaglianze dedotte affrontando i prodotti notevoli (§ 2.2.5) si possono leggere in senso "inverso" ed essere quindi utili come metodi ulteriori per la scomposizione in fattori di un polinomio.

Per esempio, dal prodotto notevole:

$$(a+b)\cdot(a-b) = a^2-b^2$$

semplicemente invertendo i due membri si ricava la regola di scomposizione:

$$a^2-b^2 = (a+b)\cdot(a-b)$$

Tale regola viene espressa a parole dicendo che la differenza dei quadrati di due monomi o polinomi è uguale al prodotto della somma delle basi per la loro differenza.

- $x^2-4y^2 = x^2-(2y)^2 = (x+2y)\cdot(x-2y)$
- $16a^2-9b^4 = (4a)^2-(3b^2)^2 = (4a+3b^2)\cdot(4a-3b^2)$
- $(x+y)^2-(x-y)^2 = [(x+y)+(x-y)]\cdot[(x+y)-(x-y)]$
  $= [x+y+x-y]\cdot[x+y-x+y] = 2x\cdot 2y = 4xy$
- $x^2+2x+1 = (x+1)^2$
- $9a^4+4b^6-12a^2b^3 = (3a^2-2b^3)^2$
- $8x^3+12x^2+6x+1 = (2x+1)^3$
- $a^6-64b^3 = (a^2-4b)\cdot(a^4+4a^2b+16b^2)$

La scomposizione in fattori di un polinomio risulta utile anche per rispondere a quesiti di calcolo numerico.

Per calcolare il prodotto $101\cdot 99$ si usa il prodotto notevole $(a+b)\cdot(a-b) = a^2-b^2$:

$$101\cdot 99 = (100+1)\cdot(100-1) = 100^2-1^2 = 10000-1 = 9999$$

2.4 | Semplificazione di frazioni algebriche

Il quoziente fra due espressioni algebriche A e B (che possono essere monomi o polinomi), dove B non sia identicamente nullo, **prende il nome di frazione algebrica.**

Molte delle proprietà delle frazioni numeriche (come la proprietà invariantiva) continuano a valere anche per le frazioni algebriche.

Moltiplicando o dividendo sia il numeratore che il denominatore di una frazione algebrica per una stessa espressione (purché diversa da zero) **si ottiene una frazione algebrica equivalente a quella data.**

Quando si *dividono* sia il numeratore che il denominatore di una frazione algebrica per un monomio o un polinomio che sia un divisore comune, si parla di *semplificazione della frazione algebrica*. Per **semplificare una frazione algebrica** si deve:

1. scomporre in fattori (se necessario) numeratore e denominatore;
2. eliminare i fattori comuni tra numeratore e denominatore.

$$\frac{16x^3y^2z^4}{12x^2y^2z^2} = \frac{4xz^2(4x^2y^2z^2)}{3(4x^2y^2z^2)} = \frac{4xz^2}{3}$$

$$\frac{3x^2+xy}{9x^2-y^2} = \frac{x(3x+y)}{(3x+y)(3x-y)} = \frac{x}{3x-y}$$

$$\frac{4x^2-4x+1}{8x^4-x} = \frac{(2x-1)^2}{x\cdot(8x^3-1)} = \frac{(2x-1)^2}{x\cdot(2x-1)\cdot(4x^2+2x+1)} = \frac{2x-1}{x\cdot(4x^2+2x+1)}$$

Siamo ora in grado di rispondere anche alle ultime due domande poste all'inizio del capitolo.

Quesito III. In questo caso, conviene partire dalle risposte calcolando i prodotti presenti nelle alternative. In primo luogo si osserva che la **C** è sicuramente errata in quanto il prodotto indicato non dà luogo a un polinomio di quarto grado, bensì di terzo: infatti il termine di grado massimo del polinomio prodotto (che dovrebbe essere un termine di quarto grado) può solo derivare dal prodotto dei termini di grado massimo dei polinomi fattori (rispettivamente di secondo e primo grado, il cui prodotto è un termine di terzo grado).

Similmente si osserva che le alternative **A**, **D** ed **E** sono anch'esse sicuramente errate in quanto i prodotti indicati generano dei polinomi il cui termine noto è diverso da 8: infatti il termine noto di ciascun polinomio prodotto (che dovrebbe essere pari a 8) può solo derivare dal prodotto dei termini noti dei polinomi fattori (che invece danno luogo a prodotti pari a 2, 4 e –2 rispettivamente).

Quindi per esclusione la risposta esatta è la **B**. Effettivamente svolgendo il prodotto si ottiene:

$$(x-1)\cdot(x-2)^3 = (x-1)\cdot(x^3-6x^2+12x-8) = x^4-7x^3+18x^2-20x+8$$

Quesito IV. Il denominatore della frazione algebrica proposta è già scomposto in fattori; è necessario fattorizzare anche il numeratore:

$$\frac{a^2-b^2}{a(a+b)} = \frac{(a-b)(a+b)}{a(a+b)} = \frac{a-b}{a} = \frac{a}{a}-\frac{b}{a} = 1-\frac{b}{a}$$

La risposta corretta è la **A**.

Per concludere ecco un ulteriore quesito sui prodotti notevoli.

Sia $a = 1001^2 - 999^2$. Determinare quale delle seguenti relazioni è verificata.

A $a < 1000$
B $1000 < a < 3000$
C $3000 < a < 5000$
D $5000 < a < 7000$
E $a > 7000$

Il valore di a è pari alla differenza fra due quadrati e ricordando il corrispondente prodotto notevole:

$$x^2 - y^2 = (x+y)\cdot(x-y)$$

si ottiene, ponendo $x = 1001$ e $y = 999$:

$$a = 1001^2 - 999^2 = (1001+999)\cdot(1001-999) = 2000\cdot 2 = 4000$$

pertanto la risposta corretta è la **C**: $3000 < a < 5000$.

MATEMATICA

Ripassa da qui

- Regole per il calcolo di M.C.D. ed m.c.m. fra due o più monomi.
  - **Massimo Comune Divisore (M.C.D.)**: è quel monomio che ha come coefficiente il M.C.D. dei coefficienti e come parte letterale il prodotto delle **lettere comuni** ai monomi dati, ciascuna di esse presa una volta sola con il **minimo esponente** con cui compare.
  - **minimo comune multiplo (m.c.m.)**: è quel monomio che ha come coefficiente il m.c.m. dei coefficienti e come parte letterale il prodotto delle **lettere comuni e non comuni** ai monomi dati, ciascuna di esse presa una volta sola con il **massimo esponente** con cui compare.
- **Prodotto fra due polinomi**: è il polinomio i cui termini si ottengono moltiplicando ciascun termine del primo polinomio per tutti i termini del secondo.
- **Prodotti notevoli** principali:
  - $(a+b)\cdot(a-b) = a^2-b^2$
  - $(a+b)^2 = a^2+2ab+b^2$
  - $(a-b)^2 = a^2-2ab+b^2$
  - $(a+b+c)^2 = a^2+b^2+c^2+2ab+2ac+2bc$
  - $(a+b)^3 = a^3+3a^2b+3ab^2+b^3$
  - $(a-b)^3 = a^3-3a^2b+3ab^2-b^3$
  - $a^3+b^3 = (a+b)\cdot(a^2-ab+b^2)$
  - $a^3-b^3 = (a-b)\cdot(a^2+ab+b^2)$
- **Triangolo di Tartaglia** per il calcolo dei coefficienti dello sviluppo delle potenze del binomio:

potenza con esponente 0:	1
potenza con esponente 1:	1 1
potenza con esponente 2:	1 2 1
potenza con esponente 3:	1 3 3 1
potenza con esponente 4:	1 4 6 4 1
potenza con esponente 5:	1 5 10 10 5 1
potenza con esponente 6:	1 6 15 20 15 6 1

- Scomposizione di un polinomio in fattori:
  - raccoglimento a fattore comune
  - raccoglimento a fattore parziale
  - scomposizione tramite i prodotti notevoli
- Semplificazione di frazioni algebriche:
  - **prima** scomporre in fattori (se necessario) numeratore e denominatore;
  - **poi** eliminare i fattori comuni tra numeratore e denominatore.

Quesiti svolti

1 **Il polinomio $5a^2b^2 - \frac{1}{5}a^4 + 3 + 2b^4$:**

A è omogeneo
B ha un termine che è un monomio fratto
C è di 4° grado
D è la somma di due quadrati
E nessuna delle precedenti

Il polinomio dato non è omogeneo perché, pur avendo tre termini di 4° grado, presenta un termine noto, 3, che è di grado zero. Esso non ha tra i suoi termini monomi fratti, cioè monomi che presentano lettere al denominatore, e non è la somma di due quadrati. Nel polinomio il grado massimo con cui compaiono i suoi termini è il quarto, quindi il polinomio è di quarto grado (risposta C).

2 **Il polinomio $x^2(x^2 + 15) - 8x^3$ è equivalente a:**

A $x^2[x(x - 8) + 15]$
B $-x^2(x - 3) \cdot (x + 5)$
C $x^2(x + 15 - 8x^3)$
D $x^2(x - 5) \cdot (x + 3)$
E $x^2(x^2 + 7)$

Un modo per risolvere il problema è eseguire le operazioni indicate nelle espressioni contenute nelle alternative e verificare dove si ottiene un polinomio avente gli stessi termini del polinomio dato che si può riscrivere nella forma:

$$x^2(x^2 + 15) - 8x^3 = x^4 - 8x^3 + 15x^2$$

Da una semplice osservazione si deduce che le ultime quattro alternative non sono accettabili. la D presenta per esempio il termine di quarto grado negativo:

$$-x^2(x - 3)(x + 5) = -x^2(x^2 + 2x - 15) = -x^4 - 2x^3 + 15x^2$$

la C ha un termine di quinto grado:

$$x^2(x^2 + 15 - 8x^3) = x^4 + 15x^2 - 8x^5$$

La D ha per esempio il termine di secondo grado negativo:

$$x^2(x - 5)(x + 3) = x^2(x^2 - 2x - 15) = x^4 - 2x^3 - 15x^2$$

La E è priva del termine di terzo grado:

$$x^2(x^2 + 7) = x^4 + 7x^2$$

La risposta esatta è la A, infatti:

$$x^2[x(x - 8) + 15] = x^2[x^2 - 8x + 15] = x^4 - 8x^3 + 15x^2$$

MATEMATICA

3 **Se $x = \dfrac{3a-b}{a+b}$ allora $\dfrac{x+3}{2} = ?$**

A $\dfrac{2a+b}{a+b}$ **B** $\dfrac{a+2b}{a+b}$ **C** $\dfrac{3a+b}{a+b}$ **D** $\dfrac{a+3b}{a+b}$ **E** $\dfrac{4a+b}{a+b}$

Sapendo che $x = \dfrac{3a-b}{a+b}$ allora:

$$\frac{x+3}{2} = \frac{\dfrac{3a-b}{a+b}+3}{2} = \frac{\dfrac{3a-b+3(a+b)}{a+b}}{2} =$$

$$\frac{3a-b+3a+3b}{2(a+b)} = \frac{6a+2b}{2(a+b)} = \frac{2(3a+b)}{2(a+b)} = \frac{3a+b}{a+b}$$

pertanto la risposta corretta è la **C**.

4 **L'espressione $(a^2+b^2)^2$ è uguale a:**

A $(a^2+b^2)-(2ab)^2$

B $(a+b)^3 \cdot (a-b)$

C $(a-b)^3 \cdot (a+b)$

D $[(a-b)^2+2ab]^2$

E $(a^2+b^2)+2ab$

Diversamente dal solito, conviene partire dalle risposte individuando quella che, attraverso opportuni passaggi algebrici, assume la stessa "faccia" dell'espressione contenuta nel testo del quesito. Svolgendo la **D** si ottiene:

$$[(a-b)^2+2ab]^2 = [a^2+b^2-2ab+2ab]^2 = (a^2+b^2)^2$$

da cui si deduce che è proprio la risposta cercata.

5 **Il numero $\dfrac{49^{40}-1}{7^{40}-1}$ è uguale a:**

A $42^{40}-1$

B $49^{20}+1$

C $7^{40}-1$

D 7^{40}

E 42^{40}

Per risolvere il quesito basta osservare che il numeratore della frazione data non è altro che una differenza di quadrati, pertanto si ottiene:

$$\frac{49^{40}-1}{7^{40}-1} = \frac{(7^2)^{40}-(1^2)}{7^{40}-1} = \frac{(7^{40})^2-(1)^2}{7^{40}-1} = \frac{(7^{40}-1)(7^{40}+1)}{7^{40}-1} = 7^{40}+1$$

Dal momento che tale risultato può essere riscritto nella forma seguente:

$$7^{40}+1 = (7)^{2\cdot 20}+1 = (7^2)^{20}+1 = 49^{20}+1$$

la risposta esatta è la **B**.

PARTE TERZA

6 **Indicare quante coppie ordinate (*m*; *n*) di interi positivi *m* ed *n* verificano la condizione**

$$(m+n)^2 = (m-n)^2 + 64$$

- **A** Nessuna
- **B** Cinque
- **C** Sei
- **D** Dieci
- **E** Infinite

L'equazione può essere riscritta, sviluppando i quadrati, come:

$$m^2 + n^2 + 2mn = m^2 + n^2 - 2mn + 64$$

riducendo i termini simili si ottiene:

$$2mn + 2mn = 64 \quad \rightarrow \quad 4mn = 64 \quad \rightarrow \quad mn = 16$$

In pratica quindi il quesito chiede quante sono le coppie ordinate (*m*; *n*) di **interi positivi** il cui prodotto è pari a16. Esistono cinque coppie:

$$(1; 16) \quad (2; 8) \quad (4; 4) \quad (8; 2) \quad (16; 1)$$

La risposta corretta è quindi la **B**.

---

7 **L'espressione algebrica $\dfrac{x^2 - 6x + 9}{2x^3 - 5x^2 - 3x}$ è uguale a:**

- **A** $\dfrac{x-3}{2x+1}$
- **B** $-\dfrac{3-x}{2x^2+x}$
- **C** $\dfrac{x+3}{2x^2+x}$
- **D** $\dfrac{x-3}{x-2x^2}$
- **E** numeratore e denominatore non hanno fattori comuni, quindi l'espressione non è semplificabile

È necessario scomporre in fattori i termini della frazione algebrica, osservando che a numeratore è presente lo sviluppo del quadrato di un binomio e a denominatore, dopo aver eseguito un raccoglimento del fattore *x*, un trinomio scomponibile tramite un artificio:

$$\frac{x^2 - 6x + 9}{2x^3 - 5x^2 - 3x} = \frac{(x-3)^2}{x \cdot (2x^2 - 5x - 3)} = \frac{(x-3)^2}{x \cdot (2x^2 - 6x + x - 3)} =$$

$$= \frac{(x-3)^2}{x \cdot [2x(x-3) + (x-3)]} = \frac{(x-3)^2}{x \cdot (2x+1) \cdot (x-3)} =$$

Eseguendo la semplificazione e raccogliendo un segno meno fra i termini del numeratore:

$$= \frac{(x-3)^2}{x \cdot (2x+1) \cdot (x-3)} = \frac{x-3}{x \cdot (2x+1)} = -\frac{3-x}{2x^2+x}$$

La risposta esatta è la **B**.

MATEMATICA

8 **Semplificare la seguente frazione algebrica $\dfrac{x^2-1}{x^3+x+2x^2}$.**

A $x+1$

B $\dfrac{x-1}{x(x+1)}$

C $\dfrac{x+1}{x}$

D $\dfrac{-1}{x^3+x+2x^2}$

E $\dfrac{x}{x(x+1)}$

Per eseguire la semplificazione, si devono scomporre in fattori i termini della frazione:

$$\frac{x^2-1}{x^3+2x^2+x}=\frac{(x+1)(x-1)}{x(x^2+2x+1)}=\frac{(x+1)(x-1)}{x(x+1)^2}=\frac{x-1}{x(x+1)}$$

La risposta esatta è la **B**.

PARTE TERZA

3 | Radicali e numeri reali

Mettiti alla prova

I **La radice algebrica di indice dispari di un numero negativo:**

- **A** non esiste
- **B** è sempre un numero dispari
- **C** esiste sempre ed è unica
- **D** è sempre un numero pari
- **E** nessuna delle precedenti

II **Il radicale $\sqrt[4]{a^8b^4c^4}$ è uguale a:**

- **A** $\sqrt[8]{a^{12}b^8c^8}$
- **B** $\sqrt[10]{a^{20}b^{10}c^{10}}$
- **C** $\sqrt[6]{a^{12}b^5c^5}$
- **D** $\sqrt[8]{a^{12}b^6c^6}$
- **E** $\sqrt[6]{a^{12}b^8c^6}$

III **$\sqrt{x^2}$, intesa come radice aritmetica, è uguale a:**

- **A** x
- **B** $\pm x$
- **C** $|x|$
- **D** $x^{1/2}$
- **E** $|x^{1/2}|$

IV **Quanto vale il reciproco del numero $\sqrt{5}+2$?**

- **A** $\sqrt{5}-2$
- **B** $\sqrt{2}+5$
- **C** $2-\sqrt{5}$
- **D** $\sqrt{3}$
- **E** $\sqrt{7}$

MATEMATICA

Ecco le risposte esatte dei 4 quesiti proposti: I C, II B, III C, IV A.

3.1 | Numeri razionali, irrazionali e reali

Dati l'insieme dei numeri razionali e i punti di una retta orientata, si ha che a ogni numero razionale corrisponde un punto sulla retta, ma non viceversa; in altre parole **manca** la corrispondenza **biunivoca** tra i numeri razionali e i punti della retta orientata.

Esistono inoltre problemi non risolubili nell'insieme dei numeri razionali. Per rendersene conto basta pensare all'equazione $x^2 = 2$, la cui soluzione è $\pm\sqrt{2}$, ossia un numero **non** esprimibile sotto forma di frazione.

Per mostrare che $\sqrt{2}$ non è esprimibile sotto forma di frazione, occorre prima ricordare la definizione di radice quadrata: $\sqrt{2}$ indica un numero che, elevato al quadrato, è uguale a 2. Si supponga ora (per assurdo) che $\sqrt{2}$ sia esprimibile sotto forma di frazione, ossia:

$$\sqrt{2} = m/n$$

con m ed n numeri interi **primi fra loro** (ossia tali che il loro rapporto sia irriducibile). In base alla definizione di radice quadrata dovrebbe risultare:

$$2 = (m/n)^2 = m^2/n^2$$

Ma se i due numeri m ed n sono primi fra loro, anche i loro quadrati sono primi fra loro, pertanto il rapporto m^2/n^2 è irriducibile e non può essere uguale a 2.

In alcuni casi, quindi, l'estrazione di radice ha come risultato un numero decimale che non è né limitato, né illimitato periodico, perché in entrambi i casi lo si potrebbe trasformare in una frazione (§ 1.4.3).

I numeri **non** esprimibili sotto forma di frazione sono quindi numeri decimali **illimitati non periodici**. Tali numeri prendono il nome di **numeri irrazionali**.

$\sqrt{2}, \sqrt{3}, \pi, \log 5, \sqrt[3]{4}$ sono numeri irrazionali.

Per superare questi e altri limiti che si incontrano lavorando con i numeri razionali si deve passare ai numeri reali $\mathbb{R}$. **L'insieme dei numeri reali è l'unione dell'insieme dei razionali e dell'insieme degli irrazionali** ($\mathbb{R} = \mathbb{Q} \cup \mathbb{I}$) e coincide quindi con l'insieme dei numeri decimali.

L'insieme $\mathbb{R}$ dei numeri reali è in corrispondenza biunivoca con i punti di una retta orientata.

Nell'insieme dei numeri reali (come in qualsiasi altro insieme numerico) **non** si può dividere per zero.

3.2 | Radicali algebrici e aritmetici

Il simbolo $\sqrt[n]{a}$ (da leggersi "radice n-esima di a") prende il nome di *radicale*, a si chiama *radicando*, mentre n (con $n \in \mathbb{N}$) prende il nome di *indice della radice*.

Esistono due tipi di radicali: il radicale algebrico e il radicale aritmetico.

Il *radicale algebrico* $\sqrt[n]{a}$ è **ogni** numero reale la cui potenza *n-esima* è uguale al numero reale a.

- $\sqrt{4} = \pm 2$ infatti $(+2)^2 = (-2)^2 = 4$
- $\sqrt[3]{8} = +2$ infatti $(+2)^3 = 8$

Per il radicale algebrico $\sqrt[n]{a}$ si hanno **quattro casi:**

1	Con $a > 0$ e n pari → il radicale algebrico assume due valori reali opposti	esempio: $\sqrt{9} = \pm 3$
2	Con $a > 0$ e n dispari → un valore positivo	esempio: $\sqrt[3]{8} = 2$
3	Con $a < 0$ e n pari → nessun valore reale	esempio: $\sqrt[2]{-4}$ non esiste
4	Con $a < 0$ e n dispari → un valore negativo	esempio: $\sqrt[3]{-27} = -3$

Nel caso di radicando nullo, si pone $\sqrt[n]{0} = 0$ per ogni $n \in \mathbb{N}$.

Il *radicale aritmetico* $\sqrt[n]{a}$ (con $a \geq 0$) è invece **il** numero reale **non negativo** la cui potenza *n-esima* è uguale ad a.

$\sqrt{4} = 2$ infatti $2^2 = 4$.

3.2.1 | Proprietà invariantiva dei radicali aritmetici

$$\sqrt[n]{a^m} = \sqrt[np]{a^{mp}} \quad \text{oppure} \quad \sqrt[n]{a^m} = \sqrt[n/q]{a^{m/q}}$$

$\sqrt[6]{27a^6b^9} = \sqrt[6]{(3a^2b^3)^3} = \sqrt{3a^2b^3}$

È importante osservare che la proprietà invariantiva vale nel caso in cui la base della potenza che costituisce il radicando sia positiva: quando invece il segno della base della potenza non è definito, occorre prestare la massima attenzione per evitare che il radicando possa diventare negativo. Per esempio, $\sqrt[6]{a^3} = \sqrt{a}$, infatti $a^3 > 0$ implica $a > 0$; ma $\sqrt[4]{a^2} \neq \sqrt{a}$, infatti $a^2 > 0$ non implica $a > 0$. In altre parole, mentre nel primo caso l'esistenza di $\sqrt[6]{a^3}$ implica l'esistenza di $\sqrt{a}$, nel secondo caso l'esistenza di $\sqrt[4]{a^2}$ non implica l'esistenza di $\sqrt{a}$; infatti, a potrebbe essere negativo e in questo caso $\sqrt{a}$ non esisterebbe, quindi $\sqrt[4]{a^2} \neq \sqrt{a}$. La vera uguaglianza è $\sqrt[4]{a^2} = \sqrt{|a|}$; in questo modo infatti si garantisce l'esistenza di entrambi i membri per ogni valore di a.

3.2.2 | Operazioni con i radicali aritmetici

Prodotto fra radicali: $\sqrt[n]{a} \cdot \sqrt[n]{b} = \sqrt[n]{ab}$.

$\sqrt{3} \cdot \sqrt{2} = \sqrt{6}$; $\sqrt[2]{3} \cdot \sqrt[3]{2} = \sqrt[6]{3^3} \cdot \sqrt[6]{2^2} = \sqrt[6]{3^3 \cdot 2^2}$

Quoziente fra radicali (purché $b \neq 0$): $\dfrac{\sqrt[n]{a}}{\sqrt[n]{b}} = \sqrt[n]{\dfrac{a}{b}}$.

$\dfrac{\sqrt[3]{6}}{\sqrt[3]{2}} = \sqrt[3]{3}$; $\dfrac{\sqrt[2]{2}}{\sqrt[3]{3}} = \dfrac{\sqrt[6]{2^3}}{\sqrt[6]{3^2}} = \sqrt[6]{\dfrac{8}{9}}$

Per poter eseguire una moltiplicazione o una divisione fra radicali è necessario che i radicali abbiano **lo stesso indice**: se così non fosse, occorre prima effettuare una *riduzione di più radicali allo stesso indice.*

MATEMATICA

Riduzione di più radicali allo stesso indice: si tratta di trasformare radicali con indice diverso in radicali aventi lo stesso indice (sfruttando la proprietà invariantiva).

Trasformare i seguenti radicali portandoli a indice comune uguale a sei:

- $\sqrt[4]{a^2b^6} = \sqrt{|ab^3|} = \sqrt[6]{|a^3b^9|}$
- $\sqrt[3]{2a+2b} = \sqrt[3]{2(a+b)} = \sqrt[6]{4(a+b)^2}$
- $\sqrt[18]{27a^{12}(a+b)^3} = \sqrt[18]{[3a^4(a+b)]^3} = \sqrt[6]{3a^4(a+b)}$

Potenza: $(\sqrt[n]{a})^m = \sqrt[n]{a^m}$.

$(\sqrt[4]{4})^3 = \sqrt[4]{4^3} = \sqrt[4]{64} = \sqrt{8}$

Radice di radice: $\sqrt[m]{\sqrt[n]{a}} = \sqrt[m \cdot n]{a}$.

$\sqrt[3]{a\sqrt{ab}} = \sqrt[3]{\sqrt{a^3b}} = \sqrt[6]{a^3b}$

Trasporto di un fattore fuori dal segno di radice (estrazione di radice):
se $a \geq 0$ allora $\sqrt[n]{a^nb} = a\sqrt[n]{b}$.

$\sqrt{12} = \sqrt{4 \cdot 3} = \sqrt{2^2 \cdot 3} = 2 \cdot \sqrt{3}$

Eseguendo l'operazione di estrazione di radice è necessario **fare attenzione ai segni.**

$\sqrt{ax^2+bx^2} = \sqrt{x^2(a+b)} = |x|\sqrt{a+b}$: x è in valore assoluto perché altrimenti, se x fosse negativo, l'uguaglianza perderebbe di significato.
Analogamente si ha: $\sqrt{x^2-2xy+y^2} = \sqrt{(x-y)^2} = |x-y|$.

In maniera simile si esegue l'operazione inversa, ossia il *trasporto di un fattore sotto il segno di radice*:

- se $a \geq 0$ allora $a\sqrt[n]{b} = \sqrt[n]{a^nb}$;
- se $a < 0$ allora $a\sqrt[n]{b} = -\sqrt[n]{|a|^nb}$.

3.2.3 | Somma di radicali aritmetici simili

In generale, **la somma algebrica di due o più radicali non si può esprimere sotto forma di un unico radicale.**

- $\sqrt[n]{a} + \sqrt[n]{b} \neq \sqrt[n]{a+b}$
- $\sqrt[n]{a} - \sqrt[n]{b} \neq \sqrt[n]{a-b}$

Per poter calcolare la somma algebrica è necessario che i due radicali siano *simili*.

Due o più radicali si dicono simili quando hanno lo stesso indice, lo stesso radicando e differiscono, eventualmente, **solo per un fattore moltiplicativo.**
La somma algebrica di due o più radicali **simili** è un radicale, simile ai dati, avente per fattore moltiplicativo la somma algebrica dei fattori moltiplicativi.

$\sqrt{3}$ e $2\sqrt{3}$ sono due radicali simili: la loro somma è $(1+2) \cdot \sqrt{3} = 3 \cdot \sqrt{3}$.
$2 \cdot \sqrt[4]{ab^2}$, $-4 \cdot \sqrt[4]{ab^2}$ e $3 \cdot \sqrt[4]{ab^2}$ sono radicali simili: la loro somma è $\sqrt[4]{ab^2}$.

Siamo ora in grado di rispondere alle prime tre domande poste all'inizio del capitolo.

Quesito I. La risposta corretta è la **C**: solo le radici di indici pari pongono problemi di esistenza in base al segno del radicando.

Quesito II. Per la proprietà invariantiva dei radicali la risposta corretta è la **B**. Applicando due volte tale proprietà infatti si ottiene:

$$\sqrt[4]{a^8b^4c^4} = \sqrt[\frac{4}{2}]{a^{\frac{8}{2}}b^{\frac{4}{2}}c^{\frac{4}{2}}} = \sqrt[2]{a^4b^2c^2} = \sqrt[2\cdot 5]{a^{4\cdot 5}b^{2\cdot 5}c^{2\cdot 5}} = \sqrt[10]{a^{20}b^{10}c^{10}}$$

Quesito III. Il radicale aritmetico $\sqrt[n]{a}$ rappresenta il numero reale non negativo la cui potenza n-esima vale a, quindi le alternative **A** e **B** vanno scartate, in quanto possono rappresentare numeri negativi.
Ricordando poi che se l'indice della radice e l'esponente del radicando sono uguali essi possono essere eliminati, si deduce immediatamente che l'alternativa corretta è la **C**:

$$\sqrt{x^2} = |x|$$

3.2.4 | Radicali doppi

Per *radicale doppio* si intende un radicale del tipo $\sqrt{a \pm \sqrt{b}}$.

Se $(a^2 - b)$ è un quadrato perfetto è possibile applicare la formula seguente:

$$\sqrt{a \pm \sqrt{b}} = \sqrt{\frac{a + \sqrt{a^2 - b}}{2}} \pm \sqrt{\frac{a - \sqrt{a^2 - b}}{2}} = \sqrt{\frac{a + c}{2}} \pm \sqrt{\frac{a - c}{2}}$$

dove si è posto $\sqrt{a^2 - b} = c$.

$$\sqrt{6 + \sqrt{20}}$$

da cui $a = 6, b = 20$ e $(a^2 - b) = 16$ è un quadrato perfetto. Pertanto, applicando la formula dei radicali doppi, si ottiene:

$$\sqrt{6 + \sqrt{20}} = \sqrt{\frac{6 + \sqrt{16}}{2}} + \sqrt{\frac{6 - \sqrt{16}}{2}} = \sqrt{\frac{6 + 4}{2}} + \sqrt{\frac{6 - 4}{2}} = \sqrt{5} + 1$$

$$\sqrt{4 - 2\sqrt{3}} = \sqrt{4 - \sqrt{12}}$$

da cui $a = 4, b = 12$ e $(a^2 - b) = 4$ è un quadrato perfetto. Pertanto, applicando la formula dei radicali doppi, si ottiene:

$$\sqrt{4 - 2\sqrt{3}} = \sqrt{4 - \sqrt{12}} = \sqrt{\frac{4 + \sqrt{4}}{2}} - \sqrt{\frac{4 - \sqrt{4}}{2}} = \sqrt{\frac{4 + 2}{2}} - \sqrt{\frac{4 - 2}{2}} = \sqrt{3} - 1$$

Esiste anche una "formula inversa" che consente, data la somma o la differenza di due radicali, di trasformarli in un unico radicale doppio:

$$\sqrt{x} \pm \sqrt{y} = \sqrt{a \pm \sqrt{b}} \qquad \text{dove} \begin{cases} a = x + y \\ b = 4xy \end{cases}$$

$$\sqrt{5} - 1 = \sqrt{5} - \sqrt{1}$$

da cui $x = 5$ e $y = 1$: si ricava quindi $a = 6$ e $b = 20$. Applicando la "formula inversa" dei radicali doppi, si ottiene:

$$\sqrt{5} - 1 = \sqrt{5} - \sqrt{1} = \sqrt{6 - \sqrt{20}}$$

MATEMATICA

3.2.5 | Potenza con esponente razionale (frazionario)

Di fondamentale importanza risulta essere la relazione: $a^{m/n} = \sqrt[n]{a^m}$.

- $1^{m/n} = 1$ (con $n \neq 0$)
- $\sqrt[2]{a^3} = a^{3/2}$
- $0^{m/n} = 0$ (con $m \neq 0$ e $n \neq 0$)
- $\sqrt[3]{a^2 b} = a^{2/3} b^{1/3}$
- $5^{3/4} = \sqrt[4]{5^3}$
- $a^{-1/2} = \dfrac{1}{\sqrt{a}}$

Applicando le proprietà delle potenze risulta possibile **moltiplicare e dividere fra loro radici con uguale radicando:**

$$\sqrt[n]{a} \cdot \sqrt[m]{a} = \sqrt[nm]{a^{m+n}} \qquad \sqrt[n]{a} / \sqrt[m]{a} = \sqrt[nm]{a^{m-n}} \text{ (con } a \neq 0\text{)}$$

- $\sqrt[2]{3} \cdot \sqrt[3]{3} = \sqrt[2 \cdot 3]{3^{3+2}} = \sqrt[6]{3^5}$
- $\sqrt[3]{4} / \sqrt[4]{4} = \sqrt[3 \cdot 4]{4^{4-3}} = \sqrt[12]{4}$

3.2.6 | Razionalizzazione delle frazioni

Razionalizzare una frazione significa eliminare dal denominatore eventuali espressioni irrazionali.

Per raggiungere questo scopo si moltiplicano numeratore e denominatore per un *fattore razionalizzante* opportuno. Nella tabella seguente sono riportati i principali tipi di frazione con i rispettivi fattori razionalizzanti.

	Frazione	Fattore razionalizzante	Frazione razionalizzata
1	$\dfrac{1}{\sqrt{a}}$	$\sqrt{a}$	$\dfrac{\sqrt{a}}{a}$
2	$\dfrac{1}{a\sqrt{b}}$	$\sqrt{b}$	$\dfrac{\sqrt{b}}{ab}$
3	$\dfrac{1}{\sqrt[3]{a}}$	$\sqrt[3]{a^2}$	$\dfrac{\sqrt[3]{a^2}}{a}$
4	$\dfrac{1}{\sqrt[n]{a^m}}$	$\sqrt[n]{a^{n-m}}$ $(m < n)$	$\dfrac{\sqrt[n]{a^{n-m}}}{a}$
5	$\dfrac{1}{\sqrt{a} \pm \sqrt{b}}$	$\sqrt{a} \mp \sqrt{b}$	$\dfrac{\sqrt{a} \mp \sqrt{b}}{a-b}$
6	$\dfrac{1}{a \pm \sqrt{b}}$	$a \mp \sqrt{b}$	$\dfrac{a \mp \sqrt{b}}{a^2 - b}$

- $\frac{1}{\sqrt{2}} = \frac{1}{\sqrt{2}} \cdot \frac{\sqrt{2}}{\sqrt{2}} = \frac{\sqrt{2}}{2}$

  caso 1 della tabella: il fattore razionalizzante è $\sqrt{2}$;

- $\frac{1}{2\sqrt{3}} = \frac{1}{2\sqrt{3}} \cdot \frac{\sqrt{3}}{\sqrt{3}} = \frac{\sqrt{3}}{2 \cdot 3} = \frac{\sqrt{3}}{6}$

  caso 2: il fattore razionalizzante è $\sqrt{3}$;

- $\frac{2}{\sqrt[3]{5}} = \frac{2}{\sqrt[3]{5}} \cdot \frac{\sqrt[3]{5^2}}{\sqrt[3]{5^2}} = \frac{2\sqrt[3]{5^2}}{5}$

  caso 3: il fattore razionalizzante è $\sqrt[3]{5^2}$;

- $\frac{1}{\sqrt[3]{5^5}} = \frac{1}{5 \cdot \sqrt[3]{5^2}} = \frac{1}{5 \cdot \sqrt[3]{5^2}} \cdot \frac{\sqrt[3]{5}}{\sqrt[3]{5}} = \frac{\sqrt[3]{5}}{25}$

  caso 4: essendo $n = 3$ ed $m = 5$, prima di applicare la regola si è resa necessaria una estrazione di radice, in modo da rispettare la condizione $m < n$, ottenendo $n = 3$ ed $m = 2$: si ha quindi che il fattore razionalizzante è $\sqrt[3]{5}$;

- $\frac{2}{\sqrt{7}+\sqrt{5}} = \frac{2}{\sqrt{7}+\sqrt{5}} \cdot \frac{\sqrt{7}-\sqrt{5}}{\sqrt{7}-\sqrt{5}} = \frac{2 \cdot (\sqrt{7}-\sqrt{5})}{7-5} = \sqrt{7}-\sqrt{5}$

  caso 5: il fattore razionalizzante è $\sqrt{7}-\sqrt{5}$.

Infine siamo in grado di rispondere anche all'ultimo dei quattro quesiti posti all'inizio del capitolo

Quesito IV. Il reciproco del numero $\sqrt{5}+2$ vale:

$$\frac{1}{\sqrt{5}+2}$$

Osservando le alternative è facile notare che non compaiono denominatori e quindi nessuna sembra coincidere con l'espressione precedente: occorre quindi procedere alla razionalizzazione del denominatore. La risposta corretta è la **A** in quanto (applicando il caso 6):

$$\frac{1}{\sqrt{5}+2} = \frac{1}{\sqrt{5}+2} \cdot \frac{\sqrt{5}-2}{\sqrt{5}-2} = \frac{\sqrt{5}-2}{(\sqrt{5})^2-2^2} = \frac{\sqrt{5}-2}{5-4} = \frac{\sqrt{5}-2}{1} = \sqrt{5}-2$$

MATEMATICA

Ripassa da qui

- **L'insieme dei numeri reali è l'unione dell'insieme dei razionali e dell'insieme degli irrazionali** ($\mathbb{R} = \mathbb{Q} \cup \mathbb{I}$) e coincide quindi con l'insieme dei numeri decimali.

- Il **radicale algebrico** $\sqrt[n]{a}$ (con $a \in \mathbb{R}$) è **ogni** numero reale la cui potenza n-esima è uguale al numero reale a.

- Il **radicale aritmetico** $\sqrt[n]{a}$ (con $a \in \mathbb{R}$ e $a \geq 0$) è invece **il** numero reale **non negativo** la cui potenza n-esima è uguale ad a.

Formule da ricordare

- Proprietà invariantiva:

$$\sqrt[n]{a^m} = \sqrt[np]{a^{mp}} \quad \text{oppure} \quad \sqrt[n]{a^m} = \sqrt[n/q]{a^{m/q}}$$

- Prodotto:

$$\sqrt[n]{a} \cdot \sqrt[n]{b} = \sqrt[n]{ab}$$

- Quoziente (con $b \neq 0$):

$$\frac{\sqrt[n]{a}}{\sqrt[n]{b}} = \sqrt[n]{\frac{a}{b}}$$

- Potenza:

$$(\sqrt[n]{a})^m = \sqrt[n]{a^m}$$

- Radice di radice:

$$\sqrt[m]{\sqrt[n]{a}} = \sqrt[m \cdot n]{a}$$

- Trasporto di un fattore fuori dal segno di radice

$$\sqrt[n]{a^n b} = \begin{cases} a \cdot \sqrt[n]{b} & a > 0 \\ |a| \cdot \sqrt[n]{b} & a < 0 \end{cases}$$

- Trasporto di un fattore sotto il segno di radice

$$a\sqrt[n]{b} = \begin{cases} \sqrt[n]{a^n b} & a > 0 \\ -\sqrt[n]{|a|^n b} & a < 0 \end{cases}$$

- Radicale come potenza con esponente frazionario

$$a^{m/n} = \sqrt[n]{a^m}$$

- Per **razionalizzare le frazioni** si moltiplicano numeratore e denominatore per un **fattore razionalizzante** opportuno (§ 3.2.6)

PARTE TERZA

Quesiti svolti

1 **$\sqrt{3}$ è un numero:**

A razionale
B immaginario
C complesso
D intero
E nessuna delle risposte proposte

Per quanto visto, $\sqrt{3}$ è un numero irrazionale (non è esprimibile sotto forma di frazione). Ciononostante, non sarebbe corretto scegliere la risposta E. Per rispondere correttamente occorre osservare che $\sqrt{3}$, oltre a essere un numero irrazionale, appartiene, come ogni altro numero, all'insieme $\mathbb{C}$ dei numeri complessi. La risposta corretta è dunque la C.

2 **Per determinare se un numero intero positivo *n* è un numero primo, è necessario e sufficiente controllare che non sia divisibile per nessun numero primo minore o al più uguale a:**

A n
B n^2
C $\sqrt{n}$
D $1/2\,n$
E $n - 1$

Se p è un divisore di n, allora anche $q = n/p$ è un divisore di n (infatti $\frac{n}{q} = \frac{n}{n/p} = p$): se p è un fattore di n maggiore di $\sqrt{n}$, allora q è un fattore di n minore di $\sqrt{n}$ (in quanto deve risultare $n = p \cdot q$). Quindi per ogni divisore p maggiore di $\sqrt{n}$ ne esiste sempre un altro (indicato con q) minore di $\sqrt{n}$ e viceversa: n è dunque un numero primo se, e solo se, non ha fattori primi minori o al più uguali a $\sqrt{n}$ (risposta C). Si noti inoltre che, per verificare se un numero n è primo, si analizzano (come possibili divisori) solo i numeri primi in quanto se n avesse un divisore d non primo, i suoi fattori primi $p_1, p_2, \ldots, p_k$ sarebbero a loro volta anch'essi divisori di n: non è necessario quindi analizzare *tutti* i numeri minori o al più uguali a $\sqrt{n}$, ma solo quelli primi.

3 **L'espressione $\sqrt[3]{-27}$ indica una quantità:**

A irrazionale
B immaginaria
C intera
D positiva
E nessuna delle risposte precedenti

Essendo $(-3)^3 = -27$ si ricava $\sqrt[3]{-27} = -3$: si tratta di un numero intero (risposta C).

MATEMATICA

4 **L'espressione:**

$$\sqrt{\frac{a^m}{a^n}} \quad \textbf{con } a \textbf{ numero reale positivo}$$

è uguale a:

A $\frac{\sqrt{a^{m+n}}}{a^n}$ B $a^n\sqrt{a^{m-n}}$ C $\frac{\sqrt{a^{m-n}}}{a^n}$ D $\frac{a^{m-2}}{a^{n-2}}$ E $a^{\frac{m+n}{2}}$

Il radicale dato può essere scritto nella forma:

$$\sqrt{\frac{a^m}{a^n}} = \frac{\sqrt{a^m}}{\sqrt{a^n}}$$

Razionalizzando la frazione ottenuta, si ha:

$$\frac{\sqrt{a^m}}{\sqrt{a^n}} = \frac{\sqrt{a^m}\cdot\sqrt{a^n}}{a^n} = \frac{\sqrt{a^{m+n}}}{a^n}$$

La risposta esatta è la A.

5 **Quanto vale $\sqrt{-4}$?**

A Più di 2

B Meno di 2

C È un numero razionale

D È la somma di – 2 e + 2

E Non è definita nel campo reale

Il radicale algebrico $\sqrt{-4}$ avendo radicando negativo (– 4) e indice di radice pari (2) non è un numero reale. Esso assume due valori immaginari e precisamente:

$$\sqrt{-4} = \pm 2i$$

La risposta corretta è dunque la E.

6 **L'espressione $\sqrt[3]{a^2\sqrt{a^{-5}}}$ è equivalente a:**

A $\sqrt[6]{a}$ B $\sqrt[5]{\frac{1}{a^3}}$ C $\sqrt[6]{\frac{1}{a}}$ D $\sqrt[5]{\frac{1}{a}}$ E a^{-15}

Eseguendo il trasporto del fattore a^2 sotto il segno di radice quadrata e scrivendo la radice cubica di una radice quadrata come un'unica radice, si ha:

$$\sqrt[3]{a^2\sqrt{a^{-5}}} = \sqrt[3]{\sqrt{a^4\cdot a^{-5}}} = \sqrt[6]{a^{-1}} = \sqrt[6]{\frac{1}{a}}$$

La risposta esatta è la C.

PARTE TERZA

7 **Siano *a, b, c* tre numeri reali positivi. Si scriva il numero** $\dfrac{\sqrt[3]{a^2b^2c^5}\cdot\sqrt[5]{a^3bc^2}}{\sqrt{abc^3d}}$ **come radice di un monomio.**

A $\sqrt[8]{\dfrac{a^{15}b^9c^2}{d^4}}$

B $\sqrt[30]{\dfrac{a^{23}b^{11}c^{17}}{d^{15}}}$

C $\sqrt[30]{\dfrac{a^{18}b^{12}c^{15}}{d}}$

D $\sqrt[30]{\dfrac{a^4b^2c^4}{d}}$

E $\sqrt[30]{\dfrac{a^{18}b^9c^4}{d^{15}}}$

È bene dapprima portare fuori dal segno di radice il fattore *c* e semplificarlo:

$$\frac{\sqrt[3]{a^2b^2c^5}\cdot\sqrt[5]{a^3bc^2}}{\sqrt{abc^3d}}=\frac{c\cdot\sqrt[3]{a^2b^2c^2}\cdot\sqrt[5]{a^3bc^2}}{c\cdot\sqrt{abcd}}=\frac{\sqrt[3]{a^2b^2c^2}\cdot\sqrt[5]{a^3bc^2}}{\sqrt{abcd}}$$

Si riducono ora i radicali dati allo stesso indice, cioè 30 = m.c.m.(3, 5, 2), e poi si eseguono le operazioni di moltiplicazione e di divisione di radicali aventi lo stesso indice:

$$\frac{\sqrt[3]{a^2b^2c^2}\cdot\sqrt[5]{a^3bc^2}}{\sqrt{abcd}}=\frac{\sqrt[30]{a^{20}b^{20}c^{20}}\cdot\sqrt[30]{a^{18}b^6c^{12}}}{\sqrt[30]{a^{15}b^{15}c^{15}d^{15}}}=\sqrt[30]{\frac{a^{20}b^{20}c^{20}\cdot a^{18}b^6c^{12}}{a^{15}b^{15}c^{15}d^{15}}}=$$

$$=\sqrt[30]{\frac{a^{20+18-15}b^{20+6-15}c^{20+12-15}}{d^{15}}}=\sqrt[30]{\frac{a^{23}b^{11}c^{17}}{d^{15}}}$$

La risposta corretta è quindi la B.

---

8 **L'espressione** $\dfrac{a}{a+b}\sqrt{\dfrac{a}{b}+\dfrac{b}{a}+2}$ **(dove *a, b* > 0) è uguale a:**

A $\sqrt{\dfrac{a}{b}}$ B $\sqrt{\dfrac{a^2}{b^2}}$ C $\sqrt{\dfrac{a^2}{b}}$ D $\sqrt{\dfrac{a}{b^2}}$ E $\sqrt{\dfrac{b}{a}}$

Trasportando il fattore sotto il segno di radice (operazione inversa dell'estrazione di radice) e semplificando, si ottiene:

$$\frac{a}{a+b}\sqrt{\frac{a}{b}+\frac{b}{a}+2}=\sqrt{\left(\frac{a}{a+b}\right)^2\cdot\left(\frac{a}{b}+\frac{b}{a}+2\right)}$$

$$=\sqrt{\frac{a^2}{a^2+b^2+2ab}\cdot\frac{a^2+b^2+2ab}{ab}}=\sqrt{\frac{a^2}{ab}}=\sqrt{\frac{a}{b}}$$

La risposta corretta è quindi la A.

MATEMATICA

9 **L'espressione $\sqrt{4x^4 - 4x^2 + 1}$, con x un numero reale, equivale a:**

A $2x^2 - 2x + 1$

B $\pm(2x^2 - 2x + 1)$

C $\pm(2x^2 - 1)$

D $2x^2 - 1$

E $2x^2 - 1|$

Il radicando del radicale dato è il quadrato di un binomio, cioè $4x^4 - 4x^2 + 1 = (2x^2 - 1)^2$: pertanto è non negativo, (e il radicale quindi esiste), per ogni valore reale di x.

Poiché $2x^2 - 1$ può assumere sia valori positivi che negativi, nel semplificare l'esponente del radicando con l'indice della radice è necessario passare al modulo del radicando per mantenere il segno positivo del radicale aritmetico e dunque scrivere:

$$\sqrt{(2x^2 - 1)^2} = |2x^2 - 1|$$

La risposta esatta è quindi la E.

---

10 **Eseguire la razionalizzazione di $\dfrac{1}{\sqrt{3} \cdot (\sqrt{5} - \sqrt{3})}$.**

A $\dfrac{\sqrt{15} + 3}{6}$

B $\dfrac{\sqrt{3}}{\sqrt{3} - \sqrt{5}}$

C $\dfrac{5\sqrt{3}}{3}$

D $\sqrt{3} + \sqrt{5}$

E $\dfrac{5\sqrt{3}}{6}$

Prima di effettuare la vera e propria razionalizzazione, è utile svolgere il prodotto a denominatore: $\dfrac{1}{\sqrt{15} - 3}$. Ora è facile individuare il fattore razionalizzante $\sqrt{15} + 3$. La razionalizzazione sarà quindi $\dfrac{1}{\sqrt{15} - 3} \cdot \dfrac{\sqrt{15} + 3}{\sqrt{15} + 3} = \dfrac{\sqrt{15} + 3}{15 - 9} = \dfrac{\sqrt{15} + 3}{6}$. La risposta corretta è la A.

PARTE TERZA

4 | Equazioni e sistemi di equazioni

Mettiti alla prova

I **Un bambino possiede *N* biglie. Se ne avesse il triplo ne avrebbe 6 in meno della sorellina che ne ha 18. Quanto vale *N*?**

A 4
B 6
C 8
D 12
E 24

II **Risolvere l'equazione** $\frac{3x+2}{x-4} - \frac{2-x}{x+1} = 3 + \frac{x+12}{x-4}$.

A $x = 1$
B $x = 2$
C $x = 3/2$
D $x = -2$
E $x = 1$ e $x = -2$

III **In uno dei seguenti casi l'equazione algebrica di secondo grado $Ax^2 + 2Bx + C = 0$ non ha soluzioni nell'insieme dei numeri reali. In quale caso?**

A $A > 0, B = 0, C < 0$
B $A > 0, B = 0, C > 0$
C $A = 0, B > 0, C < 0$
D $B^2 - 4AC > 0$
E $B^2 - 4AC = 0$

IV **Il sistema di equazioni** $\begin{cases} 2x + y = 3 \\ 4x + 2y = 6 \end{cases}$

A non ha soluzioni
B ha come unica soluzione $x = 1, y = 1$
C ha infinite soluzioni
D ha come unica soluzione $x = 2, y = 1$
E ha come unica soluzione $x = 1, y = 2$

MATEMATICA

Ecco le risposte esatte dei 4 quesiti proposti: I **A**, II **B**, III **B**, IV **C**.

4.1 | Uguaglianze, disuguaglianze e identità

Confrontando due numeri (relativi) a e b qualunque, può essere vera una soltanto fra le seguenti tre relazioni:

$$a = b \quad a < b \quad a > b$$

nel primo caso si dirà che i due numeri a e b verificano una **uguaglianza**, nel secondo e nel terzo caso si dirà che essi verificano una **disuguaglianza.**

Ciò che è vero tra numeri lo è però solo parzialmente tra espressioni letterali.

Un'**espressione algebrica letterale assume** in generale **valori diversi a seconda dei valori numerici assegnati alle lettere** che in essa figurano.

Per esempio, l'espressione $A = 3x + 4$ assume (tra gli altri) i seguenti valori:

$$\text{per } x = 1 \rightarrow A = 3 \cdot 1 + 4 = 7$$
$$\text{per } x = 2 \rightarrow A = 3 \cdot 2 + 4 = 10$$
$$\text{per } x = 3 \rightarrow A = 3 \cdot 3 + 4 = 13$$

Può così capitare che, indicando con A e B due espressioni letterali, al variare del valore numerico assegnato alle lettere, possano valere **tutte e tre** le seguenti relazioni:

$$A = B \quad A < B \quad A > B$$

Si considerino le due espressioni $A = 3x + 4$ e $B = 12 - x$. Esse assumono (tra gli altri) i seguenti valori:

$$\text{per } x = 1 \rightarrow \begin{cases} A = 3 \cdot 1 + 4 = 7 \\ B = 12 - 1 = 11 \end{cases} \rightarrow A < B$$

$$\text{per } x = 2 \rightarrow \begin{cases} A = 3 \cdot 2 + 4 = 10 \\ B = 12 - 2 = 10 \end{cases} \rightarrow A = B$$

$$\text{per } x = 3 \rightarrow \begin{cases} A = 3 \cdot 3 + 4 = 13 \\ B = 12 - 3 = 9 \end{cases} \rightarrow A > B$$

Si sono già incontrate uguaglianze del tipo:

$$(a + b + c)^2 = a^2 + b^2 + c^2 + 2ab + 2ac + 2bc$$

$$a^3 - b^3 = (a - b) \cdot (a^2 + ab + b^2)$$

Si tratta di uguaglianze **sempre verificate**, ossia verificate **per ogni valore assegnato alle lettere** che in essa figurano.

Un'uguaglianza tra due espressioni algebriche letterali **verificata per ogni valore numerico assegnato alle lettere** prende il nome di **identità.**

L'uguaglianza:

$$a^2 + b^2 = (a + b)^2 - 2ab$$

è un'identità in quanto il primo membro è identico al secondo membro per ogni valore delle lettere a e b; si ha infatti che:

$$(a + b)^2 - 2ab = a^2 + b^2 + 2ab - 2ab = a^2 + b^2$$

4.2 | Equazioni

Si consideri ora l'uguaglianza:

$$2x + 1 = 7$$

è facile constatare che l'uguaglianza non è sempre verificata. Ponendo $x = 1$, per esempio, i due *membri* (ossia le due espressioni rispettivamente a sinistra e a destra del segno di uguaglianza) assumono valori diversi

$$2 \cdot 1 + 1 \neq 7$$

per cui l'uguaglianza non è verificata.

Un'uguaglianza tra due espressioni algebriche letterali **verificata solo per particolari valori numerici assegnati alle lettere** prende il nome di **equazione.**

In questo caso le lettere prendono il nome di *incognite*.

L'equazione $2x + 1 = 7$ è verificata per $x = 3$; infatti, sostituendo 3 al posto di x, l'equazione diventa $2 \cdot 3 + 1 = 7$ che è un'*identità numerica* (ossia un'identità tra due membri numerici e non più letterali).

4.2.1 | Soluzione di un'equazione

Risolvere un'equazione significa trovare i valori dell'incognita per i quali la relazione di uguaglianza diventa una identità numerica.

La **soluzione** di un'equazione è rappresentata dall'insieme di **tutti e soli** i valori dell'incognita che soddisfano l'uguaglianza.

L'equazione $3x - 2 = 4$ ha come soluzione il valore $x = 2$ (infatti, sostituendo 2 al posto di x, l'equazione diventa $3 \cdot 2 - 2 = 4$).

4.2.2 | Equazione impossibile, indeterminata, determinata

Equazione impossibile: è un'equazione che non ammette soluzioni reali cioè non è verificata per nessun valore reale dell'incognita.

Si consideri l'equazione:

$$x^2 = -4$$

si tratta di una equazione impossibile in quanto non esiste nessun numero il cui quadrato sia un numero negativo.

Equazione indeterminata: è un'equazione che ammette infinite soluzioni.

Si consideri, per esempio, l'equazione:

$$(x + 1)^2 + x = x^2 + 3x + 1$$

svolgendo il *prodotto notevole* si ottiene:

$$x^2 + 1 + 2x + x = x^2 + 3x + 1$$

ossia un'identità, verificata per ogni valore di x e quindi con infinite soluzioni.

Equazione determinata: è un'equazione che ammette un numero finito di soluzioni.

Si consideri l'equazione:

$$x^2 = 16$$

si tratta di una equazione determinata in quanto ammette le due soluzioni $x = +4$ e $x = -4$.

MATEMATICA

4.2.3 | Classificazione delle equazioni

Un'equazione si dice **numerica** quando **oltre all'incognita non contiene altre lettere.**

$2x + 1 = 0$ è un'equazione numerica.

Un'equazione si dice **letterale** quando **oltre all'incognita contiene anche altre lettere** (dette *parametri*) **che si considerano costanti.**

$x + a = 2$ è un'equazione letterale.

Un'equazione si dice **intera** quando **l'incognita non compare nel denominatore.**

$\frac{x}{2} - 5 = 3$ è un'equazione intera.

Un'equazione si dice **frazionaria** quando **l'incognita compare nel denominatore.**

$\frac{1}{x^2} + x = 1$ è un'equazione frazionaria.

Un'equazione si dice **irrazionale** quando l'incognita compare nell'argomento di un radicale.

$x + \sqrt{3x+1} = 3$ è un'equazione irrazionale, mentre $\sqrt{5}x + 4x - \sqrt{7} = 0$ **non** è irrazionale.

Nel seguito si incontreranno ulteriori tipi di equazioni, come quelle esponenziali, logaritmiche e trigonometriche.

4.2.4 | Forma normale e grado di un'equazione

Un'equazione è *in forma normale* quando è nella forma $P(x) = 0$ dove $P(x)$ è un polinomio nell'incognita x ordinato secondo le potenze decrescenti della stessa x: i metodi per portare un'equazione in forma normale verranno esposti nel § 4.2.7 e nel § 4.2.8.

Il grado di un'equazione a una sola incognita è **il massimo esponente con cui l'incognita compare nell'equazione ridotta in forma normale.**

$2x + 1 = 0$ → è un'equazione di **primo grado.**

$2x + x^2 = 1$ → è un'equazione di **secondo grado.**

$\frac{x+1}{x} - 3x = 0$ → occorre prima ridurla in forma normale.

Moltiplicando ambo i membri per x e ordinando il polinomio si ottiene:

$$-3x^2 + x + 1 = 0$$

si tratta quindi di un'equazione di **secondo grado.**

4.2.5 | Teorema fondamentale dell'algebra

Un'equazione non indeterminata di grado *n* ammette al massimo *n* soluzioni nell'insieme dei numeri reali, alcune delle quali potrebbero coincidere.

- $x + 1 = 0$ → $x = -1$: la soluzione è unica.
- $x^2 = 0$ → $x = 0$ e $x = 0$: le soluzioni sono due, reali e coincidenti.
- $x^2 = -4$ → non ammette soluzioni nell'insieme dei numeri reali.

PARTE TERZA

4.2.6 | Metodo della verifica

Per rispondere a domande a risposta multipla relative alle soluzioni di una equazione, spesso non è necessario e talvolta neanche conveniente risolvere le equazioni: **risulta più rapido sostituire nell'equazione le soluzioni proposte e trovare quale fra queste la soddisfa (cioè quale tra queste è la vera soluzione)**. Si usa, in altre parole, il "metodo della verifica".

Risolvere la seguente equazione: $x^2 - 1 = 0$

A $x = 2 ; x = 1$
B $x = 1 ; x = -1$
C $x = 0 ; x = -1$
D $x = 0 ; x = 2$
E $x = 1$

La soluzione corretta è la B in quanto, sostituendo nell'equazione i valori $x = 1$ e $x = -1$, si ottiene in entrambi i casi una identità.

Nonostante il metodo della verifica consenta di risolvere la quasi totalità dei quesiti sulle equazioni, è evidente che la conoscenza dei metodi risolutivi classici permette di scegliere la strada più veloce. Si consiglia pertanto di studiare comunque i paragrafi seguenti.

4.2.7 | Condizioni di esistenza delle espressioni frazionarie

Le uguaglianze (e le identità) tra frazioni algebriche (ossia espressioni con denominatori letterali) sono soggette a ben determinate *condizioni di esistenza*.

Prima di risolvere una equazione frazionaria si devono scartare tutti gli *zeri* dei denominatori (ossia tutti i valori numerici che annullano i denominatori), in quanto, in corrispondenza di tali valori, **l'espressione frazionaria perde di significato** (ossia **non esiste**).

Si consideri, per esempio, l'equazione:

$$\frac{x-2}{(x-3)(x+5)} = 0$$

il primo membro perde di significato (ossia non esiste) in corrispondenza dei due valori $x = 3$ e $x = -5$: questi due valori devono essere scartati prima di fare qualsiasi altra operazione (anche una semplice semplificazione). Si scriverà allora:

$$\text{C.E. } x \neq 3 ; \quad x \neq -5$$

ossia "le Condizioni di Esistenza sono: x diverso da 3 e x diverso da – 5". In altre parole **l'espressione frazionaria esiste solo per valori di x diversi dagli zeri del denominatore.**

4.2.8 | Equazioni equivalenti

Due equazioni si dicono *equivalenti* quando ammettono la **stessa soluzione.**

$2x + 1 = 0$ è equivalente a $4x + 2 = 0$: entrambe ammettono come soluzione $x = -1/2$.

Per risolvere una equazione si cerca di trasformarla in un'altra a essa equivalente, ma di forma più semplice: è quindi importante conoscere i seguenti principi di equivalenza.

Aggiungendo ad ambedue i membri di una equazione la medesima espressione algebrica si ottiene un'equazione equivalente a quella data.

Indicando con A, B ed M tre espressioni algebriche *sempre definite*, si ha:

$$A = B \xrightarrow{\text{è equivalente a}} A + M = B + M$$

MATEMATICA

- Se uno stesso termine figura come addendo in entrambi i membri di una equazione, esso può essere soppresso (in quanto ciò equivale ad aggiungere ai due membri la medesima quantità, ossia l'opposto del termine stesso):

$$3x^2 + 2x = 12 + 2x \xrightarrow[\text{è equivalente a}]{\text{(sommando } -2x)} 3x^2 = 12$$

- Si può sempre "spostare" un addendo da un membro all'altro purché lo si cambi di segno (in quanto ciò equivale ad aggiungere ai due membri l'opposto del termine):

$$9x^2 + 4 = -5x \xrightarrow[\text{è equivalente a}]{\text{(sommando } -4)} 9x^2 = -5x - 4$$

Moltiplicando o dividendo entrambi i membri di una equazione per la medesima espressione algebrica (purché sempre definita e diversa da zero) si ottiene un'equazione equivalente a quella data.

Indicando con A e B due espressioni algebriche *sempre definite* e con M una espressione algebrica *sempre definita* e *sempre diversa da zero*, si ha:

$$A = B \xrightarrow{\text{è equivalente a}} A \cdot M = B \cdot M \text{ e inoltre: } A = B \xrightarrow{\text{è equivalente a}} \frac{A}{M} = \frac{B}{M}$$

- Se i due membri hanno un fattore numerico comune, questo può essere soppresso (equivale a dividere ambo i membri per quel fattore):

$$9x + 6 = 12 + 3x \xrightarrow[\text{è equivalente a}]{\text{(dividendo per 3)}} 3x + 2 = 4 + x$$

- Moltiplicando i due membri per una espressione opportuna, si possono eliminare i denominatori dall'equazione (in quanto ciò equivale a moltiplicare ambo i membri per il m.c.m. dei denominatori):

$$\frac{4x-2}{3} = 3 + \frac{3x}{4} \xrightarrow[\text{è equivalente a}]{\text{(moltiplicando per 12)}} 16x - 8 = 36 + 9x$$

- Cambiando i segni di tutti i termini di una equazione se ne ottiene una equivalente (in quanto ciò equivale a moltiplicare per – 1):

$$-4x^2 + 2 = -5x \xrightarrow[\text{è equivalente a}]{\text{(moltiplicando per } -1)} 4x^2 - 2 = 5x$$

È possibile ora illustrare i passi necessari per portare un'equazione nella sua forma normale:

1. svolgere le eventuali operazioni indicate nella forma iniziale (come eliminazione delle parentesi o elevamenti a potenza);
2. eliminare gli eventuali denominatori (moltiplicando ambo i membri per il m.c.m. dei denominatori); se l'equazione è frazionaria si deve porre la condizione di esistenza del m.c.m. (per evitare l'annullamento del denominatore);
3. spostare tutti i termini nel primo membro sfruttando i principi di equivalenza;
4. ridurre i termini simili e ordinare il polinomio secondo le potenze decrescenti della x.

Per portare in forma normale l'equazione $\frac{(x-1)^2}{x} = 1$ occorre:

1. svolgere l'elevamento al quadrato: $\frac{x^2 - 2x + 1}{x} = 1$
2. porre la C.E. del denominatore (ossia C.E.: $x \neq 0$) ed eliminare il denominatore (moltiplicando ambo i membri per x): $x^2 - 2x + 1 = x$
3. spostare tutti i termini nel primo membro: $x^2 - 2x + 1 - x = 0$
4. ridurre i termini simili e ordinare il polinomio: $x^2 - 3x + 1 = 0$

4.2.9 | Equazioni intere di primo grado

Si chiamano anche equazioni **lineari** e (dopo averle ridotte in forma normale) sono equivalenti alla seguente forma generale:

$$ax + b = 0 \qquad [5]$$

Dopo aver spostato il termine noto a destra del segno di uguaglianza e supponendo che sia $a \neq 0$, è possibile dividere ambo i membri per a, ottenendo:

$$x = -\frac{b}{a} \qquad [6]$$

$$3x + 4 = 0 \rightarrow 3x = -4 \rightarrow x = -\frac{4}{3}$$

Dalla [6] discende che un'equazione intera di primo grado in una incognita $ax + b = 0$ **ammette sempre una e una sola soluzione nell'ipotesi che sia $a \neq 0$**: in tal caso si dice che l'equazione è *determinata*.
Se invece risulta $a = 0$, la [5] diventa:

$$0 \cdot x + b = 0 \quad \text{ossia:} \quad 0 \cdot x = -b$$

la quale risulta evidentemente **impossibile** se $b \neq 0$, **indeterminata** se $b = 0$.

- $3x + 3 = 4x - 10 \rightarrow -x = -13 \rightarrow x = 13$
  l'equazione è determinata;
- $\frac{x+1}{2} = x - \frac{2x+3}{4} \rightarrow \frac{2x+2}{4} = \frac{4x-2x-3}{4} \rightarrow 2x - 2x = -2 - 3 \rightarrow 0 \cdot x = -5$
  l'equazione è impossibile;
- $\frac{2x+5}{4} - 1 = \frac{x}{2} + \frac{1}{4} \rightarrow \frac{2x+5-4}{4} = \frac{2x+1}{4} \rightarrow 2x + 5 - 4 = 2x + 1 \rightarrow$
  $\rightarrow 2x - 2x = +1 - 5 + 4 \rightarrow 0 \cdot x = 0$
  l'equazione è indeterminata.

4.2.10 | Equazioni frazionarie di primo grado

La risoluzione delle equazioni frazionarie richiede di prestare attenzione alle condizioni di esistenza da porre affinché l'equazione non perda di significato e al fatto che tutte le soluzioni eventualmente trovate dovranno essere confrontate con le condizioni poste.

Per risolvere l'equazione:

$$\frac{x^2-3}{x+1} = x + \frac{2x}{x+1}$$

si comincia col porre le condizioni di esistenza dei denominatori:

$$\text{C.E.:} \quad x + 1 \neq 0 \rightarrow x \neq -1$$

a questo punto, calcolando il denominatore comune e riducendo a forma intera (moltiplicando ambo i membri per il denominatore comune che, dopo aver posto le C.E. è sicuramente diverso da zero) si ha:

$$\frac{x^2-3}{x+1} = \frac{x^2+x+2x}{x+1} \rightarrow x^2 - 3 = x^2 + x + 2x$$

$$\rightarrow x^2 - x^2 - 3x = 3 \rightarrow -3x = 3$$

per cui, dividendo per il coefficiente della x (ossia – 3) si ottiene:

$$-3x = 3 \rightarrow x = -1$$

La soluzione trovata è evidentemente inaccettabile, in quanto contrasta con la condizione di esistenza posta all'inizio. Si conclude quindi che l'equazione data è impossibile.

4.2.11 | Equazioni incomplete di secondo grado

La forma normale di un'equazione di secondo grado è:

$$ax^2 + bx + c = 0$$

Assumendo che sia $a \neq 0$ (altrimenti si avrebbe un'equazione di primo grado), se uno degli altri due parametri, b oppure c, è nullo, l'equazione viene detta *incompleta*. Si distinguono tre casi:

1° caso: $c = 0$ (il termine noto è nullo) $\rightarrow$ l'equazione si dice *spuria*:

$$ax^2 + bx = 0 \xrightarrow[\text{in fattori}]{\text{scomponendo}} x \cdot (ax + b) = 0 \xrightarrow[\text{lamento del prodotto}]{\text{per la legge dell'annul-}} \begin{cases} x_1 = 0 \\ x_2 = -\dfrac{b}{a} \end{cases}$$

dove x_1 e x_2 indicano le **due** soluzioni (ossia il massimo numero di soluzioni previsto dal teorema fondamentale dell'algebra per un'equazione di secondo grado).

Qualsiasi equazione intera priva di termine noto ammette la soluzione nulla $x = 0$.

2° caso: $b = 0 \rightarrow$ l'equazione si dice *pura*:

$$ax^2 + c = 0 \rightarrow x^2 = -\frac{c}{a} \xrightarrow[\text{brica di entrambi i membri}]{\text{estraendo la radice alge-}} x_{1,2} = \pm\sqrt{-\frac{c}{a}}$$

Per la realtà di tali soluzioni bisogna che sia $-c/a \geq 0 \rightarrow a$ e c discordi. In caso contrario, non esistono soluzioni reali.

3° caso: $b = 0$ e $c = 0 \rightarrow$ l'equazione viene detta *monomia*:

$$ax^2 = 0 \rightarrow x_{1,2} = 0 \text{ (soluzione doppia)}$$

4.2.12 | Equazioni complete di secondo grado

Se nessuno dei tre parametri a, b e c si annulla, l'equazione si dice *completa*:

$$ax^2 + bx + c = 0$$

le soluzioni sono date dalla *formula risolutiva*:

$$x_{1,2} = \frac{-b \pm \sqrt{b^2 - 4ac}}{2a}$$

Il segno del radicando $\Delta = b^2 - 4ac$ (detto *discriminante*) influenza la realtà delle radici:

se $\Delta > 0$ $\rightarrow$ le radici sono reali distinte;

se $\Delta = 0$ $\rightarrow$ le radici sono reali e coincidenti;

se $\Delta < 0$ $\rightarrow$ non esistono radici reali.

$$2x^2 - 6x + 1 = 0 \xrightarrow{\text{applicando la formula}} x_{1,2} = \frac{6 \pm \sqrt{36-8}}{4} = \frac{6 \pm 2\sqrt{7}}{4} = \frac{3 \pm \sqrt{7}}{2}$$

$$2x^2 - 8x + 8 = 0 \xrightarrow{\text{essendo } \Delta = 0} x_{1,2} = \frac{8 \pm \sqrt{64-64}}{4} = \frac{8 \pm 0}{4} = 2 \left(\begin{array}{c}\text{soluzione}\\ \text{doppia}\end{array}\right)$$

$$3x^2 - 5x + 4 = 0 \xrightarrow{\text{essendo } \Delta < 0} x_{1,2} = \frac{5 \pm \sqrt{25-48}}{6} = \frac{5 \pm \sqrt{-23}}{6} \left(\begin{array}{c}\text{nessuna}\\ \text{soluzione}\end{array}\right)$$

Se b è pari, si può usare la *formula ridotta*:

$$x_{1,2} = \frac{-b/2 \pm \sqrt{(b/2)^2 - ac}}{a} \xrightarrow{\text{se } k = b/2} x_{1,2} = \frac{-k \pm \sqrt{k^2 - ac}}{a}$$

PARTE TERZA

Siamo ora in grado di rispondere alle prime tre domande poste all'inizio del capitolo.

Quesito I. L'esercizio è facilmente risolubile "traducendo" il testo in un'equazione (di primo grado) nell'incognita N. Il testo dice che:

$$3N = 18 - 6$$

da cui segue:

$$3N = 12 \rightarrow N = 4 \quad \text{(risposta A)}$$

È opportuno fare una osservazione di carattere generale: le equazioni e i sistemi lineari rappresentano degli strumenti estremamente efficaci per la risoluzione di molti problemi per i quali si è spesso portati a procedere mentalmente. Il consiglio è dunque quello di impostare un'equazione o un sistema di equazioni ogni volta che il quesito lo consente.

Quesito II. Il metodo della verifica è il più rapido, ma volendo risolvere l'equazione frazionaria si ottiene:

$$\frac{3x+2}{x-4} - \frac{2-x}{x+1} = 3 + \frac{x+12}{x-4} \rightarrow \qquad \text{C.E.: } x \neq 4 \text{ e } x \neq -1$$

$$\rightarrow \frac{(3x+2)(x+1)-(2-x)(x-4)}{(x-4)(x+1)} = \frac{3(x-4)(x+1)+(x+12)(x+1)}{(x-4)(x+1)} \rightarrow$$

$$\rightarrow 3x^2+5x+2+x^2-6x+8 = 3x^2-9x-12+x^2+13x+12 \rightarrow (-5x) = -10 \rightarrow x = 2$$

La soluzione trovata è compatibile con le C.E. (ossia $x \neq 4$ e $x \neq -1$) per cui la risposta corretta è la B.

Quesito III. Un'equazione di secondo grado non ha soluzioni reali quando il suo discriminante è negativo (ossia $B^2 - 4AC < 0$) e, tra i casi elencati, questo avviene per $A > 0$, $B = 0$ e $C > 0$. La risposta corretta è la B.

4.2.13 | Equazioni frazionarie di secondo grado

Come per le equazioni frazionarie di primo grado, anche la risoluzione delle equazioni frazionarie di secondo grado richiede di prestare attenzione alle condizioni di esistenza da porre affinché i denominatori non si annullino e al fatto che tutte le soluzioni eventualmente trovate dovranno poi essere confrontate con le condizioni poste.

Per risolvere l'equazione:

$$\frac{3x-1}{x+1} - x = 0$$

si calcola il denominatore comune, si pone la condizione di esistenza (ossia C.E.: $x \neq -1$) e si riduce a forma intera:

$$\frac{3x-1}{x+1} - x = 0 \rightarrow -x^2+2x-1 = 0 \rightarrow x^2-2x+1 = 0 \rightarrow x_{1,2} = 1 \pm \sqrt{0} = 1$$

l'equazione ha dunque due radici reali coincidenti: la soluzione è accettabile in quanto non contrasta con la condizione di esistenza.

4.2.14 | Somma e prodotto delle radici di un'equazione di secondo grado

Data l'equazione di secondo grado $ax^2 + bx + c = 0$, se $\Delta \geq 0$ (ossia se il discriminante è non negativo), è possibile conoscere la somma s e il prodotto p delle radici x_1 e x_2 senza dover risolvere l'equazione stessa. Si ha infatti che:

$$s = x_1 + x_2 = -\frac{b}{a} \quad \text{e} \quad p = x_1 \cdot x_2 = \frac{c}{a}$$

$$2x^2 - 12x + 10 = 0 \rightarrow \begin{cases} s = x_1 + x_2 = -\frac{-12}{2} = 6 \\ p = x_1 \cdot x_2 = \frac{10}{2} = 5 \end{cases} \rightarrow \begin{cases} x_1 = 1 \\ x_2 = 5 \end{cases}$$

Risulta ora possibile determinare due numeri reali conoscendo la loro somma s e il loro prodotto p.

È infatti sufficiente risolvere l'equazione:

$$x^2 - sx + p = 0$$

Per trovare i due numeri la cui somma valga 5 e il cui prodotto valga – 14, occorre risolvere l'equazione:

$$x^2 - sx + p = 0 \quad \rightarrow \quad x^2 - 5x - 14 = 0 \quad \rightarrow \quad x_{1,2} = \frac{5 \pm \sqrt{25+56}}{2} = \frac{5 \pm 9}{2}$$

per cui i due numeri cercati sono:

$$x_1 = 7 \ \text{ e } \ x_2 = -2$$

Per determinare due numeri il cui prodotto è –6 e la cui somma è 1, quale delle seguenti equazioni si deve risolvere?

A $x^2 - 6x = 0$
B $x^2 - x - 6 = 0$
C $x^2 + x - 6 = 0$
D $x^2 - x + 6 = 0$
E $x^2 + x + 6 = 0$

Date le due soluzioni x_1 e x_2 di un'equazione determinata di secondo grado, indicando con s la loro somma:

$$s = x_1 + x_2$$

e con p il loro prodotto:

$$p = x_1 \cdot x_2$$

è possibile scrivere l'equazione di secondo grado nella forma:

$$x^2 - sx + p = 0$$

Pertanto per trovare i due numeri la cui somma valga 1 e il cui prodotto valga –6, occorre risolvere l'equazione:

$$x^2 - x - 6 = 0$$

La risposta esatta è quindi la B.

4.2.15 | Scomposizione di un trinomio di secondo grado in fattori

Il trinomio $ax^2 + bx + c$ è scomponibile tramite la relazione:

$$ax^2 + bx + c = a \cdot (x - x_1) \cdot (x - x_2)$$

dove x_1 e x_2 sono le due radici dell'equazione $ax^2 + bx + c = 0$.

Per scomporre in fattori il trinomio:

$$2x^2 + 2x - 4$$

si cercano le radici dell'equazione $2x^2 + 2x - 4 = 0$ tramite la formula risolutiva ridotta:

$$x_{1,2} = \frac{-1 \pm \sqrt{1+8}}{2} \rightarrow \begin{cases} x_1 = 1 \\ x_2 = -2 \end{cases}$$

da cui si ricava la scomposizione:

$$2x^2 + 2x - 4 = 2 \cdot (x - 1) \cdot (x + 2)$$

PARTE TERZA

4.2.16 | Regola di Cartesio

La *regola di Cartesio* consente di determinare il segno delle radici di un'equazione di secondo grado (purché *completa* e con *discriminante positivo*) senza dover risolvere l'equazione stessa. È opportuno però premettere la seguente definizione.

Si dice che i tre coefficienti a, b e c (dell'equazione generale $ax^2 + bx + c = 0$), considerati nell'ordine scritto, presentano una **permanenza** ogni volta che due coefficienti consecutivi hanno lo stesso segno, mentre presentano una **variazione** ogni volta che due coefficienti consecutivi hanno segni opposti.

A questo punto è possibile esporre la regola di Cartesio.

In una equazione di secondo grado completa, con discriminante positivo e scritta in forma normale, **a ogni permanenza** di segno nei coefficienti a, b, c, **corrisponde una soluzione negativa**, mentre **a ogni variazione corrisponde una soluzione positiva.**
Se l'equazione ha radici di segno opposto, la radice positiva ha il maggiore valore assoluto se la variazione precede la permanenza; viceversa, la radice negativa ha il maggiore valore assoluto se la permanenza precede la variazione.

$2x^2 + 3x + 1 = 0 \xrightarrow{\text{Cartesio}}$ due permanenze $\rightarrow$ due radici negative.

Infatti le due radici sono:

$$x_{1,2} = \frac{-3 \pm \sqrt{9-8}}{4} = \frac{-3 \pm \sqrt{1}}{4} = \frac{-3 \pm 1}{4} \rightarrow \begin{cases} x_1 = -1 \\ x_2 = -1/2 \end{cases}$$

$x^2 - 6x + 5 = 0 \xrightarrow{\text{Cartesio}}$ due variazioni $\rightarrow$ due radici positive.

Infatti le due radici sono:

$$x_{1,2} = \frac{6 \pm \sqrt{36-20}}{2} = \frac{6 \pm \sqrt{16}}{2} = \frac{6 \pm 4}{2} \rightarrow \begin{cases} x_1 = 5 \\ x_2 = 1 \end{cases}$$

$3x^2 + 3x - 18 = 0 \xrightarrow{\text{Cartesio}}$ una permanenza e una variazione $\rightarrow$ due radici di segno opposto.

Infatti le due radici sono:

$$x_{1,2} = \frac{-3 \pm \sqrt{9+216}}{6} = \frac{-3 \pm \sqrt{225}}{6} = \frac{-3 \pm 15}{6} = \frac{-1 \pm 5}{2} \rightarrow \begin{cases} x_1 = 2 \\ x_2 = -3 \end{cases}$$

In quest'ultimo caso, dal momento che la permanenza precede la variazione, la radice negativa ha il maggiore valore assoluto. Infatti:

$$|x_1| = |2| = 2 < |x_2| = |-3| = 3$$

4.2.17 | Equazioni di grado superiore al secondo

Per risolvere tali equazioni occorre, in generale, scomporre in fattori per poi sfruttare la regola dell'annullamento del prodotto.

Data l'equazione di terzo grado $x^3 - 5x^2 + 4x = 0$ si scompone in fattori con un raccoglimento a fattor comune e si applica la legge dell'annullamento del prodotto (§ 1.3):

$$x \cdot (x^2 - 5x + 4) = 0 \rightarrow \begin{cases} x_1 = 0 \\ x^2 - 5x + 4 = 0 \xrightarrow{\text{applicando la formula}} \begin{cases} x_2 = 1 \\ x_3 = 4 \end{cases} \end{cases}$$

In altri casi, può essere utile effettuare un cambio di variabili: per esempio, un'equazione di quarto grado può diventare di secondo grado se contiene solo le potenze pari dell'incognita (in questo caso l'equazione viene detta *biquadratica*).

Data l'equazione di quarto grado $x^4 - 5x^2 - 36 = 0$ ponendo $t = x^2$ la si trasforma in un'equazione di secondo grado

$$x^4 - 5x^2 - 36 = 0 \xrightarrow{\text{ponendo } t = x^2} t^2 - 5t - 36 = 0$$

$$\rightarrow \begin{cases} t_1 = -4 \rightarrow x^2 = -4 \rightarrow \text{nessuna radice reale in } x \\ t_2 = 9 \rightarrow x^2 = 9 \rightarrow x_{1,2} = \pm\sqrt{9} = \pm 3 \end{cases}$$

4.3 | Proporzioni

L'uguaglianza tra due rapporti è detta proporzione.

Dati a, b, c e d, con $b \neq 0$ e $d \neq 0$, se $a/b = c/d$ si ha la proporzione:

$$a : b = c : d$$

che si legge: "*a* sta a *b* come *c* sta a *d*".

a e *c* = *antecedenti* — *b* e *d* = *conseguenti*

a e *d* = *estremi* — *b* e *c* = *medi*

Vale la notevole relazione[1]:

$$a \cdot d = b \cdot c \qquad [7]$$

Il prodotto dei medi è uguale al prodotto degli estremi.

Esistono diversi tipi di problemi risolvibili mediante proporzioni.

Se 12 donne su 100 sono bionde, quante donne su 300 non sono bionde?
Si utilizza la proporzione:

$$12 : 100 = x : 300 \rightarrow x = \frac{300 \cdot 12}{100} = 36$$

dove x indica il numero di donne bionde su 300. Il numero di donne **non** bionde è quindi:

$$300 - x = 300 - 36 = 264$$

Un'automobile viaggia alla velocità di 90 km/h, percorrendo 12 km con ogni litro di benzina. Quanto tempo impiega per consumare un litro di benzina?
Vale la proporzione:

$$90 \text{ km} : 1 \text{ h} = 12 \text{ km} : x \text{ h} \rightarrow x = \frac{12}{90} \text{ h} = \frac{2}{15} \text{ h} = 8 \text{ minuti}$$

1. Insieme alla [7], valgono anche le seguenti relazioni di importanza minore:
$a : c = b : d$ — Proprietà del permutare
$b : a = d : c$ — Proprietà dell'invertire
$a \cdot n : b = c \cdot n : d \quad \frac{a}{n} : \frac{b}{n} = c : d \quad (n \neq 0)$ — Proprietà invariantiva
$(a \pm b) : (c \pm d) = a : c = b : d$ — Proprietà del comporre/scomporre

4.4 | Sistemi di equazioni

4.4.1 | Equazioni in due incognite e sistemi di equazioni

Si consideri un'equazione del tipo $ax + by = c$, ossia un'equazione di primo grado *in due incognite*, per esempio $2x + y = 0$: se si assegna all'incognita *x* un valore arbitrario (per esempio il valore 1) si ottiene una equazione *nella sola incognita y*. Risolvendola, si trova un valore numerico per l'incognita *y* (ossia – 2) che, insieme al valore arbitrario assegnato alla *y*, costituisce una soluzione dell'equazione di partenza.

Ovviamente, il procedimento sopra descritto può essere ripetuto all'infinito, assegnando via via valori arbitrari alla *x* e trovando, per ognuno di questi, il corrispondente valore per la *y*: ciascuna delle coppie di valori così trovate costituisce una diversa soluzione dell'equazione.

Questo ragionamento vale non soltanto per la particolare equazione considerata, ma per qualsiasi equazione in due incognite.

Un'equazione in due (o più) incognite ammette in generale **infinite soluzioni**, ciascuna delle quali è rappresentata da una coppia di valori (uno per la *x* e uno per la *y*).

$\begin{cases} x = 1 \\ y = -2 \end{cases}$ e $\begin{cases} x = 2 \\ y = -4 \end{cases}$ sono due delle infinite soluzioni dell'equazione $2x + y = 0$

$\begin{cases} x = 1 \\ y = 1 \end{cases}$ e $\begin{cases} x = 2 \\ y = 2 \end{cases}$ sono due delle infinite soluzioni dell'equazione $x - y = 0$

Si considerino ora **due** equazioni nelle stesse due incognite, per esempio $2x + y = 0$ e $x - y = 0$: ci si ponga il problema di trovare (se esiste) una soluzione *comune* alle due equazioni, ossia una coppia di valori che verifichi entrambe le equazioni.

L'insieme di due (o più) equazioni (nelle stesse incognite) delle quali si voglia trovare una soluzione comune **prende il nome di sistema di equazioni.**

4.4.2 | Soluzione di un sistema

Risolvere un sistema significa trovare la soluzione comune alle due (o più) infinità di soluzioni delle singole equazioni che compongono il sistema.

L'insieme delle coppie di valori numerici che soddisfano contemporaneamente tutte le equazioni costituenti il sistema prende il nome di **soluzione** del sistema.

La soluzione di un sistema è dunque contemporaneamente soluzione di ogni equazione costituente il sistema. Si tratta, in altre parole, di trovare l'intersezione fra gli insiemi delle soluzioni delle singole equazioni.

4.4.3 | Grado di un sistema

Il grado di un sistema è il **prodotto dei gradi delle equazioni** che lo costituiscono.

$\begin{cases} 3x + y = 1 & 1^\circ \text{ grado} \\ 2xy + x = 0 & 2^\circ \text{ grado} \end{cases} \rightarrow$ è un sistema di 2° grado.

I sistemi di primo grado vengono anche detti *sistemi lineari*.

$\begin{cases} x - 2y = 0 & 1^\circ \text{ grado} \\ 3x + 2y = 8 & 1^\circ \text{ grado} \end{cases} \rightarrow$ è un sistema di 1° grado, ossia lineare.

4.4.4 | Metodi risolutivi dei sistemi lineari

Esistono tre diversi metodi risolutivi dei sistemi di equazioni: *sostituzione, confronto* e *riduzione*. Per ognuno di questi si mostra la risoluzione *passo-passo* applicata al sistema:

$$\begin{cases} x-2y=0 \\ 3x+2y=8 \end{cases}$$

- **Sostituzione**: consiste nel ricavare da una delle equazioni (per esempio dalla prima) una delle incognite (per esempio la x), quindi sostituire l'espressione trovata nell'altra equazione.

$$\begin{cases} x=2y \\ 3x+2y=8 \end{cases} \rightarrow \begin{cases} x=2y \\ 3\cdot(2y)+2y=8 \end{cases} \rightarrow \begin{cases} x=2y \\ 8y=8 \end{cases} \rightarrow \begin{cases} x=2y \\ y=1 \end{cases} \rightarrow \begin{cases} x=2 \\ y=1 \end{cases}$$

- **Confronto**: consiste nel risolvere entrambe le equazioni rispetto alla stessa incognita (per esempio la y), per poi confrontare le due espressioni trovate.

$$\begin{cases} x-2y=0 \\ 3x+2y=8 \end{cases} \rightarrow \begin{cases} y=x/2 \\ y=\dfrac{8-3x}{2} \end{cases} \rightarrow \begin{cases} y=x/2 \\ \dfrac{x}{2}=\dfrac{8-3x}{2} \end{cases} \rightarrow \begin{cases} y=x/2 \\ 4x=8 \end{cases} \rightarrow \begin{cases} x=2 \\ y=x/2 \end{cases} \rightarrow \begin{cases} x=2 \\ y=1 \end{cases}$$

- **Riduzione**: consiste nel sommare (o sottrarre) membro a membro le due equazioni in modo da far "scomparire" una delle due incognite.

$$\begin{cases} x-2y=0 \\ 3x+2y=8 \end{cases} \rightarrow \begin{cases} x-2y=0 \\ 3x+2y=8 \end{cases} \rightarrow \begin{cases} 4x=8 \\ x-2y=0 \end{cases} \rightarrow \begin{cases} x=2 \\ y=x/2 \end{cases} \rightarrow \begin{cases} x=2 \\ y=1 \end{cases}$$

$$4x+0=8$$

4.4.5 | Carattere dei sistemi lineari

Un sistema lineare (ossia un sistema di primo grado) può essere:

- possibile
  - determinato ⟷ una soluzione
  - indeterminato ⟷ infinite soluzioni
- impossibile ⟷ nessuna soluzione

Non esiste un sistema lineare con due o tre soluzioni!

Dato un sistema lineare di due equazioni in due incognite:

$$\begin{cases} a_1x+b_1y=c_1 \\ a_2x+b_2y=c_2 \end{cases}$$

è possibile stabilirne il carattere (ossia determinare se sia determinato, indeterminato o impossibile) ancora prima di risolverlo. Si possono presentare i seguenti tre casi:

1. $a_1/a_2 \neq b_1/b_2$ → il sistema è determinato (quindi risolubile tramite uno dei metodi mostrati nel paragrafo precedente);
2. $a_1/a_2 = b_1/b_2 = c_1/c_2$ → il sistema è indeterminato;
3. $a_1/a_2 = b_1/b_2 \neq c_1/c_2$ → il sistema è impossibile.

Siamo ora in grado di rispondere anche all'ultimo dei quattro quesiti posti all'inizio del capitolo

Quesito IV. Dato che $\dfrac{a_1}{a_2}=\dfrac{b_1}{b_2}=\dfrac{c_1}{c_2}=\dfrac{1}{2}$ il sistema è indeterminato (risposta **C**).

Ripassa da qui

Teorema fondamentale dell'algebra

- Un'equazione algebrica determinata di grado n ammette al massimo n soluzioni nell'insieme dei numeri reali, alcune delle quali potrebbero coincidere.

Principi di equivalenza delle equazioni

- Aggiungendo o sottraendo a entrambi i membri di un'equazione una stessa espressione o uno stesso numero, si ottiene un'equazione equivalente alla data.

$$a(x) \pm c(x) = b(x) \pm c(x) \quad \leftrightarrow \quad a(x) = b(x)$$

Da ciò si deduce che in un'equazione è possibile trasportare da un membro all'altro un termine purché lo si cambi di segno.

$$a(x) = b(x) \quad \leftrightarrow \quad a(x) - b(x) = 0$$

- Moltiplicando o dividendo entrambi i membri di un'equazione per un'espressione non nulla o per un numero diverso da 0, si ottiene un'equazione equivalente alla data.

$$a(x) \cdot c(x) = b(x) \cdot c(x) \quad \leftrightarrow \quad a(x) = b(x)$$

$$\frac{a(x)}{c(x)} = \frac{b(x)}{c(x)} \quad \leftrightarrow \quad a(x) = b(x) \quad \text{con } c(x) \neq 0$$

Da ciò si deduce che in un'equazione è possibile cambiare segno a tutti i termini.

$$a(x) = b(x) \quad \leftrightarrow \quad -a(x) = -b(x)$$

Equazioni di 1° grado

- Si chiamano anche equazioni lineari e sono equivalenti alla seguente forma generale:

$$ax + b = 0 \text{ con } a, b \in \mathbb{R}$$

Si possono presentare i casi seguenti:

- se $a \neq 0$ l'equazione è determinata e ammette un'unica soluzione: $x = -\dfrac{b}{a}$
- se $a = 0$ e $b \neq 0$ l'equazione è impossibile;
- se $a = 0$ e $b = 0$ l'equazione è indeterminata.

Equazioni di 2° grado

- Si chiamano anche equazioni quadratiche e sono equivalenti alla seguente forma generale:

$$ax^2 + bx + c = 0 \text{ con } a, b, c \in \mathbb{R} \text{ e } a \neq 0$$

Il segno del binomio $b^2 - 4ac$ (indicato con la lettera greca Δ e detto **discriminante**) influenza la realtà delle soluzioni che risultano uguali a:

- **Formula risolutiva generale**

$$x_{1,2} = \frac{-b \pm \sqrt{\Delta}}{2a}$$

- Formula risolutiva ridotta (valida se b è pari)

$$x_{1,2} = \frac{-b/2 \pm \sqrt{\Delta/4}}{a}$$

Pertanto si conclude che:

- se $\Delta > 0$ l'equazione ha due soluzioni reali distinte;
- se $\Delta = 0$ l'equazione ha due soluzioni reali coincidenti;
- se $\Delta < 0$ l'equazione **non** ha alcuna soluzione reale.

MATEMATICA

Quesiti svolti

1 L'equazione $1 + x = e^x$ è soddisfatta per:

A $x = -\infty$
B $x = 1$
C $x = -1$
D $x = 0$
E non è mai soddisfatta

Si tratta di un'equazione non risolubile elementarmente. Non esiste, in altre parole, per tale equazione un metodo risolutivo paragonabile all'utilizzo della formula risolutiva per le equazioni di secondo grado. In questo caso è dunque più che mai consigliabile utilizzare il metodo della verifica esposto nella parte teorica di questo capitolo. Ricordando che, indipendentemente dal valore della base, una potenza con esponente uguale a zero è uguale a uno, si verifica immediatamente la correttezza della risposta D.

2 Risolvere l'equazione $|x-2| = 3$.

A $x = 5$
B $x = 1$
C $x = -1$
D $x = 5$ e $x = -1$
E $x = -2$

È consigliabile utilizzare il metodo della verifica. Il valore $x = 5$ della risposta A soddisfa l'equazione proposta ma non rappresenta la soluzione dell'equazione: infatti, per soluzione di una equazione in x si intende l'insieme tutti e soli i valori di x che soddisfano l'equazione.
La risposta esatta è solo la D in quanto contiene **tutti** i valori di x ($x = 5$ e $x = -1$) che soddisfano l'equazione $|x-2| = 3$. Si riportano comunque i passaggi della soluzione tradizionale.

Ricordando che $|x-2| = \begin{cases} x-2 & \text{se } x-2 \geq 0 \\ -(x-2) & \text{se } x-2 < 0 \end{cases}$ si devono considerare i due sistemi:

$$\begin{cases} x-2 \geq 0 \\ x-2 = 3 \end{cases} \rightarrow \begin{cases} x \geq 2 \\ x = 5 \end{cases} \rightarrow \text{soluzione accettabile} \quad \text{e} \quad \begin{cases} x-2 < 0 \\ -x+2 = 3 \end{cases} \rightarrow \begin{cases} x < 2 \\ x = -1 \end{cases} \rightarrow \text{soluzione accettabile}$$

per cui la risposta corretta è nuovamente la D.

3 L'equazione:

$$(2-3k)x^2 + 2(k-1)x + k = 0 \quad \text{con } k \neq \frac{2}{3}$$

ha due soluzioni reali coincidenti per:

A $k = -\frac{1}{2}$
B $k = \frac{1}{2}$
C $k = 2$
D $k = 0$
E per nessun valore di k

Perché l'equazione data (parametrica di 2° grado) abbia due radici reali coincidenti, il suo discriminante deve essere nullo, cioè:

$$\frac{\Delta}{4} = 0 \rightarrow (k-1)^2 - (2-3k)k = 0 \rightarrow 4k^2 - 4k + 1 = 0 \rightarrow (2k-1)^2 = 0 \rightarrow k = \frac{1}{2}$$

per cui la risposta esatta è la **B**.

---

4 **Le radici dell'equazione $2x^2 + (m^2 + 1)x - 3 = 0$, con m parametro reale, sono:**

- **A** entrambe positive
- **B** una positiva (la maggiore in modulo) e una negativa
- **C** una negativa (la maggiore in modulo) e una positiva
- **D** per rispondere occorre conoscere il valore di m
- **E** nessuna delle precedenti

Si osserva in primo luogo che la quantità $(m^2 + 1)$, coefficiente del termine di primo grado, è sicuramente positiva quindi, applicando la regola di Cartesio, si osservano una permanenza e una variazione, ossia una radice negativa e una positiva. A questo punto, per scegliere fra la risposta **B** e la **C**, occorre ricordare la regola riguardante la somma delle radici di una equazione:

$$x_1 + x_2 = -\frac{b}{a}$$

che, applicata all'equazione proposta dal quesito, conduce al seguente risultato:

$$x_1 + x_2 = -\frac{m^2+1}{2} < 0$$

per cui la somma delle radici è negativa, quindi la radice maggiore in modulo è quella negativa (risposta **C**).

---

5 **Il triplo di una lunghezza più la sua metà vale il suo quadruplo meno 50 cm. Quanto vale la lunghezza?**

- **A** 1 m
- **B** 1/2 m
- **C** 200 cm
- **D** 150 cm
- **E** 50,5 cm

Chiamando x la lunghezza incognita e traducendo la relazione data dal testo del problema in un'equazione, si ha:

$$3x + \frac{1}{2}x = 4x - 50 \text{ cm}$$

Risolvendo questa equazione di primo grado in x, si ottiene:

$$3x + \frac{1}{2}x - 4x = -50 \text{ cm} \rightarrow -\frac{1}{2}x = -50 \text{ cm} \rightarrow x = 100 \text{ cm}$$

Convertendo i centimetri in metri, si ricava che la risposta esatta è la **A**.

Si consiglia di impostare un'equazione o un sistema di equazioni ogni volta che il quesito lo consente.

---

6 **In occasione di un esame due aule, A e B, sono occupate rispettivamente al 70% ed al 90% della loro capienza. Prima dell'inizio della prova si trasferiscono 13 studenti dell'aula B all'aula A. A questo punto l'aula A risulta occupata al 75% e l'aula B all'80%. Qual è il numero totale di studenti?**

A 299 **B** 300 **C** 245 **D** 70 **E** 291

MATEMATICA

Indicando con *a* la capienza dell'aula A e con *b* quella dell'aula B, dal testo si ricavano le due equazioni:

$$\frac{70}{100}a + 13 = \frac{75}{100}a$$
$$\frac{90}{100}b - 13 = \frac{80}{100}b$$

che risolte:

$$\frac{75}{100}a - \frac{70}{100}a = 13 \rightarrow \frac{5}{100}a = 13 \rightarrow a = 260$$
$$\frac{90}{100}b - \frac{80}{100}b = 13 \rightarrow \frac{10}{100}b = 13 \rightarrow b = 130$$

danno per l'aula A una capienza di 260 posti e per l'aula B una capienza di 130 posti.

Il numero degli studenti che si sono presentati all'esame è uguale a:

$$\frac{70}{100}a + \frac{90}{100}b = \frac{70}{100} \cdot 260 + \frac{90}{100} \cdot 130 = 182 + 117 = 299$$

La risposta esatta è la **A**.

---

7 **Su una speciale carta geografica 8 centimetri rappresentano una distanza di 5 chilometri nella realtà. Quindi, su quella carta, quanto distano in centimetri due punti che nella realtà si trovano a 11 chilometri fra loro?**

A 16,8 **B** 17 **C** 17,2 **D** 17,6 **E** 18

Per rispondere al quesito è sufficiente impostare una proporzione:

$$8 \text{ cm} : 5 \text{ km} = X \text{ cm} : 11 \text{ km}$$

Ricordando che in una proporzione il prodotto dei medi è uguale al prodotto degli estremi si ricava:

$$X = \frac{8 \text{ cm} \cdot 11 \text{ km}}{5 \text{ km}} = \frac{88}{5} \text{ cm} = 17{,}6 \text{ cm}$$

La risposta corretta è quindi la **D**.

---

8 **L'equazione nell'incognita reale *x*:**

$$\frac{x^2 - 3x}{3 - x} = -2$$

A non ha soluzioni
B ha l'unica soluzione $x = 3$
C ha un'unica soluzione la quale è diversa da 3
D ha due soluzioni
E ha più di due soluzioni

Dopo aver posto la condizione di esistenza del denominatore:

$$\text{C.E.: } x \neq 3$$

l'equazione può essere riscritta come:

$$\frac{x^2 - 3x}{3 - x} = -2 \rightarrow \frac{x(x-3)}{3-x} = -2 \rightarrow -\frac{x(x-3)}{x-3} = -2 \rightarrow -x = -2 \rightarrow x = 2$$

dove è stato possibile semplificare il denominatore proprio grazie alla condizione di esistenza. Si conclude che l'equazione ha un'unica soluzione, ossia $x = 2$ quindi diversa da 3: risposta **C**.

9 **Fra tre anni Matteo avrà il doppio dell'età che Sara aveva tre anni fa, mentre ora il quadruplo degli anni di lui è pari al quintuplo degli anni di lei.**

Quale delle seguenti affermazioni è vera?

- **A** Per conoscere le età di Sara e Matteo ci vuole un ulteriore dato
- **B** Si può dedurre che Sara è più vecchia di Matteo
- **C** Fra un anno Sara avrà tanti anni quanti ne aveva Matteo un anno fa
- **D** Si possono dedurre le età di Sara e di Matteo
- **E** I due hanno la stessa età

Indicando con *x* l'età di Matteo e con *y* quella di Sara, il testo dell'esercizio, in formule, equivale al sistema:

$$\begin{cases} x+3 = 2(y-3) \\ 4x = 5y \end{cases} \rightarrow \begin{cases} x-2y = -9 \\ 4x-5y = 0 \end{cases}$$

Dal momento che tale sistema è determinato, è possibile calcolarne la soluzione, quindi determinare i valori delle età di Sara e Matteo.

La risposta corretta è la **D**.

10 **L'insieme delle soluzioni del sistema:**

$$\begin{cases} (\boldsymbol{x}-\mathbf{1})^{\mathbf{2}}+\boldsymbol{y}^{\mathbf{2}} \leq \mathbf{1} \\ |\boldsymbol{x}| \leq \mathbf{1} \end{cases}$$

- **A** è simmetrico rispetto all'asse *y*
- **B** è simmetrico rispetto all'asse *x*
- **C** è simmetrico rispetto all'origine
- **D** contiene solamente punti con coordinata *y* non negativa
- **E** nessuna delle precedenti alternative è corretta

La prima disequazione del sistema rappresenta una circonferenza di centro C(1; 0) e raggio $r = 1$, mentre la seconda, che equivale alla doppia disequazione $-1 \leq x \leq 1$, indica la striscia di piano compresa tra le rette verticali di equazione $x = -1$ e $x = 1$.

Riportando tali indicazioni su un piano cartesiano, e considerando solo l'intersezione delle due rappresentazioni, poiché le soluzioni devono essere valide per entrambe le disequazioni del sistema, si ottiene:

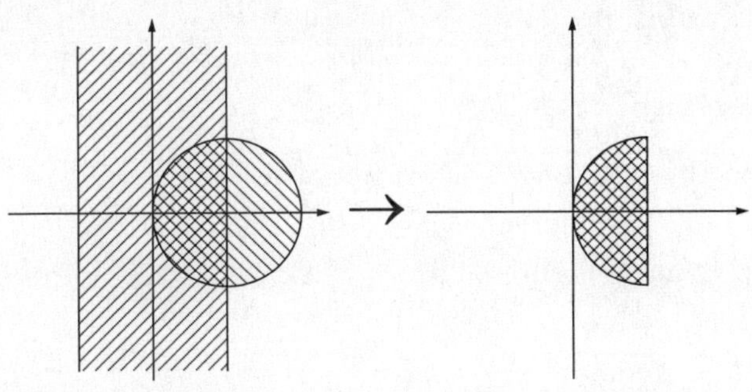

Poiché l'insieme caratterizzato dal doppio tratto è simmetrico rispetto all'asse delle *x*, la risposta esatta è la **B**.

MATEMATICA

11 **Il sistema di due equazioni in due incognite** $\begin{cases} x + y = 1 \\ 2x + 2y = 4 \end{cases}$ **è:**

- **A** risolubile solo per $x = 0$ e $y = x$
- **B** indeterminato
- **C** impossibile
- **D** risolubile per ogni valore di x
- **E** risolubile per ogni valore di y

Le due equazioni costituenti il sistema hanno i coefficienti delle variabili in proporzione. Moltiplicando per 2 entrambi i membri della prima equazione il sistema diventa:

$$\begin{cases} 2x + 2y = 2 \\ 2x + 2y = 4 \end{cases}$$

Essendo uguali i primi membri delle due equazioni, lo dovrebbero essere anche i secondi membri; si conclude che il sistema è impossibile (risposta **C**). Alternativamente è anche possibile osservare che il rapporto tra i coefficienti delle incognite vale $1/2$ mentre il rapporto tra i termini noti vale $1/4$. Il sistema proposto è quindi impossibile.

12 **Il polinomio $x^2 - 3x + 2$ si scompone in:**

- **A** $(x^2 - 3)\,x$
- **B** $(x + 3)\,(x - 2)$
- **C** $(x - 2)\,(x - 1)$
- **D** non è scomponibile
- **E** $(x + 1)\,(x + 2)$

Un trinomio di secondo grado del tipo $x^2 + bx + c$ può essere scomposto in fattori utilizzando la regola seguente (§ 4.2.15):

$$x^2 + bx + c = (x + x_1) \cdot (x + x_2)$$

dove x_1 e x_2 sono i due numeri la cui somma vale b e il cui prodotto vale c. Nell'esempio in questione, si tratta di trovare la coppia di numeri reali la cui somma vale -3 e il cui prodotto vale $+2$. I due numeri sono -2 e -1 e il trinomio si scompone in $(x - 2) \cdot (x - 1)$ (risposta **C**).

5 | Disequazioni

Mettiti alla prova

I **La disuguaglianza $|x+1| < x$, con x numero reale:**

A è verificata se $x < 0$
B è verificata se e solo se $x > 0$
C è verificata se $x > -1$
D non è mai verificata
E è verificata se $0 < x < 1$

II **Dire per quali valori di x vale la disequazione $\frac{x-a}{x-b} > 0$ con $a > b > 0$.**

A Per $x > a$
B Per $x < b$
C Per $b < x < a$
D Per $x > a$ e $x < b$
E Per $x < a$ e $x > b$

III **Risolvere la disequazione: $(2x + x^2 + 1)/(x^2 - 1) > 0$.**

A $x > 0$
B $x < -1$ e $x > 1$
C $-1 < x < 1$
D $x < 0$
E x qualunque

IV **Risolvere il seguente sistema di disequazioni $\begin{cases} x-1>0 \\ -2-x<0 \end{cases}$.**

A $x < -2$ e $x > 1$
B $x > 1$
C $-2 < x < 1$
D Il sistema è impossibile
E $x > -2$

MATEMATICA

Ecco le risposte esatte dei 4 quesiti proposti: I **D**, II **D**, III **B**, IV **B**.

5.1 | Disequazioni

Una disuguaglianza tra due espressioni algebriche letterali **verificata solo per alcuni valori numerici assegnati alle lettere** prende il nome di **disequazione.**

Risolvere una disequazione significa trovare **tutti** i valori dell'incognita che la soddisfano.

Le soluzioni di una disequazione sono quindi **tutti** i valori dell'incognita (di solito infiniti) che, sostituiti nella disequazione, la rendono una disuguaglianza vera.

5.1.1 | Rappresentazione grafica della soluzione di una disequazione

Come si vedrà dai successivi esempi, in generale una disequazione è (a differenza di una equazione) verificata da una **infinità** di valori numerici, per esempio:

- da tutti i valori di x minori strettamente di un certo numero a, ossia $x < a$: l'appartenenza a tale intervallo può anche essere scritto nella forma $x \in (-\infty; a)$;
- da tutti i valori di x maggiori o uguali di un certo numero b, ossia $x \geq b$ oppure $x \in [b; +\infty)$;
- da tutti i valori di x compresi tra due numeri c (escluso) e d (compreso), ossia $c < x \leq d$ oppure $x \in (c; d]$.

Nella pratica, è molto utile rappresentare *graficamente* la soluzione di una disequazione, indicando su di una retta (che rappresenta l'insieme di tutti i numeri reali) quali valori soddisfano la disequazione e quali no. Si osservino i seguenti tre esempi, dove le soluzioni sono individuate graficamente da segmenti:

$x > -1$ →

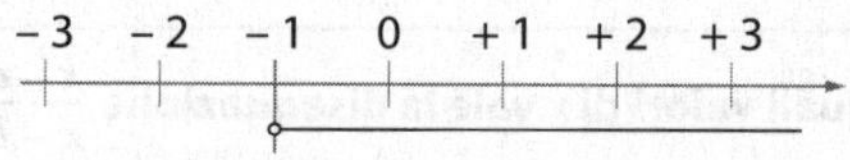

$x \leq +2$ →

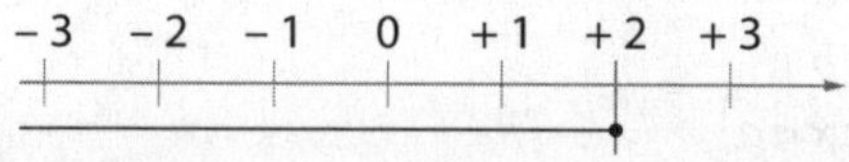

$-2 < x \leq +1$ →

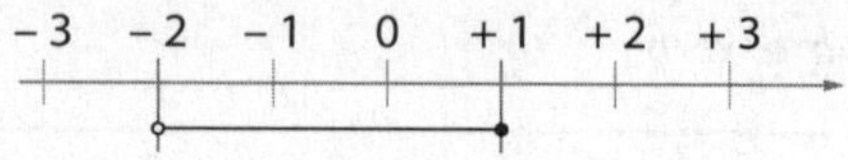

5.1.2 | Disequazioni e metodo della verifica

Poiché una disequazione è, in generale, verificata da una infinità di valori numerici, il metodo della verifica non è applicabile.

Risolvere la seguente disequazione: $2x + 1 \geq 0$

A $x \leq -2$
B $x \geq 0$
C $x > -1/2$
D $x \geq -1/2$
E $x \geq -2$

Mentre la prima e l'ultima risposta non soddisfano la disequazione, le altre tre la soddisfano, eppure la sola risposta corretta è la **D**. La soluzione di una disequazione è, infatti, l'insieme di **tutti** e soli i valori dell'incognita che la soddisfano.

In altre parole, le disequazioni vanno risolte in modo "tradizionale".

5.1.3 | Disequazioni equivalenti

Due disequazioni si dicono *equivalenti* quando ammettono la **stessa soluzione.**
Come per le equazioni, anche per risolvere le disequazioni è importante conoscere i principi di equivalenza che consentono di trasformare una disequazione in un'altra a essa equivalente.

Aggiungendo ad ambedue i membri di una disequazione la medesima espressione algebrica si ottiene una disequazione equivalente a quella data.

Indicando con A, B e K tre espressioni algebriche *sempre definite*, si ha:

$$A > B \xrightarrow{\text{è equivalente a}} A + K > B + K$$

$x - 3 > 0 \xrightarrow[\text{è equivalente a}]{\text{(sommando + 3)}} x > 3$ quindi, come per le equazioni, è possibile spostare un termine da un membro all'altro, purché lo si cambi di segno.

Moltiplicando o dividendo entrambi i membri di una disequazione per la medesima espressione algebrica sempre definita e sempre positiva si ottiene una disequazione dello stesso verso ed equivalente a quella data.

Indicando con A e B due espressioni algebriche *sempre definite* e con K una espressione algebrica *sempre definita* e **sempre positiva** si ha:

$$\text{se } K > 0: \quad A > B \xrightarrow{\text{è equivalente a}} A \cdot K > B \cdot K \text{ e inoltre } A > B \xrightarrow{\text{è equivalente a}} \frac{A}{K} > \frac{B}{K}$$

$2x > 3 \xrightarrow[\text{è equivalente a}]{\text{(dividendo per 2)}} x > \frac{3}{2}$: la disequazione mantiene lo stesso verso.

Moltiplicando o dividendo entrambi i membri di una disequazione per la medesima espressione algebrica sempre definita e sempre negativa si ottiene una disequazione di verso opposto ed equivalente a quella data.

Indicando con A e B due espressioni algebriche *sempre definite* e con K una espressione algebrica *sempre definita* e **sempre negativa** si ha:

$$\text{se } K < 0: \quad A > B \xrightarrow{\text{è equivalente a}} A \cdot K < B \cdot K \text{ e inoltre } A > B \xrightarrow{\text{è equivalente a}} \frac{A}{K} < \frac{B}{K}$$

$-5x > 7 \xrightarrow[\text{è equivalente a}]{\text{(dividendo per – 5)}} x < -\frac{7}{5}$: la disequazione cambia verso.

5.1.4 | Disequazioni intere di primo grado

Una disequazione intera di primo grado può sempre essere ricondotta (tramite le proprietà viste nel paragrafo precedente) a una delle forme seguenti:

$$ax + b > 0 \quad \text{oppure} \quad ax + b < 0 \qquad [8]$$

applicando ancora le proprietà viste nel paragrafo precedente si ha:

$$ax > -b \rightarrow \begin{cases} x > -\frac{b}{a} & \text{se } a > 0 \\ x < -\frac{b}{a} & \text{se } a < 0 \end{cases} \quad \text{oppure} \quad ax < -b \rightarrow \begin{cases} x < -\frac{b}{a} & \text{se } a > 0 \\ x > -\frac{b}{a} & \text{se } a < 0 \end{cases} \qquad [9]$$

$2x + 1 > 0 \rightarrow 2x > -1 \rightarrow x > -\frac{1}{2}$

$3 - 4x < 0 \rightarrow -4x < -3 \rightarrow x > +\frac{3}{4}$

MATEMATICA

5.1.5 | Segno di un prodotto o di un quoziente

Prima di analizzare le disequazioni frazionarie è utile studiare come si comporta il segno di un prodotto o di un quoziente di due espressioni algebriche.

Siano A e B due espressioni algebriche *sempre definite*. Allora, per quanto riguarda il prodotto si ricava:

$$A \cdot B > 0 \leftrightarrow \text{A e B sono concordi} \qquad A \cdot B < 0 \leftrightarrow \text{A e B sono discordi}$$

e analogamente per il quoziente si ha:

$$\frac{A}{B} > 0 \leftrightarrow \text{A e B sono concordi} \qquad \frac{A}{B} < 0 \leftrightarrow \text{A e B sono discordi}$$

Per cui si ricava che:

$$A \cdot B > 0 \leftrightarrow \frac{A}{B} > 0 \leftrightarrow \text{A e B sono concordi}$$

$$A \cdot B < 0 \leftrightarrow \frac{A}{B} < 0 \leftrightarrow \text{A e B sono discordi}$$

5.1.6 | Disequazioni frazionarie di primo grado

Una disequazione viene detta **frazionaria** quando **l'incognita compare al denominatore.**

Il metodo seguito per risolvere le equazioni frazionarie (ossia trovare le Condizioni di Esistenza, quindi eliminare i denominatori moltiplicando ambo i membri per il denominatore comune) non è purtroppo applicabile anche alle disequazioni, in quanto, per poter moltiplicare per il denominatore comune occorre tener conto del suo segno.

Per evitare di dover considerare i due possibili casi (ossia denominatore comune positivo e denominatore comune negativo) conviene procedere come nel seguente esempio.

Per risolvere una disequazione frazionaria si comincia col portare tutti i termini al primo membro, calcolando poi il denominatore comune e riducendo i termini simili:

$$\frac{2}{x-1} \geq -1 \rightarrow \frac{2}{x-1} + 1 \geq 0 \rightarrow \frac{2+x-1}{x-1} \geq 0 \rightarrow \frac{x+1}{x-1} \geq 0$$

Si cercano ora i valori di x che rendono concordi il numeratore e il denominatore. Per fare questo si deve *studiare il segno* di numeratore e denominatore: si comincia quindi col cercare i valori di x che rendono *positivi* numeratore e denominatore (ricordandosi di scartare per quest'ultimo gli eventuali zeri):

$$N \geq 0 \rightarrow x+1 \geq 0 \rightarrow x \geq -1$$

$$D > 0 \rightarrow x-1 > 0 \rightarrow x > 1$$

Questi risultati vengono rappresentati graficamente nel seguente diagramma, dove il tratto unito indica la positività, il tratteggio indica la negatività, il pallino pieno indica che il valore $x = -1$ deve essere incluso dalla soluzione, mentre il pallino vuoto indica che il valore $x = +1$ deve essere escluso dalla soluzione:

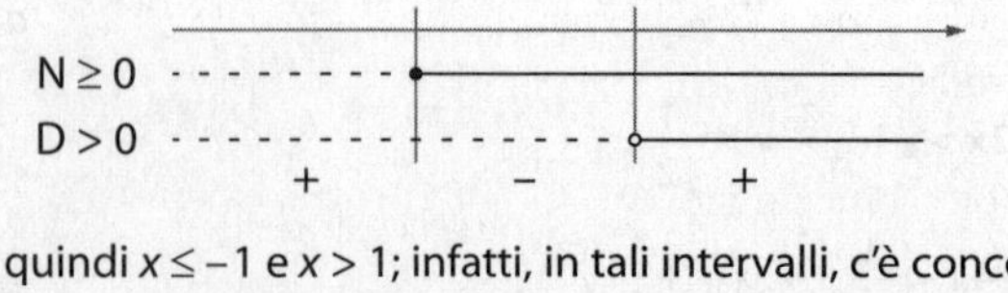

La soluzione cercata è quindi $x \leq -1$ e $x > 1$; infatti, in tali intervalli, c'è concordanza di segno fra il numeratore $(x+1)$ e il denominatore $(x-1)$.

Siamo ora in grado di rispondere alle prime due domande poste all'inizio del capitolo.

Quesito I. Se l'argomento del valore assoluto è maggiore o uguale a zero, la disequazione è equivalente al sistema:

$$\begin{cases} x+1 \geq 0 \\ x+1 < x \end{cases} \rightarrow \begin{cases} x+1 \geq 0 \\ 1 < 0 \end{cases} \rightarrow \text{impossibile}$$

similmente, se l'argomento è minore di zero si ha:

$$\begin{cases} x+1 < 0 \\ -x-1 < x \end{cases} \rightarrow \begin{cases} x < -1 \\ 2x > -1 \end{cases} \rightarrow \begin{cases} x < -1 \\ x > -1/2 \end{cases} \rightarrow \text{impossibile}$$

La disequazione quindi non è mai verificata (risposta **D**).

Quesito II. Si cercano i valori di x che rendono concordi il numeratore e il denominatore:

$$\begin{matrix} N > 0 \\ D > 0 \end{matrix} \rightarrow \begin{matrix} x-a > 0 \\ x-b > 0 \end{matrix} \rightarrow \begin{matrix} x > a \\ x > b \end{matrix}$$

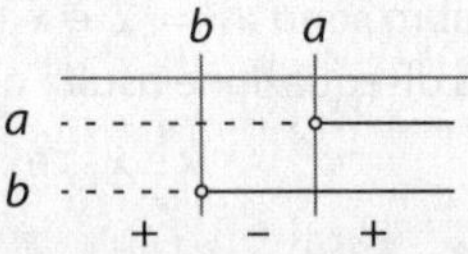

prestando attenzione al posizionamento di a e b sulla retta reale (ossia ricordando che $b < a$) si ricava che la soluzione è $x < b$ e $x > a$ (risposta **D**).

5.1.7 | Segno di un trinomio di secondo grado e disequazioni

Le disequazioni di secondo grado (in forma normale) si presentano nelle seguenti forme:

$$ax^2 + bx + c > 0 \quad \text{oppure} \quad ax^2 + bx + c < 0 \qquad [10]$$

Senza ledere la generalità si può assumere $a > 0$ (in caso contrario, è sufficiente moltiplicare entrambi i membri per – 1 e cambiare verso alla disequazione). In tale circostanza, risolvere una delle due disequazioni [10] equivale a *studiare il segno* del trinomio di secondo grado $ax^2 + bx + c$.

Sia $\Delta = b^2 - 4ac$ il discriminante del trinomio: sotto l'ipotesi $a > 0$ si presentano i tre casi riportati nella tabella seguente.

	Radici del trinomio ax^2+bx+c	$ax^2+bx+c>0$ **è soddisfatta da:**	$ax^2+bx+c<0$ **è soddisfatta da:**
$\Delta > 0$	due radici distinte x_1 e x_2 con $x_1 < x_2$	$x < x_1$ e $x > x_2$	$x_1 < x < x_2$
$\Delta = 0$	due radici coincidenti $x_{1,2} = -b/2a$	$x \neq -b/2a$	non ammette soluzioni
$\Delta < 0$	nessuna radice reale	tutti i valori di x	non ammette soluzioni

Se la disequazione ammette l'uguaglianza (ossia non prevede una disuguaglianza stretta) e si presenta quindi in una delle nelle seguenti forme:

$$ax^2 + bx + c \geq 0 \quad \text{oppure} \quad ax^2 + bx + c \leq 0$$

sempre sotto l'ipotesi $a > 0$ la tabella precedente diventa:

	Radici del trinomio ax^2+bx+c	$ax^2+bx+c \geq 0$ **è soddisfatta da:**	$ax^2+bx+c \leq 0$ **è soddisfatta da:**
$\Delta > 0$	due radici distinte x_1 e x_2 con $x_1 < x_2$	$x \leq x_1$ e $x \geq x_2$	$x_1 \leq x \leq x_2$
$\Delta = 0$	due radici coincidenti $x_{1,2} = -b/2a$	tutti i valori di x	$x = -b/2a$
$\Delta < 0$	nessuna radice reale	tutti i valori di x	non ammette soluzioni

5.1.8 | Disequazioni intere di secondo grado

Applicando quanto visto nel paragrafo precedente (in particolare la tabella riassuntiva), risulta possibile risolvere le disequazioni intere di secondo grado.

Risolvere la seguente disequazione:

$$x^2 - x + 1 < 0$$

Essendo $\Delta = b^2 - 4ac = -3 < 0$, dalla prima tabella (ultima riga e ultima colonna) si ricava che la disequazione non ammette soluzioni.

Risolvere la seguente disequazione:

$$-x^2 + 5x - 6 \leq 0$$

Dopo aver moltiplicato entrambi i membri per – 1 e aver cambiato il verso della disuguaglianza (per rispettare la condizione $a > 0$), si ottiene la disequazione $x^2 - 5x + 6 \geq 0$. Le radici del trinomio a primo membro sono $x_1 = 2$ e $x_2 = 3$.

La soluzione della disequazione risulta quindi (penultima colonna della seconda tabella):

$$x \leq x_1 \;\text{ e }\; x \geq x_2 \;\rightarrow\; x \leq 2 \;\text{ e }\; x \geq 3$$

Risolvere la seguente disequazione:

$$x^2 - 3x + 2 < 0$$

Le radici del trinomio sono $x_1 = 1$ e $x_2 = 2$, per cui la soluzione è costituita dalle x comprese tra 1 e 2. Nella prima tabella (prima riga e ultima colonna) si legge infatti:

$$x_1 < x < x_2 \;\rightarrow\; 1 < x < 2$$

Ovviamente, si poteva anche scomporre il primo membro in fattori e studiarne il segno, pervenendo allo stesso risultato.

$$x^2 - 3x + 2 = (x-1)\cdot(x-2) \;\rightarrow\; \begin{cases} x - 1 > 0 \\ x - 2 > 0 \end{cases}$$

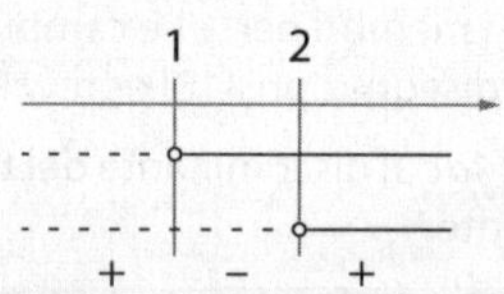

Siamo ora in grado di rispondere anche agli ultimi due quesiti posti all'inizio del capitolo.

Quesito III. Poiché le disequazioni vanno risolte in modo tradizionale è molto importante scegliere una "strada veloce".

In questo esercizio è sufficiente notare che il numeratore è un quadrato perfetto ($2x + x^2 + 1 = (x+1)^2$) per concludere che la disequazione è soddisfatta dai valori di x che rendono positivo il denominatore e non annullano il numeratore. Si tratta cioè di risolvere la disequazione di secondo grado $x^2 - 1 > 0$. L'equazione equivalente ammette le due radici $x = 1$ e $x = -1$: il binomio $x^2 - 1$ è positivo per valori esterni all'intervallo delle due radici.

La risposta corretta è dunque la **B**.

Quesito IV. Si cercano i valori di x che soddisfano contemporaneamente entrambe le disequazioni.

$$\begin{cases} x - 1 > 0 \\ -2 - x < 0 \end{cases} \rightarrow \begin{cases} x > 1 \\ -x < 2 \end{cases} \rightarrow \begin{cases} x > 1 \\ x > -2 \end{cases} \rightarrow$$

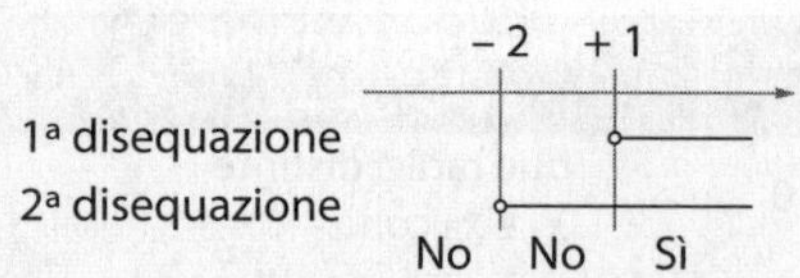

Per $x > 1$ entrambe le disequazioni sono soddisfatte; pertanto la soluzione del sistema è $x > 1$.

La risposta esatta è la **B**.

5.1.9 | Disequazioni frazionarie di secondo grado

Per risolvere una disequazione frazionaria di secondo grado si procede (come nel § 5.1.6) allo studio del segno di numeratore e denominatore, per poi verificare dove i segni siano concordi o discordi a seconda del verso della disequazione di partenza.

Per risolvere la seguente disequazione frazionaria:

$$\frac{x^2-2x}{x^2-1}<0$$

si cercano i valori di x che rendono discordi il numeratore e il denominatore. Per fare questo si studia il segno di numeratore e denominatore: si comincia sempre col cercare i valori di x che rendono *positivi* numeratore e denominatore. Il numeratore ammette due radici reali e distinte (ossia $x_1 = 0$ e $x_2 = 2$) ed è quindi positivo per valori esterni (ossia $x < 0$ e $x > 2$). Il denominatore ammette anch'esso due radici reali e distinte (ossia $x_1 = -1$ e $x_2 = +1$) ed è positivo per valori esterni (ossia $x < -1$ e $x > +1$). In forma grafica:

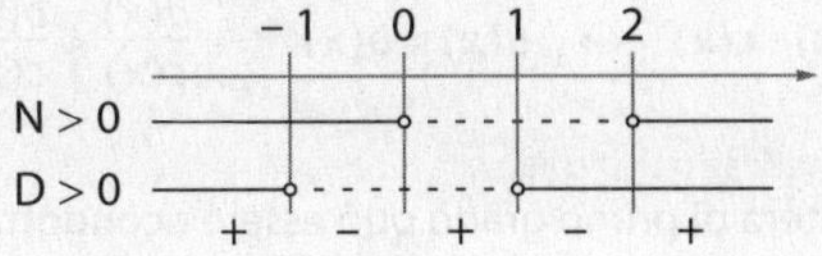

Negli intervalli (− 1, 0) e (1, 2) la frazione è negativa e la disequazione è quindi verificata: la soluzione cercata è pertanto $-1 < x < 0$ e $1 < x < 2$.

5.1.10 | Disequazioni di grado superiore al secondo

Le disequazioni di grado superiore al secondo si risolvono scomponendo in fattori il polinomio (di grado superiore al secondo) nel prodotto di due o più fattori (di primo o secondo grado).

Risolvere la seguente disequazione: $x^3 - 5x^2 + 4x > 0$.
Effettuando un raccoglimento a fattore comune, si ottiene: $x \cdot (x^2 - 5x + 4) > 0$.
Studiando il segno dei singoli fattori si ricava:

1° fattore > 0 per $x > 0$
2° fattore > 0 per $x < 1$ e $x > 4$

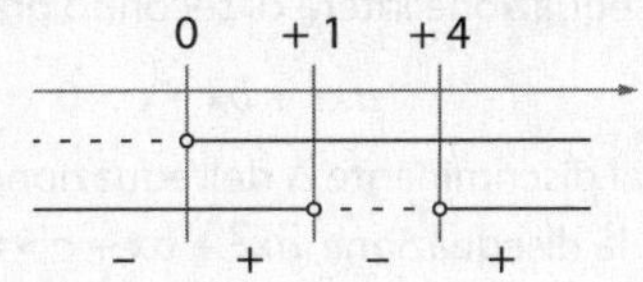

la soluzione della disequazione risulta dunque $0 < x < 1$ e $x > 4$.

Ripassa da qui

Principi di equivalenza delle disequazioni

- Moltiplicando o dividendo entrambi i membri di una disequazione per numero o un'espressione (sempre definita) **positiva** e mantenendo il verso della disuguaglianza, si ottiene una disequazione equivalente alla data. Se $c(x) > 0$:

$$a(x)\cdot c(x) < b(x)\cdot c(x) \quad \leftrightarrow \quad a(x) < b(x) \qquad \frac{a(x)}{c(x)} < \frac{b(x)}{c(x)} \quad \leftrightarrow \quad a(x) < b(x)$$

- Moltiplicando o dividendo entrambi i membri di una disequazione per numero o un'espressione (sempre definita) **negativa** si ottiene una disequazione equivalente alla data, purché si cambi il verso della disuguaglianza. Se $c(x) < 0$:

$$a(x)\cdot c(x) < b(x)\cdot c(x) \quad \leftrightarrow \quad a(x) > b(x) \qquad \frac{a(x)}{c(x)} < \frac{b(x)}{c(x)} \quad \leftrightarrow \quad a(x) > b(x)$$

Disequazioni di 1° grado

- Qualsiasi disequazione intera di primo grado può essere ricondotta a una delle due forme seguenti:

$$ax + b > 0 \quad \text{oppure} \quad ax + b < 0$$

Le cui soluzioni sono:

$$ax > -b \rightarrow \begin{cases} x > -\dfrac{b}{a} & \text{se } a > 0 \\ x < -\dfrac{b}{a} & \text{se } a < 0 \end{cases} \quad \text{oppure} \quad ax < -b \rightarrow \begin{cases} x < -\dfrac{b}{a} & \text{se } a > 0 \\ x > -\dfrac{b}{a} & \text{se } a < 0 \end{cases}$$

Nel caso di disequazioni del tipo $ax + b \geq 0$ oppure $ax + b \leq 0$ basta inserire il simbolo di disuguaglianza larga in luogo di quella stretta.

Disequazioni di 2° grado

- Qualsiasi disequazione intera di secondo grado può essere ricondotta a una delle forme seguenti:

$$ax^2 + bx + c > 0 \quad \text{oppure} \quad ax^2 + bx + c < 0 \quad \text{con } a \neq 0$$

Riferendosi al discriminante Δ dell'equazione associata $ax^2 + bx + c = 0$ si conclude che:
  - se $\Delta > 0$ la disequazione $ax^2 + bx + c > 0$ è soddisfatta da $x \leq x_1$ e $x \geq x_2$, mentre la disequazione $ax^2 + bx + c < 0$ è soddisfatta da $x_1 < x < x_2$;
  - se $\Delta = 0$ la disequazione $ax^2 + bx + c > 0$ è soddisfatta da $x \neq -b/2a$, mentre la disequazione $ax^2 + bx + c < 0$ non ammette soluzioni;
  - se $\Delta < 0$ la disequazione $ax^2 + bx + c > 0$ è soddisfatta da tutti i valori di *x*, mentre la disequazione $ax^2 + bx + c < 0$ non ammette soluzioni;

Risoluzione delle disequazioni frazionarie

- Se $\dfrac{a(x)}{b(x)} > 0$, la soluzione è data dall'unione delle soluzioni dei sistemi:

$$\begin{cases} a(x) > 0 \\ b(x) > 0 \end{cases} \quad \text{e} \quad \begin{cases} a(x) < 0 \\ b(x) < 0 \end{cases}$$

- Se $\dfrac{a(x)}{b(x)} < 0$, la soluzione è data dall'unione delle soluzioni dei sistemi:

$$\begin{cases} a(x) > 0 \\ b(x) < 0 \end{cases} \quad \text{e} \quad \begin{cases} a(x) < 0 \\ b(x) > 0 \end{cases}$$

Quesiti svolti

1 Le soluzioni della seguente disequazione $x^2 - 6x + 5 < 0$ sono:

A $x < 1$ o $x > 5$
B $1 < x < 5$
C $2 < x < 3$
D $x < -6$
E non esistono nel campo reale

Il trinomio contenuto nel primo membro della disequazione data è negativo per valori interni all'intervallo delle radici dell'equazione associata $x^2 - 6x + 5 = 0$ le cui soluzioni sono $x_1 = 1$ e $x_2 = 5$. La disequazione è quindi verificata per $1 < x < 5$ (risposta B).

2 La disequazione $x^2 < a$ nell'incognita x:

A è impossibile per $a < 1$
B è risolta, qualunque sia $a > 0$, per $-a < x < a$
C è risolvibile purché $a < 0$
D è risolvibile per ogni valore di a
E nessuna delle precedenti affermazioni è corretta

Nell'insieme dei numeri reali la disequazione di secondo grado:

$$x^2 < a$$

è risolta, qualunque sia il valore di a positivo, per valori interni all'intervallo delle radici dell'equazione associata $x^2 = a$, cioè per $-\sqrt{a} < x < \sqrt{a}$. Per valori negativi di a la disequazione data non è mai verificata per alcun valore reale di x. La risposta esatta è la E.

3 Le soluzioni della disequazione:

$$(2 - x)(x + 1)\,x < 0$$

sono:

A $-1 < x < 0$ oppure $x > 2$
B $x < -1$ oppure $0 < x < 2$
C $-1 < x < 0$
D $x > 2$
E $0 < x < 1$ oppure $x > 2$

Studiando il segno dei singoli fattori e facendo il prodotto dei segni per ciascun intervallo si ricava:

1° fattore $> 0 \rightarrow 2 - x > 0 \rightarrow x < 2$
2° fattore $> 0 \rightarrow x + 1 > 0 \rightarrow x > -1$
3° fattore $> 0 \rightarrow x > 0 \quad \rightarrow x > 0$

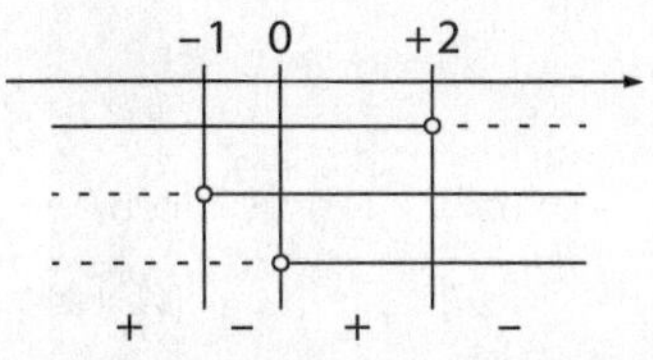

La soluzione della disequazione risulta dunque $-1 < x < 0$ e $x > 2$: la risposta corretta è pertanto la A.

4 **Siano *a* e *b* due numeri reali con *a* < *b*. Quali, fra le seguenti affermazioni, è vera?**

A $|a| < |b|$
B $a^2 < b^2$
C $ab < b^2$
D $a^2 + b^2 < 2ab$
E Nessuna delle precedenti

Conviene procedere per esclusione: la risposta **A** è errata: infatti, prendendo $a = -2$ e $b = -1$, la disequazione diventa $2 < 1$. Gli stessi valori numerici attribuiti ad *a* e *b* consentono di scartare anche la **B** e la **C**. La risposta **D** infine non è vera in quanto, portando il secondo membro $2ab$ a primo membro, si ottiene la disuguaglianza falsa $(a-b)^2 < 0$. Non resta dunque che scegliere la **E**.

---

5 **Nell'insieme dei numeri reali la disequazione $|x-1| \le 2$ è verificata per:**

A $1 \le x \le 3$ **B** $-2 \le x \le 2$ **C** $-1 \le x \le 2$ **D** $-1 \le x \le 3$ **E** $-1 < x \le 2$

Per rispondere al quesito per via algebrica occorre "eliminare" il valore assoluto studiando il segno dell'argomento del valore assoluto stesso e trattando separatamente il caso di argomento positivo e quello di argomento negativo. Si ottiene il seguente sistema:

$$\begin{cases} x-1 \le 2 & \text{per } x \ge 1 \\ 1-x \le 2 & \text{per } x < 1 \end{cases} \rightarrow \begin{cases} x \le 3 & \text{per } x \ge 1 \\ x \ge -1 & \text{per } x < 1 \end{cases} \rightarrow \begin{cases} 1 \le x \le 3 \\ -1 \le x < 1 \end{cases} \rightarrow -1 \le x \le 3$$

per cui la risposta corretta è la **D**. Il quesito poteva essere risolto anche per via geometrica disegnando il grafico dell'equazione $y = |x-1|$ che si ottiene disegnando il grafico della retta $y = x - 1$ e "ribaltando" verso l'alto la parte di grafico che si trova al di sotto dell'asse delle *x*, come nel disegno seguente:

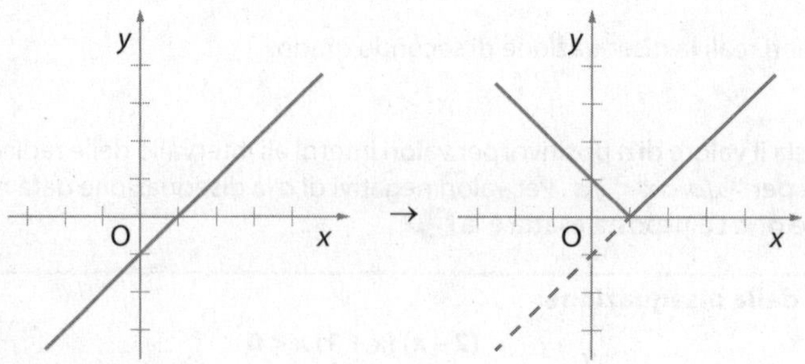

$y = x - 1$ $y = |x - 1|$

A questo punto risulta facile individuare i valori che soddisfano la disequazione $|x-1| \le 2$: si tratta di tutti i punti aventi ordinata minore o uguale a 2, ossia tutti quelli al di sotto della retta orizzontale $y = 2$.

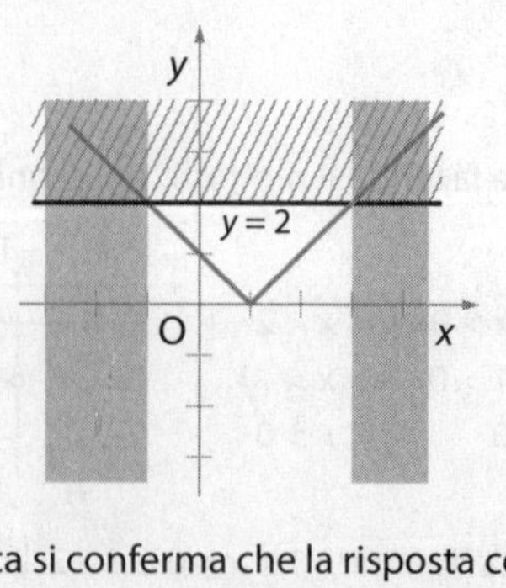

Ovviamente anche per via geometrica si conferma che la risposta corretta è la **D**.

PARTE TERZA

6 Per quali valori di *a* l'equazione $(a + 1)x + 2 = 0$ ha soluzioni inferiori a – 2?

A $a < 0$
B $0 < a < 1$
C $-1 < a < +1$
D $-1 < a < 0$
E $a < -1$

L'equazione data è parametrica e ammette la soluzione $x = \frac{-2}{a+1}$ con $a \neq -1$.
Questa soluzione è minore di – 2 se:

$$\frac{-2}{a+1} < -2 \rightarrow \frac{1}{a+1} > 1 \rightarrow \frac{1-a-1}{a+1} > 0 \rightarrow -\frac{a}{a+1} > 0 \rightarrow \frac{a}{a+1} < 0$$

Dallo studio del segno dei termini della frazione algebrica contenuta nel primo membro della disequazione si ricava che i valori di *a* che rendono discordi il numeratore e il denominatore sono quelli compresi tra – 1 e 0 (risposta D).

MATEMATICA

6 | Logaritmi ed esponenziali

Mettiti alla prova

I **L'equazione esponenziale $5^{2x+1} - 1/5 = 0$ ammette come soluzione:**

- A $x = -2$
- B $x = -1$
- C $x = -1/2$
- D $x = 0$
- E $x = 1/4$

II **In base alla definizione generale di logaritmo di un numero in una certa base, quanto vale il logaritmo del numero 0,0001 in base 100?**

- A 0,01
- B +4
- C −4
- D +2
- E −2

III **$\log a/b = 0$ implica:**

- A $a = 0$
- B $b = 0$
- C $a = b$
- D $a = 1/b$
- E $a = 0$ e $b = 0$

IV **L'espressione $\log_{a^{1/2}}\left(\frac{1}{a^{2/3}}\right)$:**

- A vale 1/3
- B vale − 4/3
- C vale − 2/3
- D è irrazionale
- E ha un valore che dipende da a

MATEMATICA

Ecco le risposte esatte dei 4 quesiti proposti: I **B**, II **E**, III **C**, IV **B**.

Per introdurre i logaritmi è opportuno iniziare dalla definizione di equazione esponenziale.

Un'equazione esponenziale è un'equazione in cui l'incognita compare all'esponente.

Indicati con *a* e *b* due numeri reali, l'equazione esponenziale *elementare* assume la forma:

$$a^x = b$$

La risoluzione consiste, quando ciò è possibile, nel trasformare *b* (il secondo membro) in una potenza di *a* (la base della potenza al primo membro), per poi trasformare l'uguaglianza fra potenze in una uguaglianza fra esponenti.

- $2^x = 1 \xrightarrow{\text{può essere riscritta nella forma}} 2^x = 2^0 \rightarrow x = 0$
- $5^x = \frac{1}{25} \xrightarrow{\text{può essere riscritta nella forma}} 5^x = 5^{-2} \rightarrow x = -2$
- $4^x = 8 \xrightarrow{\text{può essere riscritta nella forma}} 2^{2x} = 2^3 \rightarrow 2x = 3 \rightarrow x = 3/2$
- $3^x = \sqrt[3]{9} \xrightarrow{\text{può essere riscritta nella forma}} 3^x = 9^{1/3} \rightarrow 3^x = 3^{2/3} \rightarrow x = 2/3$

La soluzione di un'equazione esponenziale elementare esiste ed è unica se e solo se sono verificate le tre condizioni:

$$a > 0, a \neq 1, b > 0.$$

Talvolta (come nel caso dell'equazione $2^x = 5$) non è possibile trasformare *b* in una potenza di *a* e l'equazione $a^x = b$ non sarebbe risolubile: è necessario introdurre il concetto di logaritmo.

6.1 | Definizione di logaritmo

Data l'equazione esponenziale elementare $a^x = b$, si introduce la seguente definizione.

Dati due numeri positivi *a* e *b* (con $a \neq 1$), **si chiama logaritmo in base *a* del numero *b*** (detto anche *argomento*) **l'esponente da attribuire alla base *a* per ottenere il numero *b*.**

In simboli:

$$x = \log_a b \text{ se e solo se } a^x = b$$

- $\log_2 4 = 2 \leftrightarrow 2^2 = 4$
- $\log_3 81 = 4 \leftrightarrow 3^4 = 81$
- $\log_{1/2} 2 = -1 \leftrightarrow \left(\frac{1}{2}\right)^{-1} = 2^1 = 2$
- $\log_3 \frac{1}{9} = -2 \leftrightarrow (3)^{-2} = \frac{1}{3^2} = \frac{1}{9}$

Per la definizione precedente si può allora "risolvere" l'equazione $2^x = 5$, la cui soluzione è quindi $x = \log_2 5$: in realtà, l'introduzione del logaritmo non consente di risolvere in senso stretto l'equazione (ossia ricavare il valore numerico della radice), ma solo di scriverne la soluzione in forma esplicita utilizzando la nuova simbologia.

PARTE TERZA

Dalla definizione di logaritmo derivano le seguenti proprietà.

Il logaritmo in base a dell'argomento b esiste se e solo se sono verificate le tre condizioni:

$$a > 0, a \neq 1, b > 0$$

In particolare, **il logaritmo di un numero negativo non esiste nell'insieme dei numeri reali.**

Per esempio, se esistesse il logaritmo in base 2 del numero –4 si avrebbe la seguente equazione esponenziale:

$$\log_2(-4) = x \leftrightarrow 2^x = -4$$

la quale è assurda in quanto la potenza di un numero positivo, qualsiasi sia l'esponente, non è mai negativa.

Il logaritmo dell'unità è sempre nullo, qualsiasi sia la base: $\log_a 1 = 0 \leftrightarrow a^0 = 1$

Il logaritmo della base è sempre uguale all'unità: $\log_a a = 1 \leftrightarrow a^1 = a$

- $\log_2 1 = 0 \leftrightarrow 2^0 = 1$
- $\log_5 1 = 0 \leftrightarrow 5^0 = 1$
- $\log_2 2 = 1 \leftrightarrow 2^1 = 2$
- $\log_5 5 = 1 \leftrightarrow 5^1 = 5$

Siamo ora in grado di rispondere alle prime tre domande poste all'inizio del capitolo.

Quesito I. L'equazione può essere riscritta nella forma:

$$5^{2x+1} = \frac{1}{5} \quad \rightarrow \quad 5^{2x+1} = 5^{-1}$$

L'ultima è un'uguaglianza fra due potenze con la stessa base: anche gli esponenti devono essere uguali. La risposta corretta è quindi la **B**:

$$2x + 1 = -1 \quad \rightarrow \quad 2x = -2 \quad \rightarrow \quad x = -1$$

Quesito II. Osservando che:

$$0{,}0001 = 1/10.000 = 1/100^2 = 100^{-2}$$

e ricordando la definizione di logaritmo si ha:

$$\log_{100} 0{,}0001 = \log_{100} 100^{-2} = -2 \quad \text{(risposta E)}$$

Quesito III. Affinché un logaritmo sia nullo, il suo argomento deve essere unitario:

$$\log(a/b) = 0 = \log 1 \rightarrow a/b = 1 \rightarrow a = b$$

Quindi la risposta corretta è la **C**.

6.2 | Segno del logaritmo

Se $a > 1$, il logaritmo di un numero positivo minore di 1 è negativo, mentre quello di un numero positivo maggiore di 1 è positivo.
Se $0 < a < 1$, il logaritmo di un numero positivo minore di 1 è positivo, mentre quello di un numero positivo maggiore di 1 è negativo.

$$\begin{cases} a > 1 \\ b > 1 \end{cases} \rightarrow \log_a b > 0 \qquad \begin{cases} a > 1 \\ 0 < b < 1 \end{cases} \rightarrow \log_a b < 0$$

$$\begin{cases} 0 < a < 1 \\ 0 < b < 1 \end{cases} \rightarrow \log_a b > 0 \qquad \begin{cases} 0 < a < 1 \\ b > 1 \end{cases} \rightarrow \log_a b < 0$$

- $\log_2 16 = 4$
- $\log_{1/2} 4 = -2$
- $\log_5 \frac{1}{25} = -2$
- $\log_{1/3} \frac{1}{27} = 3$

MATEMATICA

6.3 | Teoremi sui logaritmi

Il logaritmo del prodotto di due o più numeri positivi è uguale alla somma dei logaritmi dei singoli fattori:

$$\log_a bc = \log_a b + \log_a c$$

Il logaritmo del quoziente di due numeri positivi è uguale alla differenza fra il logaritmo del numeratore e quello del denominatore:

$$\log_a \frac{b}{c} = \log_a b - \log_a c$$

Il logaritmo della potenza di un numero positivo è uguale al prodotto dell'esponente per il logaritmo della base della potenza:

$$\log_a b^m = m \cdot \log_a b$$

Il logaritmo della radice di un numero positivo è uguale al prodotto del reciproco dell'indice per il logaritmo del radicando:

$$\log_a \sqrt[n]{b} = \frac{1}{n} \cdot \log_a b$$

Combinando gli ultimi due teoremi si ha:

$$\log_a \sqrt[n]{b^m} = \log_a b^{\frac{m}{n}} = \frac{m}{n} \cdot \log_a b$$

- $\log_a(3 \cdot 2) = \log_a 3 + \log_a 2$
- $\log_a(3/2) = \log_a 3 - \log_a 2$
- $\log_a 8 = \log_a 2^3 = 3 \cdot \log_a 2$
- $\log_a \sqrt{3} = \log_a 3^{1/2} = \frac{1}{2} \cdot \log_a 3$

Siano *a* e *b* due numeri maggiori di zero. Quale delle affermazioni seguenti è corretta?

A $\log_a b + \log_a b = \log_a b^2$

B $\log_a b + \log_a b = \log_a 2b$

C $\log_a b + \log_a b = (\log_a b)^2$

D $\log_a b + \log_a b = -2\log_b a$

E $\log_a b - \log_b a = 0$

Le prime quattro alternative condividono il medesimo primo membro che, in base alla proprietà del logaritmo di un prodotto, può essere riscritto nel modo seguente:

$$\log_a b + \log_a b = \log_a(b \cdot b) = \log_a b^2$$

La risposta corretta è quindi la **A**.
Si noti che l'ultima alternativa, la **E**, deve essere scartata in quanto errata in generale, pur essendo corretta per particolari valori numerici, per esempio per $a = b$.

Siamo ora in grado di rispondere anche all'ultimo dei quattro quesiti posti all'inizio del capitolo.

Quesito IV. Svolgendo l'espressione contenuta nel testo del quesito si ottiene:

$$\log_{a^{1/2}}\left(\frac{1}{a^{2/3}}\right) = \log_{a^{1/2}} a^{-2/3} = -\frac{2}{3}\log_{a^{1/2}} a = -\frac{2}{3} \cdot 2 = -\frac{4}{3}$$

La risposta esatta è la **B**.

PARTE TERZA

6.4 | Sistemi di logaritmi maggiormente utilizzati

L'insieme dei logaritmi di tutti i numeri reali positivi, rispetto alla stessa base a, prende il nome di *sistema dei logaritmi in base a*.

Esistono quindi infiniti sistemi di logaritmi, poiché infinite sono le possibili basi (ossia tutti i numeri *positivi* e *diversi da uno*).

6.4.1 | Logaritmi decimali e logaritmi naturali

Tra gli infiniti sistemi di logaritmi, due sono quelli maggiormente utilizzati: i *logaritmi decimali* e i *logaritmi naturali*.

I **logaritmi decimali** hanno come base il numero 10 e si indicano nella forma[1]:

$$\text{Log}\, x \quad \text{equivalente a:} \quad \log_{10} x$$

I **logaritmi naturali** (o **neperiani**) hanno come base un numero irrazionale (detto appunto numero di Nepero o di Eulero) indicato con la lettera e, il cui valore approssimato è:

$$e = 2{,}71828\ldots$$

I logaritmi naturali si indicano nella forma[2]:

$$\ln x \quad \text{equivalente a:} \quad \log_e x$$

6.4.2 | Passaggio da un sistema di logaritmi a un altro

Si supponga di conoscere il logaritmo in base a di un numero positivo b e di voler calcolare, dello stesso numero b, il logaritmo in un'altra base c. Si ponga $\log_c b = x$ da cui:

$$c^x = b$$

Si calcoli il logaritmo in base a di quest'ultima espressione:

$$\log_a c^x = \log_a b \;\rightarrow\; x\log_a c = \log_a b \;\rightarrow\; x = \frac{\log_a b}{\log_a c}$$

per cui si perviene alla seguente formula:

$$\log_c b = \frac{\log_a b}{\log_a c} \qquad [11]$$

La [11] può essere utilizzata per passare dai logaritmi decimali a quelli naturali e viceversa:

$$\ln b = \frac{\text{Log}\, b}{\text{Log}\, e} \qquad \text{e} \qquad \text{Log}\, b = \frac{\ln b}{\ln 10}$$

1. Per i logaritmi decimali si usa anche la simbologia: $\log x$
2. Per i logaritmi naturali si usa anche la simbologia: $\lg x$

Ripassa da qui

Logaritmi

- Il $\log_a b$ è, per definizione, l'esponente da attribuire alla base a per ottenere l'argomento b:

$$x = \log_a b \text{ se e solo se } a^x = b$$

sotto le condizioni $a > 0$, $a \neq 1$ e $b > 0$, con $a, b \in \mathbb{R}$

Segno del logaritmo

- Un logaritmo è **positivo** quando la base e l'argomento sono:
  - entrambi maggiori di 1: $\begin{cases} a > 1 \\ b > 1 \end{cases} \rightarrow \mathbf{\log_a b > 0}$

oppure:

  - compresi tra 0 e 1: $\begin{cases} 0 < a < 1 \\ 0 < b < 1 \end{cases} \rightarrow \mathbf{\log_a b > 0}$

Teoremi sui logaritmi (con $a > 0$, $a \neq 1$, $b > 0$, $c > 0$)

- $\log_a(b \cdot c) = \log_a b + \log_a c$
- $\log_a\left(\frac{b}{c}\right) = \log_a b - \log_a c$
- $\log_a(b)^n = n \cdot \log_a b$
- $\log_a \sqrt[n]{b^m} = \frac{m}{n} \cdot \log_a b$
- $\log_a b = \frac{1}{\log_b a}$
- $\log_{\frac{1}{a}} b = -\log_a b$

Logaritmi fondamentali

- Logaritmi decimali (Log): sono logaritmi in base 10.
- Logaritmi naturali o neperiani (ln): sono logaritmi in base $e = 2{,}71828... =$ numero di Eulero.

Formula del cambiamento di base (con $a > 0$, $a \neq 1$, $b > 0$, $c > 0$, $c \neq 1$)

$$\log_a b = \frac{\log_c b}{\log_c a}$$

da cui:

$$\text{Log } b = \frac{\ln b}{\ln 10} \qquad \ln b = \frac{\text{Log } b}{\text{Log } e}$$

Quesiti svolti

1 Quale di queste espressioni equivale a: ln $y = x$?

A $x = e^y$
B $y = 1/x$
C $y = e^x$
D $y = x$
E $y^x = e$

Applicando la definizione di logaritmo e ricordando che "ln" indica "logaritmo in base *e*", si ricava:

$$\ln y = x \rightarrow y = e^x$$

quindi la risposta corretta è la C.

2 Quanto vale il logaritmo in base 10 della radice quadrata di 10^{-8}?

A −4
B 0,8
C −10/8
D 8
E 1/16

Occorre conoscere e saper applicare con sicurezza le proprietà delle potenze e i teoremi sui logaritmi:

$$\log_{10}\sqrt{10^{-8}} = \log_{10}(10)^{-\frac{8}{2}} = -\frac{8}{2}\cdot\log_{10}10 = -4\cdot\log_{10}10 = -4$$

La risposta corretta è la A.

3 L'espressione $\log_{a^{1/2}}\left(\frac{1}{a^{2/3}}\right)$:

A vale 1/3
B vale −4/3
C è irrazionale
D ha un valore che dipende da *a*
E vale 3

Svolgendo l'espressione contenuta nel testo del quesito si ottiene:

$$\log_{a^{1/2}}\left(\frac{1}{a^{2/3}}\right) = \log_{a^{1/2}}a^{-2/3} = -\frac{2}{3}\log_{a^{1/2}}a = -\frac{2}{3}\cdot 2 = -\frac{4}{3}$$

La risposta esatta è la B.

MATEMATICA

4 **Se $x = e^{-\ln 2}$ si può dire che:**

A $x = 2 \log e$

B $x = 1/2$

C $x = 2$

D $x = -2$

E nessuna delle precedenti

Conviene intanto ricordare la seguente uguaglianza:

$$a^{\log_a b} = b \quad \rightarrow \quad e^{\ln 2} = 2$$

Per definizione, infatti, ln 2 è l'esponente da attribuire ad *e* per ottenere 2. Quindi:

$$x = e^{-\ln 2} = \frac{1}{e^{\ln 2}} = \frac{1}{2}$$

La risposta esatta è dunque la B.

5 **Il $\log_a b$ è uguale a:**

A $\log_b \frac{1}{a}$

B $\log_b a - 1$

C $(\log_b a)^{-1}$

D $-\frac{1}{\log_b a}$

E nessuna delle precedenti

Per uno dei teoremi dei logaritmi si può scrivere che:

$$\log_a b = \frac{\log_c b}{\log_c a}$$

In particolare ponendo $c = b$, si ha che:

$$\log_a b = \frac{\log_b b}{\log_b a} = \frac{1}{\log_b a} = (\log_b a)^{-1}$$

La risposta corretta è la C.

6 **L'espressione $7^{2 + \log_7 x}$ è uguale a:**

A $49x$

B $7^2 + x$

C $49 + \log_7 x$

D $49\log_7 x$

E $7x$

Applicando le proprietà delle potenze ($a^{b+c} = a^b \cdot a^c$) e quelle dei logaritmi ($a^{\log_a b} = b$) si ottiene:

$$7^{2 + \log_7 x} = 7^2 \cdot 7^{\log_7 x} = 7^2 \cdot x = 49x$$

quindi la risposta esatta è la A.

PARTE TERZA

7 **Il logaritmo della somma di due numeri log (*a* + *b*):**

- **A** è uguale a log *a* + log *b*
- **B** è uguale a log *a* · log *b*
- **C** è minore di zero per (*a* + *b*) < 0
- **D** è uguale a zero per *a* = 1 – *b*
- **E** nessuna delle precedenti

La risposta corretta è la **D** in quanto, se $a = 1 - b$ allora $a + b = 1 - b + b = 1$, quindi:

$$\log(a + b) = \log 1 = 0$$

Occorre prestare attenzione al fatto che le risposte **A** e **B** potrebbero trarre in inganno a causa della loro somiglianza con la relazione:

$$\log(a \cdot b) = \log a + \log b$$

La risposta **C** è infine sicuramente sbagliata in quanto se fosse $(a + b) < 0$ si avrebbe un logaritmo con argomento negativo.

8 **Quante delle seguenti uguaglianze sono verificate per ogni numero reale α positivo e diverso da uno?**

$$\log_{2\alpha} \alpha = 1/2 \qquad \log_{\sqrt{\alpha}} (1/\alpha) = -2$$

$$(\log_{\alpha} \alpha^2) \cdot (\log_{\alpha^2} \alpha) = 1 \qquad \log_{\alpha} (\alpha/2) = 1/2$$

- **A** Nessuna
- **B** Una
- **C** Due
- **D** Tre
- **E** Tutte

Essendo α un numero reale positivo e diverso da uno, tutti i logaritmi contenuti nel quesito esistono (per tutti valgono le condizioni di esistenza). Utilizzando la definizione di logaritmo si ricava, per la prima uguaglianza:

$$(2\alpha)^{1/2} = \sqrt{2\alpha} \neq \alpha \ \rightarrow \ \log_{2\alpha} \alpha \neq 1/2$$

la quale risulta quindi **non** verificata.

La seconda uguaglianza è invece verificata, in quanto:

$$(\sqrt{\alpha})^{-2} = \frac{1}{(\sqrt{\alpha})^2} = \frac{1}{\alpha} \ \rightarrow \log_{\sqrt{\alpha}} (1/\alpha) = -2$$

Per la terza uguaglianza occorre analizzare singolarmente ciascuno dei due fattori a primo membro. Per il primo e il secondo fattore si ha rispettivamente:

$$\log_{\alpha} \alpha^2 = 2 \cdot \log_{\alpha} \alpha = 2$$

$$\log_{\alpha^2} \alpha = \log_{\alpha^2} (\alpha^2)^{1/2} = \frac{1}{2} \cdot \log_{\alpha^2} \alpha^2 = \frac{1}{2} \cdot 1 = \frac{1}{2}$$

quindi, considerando il prodotto fra questi due fattori, si ottiene:

$$(\log_{\alpha} \alpha^2) \cdot (\log_{\alpha^2} \alpha) = 2 \cdot \frac{1}{2} = 1$$

quindi anche la terza uguaglianza è verificata.

Infine per la quarta si ha:

$$(\alpha)^{1/2} = \sqrt{\alpha} \neq \alpha/2 \rightarrow \log_\alpha (\alpha/2) \neq 1/2$$

la quale **non** è quindi verificata.
Riassumendo, due uguaglianze sono verificate (la seconda e la terza) per cui la risposta corretta è la **C**.

---

9 Determinare l'insieme delle soluzioni della disequazione $\log_3(2x+1) < -1$.

A $x < -\frac{2}{3}$

B L'insieme vuoto

C $x < -\frac{1}{3}$

D $-\frac{1}{2} < x < -\frac{1}{3}$

E $-\frac{1}{2} < x < 0$

Essendo $\log_3 3 = 1$, la disequazione può essere riscritta nella forma

$$\log_3(2x+1) < -\log_3 3 \rightarrow \log_3(2x+1) < \log_3 \frac{1}{3}$$

Il logaritmo in base 3 è crescente (essendo la base del logaritmo maggiore di 1, si veda § 8.2.8) quindi la precedente disequazione logaritmica equivale alla seguente disequazione tra gli argomenti:

$$2x+1 < \frac{1}{3} \rightarrow 3(2x+1) < 1 \rightarrow 6x < -2 \rightarrow x < -\frac{1}{3}$$

Poiché logaritmo esiste solo quando il suo argomento è strettamente positivo:

$$2x+1 > 0 \rightarrow x > -\frac{1}{2}$$

la soluzione della disequazione risulta essere:

$$-\frac{1}{2} < x < -\frac{1}{3} \quad \text{(risposta D)}$$

---

10 Quale dei seguenti numeri ha il logaritmo in base 10 strettamente compreso tra 4 e 6?

A $10^2 + 10^4$

B -10^{-6}

C 1.234.567

D $10^8 - 10^4$

E -10^5

Per prima cosa si osservi che le alternative **B** ed **E** possono essere scartate, in quanto non esistono logaritmi di numeri negativi.
Per determinare la risposta corretta, si procede nel modo seguente.
In base alle indicazioni del quesito, indicando con *x* il numero da individuare, si può scrivere:

$$4 < \log_{10} x < 6$$

che, essendo $4 = \log_{10} 10^4$ e $6 = \log_{10} 10^6$, diventa:

$$\log_{10} 10^4 < \log_{10} x < \log_{10} 10^6$$

PARTE TERZA

Poiché il logaritmo in base 10 è crescente (essendo la base del logaritmo maggiore di 1, si veda § 8.2.8), la disequazione precedente equivale a quella tra gli argomenti dei logaritmi:

$$10^4 < x < 10^6$$

Dal momento che tra i numeri proposti dalle alternative **A**, **C** e **D** l'unico strettamente compreso tra $10^4 = 10.000$ e $10^6 = 1.000.000$ è $10^2 + 10^4 = 100 + 10.000 = 10.100$, la risposta esatta è la **A**.

MATEMATICA

7 | Geometria analitica

Mettiti alla prova

I **I punti di coordinate cartesiane (3; 2), (6; 4), (9; 6):**

- **A** possono rappresentare i vertici di un triangolo rettangolo
- **B** possono rappresentare i vertici di un triangolo scaleno
- **C** possono rappresentare i vertici di un triangolo isoscele
- **D** sono allineati
- **E** sono equidistanti dall'origine degli assi cartesiani

II **La retta di equazione $y = 2x$ interseca la circonferenza di equazione $x^2 + y^2 = 20$ nel punto di coordinate (a, b), dove $a \geq 0$ e $b \geq 0$. Qual è il valore di $a + b$?**

- **A** 2
- **B** 6
- **C** 4
- **D** 8
- **E** 3

III **La circonferenza di equazione $x^2 + y^2 - 4x = 0$:**

- **A** ha centro sull'asse *y*
- **B** ha raggio uguale a 4
- **C** passa per il punto (0; 2)
- **D** passa per l'origine del sistema di assi cartesiani
- **E** ha centro nell'origine del sistema di assi cartesiani

IV **Gli elementi necessari per definire la parabola come luogo geometrico sono:**

- **A** il fuoco e la direttrice
- **B** i due fuochi
- **C** le due direttrici
- **D** il fuoco e le due direttrici
- **E** tre dei suoi punti

MATEMATICA

Ecco le risposte esatte dei 4 quesiti proposti: I D, II B, III D, IV A.

7.1 | Coordinate cartesiane e geometria analitica

7.1.1 | Rette e segmenti orientati

Una retta si dice *orientata* quando viene stabilito su di essa un verso positivo, che sarà indicato con una freccia.

Se sulla retta orientata si fissa un punto O, questo divide la retta in due *semirette*: la semiretta positiva di origine O è quella che contiene tutti i punti che si incontrano, a partire da O, percorrendola nel verso della freccia, l'altra è la semiretta negativa.

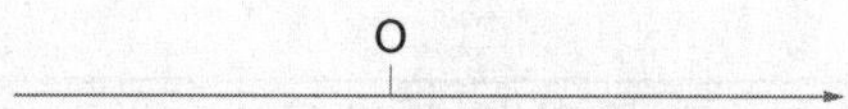

Fissato sulla retta un secondo punto A, il segmento compreso fra O (chiamato *origine* della semiretta) e A è anch'esso orientato e può essere quindi positivo oppure negativo.

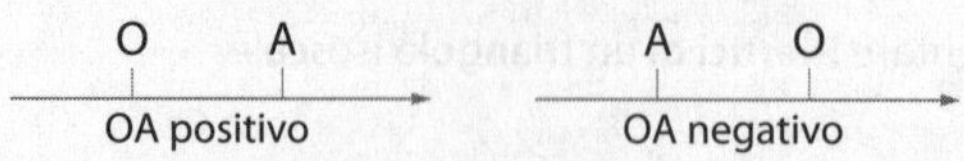

Si dirà **misura del segmento orientato OA**, rispetto ad una unità prefissata *u*, **il numero reale assoluto che esprime il rapporto fra OA e *u***, preso col segno positivo se il verso del segmento coincide con quello della retta, negativo in caso contrario.

7.1.2 | Ascisse sulla retta

Si consideri una retta orientata sulla quale siano stati fissati un'origine O e un secondo punto P (oltre ovviamente all'unità di misura *u*).

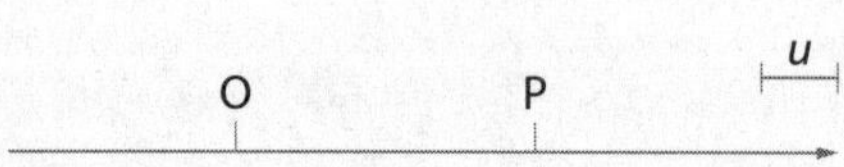

La misura del segmento OP (presa col suo segno e indicata con $\overline{OP}$) **prende il nome di ascissa del punto P.**

L'ascissa del punto P è quindi un numero *reale* positivo, negativo o nullo a seconda che il punto P appartenga alla semiretta positiva, alla semiretta negativa oppure coincida con l'origine O: in questo modo **a ogni punto della retta si associa un numero reale**. Viceversa, dato un numero reale *a* (positivo, negativo o nullo), esiste sulla retta *r* un unico punto P tale che la misura del segmento $\overline{OP}$ (rispetto all'unità fissata) sia pari ad *a*, ossia tale che l'ascissa di P sia proprio *a*.

Si è così stabilita **una corrispondenza biunivoca tra i punti della retta *r* e l'insieme dei numeri reali** $\mathbb{R}$.

In altre parole, è possibile far corrispondere a ogni punto della retta *r* un ben preciso numero reale *a* e, viceversa, a ogni numero reale *a* un ben determinato punto della retta *r*.

7.1.3 | Riferimento cartesiano e coordinate di un punto

Si fissino ora sul piano **due** rette orientate, fra loro *ortogonali*.

Le due rette orientate prendono il nome di **assi coordinati**: una delle due si chiamerà **asse delle *x*** o **asse delle ascisse**, mentre l'altra **asse delle *y*** o **asse delle ordinate.**

Il punto di intersezione fra i due assi prende il nome di *origine del sistema di riferimento* (generalmente indicata con O). I due assi dividono l'intero piano in quattro parti, convenzionalmente chiamate *quadranti* e numerate in senso antiorario.

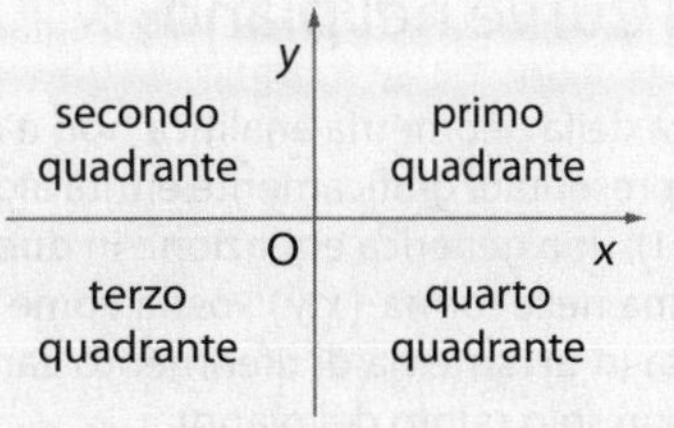

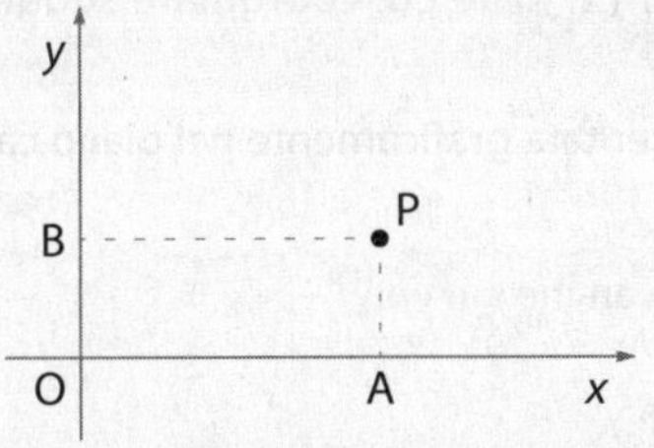

Si consideri ora un qualsiasi punto P del piano: da P si conducano le parallele ai due assi coordinati e siano A e B i loro punti di intersezione con l'asse delle x e delle y rispettivamente.

Fissata l'usuale unità u su entrambi gli assi, siano a e b rispettivamente le misure dei segmenti orientati OA e OB, ossia:

$$\overline{OA} = a \qquad \overline{OB} = b$$

I due numeri a e b così trovati prendono il nome di coordinate cartesiane ortogonali del punto P.

Più precisamente, a prende il nome di **ascissa** di P, b quello di **ordinata** di P.

In questo modo **a ogni punto del piano si associa una coppia di numeri reali.**

Vale anche il viceversa: data una coppia di numeri reali a e b, è sempre possibile determinare uno e un solo punto P che abbia per ascissa a e per ordinata b (si prende sull'asse x il segmento orientato OA di lunghezza a, sull'asse y il segmento orientato OB di lunghezza b e si conduce da A la parallela all'asse y e da B la parallela all'asse x: queste due rette si incontrano nel punto P cercato).

Si è così stabilita **una corrispondenza biunivoca tra i punti del piano e l'insieme delle coppie ordinate di numeri reali.**

Nel piano cartesiano a lato sono riportati alcuni punti con le corrispondenti coordinate cartesiane.

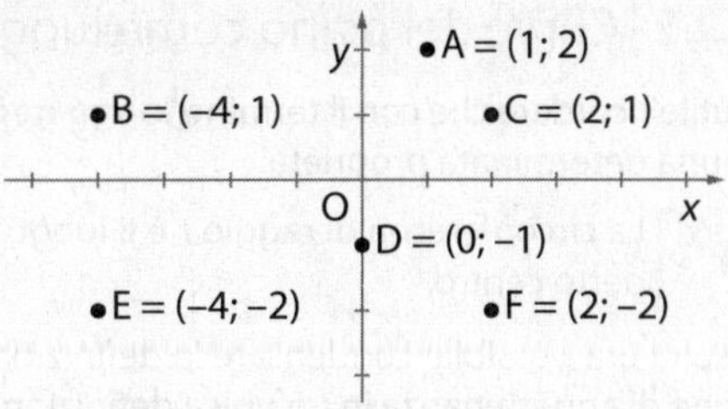

7.1.4 | Distanza tra due punti e coordinate del loro punto medio

Dati due punti A e B, di coordinate $(x_1; y_1)$ e $(x_2; y_2)$ rispettivamente, valgono le seguenti relazioni per calcolare la loro distanza e le coordinate del loro punto medio (ossia il punto medio del segmento avente A e B come estremi).

$$\overline{AB} = \begin{cases} |y_2 - y_1| & \text{se } x_1 = x_2 \\ |x_2 - x_1| & \text{se } y_1 = y_2 \\ \sqrt{(x_2 - x_1)^2 + (y_2 - y_1)^2} & \text{in generale} \end{cases}$$

$$\text{Punto medio: } M = \left(\frac{x_1 + x_2}{2}; \frac{y_1 + y_2}{2}\right)$$

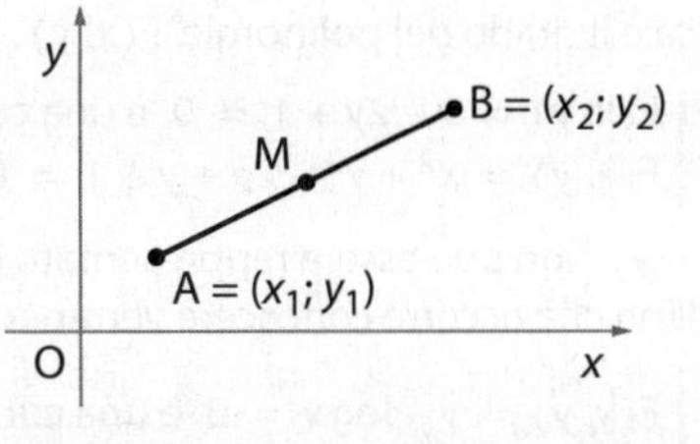

MATEMATICA

7.2 | Curve nel piano

L'utilità della geometria analitica non è quella di riscrivere la geometria in termini algebrici, bensì quella di rappresentare graficamente entità algebriche che non siano necessariamente funzioni. Come si è visto (§ 4.4.1), una generica equazione in due incognite $F(x, y) = 0$ è soddisfatta da infinite coppie di valori, ciascuna nella forma (x,y), ossia come coppia ordinata di numeri reali, e come tale può essere rappresentata in un sistema di riferimento cartesiano ortogonale (in quanto alla coppia ordinata corrisponde uno e un solo punto del piano).

Rappresentando sul piano cartesiano gli infiniti punti $(x; y)$ le cui coordinate soddisfano un'equazione del tipo $F(x, y) = 0$ si ottiene una **curva**.

Ogni equazione del tipo $F(x, y) = 0$ può quindi essere rappresentata graficamente nel piano cartesiano: per questo motivo vale la seguente definizione.

Qualsiasi equazione in due incognite $F(x, y) = 0$ è detta anche **curva**.

Tale rappresentazione è basata sui seguenti due punti:

- le coordinate dei punti della curva soddisfano l'equazione $F(x, y) = 0$;
- ogni coppia di numeri che soddisfa l'equazione $F(x, y) = 0$ rappresenta le coordinate di un punto appartenente alla curva.

7.2.1 | Condizione di appartenenza

Un punto P di coordinate $(x_0; y_0)$ appartiene quindi alla curva $F(x, y) = 0$ se e solo se le sue coordinate soddisfano l'equazione della curva, ossia se e solo se vale la seguente relazione:

$$F(x_0, y_0) = 0$$

Il punto $P = (2; 3)$ appartiene alla curva di equazione $4y - 5x - 2 = 0$ in quanto:

$$4 \cdot 3 - 5 \cdot 2 - 2 = 12 - 10 - 2 = 0$$

7.2.2 | Curve del piano come luoghi geometrici

È utile ricordare che con il termine **luogo geometrico** si indica l'insieme di tutti e soli i punti che godono di una determinata proprietà.

La circonferenza di raggio *r* è il luogo geometrico dei punti del piano distanti *r* da un punto fisso detto centro.

Risulta ora possibile condensare la definizione di curva (come diagramma di una equazione) e la condizione di appartenenza in un'unica definizione.

La curva di equazione $F(x, y) = 0$ è il luogo geometrico dei punti del piano le cui coordinate soddisfano l'equazione stessa.

7.2.3 | Curve algebriche e curve trascendenti

$F(x, y) = 0$ è una **curva algebrica** se $F(x, y)$ è un polinomio nelle variabili *x* e *y*: l'*ordine* della curva algebrica è il grado del polinomio $F(x, y)$.

$F(x, y) = x - 2y + 1 = 0$ è una curva algebrica del primo ordine.
$F(x, y) = x^2 + y^2 - 2x + y + 1 = 0$ è una curva algebrica del secondo ordine.

Se $F(x, y)$ non può essere rappresentato in forma polinomiale, la **curva** si dirà **trascendente**: le curve trascendenti che occorre conoscere verranno trattate nel § 8.1.5 e nel § 9.2.

$F(x, y) = y - \log x = 0$ è una curva trascendente.

PARTE TERZA

7.3 | Curve algebriche del primo ordine: le rette

7.3.1 | Equazione generale della retta

La forma più generale di una equazione di primo grado in due incognite (detta anche equazione *lineare*) è la seguente:

$$ax + by + c = 0 \quad [12]$$

Il diagramma cartesiano di una equazione lineare è una retta.

Infatti si consideri l'equazione lineare:

$$F(x, y) = 2x - y - 3 = 0$$

scegliendo arbitrariamente alcuni valori per la x si possono determinare le seguenti coppie ordinate:

per $x = -1$ si ha $y = -5$ ossia il punto $(-1; -5)$;
per $x = 0$ si ha $y = -3$ ossia il punto $(0; -3)$;
per $x = +1$ si ha $y = -1$ ossia il punto $(+1; -1)$;
per $x = +2$ si ha $y = +1$ ossia il punto $(+2; +1)$;
per $x = +3$ si ha $y = +3$ ossia il punto $(+3; +3)$;
per $x = +4$ si ha $y = +5$ ossia il punto $(+4; +5)$.

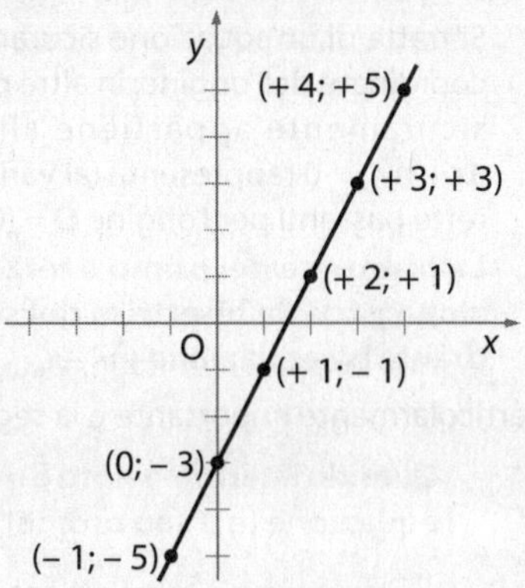

Riportando tali punti sul piano cartesiano e unendoli con una linea continua si ottiene il grafico della funzione, ossia una retta.

L'esempio precedente è stato proposto a scopo puramente didattico: **per disegnare una retta è sufficiente determinare due soli punti** appartenenti a essa. Si scelgono quindi arbitrariamente due valori "comodi" di una delle due variabili e (tramite l'equazione) si determinano i corrispondenti valori dell'altra variabile. Procedendo in questo modo si evita di perdere tempo prezioso durante lo svolgimento del test.

Si consideri l'equazione $F(x, y) = x - y + 1 = 0$: assegnando per esempio all'incognita x il valore $x = 0$ si ricava $y = 1$, per cui il punto $A = (0; 1)$ appartiene alla curva di equazione $x - y + 1 = 0$. Similmente, assegnando alla y il valore $y = 0$ si ricava $x = -1$, per cui il punto $B = (-1; 0)$ appartiene anch'esso alla curva.

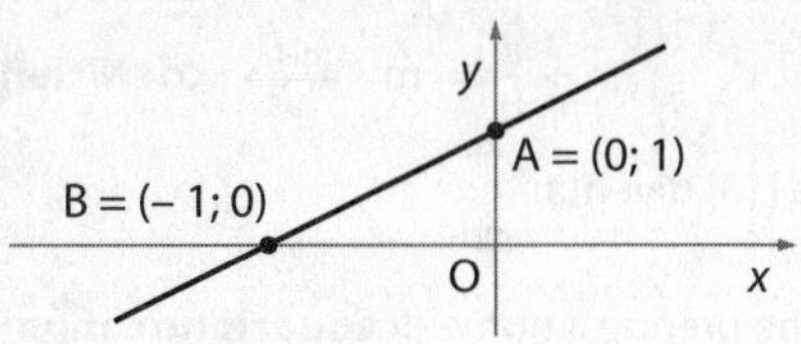

Siamo ora in grado di rispondere alla prima domanda posta all'inizio del capitolo.

Quesito I. È facile concludere che i tre punti sono allineati (risposta **D**), se si osserva che il rapporto fra l'ascissa e l'ordinata di ogni punto è sempre lo stesso ($3/2 = 6/4 = 9/6$).

7.3.2 | Casi particolari

Nell'equazione generale della retta [12]:

$$ax + by + c = 0$$

compaiono i tre parametri a, b, c i quali non sempre sono diversi da zero. Se uno dei tre parametri si annulla, si ha uno dei seguenti casi particolari.

1. $a = 0 \rightarrow by + c = 0 \rightarrow y = -c/b \rightarrow y = k$ (dove k indica una costante)
   Il diagramma dell'equazione $y = k$ è rappresentato da una retta **orizzontale**.
   Al variare del parametro k si ottengono tutte le possibili rette orizzontali, tra le quali si trova anche l'asse delle x.
   L'asse x ha equazione $y = 0$.

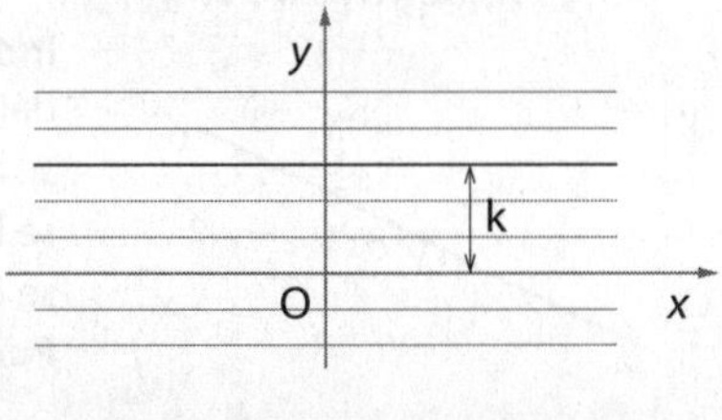

2. $b = 0 \rightarrow ax + c = 0 \rightarrow x = -c/a \rightarrow x = h$ (dove h indica una costante)
Il diagramma dell'equazione $x = h$ è rappresentato da una retta **verticale.**
Al variare del parametro h si ottengono tutte le possibili rette verticali, tra le quali si trova anche l'asse delle *y*.
L'asse *y* ha equazione $x = 0$.

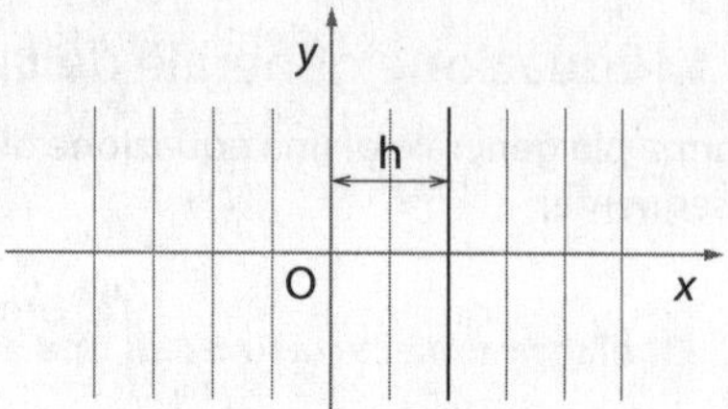

3. $c = 0 \rightarrow ax + by = 0$
Si tratta di un'equazione sicuramente soddisfatta dalle coordinate dell'origine: in altre parole il punto O = (0; 0) sicuramente appartiene alla retta. L'equazione $ax + by = 0$ rappresenta (al variare di a e b) un *fascio* di rette passanti per l'origine O = (0; 0).
La bisettrice del primo e terzo quadrante ha equazione $y = x$. La bisettrice del secondo e quarto quadrante ha equazione $y = -x$.

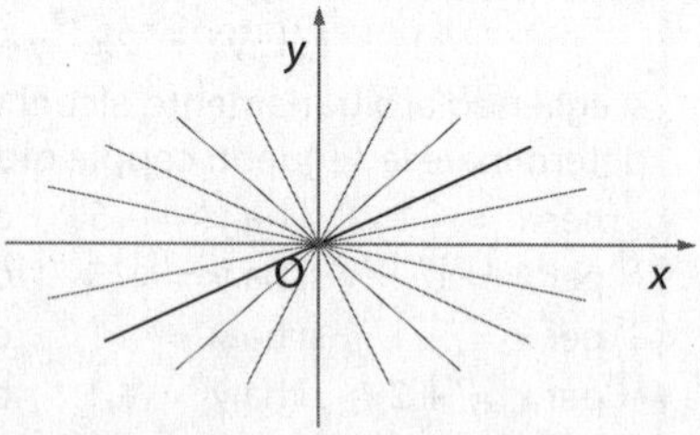

Particolarmente importante è la seguente osservazione.

> **Quando il termine noto è nullo, la curva F (*x*, *y*) = 0 passa per l'origine qualunque sia la sua equazione (e il suo ordine).**

7.3.3 | Equazione canonica della retta e coefficiente angolare

L'equazione generale della retta (ossia $ax + by + c = 0$) è in forma implicita (si veda § 8.1); per esplicitarla si devono eseguire i seguenti passaggi, nell'ipotesi che sia $b \neq 0$:

$$ax + by + c = 0 \rightarrow by = -ax - c \rightarrow y = -\frac{ax}{b} - \frac{c}{b} \qquad [13]$$

Introducendo le seguenti definizioni:

$$-\frac{a}{b} = m \xrightarrow{\text{def}} \textbf{coefficiente angolare}; \qquad -\frac{c}{b} = q \xrightarrow{\text{def}} \textbf{termine noto}$$

la [13] diventa:

$$y = mx + q$$

che prende il nome di **equazione canonica della retta.**

> L'equazione generale $3x + 2y - 4 = 0$ diventa (in forma canonica) $y = -\frac{3}{2}x + 2$.

È di fondamentale importanza la seguente osservazione.

> Mentre l'equazione generale $ax + by + c = 0$ rappresenta **tutte** le rette, l'equazione canonica $y = mx + q$ tralascia le rette verticali (parallele all'asse *y*) e **non** rappresenta dunque **tutte** le rette del piano (si è infatti posto $b \neq 0$ per passare da una equazione all'altra).

> Data una retta di equazione $ax + by + c = 0$, **il suo coefficiente angolare è un indice di quanto la retta è inclinata rispetto all'asse *x*.**
> **Per le rette verticali** (le cui equazioni **non** possono essere portate in forma canonica) **non si definisce il coefficiente angolare.**

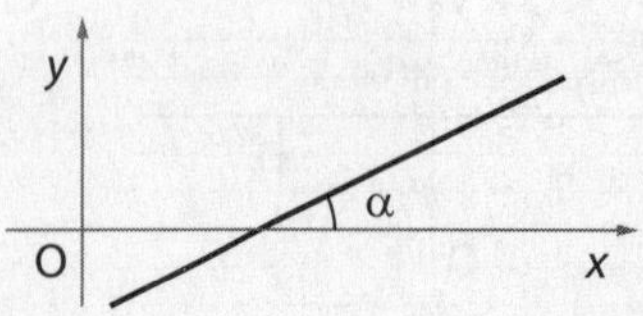

Indicando con α l'angolo orientato in senso antiorario formato dalla retta e dalla semiretta positiva delle ascisse, si ha che:
se l'angolo α è acuto (< 90°) $\rightarrow m > 0$
se l'angolo α è ottuso (> 90°) $\rightarrow m < 0$
se $\alpha = 0$ $\rightarrow m = 0$
Per la definizione di tangente (§ 9.2) si ha $m = \text{tg}\,\alpha$.

7.3.4 | Rette parallele e perpendicolari

Date due rette, con coefficienti angolari m_1 e m_2, la **condizione di parallelismo** è:

$$m_1 = m_2$$

Similmente, la **condizione di perpendicolarità** è:

$$m_1 \cdot m_2 = -1 \quad \leftrightarrow \quad m_1 = -\frac{1}{m_2}$$

- Le rette $y = 3x + 1$ e $6x - 2y = 5$ sono parallele poiché hanno lo stesso coefficiente angolare ($m = 3$ per entrambe).
- Le rette $y = -2x + 1$ e $-x + 2y = 0$ sono invece perpendicolari.

7.3.5 | Equazione delle rette passanti per uno o per due punti

Per un qualsiasi punto $P = (x_0; y_0)$ del piano passano infinite rette. L'equazione di una qualsiasi di queste rette è:

$$y - y_0 = m(x - x_0)$$

Al variare del coefficiente angolare m si ottengono tutte le possibili rette passanti per P (a esclusione dell'unica retta verticale).

Le rette passanti per il punto P (1; 2) hanno equazione: $y - 2 = m(x - 1)$

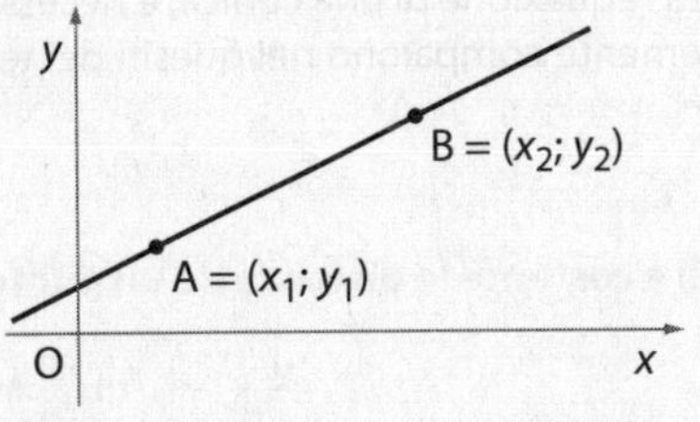

Siano dati ora due punti A e B (di coordinate $(x_1; y_1)$ e $(x_2; y_2)$ rispettivamente): l'equazione della retta passante per i due punti è data dalla formula seguente:

$$\frac{y - y_1}{y_2 - y_1} = \frac{x - x_1}{x_2 - x_1}$$

L'equazione della retta passante per A = (1; 2) e B = (2; 0) è: $\frac{y-2}{-2} = \frac{x-1}{2-1} \rightarrow y = -2x + 4$

7.3.6 | Equazione segmentaria della retta

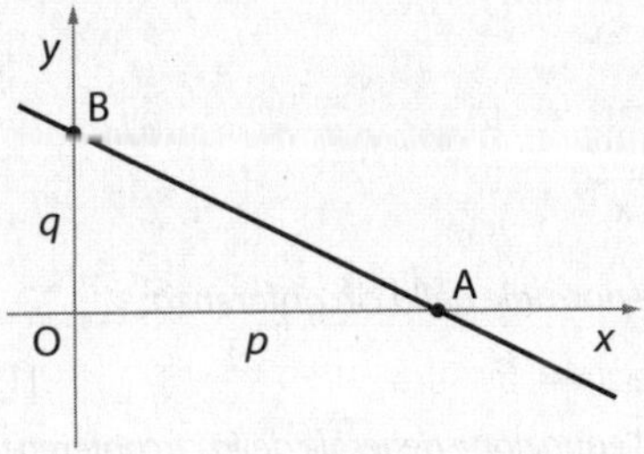

Nel caso particolare in cui si voglia calcolare l'equazione della retta passante per due punti A e B posizionati, rispettivamente, sull'asse x e sull'asse y (di coordinate, per esempio, $A = (p; 0)$ e $B = (0; q)$) si utilizza l'*equazione segmentaria della retta*:

$$\frac{x}{p} + \frac{y}{q} = 1$$

7.3.7 | Distanza di un punto da una retta

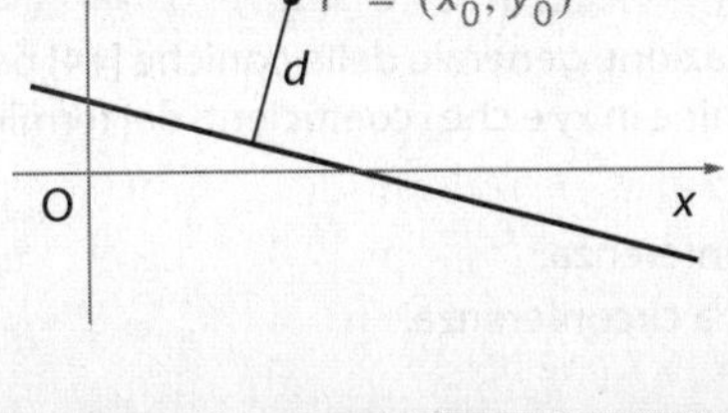

Data la retta $ax + by + c = 0$ e il punto $P = (x_0; y_0)$, la distanza d fra la retta e il punto è pari a:

$$d = \frac{|ax_0 + by_0 + c|}{\sqrt{a^2 + b^2}}$$

MATEMATICA

7.4 | Curve algebriche del secondo ordine: le coniche

Come si è visto, le rette sono rappresentate analiticamente da equazioni di primo grado in due incognite. Viceversa le curve rappresentate da equazioni di secondo grado prendono il nome di *coniche*: il nome deriva dal fatto che tali curve si ottengono dall'**intersezione fra una superficie conica a due falde e un piano.**

A seconda dell'inclinazione e della posizione del piano rispetto all'asse della superficie conica si hanno i diversi tipi di conica:

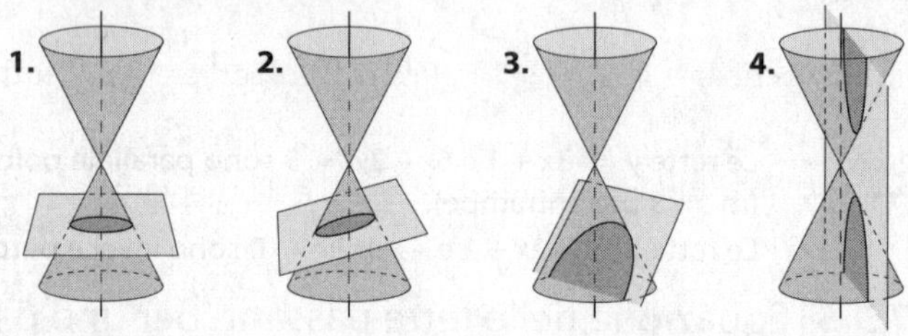

1. circonferenza
2. ellisse
3. parabola
4. iperbole

7.4.1 | Equazione generale di una conica

L'equazione generale di una conica coincide con la forma più generale di equazione di secondo grado in due incognite:

$$F(x, y) = Ax^2 + Bxy + Cy^2 + Dx + Ey + F = 0 \qquad [14]$$

Al variare dei coefficienti A, B, C, D, E, F, si ottengono tutte le coniche possibili.

Nella lettura dei paragrafi seguenti si tenga presente che il primo obiettivo da conseguire è quello di saper riconoscere le coniche dalle loro equazioni; in altre parole, data l'equazione di una conica, è necessario saper dire di che conica si tratta. Le coniche che più frequentemente compaiono nei quesiti dei test sono la circonferenza e la parabola.

7.4.2 | Circonferenza

La circonferenza è il luogo dei punti del piano per i quali è costante la distanza da un punto fisso detto centro.

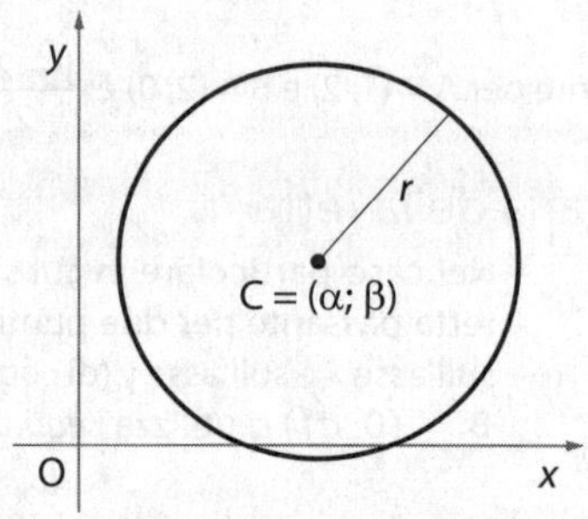

In base alla precedente definizione è possibile ricavare l'*equazione normale della circonferenza*:

$$x^2 + y^2 + ax + by + c = 0 \qquad [15]$$

Se si moltiplica la [15] per una costante k (diversa da zero) si ottiene l'*equazione generale della circonferenza*:

$$kx^2 + ky^2 + kax + kby + kc = 0$$

L'equazione generale della circonferenza è una equazione di secondo grado mancante del termine in *xy* e avente i coefficienti dei termini di grado massimo uguali tra loro.

L'equazione generale della circonferenza si ottiene quindi dall'equazione generale delle coniche [14] ponendo B = 0 e A = C (ciò significa che l'equazione è priva del termine in *xy* e che i coefficienti dei termini di grado massimo sono uguali tra loro).

La curva di equazione $x^2 + y^2 - 2x + 4y - 1 = 0$ è una circonferenza.
La curva di equazione $x^2 + y^2 - 2x + 3xy - 3y = 0$ **non** è una circonferenza.

Data l'equazione di una circonferenza, per trovarne le coordinate del centro $C = (\alpha; \beta)$ e il raggio r si utilizzano le relazioni seguenti:

$$a = -2\alpha \rightarrow \alpha = -\frac{a}{2} \qquad b = -2\beta \rightarrow \beta = -\frac{b}{2}$$

$$c = \alpha^2 + \beta^2 - r^2 \rightarrow r = \sqrt{\alpha^2 + \beta^2 - c}$$

Per trovare il centro e il raggio della circonferenza di equazione:

$$x^2 + y^2 - 2x + 4y - 1 = 0$$

si utilizzano le relazioni viste sopra e si ottiene:

$$\begin{cases} \alpha = -a/2 = 1 \\ \beta = -b/2 = -2 \end{cases} \rightarrow C = (1; -2) \qquad r = \sqrt{\alpha^2 + \beta^2 - c} = \sqrt{1 + 4 + 1} = \sqrt{6}$$

7.4.3 | Posizioni reciproche tra rette e circonferenze

Una retta può essere *esterna*, *tangente* o *secante* a una circonferenza:

esterna	$\leftrightarrow$	$d > r$
tangente	$\leftrightarrow$	$d = r$
secante	$\leftrightarrow$	$d < r$

ove r è il raggio della circonferenza, mentre d è la distanza fra il centro della circonferenza e la retta.

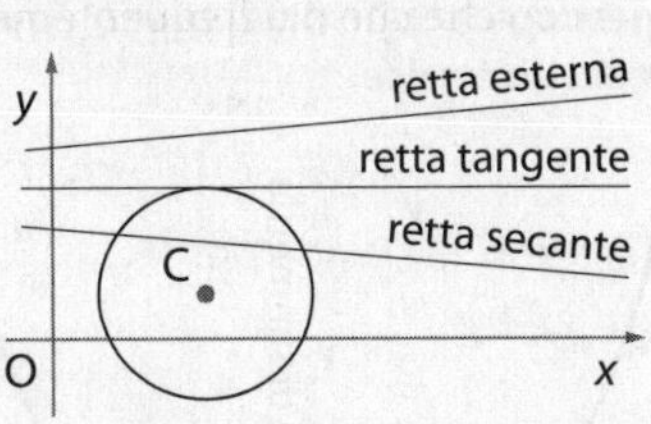

Dal punto di vista algebrico, per trovare le (eventuali) intersezioni fra una retta e una circonferenza si deve risolvere il sistema (di secondo grado) fra le loro equazioni: se il sistema non ha soluzioni la retta è esterna, se il sistema ha una sola soluzione la retta è tangente, se le soluzioni sono due la retta è secante.

7.4.4 | Ellisse

L'ellisse è il luogo geometrico dei punti del piano per i quali è costante la somma delle distanze da due punti fissi detti fuochi.

Indicando con F_1 ed F_2 i due fuochi e con 2a la somma (costante) delle distanze di un punto P dagli stessi due fuochi F_1 ed F_2, si ha che l'ellisse è il luogo dei punti P tali che:

$$PF_1 + PF_2 = 2a$$

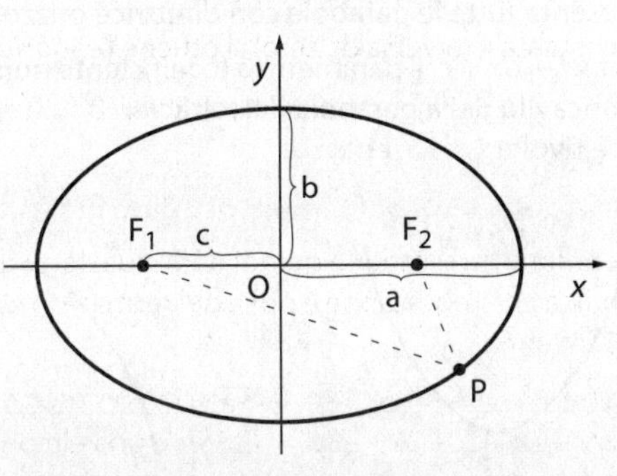

MATEMATICA

Si supponga (senza ledere la generalità) che i due fuochi F_1 ed F_2 abbiano le seguenti coordinate:

$$F_1 = (-c; 0) \qquad F_2 = (c; 0)$$

per cui i due fuochi si trovano sull'asse delle *x*, entrambi a distanza c dall'origine degli assi (in modo che l'origine stessa sia il punto medio del segmento $\overline{F_1F_2}$): sotto queste ipotesi, l'*equazione canonica* (o *normale*) *dell'ellisse* è la seguente:

$$\frac{x^2}{a^2} + \frac{y^2}{b^2} = 1$$

Per le ellissi scritte in forma canonica si utilizza la seguente nomenclatura:

a = semiasse maggiore **b = semiasse minore** **c = semidistanza focale**

La relazione che lega i tre parametri a, b, c è la seguente:

$$c^2 = a^2 - b^2$$

Si definisce **eccentricità dell'ellisse** il rapporto $e = \frac{c}{a}$.

L'eccentricità dell'ellisse è un indice di quanto l'ellisse è "schiacciata". Essendo $a > c$, si ha che $0 \leq e < 1$.

La circonferenza è un'ellisse con eccentricità nulla: i due fuochi coincidono in un punto (il centro della circonferenza) e la loro distanza è $2c = 0$ ossia $c = 0$, che implica $e = 0$.

7.4.5 | Parabola

La parabola è il luogo geometrico dei punti del piano equidistanti da un punto fisso detto fuoco e da una retta fissa detta direttrice.

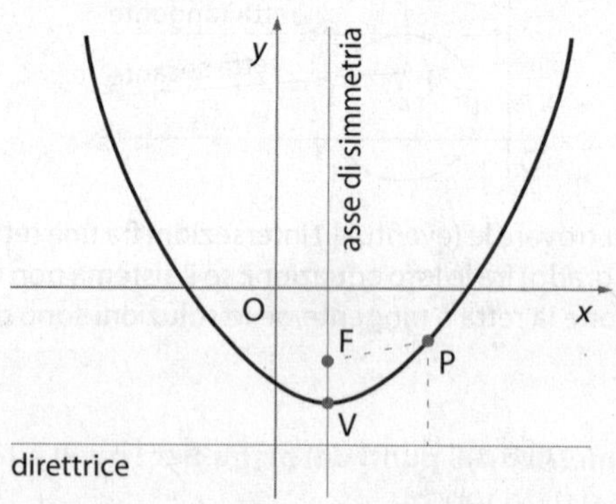

Si supponga che la direttrice sia una retta orizzontale (parallela all'asse delle *x*); allora, l'equazione generale della parabola risulta essere:

$$y = ax^2 + bx + c \qquad [16]$$

che (al variare di a, b, c) rappresenta tutte le parabole con direttrice orizzontale.

Se nell'equazione $y = ax^2 + bx + c$ il parametro a (coefficiente numerico del termine di secondo grado) è **positivo**, la concavità della parabola è rivolta **verso l'alto**; viceversa se il parametro a è **negativo**, la concavità è rivolta **verso il basso.**

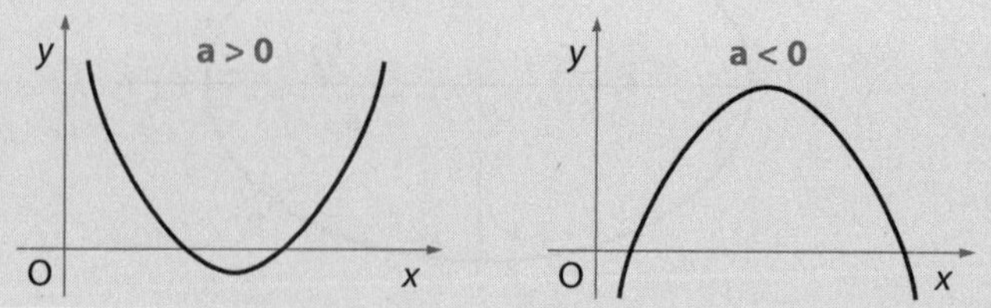

Le coordinate del fuoco F e l'equazione della direttrice sono rispettivamente (con $\Delta = b^2 - 4ac$):

$$F = \left(-\frac{b}{2a}; -\frac{\Delta}{4a} + \frac{1}{4a}\right) \qquad y = -\frac{\Delta}{4a} - \frac{1}{4a}$$

L'equazione dell'*asse di simmetria* (la retta ortogonale alla direttrice passante per il fuoco F) e le coordinate del vertice V (il punto di intersezione tra la parabola e l'asse di simmetria) sono invece:

$$x = -\frac{b}{2a} \qquad V = \left(-\frac{b}{2a}; -\frac{\Delta}{4a}\right)$$

Data la parabola $y = x^2 - 2x - 3$ (con $\Delta = 16$) le coordinate del vertice sono $V = (1; -4)$.

La parabola con direttrice orizzontale è anche una funzione (§ 8.1).

Nel caso in cui la direttrice sia verticale (e di conseguenza l'asse di simmetria sia orizzontale), l'equazione della parabola diventa:

$$x = ay^2 + by + c$$

si tratta in pratica di una equazione che differisce dalla [16] solo per lo scambio della x con la y: tutte le formule finora trovate continuano a valere, a patto di effettuare ovunque lo scambio della x con la y. Per esempio, le coordinate del vertice V sono:

$$V = \left(-\frac{\Delta}{4a}; -\frac{b}{2a}\right)$$

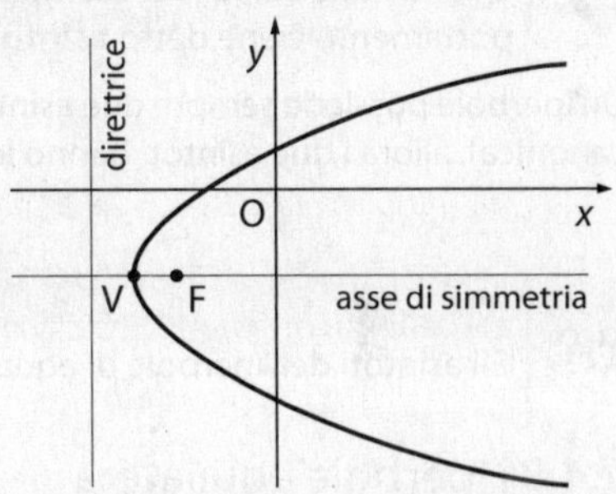

La parabola con direttrice verticale non è una funzione (§ 8.1).

7.4.6 | Iperbole

L'iperbole è il luogo geometrico dei punti del piano per i quali è costante (in valore assoluto) la differenza delle distanze da due punti fissi detti fuochi.

Indicando con F_1 ed F_2 i due fuochi e con 2a la differenza (costante) delle distanze di un punto P dagli stessi due fuochi F_1 ed F_2, si ha che l'iperbole è il luogo dei punti P tali che:

$$|PF_1 - PF_2| = 2a$$

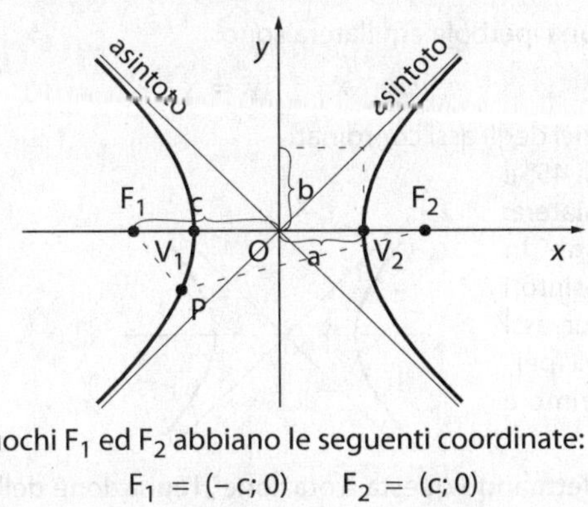

Si supponga ora che i due fuochi F_1 ed F_2 abbiano le seguenti coordinate:

$$F_1 = (-c; 0) \qquad F_2 = (c; 0)$$

per cui i due fuochi si trovano sull'asse delle x, entrambi a distanza c dall'origine degli assi (in modo che l'origine stessa sia il punto medio del segmento $\overline{F_1F_2}$): sotto queste ipotesi, l'*equazione canonica* (o *normale*) *dell'iperbole* è la seguente:

$$\frac{x^2}{a^2} - \frac{y^2}{b^2} = 1$$

MATEMATICA

Per le iperboli scritte in forma canonica si utilizza la seguente nomenclatura:

a = semiasse trasverso b = semiasse non trasverso c = semidistanza focale

La relazione che lega i tre parametri a, b, c è la seguente:

$$c^2 = a^2 + b^2$$

Si definisce **eccentricità dell'iperbole** il rapporto $e = \frac{c}{a}$.

L'eccentricità è un indice dello "schiacciamento" dell'iperbole, come per l'ellisse, ma, a differenza di quest'ultima, si ha sempre che $e > 1$.

7.4.7 | Asintoti di un'iperbole

Quando una curva (per esempio un'iperbole) si avvicina indefinitamente ad una retta, il suo comportamento viene detto **asintotico** e la retta in questione **asintoto della curva.**

Un'iperbole possiede sempre due asintoti: se l'equazione dell'iperbole è $x^2/a^2 - y^2/b^2 = 1$ (equazione canonica), allora i due asintoti hanno le seguenti equazioni:

$$y = -\frac{b}{a}x \qquad y = \frac{b}{a}x$$

Gli asintoti dell'iperbole di equazione $\frac{x^2}{16} - \frac{y^2}{9} = 1$ sono $y = -\frac{3}{4}x$ e $y = \frac{3}{4}x$

7.4.8 | Iperbole equilatera

Un'iperbole si dice **equilatera** quando i suoi asintoti sono perpendicolari tra loro.

Ricordando la condizione di perpendicolarità tra due rette e le equazioni degli asintoti dell'iperbole, si ha che la definizione di iperbole equilatera si trasforma nella seguente condizione:

$$-\frac{b}{a} \cdot \frac{b}{a} = -1 \xrightarrow{\text{eliminando i denominatori}} b^2 = a^2$$

L'equazione canonica di una iperbole equilatera può allora essere riscritta:

$$\frac{x^2}{a^2} - \frac{y^2}{a^2} = 1 \xrightarrow{\text{moltiplicando ambo i membri per } a^2} x^2 - y^2 = a^2$$

Le equazioni degli asintoti di una iperbole equilatera sono:

$$y = -x \qquad y = x$$

ossia coincidono con le bisettrici degli assi coordinati.

Si immagini ora di "ruotare" di 45° il diagramma dell'iperbole equilatera: effettuando questa "rotazione" in senso antiorario si ha che gli asintoti vengono a coincidere con i due assi coordinati e il diagramma dell'iperbole è tutto contenuto nel primo e nel terzo quadrante.

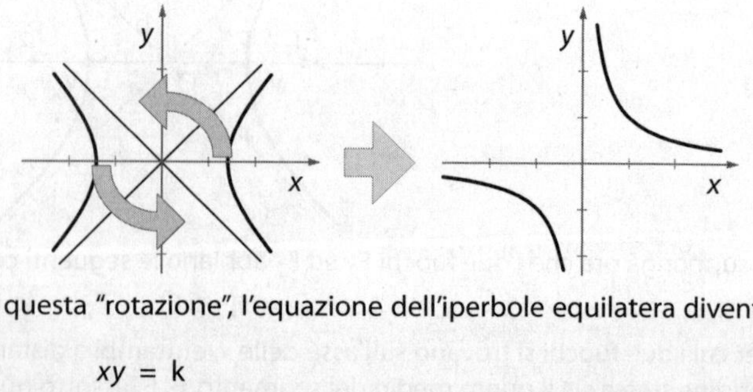

È possibile dimostrare che, effettuando questa "rotazione", l'equazione dell'iperbole equilatera diventa particolarmente semplice:

$$xy = k$$

In questi casi si parlerà di **iperbole equilatera riferita ai propri asintoti**, in quanto gli asintoti coincidono con gli assi del sistema di riferimento cartesiano.

L'iperbole equilatera riferita ai propri asintoti è anche una funzione.

PARTE TERZA

Siamo ora in grado di rispondere agli ultimi tre quesiti posti all'inizio del capitolo.

Quesito II. I punti di intersezione tra la retta $y = 2x$ e la circonferenza $x^2 + y^2 = 20$ si ricavano risolvendo il sistema formato dalle stesse due equazioni:

$$\begin{cases} x^2 + y^2 = 20 \\ y = 2x \end{cases} \rightarrow \begin{cases} x^2 + (2x)^2 = 20 \\ y = 2x \end{cases} \rightarrow \begin{cases} 5x^2 = 20 \\ y = 2x \end{cases}$$

I punti sono pertanto individuati dalle coppie (+2, +4) e (−2, −4). Le coordinate *a* e *b* da sommare risultano quindi essere 2 e 4 e di conseguenza la risposta corretta è la **B**.

Quesito III. La risposta corretta è la **D**: per qualsiasi curva algebrica (e quindi anche per la circonferenza) se nell'equazione manca il termine noto allora sicuramente la curva passa per l'origine del sistema di assi cartesiani, ossia per il punto di coordinate $O \equiv (0, 0)$. Per sincerarsene è sufficiente sostituire i valori $x = 0$ e $y = 0$ nell'equazione e osservare che l'uguaglianza è soddisfatta.
Per completezza si osservi che il centro della circonferenza si trova nel punto di coordinate (2; 0), quindi le risposte **A** ed **E** sono errate, che il suo raggio misura 2, quindi la risposta **B** è errata, e che non passa per il punto di coordinate (0; 2), quindi anche la risposta **C** è errata.

Quesito IV. Per definizione, la parabola è il luogo geometrico dei punti del piano equidistanti da un punto fisso detto fuoco e da una retta fissa detta direttrice: la risposta corretta è quindi la **A**.

7.5 | Metodo pratico per il riconoscimento di una conica

Finora è stato affrontato il problema di trovare, data la definizione di una conica come luogo geometrico, la sua equazione (generale o canonica). In questo paragrafo si affronterà il problema opposto: data una equazione di secondo grado in due incognite (tipicamente *x* e *y*), individuare di che conica si tratta.

Si è visto (§ 7.4.1) che la forma più generale di equazione di una conica coincide con la forma più generale di equazione di secondo grado in due incognite:

$$F(x, y) = Ax^2 + Bxy + Cy^2 + Dx + Ey + F = 0$$

dove al variare dei coefficienti A, B, C, D, E, F, si ottengono tutte le coniche possibili.

Data l'equazione di una conica si calcoli per essa la quantità:

$$\Delta = B^2 - 4AC$$

Si possono presentare i seguenti tre casi.

1. Se $\Delta = B^2 - 4AC < 0$ allora la conica è un'ellisse;
   in particolare è una circonferenza se $A = C$ e $B = 0$;
2. se $\Delta = B^2 - 4AC = 0$ allora la conica è una parabola;
3. se $\Delta = B^2 - 4AC > 0$ allora la conica è un'iperbole;
   inoltre l'iperbole è equilatera se e solo se $A + C = 0$.

Data la conica di equazione:

$$3y^2 + 2x - y + 1 = 0$$

di che conica si tratta?
Essendo $A = 0, B = 0, C = 3$ si ha che $\Delta = 0$ quindi la conica è una parabola.

Data la conica di equazione

$$2x^2 - 4y^2 - 3x - 5 = 0$$

di che conica si tratta?
Essendo $A = 2, B = 0, C = -4$ si ha che $\Delta = +32$ quindi la conica è una iperbole: essendo $A + C = 2 - 4 = -2 \neq 0$, l'iperbole non è equilatera.

7.6 | Proporzionalità diretta e inversa fra grandezze

Tra due variabili x e y vi è **proporzionalità diretta** se il loro **rapporto** è costante:

$$\frac{y}{x} = k \leftrightarrow y = k \cdot x$$

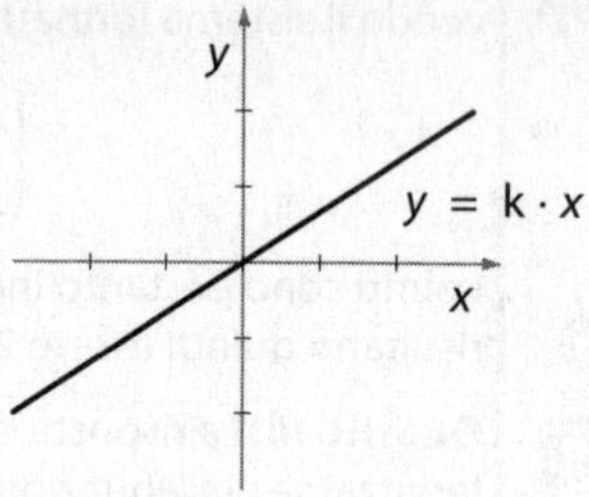

dove k indica una costante.

La rappresentazione grafica della proporzionalità diretta è una retta passante per l'origine e con inclinazione (coefficiente angolare) pari a k.

Tra due variabili x e y vi è invece **proporzionalità inversa** se il loro **prodotto** è costante:

$$x \cdot y = k \leftrightarrow y = \frac{k}{x}$$

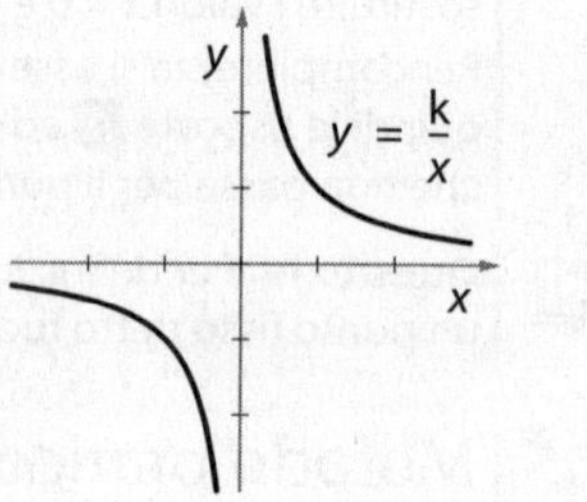

dove ancora k indica una costante.

La rappresentazione grafica della proporzionalità inversa è un'iperbole equilatera riferita ai propri asintoti. In altre parole, *la curva è asintotica agli assi coordinati*: nel caso di k positivo, al crescere di una delle due variabili (per esempio, la x), l'altra (la y) deve necessariamente decrescere (per mantenere costante il prodotto) facendo quindi in modo che la curva si avvicini sempre di più all'asse (delle x).

Ripassa da qui

Equazione della retta

- $ax + by + c = 0$ — equazione generale o implicita
- $\frac{x}{p} + \frac{y}{q} = 1$ — equazione segmentaria (con $p, q \neq 0$)
- $y = mx + q$ — equazione canonica o esplicita
- $m = -\frac{a}{b}$ — coefficiente angolare

Il coefficiente angolare m di una retta passante per due punti A $(x_1; y_1)$ e B $(x_2; y_2)$ è:

$$m = \frac{y_2 - y_1}{x_2 - x_1}$$

Casi particolari dell'equazione di una retta

- $y = mx$ con $m \in \mathbb{R}$ — retta per l'origine O
- $y = k$ con $k \in \mathbb{R}$ — retta parallela all'asse x
  - $y = 0$ — asse x
- $x = h$ con $h \in \mathbb{R}$ — retta parallela all'asse y
  - $x = 0$ — asse y

Condizioni di parallelismo

- Due rette di equazioni $y = mx + q$ e $y = m'x + q'$ sono parallele se:

$$m = m'$$

Due rette di equazioni $ax + by + c = 0$ e $a'x + b'y + c' = 0$ sono parallele se:

$$ab' = a'b$$

Condizioni di perpendicolarità

- Due rette di equazioni $y = mx + q$ e $y = m'x + q'$ sono perpendicolari se:

$$m \cdot m' = -1 \rightarrow m' = -\frac{1}{m}$$

Due rette di equazioni $ax + by + c = 0$ e $a'x + b'y + c' = 0$ sono perpendicolari se:

$$aa' + bb' = 0$$

Coniche

- Equazione generale di una conica:

$$Ax^2 + Bxy + Cy^2 + Dx + Ey + F = 0$$

- Riconoscimento di una conica:
  - se $\Delta = B^2 - 4AC < 0$ allora la conica è un'ellisse; in particolare è una circonferenza se $A = C$ e $B = 0$;
  - se $\Delta = B^2 - 4AC = 0$ allora la conica è una parabola;
  - se $\Delta = B^2 - 4AC > 0$ allora la conica è un'iperbole; inoltre l'iperbole è equilatera se e solo se $A + C = 0$.

MATEMATICA

Quesiti svolti

1 Se un parallelogramma ABCD ha vertici:

$$A = (3 ; 4) \quad B = (-1 ; 2) \quad C = (5 ; 0)$$

allora il quarto vertice D ha coordinate:

A (9 ; 2) B (8 ; 2) C (10 ; 1) D (10 ; 2) E (8 ; 1)

In un parallelogramma ABCD le diagonali AC e BD si incontrano nel loro punto medio M. Per le formule del punto medio le coordinate di M sono uguali a:

$$x_M = \frac{x_A + x_C}{2} = \frac{3+5}{2} = 4 \quad y_M = \frac{y_A + y_C}{2} = \frac{4+0}{2} = 2$$

Per le considerazioni precedenti, si può scrivere che:

$$x_M = \frac{x_B + x_D}{2} \rightarrow 4 = \frac{-1 + x_D}{2} \rightarrow x_D = 9$$

$$y_M = \frac{y_B + y_D}{2} \rightarrow 2 = \frac{2 + y_D}{2} \rightarrow y_D = 2$$

Le coordinate di D sono pertanto uguali a (9 ; 2) (risposta A).

2 Se $y = 4x\,(x + 1)$, il grafico di y in funzione di x su un piano cartesiano è:

A un cerchio
B una retta
C un'iperbole
D una parabola
E una curva di tipo esponenziale

Per riconoscere la natura di questa conica conviene svolgere il prodotto a secondo membro:

$$y = 4x(x+1) \rightarrow y = 4x^2 + 4x$$

È più facile ora capire che si tratta di una parabola (risposta D) passante per l'origine (c = 0) con asse di simmetria parallelo all'asse *y*.

3 Un'iperbole di equazione $xy = k$ $(k > 0)$ e una retta di equazione $x - y = h$, hanno in comune:

A un punto
B due punti
C nessun punto
D dipende dal segno di *h*
E nessuna delle precedenti

L'iperbole di equazione $xy = k$ è equilatera e i suoi due rami, poiché k è positivo, sono contenuti nel primo e nel terzo quadrante. La retta di equazione $x - y = h$, ossia $y = x - h$ appartiene al fascio improprio di rette parallele alla bisettrice del primo e del terzo quadrante. Queste considerazioni consentono di concludere che ciascuna retta del fascio interseca l'iperbole sempre in due punti distinti (risposta B).

PARTE TERZA

4 **Che valore deve avere *a*, affinché le due equazioni $ax = 15 - 3y$ e $y = 3x - 2$ rappresentino due rette perpendicolari fra loro?**

A $a = 3$

B $a = 1$

C $a = -1/3$

D $a = 0$

E $a = -1$

Affinché le due rette date siano perpendicolari, i rispettivi coefficienti angolari m_1 e m_2 devono soddisfare la condizione $m_1 \cdot m_2 = -1$. Poiché le equazioni canoniche delle due rette sono rispettivamente:

$$y = -\frac{a}{3}x + 5 \qquad y = 3x - 2$$

la condizione di perpendicolarità è uguale a:

$$-\frac{a}{3} \cdot 3 = -1$$

Risolvendo l'equazione in *a*, si ottiene $a = 1$. La risposta esatta è quindi la B.

5 **Per quali valori del parametro reale *a* le due rette di equazione $y = 2x + 1$ e $y = ax - 3$ non hanno alcun punto in comune?**

A $a = 5$ e $a = 3$

B $a = 0$

C $a = 2$

D Per nessun valore di *a*

E Per ogni valore di *a*

Per risolvere il quesito non è necessario impostare il sistema avente come equazioni quelle delle due rette e determinare per quali valori del parametro *a* esso non ammette soluzioni. Ricordando che, in un piano cartesiano, due rette non hanno alcun punto in comune se sono parallele, è sufficiente imporre che i relativi coefficienti angolari siano uguali:

$$ax = 2x \rightarrow a = 2$$

La risposta esatta è dunque la C.

6 **Quale delle seguenti espressioni rappresenta una circonferenza in coordinate cartesiane?**

A $x + y = R$

B $x - y = R$

C $x^2 + y^2 = R^2$

D $(x + y)^2 = R$

E $xy = R$

L'espressione contenuta nella risposta C è l'equazione canonica della circonferenza di raggio *R*, per cui la C risulta essere la risposta esatta. A questa conclusione si sarebbe potuti giungere anche procedendo per esclusione: le espressioni contenute nelle risposte A e B sono equazioni di primo grado, quindi rappresentano (in coordinate cartesiane) due rette. L'espressione contenuta nella risposta D, una volta sviluppato il quadrato a primo membro, contiene il termine in *xy* per cui non può rappresentare una circonferenza. Infine, l'espressione E contiene il termine *xy* e non contiene i termini x^2 e y^2, quindi non può essere l'equazione di una circonferenza.

MATEMATICA

7 Determinare l'area S del triangolo i cui vertici sono i punti A (1 ; 2), B (2 ; 4) e C (2 ; 2).

A S = 4

B S = 1

C S = 0

D S = 2

E La domanda è priva di significato

Per rispondere rapidamente al quesito conviene posizionare i tre punti sul piano cartesiano.
Dal disegno si ricava che il triangolo ABC è un triangolo rettangolo con base (segmento AC) di lunghezza unitaria e altezza (segmento BC) di lunghezza 2.
L'area S del triangolo risulta quindi essere:

$$S = \frac{AC \cdot BC}{2} = \frac{1 \cdot 2}{2} = 1$$

per cui la risposta corretta risulta essere la **B**.

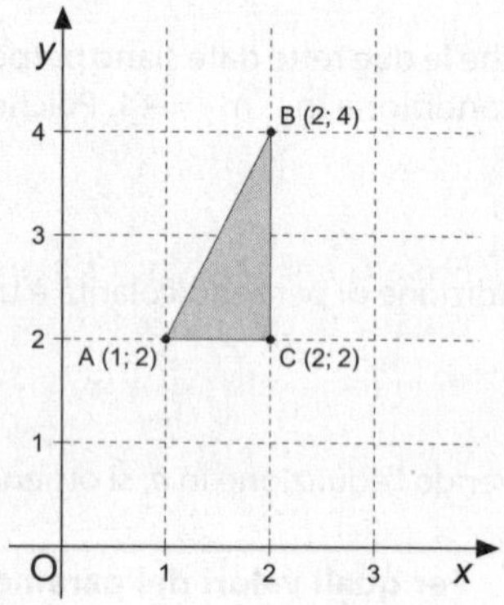

8 La circonferenza di equazione $x^2 + y^2 - 2x = 0$ ha il centro:

A sull'asse *x*

B sull'asse *y*

C sulla retta *x* = *y*

D nell'origine degli assi

E nel punto di coordinate (0 ; 2)

Nell'equazione proposta dal quesito manca il termine in *y*, quindi ci si trova nel caso particolare b = 0: il centro si trova sull'asse delle *x* (risposta **A**).

9 In un sistema di riferimento cartesiano ortogonale Oxy, sia *r* la retta di equazione:

$$y = \frac{3x + 1}{-2}$$

Quale delle seguenti equazioni rappresenta una retta parallela ad *r* e passante per il punto (1;1) ?

A $y = \frac{2}{3}x + 1$

B $y = -\frac{3}{2}x + 1$

C $y = \frac{3}{2}(x - 1) + 1$

D $y = 1 + \frac{2}{3}(x - 1)$

E $y = \frac{5 - 3x}{2}$

La retta $y = \frac{3x+1}{-2}$ ha coefficiente angolare $m = -\frac{3}{2}$. Qualsiasi retta a essa parallela deve avere lo stesso coefficiente angolare, quindi le alternative **A**, **C** e **D** sono errate. La retta cercata deve inoltre passare per il punto $(1;1)$ quindi, inserendo le coordinate di tale punto nella sua equazione, si deve ottenere un'identità (condizione di appartenenza).
Essendo:

$$y = -\frac{3}{2}x + 1 \rightarrow 1 = -\frac{3}{2}(1) + 1 \rightarrow 1 = -\frac{1}{2}$$

$$y = \frac{5-3x}{2} \rightarrow 1 = \frac{5-3(1)}{2} \rightarrow 1 = \frac{2}{2} \rightarrow 1 = 1$$

la risposta esatta è la **E**.

---

10 Fissato nel piano un sistema di assi cartesiani ortogonali *Oxy*, consideriamo le circonferenze *c* di centro $O(0;0)$ e raggio 2, e *c'* di centro O' e raggio 3. Le circonferenze *c* e *c'* si intersecano in due punti. Tra i seguenti punti, quale può essere O' ?

A $(-4;-4)$

B $(3;4)$

C $\left(1;\frac{9}{2}\right)$

D $\left(\frac{11}{3};\frac{11}{3}\right)$

E $(5;-2)$

Poiché le circonferenze considerate si intersecano in due punti, esse non possono essere né concentriche, né esterne, né tangenti quindi la distanza tra i due centri O e O' deve essere maggiore della differenza tra i raggi delle due circonferenze (circonferenze tangenti internamente) e minore della loro somma (circonferenze tangenti esternamente):

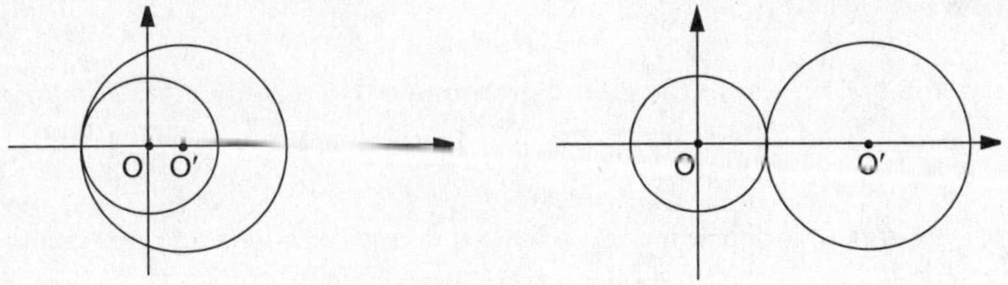

$$1 = 3 - 2 < \overline{OO'} < 3 + 2 = 5$$

Tra tutti i punti proposti, l'unico che soddisfa tali richieste è $\left(1;\frac{9}{2}\right)$, risultando in tal caso

$\overline{OO'} = \sqrt{\frac{85}{4}} \approx 4{,}6$, quindi la risposta esatta è la **C**.

MATEMATICA

8 Funzioni

Mettiti alla prova

I La relazione rappresentata dal seguente diagramma:

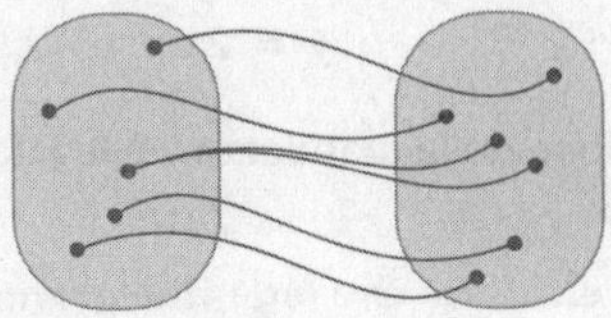

- **A** non è una funzione
- **B** è una funzione iniettiva
- **C** è una funzione biiettiva
- **D** nessuna delle altre risposte è corretta
- **E** è una funzione suriettiva

II Quale delle seguenti equazioni rappresenta una funzione $y = f(x)$ tale che $f(2) = -1$ e $f(-1) = 5$?

- **A** $y = x^2 - 3x + 1$
- **B** $y = -2x^2 + x + 8$
- **C** $y = -x^2 + 2x - 1$
- **D** $y = 2x^2 - x - 7$
- **E** $y = 3x^2 - 2x$

III Il campo di esistenza della funzione $\log \dfrac{x^2 - 2x + 1}{x + 1}$ è:

- **A** $x \neq -1$
- **B** $x > -1$
- **C** $x > -1$ e $x \neq 1$
- **D** $x < -1$
- **E** l'insieme $\mathbb{R}$

IV La funzione inversa di $f(x) = \dfrac{2x - 3}{x}$ è espressa dall'equazione:

A $x = \dfrac{-2y + 3}{-y}$ **B** $x = \dfrac{y}{2y - 3}$ **C** $x = \dfrac{3 - 2y}{y}$ **D** $x = \dfrac{3}{2 - y}$ **E** $x = \dfrac{3}{y - 2}$

Ecco le risposte esatte dei 4 quesiti proposti: I **A**, II **A**, III **C**, IV **D**.

8.1 | Definizione di funzione

Per introdurre il concetto di funzione è utile ricordare le definizioni di corrispondenza univoca fra insiemi (§ 1.1.3).

Lo studio di diversi fenomeni della natura e la risoluzione di svariati problemi tecnici e matematici porta a considerare alcune grandezze **variabili** (convenzionalmente indicate in matematica con le lettere *x*, *y*, *z*...) e altre grandezze **costanti** (convenzionalmente indicate in matematica con le lettere a, b, c...). In molti casi, la variazione di una grandezza (sia essa un tempo, una lunghezza, una superficie, una temperatura...) è legata alla variazione di un'altra grandezza.

La lunghezza di una circonferenza *y* è legata alla lunghezza del raggio *x* dalla seguente formula:

$$y = 2\pi x$$

In questi casi, ossia quando la variazione della grandezza *y* è legata alla variazione della grandezza *x*, si dice che *y* è **funzione** della variabile *x*.

Una funzione è quindi una relazione che lega due grandezze variabili in modo che, assegnati valori arbitrari a una di esse (variabile indipendente), **risultino univocamente determinati i corrispondenti valori dell'altra** (variabile dipendente).

In pratica il concetto di funzione coincide con quello di **corrispondenza univoca**: la definizione corretta di funzione è infatti la seguente.

Dati due insiemi non vuoti X e Y, si chiama **funzione** (o **applicazione**) da X in Y una qualsiasi legge che fa corrispondere a **ogni** elemento *x* di X **uno e un solo** elemento *y* di Y: quest'ultimo elemento *y* viene detto **immagine** di *x*.

Le notazioni più utilizzate per indicare una funzione da X in Y sono le seguenti:

$$y = f(x)\,; \quad f{:}X \to Y\,; \quad X \xrightarrow{f} Y$$

Una funzione è rappresentata da una equazione che **stabilisce il legame tra la variabile indipendente** (generalmente indicata con *x*) **e la variabile dipendente** (generalmente indicata con *y*).

Se l'equazione è risolta rispetto a una delle due variabili (di norma la variabile dipendente *y*), essa viene detta *in forma esplicita*:

$$y = f(x)$$

Se viceversa tutti i termini si trovano a primo membro, l'equazione viene detta *in forma implicita*:

$$F(x, y) = 0$$

Si utilizzano inoltre le seguenti notazioni:

- la variabile $x \in X$ è convenzionalmente detta **variabile indipendente**;
- la variabile $y \in Y$ è convenzionalmente detta **variabile dipendente**;
- l'insieme X è detto **dominio** (o **campo di esistenza**) della funzione;
- l'insieme $f(X)$ è l'insieme delle immagini di tutti gli elementi di X, viene detto **codominio** (o **immagine** del dominio) e potrebbe non coincidere con l'intero insieme Y: $f(X) \subseteq Y$.

PARTE TERZA

8.1.1 | Funzioni suriettive, iniettive e biettive

Una funzione da X in Y si dice **suriettiva** quando **ogni elemento di Y è immagine di almeno un elemento di X.**

In simboli:

$$f(X) = Y$$

Infatti, ogni elemento di Y non è necessariamente l'immagine di un elemento di X: vi può essere un elemento di Y che non è immagine di alcun elemento di X.

Si considerino i due insiemi $X = \{1, 2, 3\}$ e $Y = \{1, 2, 4, 6\}$ e la funzione:

$$y = 2x$$

allora $f(X) = \{2, 4, 6\}$: si tratta quindi di un sottoinsieme proprio di Y e la funzione **non** è suriettiva.

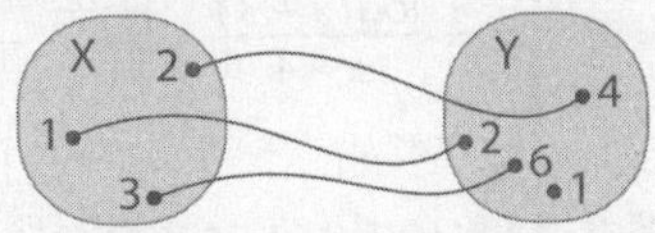

Una funzione da X in Y si dice **iniettiva se a elementi distinti di X fa corrispondere elementi distinti di Y.**

In simboli:

$$\text{se } x_1 \neq x_2 \text{ allora } f(x_1) \neq f(x_2)$$

Infatti, un elemento di $f(X)$ potrebbe essere l'immagine di più di un elemento di X.

Sia $X = \{-1, 1, 2\}$, $Y = \{1, 2\}$ e:

$$y = |x|$$

allora $f(X) = \{1, 2\}$ e l'elemento $y = 1$ è immagine di due elementi distinti di X (ossia $x = 1$ e $x = -1$) e la funzione **non** è inettiva.

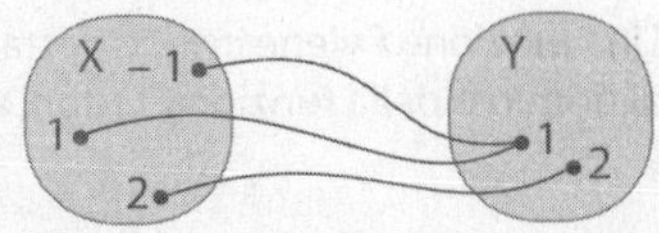

Una funzione da X in Y che sia **contemporaneamente iniettiva e suriettiva** si dice **biettiva** o **biunivoca.**

8.1.2 | Campo di esistenza

Il campo di esistenza (**o dominio**) di una funzione **è l'insieme dei valori della variabile indipendente per cui la funzione risulta definita.**

Nel seguito si riportano i campi di esistenza per le principali tipologie di funzioni.

1. **Funzioni razionali intere**: esistono per ogni valore reale della x.

   $y = x + 2$: esiste per ogni $x \rightarrow$ C.E.: $\mathbb{R}$ (dove $\mathbb{R}$ indica l'insieme dei numeri reali)

2. **Funzioni razionali frazionarie**: il denominatore deve essere diverso da zero.

   $y = \dfrac{x+3}{x+2}$: esiste per $x \neq -2 \rightarrow$ C.E.: $x \neq -2$

3. **Funzioni irrazionali**: se l'indice di radice è pari, il radicando deve essere non negativo.

   $y = \sqrt{x+2}$: esiste per $x \geq -2 \rightarrow$ C.E.: $x \geq -2$

4. **Funzioni trascendenti:** si distinguono diversi casi.

   4.1 Esponenziali: esistono per ogni valore della x.

   4.2 Logaritmiche: l'argomento dei logaritmi deve essere positivo.

   4.3 Trigonometriche: verranno definite nel § 9.2.

   - $y = 3^x$ esiste per ogni $x \rightarrow$ C.E.: $\mathbb{R}$
   - $y = \log(x+2)$ esiste per $x > -2 \rightarrow$ C.E.: $x > -2$

Trovare il campo di esistenza di una funzione significa in generale risolvere una disequazione (o un sistema di disequazioni).

- $y = \sqrt{x+1} \rightarrow x+1 \geq 0 \rightarrow$ C.E.: $x \geq -1$
- $y = \log(x-1) \rightarrow x-1>0 \rightarrow$ C.E.: $x > 1$

È chiaro che si possono presentare delle combinazioni dei casi visti: in questi casi si deve ricorrere a **sistemi di disequazioni**.

$$y = \frac{\log(x+3)}{x-4} \cdot \sqrt{x-7} \rightarrow \begin{cases} x+3>0 \\ x-4 \neq 0 \\ x-7 \geq 0 \end{cases} \rightarrow \begin{cases} x>-3 \\ x \neq 4 \\ x \geq 7 \end{cases} \rightarrow \text{C.E.: } x \geq 7$$

8.1.3 | Funzioni crescenti e decrescenti

Una funzione *f* viene detta **crescente** se, comunque scelti due elementi x_1 e x_2 (appartenenti al dominio della funzione *f*) con $x_1 < x_2$, si ha:

$$f(x_1) < f(x_2)$$

In altre parole, al crescere di *x* cresce anche il valore di $f(x)$.

Per esempio, la funzione $y = 5x$ è crescente:

$$2 < 3 \rightarrow f(2) < f(3) \quad \text{infatti: } f(2) = 10 < f(3) = 15$$

Una funzione *f* viene invece detta **decrescente** se, comunque scelti due elementi x_1 e x_2 (appartenenti al dominio della funzione *f*) con $x_1 < x_2$, si ha:

$$f(x_1) > f(x_2)$$

In altre parole, al crescere di *x* decresce il valore di $f(x)$.

8.1.4 | Funzioni pari e dispari

Una funzione *f* viene detta **pari** se, comunque scelto un elemento *x* (appartenente al dominio di *f*) si ha:

$$f(x) = f(-x)$$

Per esempio, la funzione $f(x) = x^2$ è una funzione pari:

$$f(4) = f(-4) = 16$$

Una funzione *f* viene invece detta **dispari** se si ha:

$$f(-x) = -f(x)$$

Per esempio, la funzione $f(x) = x^3$ è una funzione dispari:

$$f(-4) = -f(4) = -64$$

8.1.5 | Massimi e minimi

Si definisce **massimo** (o **minimo**) assoluto di una funzione *f* il **più grande** (o il **più piccolo**) dei valori che essa assume. In altre parole la funzione *f* ha un massimo assoluto se esiste un valore x_1 (appartenente al dominio di *f*) tale che comunque scelto un elemento *x* (sempre appartenente al dominio di *f*) si abbia:

$$f(x_1) \geq f(x)$$

e ha un minimo assoluto se esiste un valore x_2 (appartenente al dominio di *f*) tale che:

$$f(x_2) \leq f(x)$$

Per esempio, la funzione $y = -x^2 + 5x - 4$ (parabola con concavità rivolta verso il basso) ha un massimo in corrispondenza del vertice:

$$V = \left(-\frac{b}{2a}; -\frac{\Delta}{4a}\right) = \left(\frac{5}{2}; \frac{9}{4}\right)$$

PARTE TERZA

8.2 | Rappresentazione grafica delle funzioni

Come si è visto, una qualsiasi funzione stabilisce un legame tra la variabile indipendente (generalmente indicata con x) e la variabile dipendente (generalmente indicata con y) espresso in termini algebrici attraverso un'equazione: tramite le coordinate cartesiane (§ 7.1) è possibile anche *rappresentare graficamente* le funzioni. Si consideri la funzione:

$$y = f(x)$$

per ogni valore della variabile indipendente x è possibile calcolare il corrispondente valore della variabile dipendente y: qualsiasi coppia di valori (x, y), ossia $(x, f(x))$, così ottenuta è una coppia ordinata di numeri reali e come tale può essere rappresentata in un sistema di riferimento cartesiano ortogonale (in quanto alla coppia ordinata corrisponde uno e un solo punto del piano).

Rappresentando sul piano cartesiano tutti i possibili punti $(x, f(x))$ si ottiene una **curva** che prende il nome di **diagramma (o grafico) della funzione**. Ogni funzione del tipo $y = f(x)$ può quindi essere rappresentata graficamente nel piano cartesiano.

Infatti si consideri la funzione:

$$y = x^2 - 1$$

scegliendo arbitrariamente alcuni valori di x si possono ricavare i corrispondenti valori di y e quindi determinare le seguenti coppie di coordinate:

per $x = -3$	si ha $y = +8$	ossia il punto $(-3; +8)$;
per $x = -2$	si ha $y = +3$	ossia il punto $(-2; +3)$;
per $x = -1$	si ha $y = 0$	ossia il punto $(-1; 0)$;
per $x = 0$	si ha $y = -1$	ossia il punto $(0; -1)$;
per $x = +1$	si ha $y = 0$	ossia il punto $(+1; 0)$;
per $x = +2$	si ha $y = +3$	ossia il punto $(+2; +3)$;
per $x = +3$	si ha $y = +8$	ossia il punto $(+3; +8)$.

Riportando tali punti sul piano cartesiano e unendoli con una linea continua, si ottiene il grafico della funzione, ossia una parabola.

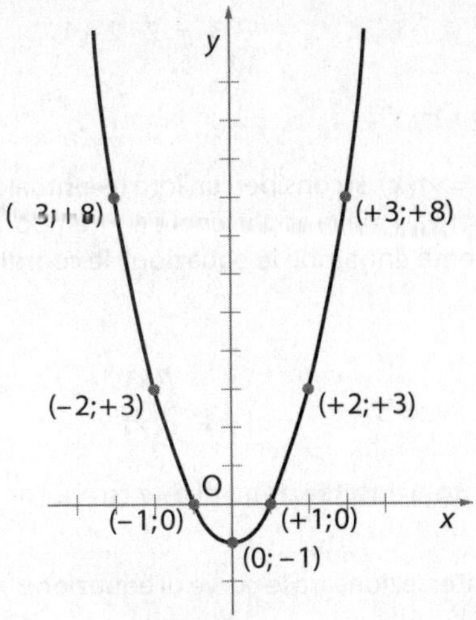

Ovviamente il grafico di una funzione riflette le caratteristiche algebriche della funzione stessa: per esempio, **il grafico di una funzione pari risulta simmetrico rispetto all'asse delle y** (si veda, per esempio, il grafico di $y = x^2$ nel § 8.2.5), mentre **il grafico di una funzione dispari risulta simmetrico rispetto all'origine degli assi** (si veda, per esempio, il grafico di $y = x^3$ nel § 8.2.5). Similmente i punti di massimo e minimo (assoluti) sono rispettivamente il punto più alto e quello più basso del grafico.

MATEMATICA

La parabola $y = x^2 - 1$ (rappresentata nel diagramma precedente) è una funzione pari:

$$f(1) = f(-1) = 0$$
$$f(2) = f(-2) = +3$$
$$f(3) = f(-3) = +8$$

e infatti il suo grafico risulta simmetrico rispetto all'asse delle y.
Inoltre il vertice della parabola V = (0; – 1) è anche il minimo assoluto; non esiste invece un massimo in quanto la parabola (con concavità rivolta verso l'alto) non è limitata superiormente.

Inoltre, poiché una funzione è una relazione univoca da X in Y (in quanto fa corrispondere a ogni elemento x di X **uno e un solo** elemento y di Y), **un qualsiasi diagramma rappresenta il grafico di una funzione se e solo se il diagramma è unisecato** (ossia intersecato una sola volta) **dalle rette verticali.**

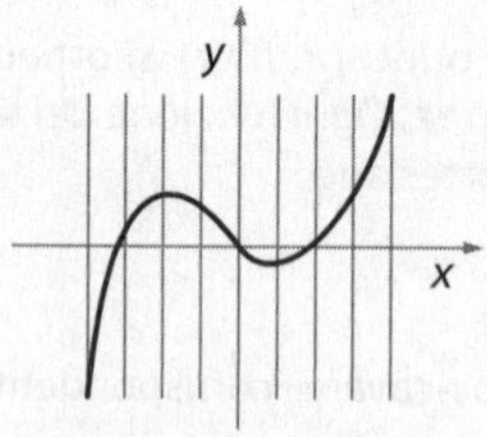

È una funzione.

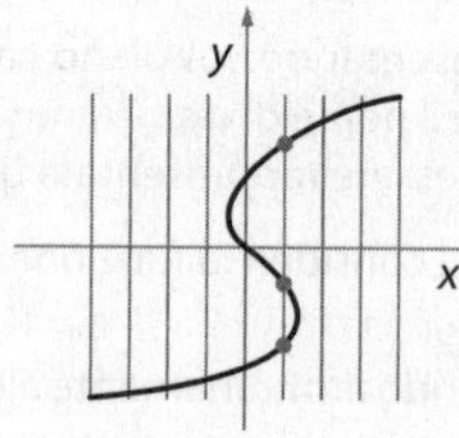

Non è una funzione.

8.2.1 | Condizione di appartenenza

Come per le curve algebriche (§ 7.2.1), un punto P di coordinate $(x_0; y_0)$ appartiene al diagramma della funzione $y = f(x)$ se e solo se le sue coordinate soddisfano l'equazione della curva, ossia se e solo se vale la seguente relazione:

$$y_0 = f(x_0)$$

Il punto $P = (2; 3)$ appartiene alla curva di equazione $y = 2x - 1$ in quanto:

$$3 = 2 \cdot 2 - 1$$

8.2.2 | Intersezione tra curve

Date due curve $y = f(x)$ e $y = g(x)$ si consideri un loro (eventuale) punto di intersezione $P = (x_0; y_0)$. Per la condizione di appartenenza, P deve appartenere contemporaneamente a entrambe le curve, ossia soddisfare contemporaneamente entrambe le equazioni; le coordinate del punto P saranno allora le soluzioni del sistema:

$$\begin{cases} y = f(x) \\ y = g(x) \end{cases}$$

Le coordinate del punto di intersezione di due curve sono la soluzione del sistema formato dalle equazioni delle due curve.

Gli eventuali punti di intersezione fra le curve di equazione $y = x - 1$ e $y = x^2 - 3x + 2$ si trovano risolvendo il sistema:

$$\begin{cases} y = x - 1 \\ y = x^2 - 3x + 2 \end{cases}$$

In questo modo si perviene alle due soluzioni $(3; 2)$ e $(1; 0)$ che quindi rappresentano le coordinate dei due punti di intersezione fra le curve date.

PARTE TERZA

8.2.3 | Intersezioni con gli assi

Trovare le intersezioni con gli assi di una funzione equivale a risolvere il sistema fra l'equazione della funzione stessa e l'equazione di ciascuno degli assi.

L'asse x ha equazione $y = 0$. L'asse y ha equazione $x = 0$.

Trovare le intersezioni della curva di equazione $y = f(x)$ con l'asse x (ossia trovare i cosiddetti "zeri" della funzione) equivale quindi a risolvere il sistema:

$$\begin{cases} y = f(x) \\ y = 0 \end{cases} \xrightarrow{\text{applicando il metodo del confronto (§ 4.4.4)}} \begin{cases} f(x) = 0 \\ y = 0 \end{cases}$$

Per trovare le intersezioni della curva $y = x^2 - 3x + 2$ con l'asse x si risolve il sistema:

$$\begin{cases} x^2 - 3x + 2 = 0 \\ y = 0 \end{cases}$$

Poiché la prima equazione è un'equazione di secondo grado completa in una sola incognita, la si risolve con la formula risolutiva (§ 4.2.12) ottenendo $x_1 = 1$ e $x_2 = 2$: le due intersezioni del grafico della funzione con l'asse x sono quindi i punti $(1; 0)$ e $(2; 0)$.

Similmente, trovare l'intersezione della curva $y = f(x)$ con l'asse y equivale a risolvere il sistema:

$$\begin{cases} y = f(x) \\ x = 0 \end{cases}$$

8.2.4 | Segno di una funzione

Studiare il segno di una funzione $y = f(x)$ significa trovare i valori della variabile indipendente x in corrispondenza dei quali la variabile y (ossia il valore assunto dalla funzione) risulta positiva, nulla o negativa rispettivamente.

Per studiare il segno di una funzione è sufficiente ricercare i valori della x in corrispondenza dei quali la funzione risulta positiva o nulla: in tutti gli altri punti del C.E. la funzione sarà negativa.

In altre parole, per studiare il segno della funzione $y = f(x)$ si risolve la disequazione $f(x) \geq 0$.

Per studiare il segno della funzione $y = x^2 - 3x + 2$ si risolve la disequazione:

$$x^2 - 3x + 2 \geq 0$$

Poiché si tratta di una disequazione di secondo grado in una sola incognita, la si risolve (come si è visto nel § 5.1.8) ottenendo $x \leq 1$ e $x \geq 2$: questo è l'insieme dei valori di x in corrispondenza dei quali la funzione è positiva o nulla.
Di conseguenza, la funzione sarà negativa nell'intervallo $1 < x < 2$.

Dal punto di vista grafico lo studio del segno della funzione permette di capire quali sono le zone del piano cartesiano in cui la funzione è positiva (ossia al di sopra dell'asse delle x) e quelle in cui è negativa (al di sotto dell'asse x): dove la funzione si annulla si avranno le intersezioni con l'asse delle x (ossia gli "zeri" della funzione).

Dal precedente esempio si è ricavato che la funzione $y = x^2 - 3x + 2$ è positiva per $x < 1$ e $x > 2$, negativa per $1 < x < 2$ e nulla per $x = 1$ e $x = 2$ (questi ultimi sono quindi gli "zeri" della funzione).
Inoltre è facile ricavare che l'intersezione con l'asse delle y ha coordinate $(0; 2)$.
In effetti, il grafico della funzione $y = x^2 - 3x + 2$ è riportato a lato.

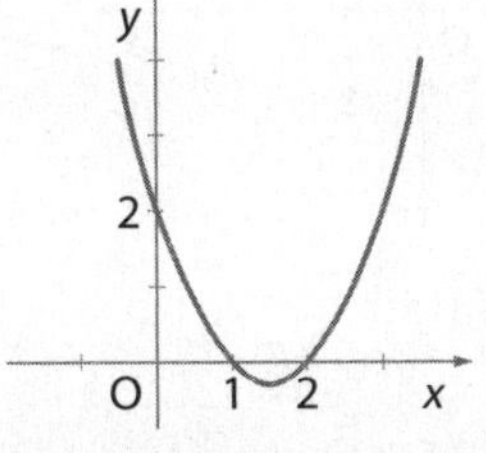

MATEMATICA

8.2.5 | Grafici di alcune funzioni notevoli

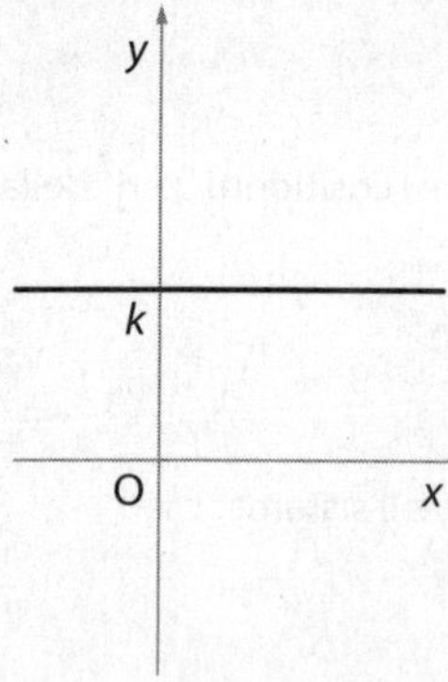

$y = k$ (k costante)

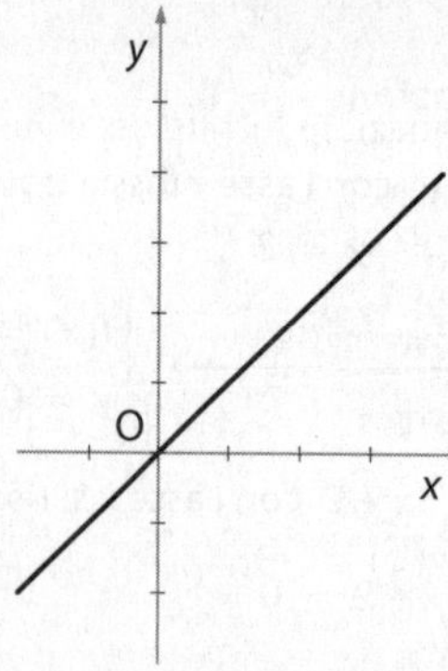

$y = x$

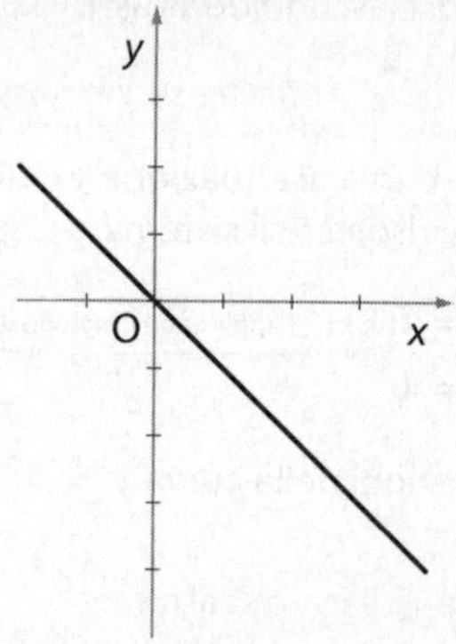

$y = -x$

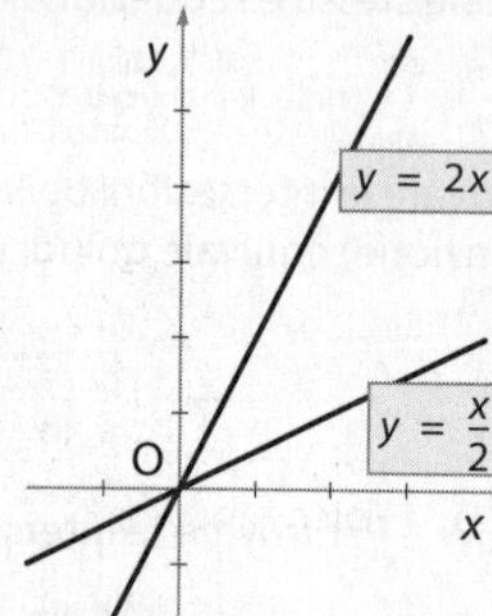

$y = 2x$ e $y = \frac{x}{2}$

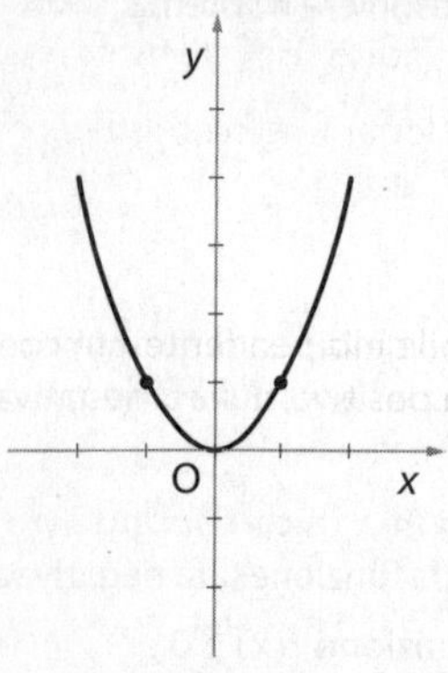

$y = x^2$

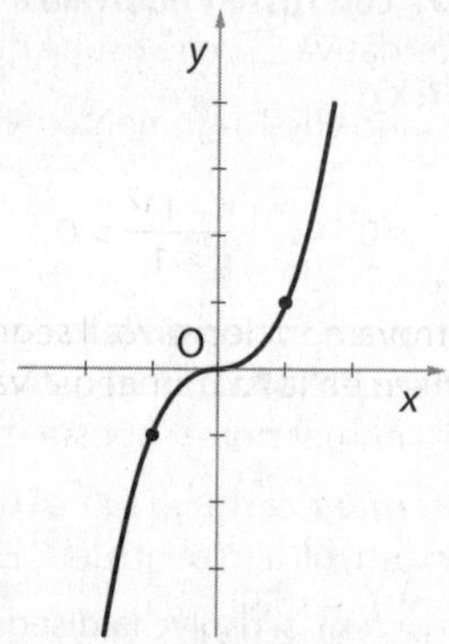

$y = x^3$

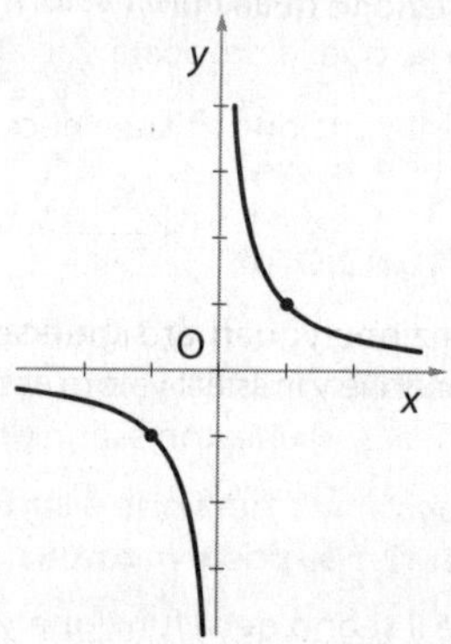

$y = \frac{1}{x}$

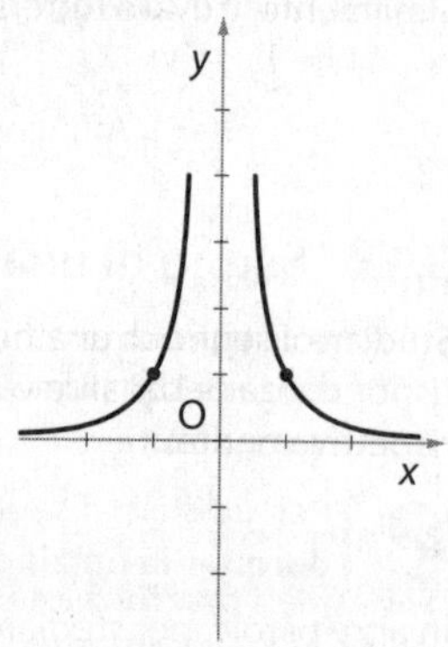

$y = \frac{1}{x^2}$

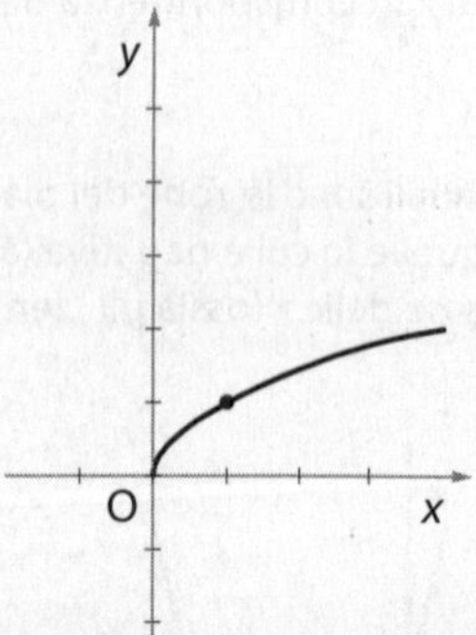

$y = \sqrt[2]{x}$

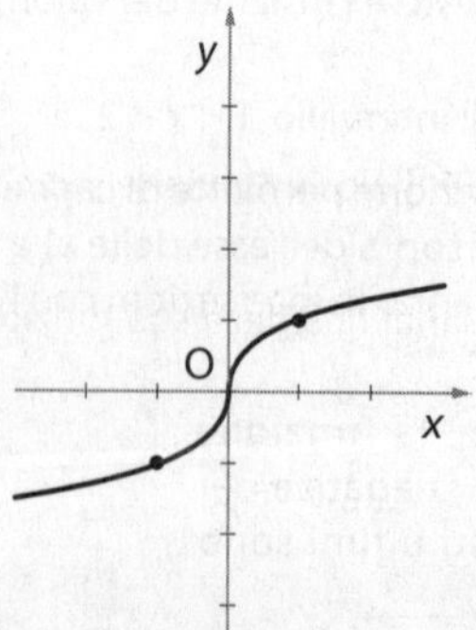

$y = \sqrt[3]{x}$

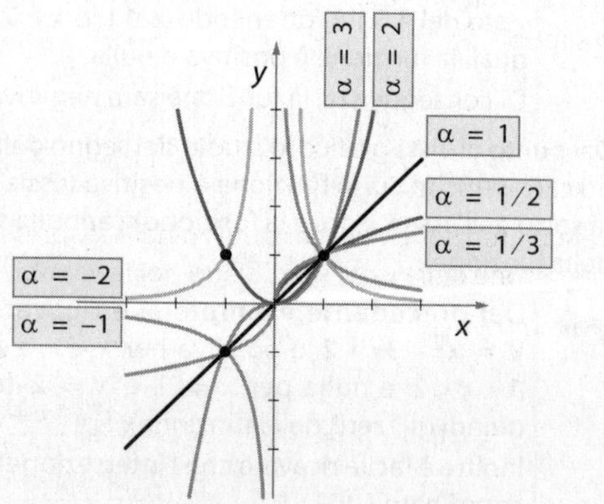

$y = x^{\alpha}$

Siamo ora in grado di rispondere alle prime tre domande poste all'inizio del capitolo.

Quesito I. La risposta esatta è la **A** in quanto dal diagramma si nota che esiste un elemento dell'insieme di partenza che ha due immagini distinte nell'insieme di arrivo e ciò contraddice la definizione stessa di funzione.

Quesito II. Sostituendo il valore $x = 2$ nelle equazioni fornite dalle varie alternative si ottiene:

A: $y = 2^2 - 3(2) + 1 \rightarrow y = 4 - 6 + 1 \Rightarrow y = -1$

B: $y = -2(2)^2 + 2 + 8 \rightarrow y = -8 + 2 + 8 \Rightarrow y = 2$

C: $y = -2^2 + 2(2) - 1 \rightarrow y = -4 + 4 - 1 \Rightarrow y = -1$

D: $y = 2(2)^2 - 2 - 7 \rightarrow y = 8 - 2 - 7 \Rightarrow y = -1$

E: $y = 3(2)^2 - 2(2) \rightarrow y = 12 - 4 \Rightarrow y = 8$

Poiché in **B** ed **E** non risulta:

$$f(2) = y(2) = -1$$

tali alternative possono essere scartate.

Sostituendo nelle equazioni rimaste il valore $x = -1$, si ottiene:

A: $y = (-1)^2 - 3(-1) + 1 \rightarrow y = 1 + 3 + 1 \Rightarrow y = 5$

C: $y = -(-1)^2 + 2(-1) - 1 \rightarrow y = -1 - 2 - 1 \Rightarrow y = -4$

D: $y = 2(-1)^2 - (-1) - 7 \rightarrow y = 2 + 1 - 7 \Rightarrow y = -4$

L'unica equazione in cui la y assume il valore 5 in corrispondenza di $x = -1$, cioè per cui risulta $f(-1) = y(-1) = 5$, è quella proposta dall'alternativa **A**, che risulta quindi la risposta esatta.

Quesito III. Affinché la funzione esista è necessario che l'argomento del logaritmo sia positivo:

$$\frac{x^2 - 2x + 1}{x + 1} > 0 \rightarrow \frac{(x-1)^2}{x+1} > 0$$

poiché a numeratore vi è un quadrato che è sempre non negativo, il segno della frazione algebrica dipende dal segno del denominatore e quindi essa risulta non negativa per $x > -1$ a cui va unita la condizione $x \neq 1$ per far sì che non si annulli il numeratore (risposta **C**).

8.2.6 | Funzione inversa

Si consideri una funzione $y = f(x)$ **biunivoca** da X in Y: a ogni elemento di X corrisponde uno e un solo elemento di Y e, viceversa, a ogni elemento di Y corrisponde uno e un solo elemento di X.

Perciò, se con la funzione f si "passa" dall'elemento x di X all'elemento $y = f(x)$ di Y, esiste anche una funzione g (da Y in X) che dall'elemento y fa "ritornare" a x.

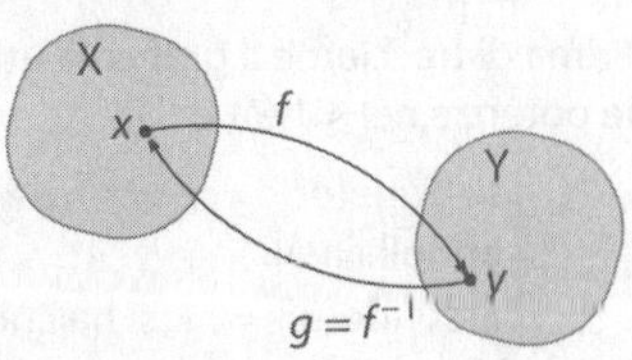

In simboli:

$$x = g(y).$$

La funzione g prende il nome di **inversa** della funzione f e viene indicata con f^{-1}. La funzione f viene invece detta **invertibile**.

Data un funzione $f(x)$, per determinare l'espressione analitica della sua funzione inversa, si esplicita la x in funzione della y e si scambiano poi le variabili.

$y = 2x \rightarrow x = \frac{y}{2} \xrightarrow{\text{scambiando le variabili}} y = \frac{x}{2}$

$y = x^n \rightarrow x = \sqrt[n]{y} \xrightarrow{\text{scambiando le variabili}} y = \sqrt[n]{x}$

$y = a^x \rightarrow x = \log_a y \xrightarrow{\text{scambiando le variabili}} y = \log_a x$

Condizione **necessaria e sufficiente** affinché una funzione sia invertibile è che essa sia **biunivoca**.

MATEMATICA

La precedente condizione può essere anche "tradotta" in termini grafici.

Condizione **necessaria e sufficiente** affinché una funzione sia invertibile è che **il suo grafico sia unisecato** (ossia intersecato una sola volta) **dalle rette orizzontali.**

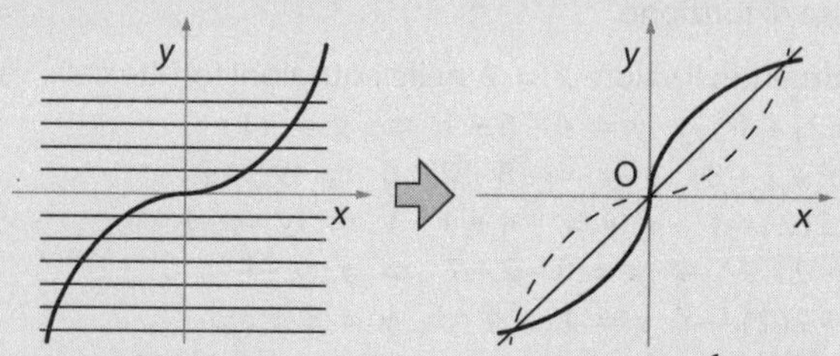

grafico di $f(x)$ grafico di $f^{-1}(x)$

Infatti, nel riferimento cartesiano, il grafico della funzione inversa f^{-1} si ottiene da quello della f mediante una **simmetria rispetto alla bisettrice del primo e del terzo quadrante.**

In effetti, riguardando i grafici del § 8.2.5, è possibile osservare, per esempio, che i grafici della funzione $y = x^3$ e della funzione $y = \sqrt[3]{x}$ sono simmetrici (rispetto alla bisettrice del primo e del terzo quadrante).

Condizione sufficiente (ma **non necessaria**) per l'invertibilità è che la funzione sia **monotóna,** ossia sempre crescente oppure sempre decrescente.

Siamo ora in grado di rispondere anche all'ultimo dei quattro quesiti posti all'inizio del capitolo.

Quesito IV. La risposta esatta è la **D**. Per determinare l'espressione analitica della funzione inversa occorre esplicitare la x in funzione della y. Ponendo $x \neq 0$ (C.E. della funzione) si ha infatti:

$$y = \frac{2x-3}{x} \rightarrow xy = 2x-3 \rightarrow xy-2x = -3 \rightarrow x(y-2) = -3 \rightarrow$$

$$\rightarrow x = -\frac{3}{y-2} \rightarrow x = \frac{3}{2-y}$$

8.2.7 | Curva esponenziale

La **curva esponenziale** è il diagramma della funzione $y = a^x$ (con $a > 0$ e $a \neq 1$).

Prima di tracciarne il grafico è utile ricordare alcune osservazioni (basate anche su quanto visto riguardo le potenze nel § 1.6).

La funzione esponenziale è definita per ogni valore di x ed è sempre positiva, quindi non si annulla mai.
Essendo $a^0 = 1$ si ha che **la curva esponenziale sicuramente passa per il punto $(0; 1)$.**

A questo punto è possibile enunciare l'ultima osservazione sulla curva esponenziale.

La curva esponenziale $y = a^x$ è una curva **decrescente se $0 < a < 1$, crescente se $a > 1$.**

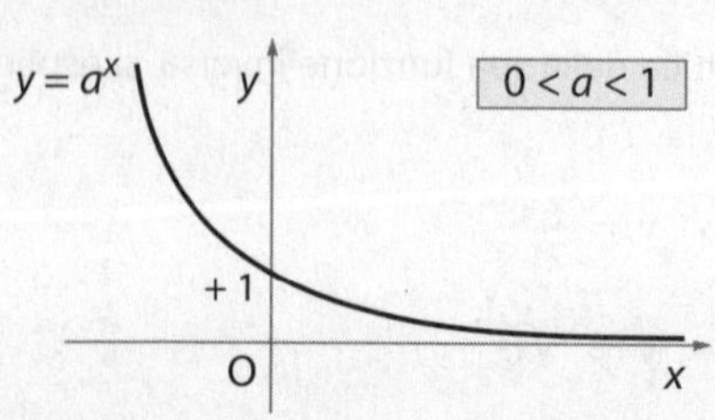

Se $0 < a < 1$ la curva è decrescente

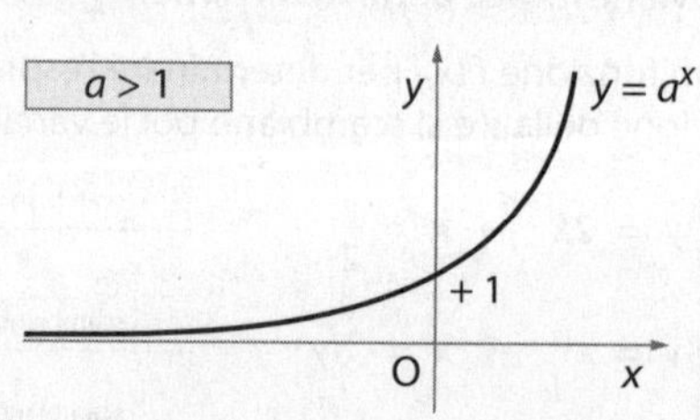

Se $a > 1$ la curva è crescente

$2 < 3 \rightarrow (1/5)^2 > (1/5)^3$

$2 < 3 \rightarrow 5^2 < 5^3$

8.2.8 | Curva logaritmica

La **curva logaritmica** è il diagramma della funzione $y = \log_a x$ (con $a > 0, a \neq 1$ e $x > 0$).

Anche in questo caso, prima di tracciarne il grafico è utile fare alcune osservazioni (basate anche su quanto visto nel § 6.1 e nel § 6.2).

La funzione logaritmica è definita solo per i valori positivi della x, quindi non esiste per $x \leq 0$.

In altre parole, il dominio (o campo di esistenza, § 8.1.2) della funzione logaritmica è C.E.: $x > 0$.

Ricordando che **il logaritmo dell'unità è sempre nullo, qualsiasi sia la base**, e che **il logaritmo della base è sempre uguale all'unità**, si ha la seguente osservazione.

Essendo $\log_a 1 = 0$ si ha che **la curva logaritmica sicuramente passa per il punto $(1; 0)$**.

Essendo $\log_a a = 1$ si ha che **la curva logaritmica sicuramente passa per il punto $(a; 1)$**.

Infine, ricordando le definizioni di curva crescente e decrescente viste nel § 8.1.3, si ha la seguente osservazione.

La curva logaritmica $y = \log_a x$ è una curva **decrescente se $0 < a < 1$, crescente se $a > 1$.**

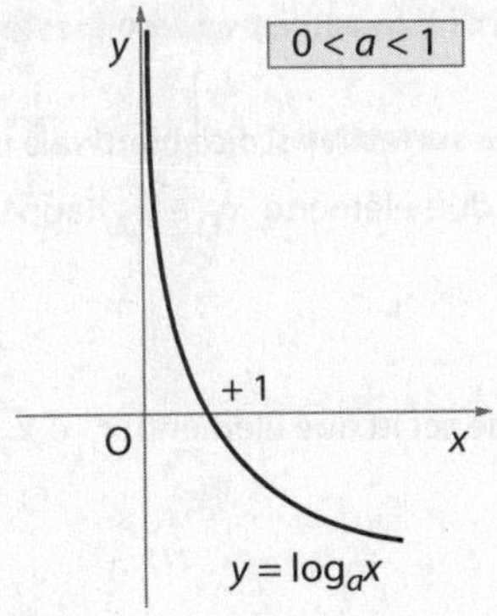

Se $0 < a < 1$ la curva è decrescente

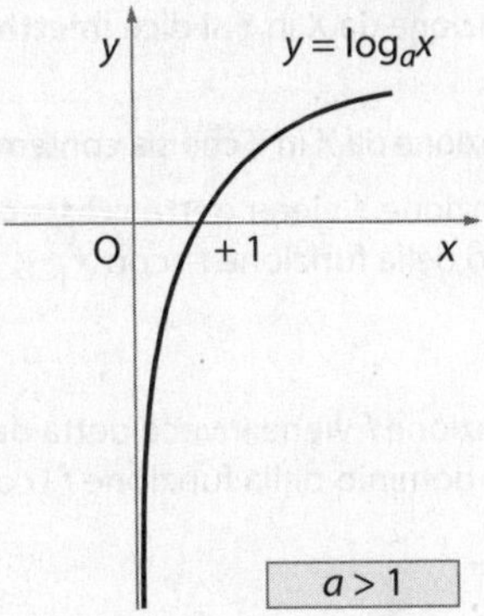

Se $a > 1$ la curva è crescente

$2 < 3 \rightarrow \log_{1/5} 2 > \log_{1/5} 3$

$2 < 3 \rightarrow \log_5 2 < \log_5 3$

È facile osservare che le curve esponenziale e logaritmica sono simmetriche (rispetto alla bisettrice del primo e del terzo quadrante) in quanto le due funzioni sono l'una l'inverso dell'altra.

MATEMATICA

Ripassa da qui

Campo di esistenza delle funzioni

- **Funzioni razionali intere**: esistono per ogni valore reale della x.
- **Funzioni razionali frazionarie**: il denominatore deve essere diverso da zero.
- **Funzioni irrazionali**: se l'indice di radice è pari, il radicando deve essere non negativo.
- **Funzioni trascendenti**: si distinguono diversi casi.
  - **Esponenziali**: esistono per ogni valore della x.
  - **Logaritmiche**: l'argomento dei logaritmi deve essere positivo.
  - **Trigonometriche** (definite nel § 9.2): sen$x$ e cos$x$ esistono per ogni valore di x, tg$x$ per $x \neq \frac{\pi}{2} + k\pi$

Definizioni da ricordare

- Una funzione da X in Y si dice **suriettiva** quando **ogni elemento di Y è immagine di almeno un elemento di X.**
- Una funzione da X in Y si dice **iniettiva** se **a elementi distinti di X fa corrispondere elementi distinti di Y.**
- Una funzione da X in Y che sia contemporaneamente **iniettiva e suriettiva** si dice **biettiva** o **biunivoca**.
- Una funzione f viene detta **crescente** se, comunque scelti due elementi x_1 e x_2 (appartenenti al dominio della funzione f) con $x_1 < x_2$, si ha:

$$f(x_1) < f(x_2)$$

- Una funzione f viene invece detta **decrescente** se, comunque scelti due elementi x_1 e x_2 (appartenenti al dominio della funzione f) con $x_1 < x_2$, si ha:

$$f(x_1) > f(x_2)$$

- Una funzione f viene detta **pari** se, comunque scelto un elemento x (appartenente al dominio di f) si ha:

$$f(x) = f(-x)$$

- Una funzione f viene detta **dispari** se, comunque scelto un elemento x (appartenente al dominio di f) si ha:

$$f(-x) = -f(x)$$

- x_0 è un **massimo assoluto** della funzione $f(x)$ se, comunque scelto un elemento x (appartenente al dominio di f) si ha:

$$f(x) \leq f(x_0)$$

- x_0 è un **minimo assoluto** della funzione $f(x)$ se, comunque scelto un elemento x (appartenente al dominio di f) si ha:

$$f(x) \geq f(x_0)$$

Grafici di funzioni

È utile ricordare il grafico delle seguenti funzioni (§ 8.2.5, § 8.2.7 e § 8.2.8):

$$y = k \quad y = x \quad y = -x \quad y = x^2 \quad y = x^3 \quad y = \sqrt[2]{x} \quad y = a^x \quad y = \log_a x$$

PARTE TERZA

Quesiti svolti

1 Data una funzione $f(x)$ tale che $f(x+1) = \dfrac{2f(x)+2}{2}$ e $f(1) = 2$, quanto vale $f(2)$?

A 3
B 0
C 1/2
D 2
E 1

La funzione data, semplificando per 2, equivale a:

$$f(x+1) = f(x)+1\,.$$

Per trovare quanto vale $f(2)$ si pone $x = 1$ ottenendo:

$$f(1+1) = f(1)+1$$

ossia:

$$f(2) = f(1)+1$$

quindi, essendo $f(1) = 2$, si ricava:

$$f(2) = 2+1 = 3$$

Si conclude quindi che la risposta esatta è la A.

2 Quattro relazioni tra gli elementi di due insiemi X e Y sono rappresentate dai seguenti diagrammi:

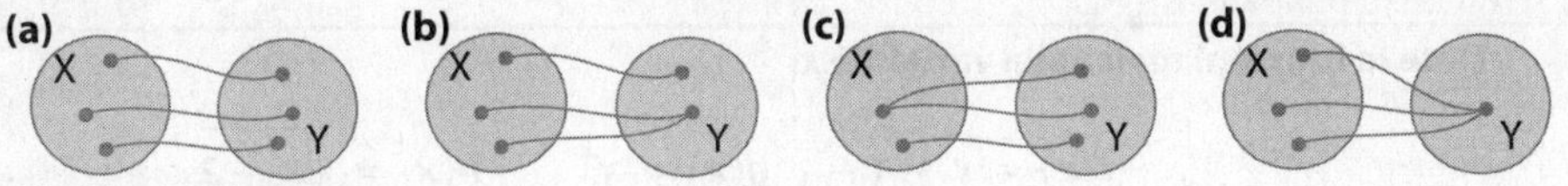

A sono tutte funzioni
B (c) e (d) non sono funzioni
C (a) e (b) sono funzioni biettive
D (b) e (d) sono funzioni suriettive ma non iniettive
E nessuna delle precedenti

Le relazioni rappresentate non sono tutte delle funzioni, perché la (c) non associa ad ogni elemento di X uno ed un solo elemento di Y e quindi non è una funzione. La relazione (a) è l'unica funzione biettiva fra quelle rappresentate. Le funzioni (b) e (d) sono suriettive perché ad ogni elemento di Y corrisponde un elemento di X; ma non sono iniettive perché ad elementi distinti di X non corrispondono elementi distinti di Y. La risposta corretta è quindi la D.

3 Determinare il dominio della funzione $y = \sqrt{x-1}$.

A $x > 0$
B $x \geq 1$
C $x \leq 2$
D $x > 1$
E $x > -1$

Il procedimento da seguire per determinare il dominio di una funzione è quello già visto per determinare il campo di esistenza delle espressioni frazionarie o irrazionali. Nel quesito proposto, il radicando deve essere positivo o nullo, quindi:

$$x - 1 \geq 0 \rightarrow x \geq 1 \quad \text{(risposta B)}$$

---

4 La funzione $y = \frac{x^4}{4}$ è:

- A crescente
- B decrescente
- C pari
- D dispari
- E nessuna delle precedenti

La risposta corretta è la C, infatti:

$$f(-x) = \frac{(-x)^4}{4} = \frac{x^4}{4} = f(x)$$

Si noti che la funzione proposta non è né monotóna crescente, né monotóna decrescente. Per mostrarlo, è sufficiente trovare opportuni controesempi.

Per mostrare che la funzione non è monotóna crescente si scelgono x_1 e x_2 con $x_1 < x_2$ (per esempio $x_1 = -3$ e $x_2 = -2$) e si verifica se $f(x_1) < f(x_2)$: essendo $f(-3) = +81/4 > f(-2) = +4$, la funzione non è monotóna crescente.

Similmente, per mostrare che la funzione non è monotóna decrescente si scelgono x_1 e x_2 con $x_1 < x_2$ (per esempio $x_1 = +2$ e $x_2 = +3$) e si verifica se $f(x_1) > f(x_2)$: essendo $f(+2) = +4 < f(+3) = +81/4$, la funzione non è monotóna decrescente.

---

5 Date le funzioni reali nella variabile *x*:

$$f(x) = x^3 - 1 \qquad g(x) = x^2 \qquad h(x) = \sqrt{x^2 - 2}$$

si può affermare che:

- A il dominio è $\mathbb{R}$ per tutte le funzioni
- B il codominio è $\mathbb{R}$ per tutte le funzioni
- C le funzioni $g(x)$ e $h(x)$ non sono iniettive
- D le funzioni $f(x)$ e $h(x)$ sono iniettive
- E il dominio è lo stesso per tutte le funzioni

Le funzioni $f(x)$ e $g(x)$ sono definite su $\mathbb{R}$, mentre $h(x)$ è definita per $x \leq -\sqrt{2}$ e $x \geq \sqrt{2}$.

Le funzioni $g(x)$ e $h(x)$ hanno immagini soltanto positive, quindi il loro codominio non è $\mathbb{R}$.

Le stesse funzioni non sono iniettive perché ciascun valore positivo di *y* può essere immagine di due valori distinti di *x*, per esempio:

$$g(1) = g(-1) = 1 \qquad \text{perché: } 1^2 = 1 \text{ e } (-1)^2 = 1$$

$$h(2) = h(-2) = \sqrt{2} \qquad \text{perché: } \sqrt{2^2 - 2} = \sqrt{2} \text{ e } \sqrt{(-2)^2 - 2} = \sqrt{2}$$

La risposta esatta è pertanto la C.

PARTE TERZA

6 **Il logaritmo in base 5 di 24:**

- **A** è compreso tra 1 e 2
- **B** è compreso tra 2 e 3
- **C** non esiste
- **D** è compreso tra – 1 e 1
- **E** è uguale a 24/5

Il numero 24 non è una potenza intera di 5, quindi il logaritmo in base 5 di 24 non potrà essere un numero intero. È sufficiente però osservare che:

$$5 < 24 < 25$$

e quindi:

$$5^1 < 24 < 5^2$$

A questo punto, calcolando il logaritmo in base 5 (funzione **crescente** dell'argomento) della precedente relazione si ricava:

$$\log_5 5 = 1 < \log_5 24 < \log_5 5^2 = 2 \cdot \log_5 5 = 2$$

per cui $1 < \log_5 24 < 2$ (risposta **A**).

---

7 **Data una funzione $y = f(x)$ è sempre vero che:**

- **A** la funzione reciproca ha lo stesso dominio della funzione $f(x)$
- **B** la funzione inversa ha lo stesso dominio della funzione $f(x)$
- **C** la funzione inversa è data da $y = \frac{1}{f(x)}$
- **D** la funzione inversa è data da $y = -f(x)$
- **E** la funzione reciproca è data da $y = \frac{1}{f(x)}$

La risposta esatta è la **E**, per la definizione stessa di funzione reciproca.
La risposta **A** è errata; se la funzione $f(x)$ interseca l'asse delle x in almeno un punto del suo dominio, in tale punto la funzione reciproca $y = \frac{1}{f(x)}$ non è definita, poiché si annulla il denominatore.

La risposta **B** è errata poiché il dominio della funzione inversa di $f(x)$, coincide con il codominio della funzione $f(x)$:

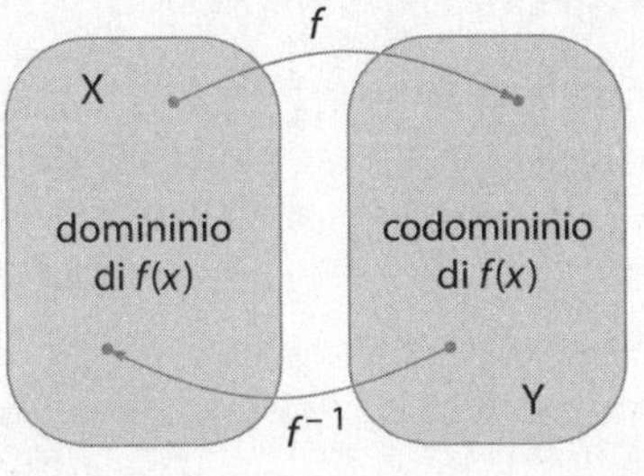

La risposta **C** è errata in quanto la funzione inversa di $f(x)$ indicata con $y = f^{-1}(x)$, non corrisponde a $y = [f(x)]^{-1} = \frac{1}{f(x)}$. Infine, la risposta **D** è errata poiché la funzione $y = -f(x)$ è l'opposta della funzione $y = f(x)$, non l'inversa che, come già precisato, è $y = f^{-1}(x)$.

MATEMATICA

8 **Quale tra le seguenti affermazioni è sbagliata?**

A Tutte le funzioni ammettono la funzione inversa
B Una funzione dispari è simmetrica rispetto all'origine
C Una funzione pari è simmetrica rispetto all'asse delle y
D Alcune relazioni sono funzioni
E La funzione logaritmica è iniettiva

La risposta esatta è la A in quanto una funzione ammette inversa se e solo se essa è biunivoca.

PARTE TERZA

9 | Trigonometria

Mettiti alla prova

I **L'angolo di 300° corrisponde a:**

A $2\pi_{rad}$

B $3/5\pi_{rad}$

C $5/3\pi_{rad}$

D $4/3\pi_{rad}$

E $3/4\pi_{rad}$

II **Calcolare il valore dell'espressione:**

$$\cos\pi + \cos 2\pi + \cos 3\pi + \cos 4\pi + \ldots + \cos 10\pi$$

[gli angoli sono misurati in radianti]

A 1

B –1

C 10

D –10

E 0

III **Delle seguenti relazioni una sola è corretta. Quale?**

A $\text{sen}\alpha + \cos\alpha = 1$

B $\text{sen}^2\alpha = 1 - \cos^2\alpha$

C $\text{tg}\alpha = \dfrac{\cos\alpha}{\text{sen}\alpha}$

D $\text{sen}^2\alpha = (\text{sen}\alpha) \cdot (\cos\alpha)$

E $\text{sen}\alpha - \cos\alpha = 1$

IV **L'equazione $\text{sen}x = 3/2$ è vera se:**

A $x = 300°$

B $x = 20° + 2k\pi$

C $x = \pi/3 + k\pi$

D $x = \pi/6 + k\pi$

E non è mai vera

Ecco le risposte esatte dei 4 quesiti proposti: I **C**, II **E**, III **B**, IV **E**.

9.1 | Angoli e loro misura

I più importanti sistemi di misura degli angoli sono il sistema *sessagesimale* e il sistema *circolare*. Quest'ultimo è quello utilizzato dalla trigonometria.

Il sistema **sessagesimale** è il sistema che ha come unità di misura il **grado**, definito come la trecentosessantesima parte dell'angolo giro (oppure, il che è lo stesso, come la novantesima parte dell'angolo retto).

Il sistema **circolare** è invece il sistema che si basa sulla **misura in radianti** degli angoli. Il sistema circolare utilizza quindi come unità di misura il **radiante**, definito come l'arco di una circonferenza (o come il corrispondente angolo al centro che insiste su un arco) lungo quanto il raggio.

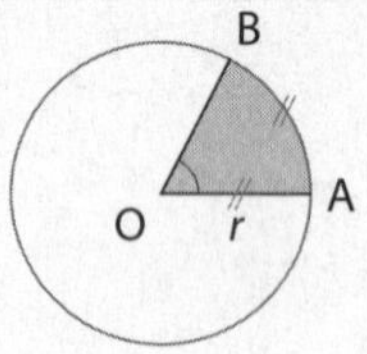

$\widehat{AB} = \overline{AO}$

All'angolo di 360° corrisponde (nel sistema circolare) l'angolo di 2π, all'angolo di 180° corrisponde l'angolo di π e così via. Per trasformare un angolo da radianti in gradi e viceversa si usa la proporzione:

$$180° : \pi = x° : x_{rad} \qquad [17]$$

Dalla [17] si ricavano le relazioni seguenti:

$$x° = x_{rad} \cdot \frac{180°}{\pi} \qquad x_{rad} = x° \cdot \frac{\pi}{180°}$$

Trasformare 15° in radianti: $x_{rad} = 15° \cdot \dfrac{\pi}{180°} = \dfrac{\pi}{12}$

È quindi possibile ricavare la seguente tabella che fornisce la conversione in radianti degli angoli principali.

$360° = 2\pi$	$270° = \frac{3}{2}\pi$	$180° = \pi$
$90° = \frac{\pi}{2}$	$60° = \frac{\pi}{3}$	$45° = \frac{\pi}{4}$
$36° = \frac{\pi}{5}$	$30° = \frac{\pi}{6}$	$18° = \frac{\pi}{10}$
$15° = \frac{\pi}{12}$	$10° = \frac{\pi}{18}$	$5° = \frac{\pi}{36}$

Possiamo quindi già rispondere alla prima delle quattro domande poste all'inizio del capitolo.

Quesito I. Applicando la formula si ha:

$$x_{rad} = x° \cdot \frac{\pi}{180°} = 300° \cdot \frac{\pi}{180°} = \frac{300°}{180°} \cdot \pi = \frac{5}{3}\pi$$

per cui la risposta corretta è la **C**.

9.2 | Definizione delle funzioni goniometriche

9.2.1 | Circonferenza goniometrica

Una circonferenza è detta **orientata** quando si fissa su di essa **il verso antiorario come positivo.**

Viene detta **circonferenza goniometrica** una qualsiasi circonferenza orientata alla quale sia associato un sistema di riferimento cartesiano ortogonale con origine nel centro della circonferenza e nel quale si assume come unità di misura dei segmenti il raggio della circonferenza. In questo modo **la circonferenza goniometrica ha raggio unitario e centro nell'origine del sistema di riferimento.**

9.2.2 | Seno, coseno e tangente

Si consideri una circonferenza goniometrica e un qualsiasi angolo orientato α con il primo lato coincidente con la semiretta positiva delle *x*. Sulla circonferenza goniometrica, si indichi con P il punto di intersezione fra il secondo lato dell'angolo e la circonferenza, e con H l'intersezione fra il primo lato dell'angolo e la retta verticale passante per P.

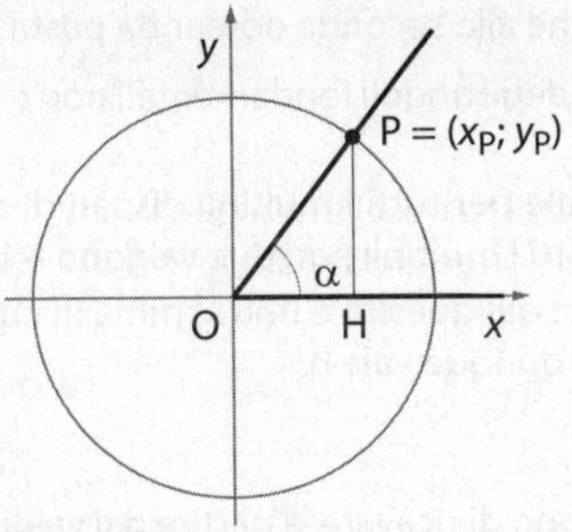

Si hanno le seguenti definizioni.

Si definisce **seno** dell'angolo orientato α **l'ordinata del punto P**, ossia:

$$\text{sen}\alpha \overset{\text{def}}{=} y_P = \frac{PH}{OP}$$

Si definisce **coseno** dell'angolo orientato α **l'ascissa del punto P**, ossia:

$$\cos\alpha \overset{\text{def}}{=} x_P = \frac{OH}{OP}$$

Si definisce **tangente** dell'angolo orientato α **il rapporto (se esiste) fra l'ordinata e l'ascissa del punto P**, ossia, il che è lo stesso, **il rapporto (se esiste) fra il seno e il coseno** dell'angolo stesso:

$$\text{tg}\alpha \overset{\text{def}}{=} \frac{y_P}{x_P} = \frac{\text{sen}\alpha}{\cos\alpha} = \frac{PH}{OH}$$

Sono molto importanti le seguenti osservazioni.

Il seno, il coseno e la tangente di un angolo orientato α sono:

- **funzioni dell'angolo**, ossia dipendono solo dall'ampiezza dell'angolo α;
- **adimensionali**, in quanto definiti anche come rapporto tra lunghezze di segmenti;
- **numeri reali relativi**, quindi potrebbero essere negativi.

Inoltre, **non esiste la tangente degli angoli orientati α tali per cui il punto P venga a trovarsi sull'asse delle *y*.**

Per esempio, se $\alpha = \pi/2$ allora $\cos\alpha = \cos(\pi/2) = 0$ quindi si annulla il denominatore presente nella definizione di tangente (per cui la frazione perde di significato).

9.2.3 | Valore delle funzioni goniometriche per angoli particolari

È importante conoscere i valori che le funzioni goniometriche assumono in corrispondenza degli angoli (detti anche *archi notevoli*) riportati nella tabella seguente.

Angolo (in gradi)	0°	30°	45°	60°	90°	120°	135°	150°	180°	270°	360°
Angolo (in radianti)	0_{rad}	$\frac{\pi}{6}$	$\frac{\pi}{4}$	$\frac{\pi}{3}$	$\frac{\pi}{2}$	$\frac{2}{3}\pi$	$\frac{3}{4}\pi$	$\frac{5}{6}\pi$	π	$\frac{3}{2}\pi$	2π
sen	0	$\frac{1}{2}$	$\frac{\sqrt{2}}{2}$	$\frac{\sqrt{3}}{2}$	1	$\frac{\sqrt{3}}{2}$	$\frac{\sqrt{2}}{2}$	$\frac{1}{2}$	0	– 1	0
cos	1	$\frac{\sqrt{3}}{2}$	$\frac{\sqrt{2}}{2}$	$\frac{1}{2}$	0	$-\frac{1}{2}$	$-\frac{\sqrt{2}}{2}$	$-\frac{\sqrt{3}}{2}$	– 1	0	1
tg	0	$\frac{\sqrt{3}}{3}$	1	$\sqrt{3}$	**non esiste**	$-\sqrt{3}$	– 1	$-\frac{\sqrt{3}}{3}$	0	**non esiste**	0

Siamo ora in grado di rispondere anche alla seconda domanda posta all'inizio del capitolo.

Quesito II. Ricordando i valori degli angoli fondamentali non è difficile ricavare che la risposta corretta è la **E**.
Infatti $\cos\pi = -1$ e lo stesso vale per tutti i multipli dispari di π (quindi $\cos 3\pi = \cos 5\pi = ... = -1$), mentre $\cos 2\pi$ e il coseno di tutti i multipli pari di π valgono $+1$ (quindi $\cos 4\pi = \cos 6\pi = ... = +1$). Pertanto l'espressione riportata dal quesito è una somma in cui si alternano i valori -1 e $+1$ in un ugual numero di occorrenze e dunque vale 0.

9.2.4 | Archi associati

Esistono alcune formule che consentono di ricavare, a partire dai valori della tabella del paragrafo precedente, i valori delle funzioni goniometriche in corrispondenza di altri angoli.

- α; $(90° - \alpha)$ (angoli complementari):

$$\text{sen}(90° - \alpha) = \cos\alpha$$
$$\cos(90° - \alpha) = \text{sen}\,\alpha$$
$$\text{tg}(90° - \alpha) = 1/\text{tg}\,\alpha$$

Da queste relazioni si ricavano i valori delle funzioni trigonometriche degli angoli di 60° e 90° partendo dagli angoli di 0° e 30°.

$$\text{sen}\frac{\pi}{3} = \cos\frac{\pi}{6} = \frac{\sqrt{3}}{2}; \quad \cos\frac{\pi}{3} = \text{sen}\frac{\pi}{6} = \frac{1}{2}$$

- α; $(180° - \alpha)$ (angoli supplementari):

$$\text{sen}(180° - \alpha) = \text{sen}\,\alpha$$
$$\cos(180° - \alpha) = -\cos\alpha$$
$$\text{tg}(180° - \alpha) = -\text{tg}\,\alpha$$

Da queste relazioni si ricavano i valori delle funzioni trigonometriche degli angoli 120°, 135°, 150°, 180°.

- α; $(180° + \alpha)$:

$$\text{sen}(180° + \alpha) = -\text{sen}\,\alpha$$
$$\cos(180° + \alpha) = -\cos\alpha$$
$$\text{tg}(180° + \alpha) = \text{tg}\,\alpha$$

Da queste relazioni si ricavano i valori delle funzioni trigonometriche degli angoli 210°, 225°, 240°, 270°.

- α; $-\alpha$ (angoli opposti):

$$\text{sen}(-\alpha) = -\text{sen}\,\alpha$$
$$\cos(-\alpha) = \cos\alpha$$
$$\text{tg}(-\alpha) = -\text{tg}\,\alpha$$

Da queste relazioni si ricavano i valori delle funzioni trigonometriche degli angoli 300°, 315°, 330°, 360°.

PARTE TERZA

9.2.5 | Rappresentazione grafica di seno, coseno e tangente

Prima di affrontare la rappresentazione grafica, è utile fornire la seguente definizione.

> Una funzione $y = f(x)$ si dice **periodica** di periodo T quando vale la seguente relazione:
>
> $$f(x) = f(x + kT) \ \forall x \in \mathbb{R} \text{ e } \forall k \in \mathbb{Z}$$

Più semplicemente, **una funzione è periodica quando il suo grafico si ripete periodicamente.**

Sinusoide: è il grafico della funzione:

$$y = \text{sen}x$$

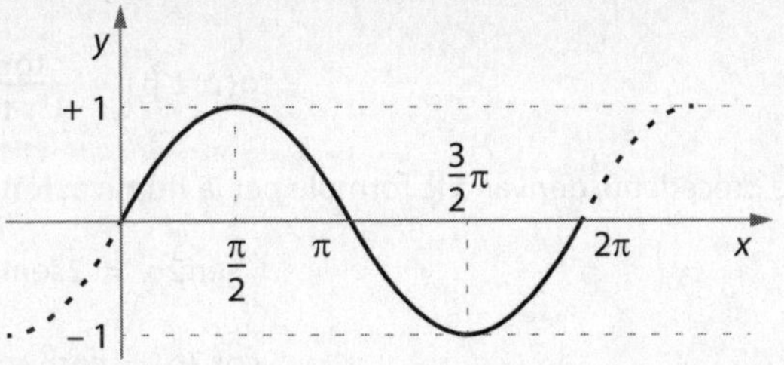

Proprietà

È una funzione dispari, limitata tra −1 e +1 e periodica con periodo T pari a 2 π.

$$-1 \le \text{sen}\,x \le +1 \quad \forall x$$

$$T = 2\pi = 360°$$

Cosinusoide: è il grafico della funzione:

$$y = \cos x$$

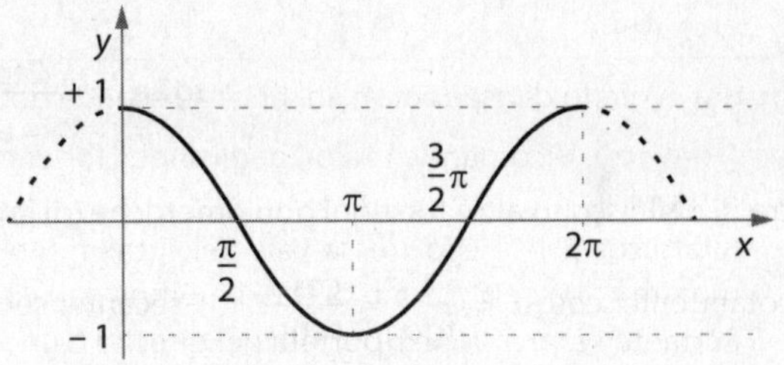

Proprietà

È una funzione pari, limitata tra −1 e +1 e periodica con periodo T pari a 2 π.

$$-1 \le \cos x \le +1 \quad \forall x$$

$$T = 2\pi = 360°$$

Tangentoide: è il grafico della funzione:

$$y = \text{tg}\,x$$

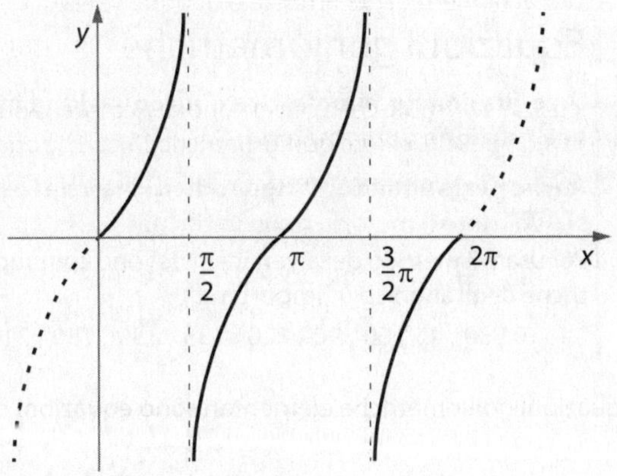

Proprietà

È una funzione dispari, ma, diversamente dalle precedenti, **non** è limitata ed è periodica con periodo T pari a π.

$$-\infty < \text{tg}\,x < +\infty$$

$$T = \pi = 180°$$

La tangentoide presenta infiniti *asintoti verticali* (le rette verticali, tratteggiate in figura, a cui la curva si avvicina indefinitamente, definite nel § 7.4.7) di equazione:

$$x = \pi/2 + k\pi \quad \text{con } k \in \mathbb{Z}$$

9.3 | Teorema fondamentale della trigonometria

Si torni a considerare la circonferenza goniometrica. Per il teorema di Pitagora, applicato al triangolo OPH, si ha:

$$PH^2 + OH^2 = OP^2 = 1$$

dove si è sfruttato il fatto che l'ipotenusa OP, essendo un raggio della circonferenza goniometrica, ha valore unitario. Sostituendo ora PH con $\text{sen}\alpha$ e OH con $\cos\alpha$, si ha:

$$\text{sen}^2\alpha + \cos^2\alpha = 1$$

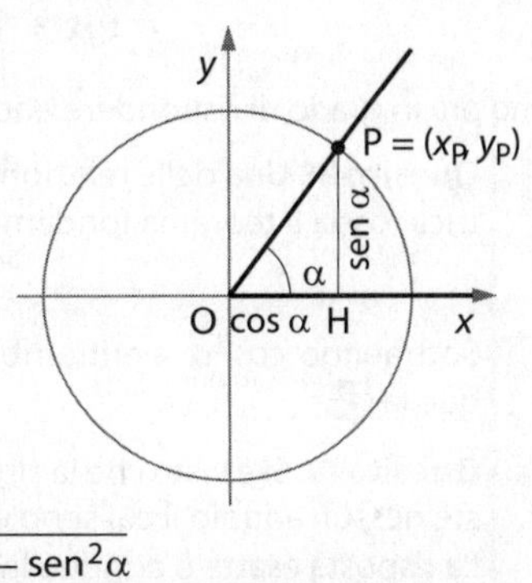

Dalla relazione precedente (chiamata anche *unità trigonometrica*) si ricavano le relazioni seguenti:

$$\text{sen}\alpha = \pm\sqrt{1 - \cos^2\alpha} \qquad \cos\alpha = \pm\sqrt{1 - \text{sen}^2\alpha}$$

MATEMATICA

9.4 | Formule trigonometriche principali

Per la **somma e sottrazione di archi** si utilizzano le seguenti formule:

$$\text{sen}(\alpha \pm \beta) = \text{sen}\alpha\cos\beta \pm \cos\alpha\,\text{sen}\beta$$

$$\cos(\alpha \pm \beta) = \cos\alpha\cos\beta \mp \text{sen}\alpha\,\text{sen}\beta$$

$$\text{tg}(\alpha \pm \beta) = \frac{\text{tg}\alpha \pm \text{tg}\beta}{1 \mp \text{tg}\alpha \cdot \text{tg}\beta}$$

Dalle precedenti, derivano le formule per la **duplicazione di archi**:

$$\text{sen}2\alpha = 2\text{sen}\alpha\cos\alpha$$

$$\cos 2\alpha = \cos^2\alpha - \text{sen}^2\alpha$$

$$\text{tg}2\alpha = \frac{2\text{tg}\alpha}{1 - \text{tg}^2\alpha}$$

Inoltre, si definiscono altre funzioni goniometriche (di importanza minore):

cotangente: $\text{cotg}\alpha \overset{\text{def}}{=} \frac{1}{\text{tg}\alpha} = \frac{\cos\alpha}{\text{sen}\alpha}$ secante: $\sec\alpha \overset{\text{def}}{=} \frac{1}{\cos\alpha}$ cosecante: $\text{cosec}\alpha \overset{\text{def}}{=} \frac{1}{\text{sen}\alpha}$

9.5 | Equazioni goniometriche

Un'equazione goniometrica è un'equazione in cui l'incognita compare nell'argomento di una funzione goniometrica.

Anche per le equazioni trigonometriche vale l'osservazione fatta per gli altri tipi di equazioni: si può usare il metodo della verifica.

Per usare il metodo della verifica si devono comunque conoscere i valori delle funzioni trigonometriche degli angoli più "importanti":

0°, 30°, 45°, 60°, 90°, 120°, 135°, 150°, 180°, 210°, 225°, 240°, 270°, 300°, 315°, 330°, 360°.

Le equazioni goniometriche elementari sono equazioni del tipo:

- $\text{sen}x = a$ con $-1 \le a \le 1$
- $\cos x = b$ con $-1 \le b \le 1$

(se *a* e *b* fossero minori di –1 o maggiori di +1 l'equazione sarebbe impossibile)

- $\text{tg}x = c$ con *c* qualsiasi

Siamo ora in grado di rispondere anche agli ultimi due quesiti posti all'inizio del capitolo.

Quesito III. Una delle relazioni fondamentali della trigonometria è la cosiddetta unità trigonometrica (ossia il teorema fondamentale della trigonometria):

$$\text{sen}^2\alpha + \cos^2\alpha = 1$$

Sottraendo $\cos^2\alpha$ a entrambi i membri si ottiene $\text{sen}^2\alpha = 1 - \cos^2\alpha$. La risposta esatta è dunque la **B**.

Quesito IV. Si è visto che la sinusoide è una funzione limitata tra +1 e –1. Ciò significa che non esiste nessun angolo il cui seno è più grande di +1 o più piccolo di –1.
La risposta esatta è dunque la **E**.

Risolvere l'equazione goniometrica:

$$\mathbf{sen}x = 1/2$$

Per risolvere l'equazione $\text{sen}x = 1/2$, si devono trovare gli angoli il cui seno vale $1/2$: per farlo, si disegna la circonferenza goniometrica. Si traccia la retta orizzontale $y = 1/2$ si individuano le intersezioni di questa con la circonferenza e si cercano gli angoli tali che il punto P venga a trovarsi in suddette intersezioni.

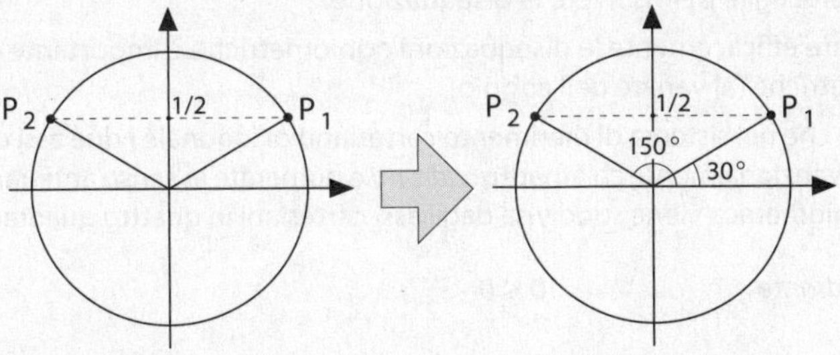

Si trovano così due angoli ($30° = \pi/6$ e $150° = 5\pi/6$) il cui seno vale $1/2$.
Oltre ai due angoli trovati, si devono però considerare (per la periodicità) tutti gli angoli che si ottengono sommando multipli di 2π.
La soluzione diventa quindi:

$$x = \pi/6 + 2k\pi \quad \text{e} \quad x = 5\pi/6 + 2k\pi \quad \text{con } k \in \mathbb{Z}$$

Le equazioni elementari **ammettono infinite soluzioni** a causa della periodicità delle funzioni goniometriche.

Come si è visto nell'esempio precedente, prima si trovano gli angoli (che soddisfano l'equazione) compresi fra 0 e 2π (per seno e coseno) oppure fra 0 e π (per tangente e cotangente), poi si aggiungono a ciascuno di questi tutti i possibili multipli del periodo della funzione goniometrica ($2k\pi$ per seno e coseno, $k\pi$ per tangente e cotangente).

Ecco alcuni esempi di equazioni goniometriche.

1. $\cos x = -\frac{1}{2} \rightarrow x = \pm\frac{2}{3}\pi + 2k\pi$ con $k \in \mathbb{Z}$;
2. $\cos x = 0 \rightarrow x = \pm\frac{\pi}{2} + 2k\pi = \frac{\pi}{2} + k\pi$ con $k \in \mathbb{Z}$;
3. $\text{sen}x = \frac{\sqrt{2}}{2} \rightarrow x = \frac{\pi}{4} + 2k\pi$ e $x = \frac{3}{4}\pi + 2k\pi$ con $k \in \mathbb{Z}$;
4. $\text{sen}x = 2 \rightarrow$ impossibile (la sinusoide è compresa tra -1 e $+1$);
5. $\cos x = -3 \rightarrow$ impossibile (la cosinusoide è compresa tra -1 e $+1$);
6. $\text{tg}x = 0 \rightarrow x = 0 + k\pi = k\pi$ (il periodo della tangentoide è π) con $k \in \mathbb{Z}$;
7. $\text{tg}x = \sqrt{3} \rightarrow x = \frac{\pi}{3} + k\pi$ con $k \in \mathbb{Z}$;
8. $\text{tg}x = \frac{\sqrt{3}}{3} \rightarrow x = \frac{\pi}{6} + k\pi$ con $k \in \mathbb{Z}$.

MATEMATICA

9.6 | Disequazioni goniometriche

Una disequazione goniometrica è una disequazione in cui l'incognita compare nell'argomento di una funzione goniometrica.

Si è già detto che le disequazioni vanno risolte in modo tradizionale (non vale per esse il "metodo della verifica"). Non bisogna tuttavia allarmarsi perché, se un quesito dovesse contenere una disequazione trigonometrica, questa sarebbe certamente di facile risoluzione. Ciò che diventa determinante in questi casi è la strada che si sceglie per risolvere la disequazione.

Per poter affrontare efficacemente le disequazioni goniometriche è importante conoscere il segno delle funzioni goniometriche (al variare dell'angolo).

Si ricorda (§ 7.1.3) che nel sistema di riferimento cartesiano ortogonale i due assi dividono l'intero piano in quattro parti, convenzionalmente chiamate *quadranti* e numerate in senso antiorario: ovviamente, anche la circonferenza goniometrica viene suddivisa dagli assi cartesiani in quattro quadranti:

I → *primo quadrante* $\overset{\text{def}}{\longleftrightarrow}$ $0 \leq \alpha < \frac{\pi}{2}$

II → *secondo quadrante* $\overset{\text{def}}{\longleftrightarrow}$ $\frac{\pi}{2} \leq \alpha < \pi$

III → *terzo quadrante* $\overset{\text{def}}{\longleftrightarrow}$ $\pi \leq \alpha < \frac{3}{2}\pi$

IV → *quarto quadrante* $\overset{\text{def}}{\longleftrightarrow}$ $\frac{3}{2}\pi \leq \alpha < 2\pi$

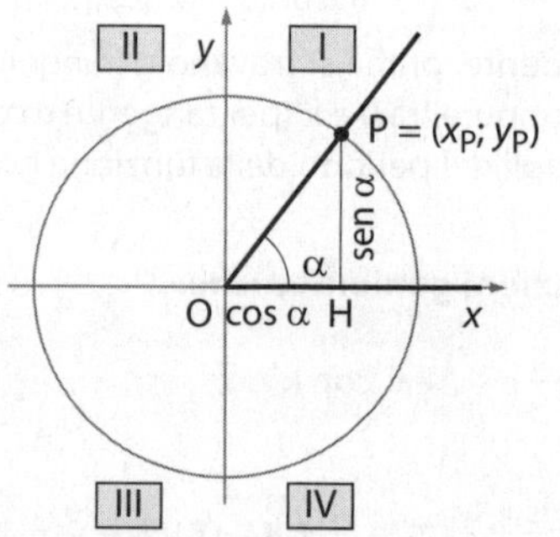

Il segno di ciascuna funzione goniometrica **non cambia all'interno di ciascun quadrante** (ossia al variare dell'angolo, rimanendo nello stesso quadrante).

Nella seguente tabella è riportato il segno di ciascuna funzione goniometrica nei quattro quadranti:

Quadrante / Funzione	I	II	III	IV
seno	+	+	–	–
coseno	+	–	–	+
tangente	+	–	+	–

Si prendono ora in esame alcuni semplici casi.

1. $\text{sen}x > 0 \rightarrow 2k\pi < x < \pi + 2k\pi$ (ossia 1° e 2° quadrante) con $k \in \mathbb{Z}$;

2. $\cos x > 0 \rightarrow 2k\pi < x < \frac{\pi}{2} + 2k\pi$ e $\frac{3}{2}\pi + 2k\pi < x < 2(k+1)\pi$ (1° e 4° quadrante) con $k \in \mathbb{Z}$;

3. $\text{tg}x > 0 \rightarrow k\pi < x < \frac{\pi}{2} + k\pi$ (ossia 1° e 3° quadrante) con $k \in \mathbb{Z}$.

In altri casi la soluzione potrebbe essere più complessa e richiedere quindi di ragionare sia sulla rappresentazione grafica delle funzioni goniometriche che sulla circonferenza goniometrica (come si è fatto per le equazioni goniometriche).

$\text{sen}x > \cos x \rightarrow \frac{\pi}{4} + 2k\pi < x < \frac{5}{4}\pi + 2k\pi$ con $k \in \mathbb{Z}$

MATEMATICA

Ripassa da qui

Formule per il passaggio dal sistema circolare al sistema sessagesimale e viceversa

$$x^\circ = x_{rad} \cdot \frac{180^\circ}{\pi} \qquad x_{rad} = x^\circ \cdot \frac{\pi}{180^\circ}$$

Definizioni da ricordare

- Circonferenza goniometrica:

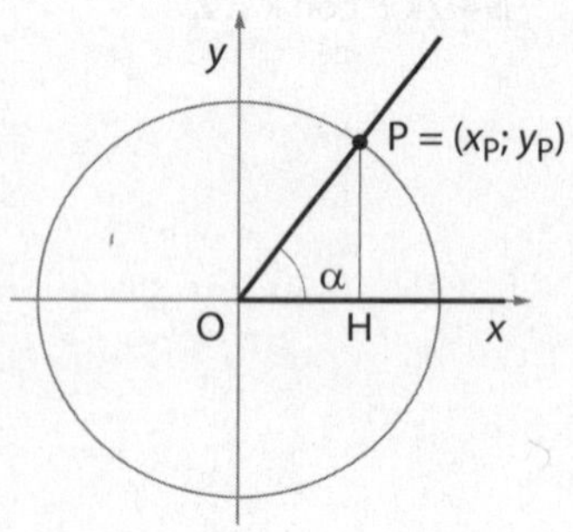

- Si definisce **seno** dell'angolo orientato α **l'ordinata del punto P**:

$$\text{sen}\alpha \overset{\text{def}}{=} y_P = \frac{PH}{OP}$$

- Si definisce **coseno** dell'angolo orientato α **l'ascissa del punto P**:

$$\cos\alpha \overset{\text{def}}{=} x_P = \frac{OH}{OP}$$

- Si definisce **tangente** dell'angolo orientato α **il rapporto (se esiste) fra l'ordinata e l'ascissa del punto P**, ossia **il rapporto (se esiste) fra il seno e il coseno** dell'angolo stesso:

$$\text{tg}\alpha \overset{\text{def}}{=} \frac{y_P}{x_P} = \frac{\text{sen}\alpha}{\cos\alpha} = \frac{PH}{OH}$$

Osservazioni utili

- **Il seno, il coseno e la tangente di un angolo orientato α sono:**
  - **funzioni dell'angolo**, ossia dipendono solo dall'ampiezza dell'angolo α;
  - **adimensionali,** in quanto definiti anche come rapporto tra lunghezze di segmenti;
  - **numeri reali relativi**, quindi potrebbero essere negativi.
- È importante ricordarsi i valori che le funzioni goniometriche assumono in corrispondenza **archi notevoli** riportati nella tabella del § 9.2.3.
- **Sinusoide**: è il grafico della funzione $y = \text{sen}x$.
  È una funzione dispari, limitata tra –1 e +1 e periodica con periodo T pari a 2 π.
- **Cosinusoide**: è il grafico della funzione $y = \cos x$.
  È una funzione pari, limitata tra –1 e +1 e periodica con periodo T pari a 2 π.
- **Tangentoide**: è il grafico della funzione $y = \text{tg}\,x$.
  È una funzione dispari, **non** limitata e periodica con periodo T pari a π.

Teorema fondamentale della trigonometria

$$\text{sen}^2\alpha + \cos^2\alpha = 1$$

Quesiti svolti

1 **Il seno di un angolo:**

- **A** è una grandezza adimensionale
- **B** si misura in radianti
- **C** ha le dimensioni di una lunghezza
- **D** si misura in gradi
- **E** ha le dimensioni del reciproco di una lunghezza

Il seno di un angolo è stato definito (nel § 9.2.2) come rapporto fra segmenti (ossia fra grandezze omogenee), quindi è una grandezza adimensionale (risposta **A**).

2 **Sia x un numero reale tale che $0 < x < 1/2$; dire quale delle seguenti catene di disuguaglianze è vera:**

- **A** $0 < \text{sen}\, x < \cos x < \text{sen}^2 x < 1$
- **B** $0 < \text{sen}^2 x < \text{sen}\, x < \cos x < 1$
- **C** $0 < \text{sen}\, x < \text{sen}^2 x < \cos x < 1$
- **D** $0 < \text{sen}^2 x < \cos x < \text{sen}\, x < 1$
- **E** le precedenti affermazioni sono false

Poiché la misura in radianti dell'angolo x è compresa tra 0 e 1/2, esso appartiene al 1° quadrante e dunque il suo seno e il suo coseno sono compresi fra 0 e 1. Ne segue che:

$$\text{sen}^2 x < \text{sen}\, x$$

Inoltre essendo l'angolo x senz'altro minore di $\pi/4$, perché $\pi/4 > 1/2$, si ha che

$$\text{sen}\, x < \cos x$$

Unendo le relazioni trovate in un'unica catena di disuguaglianze, si ha

$$0 < \text{sen}^2 x < \text{sen}\, x < \cos x < 1$$

La risposta corretta è la **B**.

3 **Se $\cos \alpha = 0{,}7$ (con $0 < \alpha < \pi$), quale tra le seguenti affermazioni è vera?**

- **A** $\text{sen}\, \alpha < 0{,}7$
- **B** $\text{tg}\, \alpha > 1$
- **C** $\cos 2\alpha = 0{,}49$
- **D** $\alpha < \pi/6$
- **E** $\cos^2 \alpha = 0{,}51$

Se $\cos \alpha = 0{,}7$ e $0 < \alpha < \pi$, allora si può scrivere:

$$\text{sen}\alpha = \sqrt{1-(0{,}7)^2} = \sqrt{1-0{,}49} = \sqrt{0{,}51} > \sqrt{0{,}5} = \frac{\sqrt{2}}{2} > 0{,}7$$

Poiché $\cos \alpha = 0{,}7$ e $\text{sen}\, \alpha > 0{,}7$, segue che:

$$\text{tg}\alpha = \text{sen}\alpha / \cos\alpha > 1$$

per cui la risposta esatta è la **B**.

MATEMATICA

4 Come può essere interpretata la seguente uguaglianza? $\cos\left(\frac{\alpha}{2}\right) = \sqrt{\frac{1+\cos\alpha}{2}}$

A Un'identità verificata per ogni valore di α

B La definizione del coseno dell'angolo $\alpha/2$

C Un'equazione con infinite soluzioni

D Una formula che permette di concludere che il coseno dell'angolo $\alpha/2$ è sempre irrazionale

E Nessuna delle precedenti risposte è esatta

Per individuare la risposta corretta è utile partire dall'espressione di una delle formule di bisezione e precisamente:

$$\cos\frac{\alpha}{2} = \pm\sqrt{\frac{1+\cos\alpha}{2}}$$

Questa relazione di uguaglianza è chiaramente una identità, essendo verificata per ogni valore dell'angolo α, e differisce dall'espressione contenuta nel resto del quesito solo per la presenza del doppio segno $\pm$ a secondo membro. Si conclude che la relazione proposta è soddisfatta da **infiniti** valori dell'angolo α ma **non da ogni** valore di α ; si tratta cioè di una equazione con infinite soluzioni (risposta **C**) e non di una identità. Per rendersi conto del fatto che non tutti i valori di α soddisfano la relazione data basta prendere $\alpha = 240°$; si ottiene:

$$\cos\frac{240°}{2} = \sqrt{\frac{1+\cos 240°}{2}} \rightarrow \cos 120° = \sqrt{\frac{1-1/2}{2}} \rightarrow -\frac{1}{2} = \frac{1}{2}$$

5 L'espressione $\left(\text{sen}\frac{\pi}{8}+\cos\frac{\pi}{8}\right)^2$ è uguale a:

A $1-\frac{\sqrt{2}}{2}$ **B** 0 **C** $\frac{\sqrt{3}}{2}-1$ **D** $\frac{\sqrt{3}}{2}$ **E** $\frac{2+\sqrt{2}}{2}$

Applicando la formula del quadrato del binomio si ricava:

$$\left(\text{sen}\frac{\pi}{8}+\cos\frac{\pi}{8}\right)^2 = \left(\text{sen}\frac{\pi}{8}\right)^2 + 2\text{sen}\frac{\pi}{8}\cos\frac{\pi}{8} + \left(\cos\frac{\pi}{8}\right)^2$$

Per il teorema fondamentale della trigonometria:

$$\left(\text{sen}\frac{\pi}{8}\right)^2 + \left(\cos\frac{\pi}{8}\right)^2 = 1$$

e, in base alle formule di duplicazione, si può scrivere:

$$2\text{sen}\frac{\pi}{8}\cos\frac{\pi}{8} = \text{sen}\left(2\cdot\frac{\pi}{8}\right) = \text{sen}\frac{\pi}{4} = \frac{\sqrt{2}}{2}$$

Quindi la risposta esatta è la **E**:

$$\left(\text{sen}\frac{\pi}{8}+\cos\frac{\pi}{8}\right)^2 = \left(\text{sen}\frac{\pi}{8}\right)^2 + 2\text{sen}\frac{\pi}{8}\cos\frac{\pi}{8} + \left(\cos\frac{\pi}{8}\right)^2 = \left[\left(\text{sen}\frac{\pi}{8}\right)^2 + \left(\cos\frac{\pi}{8}\right)^2\right] + 2\text{sen}\frac{\pi}{8}\cos\frac{\pi}{8} =$$

$$= 1 + \text{sen}\left(2\cdot\frac{\pi}{8}\right) = 1 + \text{sen}\frac{\pi}{4} = 1 + \frac{\sqrt{2}}{2} = \frac{2+\sqrt{2}}{2}$$

6 L'equazione trigonometrica sen x – cos x = 0 ha come soluzione uno dei seguenti valori di x. Quale?

A $3/4\pi$ + multipli di π oppure $3/4\pi$ – multipli di π

B $1/4\pi$ + multipli di π oppure $1/4\pi$ – multipli di π

C $1/4\pi$ + multipli di $\pi/2$ oppure $1/4\pi$ – multipli di $\pi/2$

D $2/3\pi$ + multipli di $\pi/2$ oppure $2/3\pi$ – multipli di $\pi/2$

E $\pi/2$ + multipli di $\pi/2$ oppure $\pi/2$ – multipli di $\pi/2$

Spostando il termine – cos x a secondo membro si ricava:

$$\text{sen } x = \cos x$$

Si tratta quindi di trovare quale risposta contiene angoli il cui seno è uguale al coseno. Si consiglia di visualizzare gli angoli attraverso la circonferenza goniometrica.

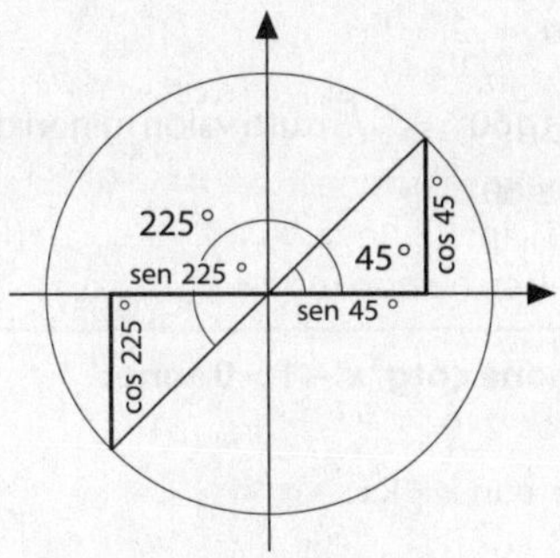

La soluzione dell'equazione sen x = cos x risulta quindi:

$$x = \frac{\pi}{4} \pm 2k\pi \quad \text{e} \quad x = \frac{5}{4}\pi \pm 2k\pi \qquad \text{con } k \in \mathbb{N}$$

ossia:

$$x = \frac{\pi}{4} \pm k\pi \qquad \text{con } k \in \mathbb{N}$$

La risposta esatta è quindi la B.

7 L'uguaglianza $(\text{sen } x)^4 + \cos 2x = (\cos x)^4$ con x numero reale, è verificata:

A per ogni x

B per nessun x

C soltanto per $x = 0$

D soltanto per $x = \pi/2$

E per infiniti x, ma non per ogni x

Con semplici passaggi algebrici l'espressione data si riduce nella forma:

$$(\text{sen}x)^4 + \cos 2x = (\cos x)^4 \;\rightarrow\; \text{sen}^4 x - \cos^4 x + \cos 2x = 0$$

$$\rightarrow\; (\text{sen}^2 x - \cos^2 x)(\text{sen}^2 x + \cos^2 x) + \cos 2x = 0$$

Applicando all'ultima uguaglianza le formule di duplicazione e l'unità trigonometrica, si ha:

$$-\cos 2x \cdot 1 + \cos 2x = 0 \rightarrow 0 = 0$$

cioè un'identità. La risposta corretta è la A.

8 L'ombra di un campanile è lunga la metà della sua altezza. Detta α la misura dell'angolo formato dal sole sull'orizzonte in quel momento, si può dire che:

- **A** $45° \leq \alpha \leq 60°$
- **B** $60° \leq \alpha$
- **C** $\alpha < 30°$
- **D** è notte
- **E** $30° \leq \alpha < 45°$

Indicata con x la lunghezza dell'ombra del campanile, è possibile rappresentare graficamente il quesito come nella figura a lato.

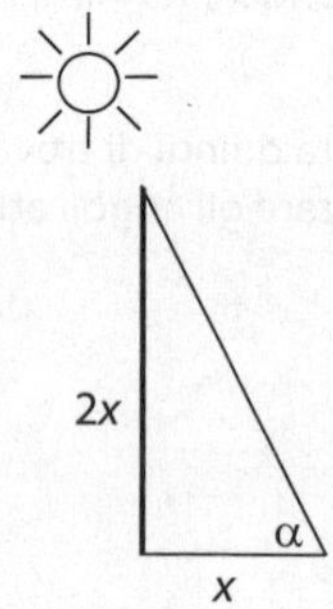

Utilizzando i teoremi sui triangoli rettangoli è possibile scrivere:

$$2x = x\,\mathrm{tg}\alpha$$

da cui si ricava:

$$\mathrm{tg}\alpha = 2$$

Essendo $\mathrm{tg}30° = \frac{\sqrt{3}}{3}$, $\mathrm{tg}45° = 1$ e $\mathrm{tg}60° = \sqrt{3}$ tutti valori minori di 2, si ha:

$$\alpha \geq 60°$$

quindi la risposta esatta è la **B**.

---

9 Le soluzioni della disequazione $\mathrm{cotg}^2 x - 1 > 0$ sono:

- **A** $x > \pi$
- **B** $-\pi/4 + k\pi < x < \pi/4 + k\pi$ con $x \neq k\pi$
- **C** $-1 < x < 1$
- **D** $\pi/4 + k\pi < x < 3\pi/4 + k\pi$
- **E** $x < \pi$

La disequazione data è una disequazione di secondo grado in cotg x. La cotangente di un angolo α è uguale all'inverso della tangente dello stesso angolo α, quindi non è definita per $\alpha = k\pi$ (con $k \in \mathbb{Z}$). La visualizzazione grafica di cotg α sulla circonferenza goniometrica di raggio unitario è quella indicata nella figura a lato:

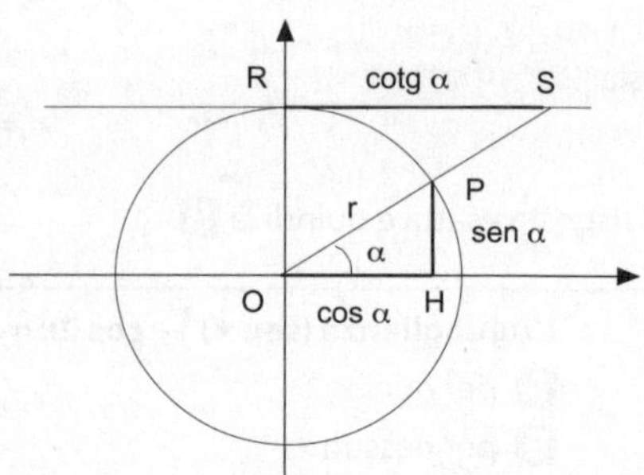

$$\mathrm{cotg}\,\alpha = SR = \frac{OH}{PH} = \frac{\cos\alpha}{\mathrm{sen}\,\alpha} = \frac{1}{\mathrm{tg}\,\alpha}$$

La disequazione proposta è verificata per valori esterni all'intervallo delle radici dell'equazione associata, cioè per cotg $x < -1$ e cotg $x > 1$.

Dall'osservazione della circonferenza goniometrica e dal fatto che la cotangente è una funzione periodica di periodo pari a π, si ricava che cotg $x < -1$ è verificata per:

$$-\pi/4 + k\pi < x < k\pi$$

e cotg $x > 1$ è verificata per:

$$k\pi < x < \pi/4 + k\pi$$

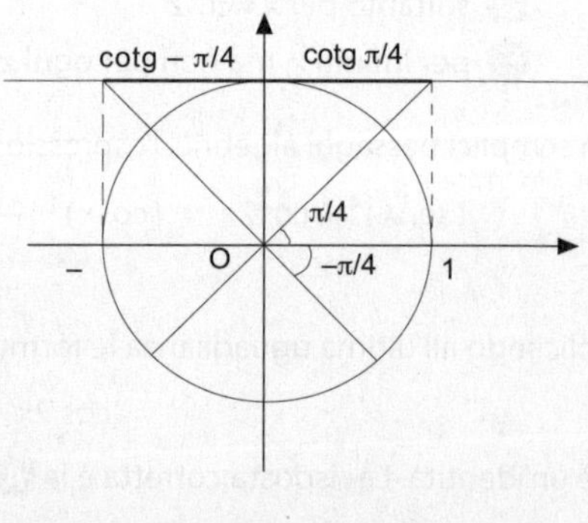

unendo le due soluzioni si ha che la disequazione di partenza è verificata per:

$$-\pi/4 + k\pi < x < \pi/4 + k\pi$$

con $x \neq k\pi$. La risposta esatta è pertanto la **B**.

PARTE TERZA

10 L'equazione sen$x = -1/2$ è soddisfatta per:

- **A** $x = 0$
- **B** $x = -\pi/6 + 2k\pi$
- **C** $x = -\pi/3 + 2k\pi$
- **D** $x = +\pi/6 + 2k\pi$ oppure $x = -\pi/6 + 2k\pi$
- **E** $x = +\pi/3 + 2k\pi$

Si tratta di trovare quali sono gli angoli il cui seno è uguale a $-1/2$. Si consiglia in questi casi di visualizzare gli angoli attraverso la circonferenza goniometrica (circonferenza di raggio unitario).

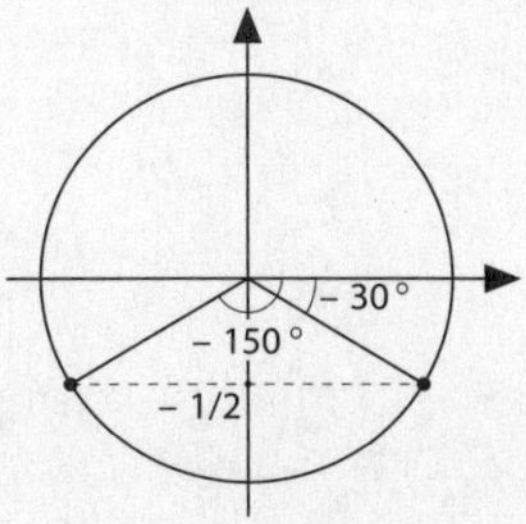

Come mostrato in figura, i due angoli che soddisfano la condizione richiesta sono $x = -\pi/6$ e $x = -5/6\pi$, ai quali va poi aggiunto il termine $2k\pi$ che tiene conto della periodicità della sinusoide. La soluzione completa dell'equazione sen$x = -1/2$ è dunque: $x = -\pi/6 + 2k\pi$ e $x = -5/6\pi + 2k\pi$.
Tra le risposte proposte si deve dunque scegliere la **B** (nel quesito non è chiesta la soluzione completa dell'equazione ma se i valori di x proposti la soddisfano).

MATEMATICA

10 Probabilità, statistica e calcolo combinatorio

Mettiti alla prova

I **Una scatola contiene 12 cioccolatini: 4 sono fondenti e 8 al latte. Tre cioccolatini vengono estratti a caso dalla scatola, uno dopo l'altro. Qual è la probabilità P che i tre cioccolatini estratti siano al latte?**

- A 3/12
- B 12/55
- C 7/11
- D 14/55
- E 3/5

II **Due dadi vengono lanciati contemporaneamente. Qual è la probabilità di ottenere un punteggio minore o uguale a 4?**

- A 1/12
- B 1/6
- C 1/2
- D 1/18
- E 1/9

III **La media aritmetica dei seguenti numeri: –16; –6; 0; +10; +16 è:**

- A 0
- B 0,4
- C 0,8
- D 1,2
- E 1,6

IV **Quanti sono i numeri naturali formati da al più quattro cifre dispari distinte?**

- A 30
- B 120
- C 180
- D 205
- E 625

MATEMATICA

Ecco le risposte esatte dei 4 quesiti proposti: I **D**, II **B**, III **C**, IV **D**.

10.1 | Calcolo delle probabilità

10.1.1 | Il concetto di evento

Un concetto di primaria importanza nella teoria della probabilità è quello di *evento*. Si pensi al lancio di un dado: qualsiasi affermazione sul possibile risultato del lancio non può essere prevista *a priori*: ogni risultato è quindi *incerto* (o *aleatorio*). Ogni punteggio possibile ("1", "2",...,"6") è un evento aleatorio, come lo sono anche tutte le possibili affermazioni ("il risultato è un numero pari", "il risultato è un numero divisibile per 3",...).

La probabilità di un evento *E*, indicata con P(*E*), è il rapporto tra il numero dei casi favorevoli al manifestarsi di *E* e il numero dei casi possibili, giudicati egualmente probabili:

$$P(E) = \frac{\textbf{numero di casi favorevoli}}{\textbf{numero di casi possibili}}$$

Generalmente gli eventi descrivono il risultato di un *esperimento* (fisico o concettuale): il lancio di una moneta, il numero di pezzi difettosi in un lotto di produzione, il risultato (somma) del lancio di due dadi... Quindi per ogni esperimento, benché risulti impossibile prevederne il "risultato", è invece possibile *enumerare* o *descrivere l'insieme di tutti i risultati (esiti) possibili.*

Per l'esperimento "lancio di un dado", l'insieme di tutti gli esiti possibili è {1, 2, 3, 4, 5, 6}: l'evento "esce un numero pari" comprende quindi gli esiti {2, 4, 6}.
Per l'esperimento "lancio di due monete" l'insieme di tutti gli esiti è {TT, TC, CT, CC}: l'evento "escono due teste" comprende il solo esito {TT}.

L'insieme di tutti i possibili esiti è chiamato **spazio dei risultati** e viene indicato con *U*: **qualsiasi evento può essere visto come insieme di esiti e quindi come sottoinsieme** (eventualmente improprio) **di *U*.**

Allora un generico evento *E* è vero, cioè accade, se l'esperimento ha generato un esito tale da appartenere a *E* (pensato come sottoinsieme di *U*). Di conseguenza, anche l'intero spazio dei risultati e l'insieme vuoto ∅ sono da considerarsi eventi, chiamati rispettivamente **evento certo** ed **evento impossibile**. Chiaramente l'evento certo è sempre vero (l'esito sicuramente appartiene a *U*), mentre l'evento impossibile è sempre falso (nessun esito può appartenere all'insieme vuoto ∅).

Poiché gli eventi sono insiemi (di esiti), su di essi è possibile operare mediante le usuali operazioni insiemistiche di unione, intersezione e complementazione.

Se *E* e *F* sono eventi allora:

- l'evento *opposto* (o complementare) $\bar{E}$ è un evento vero se *E* è falso. In altre parole, due eventi *E* ed $\bar{E}$ si dicono opposti quando il verificarsi di *E* esclude il verificarsi di $\bar{E}$ e viceversa.

  Dal lancio di una moneta si possono verificare due eventi tra loro opposti: l'uscita della faccia contenente la testa o di quella contenente la croce.

- l'evento *unione* $E \cup F$ è un evento vero se *almeno* uno dei due eventi è vero;
- l'evento *intersezione* $E \cap F$ è un evento vero se *entrambi* gli eventi sono veri.

Si consideri l'esperimento "lancio di un dado" e il corrispondente spazio dei risultati $U = \{1, 2, 3, 4, 5, 6\}$. Se $E = \{1, 2, 3\}$ e $F = \{3, 4\}$ allora:

- $E \cup F = \{1, 2, 3, 4\}$
- $E \cap F = \{3\}$
- $\bar{E} = \{4, 5, 6\}$
- $\bar{F} = \{1, 2, 5, 6\}$

Se l'esito dell'esperimento è "4" allora *F*, $E \cup F$ e $\bar{E}$ sono veri, mentre *E*, $E \cap F$ e $\bar{F}$ sono falsi.

Due eventi si dicono **incompatibili** (o disgiunti) quando non possono avvenire contemporaneamente (in caso contrario gli eventi si dicono *compatibili*). In simboli, i due eventi E ed F sono incompatbili se:

$$E \cap F = \varnothing$$

Nel lancio di un dado, l'evento "esce il numero 2" e l'evento "esce il numero 4" sono due eventi incompatibili (ma non opposti).

Infine, due eventi E ed F si dicono **indipendenti** se il verificarsi di E non cambia la probabilità che si verifichi F e viceversa (in caso contrario gli eventi si dicono *dipendenti*).

Nel lancio di due dadi, l'evento "esce il numero 1 sul primo dado" e l'evento "esce il numero 6 sul secondo dado" sono due eventi indipendenti.

10.1.2 | Probabilità di un evento

Dopo aver chiarito il concetto di evento è possibile fornire la definizione di probabilità.

La probabilità di un evento *E*, indicata con P(*E*), è il rapporto tra il numero dei casi favorevoli al manifestarsi di *E* e il numero dei casi possibili, giudicati egualmente probabili.

La probabilità che lanciando una moneta esca "croce" è 1/2. Infatti c'è un solo caso favorevole (l'uscita della "croce") su due casi possibili ("testa" oppure "croce").
La probabilità che dal lancio di un dado esca il numero 2 è 1/6. Infatti i casi possibili sono 6 (le 6 facce del dado) mentre il caso favorevole (l'uscita del numero 2) è uno solo.

La probabilità di un evento è quindi un numero compreso tra 0 e 1. In particolare si ha:

P(*E*) = 0 se l'evento *E* è impossibile

P(*E*) = 1 se l'evento *E* è certo

La probabilità che dal lancio di un dado (con le facce numerate da 1 a 6) esca il numero 7 è pari a 0: si tratta di un evento impossibile.
La probabilità che dal lancio di un dado esca un numero minore di 7 è pari a 1: si tratta di un evento certo (ossia che si verifica sicuramente).

Se E ed $\bar{E}$ sono due eventi opposti la somma delle loro probabilità è uguale a 1:

$$P(E) + P(\bar{E}) = 1 \quad \rightarrow \quad P(\bar{E}) = 1 - P(E)$$

In altre parole, la probabilità che E **non** si verifichi è pari a 1 – P(E).

La probabilità che, dal lancio di un dado, **non** esca il numero 2 è uguale a 5/6 ossia è pari alla differenza tra 1 e la probabilità che esca proprio il numero 2.

Determinare la probabilità che sia uguale a 4 la somma dei numeri usciti dal lancio di due dadi.

I casi favorevoli sono tre e sono descritti nella tabella seguente:

1° Dado	2° Dado	Somma
1	3	4
3	1	4
2	2	4

$$\left.\begin{array}{l}\text{numero di casi favorevoli} = 3\\ \text{numero di casi possibili} = 36\end{array}\right\} \text{la probabilità dell'evento è } P = \frac{3}{36} = \frac{1}{12}$$

MATEMATICA

10.1.3 | Teorema delle probabilità totali

Siano E ed F due eventi *incompatibili*; la probabilità che si verifichi E **oppure** F (ossia la probabilità che si verifichi l'evento $E \cup F$) è uguale alla somma delle probabilità dei singoli eventi. In simboli, se i due eventi E ed F sono incompatibili allora:

$$P(E \cup F) = P(E) + P(F)$$

Dal lancio di un dado, ciascun numero ha probabilità 1/6 di uscire; la probabilità che esca il numero 1 **oppure** il 6 è $P(1, 6) = 1/6 + 1/6 = 1/3$.

La formula che vale in generale per due eventi compatibili qualsiasi è:

$$P(E \cup F) = P(E) + P(F) - P(E \cap F)$$

10.1.4 | Teorema delle probabilità composte

Siano E ed F due eventi *indipendenti*; la probabilità che essi si verifichino **contemporaneamente** (ossia la probabilità che si verifichi l'evento $E \cap F$) è data dal prodotto delle probabilità dei singoli eventi. In simboli, se i due eventi E ed F sono indipendenti allora:

$$P(E \cap F) = P(E) \cdot P(F)$$

La probabilità che, lanciando due volte un dado, esca due volte il numero 1 è data da:

$$P = 1/6 \cdot 1/6 = (1/6)^2 = 1/36$$

Analogamente, nel caso di tre o più eventi *indipendenti* $E, F, G\ldots Z$ la probabilità che si verifichino tutti **contemporaneamente** è data ancora dal prodotto delle probabilità dei singoli eventi:

$$P(E \cap F \cap G \cap ... \cap Z) = P(E) \cdot P(F) \cdot P(G) \cdot \ldots \cdot P(Z)$$

La probabilità che, lanciando tre volte un dado, esca tre volte il numero 1 è data da:

$$P = 1/6 \cdot 1/6 \cdot 1/6 = (1/6)^3 = 1/216$$

Siamo ora in grado di rispondere alle prime due domande poste all'inizio del capitolo.

Quesito I. La probabilità che il primo cioccolatino estratto sia al latte è pari a 8/12. Dopo la prima estrazione, nella scatola sono rimasti 11 cioccolatini di cui 7 al latte e quindi la probabilità che la seconda estrazione dia come risultato un cioccolatino al latte (supposto al latte il primo estratto) è pari a 7/11. Allo stesso modo, dopo la seconda estrazione sono rimasti 10 cioccolatini di cui 6 al latte; pertanto la probabilità che il terzo cioccolatino estratto sia al latte (supposti al latte i primi due) è pari a 6/10. In questo modo **le tre estrazioni possono considerarsi eventi indipendenti**. Per il teorema delle probabilità composte la probabilità che eventi indipendenti si verifichino contemporaneamente è data dal prodotto delle probabilità dei singoli eventi, quindi la probabilità cercata è pari a:

$$P = 8/12 \cdot 7/11 \cdot 6/10 = 2/3 \cdot 7/11 \cdot 3/5 = 14/55$$

per cui la risposta corretta è la **D**.

Quesito II. I casi favorevoli sono 6 e sono descritti nella seguente tabella:

1° dado	2° dado	Somma
1	1	2
1	2	3
2	1	3
1	3	4
2	2	4
3	1	4

Poiché i casi possibili sono 36, si conclude che la probabilità P richiesta è uguale a:

$$P = \frac{6}{36} = \frac{1}{6} \text{ (risposta B)}$$

PARTE TERZA

I due teoremi visti sono spesso utili per calcolare la probabilità di particolari eventi.

Si tirano due dadi. Qual è la probabilità di ottenere un 6 e un numero diverso da 6?
Per la risoluzione di questo problema si può procedere in due modi distinti: utilizzando la definizione oppure utilizzando i due teoremi visti sul calcolo delle probabilità. Per utilizzare la definizione si tratta ancora una volta di trovare il numero di casi favorevoli al manifestarsi dell'evento (i casi possibili sono in totale $6 \cdot 6 = 36$).

Configurazione	1° Dado	2° Dado	N° di casi
1ª	6	da 1 a 5	5
2ª	da 1 a 5	6	5

Complessivamente i casi favorevoli sono $5 + 5 = 10$ e la probabilità richiesta vale $10/36$.
Nel caso invece si vogliano usare i teoremi visti si procede nel modo seguente: l'evento si verifica se la configurazione dei dadi è una delle due riportate nella precedente tabella.
Per il teorema delle probabilità composte, la probabilità di ognuna delle due configurazioni (che risultano essere naturalmente equiprobabili) si ottiene dal prodotto delle probabilità relative ai valori assunti dai singoli dadi; per la prima configurazione, per esempio, si ha:

$$P_1 = \frac{1}{6} \cdot \frac{5}{6} = \frac{5}{36}$$

Dato che le due configurazioni sono incompatibili tra loro, per il teorema delle probabilità totali, la probabilità cercata si ottiene sommando le probabilità delle due configurazioni:

$$P = P_1 + P_2 = \frac{5}{36} + \frac{5}{36} = \frac{10}{36}$$

Un'urna contiene 25 palline bianche e 75 palline nere. Se viene estratta una pallina nera, essa viene rimessa nell'urna; se viene estratta una pallina bianca, questa viene tolta e ne viene aggiunta una nera. La probabilità di avere nell'urna 24 palline bianche e 76 nere dopo due estrazioni (e relative inserzioni) è:

A 7/16
B 5/16
C 13/16
D 151/400
E 149/400

Dopo due estrazioni si hanno 24 palline bianche e 76 nere soltanto se si sono verificati i due eventi incompatibili E_1 e E_2, dove

E_1 = "estrazione di una pallina nera seguita da una bianca"

E_2 = "estrazione di una pallina bianca seguita da una nera"

Tali eventi, per il teorema delle probabilità composte, hanno probabilità rispettivamente uguali a:

$$P(E_1) = \frac{75}{100} \cdot \frac{25}{100} \qquad P(E_2) = \frac{25}{100} \cdot \frac{76}{100}$$

Quindi per il teorema delle probabilità totali la probabilità P richiesta è uguale a:

$$P = P(E_1) + P(E_2) = \frac{25}{100} \cdot \left(\frac{75}{100} + \frac{76}{100}\right) = \frac{1}{4} \cdot \frac{151}{100} = \frac{151}{400}$$

La risposta esatta è la D.

MATEMATICA

10.1.5 | Probabilità e coefficiente binomiale

Spesso un dato esperimento può essere pensato come costituito da *n* **ripetizioni** di un esperimento più semplice: se, per esempio, si chiede qual è la probabilità che esca *k* volte "testa" se una moneta viene lanciata *n* volte (oppure, indifferentemente, se si lanciano *n* monete) questo equivale a ripetere *n* volte il singolo esperimento "lancio di una moneta". Le configurazioni distinte possono essere numerose e occorre una formula per poterle contare: per questo "conteggio" si utilizza il *coefficiente binomiale* che fondamentalmente risponde alla domanda "dati *n* oggetti, in quanti modi ne posso scegliere *k*?". La formula per il calcolo del coefficiente binomiale "*n* su *k*" è la seguente[1]:

$$\binom{n}{k} = \frac{n!}{(n-k)! \cdot k!}$$

Qual è la probabilità che lanciando 6 volte una moneta escano esattamente 4 teste?

Lanciando 6 volte una moneta, la probabilità di ottenere una certa sequenza contenente esattamente 4 volte testa e, di conseguenza, 2 volte croce è data da:

$$P_1 = \frac{1}{2} \cdot \frac{1}{2} \cdot \frac{1}{2} \cdot \frac{1}{2} \cdot \frac{1}{2} \cdot \frac{1}{2} = \frac{1}{2^6} = \frac{1}{64}$$

Occorre però prestare attenzione al fatto che questa è la probabilità di ottenere una sola configurazione, per esempio T T T T C C dove ci sono prima le 4 teste e poi le 2 croci: esistono però altre configurazioni. Si potrebbero presentare le seguenti sequenze:

T T T T C C
T T T C T C
T T T C C T
T T C T T C
...
C T C T T T
C C T T T T

Occorre quindi contare tutte queste possibili configurazioni: applicando la formula per il calcolo del coefficiente binomiale al caso dei 6 lanci (quindi $n = 6$) con la testa che esce 4 volte (quindi $k = 4$) si ottiene:

$$\binom{6}{4} = \frac{6!}{(6-4)! \cdot 4!} = \frac{6!}{2! \cdot 4!} = \frac{6 \cdot 5}{2} = \frac{30}{2} = 15$$

La probabilità cercata è quindi data dal prodotto del coefficiente binomiale e della probabilità di una singola configurazione:

$$P_2 = 15 \cdot P_1 = 15 \cdot \frac{1}{64} = \frac{15}{64}$$

In un quesito a risposta multipla si commette facilmente l'errore di calcolare la probabilità di ottenere una sola configurazione e quindi di rispondere erroneamente $P = 1/64$ che rappresenta invece la probabilità di una sola delle 15 possibili sequenze di 4 teste e 2 croci.

Il valore del coefficiente binomiale può anche essere trovato tramite il metodo per il calcolo dei coefficienti della potenza *n*-esima di un binomio (§ 2.2.6).

$\binom{n}{k}$ è il $(k+1)$-esimo valore della $(n+1)$-esima riga del triangolo di Tartaglia (§ 2.2.6).

È utile ricordare infine altre proprietà del coefficiente binomiale.

$$\binom{n}{0} = \binom{n}{n} = 1; \quad \binom{n}{1} = \binom{n}{n-1} = n.$$

1. Con *n*! (*n* fattoriale) si intende il prodotto dei primi *n* numeri naturali (per esempio $4! = 4 \cdot 3 \cdot 2 \cdot 1 = 24$). Inoltre per definizione si ha: $0! = 1$.

PARTE TERZA

10.2 | Statistica

La statistica comprende le tecniche di raccolta ed elaborazione dei dati al fine di trarre da essi delle informazioni sintetiche.

10.2.1 | Distribuzioni statistiche

Il punto di partenza di un'indagine statistica consiste sempre nella raccolta dei dati e nella loro classificazione: dopo aver definito il *carattere* che si intende analizzare (per esempio "colore degli occhi") e le sue *modalità* (per esempio "occhi verdi", "occhi azzurri"...), si procede alla rilevazione, che consiste nell'assegnare ciascuna osservazione alla corrispondente modalità del carattere.

Al fine di ottenere una descrizione sintetica del fenomeno, è utile associare a ciascuna modalità il numero di ricorrenze, ossia il numero delle osservazioni che rientrano in tale modalità: questo numero prende il nome di *frequenza* (o *intensità*).

L'insieme delle modalità e delle rispettive frequenze prende il nome di distribuzione statistica (o distribuzione delle frequenze).

La distribuzione statistica si ottiene dunque riclassificando le osservazioni in base alla frequenza con cui ciascuna modalità compare.

Distribuzione del colore degli occhi di 100 individui:

Modalità	Frequenza
Verdi	12
Azzurri	16
Castani	58
Neri	14

La distribuzione statistica è a tutti gli effetti una *funzione* (per la definizione di funzione si veda § 8.1) in quanto associa a ciascuna modalità la corrispondente frequenza.

Come tutte le funzioni, anche la distribuzione statistica può essere rappresentata sia in forma tabellare (elencando le modalità e le corrispondenti frequenze come nell'esempio precedente) che in forma grafica.

La stessa distribuzione dell'esempio precedente (sul colore degli occhi di 100 individui) può essere rappresentata sia tramite un istogramma (grafico a sinistra, che mostra la frequenza di ciascuna modalità) sia tramite un areogramma o diagramma "a torta" (grafico a destra, che mostra l'incidenza percentuale di ciascuna modalità sul totale).

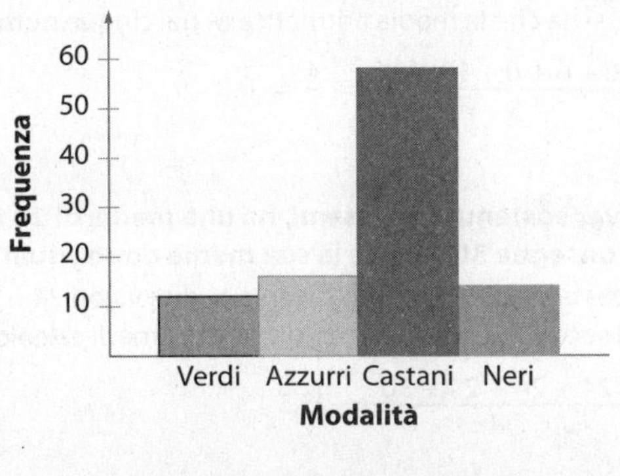

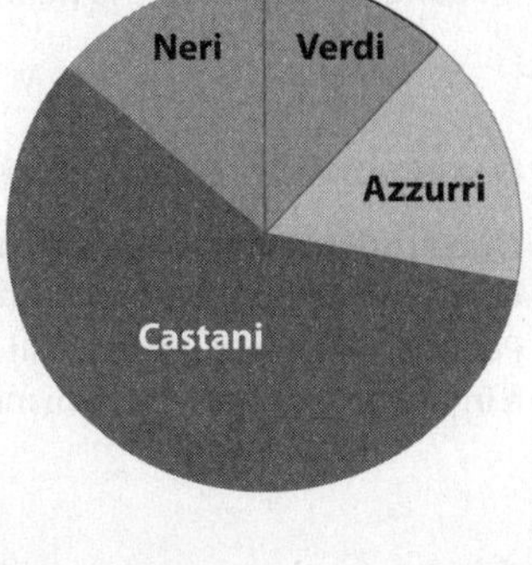

10.2.2 | Moda, mediana e media aritmetica

Si è già detto che la statistica si pone la finalità di trarre dai dati delle informazioni sintetiche: la distribuzione statistica rappresenta già una forma di sintesi dei dati, ma è spesso necessario disporre di un unico valore numerico che sintetizzi tutti i dati della distribuzione rappresentandone, in qualche modo, il "centro". Esiste più di un "valore centrale" (che più correttamente prende il nome di *indice di posizione* o *di tendenza centrale*): i principali sono la *moda*, la *mediana* e la *media aritmetica* della distribuzione.

La moda rappresenta sicuramente il "valore centrale" più intuitivo: **la moda è infatti la modalità che presenta la massima frequenza.**

Dati i sette numeri 2, 3, 5, 1, 5, 3, 5 la loro moda è 5: è infatti la modalità con il maggior numero di ricorrenze.

Per definire invece la mediana di una distribuzione è necessario *ordinare* le osservazioni, ponendole in *ordine crescente*: **la mediana è l'osservazione che occupa la posizione centrale della successione.** Nel caso la successione sia costituita da un numero N dispari di elementi, la mediana coincide con l'elemento che occupa la posizione $(N + 1)/2$.

Dati i sette numeri 2, 3, 5, 1, 5, 3, 5 la loro successione ordinata è:

$$1, 2, 3, 3, 5, 5, 5$$

quindi la mediana è 3 (quarto elemento in una successione di sette).

Nel caso la successione sia costituita da un numero N pari di elementi, si presentano due elementi centrali che occupano le posizioni $N/2$ e $(N/2) + 1$: la mediana è, in questo caso, la semisomma dei due elementi.

Dati gli otto numeri 2, 3, 5, 1, 5, 3, 5, 7 la loro successione ordinata è:

$$1, 2, 3, 3, 5, 5, 5, 7$$

quindi la mediana è la semisomma di 3 e 5 (quarto e quinto elemento, rispettivamente, in una successione di otto), ossia $4 = (3 + 5)/2$.

Infine, **la media aritmetica** (o semplicemente *media*) **di n numeri è la somma degli n numeri divisa per n**:

$$\text{media di } x_1, x_2, ..., x_n = M(x_1, x_2, ..., x_n) = \frac{x_1 + x_2 + ... + x_n}{n}$$

La media aritmetica dei quattro numeri 2, 4, 5 e 7 è $\frac{2+4+5+7}{4} = \frac{18}{4} = 4{,}5$.

Una particolarità della media aritmetica è la seguente: la somma degli scarti dalla media (ossia la somma delle differenze fra ciascuno degli n numeri e la media) è **sempre nulla**, qualsiasi siano gli n numeri.

Riferendosi ancora ai quattro numeri 2, 4, 5 e 7, la somma degli scarti dalla media vale:

$$(2 - 4{,}5) + (4 - 4{,}5) + (5 - 4{,}5) + (7 - 4{,}5) = -2{,}5 - 0{,}5 + 0{,}5 + 2{,}5 = 0$$

Possiamo rispondere al terzo quesito posto all'inizio del capitolo.

Quesito III. Applicando la definizione, si ha che la media aritmetica M dei cinque numeri dati vale:

$$M = \frac{-16 - 6 + 0 + 10 + 16}{5} = \frac{4}{5} = 0{,}8$$

La risposta esatta è dunque la **C**.

Uno studente universitario, dopo aver sostenuto tre esami, ha una media di 24 trentesimi. Nell'esame successivo lo studente consegue 30. Qual è la sua media dopo i quattro esami?
Per rispondere a questo quesito è necessario dare un peso diverso ai due valori 24 e 30. Il primo è infatti la media di tre esami mentre il secondo è il risultato di un solo esame. Il calcolo corretto è:

$$M = \frac{24 + 24 + 24 + 30}{4} = 25{,}5$$

10.3 | Calcolo combinatorio

Il calcolo combinatorio si propone di stabilire il numero totale dei gruppi che si possono formare con un dato numero di oggetti, una volta fissata la legge di composizione di tali gruppi.

10.3.1 | Disposizioni

Disposizioni semplici

Con disposizioni di n oggetti a k a k ($D_{n,k}$), si definisce il numero di modi in cui è possibile disporre n oggetti presi k alla volta (a k a k) ove ciascuna disposizione differisce dalle altre **per gli oggetti oppure per il loro ordine.** Si ha che:

$$D_{n,k} = n \cdot (n-1) \cdot (n-2) \cdot (\ldots) \cdot (n-k+1) = \frac{n!}{(n-k)!}$$

Quanti sono i numeri di tre cifre distinte che si possono formare con le quattro cifre 1, 3, 5 e 7?
Si tratta di disposizioni semplici di 4 oggetti presi a 3 a 3. Applicando la relazione vista si ha:

$$D_{4,3} = 4 \cdot 3 \cdot 2 = 24$$

In quanti possibili modi diversi possono sedersi dieci persone su una panca con quattro posti?
I modi possibili sono tanti quante sono le disposizioni semplici di 10 oggetti presi a 4 a 4, ossia:

$$D_{10,4} = 10 \cdot 9 \cdot 8 \cdot 7 = 5040$$

Disposizioni con ripetizione

Sono disposizioni di n oggetti a k a k dove ciascun elemento figura al massimo k volte:

$$D^{rip}_{n,k} = n^k$$

Quante parole con 4 lettere si possono formare disponendo di 7 lettere dell'alfabeto e potendo ripetere la stessa lettera?
Si tratta di disposizioni con ripetizione di 7 oggetti a 4 a 4: $D^{rip}_{7,4} = 7^4$

Siamo ora in grado di rispondere anche all'ultimo dei quattro quesiti posti all'inizio del capitolo.

Quesito IV. I numeri naturali formati da "al più quattro cifre dispari distinte" sono numeri formati da una, due, tre oppure quattro cifre dispari distinte.
I numeri formati da **una sola cifra dispari** (ossia 1, 3, 5, 7 e 9) sono soltanto 5.
I numeri formati da **due cifre dispari distinte** differiscono fra loro per le cifre che li compongono, oppure per l'ordine con cui le cifre compaiono, quindi sono tanti quante le **disposizioni semplici** di 5 elementi (le cifre dispari) presi a due a due.
Poiché le disposizioni semplici di n elementi a k a k sono $D_{n,k} = \frac{n!}{(n-k)!}$, risulta:

$$D_{5,2} = \frac{5!}{(5-2)!} = \frac{5!}{3!} = \frac{5 \cdot 4 \cdot 3!}{3!} = 20$$

Similmente i numeri formati da **tre cifre dispari distinte** sono tanti quante le disposizioni semplici di 5 elementi (le cifre dispari distinte) presi a tre a tre:

$$D_{5,3} = \frac{5!}{(5-3)!} = \frac{5!}{2!} = \frac{5 \cdot 4 \cdot 3 \cdot 2!}{2!} = 60$$

Infine i numeri formati da **quattro cifre dispari distinte** sono tanti quante le disposizioni semplici di 5 elementi (le cifre dispari distinte) presi a quattro a quattro:

$$D_{5,4} = \frac{5!}{(5-4)!} = \frac{5!}{1!} = \frac{5 \cdot 4 \cdot 3 \cdot 2 \cdot 1!}{1!} = 120$$

In totale, i numeri naturali formati al più da quattro cifre dispari distinte sono dunque:

$$5 + 20 + 60 + 120 = 205$$

quindi la risposta esatta è la **D**.

MATEMATICA

10.3.2 | Permutazioni

Permutazioni semplici

Le permutazioni sono disposizioni di n oggetti a n a n, quindi **differiscono** l'una dall'altra **solo per l'ordine** degli oggetti. Vale la seguente relazione:

$$P_n = D_{n,n} = n \cdot (n-1) \cdot (n-2) \cdot (\ldots) \cdot 1 = n!$$

In quanti modi diversi possono sedersi 4 persone su una panca con 4 posti?
Si tratta di permutazioni semplici di quattro oggetti: $4! = 4 \cdot 3 \cdot 2 = 24$.

Permutazioni con ripetizione

Sono permutazioni di n oggetti di cui k uguali:

$$P^{rip}_{n,k} = \frac{n!}{k!}$$

Quanti anagrammi (anche senza significato) si ottengono con le lettere della parola CANNONE?
Si tratta di 7 oggetti di cui 3 uguali (le tre "N") quindi: $P^{rip}_{7,3} = \frac{7!}{3!} = 7 \cdot 6 \cdot 5 \cdot 4 = 840$.

10.3.3 | Combinazioni

Combinazioni semplici

Le combinazioni, diversamente dalle disposizioni, **differiscono** l'una dall'altra **solo per gli oggetti** e **non per l'ordine** degli oggetti.

I gruppi {1, 3, 5} e {3, 5, 1} rappresentano due disposizioni, ma una sola combinazione, mentre i gruppi {1, 3, 5} e {1, 3, 6} rappresentano due disposizioni e due combinazioni.

Riprendendo l'esempio precedente, le quattro persone che si siedono nei quattro posti a disposizione, costituiscono, comunque si dispongano, sempre **una sola** combinazione.

Vale la relazione:

$$C_{n,k} = \frac{n!}{(n-k)! \cdot k!}$$

In un torneo quadrangolare di calcio, ciascuna delle quattro squadre partecipanti (A, B, C e D) deve incontrare le altre tre squadre una sola volta. Quante partite vengono giocate in totale?
Il numero di partite del torneo corrisponde al numero di gruppi di due squadre che si possono formare con le quattro squadre A, B, C e D. Occorre però tenere presente che, tra una coppia e l'altra, vi deve essere almeno una squadra diversa (la partita tra A e B e la partita tra B e A sono la stessa partita). Il numero di partite richiesto è dato dunque dal numero di combinazioni di quattro oggetti presi a due a due:

$$C_{4,2} = \frac{4!}{(4-2)! \cdot 2!} = \frac{4!}{2 \cdot 2} = 3 \cdot 2 = 6$$

A una riunione partecipano 6 persone: se ogni persona ha stretto la mano a tutte le altre, quante strette di mano vi sono state?
Per lo stesso ragionamento esposto per l'esercizio precedente, il numero di strette di mano è dato dal numero di combinazioni di sei oggetti presi a due a due:

$$C_{6,2} = \frac{6!}{(6-2)! \cdot 2!} = \frac{6!}{4! \cdot 2} = \frac{6 \cdot 5}{2} = 15$$

PARTE TERZA

Combinazioni con ripetizione

Sono combinazioni di *n* oggetti a *k* a *k* dove ciascun elemento figura al massimo *k* volte:

$$C_{n,k}^{rip} = \frac{(n+k-1)!}{(n-1)! \cdot k!}$$

In quanti modi è possibile distribuire 4 caramelle (indistinguibili) fra 2 bambini?
Si tratta del classico problema di suddivisione in gruppi di oggetti indistinguibili. Indicando con 1 il primo bambino e con 2 il secondo, la situazione in cui le 4 caramelle vengono assegnate tutte al primo bambino può essere scritta come "1-1-1-1", mentre se si dividono equamente 2 caramelle al primo e 2 al secondo si scriverà "1-1-2-2". Si tratta quindi di combinazioni con ripetizione di 2 oggetti (i numeri 1 e 2 che rappresentano i bambini) presi a gruppi di 4 (ossia il numero di caramelle da distribuire):

$$C_{2,4}^{rip} = \frac{(2+4-1)!}{(2-1)! \cdot 4!} = \frac{5!}{1 \cdot 4!} = 5$$

MATEMATICA

Ripassa da qui

Definizioni di probabilità

- La **probabilità** di un evento *E*, indicata con *P*(*E*), è il rapporto tra il numero dei casi favorevoli al manifestarsi di E e il numero dei casi possibili, giudicati egualmente probabili:

$$P(E) = \frac{\text{numero di casi favorevoli}}{\text{numero di casi possibili}}$$

- Evento **impossibile**: $P(E) = 0$
- Evento **certo**: $P(E) = 1$
- Evento **opposto**: $P(\bar{E}) = 1 - P(E)$

Teorema delle probabilità totali

Se i due eventi *E* ed *F* sono **incompatibili** allora:

$$P(E \cup F) = P(E) + P(F)$$

Teorema delle probabilità composte

Se i due eventi *E* ed *F* sono **indipendenti** allora:

$$P(E \cap F) = P(E) \cdot P(F)$$

Coefficiente binomiale

$$\binom{n}{k} = \frac{n!}{(n-k)! \cdot k!}$$

Definizioni di statistica

- **La moda è la modalità che presenta la massima frequenza.**
- **La mediana è l'osservazione che occupa la posizione centrale della successione.**
  - *N* dispari: la mediana coincide con l'elemento che occupa la posizione $(N + 1)/2$.
  - *N* pari: la mediana è la semisomma dei due elementi che occupano le posizioni $N/2$ e $(N/2) + 1$.
- **La media aritmetica di *n* numeri è la somma degli *n* numeri divisa per *n*:**

$$\text{media di } x_1, x_2, ..., x_n = M(x_1, x_2, ..., x_n) = \frac{x_1 + x_2 + ... + x_n}{n}$$

Definizioni di calcolo combinatorio

- **Disposizioni** semplici

$$D_{n,k} = n \cdot (n-1) \cdot (n-2) \cdot (\ldots) \cdot (n-k+1) = \frac{n!}{(n-k)!}$$

- **Disposizioni** con ripetizione

$$D_{n,k}^{rip} = n^k$$

- **Permutazioni** semplici

$$P_n = D_{n,n} = n \cdot (n-1) \cdot (n-2) \cdot (\ldots) \cdot 1 = n!$$

- **Permutazioni** con ripetizione

$$P_{n,k}^{rip} = \frac{n!}{k!}$$

- **Combinazioni** semplici

$$C_{n,k} = \frac{n!}{(n-k)! \cdot k!}$$

- **Combinazioni** con ripetizione

$$C_{n,k}^{rip} = \frac{(n+k-1)!}{(n-1)! \cdot k!}$$

Quesiti svolti

1 **L'età media dei partecipanti ad una festa è di 24 anni. Se l'età media degli uomini è di 28 anni e quella delle donne è di 18 anni, qual è il rapporto tra il numero degli uomini e quello delle donne?**

- **A** 14/9
- **B** 9/14
- **C** 2
- **D** 3/2
- **E** 4/3

La risposta esatta è la **D**.

Infatti, indicando con *x* il numero degli uomini e con *y* quello delle donne presenti alla festa, dalla definizione di media si ricava:

$$\frac{28x + 18y}{x + y} = 24 \rightarrow 28x + 18y = 24x + 24y \rightarrow 4x = 6y \rightarrow \frac{x}{y} = \frac{6}{4} = \frac{3}{2}$$

2 **In un maneggio vi sono 20 cavalli, 15 bianchi e 5 neri. Supponendo che uno a caso dei 20 cavalli venga portato altrove, qual è la probabilità che sia nero?**

- **A** 1/3
- **B** 1/4
- **C** 1/5
- **D** 1/15
- **E** 1/20

La probabilità di scegliere all'interno del maneggio un cavallo nero è uguale al rapporto fra il numero dei cavalli neri e il numero totale dei cavalli, cioè

$$P = \frac{5}{20} = \frac{1}{4}$$

La risposta esatta è la **B**.

3 **È noto che nel gioco della roulette diciotto numeri sono rossi, diciotto sono neri e uno (lo zero) non è né rosso né nero. Supponiamo ora che a una roulette (non truccata) siano usciti numeri di colore rosso per *n* volte consecutive. Alla giocata successiva:**

- **A** è più probabile che esca rosso
- **B** è più probabile che esca nero
- **C** è altrettanto probabile l'uscita del rosso o del nero
- **D** è più probabile che esca nero se $n > 18$
- **E** è più probabile che esca rosso se $n > 37$

È noto a tutti che, nel gioco della roulette, l'uscita del rosso o del nero sono eventi equiprobabili. Non tutti però sono propensi a credere che, per esempio, facendo girare sei volte la pallina, l'uscita di sei rossi consecutivi sia un evento equiprobabile all'uscita (per esempio) di tre rossi e tre neri alternati (rosso, nero, rosso, nero, rosso, nero).

Se in una giocata esce il rosso, nella giocata successiva la probabilità che esca rosso è identica a quella della prima giocata. Assumere che la probabilità che esca rosso decresca al crescere del numero di rossi consecutivi usciti precedentemente, sarebbe come ammettere che la pallina è dotata di capacità di memoria e si ricorda il colore scelto nelle giocate precedenti. La risposta esatta è dunque la **C**.

MATEMATICA

4 **A e B sono due eventi indipendenti. La probabilità che A si verifichi è 2/5; la probabilità che B non si verifichi è 5/6. Quale è la probabilità che A e B si verifichino contemporaneamente?**

A 1/15

B 2/15

C 1/3

D 17/30

E 13/15

La probabilità che due eventi indipendenti si verifichino contemporaneamente è data dal prodotto delle probabilità dei singoli eventi. La probabilità che A si verifichi è uguale a 2/5 e la probabilità che B si verifichi è (1 – 5/6) = 1/6. La probabilità richiesta è dunque 2/5 · 1/6 = 1/15 e la risposta corretta è la A.

5 **Tre studenti si preparano per sostenere lo stesso esame. Se le probabilità di superarlo sono rispettivamente pari a 0,6, 0,8 e 0,5, qual è la probabilità che tutti e tre riescano a superare l'esame?**

A 0,48

B 0,24

C 0,30

D 0,20

E 0,40

La probabilità che i tre studenti superino contemporaneamente l'esame è data (in base al teorema delle probabilità composte) dal prodotto delle singole probabilità. Infatti i tre eventi sono indipendenti tra loro: il fatto che uno studente superi l'esame non influenza in alcun modo l'esito dell'esame degli altri due. Pertanto, applicando il teorema delle probabilità composte, si ha:

$$P = 0{,}6 \cdot 0{,}8 \cdot 0{,}5 = 0{,}24$$

La risposta corretta è quindi la B.

6 **Si lanci due volte una moneta non truccata. Calcolare la probabilità che:**

a) esca due volte testa;

b) esca una volta testa e una volta croce;

c) esca due volte croce.

Dire inoltre qual è la somma di tali probabilità.

A $\frac{1}{4}; \frac{1}{4}; \frac{1}{4}; \frac{3}{4}$

B $\frac{1}{4}; \frac{1}{4}; \frac{1}{2}; 1$

C $\frac{1}{4}; \frac{1}{2}; \frac{1}{4}; 1$

D $\frac{1}{2}; \frac{1}{4}; \frac{1}{2}; \frac{5}{4}$

E $\frac{1}{2}; \frac{1}{4}; \frac{1}{4}; 1$

PARTE TERZA

Il numero di casi possibili è pari a 4 poiché in ognuno dei due lanci può uscire croce oppure testa:

Configurazioni	Primo lancio	Secondo lancio
1	croce	croce
2	croce	testa
3	testa	testa
4	testa	croce

Dalla precedente tabella è possibile ricavare il numero di casi favorevoli per le varie combinazioni:

- due volte testa: casi favorevoli = 1, da cui $P_1 = 1/4$;
- una volta testa e una volta croce: casi favorevoli = 2, da cui $P_2 = 2/4 = 1/2$;
- due volte croce: casi favorevoli = 1, da cui $P_3 = 1/4$;
- la somma delle tre probabilità è: $1/4 + 1/2 + 1/4 = 1$.

Pertanto la risposta corretta è la **C**.

---

7 **Tirando contemporaneamente due dadi, quante possibilità vi sono di ottenere lo stesso numero su entrambi i dadi?**

A 1 su 6
B 1 su 12
C 1 su 36
D 1 su 48
E 1 su 100

La probabilità che esca su entrambi i dadi un numero fissato (per esempio il numero 1) è pari a 1/36 (ossia $1/6 \cdot 1/6$). Il quesito però non fissa il numero che deve uscire: richiede solo che sia lo stesso su entrambi i dadi, per cui (applicando il teorema delle probabilità totali) si ha:

Probabilità che esca il numero 1 su entrambi i dadi:	1/36 +
Probabilità che esca il numero 2 su entrambi i dadi:	1/36 +
Probabilità che esca il numero 3 su entrambi i dadi:	1/36 +
Probabilità che esca il numero 4 su entrambi i dadi:	1/36 +
Probabilità che esca il numero 5 su entrambi i dadi:	1/36 +
Probabilità che esca il numero 6 su entrambi i dadi:	1/36
Probabilità che esca lo stesso numero su entrambi i dadi:	1/6

quindi la risposta cercata è la **A**.

---

8 **Le 5 lampadine della decorazione di un albero di Natale, sono collegate in serie: se una si guasta l'intera decorazione si spegne. Le 5 lampadine sono state scelte a caso da una scatola di 1000, di cui 100 sono guaste. La probabilità che la decorazione luminosa funzioni è:**

A 0,18
B circa 0,9
C circa 0,59
D circa 0,67
E circa 0,41

MATEMATICA

Affinché la decorazione natalizia funzioni è necessario che tutte le sue 5 lampadine siano funzionanti. La probabilità di scegliere una lampadina non guasta dalla scatola di 1000 è uguale a (1000 – 100)/1000 = 900/1000. Dopo la prima scelta nella scatola sono rimaste 999 lampadine di cui 899 non guaste, la probabilità di sceglierne una funzionante è pari a 899/999. Allo stesso modo dopo la seconda estrazione sono rimaste 998 lampadine di cui 898 non guaste, la probabilità di sceglierne una funzionante è uguale a 898/998. Ripetendo lo stesso ragionamento per la quarta e per la quinta estrazione si ottengono probabilità di estrarre lampadine funzionanti pari rispettivamente a 897/997 e a 896/996.

Per il teorema delle probabilità composte, la probabilità che eventi indipendenti si verifichino contemporaneamente è data dal prodotto delle probabilità dei singoli eventi; le cinque scelte costituiscono eventi indipendenti, che devono avvenire contemporaneamente e quindi la probababilità è uguale a:

$$P = \frac{900}{1000} \cdot \frac{899}{999} \cdot \frac{898}{998} \cdot \frac{897}{997} \cdot \frac{896}{996} \approx \left(\frac{900}{1000}\right)^5 \approx 0,59$$

La risposta corretta è la **C**.

---

9 Una scatola contiene 10 palline bianche, 40 rosse, 50 nere. Qual è la probabilità di estrarre in sequenza prima una pallina bianca e poi una rossa? (N.B.: La seconda estrazione è effettuata senza reinserire nell'urna la prima pallina.)

- **A** 4%
- **B** 6%
- **C** 10%
- **D** Non calcolabile
- **E** Nessuna delle risposte qui fornite

La probabilità di estrarre alla prima estrazione una pallina bianca è uguale a 10/(10 + 40 + 50) = 10/100. Prima della seconda estrazione nella scatola ci sono quindi 99 palline. La probabilità di estrarre ora una pallina rossa è uguale a 40/99. Le due estrazioni sono eventi indipendenti; per il teorema della probabilità composta la probabilità che i due eventi si verifichino contemporaneamente è uguale al prodotto delle probabilità dei singoli eventi:

$$P = \frac{10}{100} \cdot \frac{40}{99} = \frac{4}{99}$$

Poiché tale valore è diverso da 4%, da 6% e da 10%, la risposta esatta è la **E**.

---

10 Da un'urna contenente 20 palline numerate da 1 a 20, viene estratta, a occhi bendati, una pallina. Supponendo che tutte le palline abbiano le stesse probabilità di essere estratte, qual è la probabilità che esca una pallina contrassegnata da un quadrato perfetto?

- **A** 1/4
- **B** 1/5
- **C** 1/10
- **D** 3/20
- **E** 2/5

Un quadrato perfetto è un numero intero che coincide con il quadrato di un altro numero intero. I quadrati perfetti fra 1 e 20 sono quindi 1, 4, 9 e 16: in totale quindi 4 casi favorevoli sui 20 possibili:

$$P = \frac{4}{20} = \frac{1}{5}$$

La risposta corretta è quindi la **B**.

11 **La media aritmetica fra i tre numeri *a, b, c* è uguale a 6. Quanto vale quindi la media aritmetica fra i *quattro* numeri *a, b, c*, 2?**

A 4
B 4,5
C 5
D 5,5
E 6

Affermare che "la media aritmetica fra i tre numeri a, b, c è uguale a 6" equivale ad affermare che "la somma dei tre numeri a, b, c è uguale a 18". Infatti:

$$\text{media}(a, b, c) = \frac{a+b+c}{3} = 6 \quad \Rightarrow \quad a+b+c = 6 \cdot 3 = 18$$

Risulta ora facile calcolare la media aritmetica fra i quattro numeri a, b, c, 2:

$$\text{media}(a, b, c, 2) = \frac{a+b+c+2}{4} = \frac{18+2}{4} = \frac{20}{4} = 5 \text{ (risposta C)}$$

12 **Quale dei seguenti numeri può rappresentare la media aritmetica di quattro multipli di 3 consecutivi?**

A 5
B 7,5
C 9
D 10,3
E 12

Indicando con $3k$, $3(k+1)$, $3(k+2)$ e $3(k+3)$, con k intero positivo, i quattro multipli consecutivi del numero 3, la loro somma vale:

$$3k + (3k+3) + (3k+6) + (3k+9) = 12k + 18$$

La media aritmetica dei quattro numeri è data da:

$$\frac{12k+18}{4} = 3k + \frac{18}{4} = 3k + 4{,}5$$

Tra le risposte proposte solo la B (7,5) può essere scritta nella forma $3k + 4{,}5$ (basta infatti porre $k = 1$). Questa è dunque la risposta corretta.

MATEMATICA

11 | Geometria elementare

Mettiti alla prova

I **I cateti di un triangolo rettangolo misurano rispettivamente $\sqrt{6}-\sqrt{2}$ e $\sqrt{6}+\sqrt{2}$. Quanto misura l'ipotenusa?**

A $2\sqrt{2}$ B $2\sqrt{6}$ C $\sqrt{16+2\sqrt{12}}$ D 4 E 16

II **Si consideri un quadrato con lato pari a 2. Su ogni lato del quadrato si costruisca un semicerchio avente per base il lato del quadrato stesso, come rappresentato nella figura.**

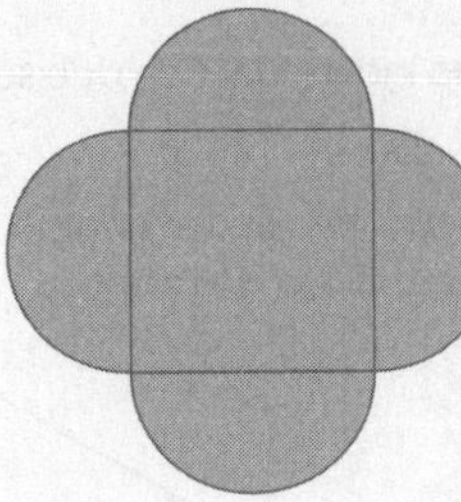

Qual è l'area della figura così ottenuta?

A $2+4\pi$ B $2-4\pi$ C $4+8\pi$ D $4+2\pi$ E $8-4\pi$

III **Nella figura seguente il cerchio esterno ha raggio *r*. I punti comuni tra i cerchi sono tutti di tangenza e i quattro cerchi più piccoli sono tutti uguali e hanno i centri sul diametro del cerchio esterno.**

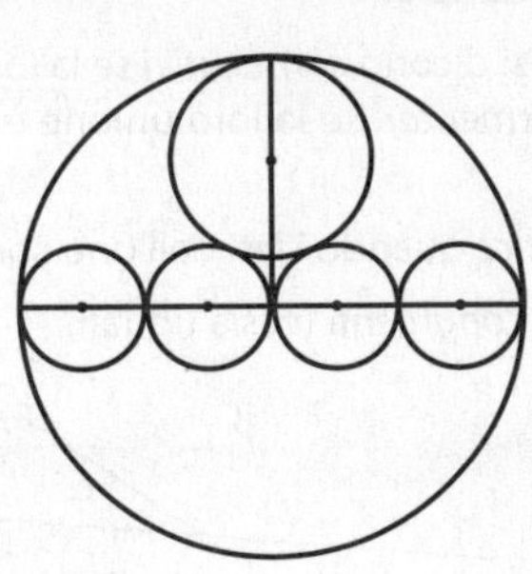

Qual è il raggio del quinto cerchio interno?

A $\frac{2}{5}r$ B $\frac{r}{3}$ C $\frac{r}{4}\sqrt{3}$ D $\frac{\sqrt{5}-1}{4}r$ E $\frac{2}{5}r\sqrt{2}$

Ecco le risposte esatte dei 3 quesiti proposti: I **D**, II **D**, III **A**.

Per la preparazione dei quesiti del test riguardanti la geometria elementare è sufficiente conoscere gli enunciati dei teoremi fondamentali (senza le dimostrazioni) e le formule principali.

11.1 | Geometria piana

Gli enti geometrici fondamentali sono il *punto*, la *retta* e il *piano*: si tratta di **concetti primitivi**, ossia non definibili tramite concetti più semplici.

La geometria *razionale* o *euclidea* (da Euclide, il più importante matematico dell'antichità che ne riorganizzò in forma deduttiva tutte le conoscenze) è basata su 5 **postulati** o **assiomi**, proposizioni derivate direttamente dall'intuizione e che si accettano senza dimostrazione:

1. si può tracciare una retta da un punto qualsiasi a ogni altro punto;
2. si può prolungare indefinitamente una linea retta;
3. si può descrivere un cerchio con centro e raggio qualsiasi;
4. tutti gli angoli retti sono uguali fra loro;
5. se una retta, che interseca altre due rette, forma dalla stessa parte angoli la cui somma è minore di due angoli retti, le due rette, indefinitamente prolungate, finiscono con l'incontrarsi.

11.1.1 | Angoli e rette

Ciascuna delle due parti di piano individuate da due semirette uscenti da uno stesso punto è detta **angolo**.

Il punto comune alle due semirette è detto *vertice* dell'angolo (indicato dalla lettera V nella figura), mentre le due semirette prendono anche il nome di *lati* dell'angolo.

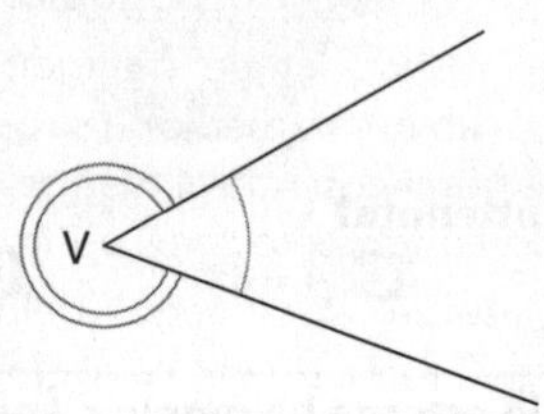

Se i due lati sono ortogonali, l'angolo viene detto *retto*; se sono opposti, l'angolo viene detto *piatto*; se i due lati coincidono, l'angolo viene detto *giro*.

Due angoli aventi lo stesso vertice si dicono *consecutivi* se la loro intersezione è un lato di entrambi. Due angoli consecutivi si dicono *supplementari* se la loro unione è un angolo piatto, *complementari* se è un angolo retto.

Due angoli si dicono *opposti al vertice* quando i lati dell'uno sono i prolungamenti dei lati dell'altro.

Due angoli opposti al vertice sono *congruenti* (ossia uguali).

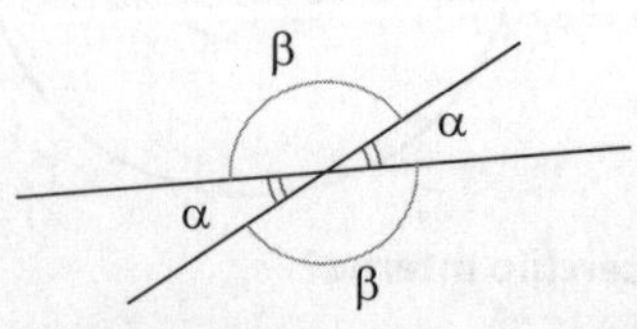

Per la misura degli angoli si usa il sistema *sessagesimale*, che ha come unità di misura il **grado**, ottenuto dividendo l'angolo giro in 360 parti uguali.

Angoli formati da due rette (*a* e *b*) tagliate da una trasversale *c*

Gli angoli:

- 4 e 6; 3 e 5 sono detti *alterni interni* (risultano congruenti se le rette *a* e *b* sono parallele);
- 2 e 8; 1 e 7 sono detti *alterni esterni* (risultano congruenti se le rette *a* e *b* sono parallele);
- 1 e 5; 4 e 8; 2 e 6; 3 e 7 sono detti *corrispondenti* (risultano congruenti se le rette *a* e *b* sono parallele);
- 4 e 5; 3 e 6 sono detti *coniugati interni* (risultano supplementari se le rette *a* e *b* sono parallele);
- 1 e 8; 2 e 7 sono detti *coniugati esterni* (risultano supplementari se le rette *a* e *b* sono parallele).

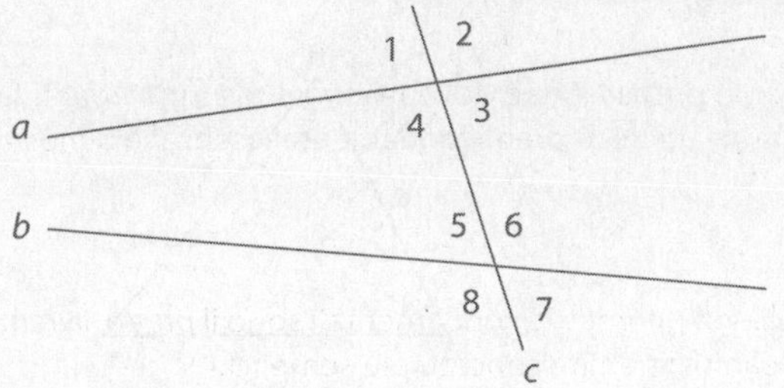

11.1.2 | Triangoli

Il triangolo ABC è detto:

- *Scaleno* se $a \neq b \neq c$
- *Isoscele* se $a = b$ o $a = c$ o $b = c$
- *Equilatero* se $a = b = c$
- *Rettangolo* se α o β o $\gamma = 90°$

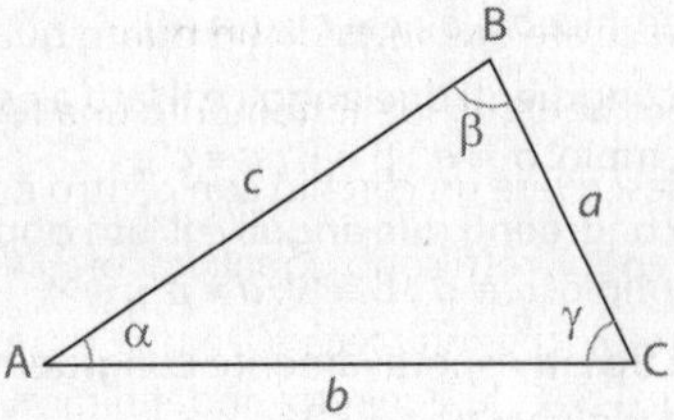

Punti notevoli di un triangolo

- **Ortocentro**: punto di incontro delle altezze (si definisce *altezza relativa a un lato* il segmento di perpendicolare condotto al lato dal vertice opposto). L'ortocentro è interno al triangolo se questo è acutangolo (ossia se ha tutti gli angoli interni minori di 90°), esterno se è ottusangolo (ossia se ha un angolo interno maggiore di 90°), coincidente con il vertice dell'angolo retto se è rettangolo.
- **Baricentro**: punto di incontro delle mediane (si definisce *mediana relativa a un lato* il segmento che unisce il punto medio del lato con il vertice dell'angolo opposto). Il baricentro è sempre interno al triangolo.
- **Circocentro**: punto di incontro degli assi dei lati del triangolo (si definisce *asse relativo a un lato* la perpendicolare al lato passante per il suo punto medio). Il circocentro (essendo equidistante dai vertici) è anche il centro della circonferenza circoscritta al triangolo ed è interno al triangolo se questo è acutangolo, esterno se è ottusangolo, coincidente con il punto medio dell'ipotenusa se è rettangolo.
- **Incentro**: punto di incontro delle bisettrici degli angoli del triangolo (si definisce *bisettrice di un angolo* la semiretta uscente dal vertice che divide l'angolo in due parti congruenti). L'incentro (essendo equidistante dai lati) è anche il centro della circonferenza inscritta nel triangolo ed è sempre interno al triangolo.

Relazioni tra gli elementi di un triangolo

In ogni triangolo la somma degli angoli interni è uguale a un angolo piatto:

$$\alpha + \beta + \gamma = \mathbf{180°}$$

Similmente, la somma degli angoli esterni di un triangolo qualsiasi è pari a un angolo giro:

$$\alpha' + \beta' + \gamma' = 360°$$

Inoltre, ciascun angolo esterno è pari alla somma dei due angoli interni non adiacenti:

$$\alpha' = \beta + \gamma \qquad \beta' = \alpha + \gamma \qquad \gamma' = \alpha + \beta$$

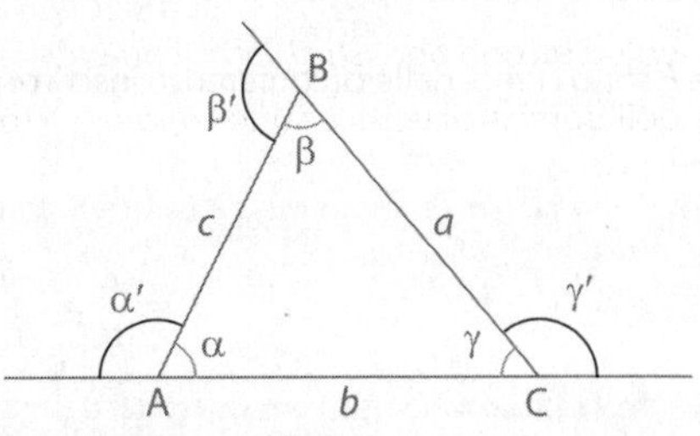

In ogni triangolo **ciascun lato è minore della somma degli altri due e maggiore della loro differenza.** Inoltre il lato maggiore (minore) è opposto all'angolo maggiore (minore) e viceversa.

11.1.3 | Criteri di congruenza fra triangoli

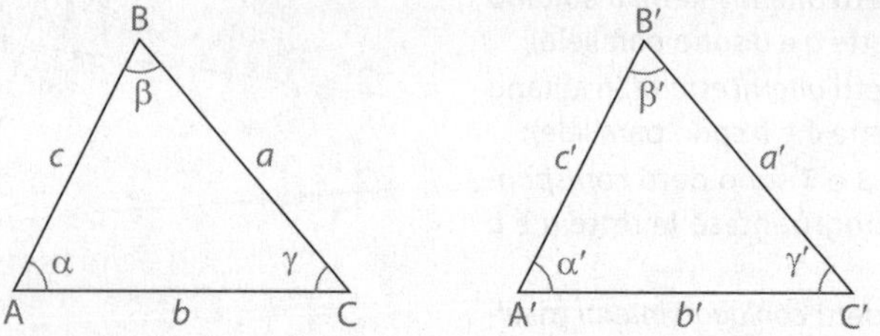

I triangoli ABC e A'B'C' sono congruenti se si verifica una delle seguenti condizioni:

- hanno congruenti due lati e l'angolo compreso;
  (per esempio: $b \equiv b'$; $c \equiv c'$; $\alpha \equiv \alpha'$);
- hanno congruenti due angoli e il lato a essi comune;
  (per esempio: $\alpha \equiv \alpha'$; $\beta \equiv \beta'$; $c \equiv c'$);
- hanno congruenti due angoli e il lato opposto a uno di essi;
  (per esempio: $\alpha \equiv \alpha'$; $\beta \equiv \beta'$; $a \equiv a'$);
- hanno i tre lati rispettivamente congruenti;
  (ossia: $a \equiv a'$; $b \equiv b'$; $c \equiv c'$).

11.1.4 | Perimetro e area dei triangoli

Perimetro di un triangolo

$$P = a + b + c$$

Area di un triangolo

$$A = \frac{ah_a}{2} = \frac{bh_b}{2} = \frac{ch_c}{2}$$

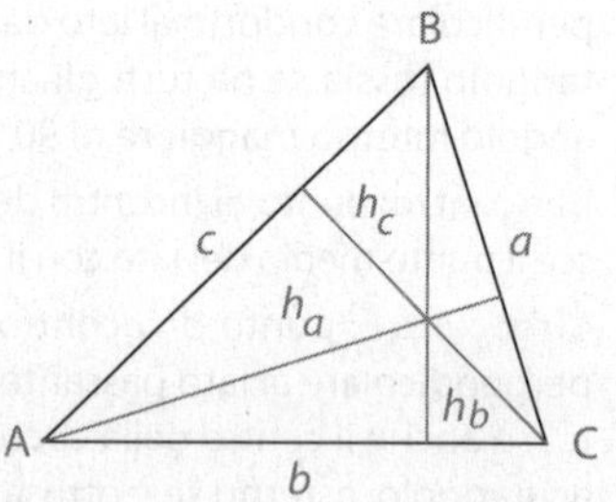

Formula di Erone

Serve per calcolare l'area di un triangolo qualunque conoscendo le misure dei tre lati:

$$A = \sqrt{p(p-a)(p-b)(p-c)}$$

dove p è il semiperimetro (ossia $p = P/2$); oppure:

$$A = r \cdot p = \frac{a \cdot b \cdot c}{4R}$$

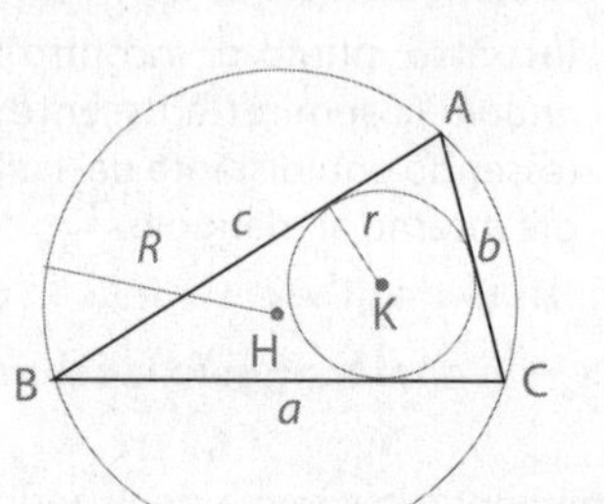

ove r e R sono i raggi delle circonferenze inscritta e circoscritta.

Raggio della circonferenza inscritta in un triangolo

$$r = \frac{A}{p} = \sqrt{\frac{(p-a)(p-b)(p-c)}{p}}$$

Raggio della circonferenza circoscritta a un triangolo

$$R = \frac{abc}{4A}$$

11.1.5 | Triangoli equilateri

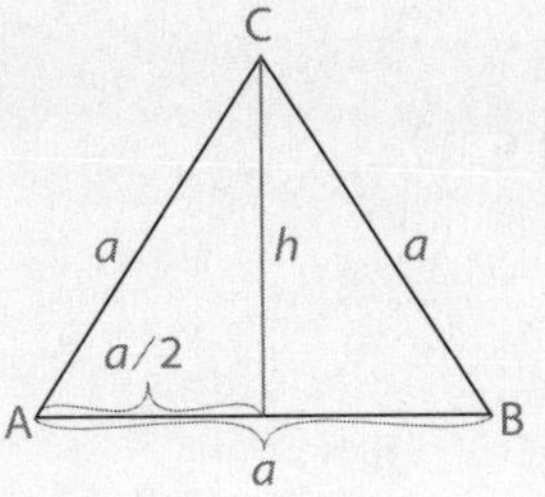

Perimetro di un triangolo equilatero

$$P = 3a$$

Altezza di un triangolo equilatero

$$h = \sqrt{a^2 - \frac{a^2}{4}} = \frac{\sqrt{3}}{2}a = \frac{3}{2}R = 3r$$

Area di un triangolo equilatero

$$A = \frac{ah}{2} = \frac{\sqrt{3}}{4}a^2 = \frac{\sqrt{3}}{3}h^2 = \frac{3\sqrt{3}}{4}R^2 = 3\sqrt{3}r^2$$

dove r ed R sono i raggi delle circonferenze inscritta e circoscritta al triangolo.

Raggio della circonferenza inscritta in un triangolo equilatero

$$r = \frac{h}{3} = \frac{\sqrt{3}}{6}a = \frac{R}{2}$$

Raggio della circonferenza circoscritta ad un triangolo equilatero

$$R = \frac{2}{3}h = \frac{\sqrt{3}}{3}a = 2r$$

11.1.6 | Triangoli isosceli

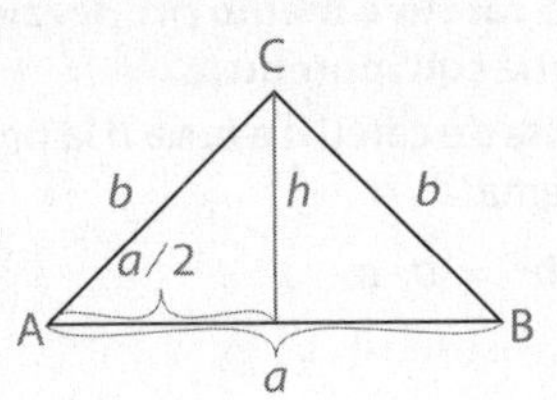

Perimetro di un triangolo isoscele

$$P = a + 2b$$

Area di un triangolo isoscele

$$A = \frac{ah}{2} = \frac{1}{2}a\sqrt{b^2 - \frac{a^2}{4}}$$

MATEMATICA

11.1.7 | Triangoli rettangoli

Sia ABC un triangolo rettangolo in C (dove quindi a e b sono i cateti, mentre c è l'ipotenusa).

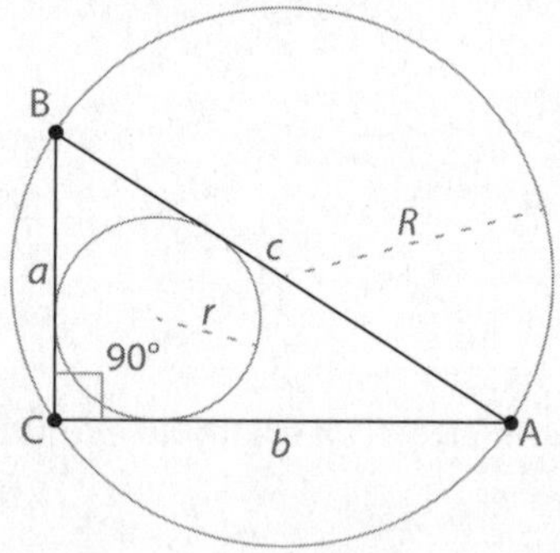

Perimetro di un triangolo rettangolo

$$P = a + b + c$$

Area di un triangolo rettangolo

$$A = \frac{ab}{2}$$

Altezza relativa all'ipotenusa

$$h = \frac{ab}{c}$$

Raggio della circonferenza inscritta

$$r = p - c = (a + b - c)/2$$

Raggio della circonferenza circoscritta

$$R = c/2$$

Teorema di Pitagora

In qualsiasi triangolo rettangolo, l'area del quadrato costruito sull'ipotenusa è uguale alla somma delle aree dei quadrati costruiti sui cateti.

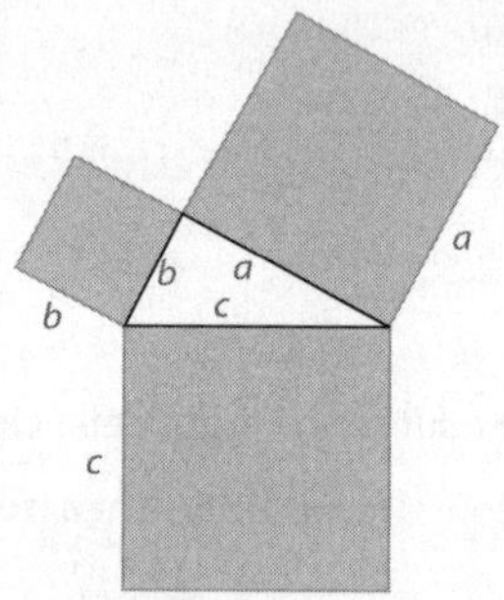

In un triangolo rettangolo con ipotenusa c e cateti a e b:

$$c^2 = a^2 + b^2 \rightarrow \begin{cases} a = \sqrt{c^2 - b^2} \\ b = \sqrt{c^2 - a^2} \\ c = \sqrt{a^2 + b^2} \end{cases}$$

Si definisce **terna pitagorica** una terna di numeri naturali a, b e c tali che:

$$a^2 + b^2 = c^2$$

Se a, b e c è una terna pitagorica, lo è anche ka, kb e kc dove k è un numero naturale qualsiasi.
Le terne pitagoriche che compaiono più di frequente nei quesiti sono:

3, 4 e 5   5, 12 e 13   7, 24 e 25   8, 15 e 17

Primo teorema di Euclide

In qualsiasi triangolo rettangolo, un cateto è medio proporzionale fra l'ipotenusa e la sua proiezione sull'ipotenusa.

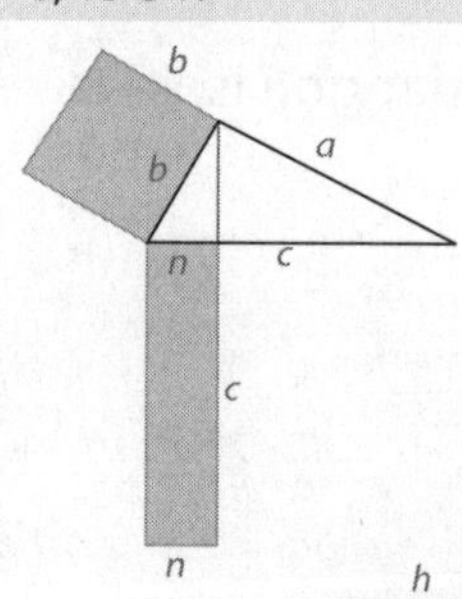

In un triangolo rettangolo con ipotenusa c e cateti a e b, sia n la proiezione di b su c; si ha il seguente teorema:

$$c : b = b : n \rightarrow b^2 = c \cdot n$$

Secondo teorema di Euclide

In qualsiasi triangolo rettangolo, l'altezza relativa all'ipotenusa è media proporzionale fra le proiezioni dei cateti sull'ipotenusa.

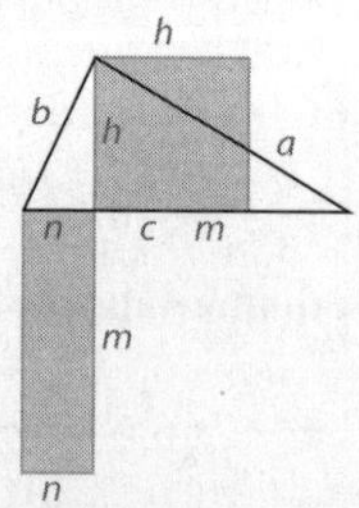

In un triangolo rettangolo con ipotenusa c e cateti a e b, sia h l' altezza relativa all'ipotenusa c, m la proiezione di a su c e infine n la proiezione di b su c; si ha il seguente teorema:

$$m : h = h : n \rightarrow h^2 = m \cdot n$$

Siamo ora in grado di rispondere alla prima domanda posta all'inizio del capitolo.

Quesito I. Note le misure dei due cateti di un triangolo rettangolo, per ricavarne l'ipotenusa è sufficiente applicare il teorema di Pitagora: la somma dei quadrati costruiti sui due cateti è pari al quadrato costruito sull'ipotenusa. In questo caso:

$$ip = \sqrt{(\sqrt{6}-\sqrt{2})^2+(\sqrt{6}+\sqrt{2})^2}$$

Sviluppando i due quadrati di binomio si ricava infine:

$$ip = \sqrt{(\sqrt{6}-\sqrt{2})^2+(\sqrt{6}+\sqrt{2})^2} = \sqrt{6+2-2\sqrt{12}+6+2+2\sqrt{12}} = \sqrt{16} = 4$$

La risposta corretta è pertanto la **D**.

11.1.8 | Perimetro e area dei poligoni

Rettangolo

$$P = 2\cdot(a+b)$$

$$A = a\cdot b$$

$$d = \sqrt{a^2+b^2}$$

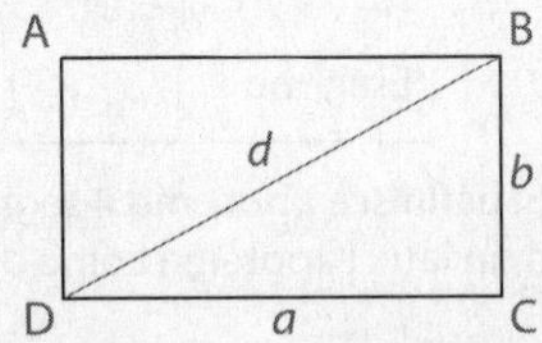

Quadrato

$$P = 4\cdot a$$

$$A = a^2$$

$$d = a\sqrt{2}$$

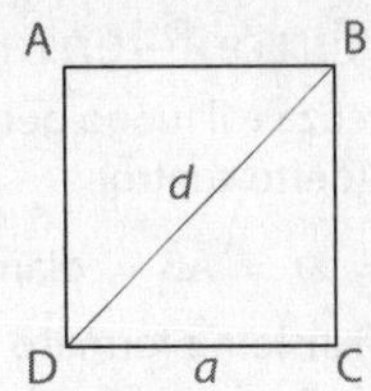

Rombo

$$P = 4\cdot a$$

$$A = \frac{d_1\cdot d_2}{2}$$

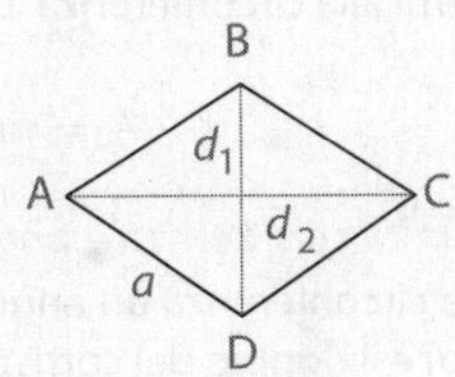

Parallelogrammo

$$P = 2\cdot(a+b)$$

$$A = a\cdot h$$

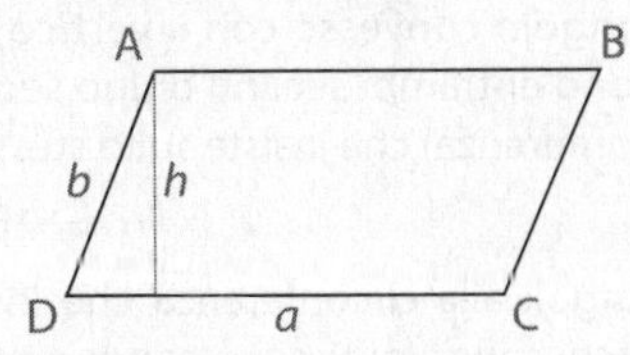

Trapezio

$$P = a+b+c+d$$

$$A = (a+c)\cdot\frac{h}{2}$$

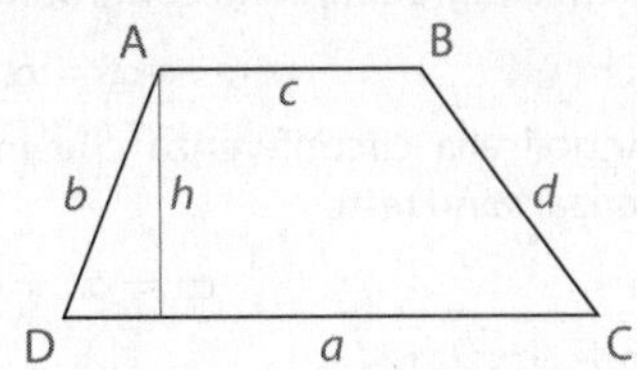

Inoltre se $b = d$ allora il trapezio è detto isoscele.

Altre proprietà dei poligoni

- La *somma degli angoli interni di un poligono* vale $(N-2)\cdot 180°$, dove N indica il numero di lati del poligono.
- In ogni *quadrilatero* circoscrivibile ad una circonferenza, la somma di due lati opposti è uguale alla somma degli altri due.
- In ogni *quadrilatero* inscrivibile in una circonferenza, gli angoli opposti sono supplementari (ossia la loro somma vale 180°). Inoltre, il prodotto delle misure delle diagonali è uguale alla somma dei prodotti delle misure dei lati opposti (*teorema di Tolomeo*).

11.1.9 | Poligoni regolari

Un poligono si dice **regolare** quando ha tutti i lati e tutti gli angoli uguali: ogni poligono regolare è inscrivibile e circoscrivibile a una circonferenza. Queste due circonferenze hanno lo stesso centro che viene detto **centro del poligono.**

Indicando con R il raggio della circonferenza circoscritta, è possibile esprimere il lato e l'area di un qualsiasi poligono regolare in funzione di R.

Poligono regolare	Misura del lato	Misura dell'area
Triangolo	$R\sqrt{3}$	$(3\sqrt{3}/4)\,R^2$
Quadrato	$R\sqrt{2}$	$2R^2$
Esagono	R	$(3\sqrt{3}/2)\,R^2$

Si definisce **apotema** il segmento di perpendicolare tracciato dal centro di un poligono regolare a un lato: l'apotema coincide con il raggio della circonferenza inscritta nel poligono.

11.1.10 | Circonferenza e cerchio

La circonferenza è il luogo geometrico dei punti equidistanti da un punto fisso (detto centro).

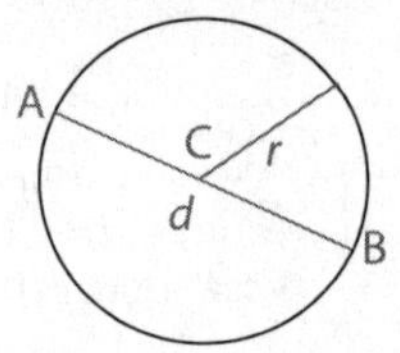

$$d = 2r = \overline{AB} = \text{diametro} \qquad P = 2\pi r = \pi d$$

Il cerchio è l'insieme formato dai punti di una circonferenza e dai punti interni alla circonferenza. La sua area è:

$$A = \pi r^2 = \frac{\pi d^2}{4}$$

Angoli alla circonferenza e angoli al centro

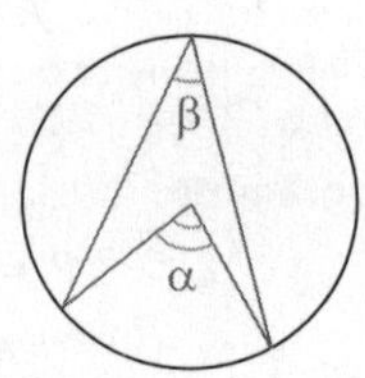

1. In una circonferenza un angolo al centro (cioè con il vertice nel centro) è il doppio del corrispondente angolo alla circonferenza (angolo convesso con il vertice sulla circonferenza e i cui lati sono entrambi secanti o uno secante e l'altro tangente alla circonferenza) che insiste sullo stesso arco:

$$\alpha = 2\beta$$

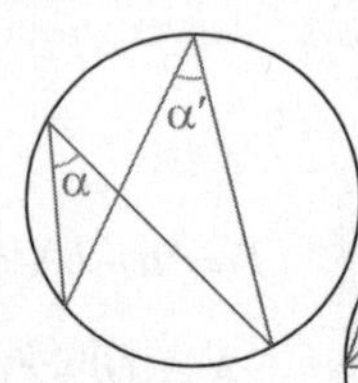

2. Angoli alla circonferenza che insistono sullo stesso arco o su archi congruenti, sono congruenti.

$$\alpha = \alpha'$$

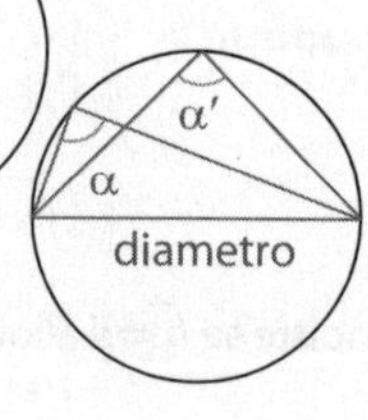

3. Angoli alla circonferenza che insistono su una semicirconferenza, sono retti.

$$\alpha = \alpha' = 90°$$

Settore circolare

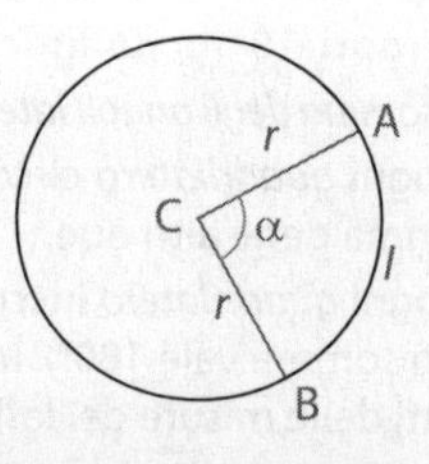

$$\text{arco AB} = l = \frac{\pi r}{180°} \cdot \alpha°$$

$$P = \frac{\pi r}{180°} \cdot \alpha° + 2r$$

$$A = \frac{l \cdot r}{2} = \frac{\pi \cdot r^2}{360°} \cdot \alpha°$$

La tangente ad una circonferenza in un punto P:

(A) è parallela al raggio passante per P

(B) è ortogonale al raggio passante per P

(C) forma un angolo qualunque col raggio passante per P

(D) taglia la circonferenza secondo una corda

(E) nessuna delle precedenti

La tangente a una circonferenza è sempre perpendicolare al raggio condotto fino al punto di tangenza; viceversa la retta perpendicolare ad un raggio e passante per l'intersezione tra raggio e circonferenza è tangente alla circonferenza.

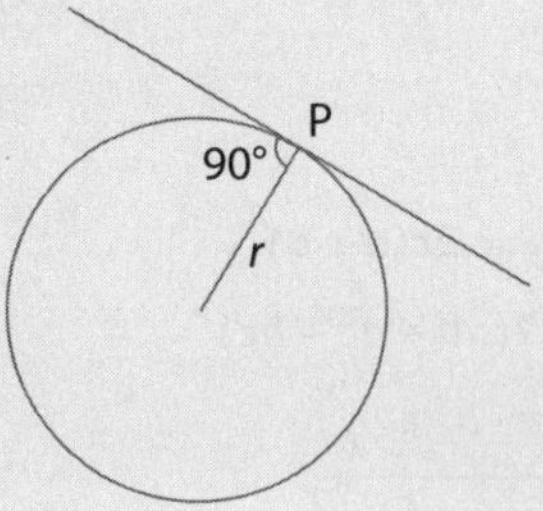

La risposta corretta è la (B).

Possiamo ora rispondere anche agli altri due quesiti posti all'inizio del capitolo.

Quesito II. La risposta corretta è la (D). Infatti, l'area del quadrato è $2 \cdot 2 = 4$, mentre l'area di ogni semicerchio è $\pi r^2/2$, ossia $\pi/2$ (essendo il raggio pari a 1). Poiché i semicerchi sono quattro, l'area della figura ottenuta è pari a:

$$\text{area totale} = \text{area quadrato} + 4 \cdot \text{area semicerchio} = 4 + 2\pi$$

Quesito III. Dal disegno e dalle informazioni riportate nel testo si deduce che ciascuno dei quattro cerchi più piccoli ha raggio $r/4$. Poiché i punti comuni ai cerchi sono tutti di tangenza, i raggi AH e BH indicati in figura sono allineati, in quanto perpendicolari alla medesima retta tangente.

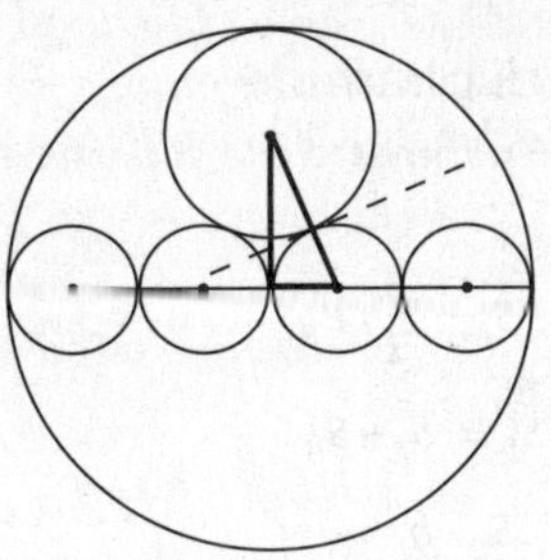

Indicando con R il raggio del quinto cerchio, il triangolo AOB, rettangolo in O, ha lati:

$$\overline{AO} = r - R \quad \overline{OB} = r/4 \quad \overline{AB} = r/4 + R$$

Per il teorema di Pitagora risulta:

$$\overline{AB}^2 = \overline{AO}^2 + \overline{OB}^2 \rightarrow (r/4 + R)^2 = (r - R)^2 + (r/4)^2 \rightarrow$$

$$\rightarrow \frac{r^2}{16} + R^2 + \frac{rR}{2} = r^2 + R^2 - 2rR + \frac{r^2}{16} \rightarrow$$

$$\rightarrow \frac{5}{2}rR = r^2 \rightarrow R = \frac{2}{5}r$$

quindi la risposta esatta è la (A).

11.2 | Geometria solida

11.2.1 | Parallelepipedi

Cubo

Superficie laterale $S_l = 4a^2$

Superficie totale $S_t = 6a^2$

Volume $V = a^3$

Diagonale $d = a\sqrt{3}$

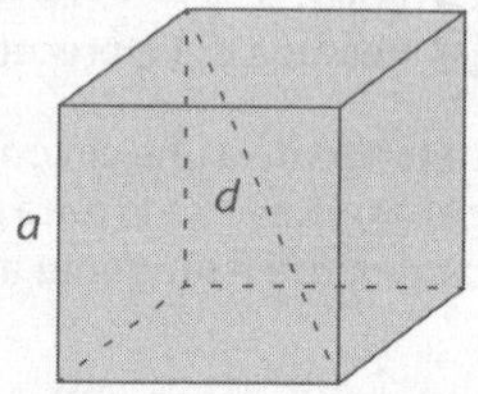

Parallelepipedo rettangolo

Superficie laterale $S_l = 2c(a + b)$

Superficie totale $S_t = 2(ab + ac + bc)$

Volume $V = a \cdot b \cdot c$

Diagonale $d = \sqrt{a^2 + b^2 + c^2}$

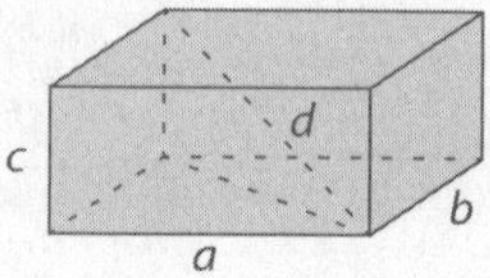

Prisma retto (P_B e S_B indicano il perimetro e la superficie della base)

Superficie laterale $S_l = P_B \cdot h$

Superficie totale $S_t = S_l + 2S_B$

Volume $V = S_B \cdot h$

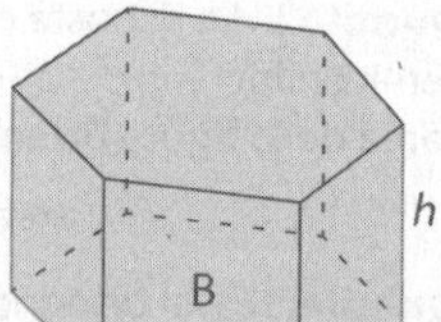

11.2.2 | Piramide e tronco di piramide

Piramide retta (P_B e S_B indicano il perimetro e la superficie della base)

Superficie laterale $S_l = \frac{a}{2} \cdot P_B$

Superficie totale $S_t = S_l + S_B$

Volume $V = \frac{S_B \cdot h}{3}$

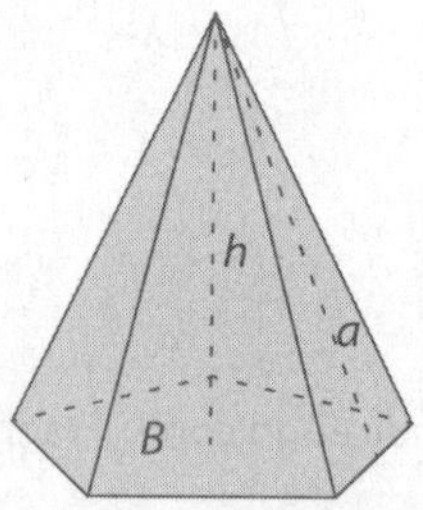

Tronco di piramide retta (S_B, $S_{B'}$, P_B e $P_{B'}$ indicano le superfici e i perimetri delle basi)

Superficie laterale $S_l = \frac{a}{2} \cdot (P_B + P_{B'})$

Superficie totale $S_t = S_l + S_B + S_{B'}$

Volume $V = \frac{h}{3} \cdot (S_B + S_{B'} + \sqrt{S_B \cdot S_{B'}})$

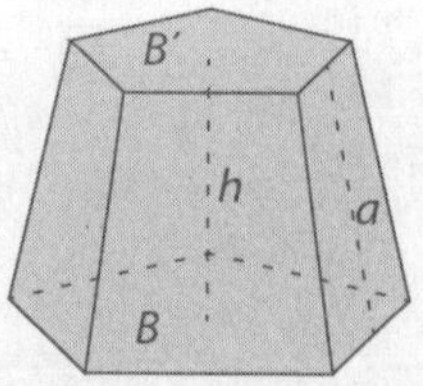

11.2.3 | Cilindro

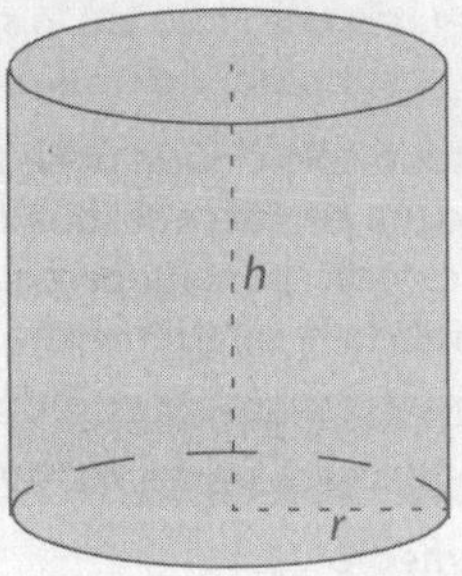

Superficie laterale $S_l = 2\pi \cdot r \cdot h$

Superficie totale $S_t = 2\pi \cdot r \cdot h + 2\pi r^2 = 2\pi \cdot r \cdot (h + r)$

Volume $V = \pi \cdot r^2 \cdot h$

11.2.4 | Sfera

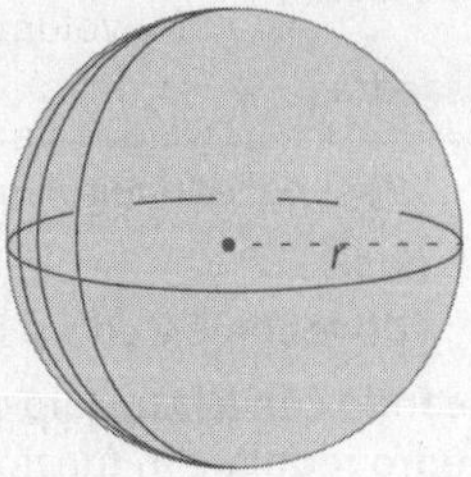

Superficie $A = 4\pi r^2$

Volume $V = \frac{4}{3}\pi r^3$

11.2.5 | Cono e tronco di cono

Cono (*a* indica l'apotema)

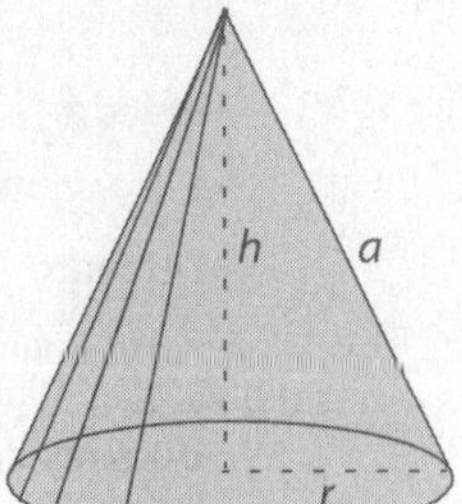

Superficie laterale $S_l = \pi \cdot r \cdot a$

Superficie totale $S_t = \pi \cdot r \cdot a + \pi \cdot r^2 = \pi \cdot r \cdot (a + r)$

Volume $V = \frac{1}{3}\pi \cdot r^2 \cdot h$

Tronco di cono (*a* indica l'apotema)

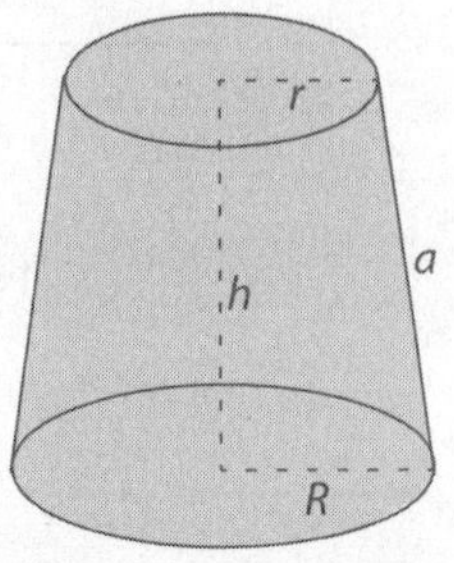

Superficie laterale $S_l = \pi \cdot (r + R) \cdot a$

Superficie totale $S_t = \pi \cdot (r + R) \cdot a + \pi \cdot r^2 + \pi \cdot R^2$

Volume $V = \frac{1}{3}\pi \cdot (R^2 + r^2 + r \cdot R) \cdot h$

MATEMATICA

11.2.6 | Poliedri regolari

Un poliedro (figura solida individuata da poligoni, o *facce*, non tutti complanari e disposti in modo che i loro lati, o *spigoli*, siano comuni esattamente a due di essi) **si dice regolare se le facce sono poligoni regolari uguali e gli angoloidi sono uguali.**

Esistono solo cinque poliedri regolari: il **tetraedro** (ha per facce quattro triangoli equilateri), l'**esaedro** o cubo (ha per facce sei quadrati), l'**ottaedro** (ha per facce otto triangoli equilateri), il **dodecaedro** (ha per facce dodici pentagoni regolari) e l'**icosaedro** (ha per facce venti triangoli equilateri). La tabella seguente ne riporta le caratteristiche principali.

Poliedro regolare	Facce	Lati di ogni faccia	Vertici	Spigoli
Tetraedro	4	3	4	6
Esaedro	6	4	8	12
Ottaedro	8	3	6	12
Dodecaedro	12	5	20	30
Icosaedro	20	3	12	30

Per i poliedri regolari vale la **relazione di Eulero**:

$$F + V = S + 2$$

dove con F, V ed S si indicano rispettivamente il numero delle facce, dei vertici e degli spigoli.

Indicando con a la misura dello spigolo, è possibile esprimere la superficie e il volume di un qualsiasi poliedro regolare in funzione di a.

Poliedro regolare	Superficie	Volume
Tetraedro	$\sqrt{3}a^2$	$\frac{\sqrt{2}}{12}a^3$
Esaedro	$6a^2$	a^3
Ottaedro	$2\sqrt{3}a^2$	$\frac{\sqrt{2}}{3}a^3$
Dodecaedro	$3\sqrt{25+10\sqrt{5}}a^2$	$\frac{15+7\sqrt{5}}{4}a^3$
Icosaedro	$5\sqrt{3}a^2$	$\frac{5}{12}(3+\sqrt{5})a^3$

Quesiti svolti

1 **Sapendo che in un triangolo rettangolo un cateto è la metà dell'altro e che l'area del triangolo è pari a 64 m^2, determinare quale delle seguenti lunghezze approssima meglio la lunghezza dell'ipotenusa del triangolo.**

A 12 m B 14 m C 18 m D 24 m E 36 m

Se si indica con x il cateto avente la lunghezza minore, allora il secondo cateto ha lunghezza pari a $2x$. L'area del triangolo è pertanto uguale a:

$$A = \frac{b \cdot h}{2} = \frac{2x \cdot x}{2} = x^2$$

Essendo l'area pari a 64 m^2, si ricava $x^2 = 64\ m^2$, da cui $x = 8$ m. Pertanto i due cateti del triangolo hanno lunghezza 8 m e 16 m rispettivamente. Applicando il teorema di Pitagora, è ora possibile determinare la lunghezza dell'ipotenusa:

$$\text{ipotenusa} = \sqrt{8^2\ m^2 + 16^2\ m^2} = \sqrt{64\ m^2 + 256\ m^2} = \sqrt{320\ m^2} \approx 18\ m$$

La risposta corretta è quindi la C.

2 **Sia un triangolo equilatero con lato pari a 4. Su ogni lato del triangolo si costruisca un semicerchio avente per base il lato del triangolo stesso e due semicerchi aventi per base metà del lato del triangolo stesso, come rappresentato nella figura seguente.**

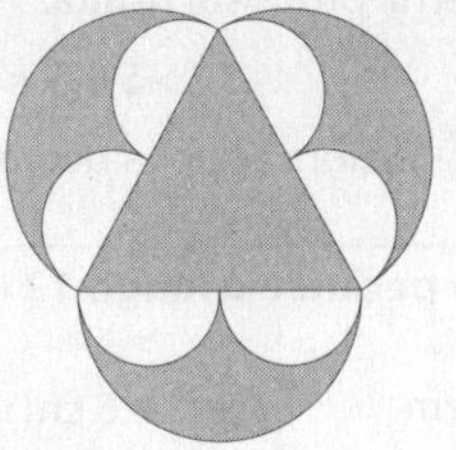

Qual è l'area della figura ombreggiata?

A $2\sqrt{3} + 6\pi$ B $4\sqrt{3} + 3\pi$ C $4\sqrt{3} + 6\pi$ D $2\sqrt{3} + 3\pi$ E $2\sqrt{3}$

Poiché il lato del triangolo equilatero è 4, la sua altezza è $4 \cdot \frac{\sqrt{3}}{2} = 2\sqrt{3}$. Quindi l'area del triangolo equilatero è uguale a $\frac{4 \cdot 2\sqrt{3}}{2} = 4\sqrt{3}$. A questa area occorre sommare l'area dei tre semicerci "maggiori" di raggio 2, ossia:

$$\frac{3}{2} \cdot \pi \cdot 2^2 = 6\pi$$

e sottrarre l'area dei sei semicerci "minori" di raggio 1, ossia:

$$\frac{6}{2} \cdot \pi \cdot 1^2 = 3\pi$$

L'area della figura ombreggiata risulta quindi $4\sqrt{3} + 6\pi - 3\pi = 4\sqrt{3} + 3\pi$ (risposta B).

MATEMATICA

3 **Un quadrilatero ha le diagonali di lunghezza 1 e 2 (in metri). La sua area *A* (espressa in metri quadrati) è:**

- **A** maggiore di 1
- **B** maggiore o uguale a 2
- **C** maggiore o uguale a 1
- **D** minore o uguale a 1
- **E** minore di 1

Condotte per i vertici del quadrilatero le parallele alle sue diagonali, si ottiene un parallelogramma la cui area è doppia rispetto a quella del quadrilatero.

Detto α l'angolo formato dai due lati $a = 1$ m e $b = 2$ m del parallelogramma, si ha:

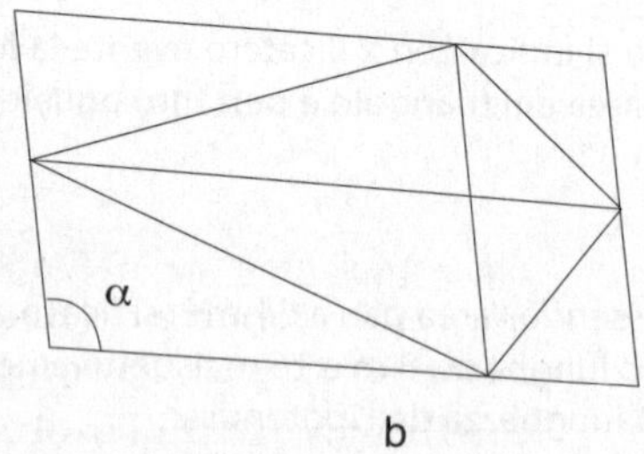

$$A_P = a \cdot b \cdot \text{sen}\alpha = 2\text{sen}\alpha \text{ m}^2 \quad A_Q = \frac{1}{2}A_P = \text{sen}\alpha \text{ m}^2$$

e poiché il seno di un angolo è sempre minore o uguale a 1, si ricava che $A_Q \leq 1 \text{ m}^2$ (risposta **D**).

4 **Indicare quale delle seguenti tre terne di numeri sicuramente non corrisponde ai lati di un triangolo.**

A 6, 5, 7 **B** 7, 13, 18 **C** 5, 5, 12 **D** 5, 12, 13 **E** 3, 4, 5

Per le disuguaglianze triangolari ogni lato di un triangolo è maggiore della differenza degli altri due e minore della loro somma. Nella terza terna proposta risulta:

$$12 > 5 + 5$$

che non soddisfa la seconda delle condizioni appena ricordate. La risposta esatta è la **C**.

5 **Un triangolo rettangolo ha perimetro lungo 12 cm. Allora i suoi due cateti possono essere lunghi:**

A 4 e 5 cm **B** 2 e 3 cm **C** 5 e 6 cm **D** 3 e 4 cm **E** 1 e 2 cm

Affinché il triangolo sia rettangolo, le lunghezze dei tre lati devono formare una terna pitagorica (il quadrato del maggiore deve essere uguale alla somma dei quadrati degli altri due) e la loro somma dev'essere pari a 12 cm. L'unica alternativa che soddisfa tali richieste è la **D**: in tal caso infatti l'ipotenusa vale $\sqrt{3^2 + 4^2} = \sqrt{25} = 5$ cm ed il perimetro misura $P = 3 + 4 + 5 = 12$ cm.

6 **Sei triangoli equilateri possono essere accostati intorno a un punto A del piano ricoprendo con esattezza lo spazio, poiché la somma degli angoli che vengono accostati al vertice è eguale a 360°. Verificare nei tre casi seguenti se l'accostamento al vertice di diversi poligoni regolari produce lo stesso risultato di esatta copertura dello spazio.**

- **A** 3 pentagoni
- **B** 2 esagoni + 2 triangoli
- **C** 2 ottagoni + 1 quadrato + 1 triangolo
- **D** 2 pentagoni + 1 esagono
- **E** 4 pentagoni

Ogni angolo interno di un triangolo equilatero vale 60° e ogni angolo interno di un quadrato 90°.

Ricordando la formula relativa alla somma degli angoli interni di un poligono, si può affermare che un poligono regolare di N lati ha ciascun angolo interno uguale a:

$$\frac{180° \cdot (N-2)}{N}$$

Quindi ogni angolo interno di un pentagono regolare è uguale a 108°, ogni angolo interno di un esagono regolare è uguale a 120° e ogni angolo interno di un ottagono regolare è uguale a 135°.

Accostando 3 pentagoni regolari, si ottiene un angolo di $3 \cdot 108° = 324°$: l'alternativa **A** non è dunque accettabile. Accostando 4 pentagoni regolari, si ottiene un angolo di $4 \cdot 108° = 432°$: anche l'alternativa **E** non è accettabile. Accostando 2 esagoni regolari e 2 triangoli equilateri, si ha:

$$2 \cdot 120° + 2 \cdot 60° = 240° + 120° = 360°$$

Con semplici calcoli per le alternative **C** e **D** si ricavano angoli di 420° e di 336°; la risposta esatta è dunque la **B**.

---

7 **Su di un segmento AB lungo 25 cm si scelga un punto interno C in modo che l'area della gura piana formata dai due quadrati, costruiti dalla stessa parte rispetto alla retta AB e aventi lati AC e CB, sia uguale a 337 cm^2.**
Il perimetro della figura ottenuta è di:

A 75 cm **B** 82 cm **C** 91 cm **D** 100 cm **E** 132 cm

Indicando con x la lunghezza del segmento $\overline{AC}$, come in figura:

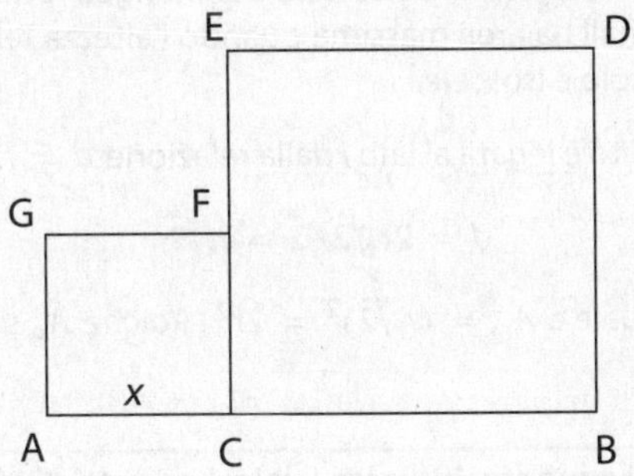

e ipotizzando che $\overline{AC}$ sia minore di $\overline{CB}$, il perimetro della figura composta dai due quadrati di lati $\overline{AC}$ e $\overline{CB}$, tenendo presente che il segmento $\overline{FC}$ non appartiene al suo contorno, risulta:

$$P = P_{ACFG} + P_{CBDE} - 2\overline{FC} = 4x + 4(25-x) - 2x = 100 - 2x$$

e la sua area:

$$x^2 + (25-x)^2 = x^2 + 625 - 50x + x^2 = 2x^2 - 50x + 625$$

I valori che x può assumere si determinano imponendo che tale area misuri esattamente 337 cm^2, e risolvendo l'equazione che si ricava:

$$2x^2 - 50x + 625 = 337 \rightarrow 2x^2 - 50x + 288 = 0 \rightarrow x^2 - 25x + 144 = 0 \rightarrow$$
$$\rightarrow x_{1,2} = \frac{25 \pm \sqrt{625-576}}{2} \rightarrow x_1 = 9 \text{ e } x_2 = 16$$

Avendo supposto $\overline{AC} < \overline{CB}$, consideriamo solo $x = 9$. Per tale valore, il perimetro della figura data risulta quindi:

$$P = 100 - 2x = 100 - 2(9) = 100 - 18 = 82 \text{ cm}$$

pertanto la risposta corretta è la **B**.

MATEMATICA

8 L'area di un rettangolo inscritto in una circonferenza di raggio *r*:

- **A** è minore o uguale a r^2
- **B** non dipende dal perimetro del rettangolo
- **C** è minore o uguale a $2r^2$
- **D** può essere maggiore di $2r^2$
- **E** non è mai uguale a $2r^2$

Un rettangolo inscritto in una circonferenza di raggio r ha le diagonali sempre uguali a $2r$. Tra questi rettangoli inscritti quello di area A_R massima è il quadrato.

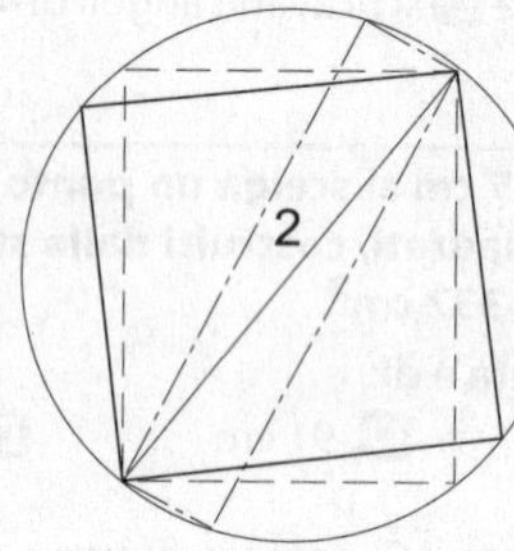

Per convincersi di questo basta osservare che ciascuno dei triangoli rettangoli in cui rimane diviso il rettangolo da una delle sue diagonali ha area massima quando l'altezza relativa all'ipotenusa è uguale a r, cioè quando il triangolo rettangolo è isoscele.

Poiché la diagonale d del quadrato è legata al lato l dalla relazione $d = l\sqrt{2}$, si ha che $l = d\sqrt{2}/2$, cioè:

$$l = 2r\sqrt{2}/2 = r\sqrt{2}$$

L'area del quadrato è quindi uguale a $A_Q = (r\sqrt{2})^2 = 2r^2$. Poiché $A_R \leq A_Q$, cioè $A_R \leq 2r^2$, si conclude che la risposta esatta è la **C**.

9 Riferendosi alla figura seguente, indicare i valori corretti di *x*, *y* e *z*.

- **A** $x = 50°, y = \sqrt{3}/2$ cm, $z = 8$ cm
- **B** $x = 60°, y = 8$ cm, $z = 8$ cm
- **C** $x = 60°, y = \sqrt{3}/2$ cm, $z = 8$ cm
- **D** $x = 60°, y = 8$ cm, $z = \sqrt{3}/2$ cm
- **E** $x = 60°, y = 8$ cm, $z = 4\sqrt{3}$ cm

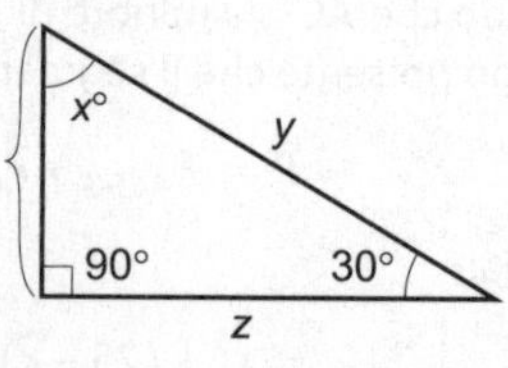

La somma degli angoli interni di un triangolo è sempre pari a 180°, per cui:

$$x = 180° - 90° - 30° = 60°$$

il triangolo rettangolo risulta quindi essere la metà di un triangolo equilatero, e quindi l'ipotenusa y ha lunghezza doppia rispetto al cateto noto, per cui:

$$y = 2 \cdot 4 \text{ cm} = 8 \text{ cm}$$

La misura del secondo cateto z può essere infine ricavata grazie al teorema di Pitagora:

$$z = \sqrt{8^2 - 4^2} = \sqrt{64 - 16} = \sqrt{48} = \sqrt{16 \cdot 3} = 4\sqrt{3}$$

La risposta corretta è dunque la **E**.

10 Sia Q un ottagono regolare. Allora la somma delle tangenti trigonometriche degli angoli interni di Q è:

- **A** 8
- **B** –8
- **C** 0
- **D** –1
- **E** varia al variare del lato di Q

Un ottagono regolare ha ciascun angolo interno uguale a

$$\frac{180° \cdot (8-2)}{8} = \frac{1080°}{8} = 135°$$

La somma delle tangenti trigonometriche degli angoli interni di Q è dunque uguale a:

$$8 \cdot \text{tg } 135° = 8 \cdot (-1) = -8$$

La risposta corretta è la **B**.

11 La rotazione di un rettangolo di base 3 cm e altezza 5 cm attorno alla sua base genera:

- **A** un cono con altezza uguale a 5 cm
- **B** un cono con diametro di base uguale a 10 cm
- **C** un cilindro con diametro di base uguale a 10 cm
- **D** un cilindro con altezza uguale a 5 cm
- **E** un cilindro con diametro di base uguale a 6 cm

Il solido generato dalla rotazione del rettangolo attorno alla propria base è un cilindro la cui altezza è 3 cm e la cui base ha diametro uguale a 10 cm.
La risposta corretta è dunque la **C**.

12 Un cocomero di forma sferica viene tagliato in 16 fette tutte uguali fra loro. Se il diametro del cocomero è di 40 cm, il volume di ciascuna fetta è di:

- **A** $\frac{40}{16}\pi \text{ cm}^3$
- **B** $\frac{40^3}{16}\pi \text{ cm}^3$
- **C** $\frac{\pi^3}{16} \text{ cm}^3$
- **D** $\frac{2000}{3}\pi \text{ cm}^3$
- **E** $\frac{\pi}{16} \text{ cm}^3$

Se il diametro del cocomero misura 40 cm, il suo raggio misura 20 cm ed il suo volume vale:

$$V_{\text{cocomero}} = \frac{4}{3}\pi r^3 = \frac{4}{3}\pi(20)^3 = \frac{4}{3} \cdot 8000\pi \text{ cm}^3 = \frac{32.000}{3}\pi \text{ cm}^3$$

Poiché il cocomero viene diviso in 16 fette uguali, ciascuna di esse avrà volume pari a un sedicesimo di quello del cocomero, cioè:

$$V_{\text{fetta}} = \frac{1}{16} V_{\text{cocomero}} = \frac{1}{16} \cdot \frac{32.000}{3}\pi \text{ cm}^3 = \frac{2000}{3}\pi \text{ cm}^3$$

quindi la risposta esatta è la **D**.

13 **Siano S e s le due aree rispettivamente del cerchio circoscritto e del cerchio inscritto in un triangolo equilatero di lato l. Allora:**

- **A** S è il doppio di s
- **B** S è il quadruplo di s
- **C** il triplo di S è uguale al quadruplo di s
- **D** il rapporto S/s dipende da l
- **E** le superfici dei due cerchi sono grandezze fra loro incommensurabili

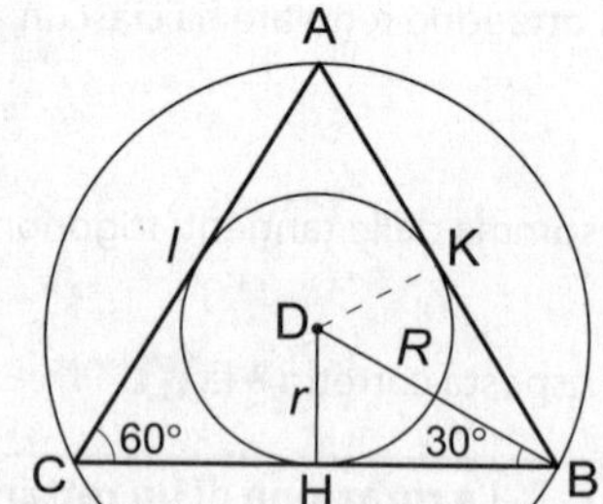

Ragionando sulla figura a lato e indicando con r ed R il raggio della circonferenza inscritta e circoscritta rispettivamente, è possibile ricavare la seguente relazione[1]:

$$R = 2 \cdot r$$

per cui si ha:

$$s = \pi \cdot r^2$$

$$S = \pi \cdot R^2 = \pi \cdot (2 \cdot r)^2 = 4 \cdot \pi \cdot r^2 = 4 \cdot s$$

quindi la risposta corretta è la **B**.

---

14 **Quante diagonali ha un tetraedro?**

- **A** 0
- **B** 1
- **C** 2
- **D** 4
- **E** 6

La diagonale di un poliedro è il segmento che congiunge due vertici non appartenenti a uno stesso spigolo. In un tetraedro, presi due vertici qualsiasi, essi appartengono sempre a uno stesso spigolo, quindi tale poliedro non ha alcuna diagonale, risposta **A**.

Più in generale, per un poliedro per cui vale la formula di Eulero:

$$F - S + V = 2$$

dove F indica il numero delle facce, S quello degli spigoli e V quello dei vertici, la formula che fornisce il numero delle diagonali D è:

$$D = \frac{V(V-1)}{2} - S$$

Nel caso del tetraedro, poligono avente 4 facce (triangoli equilateri), 4 vertici e 6 spigoli, si ha:

$$D = \frac{4(4-1)}{2} - 6 = \frac{12}{2} - 6 = 6 - 6 = 0$$

---

1. Infatti il triangolo BDH è rettangolo (essendo BC una tangente alla circonferenza inscritta e DH il raggio passante per il punto di tangenza H); inoltre il segmento BD giace sulla bisettrice del vertice B del triangolo ABC (è possibile ricavarlo dalla congruenza dei due triangoli BDH e BDK). Il triangolo BDH è dunque rettangolo con un angolo di 30° per cui la sua ipotenusa BD (ossia il raggio R della circonferenza circoscritta) è il doppio del cateto DH (ossia il raggio r della circonferenza inscritta) opposto all'angolo di 30°. Questo significa $R = 2 \cdot r$.

Appendice A

Simboli matematici

$<$	"Minore di"	$>$	"Maggiore di"
$\leq$	"Minore o uguale a"	$\geq$	"Maggiore o uguale a"
$=$	"Uguale"	$\neq$	"Diverso"
$\subset$	Inclusione propria fra insiemi	$\subseteq$	Inclusione fra insiemi
$\cup$	Unione fra insiemi	$\cap$	Intersezione fra insiemi
$\in$	"Appartiene a"	$\notin$	"Non appartiene a"
$\exists$	"Esiste"	$\forall$	"Per ogni"
$\varnothing$	Insieme vuoto	$\equiv$	"Identicamente uguale a"
$\rightarrow$	Implicazione	$\leftrightarrow$	Doppia implicazione

Appendice B

Alfabeto greco

Caratteri greci		Nome	Caratteri greci		Nome	Caratteri greci		Nome
minuscoli	maiuscoli		minuscoli	maiuscoli		minuscoli	maiuscoli	
α	Α	alfa	ι	Ι	iota	ρ	Ρ	ro
β	Β	beta	κ	Κ	cappa	σ	Σ	sigma
γ	Γ	gamma	λ	Λ	lambda	τ	Τ	tau
δ	Δ	delta	μ	Μ	mi	υ	Υ	ìpsilon
ε	Ε	épsilon	ν	Ν	ni	φ	Φ	fi
ζ	Ζ	zeta	ξ	Ξ	csi	χ	Χ	chi
η	Η	eta	ο	Ο	omicron	ψ	Ψ	psi
ϑ	Θ	theta	π	Π	pi	ω	Ω	omega

MATEMATICA

Appendice C

Approfondimenti

C.1 | Progressioni

Si consideri una qualsiasi legge che a ogni numero naturale $n \in \mathbb{N}$ (con n diverso da zero) associ un numero reale $a_n \in \mathbb{R}$. Questa legge, che può essere pensata come una funzione da $\mathbb{N}$ a $\mathbb{R}$ (per la definizione di funzione si veda § 8.1), trasforma l'insieme numerico:

$$1, 2, 3, \ldots, n-2, n-1, n, \ldots$$

nell'insieme numerico:

$$a_1, a_2, a_3, \ldots, a_{n-2}, a_{n-1}, a_n, \ldots \qquad [18]$$

Si dirà allora che i numeri dell'insieme [18] sono **ordinati in una progressione** (o che **costituiscono una progressione**).

Ciascun numero dell'insieme [18] prende inoltre il nome di **termine della progressione.**

C.1.1 | Progressioni aritmetiche

Una **progressione** si dice **aritmetica** quando è **costante la differenza tra ciascun termine** (escluso il primo) **e il precedente**: tale differenza viene detta **ragione** della progressione aritmetica (normalmente indicata con la lettera d).

La progressione 1, 3, 5, 7, 9, … è aritmetica di ragione 2, in quanto la differenza tra ciascun termine e quello che lo precede vale 2.

Si considerino ora due termini consecutivi della medesima progressione aritmetica, a_n e a_{n+1}: per quanto visto si ha la formula seguente (dove d indica la ragione della progressione, ossia $a_{n+1} - a_n = d$):

$$a_{n+1} = a_n + d$$

In altre parole vale la seguente osservazione.

In una progressione aritmetica, **qualsiasi termine si ottiene dal precedente aggiungendogli la ragione**.

Calcolo dell'*n*-esimo termine

Si consideri una generica progressione aritmetica:

$$a_1, a_2, a_3, \ldots, a_{n-2}, a_{n-1}, a_n, \ldots$$

la cui ragione sia indicata (come al solito) con la lettera d.

L'*n*-esimo termine a_n di una progressione aritmetica è uguale alla somma del primo termine a_1 con il prodotto della ragione *d* per il numero dei termini che precedono a_n.

In simboli:

$$a_n = a_1 + d \cdot (n-1)$$

Determinare il decimo termine a_{10} della progressione aritmetica 1, 3, 5, 7, …

La ragione della progressione proposta è pari a 2; applicando la formula si ha:

$$a_{10} = a_1 + 2 \cdot (10-1) = 1 + 2 \cdot 9 = 19$$

PARTE TERZA

Calcolo della somma dei primi n termini

La somma dei primi n termini $a_1, a_2, ..., a_n$ di una progressione aritmetica è uguale alla semisomma dei termini estremi a_1 e a_n, moltiplicata per il numero n dei termini.

In simboli:

$$S_n = \frac{a_1 + a_n}{2} \cdot n$$

Determinare la somma dei primi 8 termini della progressione: 2, 5, 8, 11, 14, ...

Si tratta di una progressione aritmetica di ragione 3, quindi l'ottavo termine è:

$$a_8 = a_1 + 3 \cdot (8 - 1) = 2 + 3 \cdot 7 = 23$$

Applicando la formula per il calcolo della somma dei primi 8 termini si ha:

$$S_8 = \frac{a_1 + a_8}{2} \cdot 8 = \frac{2 + 23}{2} \cdot 8 = 25 \cdot 4 = 100$$

C.1.2 | Progressioni geometriche

Una **progressione** si dice **geometrica** quando è **costante il quoziente tra ciascun termine** (escluso il primo) **e il precedente**: tale quoziente viene ancora detto **ragione** della progressione geometrica (normalmente indicata con la lettera q).

La progressione 2, 4, 8, 16, 32, ... è geometrica di ragione 2, in quanto il quoziente tra ciascun termine e quello che lo precede vale 2.

Si ha quindi la formula seguente (dove q indica naturalmente la ragione della progressione, ossia $a_{n+1}/a_n = q$):

$$a_{n+1} = a_n \cdot q$$

In una progressione geometrica, **qualsiasi termine si ottiene dal precedente moltiplicandolo per la ragione.**

Calcolo dell'n-esimo termine

L'n-esimo termine a_n di una progressione geometrica è uguale al prodotto del primo termine a_1 per la ragione q elevata al numero dei termini che precedono a_n.

In simboli:

$$a_n = a_1 \cdot q^{n-1}$$

Calcolo della somma dei primi n termini

La somma dei primi n termini $a_1, a_2, ..., a_n$ di una progressione geometrica (di ragione diversa dall'unità) **è espressa da:**

$$S_n = a_1 \cdot \frac{1 - q^n}{1 - q}$$

Determinare la somma dei primi 10 termini della progressione: 2, 4, 8, 16, ...

Si tratta di una progressione geometrica di ragione 2, quindi il decimo termine è:

$$a_{10} = a_1 \cdot q^{10-1} = 2 \cdot 2^9 = 2^{10} = 1024$$

mentre la la somma vale

$$S_{10} = a_1 \cdot \frac{1 - 2^{10}}{1 - 2} = 2 \cdot \frac{1 - 1024}{-1} = 2 \cdot 1023 = 2046$$

C.2 | Quoziente di due polinomi, regola di Ruffini e criteri di divisibilità

Un polinomio si dice divisibile per un altro polinomio se esiste un terzo polinomio che moltiplicato per il secondo dia come risultato il primo.

Analogamente a quanto visto per i monomi, il terzo polinomio prende allora il nome di *quoziente* tra il primo polinomio, detto *dividendo*, e il secondo polinomio, detto *divisore*.

Quando i due polinomi A e B non sono divisibili l'uno per l'altro, il polinomio quoziente si può solo indicare mediante una *frazione algebrica* (§ 2.4).

Il procedimento generale di divisione fra polinomi è alquanto complesso ed esula dagli scopi di questo libro. Si consideri però il caso particolare della divisione di un polinomio intero $P(x)$ in una sola lettera (convenzionalmente indicata con x) per un binomio di primo grado nella stessa lettera:

$$P(x) \div (x + a)$$

Vale allora il seguente teorema (detto *teorema di Ruffini*)[1]:

Condizione necessaria e sufficiente affinché un polinomio intero in x sia divisibile per il binomio ($x + a$) è che il polinomio si annulli quando a x si sostituisca $-a$.

Per calcolare il quoziente (e l'eventuale resto), per esempio, della divisione:

$$(2x^4 - 18x^2 - x + 3) \div (x - 3)$$

si applica la *regola di Ruffini*, ossia si procede nel modo mostrato nell'esempio seguente.

1. Si scrivono tutti i coefficienti del polinomio (ordinato) dividendo sulla stessa riga, scrivendo uno *zero* in corrispondenza degli eventuali termini mancanti; a sinistra del primo coefficiente e tra l'ultimo e il penultimo si disegna un segmento verticale, poi un terzo segmento orizzontale;

	2	0	−18	−1	3

2. nell'angolo a sinistra si riporta il valore $-a$: in questo esempio, essendo $a = -3$, si scriverà semplicemente 3; inoltre, si riporta il primo coefficiente del polinomio dividendo al disotto del segmento orizzontale;

	2	0	−18	−1	3
3					
	2				

3. si moltiplica tale coefficiente per $-a$ (ossia, in questo esempio, 3) e si scrive il prodotto così ottenuto sotto il secondo coefficiente: con quest'ultimo, si esegue poi la somma algebrica e si scrive il risultato al disotto del segmento orizzontale;

	2	0	−18	−1	3
3		6			
	2	6			

4. si continua a moltiplicare per $-a$ l'ultimo risultato ottenuto, scrivendo il prodotto così ottenuto sotto il terzo coefficiente, eseguendo la somma algebrica, e così via fino al termine noto;

	2	0	−18	−1	3
3		6	18	0	−3
	2	6	0	−1	0

5. l'ultimo risultato rappresenta l'eventuale resto della divisione (in questo esempio si è ottenuto un resto nullo) mentre tutti i precedenti sono, nell'ordine, i coefficienti del polinomio quoziente, polinomio nella stessa lettera e di un grado inferiore rispetto a quello del polinomio dividendo (in questo esempio il quoziente è di 3º grado):

$$(2x^4 - 18x^2 - x + 3) \div (x - 3) = 2x^3 + 6x^2 - 1$$

1. Il teorema e la successiva regola di Ruffini valgono anche nel caso in cui il coefficiente della x nel divisore non sia unitario: in tal caso, sarà sufficiente dividere dividendo e divisore per tale coefficiente.

C.2.1 | Criteri di divisibilità

Grazie alla regola di Ruffini è possibile enunciare alcuni *criteri di divisibilità*.

$(a^n - b^n)$ è sempre divisibile per $(a - b)$.

$(a^n - b^n)$ è divisibile per $(a + b)$ solo per n pari.

$(a^n + b^n)$ non è mai divisibile per $(a - b)$.

$(a^n + b^n)$ è divisibile per $(a + b)$ solo per n dispari.

C.2.2 | Scomposizione tramite la regola di Ruffini

Ricordando il teorema di Ruffini (ossia il criterio di divisibilità per cui condizione necessaria e sufficiente affinché un polinomio intero in x sia divisibile per il binomio $(x + a)$ è che il polinomio si annulli quando a x si sostituisca $-a$) e applicando la *regola di Ruffini* è talvolta possibile scomporre un polinomio intero in fattori tutti, o in parte, di primo grado.

Per scomporre il polinomio:

$$P(x) = x^4 - x^3 - 2x^2 - 4x - 24$$

si osserva in primo luogo che esso si annulla per $x = -2$ e per $x = +3$, infatti:

$$P(-2) = (-2)^4 - (-2)^3 - 2 \cdot (-2)^2 - 4 \cdot (-2) - 24 = 16 + 8 - 8 + 8 - 24 = 0$$

$$P(+3) = (+3)^4 - (+3)^3 - 2 \cdot (+3)^2 - 4 \cdot (+3) - 24 = 81 - 27 - 18 - 12 - 24 = 0$$

quindi il polinomio può essere diviso (mediante Ruffini) per i binomi $(x + 2)$ e $(x - 3)$:

$$P(x) = (x + 2) \cdot (x - 3) \cdot (x^2 + 4)$$

Dal precedente esempio risulta evidente che il problema principale legato all'applicazione della regola di Ruffini come metodo di scomposizione in fattori consiste nell'individuare i valori numerici che annullano il polinomio (ossia, nell'esempio precedente, i due valori $x = -2$ e $x = +3$, che prendono il nome di *zeri del polinomio*).

In generale occorre procedere per tentativi, provando a sostituire diversi valori numerici finché non si trovi qualche zero del polinomio: esiste però la seguente regola che riduce il numero dei possibili valori "candidati" a essere zeri del polinomio.

Se esiste un numero intero relativo che, sostituito a x, annulli il polinomio (ossia, uno zero del polinomio), **esso sarà uno dei divisori del termine noto del polinomio** se il coefficiente del termine di grado massimo è unitario.

I "candidati" zeri del polinomio:

$$P(x) = x^3 + 5x^2 - x - 5$$

sono soltanto quattro: ± 1 e ± 5. Essendo:

$$P(-1) = 0$$

$$P(+1) = 0$$

$$P(-5) = 0$$

mentre:

$$P(+5) = 240 \neq 0$$

Si ottiene quindi:

$$P(x) = x^3 + 5x^2 - x - 5 = (x + 1) \cdot (x - 1) \cdot (x + 5)$$

MATEMATICA

C.3 Teoremi sui triangoli

È possibile ricavare, a partire dalle definizioni delle funzioni goniometriche, alcune importanti applicazioni alla geometria piana, in particolare per ciò che riguarda i triangoli.

Per i **triangoli rettangoli** ($\gamma = 90°$) si ha:

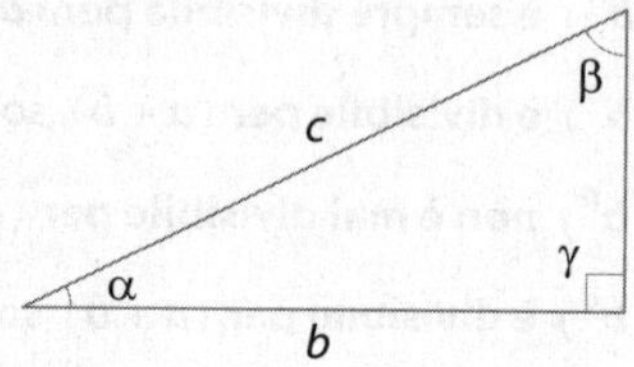

1. $a = c \cdot \text{sen}\alpha$
2. $a = c \cdot \cos\beta$
3. $a = b \cdot \text{tg}\alpha = b \cdot \text{cotg}\beta$
4. $b = a \cdot \text{tg}\beta = a \cdot \text{cotg}\alpha$

Per i **triangoli di qualunque genere** valgono i seguenti teoremi:

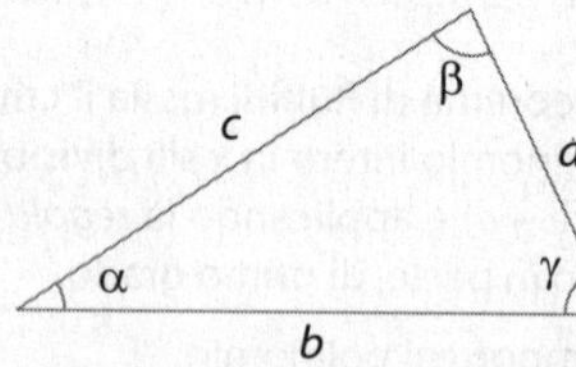

5. **Teorema delle proiezioni:**

$$a = b \cdot \cos\gamma + c \cdot \cos\beta$$

6. **Area del triangolo:**

$$A = \frac{1}{2} \cdot a \cdot b \cdot \text{sen}\gamma$$

7. **Teorema di Carnot** (o **del coseno**):

In un triangolo qualunque è possibile ricavare la misura di un lato conoscendo gli altri due lati e l'angolo compreso fra essi attraverso la relazione:

$$a^2 = b^2 + c^2 - 2 \cdot b \cdot c \cdot \cos\alpha \quad \text{con } \alpha \text{ angolo opposto al lato } a.$$

Quest'ultimo teorema è una generalizzazione del teorema di Pitagora, il cui enunciato può essere ricavato semplicemente ponendo $\alpha = 90°$ nella relazione del teorema del coseno.

8. **Teorema dei seni**:

$$\frac{a}{\text{sen}\alpha} = \frac{b}{\text{sen}\beta} = \frac{c}{\text{sen}\gamma} = 2R$$

dove R rappresenta raggio della circonferenza circoscritta al triangolo.

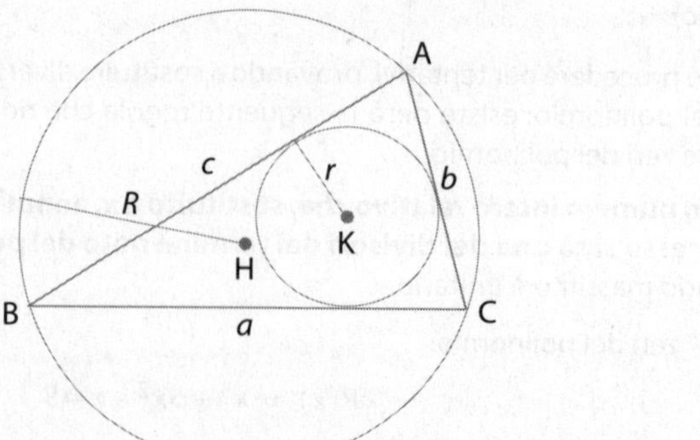

Inoltre:

$$R = \frac{a \cdot b \cdot c}{4A} \qquad r = \frac{A}{p}$$

dove:

- A = area triangolo;
- r = raggio della circonferenza inscritta;
- $p = \frac{a+b+c}{2}$ = semiperimetro del triangolo.

C.4 Sistemi di numerazione in base diversa da 10

Il sistema di numerazione decimale (in base 10) abitualmente adottato non è l'unico sistema di numerazione possibile.

Per comprendere meglio i sistemi di numerazione in base diversa da 10, è opportuno fare alcune considerazioni preliminari sul sistema decimale. In tal modo sarà possibile evidenziare il fatto che i diversi sistemi di numerazione non sono altro che applicazioni del medesimo principio.

Nel sistema decimale, i numeri sono espressi mediante i coefficienti delle potenze di 10; il numero 345, per esempio, può essere espresso come:

$$3 \cdot 10^2 + 4 \cdot 10^1 + 5 \cdot 10^0 = 3 \cdot 100 + 4 \cdot 10 + 5 \cdot 1$$

In modo perfettamente analogo, in un sistema di numerazione in base *n* qualsiasi, i numeri sono espressi mediante i coefficienti delle potenze della base *n* disposti in ordine decrescente.

Nel sistema binario (ossia in base 2) il numero 1101_2 (da leggersi "uno uno zero uno in base due") indica l'espressione:

$$1 \cdot 2^3 + 1 \cdot 2^2 + 0 \cdot 2^1 + 1 \cdot 2^0$$

quindi equivale, nel sistema decimale, al numero:

$$1 \cdot 8 + 1 \cdot 4 + 0 \cdot 2 + 1 \cdot 1 = 13_{10}$$

Più formalmente, i sistemi di numerazione in base *n* si fondano su un insieme di *n* simboli (le cifre) con i quali si rappresentano i numeri naturali da 0 a $n - 1$: un allineamento del tipo $(c_k c_{k-1} \ldots c_0)_n$, dove ogni c_i rappresenta una delle *n* cifre, indica il numero:

$$c_k \cdot n^k + c_{k-1} \cdot n^{k-1} + \ldots + c_0 \cdot n^0$$

Passaggio dal sistema numerico in base *n* al sistema decimale

Per ottenere la rappresentazione decimale del numero *a* (espresso in base *n*) occorre applicare la definizione vista sopra.

Trovare il numero decimale corrispondente al numero esadecimale (ossia in base 16) 1201_{16}:

$$1 \cdot 16^3 + 2 \cdot 16^2 + 0 \cdot 16^1 + 1 \cdot 16^0 = 4096 + 512 + 1 = 4609_{10}$$

Il numero binario 1001101_2 corrisponde al numero decimale 77_{10}, infatti:

$$1 \cdot 2^6 + 0 \cdot 2^5 + 0 \cdot 2^4 + 1 \cdot 2^3 + 1 \cdot 2^2 + 0 \cdot 2^1 + 1 \cdot 2^0 = 64 + 8 + 4 + 1 = 77_{10}$$

Passaggio dal sistema decimale al sistema numerico in base *n*

Per ottenere la rappresentazione in base *n* del numero decimale *a* si effettuano divisioni successive di *a* per *n*: i resti successivi della sequenza di divisioni (allineati in ordine inverso) sono le cifre della rappresentazione in base *n* del numero decimale *a*.

Trovare l'espressione nel sistema binario del numero decimale 13_{10}:

$13 \div 2 = 6$	resto 1	(coefficiente di 2^0)
$6 \div 2 = 3$	resto 0	(coefficiente di 2^1)
$3 \div 2 = 1$	resto 1	(coefficiente di 2^2)
$1 \div 2 = 0$	resto 1	(coefficiente di 2^3)

Le cifre della rappresentazione in base 2 del numero decimale 13_{10} sono i resti delle 4 divisioni: tali cifre vanno allineate partendo dall'ultima ottenuta. La sequenza dei resti dall'ultimo ottenuto al primo fornisce il numero cercato, ossia 1101_2.

MATEMATICA

La stessa sequenza di divisioni successive può essere riscritta servendosi di una *struttura* che consente di velocizzare il calcolo:

13	2			
1	6	2		
	0	3	2	
		1	1	2
			1	0

Nuovamente, la sequenza dei resti dall'ultimo al primo fornisce il numero cercato; il *modulo* della struttura è il seguente:

dividendo	divisore (base n)
resto (cifra del numero in base n)	quoziente (dividendo successivo)

Può essere utile un suggerimento per eliminare a priori alcune delle alternative proposte nei test: se il numero decimale a di cui viene richiesta la rappresentazione in base n è compreso fra le due quantità n^{k-1} e $n^k - 1$ allora la sua rappresentazione in base n sarà un numero di k cifre: se una sola delle risposte proposte ha k cifre, è possibile rispondere correttamente senza dover effettuare la conversione.

Per trovare l'espressione nel sistema binario del numero decimale 150_{10} può essere utile osservare che $2^7 = 128 \leq 150 \leq 255 = 2^8 - 1$, quindi la sua rappresentazione binaria avrà sicuramente 8 cifre.

Operazioni con numeri in base *n*

Le usuali regole per svolgere le operazioni fondamentali (somma, prodotto,...) continuano a valere qualunque sia la base n utilizzata per rappresentare i numeri: occorre solo prestare particolare attenzione ai riporti.

Effettuare la somma 100 + 30 (numeri decimali) sia nel sistema decimale che in quello binario:

Sistema decimale	**Sistema binario**
100 +	1100100 +
30 =	11110 =
130	10000010

C.5 | Equazioni e disequazioni irrazionali, esponenziali e logaritmiche

Anche per le equazioni irrazionali, esponenziali e logaritmiche conviene utilizzare il "metodo della verifica".

A titolo esemplificativo si riportano comunque alcune equazioni esponenziali e logaritmiche risolte.

Equazioni irrazionali

Se l'incognita compare nell'argomento di un radicale, l'equazione si dice irrazionale.

L'equazione $x + \sqrt{3x+1} = 3$ è irrazionale, mentre $\sqrt{5}x + 4x - \sqrt{7} = 0$ **non** è irrazionale.

Per rispondere a un quesito a risposta multipla relativo a una equazione irrazionale conviene applicare il "metodo della verifica", sostituendo nell'equazione i valori proposti e trovando tra questi quello che soddisfa l'equazione. La risoluzione tradizionale di una equazione irrazionale può infatti essere tutt'altro che veloce.

Disequazioni irrazionali

Si tratta di un tipo di disequazione la cui risoluzione è in generale abbastanza lunga e complessa. Per questo motivo è assai improbabile la loro presenza nelle prove di ammissione. Si riporta tuttavia uno schema utile per la loro risoluzione. Le disequazioni irrazionali elementari (ossia contenenti un solo radicale) ridotte in forma normale, si presentano nelle forme seguenti:

$$g(x) > \sqrt[n]{f(x)} \quad \text{oppure} \quad g(x) < \sqrt[n]{f(x)}$$

dove $f(x)$ e $g(x)$ rappresentano due espressioni *razionali* qualsiasi, contenenti l'incognita x. I diversi casi possibili sono contenuti nella seguente tabella.

	$g(x) > \sqrt[n]{f(x)}$	$g(x) < \sqrt[n]{f(x)}$
***n* dispari**	la disequazione è equivalente a: $[g(x)]^n > f(x)$	la disequazione è equivalente a: $[g(x)]^n < f(x)$
***n* pari**	la disequazione è equivalente al sistema: $\begin{cases} f(x) \geq 0 \\ g(x) > 0 \\ [g(x)]^n > f(x) \end{cases}$	la disequazione è equivalente ai due sistemi: $\begin{cases} f(x) \geq 0 \\ g(x) < 0 \end{cases}$ e $\begin{cases} g(x) \geq 0 \\ [g(x)]^n < f(x) \end{cases}$

$$\sqrt[3]{x-2} > -1 \xrightarrow{\text{è equivalente a}} (\sqrt[3]{x-2})^3 > (-1)^3 \rightarrow x-2 > -1 \rightarrow x > 1$$

Equazioni esponenziali

Se l'equazione esponenziale non è nella forma $a^x = b$, ma in una forma più complessa, si dovranno effettuare alcuni passaggi algebrici per ricondurre la risoluzione dell'equazione alla risoluzione di una o più equazioni elementari.

$$2^{3x-1} = 4^{x+1} \xrightarrow[\text{nella forma}]{\text{può essere riscritta}} 2^{3x-1} = 2^{2(x+1)} \rightarrow 3x-1 = 2(x+1) \rightarrow x = 3$$

È stato sufficiente osservare che la base della potenza a secondo membro (ossia 4) può essere vista come potenza della base del primo membro (ponendo semplicemente $4 = 2^2$).

In altri casi la risoluzione dell'equazione esponenziale viene ricondotta alla risoluzione di una equazione di secondo grado.

$$2^{2x} - 9 \cdot 2^x + 8 = 0 \xrightarrow[\text{(quindi } 2^{2x} = (2^x)^2 = t^2)]{\text{ponendo } t = 2^x} t^2 - 9t + 8 = 0 \rightarrow \begin{cases} t_1 = 1 \\ t_2 = 8 \end{cases}$$

A questo punto si risolvono le due equazioni esponenziali elementari:

$$\begin{cases} 2^x = t_1 \rightarrow 2^x = 1 \rightarrow 2^x = 2^0 \rightarrow x_1 = 0 \\ 2^x = t_2 \rightarrow 2^x = 8 \rightarrow 2^x = 2^3 \rightarrow x_2 = 3 \end{cases}$$

MATEMATICA

Equazioni logaritmiche

Per risolvere una equazione logaritmica (ossia un'equazione in cui l'incognita compare nell'argomento di un logaritmo) si utilizzano i teoremi sui logaritmi: l'obiettivo è quello di trasformare ambo i membri in logaritmi nella stessa base, per poi trasformare l'uguaglianza fra logaritmi in una uguaglianza fra argomenti.

Risulta essere molto utile la seguente relazione:

$$n = n \cdot 1 = n \cdot \log_a a = \log_a a^n \rightarrow \boldsymbol{n = \log_a a^n}$$

Inoltre, poiché la risoluzione avviene nell'insieme dei numeri reali, occorre ricordarsi che **si devono sempre porre le condizioni di esistenza per tutti i logaritmi.**

Si consideri l'equazione: $\log_2 x = 0$. La Condizione di Esistenza è la seguente:

$$\text{C.E.: } x > 0$$

sostituendo il secondo membro con $\log_2 1$ (che è nullo) si ottiene:

$$\log_2 x = \log_2 1 \rightarrow x = 1 \quad \text{la soluzione è accettabile (rispetta la C.E.)}$$

Si consideri l'equazione: $\ln(x+1) = 3$. C.E.: $x + 1 > 0 \rightarrow x > -1$

Essendo $\ln e = 1$ si ha (applicando la relazione $n = \log_a a^n$):

$$3 = \ln e^3$$

per cui è possibile sostituire il secondo membro con $\ln e^3$, ottenendo:

$$\ln(x+1) = \ln e^3 \rightarrow x = e^3 - 1 > -1 \quad \text{la soluzione è accettabile}$$

Disequazioni esponenziali

Una disequazione esponenziale è una disequazione in cui l'incognita compare nell'esponente.

Per la risoluzione delle disequazioni esponenziali è importante conoscere le proprietà della curva esponenziale, in particolare il fatto che la curva sia crescente o decrescente a seconda del valore assunto dalla base *a*.

Per risolvere le disequazioni esponenziali può essere utile la seguente tabella:

	Disequazione	Soluzione ($0 < a < 1$)	Soluzione ($a > 1$)
1	$a^{f(x)} \leq 0$	mai vera	mai vera
2	$a^{f(x)} \geq 0$	sempre vera	sempre vera
3	$a^{f(x)} > 1$	$f(x) < 0$	$f(x) > 0$
4	$a^{f(x)} > a^{g(x)}$	$f(x) < g(x)$	$f(x) > g(x)$
5	$a^{f(x)} > k$	$f(x) < \log_a k$	$f(x) > \log_a k$

1. $3^x < 0 \rightarrow$ impossibile (*caso* 1);
2. $2^{3x} > 0 \rightarrow$ sempre vera (*caso* 2);
3. $2^x > 4 \rightarrow 2^x > 2^2 \rightarrow$ la base dell'esponenziale è maggiore di uno (quindi la curva esponenziale è crescente) $\rightarrow x > 2$ (*caso* 5);
4. $(1/2)^x > 2 \rightarrow (1/2)^x > (1/2)^{-1} \rightarrow$ la base dell'esponenziale è minore di uno (quindi la curva esponenziale è decrescente) $\rightarrow x < -1$ (*caso* 5);

Si noti la differenza tra gli esempi 3 e 4 dovuta ai diversi valori delle basi.

Disequazioni logaritmiche

Una disequazione logaritmica è una disequazione in cui l'incognita compare nell'argomento di un logaritmo.

Anche per la risoluzione delle disequazioni logaritmiche è importante conoscere le proprietà della corrispondente curva logaritmica, in particolare il fatto che la curva sia crescente o decrescente a seconda del valore assunto dalla base *a*.

Per risolvere le disequazioni logaritmiche può essere utile la seguente tabella:

	Disequazione	Soluzione ($0 < a < 1$)	Soluzione ($a > 1$)
1	$\log_a f(x) > 0$	$0 < f(x) < 1$	$f(x) > 1$
2	$\log_a f(x) > \log_a g(x)$	$0 < f(x) < g(x)$	$f(x) > g(x) > 0$
3	$\log_a f(x) > k$	$0 < f(x) < a^k$	$f(x) > a^k$

1. $\ln x > 0$ C.E. $x > 0$
   $\ln x > 0 \rightarrow \ln x > \ln 1$; la base del logaritmo è maggiore di uno (quindi la curva logaritmica è crescente) $\rightarrow x > 1$ (*caso* 1);
2. $\log_2 (x+1) > \log_2 3$ C.E. $x > -1$
   la base è maggiore di uno $\rightarrow x + 1 > 3 \rightarrow x > 2$ (*caso* 2);
3. $\log_{1/2} (x+1) > \log_{1/2} 3$ C.E. $x > -1$
   la base del logaritmo è minore di uno $\rightarrow x + 1 < 3 \rightarrow x < 2$ (*caso* 2).
   La soluzione in questo caso è $-1 < x < 2$ perché si deve tener conto anche del campo di esistenza.

Notare la differenza tra gli esempi 2 e 3 dovuta ai diversi valori delle basi (curva logaritmica crescente e decrescente rispettivamente).

C.6 | Cenni sui numeri complessi

La radice di indice pari di un numero negativo non esiste nell'insieme $\mathbb{R}$ dei numeri reali, in quanto non è possibile trovare un numero reale la cui potenza pari sia negativa: si rende quindi necessario ampliare l'insieme numerico finora utilizzato e considerare (oltre ai numeri *reali*) anche i numeri *immaginari*.

C.6.1 | Numeri immaginari

Si definisce unità immaginaria (indicata con il simbolo *i*) **la quantità:**

$$i = \sqrt{-1}$$

L'unità immaginaria è quindi, per definizione, il risultato dell'operazione di estrazione di radice quadrata del numero negativo – 1. Dalla definizione si ricava inoltre che:

$$i^2 = (\sqrt{-1})^2 = -1 \qquad i^3 = i^2 \cdot i = -i \qquad i^4 = i^2 \cdot i^2 = 1 \qquad i^5 = i^4 \cdot i = i \qquad \ldots$$

Si definisce **numero immaginario** qualsiasi numero nella forma *ai*, ossia **prodotto fra un numero reale *a* e l'unità immaginaria *i*.**

$3i, -5i, \frac{7}{4}i$ sono numeri immaginari.

Nell'insieme dei numeri immaginari è possibile estrarre la radice di indice pari di un numero negativo, in quanto le potenze pari dei numeri immaginari sono numeri reali negativi.

$$(bi)^2 = b^2 \cdot i^2 = b^2 \cdot (-1) = -b^2 < 0 \quad \rightarrow \quad \sqrt{-b^2} = bi$$

MATEMATICA

C.6.2 | Numeri complessi e loro operazioni

La somma algebrica fra un numero reale *a* e un numero immaginario *bi* (ossia il numero $a + bi$) prende il nome di **numero complesso**. Il numero reale a è la **parte reale**, mentre il numero immaginario bi è la **parte immaginaria**; b è detto **coefficiente della parte immaginaria** e talvolta, con abuso di linguaggio, parte immaginaria.

$4 + 2i, 3 - 6i, -\frac{1}{2} + \frac{2}{3}i$ sono numeri complessi.

Somma: $(a + bi) + (c + di) = (a + c) + (b + d)i$
Prodotto: $(a + bi) \cdot (c + di) = ac + adi + bci - bd = (ac - bd) + (ad + bc)i$

$(3 + 5i) + (4 - 3i) = 7 + 2i$; $(3 + 5i) \cdot (4 - 3i) = 12 - 9i + 20i - 15i^2 = 27 + 11i$.

C.6.3 | Numeri complessi coniugati

Due numeri complessi coniugati hanno la stessa parte reale e parti immaginarie opposte.

$$(a + bi);\ (a - bi)$$

$$\left.\begin{aligned}(a + bi) + (a - bi) &= 2a\\(a + bi) \cdot (a - bi) &= a^2 + b^2\end{aligned}\right\}$$ **La somma e il prodotto di numeri complessi coniugati sono numeri reali.**

PARTE TERZA

Indice analitico

A

B

C

D

E

F

parte quarta

FISICA

Indice

11 MAGNETISMO 493

Appendice A – TABELLE UTILI 506

Appendice B – APPROFONDIMENTI 508

GLOSSARIO 515

1 | Scalari e vettori

Mettiti alla prova

I **Il prefisso pico, indicato con la lettera p (per esempio 2 pF), indica che l'unità di misura che segue la p (nell'esempio il farad) deve essere moltiplicata per:**

A 10^{-15}
B 10^{-12}
C 10^{6}
D 10^{9}
E 10^{-9}

II **Siano A e B due forze, complanari, applicate a uno stesso punto. La forza A abbia un modulo di 3 N e la forza B di 5 N. Niente si sa della loro direzione e verso, ma certamente uno dei seguenti valori è comunque impossibile come modulo della loro risultante, espressa in newton (non esistono valori di direzione e verso che permettano uno dei seguenti risultati):**

A 2
B 5
C 6
D 7
E 9

III **Quale vettore tra quelli indicati nei seguenti disegni con i numeri rispettivamente 1, 2, 3, 4, 5 rappresenta il vettore differenza a – b?**

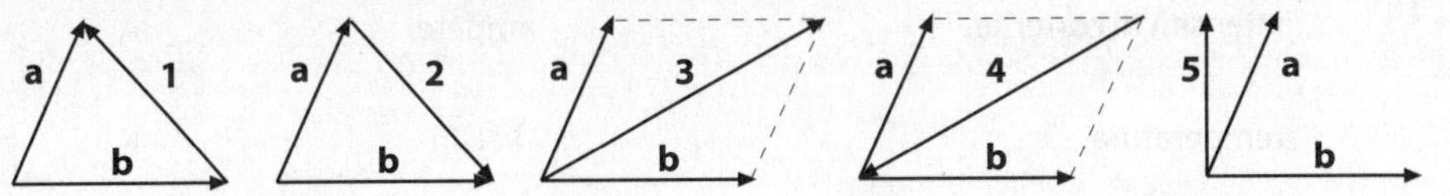

A 1
B 2
C 3
D 4
E 5

IV **Il "prodotto" di due vettori non nulli:**

A è sempre uno scalare
B può essere sia un vettore sia uno scalare, a seconda del tipo di prodotto
C è un vettore sempre nullo: solo gli scalari si possono moltiplicare tra di loro
D ha come risultato un vettore che giace nello stesso piano dei due vettori
E è sempre un vettore

FISICA

Ecco le risposte esatte dei 4 quesiti proposti: I B, II E, III A, IV B.

1.1 | Grandezze scalari

Misurare una grandezza fisica (come la lunghezza di un tavolo o la durata di un evento) significa fissare un'opportuna **unità di misura** (per esempio, rispettivamente, il metro o il minuto) e stabilire quante volte essa è contenuta nella grandezza data.

Si dice **scalare** una grandezza che può essere descritta indicando un numero, eventualmente accompagnato dalla relativa unità di misura.

Il record del mondo sui 100 metri piani e l'altezza del monte Everest sono grandezze scalari (un tempo e una lunghezza, rispettivamente). Allo stesso modo, anche se non ha alcuna unità di misura, la percentuale di bambini maschi in una classe elementare è una grandezza scalare: viene espressa infatti con un *numero puro*.

1.1.1 | Sistema internazionale delle unità di misura

In fisica si definiscono sette grandezze **fondamentali** fra loro indipendenti, tra cui la lunghezza, la massa e il tempo. Tutte le altre prendono il nome di grandezze **derivate** nel senso che si possono ricavare tramite opportune "ricette" matematiche a partire dalle grandezze fondamentali.

La velocità è una grandezza derivata definita come rapporto di due grandezze fondamentali:

$$\text{velocità} = \frac{\text{lunghezza}}{\text{tempo}}$$

Per convenzione, il sistema di unità di misura attualmente adottato è il Sistema internazionale (SI) o MKS (dalle iniziali dei simboli per le unità di misura metro, chilogrammo e secondo); in questo sistema le sette grandezze fondamentali hanno le unità di misura riportate nella tabella seguente.

Grandezza fondamentale	Unità di misura nel SI	Simbolo
lunghezza	metro	m
massa	chilogrammo	kg
tempo	secondo	s
intensità di corrente	ampere	A
temperatura	kelvin	K
intensità luminosa	candela	cd
quantità di sostanza	mole	mol

Il SI non è il solo sistema di unità di misura esistente; un altro molto usato è il CGS (dalle iniziali di centimetro, grammo e secondo), nel quale per lunghezza, massa e tempo si usano rispettivamente le unità di misura centimetro, grammo e secondo. In questo testo, in generale, si utilizzano le unità di misura del SI.

In Appendice è riportata una tabella di conversione fra SI e CGS.

PARTE QUARTA

1.1.2 | Unità di misura: multipli e sottomultipli

In entrambi i sistemi SI e CGS si aggiungono prefissi alle unità di misura in modo da rendere i numeri più "maneggevoli". La tabella seguente riporta i prefissi più usati.

Multipli		Sottomultipli	
deca (da) 10^1	mega (M) 10^6	deci (d) 10^{-1}	micro (μ) 10^{-6}
etto (h) 10^2	giga (G) 10^9	centi (c) 10^{-2}	nano (n) 10^{-9}
chilo (k) 10^3	tera (T) 10^{12}	milli (m) 10^{-3}	pico (p) 10^{-12}

Questi prefissi si usano moltiplicando la corrispondente potenza di 10 per le unità di misura a cui vengono affiancati:

$$1 \text{ millisecondo} = 1 \text{ ms} = 10^{-3} \cdot 1 \text{ secondo} = 10^{-3} \text{ s}$$

$$1 \text{ gigametro} = 1 \text{ Gm} = 10^{9} \cdot 1 \text{ metro} = 10^{9} \text{ m}$$

Per passare da un'unità di misura a un suo multiplo o sottomultiplo si inverte la definizione:

$$1 \text{ hg} = 10^2 \text{ g} = 100 \text{ g} \rightarrow 1 \text{ g} = \frac{1 \text{ hg}}{100} = 10^{-2} \text{ hg}$$

$$1 \text{ pm} = 10^{-12} \text{ m} \rightarrow 1 \text{ m} = \frac{1 \text{ pm}}{10^{-12}} = 10^{12} \text{ pm}$$

Siamo ora in grado di rispondere alla prima domanda posta all'inizio del capitolo.

Quesito I. È sufficiente ricordare la potenza di 10 che lega il prefisso pico all'unità. La risposta esatta è la **B**.

Si esprima la lunghezza 7 Gm (gigametri) in pm (picometri).
In esercizi di questo tipo bisogna lavorare con le potenze di 10; in particolare, una volta note le definizioni dei prefissi per le unità di misura, si devono applicare le proprietà:

$$10^a \cdot 10^b = 10^{a+b}$$

oppure:

$$10^a / 10^b = 10^{a-b}$$

Conviene sempre passare per l'unità di misura senza prefisso (il metro nell'esempio):

$$7 \text{ Gm} = 7 \cdot (10^9 \text{ m}) = 7 \cdot 10^9 \cdot (\mathbf{1\ m}) = 7 \cdot 10^9 \cdot (10^{12} \text{ pm}) =$$
$$= 7 \cdot (10^9 \cdot 10^{12}) \text{ pm} = 7 \cdot 10^{9+12} \text{ pm} = 7 \cdot 10^{21} \text{ pm}$$

1.1.3 | Notazione scientifica o esponenziale

Ogni numero razionale può essere scritto nella forma $a \cdot 10^b$, dove a è un numero decimale con una sola cifra diversa da zero prima della virgola, mentre b è un numero intero.

$0{,}0025 = 2{,}5 \cdot 10^{-3}$; $-562{,}5 = -5{,}625 \cdot 10^2$; $-0{,}070 = -7{,}0 \cdot 10^{-2}$

Nel trasformare –0,070 in notazione esponenziale non si può tralasciare lo zero dopo il 7.
In fisica, infatti, gli zeri a destra dell'ultima cifra diversa da zero dopo la virgola contengono un'informazione non trascurabile: per esempio, qui, «7 centesimi e 0 millesimi» anziché «7 centesimi». Trascurando questo zero nel passaggio alla notazione esponenziale, l'informazione rispetto al numero di partenza sarebbe incompleta (si veda più avanti il § 1.4.2).

FISICA

1.1.4 | Ordine di grandezza

L'ordine di grandezza (ODG) di un numero indica con quale potenza di 10 lo si può sostituire in calcoli approssimati. Dato un numero espresso nella notazione esponenziale $a \cdot 10^b$, il suo ODG è:

pari all'esponente b se $|a| < 5$ oppure pari a $b + 1$ se $|a| \geq 5$

$\text{ODG}(0{,}0025) = -3$; $\text{ODG}(-562{,}5) = 2 + 1 = 3$; $\text{ODG}(-0{,}070) = -2 + 1 = -1$

1.2 | Dimensioni di una grandezza fisica

Per ciascuna delle grandezze fondamentali viste al § 1.1 si introduce un'etichetta di riconoscimento che, racchiusa fra parentesi quadre, indica la grandezza stessa o, più correttamente, la sua *dimensione*. Nella tabella seguente vengono riportate le dimensioni delle grandezze fondamentali.

Grandezza	Dimensione
lunghezza	[L]
massa	[M]
tempo	[T]
intensità di corrente elettrica	[i]
temperatura	[K]
intensità luminosa	[I]
quantità di sostanza	[m]

Le dimensioni di una grandezza derivata si ricavano dalle dimensioni delle grandezze fondamentali, secondo la stessa relazione che lega la grandezza derivata alle grandezze fondamentali.

Le dimensioni della velocità media, definita come $\frac{\Delta s}{\Delta t}$, sono $\frac{[L]}{[T]}$.

Se due grandezze fisiche hanno le stesse dimensioni, si dicono **omogenee**.
Alcune grandezze fisiche (tipicamente quelle definite come rapporto fra due grandezze omogenee) sono prive di dimensioni: si tratta di grandezze fisiche **adimensionali**.

La lunghezza di un tavolo e l'altezza di un muro sono grandezze omogenee e hanno entrambe dimensione [L].

Gli **angoli**, che nel SI e nel CGS si misurano in radianti (simbolo: rad), sono grandezze scalari adimensionali. Si noti che, quando non è accompagnata dall'indicazione dei radianti, la dicitura «π» non rappresenta l'angolo piatto, bensì il numero puro che vale circa 3,14.

Quali sono le dimensioni di $\cos\vartheta$?
Il coseno di un angolo (così come il seno e la tangente) sono funzioni trigonometriche definite come rapporto tra due segmenti, pertanto sono adimensionali.

1.2.1 | Regole per l'analisi dimensionale

Le dimensioni vengono trattate proprio come le quantità algebriche nel calcolo letterale. Questo implica alcune regole pratiche:

1. i numeri puri, gli angoli e tutte le grandezze adimensionali in genere non hanno dimensioni; nell'analisi dimensionale si possono sostituire con un 1;
2. moltiplicare o dividere una grandezza fisica per un numero puro non varia le dimensioni del risultato;
3. le grandezze fisiche possono essere sommate o sottratte solo se hanno le stesse dimensioni (ossia se sono omogenee);
4. i due membri di un'equazione o di un'uguaglianza fisica devono avere le stesse dimensioni.

PARTE QUARTA

1.3 | Grandezze vettoriali

Queste grandezze sono individuate, oltre che da un numero (*modulo* o *intensità*) che ne esprime la misura rispetto a un'unità prefissata, anche da una *direzione* e da un *verso*.

Si supponga di dover descrivere lo spostamento di una formica a partire dalla sua tana. È chiaro che specificare la lunghezza di questo spostamento, per esempio 3 cm, non è sufficiente: questo basta soltanto a stabilire che la formica, dopo essersi spostata, si trova in qualche punto di una circonferenza di raggio 3 cm centrata nella tana! **Lo spostamento non è una grandezza scalare, ma vettoriale.** Per stabilire la posizione finale della formica è necessario conoscere *anche* la direzione lungo la quale si è mossa e, lungo questa direzione, il verso: per esempio sapere che, a partire dalla sua tana, la formica si è spostata di 3 cm, *in direzione verticale e verso nord*, consente di capire dove è arrivata.

I vettori si rappresentano simbolicamente con delle frecce.

Nella figura è rappresentato un vettore.

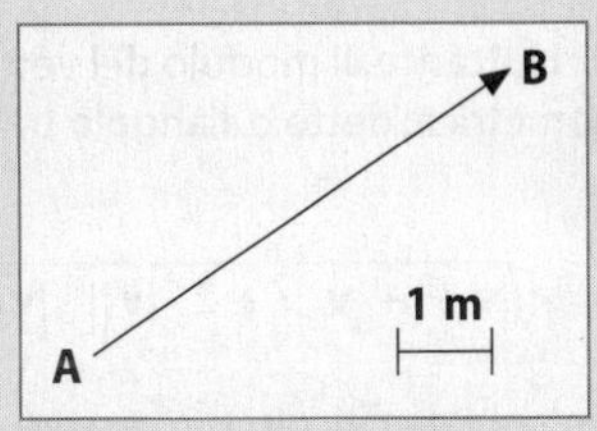

- A è il punto di "partenza" o **punto di applicazione**.
- Il **modulo** o **intensità** del vettore è pari alla lunghezza della freccia (rapportata alla relativa unità di misura).
- La **direzione** del vettore è la retta a cui appartiene la freccia.
- Il **verso** del vettore è quello indicato dalla freccia (per ogni direzione si possono avere due versi).

Esistono diverse notazioni per indicare un vettore. Le più utilizzate sono il grassetto **v** o la freccia sopra la lettera $\vec{v}$. In questo testo viene adottato l'uso del grassetto.

Il modulo di un generico vettore **v** è indicato con il simbolo $|\mathbf{v}|$ oppure con il corsivo *v*.

Due vettori si dicono:
- **paralleli** quando giacciono su direzioni (rette) coincidenti o parallele;
- **concordi** quando sono paralleli e hanno lo stesso verso;
- **antiparalleli** o **discordi** quando sono paralleli ma hanno verso opposto;
- **ortogonali** o **perpendicolari** quando le loro direzioni formano un angolo di 90° tra loro.

1.3.1 | Multipli di un vettore

Un certo vettore **v** può essere moltiplicato per uno scalare *s* (cioè per un numero), ottenendo come risultato un **vettore multiplo** di **v**, che ha *la stessa direzione* ma *modulo diverso*. Il verso del multiplo è concorde o discorde con quello del vettore **v** a seconda che lo scalare *s* sia positivo o negativo; il modulo del vettore prodotto è pari al prodotto dello scalare *s* per il modulo del vettore **v**.
Moltiplicando un vettore per 2, si ha cioè:

$$|2\mathbf{v}| = |2 \cdot \mathbf{v}| = 2 \cdot |\mathbf{v}| = 2v$$

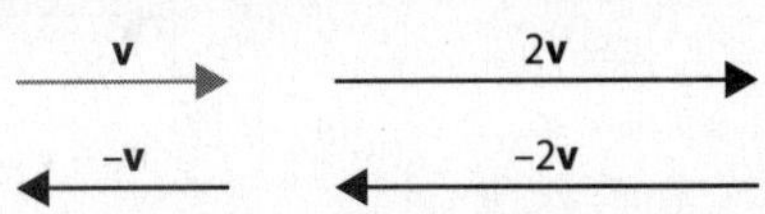

Si definisce **opposto** di un vettore **v** il vettore –**v** , che ha lo stesso modulo ma verso opposto.

1.3.2 | Somma e differenza fra vettori

I vettori si sommano con la **regola del parallelogramma**: la **somma** di due vettori $\mathbf{v}_1$ e $\mathbf{v}_2$ è il vettore $\mathbf{v}_1 + \mathbf{v}_2 = \mathbf{v}$, diretto lungo la diagonale del parallelogramma avente per lati i vettori $\mathbf{v}_1$ e $\mathbf{v}_2$. Il vettore $\mathbf{v}$ ha per modulo la lunghezza della diagonale.

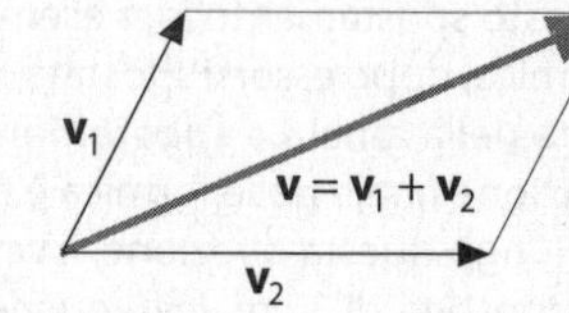

Vale la relazione $0 \le |\mathbf{v}| \le |\mathbf{v}_1| + |\mathbf{v}_2|$, ma in generale si ha:

$$|\mathbf{v}| \neq |\mathbf{v}_1| + |\mathbf{v}_2|$$

Il vettore somma prende il nome di **risultante**. Il modulo del vettore risultante si ricava in generale applicando la seguente relazione trigonometrica: detto α l'angolo tra i due vettori $\mathbf{v}_1$ e $\mathbf{v}_2$, la loro somma $\mathbf{v}$ ha modulo:

$$|\mathbf{v}| = \sqrt{|\mathbf{v}_1|^2 + |\mathbf{v}_2|^2 + 2 \cdot |\mathbf{v}_1| \cdot |\mathbf{v}_2| \cdot \cos\alpha}$$

Di seguito si riportano tre esempi in cui tale calcolo può essere effettuato più rapidamente, ricordando che $\cos(0°) = 1$, $\cos(90°) = 0$ e $\cos(180°) = -1$.

$\mathbf{v}_1$ e $\mathbf{v}_2$ sono ortogonali tra loro ($\alpha = 90°$).
Direzione e verso del vettore risultante $\mathbf{v}$ si costruiscono con la regola del parallelogramma; il modulo del vettore somma si ricava applicando il teorema di Pitagora:

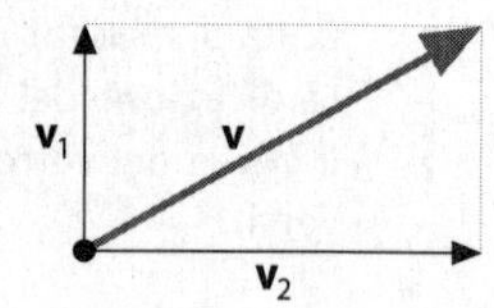

$$|\mathbf{v}| = \sqrt{|\mathbf{v}_1|^2 + |\mathbf{v}_2|^2}$$

$\mathbf{v}_1$ e $\mathbf{v}_2$ sono paralleli e concordi ($\alpha = 0°$).
Il vettore risultante $\mathbf{v}$ ha la stessa direzione e lo stesso verso di $\mathbf{v}_1$ e $\mathbf{v}_2$; il modulo è dato da:

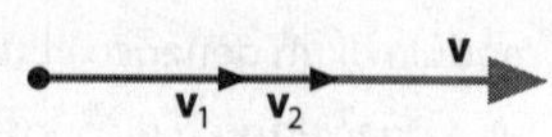

$$|\mathbf{v}| = |\mathbf{v}_1| + |\mathbf{v}_2|$$

$\mathbf{v}_1$ e $\mathbf{v}_2$ sono antiparalleli ($\alpha = 180°$).
Il vettore risultante $\mathbf{v}$ ha la stessa direzione di $\mathbf{v}_1$ e $\mathbf{v}_2$ e lo stesso verso del vettore di modulo maggiore; il modulo è invece dato da:

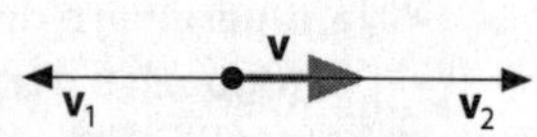

$$|\mathbf{v}| = |\mathbf{v}_2| - |\mathbf{v}_1| \text{ se } |\mathbf{v}_2| > |\mathbf{v}_1|; \quad |\mathbf{v}| = |\mathbf{v}_1| - |\mathbf{v}_2| \text{ altrimenti}$$

La **differenza** tra due vettori si ottiene sommando al primo vettore l'opposto del secondo:

$$\mathbf{v}_1 - \mathbf{v}_2 = \mathbf{v}_1 + (-\mathbf{v}_2)$$

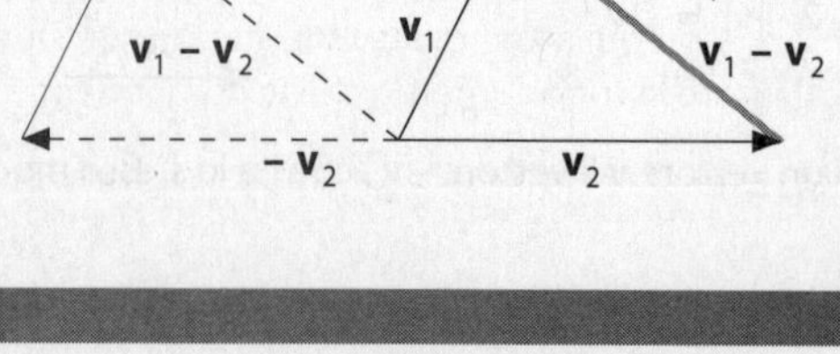

Possiamo ora rispondere ad altri due quesiti posti all'inizio del capitolo.

Quesito II. Il caso in cui il risultato della somma di vettori ha modulo massimo è quello in cui essi sono complanari, paralleli e con lo stesso verso. In questa situazione, si può eseguire la somma algebrica dei moduli e il valore ottenuto è il modulo della risultante (si veda l'esempio a pagina 340).

Con due vettori di modulo 3 e 5, rispettivamente, il modulo massimo della somma è dunque 8. Si può quindi escludere il valore 9 indicato nell'alternativa **E**.

Quesito III. Secondo la regola del parallelogramma, la somma vettoriale (o *risultante*) di due vettori **a** e **b** è la diagonale del parallelogramma che ha per lati **a** e **b**. La risultante **a** + **b** è rappresentata nel diagramma 3.

Utilizzando sempre la regola del parallelogramma, si definisce differenza tra **a** e **b**:

$$\mathbf{a} - \mathbf{b} = \mathbf{a} + (-\mathbf{b})$$

Dunque il calcolo della differenza di due vettori si riduce al calcolo della somma di un vettore con l'opposto dell'altro. Graficamente, il vettore opposto è lo stesso vettore cambiato di verso. Si conclude che lo schema corretto per la differenza **a** – **b** è l'1: la risposta esatta è la **A**.

Si supponga di voler calcolare il modulo della risultante *R* di due forze che hanno lo stesso modulo *F*, formano tra loro un angolo $\alpha < 90°$ e sono applicate allo stesso punto: in questo caso si può usare la regola grafica del parallelogramma, facendo attenzione alle caratteristiche geometriche del problema.

Senza perdere in generalità, si può rappresentare una delle due forze lungo la direzione orizzontale in un riferimento cartesiano, e l'altra lungo la direzione che forma con essa un angolo $\alpha < 90°$. La risultante delle due forze, ovvero la diagonale del parallelogramma di lati uguali e pari a *F*, è quindi un vettore lungo quanto il doppio dell'altezza del triangolo isoscele di lati *F*. Tale altezza vale $h = F\cos(\alpha/2)$, dunque $R = 2F\cos(\alpha/2)$.

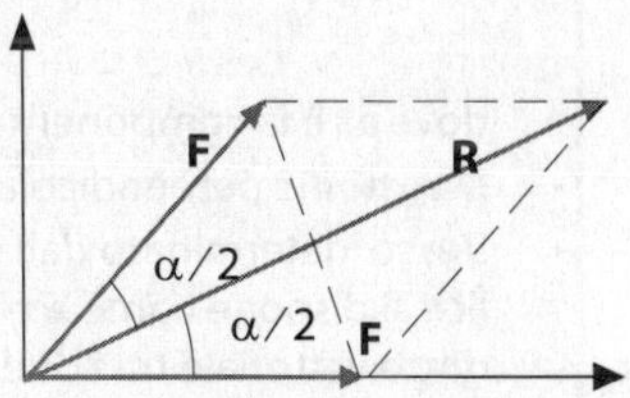

1.3.3 | Scomposizione di un vettore

Dato un riferimento cartesiano in cui giace un vettore **v** qualsiasi, le **componenti del vettore sono le sue proiezioni ortogonali sugli assi**; in altre parole, sono i due vettori $\mathbf{v}_x$ e $\mathbf{v}_y$ paralleli rispettivamente agli assi *x* e *y*, tali che la loro somma dà il vettore **v**.

Le definizioni delle funzioni trigonometriche *seno* e *coseno* consentono di scomporre un vettore lungo due assi ortogonali orientati.

Nella figura è riportata la scomposizione di **v**, un generico vettore. $\mathbf{v}_x$ e $\mathbf{v}_y$ sono le componenti del vettore lungo gli assi cartesiani e si ha $\mathbf{v} = \mathbf{v}_x + \mathbf{v}_y$.

Se, per esempio, $|\mathbf{v}| = 8$ cm e $\alpha = 30°$, si ha:

$$|\mathbf{v}_x| = 8\text{ cm} \cdot \cos(30°) = 8\text{ cm} \cdot (\sqrt{3}/2) = 4\sqrt{3}\text{ cm}$$

$$|\mathbf{v}_y| = 8\text{ cm} \cdot \text{sen}(30°) = 8\text{ cm} \cdot (1/2) = 4\text{ cm}$$

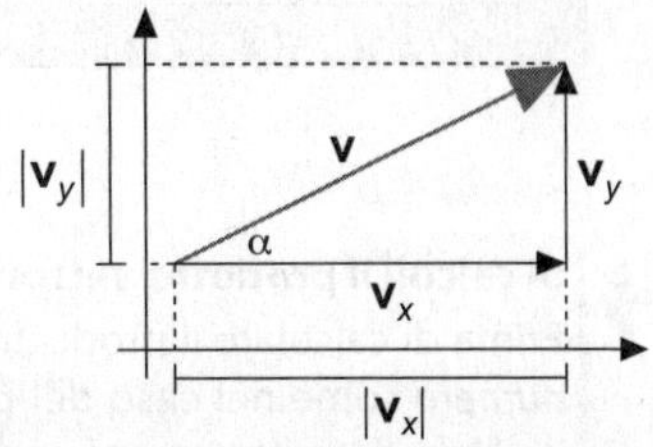

È sufficiente qualche nozione di geometria piana per riconoscere, nell'esempio precedente in cui $\alpha = 30°$, metà di un triangolo equilatero di lato **v** e altezza $\mathbf{v}_x$. Dunque, conoscendo il lato, si può concludere senza utilizzare la trigonometria che le componenti cercate sono:

$$|\mathbf{v}_x| = \text{altezza} = \mathbf{v} \cdot (\sqrt{3}/2); \quad |\mathbf{v}_y| = \text{base} = \mathbf{v}/2$$

FISICA

1.3.4 | Prodotti tra vettori

Diversamente dai numeri, i vettori possono essere moltiplicati fra loro in due modi diversi: mediante il prodotto *scalare* e il prodotto *vettoriale*.

Il **prodotto scalare** tra due vettori **a** e **b** è uno scalare (*cioè un numero*) così definito:

$$\mathbf{a} \cdot \mathbf{b} = |\mathbf{a}| \cdot |\mathbf{b}| \cdot \cos\vartheta$$

dove ϑ è l'angolo tra **a** e **b**.
Il prodotto scalare tra due vettori è dunque pari a $\mathbf{a} \cdot \mathbf{b} = |\mathbf{a}| \cdot |\mathbf{b}_p|$ dove $\mathbf{b}_p$ è la componente di **b** parallela ad **a**, che vale appunto $|\mathbf{b}| \cdot \cos\vartheta$.

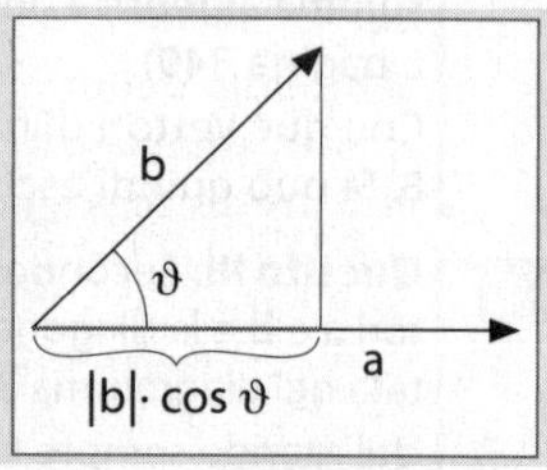

Si calcoli il prodotto scalare di due vettori a e b, sapendo che $a = 3$, $b = 1$, e che formano con l'asse *x* angoli rispettivamente pari a $\alpha = 60°$ e $\beta = 30°$.
L'angolo ϑ formato dai due vettori **a** e **b** descritti nel testo è pari a $\alpha - \beta = 30°$. Si procede quindi a calcolare il loro prodotto scalare secondo la definizione:

$$\mathbf{a} \cdot \mathbf{b} = |\mathbf{a}| \cdot |\mathbf{b}| \cdot \cos\vartheta = 3 \cdot 1 \cdot \cos(30°) = 3 \cdot \frac{\sqrt{3}}{2} = \frac{3\sqrt{3}}{2}$$

Il **prodotto vettoriale** $\mathbf{a} \wedge \mathbf{b}$ è un vettore così definito:

- **Intensità:**

$$|\mathbf{a}| \cdot |\mathbf{b}| \cdot \text{sen}\,\vartheta = |\mathbf{a}_n| \cdot |\mathbf{b}|$$

dove $\mathbf{a}_n$ è la componente di **a** perpendicolare a **b**
- **Direzione**: perpendicolare al piano individuato da **a** e da **b**
- **Verso**: determinato dalla *regola della mano destra*, illustrata nella figura sottostante: se il pollice si dispone come **a** e l'indice come **b** allora il medio indica la direzione e il verso del prodotto vettoriale tra i due.

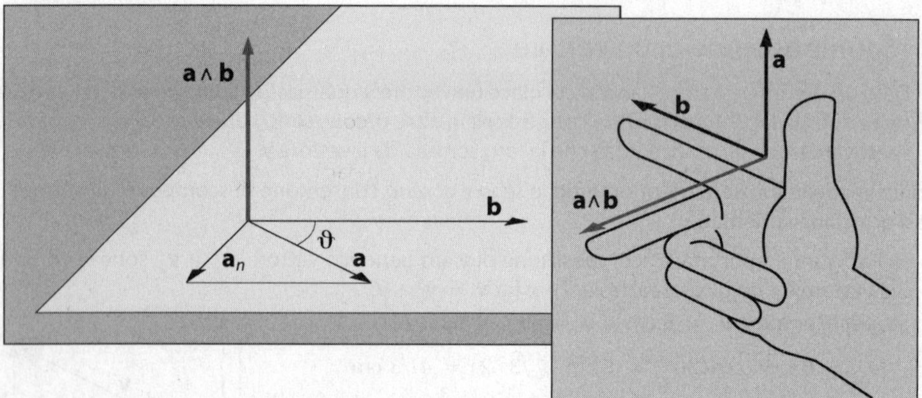

Si calcoli il prodotto vettoriale dei vettori a e b descritti nell'esercizio precedente.
Prima di calcolare il prodotto vettoriale, si osserva che, poiché il risultato è un vettore (e *non un numero* come nel caso del prodotto scalare), il problema richiede tre informazioni: il risultato $\mathbf{a} \wedge \mathbf{b}$ è descritto completamente solo conoscendone modulo, direzione e verso.
Si calcola il *modulo* secondo la definizione:

$$|\mathbf{a} \wedge \mathbf{b}| = |\mathbf{a}| \cdot |\mathbf{b}| \cdot \text{sen}\,\vartheta = 3 \cdot 1 \cdot \text{sen}(30°) = 3 \cdot 1/2 = 3/2$$

La direzione è perpendicolare al piano in cui giacciono i due vettori (in questo caso al piano del foglio) e il verso è *entrante* nel foglio (regola della mano destra).

Siamo ora in grado di rispondere anche all'ultimo dei quattro quesiti posti all'inizio del capitolo.

Quesito IV. Sono definiti due tipi di prodotto tra vettori: il *prodotto scalare*, che fornisce come risultato uno scalare, e il *prodotto vettoriale*, che fornisce invece come risultato un vettore. La risposta esatta è dunque la **B**.

Il modulo del prodotto vettoriale tra a e b è uguale a 15. I moduli dei due vettori sono rispettivamente $a = 5$ e $b = 6$. Sapendo che i due vettori formano un angolo acuto, quanto vale il prodotto scalare tra a e b?

A −15
B 0
C 15
D $15\sqrt{3}$
E 30

Il modulo del prodotto vettoriale tra vettori **a** e **b** si calcola dalla definizione:

$$|\mathbf{a} \wedge \mathbf{b}| = |\mathbf{a}| \cdot |\mathbf{b}| \cdot \operatorname{sen}\vartheta = 5 \cdot 6 \cdot \operatorname{sen}\vartheta = 30 \cdot \operatorname{sen}\vartheta = 15$$

da cui si ricava:

$$\operatorname{sen}\vartheta = \frac{15}{30} = \frac{1}{2}$$

Come già osservato, l'angolo acuto ϑ vale 30° in quanto:

$$\operatorname{sen}(30°) = \frac{1}{2}$$

Il prodotto scalare si ottiene applicando la definizione:

$$\mathbf{a} \cdot \mathbf{b} = |\mathbf{a}| \cdot |\mathbf{b}| \cdot \cos\vartheta = 5 \cdot 6 \cdot \cos(30°) = 30 \cdot \frac{\sqrt{3}}{2} = 15\sqrt{3}$$

La risposta corretta è la **D**.

Ricordando che:

$$\operatorname{sen}(90°) = 1 \qquad \operatorname{sen}(0°) = \operatorname{sen}(180°) = 0$$

$$\cos(90°) = 0 \qquad \cos(0°) = 1 \qquad \cos(180°) = -1$$

si ricavano i valori del prodotto scalare e vettoriale in tre casi particolari:

Se a e b sono ortogonali ($\vartheta = 90°$):

- $\mathbf{a} \cdot \mathbf{b} = |\mathbf{a}| \cdot |\mathbf{b}| \cdot \cos(90°) = 0$
- $|\mathbf{a} \wedge \mathbf{b}| = |\mathbf{a}| \cdot |\mathbf{b}| \cdot \operatorname{sen}(90°) = |\mathbf{a}| \cdot |\mathbf{b}|$

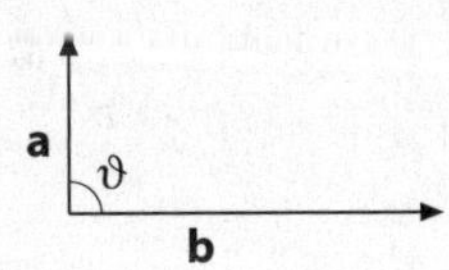

Dunque il prodotto scalare è nullo, mentre il modulo del prodotto vettoriale è massimo.

Se a e b sono paralleli e concordi ($\vartheta = 0°$):

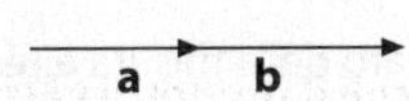

- $\mathbf{a} \cdot \mathbf{b} = |\mathbf{a}| \cdot |\mathbf{b}| \cdot \cos(0°) = |\mathbf{a}| \cdot |\mathbf{b}|$
- $|\mathbf{a} \wedge \mathbf{b}| = |\mathbf{a}| \cdot |\mathbf{b}| \cdot \operatorname{sen}(0°) = 0$

Dunque il prodotto scalare è massimo, mentre il prodotto vettoriale è nullo.

Se a e b sono antiparalleli ($\vartheta = 180°$):

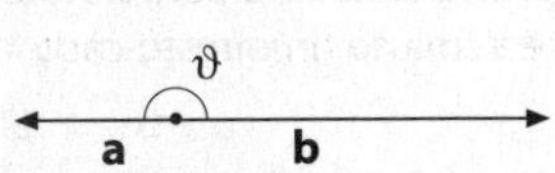

- $\mathbf{a} \cdot \mathbf{b} = |\mathbf{a}| \cdot |\mathbf{b}| \cdot \cos(180°) = -|\mathbf{a}| \cdot |\mathbf{b}|$
- $|\mathbf{a} \wedge \mathbf{b}| = |\mathbf{a}| \cdot |\mathbf{b}| \cdot \operatorname{sen}(180°) = 0$

Dunque il prodotto scalare è minimo, mentre il prodotto vettoriale è ancora nullo.

1.4 | Errori di misura

Non si può misurare una grandezza fisica con una precisione assoluta: ogni misura è affetta da errori, che possono essere suddivisi in due categorie.

Errori sistematici: derivano da difetti strumentali o dall'applicazione di leggi errate; sono errori sempre nello stesso verso, cioè o sempre per eccesso o sempre per difetto rispetto alla misura *vera*.
Errori accidentali: sono inevitabilmente legati a ogni procedura di misura; sono errori casuali nel senso che possono avvenire sia in eccesso sia in difetto rispetto alla misura *vera*.

Lasciare inavvertitamente un righello di plastica vicino a una fonte di calore può causarne una dilatazione e dunque una *staratura*. In particolare, le misure effettuate con il righello così starato andranno incontro a un errore sistematico per difetto, cioè saranno tutte *sottostimate*, nel senso che gli oggetti appariranno più corti di quello che sono.

1.4.1 | Errore assoluto, relativo e percentuale

Data una grandezza x, si supponga di misurarla n volte: siano $x_1, x_2, \dots, x_n$ gli n valori ottenuti (che potrebbero anche essere tutti diversi a causa degli errori di misura). Indicando con x_{max} e x_{min} il massimo e il minimo dell'insieme dei valori e con M la loro media aritmetica, si hanno le seguenti definizioni.

L'**errore assoluto** vale $\varepsilon = \dfrac{x_{max} - x_{min}}{2}$ (semidifferenza fra minimo e massimo).

L'**errore relativo** vale $\varepsilon_r = \varepsilon / M$ (rappresenta una *normalizzazione* dell'errore assoluto).

L'**errore percentuale** vale $\varepsilon_{\%} = (100 \cdot \varepsilon_r)\%$.

L'errore relativo e l'errore percentuale di una misura sono indici della sua accuratezza: minore è il loro valore, maggiore è l'accuratezza. Ogni misura deve essere accompagnata dall'errore e dall'unità di misura. La misura e l'errore si esprimono nelle stesse unità.

Un maestro chiede ad alcuni alunni della sua classe di misurare con un righello il lato più lungo di un foglio A4, facendo molta attenzione. Il risultato delle misure trovate da dieci studenti, espresse in cm, è:

29,8; 29,8; 29,6; 29,7; 29,7; 29,9; 29,8; 30,0; 29,7; 29,8

Calcolare media ed errore assoluto, relativo e percentuale. Il righello è starato?

Secondo le definizioni viste sopra si calcolano le grandezze richieste:

$$M = \frac{29{,}8 + 29{,}8 + 29{,}6 + \dots + 29{,}8}{10} = 29{,}78$$

$$\varepsilon = \frac{x_{max} - x_{min}}{2} = \frac{30{,}0 - 29{,}6}{2} = 0{,}2$$

$$\varepsilon_r = \frac{\varepsilon}{M} = 6{,}72 \cdot 10^{-3}; \quad \varepsilon_{\%} = 100 \cdot \varepsilon_r = 0{,}67\%$$

Il risultato della misura effettuata dagli studenti è dunque:

$$x = (29{,}78 \pm 0{,}2)\ \text{cm}$$

Questo significa che secondo gli studenti il foglio A4 è lungo minimo 29,58, massimo 29,98 cm. Si preferisce solitamente indicare il risultato approssimandolo alla prima cifra interessata dall'errore assoluto (in questo caso la prima decimale):

$$x = (29{,}8 \pm 0{,}2)\ \text{cm}$$

Il valore vero della lunghezza di un foglio A4 (29,7 cm) è contenuto nell'intervallo indicato dalla misura degli studenti, perciò non si può concludere che lo strumento sia starato.

1.4.2 | Cifre significative

Quando un numero rappresenta la misura di una certa quantità, le cifre significative sono quelle che apportano effettivamente delle informazioni sulla misura.

- L'informazione contenuta nel numero $a = 0{,}024$ è «2 centesimi e 4 millesimi».
- L'informazione contenuta nel numero $b = 0{,}0240$ è «2 centesimi, 4 millesimi e 0 decimi di millesimo».

Dunque, i numeri a e b non hanno lo stesso significato: b contiene più informazioni.

Regole per la determinazione delle cifre significative

- Le cifre diverse da zero sono significative;
- Gli zeri compresi fra due cifre diverse da zero sono significativi;
- Per un numero decimale con lo zero davanti alla virgola, esso e gli eventuali zeri che precedono le cifre diverse da zero *non sono* cifre significative.

- Le cifre significative di $a = 0{,}024$ sono 2 e 4;
- le cifre significative di $b = 0{,}0240$ sono 2, 4 e lo 0 dopo il 4;
- tutte le cifre di $c = 1{,}205$ sono significative.

1.4.3 | Propagazione degli errori

Se, anziché l'errore associato a una grandezza *misurata*, si vuole conoscere l'errore associato a una grandezza *calcolata* a partire dalle misure effettuate (ciascuna delle quali affetta da errore), si tratta di valutare come si propagano gli errori quando si eseguono operazioni tra più misure.

Per misurare l'area A di un tavolo di lunghezza a e larghezza b si utilizza la semplice relazione $A = a \cdot b$. Dato che le misure di a e b sono di per sé affette da errore, la misura *indiretta* dell'area A sarà affetta da un errore che è la *propagazione* di quello su a e b.

Regole base per la propagazione dell'errore

- L'errore **assoluto** su una **somma** o una **differenza** di più misure è uguale alla somma degli errori **assoluti** delle singole misure.
- L'errore **percentuale** su un **prodotto** o su un **quoziente** di più misure è uguale alla somma degli errori **percentuali** delle singole misure.

Sia dato un quadrato di cui si conosce la misura del lato, pari a $L = (10 \pm 2)$ cm. Calcolare errore assoluto e relativo su perimetro e superficie del quadrato.

Il perimetro del quadrato vale $P = 4L = 40$ cm. Si tratta della *somma* di quattro grandezze (in questo caso coincidenti: il lato) di cui è noto l'errore assoluto $\varepsilon = 2$ cm. Si può pertanto scrivere che l'errore assoluto su P vale:

$$\varepsilon_P = \varepsilon + \varepsilon + \varepsilon + \varepsilon = 4\varepsilon = 8 \text{ cm}$$

Così l'errore relativo sul perimetro, per definizione, vale:

$$\varepsilon_{rP} = \frac{\varepsilon_P}{P} = \frac{8 \text{ cm}}{40 \text{ cm}} = 0{,}2 \quad \text{(è un numero puro)}$$

L'errore relativo sul lato si ricava dal valore del lato e dal suo errore assoluto secondo la definizione:

$$\varepsilon_r = \frac{\varepsilon}{L} = \frac{2 \text{ cm}}{10 \text{ cm}} = 0{,}2 \quad \text{(è un numero puro)}$$

L'area del quadrato è data dal *prodotto* del lato per se stesso: $A = L^2 = 100 \text{ cm}^2$, pertanto si sommano gli errori relativi sui lati per trovare l'errore relativo sull'area:

$$\varepsilon_{rA} = \varepsilon_r + \varepsilon_r = 0{,}4 \quad \text{(è un numero puro)}$$

A questo punto, per trovare l'errore assoluto sull'area, si inverte la definizione di ε_{rA}:

$$\varepsilon_{rA} = \frac{\varepsilon_A}{A} \Rightarrow \varepsilon_A = \varepsilon_{rA} \cdot A = 0{,}4 \cdot 100 \text{ cm}^2 = 40 \text{ cm}^2$$

FISICA

Ripassa da qui

Multipli e sottomultipli

Multipli		Sottomultipli	
deca (da) 10^1	mega (M) 10^6	deci (d) 10^{-1}	micro (μ) 10^{-6}
etto (h) 10^2	giga (G) 10^9	centi (c) 10^{-2}	nano (n) 10^{-9}
chilo (k) 10^3	tera (T) 10^{12}	milli (m) 10^{-3}	pico (p) 10^{-12}

Vettori

- Somma:

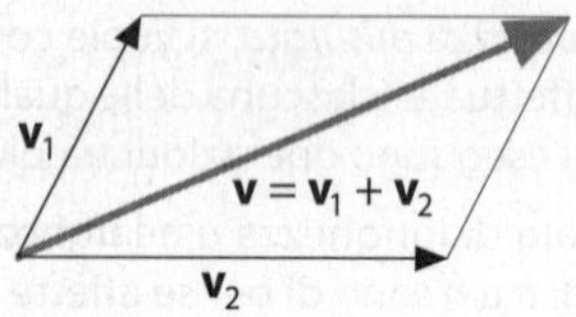

- Differenza:

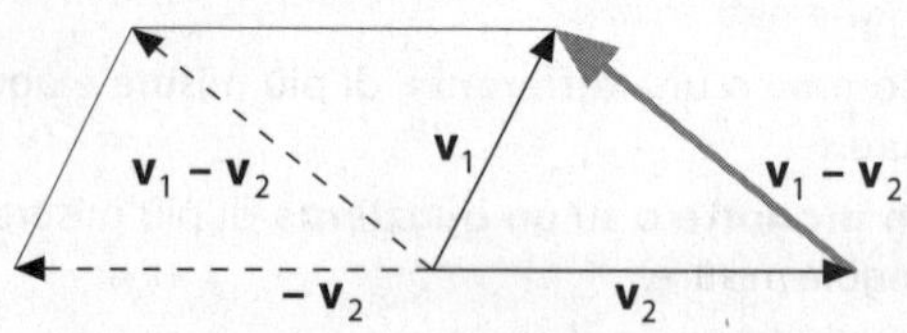

- Prodotto **scalare**:

$$\mathbf{a} \cdot \mathbf{b} = |\mathbf{a}| \cdot |\mathbf{b}| \cdot \cos\vartheta$$

- Prodotto **vettoriale** (modulo)

$$|\mathbf{a} \wedge \mathrm{b}| = |\mathbf{a}| \cdot |\mathbf{b}| \cdot \mathrm{sen}\theta$$

Errori di misura

- Errore **assoluto**: $\varepsilon = \dfrac{x_{max} - x_{min}}{2}$
- Errore **relativo**: $\varepsilon_r = \dfrac{\varepsilon}{M}$
- Errore **percentuale**: $\eta = 100 \cdot \dfrac{\varepsilon}{M} = 100 \cdot \varepsilon_r$
- Calcolo dell'errore nelle misure indirette
  - L'errore assoluto su una somma o una differenza di più misure è uguale alla somma degli errori assoluti delle singole misure.
  - L'errore percentuale su un prodotto o su un quoziente di più misure è uguale alla somma degli errori percentuali delle singole misure.

Quesiti svolti

1 **Siano *a*, *b* e *c* le lunghezze degli spigoli di un parallelepipedo regolare. Data la relazione $abc + X = Y$, determinare quale tra le seguenti sono, rispettivamente, le dimensioni delle grandezze *X* e *Y*.**

- **A** *X* è una lunghezza e *Y* un volume
- **B** Entrambe le grandezze sono superfici
- **C** Entrambe le grandezze sono lunghezze
- **D** Entrambe le grandezze sono volumi
- **E** Nessuna delle precedenti

Anzitutto, secondo una semplice nozione di geometria elementare, la quantità abc è il volume del parallelepipedo. Dato che in fisica si possono sommare solo grandezze con le stesse dimensioni, *X* deve essere un volume. Naturalmente, la somma di due volumi è un volume; infine, dato che i due membri di un'eguaglianza tra grandezze fisiche devono avere le stesse dimensioni, si conclude che anche la grandezza *Y* è un volume. La risposta esatta è la **D**.

2 ***Micro* è un prefisso che indica un sottomultiplo dell'unità pari a:**

- **A** 1 centesimo
- **B** 1 decimo
- **C** 1 millesimo
- **D** 1 milionesimo
- **E** 1 miliardesimo

Il prefisso micro corrisponde a 10^{-6}. D'altra parte:

$$10^{-6} = \frac{1}{10^6} = \frac{1}{1.000.000}$$

La risposta esatta è la **D**.

3 **La massa totale degli abitanti dell'Italia è all'incirca:**

- **A** 3 milioni di tonnellate
- **B** 30 milioni di chilogrammi
- **C** 300 mila quintali
- **D** 3 miliardi di grammi
- **E** 30 milioni di tonnellate

Considerando la popolazione italiana composta da circa 56 milioni di persone e supponendo una massa media per persona pari a 60 chilogrammi, la massa totale degli abitanti dell'Italia è uguale a:

$$60\ \text{kg} \cdot 56.000.000 = 3.360.000.000\ \text{kg} = 3.360.000\ \text{tonnellate}$$

La risposta esatta è quindi la **A**.

4 Nel 1926 Perrin ottenne il premio Nobel per i suoi studi sulle dimensioni di atomi o molecole. Un suo famoso esperimento prevede di lasciar cadere una goccia di acido oleico sulla superficie dell'acqua in un catino. L'acido resterà a galla formando una chiazza circolare che (per le speciali proprietà dell'acido stesso) avrà spessore pari alle dimensioni tipiche di una sola molecola (strato monomolecolare). Sapendo che il volume di acido oleico contenuto nella goccia che viene lasciata cadere è di 10^{-4} cm^3 e che rimane costante misurando il diametro della chiazza (circa 28 cm) prodotta nell'acqua, dare una stima delle dimensioni dello strato molecolare sapendo che il volume di acido oleico resterà sempre lo stesso.

A $1{,}6 \cdot 10^{-7}$ cm

B $6{,}4 \cdot 10^{-7}$ m

C $1{,}6 \cdot 10^{-17}$ cm

D $28 \cdot 10^{-4}$ cm

E $1{,}6 \cdot 10^{7}$ cm

Visualizzando correttamente il problema secondo la minuziosa descrizione dell'esperimento di Perrin, esso si riduce a un esercizio di geometria solida: la chiazza circolare di acido oleico è assimilabile a un cilindro che ha diametro di base *d* pari a 28 cm e un'altezza che è lo spessore *h* dello strato che si chiede di trovare.
Conoscendo il volume *V* del cilindro non resta che fare una divisione.

$$h = \frac{V}{\pi\left(\frac{d}{2}\right)^2} = \frac{10^{-4}\ \text{cm}^3}{3{,}14 \cdot \left(\frac{28\ \text{cm}}{2}\right)^2} = \frac{10^{-4}}{3{,}14 \cdot 14^2}\ \text{cm}$$

L'unica difficoltà del problema sta nell'eseguire la divisione senza l'aiuto di una calcolatrice, ma si può proseguire il calcolo con qualche approssimazione:

$$\frac{10^{-4}}{3{,}14 \cdot 14^2} \cong \frac{10^{-4}}{3 \cdot (2 \cdot 7)^2} = \frac{10^{-4}}{3 \cdot 4 \cdot 49} \cong \frac{10^{-4}}{3 \cdot 4 \cdot 50} = \frac{10^{-4}}{600} = \frac{10^{-4}}{6 \cdot 10^2} = \frac{1}{6} \cdot 10^{-6}$$

Giunti a questo punto del calcolo, anche senza sapere quanto fa esattamente 1 diviso 6, si possono escludere tutte le alternative tranne la prima, sulla base degli ordini di grandezza e delle unità di misura. Dato che 1/6 è compreso tra $1/8 = 0{,}125 = 1{,}25 \cdot 10^{-1}$ e $1/5 = 0{,}2 = 2 \cdot 10^{-1}$, si conclude che la risposta esatta è la A.

5 Due forze agiscono in direzioni perpendicolari l'una rispetto all'altra. I moduli delle due forze sono rispettivamente 3N e 4N. Quanto vale il modulo della forza risultante?

A 7 N

B 5 N

C 1 N

D 12 N

E 4/3 N

Per rispondere a questo quesito conviene rappresentare le due forze e la loro risultante (somma delle forze) utilizzando la regola del parallelogramma.
Il modulo della risultante **R** si ottiene applicando il teorema di Pitagora al triangolo rettangolo che ha per cateti le due forze di moduli 3 N e 4 N e per ipotenusa la loro risultante:

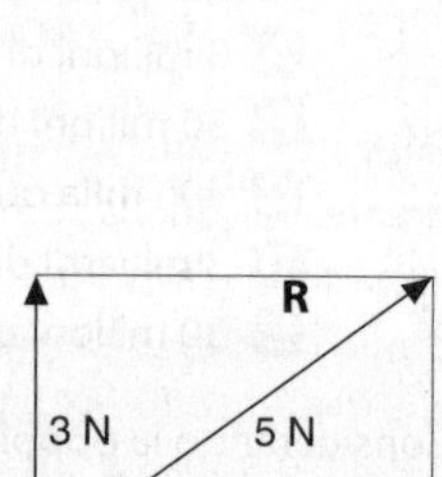

$$R = \sqrt{(9\ \text{N})^2 + (16\ \text{N})^2} = 5\text{N}$$

La risposta corretta è dunque la B.

PARTE QUARTA

6 Il modulo del vettore risultante dalla somma di due vettori, a e b, è uguale alla differenza tra il modulo del vettore a e il modulo del vettore b. È possibile affermare che:

- **A** i vettori **a** e **b** hanno la stessa direzione e lo stesso verso
- **B** i vettori **a** e **b** hanno la stessa direzione e verso opposto
- **C** i vettori **a** e **b** possono avere una direzione e un verso qualsiasi
- **D** le direzioni dei vettori **a** e **b** formano un angolo di 60°
- **E** i vettori **a** e **b** hanno modulo uguale e verso opposto

La risposta corretta è la **B**: infatti, il modulo della risultante di due vettori è dato dalla somma algebrica dei moduli dei due vettori solo quando questi sono equidirezionali (paralleli), e ciò consente di scartare le risposte **C** e **D**.

La **A** può essere esclusa per il fatto che se, oltre ad avere la stessa direzione, i due vettori hanno anche lo stesso verso, il modulo della risultante si ottiene **sommando** i loro moduli. La risposta **E** infine non è corretta per il fatto che rappresenta una condizione **sufficiente** ma **non necessaria** affinché l'affermazione del testo dell'esercizio sia vera.

In altre parole è vera l'implicazione seguente:

I vettori **a** e **b** hanno modulo uguale e verso opposto

quindi

il modulo del vettore risultante dalla somma dei due vettori **a** e **b**
è uguale alla differenza tra il modulo del vettore **a** e il modulo del vettore **b**

non è però vera l'implicazione inversa. Dall'affermazione contenuta nel testo del quesito non si può, infatti, concludere che i due vettori **a** e **b** hanno lo stesso modulo.

7 Siano date tre forze ≠ 0, complanari, tutte e tre applicate all'origine di un sistema piano di assi cartesiani ortogonali, tutte e tre giacenti nel primo quadrante. Per quali dei seguenti valori dei moduli può essere nulla la loro risultante?

- **A** Mai, qualsiasi siano i valori di F_1, di F_2 e di F_3
- **B** $F_1 = 3;\ F_2 = 4;\ F_3 = 5$
- **C** $F_1 = 1;\ F_2 = 7;\ F_3 = 13$
- **D** $F_1 = 0{,}5;\ F_2 = 0{,}5;\ F_3 = 1$
- **E** $F_1 = 1;\ F_2 = 2;\ F_3 = 4$

Si osserva anzitutto che non serve conoscere le proprietà delle forze per risolvere questo esercizio. È sufficiente trattare $\mathbf{F}_1$, $\mathbf{F}_2$ ed $\mathbf{F}_3$ come vettori qualsiasi.

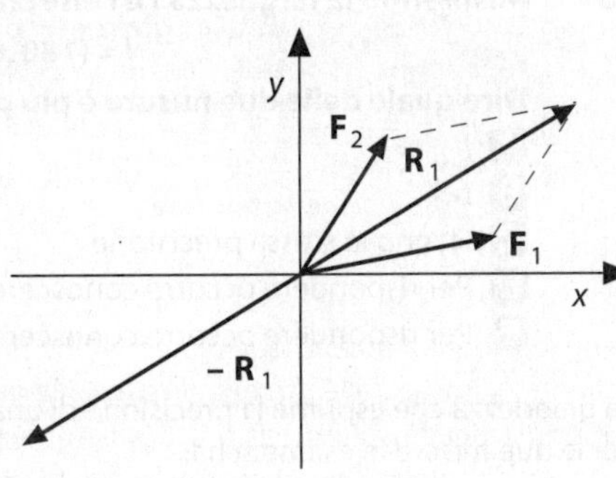

Si può iniziare il ragionamento considerando i primi due vettori ($\mathbf{F}_1$ e $\mathbf{F}_2$), senza perdere di generalità. Entrambi tali vettori sono non nulli e appartenenti al primo quadrante, dunque la somma $\mathbf{F}_1 + \mathbf{F}_2 = \mathbf{R}_1$ deve anch'essa appartenere al primo quadrante.

L'unico modo di *bilanciare* (ovvero annullare) una forza $\mathbf{R}_1$ giacente nel primo quadrante è sommarla a una uguale e opposta $-\mathbf{R}_1$, che dovrebbe dunque appartenere al terzo quadrante. Ma per ipotesi, tutti e tre i vettori dati nel problema appartengono al primo quadrante.

Si conclude che tali vettori non possono mai dare luogo a una risultante nulla (risposta **A**).

FISICA

8 **Data la misura della lunghezza di un circuito in chilometri, si riconoscano tra le seguenti le dimensioni dell'errore assoluto e dell'errore relativo della misura.**

A [L]; [L]
B [L]; $[L]^2$
C Adimensionale; [L]
D [L] ; adimensionale
E Sono entrambe grandezze adimensionali

Per ricavare le dimensioni dell'errore assoluto di una misura si utilizza la definizione. Supponendo che la misura del circuito sia per esempio la media di una serie di misure, e ricordando che dividere per un numero non cambia le dimensioni:

$$\varepsilon = \frac{x_{max} - x_{min}}{2} \quad \rightarrow \quad [\varepsilon] = [x_{max} - x_{min}] = [x] = [L]$$

L'errore assoluto ha sempre le dimensioni della misura a cui è associato.

L'errore relativo è definito come $\varepsilon_r = \varepsilon / X$, dove X è la misura. Essendo il rapporto di due grandezze con le stesse dimensioni, ε_r è una grandezza adimensionale. In questo caso:

$$\varepsilon_r = \frac{\varepsilon}{X} \quad \rightarrow \quad [\varepsilon_r] = \frac{[L]}{[L]} = 1$$

La risposta corretta è pertanto la D.

9 **La misura della massa di un corpo è (20,0 ± 0,5) mg. Quanto vale l'errore percentuale?**

A 0,5% B 2,5% C 5,0% D 25% E 50%

Quando la misura di una grandezza è indicata nella forma $(M \pm \varepsilon)$, M rappresenta il valore medio di più misure, mentre ε indica l'errore assoluto associato a M. Si definiscono errore relativo ε_r ed errore percentuale $\varepsilon_{\%}$ le due quantità:

$$\varepsilon_r = \frac{\varepsilon}{M} \qquad \varepsilon_{\%} = \frac{\varepsilon}{M} \cdot 100\%$$

Sostituendo i valori, si ottiene: $\varepsilon_{\%} = \frac{0{,}5 \text{ mg}}{20 \text{ mg}} \cdot 100\% = 2{,}5\,\%$.

La risposta esatta è quindi la B.

10 **Misurando la larghezza *l* e l'altezza *h* di un tavolo si trovano i seguenti valori:**

$l = (180 \pm 0{,}2)$ cm e $h = (80 \pm 0{,}1)$ cm

Dire quale delle due misure è più precisa.

A *l*
B *h*
C Hanno la stessa precisione
D Per rispondere occorre conoscere gli errori assoluti
E Per rispondere occorre conoscere gli errori sistematici

La grandezza che esprime la precisione di una misura è il suo errore relativo (o anche l'errore percentuale). Per le due misure in esame si ha:

$$\varepsilon_{rl} = \frac{0{,}2}{180} = 0{,}0011 \rightarrow \varepsilon_{\%} = 0{,}11\,\% \qquad \varepsilon_{rh} = \frac{0{,}1}{80} = 0{,}0013 \rightarrow \varepsilon_{\%} = 0{,}13\,\%$$

Essendo $\varepsilon_{rl} < \varepsilon_{rh}$ si conclude che la misura della larghezza del tavolo è più precisa della misura dell'altezza (risposta A). Si noti che non sempre errore assoluto più piccolo significa misura più precisa!

2 | Cinematica

Mettiti alla prova

I **Un aereo, partendo da fermo, raggiunge in 40 s la velocità di decollo, pari a 360 km/h. Qual è il valore medio dell'accelerazione che ha subito (g è l'accelerazione di gravità)?**

A $1{,}0\,g$
B $0{,}5\,g$
C $1{,}0\ \text{m/s}^2$
D $2{,}5\ \text{m/s}^2$
E $10\ \text{m/s}^2$

II **Una particella si muove lungo una linea retta ad una velocità di 5,0 m/s. Essa viene accelerata di 3,0 m/s^2 nella direzione e nel verso del suo moto. Quale sarà la sua velocità 4,0 secondi dopo l'inizio di questa accelerazione?**

A 8,0 m/s
B 11,0 m/s
C 12,0 m/s
D 17,0 m/s
E 19,0 m/s

III **Un corpo puntiforme si muove di moto circolare uniforme. Indichiamo con *r* il raggio della circonferenza, con *v* la velocità periferica, con ω la velocità angolare, con *T* il periodo, con *f* la frequenza. Qual è la giusta espressione?**

A $T = v/2\pi r$
B $T = 2\pi r/v$
C $T = f/\pi$
D $T = \omega \cdot v$
E $T = \pi/v$

IV **Un elicottero sta viaggiando in direzione Nord Ovest a una velocità di circa 70 km/h rispetto al suolo, in assenza di vento. Entra in una regione in cui sta spirando un vento proveniente da Sud Ovest alla velocità di circa 70 km/h rispetto al suolo. Con che velocità si muoverà l'elicottero rispetto al terreno, se mantiene, rispetto all'aria, la stessa velocità che aveva prima?**

A Circa 0 km/h
B Circa 50 km/h
C Circa 70 km/h
D Circa 100 km/h
E Circa 140 km/h

Ecco le risposte esatte dei 4 quesiti proposti: I **D**, II **D**, III **B**, IV **D**.

La *cinematica* studia e descrive il moto dei corpi senza interessarsi delle cause che lo producono. L'insieme di cinematica, *statica* (che studia l'equilibrio dei corpi) e *dinamica* (che analizza le cause del moto) prende il nome di *meccanica*.

2.1 | Punto materiale, traiettoria, sistemi di riferimento

Nel descrivere il moto di un corpo (per esempio un'automobile che percorre un circuito) si ricorre spesso a una comoda approssimazione, considerando l'oggetto come un punto in cui è concentrata tutta la massa del corpo: si trascura cioè la sua estensione spaziale, preoccupandosi soltanto della posizione. Tale punto prende il nome di **punto materiale**.

La **traiettoria** di un punto materiale è la linea che unisce tutte le posizioni (P_1, P_2, ..., P_n) occupate dal punto al trascorrere del tempo, per esempio in un riferimento cartesiano.
Il vettore che congiunge l'origine degli assi e ciascun punto P_i della traiettoria è detto **vettore posizione** e si indica con $\mathbf{s}_i$. La direzione e il verso di $\mathbf{s}_i$ sono indicati in figura.

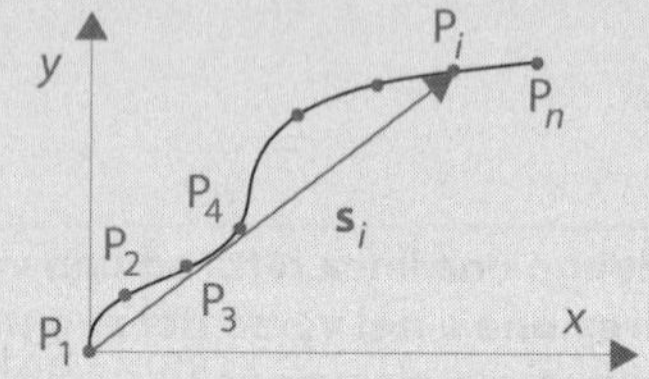

Dire che un oggetto è in quiete o in moto ha senso solo se si è precedentemente fissato un **sistema di riferimento**, rispetto al quale è possibile esprimere le posizioni occupate dal corpo nel tempo e tracciarne la relativa traiettoria. Il sistema di riferimento che si sceglie è normalmente *solidale* con la Terra, cioè in quiete rispetto a essa. Il moto del corpo è di conseguenza un *moto relativo* perché riferito a quel sistema. A seconda che il movimento avvenga lungo una retta, su un piano o nello spazio tridimensionale, per rappresentarlo si useranno rispettivamente una retta, un sistema di due assi ortogonali (**piano cartesiano**) o un sistema di tre assi ortogonali (**terna cartesiana**).

2.2 | Grandezze cinematiche

Per fissare le idee, si consideri che le grandezze cinematiche vengano osservate all'inizio e alla fine di intervalli di tempo ben precisi: tali istanti si possono chiamare, indifferentemente (e con ovvio riferimento dei pedici all'inizio e alla fine dell'osservazione), t_1 e t_2, oppure t_i e t_f, oppure ancora t_0 e t. Di conseguenza, le varie grandezze descritte nel seguito saranno indicate con gli stessi pedici dell'istante a cui si riferiscono.

2.2.1 | Spostamento

Il *vettore spostamento* unisce la posizione occupata nell'istante iniziale da un punto materiale in moto a quella occupata nell'istante finale. Si definisce quindi come una differenza di vettori posizione e si indica con $\Delta\mathbf{s}$:

$$\Delta\mathbf{s} = \mathbf{s}_2 - \mathbf{s}_1$$

L'unità di misura dello spostamento nel SI è il metro, mentre nel CGS è il centimetro.

In generale l'operatore matematico Δ applicato a una grandezza fisica g indica la **variazione** di g e si calcola sottraendo al valore assunto da g nell'istante finale il valore assunto da g nell'istante iniziale: $\Delta g = g_2 - g_1$.

Si supponga di dover disegnare il vettore spostamento di un punto materiale che si muove su un piano cartesiano, sapendo che nell'istante iniziale il punto occupa la posizione (1;3) e nell'istante finale raggiunge la posizione (4;1).

Per farlo si rappresentano il vettore posizione iniziale $\mathbf{s}_1$ e quello finale $\mathbf{s}_2$ nel piano cartesiano, secondo la definizione (cioè il vettore che va dall'origine degli assi al punto occupato). Si disegna poi il vettore spostamento $\Delta\mathbf{s} = \mathbf{s}_2 - \mathbf{s}_1$ come *differenza tra vettori* (vedi § 1.3.2).

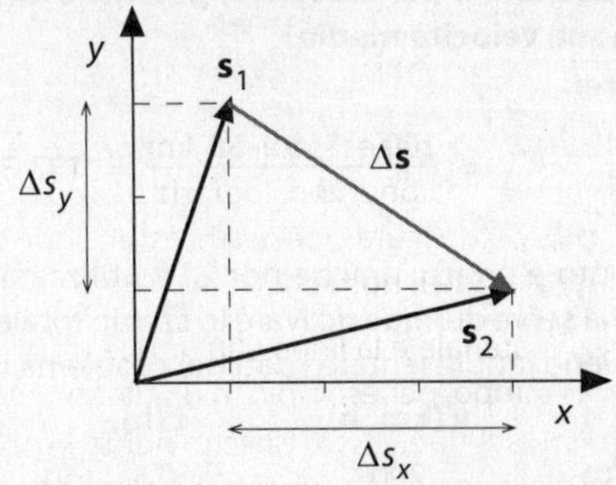

Se inoltre si vuole calcolare la lunghezza di $\Delta\mathbf{s}$, osservando il diagramma si applica il teorema di Pitagora alle componenti del vettore:

$$|\Delta\mathbf{s}| = \Delta s = \sqrt{(\Delta s_x)^2 + (\Delta s_y)^2} = \sqrt{(4-1)^2 + (3-1)^2} = \sqrt{13}$$

2.2.2 | Velocità

La **velocità media** è un vettore definito come rapporto tra la variazione del vettore posizione (rispetto a una terna cartesiana) e la variazione di tempo:

$$\mathbf{v} = \frac{\mathbf{s}_2 - \mathbf{s}_1}{t_2 - t_1} = \frac{\Delta\mathbf{s}}{\Delta t}$$

L'unità di misura della velocità nel SI è il $m \cdot s^{-1} = m/s$ (nel CGS è il cm/s).

Esiste un'altra unità di misura della velocità molto usata: il km/h. Si ricorda che:

$$1\ km = 1000\ m = 100.000\ cm = 10^5\ cm; \qquad 1\ h = 60\ min = 60 \cdot 60\ s = 3600\ s = 3{,}6 \cdot 10^3\ s$$

Per passare da km/h a m/s si moltiplica per $\frac{1000}{3600} = \frac{10}{36} = \frac{1}{3{,}6}$ (ossia si divide per 3,6).

Per passare da m/s a km/h si moltiplica quindi per 3,6.

- $v = 60\ \frac{km}{h} = \frac{60 \cdot 1000}{3600}\ \frac{m}{s} = \frac{60}{3{,}6}\ \frac{m}{s} = 16{,}7\ \frac{m}{s}$
- $v = 10\ \frac{m}{s} = 10 \cdot 3{,}6\ \frac{km}{h} = 36\ \frac{km}{h}$

Un'automobile percorre il tragitto Milano-Torino a una velocità media di 100 km/h. Se la distanza tra le due città è di circa 140 km, quanto tempo è durato il tragitto?

Secondo la definizione, il modulo della velocità media vale $v = \Delta s/\Delta t$. Tale modulo è appunto un dato del problema, mentre l'altro è il modulo del vettore spostamento $\Delta\mathbf{s}$. Per trovare il tempo impiegato a percorrere il tragitto è sufficiente invertire la relazione $v = \Delta s/\Delta t$:

$$\Delta t = \frac{\Delta s}{v} = \frac{140\ km}{100\ km/h} = 1{,}4\ h$$

Infine, trasformando in ore e minuti:

$$\Delta t = 1{,}4\ h = 1\ h + 0{,}4\ h = 1\ h + (0{,}4 \cdot 60\ min) = 1\ h + 24\ min$$

FISICA

La velocità media è un vettore. È parallela al vettore $\Delta\mathbf{s}$ perché la si ricava come rapporto tra il vettore $\Delta\mathbf{s}$ e un numero sempre positivo (Δt), e ha modulo pari al modulo di $\Delta\mathbf{s}$ diviso Δt:

$$v = \Delta s/\Delta t$$

La velocità media non è la media delle velocità! Si veda l'esercizio che segue.

Un camion viaggia a 200 km/h per mezz'ora, poi a 150 km/h per un'ora, infine a 50 km/h per due ore. Qual è la sua velocità media?

Si è tentati di rispondere:

$$v = \frac{200 + 150 + 50}{3}\ \frac{\text{km}}{\text{h}} = 133{,}3\ \frac{\text{km}}{\text{h}}$$

Ma questo procedimento è errato, poiché non si è utilizzata la definizione di velocità media $v = \Delta s/\Delta t$: per trovarla serve dunque ricavare lo spazio totale percorso e dividerlo per il tempo totale impiegato. Conviene rappresentare i dati del problema in una tabella:

	***v* (km/h)**	***t* (h)**	**$\Delta s = v \cdot \Delta t$ (km)**
1° tratto	200	0,5	100
2° tratto	150	1	150
3° tratto	50	2	100
Totale	/	3,5 h	350 km

A questo punto è facile calcolare il modulo della velocità media secondo la definizione:

$$v = \frac{\Delta s}{\Delta t} = \frac{350\ \text{km}}{3{,}5\ \text{h}} = 100\ \frac{\text{km}}{\text{h}}$$

Al contrario, sapere che un mezzo ha percorso un certo tragitto con una velocità media di 100 km/h non consente di per sé di conoscere la velocità da esso tenuta nei singoli tratti del tragitto. Per aumentare la quantità di informazioni sullo stato di moto, occorre ridurre l'ampiezza degli intervalli temporali nei quali si effettuano le misure. Il rapporto spazio/tempo viene così calcolato per intervalli di tempo via via più piccoli, al limite prossimi a zero.

Matematicamente, questo si ottiene effettuando un *passaggio al limite* secondo la relazione seguente, che fornisce la definizione di **velocità istantanea**:

$$\mathbf{v}_{ist} = \lim_{t_2 \to t_1} \frac{\mathbf{s}_2 - \mathbf{s}_1}{t_2 - t_1} = \lim_{\Delta t \to 0} \frac{\Delta\mathbf{s}}{\Delta t} = \mathbf{s}'(t)$$

Il simbolo $\mathbf{s}'(t)$ indica la *derivata* del vettore posizione **s** e corrisponde all'operazione matematica di passaggio al limite del rapporto delle differenze. Per questo motivo si dice che la velocità istantanea è data dalla derivata dello spazio rispetto al tempo.

2.2.3 | Accelerazione

L'accelerazione media è un vettore definito come rapporto tra la variazione del vettore velocità (rispetto a una terna cartesiana) e la variazione di tempo:

$$\mathbf{a} = \frac{\mathbf{v}_2 - \mathbf{v}_1}{t_2 - t_1} = \frac{\Delta\mathbf{v}}{\Delta t}$$

L'unità di misura dell'accelerazione nel SI è il $m \cdot s^{-2} = m/s^2$ (nel CGS è il cm/s^2).

L'accelerazione media è un vettore!

Direzione e verso: gli stessi della variazione di velocità $\Delta\mathbf{v}$, poiché Δt è un numero sempre positivo. **Modulo**: pari al rapporto fra il modulo della variazione di velocità $|\Delta\mathbf{v}|$ e il tempo Δt impiegato per tale variazione.

PARTE QUARTA

Siamo ora in grado di rispondere alla prima domanda posta all'inizio del capitolo.

Quesito I. La risposta esatta è la **D**.
L'accelerazione media di un corpo, per definizione, è data dal rapporto tra la variazione di velocità e l'intervallo di tempo in cui avviene tale variazione: $a = (v - v_0)/t$.
Sostituendo i valori si ottiene:

$$a = \frac{360 \text{ km/h} - 0 \text{ km/h}}{40 \text{ s}} = \frac{360 \text{ km/h}}{40 \text{ s}} = \frac{100 \text{ m/s}}{40 \text{ s}} = 2{,}5 \frac{\text{m}}{\text{s}^2}$$

L'accelerazione media è stata definita come variazione del vettore velocità nel tempo. Si può avere una variazione del vettore velocità ($\Delta\mathbf{v} \neq 0$) anche se il suo modulo è $|\mathbf{v}|$ = costante: è sufficiente che cambi la direzione. Infatti, **il vettore velocità è sempre tangente alla traiettoria.**

Per esempio, il vettore velocità associato al moto di un'automobile che viaggia a 50 km/h su un circuito circolare ha sempre lo stesso modulo, ma cambia direzione in ogni punto della traiettoria. In altre parole, **si può avere accelerazione diversa da zero anche se la velocità rimane costante in modulo.**

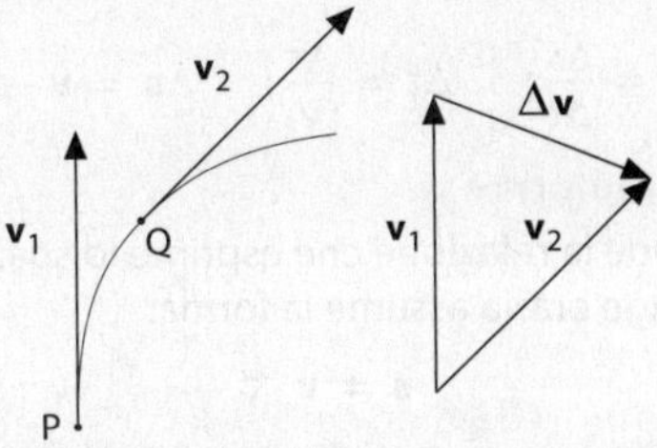

Nel caso di traiettoria curva, l'accelerazione del punto materiale che la percorre è sempre diversa da zero: in ogni punto, infatti, cambia quanto meno la direzione della sua velocità.

Analogamente a quanto visto per la velocità, un'informazione completa sull'accelerazione si ha quando gli intervalli di tempo nei quali la si misura sono piccoli. Si definisce così l'**accelerazione istantanea**:

$$\mathbf{a}_{\text{ist}} = \lim_{t_2 \to t_1} \frac{\mathbf{v}_2 - \mathbf{v}_1}{t_2 - t_1} = \lim_{\Delta t \to 0} \frac{\Delta\mathbf{v}}{\Delta t} = \mathbf{v}'(t)$$

Quali sono le dimensioni dell'accelerazione?
A partire dalla definizione, $a = \Delta v/\Delta t$, sostituendo alla velocità e al tempo le loro dimensioni, si ricavano quelle di a:

$$[a] = \frac{[\Delta v]}{[\Delta t]} = \frac{[\text{L}]/[\text{T}]}{[\text{T}]} = \frac{[\text{L}]}{[\text{T}]} \cdot \frac{1}{[\text{T}]} = \frac{[\text{L}]}{[\text{T}]^2}$$

Si consideri un corpo in movimento lungo una traiettoria curvilinea con velocità costante in modulo: l'accelerazione è diversa da zero ed è diretta come $\Delta\mathbf{v}$ (caso a della figura sottostante). Se l'intervallo di tempo diminuisce, i vettori velocità in due istanti successivi arrivano quasi a coincidere e la differenza di velocità si dispone lungo una direzione che tende a diventare perpendicolare a tali vettori (caso b); al limite, l'accelerazione istantanea sarà perfettamente perpendicolare alla velocità e quindi diretta verso il centro della curva (caso c).
Perciò si parla in questi casi di **accelerazione centripeta**.

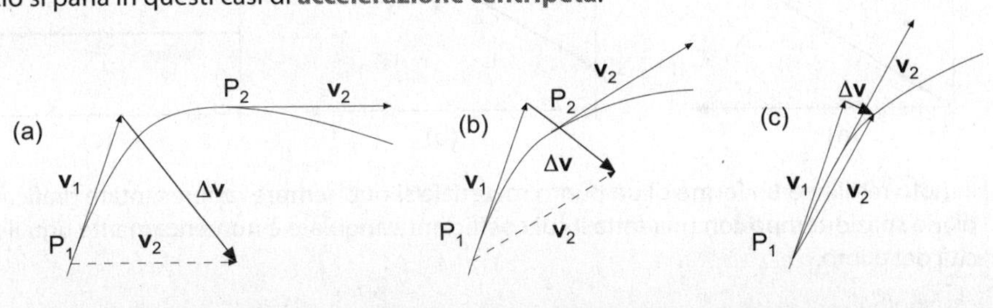

2.3 | Moti particolari

Si procede a una carrellata dei principali moti particolari e delle loro proprietà. In generale:

Il moto è **rettilineo** quando la velocità **v** ha *direzione costante* (il modulo può variare).
Il moto è **uniforme** quando la velocità **v** ha *modulo costante* (la direzione può variare).

È rettilineo il moto di un atleta che percorre i 100 metri piani, anche se la sua velocità aumenta progressivamente in modulo. È uniforme il moto della punta di una lancetta di orologio, anche se la traiettoria descritta non è diritta ma circolare.

2.3.1 | Moto rettilineo uniforme

È il moto più semplice, in cui la velocità **v** è costante in direzione, modulo e verso. In questo caso:

$$\mathbf{v}_{media} = \mathbf{v}_{istantanea} = \frac{\text{spazio percorso}}{\text{tempo impiegato a percorrerlo}} = \frac{\Delta \mathbf{s}}{\Delta t}$$

Da cui:

$$v = \frac{\Delta s}{\Delta t}; \quad \Delta t = \frac{\Delta s}{v}; \quad \Delta \mathbf{s} = \mathbf{v} \cdot \Delta t$$

Legge oraria del moto rettilineo uniforme

Per *legge oraria* di un moto si intende la relazione che esprime lo spazio in funzione del tempo. Nel caso del moto rettilineo uniforme, la legge oraria assume la forma:

$$\mathbf{s} = \mathbf{v} \cdot t$$

Se all'istante iniziale t_0 il corpo aveva già percorso un tratto s_0, la legge oraria diventa:

$$\mathbf{s} = \mathbf{s}_0 + \mathbf{v} \cdot t$$

Un'automobile procede alla velocità costante di 72 km/h. Quanti metri percorre in 5 secondi?
Si converte la velocità in m/s (72 km/h = 20 m/s) e si procede al calcolo secondo la legge oraria:

$$s = v \cdot t \rightarrow s = 20\ \text{m/s} \cdot 5\ \text{s} = 100\ \text{m}$$

Rappresentazione grafica del moto rettilineo uniforme

Il moto rettilineo uniforme è regolato da leggi che legano tra loro le variabili spazio, tempo e velocità. È possibile rappresentare tali legami con delle curve piane in un sistema di assi cartesiani.
Si possono disegnare grafici di tipo *spazio-tempo* e *velocità-tempo*. Se $s_0 = 0$, spazio e tempo sono legati dalla legge oraria $s = v \cdot t$: si tratta di grandezze direttamente proporzionali e la rappresentazione grafica della legge oraria è una semiretta passante per l'origine degli assi cartesiani *spazio-tempo* (figura a). Se $s_0 \neq 0$, la legge oraria assume la forma $s = s_0 + v \cdot t$ e la semiretta che la rappresenta non passa per l'origine degli assi (figura b). Nel piano *velocità-tempo* (figura c), la rappresentazione grafica del moto rettilineo uniforme è invece una semiretta parallela all'asse dei tempi che interseca l'asse delle ordinate in corrispondenza del valore costante della velocità.

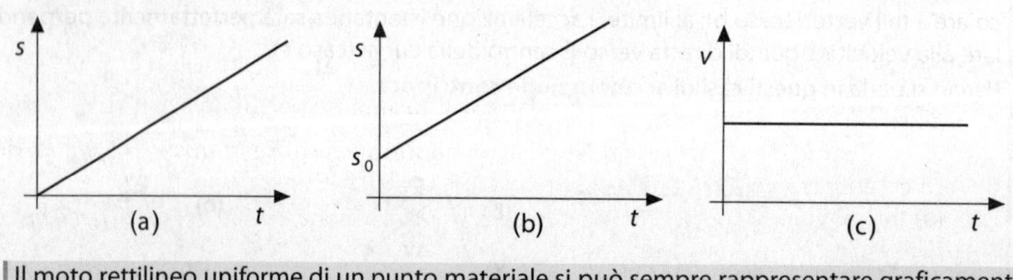

Il moto rettilineo uniforme di un punto materiale si può sempre rappresentare graficamente nel piano spazio-tempo con una retta il cui coefficiente angolare è numericamente uguale alla velocità del punto.

2.3.2 | Moto rettilineo uniformemente accelerato

Se in un moto l'accelerazione è costante, il moto si dice *uniformemente accelerato.*

Per il moto uniformemente accelerato la velocità raggiunta dopo avere accelerato per un tempo t vale:

$$\mathbf{v}_f = \mathbf{v}_0 + \mathbf{a} \cdot t$$

dunque passando ai moduli:

$$v_f = v_0 + a \cdot t$$

Legge oraria del moto rettilineo uniformemente accelerato

Nel caso del moto uniformemente accelerato lo spazio percorso dopo un tempo t (legge oraria) è:

$$\mathbf{s} = \mathbf{s}_0 + \mathbf{v}_0 \cdot t + \frac{1}{2}\mathbf{a} \cdot t^2$$

dunque passando ai moduli:

$$s = s_0 + v_0 \cdot t + \frac{1}{2} a \cdot t^2$$

dove $\mathbf{v}_0$ e $\mathbf{v}_f$ sono la velocità iniziale e finale, $\mathbf{s}_0$ è lo spazio iniziale, $\mathbf{a}$ è l'accelerazione (costante) e t è il tempo trascorso dall'istante iniziale.

Rappresentazione grafica del moto uniformemente accelerato

In questo caso i grafici possono essere del tipo *spazio-tempo, velocità-tempo* e *accelerazione-tempo.* Nel primo caso il legame tra s e t è dato dalla legge oraria:

$$s = s_0 + v_0 \cdot t + \frac{1}{2} a \cdot t^2$$

Nel caso particolare $s_0 = v_0 = 0$, si ha $s = \frac{1}{2} a \cdot t^2$, la cui rappresentazione grafica nel piano *spazio-tempo* è una parabola con vertice nell'origine degli assi (figura a).

Dalla relazione $v = a \cdot t$ (quando $v_0 = 0$) si nota una diretta proporzionalità tra v e t. Così, la rappresentazione grafica del moto uniformemente accelerato nel piano *velocità-tempo* è una semiretta passante per l'origine degli assi, il cui coefficiente angolare è pari al valore dell'accelerazione (figura b).

Infine, la rappresentazione grafica dell'accelerazione in funzione del tempo nel piano *accelerazione-tempo* è una retta orizzontale che interseca l'asse delle ordinate in corrispondenza del valore costante dell'accelerazione (figura c).

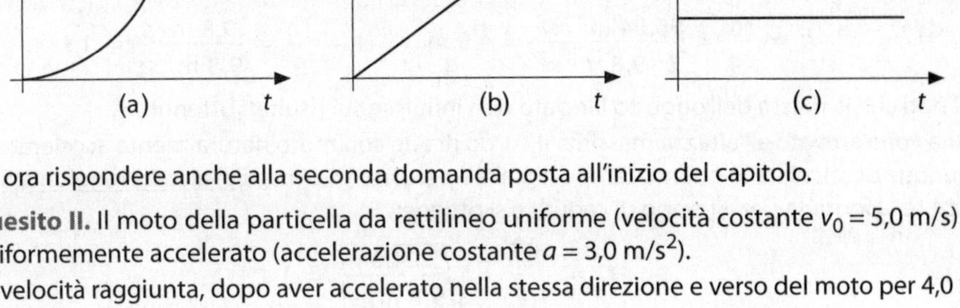

(a) (b) (c)

Possiamo ora rispondere anche alla seconda domanda posta all'inizio del capitolo.

Quesito II. Il moto della particella da rettilineo uniforme (velocità costante $v_0 = 5{,}0$ m/s) diventa uniformemente accelerato (accelerazione costante $a = 3{,}0$ m/s^2).

La velocità raggiunta, dopo aver accelerato nella stessa direzione e verso del moto per 4,0 secondi, è pari a:

$$v_f = v_0 + a \cdot t = 5{,}0 \text{ m/s} + 3{,}0 \text{ m/s}^2 \cdot 4{,}0 \text{ s} = 17{,}0 \text{ m/s}$$

quindi la risposta corretta è la **D**.

FISICA

2.3.3 | Moto di caduta dei gravi

L'importanza che riveste il moto uniformemente accelerato è dovuta al fatto che la caduta libera dei gravi sulla Terra è un moto di questo tipo. Per questo motivo il moto di caduta dei gravi è chiamato anche moto *naturalmente accelerato*.

In particolare, nel campo gravitazionale si ha:

$$a = g = 9{,}8 \text{ m/s}^2$$

Il *modulo* dell'accelerazione gravitazionale **g** varia in effetti con la latitudine e l'altitudine; in particolare, diminuisce passando dai poli all'equatore e diminuisce con l'aumentare della distanza dalla superficie terrestre. Le variazioni sono però talmente piccole che g può essere considerato costante sulla superficie terrestre. Il vettore **g** è sempre *diretto* lungo la verticale, *verso* il basso.

Trattandosi di un moto uniformemente accelerato, valgono le stesse leggi viste nel § 2.3.2. Indicando con h l'altezza del grave che cade lungo la verticale (rispetto a terra, per esempio), si ha:

$$h = h_0 + v_0 \cdot t - \frac{1}{2} g \cdot t^2 \qquad [1]$$

dove h_0 è la posizione iniziale, v_0 è l'eventuale velocità iniziale del grave; il segno – appare perché l'accelerazione è diretta verso il basso, cioè verso altezze decrescenti.

Se $h_0 = v_0 = 0$, la [1] assume la forma:

$$h = -\frac{1}{2} g \cdot t^2$$

Per un corpo lasciato cadere da un'altezza h_0 con velocità iniziale nulla si ha:

$$\text{tempo di caduta} = t_c = \sqrt{\frac{2h_0}{g}} \qquad \text{velocità finale} = v_f = \sqrt{2gh_0}$$

Per un corpo lanciato verso l'alto con velocità iniziale v_0 si ha:

$$\text{altezza max raggiunta} = h = \frac{v_0^2}{2g} \qquad \text{tempo necessario per raggiungerla} = t_h = \frac{v_0}{g}$$

Si noti che **nessuna delle grandezze appena definite per un corpo in caduta libera dipende dalle caratteristiche particolari del corpo** (per esempio massa, materiale, forma).

Un oggetto avente massa m = 28 kg viene lanciato verso l'alto con una velocità v_0 di 9,8 m/s. Si calcoli la massima altezza raggiunta, il tempo impiegato per raggiungerla e quello impiegato per tornare all'altezza iniziale.

La massima altezza raggiunta e il tempo di salita valgono rispettivamente:

$$h = \frac{v_0^2}{2g} = \frac{96{,}04 \text{ m}^2/\text{s}^2}{2 \cdot 9{,}8 \text{ m/s}^2} = 4{,}9 \text{ m} \qquad t = \frac{v_0}{g} = \frac{9{,}8 \text{ m/s}}{9{,}8 \text{ m/s}^2} = 1 \text{ s}$$

Si noti che la massa dell'oggetto lanciato non influisce sui risultati ottenuti.

Una volta arrivato all'altezza massima il corpo ricade con moto naturalmente accelerato: si tratta dunque di calcolare in quanto tempo il grave ripercorre i 4,9 metri di altezza raggiunti. Si può utilizzare la formula per il tempo di caduta e si ottiene:

$$t_c = \sqrt{\frac{2h}{g}} = \sqrt{\frac{2 \cdot 4{,}9 \text{ m}}{9{,}8 \text{ m/s}^2}} = 1 \text{ s}$$

In generale il tempo necessario per raggiungere una certa altezza è pari al tempo necessario per ripercorrerla a ritroso, in caduta libera. Nello stesso modo si dimostra che la velocità iniziale verso l'alto è la stessa con cui il corpo ritransita per il punto di partenza.

2.3.4 | Moto circolare uniforme

È il moto di un punto che descrive una traiettoria circolare con velocità costante in modulo.
Si definiscono:

- T = **periodo** = tempo impiegato a compiere una rotazione completa.
- ν = **frequenza** = numero di rotazioni al secondo.

T e ν sono grandezze scalari aventi rispettivamente per unità di misura i secondi e i s^{-1} = hertz (simbolo: Hz).

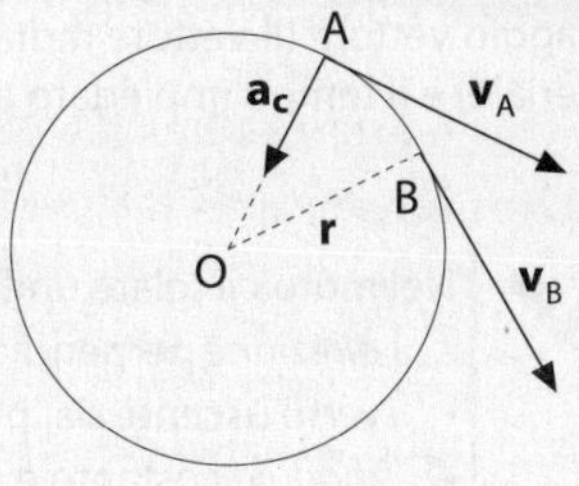

Dalla definizione di velocità, si ha:

$$|\mathbf{v}_A| = |\mathbf{v}_B| = \frac{\text{lunghezza della circonferenza}}{\text{periodo di rotazione}} = \frac{2\pi r}{T} = \text{costante}$$

Nel moto circolare uniforme il modulo della velocità è costante, mentre la sua direzione è in ogni punto tangente alla circonferenza (e quindi perpendicolare al raggio). Dato che la direzione della velocità cambia continuamente, il punto materiale che si muove di moto circolare uniforme è sottoposto a un'accelerazione sempre diversa da zero, diretta verso il centro della circonferenza. Tale accelerazione, detta **accelerazione centripeta**, è di conseguenza sempre perpendicolare alla velocità istantanea del punto.
Nel moto circolare uniforme, il vettore accelerazione centripeta $\mathbf{a}_c$ ha le seguenti caratteristiche.

Direzione radiale in ogni punto; *verso* dall'esterno al centro della circonferenza; *modulo* costante, dato dal rapporto fra il quadrato della velocità e il raggio della circonferenza:

$$a_c = v^2/r$$

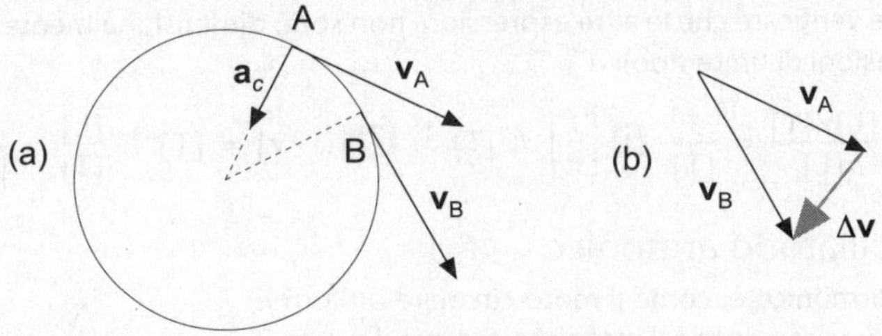

Si ha accelerazione centripeta ogni volta che la velocità varia in direzione!
L'accelerazione centripeta è sempre perpendicolare alla velocità: anche per il moto circolare valgono le considerazioni fatte a pagina 355.

Un punto materiale si muove lungo il bordo di un disco a velocità costante e compie quattro giri ogni due secondi. Quanto vale il periodo? Quanto vale l'accelerazione centripeta se il raggio del disco è 1 cm?
Nel moto circolare uniforme il periodo è definito come il tempo necessario a compiere un giro; il problema dà invece la frequenza:

$$\nu = 4/(2\ \text{s}) = 2\ \text{Hz} \ \rightarrow \ T = 1/\nu = 0{,}5\ \text{s}$$

Conoscendo il raggio della traiettoria è possibile calcolare lo spazio percorso in un periodo, e dunque l'accelerazione centripeta:

$$v = \frac{\Delta s}{\Delta t} = \frac{2\pi r}{T} \ \rightarrow \ a_c = \frac{v^2}{r} = \left(\frac{2\pi r}{T}\right)^2 \cdot \frac{1}{r} = \frac{4\pi^2 r}{T^2}$$

Nel sostituire i valori numerici si deve fare attenzione al raggio, che nel testo è dato in cm e va trasformato in metri (se non diversamente specificato, è bene usare le unità del SI):

$$a_c = \frac{4\pi^2 r}{T^2} = \frac{4\pi^2 \cdot 10^{-2}\ \text{m}}{(0{,}5\ \text{s})^2} = 1{,}6\ \frac{\text{m}}{\text{s}^2}$$

FISICA

Nel moto circolare, accanto alla velocità lineare del punto materiale che si sposta lungo la circonferenza, si definisce anche una **velocità angolare media** ω, data dal rapporto fra l'angolo al centro *spazzato* dal raggio vettore (il vettore radiale che ha origine nel centro della circonferenza ed estremo sul punto materiale) e il tempo impiegato a spazzarlo:

$$\omega_{media} = \Delta\theta/\Delta t$$

Nel moto circolare uniforme, la **velocità angolare** è un vettore con queste caratteristiche:
- *direzione* perpendicolare al piano di rotazione;
- *verso* uscente dal piano di rotazione se questa è antioraria, entrante nel piano se è oraria;
- *modulo* costante e pari a:

$$\omega = 2\pi_{rad}/T = 2\pi\nu$$

L'angolo di ampiezza 2π equivale all'angolo di 360° espresso in radianti; il **radiante** è l'angolo al centro di una circonferenza che insiste su un arco lungo quanto il raggio.
Per riepilogare, nel moto circolare uniforme valgono le seguenti relazioni:

$$T = \frac{1}{\nu}; \quad T = \frac{2\pi}{\omega}; \quad v = \omega \cdot r; \quad \omega = \frac{v}{r}; \quad a_c = \frac{v^2}{r} = \omega^2 \cdot r$$

Mentre il modulo della velocità v dipende dalla distanza dal centro di rotazione (ossia dal raggio r), ω ne è indipendente.

Possiamo ora rispondere anche al terzo quesito posto all'inizio del capitolo.

Quesito III. L'espressione corretta è la **B**: invertendola si ricava infatti la definizione di velocità, cioè spazio (la lunghezza della circonferenza) fratto tempo (il periodo).
È interessante verificare che le altre espressioni non sono dimensionalmente corrette (non hanno cioè le dimensioni di un tempo):

A $\left[\frac{v}{2\pi r}\right] = \frac{[L]/[T]}{[L]} = \frac{1}{[T]}$ **C** $\left[\frac{f}{\pi}\right] = [T]^{-1}$ **D** $[\omega \cdot v] = [T]^{-1} \cdot \frac{[L]}{[T]} = \frac{[L]}{[T]^2}$ **E** $\left[\frac{\pi}{v}\right] = \frac{[T]}{[L]}$

2.3.5 | Moto oscillatorio armonico

Il moto oscillatorio armonico è, come il moto circolare uniforme, un moto periodico; precisamente è il moto che compie il punto P' (proiezione di P lungo il diametro AB) quando P si muove di moto circolare uniforme.

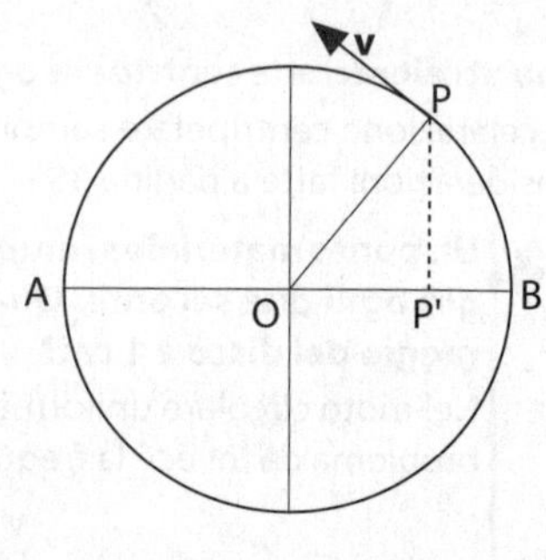

- La velocità di P' è la proiezione di **v** sul diametro AB: è massima in O e nulla in A e B, dove P' inverte il moto.
- L'accelerazione di P' è proporzionale allo spostamento OP': è massima in A e in B ed è nulla in O.

La legge oraria di tale moto è rappresentata graficamente da una sinusoide:

$$x(t) = A \cdot \text{sen}(\omega \cdot t + \varphi)$$

dove A è l'ampiezza massima dell'oscillazione (nell'esempio è la distanza tra il centro dell'oscillazione O e gli estremi dell'oscillazione, ovvero $A = \overline{AB}/2$), φ è un parametro detto *fase iniziale* che tiene conto delle condizioni iniziali e ω prende il nome di *pulsazione* e ha le dimensioni di un inverso del tempo.

Un corpo appeso a una molla inizialmente allungata, una volta lasciato libero, compie, in assenza di attriti, un moto oscillatorio armonico. Per piccole oscillazioni, un pendolo o un'altalena in assenza di attriti compiono un moto oscillatorio armonico.
Se non intervengono forze esterne, tale moto si ripete periodicamente nel tempo senza mai arrestarsi.

PARTE QUARTA

2.4 | Moti composti

2.4.1 | Composizione di moti uniformi

Si consideri un passeggero che si sposta con velocità costante **v** lungo la carrozza di un treno in moto su un binario rettilineo con velocità costante **u**. Un osservatore fermo a terra che guardi il treno vedrà il passeggero muoversi a una velocità diversa da **v**, e in particolare: se il passeggero cammina nella stessa direzione del treno, la sua velocità rispetto al suolo sarà maggiore di **u**; viceversa, se cammina in direzione opposta, l'osservatore a terra lo vedrà muoversi più lentamente del treno. Si parla in questi casi di *moto relativo*, poiché la sua descrizione dipende dal sistema di riferimento prescelto. Si parla inoltre di *velocità relativa* (del passeggero rispetto al sistema in moto, nell'esempio **v**), di *velocità di trascinamento* (quella del sistema in moto rispetto alla Terra, nell'esempio **u**) e di *velocità assoluta* (del passeggero rispetto alla Terra).

Il moto risultante dalla composizione di un moto uniforme a velocità **v** in un sistema di riferimento a sua volta in moto uniforme con velocità **u** è ancora un moto uniforme, con velocità **V** data dalla somma vettoriale delle due velocità:

$$\mathbf{V} = \mathbf{v} + \mathbf{u}$$

Se **v** e **u** sono parallele, il moto risultante avviene lungo la stessa direzione.

Se **v** e **u** sono ortogonali, ovvero se un corpo si muove in direzione ortogonale rispetto alla velocità di trascinamento, può essere comodo descrivere il suo moto, in ogni istante, ragionando in maniera separata lungo due assi cartesiani: uno allineato alla direzione del moto relativo e l'altro allineato a quella di trascinamento.

Per attraversare un fiume il cui letto è largo *L* = 50 m, alcuni gitanti si servono di una barca a remi. Riescono a sviluppare una velocità v = 5 m/s in direzione ortogonale alla corrente del fiume, che è pari a u = 10 m/s. A quale distanza a valle di quella da cui sono partiti arriveranno i gitanti sull'altra sponda del fiume?

Conviene ragionare separatamente lungo la direzione della corrente, che chiameremo *Y*, e lungo quella a essa perpendicolare in cui si sposta la barca, che chiameremo *X*.

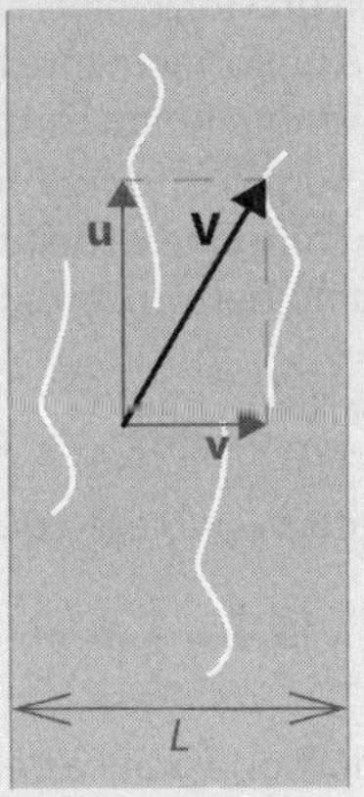

In altre parole: la componente di **V** lungo *X* è **v**. Secondo la legge oraria del moto uniforme, è possibile calcolare il tempo necessario ad attraversare il fiume:

$$\Delta t = \frac{L}{v} = \frac{\Delta x}{v} = \frac{50 \text{ m}}{5 \text{ m/s}} = 10 \text{ s}$$

Poiché, inoltre, la componente di **V** lungo *Y* è **u**, adesso che conosciamo la durata dell'attraversamento possiamo calcolare l'effetto del trascinamento lungo il corso del fiume, ancora ricorrendo alla legge oraria del moto uniforme:

$$\Delta y = \Delta t \cdot u = 10 \text{ s} \cdot 10 \text{ m/s} = 100 \text{ m}$$

FISICA

Siamo ora in grado di rispondere anche all'ultimo dei quattro quesiti posti all'inizio del capitolo.

Quesito IV. In presenza del vento, la velocità effettiva dell'elicottero rispetto al terreno è il vettore **V** che risulta dalla somma vettoriale della velocità $\mathbf{v}_1$ (velocità effettiva dell'elicottero rispetto all'aria) e della velocità di trascinamento $\mathbf{v}_2$ (velocità dell'aria rispetto al suolo): questi due vettori sono fra loro ortogonali.

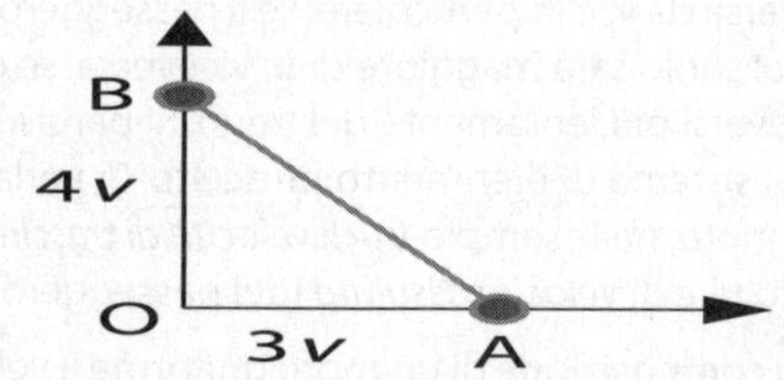

Ricordando che la diagonale di un quadrato di lato L misura $\sqrt{2} \cdot L$ si ricava che:

$$\mathbf{V} = \sqrt{2} \cdot \mathbf{v}_1 \approx 1{,}414 \cdot 70 \text{ km/h} \approx 100 \text{ km/h}$$

La risposta esatta è quindi la **D**.

2.4.2 | Composizione di moti uniformi con moti accelerati

Sia dato un corpo di massa m che, come indicato in figura, viene lanciato con una certa velocità iniziale $\mathbf{v}_0$ da un'altezza h sulla superficie terrestre. Analizziamo il moto scomponendolo lungo gli assi cartesiani.

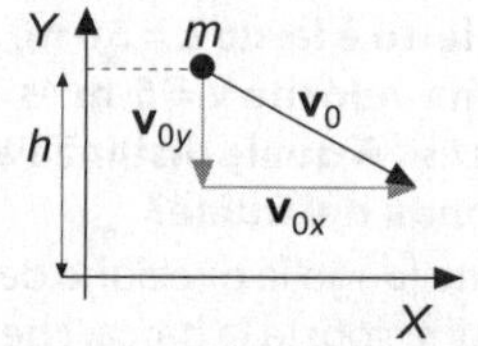

Il corpo è soggetto solo all'accelerazione gravitazionale, che agisce esclusivamente lungo la verticale; di conseguenza il moto lungo la verticale è uniformemente accelerato. Al contrario, poiché non ci sono accelerazioni che agiscono lungo l'asse X, il moto lungo l'orizzontale non è accelerato.

Si scomponga quindi il moto di caduta sugli assi ortogonali X (orizzontale) e Y (verticale) e si indichino rispettivamente con $\mathbf{x}$, $\mathbf{v}_x$, $\mathbf{a}_x$ e $\mathbf{y}$, $\mathbf{v}_y$, $\mathbf{a}_y$ le componenti dello spostamento, della velocità e dell'accelerazione lungo l'asse X e lungo l'asse Y. Per quanto detto, ricordando le leggi orarie del moto uniforme e di quello uniformemente accelerato, si ha:

$$a_x = 0 \rightarrow v_x = v_{0x} = \text{costante} \qquad a_y = g \rightarrow v_y = -v_{0y} - g \cdot t$$

Se il corpo viene lanciato orizzontalmente, $v_{0y} = 0$ e le equazioni del moto lungo i due assi sono:

$$x = v_x \cdot t \qquad y = h - \frac{1}{2} g \cdot t^2 \rightarrow y = h - \frac{1}{2} g \cdot \frac{x^2}{v_x^2}$$

Poiché g e v_x sono costanti, la rappresentazione grafica del moto nel piano XY è una parabola con concavità rivolta verso il basso e il moto è di tipo *parabolico*.

Un proiettile di massa $m = 10$ g viene sparato verso l'alto da terra con velocità iniziale pari a 80 m/s e con un angolo rispetto all'orizzontale di 30°. Si calcoli la gittata.

La *gittata* G è la distanza percorsa in orizzontale dal proiettile. È possibile calcolarla conoscendo l'angolo α formato dalla velocità iniziale con il piano orizzontale e il modulo v_0 della velocità iniziale:

$$G = \frac{v_0^2}{g} \operatorname{sen} 2\alpha = \frac{80^2 \text{ m}^2/\text{s}^2}{9{,}8 \text{ m/s}^2} \cdot \operatorname{sen} 60° \approx 554 \text{ m}$$

Osserviamo che la gittata G è massima per $\alpha = 45°$

PARTE QUARTA

Ripassa da qui

Velocità e accelerazione

► **Velocità** media: $\mathbf{v} = \frac{\mathbf{s}_2 - \mathbf{s}_1}{t_2 - t_1} = \frac{\Delta \mathbf{s}}{\Delta t}$

- ► Per passare da km/h a m/s si moltiplica per $\frac{1000}{3600} = \frac{10}{36} = \frac{1}{3{,}6}$
- ► Per passare da m/s a km/h si moltiplica per 3,6

► **Accelerazione** media: $\mathbf{a} = \frac{\mathbf{v}_2 - \mathbf{v}_1}{t_2 - t_1} = \frac{\Delta \mathbf{v}}{\Delta t}$

► Moto **rettilineo uniforme**

$$\mathbf{v}_{media} = \mathbf{v}_{istantanea} = \frac{\text{spazio percorso}}{\text{tempo impiegato a percorrerlo}} = \frac{\Delta \mathbf{s}}{\Delta t}$$

Moto rettilineo uniformemente accelerato

► Velocità raggiunta dopo avere accelerato per un tempo t: $\mathbf{v} = \mathbf{v}_0 + \mathbf{a} \cdot t$

► Spazio percorso dopo un tempo t: $\mathbf{s}_0 + \mathbf{v}_0 \cdot t + \frac{1}{2} \mathbf{a} \cdot t^2$

► Accelerazione che ha portato la velocità da v_0 a v_f in un tempo t: $\mathbf{a} = \frac{\mathbf{v}_f - \mathbf{v}_0}{t}$

Moto di caduta dei gravi

► Accelerazione gravitazionale: $a = g = 9{,}8 \text{ m/s}^2$

► Spazio percorso in verticale da un oggetto in caduta libera: $h = h_0 + v_0 \cdot t + \frac{1}{2} g \cdot t^2$

► Corpo lasciato cadere da un'altezza h con velocità iniziale nulla:

tempo di caduta: $t_c = \sqrt{\frac{2h}{g}}$ velocità finale: $v_f = \sqrt{2gh}$

► Corpo lanciato verso l'alto con velocità iniziale v:

massima altezza raggiunta: $h = \frac{v^2}{2g}$ tempo impiegato: $t_h = \frac{v}{g}$

Moto circolare uniforme

► $v = \frac{2\pi r}{T}$ = costante dove r = raggio di curvatura, T = periodo

► Velocità angolare: $\omega = \frac{\Delta\theta}{\Delta t}$

► Accelerazione centripeta: $a_c = \frac{v^2}{r} = \omega^2 \cdot r$ sempre diretta verso il centro della curva

► Valgono le relazioni: $T = \frac{1}{\nu}$ $v = \omega \cdot r$ $\omega = \frac{v}{r}$ dove ν = frequenza

Moto dei proiettili

► Moto lungo i due assi: $x = v_x \cdot t$; $y = v_y \cdot t + \frac{1}{2} g \cdot t^2 = h - \frac{1}{2} g \cdot \frac{x^2}{v_x^2}$ Gittata: $G = \frac{v_0^2}{g} \cdot \text{sen } 2\alpha$

FISICA

Quesiti svolti

1 Quale delle seguenti quantità rappresenta il tempo di caduta di un grave che cade da un'altezza *h*?

A $\sqrt{2gh}$ **B** $\sqrt{\frac{2h}{g}}$ **C** $2gh$ **D** $\frac{1}{2}gh^2$ **E** gh^2

Dalla teoria del moto uniformemente accelerato si ha che il tempo di caduta di un grave che parte da un'altezza h è $\sqrt{2h/g}$ (risposta **B**).

Per rispondere al quesito, se non si ricorda la formula e non si vuole ricavarla dalla teoria, si può utilizzare l'analisi dimensionale. Si può cioè controllare se le risposte fornite hanno le dimensioni di un tempo o no. La quantità riportata nella risposta **A** ha le dimensioni di una velocità, infatti:

$$[\sqrt{2gh}] = [L]^{1/2}[T]^{-1}[L]^{1/2} = [L][T]^{-1}$$

Da questo si ricava facilmente che le dimensioni della quantità $2gh$ sono $[L]^2[T]^{-2}$ e quelle della quantità $1/2\ gh^2$ sono $[L]^3[T]^{-2}$. Anche le risposte **C** e **D** sono pertanto errate. La risposta corretta è la **B** dato che la quantità ivi riportata è la sola che abbia le dimensioni di un tempo, infatti:

$$\left[\sqrt{\frac{2h}{g}}\right] = [L]^{1/2}[T][L]^{-1/2} = [T]$$

Si osservi che l'analisi dimensionale è valida in generale come metodo veloce di controllo degli eventuali calcoli effettuati nella risoluzione dei test.

2 Se la velocità di un'automobile è costante, qual è il grafico che individua l'andamento dello spazio percorso *s* in funzione del tempo *t* ?

A
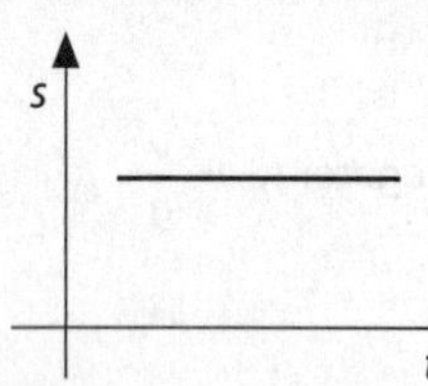

B
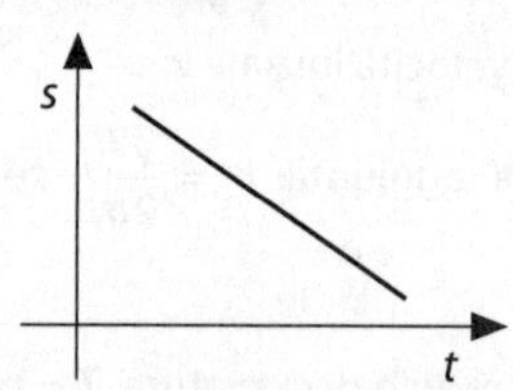

C
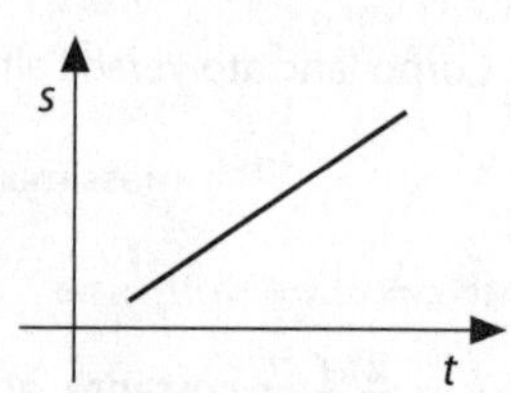

D
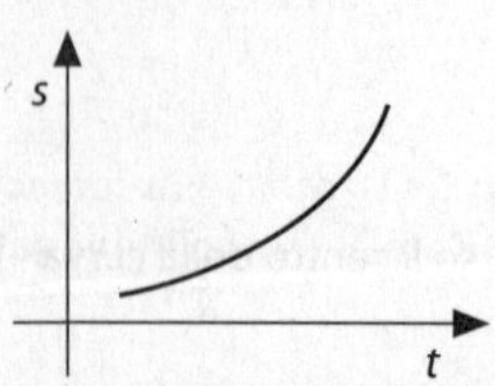

E
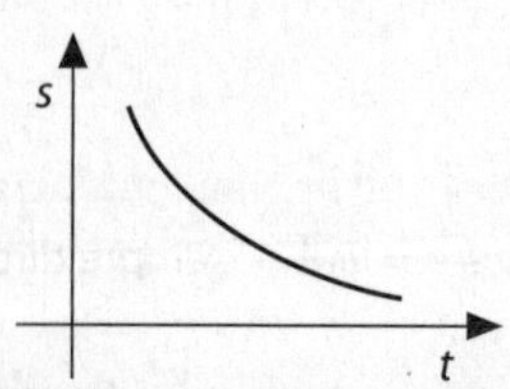

Se la velocità dell'automobile è costante, essa si muove di moto rettilineo uniforme e la legge oraria del moto è $s = v \cdot t$ dove s è lo spazio, t è il tempo e v è il modulo della velocità. Nel moto rettilineo uniforme spazio e tempo sono quindi direttamente proporzionali e il grafico che li rappresenta nel sistema di assi ortogonali s-t è una retta crescente. La risposta esatta è la **C**.

3 **Un treno marcia su vecchi binari che presentano giunzioni ogni 18 m. Un viaggiatore in 120 s cronometra 121 segnali sonori prodotti dal passaggio di una coppia di ruote sulle successive giunzioni delle rotaie. Sapendo che il viaggiatore ha fatto partire il cronometro in corrispondenza del primo dei 121 segnali, a che velocità viaggia il treno?**

- A 64,26 km/h
- B 64,80 km/h
- C 65,34 km/h
- D 65,88 km/h
- E 66,42 km/h

Poiché il treno passa su 121 giunzioni, ha coperto uno spazio pari a 120 intervalli tra una giunzione e l'altra e quindi uguale a 120 · 18 m. Poiché questo spazio è stato percorso in 120 secondi, la velocità del treno è pari a:

$$v = \frac{120 \cdot 18\ \text{m}}{120\ \text{s}} = 18\ \frac{\text{m}}{\text{s}} = 64{,}8\ \frac{\text{km}}{\text{h}}$$ (risposta B)

4 **Un'automobile parte da ferma e accelera costantemente lungo un rettilineo. Qual è la sua accelerazione, costante, perché percorra 1 chilometro in 25 secondi?**

- A 80 m/s^2
- B 3,2 m/s^2
- C 1,6 m/s^2
- D 1,6 m/s
- E 40 m/s^2

Vengono forniti lo spazio di accelerazione e il tempo impiegato e viene chiesto il valore dell'accelerazione. La relazione del moto uniformemente accelerato che lega le tre variabili è:

$$s = s_0 + v_0 \cdot t + (1/2)\, a \cdot t^2$$

che, nel caso in questione si trasforma nella più semplice:

$$s = (1/2)\, a \cdot t^2$$

(la velocità iniziale v_0 è infatti nulla e si può porre $s_0 = 0$). Quindi:

$$a = \frac{2\ s}{t^2} = \frac{2000}{625}\ \frac{\text{m}}{\text{s}^2}$$

Per rispondere al quesito **non è necessario svolgere la divisione**. La risposta esatta è la B in quanto il numero 625 è contenuto circa 3 volte nel numero 2000.

5 **Un atleta olimpionico corre i 100 m piani percorrendo in 3 s i primi 18 m con accelerazione costante e proseguendo quindi la gara con velocità costante. Il tempo impiegato complessivamente è:**

- A 9,83 s
- B 10,00 s
- C 11,20 s
- D 9,95 s
- E 8,85 s

FISICA

Consideriamo le due fasi della corsa.
Nei primi 3 secondi il moto si svolge su uno spazio di 18 m, ed è uniformemente accelerato con accelerazione a e velocità iniziale nulla; pertanto, invertendo la legge oraria, si calcolano l'accelerazione e successivamente la velocità finale raggiunta:

$$s_1 = \frac{1}{2}at_1^2 \rightarrow a = \frac{2s_1}{t_1^2} = \frac{2 \cdot 18\text{ m}}{(3\text{ s})^2} = 4\,\frac{\text{m}}{\text{s}^2} \qquad v_f = v_0 + at_1 = 0 + 4\,\frac{\text{m}}{\text{s}^2} \cdot 3\text{ s} = 12\,\frac{\text{m}}{\text{s}}$$

La seconda parte della corsa si svolge a velocità costante sui rimanenti 82 m. Si tratta di invertire la legge oraria del moto uniforme per trovare il tempo:

$$s_2 = v_f \cdot t_2 \rightarrow t_2 = \frac{s_2}{v_f} = \frac{82\text{ m}}{12\text{ m/s}} = 6{,}83\text{ s}$$

Sommando i due tempi di percorrenza si trova infine il tempo complessivo:

$$t = t_1 + t_2 = 3\text{ s} + 6{,}83\text{ s} = 9{,}83\text{ s} \quad \text{(risposta A)}$$

---

6 Un sasso ruota attorno a un centro fisso trattenuto da un filo lungo 1 m con velocità angolare $\omega = \sqrt{10}$ rad/s. Se g è l'accelerazione di gravità, qual è (entro il 2%) la giusta proposizione?

A È sottoposto ad accelerazione pari a 1 g
B È sottoposto ad accelerazione pari a 10 g
C La velocità periferica è 10π m/s
D La velocità periferica è π^2 m/s
E La frequenza del moto è 2 Hz

Dai dati del problema si deduce che il moto descritto dal sasso è circolare uniforme, con raggio pari a 1 m. Questo è sufficiente a scrivere che l'accelerazione a cui è sottoposto (l'accelerazione centripeta) vale:

$$a = \omega^2 \cdot r = (\sqrt{10}\text{ rad/s})^2 \cdot 1\text{ m} = 10\text{ m/s}^2$$

Se si prende come valore per l'accelerazione di gravità 9,8 m/s^2 si vede che lo scarto dal valore trovato è:

$$\frac{a - g}{a} = \frac{(10 - 9{,}8)\text{ m/s}^2}{10\text{ m/s}^2} = 0{,}02 = 2\%$$

Si può quindi concludere che la risposta corretta è la A.

---

7 Un treno, viaggiando a velocità costante di 100 km/h, va da una città A a una città B in quattro ore. Si supponga che, arrivato in B, inverta immediatamente il verso di marcia e ritorni ad A con una velocità costante, ma diversa da quella dell'andata. Quale deve essere la velocità di ritorno perché la velocità media nel tragitto complessivo A-B-A sia di 200 km/h?

A 300 km/h B 400 km/h C 500 km/h D 600 km/h E Infinita

L'errore che non bisogna fare è il seguente: dato che la media aritmetica tra 100 e 300 è 200, se la velocità media nel percorso di andata è pari a 100 km/h, affinché la velocità media del tragitto complessivo sia 200 km/h, il treno deve tornare con una velocità pari a 300 km/h.
Per rendersi conto dell'errore commesso nella deduzione precedente si ragioni come segue: il tragitto complessivo di andata e ritorno è lungo 800 km (il treno impiega 4 ore per andare da A a B procedendo alla velocità di 100 km/h). Procedendo alla velocità media di 200 km/h (che è quanto richiesto dal problema) occorrono 4 ore per percorrere l'intero percorso (800 km). Il treno ha dunque a disposizione 4 ore per percorrere il tragitto di andata e ritorno (A → B → A). Avendo però già utilizzato 4 ore per il solo tragitto di andata (A → B), per rispettare la condizione richiesta il treno dovrebbe percorrere il tragitto di ritorno (B → A) senza impiegare tempo, cioè istantaneamente e quindi con una velocità infinita (risposta E).
Più correttamente il quesito (tratto da un test ufficiale degli anni passati) avrebbe dovuto riportare la risposta: «la condizione richiesta non è realizzabile».

8 **Un ciclista *T* segue un ciclista *V* a una distanza di 1 km e i due procedono alla medesima velocità. La strada improvvisamente inizia a salire con pendenza costante. Ammesso che ciascuno dei ciclisti dimezzi la sua velocità dall'istante in cui inizia la salita, qual è la loro distanza quando ambedue sono nel tratto in salita?**

A 1 km
B 2 km
C 500 m
D 250 m
E Non è nota se non si conosce la velocità iniziale dei ciclisti

Vi sono più modi per risolvere il quesito; uno dei più rapidi è il seguente: quando i due ciclisti si trovano in piano sono separati da una **distanza temporale** pari a $t = \frac{1000\ \text{m}}{v}$ dove v è la velocità comune dei due ciclisti. Quando entrambi i ciclisti si trovano sul tratto in salita la loro distanza spaziale è diminuita, la loro velocità è dimezzata **ma la distanza temporale è rimasta la stessa**. Indicando con x la distanza spaziale dei due corridori che si trovano in salita si ha:

$$\frac{1000\ \text{m}}{v} = \frac{x}{v/2} \rightarrow x = 500\ \text{m} \quad \text{(risposta C)}$$

9 **Le masse di due proiettili sono in rapporto 10 : 1. Trascurando l'attrito dell'aria, se sparati dallo stesso cannone con la stessa velocità iniziale, in quale rapporto saranno le loro gittate?**

A 1 : 1 **B** 1 : 10 **C** 10 : 1 **D** 100 : 1 **E** 5 : 1

In generale, la traiettoria del moto di un proiettile risulta dalla composizione di un moto rettilineo uniforme (diretto orizzontalmente) con un moto naturalmente accelerato (diretto verticalmente): si tratta di un **moto parabolico** (la traiettoria seguita dal proiettile è un arco di parabola). La *gittata G* è la distanza percorsa in orizzontale dal proiettile.

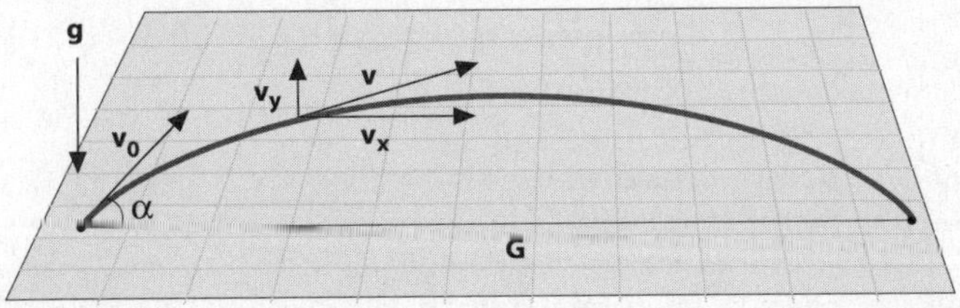

Conoscendo l'angolo α formato dalla velocità iniziale con il piano orizzontale e il modulo v_0 della velocità iniziale, G si può ricavare scomponendo il moto lungo i due assi. È la distanza percorsa in orizzontale a velocità v_{0x} (costante perché in orizzontale non agisce alcuna forza), in un tempo doppio di quello necessario a raggiungere l'altezza massima, detto t_{max} (ovvero nel tempo necessario a salire e a scendere). Lungo la verticale il moto è uniformemente accelerato, dunque sappiamo che:

$$t_{max} = v_{0y}/g = v_0 \text{sen}\alpha/g$$

Di conseguenza, G vale:

$$G = v_{0x} \cdot 2t_{max} = (v_0 \cdot \cos\alpha) \cdot 2(v_0 \text{sen}\alpha/g) = \frac{v_0^2}{g} \cdot \text{sen}2\alpha$$

Poiché G non dipende dalla massa del proiettile, ma solo dal modulo e dalla direzione della velocità iniziale, le gittate dei due proiettili del problema sono le stesse (risposta **A**).

FISICA

10 Una barca attraversa un fiume partendo da una sponda e dirigendosi in direzione perpendicolare alla sponda opposta, parallela alla prima, con velocità costante *V* rispetto all'acqua. Detto *T* il tempo che la barca impiegherebbe per raggiungere l'altra sponda se l'acqua fosse ferma, quanto vale il tempo minimo per attraversare il fiume (a parità di velocità della barca rispetto all'acqua) se la corrente è uniforme, con velocità di valore *V* parallela alle sponde?

- **A** $T/2$
- **B** $T/\sqrt{2}$
- **C** T
- **D** $2T$
- **E** $2\sqrt{T}$

Per risolvere questo esercizio nel modo migliore (più veloce) è determinante la scelta del *sistema di riferimento* da utilizzare.

Si immagini di essere collocati in una seconda barca che si muove con la stessa velocità e nella stessa direzione della corrente (la barca "osservatore" è in quiete rispetto alla corrente). Si osservino dunque i due passaggi della barca da una sponda all'altra del fiume, compiuti con e senza corrente. Rispetto al sistema di riferimento scelto, la velocità della barca è, in entrambi i casi, perpendicolare alle sponde del fiume; sia la velocità della barca che lo spazio da percorrere rimangono gli stessi: il tempo impiegato ad attraversare il fiume nei due casi ($T = s/V$) è quindi esattamente lo stesso (risposta **C**).

3 | Dinamica

Mettiti alla prova

1 **Specificare in quale dei moti seguenti la risultante delle forze agenti sul corpo è nulla:**

A nel moto rettilineo uniforme

B nel moto rettilineo uniformemente accelerato

C nel moto circolare uniforme

D nel moto di caduta verticale nel campo gravitazionale

E nel moto di caduta nel vuoto

II **Su un corpo di 100 g agisce solo una forza costante di 10 N. Il moto del corpo è:**

A uniforme con velocità costante di 100 m/s

B uniformemente accelerato con $a = 100$ m/s

C uniformemente accelerato con $a = 100$ m/s^2

D uniformemente accelerato con $a = 0{,}1$ m/s^2

E uniformemente accelerato con $a = 10$ m/s^2

III **Per costringere un corpo a muoversi percorrendo un'orbita circolare di raggio costante con una velocità costante (in modulo) su un piano orizzontale praticamente privo di attrito, il corpo stesso va sollecitato con:**

A una forza costante diretta verso il centro del cerchio

B una forza diretta lungo la direzione del moto

C due forze uguali e opposte

D un'opportuna spinta iniziale e poi lasciato libero di muoversi

E una forza ortogonale al piano d'appoggio

IV **Per quale motivo un satellite artificiale può girare in orbita attorno alla Terra senza ricadere sulla Terra stessa?**

A Perché è abbastanza distante dalla Terra affinché l'attrazione terrestre non sia più efficace

B Perché la velocità di rotazione del satellite è tale che la forza centripeta è uguale alla forza di attrazione terrestre

C Perché il satellite subisce una uguale attrazione dalla Terra e dalla Luna

D Perché, grazie alla elevata velocità, è sostenuto dall'atmosfera come un aeroplano

E Perché il motore del satellite lo sostiene in orbita

Ecco le risposte esatte dei 4 quesiti proposti: I A, II C, III A, IV B.

La dinamica è la scienza che **studia e descrive le relazioni fra il moto di un corpo e le *cause* che lo hanno prodotto**, cioè **le forze.**

3.1 | Principio di relatività galileiana

Galileo, eseguendo un *esperimento ideale*[1], giunse alla conclusione che, dall'interno di una «navicella», è impossibile valutare se questa è ferma o si muove di moto rettilineo uniforme. In altre parole egli constatò che **non è possibile distinguere lo stato di quiete da uno stato di moto con accelerazione nulla.**

Più precisamente si può affermare che:

Le leggi della fisica sono le stesse per tutti i sistemi di riferimento in moto rettilineo uniforme gli uni rispetto agli altri.

3.2 | Forze, sistemi inerziali e leggi della dinamica

Dato un punto materiale libero di muoversi, la forza è una grandezza fisica che, se applicata a tale punto, è in grado di modificarne lo stato di moto o di quiete.

La dinamica spiega le relazioni forze-moto attraverso le sue tre leggi fondamentali.

3.2.1 | Sistemi inerziali e prima legge della dinamica

Esiste almeno un osservatore per il quale, se un punto materiale è fermo e su di esso non agisce alcuna forza, questo rimane fermo. Questo **osservatore** si dice **inerziale.**

I sistemi di riferimento in moto traslatorio rettilineo uniforme rispetto a un sistema di riferimento inerziale sono anch'essi inerziali.

Con buona approssimazione, un sistema inerziale è rappresentato dal sistema cosiddetto delle "stelle fisse". La Terra non è un sistema di riferimento inerziale perfetto a causa dei suoi moti di rotazione e di rivoluzione attorno al Sole, tuttavia viene considerata una buona approssimazione di un sistema inerziale su brevi intervalli di tempo.

Il concetto di sistema di riferimento inerziale permette di enunciare la prima legge della dinamica o principio di inerzia:

In ogni sistema di riferimento inerziale un corpo su cui non agisce alcuna forza o sul quale agiscono forze in equilibrio (a risultante nulla) mantiene il suo stato di moto (rettilineo uniforme) o di quiete.

In assenza di forze, la velocità vettoriale di un punto materiale rimane costante: in assenza di forze non si può avere accelerazione.

Così, una nave spaziale in movimento, sulla quale non agiscono forze, continua a muoversi di moto rettilineo uniforme ($\mathbf{a} = 0$) senza bisogno di alcun propulsore.

Per comprendere il principio di inerzia è necessario slegarsi dal senso comune secondo il quale per muoversi con velocità costante è indispensabile far uso di un motore. Un'automobile, per esempio, si muove a velocità costante in autostrada solo grazie alla forza esercitata dal motore. Ma tale forza è in ogni istante uguale e contraria alle forze di attrito cui l'autovettura è soggetta, che si oppongono al moto. Si è quindi nella condizione di un corpo cui sono applicate forze a risultante nulla e per il quale vale la prima legge della dinamica.

---

1. Un esperimento ideale è un progetto di esperimento (pensato anche nei minimi particolari) di cui si immaginano i risultati senza però realizzarlo praticamente.

PARTE QUARTA

3.2.2 | Seconda legge della dinamica

Se si applica una forza **F** a un corpo e si misura la sua accelerazione **a**, si nota una proporzionalità diretta tra le due grandezze:

$$\frac{F}{a} = m$$

La costante di proporzionalità dipende dal corpo e prende il nome di *massa inerziale*.

La massa inerziale di un corpo esprime l'*inerzia* (ossia la **resistenza**) **che il corpo oppone a una variazione del suo stato di moto.**

Dato un corpo di massa *m*, per imprimergli una accelerazione **a** è quindi necessario applicare una forza **F** tale che:

$$\mathbf{F} = m \cdot \mathbf{a} \qquad [2]$$

dove *m* è la massa inerziale.

Allo stesso modo, se su un corpo di massa *m* agiscono più forze, esso subisce un'accelerazione data dalla [2], dove **F** è la risultante delle forze applicate al corpo.

Si noti che $\mathbf{F} = m \cdot \mathbf{a}$ è una relazione **vettoriale**.

Come abbiamo visto nel capitolo precedente, un corpo in moto circolare uniforme è sottoposto a una accelerazione diretta verso il centro della traiettoria (accelerazione centripeta), il cui modulo è:

$$a = \frac{v^2}{r} = \omega^2 \cdot r$$

Dalla [2] si deduce che il corpo, per poter mantenere la traiettoria circolare deve essere soggetto a una forza il cui modulo vale:

$$F = m \cdot \frac{v^2}{r}$$

Sempre dalla [2] si deduce che tale forza ha la stessa direzione e lo stesso verso dell'accelerazione: è diretta radialmente e orientata verso il centro della circonferenza.

Questa forza prende il nome di **forza centripeta**.

Se venisse a mancare la forza centripeta, il corpo abbandonerebbe immediatamente la traiettoria circolare e proseguirebbe indisturbato lungo la retta tangente alla traiettoria nel punto in cui è cessata la forza, con un moto rettilineo uniforme.
Così un autobus che sta curvando, rimane "legato" al centro della curva da una forza centripeta dovuta all'attrito delle gomme sull'asfalto.

3.2.3 | Forze fittizie o apparenti

Un osservatore che si trova in un sistema non inerziale è portato a introdurre delle nuove forze per spiegare ciò che osserva. Tali forze non sono reali e vengono per questo denominate **fittizie** o **apparenti**.

Un osservatore su un treno in frenata che vede cadere la propria valigia è portato a supporre l'esistenza di una forza responsabile della caduta.

Se un osservatore a terra studiasse il moto di un oggetto libero di muoversi su un autobus che sta curvando, lo vedrebbe muoversi in linea retta in accordo con il principio d'inerzia, fino a colpire una parete dell'autobus.
Al contrario, per un osservatore che si trova sull'autobus in curva (sistema non inerziale perché accelerato) l'oggetto si muoverebbe verso l'esterno della curva.
Per giustificare questo movimento, l'osservatore solidale con l'autobus immagina l'esistenza di una forza fittizia, a cui si dà il nome di **forza centrifuga**, uguale e contraria alla forza centripeta.

3.2.4 | Dimensioni e unità di misura delle forze

Dalla [2] si ricavano le dimensioni della forza.

$\mathbf{F} = m \cdot \mathbf{a}$	Dimensioni:	$[F] = [M]\,[L]\,[T]^{-2}$
	Unità di misura nel SI:	$N = kg\ m\ s^{-2}$

L'unità di misura della forza nel SI è il newton (N), definito come la forza che imprime a una massa unitaria (1 kg) una accelerazione unitaria (1 m/s^2). Le forze si misurano con il *dinamometro*.

L'unità di misura della forza nel sistema CGS è la dina (simbolo: dyn). Quanti newton vale una dina?

Questo quesito consente di vedere un esempio importante di conversione tra unità di misura del SI e del CGS. Si è visto che:

$$1\ \text{N} = 1\ \text{kg} \cdot \frac{\text{m}}{\text{s}^2}$$

Per analogia, nel CGS,

$$1\ \text{dyn} = 1\ \text{g} \cdot \frac{\text{cm}}{\text{s}^2}$$

Si tratta, per passare da N a dyn, di trasformare tutte le unità del SI in unità del CGS mediante equivalenze:

$$1\ \text{N} = 1\ \text{kg} \cdot 1\ \frac{\text{m}}{\text{s}^2} = (10^3\ \text{g}) \cdot \frac{10^2\ \text{cm}}{1\ \text{s}^2} = (10^3 \cdot 10^2)\ \text{g} \cdot \frac{\text{cm}}{\text{s}^2} = 10^5\ \text{dyn}$$

Si conclude così che $1\ \text{N} = 10^5\ \text{dyn}$ e naturalmente, viceversa, $1\ \text{dyn} = 10^{-5}\ \text{N}$.

Siamo già in grado di rispondere alle prime tre domande poste all'inizio del capitolo.

Quesito I. Dalla prima legge della dinamica si deduce immediatamente che la risposta esatta è la **A**. I moti presentati nelle altre alternative sono tutti caratterizzati da un'accelerazione diversa da zero, che indica (per la seconda legge di Newton) la presenza di una forza non nulla.

Quesito II. Una forza costante **F** che agisce su un corpo di massa *m* (non soggetto a vincoli) per il secondo principio della dinamica imprime al corpo una accelerazione di modulo pari a: $a = F/m$. Sostituendo i valori, si trova:

$$a = \frac{10\ \text{N}}{100\ \text{g}} = \frac{10\ \text{N}}{0{,}1\ \text{kg}} = 100\ \frac{\text{m}}{\text{s}^2}$$

Il corpo si muove quindi di moto uniformemente accelerato con $a = 100\ \text{m/s}^2$ (risposta **C**). Si noti che nella risposta **B** l'unità di misura non è quella dell'accelerazione.

Quesito III. La forza che genera il moto descritto (circolare uniforme) è una forza centripeta costante (risposta **A**).

È interessante verificare invece a quale moto danno luogo le forze indicate nelle alternative successive:

- una forza diretta lungo la direzione di moto, in assenza di altre forze, causa un moto uniformemente accelerato (è il caso della caduta di un grave, per esempio, in cui la forza peso è costante e parallela al moto);
- due forze uguali e opposte si annullano, dunque il corpo mantiene il suo stato di quiete (presumiamo che il corpo inizialmente sia fermo);
- una spinta iniziale è capace di imprimere al corpo una certa velocità, che poi il corpo mantiene quando cessa l'azione della forza, proseguendo in moto rettilineo uniforme;
- una forza ortogonale al piano di appoggio, generando un'accelerazione a essa parallela, porta il corpo a staccarsi dal piano.

3.2.5 | Teorema dell'impulso

Data una forza **F** costante, che agisca per un intervallo di tempo Δt, si definisce **impulso** della forza il vettore:

$$\mathbf{I} = \mathbf{F} \cdot \Delta t$$

Dalla [2] si ricava il *teorema dell'impulso,* il quale afferma che una forza **F** che agisce per un tempo Δt su un corpo di massa m provoca una variazione della sua *quantità di moto* ($\mathbf{P} = m \cdot \mathbf{v}$) pari al prodotto della forza con il tempo.

$$\mathbf{F} = m \cdot \mathbf{a} = m \cdot \frac{\Delta \mathbf{v}}{\Delta t} = \frac{\Delta(m \cdot \mathbf{v})}{\Delta t} = \frac{\Delta \mathbf{P}}{\Delta t} \rightarrow \mathbf{F} \cdot \Delta t = \mathbf{I} = \Delta \mathbf{P}$$

Una massa di 5 kg inizialmente ferma è sottoposta all'azione di una forza di 90 N per due secondi. Trovare la velocità finale v della massa.

Il teorema dell'impulso afferma che la variazione della quantità di moto $m \cdot \mathbf{v}$ è pari al prodotto fra la forza e il tempo nel quale ha agito.

$$\Delta P = F \cdot \Delta t \rightarrow F \cdot \Delta t = 5\ \text{kg} \cdot v = 90\ \text{N} \cdot 2\ \text{s} \rightarrow v = \frac{180}{5}\frac{\text{m}}{\text{s}} = 36\ \frac{\text{m}}{\text{s}}$$

$$\mathbf{P}_1 = \sum m_i \cdot \mathbf{v}_{i,1} = \mathbf{P}_2 = \sum m_i \cdot \mathbf{v}_{i,2}$$

Principio di conservazione della quantità di moto: la quantità di moto totale di un sistema isolato è costante.

3.2.6 | Terza legge della dinamica o principio di azione e reazione

A ogni azione corrisponde una reazione uguale e contraria.

Dati due corpi (1 e 2) interagenti si ha:

$$\mathbf{F}_{1 \rightarrow 2} = -\mathbf{F}_{2 \rightarrow 1} \quad [3]$$

dove:

- $\mathbf{F}_{1 \rightarrow 2}$ è la forza che il corpo 1 esercita sul corpo 2
- $\mathbf{F}_{2 \rightarrow 1}$ è la forza che il corpo 2 esercita sul corpo 1.

Le forze sono vettori e la [3] è una relazione vettoriale. Quindi le due forze $\mathbf{F}_{1 \rightarrow 2}$ e $\mathbf{F}_{2 \rightarrow 1}$ hanno la stessa direzione e lo stesso modulo, ma verso opposto.
Una forza e la corrispondente reazione sono applicate l'una a un corpo e l'altra sull'altro.

Una coppia di pattinatori è ferma su una pista. Per partire si danno una spinta l'uno contro l'altro, in direzione opposta. Se lui ha una massa di 80 kg, lei invece di 60 kg e l'accelerazione acquistata dalla pattinatrice grazie alla spinta è di 2 m/s^2, quanto vale l'accelerazione del pattinatore?

Si tratta di applicare la [3], sostituendo alle forze il prodotto di massa e accelerazione:

$$F_1 = F_2 \rightarrow m_1 \cdot a_1 = m_2 \cdot a_2 \rightarrow a_2 = a_1 \cdot \frac{m_1}{m_2} = 2\ \frac{\text{m}}{\text{s}^2} \cdot \frac{60\ \text{kg}}{80\ \text{kg}} = 1{,}5\ \frac{\text{m}}{\text{s}^2}$$

Al di là del risultato, si noti *dal punto di vista dimensionale* la formula risolutiva precedente: il rapporto tra le due masse è adimensionale, così, correttamente, sia a destra che a sinistra dell'uguale si trova un'accelerazione.

Sparando con un'arma da fuoco, la stessa forza che mette in moto il proiettile spinge in senso opposto anche l'arma. Si ha così l'effetto del *rinculo.* Poiché il proiettile e l'arma hanno masse diverse, per la seconda legge della dinamica le rispettive accelerazioni sono inversamente proporzionali e il proiettile acquista una velocità decisamente superiore a quella dell'arma.

FISICA

3.3 | Legge di gravitazione universale

Due corpi dotati di massa e posti a distanza r l'uno dall'altro si attraggono con una **forza gravitazionale F** il cui modulo è dato dalla relazione seguente (detta *legge di gravitazione universale* o *legge di Newton*):

$$F = G \cdot \frac{m_1 \cdot m_2}{r^2} \qquad [4]$$

dove m_1 e m_2 indicano le **masse gravitazionali** dei due corpi e G è una costante detta *costante di gravitazione universale*, il cui valore è $G = 6{,}67 \cdot 10^{-11}\ N \cdot m^2/kg^2$.

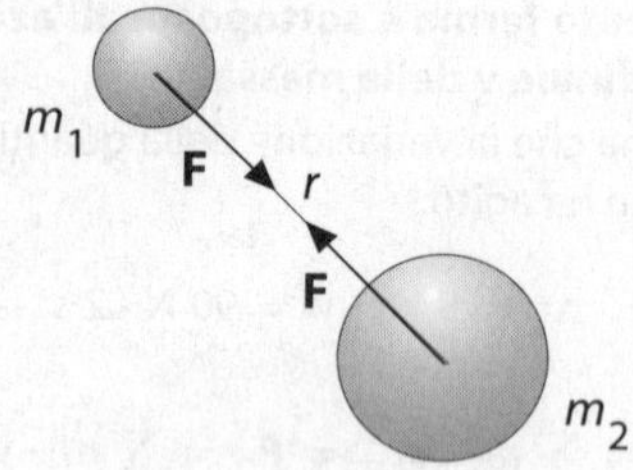

La massa *gravitazionale* è la caratteristica dei corpi responsabile della loro mutua attrazione gravitazionale.

Pur essendo associate a fenomeni fisici differenti, la massa *inerziale* e la massa *gravitazionale* di un corpo hanno la stessa unità di misura e lo stesso valore: nel seguito si parlerà spesso indistintamente di *massa*.

La forza gravitazionale tra due corpi è **sempre attrattiva**; è diretta lungo la congiungente i baricentri e la sua intensità è data dalla legge [4].

La forza gravitazionale è inversamente proporzionale al quadrato della distanza *r* tra le masse: cosa succede al modulo della forza quando *r* raddoppia?

A partire dalla legge di gravitazione universale, si sostituisce $2r$ a r:

$$F = G \cdot \frac{m_1 \cdot m_2}{r^2} \quad \rightarrow \quad F' = G \cdot \frac{m_1 \cdot m_2}{(2r)^2} = G \cdot \frac{m_1 \cdot m_2}{4r^2} = \frac{F}{4}$$

Il modulo della forza è diventato un quarto! In altre parole, allontanando due corpi dotati di massa – e dunque soggetti alla forza di gravitazione universale – questi si attraggono con una forza via via meno intensa. Viceversa, avvicinando i due corpi l'intensità aumenta.

PARTE QUARTA

3.4 | Forza peso

Nei pressi della superficie terrestre gli spostamenti in verticale sono trascurabili rispetto al raggio medio della Terra (6380 km). Allora si può dire che **tutti i gravi lasciati liberi di cadere sono sottoposti alla stessa accelerazione g**, detta *accelerazione gravitazionale terrestre*, il cui modulo è legato all'attrazione gravitazionale esistente tra la Terra e i corpi dotati di massa. Il suo valore medio è:

$$|\mathbf{g}| = 9{,}8\ m/s^2$$

Per la seconda legge di Newton, tale accelerazione è dovuta a una forza, detta **forza peso** e solitamente indicata con **P**, data da:

$$\mathbf{P} = \text{forza peso} = m \cdot \mathbf{g}$$

Il peso è una forza: si misura in newton.

Qual è il peso di un corpo avente massa $m = 1$ kg?
Per trovare il *peso* del corpo, basta sostituire in $P = m \cdot g$ i valori $m = 1$ kg e $g = 9{,}8$ m/s^2:

$$\text{peso di } 1\ \text{kg}_{massa} = 1\ \text{kg}_{peso} = 1\ \text{kg}_{massa} \cdot 9{,}8\ \frac{\text{m}}{\text{s}^2} = 9{,}8\ \text{kg}_{massa} \cdot \frac{\text{m}}{\text{s}^2} = 9{,}8\ \text{N}$$

In definitiva $1\ \text{kg}_{peso} = 9{,}8$ N (1 N è quindi pari a circa un decimo di kg_{peso}).

La **massa** di un corpo è una caratteristica intrinseca del corpo: è indipendente dal luogo dove il corpo si trova. È una grandezza *scalare*.
Il **peso** di un corpo dipende invece dal luogo nel quale il corpo si trova (per esempio sulla Terra oppure sulla Luna). Trattandosi di una forza, è una grandezza *vettoriale*.

Sulla Terra il kg_{massa} (unità di massa) ha massa unitaria e peso $P = 9{,}8$ N; lo stesso kg_{massa} sulla Luna avrebbe sempre massa unitaria, ma il suo peso sarebbe circa 1/6 di quello sulla Terra (1,6 N), in quanto l'accelerazione gravitazionale lunare è sei volte più piccola dell'accelerazione gravitazionale terrestre.

Siamo ora in grado di rispondere anche all'ultimo dei quattro quesiti posti all'inizio del capitolo.

Quesito IV. La maggior parte dei satelliti si trova a poche centinaia di chilometri di distanza dalla superficie terrestre il cui raggio vale circa 6400 chilometri. I satelliti sono in generale molto più vicini alla Terra di quanto non sia rappresentato nella figura riportata di seguito. È dunque evidente che la risposta **A** contiene un'affermazione falsa.
I satelliti sono soggetti alla sola forza gravitazionale (tutt'altro che trascurabile) e sono sottoposti a una accelerazione centripeta (si muovono di moto circolare). In accordo con la seconda legge della dinamica la forza peso dei satelliti è esattamente la forza centripeta necessaria per garantirgli la "stabilità" del loro moto di rivoluzione intorno alla Terra: la risposta esatta è la **B**.

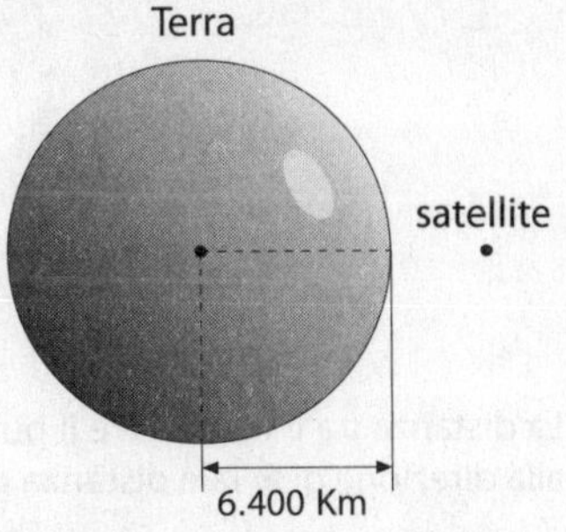

3.5 | Densità e peso specifico

Per quanto detto su massa e peso, è possibile introdurre ora le definizioni di *densità* e *peso specifico*.

Densità: $\rho = \dfrac{m}{V}$ — Dimensioni: $[\rho] = [M] \cdot [L]^{-3}$ — Unità di misura nel SI: $\text{kg} \cdot \text{m}^{-3}$

La densità dell'acqua vale: $\rho_{H_2O} = 1000\ \text{kg/m}^3 = 10^3\ \text{kg} \cdot \text{m}^{-3}$

Peso specifico: $p = \dfrac{m \cdot g}{V}$ — Dimensioni: $[p] = [M] \cdot [L]^{-2} \cdot [T]^{-2}$ — Unità di misura nel SI: $\text{N} \cdot \text{m}^{-3}$

Vale la relazione:

$$p_{specifico} = \rho \cdot g$$

Il peso specifico dell'acqua è:

$$p_{H_2O} = \rho_{H_2O} \cdot g = 1000\text{kg/m}^3 \cdot 9{,}8\text{m/s}^2 \approx 10.000\text{N/m}^3$$

Densità relativa del corpo 2 rispetto al corpo 1: $\rho_{2,1} = \rho_2/\rho_1$
Peso specifico relativo del corpo 2 rispetto al corpo 1: $p_{2,1} = p_2/p_1$

FISICA

3.6 | Momento di una forza

Dato un *sistema di forze*, la sua **risultante** è, per definizione, il vettore che si ottiene sommando tra loro le forze costituenti il sistema. La risultante di più forze applicate a un punto materiale libero è la forza che, applicata da sola al punto materiale, produce lo stesso effetto che producono le altre insieme. Tuttavia, se il corpo sul quale sono applicate le forze non è puntiforme ma spazialmente esteso (ovvero se l'approssimazione a un punto materiale non può essere applicata), il sistema di forze non può generalmente essere ricondotto alla sola forza risultante: occorre introdurre una nuova grandezza: il *momento* di una forza.

Il **momento di una forza** rispetto a un punto è un indice della capacità della forza di *generare una rotazione* intorno al punto. Si definisce come prodotto vettoriale:

$$\tau = \mathbf{r} \wedge \mathbf{F} \rightarrow |\tau| = r \cdot \text{sen}\theta \cdot F$$

Il momento τ della forza **F** rispetto a un punto O è un vettore perpendicolare al piano individuato da **F** e dal suo *vettore posizione* **r**. Il modulo di τ è tanto maggiore quanto maggiore è la distanza di **F** da O.

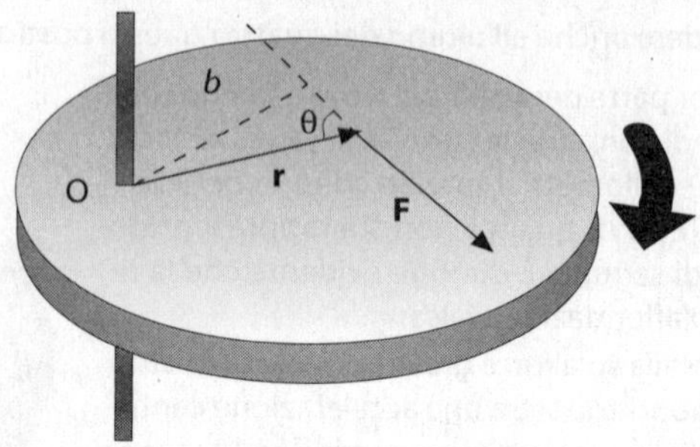

La distanza tra il vettore **F** e il punto O è la lunghezza del segmento condotto da O perpendicolarmente alla direzione di **F**. Tale distanza prende il nome di braccio *b* della forza **F** rispetto al polo O.

Si applichino una per volta tre forze a un'asta rigida incernierata a un supporto, come in figura. In quale dei tre casi si ha rotazione?

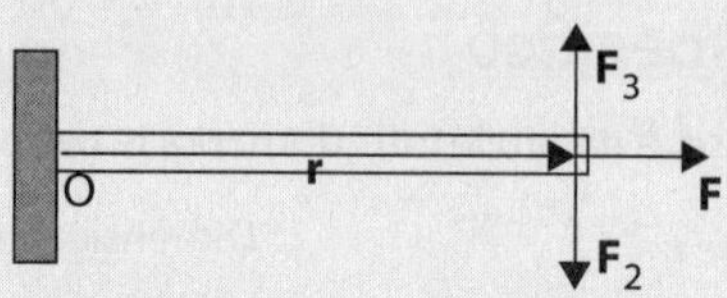

Si può rispondere intuitivamente: la forza $\mathbf{F}_1$ non dà luogo ad alcuna rotazione; la forza $\mathbf{F}_2$ dà luogo a una rotazione oraria; infine $\mathbf{F}_3$ a una rotazione antioraria. Allo scopo di verificare come questo risultato sia correlato al momento della forza, lo si calcola ora nei tre casi, rispetto al punto di aggancio dell'asta O.

Per il modulo, la direzione e il verso, secondo la definizione $|\tau| = r \cdot F \cdot \text{sen}\vartheta$ e la regola della mano destra, si ricava rispettivamente:

- $\tau_1 = \mathbf{r} \wedge \mathbf{F}_1 \rightarrow |\tau| = r \cdot F_1 \cdot \text{sen}0° = 0$;
- $\tau_2 = \mathbf{r} \wedge \mathbf{F}_2 \rightarrow |\tau| = r \cdot F_2 \cdot \text{sen}90° = r \cdot F_2$; τ entrante nel foglio;
- $\tau_3 = \mathbf{r} \wedge \mathbf{F}_3 \rightarrow |\tau| = r \cdot F_3 \cdot \text{sen}90° = r \cdot F_3$; τ uscente dal foglio;

In generale, quando un sistema di forze dà luogo a un momento τ nullo rispetto a un polo O, il sistema di forze **non genera rotazione** rispetto a quel polo. Quando invece τ è diverso da zero, per la regola della mano destra è sempre diretto lungo una direzione perpendicolare al piano che contiene la forza e il raggio della forza: se τ è entrante nel piano allora la rotazione è **oraria**, e viceversa, se τ è uscente la rotazione è **antioraria**.

Il momento di una forza, rispetto a un punto non giacente sulla retta d'azione della forza stessa:

A è un vettore perpendicolare sia alla forza sia al braccio

B ha le stesse dimensioni fisiche di una pressione

C varia al variare del braccio ed è massimo quando il braccio è nullo

D è una grandezza senza dimensioni

E è definito solo nel caso di forze costanti e braccio costante

Il momento di una forza rispetto a un polo non giacente sulla direzione della forza è un vettore esso stesso non nullo, per definizione perpendicolare sia al vettore **F** che al vettore **b**: riposta **A**.

3.6.1 | Coppia di forze

Si tratta di un sistema composto da due forze parallele, di intensità *uguale*, ma verso opposto.

$$\mathbf{F}_1 = -\mathbf{F}_2 \rightarrow \mathbf{R} = 0$$

L'effetto di una coppia applicata a un *corpo rigido* libero è quello di generare una rotazione del corpo attorno a un asse ortogonale al piano individuato dalle due forze che compongono la coppia.

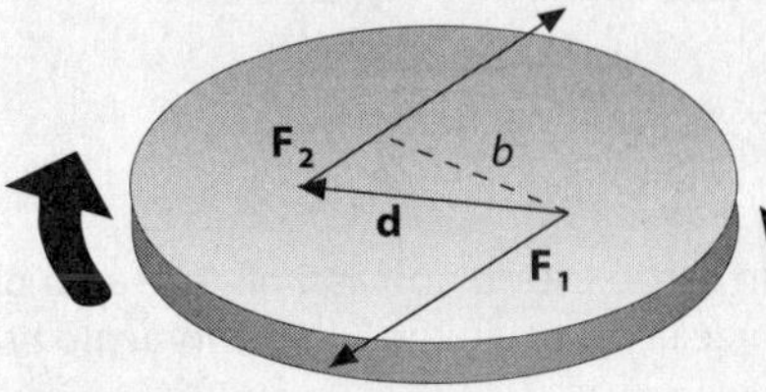

La coppia di forze, pur essendo un sistema di forze a risultante nulla, è in grado di generare una rotazione del corpo a cui è applicata.

Momento di una coppia di forze:

$$\tau = \mathbf{d} \wedge \mathbf{F}_1 \rightarrow |\tau| = F \cdot b$$

dove F indica il modulo di una delle due forze, b la distanza tra le forze (braccio della coppia) e **d** infine è la distanza vettoriale fra i loro punti di applicazione.

Il momento di una coppia di forze è la somma dei momenti delle due forze che la compongono rispetto a un qualunque punto O del piano.

Il momento di una forza dipende dalla posizione del polo O mentre il momento di una coppia è lo stesso per tutti i punti del piano della coppia.

3.7 | Baricentro

Ogni sistema di forze è equivalente, dal punto di vista statico e dinamico, a un sistema composto dalla forza risultante e da una opportuna coppia di forze.

Si supponga di suddividere un corpo di massa M in tante parti di massa m_i, ciascuna delle quali soggetta alla forza peso. L'insieme di tali forze costituisce un sistema di forze parallele concordi che possono essere ricondotte a un'unica risultante avente come modulo la somma delle singole componenti. Il punto di applicazione della risultante di tutte le forze peso prende il nome di *centro di gravità* o *baricentro* del corpo.

Il centro di gravità o **baricentro** di un corpo o di un sistema di corpi è il punto in cui si può immaginare concentrato tutto il peso del corpo o del sistema di corpi.

- Qualunque sia la posizione di un corpo rispetto al terreno, la somma dei momenti delle forze gravitazionali rispetto al suo baricentro è nulla: un corpo posto nel campo gravitazionale e tenuto sospeso per il suo baricentro è in equilibrio (§ 3.8), comunque lo si orienti nello spazio.
- Il baricentro di un corpo esteso può anche essere esterno al corpo stesso: si pensi a un anello di materiale omogeneo: il suo baricentro coincide con il centro geometrico ed è quindi esterno al corpo.

FISICA

3.8 | Equilibrio

In presenza della forza gravitazionale, si distinguono tre tipi di equilibrio a seconda del loro *grado di stabilità*. In particolare un equilibrio si dice **stabile** quando, in conseguenza a un elemento di disturbo, si origina una forza (una componente della forza peso) che tende a ripristinare la posizione di equilibrio. Le diverse situazioni possibili sono rappresentate nel diagramma che segue.

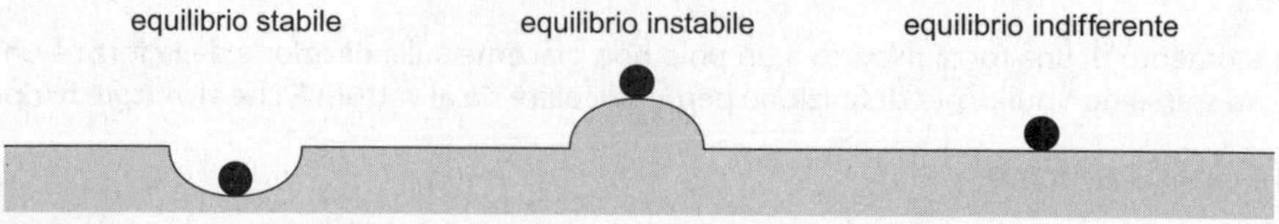

Più in generale, si dice che un corpo è in equilibrio (statico o dinamico) quando il suo *stato di moto* si mantiene costante: per stabilire se un corpo soggetto a forze è in equilibrio valgono i seguenti criteri, detti **equazioni fondamentali della statica.**

1. Un **punto materiale** è in equilibrio (non è soggetto ad alcuna accelerazione) se la risultante delle forze $\mathbf{F}_1, \mathbf{F}_2, ..., \mathbf{F}_n$ a esso applicate è uguale a zero:

$$\mathbf{R} = \sum_{i=1}^{n} \mathbf{F}_i = 0$$

2. Un **corpo rigido** (cioè un corpo esteso non assimilabile a un punto materiale) è in equilibrio se su di esso agiscono forze la cui risultante *e il cui momento risultante* sono nulli:

$$\mathbf{R} = \sum_{i=1}^{n} \mathbf{F}_i = 0 \qquad \tau = \sum_{i=1}^{n} \tau_i = 0$$

A un corpo rigido inizialmente fermo si applica un sistema di forze come in figura. Quali sono le condizioni per l'equilibrio?

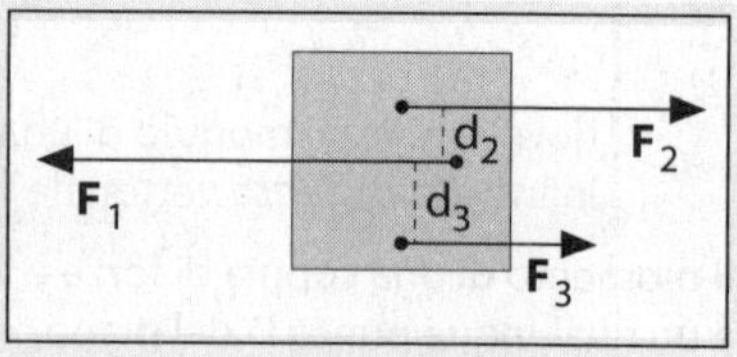

$\mathbf{F}_1$ è opposta a $\mathbf{F}_2$ e $\mathbf{F}_3$: perché la risultante sia nulla basta che il modulo di $\mathbf{F}_1$ sia uguale alla somma dei moduli di $\mathbf{F}_2$ e $\mathbf{F}_3$.

Il momento risultante delle forze non è nullo. Considerando il centro geometrico come polo di rotazione, in particolare, $\tau_1 = 0$, ma τ_2 e τ_3 sono diretti perpendicolarmente al foglio e hanno verso opposto (τ_2 entrante e τ_3 uscente, regola della mano destra). Oltre alla condizione sulle traslazioni, si deve dunque imporre quella sulle rotazioni:

$$\begin{cases} |\mathbf{F}_1| = |\mathbf{F}_2| + |\mathbf{F}_3| \\ |\mathbf{F}_2| \cdot d_2 = |\mathbf{F}_3| \cdot d_3 \end{cases}$$

3.9 | Macchine

Una macchina è un dispositivo con il quale è possibile vincere una data resistenza. La *forza motrice* $\mathbf{F}_m$ è la forza che compie l'azione; la *forza resistente* $\mathbf{F}_r$ è quella da vincere.

Vantaggio statico di una macchina: $V = |\mathbf{F}_r| / |\mathbf{F}_m|$

A seconda che *V* sia maggiore, minore o uguale a 1, la macchina sarà vantaggiosa, svantaggiosa o indifferente. Segue l'esame di alcuni tipi di macchine: leve, carrucole e piano inclinato.

3.9.1 | Leve

La leva è costituita da un'asta rigida girevole intorno a un asse a essa perpendicolare. Il **fulcro** è il punto di incontro fra asse e leva; i **bracci** sono la distanza tra i punti di applicazione di $\mathbf{F}_m$ e $\mathbf{F}_r$ e il fulcro. Le leve sono di *tre specie* a seconda delle posizioni di fulcro, forza motrice e resistenza:

1. **prima specie** (es: forbici): fulcro fra forza motrice $\mathbf{F}_m$ e resistenza $\mathbf{F}_r$; è vantaggiosa se $b_r < b_m$;
2. **seconda specie** (es: schiaccianoci): resistenza fra fulcro e forza motrice; sempre vantaggiosa;
3. **terza specie** (es: braccio umano): forza motrice fra fulcro e resistenza; sempre svantaggiosa.

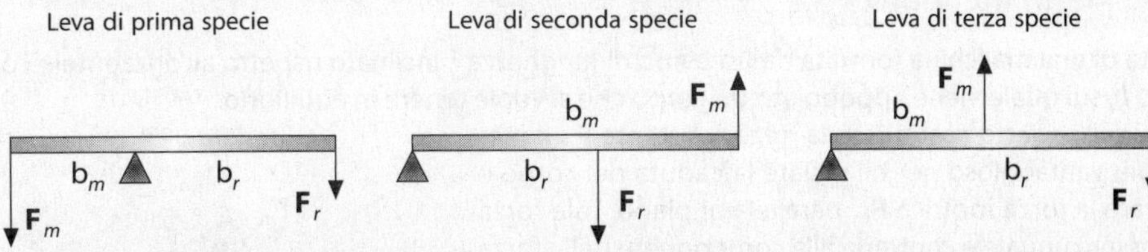

Dalla condizione di equilibrio per i momenti delle forze rispetto al fulcro di una leva, si ricava la **condizione di equilibrio per le leve:**

$$F_m \cdot b_m = F_r \cdot b_r \quad \rightarrow \quad F_m : F_r = b_r : b_m$$

dove $\mathbf{F}_m$, $\mathbf{F}_r$, b_m, b_r rappresentano la forza motrice, la forza resistente e i corrispondenti bracci d'azione.

3.9.2 | Carrucole

La carrucola è costituita da un disco girevole, attorno al quale scorre una fune, fissato a un sostegno o a un peso da sollevare. Esistono carrucole fisse, mobili, o serie di carrucole (paranco).

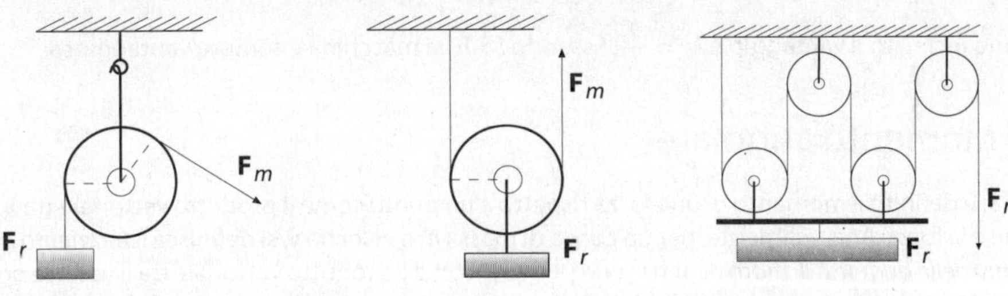

(a) (b) (c)

1. Le *carrucole fisse* sono equivalenti a leve (§ 3.9.1) in cui il braccio della forza resistente è uguale a quello della forza motrice, entrambi uguali al raggio del disco (caso a in figura). La condizione di equilibrio è $F_m = F_r$.

   Si ha $V = 1$: la macchina è **indifferente**. Pur non essendo vantaggiosa, la carrucola fissa è utile perché consente di sollevare un corpo esercitando una forza diretta verso il basso.

2. Le *carrucole mobili* hanno un estremo della fune fissato al sostegno, la forza resistente fissata nel centro del disco e la forza motrice all'altro estremo della fune (caso b in figura). Metà resistenza si scarica sul sostegno e quindi l'equilibrio è raggiunto quando $F_m = F_r/2$.

   Si ha $V = 2$: la macchina è **vantaggiosa**.

3. Il *paranco* è una macchina composta da n carrucole mobili (caso c in figura); l'equilibrio viene raggiunto quando $F_m = F_r/(2n)$.

   Si ha $V = 2n$: la macchina è **vantaggiosa** e il vantaggio aumenta con l'aumentare di n.

Alice e Bob riescono a tenere un dondolo in equilibrio stando seduti alle due estremità. Se Alice ha una massa di 40 kg, quanto pesa Bob?

La risposta è intuitiva: dato che il fulcro si trova esattamente a metà del dondolo (si faccia riferimento alla figura della leva di prima specie), ovvero i bracci delle due forze applicate alla leva sono uguali, Bob deve pesare quanto Alice.

Dato che Alice ha una massa di 40 kg, il suo peso (e quello di Bob) è:

$$P = mg = 40 \text{ kg} \cdot 9{,}8 \frac{\text{m}}{\text{s}^2} = 392 \text{ N}$$

3.9.3 | Piano inclinato

Si tratta di una macchina formata da un piano di lunghezza *l*, inclinato rispetto all'orizzontale con un dislivello *h*, sul quale viene appoggiato un corpo che si vuole tenere in equilibrio.

Il peso dell'oggetto costituisce la forza resistente $\mathbf{F}_r$. Il metodo più vantaggioso per bilanciare la caduta del corpo è applicare la forza motrice $\mathbf{F}_m$ parallela al piano. Tale forza deve essere uguale e contraria alla componente della forza peso parallela al piano.

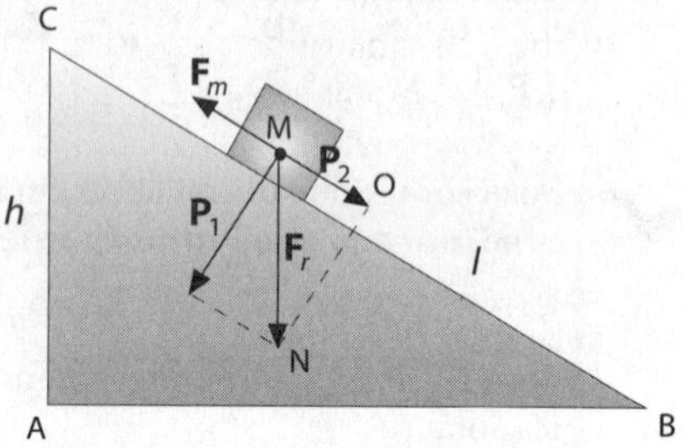

Si scompone quindi il peso in $\mathbf{P}_1$ e $\mathbf{P}_2$.

Per l'equilibrio, il modulo di $\mathbf{F}_m$ deve essere uguale a quello di $\mathbf{P}_2$: $F_m = \overline{MO}$.

Dalla similitudine dei triangoli ABC e MNO si ha:

$$\overline{BC} : \overline{MN} = \overline{AC} : \overline{MO}$$

$$\overline{MO} = \overline{MN} \cdot (\overline{AC}/\overline{BC}) \quad \rightarrow \quad F_m = F_r \cdot (h/l)$$

La componente $\mathbf{P}_1$ della forza peso, ortogonale al piano, è bilanciata da una forza a essa uguale e opposta, detta *reazione vincolare*.

Per il piano inclinato il vantaggio è $V = \frac{l}{h}$. Essendo $l > h$, la macchina è sempre vantaggiosa.

3.10 | Momento angolare

Nel § 3.6 si è definito il momento di una forza rispetto a un punto come il prodotto vettoriale tra il vettore posizione e la forza. Analogamente, per un corpo di massa *m* e velocità **v**, si definisce il *momento angolare* o *momento della quantità di moto* rispetto a un punto O come il prodotto vettoriale tra il vettore posizione del corpo rispetto a O e la sua quantità di moto.

Momento angolare: $\mathbf{L} = \mathbf{r} \wedge \mathbf{P} = m \cdot \mathbf{r} \wedge \mathbf{v}$

Tale vettore è perpendicolare al piano individuato dal vettore posizione e dal vettore quantità di moto e dipende dal punto O.

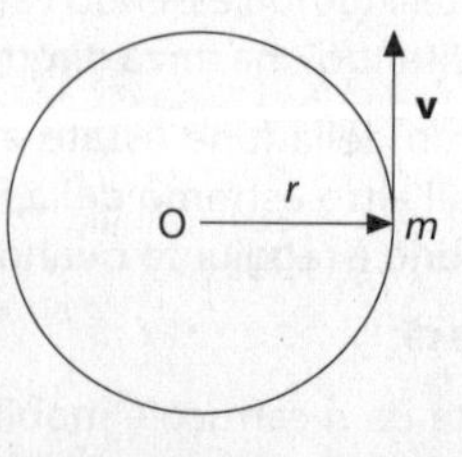

Analogamente a quanto accade per la quantità di moto, **il momento angolare di un sistema isolato è un vettore che si conserva.**

Nel caso di moto circolare uniforme, velocità e vettore posizione rispetto al centro della circonferenza sono ortogonali tra loro; il momento angolare assume quindi la forma:

$$L = m \cdot v \cdot r = m \cdot r^2 \cdot \omega = I \cdot \omega$$

dove ω indica la velocità angolare del corpo e $I = m \cdot r^2$ prende il nome di **momento d'inerzia.** I è un indice dell'inerzia che i corpi offrono a una variazione della loro velocità angolare.

Una pattinatrice sul ghiaccio sta eseguendo una trottola alla velocità angolare ω. Quando vuole aumentare la velocità della trottola avvicina gli arti al proprio asse di rotazione, fino a ridurre il momento di inerzia I della metà. Supponendo che tra i pattini e il ghiaccio ci sia attrito trascurabile, quanto vale la velocità angolare finale della trottola?

Il momento angolare **L** è, per il moto rotatorio, la grandezza analoga alla quantità di moto **P** per il moto traslatorio.

L'assenza di attrito indica che il sistema pattinatrice-ghiaccio è isolato, ovvero non agiscono forze esterne. In questo caso vale il principio di conservazione del momento angolare $L = I \cdot \omega$: segue che è possibile modificare la velocità angolare di un corpo in rotazione semplicemente cambiando il suo momento d'inerzia (I e ω sono infatti inversamente proporzionali).

Numericamente, dato che $I_2 = I_1/2$:

$$L_1 = L_2 \Rightarrow I_1 \cdot \omega_1 = I_2 \cdot \omega_2 \Rightarrow \omega_2 = \frac{I_1}{I_2} \cdot \omega_1 = \frac{I_1}{I_1/2} \cdot \omega_1 = 2\omega_1$$

Ancora una volta, si noti dal punto di vista dimensionale la formula risolutiva:

$$\omega_2 = \frac{I_1}{I_2} \cdot \omega_1$$

dove a sinistra dell'uguale c'è una velocità angolare e a destra, correttamente, lo stesso, dato che il rapporto I_1/I_2 è adimensionale.

L'azione di una forza **F** su un corpo libero ne provoca una variazione della quantità di moto **P**; l'azione di una coppia di momento τ ne provoca una variazione del momento angolare **L**.

3.11 | Forze elastiche e moto armonico

Come si è visto nel § 2.3.5, il moto armonico si può definire come il moto della proiezione P' di un punto P che si muove con velocità angolare costante ω lungo una circonferenza. La legge oraria di tale moto è di tipo sinusoidale.

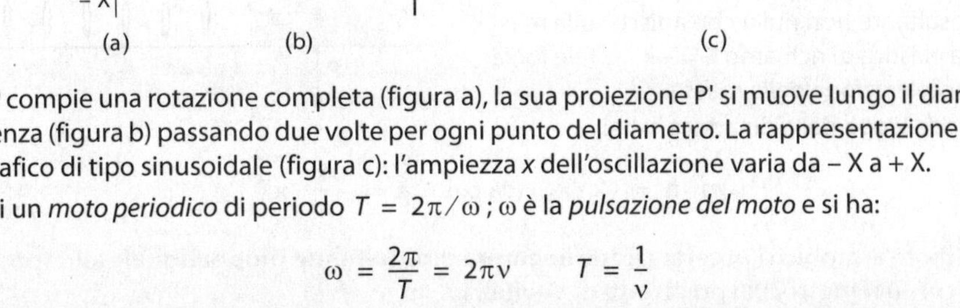

Quando P compie una rotazione completa (figura a), la sua proiezione P' si muove lungo il diametro della circonferenza (figura b) passando due volte per ogni punto del diametro. La rappresentazione di tale moto è un grafico di tipo sinusoidale (figura c): l'ampiezza x dell'oscillazione varia da – X a + X.

Si tratta di un *moto periodico* di periodo $T = 2\pi/\omega$; ω è la *pulsazione del moto* e si ha:

$$\omega = \frac{2\pi}{T} = 2\pi\nu \qquad T = \frac{1}{\nu}$$

FISICA

3.11.1 | La molla e il pendolo semplice

Si prendono ora in esame due casi notevoli di moto armonico: l'oscillazione di un sistema *massa-molla* e l'oscillazione di un *pendolo semplice*.

Nella figura a lato, il **sistema massa-molla** è rappresentato nella configurazione di equilibrio (figura a) e in una configurazione dove la massa è spostata di una quantità x dalla posizione di equilibrio (figura b). La massa è soggetta alla forza della molla che è una *forza di tipo elastico*, cioè opposta e proporzionale alla deformazione. Tale forza è data da:

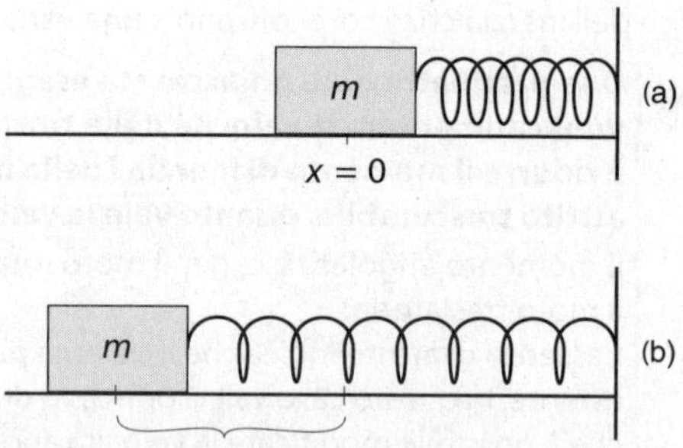

$$\mathbf{F} = -\mathrm{k} \cdot \mathbf{x}$$

dove $\mathbf{x}$ è lo spostamento dalla posizione di equilibrio e k è la *costante elastica* della molla.

La massa del **pendolo semplice** (una massa puntiforme m sospesa grazie a un filo inestensibile di massa trascurabile e lunghezza l) è invece sottoposta a due forze: la forza peso pari a $m\mathbf{g}$ e la tensione del filo. La risultante di tali forze è indicata con $\mathbf{F}$ in figura.

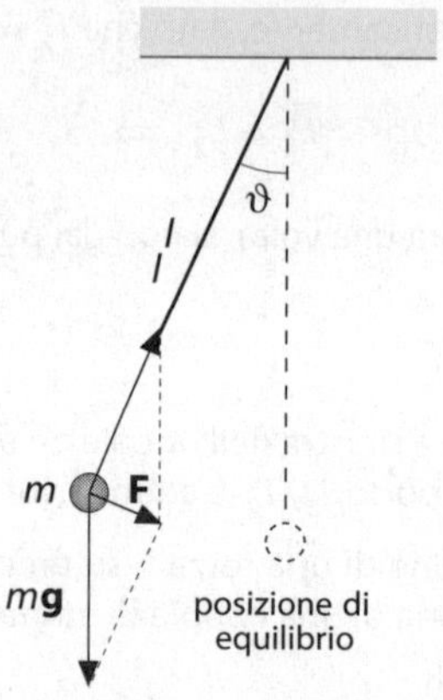

In entrambi i casi si tratta di forze di richiamo che, in mancanza di attriti, fanno oscillare le masse senza interruzione.

Sempre in entrambi i casi, quando le masse transitano nelle posizioni di equilibrio ($x = 0$ e $\theta = 0$), le loro velocità risultano massime, mentre si annullano quando l'oscillazione raggiunge la massima ampiezza (x e θ massimi). Le accelerazioni, al contrario, raggiungono il loro valore massimo nei punti dove si inverte il moto, cioè dove x e θ sono massimi, e si annullano nella posizione di equilibrio.

Il periodo di oscillazione del sistema massa–molla è indipendente dall'ampiezza delle oscillazioni; il periodo di oscillazione del pendolo è indipendente dalla massa del corpo appeso al filo e dall'ampiezza delle oscillazioni.

Per il sistema massa-molla e per il pendolo semplice si ha, rispettivamente:

$$\mathrm{T} = 2\pi \cdot \sqrt{\frac{m}{\mathrm{k}}} \quad \text{e} \quad \mathrm{T} = 2\pi \cdot \sqrt{\frac{l}{g}}$$

3.11.2 | Legge oraria del moto armonico

Si consideri il sistema massa-molla in figura. La forza peso $\mathbf{P}$ che agisce sulla massa m è bilanciata dalla reazione vincolare $\mathbf{R}$ del piano di appoggio. L'unica forza con risultante non nulla che agisce sulla massa è la forza elastica di richiamo $\mathbf{F} = -\mathrm{k} \cdot \mathbf{x}$. Tale forza provoca l'accelerazione della massa.

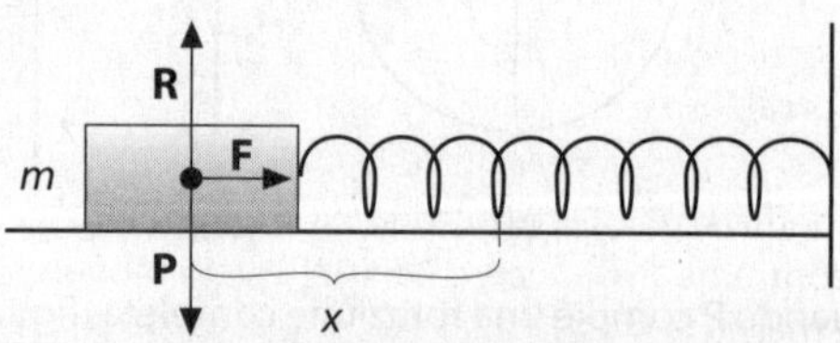

Per la seconda legge della dinamica si ha:

$$m \cdot \mathbf{a} = -\mathrm{k} \cdot \mathbf{x} \quad \text{da cui} \quad \mathbf{a} = -\frac{\mathrm{k}}{m} \cdot \mathbf{x} \qquad [5]$$

Nel moto armonico l'accelerazione è sempre direttamente proporzionale allo spostamento del corpo rispetto alla posizione di equilibrio.

Dalla [5] si ricava la legge oraria del moto armonico.

$$x(t) = A \cdot \text{sen}(\omega \cdot t + \varphi) \qquad \text{dove } \omega = \sqrt{k/m}$$

dove A è l'ampiezza massima dell'oscillazione, φ è un parametro detto *fase iniziale* che tiene conto delle condizioni iniziali e ω prende il nome di pulsazione e ha le dimensioni dell'inverso di un tempo.

Le equazioni trovate assumono la stessa forma per qualunque moto oscillatorio; nel pendolo semplice, l'equazione del moto riferita all'angolo di apertura delle oscillazioni è la seguente:

$$\theta(t) = \Theta \cdot \text{sen}(\omega \cdot t + \varphi) \qquad \text{dove } \omega = \sqrt{g/l}$$

3.11.3 | Grandezze caratteristiche del moto oscillatorio

	massa - molla	pendolo semplice
Costante del moto	k	$\frac{mg}{l}$
Periodo T	$2\pi\sqrt{\frac{m}{k}}$	$2\pi\sqrt{\frac{l}{g}}$
Pulsazione $\omega = 2\pi\nu$	$\sqrt{\frac{k}{m}}$	$\sqrt{\frac{g}{l}}$
Frequenza ν	$\frac{1}{2\pi}\sqrt{\frac{k}{m}}$	$\frac{1}{2\pi}\sqrt{\frac{g}{l}}$
Energia potenziale[1]	$\frac{1}{2}kx^2$	mgh

1. L'energia potenziale verrà definita nel § 4.3.2.

3.12 | Forza di attrito

Le *forze di attrito* si oppongono ai movimenti relativi tra i corpi. La forma di attrito più ricorrente nelle domande dei test universitari è la forza di attrito *radente*.

Dati due corpi mantenuti a contatto da una forza **N** perpendicolare alla superficie di contatto, la forza di **attrito radente** $\mathbf{F}_a$ è originata dallo slittamento di un corpo sull'altro ed è un vettore così definito:

Direzione: parallela alla superficie di contatto;

Verso: quello che si oppone al moto relativo tra i due corpi;

Intensità: $|\mathbf{F}_a| = f \cdot |\mathbf{N}|$ dove $f = \begin{cases} f_s: \text{ coefficiente di attrito statico} \\ f_k: \text{ coefficiente di attrito dinamico} \end{cases}$

La forza di attrito radente è quindi direttamente proporzionale alla forza normale **N** (che nel caso in figura coincide con la forza peso del corpo) e dipende dalla natura delle superfici di contatto.

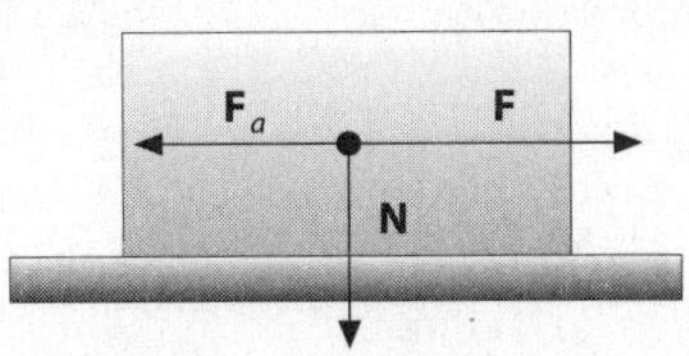

Il coefficiente di attrito statico f_s è proprio della resistenza che si incontra quando si cerca di mettere in movimento un corpo inizialmente fermo.

Il coefficiente di attrito dinamico f_k riguarda invece un corpo già in movimento. Si verifica che la resistenza che un corpo incontra è maggiore quando parte da fermo rispetto a quella che incontra quando è già in moto.

Per ogni materiale vale la disuguaglianza: $f_s > f_k$

FISICA

Oltre alla forza di attrito radente, esistono altri due tipi di forze di attrito.

- **Forza di attrito volvente**: si tratta della forza che si oppone al rotolamento di un corpo su un altro: sperimentalmente si trova che l'attrito volvente è sempre inferiore a quello radente.
- **Forza di attrito nei fluidi**: quando un corpo si muove all'interno di un fluido viscoso (come un pesce nell'acqua o un paracadutista nell'aria) incontra una resistenza che dipende dalla viscosità del fluido (§ 6.5) e dalla forma, dalle dimensioni e dalla velocità del corpo che si muove nel fluido.

Un corpo di massa $m = 2$ kg è appoggiato su un piano orizzontale. Tra il corpo e il piano i coefficienti di attrito statico e dinamico valgono rispettivamente $f_s = 0{,}5$ e $f_d = 0{,}3$. Si applica al corpo una forza F di modulo pari a 20 N che forma con il piano un angolo di 60°. Determinare la forza totale agente parallelamente al piano.

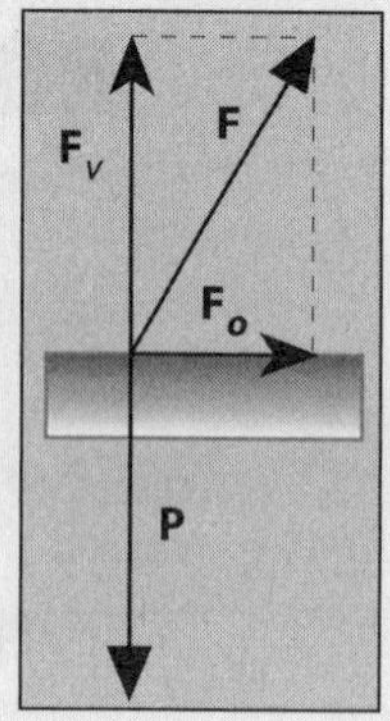

La componente verticale della forza **F** vale:

$$F_v = F\text{sen}(60°) = 17{,}32 \text{ N}$$

mentre quella orizzontale:

$$F_o = F\cos(60°) = 10 \text{ N}$$

La forza di attrito statico vale:

$$F_s = (mg - F_v) \cdot f_s = (2 \text{ kg} \cdot 9{,}8 \text{ m/s}^2 - 17{,}32 \text{ N}) \cdot 0{,}5 = 1{,}14 \text{ N}$$

ed è diretta nel verso opposto alla componente orizzontale $\mathbf{F}_o$.
Essendo $F_s < F_o$, il corpo inizia a muoversi.
Si considera l'attrito dinamico:

$$F_d = (mg - F_v) \cdot f_d = (2 \text{ kg} \cdot 9{,}8 \text{ m/s}^2 - 17{,}32 \text{ N}) \cdot 0{,}3 = 0{,}684 \text{ N}$$

La forza totale parallela al piano è dunque:

$$\mathbf{R} = \mathbf{F}_o + \mathbf{F}_d \quad \rightarrow \quad R = F_o - F_d = (10 - 0{,}684) \text{ N} = 9{,}316 \text{ N}$$

Ripassa da qui

Sistemi inerziali e leggi della dinamica

- **Prima legge della dinamica**: un corpo su cui non agisce alcuna forza o sul quale agiscono forze in equilibrio mantiene il suo stato di moto (rettilineo uniforme) o di quiete.
- **Seconda legge della dinamica:**

$$\mathbf{F} = m \cdot \mathbf{a}$$

- **Terza legge della dinamica** o principio di azione e reazione: a ogni azione corrisponde una reazione uguale e opposta:

$$\mathbf{F}_{1 \to 2} = -\mathbf{F}_{2 \to 1}$$

- Quantità di moto: $\mathbf{P} = m \cdot \mathbf{v}$
  - Teorema dell'impulso:

$$\mathbf{F} = m \cdot \mathbf{a} = m \cdot \frac{\Delta \mathbf{v}}{\Delta t} = \frac{\Delta(m \cdot \mathbf{v})}{\Delta t} = \frac{\Delta \mathbf{P}}{\Delta t} \to \mathbf{F} \cdot \Delta t = \Delta \mathbf{P} = m \cdot \Delta \mathbf{v}$$

  - Principio di conservazione della quantità di moto: la quantità di moto totale di un sistema isolato è costante:

$$\mathbf{P} = \sum \mathbf{P}_i = \sum m_i \cdot \mathbf{v}_i = \text{costante}$$

Legge di gravitazione universale:

- Modulo della **forza gravitazionale**:

$$F = \mathrm{G} \cdot \frac{m \cdot M}{r^2} \quad \text{con } \mathrm{G} = 6{,}67 \cdot 10^{-11} \frac{\mathrm{N} \cdot \mathrm{m}^2}{\mathrm{kg}^2}$$

- Velocità di fuga: $v_{fuga} = \sqrt{2\mathrm{G}\frac{M_T}{r_T}}$ con M_T = massa della Terra e r_T = raggio della Terra
- Forza peso: $\mathbf{P} = m \cdot \mathbf{g}$
- Densità: $\rho = \frac{m}{V}$
- Peso specifico: $p = \frac{m \cdot g}{V}$

Momenti

- Momento di una forza F: $\tau = \mathbf{r} \wedge \mathbf{F} \to |\tau| = r \cdot \mathrm{sen}\theta \cdot F = b \cdot F$
- Momento di una coppia di forze: $\tau = \mathbf{d} \wedge \mathbf{F} \to |\tau| = F \cdot b$
- Momento angolare: $\mathbf{L} = \mathbf{r} \wedge \mathbf{P} = m \cdot \mathbf{r} \wedge \mathbf{v}$

Sistema massa-molla, pendolo semplice e moto oscillatorio

- Forza elastica: $\mathbf{F} = -\mathrm{k} \cdot \mathbf{x}$
- Periodo di oscillazione del sistema massa-molla $\mathrm{T} = 2\pi \cdot \sqrt{\frac{m}{\mathrm{k}}}$
- Periodo di oscillazione del pendolo semplice: $\mathrm{T} = 2\pi \cdot \sqrt{\frac{l}{g}}$

FISICA

Quesiti svolti

1 **In base al primo principio della dinamica, se vengono meno le forze che determinano il moto circolare uniforme di un corpo, questo:**

- **A** permane nel suo stato di moto circolare uniforme
- **B** rallenta il suo moto sino a fermarsi
- **C** cambia il tipo di moto da circolare uniforme a rettilineo uniforme
- **D** assume un moto rettilineo uniformemente accelerato
- **E** assume un moto uniformemente accelerato

Il primo principio della dinamica afferma che un corpo non soggetto a forze mantiene il suo stato di quiete o di moto rettilineo uniforme. Il corpo si muove inizialmente di moto circolare uniforme in virtù della presenza di una forza centripeta; se scompare tale forza, il corpo cambia tipo di moto e prosegue con moto rettilineo uniforme lungo la tangente alla traiettoria iniziale. La risposta esatta è la **C**.

2 **In un sistema di particelle la quantità di moto totale si conserva:**

- **A** sì, sempre
- **B** no, mai
- **C** solo se il sistema è chiuso
- **D** solo se il sistema è isolato
- **E** solo se il sistema è adiabatico

Il principio di conservazione della quantità di moto di un sistema vale solo se il sistema è isolato: la risposta esatta è la **D**.

3 **Quale carico bisogna applicare all'estremo B del tratto verticale della fune AOB, di massa trascurabile, per mantenere in equilibrio il carico A scorrevole senza attrito su un piano inclinato di $\pi/6$ sull'orizzontale, avente massa di 1 kg?**

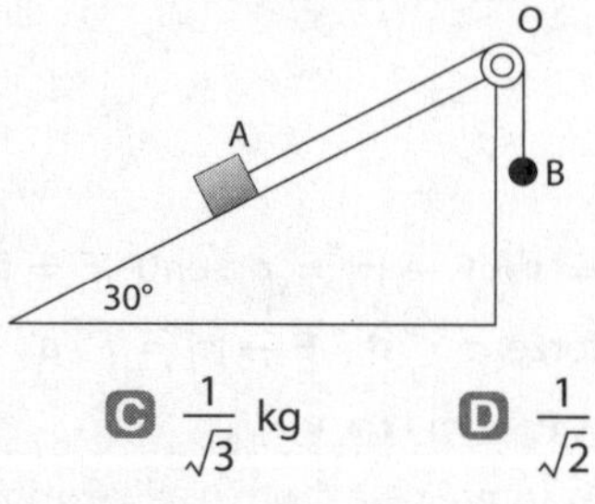

A $\frac{1}{2}$ kg **B** $\frac{\sqrt{2}}{3}$ kg **C** $\frac{1}{\sqrt{3}}$ kg **D** $\frac{1}{\sqrt{2}}$ kg **E** $\sqrt{3}$ kg

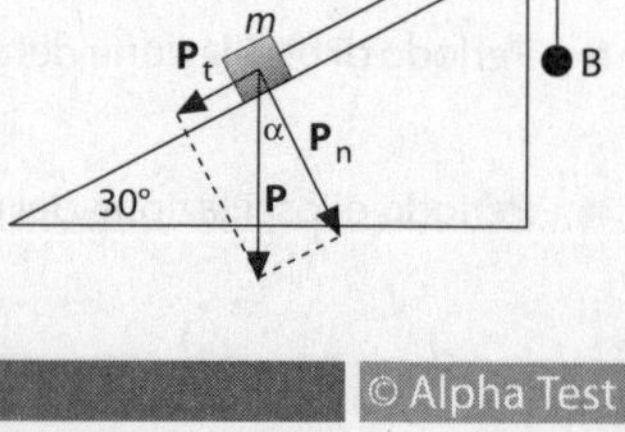

La forza che trascina verso il basso la massa A è il suo peso. In particolare la componente $\mathbf{P}_n$ ortogonale al piano è bilanciata dalla reazione vincolare del piano stesso, mentre la componente $\mathbf{P}_t$ parallela al piano è quella che fa muovere A.

Il carico che bisogna applicare in B deve quindi esercitare una forza verso il basso di intensità pari a P_t.

PARTE QUARTA

Dalla trigonometria si ha:

$$P_t = P \cdot \text{sen}\frac{\pi}{6} = m \cdot g \cdot \text{sen}\frac{\pi}{6}$$

Dato che $P_t = P_B = m_B g$, la massa da applicare nel punto B è pari a:

$$m_B = \frac{m \cdot g \cdot \text{sen}\,\pi/6}{g} = m \cdot \text{sen}\frac{\pi}{6} = 1\text{ kg} \cdot \text{sen}\frac{\pi}{6} = 1\text{ kg} \cdot \frac{1}{2} = \frac{1}{2}\text{ kg} \quad \text{(risposta A)}$$

4 Un'asta rettilinea e rigida *AB* è incernierata in *A* a un punto fisso intorno al quale è libera di ruotare senza attrito ed è mantenuta in posizione orizzontale da un cavo d'acciaio verticale collegato a essa in *B*. L'asta ha un peso trascurabile ma nel suo punto medio è appoggiato un carico puntiforme. Se si sposta questo carico e lo si colloca più vicino a *B*, a tre quarti dell'asta, come si modifica la tensione nel cavo rispetto alla situazione precedente?

A Aumenta del 50%

B Diminuisce del 25%

C Resta inalterata

D Raddoppia

E Aumenta del 15%

Impostando le equazioni per l'equilibrio, e detta *T* la tensione sul cavo, l'equazione dei momenti quando il peso *P* è appoggiato al centro è:

$$\frac{P}{2} = T$$

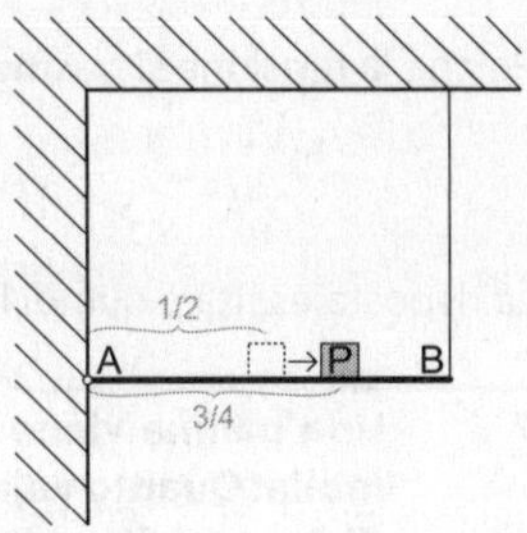

Successivamente diventa:

$$\frac{3}{4} \cdot P = T$$

Poiché il peso *P* del carico è costante, si può scrivere:

$$\frac{3}{4} \cdot 2T = T \quad \rightarrow \quad T = \frac{3}{2} \cdot T \quad \text{(risposta A)}$$

5 Un ascensore si muove con velocità costante verso il basso mentre al suo interno un ragazzo si sta pesando su una comune bilancia (dinamometro). Il peso indicato dalla bilancia è:

A inferiore al reale

B uguale al reale

C superiore al reale

D inferiore, uguale, superiore a seconda del valore della velocità dell'ascensore

E nessuna delle precedenti

Per mostrare che il peso indicato dalla bilancia è uguale al reale si può ragionare per assurdo. Si supponga cioè che la bilancia indichi un peso diverso dal reale; se così fosse si potrebbe capire, dall'interno dell'ascensore, che il sistema è in movimento e ciò è in contrasto con il principio di relatività galileiana secondo il quale è impossibile, dall'interno di un sistema di riferimento inerziale, capire se questo è fermo o è dotato di moto rettilineo uniforme. La risposta esatta è la B.

Per concludere si osserva che la bilancia segna un valore diverso dal reale solo nel momento in cui l'ascensore parte o si ferma, cioè nei momenti in cui l'accelerazione è diversa da zero. In tali casi infatti l'ascensore non è un sistema inerziale.

FISICA

6 Con riferimento al sistema illustrato in figura, determinare le tensioni T_A e T_B del filo (supposto di massa trascurabile), durante il moto di A e B in assenza di attriti:

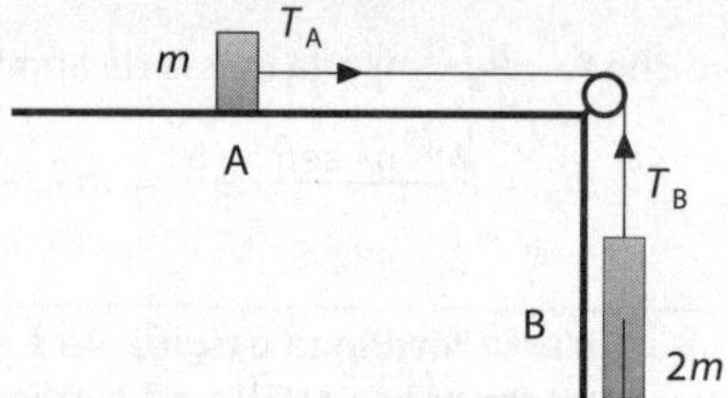

A $T_A = T_B = \frac{2}{3} mg$

B $T_A = T_B = mg$

C $T_A = mg$ e $T_B = 2mg$

D non determinabili perché occorre conoscere la posizione e la velocità di A a un istante iniziale

E non determinabili perché occorre conoscere la lunghezza del filo

La forza che fa muovere il sistema è esclusivamente la forza peso. La forza peso agente su A è bilanciata dalla reazione vincolare del piano su cui è appoggiato; mentre la forza peso agente su B è pari a: $F = 2\,m \cdot g$.
Questa forza muove l'intero sistema che ha massa $3m$, imprimendogli una accelerazione pari a:

$$a = \frac{F}{3m} = \frac{2m \cdot g}{3m} = \frac{2}{3} g$$

Poiché la tensione T_A è l'unica forza non bilanciata che agisce sul corpo A, la cui accelerazione è $2/3\, g$, il modulo di T_A è uguale a:

$$T_A = m \cdot \frac{2}{3} g = \frac{2}{3} m \cdot g$$

Poiché la tensione si trasmette inalterata lungo tutto il filo, si ottiene:

$$T_B = \frac{2}{3} m \cdot g$$

La risposta esatta è quindi la **A**.

7 Una pallina viene scagliata verticalmente verso l'alto (nel campo gravitazionale) da una molla. Quanto vale l'accelerazione della pallina nell'istante immediatamente successivo al distacco della pallina dalla molla?
(Si supponga che la resistenza dell'aria sia trascurabile e che l'accelerazione di gravità sia diretta naturalmente verso il basso e di valore pari a 9,8 m/s²).

A 0

B 9,8 m/s^2

C – 9,8 m/s^2

D Più di 9,8 m/s^2

E Non si può sapere, se non si conosce la forza esercitata dalla molla

PARTE QUARTA

Quando la pallina si stacca dalla molla, la sola forza a cui è soggetta è la forza peso. La seconda legge della dinamica ($\mathbf{F} = m \cdot \mathbf{a} \rightarrow \mathbf{a} = \mathbf{F}/m$) diventa quindi $a = P/m = mg/m = g = 9{,}8\ m/s^2$ dove P è il peso della pallina. La sola accelerazione a cui la pallina è sottoposta è quella di gravità e la risposta esatta è la **C** (il segno è dovuto al fatto che l'accelerazione gravitazionale ha verso opposto rispetto alla velocità).
Per rispondere correttamente a questo tipo di quesiti è necessario distinguere correttamente i concetti di velocità e di accelerazione.

Un corpo può essere dotato di una velocità enorme e avere nello stesso tempo una accelerazione nulla o viceversa. L'accelerazione è legata alla variazione di velocità nel tempo e non al variare della velocità.

8 **L'accelerazione di gravità sulla Luna è circa 1/6 di quella sulla Terra. La massa di un uomo che si trova sulla Luna è:**

A 1/6 di quella che ha sulla Terra
B 6 volte quella che ha sulla Terra
C uguale a quella che ha sulla Terra
D 1/36 di quella che ha sulla Terra
E 36 volte quella che ha sulla Terra

La massa è una grandezza caratteristica di ogni corpo e non dipende dal sistema in cui il corpo si trova. Spostandosi dalla Terra alla Luna un uomo vede cambiare il suo peso, che dipende dall'attrazione gravitazionale, ma mantiene inalterata la sua massa. La risposta esatta è quindi la C.

9 **Una ballerina che voglia aumentare la propria velocità angolare di rotazione tende a raccogliersi il più possibile avvicinando le braccia al corpo; ciò perché:**

A aumenta il momento angolare di rotazione
B diminuisce il momento di inerzia
C aumenta la quantità di moto
D aumenta la resistenza fisica
E diminuisce la fatica

Si è visto che in un sistema isolato (è il caso della ballerina se si trascurano gli attriti), il momento angolare $L = I \cdot \omega$ è una costante: perché aumenti ω occorre che I diminuisca. Dato che il momento d'inerzia I dipende da come è distribuita la massa del corpo rotante rispetto all'asse di rotazione (I è tanto maggiore quanto maggiore è la distanza fra la massa e l'asse di rotazione), l'azione di raccoglimento della ballerina si traduce in una diminuzione del suo momento d'inerzia. Si conclude che la risposta esatta è la B.

10 **La distanza media Terra-Luna è circa 380.000 km e il raggio della Luna è circa 1750 km (0,27 volte quello della Terra); il rapporto tra la massa della Luna e quella della Terra è 1/81. Quale delle seguenti risposte individua più correttamente la posizione del centro di massa del sistema Terra-Luna?**

A Il centro della Luna
B A mezza via tra la Luna e la Terra
C Il centro della Terra
D All'interno della Terra ma non al centro
E All'interno della Luna ma non al centro

In generale, per determinare la posizione del centro di massa di un sistema composto da due masse m_1 e m_2 (per esempio Terra e Luna), si utilizza la relazione seguente:

$$m_1 \cdot d_1 = m_2 \cdot d_2 \rightarrow \frac{m_1}{m_2} = \frac{d_2}{d_1}$$

dove $d_1 + d_2 = d$ è la distanza fra le masse.

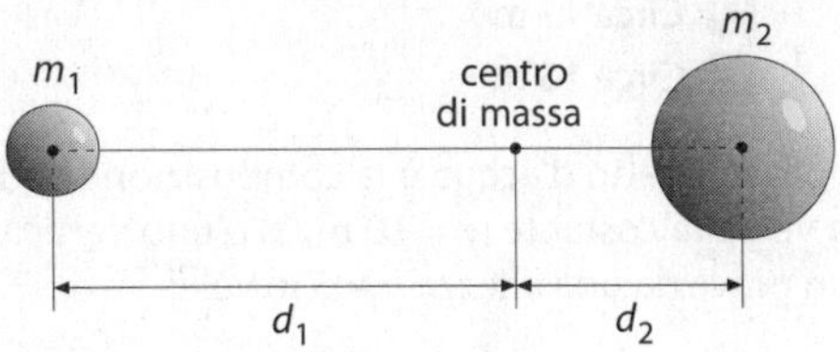

Nel caso del sistema Terra-Luna si ha:

$$\frac{m_L}{m_T} = \frac{d_T}{d_L} \rightarrow \frac{1}{81} = \frac{d_T}{380.000 \text{ km} - d_T} \rightarrow 82d_T = 380.000 \text{ km} \rightarrow d_T = 4650 \text{ km}$$

Dato che il raggio della Terra vale 6400 km > 4650 km, il centro di massa del sistema Terra-Luna si trova lungo la congiungente i rispettivi centri di massa, all'interno della superficie terrestre.
La risposta esatta è quindi la D.

FISICA

11 Un corpo di massa $m = 2$ kg è sospeso verticalmente da una molla ideale di costante elastica $k = 1$ N/cm. In condizioni di equilibrio si osserva che l'allungamento della molla rispetto alla sua lunghezza di riposo è:

A 1 cm
B 2 cm
C 0,5 cm
D > 2 cm
E < 0,5 cm

La forza esercitata da una molla il cui estremo libero si è spostato di un tratto x rispetto alla posizione di equilibrio è regolata dalla legge di Hooke:

$$\mathbf{F} = -k \cdot \mathbf{x} \rightarrow \mathbf{x} = -\frac{\mathbf{F}}{k}$$

Se il sistema massa-molla è in equilibrio, la molla esercita sul corpo una forza uguale e opposta al peso del corpo ($P = mg \rightarrow P = 2\text{ kg} \cdot 9{,}8\text{ m/s}^2 = 19{,}6\text{ N} \approx 20\text{ N}$).

Per quanto detto si ha: $x = -\frac{F}{k} \approx -\frac{20\text{ N}}{1\text{ N/cm}} = -20\text{ cm}$, ovvero la molla si allunga di 20 cm.

La risposta esatta è dunque la D.

12 Un getto d'acqua esce orizzontalmente con una velocità di 10 m/s da un foro situato a 5 metri d'altezza dal suolo.

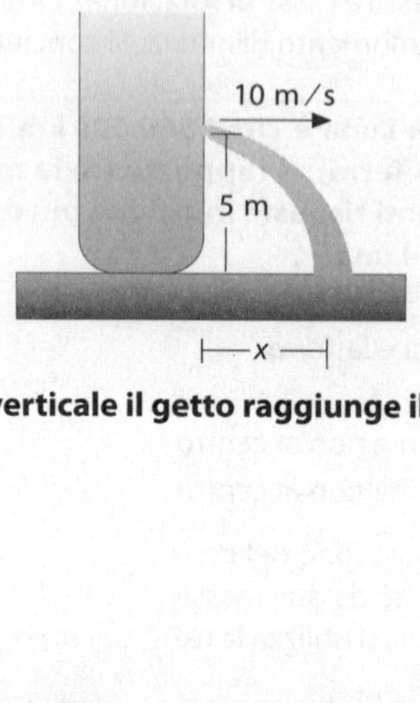

A che distanza dal piede della verticale il getto raggiunge il suolo?

A Circa 3 m
B Circa 5 m
C Circa 10 m
D Circa 12 m
E Circa 15 m

Il moto del getto d'acqua è la composizione di due moti indipendenti: uno orizzontale caratterizzato da una velocità costante ($v = 10$ m/s) e uno verticale di tipo uniformemente accelerato. Il tempo di caduta di un grave da una altezza $h = 5$ m vale:

$$t_c = \sqrt{\frac{2h}{g}} = \sqrt{\frac{10\text{ m}}{9{,}8\text{ m/s}^2}} \approx 1\text{ s}$$

Ogni molecola d'acqua impiega dunque un secondo a cadere al suolo e, in questo intervallo di tempo, percorre 10 m in direzione orizzontale (l'acqua è infatti dotata di una velocità orizzontale di 10 m/s). La risposta esatta è dunque la C.

PARTE QUARTA

4| Lavoro ed energia

Mettiti alla prova

I **Una forza costante di 7,00 N viene applicata lungo una linea retta ad un corpo, per spostarlo di 13 m, parallelamente alla direzione della forza, in 5 secondi. Qual è la potenza sviluppata dalla forza per spostare il corpo?**

A 1,82 W
B 9,10 W
C 18,2 W
D 91,0 W
E 455 W

II **L'energia cinetica:**

A si misura in joule
B diminuisce sempre con lo spazio percorso
C è caratteristica del moto rettilineo uniforme
D è nulla durante la caduta di un grave
E è direttamente proporzionale alla velocità

III **Una scalatrice di massa 50 kg si arrampica fino alla cima di una palestra di roccia verticale, compiendo un lavoro pari a 6.000 J. Quant'è alta approssimativamente la parete scalata?**

A 10 m
B 12 m
C 20 m
D 60 m
E 120 m

IV **Quale delle seguenti espressioni è dimensionalmente corretta?**
(F = forza, E = energia, W = potenza, v = velocità, L = lunghezza, t = tempo, m = massa)

A $W = F \cdot L \cdot t$
B $v = F/m$
C $F = v \cdot t$
D $F = E/L$
E $E = W$

FISICA

Ecco le risposte esatte dei 4 quesiti proposti: I C, II A, III B, IV D.

4.1 | Lavoro di una forza

Quando il punto di applicazione di una forza **F** compie uno spostamento **s**, la forza compie un lavoro *L* dato dal prodotto scalare tra forza e spostamento.

$L = \mathbf{F} \cdot \mathbf{s} = \lvert\mathbf{F}\rvert \cdot \lvert\mathbf{s}\rvert \cdot \cos\alpha$	Dimensioni: $[M]\,[L]^2\,[T]^{-2}$
dove α è l'angolo formato dai vettori **F** e **s**.	Unità di misura nel SI: $N \cdot m$ = joule (J)

Il lavoro è una grandezza scalare!

L'unità di misura del lavoro nel sistema CGS è l'erg (simbolo: erg).
Quanti joule vale un erg?

Si è visto che $1\ J = 1\ N \cdot 1\ m$. Analogamente, nel CGS, $1\ erg = 1\ dyn \cdot 1\ cm$.

Si tratta, per passare da J a erg, di trasformare tutte le unità del SI in unità del CGS mediante equivalenze:

$$1\ J = 1\ N \cdot 1\ m = (10^5\ dyn) \cdot 10^2\ cm = (10^5 \cdot 10^2)\ dyn \cdot cm = 10^7\ erg$$

Si conclude così che $1\ J = 10^7\ erg$ e, viceversa, $1\ erg = 10^{-7}\ J$.

Il lavoro compiuto da una forza **F** quando il suo punto di applicazione si sposta non dipende solo dalle intensità della forza e dello spostamento, ma anche dal loro orientamento reciproco nello spazio.

Il lavoro è **positivo** se l'angolo α formato da **F** e da **s** è **acuto** (minore di 90°).
Il lavoro è **negativo** se l'angolo α formato da **F** e da **s** è **ottuso** (maggiore di 90°).

Una forza F di modulo 10 N viene applicata a un corpo che si sposta verso destra, di 2 m, lungo un piano orizzontale senza attrito. Calcolare il lavoro della forza nel caso in cui essa formi con il piano un angolo di 30° o di 150°.
A parità di forza e spostamento, qual è l'angolo per cui il lavoro è massimo?

Nel primo caso (angolo di 30°) la situazione può essere schematizzata nel modo seguente.

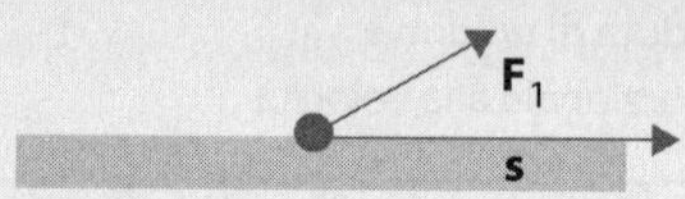

Secondo la definizione di lavoro si ottiene:

$$L_1 = \mathbf{F}_1 \cdot \mathbf{s} = F_1 \cdot s \cdot \cos 30° = 10\ N \cdot 2\ m \cdot \frac{\sqrt{3}}{2} = 10\sqrt{3}\ J$$

Viceversa nel secondo caso (angolo di 150°) lo schema cambia.

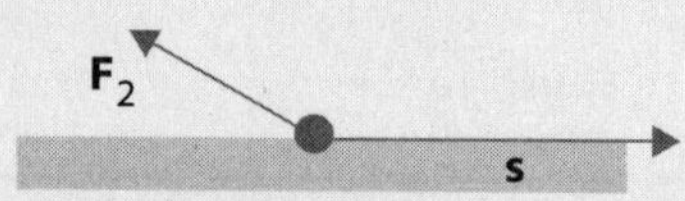

Utilizzando ancora la definizione di lavoro si ottiene:

$$L_2 = \mathbf{F}_2 \cdot \mathbf{s} = F_2 \cdot s \cdot \cos 150° = 10\ N \cdot 2\ m \cdot \left(-\frac{\sqrt{3}}{2}\right) = -10\sqrt{3}\ J$$

L'angolo per cui è massimo il lavoro è l'angolo per cui è massimo il prodotto scalare: 0°.

Il lavoro è massimo quando forza e spostamento sono paralleli.

Dalla definizione di lavoro, poiché cos(90°) = 0, si ricava che **le forze perpendicolari allo spostamento non compiono lavoro.**

La forza centripeta e la forza gravitazionale sono forze che in alcune circostanze, come quelle sotto raffigurate, non compiono lavoro.

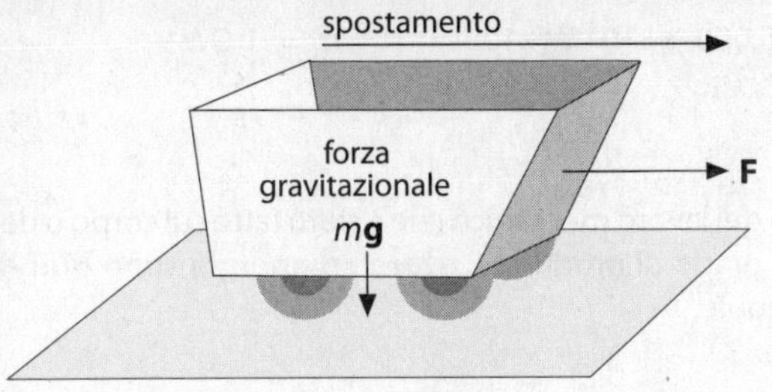

Se il piano di scorrimento del carrello è orizzontale, la forza peso del carrello $m\mathbf{g}$ non compie lavoro, mentre la forza **F** sì.

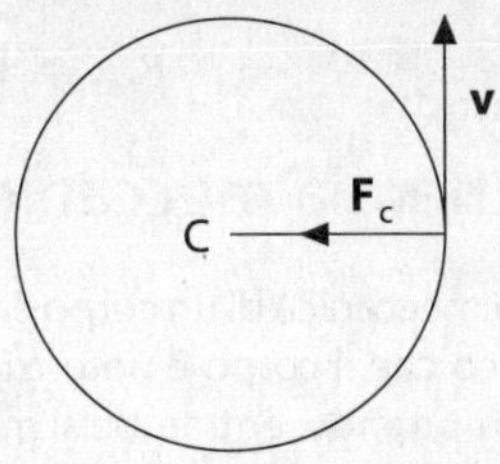

La forza centripeta $\mathbf{F}_c$ nel moto circolare uniforme è perpendicolare alla velocità e quindi allo spostamento: è una forza che non compie lavoro.

Più in generale il lavoro di una forza è **nullo** quando vale **almeno una** delle seguenti condizioni:

$$|\mathbf{F}| = 0\,; \quad |\mathbf{s}| = 0\,; \quad \mathbf{F} \perp \mathbf{s}$$

4.2 | Potenza

La potenza media di una forza o, più in generale, di una macchina è definita come il rapporto tra il lavoro compiuto dalla forza (o dalla macchina) e il tempo impiegato a produrre il lavoro.

$$P = \frac{L}{\Delta t}$$

Dimensioni: $[P] = [M]\,[L]^2\,[T]^{-3}$

Unità di misura nel SI: J/s = watt (W)

La potenza di una forza può essere espressa in funzione della forza e della velocità del suo punto di applicazione attraverso la relazione:

$$P = \frac{L}{\Delta t} = \mathbf{F} \cdot \frac{\Delta \mathbf{s}}{\Delta t} = \mathbf{F} \cdot \mathbf{v}$$

Possiamo ora rispondere al primo quesito posto all'inizio del capitolo.

Quesito I. Una forza da 7,00 N applicata lungo una linea retta a un corpo, per spostarlo di 13 m, produce un lavoro pari a:

$$L = \mathbf{F} \cdot \mathbf{s} = 7{,}00\ \text{N} \cdot 13\ \text{m} \cdot \cos 0° = 91\ \text{J}$$

La potenza media è data dal rapporto tra il lavoro prodotto dalla forza e il tempo impiegato per produrre il lavoro, per cui la forza di 7,00 N in un intervallo di 5 s sviluppa una potenza pari a:

$$P = \frac{L}{\Delta t} = \frac{91\ \text{J}}{5\ \text{s}} = 18{,}2\ \text{W}$$

quindi la risposta corretta è la **C**.

Il **chilowattora** è il lavoro compiuto in un'ora da una macchina avente la potenza di 1000 W.

Vale la relazione: 1 kWh = $3{,}6 \cdot 10^6$ J

Il chilowattora misura un lavoro e non una potenza!

Altre unità di misura della potenza (non appartenenti al SI ma largamente utilizzate in campo tecnico) sono il *cavallo vapore* (CV) e il *cavallo vapore britannico* (hp, che sta per *horse power*). Valgono le relazioni:

$$1\ \text{CV} = 75\ \text{kg}_{\text{peso}} \cdot 1\ \text{m/s} = 735{,}5\ \text{W} \qquad 1\ \text{hp} = 745{,}7\ \text{W}$$

Che potenza deve erogare una centrale elettrica che alimenta una città con un milione di alloggi, ciascuno dei quali necessita mediamente 1 chilowatt di potenza elettrica?

Per rispondere a questo quesito non servono competenze di elettrodinamica: è sufficiente moltiplicare la potenza media richiesta da ciascun alloggio per il numero totale di alloggi.
Si ottiene così:

$$P_{tot} = 1 \text{ kW} \cdot 1.000.000 = 10^3 \text{ W} \cdot 10^6 = 10^9 \text{ W} = 1 \text{ GW}$$

4.3 | Energia meccanica

L'energia meccanica di un corpo è una misura del lavoro meccanico che è stato fatto sul corpo o del lavoro meccanico che il corpo è potenzialmente in grado di produrre. **Lavoro ed energia sono quindi grandezze omogenee**: entrambe si misurano in joule.

L'*energia meccanica* si distingue in:

- **energia cinetica**: energia di movimento che non dipende dalla posizione del corpo;
- **energia potenziale**: energia di posizione che non dipende dallo stato di moto del corpo.

4.3.1 | Energia cinetica

Dato un corpo di massa m che si muove alla velocità $\mathbf{v}$, la sua energia cinetica E_k vale:

$$E_k = \frac{1}{2}mv^2$$

L'energia cinetica, come ogni forma di energia, si misura in joule.

Quanto vale l'energia cinetica finale di un grave di massa $m = 1$ g lasciato cadere da un'altezza $h = 2$ m?

Si ricorda che, in assenza di attriti, la velocità finale del grave vale:

$$v = \sqrt{2gh}$$

Dalla definizione di energia cinetica:

$$E_k = \frac{1}{2}mv^2 = \frac{1}{2}m(\sqrt{2gh})^2 = \frac{1}{2}m \cdot 2gh = mgh = 10^{-3} \text{ kg} \cdot 9{,}8 \frac{\text{m}}{\text{s}^2} \cdot 2 \text{ m} = 0{,}0196 \text{ J}$$

Volendo esprimere il risultato in notazione esponenziale $0{,}0196 \text{ J} = 1{,}96 \cdot 10^{-2} \text{ J}$.

Teorema dell'energia cinetica

Dato un corpo C soggetto alla sola forza **F**, il lavoro compiuto da **F** quando C si sposta da un punto A a un punto B è uguale alla variazione dell'energia cinetica ΔE_k del corpo C.

$$\Delta E_k = E_{k,B} - E_{k,A} = L_{A \to B}$$

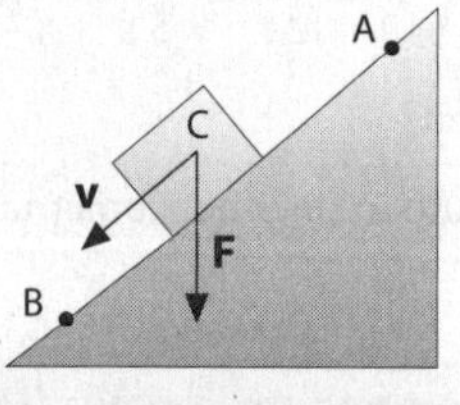

Siamo ora in grado di rispondere anche alla seconda domanda posta all'inizio del capitolo.

Quesito II. L'energia cinetica è una forma di energia legata al movimento dei corpi. Come per tutte le forme di energia, l'unità di misura di E_k nel SI è il joule.

L'unica risposta corretta tra quelle indicate è la **A**.

PARTE QUARTA

4.3.2 | Energia potenziale

Per definire l'energia potenziale di un corpo è necessario introdurre i concetti di *campo vettoriale* e di *campo conservativo.*

> **Campo vettoriale**: regione di spazio a ogni punto della quale è possibile associare un vettore che caratterizza il campo in quel punto.

Per esempio ad ogni punto della superficie terrestre è possibile associare direzione, verso e intensità (ossia velocità) del vento in quel punto, tramite la cosiddetta *mappa dei venti*.

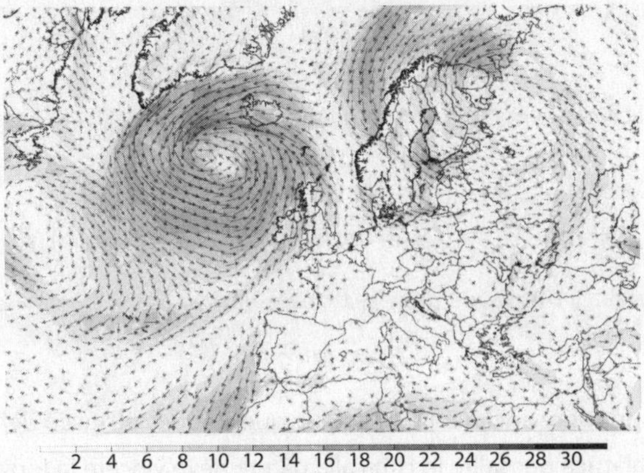

> Il **campo gravitazionale** è un campo vettoriale, dato che a ogni punto si può associare il vettore che rappresenta la forza gravitazionale che agisce su una massa posta in quel punto.
> Il campo gravitazionale può essere visto anche come un *campo di forze*.

> **Campo conservativo**: campo di forze nel quale il lavoro delle forze del campo è una funzione di stato, cioè non dipende dal cammino seguito dal punto di applicazione della forza, ma solo dalle sue posizioni iniziale e finale.

> **In un campo conservativo il lavoro delle forze del campo lungo una *traiettoria chiusa* è sempre nullo.**

A questo punto è possibile definire l'energia potenziale.

> L'**energia potenziale** E_p di un corpo immerso in un campo di forze conservativo è una funzione della posizione del corpo, tale che **la differenza fra i suoi valori nelle posizioni iniziale A e finale B è uguale al lavoro compiuto sul corpo dalle forze del campo per spostarlo dalla posizione A alla posizione B**:
>
> $$L_{A \to B} = E_{p_A} - E_{p_B} = -(E_{p_B} - E_{p_A}) = -\Delta E_p \qquad [6]$$

Allo stesso modo, si può affermare che il lavoro che bisogna compiere per vincere le forze del campo (cioè *contro le forze del campo*) portando un corpo dal punto A al punto B è pari alla variazione dell'energia potenziale ΔE_p del corpo tra A e B.

> Si noti il **cambiamento di segno**:
> Lavoro compiuto dalle forze del campo:
>
> $$L_{A \to B} = -\Delta E_p$$
>
> Lavoro compiuto dalle forze esterne *contro* le forze del campo:
>
> $$L_{A \to B} = \Delta E_p$$

L'energia potenziale è definibile solo per campi conservativi.

Il campo gravitazionale è conservativo: il lavoro che le forze del campo compiono per portare un corpo di massa *m* dal punto A al punto B non dipende dal cammino seguito.

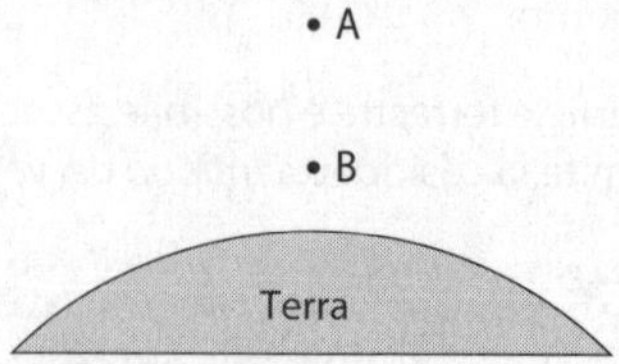

Si può quindi calcolare il lavoro lungo il segmento $\overline{AB}$:

$$L_{A \to B} = \mathbf{F}_{gravitazionale} \cdot \mathbf{AB} = F \cdot \overline{AB} = F(h_A - h_B)$$
$$= mg \cdot (h_A - h_B) = mgh_A - mgh_B = -\Delta(mgh) = -\Delta E_P$$

Si ricava quindi che l'**energia potenziale gravitazionale** vale:

$$E_p = m \cdot g \cdot h$$

Siamo ora in grado di rispondere anche agli ultimi due quesiti posti all'inizio del capitolo.

Quesito III. La scalatrice per salire in cima alla parete deve vincere la forza peso compiendo un lavoro *L* pari all'aumento di energia potenziale *mgh* dove *h* è pari all'altezza della parete. Quindi

$$L = 6000\ \text{J} = m \cdot g \cdot h = 50\ \text{kg} \cdot 10\ \text{m/s}^2 \cdot h \quad \to \quad h = \frac{6000}{500}\ \text{m} = 12\ \text{m}$$

La risposta esatta è pertanto la **B**.

Quesito IV. Per risalire alla relazione corretta è utile scrivere le dimensioni di forza, energia, potenza e velocità:

$$[F] = [m] \cdot \frac{[L]}{[t]^2} \qquad [E] = [m] \cdot \frac{[L]^2}{[t]^2} \qquad [W] = [m] \cdot \frac{[L]^2}{[t]^3} \qquad [v] = \frac{[L]}{[t]}$$

Sostituendo queste espressioni nelle uguaglianze delle risposte proposte, si vede che l'unica relazione dimensionalmente corretta è la **D**.

L'energia potenziale gravitazionale di un corpo di massa *m* è direttamente proporzionale a *m* ed esprime fisicamente la quantità di lavoro meccanico che la forza gravitazionale compie sul corpo quando questo viene lasciato cadere liberamente nel campo.

Si dimostra che l'**energia potenziale elastica** di una molla di costante elastica k che ha subito un allungamento *x* vale:

$$E_p = \frac{1}{2}kx^2$$

Si calcoli l'energia potenziale di un punto materiale di massa $m = 1$ kg vincolato a una molla, acquistata in un'oscillazione di ampiezza $x = A$, sapendo che il periodo dell'oscillazione vale $T = 10$ s.

La conoscenza del periodo e della relazione che lo lega alla costante elastica *k* permette di trovare l'energia potenziale richiesta:

$$T = 2\pi \cdot \sqrt{\frac{m}{k}} \to k = \left(\frac{2\pi}{T}\right)^2 \cdot m = \frac{4\pi^2}{100\ \text{s}^2} \cdot 1\ \text{kg} \cong 0{,}4\frac{\text{kg}}{\text{s}^2} \to E_p = \frac{1}{2}kx^2 \cong 0{,}2 \cdot A^2$$

4.3.3 | Conservazione dell'energia meccanica totale

L'energia meccanica totale E_{tot} (ossia la somma di energia cinetica e di energia potenziale) di un corpo posto in un **campo conservativo** e soggetto alle sole forze del campo è costante:

$$E_{tot} = E_k + E_p = \text{costante}$$

Si consideri un corpo in caduta libera: via via che il corpo cade, la sua energia potenziale diminuisce (h diminuisce) e si trasforma in energia cinetica (v aumenta); in tal modo la loro somma rimane costante durante tutta la caduta.

$$E_{tot} = \frac{1}{2}mv^2 + mgh = \text{costante}$$

Quando il corpo tocca il terreno intervengono forze non conservative in presenza delle quali non si applica il principio di conservazione dell'energia meccanica totale.

In un campo non conservativo l'energia meccanica totale non si conserva. Parte di essa si può per esempio trasformare in energia termica.

La forza di attrito radente (§ 3.12) è una forza il cui lavoro *dipende* dal cammino seguito dal suo punto di applicazione. Si tratta quindi di una forza non conservativa.
In presenza di attriti non si è più in un campo di forze conservativo: cade dunque il principio di conservazione dell'energia meccanica totale.

Quanto vale la velocità finale di un punto materiale che scivola da una quota *h* lungo un piano inclinato senza attrito che forma un angolo α con l'orizzontale?

La conservazione dell'energia meccanica rende la soluzione di questo esercizio molto semplice: basta osservare che *tutta* l'energia potenziale iniziale alla sommità del piano inclinato, mgh, si trasforma in energia cinetica alla base del piano. Perciò:

$$E_{k_{\text{fin}}} = \frac{1}{2}mv_{\text{fin}}^2 = E_{p_{\text{iniz}}} = mgh \quad \rightarrow \quad v_{\text{fin}} = \sqrt{2 \cdot mgh/m} = \sqrt{2hg}$$

La velocità finale non dipende dalla massa (come si era visto nel § 2.3.3 per il moto di caduta libera) né dall'angolo α, ma soltanto dalla quota iniziale.

4.3.4 | Applicazione: moto del pendolo

Si consideri il pendolo semplice in figura. Nel punto di partenza A, il corpo è fermo, l'energia cinetica è nulla e l'energia potenziale è pari a $m \cdot g \cdot h$.

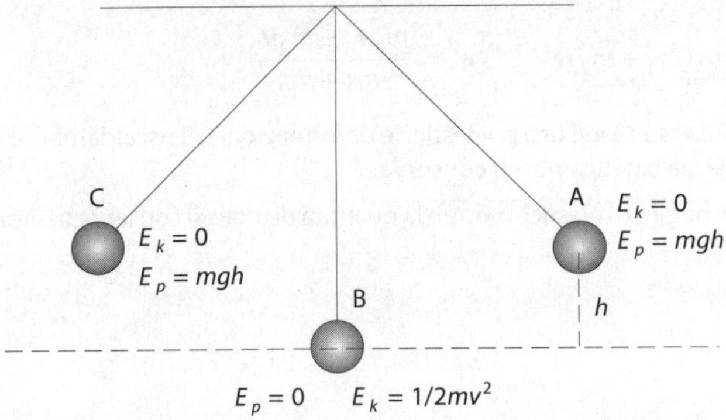

Quando il pendolo viene lasciato, durante la discesa, l'energia potenziale diminuisce trasformandosi in energia cinetica. Nel punto B il pendolo possiede solo energia cinetica, il cui valore è pari a quello dell'energia potenziale posseduta in A (principio di conservazione dell'energia).

Nella fase di risalita da B a C, l'energia cinetica del pendolo diminuisce a favore dell'energia potenziale. Nel punto finale C, l'energia cinetica è nuovamente nulla, quella potenziale è massima e ha un valore pari a quello che aveva in A. Poiché d'altra parte l'energia potenziale è pari a $m \cdot g \cdot h$, si deduce che sia in A che in C il corpo raggiunge la stessa altezza.

FISICA

4.4 | Urti

Si parla di **urto** quando due (o più) particelle collidono (per esempio: urto tra due palle da biliardo) oppure quando interagiscono a distanza ravvicinata (per esempio: cariche elettriche o particelle alfa).

Studiando microscopicamente una collisione tra due corpi, si possono presentare due casi:

1. dopo l'urto, i due corpi hanno ancora la stessa forma e la stessa temperatura. Si tratta di corpi elastici e l'urto prende il nome di **urto elastico**;
2. nell'urto i due corpi hanno subito delle variazioni nella struttura, nella forma o nella temperatura interna; si parla in questo caso di **urto anelastico**. In particolare se i due corpi rimangono uniti, l'urto si dice **perfettamente anelastico**.

Il sistema costituito dalle particelle che si urtano può essere considerato con buona approssimazione un sistema isolato. In ogni tipo di urto, elastico o anelastico, vale quindi il principio di **conservazione della quantità di moto**:

$$\sum \mathbf{P}_i = \sum \mathbf{P'}_i \qquad [7]$$

dove $\mathbf{P}_i$ e $\mathbf{P'}_i$ sono le quantità di moto della *i*-esima particella prima e dopo l'urto.

Si tratta di una relazione vettoriale, con la quale è possibile stabilire le velocità delle particelle dopo l'urto partendo dalle velocità prima dell'urto o viceversa. Per utilizzarla in maniera corretta, è necessario fissare degli assi di riferimento e scomporre sugli assi i vettori quantità di moto.

Nella figura sottostante si rappresenta schematicamente l'urto fra due particelle di massa m_1 e m_2; l'apice indica le grandezze dopo l'urto.

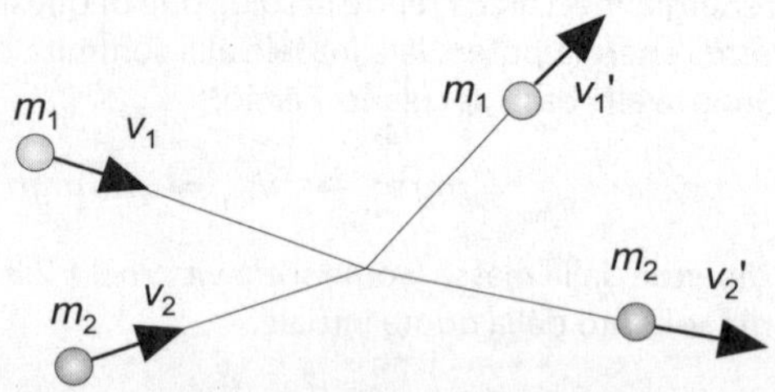

Nel caso di un urto tra due particelle, la [7] diventa:

$$m_1\mathbf{v}_1 + m_2\mathbf{v}_2 = m_1\mathbf{v'}_1 + m_2\mathbf{v'}_2$$

Se i due corpi rimangono attaccati dopo l'urto (costituendo così un unico corpo con una massa pari alla somma delle masse dei due corpi) si parla di urto perfettamente anelastico e la [7] diventa:

$$m_1\mathbf{v}_1 + m_2\mathbf{v}_2 = (m_1 + m_2)\mathbf{v'} \rightarrow \mathbf{v'} = \frac{m_1\mathbf{v}_1 + m_2\mathbf{v}_2}{m_1 + m_2}$$

Negli urti elastici l'energia cinetica si conserva. Negli urti anelastici le deformazioni e il riscaldamento sono provocati da forze dissipative, e l'energia cinetica non si conserva.

L'energia cinetica si conserva **solo** negli urti elastici, mentre la quantità di moto si conserva **sempre**, in ogni tipo di urto.

PARTE QUARTA

Ripassa da qui

Lavoro e potenza

▶ **Lavoro** di una forza:

$$L = \mathbf{F} \cdot \mathbf{s} = |\mathbf{F}| \cdot |\mathbf{s}| \cdot \cos\alpha$$

Il lavoro è **nullo** quando vale **almeno una** delle seguenti condizioni: $|\mathbf{F}| = 0$; $|\mathbf{s}| = 0$; $\mathbf{F} \perp \mathbf{s}$

▶ **Potenza** di una forza:

$$P = \frac{L}{\Delta t} = \mathbf{F} \cdot \frac{\Delta \mathbf{s}}{\Delta t} = \mathbf{F} \cdot \mathbf{v}$$

Equivalenze utili: $1\ \text{kWh} = 3{,}6 \cdot 10^6\ \text{J}$ $\quad 1\ \text{CV} = 75\ \text{kg}_{peso} \cdot 1\ \text{m/s} = 735{,}5\ \text{W}$ $\quad 1\ \text{hp} = 745{,}7\ \text{W}$

Energia meccanica

▶ **Energia cinetica**: $E_k = \frac{1}{2}mv^2$

▶ Teorema dell'energia cinetica: $\Delta E_k = E_{k,2} - E_{k,1} = L$

▶ **Energia potenziale gravitazionale**: $E_P = m \cdot g \cdot h$

▶ Teorema di **conservazione dell'energia meccanica**: $E_{tot} = \frac{1}{2}mv^2 + mgh =$ costante

▶ **Energia potenziale elastica**: $E_e = \frac{1}{2}kx^2$

Urti

L'energia cinetica si conserva **solo** negli urti elastici, mentre la quantità di moto si conserva **sempre**, in ogni tipo di urto.

▶ Urto elastico e anelastico:

$$m_1\mathbf{v}_1 + m_2\mathbf{v}_2 = m_1\mathbf{v'}_1 + m_2\mathbf{v'}_2$$

▶ Urto perfettamente anelastico:

$$m_1\mathbf{v}_1 + m_2\mathbf{v}_2 = (m_1 + m_2)\mathbf{v'} \rightarrow \mathbf{v'} = \frac{m_1\mathbf{v}_1 + m_2\mathbf{v}_2}{m_1 + m_2}$$

Analogie e corrispondenze fra moto traslatorio e moto rotatorio

Moto traslatorio		Moto rotatorio	
Spostamento	$\mathbf{s}$	Spostamento angolare	θ
Velocità	$\mathbf{v} = \Delta\mathbf{s}/\Delta t$	Velocità angolare	$\omega = \Delta\theta/\Delta t$
Accelerazione	$\mathbf{a} = \Delta\mathbf{v}/\Delta t$	Accelerazione angolare	$\alpha = \Delta\omega/\Delta t$
Massa	m	Momento d'inerzia	I
Forza	$\mathbf{F} = m \cdot \mathbf{a}$	Momento della forza	$\tau = I \cdot \alpha$
Lavoro	$L = \mathbf{F} \cdot \mathbf{s}$	Lavoro	$L = \tau \cdot \theta$
Energia cinetica	$E_c = \frac{1}{2}mv^2$	Energia cinetica	$E_c = \frac{1}{2}I\omega^2$
Potenza	$P = \mathbf{F} \cdot \mathbf{v}$	Potenza	$P = \tau \cdot \omega$
Quantità di moto	$\mathbf{P} = m \cdot \mathbf{v}$	Momento angolare	$\mathbf{L} = I \cdot \omega$

FISICA

Quesiti svolti

1 **La massa M parte da ferma in C; scorrendo lungo una guida entra in A nella circonferenza di raggio *r* e sale verso B.**
In assenza di attrito, la minima altezza di C rispetto ad A perché M giunga in B senza staccarsi dalla guida è:

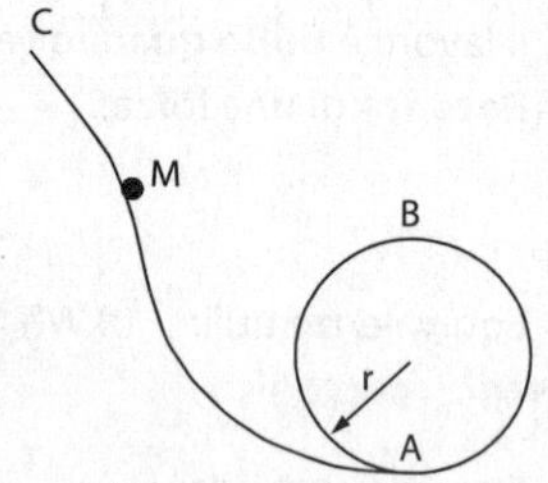

A) *r*
B) 2*r*
C) 3*r*
D) 5*r*/2
E) non si può rispondere senza conoscere la forma della linea da C ad A

Se il corpo M di massa *m* partisse da un'altezza *h* uguale a 2*r*, la sua energia potenziale sarebbe sufficiente per farlo arrivare nel punto B. In B, però, il corpo avrebbe velocità nulla e cadrebbe staccandosi dalla guida. Per avere un'energia sufficiente a contrastare la forza di gravità lungo tutto il giro, il corpo deve partire da un'altezza *h* tale da garantire nel punto B una velocità *v* diversa da zero. In particolare il valore di *v* nel punto B deve essere tale che la forza peso che agisce sul corpo eguagli la forza centripeta che mantiene la pallina sulla traiettoria curva:

$$m\,\frac{v^2}{r} = m \cdot g$$

dove $m\,\frac{v^2}{r}$ è la forza centripeta nel punto B e $m \cdot g$ è la forza peso agente sul corpo.
Dalla relazione precedente si deduce che la velocità in B deve essere tale che:

$$v^2 = g \cdot r$$

Quindi nel punto B il corpo deve possedere oltre all'energia potenziale dovuta alla sua altezza da terra, anche un'energia cinetica pari a:

$$\frac{1}{2}\,m \cdot v^2 = \frac{1}{2}\,m \cdot g \cdot r$$

Per il teorema di conservazione dell'energia, l'energia che la pallina possiede in B è uguale a quella che la pallina possiede nel punto C di partenza. Quindi:

$$E_C = E_B \;\rightarrow\; m \cdot g \cdot h = m \cdot g \cdot 2r + \frac{1}{2}\,m \cdot g \cdot r \;\rightarrow\; h = \frac{5}{2}\,r$$

La risposta esatta è quindi la D.

2 **Qual è la potenza meccanica che un uomo sviluppa nella risalita veloce delle scale di un edificio sapendo che: la sua massa è di 70 kg; l'uomo può superare un dislivello di 3 m tra un piano e l'altro in 10 s; si può trascurare il lavoro necessario per contrastare la resistenza dell'aria; si può approssimare il valore di *g* a 10 m/s².**

A) Meno di 0,1 kW
B) Da 0,1 kW a 0,2 kW
C) Da 0,2 kW a 0,3 kW
D) Da 0,3 kW a 0,4 kW
E) Più di 0,4 kW

La potenza P sviluppata dall'uomo è data dal rapporto tra il lavoro L fatto e il tempo t impiegato. Il lavoro fatto dall'uomo è uguale e contrario a quello fatto dalla forza peso per uno spostamento uguale; sostituendo i valori si ottiene:

$$P = \frac{L}{t} = \frac{m \cdot g \cdot h}{t} = \frac{70\ \text{kg} \cdot 10\ (\text{m/s}^2) \cdot 3\ \text{m}}{10\ \text{s}} = 210\ \text{W} = 0{,}21\ \text{kW}$$

La risposta esatta è quindi la **C**.

---

3 Un corpo rigido è mantenuto fermo da opportuni vincoli. Al corpo viene applicata una forza F che cresce costantemente per 10 secondi passando da 10 N a 20 N. In tale intervallo di tempo il lavoro compiuto dalla forza è:

- **A** 10 J
- **B** 15 J
- **C** zero
- **D** 10 N · s
- **E** 15 N · s

Per la risoluzione di questo, come di altri quesiti presenti nei test ufficiali, è determinante l'attenta lettura del testo.

Dato che il corpo è "mantenuto fermo da opportuni vincoli" non si può spostare e, senza spostamento, non si ha lavoro: la risposta esatta è la **C**.

---

4 Un corpo di massa 1000 g si trova a 100 cm dal suolo. La sua energia potenziale rispetto al suolo è di:

- **A** 490 J
- **B** 980 W
- **C** 9,8 J
- **D** 9800 J
- **E** $9{,}8 \cdot 10^5$ J

L'energia potenziale gravitazionale di un corpo di massa m che si trova a un'altezza h vale: $E_p = m \cdot g \cdot h$. **Occorre prestare attenzione alle unità di misura**: le masse devono essere espresse in chilogrammi e le altezze in metri:

$$E_p = m \cdot g \cdot h = 1\ \text{kg} \cdot 9{,}8\ \text{m/s}^2 \cdot 1\ \text{m} = 9{,}8\ \text{J}$$

La risposta esatta è la **C**.

---

5 Se si trasporta una valigia con velocità costante mantenendola a una distanza costante da Terra, il lavoro compiuto è:

- **A** nullo
- **B** proporzionale alla distanza percorsa
- **C** proporzionale al peso della valigia
- **D** proporzionale alla massa della persona che trasporta la valigia
- **E** non è possibile determinarlo sulla base delle informazioni fornite

La forza che si deve esercitare su una valigia per trasportarla a velocità e quota costante è uguale e opposta al peso della valigia stessa. La forza esercitata è dunque perpendicolare allo spostamento della valigia e non compie lavoro (risposta **A**).
Si noti che spesso, nei quesiti di fisica, per rispondere correttamente è necessario abbandonare il senso comune. Nella formulazione del quesito ora commentato, per esempio, è chiara l'intenzione di deviare il candidato verso una delle risposte che contemplano un lavoro diverso da zero. A tale scopo si fa leva sul fatto che ogni persona associa al trasporto di una valigia una situazione di fatica e quindi di produzione di lavoro.

6 **Un corpo, che inizialmente si trova fermo a quota *h* dal suolo e possiede energia potenziale pari a 100 J, viene lasciato cadere liberamente. Trascurando l'attrito dell'aria, l'energia meccanica totale del corpo a quota *h*/2 risulta:**

A uguale a 100 joule
B non si può rispondere perché non si conosce la velocità del corpo a quota *h*/2
C minore di 100 joule
D maggiore di 100 joule
E non si può rispondere perché non è data la massa del corpo

Ciò che viene chiesto è il valore dell'energia meccanica totale del corpo (energia potenziale + energia cinetica) e non la sola energia potenziale.
La caduta di un grave è caratterizzata dalla conservazione della sua energia meccanica totale, in quanto il campo gravitazionale è un campo conservativo: la risposta cercata è la A.

7 **Un satellite gira sulla sua orbita intorno alla Terra. Il lavoro che la forza di gravitazione compie sul satellite in un'orbita completa è:**

A positivo
B negativo
C nullo
D positivo o negativo a seconda che l'orbita sia circolare ovvero ellittica
E nessuna delle precedenti

La forza gravitazionale è conservativa: per definizione, il lavoro compiuto da tale forza su un cammino chiuso (quale quello di un satellite che dopo un'orbita completa torna al punto si partenza) è nullo. La risposta esatta è la C.

8 **L'energia necessaria per imprimere la velocità di 10 m/s a un corpo inizialmente fermo di massa pari a 10 kg è pari a:**

A 500 watt
B 50 joule
C 250 watt
D 500 joule
E 100 N · m/s

Il teorema dell'energia cinetica afferma che il lavoro fatto dalle forze che agiscono su un corpo è pari alla variazione dell'energia cinetica del corpo stesso. Nel caso in esame, l'energia cinetica acquistata dal corpo vale:

$$\frac{1}{2}mv^2 = \frac{1}{2} \cdot 10 \text{ kg} \cdot 100 \text{ (m}^2/\text{s}^2) = 500 \text{ J}$$

La risposta cercata è dunque la D.

9 **Un'automobile di massa *m* scende dalla quota *h* a velocità costante perché usa i freni, e si porta al livello del mare (indichiamo con *U* l'energia potenziale di gravità e con *T* l'energia cinetica). In tale situazione:**

A l'energia dissipata per attrito eguaglia la variazione di energia cinetica
B la ΔU eguaglia la variazione di energia cinetica
C $\Delta T = mgh$
D $\Delta U = mg/h$
E non si può applicare il teorema della conservazione dell'energia meccanica

PARTE QUARTA

In condizioni conservative, quando vale il principio di conservazione dell'energia meccanica totale, si ha $U + T = \text{cost}$. In presenza di attrito, tale principio non si può applicare: la risposta **E** è quella cercata. La relazione precedente si deve generalizzare in:

$$U + T + A = \text{cost}$$

dove A è l'energia dissipata per attrito: passando alle variazioni, si vede che le affermazioni **A** e **B** sono errate. Mentre l'affermazione **C** è un caso particolare del principio di conservazione dell'energia meccanica totale (non valido in presenza di attrito, come detto), l'affermazione **D** si può escludere in quanto errata dal punto di vista dimensionale.

---

10 **Un proiettile di massa 10 g viene sparato verticalmente verso l'alto con velocità di 100 m/s e si conficca in un bersaglio, libero di muoversi, di massa 90 g. Se dopo l'impatto il sistema proiettile-bersaglio si muove verticalmente, quale spazio percorre prima di fermarsi?**

- **A** 51 m
- **B** 510 m
- **C** 0,51 m
- **D** 5,1 m
- **E** 0,051 m

Dal momento in cui il sistema proiettile più bersaglio si muove verso l'alto, è sottoposto unicamente all'accelerazione gravitazionale e possiamo calcolare l'altezza massima raggiunta in base alla sua velocità iniziale. Si tratta quindi di determinare qual è la velocità iniziale del sistema.

Nell'urto completamente anelastico tra il proiettile e il bersaglio si conserva la quantità di moto, pari prima dell'urto a quella del solo proiettile, e dopo l'urto a quella del sistema proiettile più bersaglio. Dette m e v la massa e la velocità iniziale del proiettile, M la massa del bersaglio e V la velocità del sistema, e approssimando la velocità al momento dell'impatto a quella al momento dello sparo, si ha:

$$mv = (m + M)V \rightarrow V = v \cdot \frac{m}{m + M}$$

A questo punto siamo in grado di calcolare l'altezza massima raggiunta:

$$h = \frac{V^2}{2g} = v^2 \cdot \left(\frac{m}{m + M}\right)^2 \cdot \frac{1}{2g} = 100\ \frac{m^2}{s^2} \cdot \left(\frac{10}{10 + 90}\right) \cdot \frac{1}{2 \cdot 9{,}8\ m/s^2} = 5{,}1\ \text{m}$$

La risposta esatta è la **D**.

FISICA

5 | Stati di aggregazione

Mettiti alla prova

I **Quale dei seguenti gruppi contiene solo unità di misura della grandezza *pressione*?**

- A Chilojoule, chilowattora, chilowatt, chilopascal
- B Millilitro, millipascal, millijoule, milliwatt
- C Pascal, centimetro d'acqua, watt, atmosfera
- D Pascal, newton / (metro quadro), bar, ettopascal
- E Millimetro di mercurio, pascal, watt, atmosfera

II **Un contenitore chiuso è riempito di gas perfetto. In che relazione stanno la pressione e la temperatura del gas e il volume occupato?**

- A Il volume è proporzionale al prodotto di pressione e temperatura
- B La temperatura è proporzionale al rapporto tra pressione e volume
- C La pressione è proporzionale al prodotto di volume e temperatura
- D Il prodotto di pressione, temperatura e volume è una costante
- E Il prodotto di pressione e volume è proporzionale alla temperatura

III **La massa di ossigeno (peso molecolare = 32) contenuta in un volume di 10 dm^3 alla temperatura di 27 °C e alla pressione di 30 atm è pari a circa (si assuma come costante dei gas R = 0,082 (litri · atm) / (K · mole)):**

- A 12,2 g
- B 320 g
- C 4336 g
- D 390 g
- E 32 kg

IV **La temperatura dell'acqua bollente:**

- A può essere di 98 gradi centigradi
- B può superare i 100 gradi centigradi solo se irradiata da sorgenti radioattive ad alta potenza
- C dipende dalla temperatura dell'ambiente
- D è sempre 100 gradi centigradi
- E nessuna delle precedenti risposte è corretta

FISICA

Ecco le risposte esatte dei 4 quesiti proposti: I **D**, II **E**, III **D**, IV **A**.

Gli stati di aggregazione della materia in natura sono tre: **aeriforme, liquido e solido.**

- **Aeriforme**: non ha né volume né forma propri e dunque si distribuisce uniformemente in tutto il volume a disposizione (si distingue il *gas*, che non può liquefare, dal *vapore*, che se compresso sufficientemente, liquefa; in proposito si veda anche il § B.2 dell'Appendice B).
- **Liquido**: ha volume proprio, ma assume la forma del recipiente che lo contiene.
- **Solido**: ha volume e forma propri.

Nei precedenti capitoli si è trattata la meccanica dei corpi solidi; ora si prendono in esame i liquidi e gli aeriformi, che sotto alcuni aspetti hanno comportamenti ben differenti dalla materia solida.

Per fluido si intende un liquido o un aeriforme. Si dice *perfetto* o *ideale* un fluido la cui viscosità (attrito interno) è nulla. In caso contrario il fluido si dice *reale*.

Le leggi della meccanica dei fluidi sono valide indifferentemente per liquidi e aeriformi, con l'unica particolarità che nei liquidi, contrariamente a quanto accade per gli aeriformi, le molecole sono condizionate dalle forze di coesione intermolecolare che le tengono le une vicine alle altre e permettono al liquido di occupare un volume proprio: un aeriforme può essere facilmente compresso, mentre il liquido oppone molta resistenza alla compressione. Si può concludere che:

- un **liquido perfetto** è incomprimibile e non viscoso;
- un **aeriforme perfetto** è comprimibile, perfettamente elastico e non viscoso.

5.1 | Funzioni di stato

Le grandezze *pressione*, *volume* e *temperatura* di un fluido prendono il nome di *funzioni di stato* in quanto determinano lo *stato termodinamico* del fluido.

Le funzioni di stato, o variabili di stato, si distinguono in **estensive** (come il volume e il numero di moli), che sono additive e dipendono dalle dimensioni del sistema, e **intensive** (come la temperatura e la pressione), che non sono additive e non dipendono dalle dimensioni del sistema).

5.1.1 | Pressione

La pressione di una forza su una superficie è definita come il rapporto tra il modulo della componente della forza perpendicolare alla superficie (detta componente *normale*, F_n) e l'area della superficie stessa.

Pressione: $P = \dfrac{F_n}{S}$

Dimensioni: $[P] = [M]\,[L]^{-1}\,[T]^{-2}$

Unità di misura nel SI: $Pa = N \cdot m^{-2}$

Qui di seguito si cerca di fare ordine tra le numerose unità di misura della pressione:

- la pressione atmosferica a livello del mare (alla temperatura di 0 °C) è pari alla pressione esercitata da una colonna di mercurio alta 760 mm e vale 1 **atmosfera** (atm);
- il **millimetro di mercurio** (mmHg) o **torricelli** (torr) è l'unità di misura usata per la pressione sanguigna;
- nel CGS si definisce come unità di misura per la pressione la **baria** (barie), ma è molto usato anche un suo multiplo, il **bar**, che vale 10^6 barie .

Valgono le equivalenze:

$$1 \text{ atm} = 760 \text{ mmHg} = 1{,}01325 \text{ bar} = 101.325 \text{ Pa} \approx 10^5 \text{ Pa} = 10^5 \text{ N/m}^2$$

Siamo già in grado di rispondere alla prima domanda posta all'inizio del capitolo.

Quesito I. Pascal, newton / (metro quadro), bar ed ettopascal sono tutte unità di misura della pressione: la risposta esatta è dunque la **D**.

PARTE QUARTA

Quanti pascal vale una baria?

Si è visto che $1\ \text{Pa} = 1\ \text{N}/1\ \text{m}^2$. Analogamente, nel CGS, $1\ \text{baria} = 1\ \text{dyn}/1\ \text{cm}^2$.

Si tratta, per passare da Pa a barie, di trasformare tutte le unità del SI in unità del CGS mediante equivalenze:

$$1\ \text{Pa} = \frac{1\ \text{N}}{1\ \text{m}^2} = \frac{10^5\ \text{dyn}}{10^4\ \text{cm}^2} = \left(\frac{10^5}{10^4}\right)\frac{\text{dyn}}{\text{cm}^2} = 10\ \text{barie}$$

Si conclude così che $1\ \text{Pa} = 10$ barie e naturalmente, viceversa, $1\ \text{barie} = 10^{-1}\ \text{Pa}$.

5.1.2 | Volume

Il volume occupato da un sistema si misura in metri cubi oppure in litri e si ha:

$$\text{un litro} = 1\ \text{l} = 1\ \text{dm}^3 = 10^{-3}\ \text{m}^3$$

Un gas è contenuto in un recipiente cubico di 100 cm di lato. Quanti litri di gas contiene il recipiente?

Il volume del recipiente è:

$$V = l^3 = 100^3\ \text{cm}^3 = 100^3 \cdot (10^{-2})^3\ \text{m}^3 = 10^6 \cdot 10^{-6}\ \text{m}^3 = 1\ \text{m}^3$$

Per passare ai litri si inverte la relazione vista sopra: $V = 1\ \text{m}^3 = 10^3\ \text{l}$.

5.1.3 | Temperatura

La temperatura di un corpo ne esprime lo *stato termico* ed è un indice della tendenza del calore ad abbandonare il corpo. Esistono diverse scale termometriche:

- *scala centigrada* o *Celsius*
- *scala Fahrenheit*
- *scala assoluta* o *Kelvin*

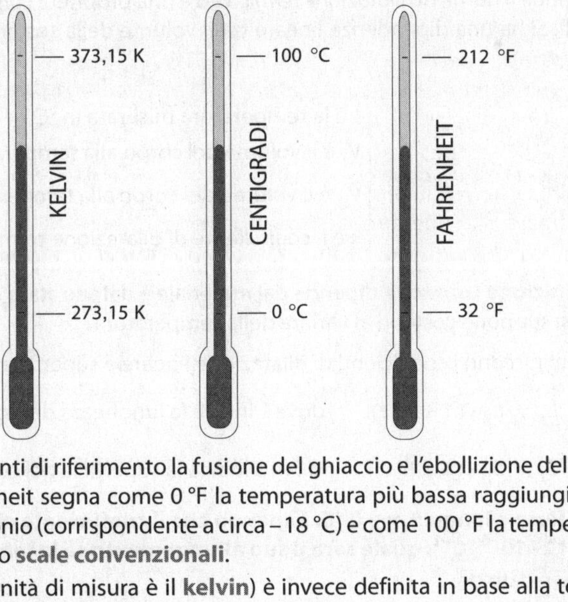

La prima prende come punti di riferimento la fusione del ghiaccio e l'ebollizione dell'acqua alla pressione di 1 atm. La scala Fahrenheit segna come 0 °F la temperatura più bassa raggiungibile con una miscela ghiaccio-cloruro di ammonio (corrispondente a circa – 18 °C) e come 100 °F la temperatura media del corpo umano. Entrambe sono **scale convenzionali.**

La scala assoluta (la cui unità di misura è il **kelvin**) è invece definita in base alla teoria cinetica dei gas (§ 5.3.2) e ad alcune leggi della fisica come l'equazione di stato dei gas ideali: a differenza delle scale Celsius e Fahrenheit è una **scala assoluta.**

Lo zero kelvin rappresenta il limite inferiore delle temperature raggiungibili in natura.
Non esistono temperature kelvin negative.

Se la differenza tra le temperature di due corpi è di 1 °C, questa è anche di 1 K: un grado centigrado è identico a un kelvin: le due scale sono solo *traslate* l'una rispetto all'altra di 273,15 gradi.

Per passare da una scala termometrica all'altra si utilizzano le seguenti relazioni:

$$T_F = 9/5\,T_C + 32 \qquad T_K = T_C + 273{,}15 \qquad T_F = 9/5\,T_K - 459{,}6$$

È abbastanza comune trascurare i decimali nel passaggio da °C a K.

Quale differenza di temperatura assoluta corrisponde a quella segnata da un termometro tarato su una scala Celsius, dove la colonnina di mercurio arriva da 25 °C a 27 °C?

Si calcola la variazione di temperatura nella scala Celsius:

$$\Delta T = T_f - T_i = (27 - 25)\ °C = 2\ °C$$

Si trasformano le due temperature in temperature assolute (espresse cioè in kelvin) e poi si ricalcola la variazione:

$$T_f = (27 + 273)\ K = 300\ K \qquad T_i = (25 + 273)\ K = 298\ K$$

$$\Delta T = T_f - T_i = (300 - 298)\ K = 2\ K$$

La variazione di temperatura, espressa in °C o K, ha lo stesso valore. Questo perché il grado celsius e il kelvin hanno la stessa ampiezza.

Gli strumenti utilizzati per misurare la temperatura sono i *termometri*: un esempio è costituito da un capillare di vetro con all'interno un liquido, di solito mercurio che, se scaldato, si dilata rendendo "visibile" ogni variazione della temperatura. Questo strumento sfrutta la tendenza di tutti i materiali a cambiare il proprio volume a seconda della temperatura.

5.1.4 | Dilatazione termica

In genere il volume di un corpo solido, liquido o aeriforme aumenta con l'aumentare della temperatura. Questo fenomeno prende il nome di *dilatazione termica* ed è una proprietà comune alla stragrande maggioranza dei materiali. Si ha una dipendenza lineare tra il volume della sostanza e la temperatura, data dalla legge:

$$V_t = V_0 \cdot (1 + k \cdot t)$$

dove
- t è la temperatura misurata in °C
- V_t è il volume del corpo alla temperatura t
- V_0 è il volume del corpo alla temperatura di 0 °C
- k è il coefficiente di dilatazione termica del materiale

Il **coefficiente di dilatazione termica** k dipende dal materiale e dal suo stato di aggregazione. I suoi valori sono tabulati e li si suppone costanti al variare della temperatura.

In modo analogo si definiscono i coefficienti di dilatazione lineare e superficiale, γ e β:

$$L_t = L_0 \cdot (1 + \gamma \cdot t) \qquad \text{dove } L \text{ indica la lunghezza del corpo}$$

$$S_f = S_0 \cdot (1 + \beta \cdot t) \qquad \text{dove } S \text{ indica la superficie del corpo}$$

Un binario di ferro è lungo 5 m a 0 °C. Sapendo che il coefficiente di dilatazione lineare del ferro è pari a $12 \cdot 10^{-6}\ °C^{-1}$, quale sarà il suo allungamento se la temperatura sale di 50 °C?

L'allungamento è dato da:

$$L_t - L_0 = L_0 \cdot (1 + \gamma \cdot t) - L_0 = L_0 \cdot \gamma \cdot t = 5\ m \cdot 12 \cdot 10^{-6} \frac{1}{°C} \cdot 50\ °C = 3\ mm$$

Questo è il motivo per cui, lungo i binari, vi sono numerose e periodiche interruzioni che consentono al ferro di dilatarsi senza conseguenze negative.

Anche per gli aeriformi vale l'espressione $V_t = V_0 \cdot (1 + k \cdot t)$, con la particolarità che k diventa costante per qualunque tipo di gas. Il suo valore, trovato sperimentalmente, è:

$$k = \alpha = \frac{1}{273{,}15} °C^{-1}$$

Non è un caso che il suo denominatore sia uguale in valore assoluto allo zero kelvin; anzi è proprio da queste considerazioni sperimentali che Lord Kelvin fissò la sua scala.

Come cambia la formula della dilatazione termica per un gas, se la temperatura viene espressa in kelvin anziché in gradi celsius?

Anzitutto si osserva che per passare dalla temperatura espressa in gradi centrigradi (che qui si indica con t) a quella espressa in kelvin (qui indicata con T) si usa l'espressione:

$$T = t + 273{,}15 = t + \alpha^{-1} \rightarrow t = T - 273{,}15 = T - \alpha^{-1}$$

Si può verificare adesso come varia la formula per la dilatazione:

$$V_t = V_0 \cdot [1 + \alpha \cdot t] = V_0 \cdot [1 + \alpha \cdot (T - \alpha^{-1})] = \alpha T V_0$$

Per tutti i gas vale quindi la **legge di Charles**: il volume finale di un gas è proporzionale alla temperatura finale (se la temperatura è espressa in kelvin).

5.2 | Passaggi di stato

Fornendo o sottraendo calore a una sostanza è possibile portarla a un diverso stato di aggregazione. Queste trasformazioni sono dette **cambiamenti di stato o passaggi di stato**. Nella figura seguente sono riportati tutti i possibili passaggi.

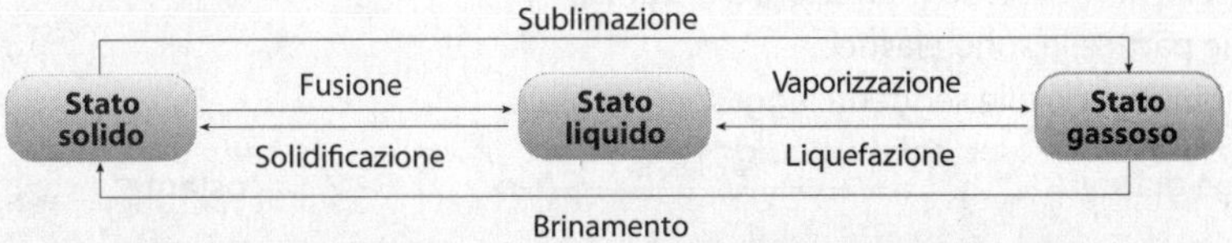

Nelle trasformazioni da sinistra a destra (→) occorre fornire energia al sistema, mentre in quelle da destra a sinistra (←) il sistema dà energia all'esterno. La liquefazione viene anche detta condensazione, mentre la vaporizzazione si divide in evaporazione ed ebollizione (si veda più avanti il § 5.4.1).

- Ogni passaggio di stato è caratterizzato dalla **rottura o dalla formazione di legami chimici.**
- Durante il cambiamento di stato, **la temperatura del sistema si mantiene costante.**
- Ogni sostanza per cambiare il suo stato ha bisogno di una ben precisa quantità di calore per unità di massa, detta **calore latente** del cambiamento di stato.

Il calore acquistato o ceduto a una massa m di una sostanza affinché questa cambi il suo stato di aggregazione è pari a $Q = m \cdot \lambda$, dove λ è il calore latente del cambiamento, espresso in calorie/grammi (per la definizione di caloria, si veda il § 7.1).

Nel grafico seguente viene analizzato il **riscaldamento di una mole di acqua** (a pressione atmosferica $P = P_0$) da $T = -20$ °C a $T > 100$ °C (per la definizione di mole si veda la sezione di Chimica).

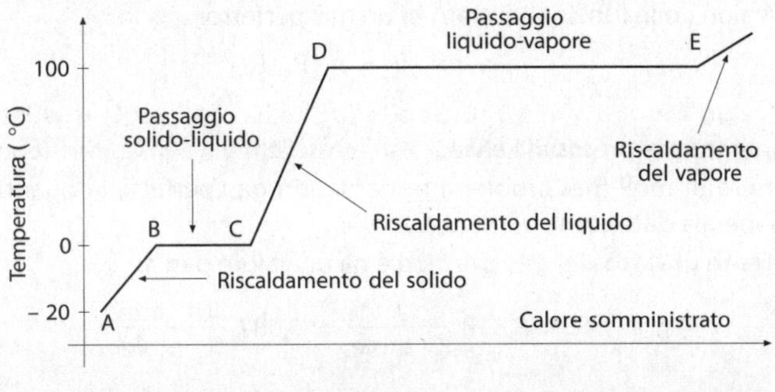

FISICA

La lunghezza del tratto BC corrisponde al **calore latente molare di fusione** λ_f: energia necessaria per fondere una mole di acqua. La lunghezza del tratto DE corrisponde invece al **calore latente molare di evaporazione** λ_e: energia necessaria per far evaporare una mole di acqua.
Si ha:

$$\lambda_e > \lambda_f \quad \leftrightarrow \quad \overline{DE} > \overline{BC}$$

Il calore latente di fusione dell'acqua vale $\lambda_f = 79{,}7 \text{ cal} \cdot \text{g}^{-1}$.
Il calore latente di evaporazione dell'acqua vale $\lambda_e = 540 \text{ cal} \cdot \text{g}^{-1}$.

Quanto calore è necessario fornire a 1 kg di ghiaccio (alla temperatura do 0 °C) perché possa sciogliersi?
Conoscendo il calore latente di fusione del ghiaccio, si deve usare l'espressione:

$$Q = m \cdot \lambda$$

avendo cura di trasformare la massa in grammi, dato che $\lambda_f = 79{,}7 \text{ cal/g}$:

$$Q = m \cdot \lambda_f = 1 \text{ kg} \cdot 79{,}7 \frac{\text{cal}}{\text{g}} = 10^3 \text{ g} \cdot 79{,}7 \frac{\text{cal}}{\text{g}} = 79.700 \text{ cal}$$

5.3 | Stato gassoso

5.3.1 | Gas perfetti

È *perfetto* (o *ideale*) un gas che soddisfa le seguenti condizioni:
- le particelle che costituiscono il gas sono puntiformi;
- fra le particelle non esistono interazioni a distanza;
- gli urti tra le particelle sono elastici.

I gas perfetti ubbidiscono alle seguenti leggi sperimentali:
- legge di **Boyle** $\xrightarrow{t = \text{costante}}$ $P \cdot V = \text{costante}$
- legge di **Charles** $\xrightarrow{P = \text{costante}}$ $V_t = V_0 \cdot (1 + \alpha \cdot t)$
- legge di **Gay-Lussac** $\xrightarrow{V = \text{costante}}$ $P_t = P_0 \cdot (1 + \alpha \cdot t)$

dove $\alpha = 1/273{,}15 \text{ °C}^{-1}$; t è la temperatura espressa in °C; V_0 e P_0 sono rispettivamente il volume e la pressione del gas quando $t = 0 \text{ °C}$.
Se la temperatura viene misurata in kelvin, la legge di Charles e quella di Gay-Lussac assumono la forma:
- legge di **Charles** $\xrightarrow{P = \text{costante}}$ $V_T = \alpha \cdot V_0 \cdot T \rightarrow \frac{V}{T} = \text{costante}$
- legge di **Gay-Lussac** $\xrightarrow{V = \text{costante}}$ $P_T = \alpha \cdot P_0 \cdot T \rightarrow \frac{P}{T} = \text{costante}$

Le leggi viste si riassumono nell'**equazione di stato dei gas perfetti** (o **legge di Clapeyron**) che lega tra loro i valori delle funzioni di stato di un gas perfetto:

$$P \cdot V = n \cdot R \cdot T$$

dove:
- T è la temperatura espressa in kelvin;
- n è il numero di moli (nei problemi riguardanti i gas perfetti, la quantità di gas in esame viene in generale data come *numero di moli*);
- R è la **costante di stato dei gas perfetti** e ha un valore pari a:

$$R = 8{,}318 \frac{\text{J}}{\text{K} \cdot \text{mole}} = 0{,}082 \frac{\text{litri} \cdot \text{atm}}{\text{K} \cdot \text{mole}}$$

PARTE QUARTA

Possiamo ora rispondere ad altri due quesiti posti all'inizio del capitolo.

Quesito II. Trattandosi di un gas perfetto, per esso vale la legge di Clapeyron (o equazione di stato dei gas perfetti) che lega tra loro i valori delle funzioni di stato:

$$P \cdot V = n \cdot R \cdot T$$

dove si afferma che il prodotto fra la pressione e il volume è proporzionale alla temperatura del gas. La risposta esatta è la **E**.

Quesito III. Dall'equazione di stato dei gas perfetti si ricava che il numero di moli di ossigeno è pari a:

$$n = \frac{P \cdot V}{R \cdot T} = \frac{30 \text{ atm} \cdot 10 \text{ litri}}{0{,}082 \dfrac{\text{litri} \cdot \text{atm}}{\text{K} \cdot \text{mole}} \cdot 300 \text{ K}} = 12{,}2 \text{ moli}$$

Poiché ogni mole di ossigeno ha una massa pari a 32 g, la massa totale di ossigeno è data da: $m = 12{,}2 \text{ moli} \cdot 32 \text{ g/mole} \approx 390 \text{ g}$. La risposta esatta è quindi la **D**.

Qual è il numero di moli di un gas perfetto contenuto in un recipiente di volume $V = 200$ l, a pressione $P = 1$ atm e temperatura $T = 27$ °C?

Si deve invertire la legge dei gas perfetti:

$$P \cdot V = n \cdot R \cdot T$$

facendo attenzione a portare la temperatura in kelvin!

Si ottiene così:

$$n = \frac{PV}{RT} = \frac{1 \text{ atm} \cdot 200 \text{ litri}}{0{,}082 \dfrac{\text{litri} \cdot \text{atm}}{\text{K} \cdot \text{mole}} \cdot (27 + 273) \text{ K}} = 8{,}13 \text{ mol}$$

Un cilindro con un pistone contiene *n* moli di un gas perfetto alla temperatura *T*. Se la temperatura raddoppia, quale sarà il numero di moli finale?

Il numero *n* di moli di gas contenute nel cilindro è determinato unicamente dal numero di molecole del gas: anche se la temperatura, il volume o la pressione del gas cambiano, *n* rimane sempre lo stesso.

Un recipiente chiuso contiene un gas perfetto a temperatura *T* e pressione *P*. Se la temperatura raddoppia, quale sarà la pressione finale?

Si risolve l'esercizio con un *procedimento generale*, utile per tutti gli esercizi di questo tipo: considerando la relazione $P \cdot V = n \cdot R \cdot T$, si portano a sinistra dell'uguale tutte le grandezze variabili, e a destra tutte quelle costanti. Il numero di moli, R e il volume sono costanti (il recipiente è chiuso), mentre temperatura e pressione variano. Dunque:

$$\frac{P}{T} = \frac{n \cdot R}{V} = \text{cost}$$

Questo significa che nello "stato" iniziale e finale descritto nell'esercizio, il rapporto P/T resta costante. Indicando con 1 lo stato iniziale e 2 quello finale, si può scrivere allora:

$$\frac{P_1}{T_1} = \frac{P_2}{T_2}$$

Delle quattro grandezze indicate, si conoscono $T_1 = T$, $T_2 = 2T$, $P_1 = P$. Si trova l'incognita P_2 invertendo l'equazione:

$$\frac{P_1}{T_1} = \frac{P_2}{T_2} \quad \rightarrow \quad P_2 = P_1 \cdot \frac{T_2}{T_1} = P \cdot \frac{2T}{T} = 2P$$

Da questo si ricava che anche la pressione raddoppia. Si noti dal punto di vista dimensionale che, correttamente, nella formula risolutiva $P_2 = P_1(T_2/T_1)$, la pressione a destra dell'uguale, moltiplicata per una quantità adimensionale, dà un'altra pressione.

FISICA

Legge di Avogadro. Volumi uguali di gas diversi nelle stesse condizioni di pressione e temperatura contengono un *ugual numero di molecole*.
Alla temperatura $T = 0\,°C = 273{,}15$ K e alla pressione $P = 1$ atm $= 760$ mmHg (dette condizioni standard) una mole di qualunque gas occupa un volume di 22,4 litri e contiene $6{,}022 \cdot 10^{23}$ molecole (**numero di Avogadro**, indicato con N_A).

Data una miscela di gas, la *pressione parziale* di ciascun gas della miscela è uguale alla pressione che quel gas eserciterebbe se occupasse da solo il volume occupato dall'intera miscela gassosa.

Legge di Dalton. Indicando con P_q la pressione parziale del gas q-esimo si ha:

$$P_1 = P \cdot \frac{n_1}{n}; P_2 = P \cdot \frac{n_2}{n}; \dots; P_q = P \cdot \frac{n_q}{n}$$

dove n_q/n rappresenta la *frazione molare* del gas q-esimo e P rappresenta la pressione totale della miscela. La pressione di una miscela gassosa è dunque uguale alla somma delle pressioni parziali dei singoli componenti.

5.3.2 | Cenni di teoria cinetica dei gas

La pressione di un gas è determinata dagli urti delle singole molecole del gas contro le pareti del recipiente che lo contiene. La temperatura di un gas è l'espressione macroscopica dell'agitazione delle molecole del gas chiamata *agitazione termica*. Tra la temperatura T di un gas e l'*energia cinetica media* $\bar{E}_k$ delle sue molecole vi è una relazione di *proporzionalità diretta*:

$$\bar{E}_k = \frac{1}{2} m\overline{v^2} = \frac{3}{2} KT \qquad [8]$$

dove:

- T è la temperatura espressa in kelvin;
- $K = R/N_A = 1{,}38 \cdot 10^{-23}$ J/K è la costante di Boltzmann (con N_A numero di Avogadro e R costante dei gas);
- la "barra" sulle grandezze energia e velocità al quadrato indica il loro valore medio.

Poiché l'energia cinetica è definita come prodotto di quantità mai negative (massa e velocità al quadrato), la [8] è in accordo con il fatto che la temperatura kelvin non può essere negativa: un suo valore negativo corrisponderebbe infatti a un'energia cinetica negativa. Si ricava inoltre che, fornendo calore a una sostanza, le sue molecole acquistano energia cinetica: vibrano quindi più velocemente e possono così vincere anche le forze di coesione che le tengono unite e che determinano lo stato di aggregazione. A parità di temperatura, le molecole più leggere (meno massive) si agitano con velocità maggiori di quelle più pesanti; è anche per questo motivo che sostanze diverse che si trovano alla stessa temperatura possono avere stati di aggregazione differenti.

5.3.3 | Gas reali

I gas reali, a differenza dei gas ideali, soddisfano almeno una delle seguenti condizioni:

- sensibili interazioni tra le molecole;
- urti non perfettamente elastici;
- volume proprio delle particelle (*covolume*) non trascurabile.

Per i gas reali l'equazione di stato $P \cdot V = n \cdot R \cdot T$ è sostituita dall'**equazione di Van der Waals**:

$$\left(P + \frac{an^2}{V^2}\right) \cdot (V - nb) = n \cdot R \cdot T$$

dove b è il covolume e a tiene conto delle interazioni tra le molecole.
Si tratta di una legge empirica (ricavata sperimentalmente); i parametri a e b sono fortemente variabili in relazione al tipo di gas che si considera.

5.4 | Stato liquido

Nei liquidi, contrariamente a quanto accade per i gas, le molecole sono condizionate dalle forze di attrazione intermolecolari che le tengono le une vicine alle altre. I liquidi hanno le seguenti proprietà:

- occupano un volume proprio;
- sono incomprimibili;
- come gli aeriformi, non hanno forma propria e diffondono[1];
- sono dotati di tensione superficiale (si veda § 5.4.2).

5.4.1 | Evaporazione ed ebollizione

La *vaporizzazione* di un liquido si divide in *evaporazione* ed *ebollizione* a seconda che il passaggio di stato coinvolga solo la parte superficiale o l'intera massa del liquido.

L'energia cinetica media delle molecole di un liquido è proporzionale alla temperatura assoluta del liquido. A causa dell'agitazione termica, alcune molecole in prossimità della superficie del liquido possono acquistare un'energia leggermente superiore alla media, sufficiente a spezzare i legami che le tengono unite al liquido. Tali molecole possono quindi sfuggire al liquido e passare allo stato aeriforme. È questo il fenomeno dell'**evaporazione**. Nella fase aeriforme che sovrasta un liquido, si trovano sempre delle molecole di liquido evaporate. Tali molecole formano il **vapore**.

Vapore: parte dell'aeriforme che sovrasta un liquido.
Fase: stato di aggregazione della materia.
Sistema liquido-vapore: *sistema bifasico.*

Si consideri un liquido in un recipiente chiuso, all'interno del quale è stato praticato il vuoto: alcune molecole del liquido sfuggono ai legami con le altre molecole e passano allo stato di vapore incrementandone il contenuto e quindi la pressione. Contemporaneamente alcune molecole del vapore passano allo stato liquido. Questo fenomeno continua fino al raggiungimento dell'equilibrio tra le due fasi, cioè fino a quando il numero di molecole che passano allo stato di vapore nell'unità di tempo è uguale al numero di molecole che passano allo stato liquido sempre nell'unità di tempo.

L'equilibrio liquido-vapore è dinamico.

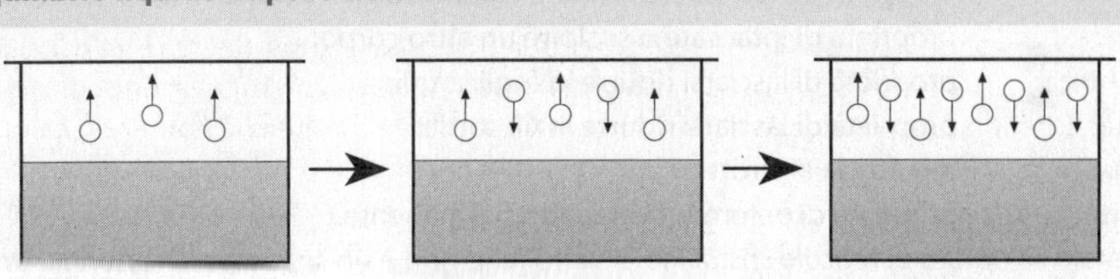

(a) (b) (c)

Evoluzione temporale di un sistema liquido-vapore: in (a) il numero di molecole che passano allo stato di vapore è decisamente maggiore del numero di molecole che passano da vapore a liquido; in (c) i due numeri sono uguali e il sistema è in equilibrio.

All'equilibrio il vapore si dice **saturo**. La **tensione di vapore** di un liquido a una data temperatura è la pressione del vapore saturo a quella temperatura.

La tensione di vapore dipende solo dalla temperatura e dalla natura del liquido: aumenta con l'aumentare della temperatura.
Il punto di ebollizione di un liquido è la temperatura alla quale la tensione di vapore del liquido è pari al valore della pressione della fase gassosa che sovrasta il liquido (pressione esterna).

Nell'ebollizione, diversamente da quanto accade nell'evaporazione, si ha formazione di vapore in tutta la massa liquida.

1. La diffusione consiste nel fatto che le molecole di due fluidi apparentemente in quiete posti nello stesso recipiente si mescolano spontaneamente le une con le altre.

FISICA

La **temperatura di ebollizione di un liquido** dipende solo dalla natura del liquido e dalla pressione a cui è sottoposto: **cresce al crescere della pressione esterna.**

Nella pentola a pressione vengono raggiunte pressioni superiori a quella atmosferica e la temperatura di ebollizione dell'acqua è maggiore di 100 °C. Infatti, maggiore è la pressione esterna, maggiore deve essere la tensione di vapore perché abbia inizio l'ebollizione e ciò si realizza con un aumento di temperatura.

Siamo ora in grado di rispondere anche all'ultimo dei quattro quesiti posti all'inizio del capitolo.

Quesito IV. La temperatura di ebollizione di un liquido dipende solo dalla natura del liquido e dalla pressione a cui è sottoposto. In particolare, essa cresce al crescere della pressione esterna e dunque la risposta **D** è da escludere. Le risposte **B** e **C** sono errate, poiché la temperatura di ebollizione non dipende né da sorgenti esterne né dalla temperatura dell'ambiente.

La risposta esatta è la **A**: infatti, diminuendo la pressione esterna (ad esempio all'aumentare dell'altitudine) diminuisce la temperatura di ebollizione.

5.4.2 | Tensione superficiale

Lo strato superficiale di un liquido si trova in una condizione diversa rispetto al liquido rimanente: le molecole in superficie non sono completamente circondate da molecole uguali a loro. Le molecole interne subiscono l'attrazione delle altre in tutte le direzioni, mentre quelle sulla superficie interagiscono solo con le molecole sottostanti. Questo causa una "contrazione" dello strato superficiale, che tende a comportarsi come una *pellicola elastica.*

Grazie al fenomeno della tensione superficiale, alcuni insetti riescono a muoversi sugli specchi d'acqua senza affondare. Per lo stesso motivo è possibile appoggiare un ago sulla superficie di un liquido senza che esso affondi.

5.5 | Stato solido

Le proprietà che caratterizzano i solidi esistenti in natura si possono riassumere in:

- **elasticità**: proprietà di riprendere forma e volume iniziali dopo una deformazione;
- **durezza**: proprietà di intaccare o scolpire un altro corpo;
- **malleabilità**: proprietà di lasciarsi ridurre in fogli sottili;
- **duttilità**: proprietà di lasciarsi ridurre in fili sottili;
- **tenacità**: resistenza alla rottura;
- **plasticità**: proprietà di deformarsi in modo permanente.

Un solido è tale se dotato di *reticolo cristallino.* Il vetro (che non è un solido perché non ha una struttura cristallina) viene chiamato *solido amorfo* in virtù della sua consistenza.

Si distinguono quattro tipi di solidi a seconda del tipo di legame che li caratterizza.

- **Solidi covalenti**: i nodi reticolari sono occupati da atomi legati fra loro con legami covalenti. Sono durissimi, hanno una elevata temperatura di fusione e sono pessimi conduttori.
- **Solidi ionici**: i nodi reticolari sono occupati da ioni e i legami sono ionici. Sono duri ma fragili, hanno una elevata temperatura di fusione e sono cattivi conduttori.
- **Solidi molecolari**: i nodi reticolari sono occupati da molecole legate fra loro da legami deboli (dipolari, idrogeno). Sono teneri, hanno una bassa temperatura di fusione e non sono buoni conduttori.
- **Solidi metallici**: un metallo può essere visto come un reticolo di ioni positivi immerso in una nube di elettroni in movimento. Sono lucenti e malleabili (il legame metallico è adirezionale) e hanno una buona conducibilità elettrica e termica (dovuta all'ottima mobilità degli elettroni).

- C (diamante) e SiO_2 (silice) sono solidi covalenti.
- Il cloruro di sodio (NaCl) è un solido ionico la cui temperatura di fusione vale 800 °C.
- N_2, H_2O, N_2H_4 e I_2 sono solidi molecolari.
- Fe, Ag e Cu sono solidi metallici.

PARTE QUARTA

Ripassa da qui

▶ **Temperatura:**

scala Celsius o centigrada:	0°C	→	100°C
scala Fahrenheit:	32°F	→	212°F
scala Kelvin o assoluta:	273K	→	373K

Conversioni tra le scale: $T_F = 9/5\, T_C + 32 \quad T_K = T_C + 273{,}15 \quad T_F = 9/5\, T_K - 459{,}6$

▶ **Dilatazioni termiche:** $V_t = V_0 \cdot (1 + k \cdot t)$ con t in gradi Celsius

Nei gas $k = \alpha = \dfrac{1}{273{,}15}\,°C^{-1}$

Passaggi di stato

▶ A parità di pressione, ogni sostanza subisce i propri cambiamenti di stato sempre alle stesse temperature.

▶ Durante il passaggio di stato, la temperatura si mantiene costante.

▶ Ogni sostanza per cambiare il proprio stato ha bisogno di una ben precisa quantità di calore per unità di massa, detta **calore latente** del cambiamento di stato.

▶ Il calore acquistato o ceduto da una massa m di una sostanza perché cambi il suo stato di aggregazione è pari a $Q = m \cdot \lambda$ dove λ è il calore latente del cambiamento di stato.

▶ Il **punto di ebollizione** di un liquido è la temperatura alla quale la tensione di vapore del liquido è pari al valore della pressione della fase gassosa che sovrasta il liquido.

Leggi dei gas

▶ **Legge di Boyle (*T* costante):**

$$PV = \text{costante}$$

▶ **Legge di Charles (*P* costante):**

$$V_t = V_0 (1 + \alpha\, t) \text{ con } t \text{ in gradi Celsius} \qquad V_T = \alpha \cdot V_0 \cdot T \text{ con } T \text{ in kelvin}$$

▶ **Legge di Gay-Lussac (*V* costante):**

$$P_t = P_0 (1 + \alpha\, t) \text{ con } t \text{ in gradi Celsius;} \qquad P_T = \alpha \cdot P_0 \cdot T \text{ con } T \text{ in kelvin}$$

▶ **Legge di Avogadro**: in condizioni normali una mole di qualunque gas occupa un volume di 22,4 litri e contiene $6{,}022 \cdot 10^{23}$ molecole (numero di Avogadro).

▶ **Legge di Dalton**: $P = P_1 + P_2 + \ldots + P_q$ con: $P_1 = P \cdot \dfrac{n_1}{n}\,; \ldots ; P_q = P \cdot \dfrac{n_q}{n}$

Equazione di stato dei gas perfetti

$$PV = nRT \quad \text{con } R = 8{,}318\, \frac{J}{K \cdot mole} = 0{,}082\, \frac{litri \cdot atm}{K \cdot mole}$$

▶ Teoria cinetica dei gas:

$$\bar{E}_k = \frac{1}{2} m \overline{v^2} = \frac{3}{2} KT \quad \text{con } K = R/N_A = 1{,}38 \cdot 10^{-23}\, J/K$$

Quesiti svolti

1 **Un recipiente a forma cubica di lato 1 dm è riempito per metà del suo volume di acqua. Le condizioni esterne sono tali da produrre un'evaporazione dell'acqua di 1 g/h. Dopo 10 h il livello dell'acqua:**

A è rimasto costante
B è sceso di 1 mm
C è sceso di 10 mm
D è salito di 1 mm
E è ridotto a zero

Il tasso di evaporazione dell'acqua, costante, è di 1 g/h. Dopo 10 h sarà evaporata una massa d'acqua $m = 1\ \frac{g}{h} \cdot 10\ h = 10\ g$. Conoscendo la densità dell'acqua, che vale $\rho = 1\ g/cm^3$, e ricordando la definizione di densità, si può ricavare il volume dell'acqua che evapora:

$$\rho = \frac{m}{V} \quad \rightarrow \quad V = \frac{m}{\rho} = \frac{10\ g}{1\ g/cm^3} = 10\ cm^3$$

Il problema chiede tuttavia la variazione del livello dell'acqua, ovvero dell'altezza *H* del parallelepipedo di base quadrata e lato *l* pari a 1 dm, contenente il volume d'acqua che evapora. Per trovare *H* si deve dividere il volume per l'area di base *A* (avendo cura di trasformare il lato in centimetri, dato che la densità è espressa in grammi su centimetro cubo):

$$H = \frac{V}{A} = \frac{V}{l^2} = \frac{10\ cm^3}{(10\ cm)^2} = 0{,}1\ cm = 1\ mm$$

La risposta corretta è la B. Si osservi che, se l'acqua evapora, il suo livello *scende*: in un problema di questo tipo, le alternative valide si potevano ridurre a due (la B e la C) a colpo d'occhio.

2 **Quale delle seguenti forze ha intensità (modulo) minore?**

A Il peso (per noi, sulla Terra) di una massa di 20 kg
B 30 N
C $200\ Pa \cdot cm^2$
D $2\ barie \cdot m^2$
E 100 dyn

Conviene riportare tutte le forze indicate nelle alternative alla stessa unità di misura (il newton).
Il peso di un oggetto di massa *m* nei pressi della superficie terrestre vale $F = mg$, dove *g* è l'accelerazione di gravità, pari a $9{,}8\ m/s^2$. Dunque:

$$F_A = 20\ kg \cdot 9{,}8\ m/s^2 \approx 200\ N \qquad F_B = 30\ N$$

La pressione (che nel Sistema Internazionale si misura in Pascal, simbolo Pa) è data dal rapporto tra una forza e una superficie, dunque, nel SI:

$$1\ Pa = \frac{1\ N}{1\ m^2} \quad \rightarrow \quad 1\ N = 1\ Pa \cdot m^2$$

Perciò, nel caso della forza indicata nella terza alternativa:

$$F_C = 200\ Pa \cdot cm^2 = 200\ Pa \cdot 10^{-4}\ m^2 = 0{,}02\ Pa \cdot m^2 = 0{,}02\ N$$

Per il calcolo analogo nel caso della quarta alternativa è utile sapere che 1 baria = 10^{-1} Pa (la baria è l'unità di misura della pressione nel sistema CGS, definito come 1 dyn/1 cm^2).

Si ottiene dunque:

$$F_D = 2 \text{ baria} \cdot m^2 = 2 \cdot 10^{-1} \text{ Pa} \cdot m^2 = 0{,}2 \text{ N}$$

Infine, l'unità di misura della forza nel sistema CGS è la dina (dyn), definita come:

$$1 \text{ dyn} = 1 \text{ g} \cdot \frac{\text{cm}}{\text{s}^2} \quad \rightarrow \quad 1 \text{ dyn} = 10^{-3} \text{ kg} \cdot \frac{10^{-2} \text{ m}}{\text{s}^2} = 10^{-5} \text{ kg} \cdot \frac{\text{m}}{\text{s}^2} = 10^{-5} \text{ N}$$

Pertanto:

$$F_E = 100 \text{ dine} = 100 \cdot 10^{-5} \text{ N} = 10^{-3} \text{ N}$$

Si conclude che la risposta esatta è la **E**.

---

3 **La pressione di 1 atmosfera è:**

- **A** qualunque pressione che si registra al livello del mare
- **B** quella esercitata da una colonna d'acqua alta 76 m
- **C** la pressione registrata a 760 m al di sopra del livello del mare
- **D** la pressione esercitata da una colonna di mercurio alta 76 cm
- **E** la pressione registrata a 76 m di profondità al di sotto della superficie del mare

L'unità di misura "atmosfera" non è un'unità di misura del SI. Essa è legata al pascal e ad altre unità di misura non appartenenti al SI tramite le relazioni:

$$1 \text{ atm} = 760 \text{ mmHg} = 1{,}01325 \text{ bar} = 101.325 \text{ Pa} \approx 10^5 \text{ Pa} = 10^5 \text{ N/m}^2$$

dove la scrittura mmHg sta per "millimetri di mercurio". La pressione di 1 atm è infatti quella registrata alla base di una colonna di mercurio alta 760 mm o, equivalentemente, 76 cm (risposta **D**).

---

4 **Una mole di gas ideale alla pressione atmosferica $p_0 = 1{,}013 \cdot 10^5$ Pa e alla temperatura $T_0 = 273{,}15$ K occupa il volume $V_0 = 22{,}41$ dm^3. Il volume da essa occupato alla temperatura $T = 2\,T_0$ e alla pressione $p = 1{,}5\,p_0$ è:**

- **A** 29,88 dm^3
- **B** 44,82 dm^3
- **C** 33,61 dm^3
- **D** 14,94 dm^3
- **E** 11,22 dm^3

Per la legge dei gas perfetti, $PV = nRT$, a patto di ricordarsi il valore della costante dei gas R (0,082 litri · atm/K · mol), il volume vale $V = nRT/P$.

I dati del quesito consentono però di fare a meno di R, o meglio, di ricavarla dai valori delle funzioni di stato nello stato iniziale:

$$R = \frac{P_0 V_0}{nT_0} \quad \rightarrow \quad V = \frac{nRT}{P} = \frac{nT}{P} \cdot \frac{P_0}{nT_0} \cdot V_0 = V_0 \cdot \frac{2}{1{,}5} = 29{,}88 \text{ dm}^3$$

La risposta esatta è pertanto la **A**.

FISICA

5 Un numero n costante di moli di un gas ideale raddoppia il proprio volume mantenendo costante la temperatura. La pressione del gas:

- A rimane costante
- B si dimezza
- C diminuisce di una quantità che dipende dalla natura del gas
- D raddoppia
- E quadruplica

Per la legge di Boyle, a temperatura costante il prodotto di pressione e volume è costante, ovvero pressione e volume sono inversamente proporzionali: se raddoppia il volume, si dimezza la pressione (risposta B). Si noti che la legge di Boyle, così come quella di Charles (per trasformazioni a pressione costante) e quella di Gay-Lussac (per trasformazioni a volume costante), si ricavano come casi particolari della legge dei gas perfetti, $PV = nRT$, considerando il numero di moli costante.

6 L'aria è formata per l'80% (circa) da azoto e per il 20% (circa) da ossigeno: la sua pressione al livello del mare è pari a una atmosfera. In questa miscela gassosa:

- A le pressioni parziali dei due gas sono uguali e ciascuna è pari a una atmosfera
- B la pressione parziale dell'azoto è minore di quella dell'ossigeno
- C non si può parlare di pressione dell'ossigeno e dell'azoto, ma di pressione della miscela
- D la pressione parziale dell'azoto è circa quattro volte quella dell'ossigeno
- E le pressioni parziali dei due gas sono uguali e ciascuna è pari a 0,5 atmosfere

Per la legge di Dalton, la pressione parziale di un gas in una miscela è proporzionale alla frazione molare dello stesso gas nella miscela. L'azoto è presente nell'aria in una percentuale quattro volte superiore all'ossigeno: la sua pressione parziale è perciò quattro volte quella dell'ossigeno (risposta D).

7 Il numero di Avogadro rappresenta il numero delle molecole contenute in:

- A 22,4 l di N_2 a 0 °C e alla pressione di 1 atm
- B 1 dm^3 di acqua a 4 °C
- C 1 l di aria a 0 °C
- D 1 kg di qualsiasi sostanza a 0 °C
- E 22,4 l di H_2 a 25 °C e alla pressione di 1 atm

Una mole di gas a 0 °C e alla pressione di 1 atm occupa un volume di 22,4 litri e contiene $6{,}02 \cdot 10^{23}$ molecole (o atomi se il gas è atomico): la risposta esatta è dunque la A.

8 Quale dei seguenti valori è più vicino alla pressione massima sul fondo degli oceani?

- A 1100 N/mm^2
- B 11.000 N/m^2
- C 1100 MPa
- D 1100 N/cm^2
- E 11.000 N/cm^2

La massima profondità sottomarina esistente è pari a circa 11.000 m in corrispondenza della cosiddetta "Fossa delle Marianne" nell'Oceano Pacifico. Secondo la legge di Stevino, la pressione è pari a: $P = \rho \cdot g \cdot h$ dove ρ è la densità dell'acqua, g è il modulo dell'accelerazione gravitazionale e h è la profondità. Sostituendo i valori si trova:

$$P = 1\ \frac{kg}{dm^3} \cdot 9{,}8\ \frac{m}{s^2} \cdot 11.000\ m = 1000\ \frac{kg}{m^3} \cdot 9{,}8\ \frac{m}{s^2} \cdot 11.000\ m \approx 11 \cdot 10^7\ \frac{N}{m^2} = 11 \cdot 10^3\ \frac{N}{cm^2}$$

La risposta esatta è quindi la E.

PARTE QUARTA

9 **Quando un pezzo di ghiaccio fonde alla pressione di 1 atm, la sua temperatura:**

- **A** è sempre maggiore di 0 °C e aumenta durante la fusione
- **B** è sempre minore di 0 °C e diminuisce durante la fusione
- **C** è costante ed è pari a 0 °C
- **D** è uguale a quella dell'ambiente esterno
- **E** aumenta durante il passaggio di stato

Durante i passaggi di stato la temperatura del sistema è costante ed è uguale a un valore che dipende dalla sostanza e dalla pressione a cui il sistema è sottoposto. Alla pressione di 1 atm il ghiaccio fonde esattamente a 0 °C (fu proprio Celsius a fissare come zero della sua scala la temperatura di fusione del ghiaccio alla pressione di 1 atm). La risposta esatta è quindi la **C**.

10 **Una quantità d'acqua ghiacciata contenente del sale (NaCl) alla pressione di 1 atm fonderà a una temperatura:**

- **A** maggiore di 373 K
- **B** minore di 373 K e maggiore di 273 K
- **C** uguale a 373 K
- **D** uguale a 273 K
- **E** minore di 273 K

Come si è detto nel quesito precedente, la temperatura di fusione di una sostanza dipende dalla pressione a cui il sistema è sottoposto e dalla natura della sostanza. Se il ghiaccio contiene delle impurità, come il cloruro di sodio (NaCl), la temperatura di fusione è diversa da 0 °C (che corrisponde a 273 K).
In particolare la presenza di un soluto non volatile come il sale causa un abbassamento della temperatura di fusione e un aumento della temperatura di ebollizione. La risposta esatta è quindi la **E**.

6| Meccanica dei fluidi

Mettiti alla prova

I **La pressione idrostatica che si esercita alla profondità *h* in un liquido di densità *d*, se *g* è l'accelerazione di gravità, vale:**

A *hdg*
B *hg/d*
C *hd/g*
D *h/dg*
E *gd/h*

II **Nel 1644 Torricelli, seguendo un suggerimento di Galilei, fece fare un famoso esperimento. Lo sperimentatore riempì con mercurio una canna di vetro, lunga 120 cm e avente un'estremità chiusa, la capovolse sopra un piatto contenente mercurio, e osservò che parte del mercurio rimaneva entro la canna per un'altezza *h*, che si sperimentò essere variabile da un giorno all'altro secondo il clima.**

Quale tra le seguenti affermazioni è corretta?

A Se avesse usato acqua, nulla sarebbe cambiato
B Se avesse operato in montagna, nulla sarebbe cambiato
C Se avesse usato una canna più lunga, l'esperimento sarebbe fallito
D Se avesse usato una canna più corta, avrebbe potuto usare l'acqua
E Se la lunghezza della canna fosse stata inferiore a 3/4 di metro, l'esperimento sarebbe fallito

III **Sia dato un parallelepipedo rettangolo omogeneo e pieno avente lati *a*, *b*, *c*, che galleggia su di un liquido di densità 1,2 g/cm^3, con il lato *a* perpendicolare alla superficie libera del liquido. La metà di *a* emerge, l'altra metà è sommersa. Quanto vale la densità del materiale con cui è fatto il parallelepipedo?**

A 0,2 g/cm^3
B 0,4 g/cm^3
C 0,6 g/cm^3
D 2,4 g/cm^3
E Non si può rispondere senza conoscere le misure dei lati

IV **Un parallelepipedo di legno galleggia in una vaschetta piena d'acqua distillata. Nella vaschetta viene successivamente disciolto del sale da cucina. Indicate quale affermazione descrive più adeguatamente ciò che accade dopo lo scioglimento del sale nell'acqua.**

A Il parallelepipedo affonda completamente nell'acqua
B Il parallelepipedo scende leggermente rispetto alla linea di galleggiamento precedente
C Il parallelepipedo rimane nella stessa posizione occupata precedentemente
D Il parallelepipedo sale leggermente rispetto alla linea di galleggiamento precedente
E Non vi sono dati sufficienti per fare una previsione attendibile

Ecco le risposte esatte dei 4 quesiti proposti: I **A**, II **E**, III **C**, IV **D**.

Come si è visto, per *fluido* si intende un liquido o un aeriforme.

6.1 | Legge di Pascal

In un fluido la pressione si trasmette in tutti i punti e in tutte le direzioni, e le forze di pressione agiscono perpendicolarmente alle superfici dei corpi indipendentemente da come queste sono orientate.

La legge di Pascal afferma che in ogni punto di un fluido in quiete si ha la stessa pressione, sotto l'ipotesi che il fluido **non sia soggetto alla forza di gravità**, o che, almeno, le forze di pressione siano considerevolmente superiori alle forze di gravità coinvolte.

Se cade questa ipotesi, in un fluido si distinguono due tipi di forze.

1. **Forze superficiali:** agiscono solo sulla superficie delimitante il fluido. Si consideri, per esempio, un liquido in un cilindro compresso da un pistone. La pressione dovuta alle forze superficiali (forza esercitata dal pistone) è uniforme in tutto il liquido.
2. **Forze di volume**: agiscono su tutti i punti del fluido e dipendono quindi dal suo volume. La forza peso è un esempio di forza di volume.

I casi in cui si possono trascurare le forze di volume vengono affrontati tramite la legge di Pascal. Diversamente, la pressione derivante dalle forze di volume è regolata dalla legge di Stevino.

6.2 | Legge di Stevino

La pressione idrostatica o aerostatica (pressione dovuta al solo peso del fluido) **cresce con la profondità.** Nel caso di un liquido le due grandezze sono direttamente proporzionali.

Se h indica la profondità all'interno di un liquido, allora la pressione vale $P = \rho \cdot g \cdot h$ dove ρ è la densità del liquido e g è l'accelerazione di gravità.

Si calcoli a quale pressione idrostatica si trova sottoposto un sub che nuota a 10 metri sotto il livello dell'acqua.

Nell'acqua di mare, la pressione idrostatica aumenta di una atmosfera (~ 10^5 Pa) ogni 10 m di profondità. Infatti, la pressione esercitata da una colonna d'acqua alta 10 m è:

$$P = \rho \cdot g \cdot h = 1 \frac{\text{kg}}{\text{dm}^3} \cdot 9{,}8 \frac{\text{m}}{\text{s}^2} \cdot 10 \text{ m} = 10^5 \text{ Pa} \cong 1 \text{ atm}$$

Tale pressione si somma alla pressione atmosferica a livello del mare: il sub si trova quindi sottoposto a una pressione totale di 2 atm.

P_0 = pressione atmosferica a livello del mare = 1 atm; P_{10} = 2 atm; P_{20} = 3 atm; ecc.

Si calcoli l'aumento di pressione su un sottomarino che aumenta la propria profondità di immersione di 20 m.

Diversamente dal caso precedente, qui interessa soltanto la variazione di pressione che si sperimenta durante un'immersione: come si è visto, ogni 10 m di profondità la pressione aumenta di 1 atm: si deve rispondere che la pressione sul sottomarino aumenta di 2 atm.

Siamo già in grado di rispondere alle prime due domande poste all'inizio del capitolo.

Quesito I. Secondo la legge di Stevino, la pressione idrostatica esercitata da una colonna di liquido di densità d e altezza h vale:

$$hdg$$

La risposta corretta è quindi la **A**. Tra l'altro tale espressione è l'unica dimensionalmente corretta fra quelle riportate.

PARTE QUARTA

Quesito II. La pressione atmosferica al livello del mare vale 760 mmHg, cioè equivale alla pressione esercitata da una colonna di mercurio alta 760 mm. L'altezza h del liquido dentro la canna di vetro deve essere tale che la pressione dovuta al suo peso alla base della colonna eguagli la pressione esterna (da qui la variazione di h a seconda delle condizioni climatiche).

L'acqua ha una densità molto inferiore a quella del mercurio, perciò la pressione esercitata da una colonna d'acqua è molto minore di quella esercitata da una colonna di mercurio di pari altezza: perché l'esperimento funzionasse con l'acqua, la canna di vetro avrebbe dovuto essere molto più lunga (risposte **A** e **D** errate).

Ripetendo l'esperimento in montagna, dove la pressione atmosferica è inferiore a quella al livello del mare, l'altezza del liquido residuo nella canna sarebbe risultata inferiore (risposta **B** errata).

Usare una canna più lunga non può modificare il risultato dell'esperimento (risposta **C** errata), mentre una canna troppo corta potrebbe non permettere al liquido residuo di livellarsi in modo da eguagliare la pressione esterna: la lunghezza minima della canna per il mercurio è appunto 760 mm, ovvero più di 3/4 di metro. La risposta cercata è la **E**.

6.2.1 | Principio dei vasi comunicanti

Dati alcuni contenitori aventi forme diverse e tra loro comunicanti, se si versa del liquido nel primo, questo si distribuisce in tutti i contenitori in modo da raggiungere la stessa altezza in ciascuno di essi.

A parità di profondità si deve infatti avere la stessa pressione in tutti i contenitori. Per lo stesso motivo, la pressione idrostatica non dipende dalla forma del recipiente che contiene il liquido, ma solo dalla profondità h: nei punti A, B, C e D dei recipienti in figura, vi è la stessa pressione.

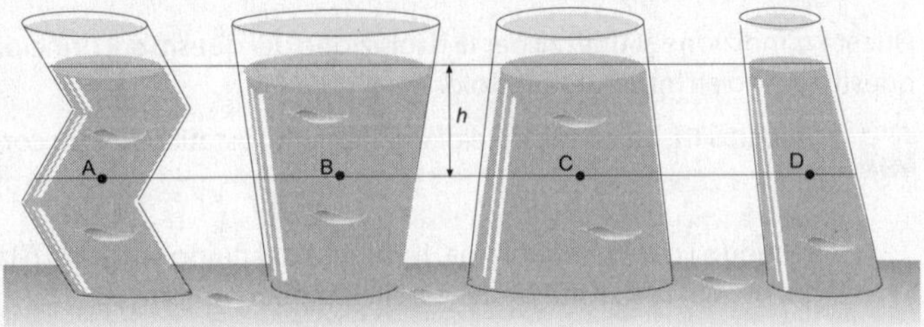

6.3 | Principio di Archimede

Un corpo immerso in un fluido riceve una spinta dal basso verso l'alto di intensità pari al peso del fluido spostato.

È facile dunque concludere che un corpo parzialmente immerso in acqua galleggia solo se il suo peso è inferiore a quello del volume d'acqua che occupa la sua parte immersa; questo si verifica se la densità del corpo è inferiore a quella dell'acqua.

Quanto detto è valido anche per un corpo immerso in un gas (si pensi alla mongolfiera).

I sommergibili si spostano in verticale sfruttando la spinta di Archimede.

Poiché il volume di un sommergibile è sempre lo stesso, il volume di liquido spostato è costante e la spinta non varia; di conseguenza per spostare verticalmente il sommergibile si fa in modo che sia il peso del sommergibile stesso a cambiare, il che viene realizzato imbarcando o spingendo fuori acqua tramite potenti pompe idrauliche.

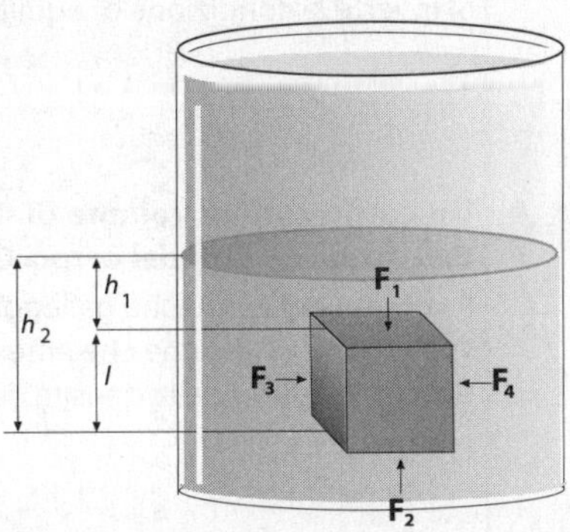

Mentre F_3 è uguale a F_4, F_2 è maggiore di F_1; la superficie su cui agisce F_2 si trova infatti a una profondità h_2 maggiore di h_1.

La forza di Archimede va applicata al **baricentro della massa di liquido spostata**: non al baricentro del corpo né a quello della parte del corpo immersa nel fluido.

I due punti possono non coincidere quando il corpo immerso nel fluido non è omogeneo.

Si pensi a un martello con il manico di legno immerso in acqua. Il suo baricentro è nettamente spostato verso la parte di ferro, rispetto al baricentro della massa di liquido che il martello sposta quando viene immerso. Mentre la forza peso si applica al baricentro del martello, la forza di Archimede si deve applicare al baricentro dell'acqua spostata.

Il baricentro della massa di fluido spostato è detto anche **centro di spinta**.

Se il centro di spinta e il baricentro del corpo non si trovano sulla stessa verticale, la spinta di Archimede e il peso del corpo formano una coppia di forze che tende a far ruotare il corpo.

Se i due punti sono disposti lungo la verticale si ha equilibrio e affinché l'equilibrio sia stabile, il baricentro deve essere al di sotto del centro di spinta.

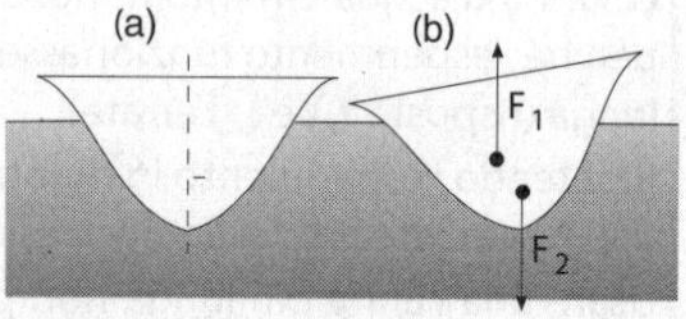

Nella posizione (a) la barca è in equilibrio. Se la barca si inclina (b), la forza di Archimede F_1 e la forza peso F_2 formano una coppia che riporta la barca nella posizione di equilibrio.

Condizione di equilibrio idrostatico per un corpo immerso in un fluido:

$$\mathbf{F}_A = \mathbf{P} \quad \rightarrow \quad \rho_f \cdot V_f \cdot g = \rho_c \cdot V_c \cdot g \quad \Rightarrow \quad \rho_f \cdot V_f = \rho_c \cdot V_c$$

dove: P è il peso del corpo, ρ_f e ρ_c sono la densità del fluido e del corpo rispettivamente, V_f è il volume del fluido spostato (uguale al volume della parte immersa del corpo), V_c è il volume del corpo e g è l'accelerazione di gravità.

Questa condizione si utilizza per la risoluzione dei quesiti sul principio di Archimede, per esempio il terzo quesito posto all'inizio del capitolo.

Quesito III. La condizione di equilibrio idrostatico per un corpo immerso in un fluido è:

$$\rho_f \cdot V_f = \rho_c \cdot V_c$$

Secondo i dati del problema, il volume del fluido spostato è la metà del volume del parallelepipedo, per cui la densità ρ_c del parallelepipedo è:

$$\rho_c = \frac{\rho_f \cdot V_f}{V_c} = 1{,}2 \text{ g/cm}^3 \cdot \frac{1}{2} = 0{,}6 \text{ g/cm}^3 \qquad \text{(risposta C)}$$

Un cubo di materiale sconosciuto sta immerso in acqua per una parte V_f del suo volume V_c. Quanto vale V_f se la densità relativa del cubo rispetto all'acqua vale 2/3 ?

Si inverte la condizione di equilibrio $\rho_f \cdot V_f = \rho_c \cdot V_c$, dove in questo caso $\frac{\rho_c}{\rho_f} = \frac{2}{3}$:

$$V_f = V_c \cdot \frac{\rho_c}{\rho_f} = V_c \cdot \frac{2}{3}$$

Un corpo con un volume di 0,3 m^3, galleggia sull'acqua (densità 1 kg/dm^3). Sporgono dall'acqua 60 dm^3 del corpo. Quanto vale la densità del corpo?

Il volume del corpo che galleggia vale 300 dm^3; il corpo è immerso in acqua per otto decimi del suo volume (il volume che emerge è 2/10 del volume totale del corpo). Si deduce che la densità del corpo è 8/10 della densità dell'acqua. Infatti:

$$\rho_c = \rho_f \cdot \frac{V_f}{V_c} = \frac{8}{10}\rho_f = 0{,}8 \frac{\text{kg}}{\text{dm}^3}$$

Siamo ora in grado di rispondere anche all'ultimo dei quattro quesiti posti all'inizio del capitolo.

Quesito IV. Il sale da cucina disciolto nell'acqua aumenta la densità media del fluido in cui è immerso il legno: il parallelepipedo, che invece non viene modificato, subirà (per il principio di Archimede) una spinta maggiore dal fluido, spostandone ora una massa maggiore. Il parallelepipedo quindi sale leggermente rispetto alla linea di galleggiamento precedente: la risposta esatta è la D.

PARTE QUARTA

6.4 | Cenni di fluidodinamica

6.4.1 | Teorema di Torricelli

Con riferimento alla figura che illustra un recipiente contenente un liquido (non viscoso) al quale è stato praticato un foro a una profondità h, si ha che la velocità di *efflusso* del liquido dal foro è data dalla relazione:

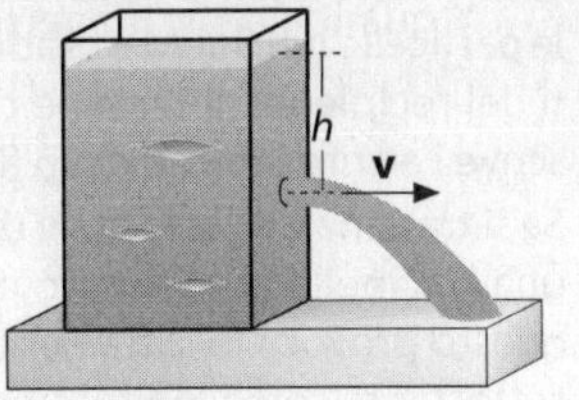

$$v = \sqrt{2gh}$$

Si noti che il risultato trovato è uguale alla velocità che acquista un corpo soggetto alla sola forza di gravità cadendo da una altezza h.

6.4.2 | Portata di un condotto

La *portata* (Q) di un condotto è la quantità di fluido che attraversa una sua sezione in un secondo $Q = V/t$ (si misura in m^3/s).

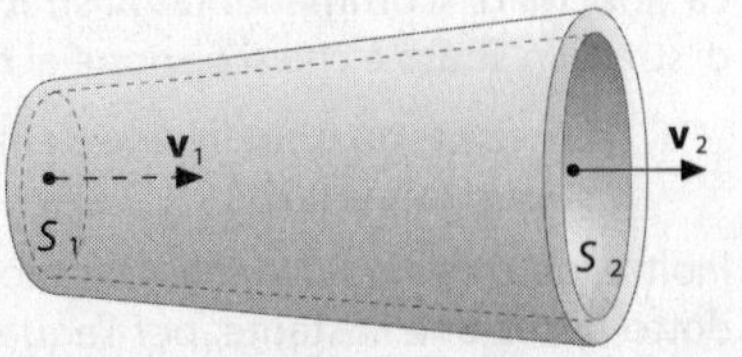

Ipotizzando il fluido incomprimibile, si ottiene l'**equazione di continuità**:

$$Q = S \cdot v = \text{costante}$$

Indicando con v_1 e v_2 le velocità del liquido nelle due sezioni S_1 e S_2 del condotto si ha:

$$S_1 \cdot v_1 = S_2 \cdot v_2 \rightarrow \frac{S_1}{S_2} = \frac{v_2}{v_1} \rightarrow S \text{ e } v \text{ sono inversamente proporzionali}$$

Maggiore è la sezione del condotto, minore è la velocità del liquido che scorre.

L'acqua di un fiume è più tumultuosa dove il fiume si restringe, mentre appare più calma dove le rive sono più lontane: per il principio di continuità, infatti, il prodotto della sezione per la velocità deve essere costante e quindi dove il fiume si restringe, l'acqua è più veloce.

6.4.3 | Teorema di Bernoulli

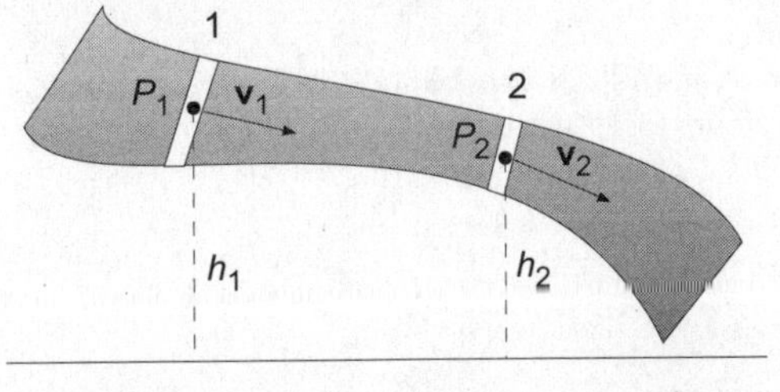

Si consideri un condotto in cui scorre un fluido ideale di densità ρ e si fissi l'attenzione su due punti 1 e 2. Si indichino con v_1 e v_2 i moduli delle velocità del fluido, con P_1 e P_2 le pressioni del fluido e con h_1 e h_2 le altezze dei due punti rispetto a un riferimento orizzontale.

Bernoulli dimostrò che vale la seguente relazione:

$$\frac{P}{\rho g} + h + \frac{v^2}{2g} = \text{costante}$$

I tre termini a primo membro hanno le dimensioni di una lunghezza e sono rispettivamente detti *altezza piezometrica*, *altezza geometrica* e *altezza cinetica*.

Il **teorema di Bernoulli** afferma che, in ogni condotto, la somma delle altezze piezometriche, geometriche e cinetiche è costante.

Come conseguenza vale il **principio di Venturi**.

A parità di altezza geometrica, se in un condotto la sezione diminuisce, la velocità del fluido che la attraversa aumenta (equazione di continuità) e quindi la sua pressione diminuisce (teorema di Bernoulli).

FISICA

6.5 | Fluidi reali

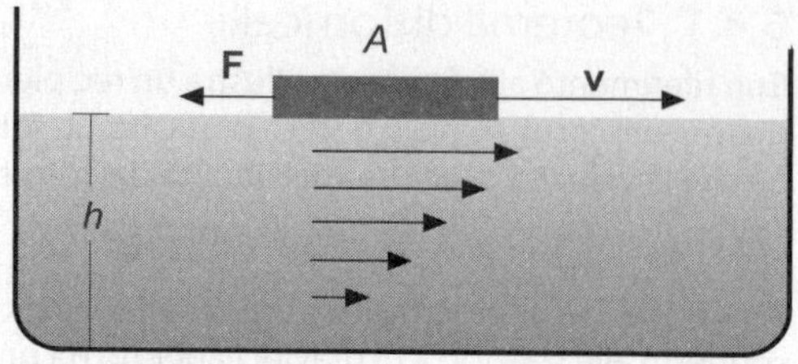

Nei fluidi reali, a differenza dei fluidi ideali, è presente un attrito interno dovuto alle forze di coesione tra le particelle del fluido e di adesione tra fluido e pareti del recipiente. Il termine con il quale la fisica descrive l'attrito interno di un fluido è **viscosità**.

Se si trascina con velocità **v** un galleggiante posto in una bacinella contenente un liquido di altezza h, questo provoca lo slittamento degli strati di liquido sottostanti, come indicato nella figura (per la viscosità di un gas il ragionamento è analogo: è sufficiente considerare il corpo totalmente immerso nel gas). La velocità di scorrimento degli strati *decresce linearmente* con la profondità. La forza **F** che si trasmette di strato in strato e che si oppone al moto del galleggiante è detta *forza di viscosità*.

La viscosità è un indice della resistenza che un fluido oppone agli scorrimenti relativi tra i suoi strati interni.

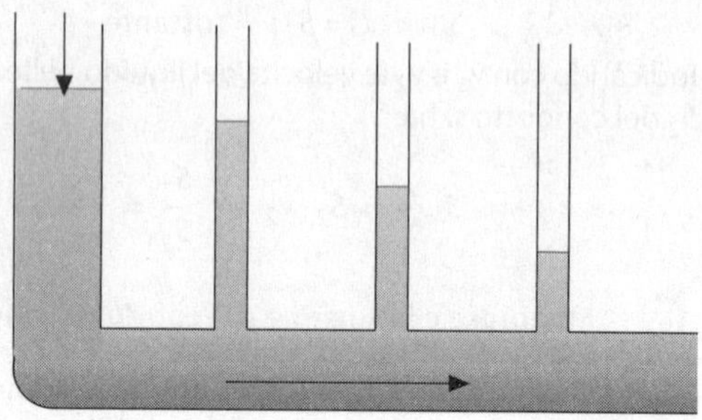

Inoltre, dato un liquido reale in moto lungo un condotto di sezione costante, per l'equazione di continuità, la sua velocità e la sua pressione dovrebbero rimanere costanti. In realtà, se si misura la pressione del fluido in vari punti, si nota una diminuzione nel senso di percorrenza, a cui si dà il nome di *perdita di carico*, dovuta alla viscosità del liquido. Nel disegno è evidenziata dall'abbassamento del livello del liquido nelle parti di condotto verticali.

Ripassa da qui

Meccanica dei fluidi

- **Legge di Pascal**: in un fluido la pressione si trasmette in tutti i punti e in tutte le direzioni, e le forze di pressione agiscono perpendicolarmente alle superfici dei corpi indipendentemente da come queste sono orientate.
- **Legge di Stevino**: la pressione idrostatica o aerostatica (pressione dovuta al solo peso del fluido) è proporzionale alla profondità *h*:

$$\mathbf{P} = \rho \cdot \mathbf{g} \cdot h$$

dove ρ è la densità del fluido e **g** è l'accelerazione gravitazionale.

Nell'acqua di mare, la pressione idrostatica aumenta di una atmosfera ogni 10 m.

- **Principio dei vasi comunicanti**: se si hanno più contenitori aventi forme diverse tra loro comunicanti, e si versa del fluido nel primo, tutti i contenitori si riempiono di liquido fino alla stessa altezza.

Legge di Archimede

Un corpo immerso in un fluido riceve una spinta dal basso verso l'alto di intensità pari al peso del fluido spostato.

- Peso di un corpo di densità ρ_c e di volume *V*:

$$\rho_c \cdot \mathbf{g} \cdot V$$

- Peso di una quantità di fluido di densità ρ_f e di volume *V* (spinta di Archimede)

$$\rho_f \cdot \mathbf{g} \cdot V$$

- Forza totale agente sul corpo:

$$\rho_c \cdot \mathbf{g} \cdot V - \rho_f \cdot \mathbf{g} \cdot V$$

Fluidodinamica

- Portata di un condotto: quantità di fluido che attraversa la superficie del condotto in un secondo. Vale la relazione:

$$Q = S \cdot v$$

- Equazione di continuità:

$$Q_1 = Q_2 \rightarrow S_1 \cdot v_1 = S_2 \cdot v_2 \rightarrow S_1 / S_2 = v_2 / v_1$$

- **Teorema di Bernoulli**: in un condotto, la somma delle altezze piezometriche, geometriche e cinetiche è costante.

$$P_1 + \rho g h_1 + \frac{1}{2}\rho v_1^2 = P_2 + \rho g h_2 + \frac{1}{2}\rho v_2^2 = \text{cost.} \rightarrow \frac{P}{\rho g} + h + \frac{v^2}{2g} = \text{cost.}$$

- Se in un condotto la sezione diminuisce, la velocità aumenta (equazione di continuità) e la pressione diminuisce (teorema di Bernoulli).
- **Teorema di Torricelli**:

$$v = \sqrt{2gh} = \text{velocità di efflusso}$$

FISICA

Quesiti svolti

1 Il ghiaccio galleggia nell'acqua perché:

- **A** il peso specifico del ghiaccio è uguale a quello dell'acqua
- **B** la densità del ghiaccio è minore di quella dell'acqua
- **C** l'acqua, passando da 0 °C a 4 °C, diminuisce di volume
- **D** l'unità di massa del ghiaccio pesa meno dell'unità di massa dell'acqua
- **E** nessuna delle precedenti

Le risposte **A** e **D** contengono affermazioni false e per questo possono essere scartate a priori. Le affermazioni contenute nella **B** e nella **C** sono invece vere. Si tratta ora di discriminare tra *affermazione vera* e *risposta esatta* del quesito in esame.
La massima densità dell'acqua si ha quando la sua temperatura vale 4 °C: passando da 0 °C a 4 °C il volume dell'acqua diminuisce, ma questo non ha nulla a che vedere con il fatto che il ghiaccio galleggia nell'acqua. La risposta esatta è dunque la **B**.

Il fatto che una risposta contenga un'affermazione vera non implica che sia la risposta esatta del quesito.

2 Un fluido si dice viscoso se in esso:

- **A** la velocità di scorrimento tra i suoi strati è minima
- **B** è presente il solo attrito con le pareti del recipiente
- **C** è presente un attrito interno
- **D** non esiste accelerazione di gravità
- **E** nessuna delle precedenti

La viscosità di un fluido è una grandezza che misura l'intensità degli attriti negli scorrimenti degli strati interni del fluido gli uni sugli altri (risposta **C**).

3 Un corpo omogeneo di forma cilindrica, di altezza *h* e densità ρ_c, galleggia con asse verticale in un liquido di densità ρ_l. L'altezza della parte emersa è 1/10 dell'altezza *h*. Il rapporto ρ_c/ρ_l tra la densità del corpo e quella del liquido è:

- **A** 11/10
- **B** 1/2
- **C** 1/10
- **D** 9/10
- **E** 1

In questa situazione la spinta di Archimede bilancia la forza peso.
Possiamo calcolare la prima, F_a, pari al peso del fluido spostato, conoscendone la densità e il volume della parte immersa, pari a 9/10 del volume totale del cilindro; la forza peso *P* a cui è soggetto il cilindro si calcola come di consueto, ricavandone la massa a partire dalla densità.
Infine, per trovare il rapporto tra le due densità procediamo eguagliando le due forze:

$$F_a = P \quad \rightarrow \quad \rho_l \cdot \frac{9}{10} V \cdot g = \rho_c \cdot V \cdot g \quad \rightarrow \quad \frac{\rho_c}{\rho_l} = \frac{9}{10} \quad \text{(risposta D)}$$

PARTE QUARTA

4 **Sia dato un parallelepipedo rettangolo omogeneo e pieno avente lati *a, b, c,* che galleggia su di un liquido di densità 1,2 g / cm^3, con il lato *a* perpendicolare alla superficie libera del liquido. La metà di *a* emerge, l'altra metà è sommersa. Quanto vale la densità del materiale con cui è fatto il parallelepipedo?**

A 0,2 g / cm^3
B 0,4 g / cm^3
C 0,6 g / cm^3
D 2,4 g / cm^3
E Non si può rispondere senza sapere i valori dei dati

La condizione di equilibrio idrostatico per un corpo immerso in un fluido è $\rho_f \cdot V_f = \rho_c \cdot V_c$.
Secondo i dati del problema, il volume del fluido spostato è la metà del volume del parallelepipedo, per cui la densità ρ_c del parallelepipedo è:

$$\rho_c = \frac{\rho_f \cdot V_f}{V_c} = 1{,}2 \text{ g/cm}^3 \cdot \frac{1}{2} = 0{,}6 \text{ g/cm}^3$$ (risposta C)

5 **Un recipiente di massa pari a 20 kg e volume complessivo di 0,1 m^3 viene riempito con 90 litri d'acqua e successivamente sigillato. Immergendo il recipiente in un fluido di densità ρ, qual è, fra quelli elencati, il minor valore di ρ per cui il recipiente galleggia?**

A 1,00 t/m^3
B 1,25 t/m^3
C 1,50 t/m^3
D 1,75 t/m^3
E 2,00 t/m^3

In un caso come questo è necessario confrontare la densità complessiva di "recipiente + acqua" con quella del solo fluido. La massa totale di recipiente + acqua vale 110 kg (poiché 1 litro di acqua pesa 1 kg); il volume da considerare resta quello del recipiente. Si calcola quindi:

$$\rho = \frac{M}{V} = \frac{110 \text{ kg}}{0{,}1 \text{ m}^3} = 1100 \frac{\text{kg}}{\text{m}^3} = 1{,}1 \frac{\text{t}}{\text{m}^3}$$

E si conclude così che il minimo valore, tra quelli indicati, per cui il tutto galleggia è 1,25 t/m^3. La risposta esatta è la B.

6 **Si consideri la pressione in ogni punto di un liquido (in condizioni statiche, supponendo nulla la pressione sulla superficie libera).**
Quale delle seguenti affermazioni (in qualche modo legate alla legge di Stevino, o delle pressioni idrostatiche) è ERRATA?

A La pressione a una certa profondità *h* non dipende da *h*, ma dalla distanza tra il punto preso in considerazione e il fondo del recipiente (mare o lago o altro)
B Se l'accelerazione di gravità g fosse diversa da quella media sulla Terra (per esempio la metà di quella che noi subiamo tutti i giorni) ebbene la pressione sarebbe diversa (secondo l'esempio: la metà)
C Variando la densità (assoluta o relativa) del liquido, la pressione (a pari profondità) cambia
D Misurare la pressione in mmHg o cmH_2O vuol dire dare solo l'altezza della colonna del liquido (Hg o H_2O) alla cui base viene esercitata una certa pressione (per avere la vera pressione bisognerebbe moltiplicare questa altezza per la densità del liquido e per l'accelerazione di gravità)
E La pressione a una certa profondità *h* è direttamente proporzionale ad *h*

FISICA

Per la legge di Stevino, la pressione all'interno di un liquido dipende dalla profondità secondo la relazione $P = \rho \cdot g \cdot h$, dove ρ è la densità del liquido e g è l'accelerazione gravitazionale. L'alternativa A è certamente quella errata. Dalla stessa relazione si vede che le affermazioni B, C ed E sono vere.

---

7 Un palloncino A viene gonfiato con un certo volume *V* di aria. Un secondo palloncino B, identico ad A, viene gonfiato con pari volume *V* di un gas il cui peso specifico è inferiore a quello dell'aria. Si può affermare che la forza di Archimede:

A che agisce sul palloncino A è uguale alla forza di Archimede che agisce sul palloncino B
B che agisce sul palloncino A è superiore alla forza di Archimede che agisce sul palloncino B
C che agisce sul palloncino A è inferiore alla forza di Archimede che agisce sul palloncino B
D non agisce sui palloncini in quanto si applica solo ai liquidi e non ai gas
E che agisce sui palloncini è nulla

La spinta di Archimede si applica ai corpi immersi in un fluido (ovvero in un gas o in un liquido), è pari al peso del fluido spostato (in questo caso, al peso dell'aria spostata) ed è diretta verso l'alto. Poiché i due palloncini hanno lo stesso volume *V*, spostano un uguale volume di aria, indipendentemente da ciò che li riempie: la spinta di Archimede su A e B è identica (risposta A).
Quello che varia invece è il loro peso: il palloncino B, gonfiato con un gas di peso specifico inferiore a quello dell'aria, sarà più leggero del palloncino A, gonfiato d'aria. Volendo bilanciare il peso di B e la spinta di Archimede a esso applicata, si trova dunque una forza risultante diretta verso l'alto: B tenderà a salire.

---

8 Un tubo verticale di 1 cm^2 di sezione è collegato alla sola apertura praticata nella parete superiore di un recipiente pieno d'acqua, alto mezzo metro. Sapendo che il recipiente si rompe quando la differenza fra pressione interna ed esterna raggiunge il valore di 20 N/cm^2 (pari a circa 2 atm), quanta acqua si deve versare nel tubo per rompere il recipiente?

A Circa un litro
B Circa due litri
C Circa tre litri
D Quattro litri
E Dieci litri

Per rompere il recipiente bisogna generare al suo interno una pressione pari a 3 atm (due atmosfere in più della pressione esterna). Perché la pressione interna sia di 3 atmosfere la colonna di acqua nel tubo verticale deve essere alta 20 m. Infatti, invertendo il teorema di Stevino:

$$h = \frac{P}{\rho g} \approx \frac{20 \times 10^4 \text{N/m}^2}{1000 \text{ kg/m}^3 \cdot 10 \text{ m/s}^2} = 20 \text{ m}$$

Il volume di un cilindro alto 20 m con 1 cm^2 di superficie di base vale:

$$1 \text{ cm}^2 \cdot 2000 \text{ cm} = 2000 \text{ cm}^3 = 2 \text{ l}$$

La risposta esatta è la B.

PARTE QUARTA

7 | Calorimetria e termodinamica

Mettiti alla prova

I **Quante calorie (cal) occorrono per portare 80 litri di acqua da 20 °C a 80 °C?**

A 4800 kcal
B 1,5 kcal
C 1600 cal
D 3200 kcal
E 6400 cal

II **Se un corpo A cede una certa quantità di calore al corpo B che ha la stessa massa di A:**

A la temperatura di A varia di tanto quanto quella di B
B entrambi i corpi si portano a una stessa temperatura che è inferiore a quella di B
C le variazioni di temperatura dei due corpi sono direttamente proporzionali alle rispettive capacità termiche
D il rapporto delle variazioni di temperatura dei due corpi è uguale al reciproco del rapporto dei rispettivi calori specifici, cambiato di segno
E le temperature di A e di B non variano

III **Se si forniscono lentamente 100 J di calore a un blocco di 1 kg di ghiaccio che si trova alla temperatura di –10 °C, si verifica che:**

A il ghiaccio si scioglie
B la temperatura del ghiaccio aumenta, ma il ghiaccio non si scioglie
C la temperatura del ghiaccio aumenta e il ghiaccio si scioglie
D per rispondere occorre conoscere la pressione esterna
E nessuna delle precedenti

IV **Il primo principio della termodinamica descrive lo scambio di energia tra il sistema termodinamico e l'universo esterno. Le grandezze coinvolte sono: la variazione ΔU dell'energia interna *U*, il lavoro *L* fatto dal sistema (positivo se uscente) e il calore *Q* scambiato (positivo se entrante). Una sola affermazione è giusta:**

A $\Delta U = 0$ se la trasformazione è adiabatica
B $\Delta U = 0$ se la trasformazione è ciclica
C $Q = 0$ se la trasformazione è ciclica
D $\Delta U = Q/L$
E $U + Q + L = 0$

FISICA

Ecco le risposte esatte dei 4 quesiti proposti: I A, II D, III B, IV B.

La termodinamica studia gli scambi di energia meccanica (lavoro) e di energia termica (calore) fra i corpi e ciò che li circonda.

7.1 | Calore

Il **calore** è una forma di energia che viene scambiata fra corpi a temperature diverse. La quantità di calore si indica con il simbolo Q e ha come unità di misura (non appartenente al SI) la caloria.

Una **caloria** (1 cal) è l'energia necessaria per innalzare di un grado (da 14,5 °C a 15,5 °C) la temperatura di un grammo di acqua.

Accanto alla caloria viene spesso utilizzato un suo multiplo, la **chilocaloria** (o grande caloria):

$$1\ \text{kcal} = 1\ \text{Cal} = 1000\ \text{cal}$$

Il calore non è una caratteristica propria dei corpi: può fluire da un corpo a un altro.

7.1.1 | Principio di equivalenza tra calore e lavoro

Nei processi puramente meccanici l'energia meccanica si conserva; nei fenomeni puramente termici il calore totale si conserva. Generalmente nei processi naturali energia meccanica e calore coesistono e si verifica che, separatamente, non si conservano. Sperimentalmente, si può però notare che se in una trasformazione parte dell'energia meccanica viene spesa per creare calore, il loro rapporto è costante. Il valore di tale rapporto è stato trovato da Joule nel 1843 attraverso la cosiddetta *esperienza di Joule* e vale:

$$\frac{L}{Q} = \text{costante} = 4{,}186\ \frac{\text{joule}}{\text{cal}} = \text{equivalente meccanico della caloria}$$

da cui si può affermare che il calore è una forma di energia termica e vale 1 cal = 4,186 joule.

Questo risultato costituisce il principio di equivalenza tra calore ed energia, che giustifica la definizione di calore come forma di energia e l'utilizzo del joule come unità di misura del calore nel SI.

Si tende dunque ad abbandonare la caloria in favore del joule; solo nel calcolo del valore energetico degli alimenti, e di conseguenza nelle diete, si è ancora soliti usare la caloria e la chilocaloria.

Trasformare 10 J in calorie e 10 cal in joule.

$$10\ \text{J} = \frac{10}{4{,}186}\ \text{cal} = 2{,}4\ \text{cal} \qquad 10\ \text{cal} = 10 \cdot 4{,}186\ \text{J} = 41{,}86\ \text{J}$$

7.1.2 | Propagazione del calore

Il calore si propaga da un corpo a un altro in tre modi.

1. **Conduzione**: è una forma di propagazione del calore caratteristica dei corpi solidi; non è accompagnata da spostamento di materia. Se si mettono a contatto due corpi A e B, rispettivamente a temperatura T_A e T_B (con $T_A > T_B$) si ha passaggio di calore per conduzione dal corpo A al corpo B. La velocità con cui il calore passa dal corpo A al corpo B è direttamente proporzionale alla differenza di temperatura tra A e B ($T_A - T_B$) e all'area della superficie di contatto tra i due corpi.
2. **Convezione**: è una forma di propagazione del calore caratteristica dei fluidi; è accompagnata da spostamento di materia (si pensi, per esempio, agli scambi di calore che avvengono nell'atmosfera in seguito ai movimenti relativi di aria calda e di aria fredda).
3. **Irraggiamento**: propagazione del calore mediante onde elettromagnetiche (§ 8.5): non è necessaria la presenza di un mezzo materiale (le onde elettromagnetiche si propagano anche nel vuoto). È grazie a questa forma di propagazione che riceviamo il calore emanato dal Sole.

PARTE QUARTA

7.2 | Calore specifico e capacità termica

Quando due corpi, aventi la stessa massa ma di materiale diverso, acquistano la stessa quantità di calore, si ottiene, in generale, un aumento diverso delle rispettive temperature. In altre parole si può dire che ogni sostanza è caratterizzata da "un'inerzia termica" che esprime la resistenza della sostanza alla variazione della sua temperatura. Le grandezze utilizzate per descrivere in modo quantitativo questo comportamento della materia sono la *capacità termica* e il *calore specifico*.

La **capacità termica di un corpo** è la quantità di calore (energia termica) che esso deve assorbire affinché la sua temperatura aumenti di 1 °C (o di 1 K).

$$C = \frac{\Delta Q}{\Delta T} \quad \text{(si misura in } \frac{J}{K}\text{)}$$

Il **calore specifico di una sostanza** è invece la quantità di calore (energia termica) necessaria per elevare di 1°C (o di 1 K) la temperatura dell'unità di massa di quella sostanza.

$$c = \frac{\Delta Q}{m \cdot \Delta T} \quad \text{(si misura in } \frac{J}{kg \cdot K}\text{)}$$

Valgono le relazioni:

$$C = c \cdot m \qquad \Delta Q = c \cdot m \cdot \Delta T \qquad \Delta Q = C \cdot \Delta T$$

Dalla definizione di caloria dedurre il calore specifico dell'acqua nelle unità di misura del SI.
Si inverte l'espressione $\Delta Q = c \cdot m \cdot \Delta T$ e si usano le grandezze coinvolte nella definizione di caloria:

$$c_{H_2O} = \frac{\Delta Q}{m \cdot \Delta T} = \frac{1\ \text{cal}}{1\ \text{g} \cdot 1\ °\text{C}}$$

Si trasforma ciascuna grandezza nelle unità di misura del SI (le variazioni di temperatura in centigradi equivalgono a quelle in kelvin):

$$c_{H_2O} = \frac{1\ \text{cal}}{1\ \text{g} \cdot 1\ °\text{C}} = \frac{4{,}186\ \text{J}}{10^{-3}\ \text{kg} \cdot 1\ \text{K}} = 4186\ \frac{J}{kg \cdot K}$$

Nei gas, a seconda del tipo di trasformazione (si veda più avanti il § 7.3.1) si parla di:

c_V: calore specifico a *volume costante* $\qquad$ c_p: calore specifico a *pressione costante.*

Nei liquidi e nei solidi si ha $c_V = c_p = c$, mentre nei gas perfetti vale la **relazione di Mayer**:

$$c_p - c_V = R$$

Variazioni del calore specifico con la temperatura

Il calore specifico varia da sostanza a sostanza e dipende dalla temperatura anche se, per intervalli di temperatura di qualche decina di gradi, lo si può supporre costante. Inoltre, per uno stesso materiale, il calore specifico cambia a seconda dello stato di aggregazione.

Mentre il calore specifico dell'acqua vale $c_{acqua} = 1\ \text{cal} \cdot g^{-1} \cdot °C^{-1}$, quello del ghiaccio è la metà: $c_{ghiaccio} = 0{,}5\ \text{cal} \cdot g^{-1} \cdot °C^{-1}$.

Siamo ora in grado di rispondere alla prima domanda posta all'inizio del capitolo.

Quesito I. Si sfrutta la relazione che lega il calore specifico *c* di un corpo di massa *m* con la variazione ΔT della sua temperatura:

$$\Delta Q = m \cdot c \cdot \Delta T$$

ricordando che il calore specifico *c* dell'acqua è 1 kcal /kg °C e la sua densità è 1 kg / l (quindi 80 l corrispondono a una massa di 80 kg di acqua) si trova che la a risposta esatta è la **A**:

$$\Delta Q = m \cdot c \cdot \Delta T = 80\ \text{kg} \cdot 1\ \frac{\text{kcal}}{\text{kg} \cdot °\text{C}} \cdot (80 - 20)\ °\text{C} = 4800\ \text{kcal}$$

7.2.1 | Equilibrio termico

Se due corpi di massa m_1 e m_2, calori specifici c_1 e c_2, alle temperature T_1 e T_2 con $T_1 > T_2$ vengono posti a contatto, si verifica un passaggio di calore dal corpo più caldo a quello più freddo, fino al raggiungimento di una temperatura di equilibrio T_e. La quantità di calore ceduta dal più caldo al più freddo è pari a:

$$\Delta Q = m_1 \cdot c_1 \cdot (T_1 - T_e)$$

D'altra parte il più freddo assorbe la quantità di calore:

$$\Delta Q = m_2 \cdot c_2 \cdot (T_e - T_2)$$

Poiché la quantità di calore ceduta dal primo viene totalmente assorbita dal secondo, si possono uguagliare le due relazioni:

$$m_1 \cdot c_1 \cdot (T_1 - T_e) = m_2 \cdot c_2 \cdot (T_e - T_2)$$

Conoscendo le condizioni iniziali, è possibile calcolare la temperatura di equilibrio.

Se due oggetti di diversa natura ($c_1 \neq c_2$) con temperature diverse vengono posti a contatto, la temperatura di equilibrio raggiunta dal sistema vale:

$$T_e = \frac{T_1 \cdot m_1 \cdot c_1 + T_2 \cdot m_2 \cdot c_2}{m_1 \cdot c_1 + m_2 \cdot c_2}$$

Se due oggetti della stessa natura ($c_1 = c_2$) con temperature diverse vengono posti a contatto, la temperatura di equilibrio raggiunta dal sistema si semplifica in:

$$T_e = \frac{T_1 \cdot m_1 + T_2 \cdot m_2}{m_1 + m_2}$$

In un thermos sono contenuti 200 g di acqua alla temperatura di 20 °C; si aggiungono 500 g di acqua alla temperatura di 80 °C e si mescola. Qual è la temperatura finale T_e del miscuglio?

Si indichino con m_1 e T_1 la massa e la temperatura dell'acqua più calda e con m_2 e T_2 la massa e la temperatura dell'acqua più fredda. Applicando la formula:

$$T_e = \frac{T_1 \cdot m_1 + T_2 \cdot m_2}{m_1 + m_2} \rightarrow T_e = \frac{80\ °C \cdot 500\ g + 20\ °C \cdot 200\ g}{200\ g + 500\ g} = 62{,}9\ °C$$

In un thermos sono contenuti 200 g di acqua alla temperatura di 20 °C; si aggiungono 10 g di ghiaccio e si mescola. Qual è la temperatura finale T_e del miscuglio?

Prima di poter applicare la formula per la temperatura di equilibrio tra le due masse di acqua bisogna considerare il passaggio di stato da ghiaccio ad acqua.

Il calore necessario per trasformare la massa m_2 di ghiaccio in acqua è:

$$\Delta Q_f = \lambda_f \cdot m_2 = 79{,}7\ \frac{cal}{g} \cdot 10\ g = 797\ cal$$

Questo calore è sottratto alla massa m_1 di acqua inizialmente a 20°C, perciò, conoscendo il calore specifico c dell'acqua, la sua variazione di temperatura vale:

$$\Delta T = \frac{-\Delta Q_f}{m_1 \cdot c} = \frac{-797\ cal}{200\ g \cdot 1\ cal/(g \cdot °C)} \approx -4\ °C \rightarrow T_{finale} = T_{iniziale} + \Delta T = 16\ °C$$

A questo punto si può procedere come nell'esercizio precedente (la temperatura del ghiaccio alla fine della liquefazione è 0 °C, dato che durante un passaggio di stato $\Delta T = 0$):

$$T_e = \frac{T_f \cdot m_1 + T_2 \cdot m_2}{m_1 + m_2} \rightarrow T_e = \frac{16\ °C \cdot 200\ g + 0\ °C \cdot 10\ g}{200\ g + 10\ g} = 15{,}23\ °C$$

Possiamo ora rispondere ad altri due quesiti posti all'inizio del capitolo.

Quesito II. Per rispondere a questo quesito si utilizza ancora la relazione che lega il calore specifico c di un corpo di massa m con la variazione ΔT della sua temperatura:

$$\Delta Q = m \cdot c \cdot \Delta T \rightarrow \quad \Delta T = \frac{\Delta Q}{m \cdot c}$$

dove ΔQ è il calore assorbito o ceduto dal corpo. Per i due corpi A e B si ha:

$$\Delta T_A = \frac{\Delta Q_A}{m \cdot c_A} \qquad \Delta T_B = \frac{\Delta Q_B}{m \cdot c_B}$$

Il calore ceduto dal corpo A è evidentemente uguale al calore acquistato dal corpo B ($\Delta Q_A = -\Delta Q_B$). Si ottiene:

$$\frac{\Delta T_A}{\Delta T_B} = -\frac{\Delta Q}{m \cdot c_A} \cdot \frac{m \cdot c_B}{\Delta Q} = -\frac{c_B}{c_A}$$

La risposta corretta è dunque la **D**.

Quesito III. Il calore fornito a un blocco di ghiaccio che si trova a una temperatura minore di 0 °C si traduce inizialmente in un aumento di temperatura e non in un passaggio di stato. Solo quando il ghiaccio ha raggiunto la temperatura di 0 °C si innesca il cambiamento di stato (passaggio solido-liquido), ma la quantità di energia ceduta (100 J) è così piccola che il cubo di ghiaccio non riesce a raggiungere la temperatura di 0 °C. L'aumento di temperatura ΔT che la quantità di calore ΔQ provoca alla massa m di ghiaccio si ricava dalla relazione:

$$\Delta Q = m \cdot c_{ghiaccio} \cdot \Delta T$$

dove $\Delta Q = 100\ \text{J} = 100/4{,}186\ \text{cal}$; $m = 1\ \text{kg}$; $c_{ghiaccio} = 0{,}5\ \text{cal}/(\text{g} \cdot °\text{C}) = 500\ \text{cal}/(\text{kg} \cdot °\text{C})$. Quindi:

$$\Delta T = \frac{\Delta Q}{m \cdot c_{ghiaccio}} = \frac{(100/4{,}186)\ \text{cal}}{1\ \text{kg} \cdot (500\ \text{cal}/(\text{kg} \cdot °\text{C}))} \approx 0{,}05\ °\text{C}$$

La risposta esatta è quindi la **B**.

In una giornata primaverile, ci sentiamo a nostro agio con una temperatura dell'aria di 20 °C. Se ci immergiamo completamente in acqua a 20 °C, invece, sentiamo freddo. Relativamente alla situazione descritta, quale è la spiegazione più plausibile?

- **A** È una sensazione a livello percettivo, senza un reale fondamento fisico
- **B** L'acqua in contatto con la pelle evapora, sottraendoci calore
- **C** L'aria prossima alla pelle, al contrario dell'acqua, assorbe il calore che emettiamo come radiazione infrarossa, trattenendolo vicino alla pelle
- **D** Il meccanismo con cui il nostro corpo cede calore all'esterno è di tipo convettivo, ed è più efficace nell'acqua
- **E** La conduzione ha un ruolo importante nel passaggio di energia dal corpo all'esterno e la conduttività termica dell'acqua è molto più grande di quella dell'aria

La nostra temperatura corporea è maggiore di 36 °C; per questo motivo se il corpo umano è immerso nell'aria o nell'acqua la cui temperatura è pari a 20 °C, si avrà passaggio di calore, prevalentemente per conduzione, dal corpo umano all'esterno. La sensazione di freddo che sentiamo è una misura di quanto calore perdiamo verso l'esterno nell'unità di tempo. Dato che la conducibilità termica dell'acqua è decisamente maggiore di quella dell'aria, sentiamo più freddo se siamo immersi in acqua a 20 °C rispetto a essere circondati da aria a 20 °C. La risposta corretta è pertanto la **E**.

Si noti che la sensazione di freddo aumenta ulteriormente se l'aria (o l'acqua) a contatto con la pelle è in movimento. In questo caso infatti, per esempio quando c'è vento, il calore perso dal nostro corpo viene disperso più velocemente nell'ambiente circostante e l'aria a contatto con la pelle continua a essere rimpiazzata da aria fredda. Per questo motivo la presenza di vento aumenta la sensazione di freddo e abbassa la temperatura percepita. Per lo stesso motivo si soffia su una tazzina di caffè per farlo raffreddare più velocemente.

FISICA

7.3 | Sistema termodinamico e funzioni di stato

Un sistema termodinamico è costituito da una quantità fissata di un fluido omogeneo (tipicamente un gas): lo **stato termodinamico** del sistema è uno stato di equilibrio determinato dai valori delle grandezze *pressione*, *volume* e *temperatura*, dette anche funzioni di stato.

> Un sistema termodinamico può essere:
> **isolato**: non scambia né materia né energia con l'ambiente;
> **chiuso**: scambia energia ma non materia con l'ambiente;
> **aperto**: scambia materia ed energia con l'ambiente.

Se in un sistema non avviene nessun cambiamento (cioè se pressione, temperatura, volume, composizione chimica ecc. rimangono costanti) esso si dice in **equilibrio termodinamico.**

I valori delle *funzioni di stato* sono indipendenti dal modo in cui lo stato stesso viene raggiunto: le funzioni di stato non hanno memoria del cammino seguito dal sistema per giungere a tale stato.

7.3.1 | Trasformazioni termodinamiche

Un sistema termodinamico subisce una *trasformazione termodinamica* quando scambia calore e/o lavoro con l'ambiente che lo circonda.

Quando un gas è mantenuto all'interno di un cilindro tramite un pistone, se il pistone è bloccato il gas occupa un *volume costante*, mentre se il pistone è libero è la *pressione* del gas che rimane *costante*. In quest'ultimo caso il sistema è in equilibrio se la pressione esercitata dal gas sul pistone è uguale alla pressione esterna *P*.

Nelle trasformazioni il sistema scambia calore e lavoro con l'ambiente esterno. Si rende necessario fissare per convenzione un segno da dare a queste due grandezze.

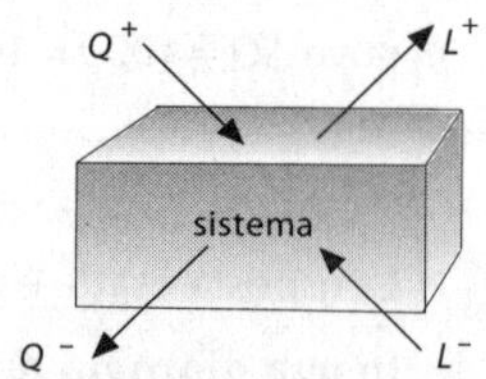

- **Calore**: si assume positivo se acquistato dal sistema e negativo se ceduto dal sistema all'ambiente.
- **Lavoro**: si assume negativo se acquistato dal sistema e positivo se ceduto dal sistema all'ambiente.

7.3.2 | Rappresentazione nel piano *PV*

Le trasformazioni vengono disegnate su un sistema di assi cartesiani, nelle due variabili pressione e volume: si tratta del **piano PV** o **piano di Clapeyron.**

Ogni punto di tale piano rappresenta uno stato termodinamico del sistema. Le trasformazioni sono rappresentate da curve che uniscono i punti toccati dal sistema durante la trasformazione.

- Trasformazioni **isoterme**: avvengono a temperatura costante; nel piano *PV* sono rappresentate da iperboli equilatere.

  $$P \cdot V = \text{costante}$$

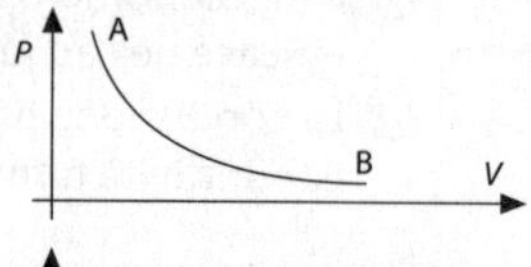

- Trasformazioni **isobare**: avvengono a pressione costante; nel piano *PV* sono rappresentate da rette orizzontali.

  $$P = \text{costante}$$

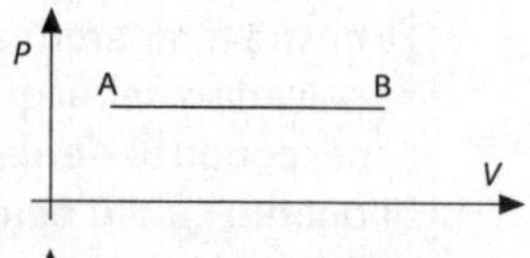

- Trasformazioni **isocore**: avvengono a volume costante; nel piano *PV* sono rappresentate da rette verticali.

  $$V = \text{costante}$$

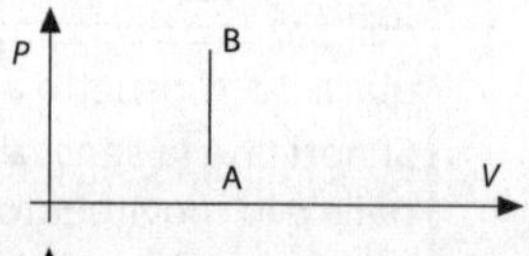

- Trasformazioni **adiabatiche**: avvengono senza scambio di calore con l'ambiente; nel piano *PV* sono rappresentate da curve simili alle isoterme, ma più "ripide".

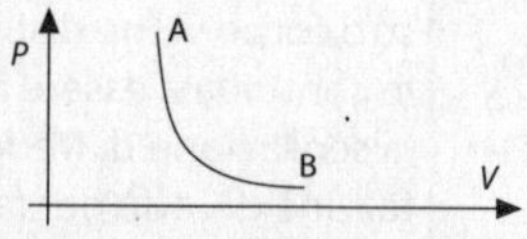

7.4 | Primo principio della termodinamica

Il principio di conservazione dell'energia meccanica può essere esteso considerando anche l'energia termica: si arriva così a formulare il primo principio della termodinamica il quale afferma che **l'energia, in natura, non si crea e non si distrugge ma può solo trasformarsi da una forma a un'altra** (per esempio da elettrica a meccanica o da meccanica a termica).

In particolare, il lavoro fatto o subito da un sistema e il calore assorbito o ceduto si trasformano l'uno nell'altro, o al più contribuiscono al cambiamento dell'**energia interna** del sistema.

Per energia interna di un gas si intende la somma dell'energia cinetica e potenziale delle singole molecole che lo compongono.

Tenendo conto delle convenzioni sui segni di calore e lavoro, il primo principio della termodinamica si esprime simbolicamente attraverso la relazione:

$$\Delta U = Q - L$$

dove:

- U è l'energia interna del sistema; è una funzione di stato;
- Q è il **calore** che il sistema assorbe dall'ambiente; **non** è una funzione di stato;
- L è il **lavoro** che il sistema cede all'ambiente; **non** è una funzione di stato.

Nei gas perfetti l'energia interna dipende esclusivamente dalla temperatura del gas.

Il *lavoro compiuto da un gas* in una trasformazione a *pressione costante* è uguale al prodotto tra la pressione e la variazione di volume del gas:

$$L = P \cdot \Delta V \quad \text{(isobara)}$$

Se la pressione non è costante, la trasformazione deve essere suddivisa in più trasformazioni nelle quali il valore di P possa essere considerato costante. Il lavoro totale si ottiene come somma dei lavori compiuti nelle singole trasformazioni.

In generale, per un gas inteso come sistema termodinamico, vale il primo principio della termodinamica nella sua forma $\Delta U = Q - L$. A seconda del tipo di trasformazione, tale relazione può assumere espressioni più comode da usare per la risoluzione dei test.

- Trasformazione **isoterma**: lo stato energetico di un gas è determinato esclusivamente dalla sua temperatura. Se la temperatura è costante lo è anche l'energia interna del gas e si ha:

$$\Delta U = 0 \rightarrow Q = L$$

- Trasformazione **adiabatica**:

$$Q = 0 \rightarrow \Delta U + L = 0$$

- Trasformazione **isocora:**

$$\Delta V = 0 \quad L = P \cdot \Delta V = 0 \rightarrow \Delta U = Q$$

- Trasformazione **adiabatica** ($Q = 0$) e **senza lavoro** ($L = 0$):

$$Q = L = 0 \rightarrow \Delta U = 0$$

Siamo ora in grado di rispondere anche all'ultimo dei quattro quesiti posti all'inizio del capitolo.

Quesito IV. In una trasformazione adiabatica la variazione di energia interna di un gas non è in generale nulla e vale $\Delta U = -L$ (risposta **A** errata). La variazione di energia interna è invece nulla nel caso di trasformazione ciclica, in cui lo stato di partenza coincide con quello di arrivo. La risposta corretta è la **B**.

FISICA

7.4.1 | Rendimento di una macchina termica

Una macchina termica è un dispositivo in grado di trasformare energia termica in energia meccanica o viceversa. Affinché la produzione di energia meccanica sia continua, la trasformazione della macchina deve essere **ciclica**. Il ciclo avviene tra due sorgenti di calore alle temperature T_f (termostato freddo) e T_c (termostato caldo): indicando rispettivamente con Q_f e Q_c i valori assoluti del calore ceduto dal sistema alla sorgente fredda e del calore ceduto dalla sorgente calda al sistema è possibile definire il rendimento.

Si definisce **rendimento** η di una macchina termica ciclica il rapporto fra il lavoro L prodotto dalla macchina e il calore Q assorbito. Vale:

$$\eta = \frac{L}{Q} = \frac{Q_c - Q_f}{Q_c} = 1 - \frac{Q_f}{Q_c}$$

In figura è illustrata una macchina termica che lavora tra due termostati. In (a) il gas assorbe una quantità di calore Q_c dalla sorgente calda e l'aumento di temperatura provoca un aumento di volume con la conseguente produzione di lavoro verso l'esterno. Se la pressione esercitata dal pistone sul gas è P e la variazione di volume del gas che si scalda e si dilata è ΔV, il lavoro compiuto verso l'esterno vale $L = P \cdot \Delta V$.

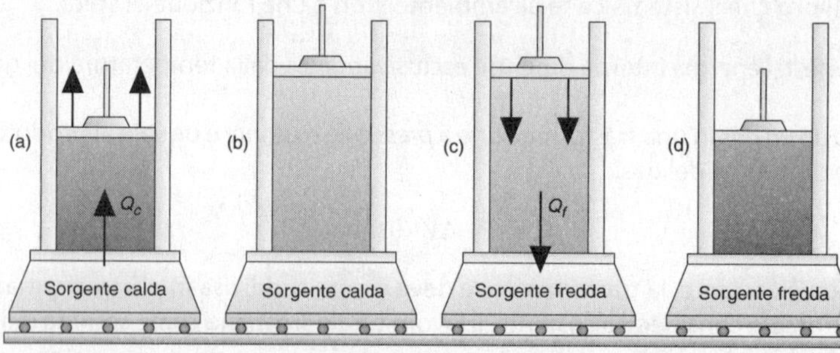

Non tutto il calore assorbito nella fase (a) può essere trasformato in lavoro: una parte di esso (Q_f) deve infatti essere restituito a una sorgente fredda, per ripristinare le condizioni iniziali e chiudere il ciclo. Il lavoro totale fatto dal sistema è pari alla differenza di calore prelevato dalla sorgente calda e quello restituito alla sorgente fredda.

Poiché $Q_f \leq Q_c$ il lavoro è sempre positivo e **il rendimento di un ciclo è sempre positivo** e minore o uguale a uno.

Il *massimo valore del rendimento* di una macchina si ottiene quando il calore assorbito si trasforma integralmente in lavoro, ma per il secondo principio della termodinamica (§ 7.5) questo non è possibile.

7.4.2 | Ciclo di Carnot

Il massimo rendimento che una macchina termica ideale può raggiungere è quello che si ottiene con il *ciclo di Carnot* rappresentato in figura: è un ciclo costituito da due trasformazioni isoterme (A → B e C → D) e due trasformazioni adiabatiche (B → C e D → A). Il lavoro prodotto in ciascun ciclo compiuto dalla macchina termica è numericamente uguale all'area della figura chiusa ABCD.

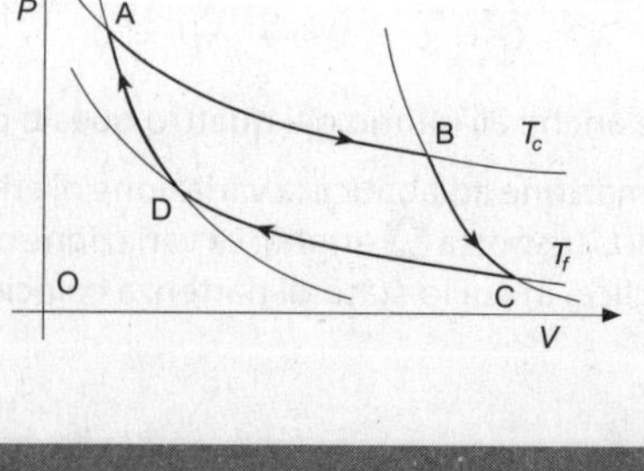

Per il ciclo di Carnot si ha:

$$\frac{T_f}{T_c} = \frac{Q_f}{Q_c} \rightarrow \eta = 1 - \frac{Q_f}{Q_c} = 1 - \frac{T_f}{T_c}$$

dove **la temperatura è espressa in kelvin!**

Quindi il rendimento di una macchina termica che segue il ciclo di Carnot dipende solo dalle temperature dei due termostati.

La temperatura in kelvin è sempre maggiore di zero, quindi **il rendimento di una macchina termica è sempre minore di uno.**

Il frigorifero è un esempio di macchina termica ciclica che segue un ciclo di Carnot con senso di percorrenza opposto: prende calore dalla sorgente fredda (l'interno del frigo) e lo cede alla sorgente calda (ambiente esterno), trasformando energia meccanica in calore.

Una macchina termica che esegue un ciclo di Carnot ha un rendimento del 20%. Il termostato freddo è alla temperatura di 27°C. Quanto vale la temperatura del termostato caldo?

Si inverte la formula per il rendimento di un ciclo di Carnot, avendo cura di esprimere la temperatura data in kelvin:

$$\eta = 1 - \frac{T_f}{T_c} \rightarrow T_c = \frac{T_f}{1 - \eta} = \frac{(27 + 273)\ \text{K}}{1 - 0{,}2} = 375\ \text{K}$$

Riportando la temperatura in centigradi:

$$T_c = (375 - 273)\ °\text{C} = 102\ °\text{C}$$

7.4.3 | Trasformazioni reversibili e irreversibili

Affinché una trasformazione sia **reversibile** devono verificarsi le condizioni seguenti:

- le cause che provocano la trasformazione sono di entità infinitamente piccola;
- la trasformazione può essere vista come una successione di stati di equilibrio del sistema nei quali le funzioni di stato sono definite;
- la trasformazione può avvenire in entrambi i versi (la caduta di un grave, per esempio, non è una trasformazione reversibile: il grave non può ritornare spontaneamente alla quota iniziale).

Se in una trasformazione sono presenti attriti, la trasformazione non è reversibile; poiché le trasformazioni reali avvengono sempre in presenza di attriti, esse sono sempre **irreversibili.**

Il ciclo di Carnot è un ciclo reversibile e quindi teorico. Ogni macchina termica reale che segue il ciclo di Carnot ha un rendimento inferiore a quello ideale.

7.4.4 | Entropia

Si tratta di un concetto che in natura riveste grande importanza coinvolgendo molte branche della scienza. Una trattazione esauriente esula dallo scopo di questo testo: ci si limita quindi a un accenno. L'entropia, indicata di solito con S, è una *funzione di stato* che ammette due definizioni.

Entropia termica

La variazione di entropia di un sistema che subisce una trasformazione isoterma *reversibile* dallo stato A allo stato B è uguale al rapporto fra il calore scambiato con l'esterno e la temperatura T del sistema. A seconda che la trasformazione sia reversibile o irreversibile si ha:

$$\Delta S = S_B - S_A = \frac{\Delta Q_{rev}}{T} \quad \text{oppure} \quad \Delta S = S_B - S_A > \frac{\Delta Q_{irr}}{T}$$

In natura tutte le trasformazioni sono irreversibili e l'entropia aumenta sempre. **L'evoluzione di un sistema isolato è spontanea quando avviene con un aumento di entropia.**

FISICA

Entropia configurazionale

L'entropia S di un sistema è una misura del disordine in cui il sistema si trova:

$$S = k \cdot \ln W$$

dove W è la *probabilità* associata alla configurazione termodinamica del sistema.

Se il disordine del sistema aumenta, aumenta W e poiché la funzione logaritmo è sempre crescente, aumenta di conseguenza anche l'entropia S del sistema.

Si immagini di scuotere una scatola trasparente contenente palline rosse e nere, inizialmente disposte in modo ordinato (per esempio le palline nere sotto e le rosse sopra). È estremamente improbabile che la configurazione iniziale si ripresenti; al contrario ciò che si osserva è una distribuzione delle palline via via più disordinata (o equivalentemente sempre più probabile) alla quale è associato un valore di entropia che cresce nel tempo.

In natura i sistemi evolvono spontaneamente verso stati a cui corrisponde una configurazione più probabile, di maggior disordine, di maggior contenuto entropico.

7.5 | Secondo principio della termodinamica

Il primo principio della termodinamica consiste in una legge di conservazione dell'energia totale (meccanica e termica): per compiere lavoro meccanico una macchina deve prendere almeno altrettanto calore dall'ambiente. Viene in questo modo negata la possibilità di un **moto perpetuo di prima specie**, cioè la produzione di lavoro senza assorbimento di energia dall'esterno.

Il primo principio non è però in disaccordo con il fatto che una macchina termica possa sfruttare in maniera ciclica il calore, per esempio del mare, per produrre lavoro in modo continuo. Si tratterebbe del **moto perpetuo di seconda specie**, in cui il calore viene integralmente trasformato in lavoro. Si può dimostrare che per produrre lavoro in modo continuo non è sufficiente lavorare con un'unica sorgente di calore, ma è necessario averne due a temperature differenti; l'effetto di questo vincolo è che solo parte del calore ceduto dalla sorgente calda può essere trasformato in lavoro. Questo è quanto affermano la teoria dell'entropia e il secondo principio della termodinamica.

Il secondo principio può essere enunciato in tre modi tra loro equivalenti.

Enunciato secondo Kelvin

È impossibile far compiere a una macchina termica una trasformazione il cui **unico risultato** sia quello di trasformare **integralmente** in lavoro il calore assorbito da una sola sorgente.

Dunque $\eta < 1$ (il primo principio vieta solo che il rendimento sia maggiore di 1).

Enunciato secondo Clausius

Il calore passa **spontaneamente** dai corpi caldi ai corpi freddi e non viceversa.

Terzo enunciato

In un *sistema isolato* ogni trasformazione **spontanea** (irreversibile) comporta un **aumento** di entropia.

Ripassa da qui

Calore

- Equivalente meccanico della calloria:

$$\frac{L}{Q} = \text{costante} = 4{,}186\ \frac{\text{joule}}{\text{cal}} \rightarrow 1\ \text{cal} = 4{,}186\ \text{J}$$

Una caloria (1 cal) è l'energia necessaria per innalzare di un grado la temperatura di un grammo di acqua (da 14,5 °C a 15,5 °C).

- **Capacità termica:** $C = \dfrac{\Delta Q}{\Delta T}$
- **Calore specifico:** $c = \dfrac{\Delta Q}{m \cdot \Delta T}$

dove: ΔQ = calore scambiato; ΔT = variazione di temperatura; m = massa del corpo

  - $C = c \cdot m \quad \Delta Q = c \cdot m \cdot \Delta T \quad \Delta Q = C \cdot \Delta T$
  - Calore specifico dell'acqua: $c_{acqua} = 1\ \text{cal} \cdot \text{g}^{-1} \cdot {}^\circ\text{C}^{-1}$
  - Calore specifico del ghiaccio: $c_{ghiaccio} = 0{,}5\ \text{cal} \cdot \text{g}^{-1} \cdot {}^\circ\text{C}^{-1}$

Equilibrio termico

Se la natura degli oggetti è diversa: $c_1 \neq c_2 \rightarrow T_e = \dfrac{T_1 \cdot m_1 \cdot c_1 + T_2 \cdot m_2 \cdot c_2}{m_1 \cdot c_1 + m_2 \cdot c_2}$

Se la natura degli oggetti è la stessa: $c_1 = c_2 \rightarrow T_e = \dfrac{T_1 \cdot m_1 + T_2 \cdot m_2}{m_1 + m_2}$

Termodinamica

- Un **sistema termodinamico** può essere:
  - **isolato**: non scambia né materia né energia con l'ambiente;
  - **chiuso**: scambia energia ma non materia con l'ambiente;
  - **aperto**: scambia materia ed energia con l'ambiente.
- Convenzioni di segno per gli scambi di energia fra sistema e ambiente
  - **Calore**: si assume positivo se acquistato dal sistema e negativo se ceduto dal sistema all'ambiente.
  - **Lavoro**: si assume negativo se acquistato dal sistema e positivo se ceduto dal sistema all'ambiente.
- **Primo principio della termodinamica**

$$\Delta U = Q - L$$

dove: U = energia interna del sistema; è una funzione di stato; Q = calore scambiato tra sistema e ambiente; non è una funzione di stato; L = lavoro scambiato tra ambiente e sistema; non è una funzione di stato

Trasformazione isoterma	**Trasformazione isobara**
$T = \text{costante} \rightarrow P \cdot V = \text{costante}$ $\Delta U = 0 \rightarrow Q = L$	$P = \text{costante} \rightarrow \dfrac{V}{T} = \text{costante}$
Trasformazione isocora	**Trasformazione adiabatica**
$V = \text{costante} \rightarrow P/T = \text{costante}$ $\Delta V = 0 \quad L = P \cdot \Delta V = 0 \rightarrow \Delta U = Q$	$\Delta Q = 0$ $Q = 0 \rightarrow \Delta U + L = 0$

FISICA

Macchina termica

- **Trasformazione ciclica**: è una trasformazione in cui lo stato di arrivo coincide con quello di partenza:

$$\Delta U = 0 \rightarrow L = Q.$$

- **Rendimento di una macchina termica**: $\eta = \frac{L}{Q}$

  Se la macchina lavora con due sorgenti di calore Q_c e Q_f:

$$\eta = \frac{L}{Q} = \frac{Q_c - Q_f}{Q_c} = 1 - \frac{Q_f}{Q_c}$$

- **Ciclo di Carnot**: ciclo costituito da due isoterme e due adiabatiche:

$$\frac{T_f}{T_c} = \frac{Q_f}{Q_c} \rightarrow \eta = 1 - \frac{Q_f}{Q_c} = 1 - \frac{T_f}{T_c}$$

- **Teorema di Carnot**
  - Tutti i cicli di Carnot compiuti tra due sorgenti alle temperature T_1 e T_2 hanno lo stesso rendimento;
  - a ogni ciclo irreversibile seguito da una macchina termica che lavora tra due sorgenti corrisponde un rendimento inferiore a quello che si avrebbe se il ciclo fosse reversibile.
  - In un ciclo di Carnot: $\begin{cases} \frac{Q_1}{T_1} + \frac{Q_2}{T_2} = 0 & \text{trasformazione reversibile} \\ \frac{Q_1}{T_1} + \frac{Q_2}{T_2} < 0 & \text{trasformazione irreversibile} \end{cases}$

- **Secondo principio della termodinamica**
  - **Enunciato secondo Kelvin**: è impossibile far compiere a una macchina termica una trasformazione il cui unico risultato sia quello di trasformare integralmente in lavoro il calore assorbito da una sola sorgente. Dunque $\eta < 1$ (il primo principio vieta solo che il rendimento sia > 1).
  - **Enunciato secondo Clausius**: il calore passa spontaneamente dai corpi caldi ai corpi freddi.
  - **Terzo enunciato**: in un sistema isolato ogni trasformazione spontanea (irreversibile) comporta un aumento di entropia.

PARTE QUARTA

Quesiti svolti

1 **La caloria è:**

- **A** la quantità di calore necessaria a innalzare di un grado centigrado la temperatura di un grammo d'acqua distillata
- **B** un'unità di misura dell'energia
- **C** il calore necessario a innalzare da 14,5 a 15,5 gradi centigradi un chilogrammo d'acqua distillata
- **D** un'unità di misura di temperatura
- **E** un'unità di misura della potenza

La caloria è per definizione l'energia necessaria per innalzare di un grado da 14,5 °C a 15,5 °C la temperatura di un grammo d'acqua. Sia la risposta **A** che la risposta **C** non corrispondono quindi alla definizione. Tra le altre tre risposte, quella corretta è la **B**.

2 **Sapendo che il calore specifico dell'acqua è pari a 1 kcal/(kg · °C), qual è l'aumento di temperatura di 20 litri d'acqua che si trovano a 20 °C e ai quali vengono fornite 100 kcal di calore?**

- **A** 1 °C
- **B** 1 K
- **C** 5 °C
- **D** 10 °C
- **E** 20 °C

Fornendo una quantità ΔQ di energia a un corpo di massa m e calore specifico c, si registra un aumento ΔT della sua temperatura tale che:

$$\Delta Q = m \cdot c \cdot \Delta T \rightarrow \quad \Delta T = \frac{\Delta Q}{m \cdot c}$$

Nel testo del quesito non viene fornita la massa della quantità d'acqua, ma il suo volume. È comunque possibile risalire alla sua massa ricordando che la densità dell'acqua è pari a 1 kg/l. Quindi 20 litri corrispondono a 20 kg.

Sostituendo i valori si trova:

$$\Delta T = \frac{100 \text{ kcal}}{20 \text{ kg} \cdot 1 \dfrac{\text{kcal}}{\text{kg} \cdot °\text{C}}} = 5 \text{ °C}$$

Si noti che per calcolare l'aumento di temperatura non è necessario conoscere la temperatura iniziale del corpo. La risposta corretta è la **C**.

3 **La grandezza fisica che si può misurare in $kg \cdot m^2/s^2$ è:**

- **A** la quantità di moto
- **B** la quantità di calore
- **C** il calore specifico
- **D** la forza
- **E** l'entropia

La quantità $kg \cdot m^2/s^2$ corrisponde dimensionalmente a una massa moltiplicata per il quadrato di una lunghezza e divisa per il quadrato di un tempo, cioè un'energia. La risposta corretta è la **B**.

FISICA

4 Il caffè contenuto in una tazza situata in un ambiente a temperatura costante di 20 °C si è raffreddato dalla temperatura di 90 °C a quella di 70 °C in tre minuti. Se si desidera bere il caffè alla temperatura di 50 °C è necessario attendere ancora:

- A 1 minuto
- B 2 minuti
- C 3 minuti
- D più di 3 minuti
- E non si può rispondere senza conoscere il calore specifico dell'acqua

La velocità con cui il calore passa da un corpo (caffè) a un altro (aria) in contatto termico è direttamente proporzionale alla differenza di temperatura fra i due corpi. Il raffreddamento del caffè è dunque più veloce all'inizio (da 90 °C a 70 °C) che non nei successivi venti gradi (da 70 °C a 50 °C). La risposta corretta è dunque la D.

5 In una vasca da bagno vengono mescolati 20 l di acqua a 60 °C con 60 l di acqua a 20 °C. Trascurando le perdite di calore, quale sarà la temperatura di equilibrio dell'acqua?

- A maggiore di 50 °C
- B minore di 20 °C
- C 30 °C
- D 33 °C
- E 40 °C

Dette m_1, m_2, T_1 e T_2 rispettivamente le masse e le temperature iniziali, la temperatura di equilibrio T nel caso di due corpi della stessa natura è data da:

$$T = \frac{m_1T_1 + m_2T_2}{m_1 + m_2} = \frac{20 \text{ litri} \cdot 60 \text{ °C} + 20 \text{ °C} \cdot 60 \text{ litri}}{(20 + 60) \text{ litri}} = 30 \text{ °C} \quad \text{(risposta C)}$$

6 Se si forniscono lentamente 100 J di calore a un blocco di 1 kg di ghiaccio che si trova alla temperatura di – 10 °C, si verifica che:

- A il ghiaccio si scioglie
- B la temperatura del ghiaccio aumenta, ma il ghiaccio non si scioglie
- C la temperatura del ghiaccio aumenta e contemporaneamente il ghiaccio si scioglie
- D la temperatura del ghiaccio diminuisce
- E nessuna delle precedenti

Il calore fornito a un blocco di ghiaccio che si trova a una temperatura minore di 0 °C si traduce inizialmente in un aumento di temperatura e non in un passaggio di stato.

Solo quando il ghiaccio ha raggiunto la temperatura di 0 °C si innesca il cambiamento di stato (passaggio solido-liquido) durante il quale la temperatura rimane inalterata.

Nel caso in esame, la quantità di energia ceduta (100 J) è così piccola che il cubo di ghiaccio non riesce a raggiungere la temperatura di 0 °C. Si può calcolare il modesto aumento di temperatura causato dai 100 J. L'aumento di temperatura ΔT che la quantità di calore ΔQ provoca alla massa m di ghiaccio si ricava dalla relazione:

$$\Delta Q = m \cdot c_{\text{ghiaccio}} \cdot \Delta T$$

dove $\Delta Q = 100$ J $= 100/4{,}186$ cal; $m = 1$ kg; $c_{\text{ghiaccio}} = 0{,}5$ cal/(g · °C) = 500 cal/(kg · °C). Quindi:

$$\Delta T = \frac{\Delta Q}{m \cdot c_{\text{ghiaccio}}} = \frac{(100/4{,}186) \text{ cal}}{1 \text{ kg} \cdot (500 \text{ cal}/(\text{kg} \cdot \text{°C}))} \approx 0{,}05 \text{ °C}$$

La risposta esatta è quindi la B.

7 Se un corpo A cede una certa quantità di calore al corpo B che ha la stessa massa di A:

- **A** la temperatura di A varia di tanto quanto quella di B
- **B** entrambi i corpi si portano a una stessa temperatura che è inferiore a quella di B
- **C** le variazioni di temperatura dei due corpi sono direttamente proporzionali alle rispettive capacità termiche
- **D** il rapporto delle variazioni di temperatura dei due corpi è uguale al reciproco del rapporto dei rispettivi calori specifici, cambiato di segno
- **E** le temperature di A e di B non variano

Per rispondere a questo quesito si utilizza la relazione che lega il calore specifico c di un corpo di massa m con la variazione ΔT della sua temperatura:

$$\Delta Q = m \cdot c \cdot \Delta T \rightarrow \quad \Delta T = \frac{\Delta Q}{m \cdot c}$$

dove ΔQ è il calore assorbito o ceduto dal corpo. Per i due corpi A e B si ha:

$$\Delta T_A = \frac{\Delta Q_A}{m \cdot c_A}; \qquad \Delta T_B = \frac{\Delta Q_B}{m \cdot c_B}$$

Il calore ceduto dal corpo A è evidentemente uguale al calore acquistato dal corpo B ($\Delta Q_A = -\Delta Q_B$). Si ottiene:

$$\frac{\Delta T_A}{\Delta T_B} = -\frac{\Delta Q}{m \cdot c_A} \cdot \frac{m\ c_B}{\Delta Q} = -\frac{c_B}{c_A}$$

La risposta corretta è dunque la **D**.

---

8 Riscaldando di 30 °C un gas in un recipiente chiuso da un pistone libero di muoversi:

- **A** il volume rimane inalterato
- **B** aumenta il volume
- **C** raddoppia la pressione
- **D** raddoppia il volume
- **E** aumenta la temperatura del 30%

Poiché il pistone è libero di muoversi, la pressione del gas rimane sempre uguale alla pressione esercitata dal pistone su di esso e dall'ambiente esterno sul pistone. Si tratta quindi di una trasformazione isobara in cui il calore dato al sistema si trasforma in lavoro di espansione del gas. Riscaldando il gas si provoca quindi un aumento del volume (risposta **B**). La **D** e la **E** non sono risposte esatte perché valide solo per casi particolari.

---

9 L'unità di misura del rendimento è:

- **A** la caloria
- **B** il joule
- **C** il kelvin
- **D** il watt
- **E** il rendimento è una grandezza adimensionale

Il rendimento di una macchina è definito come il rapporto tra il lavoro prodotto e il calore assorbito dalla macchina. Il lavoro e il calore sono grandezze omogenee: il loro rapporto è adimensionale (risposta **E**).

FISICA

10 Una macchina termica produce in ogni suo ciclo di funzionamento il lavoro $L = 1000$ J, con un rendimento del 25%. Il calore da essa ceduto all'ambiente in ogni ciclo è, in modulo:

A 3000 J
B 4000 J
C 0
D 250 J
E 1000 J

Il rendimento di una macchina termica si calcola dividendo il lavoro prodotto per il calore assorbito dalla macchina. A sua volta, il lavoro è pari alla differenza tra calore assorbito Q_c e calore ceduto Q_f, pertanto:

$$\eta = \frac{L}{L + Q_f} \rightarrow Q_f = L \cdot \frac{1 - \eta}{\eta} = 3000 \text{ J} \quad \text{(risposta A)}$$

11 Che cosa si può dire del passaggio del calore da un corpo freddo a uno più caldo?

A È impossibile
B Lo si può realizzare, ma richiede lavoro dall'esterno
C Si può verificare solo se la differenza di temperatura dei due corpi è inferiore a un certo valore
D È possibile solo per alcuni materiali
E Avviene spontaneamente

La seconda legge della termodinamica, nell'enunciato secondo Clausius, afferma che il calore passa spontaneamente dai corpi caldi a quelli freddi e non viceversa. Perché il passaggio di calore avvenga in senso opposto è necessario compiere lavoro dall'esterno. La risposta esatta è quindi la B.

12 Un frigorifero ha lo scopo di mantenere a bassa temperatura una cella frigorifera. Nel contempo esso ha l'effetto di:

A riscaldare l'ambiente in cui si trova
B raffreddare l'ambiente
C lasciare immutata la temperatura dell'ambiente
D aumentare l'umidità dell'ambiente
E ridurre l'inquinamento dell'ambiente

Il principio di funzionamento di un frigorifero è quello di trasferire il calore dall'interno all'esterno con il conseguente effetto di riscaldare l'ambiente in cui si trova (risposta A).

8 Onde

Mettiti alla prova

I **La frequenza di un'onda luminosa è dell'ordine di 10^{15} Hz. Il valore della lunghezza d'onda è:**

- **A** 10 m
- **B** 1 m
- **C** 0,3 μm
- **D** 1 mm
- **E** 0,1 mm

II **Il fenomeno per cui la frequenza del suono emesso da una sorgente dipende dalla velocità di questa rispetto al rivelatore prende il nome di effetto:**

- **A** Joule
- **B** Hertz
- **C** Volta
- **D** Doppler
- **E** relativistico

III **Gli ultrasuoni:**

- **A** sono oscillazioni elastiche che possono trasmettersi nel vuoto
- **B** sono oscillazioni elastiche che hanno frequenza inferiore a 100 Hz
- **C** sono particolarmente intensi
- **D** sono costituiti da onde elettromagnetiche di altissima frequenza
- **E** non sono udibili dall'orecchio umano

IV **I raggi X:**

- **A** hanno carica positiva
- **B** hanno carica negativa
- **C** sono onde longitudinali
- **D** trasportano più energia dei raggi gamma
- **E** le precedenti risposte sono false

FISICA

Ecco le risposte esatte dei 4 quesiti proposti: I C, II D, III E, IV E.

Se si perturba un punto di un mezzo esteso (per esempio lanciando un sasso in uno specchio d'acqua), la perturbazione si estende ai punti circostanti: si tratta di un *fenomeno ondulatorio*.

Un'onda è un'oscillazione che si propaga nello spazio trasportando energia, ma non materia.

Appoggiando un tappo di sughero su uno specchio d'acqua e provocando un'onda, si nota che il tappo oscilla verticalmente, ma non ha spostamenti orizzontali: la materia non viene trasportata dall'onda.

8.1 | Classificazione delle onde esistenti in natura

Le onde si distinguono in:

- **onde meccaniche**: il meccanismo della loro propagazione ha origine dalle proprietà elastiche del mezzo in cui si trasmettono; **hanno bisogno di un mezzo nel quale propagarsi**; non si propagano nel vuoto (le onde acustiche sono un esempio di onde meccaniche);
- **onde elettromagnetiche**: il meccanismo della loro propagazione ha origine dalle proprietà dei campi elettrici e magnetici; **non** hanno bisogno di un mezzo nel quale propagarsi; si propagano anche nel vuoto (si pensi alla luce del Sole che giunge fino a noi attraversando 150.000.000 di chilometri di spazio pressoché vuoto).

Le onde si dividono anche in trasversali e longitudinali:

- **onde trasversali**: la direzione di vibrazione è perpendicolare alla direzione di propagazione dell'onda;

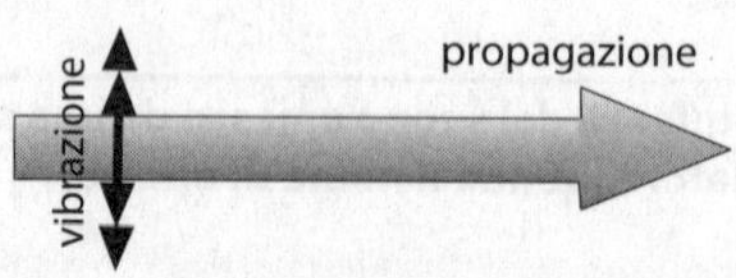

Le onde sull'acqua e la luce sono onde di tipo trasversale.

- **onde longitudinali**: la direzione di vibrazione è parallela alla direzione di propagazione dell'onda.

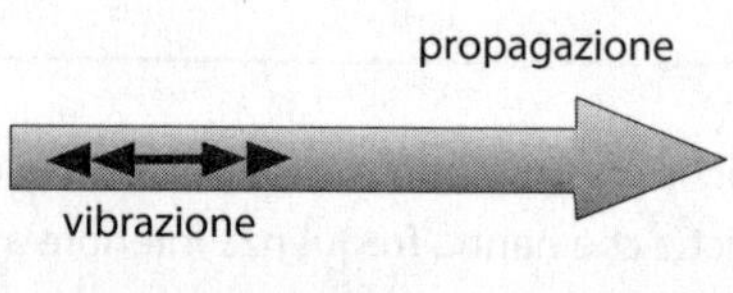

Il suono è un fenomeno ondulatorio costituito da onde longitudinali.

Le *onde meccaniche* possono propagarsi indifferentemente nei solidi, nei liquidi e negli aeriformi. In particolare si ha:

- nei solidi si propagano sia onde meccaniche longitudinali che trasversali;
- nei gas e all'interno dei liquidi si propagano solo onde meccaniche longitudinali;
- sulla superficie dei liquidi si propagano solo onde meccaniche trasversali.

Mentre le onde meccaniche necessitano di un mezzo per propagarsi, le onde elettromagnetiche viaggiano indifferentemente nel vuoto e nella materia: la luce, per esempio, si propaga anche nei liquidi e, in misura minore, nei solidi.

8.2 | Caratteristiche di un'onda

Periodo T

Tempo necessario a compiere un'oscillazione completa (si misura in secondi).

Lunghezza d'onda λ

Distanza percorsa dall'onda in un periodo (si misura in metri).

Frequenza ν

Numero di oscillazioni al secondo (si misura in hertz).

Velocità v

È la velocità con cui si propaga l'energia trasportata dall'onda (si misura in m/s).

Ampiezza A

Per le onde meccaniche corrisponde al massimo spostamento di una particella dalla sua posizione di equilibrio.

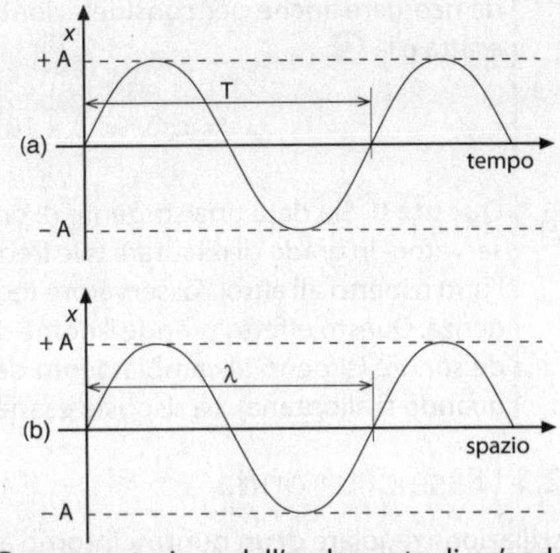

Rappresentazione dell'andamento di un'onda sinusoidale nel tempo (a) e nello spazio (b).

La figura (a) rappresenta l'oscillazione di un punto x al variare del tempo, mentre la figura (b) è un'immagine del profilo dell'onda in un istante t fissato.

In entrambi i casi il risultato è una sinusoide, data la natura oscillatoria del fenomeno.

Il periodo e la frequenza di un'onda esprimono proprietà intrinseche dell'onda mentre la lunghezza d'onda, la velocità e l'ampiezza dipendono dal mezzo nel quale l'onda si propaga.

Valgono le seguenti relazioni notevoli:

$$\left.\begin{array}{l} T = \dfrac{1}{\nu} \\[2ex] v = \dfrac{\lambda}{T} \end{array}\right\} \rightarrow \; v = \nu \cdot \lambda$$

La lunghezza d'onda delle onde elettromagnetiche viene spesso misurata in **angstrom** (simbolo: Å) dove $1 \text{ Å} = 10^{-10}$ m.

Una corda orizzontale vincolata negli estremi viene fatta vibrare. A metà della corda è legato un fiocchetto rosa, che oscilla intorno alla posizione di equilibrio con una frequenza di 2 Hz.

Quanto vale la velocità di propagazione della vibrazione lungo la corda se la distanza orizzontale tra un massimo e un minimo successivi è 2 m?

La frequenza è legata al periodo dalla relazione:

$$T = \frac{1}{\nu} = \frac{1}{2 \text{ Hz}} = 0{,}5 \text{ s}$$

La distanza tra un massimo e un minimo successivi è metà della lunghezza d'onda (che invece è la distanza tra due massimi successivi o, analogamente, due minimi successivi), per cui $\lambda = 4$ m.
Si trova quindi che la velocità di propagazione vale:

$$v = \frac{\lambda}{T} = 8 \ \frac{\text{m}}{\text{s}}$$

Si calcoli la frequenza di un'onda avente una lunghezza d'onda pari a 6000 Å e una velocità pari a quella della luce, c = 300.000 km/s.

$$\nu = \frac{c}{\lambda} = \frac{300.000 \text{ km/s}}{6000 \cdot 10^{-13} \text{ km}} = 50 \cdot 10^{13} \text{ Hz}$$

FISICA

Siamo ora in grado di rispondere alle prime due domande poste all'inizio del capitolo.

Quesito I. La relazione che lega la lunghezza d'onda e la frequenza di un'onda è $\lambda = c/\nu$, facile da ricordare anche per considerazioni dimensionali. Eseguendo il calcolo si ricava che la risposta esatta è la **C**:

$$\lambda = c/\nu = 3 \times 10^{8}\ \frac{m}{s} \cdot \frac{1}{10^{15}\ \text{Hz}} = 3 \times 10^{-7}\ \text{m} = 0{,}3\ \mu\text{m}$$

Quesito II. Sia data una sorgente di onde (sonore o luminose) aventi un'unica frequenza e un osservatore in grado di misurare tale frequenza. Se sorgente e osservatore si mettono in movimento l'uno rispetto all'altro, l'osservatore registra una frequenza differente da quella misurata in precedenza. Questo effetto prende il nome di "effetto Doppler" ed è particolarmente evidente per le onde sonore (si pensi al cambiamento del suono della sirena di un'ambulanza quando si avvicina o quando si allontana). La risposta esatta è quindi la **D**.

8.2.1 | Fase di un'onda

L'oscillazione regolare di un punto x intorno a una posizione di equilibrio costituisce un moto armonico. Un'onda può essere quindi studiata come moto armonico di un punto la cui distanza dalla posizione di equilibrio è detta *elongazione*.

Come si è visto (§ 3.11.2) la legge oraria che il punto segue nella sua oscillazione è del tipo:

$$x(t) = A \cdot \text{sen}(\omega \cdot t + \varphi)$$

dove:

- A è l'ampiezza dell'onda, ed è il massimo valore dell'elongazione;
- ω è la pulsazione: $\omega = 2\pi/T = 2\pi\nu$
- $(\omega \cdot t + \varphi)$ è detta **fase** dell'onda e φ è la **fase iniziale**.

Due onde possono avere stessa frequenza, lunghezza d'onda e velocità, ma avere fase diversa, come illustrato nelle figure seguenti.

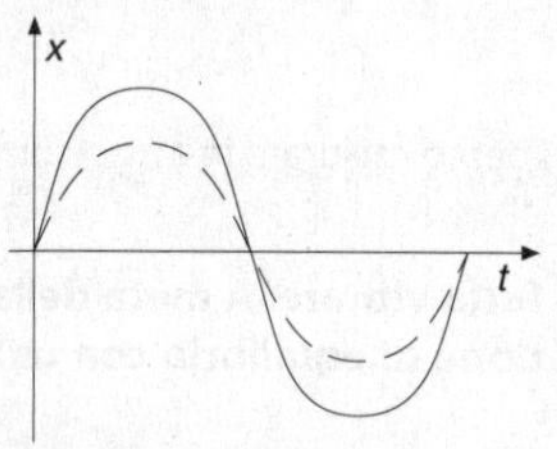

Onde in concordanza di fase: quando l'elongazione della prima è massima lo è anche quella della seconda.

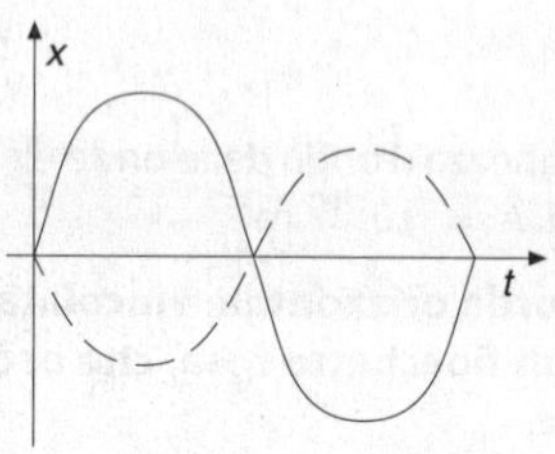

Onde in opposizione di fase: quando l'elongazione della prima onda è massima, quella della seconda è minima.

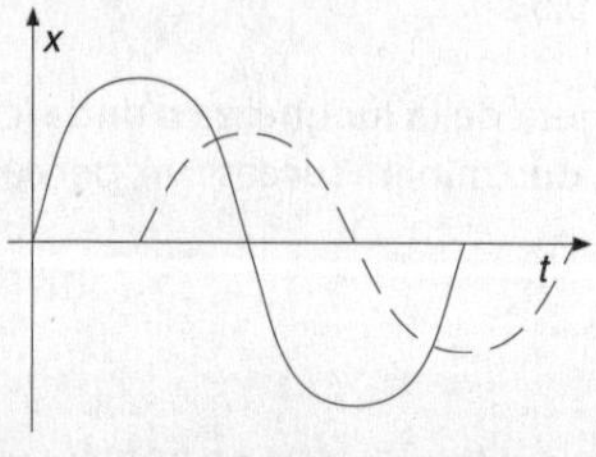

Onde in quadratura di fase: la seconda è in ritardo rispetto alla prima di un quarto di periodo, per cui quando l'elongazione della prima ha un massimo, quella della seconda è nulla.

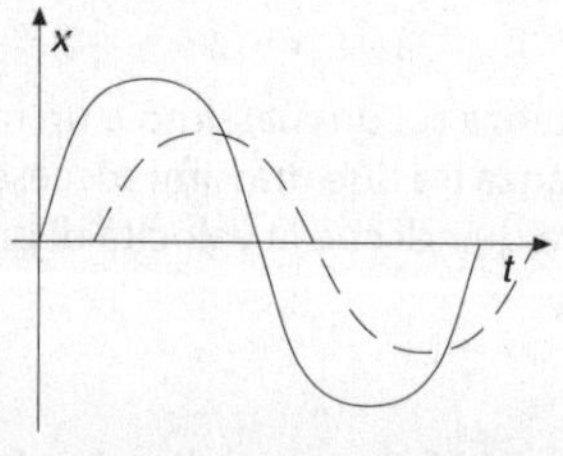

Onde sfasate in maniera casuale: la prima onda è in anticipo di fase rispetto alla seconda, che viene di conseguenza detta in ritardo di fase.

8.2.2 | Fronti d'onda

Il **fronte d'onda** è la superficie ipotetica formata da tutti i punti che, a un dato istante, hanno lo stesso valore di fase.

Per le onde nel piano (bidimensionali) il fronte d'onda è una linea e non una superficie (le circonferenze delle onde sull'acqua sono fronti d'onda), mentre per le onde nello spazio (tridimensionali) il fronte d'onda è una superficie.

Il fronte d'onda è in ogni punto **perpendicolare** alla direzione di propagazione dell'onda.

In un fronte d'onda, i punti oscillanti si trovano alla stessa distanza dalla sorgente, spostati in maniera uguale dai rispettivi centri di oscillazione, ed hanno stessa velocità e stessa accelerazione. I fronti d'onda vengono anche detti **superfici d'onda**. In base alla forma dei fronti d'onda si può fare un'ulteriore classificazione delle onde in onde lineari (monodimensionali), piane e circolari (bidimensionali), sferiche (tridimensionali).

8.2.3 | Intensità di un'onda

Si è già detto che un'onda trasporta energia; l'*intensità di un'onda* è la quantità di energia che, nell'unità di tempo, attraversa l'unità di superficie disposta perpendicolarmente alla direzione di propagazione (si misura in watt/m^2). L'energia e quindi l'intensità di un'onda sono proporzionali al quadrato dell'ampiezza e al quadrato della frequenza ($I = k \cdot \nu^2 \cdot A^2$).

Se r_1 e r_2 sono le distanze di due punti dalla sorgente dell'onda e I_1 e I_2 sono le rispettive intensità dell'onda nei due punti, valgono le seguenti relazioni:

per le onde lineari e piane $I_1 = I_2$ → l'intensità di un'onda lineare e di un'onda piana è costante.

per le onde circolari $I_1/I_2 = r_2/r_1$ → l'intensità di un'onda circolare è inversamente proporzionale alla distanza.

per le onde sferiche $I_1/I_2 = r_2^2/r_1^2$ → l'intensità di un'onda sferica è inversamente proporzionale al quadrato della distanza.

8.3 | Fenomeni ondulatori

8.3.1 | Riflessione e rifrazione

Quando un'onda incontra, sul suo cammino, una superficie di separazione tra due mezzi di densità diversa, il raggio viene parzialmente riflesso e parzialmente rifratto da tale superficie. In figura sono rappresentati i fenomeni della riflessione e della rifrazione di un raggio di luce nel passaggio aria-acqua.

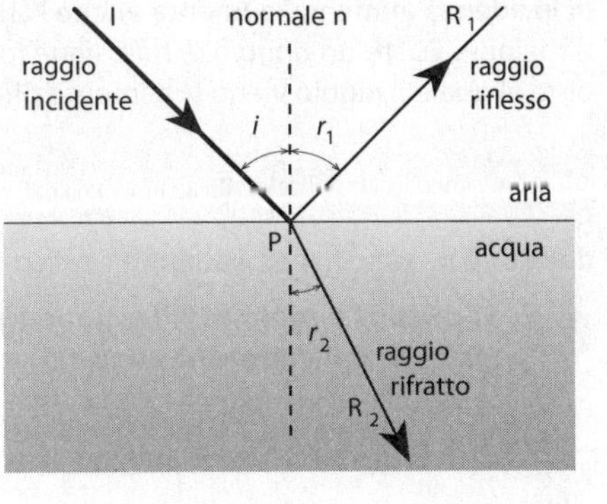

Leggi della riflessione

- Il raggio incidente I, il raggio riflesso R_1 e la normale n giacciono sullo stesso piano.
- L'angolo di incidenza è uguale all'angolo di riflessione:

$$i = r_1$$

Se $i = 0$, il raggio incidente si riflette su se stesso.

Leggi della rifrazione

Quando un'onda passa da un mezzo di densità ρ_1 a un mezzo di densità ρ_2 la sua direzione di propagazione cambia: si allontana o si avvicina alla normale alla superficie di separazione tra i due mezzi a seconda che ρ_1 sia maggiore o minore di ρ_2. Insieme alla direzione di propagazione cambia anche la velocità di propagazione dell'onda nei due mezzi. Il fenomeno descritto prende il nome di *rifrazione*. Nella figura precedente, è riportata la rifrazione di un raggio di luce nel passaggio aria-acqua. Il raggio che si propaga nel nuovo mezzo (acqua) si avvicina alla normale della superficie di separazione dei due mezzi. L'angolo di incidenza i è maggiore dell'angolo di rifrazione r_2.

FISICA

Valgono le leggi:

- il raggio incidente, il raggio rifratto e la normale n sono complanari;
- $\frac{\text{sen}\,i}{\text{sen}\,r_2} = n_{1,2}$, dove $n_{1,2} = n_2/n_1$ è detto *indice di rifrazione relativo* del mezzo 2 rispetto al mezzo 1, mentre n_1 e n_2 sono gli *indici di rifrazione assoluti* dei mezzi 1 e 2. Il vuoto ha indice di rifrazione $n = 1$.

Indicando con v_1 e v_2 le velocità dell'onda nei mezzi 1 e 2, si dimostra che:

$$n_{1,2} = \frac{n_2}{n_1} = \frac{v_1}{v_2} \rightarrow \frac{v_1}{v_2} = \frac{\text{sen}\,i}{\text{sen}\,r_2}$$

Quanto vale la velocità della luce in un mezzo con indice di rifrazione 1,5?
Secondo le leggi della rifrazione si ha:

$$\frac{v_1}{v_2} = \frac{n_2}{n_1}$$

Prendendo come mezzo 1 il vuoto (che ha indice di rifrazione 1) e come mezzo 2 quello con indice di rifrazione 1,5, è possibile calcolare v_2:

$$\frac{c}{v_2} = \frac{n_2}{1} \rightarrow v_2 = \frac{c}{n_2} = \frac{3 \cdot 10^8 \text{ m/s}}{1{,}5} = 2 \cdot 10^8 \text{ m/s}$$

La velocità della luce diminuisce all'aumentare dell'indice di rifrazione del mezzo in cui si propaga. Se un'onda passa da un mezzo dove si muove più velocemente a un altro dove si muove meno velocemente, l'angolo di incidenza è più grande di quello di rifrazione e il raggio si avvicina alla normale alla superficie.

8.3.2 | Riflessione totale

Quando un raggio luminoso passa da un mezzo più denso a uno meno denso, la velocità aumenta e il raggio rifratto si allontana dalla normale alla superficie di separazione dei due mezzi: se l'angolo di incidenza aumenta, aumenta anche l'angolo di rifrazione. Esiste un *angolo di riflessione totale* ϑ_{rt} oltre al quale il raggio viene totalmente riflesso:

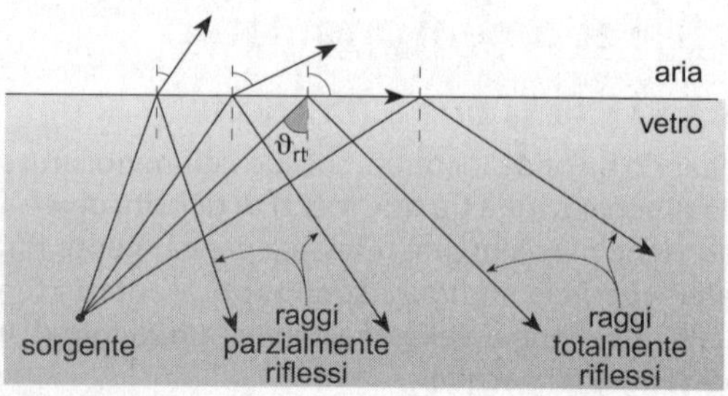

$$\text{sen}\,\theta_{rt} = \frac{n_2}{n_1}$$

dove n_1 e n_2 sono rispettivamente l'indice di rifrazione del primo e del secondo mezzo.

Si calcoli l'angolo di riflessione totale nel passaggio vetro-aria, sapendo che l'indice di rifrazione del vetro vale circa 1,5.

$$\text{sen}\,\vartheta_{rt} = n_2/n_1 = 1/1{,}5 \rightarrow \vartheta_{rt} = 41{,}81°$$

8.3.3 | Diffusione

Se il raggio incidente colpisce una superficie non ben levigata, viene riflesso in direzioni differenti a seconda dell'inclinazione della parte di superficie colpita.
Se con una torcia si illumina una parete, il raggio riflesso non *rimbalza* sulla parete formando un angolo di riflessione uguale a quello di incidenza, ma viene diffuso in tutte le direzioni, illuminando tutta la stanza.

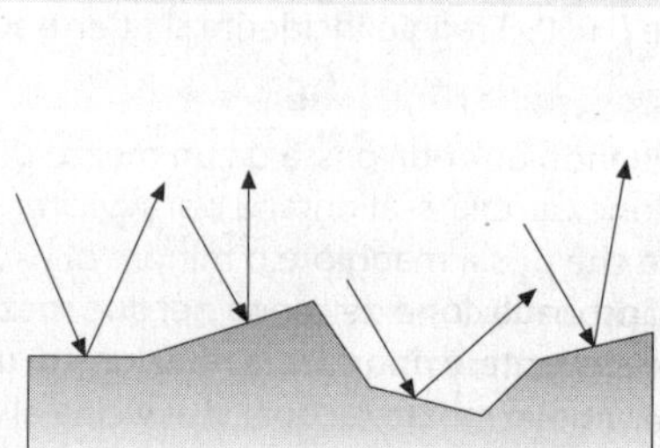

PARTE QUARTA

8.3.4 | Diffrazione

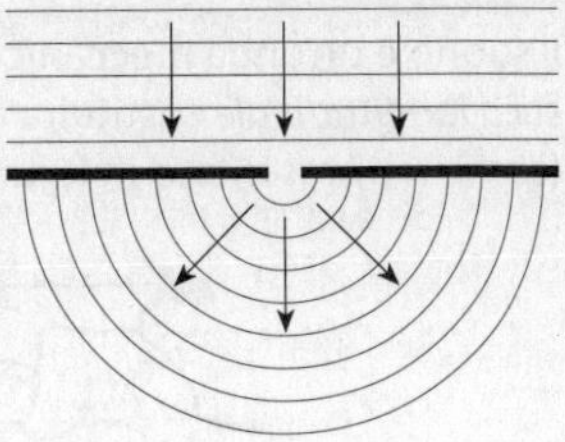

Le onde possono anche presentare delle deviazioni della direzione di propagazione, dette fenomeni di diffrazione. Il fenomeno è particolarmente evidente quando l'onda incontra un ostacolo o una fenditura le cui dimensioni sono confrontabili con quelle della lunghezza d'onda.

Quando un'onda incontra un ostacolo, il fronte dell'onda si deforma in modo tale da aggirare l'ostacolo. Se l'onda colpisce una fenditura (come in figura), la fenditura si comporta come una sorgente puntiforme da cui si originano nuove onde (**principio di Huygens-Fresnel**).

8.3.5 | Interferenza

Si considerino due onde che si propagano in un mezzo con uguale frequenza e relazione di fase costante (onde generate da sorgenti coerenti). L'elongazione di un punto del mezzo dove le onde si sovrappongono è data dalla somma delle elongazioni dovute alle singole onde.

Tale fenomeno prende il nome di *interferenza*: si parla di interferenza costruttiva o distruttiva a seconda che le onde siano in concordanza o in opposizione di fase.

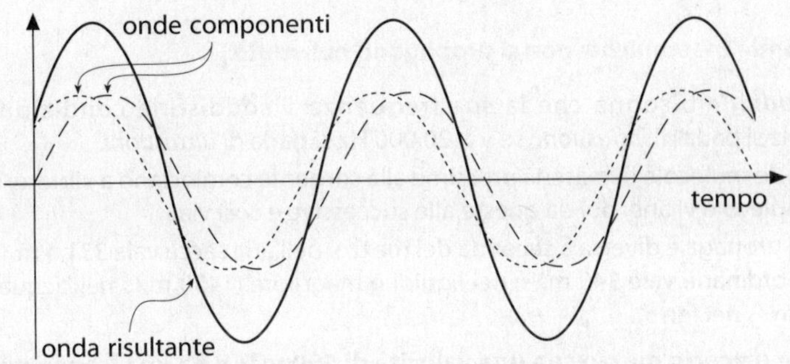

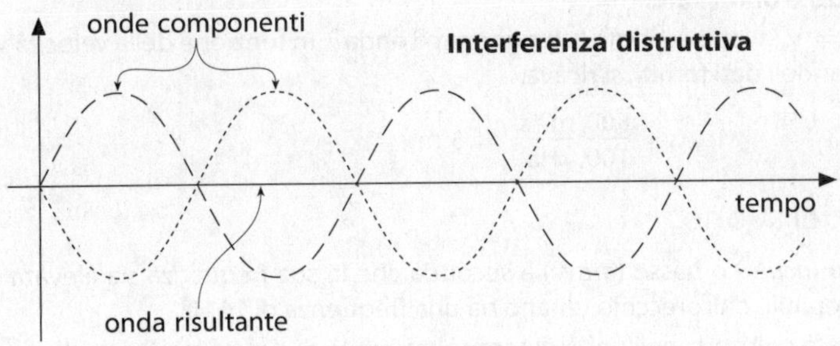

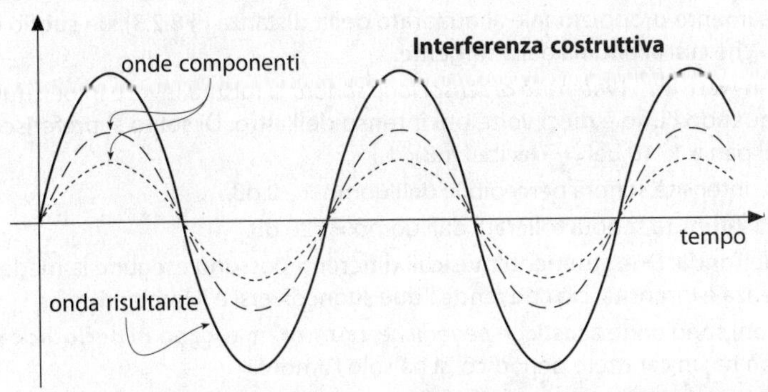

Onde stazionarie

Sono onde che si originano dalla sovrapposizione di due onde di uguale ampiezza che si propagano in direzioni opposte; sono caratterizzate dalla presenza di punti fissi detti *nodi*.

Per esempio, nell'acqua si possono osservare in prossimità di una parete verticale sulla quale le onde si riflettono: si ha infatti sovrapposizione tra l'onda incidente e l'onda riflessa.

FISICA

8.4 | Onde sonore

Il suono è un'onda meccanica che ha bisogno di un mezzo nel quale propagarsi. Nei fluidi è un'*onda elastica longitudinale* costituita da una serie di strati in cui il fluido è alternativamente compresso e rarefatto (come rappresentato in figura); nei *solidi* è costituito da onde *trasversali* e *longitudinali*.

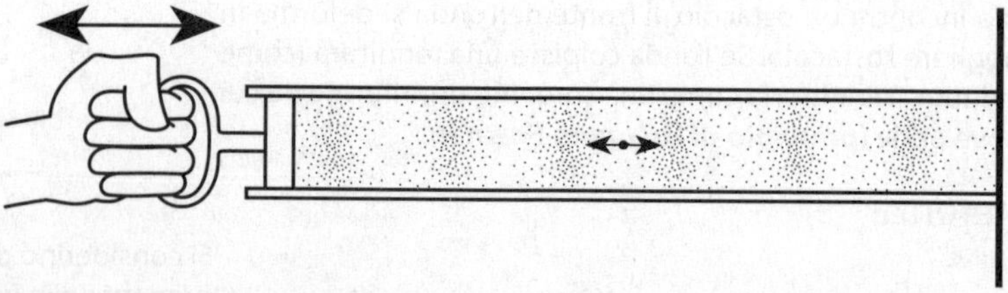

Le onde acustiche sono onde meccaniche: non si propagano nel vuoto.

Perché un'onda acustica sia *udibile* bisogna che la sua frequenza ν soddisfi la condizione 16 Hz < ν < 20.000 Hz. Se ν < 16 Hz si parla di *infrasuoni*; se ν > 20.000 Hz si parla di *ultrasuoni*.

Quando viene prodotto un suono, le molecole di materia prossime alla sorgente cominciano a vibrare; la vibrazione viene trasmessa alle molecole vicine, poi da queste alle successive e così via.

La velocità con cui la vibrazione si propaga è diversa a seconda del mezzo: nell'aria secca vale 331,4 m/s; nell'aria in condizioni ambientali ordinarie vale 340 m/s; nei liquidi è maggiore (1450 m/s nell'acqua); nei solidi è ancora più alta (5130 m/s nel ferro).

Se un suono si propaga in un certo mezzo con una velocità di 500 m/s e ha una frequenza di 100 Hz, la sua lunghezza d'onda vale:

Ricordando la relazione $\lambda = v/\nu$ che esprime la lunghezza d'onda λ in funzione della velocità v e della frequenza ν, utilizzando i dati forniti, si ricava:

$$\lambda = \frac{500 \text{ m/s}}{100 \text{ Hz}} = 5 \text{ m}$$

8.4.1 | Caratteri distintivi del suono

- **Altezza:** un suono si dice alto (*acuto*) o basso (*grave*) a seconda che la sua frequenza sia elevata o bassa. Il suono più grave percepibile dall'orecchio umano ha una frequenza di 16 Hz.
- **Intensità:** è l'energia trasportata dall'onda nell'unità di tempo per unità di superficie. Poiché l'intensità di un'onda sferica è inversamente proporzionale al quadrato della distanza (§ 8.2.3), un suono è sempre più debole man mano che ci si allontana dalla sorgente.
  L'*intensità del suono* si misura in watt/m^2. L'*intensità di sensazione sonora* si misura invece in bel: due suoni differiscono di un bel quando l'uno è dieci volte più intenso dell'altro. Di solito si preferisce usare un sottomultiplo del bel pari a 1/10 bel = decibel (dB).
  - Soglia dell'udibile: minima intensità sonora percepibile dall'uomo = 0 dB.
  - Soglia del dolore: massima intensità sonora tollerata dall'uomo ≈ 120 dB.
- **Timbro:** è legato alla forma dell'onda. Due strumenti musicali differenti possono eseguire la medesima nota con la stessa frequenza e intensità: ciò che rende i due suoni diversi è il loro timbro.
- **Suono e rumore:** mentre i suoni sono onde acustiche *periodiche*, **i rumori mancano di periodicità.** Se la risultante di più suoni non ha un carattere periodico, si ha solo rumore.

Possiamo ora rispondere al terzo quesito posto all'inizio del capitolo.

Quesito III. Gli ultrasuoni non sono onde elettromagnetiche (risposta **D** errata) ma meccaniche: per questo non possono propagarsi nel vuoto (risposta **A** errata). Si tratta in particolare di onde sonore che possono essere più o meno intense (risposta **C** errata), di frequenza maggiore di 20.000 Hz (risposta **B** errata). Gli ultrasuoni non sono udibili dall'orecchio umano, che può percepire onde sonore di frequenza compresa tra 16 e 20.000 Hz. La risposta esatta è la **E**.

8.4.2 | Il fenomeno dell'eco

Quando un'onda sonora urta contro una parete viene riflessa e torna verso la sorgente. Può accadere che un ascoltatore posto in prossimità della sorgente senta l'onda sonora come se provenisse dal punto dove si è avuta la riflessione. Questo effetto è detto eco.

Affinché si abbia eco, il suono originale e il suono riflesso devono pervenire all'ascoltatore con un intervallo di almeno un decimo di secondo (altrimenti si parla di *rimbombo*). È inoltre necessario che l'intensità dell'onda sonora diminuisca poco durante il tragitto di andata e ritorno, il che si realizza quando l'assorbimento a cui va incontro è minimo. Per questo il fenomeno dell'eco è evidente in luoghi spaziosi e vuoti, come in montagna, dove i pendii fungono da superfici riflettenti.

Si calcoli la distanza minima dalla parete riflettente a cui è necessario porsi per udire il fenomeno dell'eco.

Indicando con *d* la distanza tra la sorgente del suono e la parete riflettente, per tornare alla sorgente l'onda copre una distanza pari a 2*d*. Sapendo che nell'aria il suono viaggia a una velocità di circa 340 m/s, il tempo impiegato per percorrere l'intero tragitto è pari a:

$$t = 2d/v$$

Uguagliando tale tempo al tempo minimo per distinguere i due suoni, che è pari a 0,1 s, si ricava la distanza *d* minima perché si abbia eco:

$$2d = v \cdot t \rightarrow d = \frac{v \cdot t}{2} = \frac{340\ \text{m/s} \cdot 0{,}1\ \text{s}}{2} = 17\ \text{m}$$

8.4.3 | Risonanza

Il diapason è uno strumento costituito da una barretta d'acciaio piegata a U, sostenuta da un manico. La sua particolarità è la capacità di emettere un'onda sonora avente un'unica frequenza. Si prendano ora due diapason uguali e si faccia vibrare uno solo dei due. Dopo pochi secondi, anche l'altro comincerà a vibrare emettendo lo stesso suono. Questo fenomeno prende il nome di *risonanza* ed è proprio non solo delle onde acustiche, ma di qualunque tipo di onda.

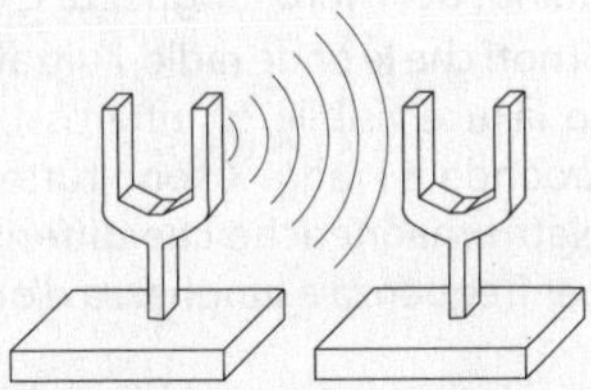

Un corpo in grado di emettere un'onda di una certa frequenza, cioè dotato di una propria frequenza di oscillazione, si mette a vibrare quando è colpito da un'onda avente proprio quella frequenza.

A causa del fenomeno della risonanza, alle truppe militari si comanda di rompere il passo della marcia quando passano sopra un ponte. Potrebbe infatti accadere che la frequenza propria di oscillazione del ponte sia uguale a quella del passo di marcia: in questo caso si assisterebbe a un'amplificazione dell'oscillazione del ponte e, nel caso peggiore, alla sua rottura.

8.5 | Onde elettromagnetiche

Le onde elettromagnetiche sono onde trasversali formate da un campo elettrico e un campo magnetico che si propagano vibrando perpendicolarmente tra loro e perpendicolarmente alla direzione di propagazione dell'onda.

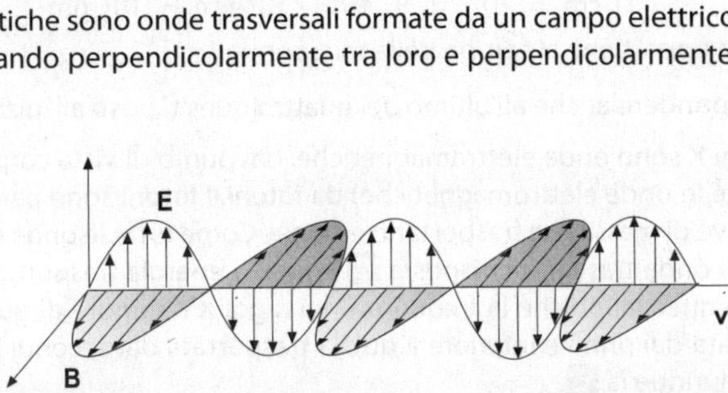

FISICA

Le onde elettromagnetiche sono onde trasversali che si propagano anche nel vuoto.
La loro velocità nel vuoto è una costante pari a $3 \cdot 10^8$ m/s = 300.000 km/s ; viene indicata con la lettera c.

La luce visibile è un'onda elettromagnetica con lunghezza d'onda λ compresa fra 380 nm (violetto) e 760 nm (rosso). La natura ondulatoria della luce è in accordo con il fatto che presenta i fenomeni della riflessione (§ 8.3.1), della diffrazione (§ 8.3.4) e dell'interferenza (§ 8.3.5), tipici delle onde.
Uno dei risultati della fisica moderna è stato però quello di mostrare che la luce (e con essa tutte le onde elettromagnetiche) ha in realtà una *doppia natura: ondulatoria e corpuscolare.*
I corpuscoli costituenti la luce si chiamano *quanti di luce* o *fotoni*: **la loro energia è direttamente proporzionale alla frequenza** secondo la relazione seguente.

$$E = h \cdot \nu$$

dove h è detta costante di Planck. Quindi **con la luce si propaga energia.**
Un'onda elettromagnetica è tanto più energetica quanto maggiore è la sua frequenza.

I raggi infrarossi sono meno energetici della luce visibile, che a sua volta è meno energetica degli ultravioletti. Con l'aumentare dell'energia di un'onda elettromagnetica, aumenta anche la probabilità di subire dei danni da esposizione alla radiazione stessa.

8.5.1 | Classificazione delle onde elettromagnetiche

Lo schema a lato riporta una classificazione delle onde elettromagnetiche al variare della loro frequenza e quindi della loro lunghezza d'onda. Si noti che le onde radio, l'ultravioletto, la luce visibile, gli infrarossi, le microonde e i raggi X sono tutte onde elettromagnetiche che differiscono per frequenza e lunghezza d'onda.

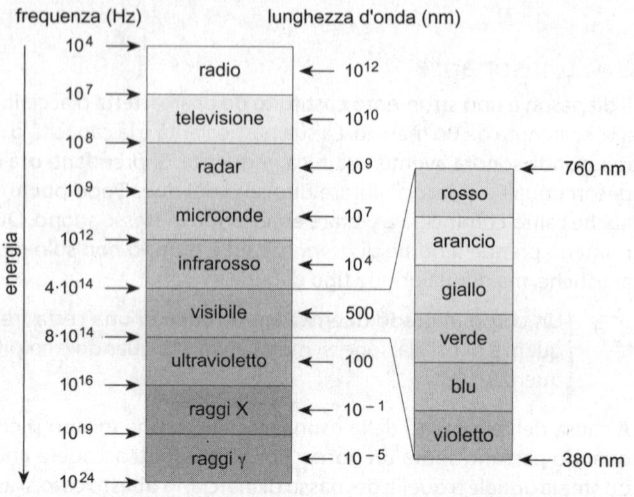

Facendo riferimento allo schema precedente, si verifichi a quale campo dello spettro elettromagnetico appartiene una radiazione che nel vuoto ha lunghezza d'onda pari a 1 cm.
Anzitutto si trasforma la lunghezza d'onda data in nanometri:

$$1 \text{ cm} = 10^{-2} \text{ m} = 10^{-2} \cdot 10^9 \text{ nm} = 10^7 \text{ nm}$$

La radiazione data appartiene al campo delle microonde.

Siamo ora in grado di rispondere anche all'ultimo dei quattro quesiti posti all'inizio del capitolo.

Quesito IV. I raggi X sono onde elettromagnetiche; dal punto di vista corpuscolare essi sono costituiti (come tutte le onde elettromagnetiche) da fotoni. I fotoni sono particelle neutre (risposte **A** e **B** errate) prive di massa che trasportano energia. Come tutte le onde elettromagnetiche, anche i raggi X sono onde trasversali (risposta **C** errata). L'energia trasportata è direttamente proporzionale alla frequenza: poiché la frequenza dei raggi X è minore di quella dei raggi gamma, l'energia trasportata dai primi è inferiore a quella trasportata dai secondi (risposta **D** errata). La risposta esatta è dunque la **E**.

8.5.2 | Dispersione

Le luce bianca del Sole è un insieme di onde elettromagnetiche aventi frequenze comprese tra $3{,}8 \cdot 10^{14}$ Hz e $7{,}6 \cdot 10^{14}$ Hz . A tale spettro di frequenze corrisponde uno spettro di colori che vanno dal rosso al violetto.

Il rosso ha frequenza minore, e quindi lunghezza d'onda maggiore, del violetto. Prima del rosso, non visibile dall'occhio umano, si ha l'infrarosso; dopo il violetto si ha l'ultravioletto.

Quando un'onda luminosa colpisce un corpo trasparente, subisce il fenomeno della rifrazione. L'indice di rifrazione varia però a seconda della frequenza dell'onda e quindi ogni colore subisce una diversa rifrazione.

Un fascio di luce bianca, quando subisce il fenomeno della rifrazione, si scompone nelle sue componenti monocromatiche. Il fenomeno descritto prende il nome di **dispersione della luce**.

Colore	Lunghezza d'onda (Å)
violetto	3800-4200
indaco	4200-4500
blu	4500-5000
verde	5000-5700
giallo	5700-5900
arancione	5900-6100
rosso	6100-7600

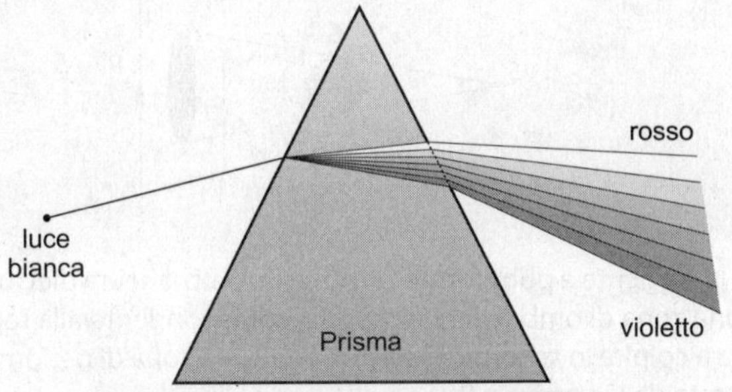

Nella figura è rappresentato il fenomeno della dispersione di un fascio di luce bianca che attraversa un prisma di vetro: la luce rossa è la meno deviata, mentre la luce violetta è quella che subisce la maggior deviazione.

Il fenomeno della dispersione è particolarmente evidente nel caso dell'arcobaleno, dove la luce bianca del Sole subisce la dispersione passando attraverso le goccioline d'acqua sospese nell'atmosfera.

8.5.3 | Intensità luminosa e intensità di illuminazione

Si definisce **intensità luminosa** *I* di una sorgente l'energia che questa emette in un secondo. Si misura in watt o anche in **candele** (simbolo: cd).

Il **flusso luminoso** *F* è invece una grandezza fotometrica che misura la potenza utile emessa da una sorgente luminosa. Si misura in **lumen** (simbolo: lm): un lumen è definito come il flusso luminoso di luce prodotta da una sorgente luminosa che emette una candela di intensità luminosa su di un angolo solido di uno steradiante.

Lo **steradiante** misura gli angoli solidi ed è un cono che intercetta, sulla superficie della sfera con centro nel vertice, una calotta sferica la cui superficie ha l'area pari al quadrato del raggio della sfera.

L'**intensità di illuminazione** *E* di una sorgente è invece l'energia che arriva in un secondo su un metro quadrato di superficie. L'unità di misura dell'intensità di illuminazione è il **lux** (simbolo: lx), definito come l'intensità di illuminazione prodotta da una sorgente di intensità luminosa di una candela su una superficie posta a 1 m di distanza.

Si può dimostrare che l'intensità di illuminazione è direttamente proporzionale all'intensità luminosa della sorgente e inversamente proporzionale al quadrato della distanza tra schermo e sorgente (legge di Lambert).

8.6 | Ottica geometrica

Per ottica geometrica si intende lo studio delle onde luminose e dei fenomeni riguardanti la loro propagazione nell'approssimazione che la lunghezza d'onda sia piccola rispetto alle dimensioni degli ostacoli e delle fenditure incontrati, in modo da poter trascurare l'effetto della diffrazione.

Poiché la luce si propaga in linea retta, nell'ottica geometrica si preferisce parlare di raggi e disegnare le onde come linee rette continue aventi la stessa direzione e verso della propagazione dell'onda. I raggi di luce, ogni volta che incontrano una superficie, subiscono i fenomeni della riflessione e della rifrazione: in base alla geometria della superficie incontrata e alle proprietà dei mezzi attraversati dai raggi, si presentano vari casi ed effetti. Un effetto della propagazione in linea retta della luce è la formazione di ombre e penombre. Nella figura sono rappresentati i casi di sorgente luminosa puntiforme (a) ed estesa (b).

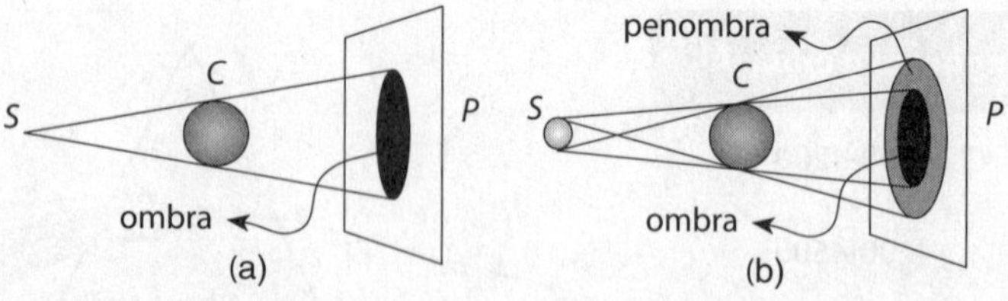

Se la sorgente è puntiforme, si forma un'ombra scura dietro il corpo opaco *C*; se la sorgente è estesa, oltre a una zona di ombra vera e propria, corrispondente alla regione dove nessuno dei raggi uscenti da *S* arriva a colpire lo schermo *P*, esiste anche una zona di penombra, dove una parte dei raggi non viene intercettata da *C* e arriva a *P*.

L'ottica geometrica, una volta ipotizzato che la luce si propaga in linea retta, si interessa dell'interazione tra onde luminose e materiali aventi proprietà riflettenti e rifrangenti. In generale si ha una sorgente luminosa, detta anche *punto oggetto*, un corpo riflettente e/o rifrangente, e un *punto immagine* dove si forma l'immagine dell'oggetto.

Per costruire tale immagine è necessario considerare almeno due raggi uscenti dalla sorgente e seguirli nel loro cammino: il punto dove essi si incontrano è detto *immagine reale* dell'oggetto. Non è detto però che i raggi convergano e si incontrino in un punto; essi possono altresì divergere. In tal caso l'immagine è ottenuta dall'intersezione dei prolungamenti dei raggi: si parla in questo caso di *immagine virtuale*.

8.6.1 | Specchi

Il primo caso di applicazione dell'ottica geometrica affrontato in questo capitolo riguarda l'interazione fra luce e superfici perfettamente riflettenti: gli specchi. Questi ultimi si distinguono in *piani*, *concavi* e *convessi*.

Specchi piani

Uno specchio piano è una lastra piana ricoperta di un sottile strato d'argento che la rende totalmente riflettente.

Per costruire l'immagine di un oggetto puntiforme è sufficiente far partire dall'oggetto due raggi diretti verso lo specchio. Ciascuno di essi verrà riflesso secondo le leggi della riflessione. Poiché i due raggi divergono, l'intersezione si ha tra i loro prolungamenti. Si tratta di un'immagine virtuale. In figura è rappresentata la riflessione di un oggetto puntiforme in uno specchio piano: l'oggetto puntiforme (P) e la sua immagine (Q) si trovano da parti opposte rispetto allo specchio e alla stessa distanza da questo. Si tratta di un'immagine virtuale.

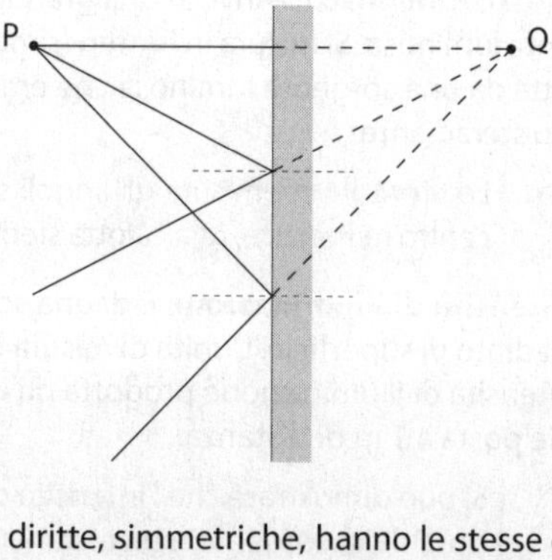

In uno specchio piano, le immagini sono sempre virtuali, diritte, simmetriche, hanno le stesse dimensioni dell'oggetto e sono poste alla stessa distanza dell'oggetto dalla superficie riflettente.

PARTE QUARTA

Un comune specchio di casa è uno specchio piano. Guardandosi allo specchio, si vede la propria immagine virtuale (dall'altra parte dello specchio), avente le stesse dimensioni, alla stessa distanza dallo specchio. Se si alza il braccio destro, l'immagine solleva il sinistro (simmetria).

L'immagine di un libro in uno specchio piano è alta 30 cm quando il libro dista 1 m dallo specchio. Quanto è alta l'immagine se il libro viene posto a 2 m di distanza dallo specchio?

La risposta corretta è 30 cm; le dimensioni dell'immagine creata da uno specchio piano sono infatti sempre uguali a quelle dell'oggetto.

Specchi sferici

Uno specchio può essere creato anche da superfici curve riflettenti: si parla in tal caso di specchio sferico se la superficie è una calotta sferica. Gli specchi sferici si dividono in specchi concavi e convessi a seconda che la superficie riflettente sia quella interna o esterna alla calotta.

Il centro della sfera di cui lo specchio è parte prende il nome di centro ottico, mentre il punto centrale della calotta sferica è il vertice. L'**asse ottico** è la retta passante per il centro e il vertice, mentre il **punto focale** o **fuoco** è il punto dell'asse ottico in cui viene riflesso un fascio di raggi paralleli all'asse stesso.

Negli **specchi concavi** i raggi paralleli all'asse ottico principale convergono nel punto focale F che si trova a metà fra il centro di curvatura C e il vertice O dello specchio (figura a). La distanza focale f è la distanza fra il punto focale e lo specchio. Gli specchi concavi sono anche detti **convergenti**.

Viceversa, negli **specchi convessi** i raggi paralleli all'asse ottico principale divergono (figura b) e la luce sembra provenire dal punto focale, che si trova *dietro il vertice dello specchio*. Anche in questo caso il punto focale F si trova a metà fra il centro di curvatura C e lo specchio. Gli specchi convessi sono anche detti **divergenti**.

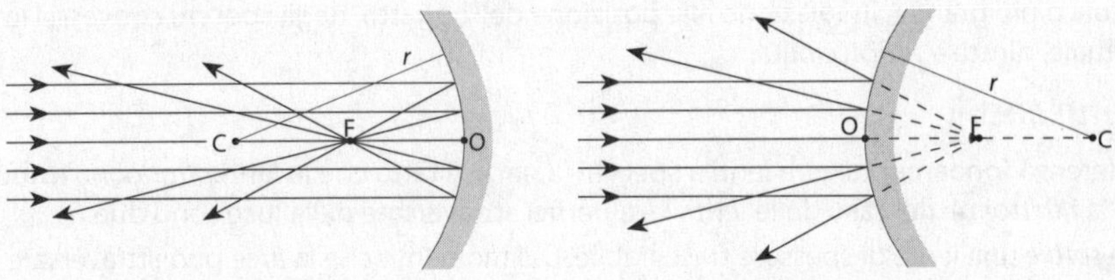

(a) specchio concavo (b) specchio convesso

Riflessione di raggi paralleli all'asse ottico principale in uno specchio concavo e in uno convesso.

Formula dei punti coniugati

Si consideri uno specchio concavo di centro ottico O e vertice V, e una sorgente luminosa *S*. Con le leggi della riflessione è possibile costruire il punto immagine di *S*. Esistono delle relazioni precise tra le posizioni di tutti questi punti. Per trovarle, è necessario stabilire una notazione per gli elementi che caratterizzano uno specchio:

- la *distanza focale f*: è la distanza tra il fuoco F e lo specchio;
- il *raggio di curvatura r*: è la distanza fra il centro ottico O e lo specchio; si ha che $r = 2f$;
- *p*: è la distanza fra l'oggetto e lo specchio;
- *q*: è la distanza fra l'immagine e lo specchio.

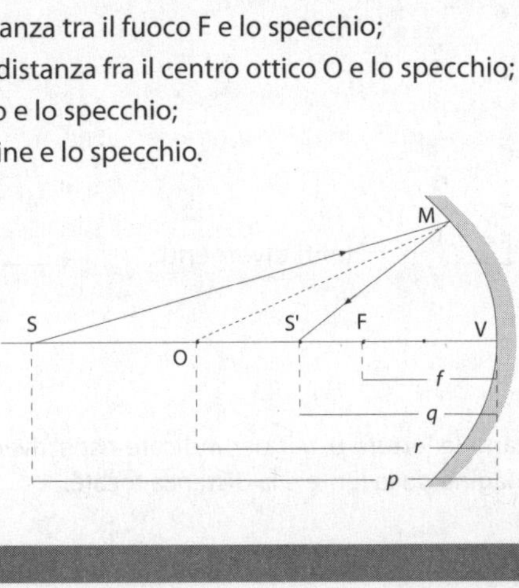

Esiste una semplice relazione fra questi elementi detta *formula dei punti coniugati*:

$$\frac{1}{p} + \frac{1}{q} = \frac{2}{r} = \frac{1}{f}$$

La formula dei punti coniugati consente di calcolare la *posizione dell'immagine* a partire dalla posizione dell'oggetto e conoscendo la distanza focale. Il valore di q che si trova può essere sia positivo che negativo.

q positivo → l'immagine è **reale** (si trova di fronte allo specchio)
q negativo → l'immagine è **virtuale** (si trova dietro lo specchio)

Si definisce **ingrandimento lineare m** il rapporto tra un segmento dell'immagine e il corrispondente segmento dell'oggetto. È dunque una quantità **adimensionale.** Si può dimostrare che:

$$m = \frac{q}{p}$$

m positivo → l'immagine è **capovolta**
m negativo → l'immagine è **diritta**
Se $|m| < 1$ → l'immagine è **più piccola** dell'oggetto
Se $|m| > 1$ → l'immagine è **più grande** dell'oggetto
Se $|m| = 1$ → l'immagine è **uguale** all'oggetto

Per costruire l'immagine di un oggetto puntiforme è sufficiente far partire dall'oggetto due raggi diretti verso lo specchio: uno parallelo all'asse ottico, che verrà riflesso nel fuoco, l'altro passante per il centro, che verrà riflesso su se stesso. L'incontro dei due dà l'immagine del punto: può essere davanti allo specchio (immagine reale) o dietro (immagine virtuale).
In particolare, mentre gli specchi concavi danno origine a un'immagine reale o virtuale, diritta o capovolta, più piccola o più grande, in relazione alla posizione dell'oggetto, negli specchi convessi l'immagine è sempre virtuale, diritta e rimpicciolita.

8.6.2 | Lenti sottili

C'è una differenza fondamentale fra lenti e specchi (a parte il fatto che le lenti *rifrangono* la luce, mentre gli specchi la *riflettono*): nel caso delle lenti, le superfici attraversate dalla luce sono due.
Si definisce *sottile* una lente di spessore trascurabile. Dal momento che la luce può attraversare la lente in entrambe le direzioni, la lente ha due punti focali F (uno da ciascun lato della lente) e due distanze focali f.
Poiché nelle lenti sottili le due distanze focali sono uguali, si parla semplicemente di distanza focale. Si chiamano **lenti convergenti** le lenti in grado di concentrare i raggi che le colpiscono, **lenti divergenti** quelle che li allontanano.

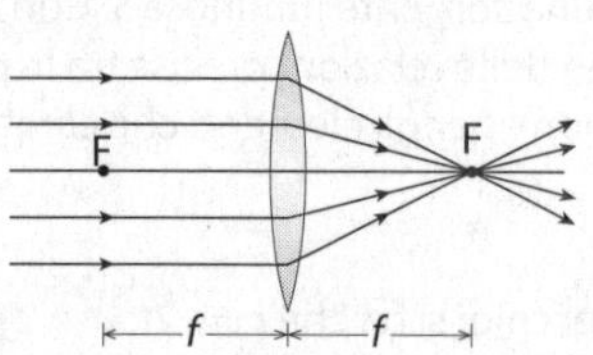

lenti convergenti

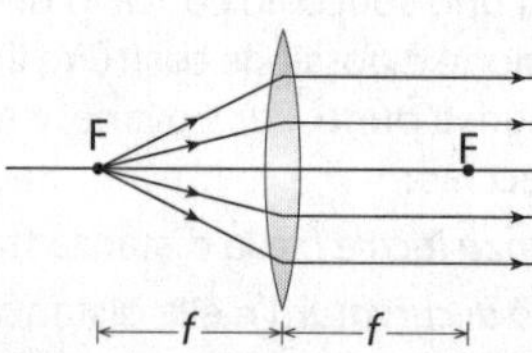

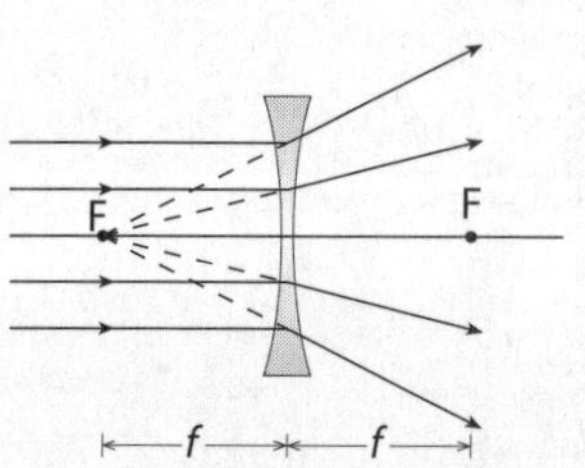

lenti divergenti

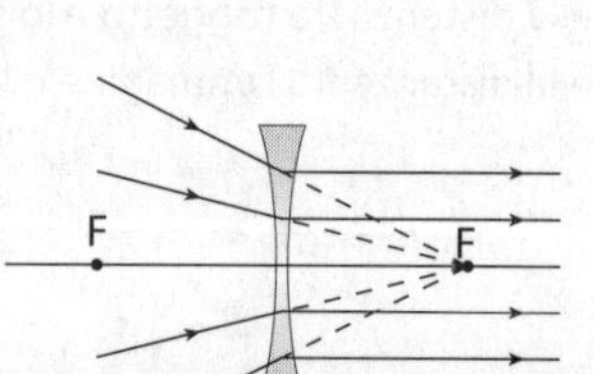

Come per gli specchi, si utilizzano le lettere p, q, f per indicare rispettivamente la distanza dell'oggetto dalla lente, la distanza dell'immagine dalla lente e la distanza focale.

Anche nel caso delle lenti vale la formula dei punti coniugati e si definisce il rapporto di ingrandimento. La formula dei punti coniugati è ancora:

$$\frac{1}{p}+\frac{1}{q}=\frac{1}{f}$$

Poiché le lenti hanno due superfici, esse hanno anche due raggi di curvatura r_1 e r_2, che vengono numerati nel "senso di marcia" della luce (cioè r_1 è il raggio di curvatura che i raggi incontrano per primo). La distanza focale è legata alla curvatura della superficie della lente e all'indice di rifrazione n del materiale delle lenti. Questo legame è espresso dall'*equazione degli ottici* (o *equazione dei costruttori di lenti*):

$$\frac{1}{f}=(n-1)\left(\frac{1}{r_1}-\frac{1}{r_2}\right)$$

dove ciascun raggio di curvatura viene preso con il suo segno: positivo se la sfera è convessa dal lato da cui proviene la luce, negativo in caso contrario.

Si chiama **parte reale** il semispazio che si trova dall'altra parte della lente rispetto all'oggetto. Si chiama **parte virtuale** il semispazio che si trova dalla stessa parte della lente rispetto all'oggetto.
***q* positivo** → l'immagine è **reale** (si trova oltre la lente)
***q* negativo** → l'immagine è **virtuale** (si trova davanti alla lente)

Il rapporto di ingrandimento è ancora:

$$m=\frac{q}{p}$$

Come già detto a proposito degli specchi, un rapporto di ingrandimento positivo si riferisce a immagini capovolte, un rapporto di ingrandimento negativo si riferisce a immagini diritte.
Infine, si definisce **potere convergente** o **potenza** di una lente l'inverso della sua distanza focale:

$$P=\frac{1}{f}$$

P è *positivo* nel caso di lenti convergenti, *negativo* nel caso di lenti divergenti. Esprimendo la distanza focale in metri, il potere convergente, detto anche *potere diottrico*, viene misurato in unità chiamate *diottrie* (dimensionalmente pari al reciproco di una lunghezza).

Una lente convergente avente una distanza focale di 20 cm presenta un potere diottrico pari a +5 diottrie.

FISICA

Ripassa da qui

- **Onde trasversali**: la direzione di vibrazione è perpendicolare alla direzione di propagazione dell'onda.
- **Onde longitudinali:** la direzione di vibrazione è parallela alla direzione di propagazione dell'onda.

$$\left.\begin{aligned} T &= \frac{1}{\nu} \\ v &= \frac{\lambda}{T} \end{aligned}\right\} \rightarrow v = \nu \cdot \lambda$$

- **Periodo T**: tempo necessario a compiere un'oscillazione completa
- **Lunghezza d'onda** λ: distanza fra due fronti d'onda contigui in concordanza di fase
- **Frequenza** ν: numero di oscillazioni al secondo (si misura in Hz)
- **Velocità v**: è la velocità con cui si propaga l'energia dell'onda

- Equazione dell'oscillatore armonico

$$x(t) = A\text{sen}(\omega \cdot t + \varphi)$$

dove A = ampiezza, ω = pulsazione = $2\pi/T = 2\pi\nu$, φ = fase iniziale

Fenomeni ondulatori

- Leggi della **riflessione**
  - Il raggio incidente, il raggio riflesso e la normale alla superficie giacciono sullo stesso piano;
  - l'angolo di incidenza è uguale all'angolo di riflessione: $i = r_1$.
- Leggi della **rifrazione**
  - Il raggio incidente, il raggio rifratto e la normale alla superficie sono complanari
  - $\dfrac{\text{sen}i}{\text{sen}r_2} = \text{costante} = n_{1,2}$ dove $n_{1,2}$ è detto *indice di rifrazione relativo* del mezzo 2 rispetto al mezzo 1 (legge di Snell)
  - $n_{1,2} = \dfrac{n_2}{n_1}$ dove n_1 e n_2 sono gli *indici di rifrazione assoluti*, definiti come indici di rifrazione del mezzo rispetto al vuoto, per il quale l'indice di rifrazione vale per convenzione 1.
  - $n_{1,2} = \dfrac{n_2}{n_1} = \dfrac{v_1}{v_2} \rightarrow \dfrac{v_1}{v_2} = \dfrac{\text{sen}i}{\text{sen}r_2}$
- Riflessione totale: $\text{sen}\theta_{rt} = \dfrac{n_2}{n_1}$

Onde sonore

- Il suono è un'onda meccanica che ha bisogno di un mezzo nel quale propagarsi
- Velocità del suono nell'aria: 340 m/s

Onde elettromagnetiche

- Velocità della luce nel vuoto: 300000 km/s
- Intensità luminosa I: si misura in candele
- flusso luminoso F: si misura in lumen
- Intensità di illuminazione E: si misura in lux

Ottica geometrica

- Formula dei punti coniugati:

$$\frac{1}{p} + \frac{1}{q} = \frac{1}{f}$$

  - f: è la *distanza focale* tra il fuoco F e la lente;
  - p: è la distanza fra l'oggetto e la lente;
  - q: è la distanza fra l'immagine e la lente.

PARTE QUARTA

Quesiti svolti

1 Nell'aria il rapporto tra la velocità del suono e quella della luce è approssimativamente:

A $3 \cdot 10^{-7}$ B $1 \cdot 10^{-6}$ C $3 \cdot 10^{-5}$ D $1 \cdot 10^{-4}$ E $3 \cdot 10^{-3}$

Il suono nell'aria si muove a una velocità di circa 330 m/s, mentre la luce ha una velocità nell'aria pari a circa 300.000 km/s. Il loro rapporto è uguale a:

$$\frac{330\ \frac{m}{s}}{300.000\ \frac{km}{s}} = \frac{330\ \frac{m}{s}}{3 \cdot 10^8\ \frac{m}{s}} \approx \frac{3 \cdot 10^2}{3 \cdot 10^8} = 10^{-6}$$

La risposta esatta è la B. Nell'aria la luce è dunque circa un milione di volte più veloce del suono.

2 Qual è la differenza tra le onde utilizzate nelle trasmissioni radiofoniche e quelle televisive?

A Nelle trasmissioni radiofoniche si utilizzano onde sonore (o elastiche); nelle trasmissioni televisive si utilizzano onde luminose

B In entrambe le trasmissioni si utilizzano onde elettromagnetiche ma con lunghezze d'onda diverse

C In entrambe le trasmissioni si utilizzano onde sonore (o elastiche) ma con lunghezze d'onda diverse

D Nelle trasmissioni radiofoniche si utilizzano onde elettromagnetiche; nelle trasmissioni televisive si trasmettono fasci di elettroni

E Nessuna delle precedenti

La risposta esatta è la B.

3 Il colore di una radiazione monocromatica dipende:

A dalla sua intensità

B dalla sua velocità nel vuoto

C dal numero degli atomi che si diseccitano per unità di tempo

D dalla sua frequenza

E dalla sua ampiezza

Una radiazione è *monocromatica* quando è costituita da onde di pari frequenza. Il colore di una radiazione monocromatica è determinato dalla frequenza delle onde in essa contenute (risposta D).

4 Un'onda elettromagnetica di frequenza ν si propaga nel vuoto con velocità c. La sua lunghezza d'onda λ è data da:

A $\lambda = 1/\nu$ B $\lambda = c \cdot \nu$ C $\lambda = \nu/c$ D $\lambda = 1/c$ E $\lambda = c/\nu$

La velocità di propagazione v di un'onda è uguale al rapporto tra la sua lunghezza d'onda λ e il suo periodo T o, equivalentemente, al prodotto tra la lunghezza d'onda e la frequenza ν:

$$v = \lambda/T = \lambda \cdot \nu$$

Da quest'ultima relazione si ricava $\lambda = v/\nu$ e poiché nel testo del quesito la velocità dell'onda è indicata con c, si ottiene: $\lambda = c/\nu$ (risposta E).

FISICA

5 La frequenza di una certa emissione radiofonica è 100 megahertz. La lunghezza d'onda corrispondente in aria vale:

- **A** 3 micron
- **B** 300.000 km/s
- **C** 3 m
- **D** 1 km
- **E** nessuna delle precedenti risposte è corretta

La frequenza e la lunghezza d'onda di una emissione sono grandezze inversamente proporzionali, dove la costante di proporzionalità è la velocità di propagazione dell'onda nel mezzo in cui si trova. Nell'aria tale velocità è la velocità della luce c. Vale quindi la seguente relazione: $\lambda = c/\nu$ dalla quale si ricava immediatamente che la risposta esatta è la **C**.

6 Si dica quale tra le seguenti lunghezze d'onda appartiene al campo della radiazione X.

- **A** 10^{-7} m
- **B** 10 cm
- **C** 10^{-3} m
- **D** 10 m
- **E** 10^{-11} m

La risposta esatta è la **E**, in quanto si tratta di onde elettromagnetiche aventi lunghezza d'onda compresa tra 10^{-11} m e 10^{-9} m.

7 Un oggetto è posto nel fuoco di una lente convergente. Qual è il fattore di ingrandimento dell'immagine?

- **A** 1
- **B** 2
- **C** L'ingrandimento dipende dalla distanza focale
- **D** L'immagine si forma all'infinito e non è quindi possibile parlare di ingrandimento
- **E** Il valore dell'ingrandimento dipende dalle dimensioni dell'oggetto

Poiché l'oggetto è posto nel fuoco della lente, indicando con p la sua distanza dal vertice della lente e con f la distanza focale, si ha $p = f$. Applicando la formula dei punti coniugati, in cui q indica la distanza a cui si forma l'immagine, si ottiene:

$$\frac{1}{p} + \frac{1}{q} = \frac{1}{f} \rightarrow \frac{1}{f} + \frac{1}{q} = \frac{1}{f} \rightarrow \frac{1}{q} = 0 \rightarrow q = \infty$$

L'immagine si forma quindi all'infinito e non ha senso parlare di ingrandimento dell'immagine (risposta **D**).

8 Un raggio luminoso proveniente da un oggetto incide su uno specchio concavo passando per il suo centro di curvatura. Qualunque sia la direzione del raggio incidente, si può affermare che il raggio riflesso:

- **A** passerà per il centro di curvatura
- **B** passerà per il fuoco principale
- **C** passerà per un punto compreso fra il fuoco principale e il centro di curvatura
- **D** passerà per un punto compreso fra il fuoco principale e il vertice dello specchio
- **E** sarà parallelo all'asse ottico principale dello specchio

Se il raggio incidente passa per il centro di curvatura, incontra lo specchio concavo con un angolo di incidenza (rispetto alla normale) di 0°. Una volta riflesso, il raggio incidente ripercorrerà lo stesso cammino fatto per giungere allo specchio (risposta **A**).

9 | Elettrostatica

Mettiti alla prova

I **Tre palline metalliche A, B e C uguali tra loro sono montate su supporti isolanti. La pallina A possiede carica $+q$ mentre B e C sono scariche. A viene portata a contatto con B e poi, separatamente, con C. Alla fine la carica su A sarà:**

- A $+q$
- B $+q/2$
- C $+q/3$
- D $+q/4$
- E $+q/6$

II **Due sfere cariche a distanza di 3 m si attraggono con una forza di modulo 1 N. Se le sfere vengono portate a distanza di 1 m, quale forza si eserciterà tra di loro?**

- A 1 N
- B 3 N
- C 6 N
- D 9 N
- E Nessuna delle altre risposte è corretta

III **Un sistema di cariche è costituito da due cariche puntiformi uguali e opposte collocate a una certa distanza tra loro. Che cosa si può dire del campo elettrico generato da un tale sistema?**

- A È dappertutto nullo poiché le due cariche sono uguali e opposte
- B È identico a quello di una carica puntiforme di valore pari a metà della carica positiva
- C È identico a quello di una carica puntiforme di valore pari a metà della carica negativa
- D È dato dalla somma vettoriale dei campi elettrici prodotti dalle singole cariche
- E È dato dalla differenza dei campi elettrici prodotti dalle singole cariche

IV **Il potenziale elettrico in un generico punto, non lontano da una carica positiva:**

- A non esiste, non si può parlare di potenziale di un punto
- B è uno scalare
- C è un vettore
- D si misura in volt / cm
- E è una grandezza adimensionale

FISICA

Ecco le risposte esatte dei 4 quesiti proposti: I **D**, II **D**, III **D**, IV **B**.

L'elettricità si manifesta attraverso interazioni fra corpi (attrazioni e repulsioni) quando su di essi sono presenti *cariche elettriche*. Le cariche elettriche sono di due tipi, chiamate convenzionalmente *positive* e *negative*.

Cariche di segno opposto si attraggono, cariche dello stesso segno si respingono.

I costituenti dell'atomo sono particelle cariche: l'*elettrone*, portatore di una carica negativa e il *protone*, portatore di una carica positiva. Nel SI la carica non è considerata una grandezza fondamentale: la si ricava dall'intensità di corrente, misurata in ampere, definita nel § 10.1 insieme al concetto di corrente elettrica. Per ora basti sapere che l'unità di misura scelta per la carica elettrica si chiama **coulomb** (corrispondente alla carica posseduta da circa 10^{19} protoni) e che le sue dimensioni sono $[Q] = [i] \cdot [T]$, dove $[i]$ è la dimensione dell'intensità di corrente.

Dal punto di vista dei fenomeni elettrici, i materiali si dividono in due categorie:

- **conduttori**: materiali dotati di cariche elettriche (elettroni o ioni) libere di muoversi.

  I metalli sono i conduttori per eccellenza e devono tale proprietà al tipo di legame che li caratterizza: il legame metallico.

- **isolanti** (o **dielettrici**): le cariche in essi contenute non sono libere di muoversi.

  L'isolante per eccellenza è il vuoto perché è privo di cariche elettriche; ma anche molti materiali come l'aria, la ceramica, la carta o l'acqua distillata sono buoni isolanti (l'acqua utilizzata nelle abitazioni conduce perché, non essendo distillata, contiene sali e quindi ioni).

9.1 | Carica elettrica e legge di Coulomb

Si è visto che i corpi caricati elettricamente interagiscono fra loro (mediante attrazioni o repulsioni). Le forze di interazione a distanza tra le cariche elettriche sono regolate dalla legge di Coulomb, la quale afferma che il modulo della forza **F** (attrattiva o repulsiva) tra due cariche Q_1 e Q_2 poste a distanza r nel vuoto è:

$$|\mathbf{F}| = K_0 \cdot \frac{|Q_1 \cdot Q_2|}{r^2} = \frac{|Q_1 \cdot Q_2|}{4\pi\varepsilon_0 \cdot r^2} \qquad [9]$$

dove $K_0 = 1/4\pi\varepsilon_0$ è la *costante di Coulomb* nel vuoto e ε_0 è la *costante dielettrica* del vuoto.

La forza di Coulomb è diretta lungo la congiungente le cariche e il verso dipende dal segno delle cariche: cariche di segno opposto si attraggono, cariche dello stesso segno si respingono.

Sperimentalmente si verifica che due cariche di 1 C, poste a un metro di distanza nel vuoto, si respingono con una forza di $9 \cdot 10^9$ N. Sostituendo i valori nella [9], si ricava il valore di K_0:

$$F = K_0 \cdot \frac{Q_1 \cdot Q_2}{r^2} \rightarrow K_0 = F \cdot \frac{r^2}{Q_1 \cdot Q_2} \rightarrow K_0 = 9 \cdot 10^9 \cdot \frac{N \cdot m^2}{C^2}$$

Il valore numerico di K dipende, oltre che dalle sue dimensioni e unità di misura, anche dalla scelta del sistema di misura.

Due cariche elettriche puntiformi, a 1 m di distanza, si attraggono con la forza di 1 N. Se vengono poste a 2 m di distanza, quanto vale la forza?

Se la distanza fra le cariche raddoppia, la forza elettrostatica diventa quattro volte più piccola. Infatti, sostituendo $2r$ a r nella formula della legge di Coulomb:

$$F = K_0 \cdot \frac{Q_1 \cdot Q_2}{r^2} \rightarrow F' = K_0 \cdot \frac{Q_1 \cdot Q_2}{(2r)^2} = K_0 \cdot \frac{Q_1 \cdot Q_2}{4r^2} = \frac{F}{4}$$

PARTE QUARTA

Siamo già in grado di rispondere alle prime due domande poste all'inizio del capitolo.

Quesito I. Ponendo un conduttore carico a contatto con uno scarico, la carica del primo si distribuisce uniformemente sui due conduttori. Quando la pallina A viene messa in contatto con la pallina B, le cede metà della sua carica; quindi cede metà della carica rimanente alla pallina C. La carica finale di A è un quarto di quella iniziale (risposta **D**).

Quesito II. Ricordando l'espressione della legge di Coulomb si nota che il modulo della forza è inversamente proporzionale al quadrato della distanza. Se questa si riduce a un terzo, la forza di attrazione aumenta di nove volte: la risposta esatta è la **D**.

9.1.1 | Costante dielettrica

La forza di Coulomb tra due cariche elettriche dipende dal mezzo che separa le cariche. Se le cariche sono poste in un mezzo e non nel vuoto, la legge di Coulomb diventa:

$$|\mathbf{F}| = K \cdot \frac{|Q_1 \cdot Q_2|}{r^2} = \frac{|Q_1 \cdot Q_2|}{4\pi\varepsilon \cdot r^2}$$

dove ε è la **costante dielettrica** del mezzo. È questa che esplicita, nella legge di Coulomb, la dipendenza della forza elettrostatica dal mezzo che separa le cariche:

$$F = K \cdot \frac{Q_1 \cdot Q_2}{r^2} = \frac{1}{4\pi\varepsilon} \cdot \frac{Q_1 \cdot Q_2}{r^2} = \frac{1}{4\pi\varepsilon_0\varepsilon_r} \cdot \frac{Q_1 \cdot Q_2}{r^2}$$

dove $\varepsilon = \varepsilon_0\varepsilon_r$ è la costante dielettrica del mezzo ed ε_r è la **costante dielettrica relativa** del mezzo rispetto al vuoto. La costante dielettrica relativa del mezzo che separa le cariche è tanto maggiore quanto più la forza elettrica tra le cariche è ridotta dalla presenza del mezzo stesso.

La causa di tale riduzione è la *polarizzazione*[1] *del dielettrico*. Maggiore è la dipolarità delle molecole di un dielettrico, maggiore è la polarizzazione e minori sono le forze elettriche nel suo interno: ciò implica una notevole riduzione dell'interazione elettrostatica.

ε_r è **un indice della polarizzabilità del dielettrico** a cui si riferisce. Per ogni materiale $\varepsilon_r \geq 1$.

L'acqua ha un'alta polarizzabilità ($\varepsilon_r = 81$), dovuta alla dipolarità della sua molecola; l'aria ha invece una bassa polarizzabilità ($\varepsilon_r = 1{,}0006$), mentre il vuoto non si polarizza affatto ($\varepsilon_r = 1$).

Quali sono le dimensioni della costante dielettrica?
E quelle della costante dielettrica relativa?

Si parte ricavando ε dall'espressione della legge di Coulomb:

$$F = \frac{1}{4\pi\varepsilon} \cdot \frac{Q_1 \cdot Q_2}{r^2} \Rightarrow \varepsilon = \frac{1}{4\pi F} \cdot \frac{Q_1 \cdot Q_2}{r^2}$$

Le dimensioni di tutte le grandezze a destra dell'uguale sono note, perciò:

$$[\varepsilon] = 1 \cdot \frac{[Q]^2}{[L]^2} \cdot \frac{1}{[F]} = \frac{[i]^2 \cdot [T]^2}{[L]^2 \cdot [M] \cdot [L]/[T]^2} = \frac{[i]^2 \cdot [T]^4}{[L]^3 \cdot [M]}$$

Per quanto riguarda l'unità di misura di ε nel SI, si veda più avanti il § 9.5.1.

La costante dielettrica relativa è invece una grandezza adimensionale, perché definita come rapporto di due costanti dielettriche.

1. Esistono due tipi di polarizzazione:
1. polarizzazione per orientamento (è ciò che succede a molecole dipolari come l'acqua);
2. polarizzazione per deformazione (è la polarizzazione delle molecole apolari come il cloro).
In entrambi i casi la rotazione delle molecole è dovuta all'interazione tra il dipolo elettrico della molecola (che può essere naturale o indotto) e il campo elettrico esterno. Tale interazione si traduce nell'applicazione di una coppia di forze alla molecola che, ruotando, si dispone lungo la direzione del campo elettrico.

FISICA

9.1.2 | Analogie e differenze con la legge di gravitazione universale

Confrontando la legge di gravitazione universale con la legge di Coulomb si nota una stretta analogia:

$$F_{grav} = G \cdot \frac{M \cdot m}{r^2} \qquad F_{coul} = K \cdot \frac{Q \cdot q}{r^2}$$

Vi sono tuttavia alcune differenze importanti:

- la forza di gravità non dipende dal mezzo che separa le masse, mentre la forza di Coulomb dipende dal dielettrico (isolante) che separa le cariche;
- la forza gravitazionale è sempre attrattiva mentre quella elettrostatica può anche essere repulsiva;
- la forza elettrostatica è molto più intensa di quella gravitazionale.

9.2 | Campo elettrico

La forza di Coulomb è una forza presente tra due cariche poste a una distanza *r*. La fisica moderna ha sostituito al concetto di forze a distanza con quello più completo di **campo di forze**. Secondo questa visione, il campo elettrico è una perturbazione dello spazio dovuta alla presenza di cariche.

> Una regione dello spazio è sede di un campo elettrico quando una carica ferma posta in essa è soggetta a forze di natura elettrostatica.

Ogni carica elettrica genera intorno a sé un campo elettrico. Per determinare tale campo si fa uso della carica esploratrice *q* che, per convenzione, si assume di segno positivo. Si definisce vettore **intensità del campo elettrico E** il rapporto tra la forza elettrostatica a cui è soggetta la carica esploratrice in quel punto e la carica stessa:

$$\mathbf{E} = \frac{\mathbf{F}}{q}$$

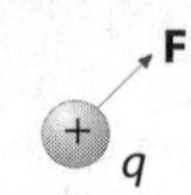

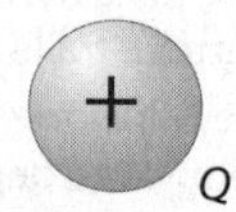

dove **F** è la forza elettrostatica e *q* la carica esploratrice.

> L'unità di misura del campo elettrico nel Sistema internazionale è:
>
> $$\frac{\text{newton}}{\text{coulomb}} \quad \left(\text{oppure } \frac{\text{volt}}{\text{metro}}\right)$$

Si supponga ora che il campo elettrico sia generato da una carica puntiforme *Q* e si indichi la carica esploratrice con *q*. Dalle espressioni della forza di Coulomb e del campo elettrico si ha:

$$E = \frac{F}{q} = K \cdot \frac{Q \cdot q}{r^2} \cdot \frac{1}{q} = K \cdot \frac{Q}{r^2}$$

> Il campo elettrico in un punto non dipende dal valore *q* della carica esploratrice; dipende solo dalla carica generatrice e dalla posizione del punto nello spazio.

> Vale il **principio di sovrapposizione**: in un generico punto P, il campo elettrico **E** generato da più cariche Q_1, Q_2, ... è dato dalla somma vettoriale dei campi elettrici $\mathbf{E}_1$, $\mathbf{E}_2$, ... generati nel punto P dalle singole cariche, rispettivamente.

> **Calcolare l'accelerazione applicata a una particella di massa *m* e carica positiva *q* immersa in un campo elettrico uniforme E.**
>
> Si ricava la forza **F** applicata alla particella dalla definizione di campo elettrico:
>
> $$\mathbf{F} = \mathbf{E} \cdot q$$
>
> Poi, grazie alla seconda legge di Newton, si trova l'accelerazione:
>
> $$\mathbf{F} = m \cdot \mathbf{a} \rightarrow \mathbf{a} = \frac{\mathbf{F}}{m} = \mathbf{E} \cdot \frac{q}{m}$$
>
> Il vettore **a** è parallelo e concorde al vettore **E** poiché *q* ed *m* sono entrambe positive.

9.2.1 | Linee di forza del campo elettrico

Un metodo per rappresentare il campo elettrico è disegnare le sue **linee di forza**, cioè linee orientate e dirette concordemente al campo e in ogni punto tangenti al vettore **E** associato a quel punto. Nella figura che segue le linee di forza sono rappresentate con delle frecce (le altre curve continue rappresentano le superfici equipotenziali del campo elettrico; si veda più avanti il § 9.3.3).

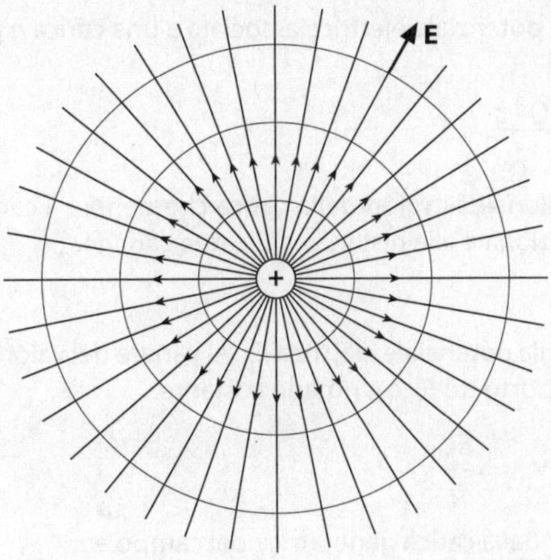

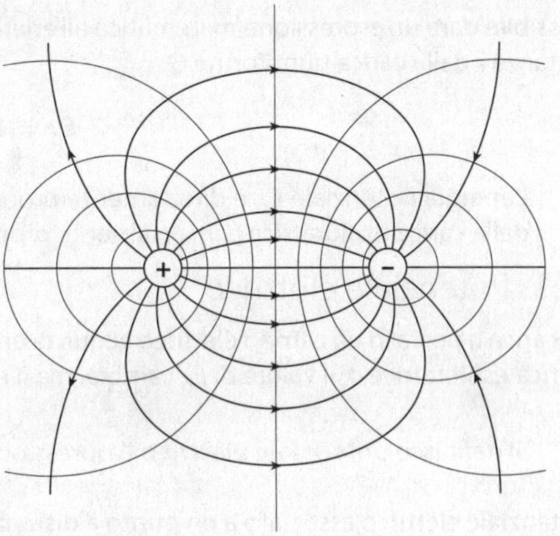

(a) Linee di forza del campo elettrico generato da una carica puntiforme positiva.
(b) Linee di forza del campo elettrico generato da due cariche puntiformi di segno opposto.

Le linee di forza del campo elettrico sono per convenzione sempre uscenti dalle cariche positive ed entranti in quelle negative.

Si consideri un punto materiale di carica $+q$ posto all'interno di un campo elettrico generato da due cariche di segno opposto. A causa delle forze elettriche, se tale carica è libera di muoversi, lo fa percorrendo una certa traiettoria.
È vero che la traiettoria seguita dalla carica coincide in generale con una linea di forza?
Per rispondere è necessario pensare alla direzione della forza che agisce sulla carica libera: essa è tangente alle linee di forza del campo.
Se la carica seguisse la traiettoria curvilinea delle linee di forza, dovrebbe esistere una forza centripeta in grado di tenerla legata alle linee di forza. Tale forza, nel caso considerato, non esiste e quindi la carica non può muoversi lungo le linee di forza.

Possiamo ora rispondere al terzo quesito posto all'inizio del capitolo.

Quesito III. La risposta corretta è la **D**. In ogni punto intorno alle due cariche il campo elettrico è un campo vettoriale descritto da un vettore pari alla somma dei vettori campo elettrico generati dalle singole cariche. Le linee di forza del campo elettrico generato da due cariche puntiformi non sono più radiali (la simmetria non è più centrale), ma più complicate, come già mostrato nella precedente figura (b).

Quantizzazione della carica elettrica
In natura non è possibile disporre di una quantità di carica piccola a piacere: esiste un valore minimo al di sotto del quale non è possibile andare. Ogni altra carica è un multiplo intero di questo valore minimo che prende il nome di *carica elementare* o *quanto di carica* e coincide con la carica dell'elettrone (negativa) o del protone (positiva).
La carica dell'elettrone viene indicata con la lettera *e*. il suo valore è:

$$e = \text{carica dell'elettrone} = -1{,}6 \cdot 10^{-19} \text{ coulomb}$$

FISICA

9.3 | Energia potenziale elettrica

L'**energia potenziale** E_p di una carica q associata a un punto P di un campo elettrico è il lavoro che bisogna compiere *contro le forze del campo* per portare la carica dall'infinito (dove l'energia potenziale è nulla per definizione) al punto P. L'unità di misura è il joule.

Nel caso di un campo elettrico generato da una sola carica Q, l'energia potenziale E_p è positiva se la carica generatrice e la carica q sono concordi, negativa se sono discordi.

È possibile dare un'espressione matematica all'energia potenziale elettrica associata a una carica q posta a distanza r dalla carica puntiforme Q:

$$E_p = K \cdot \frac{Q \cdot q}{r}$$

L'energia potenziale E_p è direttamente proporzionale ai valori della carica che genera il campo, della carica esploratrice e inversamente proporzionale alla distanza tra le due cariche.

9.3.1 | Potenziale elettrico

Una carica q posta in un campo elettrico acquista energia potenziale elettrica E_p. Al variare del valore della carica esploratrice q, il valore di E_p cambia, ma il rapporto tra E_p e q rimane costante.

Si definisce **potenziale elettrico** l'espressione: $V_p = \frac{E_p}{q}$

Il potenziale elettrico associato a un punto a distanza r dalla carica generatrice del campo è:

$$V_p = \frac{E_p}{q} = K \cdot \frac{Q \cdot q}{r} \cdot \frac{1}{q} = K \cdot \frac{Q}{r}$$

Il potenziale in un punto è una quantità indipendente dal valore della carica esploratrice. Dipende invece dal valore della carica che genera il campo e dalla posizione del punto.

Il potenziale elettrico coincide *numericamente* con l'energia potenziale dell'unità di carica. L'unità di misura del potenziale elettrico è il volt (simbolo: V): $V = J/C$.

Si calcoli il valore del campo elettrico E generato da due cariche puntiformi positive, entrambe di intensità Q, e del potenziale elettrico V associato al campo, nel punto centrale P del segmento che unisce le due cariche.

Sia $2d$ la distanza tra le due cariche: **E** e V vanno calcolati nel punto P che dista d da ciascuna carica. I campi generati dalle due cariche sono entrambi uscenti e hanno modulo:

$$E_1 = E_2 = k \cdot \frac{Q}{d^2}$$

Per il principio di sovrapposizione, **E** è dato dalla somma vettoriale dei due campi. Poiché nel punto P i vettori $\mathbf{E}_1$ e $\mathbf{E}_2$ hanno stessa intensità e verso opposto, la loro somma **E** vale zero.

Poiché V è uno scalare, il potenziale nel punto P è dato dalla somma *algebrica* dei potenziali generati dalle singole cariche in quel punto, e vale:

$$V = k \cdot \frac{Q}{d} + k \cdot \frac{Q}{d} = 2k \cdot \frac{Q}{d}$$

Siamo ora in grado di rispondere anche all'ultimo dei quattro quesiti posti all'inizio del capitolo.

Quesito IV. Una carica q posta in un campo elettrico acquista una certa energia potenziale elettrica E_p. Il rapporto $V_p = E_p/q$ è la definizione di potenziale elettrico. Si tratta perciò di una grandezza scalare (risposta **B** corretta).

Si noti che il potenziale ha le dimensioni di una energia diviso le dimensioni di una carica elettrica (risposta **E** errata). Facendo i calcoli infatti si ottiene: $[V_p] = [ML^2]/[i\,T^3]$. La sua unità di misura è il volt (risposta **D** errata).

9.3.2 | Differenza di potenziale

Si consideri un campo elettrico generato da una carica puntiforme (o da un insieme di cariche) e si prenda il valore del potenziale elettrico in due punti differenti A e B: V_A e V_B.

$V_B - V_A$ = *differenza di potenziale elettrico o tensione* tra A e B (*d.d.p.* tra A e B).

La tensione è una grandezza scalare che si misura in volt. Si può dimostrare che $V_B - V_A$ corrisponde *numericamente* al lavoro che bisogna fare contro le forze del campo per spostare la carica unitaria da A a B. Equivalentemente, indicando con $L_{A \to B}$ il lavoro che le forze del campo compiono per portare la carica q da A a B (e ricordando che $E_p = q \cdot V_p$) si ha:

$$L_{A \to B} = E_{p_A} - E_{p_B} = q \cdot V_A - q \cdot V_B = q \cdot (V_A - V_B) = -q \cdot \Delta V = -(E_{p_B} - E_{p_A}) = -\Delta E_p$$

Il lavoro che le forze del campo compiono per portare una carica positiva dal punto A al punto B **è uguale alla differenza di energia potenziale tra i due punti, cambiata di segno.**

Una carica di +8 C si muove da un punto a potenziale di 6 V a un punto a potenziale di 2 V. Quanto vale il lavoro fatto dalla forza del campo?

Per quanto visto, si tratta di utilizzare la formula:

$$L = -\Delta E_p = -q \cdot \Delta V = -8\ \text{C} \cdot (2-6)\ \text{V} = +32\ \text{J}$$

Si osserva che, se il lavoro richiesto fosse stato quello delle forze *esterne* (dunque quello *contro* le forze del campo), allora la formula da usare sarebbe stata $L = \Delta E_p = q \cdot \Delta V$.

9.3.3 | Superfici equipotenziali

Le superfici equipotenziali di un campo sono le superfici i cui punti si trovano tutti allo stesso potenziale e **sono sempre ortogonali alle linee di campo.**

Se due punti A e B si trovano sulla stessa superficie equipotenziale, il lavoro che le forze del campo compiono per portare una carica da A a B è nullo; si ha infatti che

$$L = q \cdot (V_A - V_B) = 0$$

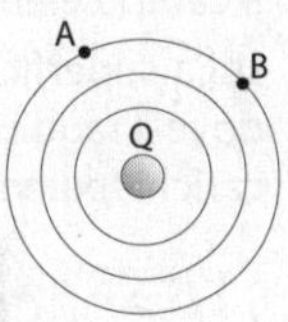

Se il campo è generato da una carica puntiforme Q, le superfici equipotenziali sono le superfici delle sfere che hanno il centro nella carica Q.

9.3.4 | relazione tra potenziale e campo elettrico

Nel caso in cui sia noto il potenziale elettrico V in tutti i punti di una data regione di spazio, è possibile calcolare il campo elettrico **E** che ha sede in quella regione. Il vettore campo elettrico **E** uscente da un punto A ha direzione perpendicolare alla superficie equipotenziale passante per A: il suo verso va dai punti a potenziale maggiore a quelli a potenziale minore; e il suo modulo è pari a:

$$E = -\frac{\Delta V}{\Delta s}$$

dove $\Delta V = V_B - V_A$ è la variazione del potenziale spostandosi lungo un tratto Δs lungo la direzione e nel verso del campo.

È possibile stabilire un **campo elettrico uniforme** nella regione di spazio compresa tra due piastre metalliche parallele a e b, caricate una positivamente e l'altra negativamente.
Se le piastre sono poste a una distanza d e tra loro c'è una differenza di potenziale ΔV, il modulo del campo elettrico vale $E = |\Delta V|/d$. Le linee di forza del campo **E** sono ortogonali alle piastre e il verso va dai punti a potenziale maggiore a quelli a potenziale minore.

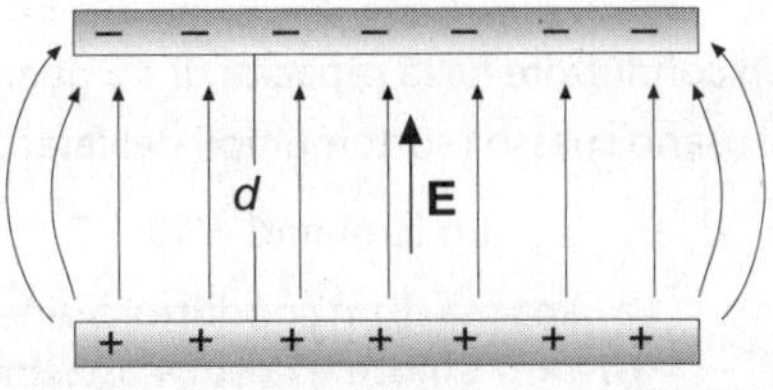

9.4 | Teorema di Gauss

Il teorema di Gauss si applica quando la carica è distribuita su un conduttore esteso anziché essere puntiforme. Prima di enunciarlo, è necessario definire il concetto di flusso di un vettore.

Il flusso Φ di un vettore **v** attraverso la superficie S è dato dal prodotto scalare tra il vettore **v** e il vettore superficie **S**:

$$\Phi_S(\mathbf{v}) = \mathbf{v} \cdot \mathbf{S} = v \cdot S \cdot \cos\theta = v_n \cdot S$$

dove θ è l'angolo tra il vettore **v** e la normale alla superficie, v_n è la componente del vettore **v** lungo la normale ed **S** è il vettore superficie (con intensità pari all'area della superficie, direzione perpendicolare alla superficie e orientato verso l'esterno se la superficie è chiusa).

Il segno del flusso di un vettore è positivo quando il vettore "esce" dalla superficie, negativo se il vettore "entra". Nel caso del campo elettrico, il vettore **v** è rappresentato proprio dal campo elettrico **E** e l'unità di misura del flusso è volt · m.

Teorema di Gauss. Il flusso del campo elettrico attraverso una superficie chiusa S contenente n cariche $Q_1, Q_2, ..., Q_n$ è dato (nel vuoto) da:

$$\Phi_S(\mathbf{E}) = \frac{\sum Q_i}{\varepsilon_0} = \frac{Q_1 + Q_2 + \ldots + Q_n}{\varepsilon_0}$$

Dal teorema di Gauss si ricavano alcune importanti conseguenze:

- la carica elettrica nei conduttori si distribuisce sulla loro superficie.
- in condizioni elettrostatiche (ossia quando le cariche non sono in movimento), tutti i punti di un conduttore hanno lo stesso potenziale che prende il nome di potenziale del conduttore.
- il campo elettrico all'interno di un conduttore carico è nullo.
- sulla superficie del conduttore la densità di carica è maggiore dove la curvatura è maggiore, cioè dove il raggio di curvatura è minore: la carica elettrica si concentra quindi sulle punte dei conduttori carichi (*potere delle punte*).

9.5 | Capacità di un conduttore

Dato un conduttore isolato con carica positiva Q, esso possiede un potenziale V direttamente proporzionale alla sua carica Q (si veda il § 9.3.1).

Quindi il rapporto tra la carica del conduttore e il suo potenziale è una costante che prende il nome di **capacità elettrostatica del conduttore**:

$$\text{Capacità} = C = \frac{\text{Carica}}{\text{Potenziale}} = \frac{Q}{V} = \text{costante}$$

La capacità di un conduttore è un indice della possibilità di accumulare carica su di esso; la quantità di carica che si accumula sul conduttore dipende cioè dalla sua capacità: a parità di potenziale, un conduttore con alta capacità accumula più cariche di uno con bassa capacità.

L'unità di misura della capacità prende il nome di **farad** $= \frac{\text{coulomb}}{\text{volt}}$; (simbolo F).

Un conduttore ha la capacità di 1 F quando la carica di 1 C gli conferisce il potenziale di 1 V.

Si usano spesso i sottomultipli del farad:

1 microfarad = 10^{-6} F 1 nanofarad = 10^{-9} F 1 picofarad = 10^{-12} F

La capacità di un conduttore dipende dalla sua superficie: **maggiore è la superficie del conduttore, maggiore è la sua capacità.**
A parità di superficie, la capacità di un conduttore dipende dalla sua forma.

9.5.1 | Condensatore

Se a un conduttore carico si avvicina un conduttore scarico, la sua capacità aumenta. I **condensatori** sono dispositivi ad alta capacità costituiti da due conduttori (*armature*) affacciati.

Per i condensatori vale la relazione:

$$C = \frac{Q}{V_2 - V_1} = \frac{Q}{\Delta V}$$

dove Q è la carica accumulata sulle armature e ΔV è la differenza di potenziale tra di esse.

Tramite il teorema di Gauss si dimostra che la capacità di un condensatore piano è:

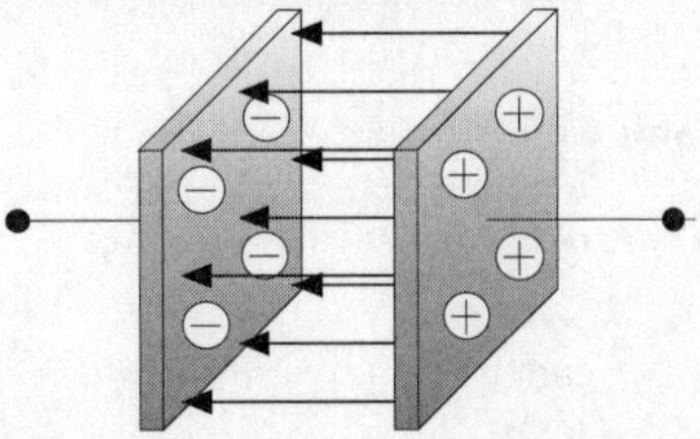

$$C = \varepsilon \frac{S}{d}$$

dove S è la superficie delle armature, d è la loro distanza ed ε è la costante dielettrica del mezzo che le separa: tale risultato è valido anche per i condensatori sferici nei quali le armature sono superfici sferiche concentriche.

Nella parte centrale di un condensatore piano le linee di forza del campo elettrico sono segmenti paralleli: tra le armature di un condensatore piano il campo elettrico è *uniforme* e vale:

$$E = \frac{\Delta V}{d} = \frac{Q}{C\,d}$$

Qual è l'unità di misura della costante dielettrica nel SI?

Data la relazione appena vista è possibile affermare che, per un condensatore piano:

$$\varepsilon = \frac{d}{S}C \rightarrow [\varepsilon] = \frac{[d]}{[S]}[C] = [L]^{-1} \cdot [C]$$

Poiché nel SI l'unità di misura della capacità è il farad, si può concludere che l'unità di misura di ε è farad/metro.

Si hanno due conduttori tenuti alla differenza di potenziale (costante) di 160 volt. È possibile ottenere, fra i due conduttori, un campo elettrico di 10.000 volt/metro?

Il campo elettrico generato all'interno di un condensatore è direttamente proporzionale alla differenza di potenziale tra le armature del condensatore e inversamente proporzionale alla loro distanza. Se il dielettrico che separa le due armature è un buon isolante (cattivo conduttore) le armature si possono avvicinare fino a ottenere al loro interno un campo elettrico grande a piacere.

9.5.2 | Lavoro di carica di un condensatore ed elettronvolt

Per caricare un condensatore inizialmente scarico (armature neutre) con una carica Q si devono trasferire cariche da un'armatura all'altra, compiendo un lavoro L dato da:

$$L = \frac{1}{2}\frac{Q^2}{C} = \frac{1}{2}C \cdot \Delta V^2$$

dove ΔV è la *differenza di potenziale* (d.d.p.) fra le armature. Per portare una carica q da un'armatura all'altra di un condensatore si deve compiere un lavoro dato da $L = q \cdot \Delta V$.

L'elettronvolt (eV) è un'unità di misura dell'energia utilizzata soprattutto in fisica delle particelle. Si chiama **elettronvolt** l'energia che acquista un elettrone nel passare da un'armatura all'altra di un condensatore in cui vi è una d.d.p. di 1 V.

Un elettronvolt = 1 eV = 1 V $\cdot$ 1,6 $\cdot$ 10^{-19} C = 1,6 $\cdot$ 10^{-19} J = 1,6 $\cdot$ 10^{-12} erg

FISICA

Ripassa da qui

Legge di Coulomb

$$|\mathbf{F}| = K \cdot \frac{Q \cdot q}{r^2}$$

- Nel vuoto: $K = K_0 = \frac{1}{4\pi\varepsilon_0} = 9 \cdot 10^9 \frac{N \cdot m^2}{C^2}$
- In un mezzo: $K = \frac{1}{4\pi\varepsilon_0\varepsilon_r}$

Campo elettrico E

$$\mathbf{E} = \frac{\mathbf{F}}{q}$$

- Generato da una carica puntiforme Q:

$$E = \frac{F}{q} = K \cdot \frac{Q}{r^2}$$

- Tra due piastre distanti d tra cui esiste una ΔV:

$$E = \frac{\Delta V}{d}$$

Energia potenziale elettrica

L'*energia potenziale* E_P di una carica q in un punto P di un campo elettrico è il lavoro che bisogna fare contro le forze del campo per portare la carica dall'infinito al punto P. Per due cariche Q e q:

$$E_P = K \cdot \frac{Q \cdot q}{r}$$

Potenziale elettrico

Il *potenziale* V_P associato a un punto P di un campo elettrico è numericamente pari al lavoro che bisogna compiere contro le forze del campo per portare la carica unitaria dall'infinito al punto P.

$$V_P = \frac{E_P}{q} = K \cdot \frac{Q \cdot q}{r} \cdot \frac{1}{q} = K \cdot \frac{Q}{r}$$

Lavoro per spostare una carica *q* da A a B:

$$L_{A \to B} = E_A - E_B = q \cdot V_A - q \cdot V_B = q \cdot (V_A - V_B) = -q \cdot \Delta V$$

Teorema di Gauss

- Il campo elettrico all'interno di un conduttore carico è nullo.
- La carica elettrica nei conduttori si distribuisce sulla loro superficie.
- Tutti i punti di un conduttore hanno lo stesso potenziale.

Capacità elettrostatica di un conduttore:

$$C = \frac{Q}{V} = \text{costante}$$

- Capacità di un conduttore sferico di raggio R:

$$C = \frac{Q}{V} = \frac{Q \cdot R}{K \cdot Q} = \frac{R}{K} = 4\pi\varepsilon_0 \cdot R$$

- Capacità di un **condensatore** piano:
  - nel vuoto $C = \varepsilon_0 \frac{S}{d}$
  - con dielettrico $C = \varepsilon_0\varepsilon_r \frac{S}{d}$

Lavoro di carica di un condensatore:

$$L = \frac{1}{2} \cdot \frac{Q^2}{C} = \frac{1}{2} \cdot C \cdot \Delta V^2$$

Quesiti svolti

1 La forza elettrica tra un protone e un elettrone è:

A uguale a quella di attrazione gravitazionale tra le loro masse
B opposta a quella di attrazione gravitazionale
C molto più grande di quella di attrazione gravitazionale
D molto più piccola di quella di attrazione gravitazionale
E nessuna delle precedenti possibilità è corretta

La forza elettrica ha valori rilevanti anche su oggetti di carica piccola come un elettrone e un protone. Viceversa, la forza gravitazionale è trascurabile anche per oggetti molto più grandi di un protone e un elettrone, per esempio due persone, che non percepiscono la reciproca forza di attrazione gravitazionale. Tale forza ha valori importanti quando si considerano oggetti molto massivi (come satelliti e pianeti), o per oggetti piccoli rispetto a oggetti massivi (come una persona sulla Terra).
Per confrontare quantitativamente le due forze è necessario ricordare i valori della carica elementare $e = 1{,}6 \times 10^{-19}$ C, della massa del protone $m_p = 1{,}6 \times 10^{-27}$ kg e di quella dell'elettrone $m_e = 9{,}1 \times 10^{-31}$ kg, oltre che quello della costante di gravitazione universale, che vale $G = 6{,}67 \times 10^{-11}\ N \cdot m^2/kg^2$, e quello della costante di Coulomb $K_0 = 8{,}99 \times 10^9\ N \cdot m^2/C^2$.
Consideriamo ora le due forze:

$$F_g = G \cdot \frac{m_e \cdot m_p}{r^2}; \quad F_e = K_0 \cdot \frac{e \cdot e}{r^2}$$

A parità di distanza, l'ODG (ordine di grandezza) del loro rapporto vale:

$$ODG\left[\frac{F_e}{F_g}\right] = ODG\left[\frac{K_0 \cdot e \cdot e}{G \cdot m_e \cdot m_p}\right] = \frac{10^{10} \cdot 10^{-19} \cdot 10^{-19}}{10^{-10} \cdot 10^{-31} \cdot 10^{-27}} = 10^{40}$$

La forza elettrica è pertanto molto maggiore della forza gravitazionale (risposta C).

2 Se avvicinata a pezzetti di carta, una barretta di plastica strofinata con un panno di lana li attira a sé:

A perché la carta è un buon conduttore elettrico
B perché vengono indotte delle cariche elettriche sulla carta
C perché il campo gravitazionale diminuisce intorno alla barretta
D per attrazione magnetica
E per le particolari proprietà elettriche dell'aria

Il fenomeno descritto nel problema è quello dell'elettrizzazione per strofinio: strofinando la plastica (un isolante) con un panno di lana, alcune cariche passano dalla lana alla plastica nel punto in cui si è strofinato: tali cariche non vanno a redistribuirsi sulla superficie del materiale come invece avviene con un conduttore. Avvicinando la barretta ai pezzi di carta vengono indotte cariche elettriche.
La risposta esatta è la B.

3 Quale fra i seguenti elementi è un semiconduttore?

A Ferro
B Indio
C Silicio
D Acqua
E Argento

FISICA

Tra gli elementi proposti il ferro, l'indio e l'argento sono metalli e quindi conduttori, mentre l'acqua è un isolante: il semiconduttore è il silicio (risposta **C**).

4 **Degli elettroni e dei protoni, la cui velocità iniziale è trascurabile, vengono accelerati da uguali differenze di potenziale stabilite tra coppie di elettrodi posti all'interno di due tubi sotto vuoto. Quale delle seguenti affermazioni, riferita all'istante in cui elettroni e protoni raggiungono l'elettrodo di segno opposto, è vera?**

- **A** Gli elettroni hanno minore velocità
- **B** I protoni e gli elettroni hanno la stessa energia cinetica
- **C** I protoni e gli elettroni hanno la stessa quantità di moto
- **D** I protoni hanno maggiore energia cinetica
- **E** I protoni hanno minore quantità di moto

A parità di d.d.p. e quindi di campo elettrico tra gli elettrodi, la forza a cui sono sottoposte le particelle cariche è identica a meno del verso e vale in modulo $F = E \cdot e$.

Fissiamo le idee sugli elettroni. Per quanto riguarda la loro velocità, se la distanza tra gli elettrodi vale d, la velocità finale raggiunta vale:

$$v_e = \sqrt{2da_e} = \sqrt{2d\left(\frac{E \cdot e}{m_e}\right)} = \frac{\sqrt{2dEe}}{\sqrt{m_e}}$$

La stessa relazione vale per i protoni, cambiando il valore per la massa: poiché $m_e < m_p$, la velocità finale degli elettroni è maggiore (risposta **A** errata).

Sempre fissando le idee sui protoni, la quantità di moto finale vale:

$$P_e = m_e \cdot v_e = \sqrt{m_e} \cdot \sqrt{2dEe}$$

La stessa relazione vale per i protoni, che quindi raggiungono una quantità di moto maggiore (risposte **C** ed **E** errate).

Si potrebbe, erroneamente, considerare il teorema dell'impulso e dire che, poiché la forza a cui sono sottoposte le particelle è la stessa, anche la variazione della quantità di moto è la stessa: questo è vero istante per istante, ma poiché gli elettroni sono più veloci arriveranno prima dei protoni all'elettrodo di segno opposto, quindi la forza agisce sui protoni più a lungo determinando nel loro caso una maggiore variazione della quantità di moto.

Poiché il lavoro compiuto dalle forze del campo sulle particelle è identico, e pari a $L = -q \cdot \Delta V$, per il teorema dell'energia cinetica si può affermare che protoni ed elettroni subiscono una identica variazione di energia cinetica: la risposta corretta è la **B**.

5 **Tre cariche elettriche uguali e dello stesso segno sono poste ognuna al vertice di un triangolo equilatero. Si può affermare che il campo elettrico nel centro C del triangolo è:**

- **A** nullo
- **B** uguale in modulo al triplo del campo generato da una delle cariche
- **C** inversamente proporzionale al quadrato del lato del triangolo
- **D** inversamente proporzionale al quadrato della distanza di C dalle cariche
- **E** per rispondere occorre conoscere le dimensioni del triangolo

Una carica elettrica posta nel punto C (nella figura a fianco, per fissare le idee, si tratta di una carica positiva) è soggetta a tre forze la cui risultante è nulla (per simmetria): è nullo anche il campo elettrico risultante in C e la risposta corretta è quindi la **A**.

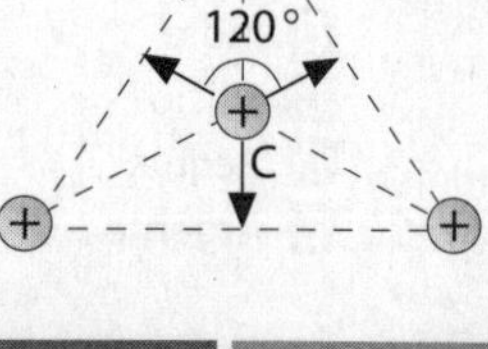

PARTE QUARTA

6 Il campo elettrostatico prodotto da una carica puntiforme positiva nel vuoto:

- **A** ha linee di forza di forma circolare con centro nella carica
- **B** è uniforme
- **C** ha intensità direttamente proporzionale al quadrato della distanza dalla carica
- **D** ha intensità inversamente proporzionale alla distanza dalla carica in direzione radiale
- **E** ha linee di forza rettilinee uscenti dalla carica

L'intensità E del campo elettrico generato da una carica Q è pari a:

$$E = \mathrm{K} \cdot Q/r^2$$

dove K è la costante di Coulomb e r è la distanza dalla carica Q.

L'intensità del campo è inversamente proporzionale al quadrato della distanza dalla carica, il che esclude le risposte **B**, **C** e **D**. Le linee di forza del campo sono in ogni punto tangenti al vettore campo elettrico e quindi alla forza di Coulomb che la carica positiva esercita su una eventuale seconda carica. Si tratta di linee rette uscenti dalla carica. La risposta esatta è la **E**.

7 Una carica puntiforme q_0 è posta a distanza r da un'altra carica puntiforme q e ha una energia potenziale elettrostatica $W = 8 \cdot 10^{-5}$ J. Se la carica q_0 viene lasciata libera, quando si trova a distanza $2r$ da q ha acquistato una energia cinetica E pari a:

- **A** $E = 4 \cdot 10^{-5}$ J
- **B** $E = 2 \cdot 10^{-5}$ J
- **C** $E = 8 \cdot 10^{-5}$ J
- **D** $E = 16 \cdot 10^{-5}$ J
- **E** $E = 4 \cdot 10^{-10}$ J

L'energia potenziale elettrostatica E_p di una carica puntiforme q_0 in un campo elettrico generato da una carica puntiforme q è pari a:

$$E_\mathrm{p} = \mathrm{K} \cdot \frac{q_0 \cdot q}{r}$$

dove r è la distanza tra le due cariche.

Al crescere della distanza l'energia elettrostatica diminuisce e quando q_0, inizialmente a distanza r da q, si trova a una distanza pari a $2r$, la sua energia si è dimezzata. Per il principio di conservazione dell'energia, l'energia persa si trasforma e diventa energia cinetica. Quindi, a distanza $2r$, l'energia cinetica della carica q_0 è la metà dell'energia elettrostatica iniziale: $4 \cdot 10^{-5}$ J. La risposta corretta è la **A**.

8 Quale delle seguenti affermazioni relative al potenziale elettrostatico in un punto P di un campo elettrico è ERRATA?

- **A** È numericamente uguale all'energia potenziale della carica unitaria positiva in P
- **B** Dipende dalla carica esploratrice posta in P
- **C** Dipende unicamente dalle cariche che creano il campo e dalla loro distanza da P
- **D** È uguale al rapporto tra l'energia potenziale della carica esploratrice posta in P e il valore della carica stessa; si misura in joule/coulomb
- **E** Si misura in volt

Il potenziale elettrostatico in un punto P di un campo elettrico dipende unicamente dalle cariche che generano il campo e dalla posizione del punto P: **non** dipende invece dalla carica esploratrice posta in P (risposta **B**). Il potenziale elettrostatico in un punto è infatti definito come il rapporto tra due grandezze direttamente proporzionali: l'energia potenziale della carica di prova in quel punto e la carica di prova stessa. Si noti che il volt è definito come joule / coulomb, pertanto la risposta **E** non contraddice la **D**.

FISICA

9 La differenza di potenziale tra le armature di un condensatore con capacità $C = 1$ mF vale 200 V. Quanto vale la carica sulle armature del condensatore?

- A 500 mC
- B 2×10^5 C
- C 200 mC
- D 5 mC
- E 50 mC

La carica sulle armature del condensatore è pari a:

$$Q = C \cdot \Delta V = 1 \times 10^{-3}\ \text{F} \cdot 200\ \text{V} = (200 \times 10^{-3})\ \text{F} \cdot \text{V} = 200\ \text{mC}$$

La risposta corretta è la C.

10 Quando in un condensatore piano, carico e isolato, si raddoppia la differenza di potenziale applicata alle armature, l'energia elettrostatica del condensatore:

- A raddoppia
- B si dimezza
- C si riduce di un quarto
- D quadruplica
- E diventa un quarto

L'energia elettrostatica di un condensatore vale $L = C \cdot (\Delta V)^2/2$. Raddoppiando la d.d.p., dunque, tale grandezza quadruplica (risposta D).

PARTE QUARTA

10 Elettrodinamica

Mettiti alla prova

I **Come si definisce la resistività elettrica di un materiale?**

- **A** Come la resistenza termica alle alte temperature di un filo di tale materiale
- **B** Come la resistenza elettrica di un filo di tale materiale avente sezione (costante) unitaria, di lunghezza qualsiasi
- **C** Come la resistenza elettrica di un filo di tale materiale avente lunghezza unitaria, con sezione qualsiasi
- **D** Come la resistenza elettrica di un filo di tale materiale avente lunghezza unitaria e sezione (costante) unitaria
- **E** Come la resistenza meccanica alla deformazione di un filo di tale materiale

II **La differenza di potenziale elettrico ai capi di una lampadina è costante e pari a 100 V. Per un periodo di tempo pari a 1000 s la lampadina assorbe una potenza elettrica di 160 W. Sapendo che la carica dell'elettrone è $1{,}60 \cdot 10^{-19}$ C, quanti elettroni si può ritenere abbiano attraversato una sezione trasversale del filo che alimenta la lampadina nell'intervallo di tempo considerato?**

A $6{,}02 \cdot 10^{23}$ **B** $1{,}60 \cdot 10^{23}$ **C** 10^{23} **D** 10^{22} **E** 10^{-16}

III **Ho tre lampadine a incandescenza, identiche fra loro. Al fine di illuminare la stanza, le collego in parallelo e confronto il risultato con quello ottenuto usando una sola delle lampadine. Considero anche il consumo di energia elettrica e osservo che:**

- **A** faccio più luce, ma consumo di più
- **B** faccio più luce e consumo di meno
- **C** faccio meno luce e consumo di più
- **D** faccio meno luce, ma consumo di meno
- **E** non aumenta la luce, ma consumo di meno

IV **Due lampadine costruite per funzionare in corrente continua, e alla differenza di potenziale di 9 volt, vengono erroneamente collegate in serie (invece che in parallelo) e poi collegate a una batteria che eroga 9 volt. L'intensità della luce da esse emessa in questa errata configurazione:**

- **A** è circa un quarto della normale intensità luminosa perché la corrente è dimezzata
- **B** è la stessa, ma la corrente raddoppia e la batteria si scarica rapidamente
- **C** è più intensa del normale e la loro durata ridotta alla metà
- **D** non emettono luce perché destinate a bruciarsi quasi istantaneamente
- **E** restano spente perché la batteria non può funzionare in questa configurazione

FISICA

Ecco le risposte esatte dei 4 quesiti proposti: I **D**, II **D**, III **A**, IV **A**.

Se tra i capi di un conduttore metallico vi è una differenza di potenziale, gli elettroni liberi di muoversi (elettroni di conduzione) vengono accelerati dal campo **E**, e si spostano da punti a potenziale minore a punti a potenziale maggiore, in verso opposto a quello del campo, come indicato in figura.

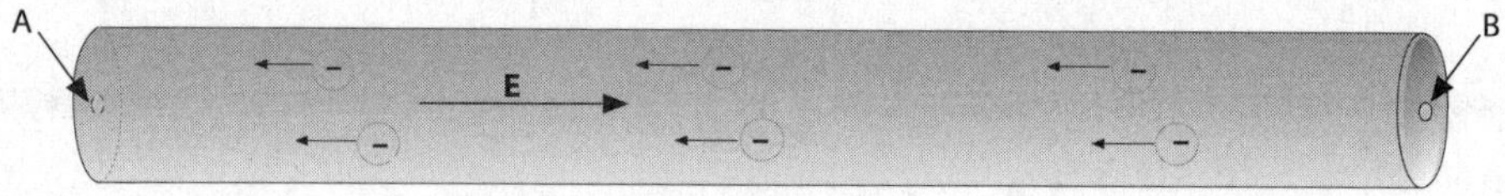

$V_A > V_B$

Nei conduttori metallici (conduttori di prima specie) le cariche negative (elettroni) sono libere di muoversi secondo la direzione del campo elettrico, mentre le cariche positive sono bloccate nei nodi reticolari. Nei liquidi e nei gas (conduttori di seconda specie) sia le cariche negative sia le cariche positive possono partecipare alla conduzione elettrica; questo è possibile grazie alla presenza degli ioni che fungono da veicoli trasportatori di cariche.

Affinché si abbia un moto ordinato di cariche in un conduttore è quindi necessaria la presenza di una differenza di potenziale alle sue estremità o, equivalentemente, di un campo elettrico. Quando le cariche libere attraversano un conduttore in maniera ordinata, si è in presenza di una **corrente elettrica**.

Per convenzione si è scelto come **verso della corrente** quello dello spostamento delle cariche positive (anche se nei solidi tali cariche non si spostano e non contribuiscono al fenomeno della conduzione).

Quindi, in un conduttore solido, il moto delle cariche è sempre contrario a quello della corrente.
Se ai capi A e B di un conduttore si applica una d.d.p. con $V_A > V_B$, il campo elettrico è orientato da A a B, il verso della corrente è da A verso B, ma gli elettroni si muovono da B verso A.

10.1 | Intensità di corrente

L'**intensità di corrente (media)** è il rapporto tra la quantità di carica ΔQ che attraversa una sezione del conduttore in un tempo Δt e l'intervallo di tempo stesso:

$$i = \frac{\Delta Q}{\Delta t}$$

Unità di misura dell'intensità di corrente nel SI: $\frac{\text{coulomb}}{\text{secondo}}$ = ampere (A)

Un circuito è percorso dalla corrente di 1 ampere quando la sua generica sezione è attraversata da 1 coulomb di carica al secondo. L'intensità di corrente è una grandezza scalare: inoltre è una grandezza fondamentale del Sistema internazionale, con dimensione [i].

La corrente si dice **unidirezionale** se le cariche si muovono sempre nello stesso senso; in particolare si dice **continua** se la sua intensità e il senso di moto delle cariche si mantengono costanti.
La corrente si dice **alternata** se il senso di moto delle cariche subisce delle inversioni periodiche.

Il filamento di una lampadina è percorso da un'intensità di corrente di 1,6 A. Quanti elettroni al secondo attraversano la sezione del conduttore?

Il filamento è attraversato da 1,6 coulomb di carica al secondo che corrispondono a un numero di elettroni pari a:

$$\frac{1{,}6\ \text{C}}{1{,}6 \cdot 10^{-19}\ \text{C}} = \frac{1}{10^{-19}} = 10^{19}$$

PARTE QUARTA

10.2 | Leggi di Ohm

10.2.1 | Prima legge di Ohm

Per i conduttori di prima specie (metalli) si osserva proporzionalità tra i e ΔV. Indicando con R la costante di proporzionalità si ha:

$$V_B - V_A = \Delta V = R \cdot i \rightarrow R = \frac{\Delta V}{i}$$

La costante di proporzionalità R è detta **resistenza**: è un indice dell'opposizione che incontrano le cariche negative (elettroni) nel muoversi all'interno del conduttore.

Unità di misura della resistenza nel SI: $\frac{\text{volt}}{\text{ampere}} = \text{ohm}\ (\Omega)$

È unitaria (1 Ω) la resistenza del *resistore* che è attraversato dalla corrente unitaria (1 A) quando ai suoi estremi è applicata una d.d.p. unitaria (1 V).

Quale corrente passa nel filamento di una lampadina con resistenza di 100 Ω se i due capi della lampadina sono a un potenziale di 2 e 8 volt rispettivamente?

Si tratta di calcolare la differenza di potenziale ai capi della resistenza:

$$\Delta V = (8 - 2)\ \text{V} = 6\ \text{V}$$

e applicare la prima legge di Ohm:

$$i = \frac{\Delta V}{R} = \frac{6\ \text{V}}{100\ \Omega} = 0{,}06\ \text{A} = 60\ \text{mA}$$

Il milliampere (mA) è un sottomultiplo dell'ampere usato piuttosto frequentemente.

10.2.2 | Seconda legge di Ohm

La resistenza elettrica di un filo conduttore è direttamente proporzionale alla lunghezza l del filo e inversamente proporzionale alla sua sezione S:

$$R = \rho \frac{l}{S}$$

dove ρ è un coefficiente caratteristico del conduttore, che prende il nome di **resistività** o *resistenza specifica* del materiale.

Unità di misura della resistività nel SI: ohm · metro (Ω·m)

Conducibilità del materiale: $\lambda = \frac{1}{\rho}$; unità di misura nel SI: $\frac{\text{siemens}}{\text{m}}$

La resistività dipende dal materiale e dalla temperatura a cui tale materiale si trova.

La resistenza dei conduttori di prima specie aumenta all'aumentare della temperatura.

I **semiconduttori**, al contrario, sono materiali la cui resistività, e quindi la resistenza, diminuisce all'aumentare della temperatura. A temperature vicine allo zero assoluto, per alcuni materiali si verifica una brusca riduzione del valore della resistività fino a valori prossimi a zero: tale fenomeno prende il nome di **superconduttività**. Ciascun superconduttore ha una propria temperatura critica, al di sotto della quale la sua resistenza diventa pressoché nulla e la corrente che lo attraversa rimane inalterata per molto tempo anche in assenza di generatori.

Nella tabella seguente vengono elencati alcuni materiali (numerati da 1 a 18) in ordine crescente di resistività (cioè in ordine decrescente di conducibilità).

Conduttori	Semiconduttori	Isolanti
1) argento	8) germanio	13) mica
2) rame	9) silicio	14) vetro
3) alluminio	10) ossido di rame	15) quarzo
4) platino	11) boro	16) porcellana
5) ferro	12) celluloide	17) ambra
6) acciaio		18) paraffina
7) mercurio		

Siamo ora in grado di rispondere alla prima domanda posta all'inizio del capitolo.

Quesito I. La seconda legge di Ohm dice che la resistenza R di un filo conduttore è:

$$R = \rho \frac{l}{S}$$

Ricavando ρ dall'equazione precedente si ottiene:

$$\rho = R \cdot S / l$$

da cui si deduce che la risposta corretta è la **D**.

10.3 | Effetto Joule

L'effetto di riscaldamento di un conduttore causato dalla corrente elettrica che lo attraversa è detto **effetto Joule**. L'energia dissipata per effetto Joule è pari a:

$$L = \Delta V \cdot i \cdot \Delta t = R \cdot i^2 \cdot \Delta t$$

Da questo risultato è possibile calcolare anche la potenza dissipata per effetto Joule:

$$P = \frac{L}{\Delta t} = \Delta V \cdot i = R \cdot i^2 = \frac{(\Delta V)^2}{R}$$

Per ottenere la quantità di calore prodotta per effetto Joule in calorie, occorre ricordare che il legame tra il joule e la caloria è dato dall'equivalente meccanico della caloria, pari a 4,186 J/cal.
Quindi la quantità di calore Q dissipata per effetto Joule, espressa in calorie, è pari a:

$$Q = \frac{R \cdot i^2 \cdot \Delta t}{4{,}186 \text{ J/cal}}$$

Una lampadina da 75 W è collegata a un generatore da 220 V.
Qual è il valore della corrente che passa nella lampadina?
La potenza dissipata per effetto Joule è $P = \Delta V \cdot i$ quindi l'intensità di corrente vale:

$$i = \frac{P}{\Delta V} = \frac{75 \text{ W}}{220 \text{ V}} = 0{,}34 \text{ A}$$

Quanto vale l'energia *E* dissipata in una resistenza *R* in un tempo *t* quando alla resistenza è applicata una tensione *V* (con $V = 0{,}2$ volt, $R = 0{,}10\ \Omega$ e $t = 10^{-2}$ secondi)?
L'energia dissipata per effetto Joule è data dalla relazione:

$$E = \Delta V \cdot i \cdot t = R \cdot i^2 \cdot t = \frac{\Delta V^2}{R} \cdot t$$

sostituendo i valori numerici si ottiene:

$$E = \frac{(0{,}2)^2}{0{,}1} \cdot 10^{-2} \text{ J} = 0{,}04 \cdot 10 \cdot 10^{-2} \text{ J} = 4 \cdot 10^{-3} \text{ J}$$

Possiamo ora rispondere anche alla seconda domanda posta all'inizio del capitolo

Quesito II. Ci viene chiesto di determinare la quantità di elettroni che attraversano la lampadina in 1000 secondi di funzionamento. Dobbiamo quindi trovare la carica in coulomb che attraversa la lampadina per poi dividerla per la carica dell'elettrone e trovare così il numero di elettroni che la compongono.

La potenza dissipata dalla lampadina per effetto joule è pari a $\Delta V \cdot i$. Nel caso in esame è pari a 160 W e questo ci consente di trovare l'intensità di corrente che attraversa il filamento della lampadina durante i 1000 secondi. Si ha:

$$i = \frac{160\ \text{W}}{100\ \text{V}} = 1{,}6\ \text{A} = 1{,}6\ \text{C/s}$$

In 1000 secondi passeranno quindi 1600 C di carica che corrispondono a un numero di elettroni pari a:

$$\frac{1600\ \text{C}}{1{,}6 \cdot 10^{-19}\ \text{C}} = \frac{1000}{10^{-19}} = \frac{10^3}{10^{-19}} = 10^{(3+19)} = 10^{22}$$

La risposta corretta è la **D**.

10.4 | Circuiti elettrici

Ogni generatore di corrente continua è dotato di una **forza elettromotrice** (*f.e.m.*) definita come il rapporto fra il lavoro che il generatore compie sulla carica Q che lo attraversa e la carica stessa. Dalla definizione segue che la *f.e.m.* si misura in volt.

Numericamente la *f.e.m.* coincide con la d.d.p. ai capi del generatore quando il circuito è aperto.

Nei circuiti elettrici, la corrente fornita da un **generatore** viene trasformata in altri tipi di energia (luminosa, termica, meccanica o magnetica) a seconda degli elementi utilizzatori in esso presenti.
I simboli con cui si rappresentano i componenti di un circuito elettrico sono riportati a lato.

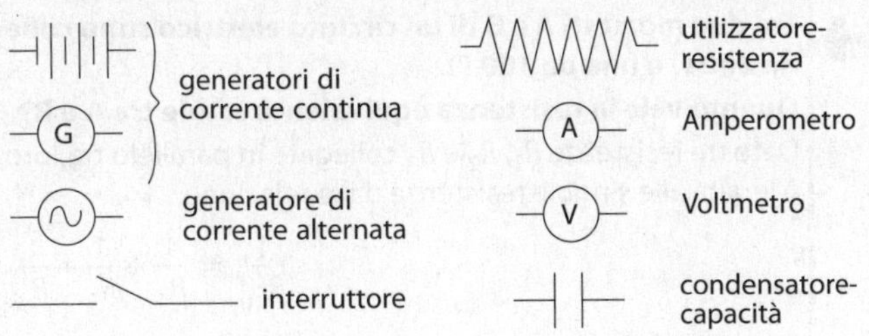

L'**alternatore** è un generatore di corrente alternata, cioè corrente il cui verso cambia periodicamente. L'**utilizzatore** (o resistore) è un apparecchio che trasforma l'energia elettrica in altre forme.

L'**amperometro** è uno strumento atto a misurare l'intensità di corrente, mentre il **voltmetro** è un apparecchio che serve a misurare la differenza di potenziale tra due punti di un circuito.

10.4.1 | Resistenze e condensatori in serie e in parallelo

In un circuito elettrico, i vari componenti possono essere disposti in *serie* (attraversati dalla stessa intensità di corrente) o in *parallelo* (ai loro capi vi è la stessa d.d.p.) a seconda delle esigenze.

Nel calcolo delle correnti che circolano nel circuito e delle differenze di potenziale ai capi dei componenti, risulta spesso conveniente sostituire un gruppo di resistenze con la resistenza equivalente e un gruppo di capacità con la capacità equivalente.

La **resistenza equivalente** R_{eq} di più resistenze è quella resistenza che da sola causerebbe la stessa dissipazione di energia per effetto Joule.

La **capacità equivalente** C_{eq} di più condensatori è quella di un condensatore che accumulerebbe da solo la stessa carica.

FISICA

Il valore della resistenza equivalente si calcola in modo diverso a seconda che le resistenze siano collegate in serie o in parallelo.

Resistenze in serie:

$$R_{eq} = R_1 + R_2$$

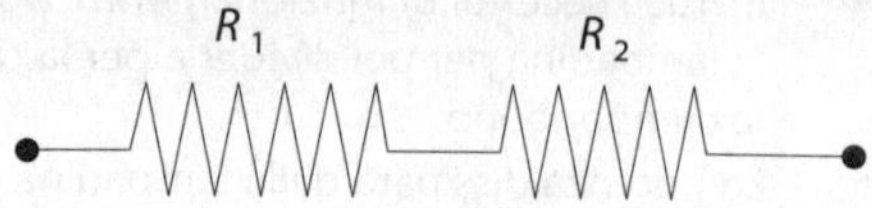

Resistenze in parallelo:

$$\frac{1}{R_{eq}} = \frac{1}{R_1} + \frac{1}{R_2}$$

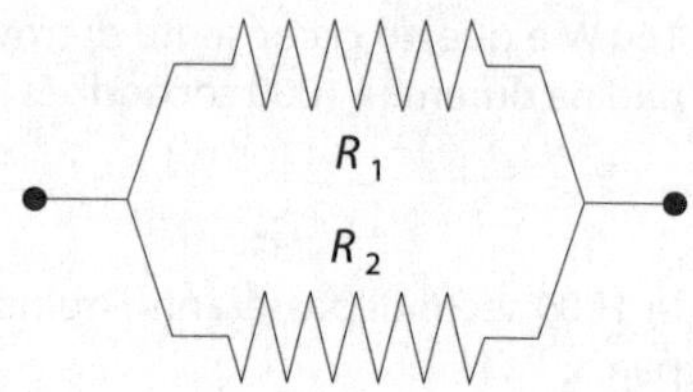

La resistenza equivalente di più resistenze in serie è maggiore di ciascuna delle resistenze in serie.
La resistenza equivalente di più resistenze in parallelo è minore di ciascuna delle resistenze in parallelo.

Per i condensatori la situazione è rovesciata!

Condensatori in serie:

$$\frac{1}{C_{eq}} = \frac{1}{C_1} + \frac{1}{C_2}$$

Condensatori in parallelo:

$$C_{eq} = C_1 + C_2$$

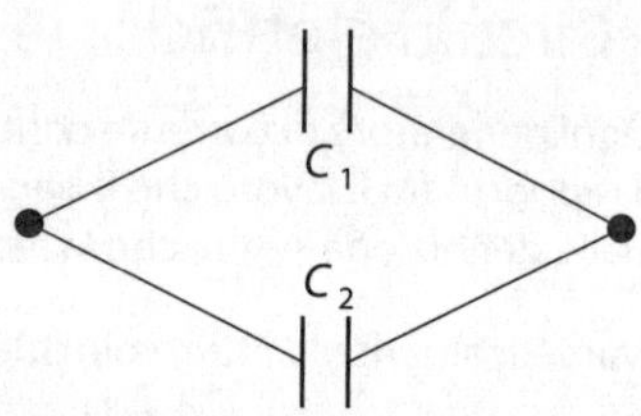

La capacità equivalente di più capacità in parallelo è maggiore di ciascuna delle capacità in parallelo.
La capacità equivalente di più capacità in serie è minore di ciascuna delle capacità in serie.

Tra due morsetti A e B di un circuito elettrico sono collegate in parallelo tre resistenze, due da 200 Ω e una da 100 Ω.
Quanto vale la resistenza equivalente totale tra A e B?
Date tre resistenze R_1, R_2 e R_3 collegate in parallelo tra loro, la resistenza equivalente del sistema è legata alle singole resistenze dalla relazione:

$$\frac{1}{R_{eq}} = \frac{1}{R_1} + \frac{1}{R_2} + \frac{1}{R_3}$$

Sostituendo i valori si ottiene:

$$\frac{1}{R_{eq}} = \frac{1}{200\ \Omega} + \frac{1}{200\ \Omega} + \frac{1}{100\ \Omega} = \frac{4}{200\ \Omega} = \frac{1}{50\ \Omega} \rightarrow R_{eq} = 50\ \Omega$$

Si hanno a disposizione quattro condensatori uguali ciascuno di capacità 100 μF.
Combinandoli in modo opportuno è possibile ottenere una capacità equivalente pari a 25 μF?
Se sì, in quale modo?
Se i 4 condensatori sono collegati in parallelo, la capacità equivalente è pari a:

$$C_{eq} = C_1 + C_2 + C_3 + C_4$$

Il quesito chiede di trovare una capacità equivalente inferiore alle capacità dei singoli condensatori. Sicuramente, quindi, i quattro condensatori non devono essere collegati in parallelo, altrimenti la capacità equivalente sarebbe uguale a 400 μF.
Se invece i 4 condensatori sono collegati in serie, la capacità equivalente è data da:

$$\frac{1}{C_{eq}} = \frac{1}{C_1} + \frac{1}{C_2} + \frac{1}{C_3} + \frac{1}{C_4} = \frac{1}{100\ \mu F} + \frac{1}{100\ \mu F} + \frac{1}{100\ \mu F} + \frac{1}{100\ \mu F} = \frac{1}{25\ \mu F} \rightarrow C_{eq} = 25\ \mu F$$

Quindi per avere una capacità equivalente pari a 25 μF è necessario collegare i quattro condensatori in serie.

Siamo ora in grado di rispondere anche agli ultimi due quesiti posti all'inizio del capitolo.

Quesito III. La risposta è piuttosto intuitiva: procediamo comunque allo svolgimento del problema. La rete elettrica delle abitazioni è collegata a una differenza di potenziale fissata che vale:

$$\Delta V_{AB} = 220 \text{ V}$$

Si sa inoltre che:

$$R_1 = R_2 = R_3 = R$$

La luce emessa dalle lampadine e il consumo sono correlati rispettivamente alla potenza dissipata e alla corrente che circola nel circuito. Si devono dunque calcolare entrambe le grandezze nelle due diverse configurazioni.

Configurazione 1: tre resistenze in parallelo

Si calcola anzitutto la resistenza equivalente del circuito:

$$\frac{1}{R_{eq}} = \frac{1}{R}+\frac{1}{R}+\frac{1}{R} = \frac{3}{R} \rightarrow R_{eq} = \frac{R}{3}$$

La corrente che percorre il circuito vale, per la legge di Ohm:

$$i_{(1)} = \frac{\Delta V_{AB}}{R_{eq}} = 3\frac{\Delta V_{AB}}{R}$$

e la potenza dissipata per effetto Joule vale:

$$P_{(1)} = R_{eq} \cdot [i_{(1)}]^2 = \frac{R}{3} \cdot \left(3\frac{\Delta V_{AB}}{R}\right)^2 = 3\frac{(\Delta V_{AB})^2}{R}$$

Configurazione 2: una sola resistenza

La corrente e la potenza dissipata valgono in questo caso:

$$i_{(2)} = \frac{\Delta V_{AB}}{R} \qquad P_{(2)} = R \cdot i^2 = \frac{(\Delta V_{AB})^2}{R}$$

Confrontando i risultati, si vede che, rispettivamente:

$$i_{(1)} = 3i_{(2)} \qquad P_{(1)} = 3P_{(2)}$$

La risposta cercata è dunque la **A**.

Quesito IV. Si possono rappresentare le due lampadine come resistenze identiche, il cui valore indichiamo con R, mentre indichiamo con ΔV la differenza di potenziale alla quale la configurazione di lampadine viene collegata nei due casi.

Nella configurazione in parallelo, ciascuna lampadina "vede" la d.d.p. ΔV. Dunque, per la legge di Ohm, è attraversata da una corrente $i = (\Delta V)/R$ e dissipa per effetto Joule una potenza:

$$P = (\Delta V)^2/R$$

Questa potenza è proporzionale all'intensità luminosa della lampadina.

Nel caso della serie di lampadine, invece, la resistenza equivalente del circuito vale $R_s = 2R$. Per questo, nella configurazione in serie, in ciascuna lampadina scorre una corrente che è pari a:

$$i_s = \frac{\Delta V}{R_s} = \frac{1}{2}\frac{\Delta V}{R}$$

In questa configurazione "errata" la potenza dissipata da ciascuna lampadina per effetto Joule va calcolata a partire dalla corrente e dalla resistenza:

$$P_s = Ri_s^2 = R \cdot \left(\frac{1}{2}\frac{\Delta V}{R}\right)^2 = \frac{(\Delta V)^2}{4R}$$

Si conclude che ciascuna lampadina nella configurazione in serie produce una luminosità che è un quarto della luminosità ottenuta nella configurazione in parallelo (risposta **A**).

FISICA

10.4.2 | Analisi dei circuiti elettrici e leggi di Kirchhoff

Il problema che si può presentare è il seguente: dati uno o più generatori con alcuni elementi di circuito variamente connessi tra loro, si chiede di determinare quali sono le correnti che li attraversano e quanto valgono le differenze di potenziale ai loro capi.

Per la risoluzione di tale problema è necessario tenere presente alcune regole, in parte già viste in precedenza, che vengono ora elencate per comodità.

- Due *elementi* sono collegati *in serie* quando sono attraversati dalla stessa intensità di corrente, mentre sono collegati *in parallelo* quando partono dallo stesso nodo e si chiudono sullo stesso nodo (ai loro capi vi è la stessa differenza di potenziale).
- I fili conduttori che collegano tra loro gli elementi del circuito hanno resistenza nulla.
- Due punti che si trovano collegati da un filo, senza che altri elementi del circuito siano posti tra i due, hanno lo stesso potenziale.
- Ogni linea chiusa all'interno del circuito prende il nome di *maglia*.

Si utilizzano anche le due **leggi di Kirchhoff**:

1. in ogni *nodo* del circuito, la somma delle correnti entranti deve essere uguale alla somma delle correnti uscenti.
2. la somma algebrica delle forze elettromotrici contenute in una maglia è uguale alla somma delle differenze di potenziale ai capi di ciascuno degli elementi della maglia.

Di seguito viene fornito un esempio di circuito elettrico nel quale si devono determinare le correnti e le differenze di potenziale presenti.

Si trovi la d.d.p. tra i punti A e B del circuito rappresentato, sapendo che:

- **la forza elettromotrice del generatore è di 10 V;**
- **R1 = 100 Ω;**
- **R2 = 100 Ω.**

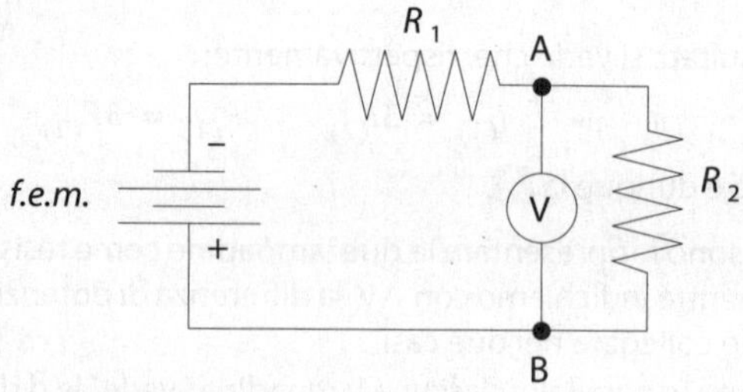

La differenza di potenziale richiesta è:

$$\Delta V_{AB} = R_2 \cdot i$$

dove *i* è l'intensità di corrente che attraversa la resistenza R_2.

Applicando la seconda legge di Kirchhoff (il circuito è una *maglia*) si ottiene:

$$f.e.m. = R_1 \cdot i + R_2 \cdot i \;\rightarrow\; f.e.m. = (R_1 + R_2) \cdot i \;\rightarrow\; i = \frac{f.e.m.}{R_1 + R_2}$$

quindi la differenza di potenziale cercata vale:

$$\Delta V_{AB} = R_2 \cdot \frac{f.e.m.}{R_1 + R_2}$$

Inserendo i valori numerici si ottiene:

$$\Delta V_{AB} = 100\ \Omega \cdot \frac{10\ V}{200\ \Omega} = 5\ V$$

10.5 | Corrente elettrica nei liquidi e nei gas

L'acqua distillata non conduce elettricità (è un isolante), perché non contiene anioni (ioni positivi) e cationi (ioni negativi); diventa però conduttrice quando contiene ioni che fungono da veicoli trasportatori di carica (è questo il caso dell'acqua non distillata).

Elettrolita: sostanza che in acqua si dissocia elettroliticamente e la rende conduttrice.

La *conducibilità di una soluzione* cresce al crescere della concentrazione dell'elettrolita forte[1] presente in soluzione e cresce al crescere della mobilità degli ioni presenti in soluzione.

I liquidi non sono conduttori ohmici: per essi non valgono le leggi di Ohm.

I gas conducono solo se sono ionizzati. La ionizzazione di un gas si ottiene bombardandolo con agenti ionizzanti: radiazioni elettromagnetiche (raggi X), corpuscoli veloci (elettroni o particelle α). Come nei liquidi, anche nei gas la conducibilità dipende dalla concentrazione degli ioni e dalla loro mobilità.

I gas non sono conduttori ohmici: per essi non valgono le leggi di Ohm.

I gas e i liquidi sono perciò anche detti **conduttori di seconda specie.**

Il vuoto non conduce la corrente elettrica: se però, all'interno di una ampolla contenente un gas molto rarefatto, si applica una differenza di potenziale elevata, si osserva il passaggio di elettroni liberi. I **raggi catodici** sono elettroni emessi dal catodo (elettrodo negativo) che si propagano nel gas rarefatto con velocità elevata (circa 1/3 della velocità della luce).

1. Per elettrolita forte si intende una sostanza che in soluzione è totalmente dissociata negli ioni che la costituiscono. Un elettrolita debole in soluzione è dissociato solo parzialmente.

FISICA

Ripassa da qui

Intensità di corrente

$$i = \frac{\Delta Q}{\Delta t}$$

Leggi di Ohm

- **Prima legge di Ohm**

$$\Delta V = V_B - V_A = R \cdot i \leftrightarrow R = \frac{\Delta V}{i}$$

- **Seconda legge di Ohm**

$$R = \rho \frac{l}{S} \text{ dove } \rho \text{ è la resistività}$$

Effetto Joule

- Energia dissipata: $L = R \cdot i^2 \cdot \Delta t$
- Potenza dissipata: $P = \frac{L}{\Delta t} = R \cdot i^2 = \Delta V \cdot i$

Resistenze e condensatori in serie e in parallelo

- Resistenze in serie

$$R_{eq} = R_1 + R_2 + \ldots + R_n$$

- Resistenze in parallelo

$$\frac{1}{R_{eq}} = \frac{1}{R_1} + \frac{1}{R_2} + \ldots + \frac{1}{R_n}$$

- Condensatori in serie

$$\frac{1}{C_{eq}} = \frac{1}{C_1} + \frac{1}{C_2} + \ldots + \frac{1}{C_n}$$

- Condensatori in parallelo

$$C_{eq} = C_1 + C_2 + \ldots + C_n$$

Circuiti elettrici

- Due *elementi* sono collegati *in serie* quando sono attraversati dalla stessa intensità di corrente, mentre si dicono *in parallelo* quando partono dallo stesso nodo e si chiudono sullo stesso nodo.
- Due punti collegati da un filo senza che altri elementi del circuito siano posti tra i due hanno lo stesso potenziale.
- Gli amperometri servono per misurare l'intensità di corrente: vanno collegati in serie.
- I voltmetri servono per misurare la differenza di potenziale e vanno collegati in parallelo con la parte di circuito interessata.
- Gli elettroni si muovono dal polo negativo (anodo) verso il polo positivo (catodo) del generatore. Per convenzione la corrente elettrica circola in senso opposto.
- Ogni generatore ha una *f.e.m.* il cui valore generalmente non coincide con la d.d.p. agli elettrodi. Per calcolare la *f.e.m.* bisogna sommare al valore della differenza di potenziale ai due poli la quantità $r \cdot i$ dove r è la resistenza interna del generatore.

PARTE QUARTA

Quesiti svolti

1 La corrente in un conduttore metallico è dovuta:

A al moto degli elettroni
B al moto di cariche positive e negative
C al moto di un'onda elettromagnetica
D al moto di un fluido
E al moto di un solido

Nei conduttori solidi, le uniche cariche in movimento sono gli elettroni di conduzione. La corrente per convenzione scorre in direzione opposta a quella delle cariche negative, ma nei conduttori solidi non esistono cariche positive in moto. La risposta esatta è la A.

2 Un conduttore è percorso da una corrente $i = 800$ mA. In un tempo pari a due secondi la sezione del conduttore viene attraversata da (carica dell'elettrone $e = -1{,}6 \times 19^{-19}$ C):

A 4×10^{20} elettroni
B 10^{-19} elettroni
C 2×10^{22} elettroni
D 10^{19} elettroni
E 2×10^{16} elettroni

Per la definizione di corrente, la quantità di carica che attraversa il conduttore si ricava moltiplicando la corrente per il tempo. Il numero di elettroni N si trova dividendo la carica totale per la carica elementare e:

$$N = \frac{i \cdot \Delta t}{e} = \frac{800 \cdot 10^{-3}\ \text{A} \cdot 2\ \text{s}}{1{,}6 \times 10^{-19}\ \text{C}} = 10^{19} \quad \text{(risposta D)}$$

3 L'ohm è uguale a:

A ampere/volt
B volt/ampere
C coulomb · volt
D volt · ampere
E coulomb/secondo

L'ohm (Ω) è l'unità di misura della resistenza nel SI. La prima legge di Ohm afferma che $R = (\Delta V)/i$ dove ΔV è la differenza di potenziale misurata in volt e i è l'intensità di corrente la cui unità di misura è l'ampere. Quindi Ω = volt/ampere (risposta B).

4 I fili elettrici impiegati per il trasporto della corrente negli ambienti domestici sono di:

A ferro
B rame
C argento
D ottone
E nichel

Il materiale scelto per il trasporto della corrente rappresenta un compromesso fra alcune proprietà come la conducibilità, le caratteristiche chimico-fisiche e il costo: il rame, pur essendo un conduttore peggiore dell'argento, risulta essere decisamente più economico e con caratteristiche fisiche più adatte allo scopo. La risposta corretta è dunque la B.

FISICA

5 Quale quantità di energia viene dissipata in un'ora da una comune lampada a incandescenza dl 60 W?

A Circa 50 calorie
B Circa 500 calorie
C Circa 5.000 calorie
D Circa 50.000 calorie
E Circa 500.000 calorie

L'energia dissipata dalla lampada di potenza $P = 60$ W sotto forma di calore per effetto Joule è pari a: $L = P \cdot \Delta t$ dove Δt è il tempo durante il quale l'energia viene dissipata. Sostituendo i valori si ottiene:

$$L = 60\ \text{W} \cdot 1\ \text{h} = 60\ \frac{\text{J}}{\text{s}} \cdot 3600\ \text{s} = 216.000\ \text{J}$$

Ricordando che 1 cal = 4,186 joule, si trova 216.000 J ≈ 51.600 cal.

La risposta esatta è quindi la D.

6 Nella figura tutti i condensatori hanno la stessa capacità C. Fra i punti A e B la capacità equivalente vale:

A $3C/2$
B $3C$
C $2C$
D $2C/3$
E $C/2$

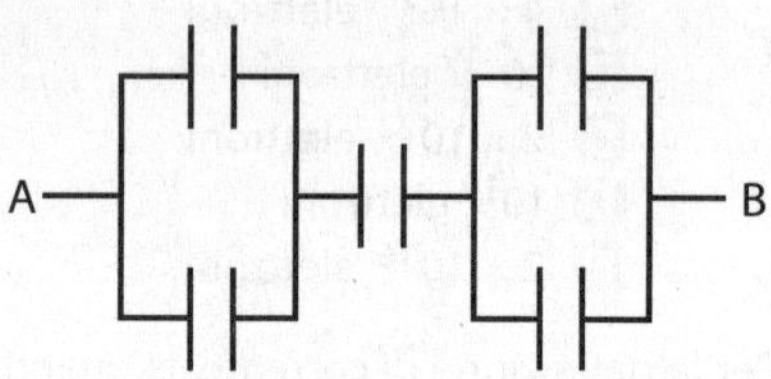

Ricordando la regola per calcolare le capacità equivalenti, si può schematizzare la situazione in figura come la serie di tre capacità C_{eq}, C e C_{eq}, dove le C_{eq} sono a loro volta la capacità equivalente di un parallelo (pari alla somma delle singole capacità). La capacità equivalente totale si ricava perciò come segue:

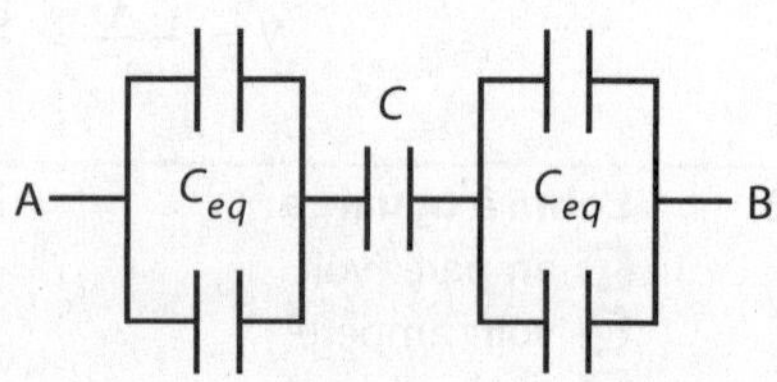

$$\frac{1}{C_t} = \frac{1}{C_{eq}} + \frac{1}{C} + \frac{1}{C_{eq}} = \frac{1}{2C} + \frac{1}{C} + \frac{1}{2C} = \frac{2}{C} \rightarrow C_t = \frac{C}{2}$$

La risposta corretta è quindi la E.

7 L'unità di misura della resistività è:

A Ω/m^2
B $\Omega \cdot \text{m}^2$
C Ω/m
D $\Omega \cdot \text{m}$
E Ω/m^3

Per ricavare l'unità di misura di una grandezza non particolarmente immediata, come la resistività, conviene ricordare una legge in cui tale grandezza è implicata e ricavarne l'unità di misura. Per la resistività, si ricorda la *seconda legge di Ohm*, secondo cui la resistenza elettrica di un filo conduttore è direttamente proporzionale alla lunghezza del filo *l* e inversamente proporzionale alla sezione *S*:

$$R = \rho \cdot \frac{l}{S} \rightarrow \rho = \frac{R \cdot S}{l}$$

Da questa relazione si ricava che la resistività ha le dimensioni di una resistenza per una lunghezza, dunque la sua unità di misura nel Sistema internazionale è $\Omega \cdot \text{m}$ (risposta D).

8 **Tre lampadine di resistenza elettrica $R_1 < R_2 < R_3$ vengono alimentate in parallelo dalla stessa linea elettrica. Qual è la relazione tra le potenze dissipate dalle tre lampadine?**

A $P_1 < P_2$ e $P_2 > P_3$
B $P_1 = P_2 = P_3$
C $P_1 > P_3$ e $P_2 < P_3$
D $P_1 > P_2 > P_3$
E $P_1 < P_2 < P_3$

Ai capi di tre resistenze in parallelo è applicata la stessa differenza di potenziale; inoltre, la potenza *P* dissipata per effetto Joule da una resistenza *R* ai capi della quale è applicata una tensione ΔV vale $(\Delta V)^2/R$, dunque *P* è inversamente proporzionale a *R*.
Si conclude che le potenze dissipate stanno tra loro nella relazione espressa dall'alternativa D.

9 **Si hanno 4 pile, ciascuna è da 1,5 V. Le si collegano in serie (collegando il polo + della prima al – della seconda, il + della seconda al – della terza e, infine, il + della terza al – della quarta). Quanto vale la differenza di potenziale d.d.p. (in valore assoluto) tra il polo – della prima e il polo + della quarta, a circuito aperto?**

A Si crea un immediato cortocircuito, per cui immediatamente si ha 0 V
B Si annullano le cariche, quindi non succede nulla, ma si ottiene comunque 0 V
C Si ottiene una d.d.p. da 1,5 V, ma di maggiore durata
D Si ottiene una d.d.p. da 1,5 V di minor durata, ma più precisa e più stabile
E Si ottiene una d.d.p. di 6 V

Le quattro pile sono poste in serie, con i poli opposti collegati fra loro. Ai capi di ogni pila si ha una *caduta di potenziale* o d.d.p. pari a 1,5 V. La differenza di potenziale totale ai capi della serie di pile sarà dunque uguale a quattro volte la d.d.p. ai capi di ogni pila, ovvero 6 V (risposta E).

10 **Determinare il valore della corrente che passa in R_2 quando:**
A) l'interruttore I è aperto
B) I è chiuso

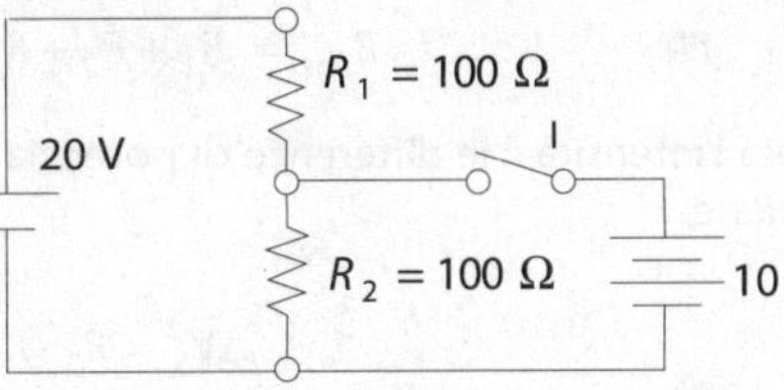

A A) 0,1 A; B) 0,1 A
B A) 0,1 A; B) 0,2 A
C A) 0,2 A; B) 0,1 A
D A) 0,2 A; B) 0,2 A
E A) 0,2 A; B) 0,3 A

Si supponga che l'interruttore I sia aperto. La corrente passa solo nella prima maglia, attraversando le resistenze R_1 e R_2. Tali resistenze sono in serie e sono quindi equivalenti a una resistenza totale pari a:

$$R_{tot} = R_1 + R_2 = 100\ \Omega + 100\ \Omega = 200\ \Omega$$

La corrente che circola nella maglia è pari a:

$$i = \frac{\Delta V}{R_{tot}} = \frac{20\ V}{200\ \Omega} = 0,1\ A$$

Questa corrente passa in entrambe le resistenze. Chiudendo l'interruttore, passa corrente anche nella seconda maglia. Ai capi di R_2 la d.d.p. è uguale a 10 V, in quanto R_2 è direttamente collegata al generatore di 10 V; quindi, in questo caso, la corrente che attraversa R_2 è:

$$i = \frac{\Delta V}{R_2} = \frac{10\ V}{100\ \Omega} = 0,1\ A$$

La risposta corretta è la A.

FISICA

11 Due lampadine sono inserite in un circuito che comprende una pila e un interruttore. Come devono essere collegate le due lampadine perché possa verificarsi la condizione che una lampadina sia accesa e una sia spenta?

- **A** In serie
- **B** In parallelo con l'interruttore inserito in uno dei due rami
- **C** In serie con l'interruttore inserito in mezzo alle due lampadine
- **D** La condizione in cui una lampadina è spenta e una accesa non può mai verificarsi perché le lampadine appartengono allo stesso circuito
- **E** La condizione di cui sopra può verificarsi per qualsiasi disposizione delle due lampadine

La risposta esatta è la **B**. Per rendersene conto è sufficiente osservare la rappresentazione del circuito riportata a lato.

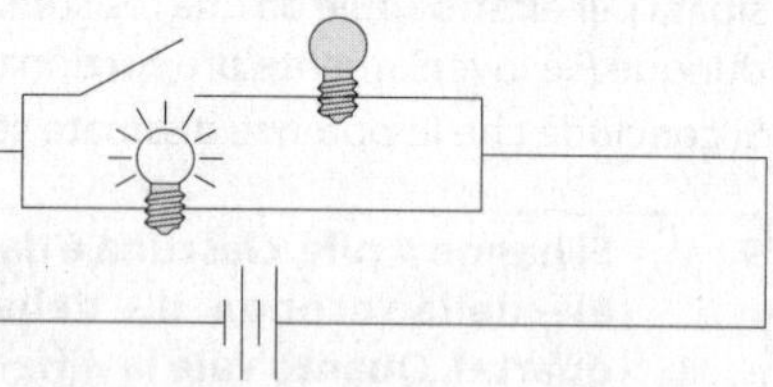

12 Quanto vale la tensione ai capi delle resistenze R_2 e R_3 nel circuito in figura?

- **A** 3 volt; 12 volt
- **B** 5 volt; 10 volt
- **C** 6 volt; 13 volt
- **D** 7 volt; 14 volt
- **E** 10 volt; 5 volt

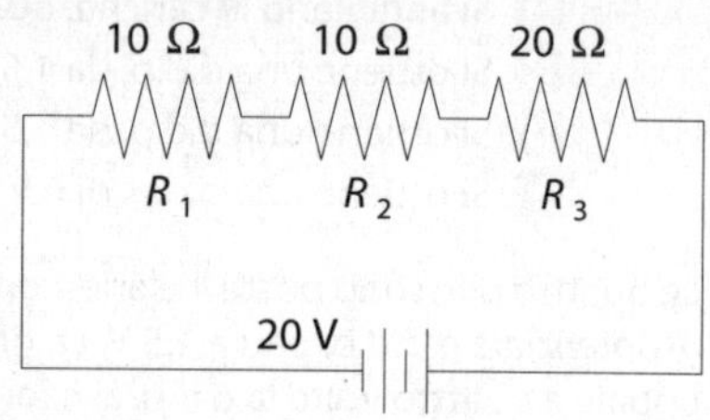

Per prima cosa occorre determinare l'amperaggio che attraversa il circuito:

$$R_{tot} = R_1 + R_2 + R_3 = 40\ \Omega \rightarrow i = \frac{\Delta V}{R} \Rightarrow i = \frac{1}{2}\ \text{A}$$

Nota l'intensità i, le differenze di potenziale ai capi di R_2 e R_3 si trovano applicando la legge di Ohm. Si ottiene:

$$\Delta V_2 = R_2 \cdot i \quad \rightarrow \quad \Delta V_2 = 10\ \Omega \cdot \frac{1}{2}\ \text{A} = 5\ \text{V}$$

$$\Delta V_3 = R_3 \cdot i \quad \rightarrow \quad \Delta V_3 = 20\ \Omega \cdot \frac{1}{2}\ \text{A} = 10\ \text{V}$$

La risposta corretta è dunque la **B**.

11 Magnetismo

Mettiti alla prova

I **Il campo elettrico E è conservativo?**

- A Sì, sempre
- B No, mai
- C Sì, se non è indotto da una variazione del flusso di **B**
- D No, se non è indotto da una variazione del flusso di **B**
- E Solo se il sistema è chiuso

II **Le dimensioni del vettore B sono:**

- A $[M] [i]^{-1} [T]^{-2}$
- B $[M] [L] [i]^{-2}$
- C weber
- D henry
- E tesla

III **Un campo magnetico è prodotto:**

- A da cariche elettriche in movimento
- B da un campo elettrico stazionario
- C da una massa in moto in un campo elettrico esterno
- D da cause non in relazione a fenomeni elettrici
- E da un sistema di cariche in quiete

IV **Un conduttore rettilineo è disposto lungo l'asse di un solenoide percorso da corrente. Che cosa si può dire sulla forza che agisce sul conduttore quando questo è attraversato da una corrente diretta nello stesso verso del campo generato dal solenoide?**

- A Sul conduttore agisce una forza diretta nello stesso verso del campo del solenoide
- B Sul conduttore agisce una forza diretta nel verso opposto al campo del solenoide
- C Sul conduttore agisce una forza diretta perpendicolarmente all'asse del solenoide
- D Sul conduttore non agisce alcuna forza
- E La direzione della forza sul conduttore è tale da formare con la direzione del campo un angolo il cui coseno è 3/20

FISICA

Ecco le risposte esatte dei 4 quesiti proposti: I **A**, II **A**, III **C**, IV **D**.

Alcuni materiali, come la magnetite, hanno la proprietà di attrarre piccoli pezzi di ferro. Questi corpi vengono chiamati *magneti* e hanno la proprietà di generare nello spazio circostante un *campo magnetico*. La Terra, per esempio, si comporta come un gigantesco magnete e genera intorno a sé un campo chiamato campo magnetico terrestre. L'esperienza mostra l'esistenza di poli magnetici di segno opposto: avvicinando due magneti si possono osservare repulsioni o attrazioni a seconda del modo in cui vengono avvicinati.

Per convenzione i due punti in cui si concentrano le due polarità di un magnete vengono detti **polo nord** e **polo sud**. Mentre è possibile isolare cariche elettriche positive e negative, non è possibile farlo per i poli magnetici: se si cerca di isolare i due poli di un magnete, per esempio spezzando una calamita, si ottengono più dipoli e non polarità isolate.

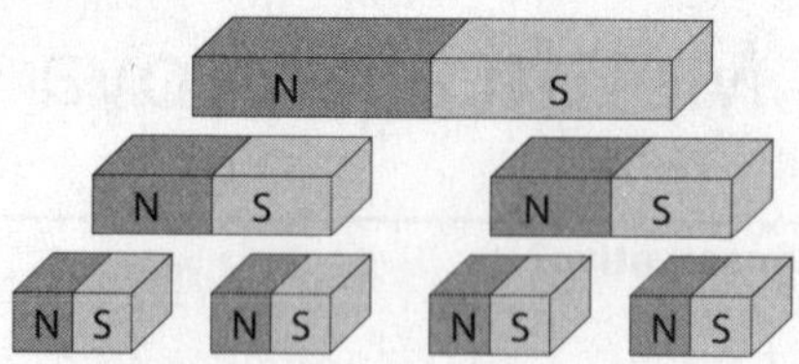

Non è possibile isolare un monopolo magnetico.

Esiste un legame strettissimo tra campo elettrico e campo magnetico: si verifica che un filo percorso da corrente genera intorno a sé un campo magnetico e che lo stesso filo è sottoposto all'azione di una forza se viene immerso in un campo magnetico esterno.

Ogni carica elettrica stazionaria genera intorno a sé un campo elettrico; se la carica elettrica è in movimento, genera intorno a sé anche un campo magnetico.

Se fosse possibile isolare un polo nord e un polo sud, sarebbe possibile applicare al campo magnetico una teoria analoga a quella sviluppata per il campo elettrico. L'impossibilità di avere monopoli magnetici suggerisce invece l'esistenza di differenze tra i due campi. Il legame tra i due campi consente comunque di parlare di *elettromagnetismo* per unire in un'unica terminologia i fenomeni elettrici e magnetici.

PARTE QUARTA

11.1 | Campo magnetico

Si ponga un ago magnetico (come quello contenuto in una comune bussola) in un campo generato da un magnete: esso è sottoposto a una coppia di forze che cerca di farlo ruotare secondo la direzione del campo come indicato in figura.

L'ago si orienta fino a porsi tangente alle *linee di forza del campo*, come avviene appunto in una bussola, il cui ago sente il campo magnetico terrestre: le linee di forza del campo magnetico sono linee in ogni punto tangenti all'ago e orientate dal polo Sud al polo Nord dell'ago come riportato in figura. Disponendo della limatura di ferro in una regione dove è presente un campo magnetico, i singoli pezzettini di ferro si comportano come dei piccoli aghi magnetici orientandosi secondo le linee di forza del campo.

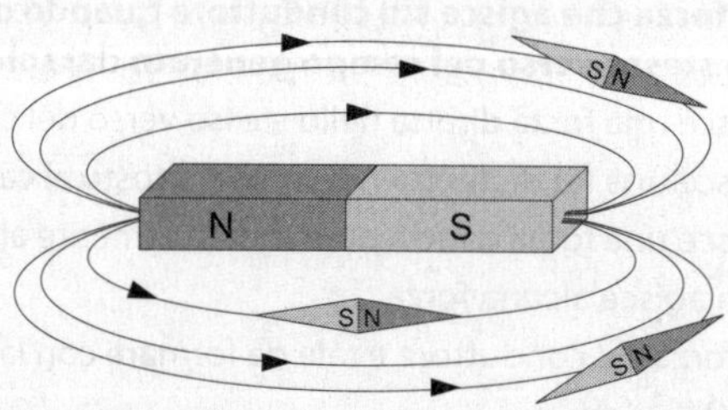

Si nota che le linee "disegnate" dalla limatura di ferro sono sempre chiuse su sé stesse e ciò è riconducibile all'impossibilità di isolare le polarità di un magnete.

Nel campo elettrico, le linee di forza generate da una carica positiva puntiforme sono linee dirette dalla carica verso l'infinito, mentre se la carica è negativa il verso delle linee va dall'infinito alla carica. In entrambi i casi le linee di forza sono aperte.

Nel campo magnetico, dove il polo nord e il polo sud sono sempre presenti sullo stesso corpo, le linee di forza che escono da un polo si chiudono sempre nell'altro.

Le linee di forza del campo elettrico sono generalmente aperte, quelle del campo magnetico sono sempre chiuse.

Una diretta conseguenza della chiusura delle linee del campo magnetico è la sua non conservatività. Questo implica che per il campo magnetico non è possibile definire l'energia potenziale.

Il campo elettrico è in generale conservativo, mentre il campo magnetico non lo è mai.

Un campo elettrico può essere generato da una variazione di un campo magnetico (§ 11.2). In tale caso anche il campo elettrico risulta non conservativo.

11.1.1 | Vettore induzione magnetica

Il campo magnetico è un campo vettoriale: a ogni punto del campo si associa il *vettore induzione magnetica* **B** definito come segue.

Direzione: quella secondo cui si dispone un aghetto magnetico inserito nel campo.
Verso: dal polo sud al polo nord dell'aghetto.
Intensità: quella che si ricava dalla relazione:

$$|\mathbf{F}| = q \cdot |\mathbf{v} \wedge \mathbf{B}|$$

dove $|\mathbf{F}|$ è il modulo della forza di natura magnetica, detta **forza di Lorentz**, che agisce su una carica q che transita con velocità **v** nel campo magnetico.

Dalla definizione è possibile risalire all'unità di misura del vettore **B**:

$$[\mathbf{B}] = \frac{[\mathbf{F}]}{[q][\mathbf{v}]} \Rightarrow \frac{\mathrm{N}}{\mathrm{C} \cdot \mathrm{m/s}} = \frac{\mathrm{N} \cdot \mathrm{s}}{\mathrm{C} \cdot \mathrm{m}} = \frac{\mathrm{N}}{\mathrm{A} \cdot \mathrm{m}} = \frac{\mathrm{J} \cdot \mathrm{s}}{\mathrm{C} \cdot \mathrm{m}^2} = \frac{\mathrm{V} \cdot \mathrm{s}}{\mathrm{m}^2}$$

Si definisce il **weber** (Wb) come: 1 Wb = 1 V · s
Si definisce il **tesla** (T) come: 1 T = 1 Wb / m^2
Nel SI il campo magnetico **B** si misura in **tesla** (T).

Possiamo già rispondere alle prime due domande poste all'inizio del capitolo.

Quesito I. Un campo di forze è conservativo quando le sue linee di forza sono aperte; se le linee di forza sono chiuse il campo non può essere conservativo. Le linee di forza del campo elettrico sono chiuse solo quando il campo è generato dalla variazione di un campo magnetico nel tempo, cioè quando è indotto da una variazione del flusso di **B** (risposta **C**).

Quesito II. Le alternative **C**, **D** ed **E** possono essere scartate a priori perché contengono unità di misura e non dimensioni di grandezze fisiche. L'unità di misura di **B** è il tesla (T):

$$\mathrm{T} = \frac{\mathrm{N}}{\mathrm{C} \cdot \mathrm{m/s}} = \frac{\mathrm{N}}{\mathrm{A} \cdot \mathrm{m}} = \frac{\mathrm{kg} \cdot \mathrm{m}}{\mathrm{A} \cdot \mathrm{m} \cdot \mathrm{s}^2} = \frac{\mathrm{kg}}{\mathrm{A} \cdot \mathrm{s}^2}$$

L'uguaglianza precedente si traduce dimensionalmente in:

$$[\mathbf{B}] = [\mathrm{M}] \cdot [\mathrm{i}]^{-1} \cdot [\mathrm{T}]^{-2}$$

La risposta esatta è dunque la **A**.

11.1.2 | Forza di Lorentz

Si consideri una carica q in moto con velocità **v** all'interno di un campo magnetico. L'esperienza mostra che tale carica viene deviata per la presenza del magnete, come indicato in figura. Si osserva che la deviazione del moto e, quindi, la forza di natura magnetica che agisce sulla carica, crescono al crescere della velocità della carica e del valore della carica stessa.

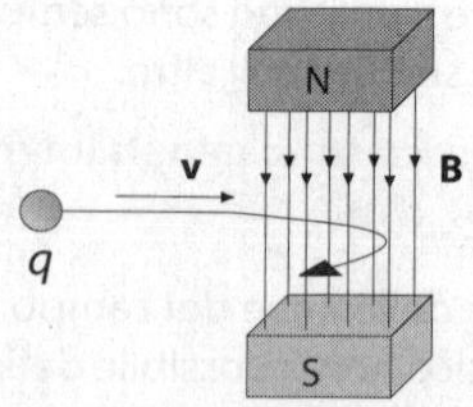

Come si è visto, la **forza di Lorentz** è la forza di natura magnetica che agisce sulla carica q che transita con velocità **v** nel campo magnetico. Tale forza è data da:

$$\mathbf{F} = q \cdot \mathbf{v} \wedge \mathbf{B}$$

Si tratta di un prodotto vettoriale (§ 1.3.4), per cui la forza di Lorentz **F** che agisce su una carica in movimento con velocità **v** è perpendicolare sia al campo magnetico **B** in cui tale carica si muove sia alla velocità della carica.

> Se la carica si muove parallelamente al campo **B**, la sua deviazione è nulla!
> **Se la velocità è perpendicolare al campo la sua deviazione è massima: in questo caso la carica immersa nel campo B compie un moto circolare uniforme** in cui la forza centripeta è proprio la forza di Lorentz.
> Il raggio della traiettoria circolare è una costante legata alle altre grandezze che descrivono la carica dalla relazione:
>
> $$r = \frac{m \cdot v}{q \cdot B}$$

Il verso della forza di Lorentz può essere determinato con la regola della mano destra.

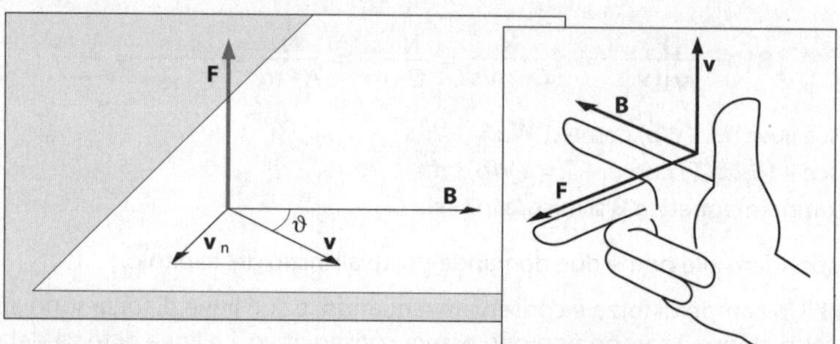

> **La forza di Lorentz non compie lavoro**, perché è sempre perpendicolare alla velocità e quindi allo spostamento.

> **Due particelle A e B, aventi la stessa carica elettrica, si muovono di moto circolare uniforme in uno stesso campo magnetico su circonferenze di ugual raggio.**
> **Sapendo che $m_A = 2\, m_B$, qual è la relazione tra i moduli delle velocità v_A e v_B?**
> Le particelle A e B hanno la stessa carica q, si muovono nello stesso campo magnetico **B** descrivendo traiettorie circolari di ugual raggio r: data la formula precedente per il raggio, è dunque necessario che valga la relazione $m_A \cdot v_A = m_B \cdot v_B$.
> Essendo $m_A = 2\, m_B$, la velocità di A deve essere la metà della velocità di B.

11.1.3 | Campo magnetico generato dalla corrente elettrica

Il campo magnetico prodotto dal passaggio della corrente in un filo rettilineo è in ogni punto perpendicolare sia alla distanza r dal filo che alla direzione del filo.

Per trovare il verso di **B**, si dispone il pollice della mano destra nella direzione e nel verso della corrente; in questa posizione le altre dita della mano indicano il verso di **B**.

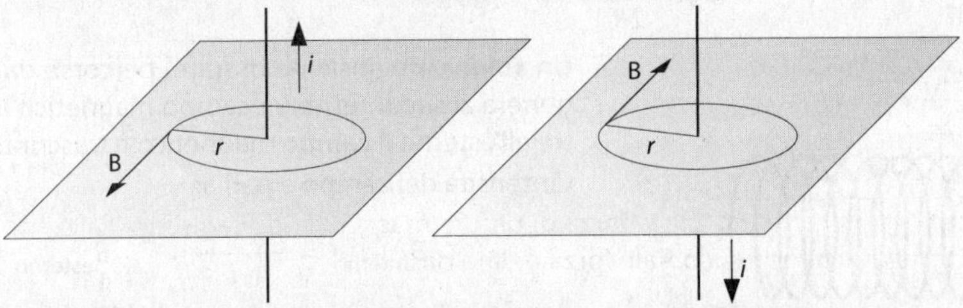

Un filo rettilineo percorso da corrente genera intorno a sé un campo magnetico le cui linee di forza sono *circonferenze concentriche* e la cui intensità è data dalla legge di Biot e Savart.

Legge di Biot e Savart

Il campo generato da un filo percorso da corrente è direttamente proporzionale all'intensità della corrente e inversamente proporzionale alla distanza dal filo:

$$|\mathbf{B}| = \frac{\mu_0 \cdot \mu_r}{2\pi} \cdot \frac{i}{r}$$

La costante di proporzionalità μ_0 viene detta **permeabilità magnetica del vuoto**, mentre μ_r è detta **permeabilità magnetica relativa** del mezzo. Il prodotto $\mu_0 \cdot \mu_r$ viene indicato con la lettera μ e prende il nome di **permeabilità magnetica del mezzo.**

La permeabilità magnetica μ è un indice della facilità con la quale il mezzo si lascia attraversare dalle linee di forza del campo magnetico nel quale è immerso.
Nel SI ha dimensioni $[L][M][T]^{-2}[i]^{-2}$ e si misura in henry/metro.

11.1.4 | Interazione tra due fili percorsi da corrente

Si considerino due conduttori rettilinei di lunghezza l percorsi dalle correnti i_1 e i_2. Ciascuno dei due genera nel vuoto un campo magnetico **B** di intensità:

$$|\mathbf{B}| = \frac{\mu_0}{2\pi} \cdot \frac{i}{r}$$

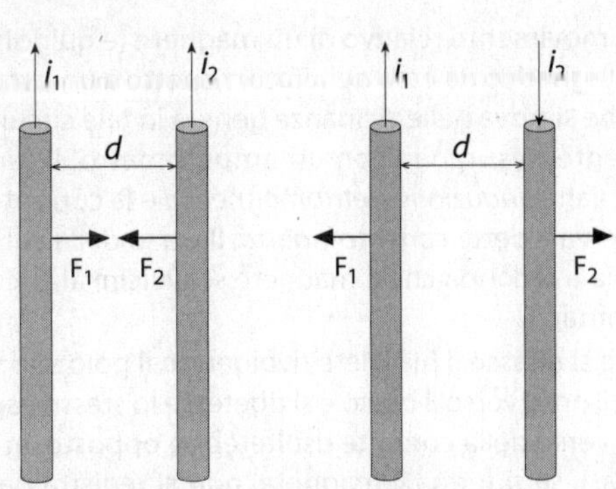

D'altra parte ciascuno dei due fili è soggetto alla forza dovuta al campo magnetico dell'altro filo, la cui intensità si dimostra essere:

$$|\mathbf{F}| = |i \cdot \mathbf{l} \wedge \mathbf{B}| \quad \Rightarrow \quad F = i \cdot l \cdot B$$

dove **l** è un vettore di intensità pari alla lunghezza l del filo, direzione uguale a quella del filo e verso uguale a quello della corrente.

La forza che agisce su ciascuno dei due fili è dunque $F = \frac{\mu_0}{2\pi} \cdot \frac{i_1 \cdot i_2 \cdot l}{d}$, dove d è la distanza tra i fili.

Se le correnti sono concordi, si ha attrazione; se sono discordi si ha repulsione.

11.1.5 | Spira e solenoide

Una spira circolare di raggio R percorsa da una corrente continua i genera un campo magnetico intorno a sé. In particolare sull'asse della spira il campo è ortogonale alla spira, con verso uguale a quello di avanzamento di una vite destrorsa che ruota nel verso della corrente, e di intensità nel centro della spira pari a:

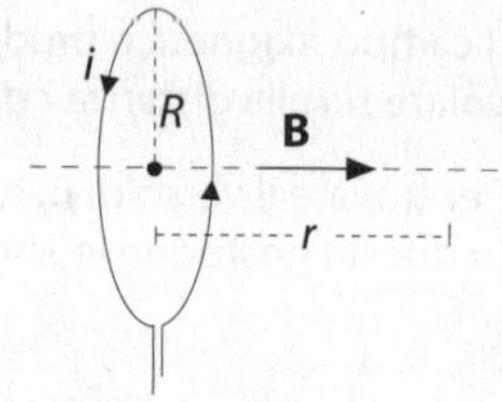

$$B = \frac{\mu_0 \cdot i}{2R}$$

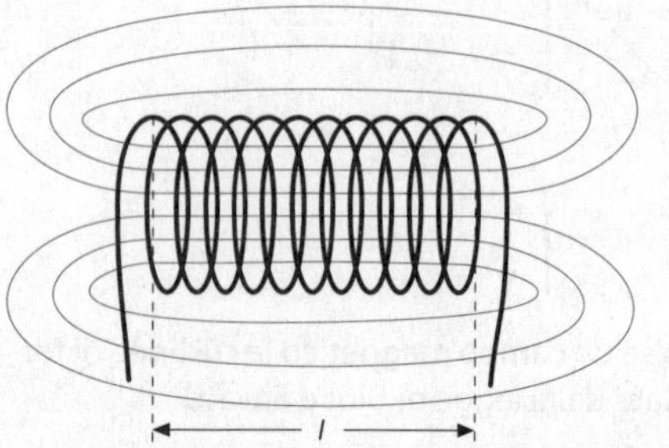

Un **solenoide** (insieme di spire) percorso da una corrente i genera al suo interno un campo magnetico *uniforme*, mentre all'esterno il campo magnetico è trascurabile. L'intensità del campo è pari a:

$$B_{\text{interno}} = \frac{\mu_0 \cdot n \cdot i}{l} \qquad B_{\text{esterno}} \approx 0$$

dove n è il numero di spire totali, l è la lunghezza del solenoide, i è l'intensità di corrente.

Le linee di forza del campo magnetico sono sempre linee chiuse.

Siamo ora in grado di rispondere anche agli ultimi due quesiti posti all'inizio del capitolo.

Quesito III. Sono diverse le possibili origini di un campo magnetico. Le principali sono rappresentate da magneti permanenti, da elettromagneti e da semplici circuiti percorsi da corrente. Tutti i casi sono però caratterizzati da un elemento comune: vi è sempre un movimento di cariche elettriche. La risposta cercata è dunque la **A**.

Quesito IV. Quando il conduttore è attraversato da corrente elettrica, in esso transitano cariche elettriche (elettroni) con una velocità diretta parallelamente all'asse del solenoide (e quindi alle linee di forza del campo magnetico da esso generato). Se la velocità della carica e il campo magnetico nel quale essa si muove sono paralleli, la forza di Lorentz che agisce sulla carica è nulla. Si conclude che sul conduttore non agisce alcuna forza (risposta **D**).

11.2 | Induzione elettromagnetica

Il movimento relativo di un magnete (e quindi del campo magnetico da esso generato) rispetto a un circuito chiuso che si trova nelle vicinanze genera in tale circuito una corrente misurabile con un amperometro. Il fenomeno si chiama *induzione elettromagnetica* e la corrente che si osserva è detta *corrente indotta*. Il verso della corrente cambia a seconda che il magnete si avvicini al circuito o si allontani.

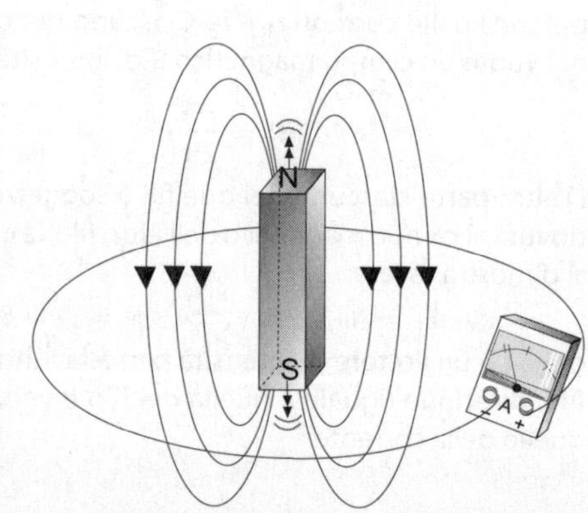

Se si girasse il magnete rivolgendo il polo sud verso l'alto e il nord verso il basso e si ripetesse lo stesso esperimento, il verso della corrente risulterebbe opposto. In entrambi i casi, se si ferma il magnete, non si registra passaggio di corrente.

In tutti i casi, le correnti indotte vengono generate solo se si ha una variazione del flusso di campo magnetico.

Perché si abbia corrente indotta in un circuito è necessario che vari il flusso del campo magnetico $\Phi(\mathbf{B})$ concatenato con il circuito stesso.

L'espressione *flusso concatenato* al circuito indica il flusso del campo magnetico attraverso la superficie racchiusa dal circuito. Il flusso di un vettore è stato definito nel § 9.4.

Il flusso $\Phi(\mathbf{B})$ di un vettore **B** attraverso la superficie *S* è dato dal prodotto scalare tra il vettore **B** e il vettore superficie **S**:

$$\Phi_S(\mathbf{B}) = \mathbf{B} \cdot \mathbf{S} = B \cdot S \cdot \cos\theta = B_n \cdot S$$

dove θ è l'angolo tra il vettore **B** e la normale alla superficie, B_n è la componente del vettore **B** lungo la normale e **S** è il vettore superficie (con intensità pari all'area della superficie, direzione perpendicolare alla superficie e verso uscente dalla superficie se questa è chiusa).

Nel si l'unità di misura di $\Phi(\mathbf{B})$ è il weber e si ha:

$$\text{weber} = \text{tesla} \cdot \text{m}^2 = \text{T} \cdot \text{m}^2$$

11.2.1 | Leggi dell'induzione elettromagnetica

Si consideri un magnete posto ortogonalmente rispetto a un circuito chiuso e lo si avvicini al circuito: le linee di campo magnetico concatenate con il circuito aumentano. Varia quindi il flusso del campo e nel circuito si genera una corrente indotta. Se si allontana il magnete il numero di linee di campo concatenate diminuisce e la corrente indotta è contraria alla precedente. All'aumentare della velocità di spostamento del magnete, l'intensità della corrente indotta aumenta. Per quantificare la corrente indotta, risulta comodo misurare la *forza elettromotrice indotta* responsabile della corrente. Si perviene così alla **legge di Faraday-Neumann**.

La forza elettromotrice indotta è direttamente proporzionale alla variazione del flusso magnetico e inversamente proporzionale all'intervallo di tempo in cui avviene tale variazione.

La corrente indotta genera a sua volta un campo magnetico. La **legge di Lenz** permette di dedurre il verso della corrente indotta in base a questo secondo campo magnetico.

Il verso della forza elettromotrice indotta è tale da generare a sua volta un campo magnetico che si oppone alla variazione di flusso $\Delta\Phi(\mathbf{B})$ che l'ha generata.

Quindi il campo magnetico generato dalla corrente indotta tende a compensare la variazione del campo magnetico inducente. È possibile sintetizzare le due leggi viste attraverso la seguente.

Legge di Faraday-Neumann-Lenz

$$f.e.m. = -\frac{\Delta\Phi(\mathbf{B})}{\Delta t}$$

11.2.2 | Correnti di Foucault

Sono correnti indotte che si manifestano all'interno di lamine conduttrici (tipicamente di metallo) quando varia il flusso del campo magnetico che le attraversa.

Se si cerca di estrarre rapidamente una lastra di rame (sostanza diamagnetica) dall'interno di una potente calamita, essa oppone resistenza al moto.

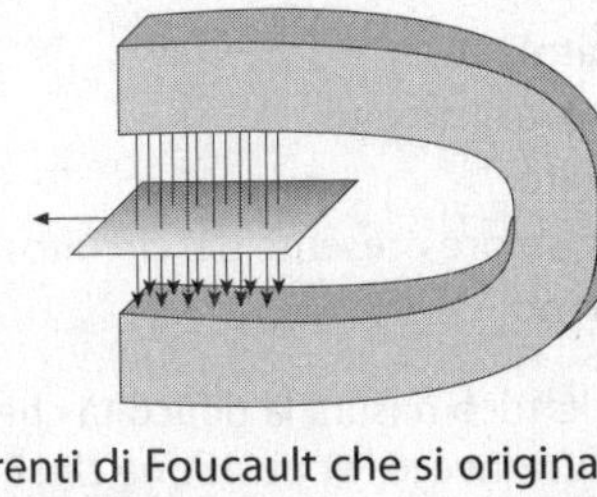

Ciò è dovuto al fatto che le correnti di Foucault che si originano con il movimento della lastra si oppongono a tale movimento (legge di Lenz). Le correnti di Foucault sono correnti dissipative (nel senso che sono causa di dissipazione energetica per effetto Joule) e per questo si cerca di ridurle nella costruzione delle macchine elettriche.

FISICA

11.2.3 | Induttanza e autoinduzione

La variazione di campo magnetico genera in un circuito concatenato una corrente indotta. Questa a sua volta genera un campo magnetico **B**, detto *autoindotto*, del quale è possibile calcolare il flusso concatenato con il circuito stesso: si parla di *flusso autoconcatenato*. Valgono le seguenti relazioni di proporzionalità:

$$\Phi \propto B; \quad B \propto i \quad \rightarrow \quad \Phi \propto i$$

dove Φ è il flusso del campo **B** associato alla corrente indotta i. Il flusso autoconcatenato è dunque proporzionale alla corrente indotta; indicando la costante di proporzionalità con L, si ha:

$$\Phi = L \cdot i$$

L prende il nome di **coefficiente di autoinduzione** o **induttanza.** Dipende solo dalla forma e dalle dimensioni del circuito. La sua unità di misura nel SI è:

$$\text{henry (H)} = \frac{\text{weber}}{\text{ampere}} = \frac{\text{V} \cdot \text{s}}{\text{A}} = \Omega \cdot \text{s}$$

Si chiama *induttore* ogni elemento caratterizzato da un alto valore del coefficiente di autoinduzione L.

Nei solenoidi l'induttanza è particolarmente elevata ed è pari a $L = \mu_0 \cdot n^2 \cdot S/l$ dove n è il numero di spire, l è la lunghezza del solenoide e S è la superficie della singola spira.
Per questo motivo, per indicare la presenza di un'induttanza in un circuito, si usa il simbolo del solenoide.

Si supponga ora di far variare la corrente i in un circuito: varia anche il flusso del campo autoconcatenato e, per la legge di Faraday-Neumann-Lenz, si genera una *f.e.m. autoindotta* F_i che si aggiunge alla *f.e.m.* già presente nel circuito. Vale la relazione:

$$F_i = -L \cdot \frac{\Delta i}{\Delta t}$$

L è un indice dell'inerzia delle cariche elettriche del circuito: **se L è grande è difficile variare l'intensità di corrente nel circuito**: il circuito stesso si oppone alle variazioni della corrente che lo attraversa.

Le correnti autoindotte che si generano all'apertura o alla chiusura di un circuito, a causa dell'improvvisa variazione di corrente, sono dette *extracorrenti*. Quando spegnendo un interruttore si intravede una scintilla, a causarla è un'elevata extracorrente di apertura.

Quando si chiude un circuito, parte dell'energia erogata dal generatore serve per creare il campo magnetico autoindotto. Tale energia si chiama **energia magnetica della corrente** e vale:

$$E = \frac{1}{2} L \cdot i^2$$

In un circuito alimentato da corrente continua in regime stazionario, l'intensità della corrente è limitata:

- **A** dalla resistenza del circuito
- **B** dalla pressione a cui si trova il circuito
- **C** dalla induttanza del circuito
- **D** dalla capacità del condensatore presente nel circuito
- **E** da nessuna delle precedenti

La resistenza di un circuito elettrico misura la difficoltà che gli elettroni incontrano nel loro moto. L'**induttanza** del circuito misura invece l'opposizione che il circuito offre a ogni **variazione** dell'intensità di corrente. Se l'intensità di corrente è costante nel tempo (*regime stazionario*) l'induttanza non ha alcun effetto sul moto delle cariche. La risposta esatta è pertanto la **A**. Il fatto poi che la corrente è continua e stazionaria indica che nel circuito non può essere presente un condensatore.

11.3 | Correnti alternate

Facendo ruotare una spira priva di generatore in un campo magnetico, si varia il flusso del campo magnetico stesso attraverso la superficie della spira, e vi si induce quindi una corrente. Il verso della corrente indotta cambia ogni volta che la spira compie mezzo giro.

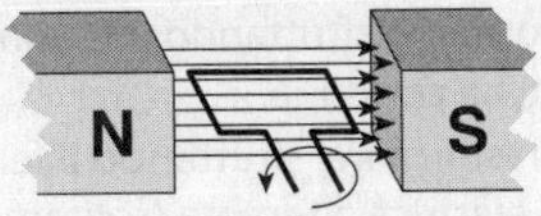

Si osserva che la forza elettromotrice indotta varia con il tempo in maniera sinusoidale: la corrente che si crea oscilla tra valori positivi e negativi, cambiando periodicamente il verso.

> La corrente indotta in una spira che ruota in un campo magnetico costante è alternata.

L'espressione dell'intensità di corrente alternata *i* può essere scritta come:

$$i = i_0 \cdot \text{sen}\,(\omega \cdot t)$$

dove i_0 indica il valore massimo dell'intensità di corrente.
Nel grafico a lato sono raffigurati gli andamenti dell'intensità di corrente e della *f.e.m.* in funzione del tempo. Si noti che le due funzioni sono in fase: questo è vero nell'ipotesi che nel circuito valga la legge di Ohm e che quindi le due funzioni siano legate dall'espressione *f.e.m.* $= R \cdot i$.
In generale, però, bisogna tenere conto anche delle induttanze e delle capacità; quindi tra *f.e.m.* e corrente si ha uno sfasamento.

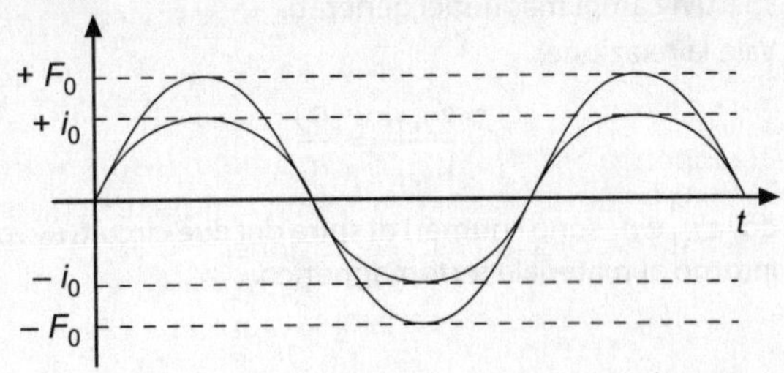

11.3.1 | Valori efficaci

Facendo passare una corrente alternata in un resistore, l'effetto Joule di dissipazione ha luogo anche se il verso della corrente continua a cambiare.

> Si definisce **intensità efficace** i_{eff} di una corrente alternata l'intensità della corrente continua che provocherebbe la stessa dissipazione energetica per effetto Joule.

Il calore dissipato per effetto Joule in caso di corrente alternata è dato allora da:

$$Q(\text{J}) = R \cdot i_{eff}^2 \cdot \Delta t \quad \text{oppure} \quad Q(\text{calorie}) = \frac{1}{4{,}186} R \cdot i_{eff}^2 \cdot \Delta t$$

Vale la relazione:

$$i_{eff} = i_0 / \sqrt{2}$$

11.3.2 | Circuiti in corrente alternata

Se la corrente è alternata lo è anche la *f.e.m.* e, tra i loro valori massimi F_0 e i_0, vale la relazione:

$$F_0 = Z \cdot i_0$$

Il coefficiente di proporzionalità *Z* è chiamato **impedenza** o **resistenza apparente** o **reattanza** e si misura in Ω. L'impedenza di un circuito dipende dai condensatori, resistori e induttori (*C, R, L*) inseriti nel circuito e dalla pulsazione ω della corrente.

> L'impedenza *Z* rappresenta, per le correnti alternate, quello che la resistenza *R* rappresenta per le correnti continue.

FISICA

11.4 | Macchine elettriche e trasformatori

- **Pila elettrica**: dispositivo in grado di trasformare energia chimica in energia elettrica ma non viceversa.
- **Accumulatore**: dispositivo in grado di trasformare energia chimica in energia elettrica e viceversa (è una pila elettrica reversibile).
- **Dinamo**: macchina capace di trasformare, sfruttando il fenomeno dell'induzione elettromagnetica, energia meccanica in corrente elettrica continua.
- **Alternatore**: macchina capace di trasformare, sfruttando il fenomeno dell'induzione elettromagnetica, energia meccanica in corrente elettrica alternata (solitamente sinusoidale).
- **Motore elettrico**: macchina capace di trasformare l'energia elettrica in energia meccanica.

Per trasportare la corrente elettrica alternata dai centri produttivi ai centri utilizzatori, è opportuno abbassarne l'amperaggio ed elevarne la tensione: la dissipazione energetica per effetto Joule è infatti proporzionale al quadrato dell'intensità di corrente.

Il **trasformatore** serve per cambiare il voltaggio di una corrente. È formato da due circuiti, uno principale e uno secondario, avvolti intorno a un materiale ferromagnetico in modo che sia massimo il concatenamento dei rispettivi campi magnetici generati.

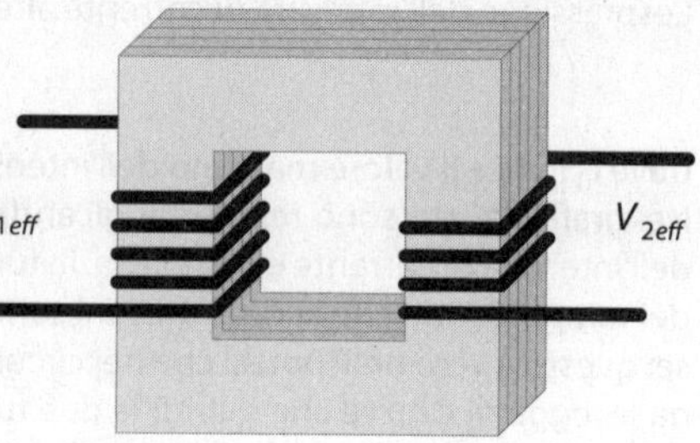

Vale la relazione:

$$\frac{V_{2eff}}{V_{1eff}} = \frac{n_2}{n_1}$$

dove n_1 e n_2 sono i numeri di spire dei due circuiti avvolti intorno al materiale ferromagnetico.

Quesiti svolti

1 **Quale tra le seguenti grandezze è uno scalare?**

- **A** Temperatura
- **B** Velocità
- **C** Campo elettrico
- **D** Campo magnetico
- **E** Forza

Velocità, campo elettrico, campo magnetico e forza sono grandezze vettoriali; sono infatti definite da un modulo, una direzione e un verso. La temperatura è invece una grandezza scalare (risposta **A**).

2 **Un campo magnetico è prodotto:**

- **A** da cariche elettriche in movimento
- **B** da un campo elettrico stazionario
- **C** da una massa in moto in un campo elettrico esterno
- **D** da cause non in relazione a fenomeni elettrici
- **E** da un sistema di cariche in quiete

Sono diverse le possibili origini di un campo magnetico. Le principali sono rappresentate da magneti permanenti, da elettromagneti e da semplici circuiti percorsi da corrente. Tutti i casi sono però caratterizzati da un elemento comune: vi è sempre un movimento di cariche elettriche.

La risposta cercata è dunque la **A**.

3 **In generale un elettrone in moto in un campo magnetico:**

- **A** prosegue il suo moto indisturbato
- **B** viene deviato
- **C** torna indietro
- **D** si distrugge
- **E** cattura un secondo elettrone

Un elettrone in moto con velocità **v** in un campo magnetico **B** è soggetto alla forza di Lorentz (che è nulla solo se **v** e **B** sono paralleli). Tale forza è perpendicolare alla velocità **v** dell'elettrone: la risposta esatta è dunque la **B**.

4 **Una carica elettrica puntiforme si muove inizialmente con velocità costante fino a quando non entra in una zona nella quale il suo moto diventa circolare; allora la zona in cui la carica si muove è sede di un campo:**

- **A** elettrico costante
- **B** neutro
- **C** magnetico
- **D** gravitazionale
- **E** di forze elettrostatiche

FISICA

Se la carica elettrica si muove di moto circolare, significa che su di essa agisce una forza perpendicolare alla velocità (forza centripeta). L'esempio per eccellenza di forza perpendicolare alla velocità è la forza di Lorentz la cui presenza denota l'esistenza di un campo magnetico (risposta C).

Più precisamente si può affermare che, se una carica q di massa m entra in un campo magnetico **B** con velocità **v** perpendicolare al campo, la sua traiettoria sarà una circonferenza di raggio:

$$r = \frac{m \cdot v}{q \cdot B}$$

---

5 Una spira ruota tra i poli Nord e Sud di un magnete. Il valore assoluto della forza elettromotrice della corrente indotta è massimo quando:

A la faccia della spira è perpendicolare alle linee di forza del campo magnetico

B la faccia della spira forma un angolo di 45° con le linee di forza

C la faccia della spira è parallela alle linee di forza del campo magnetico

D la faccia della spira forma un angolo di 100° con le linee di forza

E la faccia della spira forma un angolo di 60° con le linee di forza

Quando la spira ruota, varia il flusso del campo magnetico che la attraversa.
La *f.e.m.* indotta è massima quando è massima la variazione nell'unità di tempo del flusso del campo magnetico che attraversa la spira, ossia quando la spira è parallela alle linee di forza del vettore **B** generato dai poli del magnete (posizione della spira in figura).
La risposta esatta è la C.

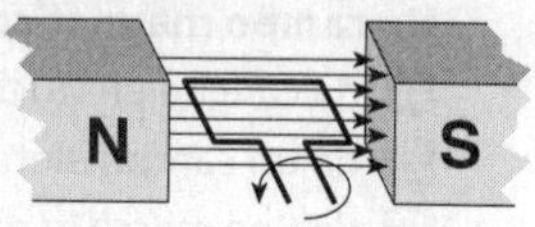

---

6 In un circuito immerso in un campo magnetico B si ha produzione di corrente indotta. In questo caso quale delle seguenti condizioni è necessariamente verificata?

A Il flusso di **B** attraverso la superficie delimitata dal circuito varia nel tempo

B C'è moto relativo fra circuito e campo magnetico

C **B** varia nel tempo

D Il flusso di **B** concatenato con il circuito è costante nel tempo, ma è sufficientemente elevato

E Il circuito è opportunamente grande

Perché si abbia corrente indotta in un circuito è necessario che vari il flusso del campo magnetico $\Phi(\mathbf{B})$ concatenato con il circuito stesso: la risposta corretta è la A.
In un circuito si ha corrente indotta in presenza di un campo magnetico variabile **oppure** di un moto relativo fra circuito e campo magnetico: in generale, quindi, le singole affermazioni contenute nelle risposte B e C non sono necessariamente vere.

---

7 In un circuito a corrente alternata l'impedenza è data da una funzione di:

A resistenza e induttanza

B resistenza, capacità e induttanza

C capacità e induttanza

D resistenza pura

E capacità pura

L'impedenza Z di un circuito percorso da una corrente alternata è la grandezza analoga alla resistenza R quando la corrente è continua e dipende dalla resistenza, dalla capacità e dall'induttanza del circuito (risposta B).

8 **In un circuito alimentato da corrente continua in regime stazionario, l'intensità della corrente è limitata:**

(A) dalla resistenza del circuito
(B) dalla pressione a cui si trova il circuito
(C) dalla induttanza del circuito
(D) dalla capacità del condensatore presente nel circuito
(E) da nessuna delle precedenti

La resistenza di un circuito elettrico misura la difficoltà che gli elettroni incontrano nel loro moto. L'induttanza del circuito misura invece l'opposizione che il circuito offre a ogni **variazione** dell'intensità di corrente. Se l'intensità di corrente è costante nel tempo (*regime stazionario*) l'induttanza non ha alcun effetto sul moto delle cariche. La risposta esatta è pertanto la (A). Il fatto poi che la corrente è continua e stazionaria indica che nel circuito non può essere presente un condensatore.

---

9 **In un circuito immerso in un campo di induzione magnetica B può prodursi una forza elettromotrice indotta**

a) perché cambia nel tempo la direzione di B;
b) perché cambia nel tempo il modulo di B.

(A) a) vero; b) vero
(B) a) vero; b) falso
(C) a) falso; b) vero
(D) a) falso; b) falso
(E) Nessuna delle precedenti

In un circuito immerso in un campo magnetico e non collegato ad alcun generatore è possibile misurare un passaggio di corrente e quindi una forza elettromotrice se cambia il flusso del campo magnetico concatenato con il circuito stesso. È questo il fenomeno dell'induzione elettromagnetica. Il flusso del campo magnetico attraverso il circuito è dato da:

$$\Phi(\mathbf{B}) = \mathbf{B} \times \mathbf{S}$$

dove **B** è il vettore induzione magnetica e **S** è un vettore il cui modulo è pari all'area della superficie racchiusa dal circuito e la cui direzione è ortogonale alla superficie stessa. Se il modulo o la direzione di **B** cambiano, cambia anche il flusso di **B** concatenato con il circuito e quindi in entrambi i casi si produce una forza elettromotrice indotta. La risposta esatta è la (A).

---

10 **Quale dei seguenti apparecchi funziona solo in corrente alternata?**

(A) Lampada a incandescenza
(B) Ferro da stiro
(C) Stufa elettrica
(D) Trasformatore
(E) Scaldabagno

La lampada, il ferro da stiro, la stufa elettrica e lo scaldabagno sono apparecchi il cui funzionamento si basa sull'effetto Joule: possono funzionare qualunque sia la natura della corrente elettrica. Il trasformatore si basa invece sul fenomeno dell'induzione elettromagnetica e presuppone l'esistenza di un campo magnetico variabile nel tempo: la risposta esatta è la (D).

FISICA

Appendice A

Tabelle utili

A.1 | Grandezze e unità di misura nel Sistema internazionale e nel CGS

Grandezze	Unità nel SI	Dimensioni fisiche nel SI e nel CGS	Unità nel CGS
lunghezza	m (metro)	$[L]$	cm (centimetro)
massa	kg (chilogrammo)	$[M]$	g (grammo)
tempo	s (secondo)	$[T]$	s (secondo)
angolo	radiante	adimensionale	radiante
velocità	m/s	$[L]\,[T]^{-1}$	cm/s
accelerazione	m/s^2	$[L]\,[T]^{-2}$	cm/s^2
frequenza	Hz (hertz)	$[T]^{-1}$	Hz (hertz)
forza	N (newton)	$[L]\,[M]\,[T]^{-2}$	dyn (dina)
momento	$N \cdot m$	$[L]^2\,[M]\,[T]^{-2}$	$dyn \cdot cm$
lavoro o energia	J (joule)	$[L]^2\,[M]\,[T]^{-2}$	erg (erg)
potenza	W (watt)	$[L]^2\,[M]\,[T]^{-3}$	erg/s
quantità di moto (impulso)	$N \cdot s$	$[L]\,[M]\,[T]^{-1}$	$dyn \cdot s$
densità	kg/m^3	$[L]^{-3}\,[M]$	g/cm^3
peso specifico	N/m^3	$[L]^{-2}\,[M]\,[T]^{-2}$	dyn/cm^3
pressione	N/m^2 = Pa (pascal)	$[L]^{-1}\,[M][T]^{-2}$	dyn/cm^2
intensità di corrente	A (ampere)	$[i]$	stat A
carica elettrica	C (coulomb)	$[T]\,[i]$	franklin
potenziale elettrico	V (volt)	$[L]^2\,[M]\,[T]^{-3}\,[I]^{-1}$	stat V
intensità del campo elettrico	N/C oppure V/m	$[L]\,[M]\,[T]^{-3}\,[I]^{-1}$	(stat V)/cm
capacità elettrica	F (farad)	$[L]^{-2}\,[M]^{-1}\,[T]^4\,[I]^2$	
costante dielettrica	F/m	$[L]^{-3}\,[M]^{-1}\,[T]^4\,[I]^2$	
resistenza	Ω (ohm)	$[L]^2\,[M]\,[T]^{-3}\,[I]^{-2}$	stat Ω
flusso magnetico	Wb (weber)	$[L]^2\,[M]\,[T]^{-2}\,[I]^{-1}$	stat Wb
induzione magnetica	T (tesla)	$[M][T]^{-2}\,[I]^{-1}$	gauss
induttanza	H (henry)	$[L]^2\,[M]\,[T]^{-2}\,[I]^{-2}$	stat H
permeabilità magnetica	H/m	$[L]\,[M]\,[T]^{-2}\,[I]^{-2}$	(stat H)/m

A.2 | Valore approssimato di alcune costanti fisiche

Costante	Simbolo	Valore
Accelerazione di gravità a 45° di latitudine	g	$9{,}8\ m/s^2$
Costante gravitazionale	G	$6{,}67 \cdot 10^{-11}\ N \cdot m^2/kg^2$
Costante dei gas perfetti	R	$8{,}318\ J/K \cdot mole$
Numero di Avogadro	N	$6{,}022 \cdot 10^{23}$ molecole/mole
Costante di Boltzmann	K	$1{,}381 \cdot 10^{-23}\ J/K$
Temperatura standard	T_0	$0\ °C = 273{,}15\ K$
Pressione standard	P_0	$1{,}013 \cdot 10^5\ Pa$
Volume della mole di un gas perfetto a T_0 e P_0		22,4 litri
Equivalente meccanico della caloria	J	4,186 joule/calorie
Massa del Sole		$1{,}99 \cdot 10^{30}\ kg$
Massa della Terra		$5{,}98 \cdot 10^{24}\ kg$
Distanza Terra-Sole (unità astronomica)		$1{,}5 \cdot 10^8\ km$
Velocità della luce nel vuoto	c	300.000 km/s
Velocità del suono nell'aria secca a 0°C		331,4 m/s
Massa a riposo dell'elettrone	m_e	$9{,}1 \cdot 10^{-31}\ kg$
Massa a riposo del protone	m_p	$1{,}6726 \cdot 10^{27}\ kg$
Massa a riposo del neutrone	m_n	$1{,}6749 \cdot 10^{-27}\ kg$
Carica elementare	e	$1{,}6 \cdot 10^{-19}\ C$
Costante di Coulomb nel vuoto	K_0	$8{,}99 \cdot 10^9\ N \cdot m^2/C^2$
Costante dielettrica del vuoto	ε_0	$8{,}859 \cdot 10^{-12}$ farad/m
Permeabilità magnetica del vuoto	μ_0	$12{,}56 \cdot 10^{-7}$ henry/m
Costante di Faraday	F	96.490 C/mol
Costante di Planck	h	$6{,}63 \cdot 10^{-34}\ J \cdot s$

FISICA

Appendice B

Approfondimenti

B.1 | Leggi di Keplero

Un'applicazione interessante delle leggi della meccanica e, in particolare, della legge di gravitazione universale, riguarda lo studio del sistema solare. In questo paragrafo vengono enunciate le tre leggi di Keplero, che sono alla base della meccanica dei sistemi planetari.

1. **l'orbita dei pianeti è piana ed ellittica e il Sole è posto in uno dei *fuochi*;**
2. **la *velocità areolare* è costante: il raggio vettore che dal Sole va a al pianeta spazza aree uguali in tempi uguali;**
3. $\frac{a^3}{T^2}$ **= costante con a = semiasse maggiore e T = periodo di rivoluzione.**

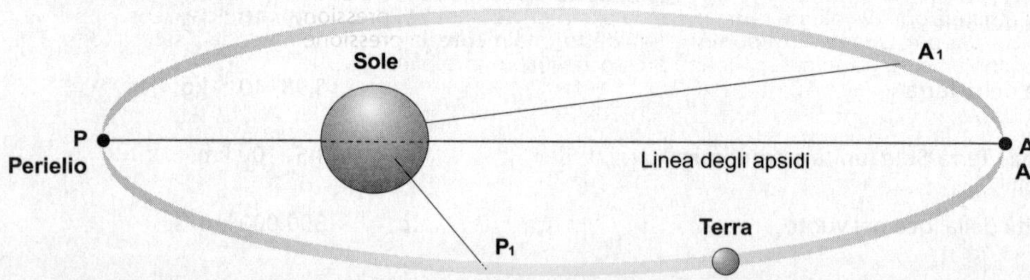

L'*eclittica* è l'orbita della Terra intorno al Sole: si tratta di un'ellisse, come vuole la prima legge di Keplero. Quando la Terra è più vicina al Sole (nel perielio), la sua velocità di rivoluzione è maggiore di quando si trova più lontana (nell'afelio). Il tempo impiegato dalla Terra per compiere il tratto PP_1 è lo stesso di quello impiegato per compiere il tratto AA_1 se, in accordo con la seconda legge di Keplero, le aree dei settori PP_1S e AA_1S sono uguali.

B.2 | Temperatura critica e isoterme dei gas reali

La liquefazione (o condensazione) è il passaggio opposto alla vaporizzazione. Perché un gas possa liquefare, si deve o abbassarne la temperatura o alzarne la pressione. I due fattori sono legati tra loro, al punto che per ogni gas esiste una *temperatura critica* T_c definita come la temperatura al di sopra della quale non è possibile liquefare il gas per sola compressione.

I gas reali, a differenza dei gas ideali, se sottoposti a pressioni elevate o a temperature basse possono liquefare.

Ogni specie gassosa è caratterizzata da un valore di temperatura critica. Si è soliti distinguere un aeriforme in *vapore* o *gas* a seconda che si trovi a una temperatura inferiore o superiore a quella critica. Un vapore può essere liquefatto per aumento di pressione, un gas no.

La temperatura critica dell'ossigeno vale – 118,4 °C, quella dell'ammoniaca vale 132,5 °C; quella dell'acqua vale 374 °C.

È possibile seguire il comportamento di un gas reale al variare della pressione, rappresentando in un piano cartesiano nelle due variabili *P* e *V* le variazioni di pressione e volume. Il piano *PV* viene detto **piano di Clapeyron** e serve per rappresentare qualunque tipo di trasformazione di un gas. In particolare, per un gas perfetto una *trasformazione isoterma* (cioè a temperatura costante) $P \cdot V =$ costante (legge di Boyle) è rappresentata da un ramo di iperbole, mentre per un gas reale si nota la presenza di una **campana di condensazione**, detta **curva di Andrews.**

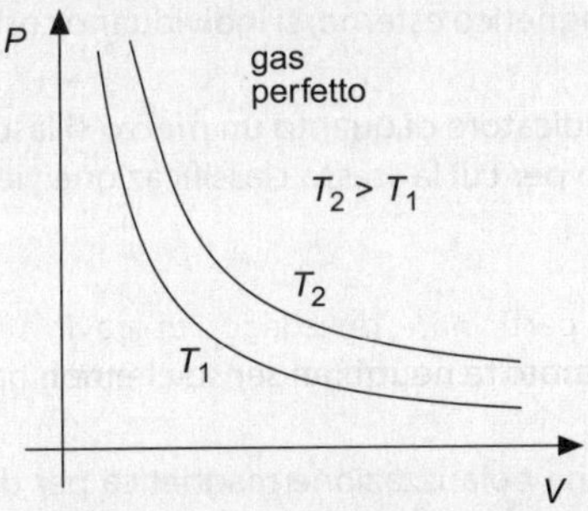

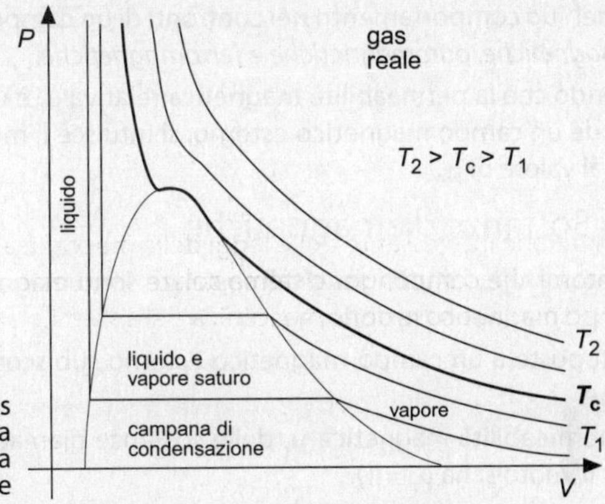

Isoterme di un gas perfetto e di un gas reale nel piano *PV*. Se la specie gassosa reale si trova al di sopra della temperatura critica T_c, la sua isoterma è del tutto simile a quella di un gas ideale.
Se la temperatura della specie gassosa è minore di T_c, quando il volume del vapore diminuisce la pressione aumenta fino a quando non si innesca il processo di condensazione e si entra quindi nella campana di condensazione dove il vapore è saturo: a questo punto la diminuzione di volume non si traduce più in un aumento di pressione, ma in condensazione del vapore. Quando il vapore si è liquefatto totalmente, la pressione riprende a salire molto rapidamente (i liquidi sono infatti pressoché incomprimibili).

Il comportamento dei gas reali si avvicina a quello dei gas perfetti per temperature alte e pressioni basse.

B.3 | Effetto Doppler

Si consideri una sorgente sonora fissa che genera un'onda di frequenza ν e un ascoltatore posto a una certa distanza. Se la sorgente si muove rispetto all'ascoltatore, la frequenza ν_1 dell'onda percepita dall'ascoltatore non è uguale a ν, ma cambia a seconda del moto relativo tra sorgente e ascoltatore. Si possono distinguere i quattro casi seguenti:

1. Ascoltatore fermo, sorgente in avvicinamento: $\nu_1 = \nu \cdot \dfrac{v}{v - v_1}$
2. Ascoltatore fermo, sorgente in allontanamento: $\nu_1 = \nu \cdot \dfrac{v}{v + v_1}$
3. Sorgente fissa, ascoltatore in avvicinamento: $\nu_1 = \nu \cdot \left(1 + \dfrac{v_1}{v}\right)$
4. Sorgente fissa, ascoltatore in allontanamento: $\nu_1 = \nu \cdot \left(1 - \dfrac{v_1}{v}\right)$

dove: ν: frequenza della sorgente; ν_1: frequenza percepita dall'ascoltatore;

v: velocità dell'onda; v_1: velocità relativa tra sorgente e ascoltatore

Il suono della sirena di un'ambulanza è più acuto, e quindi più fastidioso, quando l'ambulanza si avvicina all'ascoltatore rispetto a quando si allontana.

FISICA

B.4 | Proprietà magnetiche della materia

Se si inserisce un corpo in un campo magnetico, le orbite elettroniche che si trovano intorno a ogni atomo tendono a deformarsi generando una debole magnetizzazione, opposta al campo magnetico esterno. Questo fenomeno prende il nome di **polarizzazione magnetica per deformazione** ed è un fenomeno comune a tutti i materiali.

Non è però l'unico effetto che si osserva. In particolare la materia può essere divisa in tre categorie a seconda del suo comportamento nei confronti di un campo magnetico esterno; si individuano così sostanze *diamagnetiche*, *paramagnetiche* e *ferromagnetiche*.

Ricordando che la permeabilità magnetica relativa μ_r è un indicatore di quanto un mezzo si lascia attraversare da un campo magnetico esterno, si intuisce il motivo per cui la stessa classificazione viene fatta in base al valore di μ_r.

B.4.1 | Sostanze diamagnetiche

- Gli atomi che compongono tali sostanze sono magneticamente neutri nel senso che non hanno un campo magnetico proprio.
- Sottoposte a un campo magnetico esterno subiscono una polarizzazione magnetica per deformazione.
- La permeabilità magnetica μ_r delle sostanze diamagnetiche è costante e leggermente minore di 1 (per il vuoto si ha $\mu_r = 1$).

Acqua, argento e rame sono sostanze diamagnetiche. Il valore di μ_r è rispettivamente 0,999991, 0,999990 e 0,999974.

B.4.2 | Sostanze paramagnetiche

- Le sostanze paramagnetiche sono composte da atomi che hanno un campo magnetico proprio: ogni atomo può essere considerato come una piccola spira che si orienta quando viene inserita in un campo esterno. Questo fenomeno si chiama **polarizzazione magnetica per orientamento**. Tale orientamento conferisce alla sostanza una debole magnetizzazione.
- È presente anche la polarizzazione per deformazione, ma è molto più debole.
- La permeabilità magnetica relativa μ_r è costante e leggermente maggiore di 1.

Aria, alluminio e tungsteno sono sostanze paramagnetiche. Il valore di μ_r è rispettivamente 1,0000004, 1,000023 e 1,000068.

B.4.3 | Sostanze ferromagnetiche

- Queste sostanze presentano al loro interno delle regioni dette *domini di Weiss* in cui le spire atomiche sono già orientate. Inserendole in un campo esterno, i domini aventi una magnetizzazione concorde con il campo si ingrandiscono a scapito degli altri, fino a che tutto il materiale non presenta un'unica magnetizzazione molto forte.
- μ_r raggiunge valori molto elevati.
- Superata una data temperatura detta *temperatura di Curie*, i domini scompaiono a causa della forte agitazione termica e la sostanza ferromagnetica diventa paramagnetica.

Acciaio, ferro e ferronichel sono sostanze ferromagnetiche. Il valore di μ_r è rispettivamente 6000, 7000 e 105000.

Se le sostanze ferromagnetiche vengono immerse in un campo magnetico, si magnetizzano a loro volta e parte di tale magnetizzazione persiste anche se le si estrae dal campo. Esiste quindi una *magnetizzazione residua* grazie alla quale un materiale ferromagnetico può diventare un *magnete permanente*. Questa proprietà si manifesta diversamente a seconda del materiale ferromagnetico che si considera. Il ferro, per esempio, si distingue in *ferro dolce* con bassa magnetizzazione residua e *ferro duro* con alta magnetizzazione residua: quest'ultimo è ovviamente preferibile come materiale per la costruzione di un magnete permanente.

B.5 | Cenni di fisica nucleare

B.5.1 | Decadimenti radioattivi

In natura esistono *nuclei atomici stabili* e *nuclei instabili*. I nuclei instabili sono destinati a *decadere*, cioè a trasformarsi in nuclei stabili; essi prendono il nome di **nuclei radioattivi.**

Esiste uno stretto legame tra la radioattività di un elemento e il rapporto tra il numero Z di protoni e il numero N di neutroni contenuti nel suo nucleo. Gli atomi che hanno numero atomico piccolo (fino a 20) sono stabili se tale rapporto è pari a 1. Al crescere del numero atomico, la stabilità si sposta verso gli atomi nei quali N è maggiore di Z. I nuclei instabili possono rimanere tali anche per millenni (anche per miliardi di anni), poi decadono emettendo una o più particelle. Esistono tre tipi di decadimento radioattivo a seconda delle particelle emesse.

1. **Decadimento** α: quando un atomo subisce un decadimento di tipo α, libera verso l'esterno una particella α (nucleo di elio composto da due protoni e due neutroni, dotato di carica positiva pari a 2*e*) perdendo così due protoni e due neutroni. Con il decadimento α il numero di massa A dell'atomo che decade diminuisce di quattro unità, mentre il numero atomico Z diminuisce di due unità:

$$(A, Z) \rightarrow (A - 4, Z - 2)$$

L'uranio 238 ($^{238}_{92}U$) decade α trasformandosi in torio 234 ($^{234}_{90}Th$).

2. **Decadimento** β: nel decadimento β si ha la trasformazione di un protone in un neutrone (decadimento β^+) o viceversa (decadimento β^-) con conseguente liberazione di una particella beta. Nel caso del decadimento β^- la particella emessa è un elettrone veloce; nel caso β^+ l'atomo emette un positrone, avente massa uguale a quella dell'elettrone ma carica positiva.

   Se un nucleo decade β^-, il suo numero atomico Z aumenta di uno mentre il suo numero di massa A rimane inalterato:

$$(A, Z) \rightarrow (A, Z + 1)$$

Il cobalto 60 ($^{60}_{27}Co$) decade β^- trasformandosi in nichel 60 ($^{60}_{28}Ni$).

3. **Decadimento** γ: nel decadimento γ il nucleo mantiene inalterati il numero atomico e il numero di massa:

$$(A, Z) \rightarrow (A, Z)$$

   Viene emessa una particella γ (fotone ad alta energia o onda elettromagnetica ad alta frequenza), non dotata né di massa né di carica e, proprio per questo, molto penetrante. Una particella γ riesce ad attraversare anche strati di metallo pesante come il piombo.

   L'effetto finale sull'atomo che subisce un decadimento di questo tipo è una diminuzione della sua energia nucleare.

Nella figura a lato è mostrato il processo di decadimento radioattivo dell'uranio. Lungo gli assi verticale e orizzontale sono riportati rispettivamente il numero atomico Z e il numero di massa A. Sulla parte destra sono riportati i simboli degli elementi coinvolti durante il decadimento. Partendo dall'atomo di uranio:

$$^{238}_{92}U$$

(dove 238 è il numero di massa dell'atomo) e attraverso decadimenti α (frecce oblique) e β^- (frecce verticali) si arriva fino al piombo:

$$^{206}_{82}Pb$$

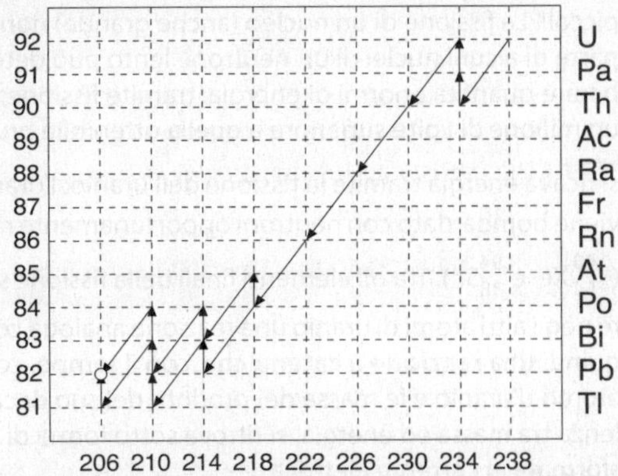

FISICA

Il decadimento radioattivo è un processo essenzialmente statistico: ogni nucleo di una sostanza radioattiva ha in ogni istante la stessa probabilità di decadere, indipendentemente da quanto è durata la sua vita precedente.

Per questo motivo, il decadimento segue una legge di tipo esponenziale:

$$N(t) = N_0 e^{-\lambda t} \quad \text{oppure} \quad N(t) = N_0 \cdot 2^{-t/T_{1/2}}$$

dove

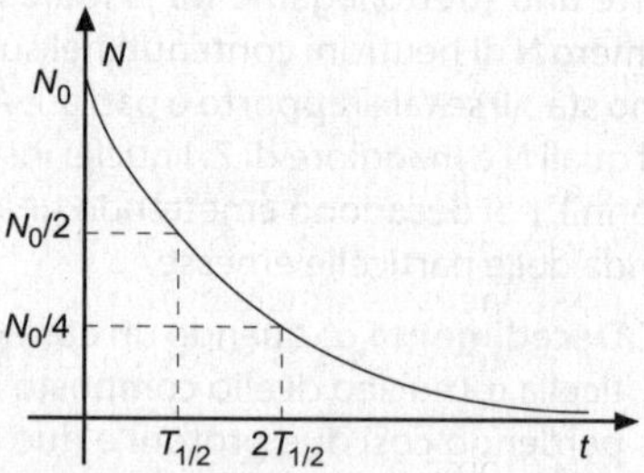

- N_0 è il numero di atomi radioattivi all'istante iniziale
- $N(t)$ è il numero di atomi che all'istante t devono ancora decadere
- λ è la **costante di disintegrazione**
- $T_{1/2} = \tau \cdot \ln 2$ è il **tempo di dimezzamento** della sostanza radioattiva
- $\tau = \frac{1}{\lambda}$ è il **tempo di vita media.**

Il numero di atomi radioattivi si dimezza ogni volta che passa un tempo uguale a $T_{1/2}$.

Ogni sostanza radioattiva è caratterizzata dal valore del suo tempo di dimezzamento.

$T_{1/2}$ del radio 226 = 1622 anni; $T_{1/2}$ dell'uranio 235 = $4{,}5 \cdot 10^9$ anni;
$T_{1/2}$ del carbonio 14 = 5000 anni; $T_{1/2}$ del radon 222 = 3,8 giorni.

L'unità di misura della radioattività è il **becquerel** (Bq), pari a una disintegrazione al secondo.

Esiste anche il **curie** (Ci), pari al numero di disintegrazioni al secondo che avvengono in un grammo di radio: 1 Ci = $3{,}7 \cdot 10^{10}$ Bq.

B.5.2 | Reazioni nucleari

Nelle reazioni nucleari, come la fusione e la fissione, i nuclei degli atomi partecipano attivamente rompendosi o fondendosi tra di loro. La spontaneità di tali reazioni è legata alla liberazione di energia verso l'esterno; si parla in questi casi di energia nucleare.

Fusione

In condizioni particolari (temperatura e pressione elevate) può accadere che due nuclei piccoli si uniscano a formare un nucleo più grande e più stabile. È quanto avviene attualmente nel Sole e nella maggior parte delle stelle, dove gli atomi di idrogeno si uniscono per formare atomi di elio con conseguente liberazione di energia verso l'esterno. Grazie alla fusione dell'idrogeno, il Sole si autoalimenta liberando verso l'esterno una energia pari a $4 \cdot 10^{26}$ J / s.

Fissione

Il processo di fissione è caratterizzato dalla rottura di un nucleo di grandi dimensioni in due nuclei più piccoli. La fissione di un nucleo (anche grande) non è in generale spontanea. Tuttavia, l'assorbimento da parte di alcuni nuclei di un neutrone lento può determinarne la fissione. Tali reazioni sono in grado di liberare quantità enormi di energia: tramite fissione, da un chilo di uranio è possibile ottenere un'energia un milione di volte superiore a quella ottenibile bruciando un chilo di carbone. In una centrale nucleare si ricava energia tramite la fissione dell'uranio: l'uranio (^{235}U, dove 235 è il numero di massa dell'atomo) viene bombardato con neutroni opportunamente rallentati, in grado di spezzarlo in due atomi più piccoli ($^{140}_{54}Xe$ e $^{94}_{38}Sr$). Tra gli elementi finali della fissione si ritrovano anche due neutroni che possono innescare negli altri atomi di uranio una reazione analoga con la conseguente produzione di altri neutroni. Si crea quindi una **reazione a catena** che, con il tempo, coinvolge l'intera massa di uranio. Tra la massa di ogni atomo d'uranio e le masse dei prodotti del suo decadimento esiste una differenza che, grazie all'equivalenza tra massa ed energia, si ritrova sotto forma di energia, solitamente termica, che può essere poi trasformata in corrente elettrica.

Affinché la catena di reazioni possa autoalimentarsi è necessario che tra il numero di neutroni prodotti in ogni decadimento e il numero di reazioni che essi riescono a indurre in altri atomi, ci sia equilibrio. I neutroni, inoltre, per poter essere efficaci, devono essere rallentati fino ad avere un livello opportuno di energia cinetica. Queste condizioni vengono realizzate tramite barre di controllo (solitamente di cadmio) interposte tra le barre di uranio, il cui scopo è quello di assorbire i neutroni in eccesso, e da un liquido moderatore (di solito acqua pesante) utilizzato per rallentare i neutroni prodotti. In una bomba atomica, la mancanza di barre di controllo causa una reazione a catena molto violenta con effetti esplosivi e distruttivi.

B.5.3 | Classificazione delle forze esistenti in natura

In natura si distinguono quattro tipi di forze. In ordine decrescente di intensità sono:

- **Interazione forte**: è la più intensa ed è importante solo a livello microscopico (si tratta della forza che tiene uniti i nucleoni);
- **Interazione debole**: regola il decadimento β ed è importante a livello microscopico;
- **Interazione elettromagnetica**: è importante sia a livello microscopico che a livello macroscopico (dall'atomo all'universo);
- **Interazione gravitazionale**: è la più debole ed è importante solo su grandi scale (universo).

L'interazione debole e l'interazione elettromagnetica sono state unificate nell'interazione elettrodebole. Un obiettivo importante della fisica moderna è quello di completare tale unificazione, cioè trovare un'unica forma di interazione con la quale sia possibile descrivere e comprendere la natura nella sua totalità.

Glossario

Accelerazione media: quantità vettoriale che esprime il tasso temporale di cambiamento del vettore velocità.

Accelerazione centripeta: accelerazione che subisce un oggetto che percorre una traiettoria circolare a velocità costante in modulo. Il modulo di tale accelerazione è pari al rapporto tra il quadrato della velocità e il raggio della traiettoria, mentre il verso è sempre diretto verso il centro della stessa (se il modulo della velocità non è costante esiste una seconda componente della accelerazione tangente alla traiettoria).

Accelerazione di gravità: accelerazione a cui sono sottoposti tutti i gravi, lasciati liberi di cadere nei pressi della superficie terrestre; viene indicata con la lettera **g** e ha modulo pari a 9,8 m/s^2.

Accumulatore: dispositivo in grado di trasformare energia chimica in energia elettrica e viceversa (è una pila elettrica reversibile).

Adesione: attrazione tra particelle di sostanze diverse.

Agitazione termica: movimento delle molecole di un gas legato alla temperatura assoluta dell'aeriforme.

Alternatore: macchina capace di trasformare, sfruttando il fenomeno dell'induzione elettromagnetica, energia meccanica in corrente elettrica alternata (solitamente sinusoidale).

Ampere: unità di misura dell'intensità di corrente elettrica.

Amperometro: dispositivo usato per misurare l'intensità di corrente; è dotato di una resistenza interna molto bassa e va collegato in serie.

Ampiezza di oscillazione: in un'onda meccanica, è il massimo spostamento dalla posizione di equilibrio.

Angolo di riflessione totale: quando un raggio di luce attraversa la superficie di separazione tra due mezzi il primo dei quali presenta indice di rifrazione maggiore, l'angolo di riflessione totale è l'angolo di incidenza in corrispondenza del quale l'angolo di rifrazione è di 90°.

Antinodo: punto di massima ampiezza in un'onda stazionaria.

Arcobaleno: effetto della dispersione della luce nelle gocce di pioggia.

Baricentro: vedi *centro di gravità*.

Battimenti: suono prodotto dall'interferenza alternata costruttiva e distruttiva tra onde sonore di frequenze leggermente differenti.

Braccio: distanza tra fulcro e forza in una macchina o tra polo e forza nello studio delle rotazioni dei corpi solidi.

Brinamento: passaggio di stato da aeriforme a solido.

Calore: energia termica che viene trasferita tra due corpi a causa della loro differenza di temperatura.

Calore latente molare di evaporazione (λ_{eva}): energia necessaria per trasformare una mole di liquido in vapore a temperatura e pressione costanti.

Calore latente molare di fusione (λ_{fus}): energia necessaria per trasformare una mole di solido in liquido a temperatura e pressione costanti.

Calore latente molare di sublimazione (λ_{sub}): energia necessaria per trasformare una mole di solido in gas a temperatura e pressione costanti.

Calore specifico di una sostanza: energia necessaria per innalzare di un grado centigrado l'unità di massa della sostanza.

Calore specifico molare di una sostanza: quantità di calore necessaria per aumentare di un grado centigrado la temperatura di una mole della sostanza.

Caloria (cal): unità di misura dell'energia termica (1 cal = 4,186 J). È l'energia necessaria per innalzare la temperatura di un grammo di H_2O da 14,5 °C a 15,5 °C.

(1 kcal = 1 Cal = 1000 calorie).

Calorimetro: strumento per la misura del calore.

Campo conservativo: campo di forze in cui il lavoro delle forze del campo è una *funzione di stato*, cioè non dipende dal cammino seguito dal punto di applicazione della forza ma solo dalle sue posizioni iniziale e finale; in un campo conservativo il lavoro delle forze del campo lungo una *traiettoria chiusa* è sempre nullo.

Campo elettrico: campo vettoriale associato al vettore **E** = **F** / q dove F è la forza elettrostatica.

Campo gravitazionale: perturbazione dello spazio dovuta alla presenza di masse gravitazionali; è un campo vettoriale definito dalla forza gravitazionale.

Campo magnetico: campo vettoriale associato al vettore induzione magnetica **B**.

Campo vettoriale: regione di spazio a ogni punto della quale è possibile associare un vettore che caratterizza il campo in quel punto.

Capacità di un condensatore: misura della possibilità di un condensatore di immagazzinare carica; è data dal rapporto tra il valore assoluto della carica su una delle piastre del condensatore e la differenza di potenziale tra le piastre stesse.

Capacità termica: quantità di calore (energia termica) che un corpo deve assorbire affinché la sua temperatura aumenti di 1 °C (o di 1 K).

Capillarità: innalzamento o abbassamento di un liquido in un tubo capillare per effetto delle forze di adesione e coesione.

Celsius (°C): scala di temperatura definita attribuendo i valori 0 °C e 100 °C rispettivamente alla temperatura di congelamento e di ebollizione dell'acqua. 0 °C = 273,15 K.

Centro di gravità: detto anche *baricentro*, è il punto in cui può essere pensata applicata l'intera forza di gravità. Se l'accelerazione di gravità è costante il centro di gravità e il centro di massa coincidono.

Centro di massa: punto che si comporta come se l'intera massa di un corpo fosse concentrata in quel punto.

Chilogrammo: unità di misura della massa.

Chilowattora: un'unità di misura dell'energia. È il lavoro compiuto in un'ora da una macchina avente la potenza di 1 kW.

Ciclo di Carnot: ciclo termodinamico formato da due trasformazioni isoterme e due adiabatiche.

Coesione: attrazione tra particelle dello stesso tipo.

Condensatore: dispositivo composto da due superfici conduttrici separate da un isolante.

Condizioni normali: stato di un sistema termodinamico in cui la temperatura è pari a 0 °C e la pressione a 1 atm.

Condizioni standard: stato di un sistema termodinamico in cui la temperatura è pari a 25 °C e la pressione a 1 atm.

Conduttori: materiali come i metalli nei quali alcuni elettroni (ioni nei liquidi e nei gas) possono muoversi liberamente.

Conduzione: processo di trasferimento di calore tra due corpi senza trasferimento di materia.

Convezione: trasferimento di calore attraverso il movimento di materia.

Coppia di forze: sistema di due forze antiparallele, di uguale intensità, applicate a un corpo solido.

Corrente alternata: corrente che cambia periodicamente direzione, spesso in modo sinusoidale.

Corrente continua: corrente elettrica in cui il moto delle cariche avviene sempre nello stesso verso.

Corrente efficace: valore massimo della corrente alternata diviso per la radice quadrata di due.

Corrente elettrica: numericamente uguale alla carica che, nell'unità di tempo, passa attraverso una sezione data del circuito; per convenzione si assume positivo il verso in cui fluirebbero le cariche positive. Nel SI si misura in ampere (A).

Costante dei Gas (R): costante che appare nell'equazione della legge dei gas perfetti ($PV = nRT$); il suo valore dipende dalle unità di misura utilizzate per le altre grandezze.

Costante di gravitazione universale: coefficiente di proporzionalità tra la forza di attrazione tra due masse e il rapporto tra il prodotto delle due masse e il quadrato della loro distanza.

Costante di decadimento: coefficiente di proporzionalità tra la velocità con la quale i nuclei radioattivi decadono e il numero di nuclei radioattivi.

Coulomb: unità di misura della carica elettrica.

Decadimento radioattivo: trasformazione di nuclei atomici instabili in nuclei stabili tramite emissione di particelle α, β, o γ.

Decibel (db): unità di misura del livello di intensità sonora.

Densità: rapporto tra massa e volume.

Densità relativa: rapporto tra la densità di una sostanza e la densità dell'acqua distillata.

Dielettrico: materiale non conduttore (isolante) spesso utilizzato tra le lamine di un condensatore per incrementarne la capacità.

Differenza di potenziale: differenza di tensione tra due punti di un circuito elettrico o di un conduttore.

Diffrazione: dispersione di un'onda risultante dal passaggio attraverso una fessura o attorno a un ostacolo

Diffusione: movimento casuale delle molecole di un gas tendente a uniformare la distribuzione del gas nel suo contenitore. In ottica, riflessione in direzioni differenti di un raggio incidente che colpisce una superficie non ben levigata.

Diminuzione del punto di congelamento (ΔT crioscopico): diminuzione della temperatura di congelamento di un liquido dovuta all'aggiunta di un soluto non volatile.

Dinamo: macchina capace di trasformare, sfruttando il fenomeno dell'induzione elettromagnetica, energia meccanica in corrente elettrica continua.

Dinamometro: strumento per misurare l'intensità di una forza.

Diottria: unità di misura del potere delle lenti, definita come l'inverso della distanza focale espressa in metri.

Dipolo elettrico: sistema composto da due cariche opposte separate da una certa distanza.

Dispersione: è il fenomeno di separazione della luce visibile nei suoi colori costituenti; è dovuta alla variazione della velocità dell'onda in un mezzo in funzione della frequenza dell'onda.

Dissociazione elettrolitica: scissione di una molecola in ioni, quando viene posta in acqua.

Distanza focale: distanza tra una lente o specchio e il suo punto focale.

Distribuzione di Maxwell-Boltzmann: distribuzione delle velocità delle particelle di un gas a una data temperatura.

Ebollizione: passaggio di stato da liquido ad aeriforme; coinvolge l'intera massa liquida.

Eclisse di Luna: si verifica quando la Terra è situata tra la Luna e il Sole.

Eclisse di Sole: si verifica quando la Luna è situata tra la Terra e il Sole.

Eclittica: traiettoria che la Terra compie intorno al Sole durante l'anno.

Effetto Doppler: variazione di frequenza di un onda dovuta al moto relativo tra sorgente e osservatore lungo la linea che li congiunge.

Effetto Joule: produzione di calore durante il passaggio di corrente elettrica in un utilizzatore.

Elettromagnetismo: termine con cui si indica lo studio delle interazioni tra elettricità e magnetismo.

Elettronvolt: un'unità di misura dell'energia; è l'energia acquistata da un elettrone nel passaggio da un'armatura all'altra di un condensatore quando la differenza di potenziale è 1 V.

Energia cinetica: energia posseduta da un corpo come risultato del suo moto.

Energia meccanica: somma dell'energia cinetica e dell'energia potenziale di un corpo.

PARTE QUARTA

Energia potenziale: energia disponibile per un corpo quando è immerso in un campo di forze conservativo; è un'energia che dipende dalla posizione del corpo nel campo.

Energia potenziale gravitazionale: energia potenziale di un corpo immerso in un campo gravitazionale.

Entropia: funzione di stato legata al grado di disordine di un sistema. Un sistema molto ordinato ha una entropia bassa; la variazione di entropia (ΔS) di un sistema è pari alla differenza tra l'entropia dello stato finale e l'entropia dello stato iniziale. La variazione di entropia ΔS di un sistema isolato che si evolve spontaneamente in natura è sempre positiva.

Equivalente meccanico della caloria: fattore di trasformazione delle calorie in joule:

$$1 \text{ cal} = 4{,}186 \text{ J}$$

Espansione termica: variazione di dimensioni di un corpo associata a una variazione di temperatura. In genere, a un incremento di temperatura è associato un aumento di volume del corpo.

Evaporazione: passaggio di stato da liquido ad aeriforme; coinvolge gli strati superficiali del liquido.

Faraday (F): carica elettrica di una mole di elettroni (1 F = 96.487 C); da non confondersi con il *farad* che rappresenta l'unità di misura nel SI della capacità elettrica di un conduttore.

Fissione: reazione nucleare di divisione di un atomo pesante in due o più atomi leggeri accompagnata da un rilascio di energia. Può essere spontanea o indotta da un bombardamento di particelle opportune.

Fluido: sostanza allo stato aeriforme o liquido.

Fluorescenza: processo in cui certe sostanze emettono luce visibile quando i loro atomi sono eccitati da altre radiazioni (solitamente radiazioni ultraviolette). La fluorescenza dura solo fino a quando dura l'eccitazione.

Forza: grandezza vettoriale in grado di mutare lo stato di quiete o di moto rettilineo uniforme di un corpo a cui è applicata.

Forza centripeta: forza responsabile dell'accelerazione centripeta. Il modulo di tale forza è pari al rapporto tra il prodotto della massa con il quadrato della velocità diviso il raggio della traiettoria; è diretta verso il centro di curvatura.

Forza conservativa: una forza è conservativa se il lavoro compiuto per spostare una particella dipende solo dalle posizioni iniziale e finale della particella ma non dal cammino seguito.

Forza di attrito: forza che si esercita tra due superfici a contatto in moto relativo l'una rispetto all'altra; tale forza è tangenziale alla superficie di contatto e si oppone al moto di scorrimento relativo tra le due superfici.

Forza di Coulomb: forza di attrazione o repulsione tra le cariche elettriche. Il suo modulo è direttamente proporzionale al prodotto delle cariche e inversamente proporzionale al quadrato della loro distanza.

Forza di galleggiamento: forza diretta verso l'alto a cui è sottoposto un corpo quando è parzialmente o interamente immerso in un fluido; l'intensità della forza è pari al peso del fluido spostato dal corpo (spinta di Archimede).

Forza di gravità: forza di attrazione tra le masse. Il suo modulo è direttamente proporzionale al prodotto delle masse e inversamente proporzionale al quadrato della loro distanza.

Forza di Lorentz: forza che agisce su una carica q che transita con velocità $\mathbf{v}$ attraverso un campo magnetico $\mathbf{B}$.

Forza elettromotrice (f.e.m.): differenza di potenziale ai capi di un generatore elettrico quando non è attraversato da corrente.

Forza peso: vedi *peso*.

Fotone: quanto di luce la cui energia è pari alla costante di Planck moltiplicata per la frequenza dell'onda elettromagnetica.

Frequenza: numero di cicli al secondo. È il reciproco del periodo e si misura in Hz.

Fronte d'onda: superficie ipotetica formata da tutti i punti che, a un dato istante, hanno lo stesso valore di fase.

Funzione di stato: funzione che dipende solo dallo stato del sistema e non dal meccanismo di evoluzione dello stesso o dal cammino seguito dal sistema durante la sua evoluzione.

Fusione: reazione nucleare di combinazione di nuclei leggeri per formare nuclei più pesanti accompagnata da rilascio di energia.

Galvanometro: strumento che misura l'intensità di corrente quando questa è molto debole (minore di 10 A).

Gas: stato fisico della materia a elevato disordine nel quale le molecole interagiscono solo debolmente; in natura si parla di gas a pressioni relativamente basse e temperature alte; se compresso, non liquefa mai.

Gas ideale (o gas perfetto): gas ipotetico il cui comportamento è descritto dalla legge dei gas ideali. Le particelle di un gas ideale hanno volume nullo e non danno luogo a fenomeni di interazione reciproca a distanza. Gli urti tra le molecole di un gas ideale sono perfettamente elastici.

Gas reale: gas che non segue la legge dei gas ideali.

Gittata: distanza percorsa in orizzontale da un proiettile.

Impulso: quantità vettoriale data dal prodotto tra la forza che agisce su un corpo e il tempo per cui agisce.

Indice di rifrazione di un mezzo: rapporto tra la velocità della luce nel vuoto e la velocità della luce nel mezzo.

Induzione elettromagnetica: produzione di corrente elettrica in un circuito causata dal movimento di un magnete nelle vicinanze del circuito.

Induzione elettrostatica: redistribuzione delle cariche all'interno di un conduttore per effetto di un campo elettrico.

Inerzia: è un indice della resistenza che un corpo offre alle variazioni del suo stato di moto quando è soggetto a delle forze.

Intensità di corrente elettrica: vedi *corrente elettrica*.

Intensità di un'onda: è numericamente uguale alla quantità di energia che, nell'unità di tempo, attraversa l'unità di superficie normale al raggio di propagazione (si misura in watt al metro quadrato).

Intensità luminosa: energia che una sorgente luminosa emette in un secondo; si misura in watt o anche in candele (cd).

FISICA

Interferenza: effetto causato dalla combinazione di due onde: *costruttiva* quando sono in fase, *distruttiva* quando sono sfasate di 180°.

Irraggiamento: trasferimento di energia termica attraverso onde elettromagnetiche.

Isolanti: materiali in cui le cariche non sono libere di muoversi per condurre corrente elettrica.

Joule (J): unità di misura dell'energia; si ha:

$$1\ J = 1\ kg \cdot m^2/s^2.$$

Kelvin (K): scala di temperatura (detta anche *scala di temperatura assoluta*) avente la stessa unità della scala Celsius e zero assoluto pari a:

$$0\ K = -273{,}15\ °C.$$

Laser: Amplificazione Luminosa per Emissione Stimolata di Radiazione. È uno strumento che produce un sottile raggio di radiazione elettromagnetica monocromatica formata da fotoni in fase.

Lavoro: quantità scalare definita dal prodotto scalare tra la forza e lo spostamento del suo punto di applicazione.

Legge dei gas ideali: $PV = nRT$ dove R è la costante dei gas ideali e T è la temperatura del gas espressa in kelvin. Tale legge può essere applicata a ogni gas reale che si trovi a bassa pressione e a una temperatura superiore alla sua temperatura critica.

Legge di Archimede: un corpo immerso in un fluido riceve una spinta dal basso verso l'alto pari al peso del fluido spostato.

Legge di Biot-Savart: una corrente elettrica che circola in un filo conduttore genera intorno al filo un campo magnetico la cui intensità è proporzionale all'intensità della corrente.

Legge di Boyle: a temperatura costante, il volume di un gas ideale è inversamente proporzionale alla sua pressione.

Legge di Charles: a volume costante, la pressione di un gas ideale è direttamente proporzionale alla temperatura assoluta del gas.

Legge di Dalton: la somma delle pressioni parziali dei componenti di una miscela gassosa è uguale alla pressione totale della miscela.

Legge di Faraday-Neumann-Lenz: la variazione del flusso del campo magnetico concatenato a un circuito produce una f.e.m. indotta direttamente proporzionale alla variazione del flusso e inversamente proporzionale all'intervallo temporale in cui si verifica la variazione.

Legge di gravitazione universale: due masse gravitazionali m e M poste a distanza r l'una dall'altra si attraggono con una forza $\mathbf{F}$ il cui modulo è direttamente proporzionale al prodotto delle due masse e inversamente proporzionale al quadrato della loro distanza.

Leggi di Keplero: tre leggi concernenti il movimento dei pianeti: la prima legge di Keplero afferma che l'orbita dei pianeti è un'ellisse e il Sole occupa uno dei fuochi.

Leggi di Kirchhoff: la somma delle correnti entranti in un *nodo* di un circuito è uguale alla somma delle correnti uscenti da esso; la somma algebrica delle *f.e.m.* di una maglia di un circuito è sempre uguale alla somma algebrica delle cadute di potenziale, dovute alla presenza di resistenze.

Legge di Pascal: la pressione esercitata sulla superficie di un fluido racchiuso in un recipiente si trasmette inalterata in tutti i punti del fluido.

Leva: macchina costituita da un'asta rigida girevole intorno a un asse a essa perpendicolare; il fulcro è il punto di incontro fra asse e leva.

Liquefazione: passaggio di stato da aeriforme a liquido.

Linee di forza: linee utilizzate per visualizzare il campo (elettrico, magnetico o gravitazionale). La tangente a una linea di forza in un punto è la direzione in quel punto del vettore che definisce il campo. Un elevato numero di linee di forza per unità di superficie indica un valore intenso del campo.

Liquido: stato della materia nel quale le forze molecolari sono intermedie tra quelle presenti nei gas e quelle presenti nei solidi. Si distingue dalla fase gassosa per il volume definito e dalla fase solida per il fatto che le molecole si possono mescolare liberamente tra loro.

Luce visibile: onda elettromagnetica avente lunghezza d'onda compresa tra 380 nm e 760 nm.

Luce polarizzata: luce caratterizzata dall'avere vibrazioni che avvengono su un piano privilegiato (piano di polarizzazione).

Lunghezza d'onda: distanza percorsa da un'onda in un periodo. Si può pensare come la distanza tra una cresta e la successiva.

Macchina termica: dispositivo in grado di trasformare energia termica in energia meccanica, o viceversa.

Massa: grandezza caratteristica dei corpi; la massa *gravitazionale* (responsabile dell'attrazione gravitazionale) e la massa *inerziale* (responsabile dell'inerzia dei corpi) sono equivalenti.

Massa atomica: rapporto tra la massa di un atomo e la massa dell'atomo di carbonio 12 espressa in u.m.a. (unità di massa atomica). È un numero puro.

Metro: unità di misura della lunghezza.

Mezzo: sostanza o regione di spazio attraverso la quale si propaga la radiazione.

Miraggio: fenomeno di illusione ottica che si presenta quando l'aria vicino alla superficie della Terra è più calda dell'aria sovrastante. È dovuto a fenomeni di rifrazione e riflessione totale della luce nell'aria.

Momento di una forza rispetto a un punto: grandezza vettoriale il cui modulo è dato dal prodotto tra il modulo della forza e la distanza tra la direzione della forza e il punto rispetto al quale si misura il momento.

Moto armonico: movimento periodico attorno a una posizione di equilibrio garantita da una forza elastica.

Moto circolare uniforme: moto caratterizzato da una traiettoria circolare e da una velocità costante in modulo.

Moto rettilineo: moto caratterizzato da un vettore velocità $\mathbf{v}$ costante in direzione (il modulo può variare).

Moto rettilineo uniforme: moto caratterizzato da un vettore velocità $\mathbf{v}$ costante sia in modulo che in direzione.

Moto uniforme: moto caratterizzato da un vettore velocità $\mathbf{v}$ costante in modulo (la direzione può variare).

Moto uniformemente accelerato: moto caratterizzato da un vettore accelerazione $\mathbf{a}$ costante sia in modulo che in direzione.

Nodo: punto che rimane in stato di quiete in un'onda stazionaria.

Normale: retta perpendicolare (a un piano o a un'altra retta); in ottica tutti gli angoli sono misurati rispetto alla normale che rappresenta la retta perpendicolare alla superficie di separazione tra due mezzi.

Nucleone: costituente del nucleo (protone oppure neutrone).

Numero atomico: numero di protoni in un nucleo; caratterizza ogni elemento chimico.

Numero di Avogadro: numero di atomi o di molecole contenuti in una mole di sostanza; è pari a:

$$6{,}022 \cdot 10^{23}$$

Numero di massa: numero totale di protoni e neutroni in un atomo.

Ohm: unità di misura della resistenza elettrica.

Onda acustica: onda meccanica costituita da una serie di compressioni e rarefazioni del mezzo in cui si propaga.

Onda elettromagnetica: onda trasversale costituita da campi elettrici e magnetici variabili nello spazio e nel tempo.

Onda meccanica (o elastica): onda che necessita di materia per la propagazione.

Onda stazionaria: onda che si origina dalla sovrapposizione di due onde di uguale ampiezza che si propagano in direzioni opposte; è caratterizzata dalla presenza di punti fissi detti nodi.

Onde longitudinali: onde in cui la direzione di vibrazione è parallela alla direzione di propagazione dell'onda.

Onde trasversali: onde in cui la direzione di vibrazione è perpendicolare alla direzione di propagazione dell'onda.

Pascal: unità di misura della pressione nel SI.

Periodo: tempo necessario per completare un ciclo. È numericamente uguale al reciproco della frequenza.

Peso: forza cui è sottoposta una massa in presenza di gravità; non deve essere confusa con la massa stessa.

Peso specifico: rapporto tra il peso e il volume di un corpo.

Pila elettrica: dispositivo in grado di trasformare energia chimica in energia elettrica, ma non viceversa.

Positrone: antiparticella dell'elettrone; ha la stessa massa dell'elettrone ma una carica opposta.

Potenza: grandezza scalare data dal rapporto tra il lavoro fatto in un dato intervallo di tempo e il tempo stesso.

Potenziale elettrico: rapporto tra l'energia potenziale dell'unità di carica e la carica stessa. Nel SI si misura in J/C = volt (V).

Pressione: rapporto tra la componente della forza normale alla superficie e l'area della superficie stessa; si può misurare, tra l'altro, in atmosfere, Torr (mmHg) o pascal.

Pressione atmosferica: pressione esercitata dall'atmosfera sull'unità di superficie orizzontale al suolo; a livello del mare (alla temperatura di 0 °C) è pari alla pressione esercitata da una colonna di mercurio alta 760 mm e vale 1 atmosfera (atm).

Pressione di vapore: pressione esercitata da un vapore in equilibrio con la propria fase liquida; è altamente variabile al variare della temperatura del sistema liquido-vapore (aumenta all'aumentare della temperatura).

Pressione parziale: pressione di un componente di una miscela gassosa; è pari alla pressione che eserciterebbe tale componente se occupasse da solo tutto il volume occupato dalla miscela.

Primo principio della termodinamica: la variazione di energia interna di ogni sistema in natura è pari alla somma algebrica del lavoro e del calore forniti dall'esterno al sistema. Secondo il primo principio della termodinamica l'energia in natura non si crea né si distrugge ma può solo trasformarsi da una forma a un'altra.

Principio di Avogadro: nelle stesse condizioni di pressione e temperatura, volumi uguali di gas diversi contengono lo stesso numero di molecole.

Principio d'inerzia: un corpo su cui non agisce alcuna forza o sul quale agiscono forze la cui risultante è nulla mantiene il suo stato di moto rettilineo uniforme o di quiete.

Prodotto scalare: grandezza scalare ottenuta dal prodotto tra due vettori.

Prodotto vettoriale: grandezza vettoriale ottenuta dal prodotto di due vettori.

Punto di congelamento: temperatura alla quale, a una data pressione, le fasi solide e liquide coesistono in equilibrio.

Punto di ebollizione: temperatura alla quale la pressione di vapore di un liquido eguaglia la pressione esterna.

Punto di fusione: temperatura alla quale le fasi liquida e solida di una sostanza coesistono in equilibrio.

Punto triplo: pressione e temperatura alle quali solido, liquido e vapore di una sostanza coesistono in equilibrio.

Quantità di moto: grandezza vettoriale data dal prodotto tra la massa e la velocità.

Quanto di energia: minima unità discreta di energia.

Radar: strumento che consente di localizzare corpi fermi o in movimento sfruttando la riflessione su di essi delle onde elettromagnetiche che emette.

Radiazione gamma (γ): fotoni ad alta energia spesso emessi nel decadimento radioattivo.

Radioattività: capacità di alcuni atomi instabili di subire trasformazioni nucleari spontanee con emissione di energia e di una o più particelle. La natura della particella emessa determina il tipo di decadimento radioattivo.

Regola del parallelogramma: regola di composizione di due vettori.

Resistenza: proprietà caratteristica di un conduttore che misura l'opposizione che esso offre alla corrente che lo attraversa; è data dal rapporto tra il voltaggio applicato al conduttore e la corrente che lo attraversa. Dipende dalla temperatura.

Resistenza equivalente: è quella resistenza che, sostituita a un insieme di resistenze, da sola causerebbe la stessa dissipazione di energia per *effetto Joule*.

Resistività: resistenza di un conduttore per unità di lunghezza e per unità di sezione.

Riflessione: variazione di direzione di un'onda al confine di un mezzo quando l'onda rimane nel mezzo.

Riflessione totale: fenomeno ottico che si verifica quando un'onda che incontra una superficie di separazione tra due mezzi viene completamente riflessa e non subisce rifrazione; si verifica nel passaggio da un mezzo più denso a uno meno denso quando l'angolo di incidenza è superiore a un valore critico.

Rifrazione: variazione di direzione di un'onda al confine di un mezzo quando l'onda passa da un mezzo a un altro.

Risonanza: fenomeno nel quale un sistema oscillatorio assorbe, con efficienza elevata, l'energia trasmessa da un'onda esterna avente frequenza pari alla frequenza naturale del sistema oscillatorio.

Risultante delle forze: vettore ottenuto dalla somma delle forze applicate a un corpo.

Scalare: grandezza fisica che si può descrivere con un numero.

Secondo: unità di misura del tempo.

Seconda legge della dinamica: un corpo di massa m sottoposto all'azione di una forza **F** accelera con un'accelerazione **a** data da:

$$\mathbf{a} = \mathbf{F}/m$$

Secondo principio della termodinamica: vi sono tre enunciati equivalenti tra loro:
enunciato di Kelvin: è impossibile far compiere a una macchina termica una trasformazione il cui unico risultato sia quello di trasformare integralmente in lavoro il calore assorbito da una sorgente.
enunciato di Clausius: il calore passa spontaneamente dai corpi caldi ai corpi freddi e non viceversa.
terzo enunciato: in un sistema isolato ogni trasformazione spontanea (irreversibile) comporta un aumento di entropia del sistema.

Semiconduttore: materiale in cui la resistività diminuisce all'aumentare della temperatura.

Sistema aperto: sistema che può scambiare sia energia sia materia con l'ambiente esterno.

Sistema chiuso: sistema che può scambiare con l'esterno energia, ma non materia.

Sistema internazionale: sistema di unità di misura adottato per convenzione in fisica.

Sistema isolato: sistema che non può scambiare né materia né energia con l'ambiente esterno.

Solenoide: apparecchiatura elettrica formata da un filo conduttore avvolto in spire; è utilizzato per produrre campi magnetici uniformi.

Solidificazione: passaggio di stato da liquido a solido.

Sonar: strumento che, come il radar, consente di localizzare altri corpi. Diversamente dal radar emette luce ultravioletta e, in acqua, è più efficace del radar.

Spettro elettromagnetico: insieme di tutte le onde elettromagnetiche raggruppate in ordine crescente di lunghezza d'onda: raggi gamma, raggi X, ultravioletti, visibile, infrarossi e onde radio.

Stato di aggregazione: forma sotto la quale si presenta la materia; si distinguono gli stati solido, liquido e aeriforme.

Sublimazione: passaggio di stato da solido a gas.

Superconduttore: materiale la cui resistività elettrica si annulla bruscamente per temperature prossime allo zero assoluto.

Temperatura: grandezza fisica macroscopica che descrive le proprietà termiche di un sistema; è indice dell'energia cinetica media delle particelle del sistema.

Temperatura critica: temperatura massima alla quale le fasi liquido e vapore di una sostanza possono coesistere; è anche la temperatura al di sopra della quale la sostanza non diviene liquida per nessun valore di pressione. È la temperatura al di sopra della quale i gas reali hanno un comportamento vicino a quello dei gas ideali.

Tempo di dimezzamento: tempo in cui decade la metà dei nuclei radioattivi inizialmente presenti.

Tensione: vedi *potenziale elettrico*.

Tensione di vapore: pressione che un vapore saturo esercita sul liquido con il quale si trova in equilibrio; in generale aumenta all'aumentare della temperatura.

Tensione superficiale: fenomeno che riguarda lo strato superficiale di un liquido, per il quale esso si comporta come una pellicola elastica.

Teoria cinetica molecolare: teoria formulata per spiegare il comportamento dei gas; ipotizza che le molecole del gas siano puntiformi, senza volume, in costante movimento casuale e non sottoposte a forze intermolecolari, eccetto quando subiscono collisioni con il recipiente che le contiene o con altre molecole.

Terza legge della dinamica: a ogni azione corrisponde una reazione uguale e contraria.

Tesla: unità di misura del vettore induzione magnetica.

Torr: unità di misura della pressione pari a 1 mmHg. Si ha 760 mmHg = 1 atm.

Trasformatore: apparecchiatura in grado di cambiare il voltaggio di una corrente alternata.

Trasformazione adiabatica: processo nel quale non si hanno scambi di calore tra il sistema e l'ambiente.

Trasformazione isobara: processo che avviene a pressione costante.

Trasformazione isocora: processo che avviene a volume costante.

Trasformazione isoterma: processo che avviene a temperatura costante.

Unità di massa atomica (u.m.a.): un dodicesimo della massa dell'atomo di carbonio 12.

Urto anelastico: urto tra due corpi nel quale si conserva la quantità di moto totale del sistema, ma non l'energia cinetica totale.

Urto elastico: urto tra due corpi nel quale si conservano la quantità di moto totale del sistema e l'energia cinetica totale.

Velocità angolare: quantità vettoriale definita dal rapporto tra l'angolo spazzato in un moto circolare e il tempo impiegato.

Velocità della luce: costante fondamentale pari a 300.000 km/s. Si indica con c.

Velocità di fuga: è una velocità associata a ogni corpo celeste e rappresenta la minima velocità che un corpo deve avere per potere abbandonare definitivamente il campo gravitazionale del corpo celeste a cui è legato. Per la Terra vale circa 11,2 km/s.

Velocità media: quantità vettoriale definita dal rapporto tra lo spazio percorso e il tempo impiegato a percorrerlo.

Vettore: grandezza fisica per indicare la quale è necessario specificare tre elementi: modulo o intensità, direzione e verso.

Viscosità: è un indice dell'attrito presente all'interno di un fluido in movimento.

Volt: unità di misura del potenziale elettrico.

Voltmetro: dispositivo usato per misurare la *d.d.p.* fra due punti di un circuito; ha una resistenza interna molto elevata e va collegato in parallelo.

Watt: unità di misura della potenza.

Zero assoluto: temperatura limite definita in base alle proprietà cinetiche dei gas e usata per definire la scala Kelvin delle temperature (anche detta assoluta). È una temperatura non raggiungibile in natura.

FISICA

Indice analitico

F

G

H

I

J

K

L

parte quinta

CHIMICA

Indice

1 | La composizione della materia

Mettiti alla prova

I Il numero atomico dell'atomo di ossigeno è 8. Ciò significa che:

- A nel nucleo vi sono 4 protoni e 4 neutroni
- B 4 elettroni orbitano attorno al nucleo che contiene 4 protoni
- C il nucleo è costituito esclusivamente da 8 protoni
- D il nucleo è costituito esclusivamente da 8 neutroni
- E attorno al nucleo orbitano 8 elettroni

II Nella tavola periodica degli elementi un gruppo è:

- A un insieme di elementi con la stessa massa atomica
- B un insieme di elementi con lo stesso numero atomico
- C un insieme di elementi con lo stesso numero di elettroni nel guscio più esterno
- D un insieme di elementi con lo stesso raggio atomico
- E un insieme di elementi con lo stesso numero di elettroni interni

III L'affinità elettronica:

- A è maggiore nel potassio che nel litio
- B è maggiore nel fluoro che nell'ossigeno
- C è maggiore nel fosforo che nell'azoto
- D è minore nel carbonio che nel litio
- E è minore nell'ossigeno che nello zolfo

IV Una mole di un dato composto contiene:

- A un numero di molecole pari al numero di Avogadro
- B un grammo del composto
- C un numero di molecole pari alla costante di Boltzmann
- D un numero di molecole pari al numero di Avogadro moltiplicato per il peso molecolare
- E non si può dire senza ulteriori dati

Ecco le risposte esatte dei 4 quesiti proposti: I E, II C, III B, IV A.

1.1 | La materia

La chimica è la disciplina che studia:

- la materia, la sua struttura e la sua composizione;
- le trasformazioni che la materia subisce;
- l'energia coinvolta in queste trasformazioni.

La materia è fatta di *atomi*, particelle piccolissime che possono combinarsi tra loro in modo diverso. Riguardo alla composizione chimica, la materia può essere sotto forma di **miscele** (o miscugli) o di **sostanze** (o sostanze pure).La materia è costituita per lo più da miscele.

Miscele

Una miscela è un insieme fisico di due o più sostanze e ha composizione variabile.

In base alla possibilità di distinguerne i componenti, le miscele vengono divise in:

- **eterogenee:** formate da due o più fasi (una fase è una porzione di un sistema in cui le proprietà fisiche intensive sono identiche in ogni punto o variano con continuità, separata dal resto da superfici limitanti). Non hanno composizione uniforme in tutti i punti del campione e i componenti sono facilmente distinguibili. Esempi di miscele eterogenee sono le rocce, il sangue e il latte;
- **omogenee:** formate da una sola fase. La composizione è uniforme in tutti i punti del campione e i componenti non sono distinguibili. Esempi di miscele omogenee sono l'acqua di mare, il vino e l'aria. Le miscele omogenee sono chiamate anche *soluzioni*.

È possibile separare una miscela nei suoi componenti con metodi fisici per ottenere sostanze pure. La scelta del metodo di separazione dipende dallo stato fisico dei componenti e dalle loro proprietà chimiche e fisiche. Sono elencati di seguito i metodi di separazione più utilizzati.

Metodi di separazione	
Filtrazione	Separa liquido e un solido sfruttando la diversa dimensione delle particelle. Si realizza facendo passare la miscela attraverso un filtro di carta assorbente.
Distillazione	Sfrutta la diversa temperatura di ebollizione: • semplice: separa un liquido da una soluzione solido-liquido; • frazionata: separa due o più liquidi.
Cromatografia	Sfrutta la diversa velocità con cui i componenti della miscela migrano attraverso un materiale di supporto (carta o silice) sotto la spinta di un flusso di solvente (*eluente*).
Centrifugazione	Sfrutta la differenza di densità dei componenti utilizzando la forza centrifuga.
Estrazione con solventi	Sfrutta la solubilità di una sola delle sostanze della miscela in un determinato solvente.

Sostanze pure

Una sostanza pura è formata da un solo tipo di unità fondamentale (un atomo (gas nobili), una molecola (sostanze covalenti) o la cella elementare di un reticolo cristallino tridimensionale (composti ionici), è una porzione di materia che ha composizione uniforme, costante e ben definita.

Si distinguono due tipi di sostanze:

- **composti**: possono essere scissi (con procedimenti chimici) in due o più sostanze più semplici, perché formati da atomi di tipo diverso legati tra loro, come il cloruro di sodio (NaCl) o l'acqua (H_2O);
- **elementi** o **sostanze elementari**: non possono essere ulteriormente scomposti in sostanze più semplici, perché formati da atomi uguali. I termini "elemento" e "sostanza elementare" sono di solito utilizzati in modo indifferente; anche se nella maggior parte dei casi questa approssimazione è accettabile, è importante avere chiaro che **un elemento è un insieme di atomi con identiche caratteristiche** (numero atomico, peso atomico ecc.), mentre una sostanza elementare è una sostanza pura formata da atomi dello stesso elemento (per esempio O_2, H_2, C, S_8).

Gli unici elementi presenti in natura come atomi singoli sono i gas nobili, quindi in tutti gli altri casi, quando si parla di un elemento, non ci si riferisce a un insieme di atomi singoli bensì a una sostanza formata da atomi dello stesso elemento legati tra loro attraverso i legami chimici.

L'ossigeno, per esempio, allo stato elementare si trova come molecola formata da due atomi (biatomica, O_2), mentre gli atomi che formano un campione di ferro sono legati tra loro tramite legame metallico (si veda § 2.10).

Quanto appena visto ci aiuta a comprendere che:

- un **atomo** è la minima frazione di materia che conserva le caratteristiche chimiche ma non fisiche (a eccezione dei gas nobili) dell'elemento, in quanto incapace di esistenza fisica indipendente;
- una **molecola** è la porzione più piccola di una sostanza pura che ne mantiene le proprietà chimiche e fisiche ed è capace di esistenza indipendente.

Schema riassuntivo della composizione della materia

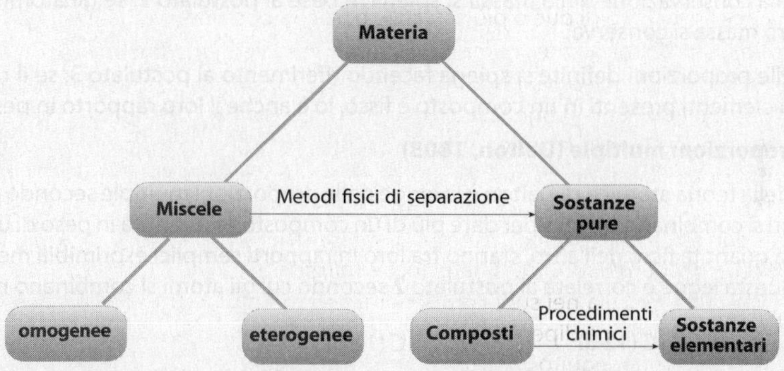

Indicare cosa sono, dal punto di vista chimico, i seguenti alimenti: latte, zucchero, acqua minerale, gelato, olio d'oliva e sale da cucina.

Il latte è una miscela eterogenea: un'emulsione formata da goccioline di grassi disperse in una soluzione acquosa contenente carboidrati, proteine, vitamine e sali minerali. Lo zucchero (saccarosio) è una sostanza pura. L'acqua minerale è una miscela omogenea di acqua e sali disciolti (una *soluzione*). Il gelato è una miscela eterogenea di acqua, zuccheri, proteine, gocce di grasso e bolle d'aria. L'olio d'oliva è una miscela omogenea di grassi. Il sale da cucina, cloruro di sodio, è una sostanza pura, di formula NaCl.

1.2 | Primi modelli atomici

Il concetto di atomo è molto antico: già Democrito nel 400 a.C. aveva proposto una teoria atomica che conteneva tutte le idee fondamentali esposte poi nella teoria atomica di Dalton, la prima dotata di valore scientifico perché impostata su un sistema di misure, spiegazioni e previsioni.

Le prove della reale esistenza degli atomi furono fornite (alla fine del XVIII secolo) dall'osservazione che la materia coinvolta nelle trasformazioni chimiche segue due leggi fondamentali: la legge di conservazione della massa e la legge delle proporzioni definite.

Legge di conservazione della massa (Lavoisier, 1789)

In una reazione chimica, la somma delle masse delle sostanze reagenti è uguale alla somma delle masse delle sostanze prodotte.

Legge delle proporzioni definite (Proust, 1799)

In una sostanza pura, gli elementi che la costituiscono sono combinati secondo un rapporto in peso definito e costante.

Per spiegare il comportamento della materia esposto da queste leggi, Dalton elaborò la teoria atomica che porta il suo nome.

CHIMICA

1.2.1 | Teoria atomica di Dalton

La teoria di Dalton (presentata nel 1802) si basa su tre postulati:

1. tutti gli elementi sono fatti di particelle piccolissime chiamate atomi:
   - gli atomi di un elemento sono uguali tra loro e hanno le stesse proprietà chimiche;
   - gli atomi di elementi diversi sono diversi e hanno proprietà diverse;
2. nelle reazioni chimiche gli atomi conservano la loro identità;
3. gli atomi di elementi diversi si combinano tra loro formando composti. In un dato composto, il numero relativo e il tipo di atomi di ogni elemento sono costanti.

Le leggi quantitative della chimica, dedotte da osservazioni di tipo macroscopico sul comportamento della materia, possono essere spiegate alla luce della teoria di Dalton:

- la legge della conservazione della massa si spiega in base al postulato 2: se gli atomi si conservano, anche la loro massa si conserva;
- la legge delle proporzioni definite si spiega facendo riferimento al postulato 3: se il rapporto tra gli atomi degli elementi presenti in un composto è fisso, lo è anche il loro rapporto in peso.

Legge delle proporzioni multiple (Dalton, 1803)

Conseguenza della teoria atomica di Dalton è la legge delle proporzioni multiple secondo la quale: quando due elementi si combinano tra loro per dare più di un composto, le quantità in peso di uno che si combinano con una quantità fissa dell'altro, stanno tra loro in rapporti semplici esprimibili mediante numeri interi piccoli. Questa legge è correlata al postulato 2 secondo cui gli atomi si combinano mantenendo la propria individualità.

$$\text{C (12 g)} + \text{O (16 g)} \rightarrow \text{CO (28 g)}$$

$$\text{C (12 g)} + \text{O (16 g)} + \text{O (16 g)} \rightarrow \text{CO}_2\text{ (44 g)}$$

$$\frac{\text{Massa di O in CO}_2}{\text{Massa di O in CO}} = \frac{32\text{ g}}{16\text{ g}} = \frac{2}{1} = 2$$

1.2.2 | Modello di Rutherford (1911)

Nel modello di Rutherford l'atomo è costituito da:

- un **nucleo** centrale formato da particelle cariche positivamente, dette **protoni**, e particelle neutre, dette **neutroni** (scoperti dopo il 1930). Tali particelle sono chiamate anche nucleoni. Nel nucleo risiede la quasi totalità della massa dell'atomo;
- particelle cariche negativamente, dette **elettroni**, in movimento intorno al nucleo in numero uguale a quello dei protoni: l'atomo isolato è elettricamente neutro. .

Ogni atomo è caratterizzato da:
- **Z**, *numero atomico* = numero di protoni contenuti nel nucleo (indicato in basso a sinistra del simbolo dell'elemento);
- **A**, *numero di massa* = numero di neutroni e protoni contenuti nel nucleo, cioè numero di nucleoni del nucleo (indicato in alto a sinistra del simbolo dell'elemento)

L'atomo di ossigeno ${}^{16}_{8}\text{O}$ ha Z = 8 e A = 16.

Tutti gli atomi con lo stesso numero atomico (Z) si comportano chimicamente nello stesso modo e sono classificati come atomi dello stesso elemento chimico.

Nei processi chimici sono coinvolti solo gli elettroni: protoni e neutroni non partecipano.

Siamo ora in grado di rispondere alla prima domanda posta all'inizio del capitolo.

Quesito I. Il numero atomico di un elemento rappresenta il numero di protoni contenuti nel nucleo. Oltre ai protoni, il nucleo degli atomi contiene neutroni, in numero non specificato dal numero atomico. Possiamo quindi escludere le risposte A, B, C e D. La risposta corretta è la E: infatti, in un atomo neutro il numero di elettroni che ruotano intorno al nucleo è pari al numero dei protoni contenuti nel nucleo.

Gli ioni

Un atomo (o una molecola) può cedere o acquistare uno o più elettroni (processo di ionizzazione), perdendo così la propria neutralità elettrica e trasformandosi in uno *ione*.

Un *catione* (ione positivo) è un atomo o una molecola che ha perso uno o più elettroni esterni (per esempio H^+, NH_4^+).
Un *anione* (ione negativo) è un atomo o una molecola che ha acquistato uno o più elettroni esterni (per esempio Cl^-, OH^-).

Nel modello atomico di Rutherford, chiamato anche modello planetario, l'atomo, rappresentato nella figura a lato, è costituito da un piccolissimo nucleo centrale, in cui sono concentrate la carica positiva e quasi tutta la massa dell'atomo, e da elettroni che gli ruotano intorno a grande distanza su orbite circolari. Tale modello risulta però in disaccordo con la teoria elettromagnetica classica, secondo la quale una carica elettrica in movimento come l'elettrone, dovrebbe perdere gradualmente energia, descrivendo orbite di raggio sempre più piccolo, fino a cadere sul nucleo.

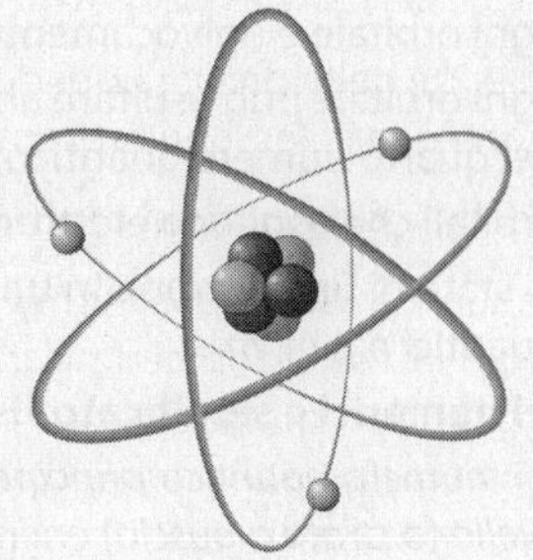

1.2.3 | Modello di Bohr (1913)

Bohr si basa sul modello di Rutherford e sulla teoria quantistica, proposta da Max Planck agli inizi del secolo scorso, per proporre un nuovo modello in cui si ipotizza l'esistenza di *orbite stazionarie* (o *stati stazionari*) nelle quali gli elettroni si muovono senza irradiare energia.
Secondo questo modello ogni orbita è posta a una distanza dal nucleo specifica e determinata (dipendente dal valore di n, che è un numero intero), ovvero le orbite sono *quantizzate*. Un elettrone appartiene a un'orbita stazionaria (cioè non emette energia) se il valore del suo momento angolare mvr è un multiplo intero di $h/2\pi$ (dove h è la costante di Planck e vale $6{,}625 \cdot 10^{-34}$ J · s). Un elettrone appartiene quindi a un'orbita stazionaria, ovvero può muoversi indefinitamente senza irradiare, se vale la relazione seguente:

$$mvr = n\,\frac{h}{2\pi}$$

dove n, detto *numero quantico principale*, assume valori interi. Secondo il modello di Bohr, quindi:

- l'energia di un elettrone in un atomo cresce al crescere di n;
- la posizione dell'elettrone dipende dal suo contenuto energetico: più un elettrone è lontano dal nucleo, maggiore è la sua energia quindi gli elettroni più lontani dal nucleo sono quelli con n maggiore;
- un atomo può scambiare energia con l'esterno solo se un suo elettrone passa da un'orbita stazionaria a un'altra. Se ciò avviene, l'energia scambiata è pari alla differenza di energia tra i due stati coinvolti nella transizione.

Gli scambi di energia tra un atomo e l'ambiente che lo circonda avvengono per assorbimento, o emissione, di un fotone con energia pari a $h\nu$.
Come mostrato nella figura a lato se un elettrone passa dallo stato $n = 2$ allo stato $n = 1$ si ha l'emissione di un *fotone* di energia pari a:

$$E_2 - E_1 = h\nu$$

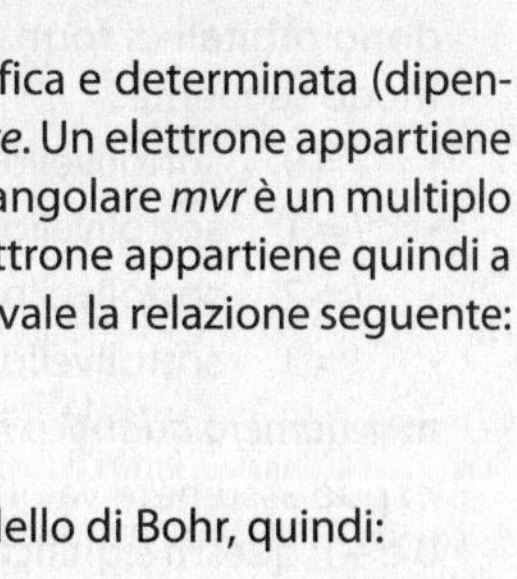

CHIMICA

1.2.4 | Modello ondulatorio dell'atomo (1930)

Principio di indeterminazione di Heisenberg

Il principio di indeterminazione di Heisenberg afferma che è impossibile conoscere simultaneamente e con una precisione grande a piacere la *posizione* e la *velocità* (o equivalentemente la *quantità di moto*) di una particella. Una conseguenza di tale principio è che per un elettrone in un atomo non si può parlare di traiettoria, ma solo di regione di spazio in cui è diversa da zero la probabilità di trovare l'elettrone in un dato istante; ciò a causa della naturale incertezza nella determinazione della sua posizione.

Il concetto di orbitale

Con la meccanica ondulatoria, al concetto di orbita di un elettrone si sostituisce quello di *orbitale*. Dato un elettrone di energia prefissata, si definisce orbitale la regione di spazio intorno al nucleo ove esiste un'alta probabilità (almeno del 90%) di trovare l'elettrone dato. Ogni orbitale è identificato da una funzione matematica, detta funzione d'onda ψ, che assegna alle regioni di spazio attorno al nucleo la probabilità di trovare un elettrone dotato di una certa energia. Nella funzione d'onda ψ compaiono alcune costanti numeriche, dette **numeri quantici**. In generale si può affermare che:

- ogni orbitale è univocamente determinato dai tre numeri quantici *n, l, m;*
- ogni orbitale può ospitare al massimo due elettroni (§ 1.3), che differiscono l'uno dall'altro nel valore del quarto numero quantico, m_s;
- orbitali che ospitano elettroni di pari energia si dicono isoenergetici, o degeneri (*n* ed *l* uguali);
- lo stato di un elettrone in un atomo è univocamente determinato dai valori dei suoi quattro numeri quantici *n, l, m,* m_s.

Valori numerici e significato fisico dei numeri quantici

- ***n*** *= numero quantico principale*, indica la *dimensione dell'orbitale* e quindi l'energia dell'elettrone, il *livello* (o *strato* o *guscio*) *energetico.* Il numero quantico principale *n* assume valori interi e positivi (1, 2, 3 ecc.): un più elevato valore di *n* corrisponde a una maggior energia dell'orbitale.
- ***l*** *= numero quantico secondario*, indica la *forma dell'orbitale* (quindi il momento angolare dell'elettrone) e rappresenta il *sottolivello* energetico. Per un certo valore di *n*, *l* può assumere valori da 0 a (*n* – 1); così, per esempio, per *n* = 4, *l* può avere i valori di 0, 1, 2 e 3. Ai diversi valori di *l* corrispondono orbitali di forma diversa; i sottolivelli (e quindi gli orbitali) sono denominati con lettere nel modo seguente:
  - *l* = 0 sottolivello *s;*
  - *l* = 1 sottolivello *p;*
  - *l* = 2 sottolivello *d;*
  - *l* = 3 sottolivello *f.*
- ***m*** *= numero quantico magnetico*, indica l'*orientamento dell'orbitale* nello spazio.
  m può assumere valori compresi fra –*l* e +*l;* così, per esempio, per *l* = 1 i possibili valori di *m* sono: –1, 0 e +1; questo significa che il sottolivello *s* (*l* = 0) comprende un solo orbitale (sferico), il sottolivello *p* (*l* = 1) comprende tre orbitali di pari energia, orientati in modo differente. Analogamente il sottolivello *d* (*l* = 2) comprende cinque orbitali e il sottolivello *f* (*l* = 3) sette orbitali.
- $\boldsymbol{m_s}$ *= numero quantico di spin*, indica il senso di rotazione dell'elettrone intorno al proprio asse; può assumere i valori +1/2 e –1/2.

Gli orbitali di un atomo aventi lo stesso *n* appartengono allo stesso *livello energetico.*
Gli orbitali con lo stesso *l* appartengono allo stesso *sottolivello* o *sottostrato.*
Dato che ogni orbitale può ospitare al massimo 2 elettroni si ha che:

- sottolivello *s* → al massimo 2 elettroni;
- sottolivello *p* → al massimo 6 elettroni;
- sottolivello *d* → al massimo 10 elettroni;
- sottolivello *f* → al massimo 14 elettroni.

Il livello energetico con numero quantico principale n contiene n2 orbitali (fino a n = 4) e può ospitare al massimo 2n2 elettroni.

PARTE QUINTA

Tabella riepilogativa dei valori numerici e significato fisico dei numeri quantici

Numero quantico	Valori possibili	Significato fisico	Esempio
n principale	1, 2, 3,...	Energia dell'elettrone nell'orbitale Dimensione dell'orbitale Distanza dell'elettrone dal nucleo (*livello*)	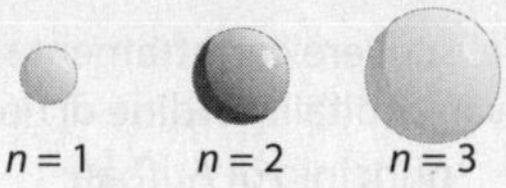
l secondario (o angolare)	numero intero fra 0 e $n-1$ Valori possibili 0, 1, 2, 3 (*s, p, d, f*)	Forma dell'orbitale Energia dell'elettrone nell'orbitale Distanza dell'elettrone dal nucleo (*sottolivello*)	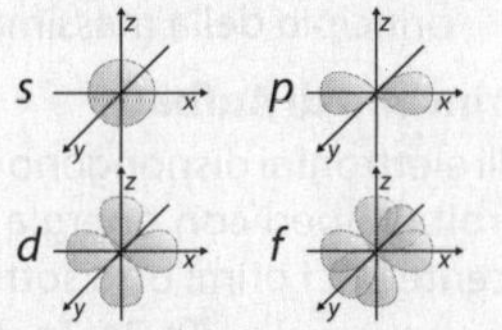
m magnetico	numero intero fra $-l$ e $+l$	Disposizione spaziale degli orbitali Numero totale degli orbitali nel sottolivello	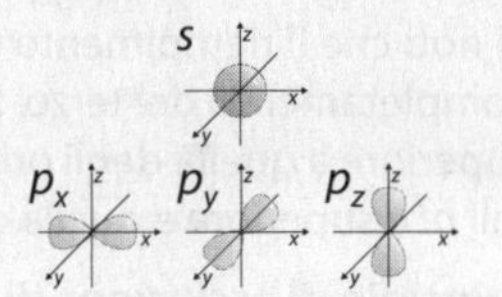
m_s di spin	$+\frac{1}{2}$; $-\frac{1}{2}$	Verso di rotazione dell'elettrone attorno al proprio asse	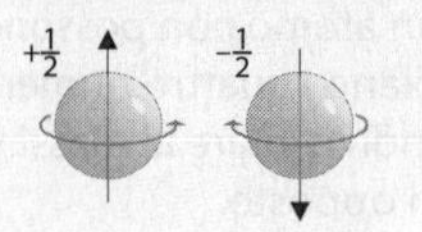

1.3 | Disposizione degli elettroni negli atomi

Gli orbitali atomici si dispongono intorno all'atomo in modo tale da posizionare gli elettroni in corrispondenza di specifiche distanze dal nucleo: i *livelli* e i *sottolivelli*.

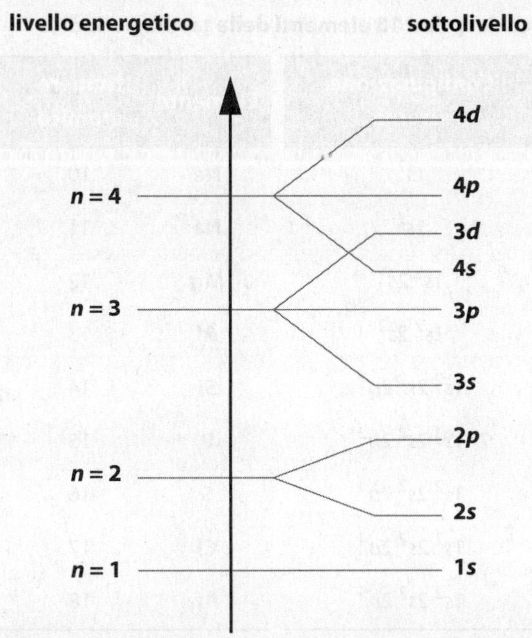

La distribuzione degli elettroni nei vari livelli e sottolivelli energetici di un atomo si rappresenta con una notazione indicata come **configurazione elettronica**.

L'ossigeno (Z = 8) ha configurazione elettronica $1s^2\ 2s^2\ 2p^4$, dove i numeri 1 e 2 che precedono le lettere sono i valori del numero quantico principale, *s* e *p* sono i simboli dei sottolivelli (cioè del tipo di orbitale) e gli esponenti rappresentano il numero di elettroni presenti nell'orbitale (o orbitali).

Per scrivere correttamente la configurazione elettronica occorre conoscere l'ordine con cui sono riempiti i vari orbitali. L'ordine di riempimento è basato su tre regole:

- principio di Aufbau;
- principio di esclusione di Pauli;
- principio della massima molteplicità (o regola di Hund).

Principio di Aufbau

Gli elettroni si dispongono in un atomo occupando prima gli orbitali liberi con energia minore. L'ordine di energia crescente per i primi otto sottolivelli è il seguente:

1*s*, 2*s*, 2*p*, 3*s*, 3*p*, 4*s*, 3*d*, 4*p*,...

Si noti che il riempimento del quarto livello inizia prima del completamento del terzo. L'energia degli orbitali *nd* è infatti superiore a quella degli orbitali $(n + 1)s$. L'energia degli orbitali *nf* è superiore a quella degli orbitali $(n + 1)p$ e $(n + 2)s$.

Principio di esclusione di Pauli

In un atomo non possono coesistere due o più elettroni che abbiano i quattro numeri quantici uguali. Ogni orbitale può quindi ospitare al massimo due elettroni, che devono avere spin opposto.

Principio della massima molteplicità (regola di Hund)

Se sono disponibili orbitali di pari energia (degeneri), gli elettroni si distribuiscono singolarmente, con spin paralleli (cioè tutti con $m_s = +1/2$ oppure tutti con $m_s = -1/2$), sul numero massimo possibile di questi.

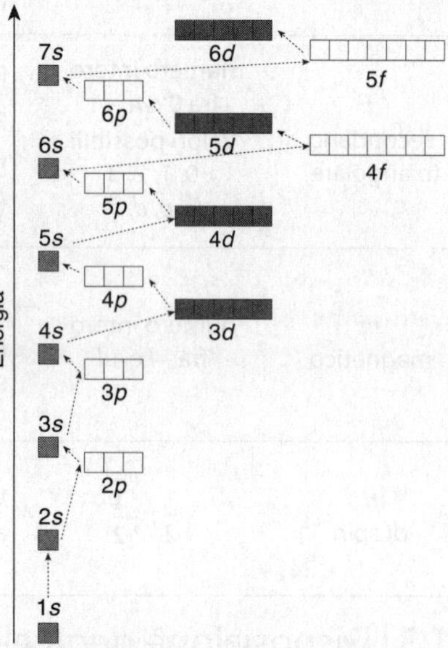

Diagramma di Aufbau che mostra la sequenza di riempimento degli orbitali

Configurazione elettronica dei primi 18 elementi della tavola periodica

Elemento	Numero atomico	Configurazione esterna	Elemento	Numero atomico	Configurazione esterna
H	1	$1s^1$	**Ne**	10	$1s^2\ 2s^2\ 2p^6$
He	2	$1s^2$	**Na**	11	$1s^2\ 2s^2\ 2p^6\ 3s^1$
Li	3	$1s^2\ 2s^1$	**Mg**	12	$1s^2\ 2s^2\ 2p^6 3s^2$
Be	4	$1s^2\ 2s^2$	**Al**	13	$1s^2\ 2s^2\ 2p^6\ 3s^2\ 3p^1$
B	5	$1s^2\ 2s^2\ 2p^1$	**Si**	14	$1s^2\ 2s^2\ 2p^6\ 3s^2\ 3p^2$
C	6	$1s^2\ 2s^2\ 2p^2$	**P**	15	$1s^2\ 2s^2\ 2p^6\ 3s^2\ 3p^3$
N	7	$1s^2\ 2s^2\ 2p^3$	**S**	16	$1s^2\ 2s^2\ 2p^6 3s^2\ 3p^4$
O	8	$1s^2\ 2s^2\ 2p^4$	**Cl**	17	$1s^2\ 2s^2\ 2p^6\ 3s^2\ 3p^5$
F	9	$1s^2\ 2s^2\ 2p^5$	**Ar**	18	$1s^2\ 2s^2\ 2p^6\ 3s^2\ 3p^6$

La configurazione elettronica dell'ossigeno (Z = 8) è: $1s^2\ 2s^2\ 2p^4$. Si immagini di costruire tale struttura elettronica partendo dal solo nucleo dell'atomo di ossigeno e aggiungendo gli elettroni uno alla volta. Ogni orbitale si indica con un quadratino, ogni elettrone con una freccia (due frecce con verso opposto indicano due elettroni con numero quantico di spin opposto, ossia antiparalleli). Passo dopo passo si ottiene:

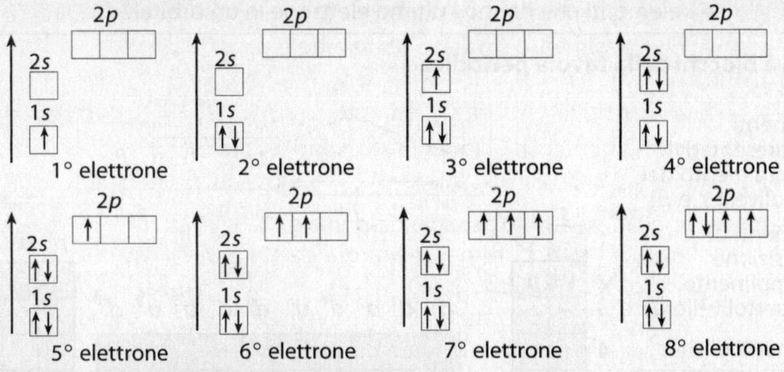

Osservazioni sulla costruzione dell'atomo di ossigeno

- Il terzo elettrone si dispone nell'orbitale sferico perché questo, tra i quattro orbitali del secondo livello energetico, è quello con energia minore.
- Il sesto elettrone non si accoppia all'elettrone già presente in uno dei tre orbitali di tipo *p* ma ne occupa uno dei due liberi, in accordo con il principio della massima molteplicità.

Con una logica analoga a quella seguita per l'atomo di ossigeno si possono ricavare le configurazioni elettroniche degli altri atomi, alcune delle quali sono riportate nella seguente tabella.

1.4 | Tavola periodica degli elementi

Ogni elemento chimico è individuato tramite un nome e un simbolo costituito da una o due lettere (generalmente ricavate dal nome inglese o latino), di cui la prima sempre maiuscola e la seconda sempre minuscola.

1.4.1 | Principio di costruzione della tavola periodica

Nella tavola periodica (riportata al termine della parte di chimica) gli elementi sono incasellati in ordine di numero atomico crescente in file orizzontali, andando a capo quando inizia il riempimento di un nuovo livello energetico.

Ogni riga orizzontale è detta **periodo** e corrisponde al riempimento degli orbitali di un livello.
Ogni colonna è detta **gruppo**.
Gli elementi di uno stesso gruppo hanno la stessa configurazione elettronica esterna, ovvero lo stesso numero di elettroni nel livello energetico esterno, questo viene definito *livello* o *guscio di valenza* e gli elettroni che vi risiedono sono detti *elettroni di valenza*.

I periodi sono 7 (corrispondenti ai sette livelli energetici) e sono indicati con numeri arabi. I gruppi sono invece indicati con numeri romani e con la lettera A (8 gruppi) o B (10 gruppi). Gli elementi dei gruppi A sono chiamati *elementi rappresentativi* e hanno gli elettroni più esterni negli orbitali *s* o *p*. Gli elementi dei gruppi B sono detti *elementi di transizione* e hanno il sottolivello *d* parzialmente riempito. Nel sesto e nel settimo periodo sono inserite due file di elementi chiamati *elementi di transizione interna* (lantanidi e attinidi), caratterizzati dal sottolivello *f* parzialmente riempito.

Per evitare equivoci causati dal fatto che nella tavola periodica esistono gruppi "A" e gruppi "B" la IUPAC[1] ha recentemente proposto una nuova numerazione dei gruppi basata su un numero progressivo da 1 a 18. Attualmente sono in uso entrambe le numerazioni e generalmente i quesiti delle prove di ammissione fanno riferimento alla numerazione tradizionale, la stessa cui fanno riferimento i quesiti di questo libro.

CHIMICA

La tavola periodica può essere suddivisa anche in blocchi:

blocco *s*	→	gruppi 1 (I A) e 2 (II A); elementi che hanno l'ultimo elettrone in un orbitale *s*
blocco *p*	→	gruppi 13-18 (III A -VIII A); elementi che hanno l'ultimo elettrone in un orbitale *p*
blocco *d*	→	gruppi 3-12 (gruppi B); elementi che hanno l'ultimo elettrone in un orbitale *d*
blocco *f*	→	elementi che hanno l'ultimo elettrone in un orbitale *f*

Diagramma a blocchi della tavola periodica

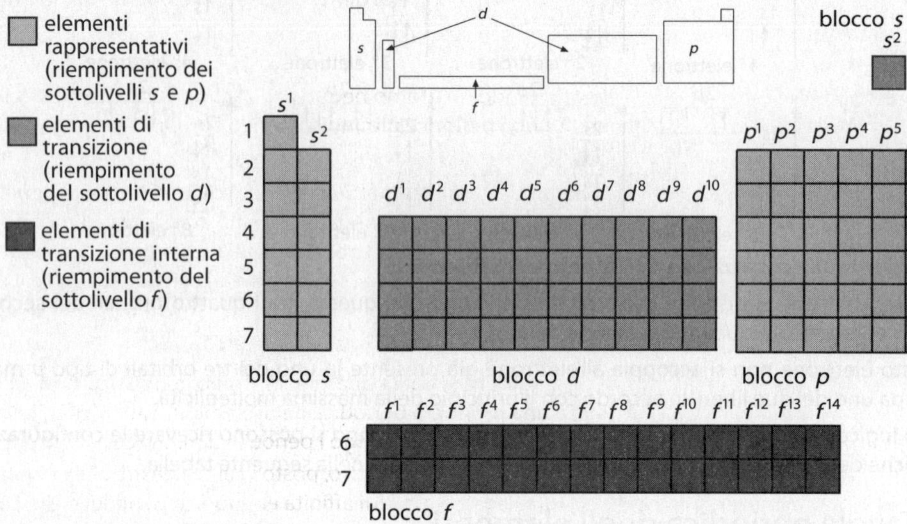

Siamo ora in grado di rispondere alla seconda domanda posta all'inizio del capitolo.

Quesito II. Gli elementi appartenenti allo stesso gruppo nella tavola periodica sono caratterizzati dalla stessa configurazione elettronica esterna, cioè lo stesso numero di elettroni nel livello energetico più esterno; risposta **C**.

1.4.2 | Proprietà periodiche degli elementi

La base logica del sistema periodico sta nella periodicità della configurazione elettronica esterna degli atomi che si riflette nella periodicità delle loro proprietà chimiche.

Le proprietà chimiche degli atomi sono determinate in prima istanza dalla configurazione elettronica dello strato più esterno che contiene elettroni.

Dimensione atomica

Secondo il modello ondulatorio, la nube elettronica non ha un confine ben definito; non è quindi possibile determinare con precisione il confine di un atomo. Generalmente, i raggi atomici sono dedotti da misure di distanza tra i centri di atomi adiacenti: per convenzione, infatti, il raggio atomico è definito come la metà della distanza tra i nuclei di due atomi dello stesso elemento in una molecola biatomica (raggio covalente). La dimensione atomica aumenta lungo i gruppi dall'alto verso il basso, perché in un gruppo, dall'alto verso il basso, aumenta il valore di *n*, quindi il guscio orbitalico in corso di riempimento è più distante dal nucleo. La dimensione atomica diminuisce da sinistra a destra lungo i periodi, perché procedendo da sinistra a destra aumenta il numero di protoni nel nucleo e quindi la capacità di attrazione del nucleo nei confronti del guscio che è in corso di riempimento.

1. L'International Union for Pure and Applied Chemistry (Unione internazionale di chimica pura e applicata) è un'organizzazione non governativa internazionale dedita al progresso della chimica, costituita nel 1919 a Londra e con sede centrale a Zurigo.

Potenziale (o energia) di ionizzazione (EI)

Il potenziale di ionizzazione è l'energia necessaria per sottrarre un elettrone a un atomo, ottenendo un catione. Si definisce:

- *energia di prima ionizzazione* → energia necessaria per strappare l'elettrone più esterno a un atomo neutro (allo stato gassoso);
- *energia di seconda ionizzazione* → energia necessaria per strappare l'elettrone più esterno a un catione con carica +1;

L'energia di ionizzazione cui si fa normalmente riferimento è l'energia di prima ionizzazione, grandezza che varia nella tavola periodica in modo opposto a quello della dimensione atomica: aumenta quindi lungo i periodi e diminuisce lungo i gruppi.

Affinità elettronica (AE)

L'affinità elettronica è l'energia che si libera quando un atomo neutro acquista un elettrone, trasformandosi in un anione: il suo modulo aumenta lungo i periodi e diminuisce lungo i gruppi.

Elettronegatività

L'elettronegatività è definita come la tendenza dell'atomo ad attirare su di sé gli elettroni di legame. Aumenta lungo i periodi e diminuisce lungo i gruppi. L'elettronegatività è una grandezza adimensionale il cui valore si esprime mediante una scala che va da 0 a 4. L'elettronegatività dei gas nobili è 0 per definizione. Tra gli altri elementi, il più elettronegativo è il fluoro (F) con 4,0 e il meno elettronegativo è il cesio (Cs) con 0,7.

Siamo ora in grado di rispondere alla terza domanda posta all'inizio del capitolo.

Quesito III. L'affinità elettronica è l'energia che si libera quando un atomo neutro acquista un elettrone, trasformandosi in un anione; è una proprietà periodica degli elementi, quindi manifesta un andamento regolare nella tavola periodica: aumenta lungo i periodi e diminuisce nei gruppi.

Per rispondere al quesito è sufficiente ricordare che il fluoro, posto in alto a destra nella tavola periodica, è l'elemento che possiede il più elevato valore di affinità elettronica. Si deduce che l'affermazione **B**, secondo la quale l'affinità elettronica è maggiore nel fluoro che nell'ossigeno, è sicuramente vera.

1.4.3 | Classificazione degli elementi

In base alle proprietà chimiche gli elementi della tavola periodica possono essere classificati in tre gruppi: metalli, non metalli e semimetalli.

Metalli

I metalli sono localizzati a sinistra della linea spezzata che va dal boro all'astato nella tavola periodica. I metalli hanno pochi elettroni nel livello esterno, bassa energia di ionizzazione, bassa affinità elettronica, bassa elettronegatività e formano facilmente ioni positivi. A temperatura ambiente sono generalmente solidi, hanno punti di fusione e densità elevati, sono duttili, malleabili, lucenti e hanno alta conducibilità termica ed elettrica (il carattere metallico diminuisce lungo un periodo da sinistra e destra e aumenta lungo un gruppo dall'alto verso il basso). L'idrogeno (H) è un caso particolare: pur avendo una configurazione elettronica da metallo, possiede le caratteristiche di un non-metallo.

Non metalli

I non metalli sono localizzati a destra della linea spezzata che va dal boro all'astato nella tavola periodica. Ai non metalli mancano pochi elettroni per completare il livello esterno e hanno alta energia di ionizzazione, alta affinità elettronica e alta elettronegatività, formano quindi facilmente ioni negativi. Non sono né duttili, né malleabili, né lucenti e hanno bassa conducibilità termica ed elettrica.

Semimetalli

I semimetalli sono localizzati a cavallo della linea spezzata che divide i metalli dai non metalli e hanno proprietà intermedie tra quelle degli altri due gruppi. La loro reattività chimica dipende dall'atomo con cui si legano; il boro (B), per esempio, si comporta come un non metallo reagendo con il sodio (Na) e come un metallo reagendo con il fluoro (F). Gli elementi classificati come semimetalli sono: boro (B), silicio (Si), germanio (Ge), arsenico (As), antimonio (Sb) e tellurio (Te).

Denominazioni dei gruppi della tavola periodica

Alcuni gruppi della tavola periodica hanno denominazioni proprie:

- I A o 1: metalli alcalini;
- II A o 2: metalli alcalino-terrosi;
- VII A o 17: alogeni;
- VIII A o 18: gas nobili.

1.5 | Isotopi

Gli *isotopi* sono atomi aventi lo stesso numero atomico (atomi dello stesso elemento), ma diverso numero di massa perché contenenti un diverso numero di neutroni.
Un determinato isotopo si rappresenta scrivendo in alto a sinistra il numero di massa e in basso a sinistra il numero atomico vicino al simbolo dell'elemento.

$^{18}_{8}O$ e $^{16}_{8}O$ sono due isotopi dell'ossigeno e vengono chiamati rispettivamente ossigeno-18 e ossigeno-16;
$^{12}_{6}C$, $^{13}_{6}C$ e $^{14}_{6}C$ sono tre isotopi del carbonio e sono chiamati rispettivamente carbonio-12, carbonio-13 e carbonio-14.

Gli isotopi di un elemento occupano lo stesso posto nella tavola periodica e hanno lo stesso nome. L'unico elemento i cui isotopi hanno un nome proprio è l'idrogeno che ha tre isotopi:

$^{1}_{1}H$ o H	$^{2}_{1}H$ o D	$^{3}_{1}H$ o T
Idrogeno o Prozio	Deuterio	Trizio
1 protone; 0 neutroni	1 protone; 1 neutrone	1 protone; 2 neutroni

La maggior parte degli elementi naturali possiede due o più isotopi stabili; gli isotopi instabili sono radioattivi ed emettono radiazioni α, β e γ per stabilizzarsi.

Avendo lo stesso numero di protoni, e quindi di elettroni, gli isotopi di un dato elemento hanno le stesse proprietà chimiche.
Avendo diverso numero di massa, gli isotopi di un dato elemento hanno diversa massa atomica.

Sapendo che per il sodio Z = 11 e A = 23, indicare quanti protoni, neutroni ed elettroni possiede la specie chimica Na^+.
Per rispondere si ricordi che Z indica il numero dei protoni, e A il numero delle particelle presenti nel nucleo, quindi con la sottrazione (A – Z) si ricava il numero di neutroni; inoltre, in un atomo neutro il numero di elettroni è pari a Z, mentre la presenza di una o più cariche, positive o negative, indica che l'atomo ha, rispettivamente, perso oppure acquistato uno o più elettroni. Lo ione Na^+ è formato da 11 protoni (infatti Z = 11) e 12 neutroni (23 – 11): dato che ha una carica positiva si può infine stabilire che possiede un elettrone in meno rispetto al numero dei protoni, quindi 10 elettroni.

1.6 | Massa atomica e massa molecolare

L' **unità di massa atomica** (u.m.a. o u) è la quantità di materia pari a 1/12 della massa di un atomo dell'isotopo 12 del carbonio ($^{12}_{6}C$) a cui è stata attribuita, per convenzione, una massa pari a 12.
$1 \text{ u.m.a.} = 1{,}67 \cdot 10^{-27} \text{ kg} = 1{,}67 \cdot 10^{-24} \text{ g}$

La **massa atomica relativa** di un elemento (detta anche, semplicemente, massa atomica) è pari al rapporto fra la massa assoluta dell'atomo e l'unità di massa atomica. Questa grandezza, nei quesiti, si trova spesso indicata, anche se impropriamente, come *peso atomico*, notazione che useremo anche in questo testo. La massa atomica si può trovare abbreviata in modi diversi, fra cui MA, PA e m_r .

I valori di massa atomica di ciascun elemento sono riportati sulla tavola periodica degli elementi. Questi valori sono il risultato della media della massa dei diversi isotopi di un elemento, tenuto conto dell'abbondanza relativa di ogni isotopo in natura.

La **massa molecolare relativa** è uguale alla somma delle masse atomiche degli atomi che costituiscono la molecola, ognuna moltiplicata per il rispettivo indice. È spesso indicata, seppur impropriamente, come *peso molecolare*. In forma abbreviata si trova M, MM o PM.

$PM_{H_2O} = PA_O + 2 \cdot PA_H = 15{,}99994 + 2 \cdot 1{,}008 = 18{,}015 \approx 18$

Se si considerano composti ionici, che non sono costituiti da molecole distinte (§ 2.9), si utilizza il **peso formula** (**PF**), corrispondente alla somma dei pesi atomici degli atomi che compaiono nella formula minima, ognuno moltiplicato per il rispettivo indice. Generalmente però, anche se sarebbe corretto utilizzare il peso formula, il termine *massa molecolare* o *peso molecolare* viene utilizzato per tutte le sostanze chimiche.

$PM_{MgCl_2} = (PA_{Mg} + 2 \cdot PA_{Cl}) = 24{,}305 + 2 \cdot 35{,}453 = 95{,}211 \approx 95$

Calcola il peso molecolare di H_2SO_4 (acido solforico), CO_2 (anidride carbonica), C_3H_8 (propano) e $(NH_4)_2SO_4$ (solfato di ammonio), sapendo che $PA_H = 1{,}008$; $PA_{Cl} = 35{,}45$; $PA_C = 12{,}01$; $PA_O = 16{,}00$; $PA_S = 32{,}06$ e $PA_N = 14{,}01$.

- $PM_{H_2SO_4} = 2 \cdot PA_H + PA_S + 4 \cdot PA_O = 2 \cdot 1{,}008 + 32{,}06 + 4 \cdot 16{,}00 = 98{,}08$
- $PM_{CO_2} = PA_C + 2 \cdot PA_O = 12{,}01 + 2 \cdot 16{,}00 = 44{,}01$
- $PM_{C_3H_8} = 3 \cdot PA_C + 8 \cdot PA_H = 3 \cdot 12{,}01 + 8 \cdot 1{,}008 = 44{,}09$
- $PM_{(NH_4)_2SO_4} = 2 \cdot PA_N + 2 \cdot 4 \cdot PA_H + PA_S + 4 \cdot PA_O = 2 \cdot 14{,}01 + 8 \cdot 1{,}008 + 32{,}06 + 4 \cdot 16{,}00 = 132{,}1$

Il peso molecolare dell'acido solforico è 98,08, il peso molecolare dell'anidride carbonica è 44,01, quello del propano è 44,09 e quello del solfato di ammonio è 132,1.

1.7 | Il concetto di mole

La **mole** è la quantità di materia che contiene un numero di entità elementari pari al numero di atomi presenti in 12 grammi di carbonio-12.
Una mole di qualsiasi sostanza contiene **$6{,}02 \cdot 10^{23}$** (**numero di Avogadro**, N_A) unità elementari di quella sostanza.

Una mole (mol) di un elemento (o di un composto) corrisponde alla quantità di sostanza il cui peso, espresso in grammi, è pari numericamente al suo peso atomico (o peso molecolare/formula).

Utilizzando la massa molecolare in senso generico, per tutti i tipi di composti, possiamo dire che la massa di una mole di una sostanza, indicata come **massa molare** (o **peso molare**), corrisponde numericamente alla massa molecolare, può essere indicata con la stessa simbologia (MM o PM) ed espressa in g/mol.

- Una mole di $^{12}_{6}C$ (PA = 12) pesa 12 g e contiene $6{,}02 \cdot 10^{23}$ atomi di carbonio.
- Una mole di acqua (H_2O, PM = 18) pesa 18 g e contiene $6{,}02 \cdot 10^{23}$ molecole di acqua.
- Una mole di cloruro di magnesio ($MgCl_2$, PF = 95) pesa 95 g e contiene $6{,}02 \cdot 10^{23}$ formule minime di cloruro di magnesio.

Alla luce della definizione di mole, si può dire anche che C ha PA = 12 g/mol; H_2O ha PM = 18 g/mol; $MgCl_2$ ha PF = 95 g/mol

Calcolo del numero di moli

Mediante una semplice formula è possibile calcolare a quante moli corrisponde una data massa di sostanza (in grammi) e viceversa. Il numero di moli (*n*) si calcola dividendo la massa data (*m*) per la massa di una mole della sostanza considerata, indicata genericamente come peso molare, PM, ed espressa in g/mol.

CHIMICA

La formula da applicare è quindi:

$$n = \frac{m\ (\mathrm{g})}{\mathrm{PM}\ (\mathrm{g/mol})}$$

Il numero di moli corrispondenti a 90 g di acqua, il cui peso molare è 18 g/mol ($PM_{H_2O} \approx 18$), è pari a:

$$n = \frac{90\ \mathrm{g}}{18\ \mathrm{g/mol}} = 5\ \mathrm{moli}$$

Indicare quanti atomi di ferro sono contenuti in una mole di ferro, in una mole di pirite, FeS_2, e in una mole di ossido ferrico, Fe_2O_3.

Una mole di ferro (sostanza elementare) contiene $6{,}02 \cdot 10^{23}$ atomi di ferro. Una mole di pirite, composto di formula FeS_2, contiene una mole di ferro e due di zolfo; quindi $6{,}02 \cdot 10^{23}$ atomi di ferro. Una mole di ossido ferrico, Fe_2O_3, contiene invece 2 moli di ferro e 3 di ossigeno; $1{,}204 \cdot 10^{24}$ atomi di ferro.

Siamo ora in grado di rispondere alla quarta domanda posta all'inizio del capitolo.

Quesito IV. Una mole di qualsiasi sostanza contiene un numero di unità elementari (molecole, ioni o atomi) di quella sostanza pari al numero di Avogadro, cioè $6{,}02 \cdot 10^{23}$ unità elementari di quella sostanza; risposta **A**.

1.7.1 | Legge di Avogadro

La legge di Avogadro stabilisce che a parità di condizioni di pressione e temperatura, volumi uguali di gas diversi contengono un ugual numero di molecole (e quindi anche un ugual numero di moli).

In condizioni[1] di temperatura = **0 °C** e pressione = **1 atm**, **una mole di qualsiasi gas** occupa un volume di **22,4 litri.**

1. In chimica le condizioni di temperatura = 0 °C e pressione = 1 atm sono note come condizioni *standard*. In alcuni casi, però, queste stesse condizioni sono anche indicate come *normali*, mentre in alcuni settori specifici (come termochimica e termodinamica) le condizioni *standard* indicano una temperatura pari a 25 °C.

1.8 | Formule chimiche

Ogni sostanza può essere rappresentata nel modo più semplice attraverso una formula chimica, formata dai simboli degli elementi costituenti, che ne indica la composizione qualitativa (quali elementi fanno parte della sostanza) e quantitativa (il rapporto di combinazione tra gli elementi).

Esistono diversi tipi di formule.

La **formula bruta** o (grezza) indica esclusivamente il tipo e il numero di atomi che compongono la molecola, senza mostrare come questi sono legati tra loro. La formula viene scritta ponendo uno dopo l'altro, generalmente in ordine crescente di elettronegatività (§ 1.4.2), i simboli degli elementi che formano il composto.

Il rapporto quantitativo (stechiometrico) tra di essi si evidenzia associando a ogni simbolo un *indice* numerico che rappresenta il numero di atomi di un dato elemento contenuti in una molecola (o in una formula minima) del composto.

H_2SO_4 è la formula bruta dell'acido solforico e indica che una molecola del composto è formata da 2 atomi di idrogeno (H), 1 atomo di zolfo (S) e 4 atomi di ossigeno (O).

La formula bruta può essere espressa come:

- **formula minima** → indica il rapporto minimo di combinazione tra gli elementi nel composto;
- **formula molecolare** → indica il rapporto effettivo di combinazione tra gli elementi in una molecola.

CH_2O → formula minima del glucosio;
$C_6H_{12}O_6$ → formula molecolare del glucosio.

I composti possono essere suddivisi in due gruppi: molecolari e ionici. I composti molecolari sono formati da molecole; i composti ionici sono formati da ioni positivi e negativi organizzati in modo tale da formare reticoli cristallini tridimensionali (§ 2.9)

La formula di un composto molecolare è generalmente espressa come formula molecolare (con qualche eccezione, come i polimeri), quella di un composto ionico è sempre una formula minima.

Il cloruro di magnesio è un composto ionico la cui formula bruta è $MgCl_2$. Questa formula è una formula minima e indica che nel composto gli atomi sono combinati secondo un rapporto di un atomo di Mg ogni 2 atomi di Cl.

La **formula di struttura** indica la disposizione spaziale degli atomi nella molecola, mostrando come gli atomi sono legati tra loro e con quale tipo di legame.

La formula di struttura dell'acido solforico (H_2SO_4) è:

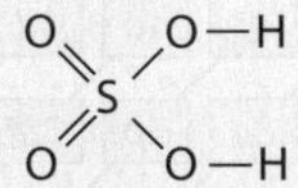

La formula di struttura dell'anidride carbonica (CO_2) è:

O=C=O

Stabilire se le simbologie proposte indicano sostanze elementari oppure composti: Au, Co, CO, KI, N_2, Ni e NO_2.

Au è il simbolo dell'oro, un elemento.
Co è il simbolo del cobalto, un elemento.
CO è un composto formato da carbonio (C) e ossigeno (O) in rapporto 1:1.
KI è un composto formato da potassio (K) e iodio (I) in rapporto 1:1.
N_2 è una molecola formata da due atomi di azoto, mentre Ni è il simbolo del nichel, un elemento.
NO_2 è la formula di un composto formato da azoto (N) e ossigeno in rapporto 1:2.

1.9 | Cenni di chimica nucleare

La chimica nucleare riguarda le reazioni nucleari, cioè quelle che coinvolgono il nucleo degli atomi.

- In una reazione chimica sono coinvolti solo gli elettroni di valenza (§ 2.1); reagenti e prodotti contengono gli stessi elementi.
- In una reazione nucleare sono coinvolti i nuclei dei reagenti; i prodotti sono costituiti da elementi diversi da quelli di partenza, quindi varia la massa.
  Viene consumata o prodotta una grande quantità di energia.

Nel corso di una reazione di decadimento radioattivo (si veda l'appendice B, nella sezione di Fisica) il nucleo di un isotopo instabile si trasforma in un nucleo stabile emettendo allo stesso tempo particelle α, o β, oppure radiazioni γ.

La **datazione tramite isotopi radioattivi** si basa sul fatto che questi atomi, nel corso del tempo, emettono radiazioni e si trasformano in atomi diversi. Ogni isotopo radioattivo ha un caratteristico *tempo di dimezzamento*: noto questo parametro, andando a misurare in un campione la quantità di uno specifico isotopo radioattivo, è possibile stabilire a quando risale il campione considerato.
Per la datazione di reperti archeologici, per esempio, si utilizza un isotopo con un tempo di dimezzamento breve: il carbonio-14 (^{14}C), isotopo radioattivo del carbonio che si trasforma in azoto (^{14}N) con un tempo di dimezzamento di 5730 anni.

Ripassa da qui

Ordine di riempimento dei livelli e sottolivelli energetici nella configurazione elettronica

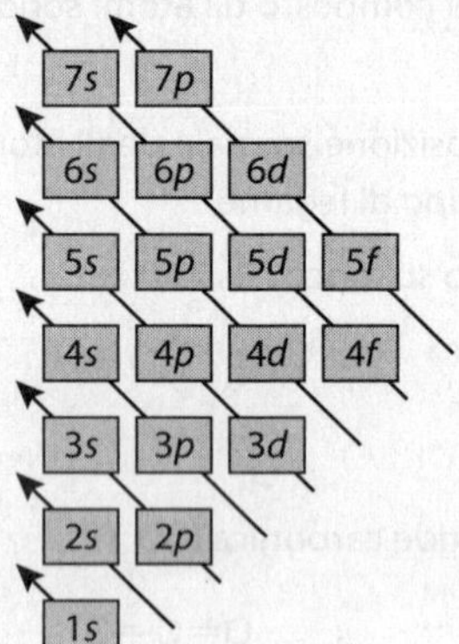

Proprietà periodiche degli elementi

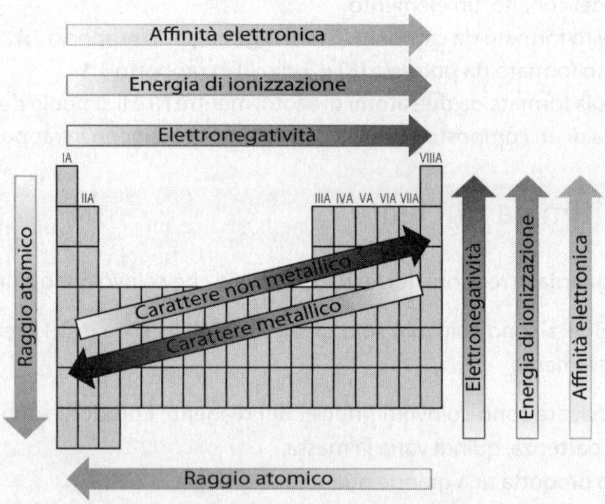

Proprietà periodiche degli elementi

Formule da ricordare

- Calcolo del numero di moli:

$$n = \frac{m\ (g)}{PM\ (g/mol)}$$

- Numero di Avogadro: $6{,}02 \cdot 10^{23}$
- Legge di Avogadro: T = 0 °C e P = 1 atm, una mole di qualsiasi gas occupa un volume di 22,4 litri

Quesiti svolti

1 Quale tra le seguenti NON è una sostanza pura?

A Stagno
B Acciaio
C Saccarosio
D Cloruro di sodio
E Acqua ossigenata

Le sostanze pure hanno una composizione uniforme e ben definita, si suddividono in composti ed elementi. I composti possono essere scissi, con gli ordinari mezzi chimici, in sostanze più semplici; esempi di composti: acqua ossigenata (H_2O_2), il cloruro di sodio (NaCl), il saccarosio (disaccaride formato da glucosio e fruttosio, formula bruta $C_{12}H_{22}O_{11}$). Gli elementi corrispondono ai 118 elementi della Tavola Periodica, in cui è presente anche lo Stagno (Sn). L'acciaio è una lega composta principalmente dal ferro e carbonio, pertanto è considerato un miscuglio omogeneo allo stato di aggregazione solido. La risposta corretta è la B: l'acciaio non è una sostanza pura.

2 La distillazione è un metodo che consente di separare due o più sostanze allo stato liquido con differente:

A densità
B massa molare
C peso specifico
D punto di ebollizione
E solubilità

La scelta della tecnica di separazione dipende dal tipo di miscuglio da separare. Per separare sostanze da un miscuglio eterogeneo aventi densità, peso specifico o massa differenti è possibile utilizzare la centrifugazione, grazie alla quale la parte più densa (o quella con una maggiore massa/peso specifico) si deposita sul fondo, mentre la parte meno densa (o con minore massa/peso specifico) rimane come surnatante. Possiamo quindi escludere le risposte A, B e C. Per separare i pigmenti di un miscuglio omogeneo si utilizza la cromatografia, che si basa sulla diversa solubilità degli stessi tra la fase fissa e quella mobile, escludiamo quindi anche la risposta E. La distillazione è una tecnica che serve per separare due o più sostanze da un miscuglio omogeneo aventi punti di ebollizione diversi: per esempio si può separare l'alcool (T_{eb}: 78 °C) dall'acqua (T_{eb}: 100 °C). La risposta corretta è pertanto la D.

3 Quale carica ha un sistema formato da 7 protoni, 7 neutroni e 6 elettroni?

A – 6
B – 1
C 0
D + 1
E + 7

Un sistema formato da 7 protoni, 7 neutroni e 6 elettroni ha una carica positiva in più rispetto al numero delle cariche negative, quindi avrà carica netta +1; risposta D.

CHIMICA

4 Il numero quantico principale *n* indica:

A la forma di un orbitale
B l'energia e la forma di un orbitale
C l'energia e la distanza dal nucleo di un orbitale
D la posizione che assume un orbitale messo in un campo magnetico
E il numero di elettroni che possono essere presenti in un orbitale

Il numero quantico principale *n* indica la dimensione dell'orbitale, l'energia dell'elettrone e la distanza di un orbitale dal nucleo, risposta C. Può assumere valori interi positivi, con $n=1$ viene indicato il livello energetico più vicino al nucleo; di conseguenza, un più elevato valore di *n* corrisponde a una maggior energia dell'orbitale.

5 La configurazione elettronica del cloro (Z = 17) è la seguente:

A $1s^2\ 2s^2\ 2p^3\ 3s^2\ 3p^3\ 3d^5$
B $1s^2\ 2s^3\ 2s^2\ 2p^3\ 3s^2\ 3p^5$
C $1s^2\ 2s^2\ 2p^3\ 3s^2\ 3p^7$
D $1s^2\ 2s^2\ 2p^3\ 3s^2\ 4s^2\ 3p^3$
E $1s^2\ 2s^2\ 2p^6\ 3s^2\ 3p^5$

Per rispondere al quesito è necessario ricordare le regole di riempimento degli orbitali di un atomo: ogni orbitale ospita al massimo 2 elettroni, e l'ordine di riempimento, per i primi sottolivelli energetici è il seguente:

$$1s,\ 2s,\ 2p,\ 3s,\ 3p,\ 4s,\ 3d,\ 4p$$

Se il cloro ha Z = 17, allo stato neutro un atomo di questo elemento possiede 17 elettroni. Distribuendo 17 elettroni negli orbitali, e ricordando che gli orbitali *p* sono 3 e quindi ospitano 6 elettroni, si ottiene la seguente configurazione elettronica:

$$1s^2\ 2s^2\ 2p^6\ 3s^2\ 3p^5$$

La risposta corretta è quindi la E.

6 Un elemento è costituito da atomi:

A tutti diversi tra loro
B aventi tutti lo stesso numero di protoni
C aventi uguale numero di massa
D aventi lo stesso numero di nucleoni
E aventi lo stesso numero di neutroni

Un elemento è costituito da atomi tutti dello stesso tipo, cioè aventi tutti lo stesso numero di protoni (quindi lo stesso numero atomico); risposta B.

Le alternative C ed E sono da scartare perché per quasi tutti gli elementi esistono diversi isotopi, cioè atomi con lo stesso numero di protoni e diverso numero di neutroni (quindi diverso numero di massa).

7 Nella tavola periodica, un elemento che inizia un nuovo livello con un solo elettrone è un:

A metallo alcalino
B gas nobile
C metallo
D metallo alcalino terroso
E alogeno

Un elemento che inizia un nuovo livello con un solo elettrone ha configurazione elettronica esterna ns^1 e appartiene al gruppo I A (primo gruppo della tavola periodica) quindi è un metallo alcalino; risposta A.

8 **Tra l'atomo neutro Ne e lo ione Na^+ è:**

- **A** più piccolo l'atomo Ne
- **B** impossibile prevedere chi è più piccolo
- **C** più piccolo Ne ma ha massa maggiore
- **D** più piccolo lo ione Na^+
- **E** più piccolo Ne ma ha massa minore

Il numero atomico del neon (Ne) è 10, mentre quello del sodio (Na) è 11; il neon è un gas nobile ed è l'elemento in cui si completa il riempimento del secondo livello energetico, mentre il sodio è l'elemento con cui ha inizio il riempimento del terzo livello energetico. L'atomo neutro Na è quindi certamente più grande di Ne; quando Na si trasforma nello ione Na^+, perde l'elettrone presente nel terzo livello energetico e si ritrova con la stessa configurazione elettronica del neon, dato però che nel nucleo di Na^+ sono presenti 11 protoni anziché 10, gli elettroni sono attratti verso il nucleo più fortemente che non in Ne, e lo ione Na^+ risulta più piccolo dell'atomo Ne: risposta **D**.

9 **Quale tra i seguenti abbinamenti tra il nome di un elemento chimico e il suo simbolo NON è corretto?**

- **A** Bromo – B
- **B** Cesio – Cs
- **C** Cromo – Cr
- **D** Rame – Cu
- **E** Zolfo – S

L'unico abbinamento non corretto è "Bromo-B": B è il simbolo del Boro, mentre il simbolo del Bromo è Br. La risposta del quesito è la **A**.

10 **La differenza fra gli isotopi 127 e 131 dello iodio consiste nel fatto che:**

- **A** il primo possiede due protoni e due neutroni in meno
- **B** il primo possiede quattro protoni in meno
- **C** il primo possiede quattro neutroni in meno
- **D** il primo possiede quattro elettroni in meno
- **E** il secondo possiede quattro protoni in più

Due isotopi sono atomi dello stesso elemento (quindi con lo stesso numero di protoni) caratterizzati da diverso numero di massa, dunque da un diverso numero di neutroni. Lo iodio-127 possiede quattro neutroni in meno dello iodio-131; risposta **C**.

11 **Ci sono più atomi in 1 g di alluminio, Al (PA = 27), o in 1 g di piombo, Pb (PA = 207)?**

- **A** Dipende dalle condizioni di temperatura e pressione
- **B** Il numero di atomi è lo stesso dato che i grammi sono gli stessi
- **C** Ci sono più atomi in 1 g di Pb perché ha peso atomico maggiore
- **D** Ci sono più atomi in 1 g di Al perché ha peso atomico minore
- **E** I dati del problema sono insufficienti per poter dare una risposta univoca

Se il peso atomico di Al è 27 e quello di Pb è 207, una mole di Al pesa 27 g mentre una mole di Pb pesa 207 g; quindi una mole di Al contiene lo stesso numero di atomi di una mole di Pb, ma la prima pesa molto meno.

1 g di Al corrisponde a $1/27$ moli di Al, mentre 1 g di Pb corrisponde a $1/207$ moli di Pb, quindi 1 g di Al contiene un numero di atomi più elevato rispetto a 1 g di Pb; risposta **D**.

12 **Quanti grammi pesano 11,2 litri di CH_4 in condizioni standard?**

A 11 B 10 C 16 D 8 E 4

In condizioni standard, cioè alla temperatura di 0 °C e alla pressione di 1 atm, una mole di qualsiasi gas occupa un volume di 22,4 litri; 11,2 litri quindi corrispondono a 0,5 moli di metano (CH_4). Poiché il peso molecolare del metano è pari a:

$$PM_{CH_4} = PA_C + 4 \cdot PA_H = 12 + (4 \cdot 1) = 16$$

una mole di metano pesa 16 g e 0,5 moli pesano 8 g. La risposta esatta è quindi la D.

PARTE QUINTA

2 I legami chimici

Mettiti alla prova

I **Nel composto CH_4, il carbonio:**

(1) forma legami ionici;

(2) forma legami covalenti;

(3) non è ibridato;

(4) usa orbitali ibridi di tipo *sp*^{3}.

Riguardo alle precedenti affermazioni, si può asserire che:

A è corretta solo la (4)
B è corretta solo la (3)
C sono corrette la (2) e la (4)
D è corretta solo la (2)
E sono tutte corrette

II **Indicare quale tra le seguenti molecole è apolare:**

A H_2O
B CO_2
C HCl
D NO
E NH_3

III **Il legame ionico si forma:**

A tra un metallo e un non metallo
B tra un gas nobile e un metallo
C tra un metallo e un metallo
D tra un non metallo e un non metallo
E tra un semimetallo e un metallo

IV **Un esempio di legame a idrogeno è quello tra:**

A un atomo di idrogeno di una molecola di acqua e uno di un'altra
B un atomo di idrogeno di una molecola di acqua e quello di ossigeno di un'altra
C due atomi di carbonio in un idrocarburo
D un atomo di idrogeno e uno di ossigeno che formano una molecola d'acqua
E un atomo di carbonio e uno di idrogeno in un idrocarburo

CHIMICA

Ecco le risposte esatte dei 4 quesiti proposti: I **C**, II **B**, III **A**, IV **B**.

2.1 | Elettroni di valenza e simboli di Lewis

Solo i gas nobili si trovano in natura allo stato monoatomico. Gli altri atomi isolati sono estremamente instabili e tendono a legarsi tra loro attraverso i legami chimici per formare sostanze pure, ovvero sostanze elementari oppure composti. Escludendo i metalli allo stato elementare (si veda § 2.10) le sostanze pure possono essere di due tipi: *molecolari* o *ioniche*. Le sostanze molecolari sono formate da molecole, i composti ionici da aggregati di ioni positivi e negativi, organizzati in reticoli cristallini tridimensionali (§ 2.9).

Nella formazione dei legami chimici sono coinvolti solo gli elettroni, in particolare gli elettroni contenuti nel livello energetico più esterno, chiamati *elettroni di valenza*.

Per gli elementi dei gruppi A, il numero di elettroni di valenza è uguale al numero del gruppo cui un elemento appartiene.

Gli elettroni di valenza di un elemento possono essere rappresentati graficamente mediante il *simbolo di Lewis*, costituito dal simbolo chimico dell'elemento circondato da un numero di punti pari al suo numero di elettroni di valenza. Nella tabella sono riportati i simboli di Lewis degli elementi dei primi tre periodi.

Gruppo	I A-1	II A-2	III A-13	IV A-14	V A-15	VI A-16	VII A-17	VIII -18
Configurazione elettronica esterna	s^1	s^2	s^2p^1	s^2p^2	s^2p^3	s^2p^4	s^2p^5	s^2p^6
I periodo	$\dot{\mathrm{H}}$							$\ddot{\mathrm{He}}$ [1]
II periodo	$\dot{\mathrm{Li}}$	$\mathrm{Be}\cdot$	$\dot{\underset{\cdot}{\mathrm{B}}}\cdot$	$\cdot\dot{\underset{\cdot}{\mathrm{C}}}\cdot$	$\cdot\ddot{\underset{\cdot}{\mathrm{N}}}\cdot$	$\cdot\ddot{\underset{\cdot}{\mathrm{O}}}:$	$\cdot\ddot{\underset{\cdot\cdot}{\mathrm{F}}}:$	$:\ddot{\underset{\cdot\cdot}{\mathrm{Ne}}}:$
III periodo	$\dot{\mathrm{Na}}$	$\dot{\mathrm{Mg}}\cdot$	$\dot{\mathrm{Al}}\cdot$	$\cdot\dot{\underset{\cdot}{\mathrm{Si}}}\cdot$	$\cdot\ddot{\underset{\cdot}{\mathrm{P}}}\cdot$	$\cdot\ddot{\underset{\cdot}{\mathrm{S}}}:$	$\cdot\ddot{\underset{\cdot\cdot}{\mathrm{Cl}}}:$	$:\ddot{\underset{\cdot\cdot}{\mathrm{Ar}}}:$

1. La configurazione elettronica esterna di He è s^2.

2.2 | Regola dell'ottetto

La configurazione elettronica esterna dei gas nobili ($s^2\,p^6$) è chiamata *ottetto*. Tale configurazione è estremamente stabile ed è responsabile dell'inerzia chimica dei gas nobili.

La **regola dell'ottetto** afferma che gli atomi, nella formazione di legami (siano essi covalenti, dativi o ionici), tendono a raggiungere tale configurazione elettronica mediante:

condivisione di elettroni → **formazione di un legame covalente;**
perdita o acquisto di elettroni → **formazione di un legame ionico.**

La regola dell'ottetto non è però valida universalmente; non vale, per esempio, per gli elementi di transizione.

2.2.1 | Energia di legame

La formazione di un legame chimico è un fenomeno spontaneo, che avviene in accordo con il principio fisico secondo il quale ogni sistema tende a raggiungere uno stato di minima energia potenziale, a cui corrisponde la massima stabilità. Una molecola generica A – B si forma se la sua energia è minore dell'energia totale dei due atomi A e B isolati. Quando i due atomi si legano, si libera quindi una certa quantità di energia, pari alla differenza di energia tra lo stato iniziale e quello finale.

L'energia che si libera all'atto della formazione di un legame, o che bisogna fornire dall'esterno per romperlo, è detta energia di legame.

La forza di un legame è proporzionale al valore dell'energia di legame.

PARTE QUINTA

2.3 | Legame covalente

Un legame covalente si forma quando due atomi con elettronegatività uguale o simile (§ 1.4.2) mettono in comune uno o più elettroni spaiati ciascuno, in modo da raggiungere entrambi l'ottetto o, secondo una visione più moderna, una configurazione elettronica stabile. La coppia condivisa appartiene simultaneamente a entrambi gli atomi.

Un legame covalente è costituito da una coppia di elettroni condivisa tra due atomi; si forma fra atomi la cui differenza di elettronegatività sia inferiore a 1,7.

Perché il legame si formi, due atomi devono avvicinarsi a sufficienza. Man mano che i due atomi si avvicinano gli elettroni dell'uno iniziano a risentire anche della forza di attrazione elettrostatica esercitata dal nucleo dell'altro, e viceversa. Contemporaneamente, però, inizia a esercitare il suo effetto anche la forza di repulsione che si manifesta sia tra i due nuclei, carichi positivamente, sia tra le due nuvole elettroniche dei due atomi. La distanza tra i due nuclei in corrispondenza della quale si instaura un equilibrio tra le forze attrattive nucleo-elettroni e le forze repulsive nucleo-nucleo ed elettroni-elettroni rappresenta la *lunghezza del legame*, si misura in Å e si determina sperimentalmente. L'energia in corrispondenza di questo minimo è l'energia di legame: si determina sperimentalmente e viene di solito espressa in kcal/mol.

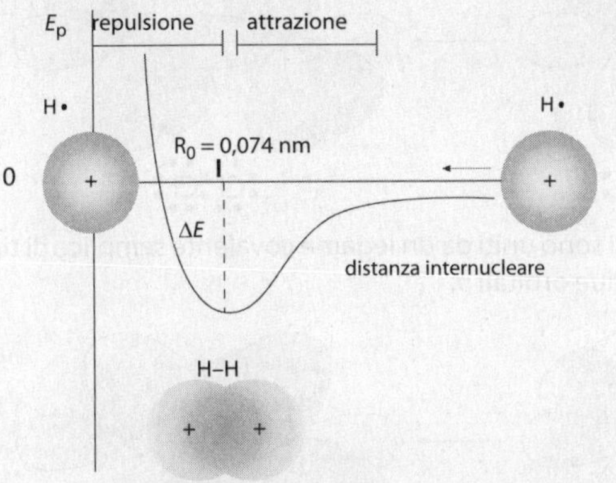

Andamento dell'energia potenziale in funzione della distanza tra i nuclei di due atomi di idrogeno. L'ascissa del punto di minimo della curva (R_0) rappresenta la lunghezza del legame H – H nella molecola H_2. ΔE rappresenta invece l'energia di legame

La lunghezza del legame è proporzionale al raggio degli atomi legati, e inversamente proporzionale alla forza (e quindi all'energia) del legame.
Il legame covalente è direzionale.

La distribuzione delle coppie di elettroni condivisi (doppietti di legame) e non condivisi (doppietti non partecipanti al legame, chiamati anche *doppietti solitari*) in una molecola può essere rappresentata mediante la sua *struttura di Lewis*.

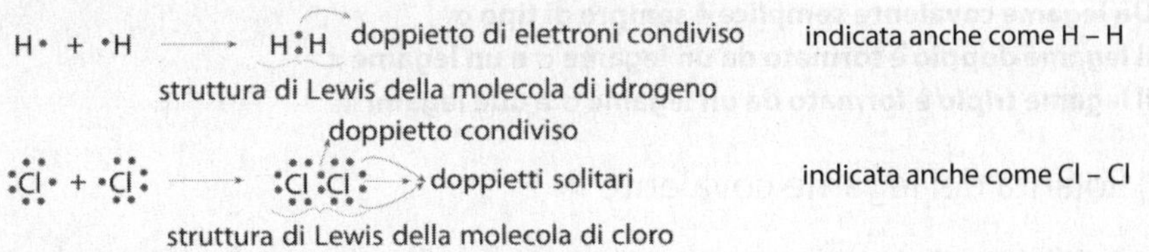

2.3.1 | Legami covalenti semplici e multipli

In base al numero di coppie condivise (o *doppietti condivisi*) il legame covalente tra due atomi può essere:

semplice → formato da una coppia di elettroni condivisi (esempio: H_2: H – H)
doppio → formato da due coppie di elettroni condivisi (esempio: CO_2: O = C = O);
triplo → formato da tre coppie di elettroni condivisi (esempio: N_2: N ≡ N).

Il numero di coppie di elettroni di legame viene detto *ordine di legame*.

Maggiore è l'ordine di legame, maggiore è la forza complessiva che tiene uniti gli atomi e quindi maggiore l'energia complessiva di legame e più breve la distanza di legame.

2.3.2 | Orbitali molecolari, legame σ e legame π

Quando si forma un legame covalente, due orbitali atomici si sovrappongono e si fondono formando un *orbitale molecolare*, di energia e forma diversa rispetto agli orbitali di partenza.

Un orbitale molecolare è la regione di spazio occupata da una coppia di elettroni di legame che circonda entrambi i nuclei dei due atomi legati.

La forma dell'orbitale molecolare dipende dal tipo di orbitali atomici di partenza e dalla loro modalità di sovrapposizione:

- *legame covalente σ*: la sovrapposizione è *frontale* (testa/testa)
- *legame covalente π*: la sovrapposizione è *laterale* (fianco/fianco)

Il legame π si forma solo per sovrapposizione laterale di orbitali *p*. A causa della maggiore sovrapposizione degli orbitali il legame σ è più forte del legame π.

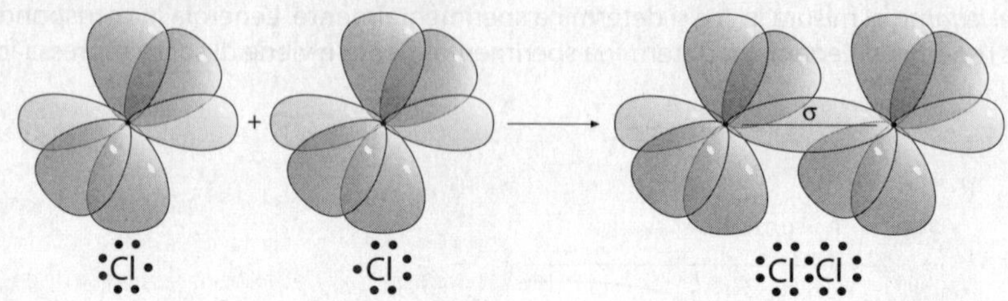

Nella molecola del cloro (Cl_2) i due atomi sono uniti da un legame covalente semplice di tipo σ formatosi per sovrapposizione frontale di due orbitali *p*.

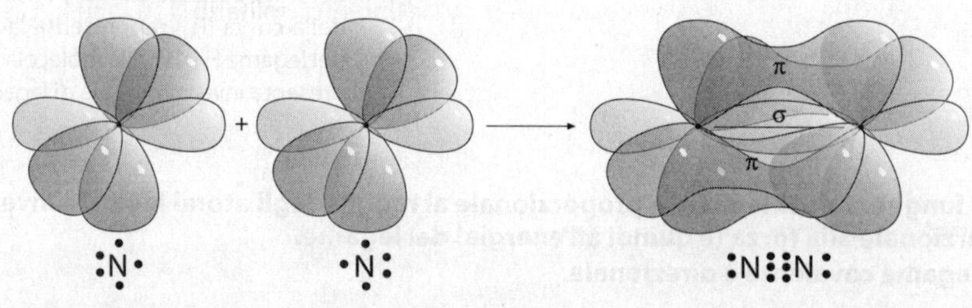

Nella molecola dell'azoto (N_2) i due atomi sono uniti da un legame covalente triplo, formato da un legame σ, originato dalla sovrapposizione frontale dei due orbitali p_x, e da due legami π, originati dalla sovrapposizione laterale dei due orbitali p_y, e dei due orbitali p_z.

Un legame covalente semplice è sempre di tipo σ.
Il legame doppio è formato da un legame σ e un legame π.
Il legame triplo è formato da un legame σ e due legami π.

2.3.3 | Polarità del legame covalente

In base alla differenza di elettronegatività tra gli atomi legati, il legame covalente può essere *puro* (o *omopolare*) oppure *polare* (o *eteropolare*).

Legame covalente puro

- Si forma tra atomi con elettronegatività uguale o simile.
- È caratterizzato da una condivisione equa della coppia di elettroni di legame, quindi la nuvola elettronica dell'orbitale molecolare è simmetrica e non si ha nessuna separazione di carica elettrica.

In H_2 i due atomi di idrogeno sono uniti da un legame covalente puro.

Legame covalente polare

- Si forma tra atomi diversi con piccola differenza di elettronegatività (generalmente tra 0,4 e 1,7).
- È caratterizzato da una condivisione non equa della coppia di elettroni di legame quindi la nuvola elettronica dell'orbitale molecolare è distorta e più densa verso l'elemento più elettronegativo; si ha infatti un parziale trasferimento del doppietto di legame dall'atomo meno elettronegativo, che acquista una carica parziale positiva (δ^+), a quello più elettronegativo, che acquista una carica parziale negativa (δ^-).

Nella molecola HCl i due atomi sono uniti da un legame covalente polare. L'elettronegatività di H è infatti uguale a 2,1, mentre quella di Cl è pari a 3. La nuvola elettronica ha quindi densità maggiore sul cloro, che acquista una carica parziale negativa, e minore sull'idrogeno, che acquista una carica parziale positiva.
Anche nella molecola d'acqua i legami sono covalenti polari.

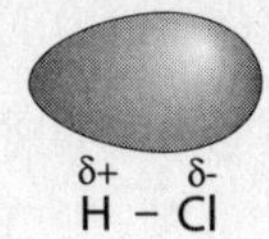

2.4 | Legame dativo (o di coordinazione)

Il *legame dativo* è un tipo particolare di legame covalente e, come tale, costituito da due elettroni condivisi tra due atomi.
Mentre nel legame covalente i due elettroni del doppietto sono forniti ciascuno da un atomo, nel legame dativo i due elettroni provengono entrambi dallo stesso atomo (*donatore*) che li condivide con l'altro atomo (*accettore*). Il legame si forma tra un atomo (atomo donatore) che dispone di almeno un *doppietto solitario* (detto anche coppia solitaria o doppietto non condiviso o coppia di non legame) e una specie chimica che ha (o può ottenere) un orbitale vuoto (accettore). Il legame si indica graficamente con una freccia diretta dal donatore verso l'accettore.

Lo ione ammonio (NH_4^+) si ottiene grazie alla formazione di un legame dativo tra l'atomo di azoto dell'ammoniaca (NH_3), sul quale è presente un doppietto solitario, e lo ione idrogeno (H^+) che ha l'orbitale 1*s* vuoto.

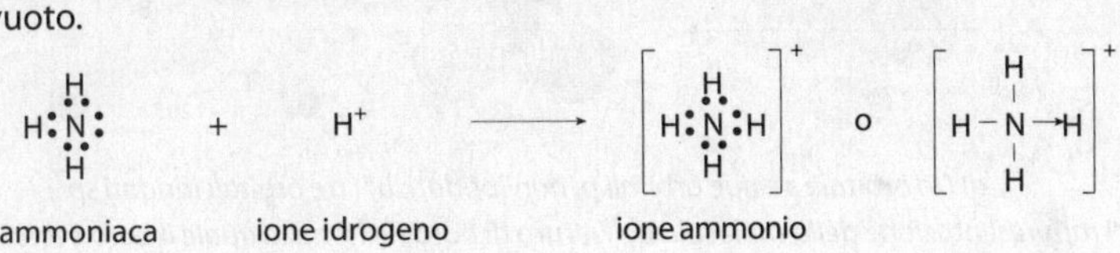

2.5 | Ibridazione e orbitali ibridi

In natura è molto comune incontrare sostanze in cui gli atomi formano un numero di legami covalenti superiore al numero di elettroni spaiati posseduti e/o presentano geometrie incompatibili con le geometrie degli orbitali atomici; ciò si può spiegare ammettendo l'esistenza del processo di *ibridazione* che porta alla formazione degli *orbitali ibridi*.

L'ibridazione consiste nella combinazione degli orbitali atomici esterni, a diversa energia, con formazione di un ugual numero di orbitali atomici isoenergetici, detti appunto orbitali ibridi.

Il carbonio ha la configurazione elettronica esterna indicata a sinistra nell'immagine.
Avendo solo due elettroni spaiati dovrebbe poter formare solo due legami covalenti. Nel metano (CH_4), invece, un atomo di C lega quattro atomi di H mediante quattro legami covalenti identici tra loro. La formazione dei quattro legami è possibile grazie alla formazione di quattro orbitali ibridi isoenergetici, contenenti ciascuno un elettrone spaiato.

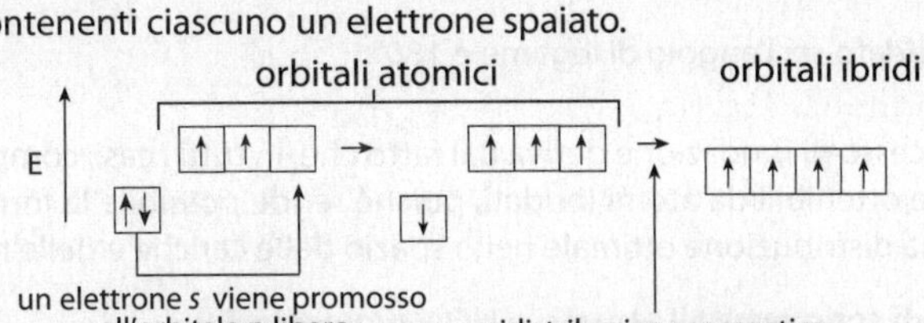

2.5.1 | Ibridazione *sp*^{3}

Si ha ibridazione *sp*^{3} quando un orbitale *s* e tre orbitali *p* di uno stesso atomo si combinano formando quattro orbitali ibridi isoenergetici *sp*^{3} diretti verso i vertici di un tetraedro con angoli di circa 109°.

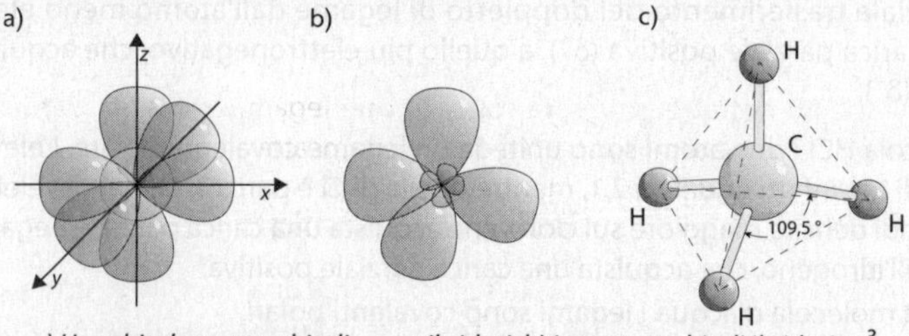

a) Un orbitale s e tre orbitali p non ibridati; b) i quattro orbitali ibridati sp^3; c) la molecola di metano nella quale il carbonio è ibridato sp^3

Nell'ammoniaca (NH_3) e nell'acqua (H_2O) l'azoto e l'ossigeno sono ibridati *sp*^{3}. Gli angoli di legame di NH_3 e H_2O sono rispettivamente di circa 108° e 105° a causa della repulsione fra le coppie di elettroni condivisi e non condivisi.

2.5.2 | Ibridazione *sp*^{2}

Si ha ibridazione *sp*^{2} quando due orbitali *p* e un orbitale *s* di uno stesso atomo si combinano formando tre orbitali ibridi isoenergetici *sp*^{2} disposti a 120° gli uni dagli altri.

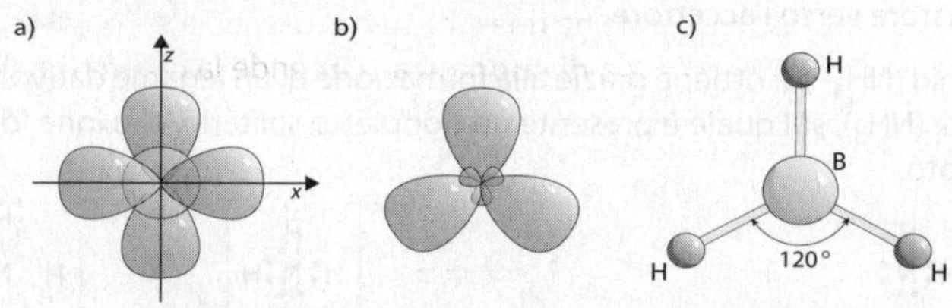

a) Un orbitale s e due orbitali p, non ibridati; b) i tre orbitali ibridati sp^2; c) rappresentazione della molecola dell'idruro di boro (BH_3) nella quale il boro è ibridato sp^2

In HNO_3 l'atomo di N è ibridato *sp*^{2}.

2.5.3 | Ibridazione *sp*

L'ibridazione *sp* coinvolge un orbitale di tipo *p* e un orbitale di tipo *s* e porta alla formazione di due orbitali ibridi isoenergetici *sp* disposti a 180°.

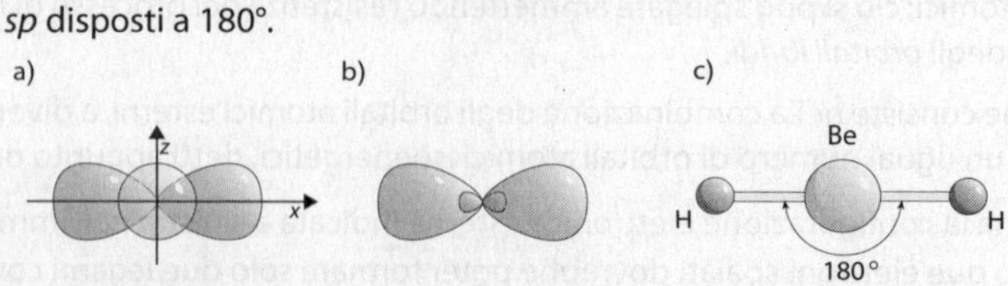

a) Un orbitale s e un orbitale p; b) i due orbitali ibridati sp in un atomo; c) rappresentazione della molecola dell'idruro di berillio (BeH_2) nella quale il berillio è ibridato sp

In BeH_2, Be è ibridato *sp*: l'angolo di legame è 180°.

La spontaneità del processo di ibridazione deriva dal fatto che, in tutti i casi, comporta un aumento della stabilità delle molecole ottenibili da atomi ibridati, poiché rende possibile la formazione di un maggior numero di legami e una distribuzione ottimale nello spazio delle cariche e delle masse.

Gli orbitali ibridi sono orbitali atomici e NON molecolari.

Siamo ora in grado di rispondere alla prima domanda posta all'inizio del capitolo.

Quesito I. La differenza di elettronegatività tra C e H è pari a 0,4 (2,5 – 2,1): il legame tra i due atomi è dunque di tipo covalente e non ionico. Nel composto in questione, il metano, l'atomo di carbonio è unito a quattro atomi di idrogeno mediante quattro legami covalenti semplici. La formazione dei quattro legami è possibile perché il carbonio utilizza in questo composto orbitali ibridi di tipo sp^3: gli orbitali sp^3 sono infatti quattro; se il carbonio non fosse ibridato, invece, possedendo solo due elettroni spaiati potrebbe formare soltanto due legami covalenti. Dato che le affermazioni corrette sono la (2) e la (4) si conclude che la risposta esatta è la **C**.

2.6 | Risonanza e delocalizzazione elettronica

Per alcune sostanze (ioni o molecole) è possibile scrivere più di una formula di struttura; questo fenomeno prende il nome di *risonanza* e si incontra nelle sostanze in cui esiste un sistema di elettroni π esteso a più di due atomi.

Per lo ione nitrito (NO_2^-) è possibile scrivere due formule di struttura:

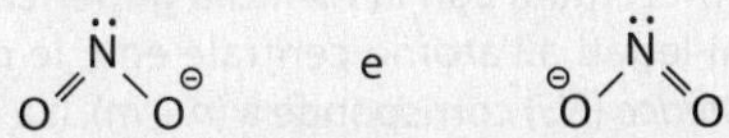

Nessuna delle due formule rappresenta però la struttura reale della molecola: un doppio legame è infatti più corto di un legame semplice, eppure si è osservato sperimentalmente che in NO_2^- i due legami hanno uguale lunghezza.

Le diverse formule possibili sono chiamate **forme limite di risonanza** (o forme mesomere) e si separano con una freccia a due punte; la sostanza reale ha una struttura intermedia tra quella delle forme limite ed è chiamata **ibrido di risonanza**. Per **energia di risonanza** si intende la differenza di energia tra l'ibrido di risonanza (la molecola reale) e la forma limite più stabile.

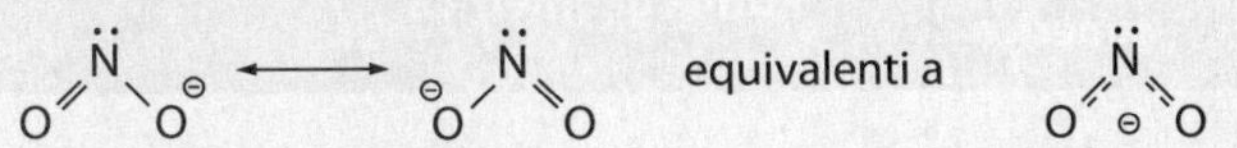

formule limite di risonanza — ibrido di risonanza

La risonanza è dovuta al fatto che gli elettroni del legame π, anziché essere condivisi solo da due atomi, sono delocalizzati su tutta la molecola: formano cioè un orbitale molecolare π delocalizzato.

Il benzene (§ 8.4) è un idrocarburo ciclico avente formula bruta C_6H_6; i sei atomi di carbonio si trovano ai vertici di un esagono e sono ibridati sp^2, ciascun atomo di carbonio possiede quindi tre orbitali ibridi sp^2 e un orbitale *p* puro. Dei tre orbitali ibridi, due vengono utilizzati per formare legami s con i due atomi di carbonio adiacenti, mentre il terzo viene impiegato per legare l'atomo di idrogeno.

I sei elettroni presenti nei sei orbitali *p* sono delocalizzati in due nubi elettroniche cicliche che si trovano una sopra e l'altra sotto il piano formato dai sei atomi di carbonio.

In termini di formula di struttura il benzene è quindi un ibrido di risonanza tra due forme limite, rappresentabile nel modo indicato a fianco. L'energia di risonanza del benzene è di circa – 36 kcal/mole rispetto all'ipotetica molecola di cicloesatriene, idrocarburo ciclico a sei atomi di C contenente tre doppi legami alternati a tre legami semplici, che non esiste proprio perché tale molecola avrebbe energia più alta di quella reale, il benzene, appunto.

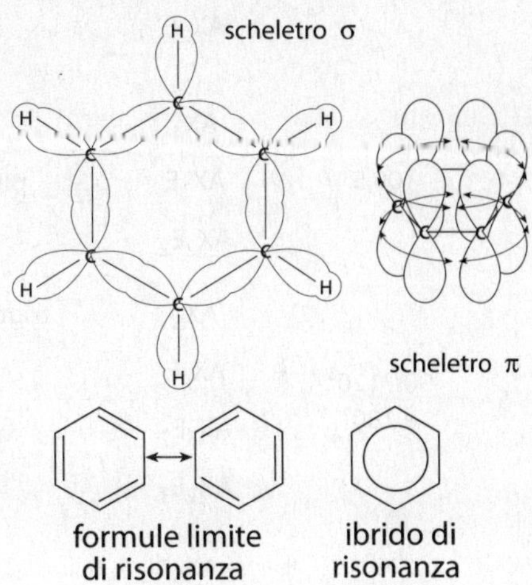

formule limite di risonanza — ibrido di risonanza

La risonanza nel benzene

Ibridazione e delocalizzazione degli elettroni π (risonanza) concorrono ad aumentare la stabilità della molecola.

CHIMICA

2.7 | Geometria molecolare (teoria VSEPR)

La geometria di una molecola (o di uno ione poliatomico) dipende dal numero e dal tipo di doppietti elettronici (di legame o solitari) che circondano l'atomo centrale; tale geometria può essere prevista in base alla teoria della repulsione tra le coppie di elettroni del livello di valenza, o *teoria VSEPR* (dall'inglese *Valence Shell Electron Pair Repulsion*).

✔ La teoria VSEPR stabilisce che i doppietti elettronici del livello di valenza si dispongono alla massima distanza possibile gli uni dagli altri, in modo da minimizzare la repulsione elettrostatica tra di essi.

Per applicare il metodo VSEPR, e quindi prevedere la geometria delle molecole, è necessario contare il numero di doppietti di elettroni solitari e il numero di atomi (quindi di doppietti condivisi) intorno all'atomo centrale; il numero totale di doppietti solitari + doppietti condivisi è detto *numero sterico* (*NS*). A differenti valori di *NS* corrispondono diverse geometrie molecolari, come illustrato nella tabella seguente.

Ogni molecola può essere rappresentata con la **formula generica** AX_mE_n, dove A rappresenta l'atomo centrale, X il numero di atomi legati all'atomo centrale ed E le coppie di elettroni solitarie presenti sull'atomo centrale. Il *numero sterico* (*NS*) corrisponde a $(n + m)$. (La formula generica indicata nella tabella si riferisce agli esempi illustrati nella colonna a fianco).

La presenza di **coppie di elettroni solitarie** (chiamate anche *coppie non condivise*) ha l'effetto di schiacciare l'**angolo di legame** come conseguenza delle forze di repulsione in gioco. Quindi, per esempio, in due molecole con *NS* = 4 come NH_3 e H_2O l'angolo di legame non corrisponde all'atteso valore di 109,5° ma è 107,5° in NH_3 (formula generica AX_3E) e 105° in H_2O (formula generica AX_2E_2).

NS	Angolo di legame	Formula generica	Forma geometrica	Esempi
2	180°	AX_2	lineare	O=C=O H—C≡N
3	120°	AX_3	trigonale planare	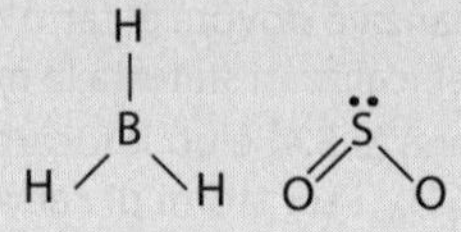
		AX_2E	angolare	
4	109,5°	AX_4	tetraedrica	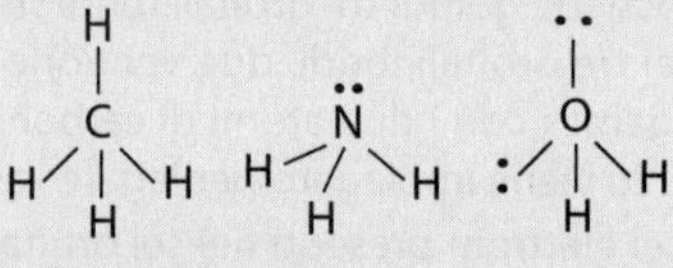
		AX_3E	piramide trigonale	
		AX_2E_2	angolare	
5	90°, 120° e 180°	AX_5	trigonale bipiramidale	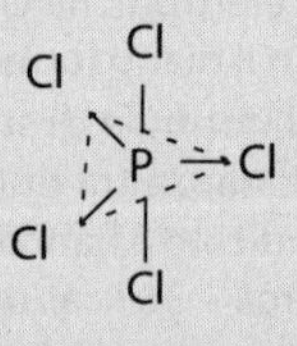
		AX_4E	ad altalena	
		AX_3E_2	a forma di T	
		AX_2E_3	lineare	
6	90° e 180°	AX_6	ottaedrica	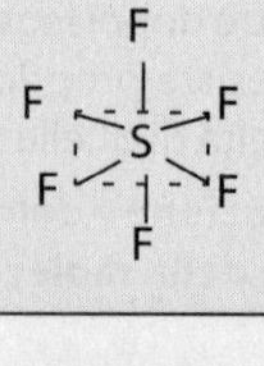
		AX_5E	piramide a base quadrata	
		AX_4E_2	planare quadrata	

2.8 | Polarità delle molecole

Una molecola è polare se possiede un **momento dipolare netto**. Il momento dipolare è una grandezza vettoriale che si indica con μ, la cui unità di misura è debye (D). Il vettore momento dipolare ha:

- *direzione*: quella data dal legame in questione;
- *verso*: per convenzione, il verso va dall'atomo meno elettronegativo all'atomo più elettronegativo;
- *modulo* (o *intensità*): dato dalla differenza di elettronegatività tra gli atomi che partecipano al legame.

Il fatto che una molecola sia polare o non lo sia, dipende dalla polarità dei legami chimici in essa presenti e dalla geometria molecolare.

> Molecole contenenti solo legami covalenti puri sono sempre non polari (o *apolari*).
> Molecole contenenti legami covalenti polari possono essere polari o non polari.

Dato che il momento dipolare netto di una molecola è la somma vettoriale dei singoli momenti dipolari, caratterizzati, oltre che dall'intensità (o modulo), anche dal verso e dalla direzione:

- una molecola formata da *due atomi* legati da un legame covalente polare è *sempre polare*

HCl — I due atomi sono legati da un legame covalente polare. La molecola è quindi polare e si comporta come un dipolo elettrico

$\overset{\delta+}{H}-\overset{\delta-}{Cl}$

- una molecola formata da più di due atomi legati da legami polari è polare solo se i singoli dipoli non si annullano a vicenda. Occorre quindi applicare le regole della somma vettoriale per stabilire se la sommatoria dei momenti dipolari di tutti i legami della molecola risulta diversa da zero (in questo caso la molecola è polare poiché vi è un momento dipolare totale), oppure se la sommatoria risulta nulla (in questo caso la molecola è apolare

CO_2 — Poiché CO_2 è una molecola lineare, i vettori momento dipolare dei due legami polari C–O hanno stessa direzione, versi opposti, moduli uguali, pertanto si annullano reciprocamente rendendo il composto apolare.

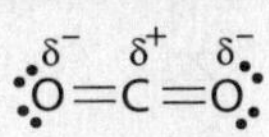
non polare

$\mu = 0$

BCl_3 — Applicando la regola del parallelogramma (si veda il § 1.3.2 della sezione di Fisica) ai due vettori corrispondenti a due dei legami si ricava un vettore che, sommato al terzo, si annulla. I tre momenti dipolari si annullano (molecola apolare) a causa della geometria trigonale planare della molecola ($\alpha = 120°$).

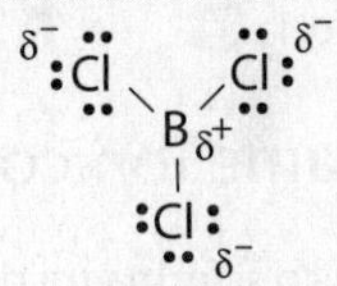
non polare

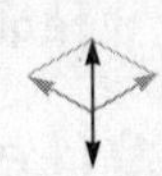
$\mu = 0$

CCl_4 — Si applica la regola del parallelogramma tra due legami C–Cl e si applica la stessa regola con i due legami C–Cl rimanenti. Si esegue poi la somma vettoriale dei due vettori risultanti che avranno stesso modulo, stessa direzione, ma verso opposto a causa della geometria molecolare tetraedrica. I quattro dipoli dei legami C–Cl si annullano (molecola apolare).

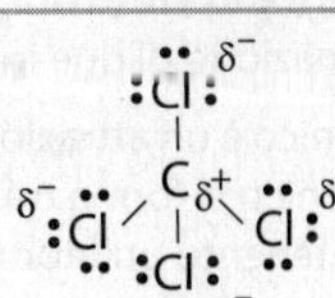
non polare

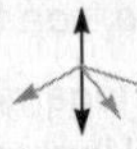
$\mu = 0$

NH_3 — Nel caso dell'ammoniaca, vi sono tre vettori con verso H→N poiché l'azoto è l'elemento più elettronegativo tra i due. Il doppietto elettronico schiaccia l'angolo di legame della molecola ($\alpha = 107°$), quindi la sommatoria dei tre momenti dipolari risulta diversa da zero rendendo la molecola polare.

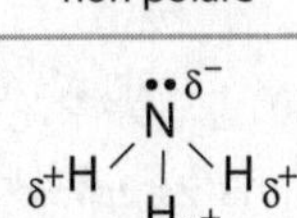
polare

$\mu \neq 0$

H_2O — I legami covalenti sono polari e la forma piegata non consente loro di annullarsi, quindi la molecola è polare.

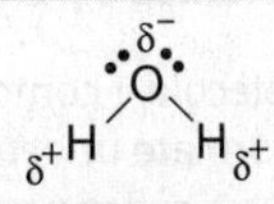
polare

$\mu \neq 0$

CHIMICA

Regola semplificate per determinare la polarità di una molecola

Prima di tutto è necessario identificare la geometria molecolare con la teoria VSEPR; poi si procede nel modo seguente:

- **se la molecola è lineare (*NS* = 2)** e l'atomo centrale della molecola è legato a due atomi uguali, la molecola è apolare. In tutti gli altri casi è polare (esempi: CO_2 è apolare, HCN è polare);
- **se la molecola è trigonale (*NS* = 3)** e l'atomo centrale della molecola è legato a tre atomi uguali, la molecola è apolare. In tutti gli altri casi è polare (esempi: SO_3 è apolare, SO_2 è polare).
- **se la molecola è tetraedrica (*NS* = 4)** e l'atomo centrale della molecola è legato a quattro atomi uguali, la molecola è apolare. In tutti gli altri casi è polare.

Siamo ora in grado di rispondere alla seconda domanda posta all'inizio del capitolo.

Quesito II. La polarità di una molecola dipende dalla *polarità dei legami* chimici in essa presenti e dalla *geometria* della molecola. Nelle molecole formate da atomi uguali sono presenti solo legami covalenti puri quindi queste sono sempre apolari. Nelle molecole formate da atomi diversi, invece, l'atomo più elettronegativo tende ad attirare verso di sé gli elettroni di legame, creando in tal modo una separazione di carica che viene indicata con il simbolo δ^- per l'atomo più elettronegativo e con il simbolo δ^+ per l'altro atomo. Ha origine quindi un *dipolo elettrico* e di un conseguente *momento dipolare* permanente. Nel caso siano presenti legami polari, la polarità della molecola dipende dalla sua geometria, infatti se questa è simmetrica i diversi momenti dipolari si annullano. Nel caso proposto dal quesito, le molecole H_2O, HCl, NO e NH_3 sono polari:

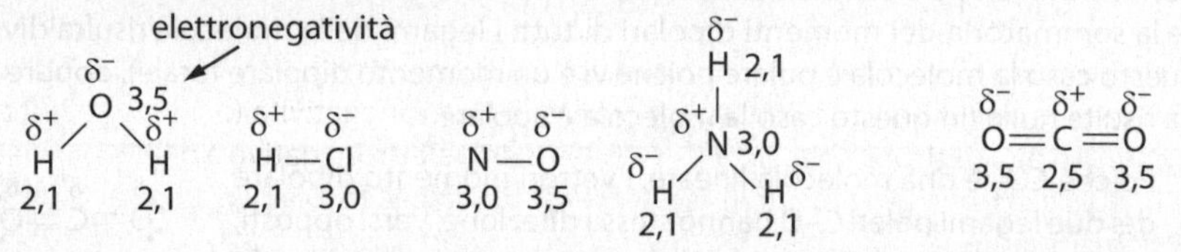

La molecola CO_2 è invece apolare, infatti i dipoli che si formano in corrispondenza dei due legami C=O si annullano perché hanno pari intensità e stessa direzione ma verso opposto. La risposta esatta è quindi la **B**.

2.9 | Legame ionico

Il legame ionico si forma tra due atomi con elevata differenza di elettronegatività in seguito al **trasferimento di uno o più elettroni di valenza dall'atomo meno elettronegativo a quello più elettronegativo,** con formazione di due ioni di carica elettrica opposta.

Un legame ionico è un'attrazione di tipo elettrostatico tra due ioni di carica elettrica opposta. Tipicamente il legame ionico si forma tra un metallo (poco elettronegativo) e un non metallo (o un'altra specie poliatomica contenente un atomo molto elettronegativo) quando gli atomi del metallo cedono uno o più elettroni al non metallo, trasformandosi rispettivamente in ioni positivi (cationi) e ioni negativi (anioni).

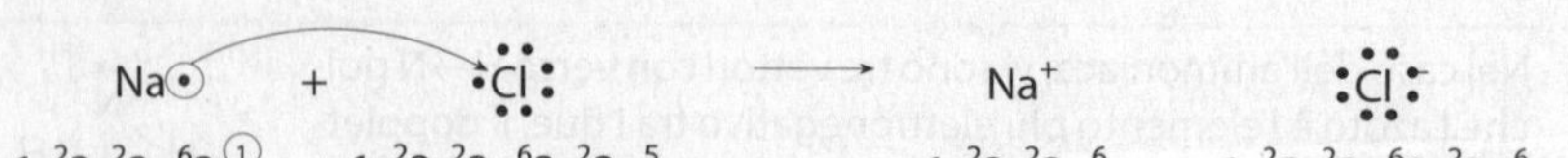

Nel caso del legame ionico non si formano né orbitali molecolari, né molecole; la forza del legame ionico è puramente elettrostatica. Il legame ionico è adirezionale.

Anziché da molecole, i composti ionici sono formati da un insieme di ioni di carica opposta, disposti in modo tale da formare un *reticolo cristallino* tridimensionale in cui sono minime le forze di repulsione tra gli ioni della stessa carica e massime le forze attrattive tra ioni di carica opposta. I composti ionici, per questo motivo, sono invariabilmente solidi.

La formula bruta di un composto ionico non rappresenta quindi la composizione di una molecola, ma è semplicemente una *formula minima*, ovvero una formula che indica il rapporto minimo secondo cui si combinano i cationi e gli anioni affinché si abbia un insieme elettricamente neutro.

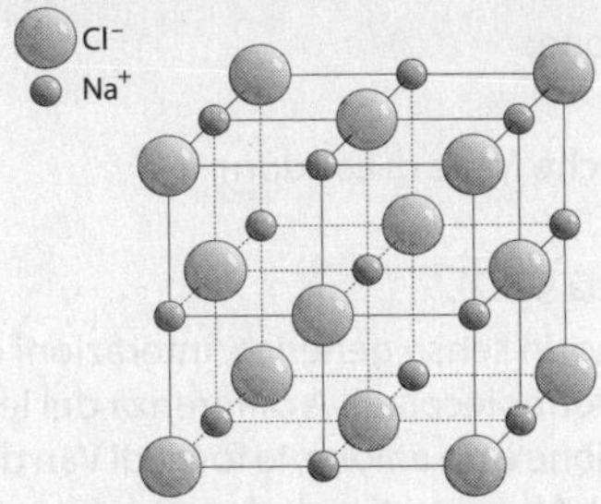

Struttura cristallina del cloruro di sodio

Anche le sostanze pure di tipo covalente (come il ghiaccio o lo zucchero), quando si presentano allo stato solido, sono organizzate in un reticolo cristallino tridimensionale. Le forze che tengono insieme le molecole nel reticolo sono in questo caso dovute ai legami intermolecolari (si veda § 2.11), molto più deboli del legame ionico. Per questo motivo fondere un solido covalente richiede molta meno energia di quella necessaria per fondere un composto ionico.

Siamo ora in grado di rispondere alla terza domanda posta all'inizio del capitolo.

Quesito III. Il legame ionico è un'attrazione di tipo elettrostatico fra due ioni di carica opposta; si forma tra due atomi con elevata differenza di elettronegatività (> 1,7) in seguito al trasferimento di uno o più elettroni di valenza dall'atomo meno elettronegativo a quello più elettronegativo. Dato che l'elettronegatività aumenta lungo i periodi della tavola periodica, andando da sinistra a destra, gli elementi a più bassa elettronegatività sono i metalli, posti nella parte sinistra della tavola periodica e gli elementi a più elevata elettronegatività sono i non metalli, collocati nella parte destra della tavola periodica. Un legame ionico si forma quindi fra un metallo e un non metallo, come indicato dalla risposta **A**.

2.10 | Legame metallico

A temperatura ambiente tutti i metalli, tranne il mercurio, sono solidi in cui gli atomi sono disposti in modo ordinato nelle tre dimensioni dello spazio a formare un reticolo cristallino. Il legame tra gli atomi del metallo nel cristallo non è né ionico, né covalente. I metalli hanno bassa elettronegatività e bassa energia di ionizzazione; tendono quindi a cedere con facilità i loro elettroni di valenza, trasformandosi in cationi. Un pezzo di metallo viene considerato un insieme di cationi che hanno espulso i loro elettroni di valenza e gli **elettroni** perduti, messi in comune fra tutti gli ioni e **delocalizzati su un orbitale esteso a tutto il metallo**, possono muoversi liberamente in tutto il campione.
Le proprietà fisiche dei metalli, tra cui l'elevata conduttività elettrica e termica, la duttilità e la malleabilità, sono giustificate dalla mobilità degli elettroni. L'attrazione che si esercita tra i cationi del reticolo cristallino e gli elettroni di valenza delocalizzati costituisce il legame metallico. Il legame ha quindi carattere sia elettrostatico che covalente ed è adirezionale.

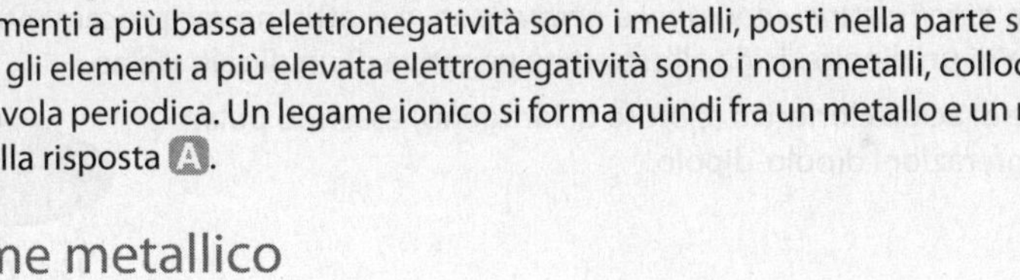

Rappresentazione del reticolo cristallino metallico in sezione

2.11 | Legami intermolecolari

Le molecole in un solido o in un liquido interagiscono tra loro attraverso i *legami intermolecolari*: forze attrattive molto più deboli dei legami che uniscono gli atomi nelle molecole

I legami intermolecolari comprendono:

- le interazioni dipolo-dipolo;
- le forze di dispersione (dette anche forze di London);
- il legame a idrogeno;
- le interazioni ione-dipolo (si veda § 5.2).

Con *forze di Van der Waals* si indicano, in senso generico, interazioni di natura elettrostatica molto deboli tra molecole (sono infatti legami intermolecolari). A differenza del legame ionico, legame forte di natura elettrostatica che avviene fra un catione e un anione, le forze di Van der Waals avvengono principalmente fra molecole neutre (polari o apolari). Alcuni testi includono tra queste solo le forze di dispersione (in questo caso coincidono con le forze di London); per altri, invece, le forze di Van der Waals comprendono anche le altre deboli interazioni intermolecolari.

Lo **stato di aggregazione di un composto** molecolare è determinato proprio dalla forza e dal numero dei legami intermolecolari (si veda anche la sezione di Fisica). Il calore assorbito da una sostanza come l'acqua per fondere o per evaporare è connesso con la rottura di questi legami.

Quando si fonde un composto ionico si rompe il reticolo cristallino. Quando si fonde un composto molecolare si rompono forze di dispersione, interazioni dipolo-dipolo o legami a idrogeno, quindi nel primo caso è necessario un maggiore dispendio di energia; infatti, i composti ionici hanno generalmente temperature di fusione molto alte.

Interazioni dipolo-dipolo

Le interazioni dipolo-dipolo sono forze di attrazione che si instaurano *tra molecole polari*. Tali molecole si comportano come *dipoli elettrici spontanei* e *permanenti*, e si attirano reciprocamente orientandosi con l'estremità positiva di un dipolo vicina all'estremità negativa di un dipolo vicino.

Le molecole di acido cloridrico (cloruro di idrogeno) essendo polari mostrano interazioni dipolo-dipolo.

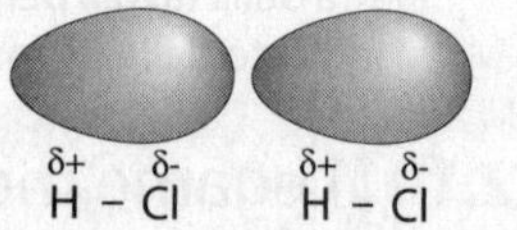

Forze di dispersione

Le forze di dispersione sono forze di attrazione estremamente deboli legate alla formazione di *dipoli temporanei*, anche in molecole di per sé non polari, causati dal rapido moto degli elettroni intorno al nucleo. Nelle molecole apolari è infatti la posizione *media* degli elettroni a rendere la molecola apolare. Nei singoli istanti, invece, la nuvola elettronica può essere spostata ora verso un atomo, ora verso l'altro, trasformando la molecola in un dipolo temporaneo.

I dipoli temporanei interagiscono con le nuvole elettroniche delle molecole vicine polarizzandole (provocando cioè la formazione di *dipoli indotti*) e stabilendo con esse deboli forze attrattive. Le forze di dispersione sono dunque interazioni di tipo attrattivo (stabilizzanti) che si instaurano tra un dipolo temporaneo e i dipoli indotti circostanti. Le forze di dispersione si instaurano *tra tutti i tipi di molecole*, sia polari che apolari, e sono tanto più intense quanto più facilmente la nube elettronica dell'orbitale molecolare può essere distorta.

L'intensità delle forze di dispersione aumenta all'aumentare del PM, della superficie di contatto e del numero di elettroni presenti nella molecola.

La molecola di cloro ha PM = 71 → Cl_2 è gassoso;
la molecola di bromo ha PM = 160 → Br_2 è liquido;
la molecola di iodio ha PM = 254 → I_2 è solido.

2.12 | Legame a idrogeno

Il legame a idrogeno è un'interazione elettrostatica tra un atomo di idrogeno legato con legame covalente a un atomo molto elettronegativo (F, O o N) e il doppietto solitario di un atomo molto elettronegativo (F, O o N) di una molecola adiacente (legame a idrogeno intermolecolare) o della stessa molecola (legame a idrogeno intramolecolare). Il legame a idrogeno è un particolare tipo di interazione dipolo-dipolo ed è la più forte tra le forze di attrazione intermolecolari. Le molecole unite da legami a idrogeno hanno punti di ebollizione notevolmente superiori a quelli di molecole di analoga massa molecolare che non formano però legami a idrogeno. Il legame a idrogeno è un legame *direzionale*.

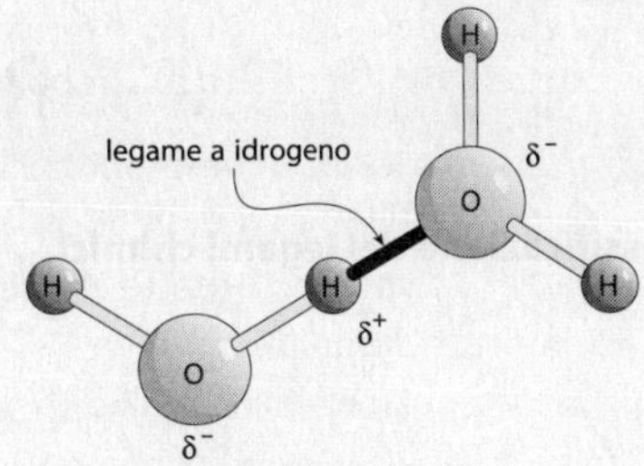

Rappresentazione del legame a idrogeno fra due molecole di H_2O

Le proprietà dell'acqua

La presenza del legame a idrogeno nell'H_2O determina importanti conseguenze:

- la massima densità dell'acqua è a 4 °C;
- l'acqua aumenta di volume nel passaggio da liquido a solido;
- a temperatura ambiente l'acqua è liquida e non gassosa.

La figura a lato mostra la struttura cristallina del ghiaccio (a). Allo stato solido, più molecole di acqua legate insieme con legami a idrogeno si dispongono secondo un anello esagonale caratteristico dei cristalli di ghiaccio (b). La chiusura delle molecole d'acqua in anelli, che caratterizza lo stato solido, spiega l'anomala diminuzione della densità dell'acqua (aumento di volume) nel passaggio di stato liquido → solido.

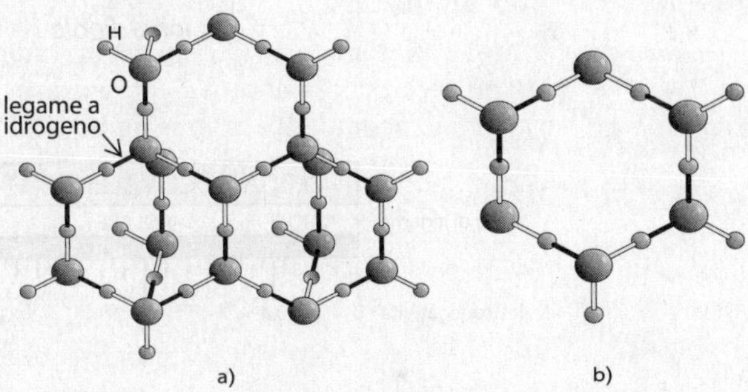

Siamo ora in grado di rispondere alla quarta domanda posta all'inizio del capitolo.

Quesito IV. Il legame a idrogeno si forma tra un atomo di un elemento a bassa elettronegatività che si trova legato a un elemento molto elettronegativo, e un altro atomo molto elettronegativo. Gli atomi di carbonio che formano gli idrocarburi sono legati fra loro da legami covalenti, ed è di questo tipo anche il legame che si forma fra carbonio e idrogeno; le risposte C ed E sono dunque errate. Fra le alternative proposte, l'unico esempio di legame a idrogeno è quello fra l'atomo di idrogeno di una molecola d'acqua e l'atomo di ossigeno di un altra; risposta B. È importante ricordare che gli atomi di ossigeno e di idrogeno che formano una molecola d'acqua sono legati da legami covalenti polari (la D è errata).

2.13 | Allotropia e polimorfismo

Quando uno stesso elemento presenta due forme che differiscono per la struttura molecolare o per il modo in cui sono concatenati gli atomi, queste due forme hanno caratteristiche fisiche e chimiche diverse: si parla allora di allotropia.

Quando, invece, una sostanza si presenta in forme che differiscono solo per la struttura cristallina, si parla di dimorfismo o, più in generale, di polimorfismo (le forme differiscono solo in alcune proprietà fisiche come il punto di fusione e la densità).

Diamante e grafite, ossigeno (O_2) e ozono (O_3) sono esempi di allotropia.

Le due forme in cui si cristallizza lo zolfo, monoclina e rombica, contengono entrambe molecole S_8 e sono un esempio di dimorfismo.

Ripassa da qui

Classificazione dei legami chimici

- **Legami interatomici**
  - covalente
    - apolare
    - polare
    - dativo
    - a elettroni delocalizzati (risonanza)
  - ionico
  - metallico
- **Legami intermolecolari**
  - *a idrogeno*
  - *forze di dispersione*
  - *dipolo-dipolo*
  - *ione-dipolo*

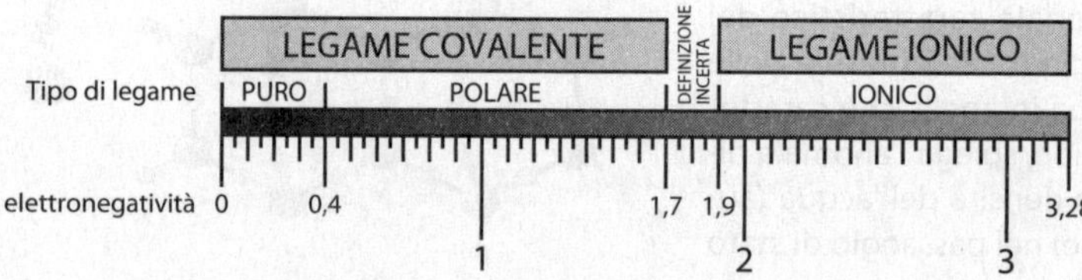

Caratteristiche dei legami forti

Legame covalente	Legame ionico	Legame metallico
Si stabilisce tra non metalli	Si stabilisce tra metalli e non metalli	Si stabilisce tra metalli
Condivisione di elettroni (sovrapposizione degli orbitali) → formazione di orbitali molecolari	Trasferimento di elettroni dal metallo al non metallo → formazione di ioni	Espulsione degli elettroni di valenza → condivisione degli elettroni in un orbitale esteso a tutta la massa del metallo
Legame direzionale legame σ (sovrapp. frontale) legame π (sovrapp. laterale)	Legame adirezionale	Legame adirezionale
Formazione di molecole	Formazione di reticoli cristallini ionici (solidi a T ambiente)	Formazione di reticoli cristallini metallici (solidi a T ambiente, eccetto Hg)
Sostanze rappresentate da formule molecolari	Sostanze rappresentate da formule minime	Sostanze rappresentate dai simboli degli elementi (metalli)
Puro – Polare – Dativo Ibridazione/Polarità/Risonanza	Natura elettrostatica	Malleabilità / Duttilità / Conduttività elettrica e termica

Quesiti svolti

1 Gli orbitali ibridi sp^2:

- **A** formano fra loro angoli di 180°
- **B** sono diretti lungo le tre direzioni dello spazio
- **C** formano fra loro angoli di 90°
- **D** sono diretti lungo i vertici di un triangolo equilatero
- **E** formano fra loro angoli di 109°

Gli orbitali ibridi sp^2 sono tre e si formano in seguito alla fusione di due orbitali *p* e un orbitale *s* di uno stesso atomo. Sono disposti a 120° gli uni dagli altri, diretti lungo i vertici di un triangolo equilatero; risposta **D**. Questo tipo di ibridazione è presente, per esempio, nel carbonio quando forma tre legami, di cui uno è un doppio legame.

2 Cl-Cl rappresenta la molecola biatomica del cloro; il legame che caratterizza tale sostanza è:

- **A** covalente puro
- **B** dativo
- **C** metallico
- **D** covalente polare
- **E** ionico

I due atomi di cloro che formano la molecola biatomica di questo elemento sono legati da un legame covalente puro, in cui ogni atomo mette in compartecipazione un elettrone; i due elettroni condivisi sono equamente distribuiti sui due atomi che, essendo identici, hanno lo stesso valore di elettronegatività. La risposta corretta è quindi la **A**.

Il legame covalente polare si forma invece fra atomi di elettronegatività simile ma non identica; in questo caso gli elettroni condivisi sono attratti maggiormente dall'atomo più elettronegativo e si forma una molecola polare.

3 Trovare la frase ERRATA:

- **A** un triplo legame comporta la compartecipazione di tre elettroni
- **B** il legame tra idrogeno e cloro nella molecola dell'acido cloridrico (HCl) è di tipo covalente polare
- **C** l'ammoniaca è un gas contenente esclusivamente atomi di idrogeno e azoto
- **D** il legame tra sodio e cloro nel cloruro di sodio (NaCl) è di tipo ionico
- **E** un elemento con bassa energia di ionizzazione può diventare facilmente un catione

L'elettronegatività dell'idrogeno è pari a 2,1, quella del cloro a 3,0 e quella del sodio a 0,9: dalle differenze di elettronegatività si deduce che il legame tra H e Cl nel composto HCl è covalente polare, mentre quello fra Na e Cl nel composto NaCl è un legame ionico; le alternative **B** e **D**, corrette, possono essere scartate. L'ammoniaca ha formula NH_3 ed è gassosa in condizioni normali, anche l'affermazione **C** è quindi corretta. L'energia di ionizzazione è l'energia necessaria per sottrarre un elettrone a un atomo, ed è vero che un elemento a bassa energia di ionizzazione si trasforma facilmente in catione, anche la risposta **E** è quindi da scartare. La risposta corretta al quesito è la **A**: un legame triplo non comporta la compartecipazione di tre elettroni ma di sei elettroni, tre per ogni atomo che partecipa al legame.

4 **Il legame che si trova nello ione ammonio (NH_4^+) ma non nell'ammoniaca (NH_3) è un:**

- A legame covalente dativo
- B legame a idrogeno
- C legame covalente non polare
- D legame ionico
- E legame π

L'azoto (N) ha configurazione elettronica esterna s^2p^3, è quindi caratterizzato dalla presenza di tre elettroni spaiati nei tre orbitali *p*, e un doppietto elettronico nell'orbitale *s*. Con questa configurazione si possono formare quattro orbitali ibridi di tipo sp^3, derivanti dalla fusione dell'orbitale *s* con i tre orbitali *p*: in uno di questi si troverà un doppietto di elettroni, e un elettrone spaiato in ciascuno degli altri tre. Nella molecola di ammoniaca sono presenti tre legami covalenti in cui i tre elettroni solitari sono condivisi con quelli di tre atomi di idrogeno. Nello ione ammonio i due elettroni presenti nel quarto orbitale sono utilizzati per formare un legame dativo, cioè un legame di tipo covalente in cui un atomo che dispone di un doppietto solitario, in questo caso l'azoto, lo condivide con una specie chimica che ha un orbitale vuoto, in questo caso lo ione idrogeno, H^+. La risposta esatta è quindi la A.

5 **Il cesio è il metallo alcalino più elettropositivo, il fluoro l'alogeno più elettronegativo. Tra loro quindi:**

- A formano legami ionici
- B formano legami covalenti
- C non posso formare legami
- D formano legami di coordinazione
- E formano legami sia ionici sia covalenti

Nella formazione di un legame tra due atomi occorre considerare la differenza di elettronegatività fra i due: se è elevata, si instaura un legame ionico; l'atomo più elettronegativo sottrae un elettrone all'altro, si formano così due ioni che interagiscono grazie all'attrazione elettrostatica. Il passaggio da legame covalente a legame ionico è sfumato ed esistono forme intermedie; in ogni caso un legame si considera prevalentemente ionico quando la differenza di elettronegatività fra gli atomi coinvolti è maggiore di 1,7. Gli elementi proposti sono il cesio che, con un valore di 0,79, è il meno elettronegativo della tavola periodica, e il fluoro che, con un valore di 3,98 si colloca all'estremo opposto della scala dell'elettronegatività. È chiaro quindi che fra i due non si forma un legame covalente ma ionico. Risposta A.

6 **Tra le molecole dei gas biatomici come N_2, O_2, Cl_2 le forze di Van der Waals sono dovute:**

- A a dipoli permanenti
- B all'energia cinetica
- C alla temperatura
- D alla pressione
- E a dipoli indotti

Le molecole considerate sono molecole biatomiche, ognuna formata da due atomi uguali uniti da un legame covalente puro. Poiché la differenza di elettronegatività tra i due atomi è nulla, la nuvola elettronica è equamente condivisa, non vi è in media alcuna separazione parziale di carica elettrica e le molecole non possono essere dipoli permanenti (la risposta A è quindi sbagliata).
A causa dell'estrema mobilità degli elettroni di legame intorno ai due nuclei, può però accadere che la nuvola elettronica sia spostata per brevissimi istanti verso una delle due estremità della molecola formando un dipolo temporaneo. Nell'istante infinitesimo della sua esistenza, il dipolo temporaneo formatosi può esercitare la sua influenza su altre molecole vicine, inducendone la polarizzazione e determinando così la formazione di dipoli indotti. Proprio alla presenza di questi dipoli indotti sono dovute quelle forze attrattive debolissime che sono appunto le forze di Van der Waals. La risposta esatta è dunque la E

7 **Quale di queste sostanze, allo stato solido, è il miglior conduttore?**

- A Acqua
- B Diamante
- C Cloruro di sodio
- D Rame
- E Zucchero

I materiali che meglio fungono da conduttori della corrente elettrica sono i metalli allo stato solido e le soluzioni di composti ionici. Fra le alternative proposte dal quesito, l'unico metallo è il rame; risposta D.

CHIMICA

3 | Composti inorganici e nomenclatura

Mettiti alla prova

I **Il numero di ossidazione del manganese nel composto $HMnO_4$ è:**

A +8
B −3
C +3
D −7
E +7

II ***Cosa sono le anidridi?***

A Composti binari formati da uno ione metallico e dall'anione OH^-
B Composti binari formati da metallo e ossigeno
C Composti binari formati da un non metallo con ossigeno
D Composti binari formati da idrogeno e un non metallo
E Composti formati da idrogeno, non metallo e ossigeno

III **La formula del nitrito di ammonio è:**

A NH_4NO_3
B $NaNO_3$
C NH_4NO_2
D $NaNO_2$
E $NH_4(NO_3)_2$

IV **Quale dei seguenti elementi appartiene agli elementi di transizione?**

A Br
B As
C B
D Mn
E Al

Ecco le risposte esatte dei 4 quesiti proposti: I **E**, II **C**, III **C**, IV **D**.

3.1 | Numero di ossidazione

È importante calcolare il numero di ossidazione di un atomo per comprendere i processi che si verificano durante le reazioni chimiche, in particolare nel corso delle reazioni di ossidoriduzione (si veda § 4.4).
Dato un atomo legato ad altri atomi (uguali o diversi) in una sostanza, il suo stato di ossidazione o *numero di ossidazione* (N.O.) corrisponde al numero delle cariche che l'atomo formalmente assumerebbe se i doppietti elettronici di legame venissero di volta in volta assegnati all'atomo più elettronegativo tra quelli coinvolti.

Nella molecola HCl il cloro è l'atomo più elettronegativo: i due elettroni di legame vengono quindi assegnati al cloro che assume carica formale –1.

numero di ossidazione	→	+1 –1
		H – Cl
elettronegatività	→	2,1 3

Spesso il numero di ossidazione di un atomo può essere calcolato dalla semplice formula bruta (senza la necessità di conoscere la formula di struttura) attraverso le seguenti **regole**:

- tutte le sostanze allo stato elementare hanno numero di ossidazione nullo;
- il numero di ossidazione di uno ione monoatomico è uguale alla carica dello ione;
- la somma dei numeri di ossidazione di tutti gli atomi presenti in una molecola neutra è pari a 0, mentre in uno ione poliatomico è pari alla carica dello ione;
- il N.O. dell'idrogeno è +1, tranne che nei composti con i metalli (idruri) in cui è –1;
- nella maggior parte dei composti il N.O. dell'ossigeno è –2. Nei perossidi, in cui vi è un legame O – O, il N.O. è –1; in OF_2 il N.O. è +2;
- il N.O. degli elementi del gruppo I A è +1, il N.O. degli elementi del gruppo II A è +2;
- il N.O. degli elementi del gruppo III A è +3.

In H_2SO_4: H ha N.O. = +1; O ha N.O.= –2; carica del composto = 0.
Si può così calcolare il N.O. di S, infatti si ha:
$0 = 2 \cdot (+1) + 4 \cdot (-2) + N.O._S$ da cui: $N.O._S = -2 + 8 = +6$
In NO_3^- : O ha N.O.= –2; carica dello ione = –1.
Si può così calcolare il N.O. di N, infatti si ha:
$-1 = 3 \cdot (-2) + N.O._N$ da cui: $N.O._N = -1 + 6 = +5$

Un elemento non può avere un numero di ossidazione maggiore del numero del suo gruppo di appartenenza.
Non esistono numeri di ossidazione maggiori di +7.

Siamo ora in grado di rispondere alla prima domanda posta all'inizio del capitolo

Quesito I. Per calcolare il numero di ossidazione del manganese in $HMnO_4$, è necessario ricordare alcune regole:

- la somma dei N.O. degli elementi che costituiscono una molecola neutra è pari a zero;
- il N.O. dell'idrogeno è generalmente +1 (tranne che nei composti binari in cui è legato a un metallo, in cui è –1);
- il N.O. dell'ossigeno è pari a –2 (tranne che nei perossidi in cui è –1 e nel composto OF_2 in cui è +2).

Quindi, nel composto $HMnO_4$, sarà:

$$+1 + N.O._{Mn} + (-2 \cdot 4) = 0$$

da cui: $N.O._{Mn} = +8 - 1 = +7$

La risposta esatta è la **E**.

PARTE QUINTA

3.2 | Composti binari

I composti binari sono formati da due soli elementi diversi, come, per esempio, $CaCl_2$, o H_2O. In generale, si può affermare che i metalli reagiscono con i non metalli per formare composti ionici; i non metalli reagiscono fra loro per formare composti covalenti.

Per scrivere correttamente la **formula** di un generico composto binario si seguono regola precise:
- il catione o l'elemento meno elettronegativo deve essere scritto prima dell'anione o dell'elemento più elettronegativo;
- gli indici al piede degli elementi devono produrre un'unità formula elettricamente neutra;
- gli indici al piede devono essere i numeri interi più piccoli possibile.

Per costruire la formula di un composto formato da alluminio (Al) e cloro (Cl) si scrivono innanzitutto gli elementi coinvolti, in questo caso ioni, perché fra un metallo del gruppo III A e un non metallo molto elettronegativo come il cloro si forma un legame ionico:

$$Al^{3+} \text{ e } Cl^{-}$$

Ora, per costruire una formula elettricamente neutra si pone al piede di ciascuno ione il numero di cariche (o numero di ossidazione) dell'altro:

$$Al_1Cl_3$$

Poiché l'indice 1 non deve essere indicato, la formula di questo composto è $AlCl_3$.

Per quanto riguarda la **nomenclatura**, il nome di un composto di questo tipo si ottiene indicando prima l'unità negativa e poi quella positiva. Il nome dell'unità negativa si assegna aggiungendo la desinenza *-uro* alla radice del nome dell'elemento più elettronegativo. Fanno eccezione i composti con O, indicati come *ossidi*, e non ossigen-uri. Al nome dell'unità negativa si fa seguire il nome dell'elemento scritto per primo nella formula, preceduto dalla preposizione *di.*

LiH → idruro di litio;
ZnS → solfuro di zinco;
KI → ioduro di potassio;
$AgBr$ → bromuro d'argento;
$MgCl_2$ → cloruro di magnesio;
NaF → fluoruro di sodio.

L'unità positiva è spesso rappresentata da un metallo che, in molti casi, può presentare due diversi numeri di ossidazione (la maggior parte dei metalli di transizione e alcuni dei gruppi IV A e V A). In questo caso è necessario distinguere i diversi composti che un dato metallo può formare insieme a uno stesso non metallo. Le regole di nomenclatura stabilite dalla **IUPAC** (*International Union of Pure and Applied Chemistry*) prevedono l'utilizzo dei prefissi numerali greci (*mono-*, *di-*, *tri-* ecc.) per indicare i rapporti numerici fra gli atomi. È però molto usata anche la **notazione di Stock**, in base alla quale si indica il numero di ossidazione del metallo fra parentesi, utilizzando i *numeri romani*; per esempio lo ione Cu^{+} è indicato come rame(I) (si legge rame-uno).

È da ricordare infine la **nomenclatura tradizionale**, tuttora utilizzata, secondo la quale i due casi si distinguono aggiungendo la desinenza **-oso**, quando il metallo presenta il numero di ossidazione minore, o la desinenza **-ico**, quando presenta il numero di ossidazione maggiore.

Elemento	Ione	Esempio	Nomenclatura tradizionale	Notazione di Stock	Nomenclatura IUPAC
Rame	Cu^{+}	Cu_2S	solfuro rameoso	solfuro di rame(I)	solfuro di dirame
	Cu^{2+}	CuS	solfuro rameico	solfuro di rame(II)	solfuro di rame
Ferro	Fe^{2+}	$FeCl_2$	cloruro ferroso	cloruro di ferro(II)	dicloruro di ferro
	Fe^{3+}	$FeCl_3$	cloruro ferrico	cloruro di ferro(III)	tricloruro di ferro

3.2.1 | Ossidi basici e acidi

Gli ossidi sono composti binari formati dalla combinazione di uno dei vari elementi (tranne i gas nobili e il fluoro) con l'ossigeno. Si preparano per reazione diretta dell'elemento con l'ossigeno. La formula si scrive anteponendo al simbolo dell'ossigeno quello dell'elemento con cui è combinato e attribuendo gli indici opportuni in base al numero di ossidazione di quest'ultimo (il N.O. dell'ossigeno è pari a –2).

Ossidi basici

Gli ossidi basici sono **composti ionici binari** formati da un catione metallico (M^{x+}) e dallo ione ossido (O^{2-}). Se il metallo presenta un solo numero di ossidazione, il nome del composto è *ossido di* seguito dal nome del metallo. Se il metallo (presente in forma ionica) può presentare due numeri di ossidazione diversi, viene indicato secondo la nomenclatura IUPAC con i prefissi numerali greci, oppure con la notazione di Stock (numeri romani) o, infine, secondo la nomenclatura tradizionale con le desinenze -oso e -ico, come visto per i cationi nel paragrafo precedente.

Catione	Formula generale	Formula esempio	Nomenclatura tradizionale	Notazione di Stock	Nomenclatura IUPAC
M^{+}	M_2O	Na_2O	ossido di sodio	ossido di sodio	ossido di disodio
M^{2+}	MO	FeO	ossido ferroso	ossido di ferro(II)	ossido di ferro
		PbO	ossido piomboso	ossido di piombo(II)	ossido di piombo
M^{3+}	M_2O_3	Al_2O_3	ossido di alluminio	ossido di alluminio	triossido di dialluminio
		Fe_2O_3	ossido ferrico	ossido di ferro(III)	triossido di diferro
M^{4+}	MO_2	PbO_2	ossido piombico	ossido di piombo(IV)	diossido di piombo

Ossidi acidi (anidridi)

Gli ossidi acidi sono **composti binari covalenti** formati da un non metallo (o da un metallo di transizione con alto numero di ossidazione, per esempio Cr con N.O. = +6) e ossigeno.

Secondo la nomenclatura IUPAC il nome del composto è *ossido di* seguito dal nome dell'elemento, utilizzando prefissi numerali (*mono-*, *bi-*, *tri-*, *tetra-*, *penta-* ecc.) per indicare quanti atomi di ossigeno e quanti del non metallo sono contenuti nella molecola considerata. In base alla nomenclatura tradizionale, se il non metallo forma un solo ossido acido (un solo stato di ossidazione) il nome del composto è *anidride*, seguito dalla radice del nome del non metallo a cui va aggiunta la desinenza *-ica*. Se il non metallo forma anidridi con due diversi numeri di ossidazione, quando presenta il N.O. minore viene indicato con la desinenza *-oso*, altrimenti *-ico*. In presenza di tre o quattro diversi possibili numeri di ossidazione, i prefissi e desinenze utilizzati sono: *ipo-...-oso*, per il minore, *-oso* per il secondo N.O., *-ico* per il terzo, ed eventualmente *per-...-ico*, per il più elevato fra quattro possibili numeri di ossidazione, come indicato nella tabella seguente.

Numero di ossidazione	Prefisso e desinenza		Esempi: Formula	Esempi: Nome
+ 1 o + 2	ipo-	-osa	Cl_2O	anidride ipoclorosa
+ 3 o + 4		-osa	Cl_2O_3	anidride clorosa
+ 5 o + 6		-ica	Cl_2O_5	anidride clorica
+ 7	per-	-ica	Cl_2O_7	anidride perclorica

Nella tabella seguente sono riportati i nomi e le formule di alcuni ossidi acidi.

Formula	Numero ossidazione	Nomenclatura tradizionale	Nomenclatura IUPAC
CO	+ 2	anidride carboniosa	ossido di carbonio
CO_2	+ 4	anidride carbonica	biossido di carbonio
N_2O_3	+ 3	anidride nitrosa	triossido di biazoto
N_2O_5	+ 5	anidride nitrica	pentossido di biazoto
P_2O_3	+ 3	anidride fosforosa	triossido di bifosforo
P_2O_5	+ 5	anidride fosforica	pentossido di bifosforo
SO_2	+ 4	anidride solforosa	biossido di zolfo
SO_3	+ 6	anidride solforica	triossido di zolfo

Siamo ora in grado di rispondere alla seconda domanda posta all'inizio del capitolo

Quesito II. Le anidridi, o ossidi acidi, sono composti formati dalla combinazione dell'ossigeno con un non metallo; risposta **C**.

3.2.2 | Idruri e idracidi

Idruri

Gli idruri sono composti binari in cui uno dei due elementi è l'idrogeno (H) e viene scritto per ultimo. Si distinguono in *idruri metallici* e *idruri covalenti*. Negli **idruri metallici** l'idrogeno ha numero di ossidazione – 1 e si lega a metalli appartenenti ai gruppi I A, II A e III A. In questi composti l'idrogeno può anche legarsi ai metalli di transizione (blocco *d*), per esempio il rame (Cu).

LiH idruro di litio, sia nella nomenclatura tradizionale (n.t.) che IUPAC
CaH_2 n.t.: idruro di calcio; IUPAC: diidruro di calcio;
AlH_3 n.t.: idruro di alluminio; IUPAC: triidruro di alluminio;
CuH n.t.: idruro rameoso; IUPAC: idruro di rame;
CuH_2 n.t.: idruro rameico; IUPAC: diidruro di rame.

Negli **idruri covalenti,** invece, l'idrogeno ha numero di ossidazione + 1 e si lega a non metalli o semimetalli appartenenti a gruppi intermedi (gruppi IV A e V A), per esempio l'azoto, il carbonio e il fosforo.

NH_3 n.t.: ammoniaca; IUPAC: triidruro di azoto;
CH_4 n.t.: metano; IUPAC: tetraidruro di carbonio;
PH_3 n.t.: fosfina; IUPAC: triidruro di fosforo.

Idracidi

Con l'unica eccezione dell'acido cianidrico (HCN), gli idracidi sono composti binari formati da H e uno dei seguenti non metalli: S, F, Cl, Br e I. Allo stato puro queste sostanze sono composti molecolari; sciolte in acqua, però, si comportano come acidi liberando ioni H^+ (§ 7.1.1). Quando sono in soluzione acquosa si preferisce perciò chiamarli *idracidi*. In tal caso, il nome si attribuisce aggiungendo la desinenza *-idrico* alla radice del nome del non metallo, preceduto dalla parola *acido*.

$HCl_{(gas)}$ è chiamato clor-uro di idrogeno;
$HCl_{(acquoso)}$ è chiamato acido clor-idrico.

3.3 | Composti ternari

I composti ternari sono composti formati dalla combinazione di tre elementi.

3.3.1 | Idrossidi (o basi)

Gli idrossidi sono composti ionici ternari formati da un catione metallico (M^{x+}) e da tanti ioni idrossido (OH^-) quanti ne occorrono per neutralizzare la carica del catione. La formula generale è quindi $M(OH)_x$, dove x è la carica del catione metallico. Si preparano facendo reagire gli ossidi basici con l'acqua.

$CaO + H_2O \rightarrow Ca(OH)_2$

Generalmente per questa classe di composti si utilizza la nomenclatura tradizionale e il nome si ottiene sostituendo la parola *idrossido* a quella dell'ossido corrispondente.

Catione	Formula generale	Esempi	
		Formula	Nome
M^+	MOH	NaOH	idrossido di sodio
M^{2+}	$M(OH)_2$	$Ca(OH)_2$	idrossido di calcio
		$Fe(OH)_2$	idrossido ferroso
		$Pb(OH)_2$	idrossido piomboso
M^{3+}	$M(OH)_3$	$Al(OH)_3$	idrossido di alluminio
		$Fe(OH)_3$	idrossido ferrico
M^{4+}	$M(OH)_4$	$Pb(OH)_4$	idrossido piombico

Sciolti in acqua, quelli idrosolubili si dissociano e si comportano come basi liberando ioni OH^- (§ 7.1.1).

3.3.2 | Ossiacidi (acidi ossigenati)

Gli ossiacidi sono composti ternari molecolari formati da idrogeno, un non metallo (NM) oppure un metallo di transizione con alto numero di ossidazione e ossigeno, scritti nella formula in quest'ordine. La formula generale è dunque H_xNMO_y. Si preparano facendo reagire gli ossidi acidi (anidridi) con l'acqua.

$N_2O_5 + H_2O \rightarrow 2\ HNO_3$
$CO_2 + H_2O \rightarrow H_2CO_3$

Il nome deriva da quello delle anidridi corrispondenti, sostituendo alla parola anidride la parola *acido* e mantenendo invariati prefissi e desinenze che, anche in questo caso, dipendono dal numero di ossidazione del non metallo.

Numero di ossidazione	Prefisso e desinenza		Esempi	
			Formula	Nome
+1 o +2	ipo-	-oso	HClO	acido ipocloroso
+3 o +4		-oso	$HClO_2$	acido cloroso
+5 o +6		-ico	$HClO_3$	acido clorico
+7	per-	-ico	$HClO_4$	acido perclorico

Nella tabella seguente sono riportati i nomi e le formule di altri ossiacidi rappresentativi.

Formula	Nome	Formula	Nome
H_2CO_3	acido carbonico	H_2SO_3	acido solforoso
HNO_2	acido nitroso	H_2SO_4	acido solforico
HNO_3	acido nitrico	H_2CrO_4	acido cromico
H_3PO_3	acido ortofosforoso	H_2MnO_4	acido manganico
H_3PO_4	acido ortofosforico	$HMnO_4$	acido permanganico

Sciolti in acqua, gli ossiacidi si ionizzano e si dissociano (§ 5.4 e § 7.2) liberando ioni H^+ e anioni poliatomici NMO_y^{x-}.

Gli acidi mono- e poliprotici

Gli acidi che contengono un solo atomo di idrogeno dissociabile sono detti *monoprotici* perché dissociandosi possono cedere un solo ione H^+, formando un solo tipo di anione. Gli acidi che contengono più atomi di idrogeno dissociabili (per esempio H_2CO_3 e H_3PO_4) sono invece detti *poliprotici* perché dissociandosi possono cedere più di uno ione H^+, formando diversi tipi di anioni.

$$H_2CO_3 \rightleftarrows H^+ + HCO_3^-$$
$$HCO_3^- \rightleftarrows H^+ + CO_3^{2-}$$

Qual è la formula del composto venduto con il nome di acido muriatico?
Il composto commercializzato come acido muriatico, utilizzato come detergente molto energico, per esempio per rimuovere residui calcarei dai servizi igienici, è acido cloridrico, di formula HCl.

Nomenclatura degli anioni derivanti dagli acidi

La nomenclatura di questi anioni si ottiene trasformando le desinenze *-ico* e *-oso* dei corrispondenti acidi, mentre i prefissi rimangono invariati:

-ico → *-ato*
-oso → *-ito*

Per gli idracidi si sostituisce la desinenza *-idrico* con la desinenza *-uro*.

HClO	→	acido ipo-clor-oso	→	ClO^-	→	ione ipo-clor-ito;
$HClO_2$	→	acido clor-oso	→	ClO_2^-	→	ione clor-ito;
$HClO_3$	→	acido clor-ico	→	ClO_3^-	→	ione clor-ato;
$HClO_4$	→	acido per-clor-ico	→	ClO_4^-	→	ione per-clor-ato;
HCl	→	acido clor-idrico	→	Cl^-	→	ione clor-uro.

Se l'anione deriva da un acido poliprotico e contiene ancora atomi di idrogeno, la nomenclatura prevede di anteporre al nome dell'anione i prefissi *idrogeno-* o *diidrogeno-*, in base al numero di atomi di idrogeno presenti nell'anione.

CO_3^{2-}	→	ione carbonato;
HCO_3^-	→	ione idrogenocarbonato (o carbonato acido o bicarbonato);
PO_4^{3-}	→	ione fosfato;
HPO_4^{2-}	→	ione idrogenofosfato (o fosfato acido);
$H_2PO_4^-$	→	ione diidrogenofosfato (o fosfato biacido).

3.3.3 | Sali

I sali sono composti ionici formalmente derivati dagli acidi per sostituzione totale (nei *sali neutri*) o parziale (nei *sali acidi*) degli atomi di idrogeno con uno o più cationi metallici, tanti quanti ne occorrono per neutralizzare la carica dell'anione. I sali neutri degli idracidi sono ovviamente composti binari e non ternari. I sali acidi sono invece composti ternari, se derivati da idracidi, e quaternari, se derivati da ossiacidi. Analogamente agli altri composti ionici, per scrivere correttamente la formula bisogna indicare prima il catione e poi l'anione.
Il nome del composto si ottiene invece indicando prima il nome dell'anione e poi quello del catione.

LiCl	→	cloruro di litio;
NaHS	→	idrogenosolfuro di sodio (sale acido);
K_2CO_3	→	carbonato di potassio;
$Ca(NO_3)_2$	→	nitrato di calcio;
$NaHCO_3$	→	idrogenocarbonato (o bicarbonato) di sodio (sale acido);
Na_2SO_3	→	solfito di sodio;
$FePO_4$	→	fosfato ferrico o fosfato di ferro(III);
Cu_2SO_4	→	solfato rameoso o solfato di rame(I).

Per ricavare la formula del *solfato di alluminio* è necessario innanzitutto individuare gli ioni da cui è formato questo sale.

Il catione è Al^{3+}, perché l'alluminio, appartenente al III gruppo, forma esclusivamente ioni di questo tipo. La desinenza *-ato* del sale indica che lo zolfo è presente con il N.O. di ossidazione più elevato, l'anione solfato deriva infatti dall'acido solforico, in cui questo elemento ha N.O. = +6.

Dato che l'acido solforico ha formula H_2SO_4, lo ione solfato, che si forma dall'acido quando questo perde i due H^+, avrà formula SO_4^{2-}.

Si può dire che Al^{3+} ha valenza 3, mentre lo ione SO_4^{2-} ha valenza 2 (può formare due legami); il minimo comune multiplo fra 2 e 3 è 6, quindi, dividendo questo numero per la valenza di ciascuno ione si ricava che la formula del sale è data da 2 ioni Al^{3+} e 3 ioni SO_4^{2-}, sarà quindi: $Al_2(SO_4)_3$

Siamo ora in grado di rispondere alla terza domanda posta all'inizio del capitolo

Quesito III. La dicitura nitrito di ammonio indica un sale formato da un catione, lo ione ammonio NH_4^+, e da un anione, lo ione nitrito, NO_2^-, il quale deriva, come si deduce dalla desinenza –ito, dall'acido nitroso HNO_2.

Dato che lo ione ammonio possiede una carica positiva e lo ione nitrito una carica negativa, nel sale i due ioni saranno presenti in rapporto 1:1, come indicato dalla formula NH_4NO_2; risposta **C**.

Reazioni di preparazione dei principali composti inorganici

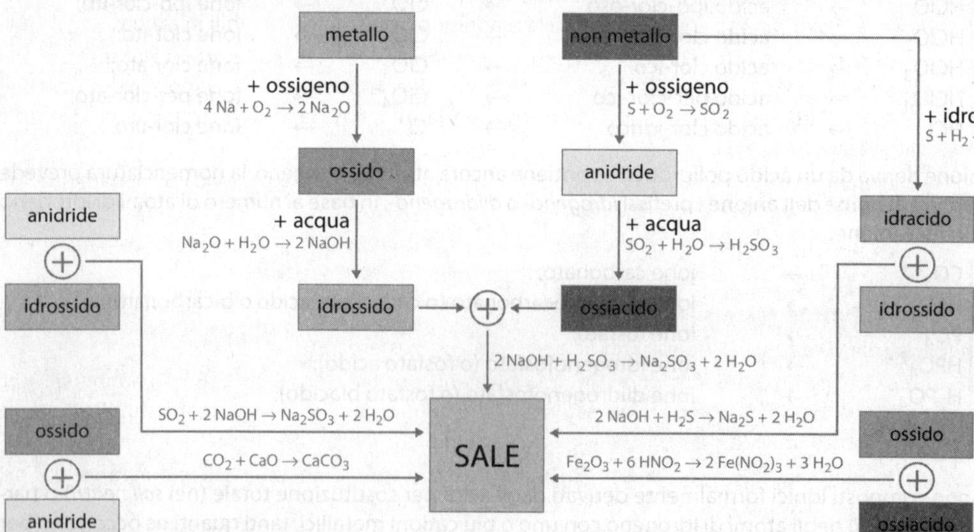

Indica a quali composti corrispondono le formule seguenti e specifica a quale classe di composti appartengono:

1. HBO_2 2. $MgHPO_4$ 3. ZnO 4. $Al(OH)_3$ 5. $Ba(ClO)_2$ 6. H_2S 7. NaH 8. SO_3.

1. Acido borico; è un ossiacido.
2. Idrogenofosfato di magnesio; sale acido.
3. Ossido di zinco; ossido basico.
4. Idrossido di alluminio; idrossido.
5. Ipoclorito di bario; sale neutro.
6. Acido solfidrico o solfuro di diidrogeno; idracido.
7. Idruro di sodio; idruro.
8. Triossido di zolfo; ossido acido.

PARTE QUINTA

3.4 | Gli elementi più comuni: proprietà e composti principali

In questo paragrafo vengono considerati in particolare gli elementi chimici che compaiono più spesso nei quesiti proposti nelle prove di ammissione ai corsi universitari.

Sono illustrate le principali proprietà chimiche e i composti più comuni.

L'idrogeno

- L'idrogeno (H) è l'elemento più semplice; essendo costituito, nell'isotopo più leggero, di un protone e un elettrone la sua configurazione elettronica è $1s^1$;
- è l'elemento più abbondante nell'universo; sulla Terra è presente principalmente come costituente dell'acqua;
- è caratterizzato da elettronegatività intermedia, forma composti con numerosi elementi, può avere numero di ossidazione +1, –1 o 0 (idrogeno elementare);
- l'idrogeno elementare è un gas costituito da molecole biatomiche H_2, poco reattivo a condizioni ambiente, anche se è sufficiente una scintilla perché reagisca violentemente con l'ossigeno atmosferico; ad alta temperatura reagisce con molti metalli e non metalli dando i composti corrispondenti, gli idruri.

Gruppo I A (gruppo 1): metalli alcalini

- Tutti i metalli alcalini hanno configurazione elettronica esterna ns^1;
- l'unico elettrone presente nello strato esterno può essere perduto facilmente, hanno quindi bassa elettronegatività, formano ioni monovalenti positivi (Na^+, K^+, Li^+, in cui hanno sempre numero di ossidazione +1) e originano composti ionici, la maggior parte dei quali solubili in acqua;
- sono molto reattivi (in particolare reagiscono violentemente con l'acqua) pertanto non si trovano mai in natura allo stato elementare bensì sotto forma di composti con ossigeno, cloro e altri elementi. Sodio e potassio sono gli elementi più abbondanti in natura, dove si trovano per esempio come $NaCl$, $NaNO_3$, Na_2CO_3;
- allo stato elementare sono solidi duttili e malleabili (caratterizzati dalla presenza del legame metallico) a basso punto di fusione e di ebollizione;
- gli ossidi dei metalli alcalini hanno carattere basico e reagendo con H_2O formano i corrispondenti idrossidi, che in soluzione acquosa si dissociano completamente (basi forti).

Gruppo II A (gruppo 2): metalli alcalino-terrosi

- I metalli alcalino-terrosi hanno configurazione elettronica esterna ns^2;
- hanno bassa elettronegatività e formano ioni bivalenti positivi (Mg^{2+}, Ca^{2+}, Ba^{2+}); hanno sempre numero di ossidazione +2, formano composti ionici, la maggior parte dei quali solubili in acqua, anche se meno solubili dei composti dei metalli alcalini;
- sono molto reattivi e non si trovano mai in natura allo stato elementare; calcio e magnesio, i più abbondanti, si trovano principalmente come carbonati, solfati e alogenuri;
- allo stato elementare sono solidi costituiti da atomi legati nel reticolo con legame metallico;
- gli ossidi hanno carattere basico e reagiscono con H_2O formando i corrispondenti idrossidi, solo parzialmente solubili in acqua.

Metalli di transizione

- La configurazione elettronica esterna di questi elementi è caratterizzata dal riempimento degli orbitali *d*;
- a eccezione del mercurio (liquido), sono solidi duri, con alti punti di fusione, caratterizzati dalla presenza del legame metallico;
- hanno bassa elettronegatività e tendenza a trasformarsi in cationi, formano in genere composti ionici in cui possono assumere diversi numeri di ossidazione, di cui i più comuni sono +2 e +3;
- il ferro (Fe) è un elemento molto abbondante in natura, infatti si trova in numerosi minerali costituenti della crosta terrestre, come ematite Fe_2O_3, magnetite Fe_3O_4 e pirite FeS_2. Gli ossidi sono solidi duri, e gli idrossidi non sono solubili in H_2O;

CHIMICA

- il rame (Cu) è presente in natura anche allo stato elementare ma principalmente sotto forma di minerali in cui forma legami con zolfo o ossigeno, come calcosina, Cu_2S e cuprite, Cu_2O; forma composti soprattutto come Cu(II), l'idrossido più importante è $Cu(OH)_2$;
- lo zinco (Zn) è presente in natura come costituente di diversi minerali, fra cui la *blenda* (ZnS, solfuro di zinco); l'ossido di zinco (ZnO) è un composto poco solubile che in acqua mostra comportamento anfotero.

Gruppo III A (gruppo 13)

- Gli elementi appartenenti a questo gruppo hanno configurazione elettronica esterna $ns^2\ np^1$; il numero di ossidazione è +3;
- nel gruppo si trovano elementi con caratteristiche chimiche molto diverse: il boro (B) è un semimetallo, e dà luogo a composti contenenti legami covalenti, l'alluminio (Al) è un metallo;
- l'ossido di boro B_2O_3 è un ossido acido e reagisce con H_2O formando acido borico (H_3BO_3); l'ossido di alluminio, Al_2O_3 è anfotero.

Gruppo IV A (gruppo 14)

- Gli elementi appartenenti al gruppo IV A possiedono configurazione elettronica esterna $ns^2\ np^2$;
- presentano valori di elettronegatività e caratteristiche chimiche molto diverse: il carbonio (C) è un non metallo, il silicio (Si) è un semimetallo, il piombo (Pb) è un metallo;
- allo stato elementare sono tutti solidi, caratterizzati da legame covalente (C e Si) o metallico (Pb);
- il carbonio si trova in natura allo stato elementare come grafite, diamante, e carboni fossili, (forme microcristalline di carbonio grafitico, con quantità variabili di impurezze), oltre che come carbonato; costituisce assieme all'idrogeno lo scheletro di tutti i composti organici; la combustione del C porta alla formazione di ossidi a carattere acido;
- il silicio è molto abbondante in natura, non si trova mai allo stato elementare bensì in un gran numero di minerali, principalmente nei silicati, dove compare come ione SiO_4^{4-} l'ossido, SiO_2 (silice), è un composto solido e ha carattere acido; gli acidi silicici presentano numerosi diversi livelli di idratazione;
- il piombo è un metallo, presente in natura come componente di diversi minerali; forma ossidi basici.

Gruppo V A (gruppo 15)

- Gli elementi appartenenti a questo gruppo hanno configurazione elettronica esterna ns^2np^3;
- l'azoto (N) e il fosforo (P) sono non metalli, i numeri di ossidazione più comuni sono −3, +3 e +5; formano ossidi acidi;
- l'arsenico (As) è un semimetallo e forma ossidi anfoteri;
- l'azoto allo stato elementare è un gas costituito da molecole biatomiche N_2 (costituisce il 78% dell'aria); il fosforo e l'arsenico sono solidi caratterizzati da legami covalenti ed esistono in diverse forme allotropiche.

Gruppo VI A (gruppo 16)

- Gli elementi del gruppo VI A possiedono configurazione elettronica esterna ns^2np^4;
- sono non metalli, caratterizzati da valori elevati di elettronegatività;
- il numero di ossidazione più comune è −2;
- l'ossigeno in natura si trova allo stato elementare, come gas costituito da molecole biatomiche (O_2, che costituisce il 21% dell'aria), e combinato in numerosi composti;
- lo zolfo in natura si trova specialmente come solfuro di metalli pesanti (PbS, CuS), e anche allo stato elementare.

Gruppo VII A (gruppo 17): alogeni

- Gli alogeni possiedono configurazione elettronica esterna ns^2np^5;
- sono tutti non metalli caratterizzati da elettronegatività molto elevata;
- il numero di ossidazione più comune è −1, ma possono presentare (tranne F) anche +1, +3, +5 e +7[1];

- i composti più comuni sono quelli con gli elementi meno elettronegativi, in cui gli alogeni compaiono come anioni monovalenti (F^-, Cl^- ecc.), come per esempio NaCl, KI;
- gli ossidi reagendo con H_2O formano gli ossiacidi corrispondenti, molti dei quali sono acidi forti; l'unico ossiacido contenente F che è stato isolato è HFO (acido ipofluoroso);
- allo stato elementare sono costituiti da molecole biatomiche; F_2 e Cl_2 sono gas, Br_2 è liquido, I_2 è solido a temperatura ambiente;
- formano composti con l'idrogeno detti alogenuri di idrogeno o acidi alogenidrici: acido fluoridrico (HF), acido cloridrico (HCl), acido bromidrico (HBr) e acido iodidrico (HI).

Gas nobili (gruppo 18)

- I gas nobili possiedono configurazione elettronica esterna $ns^2\ np^6$ (tranne l'elio, che ha $1s^2$);
- la configurazione elettronica otteziale conferisce loro particolare stabilità, l'energia di ionizzazione è quindi molto elevata;
- non formano composti di alcun tipo, in natura si trovano allo stato elementare come gas monoatomici.

Siamo ora in grado di rispondere alla quarta domanda posta all'inizio del capitolo

Quesito IV. Il bromo (Br) è un alogeno appartenente al settimo gruppo; l'arsenico (As) appartiene al quinto gruppo; il boro (B) e l'alluminio (Al) appartengono al terzo gruppo. L'unico metallo di transizione, fra gli elementi proposti, è il manganese (Mn): la risposta esatta è quindi la **D**.

1. Fra i composti degli alogeni con numeri di ossidazione positivi, quelli del Cl sono stabili mentre alcuni del Br e dello I sono instabili e di difficile isolamento. Per questa ragione (e a torto) i numeri di ossidazione del Br e dello I sono spesso riportati come ±1, 5 e ±1, 5, 7 rispettivamente.

Ripassa da qui

Metalli					
+ Non Metallo					
NaCl	cloruro di sodio				
+ O	**Ossidi basici**	**+ H_2O**		**Idrossidi $M(OH)_x$**	
Na_2O	**ossido di disodio**	→	NaOH	**idrossido di** sodio	
FeO	ossido di ferro ossido di ferro **(II)** ossido ferr**oso**	→	$Fe(OH)_2$	**di**idrossido di ferro idrossido di ferro (II) idrossido ferr**oso**	
Fe_2O_3	**tri**ossido di **di**ferro ossido di ferro **(III)** ossido ferr**ico**	→	$Fe(OH)_3$	**tri**idrossido di ferro idrossido di ferro (III) idrossido di ferr**ico**	
+ H	**Idruri**				
LiH	idr**uro** di litio				
NH_3	ammoniaca				
PH_3	fosfina				

Non Metalli				
+ O	**Ossidi acidi**	**+ H_2O**		**Ossiacidi H_xNMO_y**
Cl_2O	**anidride ipoclorosa**	→	HClO	**acido ipocloroso**
Cl_2O_3	anidride clor**osa**	→	$HClO_2$	acido clor**oso**
Cl_2O_5	anidride clor**ica**	→	$HClO_3$	acido clor**ico**
CL_2O_7	anidride **perclorica**	→	$HClO_4$	acido **perclorico**
+ H	**Idracidi**	**+ H_2O**		
HCl	cloruro di idrogeno	→		**acido cloridrico**

Nomenclatura degli anioni derivanti dagli acidi

-ico → ***-ato***

-oso → ***-ito***

Acido		Anione		Sale	
HCl	clor**uro** di idrogeno	Cl^-	clor**uro**	NaCl	cloruro di sodio
HClO	acido **ipocloroso**	ClO^-	**ipoclorito**	NaClO	ipoclorito di sodio
H_2CO_3	acido carbon**ico**	HCO_3^-	idrogenocarbon**ato** (o bicarbon**ato**)	$NaHCO_3$	bicarbonato di sodio

Quesiti svolti

1 Il valore massimo del numero di ossidazione del fluoro nei suoi composti è:

A 7
B 5
C 1
D 0
E –1

Il fluoro appartiene al gruppo degli alogeni, elementi che hanno 7 elettroni nel guscio di valenza; questo significa che al massimo possono impegnare 7 elettroni nella formazione di legami. Data la loro elevata elettronegatività, il numero di ossidazione più comune è –1, ma possono presentare anche i numeri di ossidazione positivi +1, +3, +5 e +7, come per esempio negli ossiacidi del cloro ($HClO$, $HClO_2$, $HClO_3$, $HClO_4$). Per il fluoro però il valore di elettronegatività è così alto da non consentire composti con numero di ossidazione positivo, per questo motivo il numero di ossidazione del fluoro è sempre pari a –1. Risposta E.

2 Qual è il numero di ossidazione del cromo nello ione Cr_2O^{2-}?

A –2
B +2
C +3
D +6
E +7

Lo ione dicromato è un anione poliatomico, quindi la somma di tutti i numeri di ossidazione degli atomi presenti nello ione deve essere uguale alla carica dello ione stesso, in questo caso –2. L'ossigeno ha numero di ossidazione (N.O.) –2, quindi 7 atomi di ossigeno hanno complessivamente N.O. = –14.
Impostiamo pertanto questa equazione mantenendo come incognita il numero di ossidazione di Cr:

$$2x - 14 = -2 \quad \rightarrow \quad x = \frac{14-2}{2} = 6$$

Il numero di ossidazione del cromo è quindi +6 e la risposta corretta è la D.

3 Se M rappresenta un metallo alcalino-terroso, quale fra le seguenti è la formula corretta per il suo composto con il cloro?

A M_2Cl_3
B MCl_2
C MCl^-
D M_2Cl
E MCl

Un metallo alcalino-terroso appartiene al gruppo II A della tavola periodica, possiede 2 elettroni nel livello energetico esterno, è poco elettronegativo e tende a cedere i propri elettroni esterni per trasformarsi in uno ione con carica +2 (raggiungendo così una configurazione otteziale). Il cloro appartiene al gruppo VII A, possiede 7 elettroni nel livello energetico esterno, è molto elettronegativo, e acquista facilmente un elettrone trasformandosi nello ione cloruro, Cl^-, e completando in questo modo l'ottetto elettronico. Per bilanciare le cariche positive e negative, un composto formato da un metallo alcalino-terroso con il cloro comprende due ioni cloruro ogni catione metallico e la formula sarà MCl_2; risposta B.

CHIMICA

4 Un metallo si differenzia da un non metallo perché:

A ha una elevata elettronegatività

B forma ossidi con caratteristiche basiche

C forma ossidi con caratteristiche acide

D forma sempre legami ionici

E è resistente alla corrosione

I metalli hanno bassa elettronegatività, mentre i non metalli hanno elettronegatività elevata; la risposta A è quindi errata. Non tutti i metalli sono resistenti alla corrosione e non sempre formano legami ionici; anche la D e la E si possono scartare. Reagendo con l'ossigeno i metalli formano ossidi basici, mentre i non metalli formano ossidi acidi; la risposta corretta è quindi la B.

5 Il cloruro ferrico è:

A $FeClO$

B $FeCl_2$

C $FeCl_3$

D $FeCl_4$

E $FeCl$

La desinenza *-uro*, caratteristica degli anioni monoatomici, indica che il composto considerato è un sale binario; è infatti formato dall'anione cloruro, Cl^-, e dal catione ferrico. Dato che la desinenza del catione è *-ico*, il ferro presenta in questo composto il numero di ossidazione più alto, cioè +3 (l'altro numero di ossidazione possibile per il ferro è +2). Si ricordi che per scrivere correttamente la formula occorre scrivere prima il simbolo del catione e poi quello dell'anione con gli indici opportuni, in modo da ottenere un insieme elettricamente neutro. Nel caso proposto, perché l'insieme delle cariche risulti pari a zero, per ogni ione ferrico, caratterizzato da tre cariche positive (Fe^{3+}), sono necessari tre ioni cloruro, ciascuno dei quali è dotato di un'unica carica negativa.
La formula del composto è pertanto $FeCl_3$; risposta C.

6 Quale delle seguenti formule chimiche è errata?

A $BaCl_2$

B $KMnO_4$

C $RbBr$

D Al_2F_3

E CaO

Per valutare se una formula chimica è corretta o meno, è necessario considerare i possibili numeri di ossidazione (N.O.) degli elementi che la compongono. $BaCl_2$ e BrRb sono sali binari in cui l'anione è un alogeno (rispettivamente Cl e Br) e ha N.O. = –1, mentre il catione è un metallo: il bario (Ba) appartiene al gruppo II e ha sempre n.o. = +2, mentre il rubidio (Rb) appartiene al gruppo I e ha sempre N.O. = +1. La formula $BaCl_2$ è quella del cloruro di bario, mentre RbBr è il bromuro di rubidio. $KMnO_4$ è il permanganato di potassio, un sale ternario formato dal catione K^+ e dall'anione MnO_4^-, derivante dall'acido permanganico $HMnO_4$ (già visto all'esercizio 4). Il manganese (Mn) è un elemento di transizione che può avere diversi numeri di ossidazione; nel composto $KMnO_4$, K ha N.O. = +1, O ha N.O. = –2 e per Mn N.O. = +7. CaO è la formula dell'ossido di calcio, l'ossigeno infatti ha N.O. = –2 e per il calcio N.O. = +2. La formula errata è la D, infatti l'alluminio ha sempre N.O. = + 3 e il fluoro sempre N.O. = –1; il composto che si forma da questi due elementi è un composto ionico di formula AlF_3 e non Al_2F_3.

PARTE QUINTA

7 La formula H_2SO_3, secondo la nomenclatura tradizionale corrisponde a:

A l'acido solfidrico
B l'acido solforoso
C l'acido solforico
D l'acido ortosolforico
E l'acido metasolforico

La formula H_2SO_3 è quella di un ossiacido, cioè un composto ternario contenente idrogeno, ossigeno e un non metallo, che in questo caso è lo zolfo. Dato che la desinenza -idrico indica gli idracidi (acidi che non contengono ossigeno) si può escludere la risposta A. Gli ossiacidi si possono considerare formalmente derivati dalla reazione di un'anidride (ossido di un non metallo) con acqua. Lo zolfo, in particolare, forma due anidridi: SO_2 (composto che la nomenclatura tradizionale definisce anidride solforosa), in cui ha N.O. = +4, e SO_3 (anidride solforica), in cui ha N.O. = +6.
Gli ossiacidi corrispondenti si ottengono per addizione di acqua alle anidridi:

$$SO_2 + H_2O \rightarrow H_2SO_3 \text{ acido solforoso}$$
$$SO_3 + H_2O \rightarrow H_2SO_4 \text{ acido solforico}$$

La formula H_2SO_3 corrisponde quindi all'acido solforico; risposta esatta: B.

CHIMICA

4 Reazioni chimiche

Mettiti alla prova

I Quale delle seguenti reazioni è CORRETTAMENTE bilanciata stechiometricamente?

A $Na_2SO_3 + AgNO_3 \rightarrow Ag_2SO_3 + NaNO_3$

B $2\ Na_2SO_3 + 2\ AgNO_3 \rightarrow Ag_2SO_3 + 2\ NaNO_3$

C $Na_2SO_3 + 2\ AgNO_3 \rightarrow Ag_2SO_3 + 2\ NaNO_3$

D $2\ Na_2SO_3 + 2\ AgNO_3 \rightarrow 2\ Ag_2SO_3 + 2\ NaNO_3$

E $Na_2SO_3 + 2\ AgNO_3 \rightarrow 2\ Ag_2SO_3 + 2\ NaNO_3$

II In generale, una reazione di combustione:

A consuma energia

B libera anidride carbonica

C libera ossigeno

D non può avvenire in assenza di cloro

E libera carbonio gassoso

III Nella reazione: $Zn + FeCl_2 \rightarrow ZnCl_2 + Fe$, lo ione che si riduce è:

A nessuno, si ha solo ossidazione

B Fe^{2+}

C Fe^{3+}

D Cl^-

E Zn^{2+}

IV Una mole di idrogeno (H_2 gas) reagisce con una mole di cloro (Cl_2 gas) per formare acido cloridrico (HCl gas). Che volume di HCl (in litri) si forma dalla reazione effettuata alla temperatura di 0 °C e a pressione atmosferica?

A 11,2 litri

B 13,8 litri

C 22,4 litri

D 28,0 litri

E 44,8 litri

CHIMICA

Ecco le risposte esatte dei 3 quesiti proposti: I **C**, II **B**, III **B**, IV **E**.

4.1 | Definizioni

Una reazione chimica è una trasformazione in cui si rompono e si formano legami chimici e viene scambiata una certa quantità di energia chimica (si veda § 6.2). Il modo più sintetico per rappresentarla consiste in una *equazione chimica*, in cui le formule delle sostanze reagenti, a sinistra, sono separate da una freccia dalle formule delle sostanze prodotte, a destra.

$\alpha A + \beta B \rightarrow \gamma C + \delta D$
- A e B si dicono *reagenti*
- C e D si dicono *prodotti*
- α, β, γ e δ sono numeri interi e si dicono *coefficienti stechiometrici*

Per scrivere un'equazione nella forma più completa occorre indicare lo stato fisico di reagenti e prodotti con dei simboli posti dopo la formula della sostanza:

(g) = gas; (l) = liquido; (s) = solido; (aq) = specie chimica in soluzione acquosa.

$C_{(s)} + O_{2\,(g)} \rightarrow CO_{2\,(g)}$ $\qquad$ $2\,H_{2\,(g)} + O_{2\,(g)} \rightarrow 2\,H_2O_{(l)}$

Reazione *omogenea*: reazione in cui i reagenti si trovano in un'unica fase.

Reazione *eterogenea*: reazione in cui i reagenti si trovano in fasi diverse.

4.2 | Bilanciamento delle reazioni chimiche

Nelle reazioni chimiche, la massa dei reagenti deve essere uguale alla massa dei prodotti; perciò un'equazione chimica deve essere *bilanciata*. Per bilanciare un'equazione, si devono anteporre alle formule dei reagenti e dei prodotti i *coefficienti stechiometrici* tali per cui il numero di atomi per ogni elemento sia uguale nei reagenti e nei prodotti, in modo da rispettare la legge di conservazione della massa (§ 1.2).

$H_2 + O_2 \rightarrow H_2O$	reazione non bilanciata
$2\,H_2 + O_2 \rightarrow 2\,H_2O$	reazione bilanciata

Per bilanciare un'equazione è opportuno attenersi alle seguenti **regole**:

1. contare il numero di atomi di un dato elemento presente nel lato reagenti e nel lato prodotti: se il numero non è lo stesso aggiungere i coefficienti stechiometrici tali da renderlo uguale in entrambi i lati dell'equazione;
2. ripetere questa operazione per ogni elemento che compare nell'equazione;
3. è opportuno iniziare a bilanciare da un elemento diverso da O e H perché questi elementi compaiono spesso in più di due composti;
4. uno ione poliatomico che compare sia tra i reagenti sia tra i prodotti va contato come un tutto unico;
5. il coefficiente 1 non si indica;
6. tutti i coefficienti devono avere il minimo valore intero possibile.

Bilanciare l'equazione $N_2H_{4\,(g)} + N_2O_{4\,(g)} \rightarrow N_{2\,(g)} + H_2O_{(l)}$.

Si bilancia N:	$N_2H_{4\,(g)} + N_2O_{4\,(g)} \rightarrow 2\,N_{2\,(g)} + H_2O_{(l)}$
si bilancia H:	$N_2H_{4\,(g)} + N_2O_{4\,(g)} \rightarrow 2\,N_{2\,(g)} + 2\,H_2O_{(l)}$
si bilancia O:	$N_2H_{4\,(g)} + N_2O_{4\,(g)} \rightarrow 2\,N_{2\,(g)} + 4\,H_2O_{(l)}$
si bilancia H:	$2\,N_2H_{4\,(g)} + N_2O_{4\,(g)} \rightarrow 2\,N_{2\,(g)} + 4\,H_2O_{(l)}$
si bilancia N:	$2\,N_2H_{4\,(g)} + N_2O_{4\,(g)} \rightarrow 3\,N_{2\,(g)} + 4\,H_2O_{(l)}$

Siamo ora in grado di rispondere alla prima domanda posta all'inizio del capitolo

Quesito I. Per bilanciare una reazione è necessario porre i coefficienti stechiometrici opportuni, in modo che ogni elemento compaia con lo stesso numero di atomi nei reagenti e nei prodotti, ovvero che venga rispettata la legge di conservazione della massa in una reazione chimica. Per rispondere al quesito è necessario considerare tutte le alternative proposte e per ognuna calcolare quanti atomi di sodio (Na), di zolfo (S), di ossigeno (O), di argento (Ag) e di azoto (N) si trovano fra i reagenti (nella parte sinistra dell'equazione chimica) e quanti fra i prodotti (nella parte destra). L'alternativa corretta è la **C**. In questa equazione chimica, infatti, compaiono 2 atomi di Na nei reagenti e 2 nei prodotti, 1 atomo di S nei reagenti e 1 nei prodotti, 9 atomi di O nei reagenti e 9 nei prodotti, gli atomi di Ag sono 2 sia nei reagenti che nei prodotti, infine N compare con 2 atomi nei reagenti e 2 nei prodotti.

4.3 | Classificazione delle reazioni chimiche

Esistono diversi tipi di reazioni chimiche. Spesso una reazione può appartenere a più classi tra quelle che seguono; il nome utilizzato per descriverla serve per evidenziare un determinato aspetto.

Reazione di sintesi: A + B → AB

Due o più sostanze (elementi o composti) reagiscono tra loro formando una sostanza unica (necessariamente un composto).

$H_2 + I_2 \rightarrow 2\,HI$

Reazione di decomposizione (o scissione): AB → A + B

Un unico composto si scinde in due o più sostanze più semplici (elementi o composti).

$CaCO_3 \rightarrow CaO + CO_2$

Reazione di dissociazione: AB → $A^+ + B^-$

Un composto si dissocia liberando ioni.

$MgCl_2 \rightarrow Mg^{2+} + 2\,Cl^-$

Reazione di ionizzazione: $HA + H_2O \rightarrow A^- + H_3O^+$

Un composto molecolare reagisce con l'acqua formando ioni positivi e negativi.

$HCl + H_2O \rightarrow H_3O^+ + Cl^-$

Reazione di spostamento (o di sostituzione o scambio semplice): A + BC → AC + B

Gli atomi di un elemento sostituiscono gli atomi di un altro in un composto.

$Fe + 2\,HCl \rightarrow FeCl_2 + H_2$

Reazione di doppio scambio (o metatesi): AB + CD → AC + BD

Reazione che comporta scambio di ioni tra due composti.

$BaCl_2 + Na_2SO_4 \rightarrow BaSO_4 + 2\,NaCl$

Le reazioni di doppio scambio avvengono quando uno dei prodotti è una **sostanza che precipita**, un **gas** oppure un **elettrolita debole**.

Reazione di neutralizzazione

Un acido reagisce con una base formando un sale e acqua (§ 7.4.3).

$NaOH + HNO_3 \rightarrow NaNO_3 + H_2O$

CHIMICA

Reazione di condensazione

Unione di due molecole mediante l'eliminazione di una molecola d'acqua

$CH_3OH + CH_3OH \rightarrow CH_3OCH_3 + H_2O$
metanolo metanolo dimetiletere

Reazione di idrolisi: $AB + H_2O \rightarrow HA + BOH$

Rottura di una molecola per ingresso di acqua, con formazione di due molecole.

$CH_3OCH_3 + H_2O \rightarrow CH_3OH + CH_3OH$
dimetiletere metanolo metanolo

Reazione di addizione

Reazione tipica dei composti organici, in cui un nuovo elemento si aggiunge alla molecola di partenza (si veda § 8.3.6 |).

$$CH_3{-}CH{=}CH{-}CH_3 + H_2 \longrightarrow H{-}\overset{H}{\underset{|}{}}CH{-}\overset{H}{CH}{-}CH_2{-}CH_3$$

2-butene — butano

Reazione di ossidoriduzione

Reazione che comporta trasferimento di elettroni da una specie chimica a un'altra (§ 4.4).

$2\ AgNO_3 + Cu \rightarrow Cu(NO_3)_2 + 2\ Ag$

Reazione di combustione

È una reazione di ossidoriduzione in cui una sostanza (*combustibile*) si ossida a opera di una seconda sostanza (*comburente*), di solito ossigeno, con sviluppo di energia termica.

Tipica reazione di combustione è: $CH_4 + 2\ O_2 \rightarrow CO_2 + 2\ H_2O$ + calore

Possiamo ora rispondere alla seconda domanda posta all'inizio del capitolo

Quesito II. Una reazione di combustione è una reazione di ossidoriduzione in cui una sostanza, detta *combustibile*, si ossida a opera di una seconda sostanza, il *comburente*, che di solito è ossigeno, e si sviluppa calore. Se si considera la combustione di un idrocarburo, contenente C in forma ridotta, la reazione con ossigeno ha come prodotti anidride carbonica e acqua; l'alternativa corretta è la **B**.

4.4 | Reazioni di ossidoriduzione (redox)

Una reazione redox può considerarsi come la somma di due semireazioni che avvengono contemporaneamente: la semireazione di ossidazione e la semireazione di riduzione.

Ossidazione: una specie chimica si ossida quando cede elettroni e aumenta quindi il suo N.O.

Riduzione: una specie chimica si riduce quando acquista elettroni e diminuisce quindi il suo N.O.

La specie che si ossida cede elettroni alla specie che si riduce ed è quindi l'*agente riducente.*

La specie che si riduce acquista elettroni dalla specie che si ossida ed è quindi l'*agente ossidante.*

Ossidazione: $Na \rightarrow Na^+ + e^-$

il sodio ha perso un elettrone e il suo N.O. è passato da 0 a + 1 $\Rightarrow$ si è ossidato.

Riduzione: $Cl + e^- \rightarrow Cl^-$

il cloro ha acquistato un elettrone e il suo N.O. è passato da 0 a –1 $\Rightarrow$ si è ridotto.

La reazione complessiva è: $2\ Na + Cl_2 \rightarrow 2\ NaCl$

Na si ossida e riduce Cl $\Rightarrow$ è l'agente **riducente;**

Cl si riduce e ossida Na $\Rightarrow$ è l'agente **ossidante.**

Siamo ora in grado di rispondere anche alla terza domanda posta all'inizio del capitolo

Quesito III. La reazione proposta è una ossidoriduzione; per individuare quale elemento si riduce e quale si ossida è necessario osservare i numeri di ossidazione degli elementi presenti ai reagenti e ai prodotti:

$$\overset{0}{Zn} + \overset{+2\,-2}{FeCl_2} \rightarrow \overset{+2\,-2}{ZnCl_2} + \overset{0}{Fe}$$

Il numero di ossidazione di Zn passa da 0 (Zn) a +2 (in $ZnCl_2$), mentre quello di Fe passa da +2 (in $FeCl_2$) a 0; l'elemento che si riduce è quindi Fe, presente come Fe^{2+}. La risposta esatta è la **B**.

4.4.1 | Bilanciamento di reazioni redox

In una reazione redox il numero di elettroni ceduti complessivamente dal riducente deve essere uguale al numero di elettroni acquistati dall'ossidante (principio di elettroneutralità).

Per bilanciare una reazione redox si deve seguire il procedimento qui esposto:

1. calcolare i numeri di ossidazione di tutti gli elementi che compaiono nell'equazione chimica;
2. identificare la specie che si ossida (aumenta il proprio N.O.) e la specie che si riduce (diminuisce il N.O.);
3. scrivere le due semireazioni;
4. bilanciare le cariche elettriche moltiplicando ciascuna delle due semireazioni per un coefficiente stechiometrico tale per cui il numero di elettroni ceduto dal riducente sia uguale a quello degli elettroni acquistati dall'ossidante;
5. riportare i coefficienti nell'equazione di reazione e verificare che sia completamente bilanciata;
6. se necessario, completare il bilanciamento delle masse

- $? \ \overset{+2-2}{Cu\,O} + \overset{-3\,+1}{NH_3} \rightarrow ?\ \overset{0}{Cu} + ?\ \overset{0}{N_2} + ?\ H_2O$
- Cu si riduce perché il suo N.O. diminuisce passando da +2 a 0;
  N si ossida perché il suo N.O. aumenta passando da –3 a 0.
- Le due semireazioni sono:

  $\overset{+2}{Cu} + 2e^- \rightarrow \overset{0}{Cu}$ riduzione e $\overset{-3}{N} - 3e^- \rightarrow \overset{0}{N}$ ossidazione
- Moltiplichiamo per 3 la semireazione di riduzione e per 2 la semireazione di ossidazione:

  $3 \cdot (\ \overset{+2}{Cu} + 2e^- \rightarrow \overset{0}{Cu})$ e $2 \cdot (\ \overset{-3}{N} - 3e^- \rightarrow \overset{0}{N}\ )$
- $3\ CuO + 2\ NH_3 \rightarrow 3\ Cu + N_2 + H_2O$

  L'equazione scritta è bilanciata solo per quanto riguarda la carica, ma non per la massa:
- Si bilancia i numero di atomi di H e O:

  $3\ CuO + 2\ NH_3 \rightarrow 3\ Cu + N_2 + 3H_2O$

L'ossigeno come ossidante

In passato, il termine *ossidazione* era utilizzato esclusivamente per indicare reazioni in cui uno dei reagenti era l'ossigeno elementare (O_2); in seguito, questo termine ha acquisito il significato di *reazione accompagnata da un trasferimento di elettroni*. Numerose reazioni di ossidazione coinvolgono comunque l'ossigeno; una delle più importanti è la **combustione**, una reazione di ossidazione rapida che interessa principalmente gli *idrocarburi*, libera luce e calore, cioè è esoergonica ed esotermica (si vedano § 6.2 e § 6.3). L'ossigeno, inoltre, si comporta da ossidante nei confronti di numerosi metalli; si tratta, in questo caso, di un fenomeno detto *corrosione*. Un esempio è la reazione con il ferro, per cui si dice che il ferro *arrugginisce*.

Bilanciare la reazione: $C_4H_{10} + O_2 \rightarrow CO_2 + H_2O$.

Si bilancia il C:

$$C_4H_{10} + O_2 \rightarrow 4\,CO_2 + H_2O$$

Si bilancia l'idrogeno:

$$C_4H_{10} + O_2 \rightarrow 4\,CO_2 + 5\,H_2O$$

ma in questo modo gli atomi totali di O nei prodotti diventano 13, un numero dispari che non è possibile bilanciare con le molecole di O_2 presenti nei reagenti. Per bilanciare l'equazione sono quindi necessarie due molecole di butano, C_4H_{10};

$$2\,C_4H_{10} + 13\,O_2 \rightarrow 8\,CO_2 + 10\,H_2O$$

Si può ora bilanciare l'ossigeno:

$$2\,C_4H_{10} + 13\,O_2 \rightarrow 8\,CO_2 + 10\,H_2O$$

4.5 | Stechiometria

La stechiometria è la **descrizione quantitativa** delle relazioni esistenti tra le sostanze coinvolte in una reazione chimica.

La stechiometria riguarda i rapporti ponderali fra reagenti e prodotti nelle reazioni chimiche. La quantità di una specie chimica che partecipa a una reazione può essere espressa in termini di massa o di volume, ma i rapporti stechiometrici devono sempre essere riferiti al **numero di moli**.

Dato che una mole rappresenta sempre lo stesso numero di molecole ($6{,}02 \cdot 10^{23}$), ciò che viene riferito a una molecola può essere riferito, con i necessari fattori moltiplicativi, a una mole.

Tutti i calcoli stechiometrici si basano sull'**osservazione dell'equazione chimica bilanciata**, che può essere letta in quattro modi diversi:

- numero di unità elementari;
- numero di moli;
- massa;
- volume, solo se reagenti e prodotti sono gas e la reazione avviene in condizioni standard o se i gas sono nelle stesse condizioni di temperatura e pressione.

I coefficienti stechiometrici che compaiono nell'equazione chimica indicano infatti il numero di unità elementari di ogni specie chimica che partecipano alla reazione (molecole, ioni, atomi), ma anche il numero di moli. Quindi, noto il peso molare delle diverse specie chimiche, è possibile convertire il numero di moli in grammi e, se i reagenti e i prodotti sono gas, e si trovano nelle stesse condizioni di temperatura e pressione, è possibile convertirlo anche in unità di volume (litri).

L'equazione chimica seguente può essere letta in almeno tre modi diversi:

$N_{2(g)}$	+	$3\,H_{2(g)}$	$\rightleftarrows$	$2\,NH_{3(g)}$
1 molecola		3 molecole		2 molecole
1 mole		3 moli		2 moli
28 g		3 × 2 g		2 × 17 g
22,4 l		3 × 22,4 l		2 × 22,4 l

4.5.1 | Calcoli stechiometrici

Nota la quantità di almeno una delle sostanze che partecipano a una reazione, l'equazione chimica bilanciata permette di calcolare le quantità di tutte le altre.

- I coefficienti stechiometrici indicano il numero di moli dei reagenti e dei prodotti.
- I grammi corrispondenti si ricavano moltiplicando i coefficienti stechiometrici per le rispettive masse molari.

Calcoli mole-mole

Calcolare il numero di moli di NH_3 prodotte dalla reazione di 6,33 moli di H_2.

La reazione di sintesi dell'ammoniaca (NH_3) è:

$$N_2 + 3\,H_2 \rightleftarrows 2\,NH_3$$

Poichè la reazione di una mole di azoto (N_2) con 3 moli di idrogeno (H_2) porta alla formazione di 2 moli di ammoniaca, si imposta una semplice proporzione:

$$3 \text{ mol } H_2 : 2 \text{ mol } NH_3 = 6{,}33 \text{ mol } H_2 : x \text{ mol } NH_3$$

da cui:

$$x = \frac{2 \text{ mol } NH_3 \cdot 6{,}33 \text{ mol } H_2}{3 \text{ mol } H_2} = 4,\,22 \text{ mol } NH_3$$

Calcoli mole-massa

Calcolare i grammi di NH_3 (PM = 17 g/mol) ottenuti da 2,3 moli di N_2.

La reazione cui si fa riferimento è:

$$N_2 \quad + \quad 3\,H_2 \quad \leftrightarrows 2\,NH_3$$

si imposta innanzitutto la proporzione:

$$1 \text{ mol } N_2 : 2 \text{ mol } NH_3 = 2,\,3 \text{ mol } N_2 : x \text{ mol } NH_3$$

da cui:

$$x = \frac{2 \text{ mol } NH_3 \cdot 2,\,3 \text{ mol } N_2}{1 \text{ mol } N_2} = 4,\,6 \text{ mol } NH_3$$

quindi la reazione con H_2 di 2,3 moli di N_2 produce 4,6 moli di NH_3, corrispondenti a:

$$m = n \cdot PM_{NH_3} = 4{,}6 \text{ mol} \cdot 17 \text{ g/mol} = 78{,}2 \text{ g } NH_3$$

Calcoli con i litri

Data la reazione: $CaCO_{3(s)} \rightarrow CaO_{(s)} + CO_{2(g)}$
Quanti litri di CO_2 si ottengono dalla decomposizione, in condizioni standard, di 200 g di $CaCO_3$? [PM_{CaCO_3} = 88]

L'equazione chimica proposta indica che una mole di carbonato di calcio $CaCO_3$ (solido), si decompone formando una mole di ossido di calcio CaO (solido), e una mole di CO_2. Poiché il quesito propone una quantità di $CaCO_3$ espressa in grammi è necessario calcolare a quante moli corrispondo. Dato che $n = m/PM$ si avrà:

$$n_{CaCO_3} = \frac{m_{CaCO_3}}{PM_{CaCO_3}} = \frac{200 \text{ g}}{88 \text{ g/mol}} = 2,\,3 \text{ mol}$$

200 g di $CaCO_3$ corrispondono a 2,3 moli. Poiché l'equazione bilanciata indica che da una mole di $CaCO_3$ si forma una mole di CO_2, nel nostro caso si formeranno 2,3 moli di CO_2.
Poiché in condizioni standard una mole di qualsiasi gas occupa un volume pari a 22,4 litri:

$$2{,}3 \text{ mol} \cdot 22{,}4 \text{ l/mol} = 51{,}5 \text{ L}$$

la decomposizione di 200 g di carbonato di calcio produce 51,5 litri di anidride carbonica.

Siamo ora in grado di rispondere alla quarta domanda posta all'inizio del capitolo

Quesito IV. L'equazione chimica bilanciata della reazione proposta è la seguente:

$$H_2 + Cl_2 \rightarrow 2\,HCl$$

1 mole di H_2 reagisce con 1 mole di Cl_2 per produrre 2 moli di HCl; dato che 1 mole di qualsiasi gas, in condizioni standard (P = 1 atm e T = 0 °C) occupa un volume pari a 22,4 L, dalla reazione proposta si formano $22{,}4 \times 2 = 44{,}8$ litri di HCl; risposta **E**.

CHIMICA

Ripassa da qui

Bilanciamento di un'equazione chimica

1. contare il numero di atomi di un dato elemento presente nel lato reagenti e nel lato prodotti: se il numero non è lo stesso aggiungere i coefficienti stechiometrici tali da renderlo uguale in entrambi i lati dell'equazione;
2. ripetere questa operazione per ogni elemento che compare nell'equazione;
3. è opportuno iniziare a bilanciare da un elemento diverso da O e H, perché questi elementi compaiono spesso in più di due composti;
4. uno ione poliatomico che compare sia tra i reagenti sia tra i prodotti va contato come un tutto unico;
5. il coefficiente 1 non si indica;
6. tutti i coefficienti devono avere il minimo valore intero possibile

Reazione redox

Elemento	Numero di ossidazione	Elettroni	Capacità
Si ossida	aumenta	li cede	riducente
Si riduce	diminuisce	li acquista	ossidante

Reazione di combustione: $CH_4 + 2\ O_2 \rightarrow CO_2 + 2\ H_2O$ + calore

PARTE QUINTA

Quesiti svolti

1 Quale delle seguenti proprietà dei reagenti viene sempre conservata durante una reazione chimica e si ritrova nei prodotti?

- A Stato di aggregazione
- B Massa
- C Temperatura
- D Numero di ossidazione
- E Colore

Una reazione chimica è un processo durante il quale si rompono e si formano legami chimici, in modo che le sostanze di partenza, dette reagenti, si trasformano in sostanze diverse, dette prodotti. Durante una reazione chimica possono cambiare lo stato di aggregazione e il colore delle specie chimiche che partecipano, può cambiare la temperatura del sistema, e il numero di ossidazione degli elementi coinvolti, mentre non cambia mai la massa totale delle sostanze partecipanti. Questo significa che la somma delle masse dei reagenti è sempre uguale alla somma delle masse dei prodotti. La risposta corretta è la B.

2 L'equazione $C + O_2 \rightarrow CO_2$ indica che:

- A i reagenti C e O_2 reagiscono per formare CO_2
- B per combustione del carbone si ottiene CO_2
- C una mole di atomi di C e una mole di molecole di O_2 reagiscono dando luogo a una mole di molecole di CO_2
- D C e O_2 rappresentano i reagenti e CO_2 il prodotto della reazione
- E C subisce un'ossidazione

In questo quesito la risposta corretta non è facilmente individuabile, perché nessuna delle soluzioni proposte è errata. La risposta A per esempio contiene una affermazione vera e con lei la B, la C, la D e la E. In casi come questo occorre scegliere la risposta che contiene il maggior numero di informazioni esatte. La risposta corretta è allora la C, perché contiene anche le informazioni ricavabili dai coefficienti stechiometrici della reazione data.

3 Una reazione si definisce omogenea quando:

- A è all'equilibrio
- B tutti i reagenti e i prodotti sono nella stessa fase
- C il numero delle moli complessive dei reagenti è uguale a quello delle moli complessive dei prodotti
- D il coefficiente stechiometrico di tutti i reagenti e di tutti i prodotti e pari a 1
- E il numero delle specie chimiche reagenti è uguale a quello delle specie chimiche prodotte

Per definizione, una reazione si definisce omogenea quando tutti i reagenti e prodotti sono presenti nella stessa fase, ossia nello stesso stato di aggregazione della materia. Le reazioni omogenee possono quindi presentarsi in fase gassosa, liquida oppure solida. La risposta corretta è la B.

4 Quali sono i prodotti di una reazione tra un ossido metallico e un acido?

- A Due sali
- B Un idrossido
- C Un altro ossido e un sale più debole
- D Sale più acqua
- E Un acido e una base

Gli acidi inorganici sono composti che contengono un non metallo e reagiscono con l'acqua cedendo ioni H^+ ad H_2O. La reazione fra un ossido metallico e un acido porta alla formazione di un sale e acqua; la componente cationica del sale deriva dal metallo e la componente anionica deriva dall'acido. Per esempio la ruggine (Fe_2O_3, triossido di diferro, o anidride ferrica) reagisce con acido solforico H_2SO_4 nel modo seguente:

$$Fe_2O_3 + 3\,H_2SO_4 \rightarrow Fe_2(SO_4)_3 + 3\,H_2O$$

Il sale $Fe_2(SO_4)_3$ (solfato ferrico) è formato da due ioni Fe^{3+} ogni tre ioni solfato SO_4^{2-}.
La risposta corretta è la D.

5 Che cosa avviene durante la combustione di una candela?

- A Un processo chimico
- B Un consumo di anidride carbonica
- C Un'emissione di ossigeno
- D Una sublimazione
- E Una evaporazione della cera

La combustione è una reazione di ossidoriduzione in cui l'ossigeno (comburente) reagisce con una sostanza (normalmente organica) detta combustibile, per produrre anidride carbonica, luce e calore. Nel caso della candela, la cera brucia consumando ossigeno e producendo anidride carbonica; le risposte B e C sono quindi errate.

La cera della candela non evapora né sublima, ma si consuma perché subisce un processo di combustione; si deduce che le risposte D ed E sono sbagliate e che la risposta corretta è la A: la combustione infatti è un processo chimico (e non un processo fisico come l'evaporazione e la sublimazione).

6 Quale delle seguenti equazioni descrive correttamente la reazione chimica tra i reagenti: As_2O_3, KIO_4 e KOH?

- A $As_2O_3 + 2\,KIO_4 + 6\,KOH \rightarrow 2\,K_3AsO_4 + 2\,KIO_3 + 3\,H_2O$
- B $As_2O_3 + 3\,KIO_4 + 6\,KOH \rightarrow 2\,K_3AsO_4 + 2\,KIO_3 + 3\,H_2O$
- C $As_2O_3 + 2\,KIO_4 + 6\,KOH \rightarrow 2\,K_3AsO_4 + 2\,KIO_3 + 4\,H_2O$
- D $As_2O_3 + 2\,KIO_4 + 5\,KOH \rightarrow 2\,K_3AsO_4 + 2\,KIO_3 + 3\,OH$
- E $As_2O_3 + 2\,KIO_4 + 6\,KOH \rightarrow 2\,K_3AsO_4 + 4\,KIO_3 + 3\,H_2O$

L'equazione che descrive correttamente la reazione proposta è quella bilanciata, in cui, cioè il numero di atomi di ogni elemento presenti fra i reagenti è uguale al numero di atomi presenti nei prodotti.

L'equazione corretta è la A, infatti troviamo lo stesso numero di atomi a destra e a sinistra: 2 atomi di arsenico (As), 8 di potassio (K), 2 di iodio (I), 17 di ossigeno (O) e 6 di idrogeno.

7 In una reazione una specie si ossida se:

A accetta elettroni da un ossidante
B accetta elettroni da un riducente
C cede elettroni a un ossidante
D cede elettroni a un riducente
E dissocia protoni

Si dice che una specie chimica si ossida nel corso di una reazione se cede elettroni a un'altra specie che in tal modo si riduce e si comporta da ossidante; risposta C.

8 Facendo reagire 4 moli di H_2 con 2 moli di O_2 quante moli di acqua si formano?

A 8
B 1
C 4
D 2
E 6

La reazione bilanciata della sintesi dell'acqua è

$$2\,H_2 + O_2 \rightarrow 2\,H_2O$$

In presenza di sufficiente ossigeno, quindi, il numero di moli di acqua che si formano è pari al numero di moli di idrogeno che reagiscono. Nell'esercizio proposto 4 moli di idrogeno (H_2) reagiscono stechiometricamente con 2 moli di ossigeno (O_2), si formeranno quindi 4 moli di acqua; risposta C.

9 Calcolare quante moli di K_2O si ottengono a partire da 39 grammi di potassio metallico (39 u.m.a.), per reazione con eccesso di ossigeno, dopo aver bilanciato la seguente reazione:

$$K + O_2 \rightarrow K_2O$$

A 0,5
B 1,0
C 2,0
D 0,25
E 0,14

L'equazione chimica bilanciata della reazione proposta è la seguente:

$$4K + O_2 \rightarrow 2\,K_2O$$

Da questa si vede che 4 moli di potassio metallico (K) reagiscono con 1 mole di ossigeno (O_2) per formare 2 moli di ossido di potassio (K_2O). Dato che il peso di una mole di qualsiasi sostanza corrisponde al peso molecolare (o al peso atomico) espresso in grammi, si deduce che 39 grammi di potassio metallico corrispondono a 1 mole di questo elemento. Dalla reazione bilanciata si ricava che il rapporto molare fra potassio metallico e ossido di potassio è 2:1, quindi da 1 mole di potassio si otterranno 0,5 moli di ossido di potassio; risposta A.

5 Soluzioni

Mettiti alla prova

I Il sale da cucina, NaCl, si scioglie facilmente in acqua perché:

A le molecole d'acqua hanno un'energia cinetica più elevata del sale

B in acqua si generano gli atomi Na e Cl

C fonde e diventa liquido

D reagisce con l'acqua per dare HCl e NaOH che sono solubili

E gli ioni Na^+ e Cl^- sono fortemente attirati dalle molecole d'acqua

II In 2000 mL di una soluzione acquosa sono presenti 3,65 g di HCl (p.m. = 36,5 u.m.a.); la concentrazione della soluzione è:

A 0,5 M

B 0,1 M

C 0,05 m

D 0,05 M

E 3,65 M

III A quale volume bisogna diluire 10 mL di HCl 8 M per ottenere HCl 0,4 M?

A 40 mL

B 200 mL

C 80 mL

D 400 mL

E 32 mL

IV Raddoppiando il volume di una soluzione di cloruro di sodio mediante aggiunta di acqua pura, il punto di congelamento della nuova soluzione:

A diminuisce

B non varia

C diminuisce di 2° C

D aumenta

E aumenta di 2° C

Ecco le risposte esatte dei 4 quesiti proposti: I E, II D, III B, II D.

5.1 | Definizioni

Una soluzione è una miscela omogenea (§ 1.1) costituita da almeno due componenti (*solvente* e *soluto*) le cui quantità relative possono essere variate con continuità.

Il **solvente** è il componente che si presenta nello stesso stato di aggregazione della soluzione ed è la specie presente nella soluzione in quantità maggiore.

Il **soluto** è la sostanza che viene sciolta dal solvente ed è presente nella soluzione in quantità minore.

In base alla fase in cui si presentano, si distinguono soluzioni:

- gassose → miscele di gas in cui non si fa distinzione tra soluto e solvente;
- liquide → il solvente è liquido, il soluto può essere solido, liquido o gassoso;
- solide → il solvente è solido, il soluto può essere solido, liquido o gassoso.

L' acqua di mare è una soluzione liquida, l'aria una soluzione gassosa; le leghe (per esempio il bronzo, costituito da rame e stagno) sono soluzioni solide.
La tabella seguente riporta i componenti dell'**aria** secca con le rispettive concentrazioni espresse in percentuale di volume.

Componenti	Simbolo	% in volume
Azoto	N_2	78,08
Ossigeno	O_2	20,94
Argon	Ar	0,93
Anidride carbonica	CO_2	0,04
Idrogeno	H_2	0,00005
Neon	Ne	0,0018
Elio	He	0,0005

5.2 | Il processo di dissoluzione

Il processo di dispersione delle particelle di soluto tra le molecole del solvente prende il nome di *dissoluzione* o *solvatazione*. Alla fine di tale processo tutte le particelle di soluto sono state separate le une dalle altre e sono state circondate dalle molecole del solvente; si dice allora che le particelle sono solvatate. La solvatazione è possibile se le forze attrattive che si instaurano tra le particelle di soluto e solvente sono sufficienti a controbilanciare quelle tra le particelle del solvente da un lato e quelle tra le particelle del soluto dall'altro.

Quando il solvente è l'acqua, il processo prende il nome di *idratazione* e si dice che le particelle sono idratate. L'idratazione è un caso particolare di solvatazione.
L'acqua è un buon solvente per la maggior parte dei composti ionici in quanto, grazie alla sua polarità, è in grado di solvatare sia cationi sia anioni (interazioni ione-dipolo).

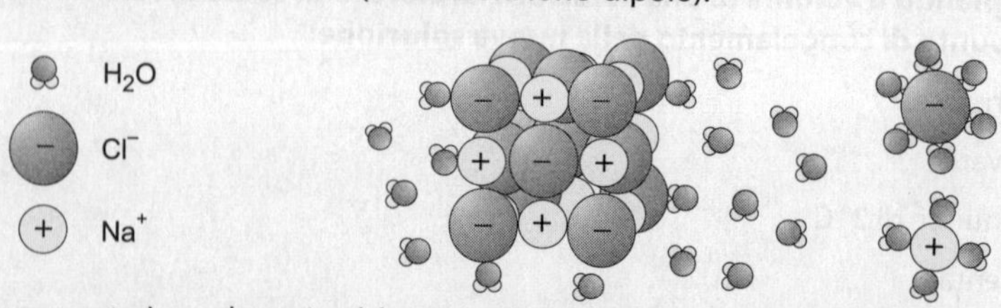

Rappresentazione schematica del processo di dissoluzione del cloruro di sodio in acqua

PARTE QUINTA

5.2.1 | Solubilità

La quantità di soluto che si può sciogliere in una data quantità di solvente non è illimitata.

Una soluzione **satura** è una soluzione contenente la massima quantità di un dato soluto che un dato volume di solvente è in grado di sciogliere a una certa temperatura. Se si aggiunge un'ulteriore quantità di soluto a una soluzione satura, il soluto aggiunto non si scioglie più e precipita come *corpo di fondo*.

La *solubilità* di un soluto è la *concentrazione della soluzione satura*; viene di solito espressa in moli/l, ma si può trovare anche espressa in g/l o nelle altre forme in cui viene espressa la concentrazione.

Una soluzione che contiene una quantità di soluto inferiore a quella presente in una soluzione satura è una soluzione **insatura**. Una soluzione che contiene una quantità di soluto maggiore di quella della soluzione satura è detta **sovrassatura**. Una soluzione contenente una concentrazione di soluto relativamente bassa è una soluzione **diluita**; una soluzione in cui la concentrazione del soluto è relativamente alta viene detta soluzione **concentrata**. È opportuno tenere presente che i termini diluito e concentrato non hanno un preciso significato quantitativo.

5.2.2 | Fattori che influenzano la solubilità

Natura del solvente e del soluto e interazioni tra di essi

Le sostanze in cui le particelle sono unite da forze intermolecolari simili tendono a essere solubili le une nelle altre. In generale si può affermare che "il simile scioglie il simile". Pertanto:

- le sostanze non polari sono solubili in solventi non polari, così lo iodio (non polare) è solubile in esano (non polare);
- le sostanze ioniche e quelle molecolari polari sono solubili nei solventi polari, per esempio il cloruro di sodio (ionico) e il glucosio (polare) sono solubili in acqua (polare);
- le sostanze non polari e quelle polari sono insolubili le une nelle altre, quindi l'esano (non polare) non è solubile in acqua (polare).

Temperatura

- La solubilità delle sostanze la cui dissoluzione è un processo endotermico aumenta all'aumentare della temperatura, in accordo con il principio di Le Chatelier (§ 6.5.2).
- La solubilità delle sostanze la cui dissoluzione è un processo esotermico diminuisce all'aumentare della temperatura. La dissoluzione di un gas in un liquido è un processo esotermico; i gas sono di conseguenza meno solubili ad alta temperatura.

Pressione

Questo parametro influenza la solubilità dei gas nei liquidi. La solubilità di un gas in un liquido è infatti proporzionale alla pressione parziale del gas sopra la soluzione (legge di Henry).

Quando si stappa una bottiglia di acqua minerale gasata la pressione del gas in superficie cala bruscamente e con essa si riduce anche la solubilità dell'anidride carbonica che abbandona il liquido con la conseguente formazione di bollicine.

5.2.3 | Fattori che influenzano la velocità di dissoluzione

Agitazione

Agitando la soluzione si aumenta la velocità di dissoluzione del soluto nel solvente.

Temperatura

Aumentando la temperatura, aumenta la velocità della reazione di dissoluzione.

Grado di suddivisione del soluto

Maggiore è la suddivisione del soluto, maggiore è la superficie di contatto tra il solvente e il soluto e maggiore è quindi la velocità della reazione di dissoluzione.

5.2.4 | Soluzioni acquose e regole di solubilità

Le soluzioni più comuni sono le soluzioni acquose nelle quali il solvente è l'acqua. L'acqua, infatti, è un ottimo solvente: è un dipolo e può formare legami a idrogeno o legami ione-dipolo con il soluto.
Per quanto riguarda le soluzioni acquose, si ricordano le seguenti regole di solubilità:

- i solidi covalenti (come il diamante) e i solidi metallici (ad esempio il ferro) sono insolubili in acqua;
- la solubilità in acqua di un solido molecolare dipende dalla sua polarità e dalla possibilità di formare legami a idrogeno con le molecole del solvente;
  - Il saccarosio, solido molecolare polare, è solubile in acqua;
  - lo iodio cristallino (I_2), solido molecolare formato da molecole non polari, non è solubile in acqua.
- i solidi ionici sono generalmente solubili in acqua perché gli ioni del solido possono formare legami ione-dipolo con il solvente. Esistono però anche solidi ionici insolubili in acqua.
  - Il sale da cucina, NaCl, è un composto ionico solubile in acqua;
  - il carbonato di calcio, $CaCO_3$, è un composto ionico non solubile in acqua.

Siamo ora in grado di rispondere alla prima domanda posta all'inizio del capitolo

Quesito I. Il cloruro di sodio si scioglie facilmente in acqua perché fra le molecole d'acqua e gli ioni Na^+ e Cl^- si instaurano delle forze attrattive che controbilanciano quelle esistenti fra gli ioni nel cristallo di sale. Quando il sale è sciolto tutti gli ioni sono stati circondati da molecole di acqua. La risposta esatta è quindi la **E**.

5.3 | Concentrazione delle soluzioni

La concentrazione di una soluzione esprime il rapporto tra la quantità di soluto e la quantità di soluzione o di solvente. Può essere espressa con diverse unità di misura.

Composizione percentuale peso/peso (% p/p)
Indica il numero di grammi di soluto contenuti in 100 grammi di soluzione. Si calcola con la formula:

$$\% \text{ p/p} = \frac{\text{massa soluto (g)}}{\text{massa soluzione (g)}} \cdot 100$$

Composizione percentuale peso/volume (% p/V)
Indica il numero di grammi di soluto contenuti in 100 millilitri di soluzione. Si calcola con la formula:

$$\% \text{ p/V} = \frac{\text{massa soluto (g)}}{\text{volume soluzione (ml)}} \cdot 100$$

Molarità (M)
Indica il numero di moli di soluto contenute in un litro di soluzione:

$$M = \frac{n \text{ (mol)}}{V \text{ (L)}}$$

La concentrazione molare viene indicata ponendo fra parentesi quadre la formula della sostanza cui si fa riferimento; per esempio la notazione [HCl] = 0,5 M indica una soluzione contenente 0,5 moli di HCl per litro di soluzione.

Calcolare la concentrazione molare di una soluzione contenente 0,5 moli di idrossido di sodio in 500 mL di volume complessivo.
Poiché la molarità è definita come il numero di moli di soluto contenute in un litro di soluzione, la molarità della soluzione in esame si può ricavare sostituendo nella formula i dati in nostro possesso, ossia 0,5 moli in 0,5 litri:

$$M = \frac{0{,}5 \text{ mol}}{0{,}5 \text{ L}} = 1 \text{ mol/L}$$

La soluzione ha concentrazione 1 molare, o 1 M.

Molalità (m)

La molalità indica il numero di moli di soluto disciolte in 1 kg di solvente. Si calcola con la formula:

$$m = \frac{n\,(\text{mol})}{\text{massa solvente (kg)}}$$

Per soluzioni acquose molto diluite, i valori della molarità e della molalità sono praticamente coincidenti.

Siamo ora in grado di rispondere alla seconda domanda posta all'inizio del capitolo

Quesito II. Per rispondere correttamente occorre calcolare a quante moli corrisponde la quantità di HCl proposta in termini di peso. Poiché il peso molecolare di HCl è pari a 36,5, una mole di questa sostanza pesa 36,5 g. Per calcolare a quante moli corrisponde la quantità proposta dal quesito, è sufficiente applicare la formula che mette in relazione peso in grammi (*m*) e numero di moli (*n*): *n* = *m*/PM; sarà quindi:

$$n_{\text{HCl}} = \frac{m_{\text{HCl}}}{\text{PM}_{\text{HCl}}} = \frac{3{,}65\ \text{g}}{36{,}5\ \text{g/mol}} = 0{,}1\ \text{mol}$$

La molarità sarà data dal numero di moli di soluto contenute nel volume totale di soluzione:

$$M = \frac{0{,}1\ \text{mol}}{2\ \text{L}} = 0{,}05\ \text{mol/L}$$

quindi la concentrazione di questa soluzione è di 0,05 mol/L, cioè 0,05 M. La risposta esatta è la **D**.

Normalità (N)

La **normalità** di una soluzione indica il numero di equivalenti di soluto (n_{eq}) contenuti in un litro di soluzione. È sempre un multiplo della molarità della medesima soluzione e si calcola con la formula:

$$N = \frac{n_{eq}\,(\text{eq})}{V\,(\text{L})}$$

Il numero di equivalenti contenuti in una mole può essere indicato come **fattore equivalente (FE)** e si determina tenendo conto delle seguenti regole:

- il fattore equivalente per un acido è pari al numero di ioni H^+ che l'acido può dissociare e per una base è pari al numero di ioni OH^- che la base può dissociare;
- il fattore equivalente di un ossidante o di un riducente è pari al numero di elettroni che l'ossidante acquista o il riducente cede durante una reazione redox;
- il fattore equivalente in un composto ionico è pari alla carica elettrica totale posseduta dalla parte cationica oppure anionica.

Per ricavare la normalità di una soluzione a molarità nota e viceversa valgono le relazioni:

$$N = M \cdot n_{eq}/\text{mol} \quad \text{e} \quad M = \frac{N}{n_{eq}/\text{mol}}$$

5.3.1 | Diluizione

Una soluzione diluita può essere preparata aggiungendo solvente, per esempio acqua, a una soluzione concentrata. Diluendo la soluzione il numero di moli (o di equivalenti) di soluto non varia, vale quindi la relazione:

n° moli soluto nella soluzione concentrata = n° moli soluto nella soluzione diluita

ovvero:

$$M_{\text{conc}} \cdot V_{\text{conc}} = M_{\text{dil}} \cdot V_{\text{dil}}$$

dove:

M_{conc} = molarità della soluzione concentrata M_{dil} = molarità della soluzione diluita
V_{conc} = volume della soluzione concentrata V_{dil} = volume della soluzione diluita

CHIMICA

Siamo ora in grado di rispondere alla terza domanda posta all'inizio del capitolo

Quesito III. Per rispondere al quesito è necessario ricordare che quando una soluzione viene diluita il numero di moli totali di soluto non cambia, quindi si può dire che:

$$M_{conc} \cdot V_{conc} = M_{dil} \cdot V_{dil}$$

nel nostro caso:

$$M_{conc} = 8 \text{ mol/L}$$
$$V_{conc} = 10 \text{ mL}$$
$$M_{dil} = 0{,}4 \text{ mol/L}$$

quindi:

$$V_{dil} = \frac{M_{conc} \cdot V_{conc}}{M_{dil}} = \frac{8 \text{ mol/L} \cdot 10 \text{ mL}}{0{,}4 \text{ mol/L}} = 200 \text{ mL}$$

La risposta esatta è la **B**.

5.4 | Ionizzazione e dissociazione ionica

I soluti che sciolti in acqua **liberano ioni**, rendendo conduttrice la soluzione risultante, sono detti **elettroliti** e le loro soluzioni sono chiamate soluzioni elettrolitiche.

Per **dissociazione ionica** (o elettrolitica) si intende il processo di separazione degli ioni positivi e negativi presenti in un composto ionico, provocato dall'acqua.

Il cloruro di magnesio, $MgCl_2$, si dissocia in ioni secondo la reazione seguente:

$$MgCl_2 \rightarrow Mg^{2+} + 2\,Cl^-$$

Per **ionizzazione** si intende il processo di formazione di ioni positivi e negativi operato dall'acqua su un composto molecolare polare come HCl. L'acqua trasforma perciò il composto molecolare in un composto ionico che quindi si dissocia.

L'acido nitrico, HNO_3, reagendo con H_2O forma ioni H_3O^+ e NO_3^- secondo la reazione:

$$HNO_3 + H_2O \rightarrow H_3O^+ + NO_3^-$$

La dissociazione può essere totale o parziale:

- **elettrolita forte**: sostanza che in acqua si dissocia totalmente;
- **elettrolita debole**: sostanza che in acqua si dissocia parzialmente.

5.5 | Proprietà colligative delle soluzioni

Le proprietà colligative sono proprietà delle soluzioni di un soluto non volatile in un solvente volatile che dipendono esclusivamente dalla concentrazione, ovvero dal numero TOTALE delle particelle di soluto in soluzione (molecole o ioni) e NON dalla loro natura.

Le proprietà che dipendono dal numero di particelle in soluzione sono:

- Abbassamento della tensione di vapore: legge di Raoult

  La tensione di vapore di una soluzione contenente un soluto non volatile è sempre inferiore a quella del solvente puro.
- Innalzamento ebullioscopico e abbassamento crioscopico

  L'aggiunta di un soluto non volatile a un solvente dà luogo a una soluzione il cui punto di ebollizione è maggiore (*innalzamento ebullioscopico*) e il cui punto di congelamento è minore (*abbassamento crioscopico*) di quello del solvente puro.

L'acqua salata bolle a una temperatura superiore a 100°C e ghiaccia a una temperatura inferiore a 0 °C. È questo il motivo per cui d'inverno, sulle strade ghiacciate, si usa spargere del sale (soluto non volatile) per sciogliere il ghiaccio.

- Osmosi e pressione osmotica

  L'osmosi è il movimento del solvente attraverso una membrana semipermeabile dalla soluzione meno concentrata a quella più concentrata fino al raggiungimento di una condizione di equilibrio.

5.5.1 | Proprietà colligative nelle soluzioni elettrolitiche

Dato che un elettrolita in soluzione si dissocia in ioni, una mole di elettrolita in soluzione libera più particelle di una mole di un non elettrolita e ha quindi maggior effetto sulle proprietà colligative.

Per calcolare l'effetto sulle proprietà colligative indotto dalla presenza di un elettrolita è necessario considerare il numero totale di particelle in cui l'elettrolita si dissocia, introducendo nella formula un *coefficiente* detto *di Van't Hoff (i)*. Assumendo che gli ioni siano indipendenti gli uni dagli altri:

i = numero di ioni in cui l'elettrolita è dissociato.

Osmolarità

L'osmolarità è un'espressione della concentrazione di una soluzione che sottolinea il *numero di particelle* di soluto presenti nella soluzione stessa. Esprime il numero di *osmoli* di soluto contenute in un litro di soluzione, dove il numero di osmoli si calcola moltiplicando il numero di moli per il coefficiente *i*:

$$\text{OSM} = \frac{n_{osm}}{(V)(\text{l})} \quad \text{ma} \quad n_{osm} = n \cdot i \quad \text{quindi} \quad \text{OSM} = \text{M} \cdot i$$

1. In una soluzione di glucosio ($C_6H_{12}O_6$) 0,5 M poichè $C_6H_{12}O_6$ non è un elettrolita,

$$i = 1, \quad \text{quindi} \quad \text{OSM} = \text{M} = 0{,}5$$

2. In una soluzione di NaCl 0,5 M, una mole di NaCl si dissocia liberando due moli di particelle:

$$NaCl \rightarrow Na^+ + Cl^- \qquad i = 2, \quad \text{quindi} \quad \text{OSM} = \text{M}\cdot 2 = 0{,}5 \cdot 2 = 1$$

3. In una soluzione di $BaCl_2$ 0,5 M, una mole di sale si dissocia liberando 3 moli di particelle:

$$BaCl_2 \rightarrow Ba^{2+} + 2\,Cl^- \qquad i = 3, \quad \text{quindi} \quad \text{OSM} = \text{M}\cdot 3 = 0{,}5 \cdot 3 = 1,5$$

Siamo ora in grado di rispondere alla quarta domanda posta all'inizio del capitolo

Quesito IV. Il punto di congelamento di una soluzione è più basso del punto di congelamento del solvente puro e l'entità della variazione non dipende dalla natura chimica del soluto ma solo dalle caratteristiche del solvente e dal numero di particelle in soluzione; l'abbassamento del punto di congelamento è infatti una delle proprietà colligative delle soluzioni.
Raddoppiando il volume di una soluzione di cloruro di sodio (NaCl), nella nuova soluzione gli ioni che formano questo sale saranno meno concentrati, quindi il punto di congelamento della nuova soluzione sarà più alto di quello della prima soluzione; risposta **D**. La risposta **E** è da scartare perché l'entità della variazione, dipendente dalle caratteristiche del solvente e dalla concentrazione delle particelle, non può essere determinata in base ai dati forniti dal testo del quesito.

CHIMICA

Ripassa da qui

Concentrazioni delle soluzioni		
Composizione % peso/peso	grammi di soluto in 100 grammi di soluzione	$\%\ p/p = \frac{\text{massa soluto (g)}}{\text{massa soluzione (g)}} \cdot 100$
Composizione % peso/volume	grammi di soluto in 100 millilitri di soluzione	$\%\ p/V = \frac{\text{massa soluto (g)}}{\text{volume soluzione (mL)}} \cdot 100$
Molarità	moli di soluto per litro di soluzione	$M = \frac{n\ \text{(mol)}}{V\ \text{(L)}}$
Molalità	moli di soluto per kg di solvente	$m = \frac{n\ \text{(mol)}}{\text{massa solvente (kg)}}$
Normalità	numero di equivalenti per litro di soluzione	$N = \frac{n_{eq}\ \text{(eq)}}{V\ \text{(L)}}$

Da molarità a normalità e viceversa

$$N = M \cdot n_{eq} \quad e \quad M = \frac{N}{n_{eq}}$$

Diluizione

$$M_{conc} \cdot V_{conc} = M_{dil} \cdot V_{dil}$$

Proprietà colligative

La soluzione più diluita ha:	La soluzione più concentrata ha:
concentrazione più bassa	concentrazione più alta
tensione di vapore più alta	tensione di vapore più bassa
punto di ebollizione più basso	punto di ebollizione più alto
punto di congelamento più alto	punto di congelamento più basso
pressione osmotica più bassa	pressione osmotica più alta

Quesiti svolti

1 Quale dei seguenti sistemi è omogeneo?

- A Sospensione
- B Lega metallica
- C Emulsione
- D Soluzione con corpo di fondo
- E Nebbia

Un sistema è omogeneo quando i diversi componenti sono presenti in un'unica fase. Per individuare, fra quelli proposti, il sistema omogeneo, è importante ricordare che una fase è una porzione di materia con proprietà fisiche costanti, delimitata da una superficie di discontinuità fisicamente definibile.

Una sospensione è formata una fase solida dispersa in una fase liquida, quindi la risposta A è errata; un'emulsione è una miscela di due fasi liquide disperse una nell'altra, ma distinguibili perché immiscibili, come l'olio e l'acqua, anche la risposta C è quindi errata. Una soluzione con corpo di fondo comprende una fase solida (il corpo di fondo), mentre la nebbia è un aerosol, cioè un sistema formato da minuscole goccioline di liquido sospese nell'aria; neanche questi ultimi due sono quindi sistemi omogenei, e anche le risposte D ed E sono errate. La risposta esatta è la B, infatti una lega metallica è una soluzione solida, formata da due o più sostanze allo stato solido, con composizione uniforme in ogni punto.

2 Il sale da cucina è il cloruro di sodio, NaCl, solubile in acqua liquida fino a una concentrazione massima di 348 g per kg di acqua a temperatura ambiente. Se si prova a scioglierne in quantità maggiore senza variare la temperatura:

- A il sale in eccesso galleggia sulla superficie della soluzione
- B l'acqua comincia a bollire
- C l'acqua solidifica
- D il sale evapora
- E il sale in eccesso si raccoglie sul fondo del recipiente

La solubilità di un composto in un solvente è indicata come la concentrazione della soluzione satura, quella in cui non è possibile sciogliere una quantità maggiore dello stesso soluto. La solubilità varia al variare della temperatura e, di solito, una temperatura più elevata permette di sciogliere una maggior quantità di soluto. Se però si prova ad aggiungere soluto a una soluzione satura, senza variare la temperatura, il sale in eccesso si deposita sul fondo del recipiente e si forma un corpo di fondo. Risposta corretta: E.

3 Una soluzione 0,1 molare si prepara sciogliendo 0,1 moli di soluto in:

- A un chilo di solvente
- B 100 millilitri di solvente
- C un litro di solvente
- D un litro di soluzione
- E un chilo di soluzione

La concentrazione molare indica il numero di moli di soluto contenute in un litro di soluzione. Una soluzione 0,1 molare si prepara quindi sciogliendo 0,1 moli di soluto in un litro di soluzione; risposta esatta D.

4 **Quanti grammi di un soluto al 5% (p/V) sono sciolti in 600 mL di soluzione?**

A 5 g
B 600 g
C 50 g
D 30 g
E 300 g

La concentrazione percentuale p/V esprime i grammi di soluto disciolti in 100 mL di soluzione. Una soluzione al 5% p/V contiene 5 g di soluto in 100 mL di soluzione, quindi i grammi di soluto da sciogliere in 600 mL si ricavano dalla proporzione seguente:

$$100\ \text{mL} : 5\ \text{g} = 600\ \text{mL} : x\ \text{g}$$

da cui si ricava:

$$x = \frac{600\ \text{mL} \cdot 5\ \text{g}}{100\ \text{mL}} = 30\ \text{g}$$

Per preparare la soluzione richiesta sono necessari 30 g di soluto; risposta D.

5 **Quanti grammi di $MgSO_4$ (P.M. = 120) occorrono per preparare 2000 mL di una soluzione 3 M?**

A 360 g
B 720 g
C 500 g
D 120 g
E 480 g

Una soluzione 3 M di solfato di magnesio ($MgSO_4$) contiene 3 moli per litro di questo sale; per prepararne 2000 ml sono necessarie quindi 6 moli di $MgSO_4$.

Dato che il peso molecolare di questo sale è pari a 120, una mole pesa 120 g e per rispondere al quesito è sufficiente moltiplicare questo peso per 6:

$$120\ \text{g} \cdot 6 = 720\ \text{g}$$

Per preparare 2000 ml di una soluzione 3 M di $MgSO_4$ sono necessari 720 g di sale; risposta B.

6 **Indicare la normalità di una soluzione di H_2SO_4 1 M:**

A 0,1 B 0,25 C 0,5 D 1 E 2

La *normalità* (N) di una soluzione indica il numero di *equivalenti* di soluto presenti in un litro di soluzione. Per ricavare la normalità di una soluzione di cui sia nota la molarità (M) si applica la seguente formula:

$$N = n_{eq} \cdot M$$

dove n_{eq} rappresenta il numero di *equivalenti* contenuti in una mole, cioè il numero di moli di ioni H^+ che una mole di acido può cedere dissociandosi.

H_2SO_4 è un acido *biprotico*, contenente due ioni H^+ dissociabili secondo la reazione globale:

$$H_2SO_4 \rightarrow SO_4^{2-} + 2\,H^+$$

Essendo $n_{eq} = 2$ e M = 1sarà: N = 2 · 1 = 2. Una soluzione di H_2SO_4 1 M è 2 N; risposta E.

7 **Si prelevi 1 mL di una soluzione 1M di un qualsivoglia soluto. Quanto vale la concentrazione di quel volume di soluzione prelevato?**

A 1 mM

B 0,001 M

C 1 M

D 1000 M

E Non è determinabile

La concentrazione di una soluzione è una proprietà intensiva: essa non dipende dalle dimensioni del campione che andiamo a considerare. Pertanto, avendo a disposizione una soluzione con concentrazione 1 M, la concentrazione rimarrà sempre uguale prelevando qualunque volume della soluzione stessa. L'alternativa corretta è pertanto la C.

8 **In quale delle seguenti soluzioni la pressione osmotica è maggiore?**

A Glucosio 1 M

B Cloruro di sodio 0,6 M

C Cloruro di calcio 0,5 M

D Cloruro di sodio 0,7 M

E Glucosio 0,5 M

La pressione osmotica di una soluzione è proporzionale alla sua osmolarità, ovvero al numero di osmoli (n_{osm}) contenute in un litro di soluzione. Se il soluto non si dissocia in ioni (non elettrolita), il valore dell'osmolarità della soluzione coincide con quello della molarità. Se il soluto invece si dissocia (elettrolita), il numero di osmoli presenti in un litro è superiore al numero di moli di soluto e si può calcolare moltiplicando il numero di moli (n) per il numero di particelle che un'unità di soluto libera dissociandosi (i).

Il glucosio è un non elettrolita. In una soluzione 1 M di glucosio si ha dunque:

$$n_{osm}/L = n/L = 1$$

mentre in una soluzione 0,5 M si ha: $n_{osm}/L = 0{,}5$.

Un'unità di cloruro di sodio (NaCl) in soluzione si dissocia secondo la reazione:

$$NaCl \rightarrow Na^+ + Cl^-$$

liberando complessivamente due ioni. In questo caso, pertanto, si ha $i = 2$ e dunque:

per la B: $n_{osm}/l = n/l \cdot 2 = 0{,}6 \cdot 2 = 1{,}2$

per la D: $n_{osm}/l = n/l \cdot 2 = 0{,}7 \cdot 2 = 1{,}4$

Un'unità di cloruro di calcio ($CaCl_2$) in soluzione si dissocia invece nel modo seguente:

$$CaCl_2 \rightarrow Ca^{2+} + 2\,Cl^-$$

liberando complessivamente tre ioni. In questo caso si ha quindi $i = 3$ e dunque:

$$n_{osm}/l = n/l \cdot 3 = 0{,}5 \cdot 3 = 1{,}5$$

La soluzione che contiene il maggior numero di osmoli in un litro e ha pertanto la maggior pressione osmotica è dunque quella di $CaCl_2$; risposta C.

6| Termodinamica, cinetica delle reazioni ed equilibrio chimico

Mettiti alla prova

I **Nella reazione 2 $KClO_{3\,(s)} \rightarrow 2\,KCl_{(s)} + 3\,O_{2\,(g)}$ l'entropia:**

A diminuisce
B aumenta
C è indipendente dalla temperatura
D è uguale a zero
E non è possibile prevedere in che modo varia

II **Al crescere della temperatura, la velocità di una reazione chimica:**

A cresce al crescere della temperatura nelle reazioni endotermiche, decresce al crescere della temperatura in quelle esotermiche
B cresce in ogni caso al crescere della temperatura
C cresce al crescere della temperatura nelle reazioni esotermiche, decresce al crescere della temperatura in quelle endotermiche
D è direttamente proporzionale alla temperatura centigrada
E è direttamente proporzionale alla temperatura assoluta

III **Indicare l'affermazione che descrive più accuratamente il comportamento di un catalizzatore:**

A aumenta il ΔG di una reazione e quindi la velocità di reazione
B riduce il ΔH e quindi la temperatura necessaria per formare i prodotti
C aumenta la costante di equilibrio della reazione
D riduce l'energia di attivazione e quindi aumenta la velocità di reazione
E diminuisce la costante di equilibrio della reazione

IV **Se si aumenta la pressione, tenendo costante la temperatura, l'equilibrio della reazione in fase gassosa 2 $SO_3 \rightarrow 2\,SO_2 + O_2$:**

A si sposta a destra
B si sposta a sinistra
C rimane inalterato
D si sposta in modo da produrre un aumento di entropia
E si sposta in modo da favorire la liberazione dell'ossigeno gassoso

CHIMICA

Ecco le risposte esatte dei 4 quesiti proposti: I B, II B, III D, IV B.

6.1 | Termodinamica

La **termodinamica** si occupa delle **variazioni energetiche che accompagnano le trasformazioni chimiche** e dei trasferimenti di energia da una sostanza a un'altra.

Una trasformazione chimica è sempre associata a scambi energetici con l'ambiente; l'energia acquistata o ceduta viene misurata in **joule** (J), oppure **calorie (cal)**, dove:

$$1 \text{ cal} = 4{,}184 \text{ J}$$

Con **sistema** si indica la porzione di spazio che rappresenta l'oggetto dello studio, l'**ambiente** invece è la parte che circonda il sistema. L'insieme di sistema e ambiente costituisce l'**universo termodinamico.**

I sistemi termodinamici possono essere classificati in: aperti, chiusi o isolati.

I sistemi **aperti** scambiano sia materia che energia con l'ambiente. Per esempio, una bottiglia di acqua con il tappo aperto, oppure una cellula. I sistemi **chiusi** scambiano energia con l'ambiente, ma non materia. Per esempio, una bottiglia d'acqua chiusa. I sistemi **isolati** non scambiano né materia, né energia con l'ambente. Per esempio un liquido contenuto in un thermos.

L'universo termodinamico è per definizione un sistema isolato.

6.2 | Calore di reazione e variazione di entalpia

Spesso le reazioni chimiche sono accompagnate da sviluppo o assorbimento di energia.

Le reazioni che liberano energia sono dette reazioni **esoergoniche** (*E* reagenti > *E* prodotti).
Le reazioni che assorbono energia sono dette reazioni **endoergoniche** (*E* reagenti < *E* prodotti).

Se la forma di energia in gioco è il calore, si parla di reazioni esotermiche ed endotermiche.

Le reazioni che sviluppano calore sono dette reazioni **esotermiche.**
Le reazioni che assorbono calore sono dette reazioni **endotermiche.**

Per esprimere le variazioni termiche che accompagnano una reazione i chimici fanno ricorso a una funzione di stato chiamata *entalpia* (H) che indica il contenuto termico del sistema e si può immaginare come energia immagazzinata sotto forma di legami chimici. Il calore (Q) assorbito o sviluppato dal sistema a pressione costante (detto *calore di reazione*) è uguale alla variazione di entalpia (ΔH) della reazione, dove:

$$\Delta H = H_{prod} - H_{reag} = Q$$

In una reazione esotermica	$H_{prod} < H_{reag}$	e quindi	$\Delta H < 0$
In una reazione endotermica	$H_{prod} > H_{reag}$	e quindi	$\Delta H > 0$

In commercio si trovano caffé, tè e altre bevande, in contenitori di plastica, che, esercitando una pressione sul fondo e agitando il contenitore per alcuni secondi, si scaldano. I contenitori hanno un doppio fondo nel quale si trovano, separati da una membrana, cloruro di calcio e acqua. Come si spiega il riscaldamento della bevanda?
La pressione sul fondo del contenitore provoca la miscelazione del cloruro di calcio ($CaCl_2$) con l'acqua che scioglie il sale. La reazione di dissoluzione è esotermica, quindi libera il calore che permette di riscaldare la bevanda.

Legge di Hess

Dato che l'entalpia è una funzione di stato, il ΔH di una reazione dipende solo dagli stati iniziale e finale e ha quindi lo stesso valore indipendentemente dal fatto che essa avvenga in un solo stadio o attraverso una serie di passaggi intermedi.

6.3 | Spontaneità delle reazioni chimiche ed energia libera

Spesso le reazioni esotermiche sono reazioni spontanee. Il segno della variazione di entalpia non è però l'unico fattore da cui dipende la spontaneità di una reazione. Gli altri due fattori sono la temperatura T e la variazione di entropia del sistema, ΔS (si veda anche la sezione di Fisica). Tra i tre parametri ΔH, T e ΔS esiste una relazione espressa matematicamente dall'*equazione di Gibbs* che indica l'andamento dell'energia libera, ΔG:

$$\Delta G = \Delta H - T\Delta S$$

dove T è la temperatura assoluta alla quale avviene la reazione.

La spontaneità di una reazione dipende dal segno della variazione di energia libera associata alla reazione stessa: una reazione è *spontanea* se caratterizzata da una *diminuzione di energia libera*, ovvero se l'energia libera dei prodotti è minore dell'energia libera dei reagenti.

Si possono verificare tre casi:

1. $\Delta G < 0$ → la reazione è **spontanea**. Una reazione spontanea è detta **esoergonica**. Spesso le reazioni esotermiche sono anche esoergoniche;
2. $\Delta G > 0$ → la reazione **non** è **spontanea**. In questo caso la reazione si dice **endoergonica**;
3. $\Delta G = 0$ → la reazione **è all'equilibrio** (§ 6.5).

La termodinamica non riguarda la *velocità* con cui una reazione avviene. Una reazione termodinamicamente spontanea può richiedere migliaia di anni per avvenire.

La reazione che trasforma il diamante in grafite (il materiale delle matite) è una reazione spontanea. Il valore del diamante è tuttavia garantito dal fatto che la reazione di trasformazione, nonostante sia termodinamicamente permessa, è anche estremamente lenta (miliardi di anni) e, macroscopicamente, è come se non avvenisse.

Siamo ora in grado di rispondere alla prima domanda posta all'inizio del capitolo

Quesito I. In una trasformazione chimica l'entropia, che rappresenta il grado di disordine del sistema, aumenta nei seguenti casi:

- all'aumentare della temperatura, poiché le molecole, dotate di maggior energia cinetica, si muovono in modo più rapido e caotico;
- quando un solido passa in soluzione;
- nei passaggi di stato, dallo stato solido a quello liquido o gassoso;
- nelle reazioni in cui il numero di moli (e quindi di particelle) di sostanze prodotte è maggiore di quello delle sostanze reagenti.

Nella reazione considerata, l'entropia aumenta sia perché si passa da un reagente solido a prodotti gassosi, sia perché il numero di moli aumenta nel passaggio dai reagenti ai prodotti. La risposta esatta è quindi la **B**.

6.4 | Cinetica chimica

Il ramo della chimica che si occupa della velocità delle reazioni chimiche e dei fattori che la influenzano prende il nome di cinetica chimica. La cinetica chimica poggia sulla teoria delle collisioni.

Teoria delle collisioni

Data la reazione $\alpha A + \beta B \rightarrow \gamma C + \delta D$, affinché A e B reagiscano è necessario che:

1. A e B si urtino: la teoria delle collisioni afferma che la velocità di una reazione è proporzionale al numero di collisioni per secondo tra le molecole reagenti;
2. l'urto sia *efficace energeticamente e spazialmente*: perché l'urto sia efficace e i legami tra le particelle reagenti possano rompersi, queste, oltre a possedere sufficiente energia cinetica, devono collidere con un orientamento reciproco opportuno. Esiste una energia di soglia al di sotto della quale l'urto tra A e B non è seguito dalla formazione dei prodotti di reazione; tale energia prende il nome di **energia di attivazione (E_a)** e corrisponde all'energia minima richiesta per la formazione del *complesso attivato*. Il complesso attivato è un aggregato di atomi a vita infinitesima in cui si stanno rom-

pendo i vecchi legami e si stanno formando i legami nuovi. Il momento della reazione in cui si forma il complesso attivato viene detto *stato di transizione*.

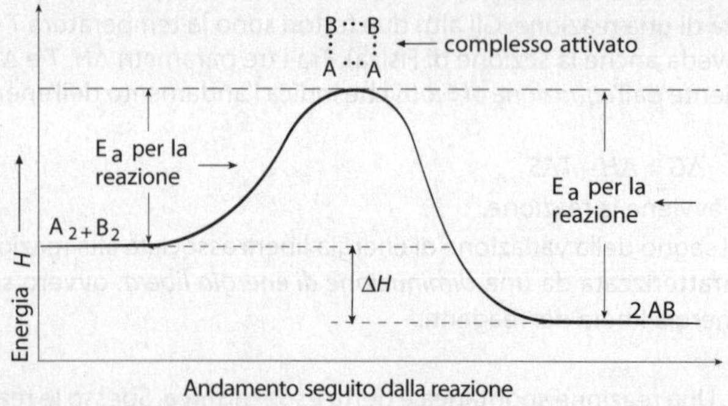

Diagramma dell'energia potenziale per la reazione esoergonica

$A_2 + B_2 \rightarrow 2\,AB$

Nonostante i prodotti abbiano energia più bassa dei reagenti, perché la reazione avvenga, i reagenti devono passare attraverso uno stato di transizione chiamato complesso attivato, caratterizzato da un maggior contenuto energetico.

Il valore dell'energia di attivazione E_a è caratteristico per ogni reazione ed è indipendente dalla concentrazione dei reagenti. Maggiore è il valore di E_a, minore è la velocità di reazione.

6.4.1 | Velocità di reazione

Si consideri la reazione A → B in cui A è il reagente e B il prodotto della reazione.

Indicando con [A] la concentrazione molare della specie reagente e con *v* la velocità della reazione, si pone per definizione:

$$v = -\frac{\Delta[A]}{\Delta t}$$

e sperimentalmente si riscontra che:

$$v = k[A]^m$$

dove: k = costante di velocità (o costante cinetica) della reazione (da determinare sperimentalmente);
m = ordine di reazione (da determinare sperimentalmente).

- **La velocità di reazione aumenta all'aumentare della concentrazione del reagente.** In particolare, se la velocità di reazione è direttamente proporzionale alla concentrazione del reagente, la reazione si dice reazione del primo ordine, mentre, se è direttamente proporzionale al quadrato della concentrazione del reagente, la reazione si dice del secondo ordine. La velocità di una reazione del primo ordine è direttamente proporzionale al numero di molecole del reagente con energia maggiore o uguale all'energia di attivazione E_a.
- **La velocità di reazione aumenta all'aumentare della temperatura**; ciò è dovuto al fatto che, all'aumentare della temperatura, aumenta anche l'energia cinetica media delle molecole del reagente (si veda la sezione di Fisica).
- **La velocità di una reazione eterogenea (§ 4.1) aumenta all'aumentare della superficie di contatto** tra i reagenti: questo perché all'aumentare della superficie di contatto aumentano le possibilità di avere urti "utili" fra le particelle di reagenti.
- **La velocità di una reazione aumenta all'aumentare della concentrazione di catalizzatore**: un catalizzatore (come illustrato al paragrafo seguente) abbassa l'energia di attivazione.

Siamo ora in grado di rispondere alla seconda domanda posta all'inizio del capitolo

Quesito II. La velocità di reazione è direttamente proporzionale alla concentrazione istantanea di R elevata a una certa potenza (chiamata ordine di reazione), secondo la relazione:

$$v = k[R]^m$$

dove *k* è la costante di velocità della reazione considerata, legata alla temperatura secondo l'equazione di Arrhenius $k = Ae^{-B/T}$, dove A e B sono delle costanti e *T* è la temperatura assoluta. Da questa relazione si vede che, per qualsiasi reazione, la velocità aumenta con la temperatura assoluta ma non in modo direttamente proporzionale, quindi la risposta esatta è la **B**.

6.4.2 | Catalizzatori

I catalizzatori sono sostanze che fanno aumentare la velocità di una reazione senza parteciparvi direttamente. In più di un'occasione sono stati oggetto di domande nelle prove di ammissione. È importante dunque conoscere alcune loro proprietà.

Un catalizzatore è una sostanza che fa aumentare la velocità di reazione abbassandone l'energia di attivazione.

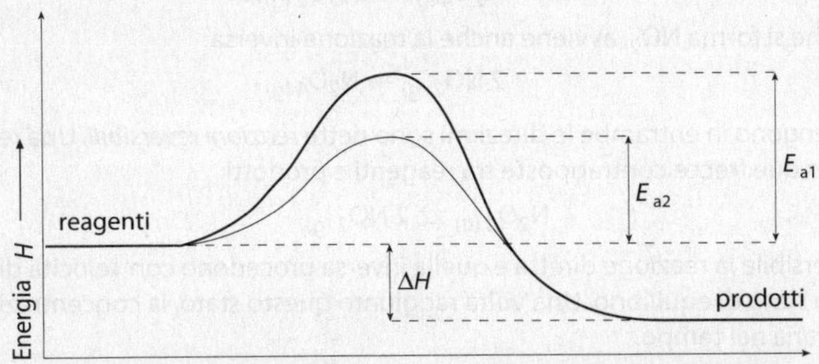

E_{a1} = energia di attivazione SENZA catalizzatore E_{a2} = energia di attivazione CON catalizzatore

I catalizzatori **non fanno variare né il ΔH, né il ΔG** di una reazione quindi non possono rendere esotermica e spontanea una reazione che non lo è.
I catalizzatori **non variano** il valore della costante di equilibrio della reazione K_{eq} (§ 6.5.1) quindi non spostano l'equilibrio della reazione, ma ne accelerano il raggiungimento.

I catalizzatori inoltre:

- fanno sì che la reazione avvenga con un meccanismo diverso da quello della reazione non catalizzata;
- contribuiscono a rendere più efficaci gli urti tra i reagenti;
- si ritrovano chimicamente inalterati alla fine della reazione;
- non compaiono nelle equazioni globali di reazione;
- sono selettivi, quindi intervengono solo sulla reazione che interessa accelerare.

La reazione di sintesi dell'acqua ($2\ H_{2\,(g)} + O_{2\,(g)} \rightarrow 2\ H_2O_{\,(l)}$) non avviene a temperatura ambiente se non è innescata da una fiamma o una scintilla; aggiungendo un catalizzatore alla miscela di reazione, invece, la reazione può avvenire senza bisogno di innesco.

La combustione della benzina produce gas di scarico inquinanti, come ossidi di azoto, anidride solforosa e monossido di carbonio. La marmitta catalitica contiene maglie di metalli come platino, palladio, rodio o ossido di cerio. Quale funzione hanno questi metalli?
Le maglie metalliche all'interno della marmitta catalitica attivano reazioni che trasformano i gas di scarico tossici in altri gas, meno dannosi, come anidride carbonica, azoto e acido solfidrico.

Siamo ora in grado di rispondere alla terza domanda posta all'inizio del capitolo

Quesito III. Per rispondere al quesito è necessario ricordare che la spontaneità di una reazione chimica dipende dalla variazione di energia libera (una reazione è spontanea quando $\Delta G > 0$), mentre la velocità dipende dal meccanismo della reazione e quindi dal valore dell'energia di attivazione. Quando l'energia di attivazione è elevata, anche una reazione spontanea può procedere molto lentamente.
Un catalizzatore non modifica l'entità della variazione di energia libera, né della variazione di entalpia, né modifica il valore della costante di equilibrio; le risposte A, B, C ed E possono quindi essere escluse. La risposta corretta è la D, infatti un catalizzatore fa aumentare la velocità di reazione perché abbassa l'energia di attivazione.

6.5 | Equilibrio chimico

Le reazioni che procedono fino al completo esaurimento dei reagenti sono considerate irreversibili e sono dette *reazioni a completamento* (o reazioni complete). Spesso però le reazioni (specialmente quelle che avvengono in un sistema chiuso, da cui i prodotti non possono essere allontanati) non sono a completamento perché i prodotti, una volta formati, possono reagire tra loro per riformare i reagenti.

Nella reazione di decomposizione di N_2O_4 in NO_2, oltre alla reazione diretta:

$$N_2O_{4\,(g)} \rightarrow 2\,NO_{2\,(g)}$$

man mano che si forma NO_2, avviene anche la reazione inversa:

$$2\,NO_{2\,(g)} \rightarrow N_2O_{4\,(g)}$$

Le reazioni che avvengono in entrambe le direzioni sono dette *reazioni reversibili*. Una reazione reversibile si rappresenta con due frecce contrapposte tra reagenti e prodotti:

$$N_2O_{4\,(g)} \rightleftarrows 2\,NO_{2\,(g)}$$

In una reazione reversibile la reazione diretta e quella inversa procedono con velocità diverse fino al raggiungimento di uno stato di equilibrio. Una volta raggiunto questo stato, la concentrazione dei reagenti e dei prodotti non varia nel tempo.

Questo non significa che una volta raggiunto l'equilibrio non ci siano più molecole di reagenti che si trasformano in prodotti e viceversa: le concentrazioni rimangono costanti perché tante molecole di reagente si trasformano in prodotti quante molecole di prodotti si trasformano in reagenti.

In una reazione all'equilibrio, le velocità delle due reazioni (diretta e inversa) si equivalgono.

In condizioni di equilibrio $\Delta G = 0$.

6.5.1 | Costante di equilibrio

Considerando la generica reazione chimica $\alpha\,A + \beta\,B \rightleftarrows \gamma\,C + \delta\,D$, a una data temperatura e all'equilibrio, il rapporto tra il prodotto della concentrazione molare dei prodotti e quello della concentrazione molare dei reagenti, ciascuna elevata a un esponente uguale al rispettivo coefficiente stechiometrico, è una costante chiamata *costante termodinamica di equilibrio* della reazione, indicata con il simbolo K_{eq}:

$$K_{eq} = \frac{[C]^{\gamma} \cdot [D]^{\delta}}{[A]^{\alpha} \cdot [B]^{\beta}}$$

Questa espressione è nota come **legge di azione di massa**.

I valori di concentrazione di reagenti e prodotti che soddisfano la legge di azione di massa NON sono quelli iniziali, ma quelli che si hanno quando il sistema ha raggiunto l'equilibrio.

Poiché l'espressione della legge di azione di massa dipende dalla specifica reazione bilanciata, K_{eq} non ha dimensioni (unità di misura) fisse.

Proprietà della costante di equilibrio

- K_{eq} è una costante specifica per ogni reazione a una data temperatura, e varia al variare della temperatura.
- Il valore della K_{eq} dà un'indicazione diretta di quanto la reazione proceda verso la formazione dei prodotti:
  - se il valore di K_{eq} è molto alto la reazione è spostata verso destra e all'equilibrio la miscela di reazione contiene più prodotti che reagenti;
  - se il valore di K_{eq} è molto basso la reazione è spostata verso sinistra e all'equilibrio la miscela di reazione contiene più reagenti che prodotti;
  - se il valore di K_{eq} è vicino a 1 all'equilibrio la miscela di reazione contiene quantità di reagenti e prodotti approssimativamente uguali.

6.5.2 | Principio dell'equilibrio mobile o di Le Chatelier

Il principio di Le Chatelier stabilisce che quando si applica una sollecitazione a un sistema all'equilibrio, le condizioni di equilibrio si spostano in modo da annullare la sollecitazione; se varia uno dei parametri di un sistema all'equilibrio, questo reagisce in modo da controbilanciare tale variazione.

I parametri che possono variare sono essenzialmente la concentrazione di uno dei componenti del sistema, la temperatura e la pressione. Variando i parametri, le velocità delle reazioni diretta e inversa non saranno più uguali: si osserverà inizialmente una variazione della composizione del sistema, dopodiché si ripristinerà una nuova condizione di equilibrio, caratterizzata da concentrazioni di reagenti e prodotti diverse da quelle dell'equilibrio iniziale, ma tali da determinare lo stesso valore di K_{eq}.

Variazione della concentrazione di uno dei componenti

- **Aggiunta di un reagente**: il sistema lo consuma per ristabilire il valore della costante di equilibrio. La reazione procede nella direzione della formazione di nuovi prodotti e si dice che l'equilibrio si sposta verso destra.
- **Sottrazione di un reagente**: il sistema lo riforma. La reazione procede nella direzione di formazione di nuovi reagenti e si dice che l'equilibrio si sposta a sinistra.
- **Aggiunta di un prodotto**: il sistema lo consuma. La reazione procede nella direzione di formazione di nuovi reagenti e si dice che l'equilibrio si sposta a sinistra.
- **Sottrazione di un prodotto**: il sistema lo riforma. La reazione procede nella direzione della formazione di nuovi prodotti e si dice che l'equilibrio si sposta verso destra.

Il sistema ristabilisce l'equilibrio spostandosi nella direzione in cui si consuma il componente aggiunto o si riforma il componente sottratto.

Aggiungendo un reagente o sottraendo un prodotto l'equilibrio si sposta a destra.
Sottraendo un reagente o aggiungendo un prodotto l'equilibrio si sposta a sinistra.

Se nella reazione $CO + 2\,H_2 \rightleftarrows CH_3OH$ si aumenta la concentrazione del metanolo (CH_3OH), l'equilibrio si sposta a sinistra.

Variazione della temperatura

- Nelle **reazioni endotermiche**, aumentando la temperatura l'equilibrio si sposta a destra e la K_{eq} aumenta. Viceversa, abbassando la temperatura l'equilibrio si sposta a sinistra e la K_{eq} diminuisce.
- Nelle **reazioni esotermiche**, aumentando la temperatura l'equilibrio si sposta a sinistra e la K_{eq} diminuisce. Viceversa, abbassando la temperatura l'equilibrio si sposta a destra e la K_{eq} aumenta.

Variazione della pressione

La posizione dell'equilibrio si può spostare variando la pressione nel sistema solo se l'equilibrio:

- comprende componenti in fase gassosa;
- comporta una variazione del numero di moli complessive nel passaggio dai reagenti ai prodotti ($\Delta n \neq 0$).

Più precisamente:

- le reazioni caratterizzate da un aumento del numero di moli ($\Delta n > 0$) sono ostacolate da un aumento di pressione (o da una diminuzione di volume) e favorite da una sua diminuzione;
- le reazioni caratterizzate da una diminuzione del numero di moli ($\Delta n < 0$) sono invece favorite da un aumento di pressione e ostacolate da una sua diminuzione.

Siamo ora in grado di rispondere alla quarta domanda posta all'inizio del capitolo

Quesito IV. Per il principio di Le Chatelier, se vengono modificate le condizioni di un sistema chimico all'equilibrio, la reazione si sposta verso i reagenti o verso i prodotti per ripristinare le condizioni previste dalla costante di equilibrio. Se consideriamo un equilibrio omogeneo in fase gassosa, la posizione dell'equilibrio può essere influenzata da una variazione della pressione quando, nell'equazione bilanciata, il numero di molecole di reagenti è diverso dal numero di molecole di prodotti. Nel caso proposto sono presenti 2 molecole nei reagenti e 3 nei prodotti, quindi un aumento di pressione verrà contrastato da uno spostamento della reazione nella direzione in cui la pressione diminuisce, perché diminuisce il numero di molecole, cioè verso sinistra; risposta **B**.

Ripassa da qui

Entalpia

$$\Delta H = H_{prod} - H_{reag} = Q$$

Energia libera

$$\Delta G = \Delta H - T\Delta S$$

ΔH	ΔS	ΔG	
–	+	–	reazione spontanea a ogni temperatura
+	–	+	reazione non spontanea a ogni temperatura
+	+	+/–	reazione spontanea solo a elevata temperatura
–	–	+/–	reazione spontanea solo a bassa temperatura

Velocità di reazione

$$v = k[A]^m$$

Costante di equilibrio

Considerando la generica reazione chimica $\alpha\ A + \beta\ B \rightleftarrows \gamma\ C + \delta\ D$, a una data temperatura e all'equilibrio:

$$K_{eq} = \frac{[C]^{\gamma} \cdot [D]^{\delta}}{[A]^{\alpha} \cdot [B]^{\beta}}$$

Principio dell'equilibrio mobile o di Le Châtelier

Data la generica reazione $R \rightleftarrows P$

	Sposto verso P se:	Sposto verso R se:
Reagenti	aggiungo	tolgo
Prodotti	tolgo	aggiungo
Reazione esotermica	diminuisco T	aumento T
Reazione endotermica	aumento T	diminuisco T
Gas con $n_R > n_P$	aumento P	diminuisco P
Gas con $n_R < n_P$	diminuisco P	aumento P

Quesiti svolti

1 Una reazione esotermica:

- A può essere spontanea o non spontanea
- B è sempre spontanea
- C è sempre non spontanea
- D avviene sempre con diminuzione dell'energia libera
- E è favorita da un aumento della temperatura

Una reazione è detta esotermica quando libera calore verso l'esterno; in un processo esotermico l'energia immagazzinata sotto forma di legami chimici (entalpia) nei prodotti è minore di quella immagazzinata nei reagenti, quindi ΔH assume un valore negativo. Un valore negativo di ΔH favorisce la spontaneità di una reazione ma non è sufficiente a stabilire se una reazione è spontanea oppure no, perché è necessario considerare anche la temperatura e la variazione di entropia. Le alternative B, C e D possono quindi essere scartate. Anche la E è errata, infatti una reazione che libera calore non è favorita da un aumento di temperatura ma piuttosto da una sua diminuzione. La risposta corretta è la A: una reazione esotermica può essere spontanea oppure no.

2 L'unità di misura della costante di equilibrio di una reazione:

- A dipende dalla temperatura
- B è sempre moli/litro
- C dipende dai valori dei coefficienti di reazione
- D è sempre un numero puro, cioè la costante è sempre adimensionale
- E è sempre litri/moli

K_{eq}, costante di equilibrio di una reazione generica $\alpha\,A + \beta\,B \rightleftarrows \gamma\,C + \delta\,D$, esprime il rapporto fra le concentrazioni dei reagenti e dei prodotti presenti all'equilibrio secondo l'espressione:

$$K_{eq} = \frac{[C]^{\gamma} \cdot [D]^{\delta}}{[A]^{\alpha} \cdot [B]^{\beta}}$$

dove le concentrazioni dei reagenti e dei prodotti sono elevate a potenze corrispondenti ai coefficienti stechiometrici della reazione. L'unità di misura di K_{eq} può essere un numero puro oppure avere dimensioni diverse a seconda delle unità di misura presenti al numeratore e al denominatore, e quindi dei coefficienti stechiometrici. Si deduce che la risposta esatta è la C; si ricordi che al variare della temperatura varia il valore di K_{eq}, ma non la sua unità di misura.

3 La costante di equilibrio di una reazione chimica, all'aumentare della temperatura:

- A aumenta sempre
- B diminuisce sempre
- C resta costante
- D aumenta a basse pressioni e diminuisce ad alte pressioni
- E può aumentare o diminuire, a seconda della reazione

Il valore della costante di equilibrio indica la tendenza di una reazione a procedere verso la formazione dei prodotti. Questa grandezza è costante a temperatura costante e varia al variare della temperatura a seconda delle caratteristiche termodinamiche della reazione. Se, per esempio, si somministra calore a un sistema in cui si svolge una reazione esotermica (che produce calore) l'equilibrio si sposta a sinistra, verso i reagenti, e il valore di K_{eq} diminuisce; viceversa accade considerando una reazione endotermica. La risposta corretta è quindi la E.

CHIMICA

4 **Un valore nullo di variazione dell'energia libera indica che la reazione è:**

- **A** esoergonica
- **B** all'equilibrio
- **C** endotermica
- **D** spontanea
- **E** esotermica

Ogni sistema chimico è caratterizzato da un particolare valore di energia libera (*G*) dipendente dall'entalpia (*H*), dall'entropia (*S*) e dalla temperatura (*T*). Una reazione chimica spontanea (o esoergonica) è accompagnata da una diminuzione di energia libera ($\Delta G < 0$). Poiché il quesito propone il caso in cui $\Delta G = 0$, le risposte **A** e **D** sono da scartare. Sono errate anche la **C** e la **E**, riferite alle variazioni entalpia: l'andamento dell'energia libera non dà indicazioni sulle variazioni subite dall'entalpia. La risposta esatta è la **B**, infatti quando una reazione è all'equilibrio l'energia libera non varia ($\Delta G = 0$).

5 **Quale delle seguenti condizioni favorisce il procedere verso destra della reazione di equilibrio**

$$H_{2(g)} + I_{2\,(g)} \rightleftarrows 2\ HI_{(g)}?$$

- **A** Sottrazione di I_2 gassoso
- **B** Diminuzione della pressione
- **C** Aggiunta di I_2 gassoso
- **D** Aggiunta di HI gassoso
- **E** Aumento della pressione

Per spostare verso destra una reazione e farla procedere verso la formazione dei prodotti si deve andare a modificare almeno uno degli aspetti che determinano la posizione dell'equilibrio: se aggiungiamo reagenti o sottraiamo prodotti della reazione, questa procede verso destra. Se la reazione è esotermica possiamo farla procedere verso destra sottraendo calore al sistema, se invece è endotermica è necessario dare calore al sistema. Se si tratta di una reazione gassosa è possibile influenzare la formazione dei prodotti modificando le condizioni di pressione, solo nel caso in cui il numero di molecole (o di moli) presenti nei reagenti, nell'equazione bilanciata, sia diverso dal numero di molecole presenti nei prodotti; in questo caso abbiamo due molecole dei reagenti e due nei prodotti, quindi un aumento o una diminuzione della pressione non influenza la formazione dei prodotti. L'unico modo, fra quelli suggeriti, per far procedere la reazione verso destra è di aggiungere I_2 gassoso; risposta **C**.

7 | Acidi e basi

Mettiti alla prova

I **L'ammoniaca NH_3 è in grado di accettare ioni H^+ formando NH_4^+, quindi è:**

- **A** un acido di Lewis
- **B** una base di Schiff
- **C** una base secondo Arrhenius
- **D** un composto anfotero
- **E** una base secondo Brønsted e Lowry

II **Il prodotto ionico dell'acqua rappresenta:**

- **A** una costante di equilibrio
- **B** il pH di una soluzione acquosa
- **C** il grado di dissociazione dell'acqua
- **D** il pK dell'acqua
- **E** nessuna delle precedenti

III **Quante moli di HCl sono presenti in 100 litri di soluzione acquosa di tale sostanza a pH = 5?**

- **A** 100
- **B** 0,005
- **C** 0,001
- **D** 0,00001
- **E** 0,000001

IV **Se un litro di soluzione acquosa contiene 360 g di HCl (PM = 36) e 360 g di NaOH (PM = 40), il suo pH è:**

- **A** neutro
- **B** 8
- **C** 12
- **D** maggiore di 7
- **E** minore di 7

Ecco le risposte esatte dei 4 quesiti proposti: I E, II A, III C, IV E.

7.1 | Definizioni

7.1.1 | Definizione secondo Arrhenius

Acido: specie chimica che in soluzione acquosa si dissocia liberando uno (monoprotico) o più (poliprotico) ioni idrogeno H^+ (che esistono in realtà solo sotto forma di *ione idronio*, H_3O^+).

L'acido nitrico (HNO_3) è un acido monoprotico che in soluzione acquosa si dissocia liberando uno ione H^+ (o protone) secondo la reazione: $HNO_{3\,(aq)} \rightarrow NO_3^-{}_{(aq)} + H^+{}_{(aq)}$

Base: specie chimica che in soluzione acquosa libera uno o più ioni idrossido OH^-.

L'idrossido di sodio (NaOH) è una base che in soluzione acquosa si dissocia liberando uno ione OH^- secondo la reazione: $NaOH_{(aq)} \rightarrow Na^+{}_{(aq)} + OH^-{}_{(aq)}$

Acido e base reagendo fra loro formano sale e acqua

$$\underset{\text{acido}}{HNO_3} + \underset{\text{base}}{NaOH} \rightarrow \underset{\text{sale}}{NaNO_3} + \underset{\text{acqua}}{H_2O}$$

Questa reazione si chiama reazione di neutralizzazione e l'energia liberata dalla reazione è detta calore di neutralizzazione.

La definizione di Arrhenius presenta alcuni limiti:

- è applicabile solo alle soluzioni acquose;
- restringe il campo delle sostanze acide e basiche a quelle contenenti rispettivamente atomi di idrogeno e gruppi OH dissociabili;
- fa pensare ad acidità e basicità come caratteristiche assolute dei vari composti.

7.1.2 | Definizione secondo Brønsted-Lowry

Acido: specie chimica in grado di trasferire uno o più ioni H^+ accettati da una base.

Base: specie chimica in grado di accettare uno o più ioni H^+ ceduti da un acido.

- Quando un acido cede uno ione H^+ si trasforma nella sua base coniugata.
- Quando una base acquista uno ione H^+ si trasforma nel suo acido coniugato.

Secondo questa teoria non esistono acidi e basi a sé stanti, ma solo **coppie acido/base coniugata**.

CONIUGATI

$$\underset{\text{acido}}{CH_3COOH} + \underset{\text{base}}{H_2O} \rightleftharpoons \underset{\text{base}}{CH_3COO^-} + \underset{\text{acido}}{H_3O^+}$$

CONIUGATI

Una coppia acido/base coniugata è una coppia di specie chimiche che differiscono soltanto per uno ione H^+. Qualunque reazione che comporta il trasferimento di uno ione H^+ da un acido a una base è una reazione acido-base secondo Brønsted-Lowry e può essere così schematizzata:

$$\text{acido} + \text{base} \rightleftharpoons \text{base coniugata} + \text{acido coniugato}$$

In generale, si dice che una sostanza è un acido oppure è una base quando reagisce con l'acqua comportandosi rispettivamente da acido oppure da base.

Gli ioni H^+ non esistono come tali bensì come ioni H_3O^+ (ioni idronio): una volta chiarito questo concetto, possiamo comunque utilizzare per semplicità la notazione H^+ anziché H_3O^+. Analogamente, semplificando, possiamo dire che un acido generico (HA) si dissocia in ioni, come indicato da Arrhenius.

7.1.3 | Sostanze anfotere

Una *sostanza anfotera* è una specie chimica che si comporta da base in presenza di acidi e da acido in presenza di basi.

L'H_2O è un anfotero $\begin{cases} \text{con } HNO_3 \text{ si comporta da base} \\ \text{con } NH_3 \text{ si comporta da acido} \end{cases}$

Si ha infatti:

HNO_3	+	H_2O	$\rightleftarrows$	NO_3^-	+	H_3O^+
acido		base		base coniugata		acido coniugato
NH_3	+	H_2O	$\rightleftarrows$	NH_4^+	+	OH^-
base		acido		acido coniugato		base coniugata

7.1.4 | Definizione secondo Lewis

Acido: specie chimica che può accettare un doppietto di elettroni non condivisi.

Base: specie chimica che può fornire un doppietto di elettroni non condivisi.

Sono acidi di Lewis:

- lo ione H^+;
- alcuni cationi metallici;
- le molecole che presentano una lacuna elettronica.

Il trifluoruro di boro (BF_3) è un acido di Lewis perché presenta una lacuna elettronica sul boro che in questo composto è circondato solo da sei elettroni.

Una reazione acido-base secondo Lewis comporta la formazione di un legame dativo tra una base di Lewis (donatore) e un acido di Lewis (accettore).

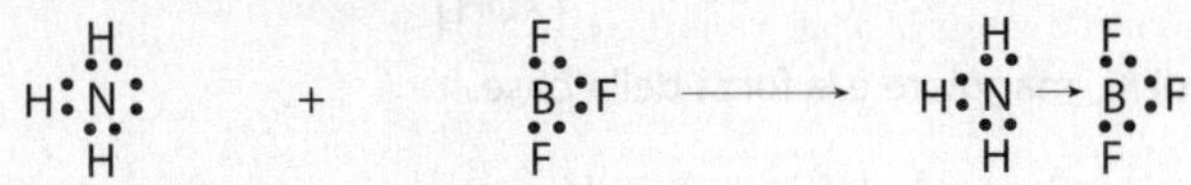

NH_3 (ammoniaca) base di Lewis — BF_3 (trifluoruro di boro) acido di Lewis

Siamo ora in grado di rispondere alla prima domanda posta all'inizio del capitolo

Quesito I. L'ammoniaca è una base debole. Nell'esempio proposto, NH_3 non si comporta da base di Arrhenius, in quanto queste, per definizione, liberano ioni OH^-. Secondo la Teoria di Brønsted-Lowry, si comporta da acido la specie chimica in grado di cedere a una base uno o più ioni H^+, mentre si comporta da base la specie chimica in grado di accettare da un acido uno o più ioni H^+. L'ammoniaca accetta uno ione H^+ comportandosi da base secondo Brønsted- Lowry; risposta corretta: **E**.

7.2 | Forza degli acidi e delle basi

Un acido (o una base) di Arrhenius è tanto più forte quanto più si dissocia in acqua.

Acidi e basi forti sono sostanze che in soluzione acquosa sono totalmente dissociate nei loro ioni costituenti.

Acidi e basi deboli sono sostanze che in soluzione acquosa sono dissociate solo parzialmente.

HCl, HNO_3 e H_2SO_4 sono acidi forti; CH_3COOH e H_2CO_3 sono acidi deboli.
$NaOH$ e KOH sono basi forti; NH_3 è una base debole.

Tra gli ioni e le molecole non dissociate in soluzione si stabilisce un equilibrio chimico.

Un generico acido HA in soluzione acquosa è soggetto all'equilibrio di dissociazione:

$$HA \rightleftarrows H^+ + A^-$$

a cui corrisponde una costante detta **costante di dissociazione dell'acido** e indicata con simbolo K_a:

$$K_a = \frac{[H^+] \cdot [A^-]}{[HA]}$$

K_a è correlata al grado di dissociazione α ed è una misura della forza di un acido: maggiore è il valore di K_a, maggiore è la forza dell'acido.

$K_a < 10^{-4}$ $\Rightarrow$ acido debole
$10^{-4} < K_a < 10^{-1}$ $\Rightarrow$ acido medio
$K_a > 10^{-1}$ $\Rightarrow$ acido forte

Gli acidi forti in soluzione acquosa sono elettroliti forti e sono completamente dissociati.
Il pH della soluzione dipende solo dalla concentrazione dell'acido.

Gli acidi deboli in soluzione acquosa sono elettroliti deboli e sono dissociati solo parzialmente.
Il pH di una loro soluzione dipende dalla concentrazione dell'acido e dal valore della K_a

Quando si considera la concentrazione degli ioni H^+ prodotti da un acido bisogna ricordare che un acido **monoprotico** (per esempio HCl) libera una mole di ioni H^+ per ogni mole di acido (la normalità è uguale alla molarità, N = M), mentre un acido **diprotico** (come H_2SO_4) libera 2 moli di ioni H^+ per ogni mole di acido (in questo caso la normalità è il doppio della molarità, N = 2M) e un acido **triprotico** (come H_3PO_4) libera 3 moli di ioni H^+ ogni mole di acido (N = 3M).

Analogamente, per la generica base XOH in soluzione acquosa vale il seguente equilibrio:

$$XOH_{(aq)} \rightleftarrows X^+_{(aq)} + OH^-_{(aq)}$$

a cui corrisponde una costante detta **costante di dissociazione della base**, K_b:

$$K_b = \frac{[X^+] \cdot [OH^-]}{[XOH]}$$

Maggiore è il valore di K_b, maggiore è la forza della base.

7.3 | Prodotto ionico dell'acqua: K_w

Utilizzando strumenti ad altissima sensibilità, si può rilevare anche per l'acqua pura una conducibilità elettrica, seppure molto bassa, che dimostra la presenza di ioni in soluzione. La presenza di tali ioni dipende dal fatto che l'acqua si dissocia, anche se in modo estremamente limitato, secondo la seguente *reazione di autoprotolisi* (o *autoionizzazione*):

$$H_2O + H_2O \rightleftarrows H_3O^+ + OH^-$$

per la quale:

$$K_c = \frac{[H_3O^+] \cdot [OH^-]}{[H_2O]^2} = 3,25 \cdot 10^{-18}$$

Dato che la concentrazione dell'acqua indissociata può essere considerata praticamente costante e pari alla concentrazione molare dell'acqua (55,5 mol/L) si può scrivere:

$$K_c \cdot [H_2O]^2 = K_w = [H_3O^+] \cdot [OH^-] = 10^{-14} \qquad \text{(a 25 °C)}$$

dove K_w è una costante chiamata **prodotto ionico dell'acqua**. Questa relazione vale per qualunque soluzione acquosa.

Nell'acqua pura si ha: $[H_3O^+] = 10^{-7}$ e $[OH^-] = 10^{-7}$

Nelle soluzioni, invece, le concentrazioni degli ioni H_3O^+ e OH^- variano a seconda della natura del soluto, per questo si possono individuare tre tipi di soluzioni:

1. soluzioni in cui $[H_3O^+] > [OH^-] \leftrightarrow$ soluzioni *acide*
2. soluzioni in cui $[H_3O^+] < [OH^-] \leftrightarrow$ soluzioni *basiche*
3. soluzioni in cui $[H_3O^+] = [OH^-] \leftrightarrow$ soluzioni *neutre*

Siamo ora in grado di rispondere alla seconda domanda posta all'inizio del capitolo

Quesito II. K_w è una costante (a una data temperatura) definita prodotto ionico dell'acqua:

$$K_w = [H_3O^+] \cdot [OH^-] = 10^{-14} \qquad \text{(a 25 °C)}$$

derivante dalla reazione di autoprotolisi (o autoionizzazione):

$$H_2O + H_2O \rightleftarrows H_3O^+ + OH^-$$

per la quale la costante di equilibrio è definita da:

$$K_{eq} = \frac{[H_3O^+] \cdot [OH^-]}{[H_2O]^2} = 3,25 \cdot 10^{-18}$$

La risposta esatta è quindi la **A**.

7.4 | pH di una soluzione acquosa

La concentrazione degli ioni H^+ (ovvero H_3O^+) viene spesso espressa come pH, dove:

$$pH = \text{coLog}\,[H_3O^+] = -\text{Log}\,[H_3O^+] = \text{Log}\,\frac{1}{[H_3O^+]}$$

In acqua pura $[H_3O^+] = [H^+] = 10^{-7}\ M \Rightarrow pH = 7$.
In base al valore del pH le soluzioni vengono divise in tre gruppi:

Soluzione	$[H_3O^+]$	pH
Acida	$> 10^{-7}$ M	< 7
Basica	$= [OH^-] = 10^{-7}$ M	$= 7$
Neutra	$< 10^{-7}$ M	> 7

Analogamente, la concentrazione degli ioni OH^- si può esprimere come pOH:

$$pOH = \text{coLog}\,[OH^-] = -\text{Log}\,[OH^-] = \text{Log}\,\frac{1}{[OH^-]}$$

dalla relazione:

$$[H_3O^+] \cdot [OH^-] = 10^{-14}$$

segue che:

$$pH + pOH = 14$$

CHIMICA

7.4.1 | Calcolo del pH di soluzioni acquose di acidi e basi forti

Un generico acido forte HA reagisce totalmente con H_2O secondo la reazione:

$$HA + H_2O \rightarrow H_3O^+ + A^-$$

Dato che un acido forte è totalmente dissociato si ha $[H_3O^+] = C_A$
con C_A = concentrazione nominale dell'acido (sinonimo di [HA]) e quindi:

$$pH = -\,Log\,[H_3O^+] = -\,Log\,C_A$$

Il pH di una soluzione 0,01 M di HCl è pari a: $pH = -\,Log\,0{,}01 = -\,Log\,10^{-2} = 2$

Una generica base forte BOH reagisce totalmente con H_2O secondo la reazione:

$$BOH \rightarrow B^+ + OH^-$$

Si ha: $[OH^-] = C_B \rightarrow pOH = -\,Log\,C_B$ e quindi: $pH = 14 - pOH$

Calcolare il pH e il pOH di una soluzione di KOH 0,001 M.

KOH è una base forte e, in soluzione acquosa, si dissocia completamente secondo la reazione:

$$KOH \rightarrow K^+ + OH^-$$

La concentrazione di ioni OH^- nella soluzione è pari alla concentrazione della base:

$$[OH^-] = C_B = 10^{-3}\,M \rightarrow pOH = -Log10^{-3} = 3$$

$$pH = 14 - pOH \rightarrow 14 - 3 = 11.$$

La soluzione proposta ha pH = 11 e pOH = 3.

Siamo ora in grado di rispondere alla terza domanda posta all'inizio del capitolo

Quesito III. Dalla relazione $pH = -Log\,[H_3O^+]$ si ricava che la concentrazione di ioni H_3O^+ deve essere:

$$[H_3O^+] = 10^{-pH} = 10^{-5}\,\frac{mol}{L}$$

HCl è un acido forte, quindi la reazione di dissociazione acquosa che porta alla formazione degli ioni H_3O^+ è completa:

$$HCl + H_2O \rightarrow H_3O^+ + Cl^-$$

per cui la concentrazione di ioni H_3O^+ è uguale a quella iniziale di HCl:

$$[HCl] = [H_3O^+] = 10^{-5}\,\frac{mol}{L}$$

Nel volume di 100 L si avrà:

$$\text{moli} = \text{concentrazione molare} \cdot \text{volume} = 10^{-5}\,\frac{mol}{L} \cdot 100\,L = 10^{-3}\,\text{mol di HCl}$$

In 100 litri di soluzione di HCl a pH 5 sono contenute 10^{-3} moli di HCl; risposta **C**.

7.4.2 | La misura del pH

Per misurare il pH di una soluzione acquosa si possono utilizzare:

- il **piaccametro**, uno strumento ad alta sensibilità che permette di eseguire la misura immergendo un elettrodo nella soluzione in esame;
- gli **indicatori**, sostanze che assumono colore diverso a seconda del pH della soluzione. Gli indicatori sono acidi o basi deboli nei quali la forma indissociata ha un colore diverso da quella dissociata. Il pH in corrispondenza del quale l'indicatore cambia colore è detto *pH di viraggio*;
- le **cartine indicatrici**, strisce di carta imbevute di una miscela di indicatori. Il pH si determina confrontando il colore assunto da una striscia bagnata nella soluzione da esaminare con una scala cromatica fornita nella confezione.

La tabella seguente riporta le concentrazioni di ioni H_3O^+ e OH^- e i valori di pH di alcuni sistemi acquosi.

	$[H_3O^+]$ (mol/L)	$[OH^-]$ (mol/L)	pH	Sistemi acquosi
	1×10^0	1×10^{-14}	0	HCl 1 M (0,0)
↑ Acidità crescente	1×10^{-1}	1×10^{-13}	1	HCl 0,1 M (1,0)
	1×10^{-2}	1×10^{-12}	2	Succo gastrico (1,6 - 1,8)
	1×10^{-3}	1×10^{-11}	3	Succo di limone (2,3), aceto (2,4 - 3,4)
	1×10^{-4}	1×10^{-10}	4	Acqua di selz (3,8), succo di pomodoro (4,2)
	1×10^{-5}	1×10^{-9}	5	Caffè espresso (5,0)
	1×10^{-6}	1×10^{-8}	6	Latte (6,3–6,6), urina (5,5 - 7,0)
Neutralità	1×10^{-7}	1×10^{-7}	7	Acqua pura (7,0), saliva (6,2 - 7,4)
Basicità crescente ↓	1×10^{-8}	1×10^{-6}	8	Sangue (7,35 - 7,45), bile (7,8 - 8,6)
	1×10^{-9}	1×10^{-5}	9	Bicarbonato di sodio (8,4), acqua marina (8,4)
	1×10^{-10}	1×10^{-4}	10	Latte di magnesia (10,5)
	1×10^{-11}	1×10^{-3}	11	Ammoniaca per uso domestico (11,5)
	1×10^{-12}	1×10^{-2}	12	Soda per bucato (12,0)
	1×10^{-13}	1×10^{-1}	13	NaOH 0,1 M (13,0)
	1×10^{-14}	1×10^{-0}	14	NaOH 1 M (14,0)

Tabelle riepilogative degli acidi e delle basi

Acidi forti	Acidi deboli
• **Idracidi**: HCl, HBr, HI • **Ossiacidi**: se la differenza tra il numero degli atomi di O e il numero degli atomi di H è ≥ 2. Per esempio: HNO_3, H_2SO_4, $HClO_3$, $HClO_4$	• Tutti i restanti ossiacidi e idracidi • Gli acidi carbossilici (formula generica R-COOH), per esempio: acido formico HCOOH, acido acetico CH_3COOH ecc.

Basi forti	Basi deboli
Tutti gli **idrossidi** dei metalli alcalini e dei metalli alcalino terrosi (più deboli comunque dei precedenti)	• Tutti gli idrossidi dei metalli restanti • **L'ammoniaca** • Tutti i **composti ammoniacali** (esempio: le ammine, formula generica R-NH_2)

7.4.3 | Reazioni di neutralizzazione e idrolisi salina

Un acido e una base reagiscono tra loro formando sale e acqua nella reazione di neutralizzazione:

$$\underset{\text{acido}}{HNO_3} + \underset{\text{base}}{NaOH} \rightarrow \underset{\text{sale}}{NaNO_3} + \underset{\text{acqua}}{H_2O}$$

La reazione è detta neutralizzazione perché gli ioni H_3O^+ della soluzione acida si combinano con gli ioni OH^- di quella basica cosicché la soluzione risultante è neutra (pH = 7).

La soluzione è neutra solo quando reagiscono uguali quantità di acido forte e base forte oppure uguali quantità di acido debole e base debole di uguale forza.

Quando la reazione di neutralizzazione ha luogo tra un acido debole e una base forte, oppure tra un acido forte e una base debole, la soluzione finale non è neutra e ha quindi un pH diverso da 7. Ciò è dovuto al fenomeno dell'idrolisi salina.

L'idrolisi salina è il fenomeno in base al quale gli ioni derivanti dalla dissociazione del sale reagiscono con le molecole d'acqua, scambiando ioni H_3O^+.

I sali possono dare soluzioni neutre, acide o basiche a seconda della natura degli acidi da cui derivano.

Siamo ora in grado di rispondere alla quarta domanda posta all'inizio del capitolo

Quesito IV. L'acido cloridrico (HCl) è un acido forte e l'idrossido di sodio (NaOH) è una base forte: entrambi questi composti in acqua si dissociano completamente e vanno a modificare la concentrazione di ioni H_3O^+ e OH^- presenti in soluzione.

Dalla formula n = m/PM ricaviamo le moli di HCl:

$$n = \frac{360\ g}{36\ g/mol} = 10\ mol$$

Analogamente, le moli di NaOH sono:

$$n = \frac{360\ g}{40\ g/mol} = 9\ mol$$

Se un litro della soluzione considerata contiene 10 moli di HCl e 9 moli di NaOH la concentrazione degli ioni H_3O^+ sarà più elevata di quella degli ioni OH^-, e il pH risulterà inferiore a 7.

La risposta corretta è la **E**.

Ripassa da qui

Definizione secondo:	Acido	Base
Arrhenius	cede **H^+**	cede **OH^-**
Brønsted-Lowry	cede **H^+**	acquista **H^+**
Lewis	acquista doppietto di elettroni	cede doppietto di elettroni

Prodotto ionico dell'acqua (a 25 °C)

$$K_w = 10^{-14}$$

Ne consegue che:

$$K_a \cdot K_b = [H^+] \cdot [OH^-] = K_w = 10^{-14}$$

$$pH + pOH = 14$$

Costante di dissociazione dell'acido

$$HA \rightleftarrows H^+ + A^-$$

$$K_a = \frac{[H^+] \cdot [A^-]}{[HA]}$$

Costante di dissociazione della base

$$XOH_{(aq)} \rightleftarrows X^+_{(aq)} + OH^-_{(aq)}$$

$$K_b = \frac{[X^+] \cdot [OH^-]}{[XOH]}$$

Calcolo del pH

► **Acido forte**

$pH = -\text{Log}\,[H_3O^+] = -\text{Log}\,C_A$

► **Base forte**

$pOH = -\text{Log}\,[OH^-] = -\text{Log}\,C_B$

$pH = 14 - pOH$

CHIMICA

Quesiti svolti

1 Secondo Brønsted e Lowry, l'acido coniugato della base HPO_4^{2-} è:

- **A** $H_2PO_4^-$
- **B** H_2PO_4
- **C** HPO_4^-
- **D** HPO_4^{2+}
- **E** H_3PO_4

Nella definizione di Brønsted e Lowry un acido è una sostanza che cede protoni a un'altra sostanza, detta base, che li acquista. Quando l'acido cede il protone alla base, si trasforma nella corrispondente base coniugata; contemporaneamente, la base che accetta il protone si trasforma nel corrispondente acido coniugato.

Nel caso di acidi poliprotici, ossia con più di un protone acido, sono possibili più equilibri di dissociazione acida e quindi sono possibili più coppie coniugate acido-base.

L'acido fosforico è un acido *triprotico* che può cedere 3 ioni H^+ nel corso delle tre seguenti reazioni:

1) $H_3PO_4 + H_2O \rightleftarrows H_2PO_4^- + H_3O^+$
acido 1 — base coniugata 1

2) $H_2PO_4^- + H_2O \rightleftarrows HPO_4^{2-} + H_3O^+$
acido 2 — base coniugata 2

3) $HPO_4^{2-} + H_2O \rightleftarrows PO_4^{3-} + H_3O^+$
acido 3 — base coniugata 3

La specie HPO_4^{2-} si può comportare da base nella reazione:

$$HPO_4^{2-} + H_2O \rightleftarrows H_2PO_4^- + OH^-$$

in questo caso il suo acido coniugato è la specie $H_2PO_4^-$. Risposta **A**.

2 A quale dei seguenti valori del pH si ha la massima concentrazione di ioni H_3O^+?

- **A** 6,12
- **B** 8,14
- **C** 6,6
- **D** 3,11
- **E** 3,5

Il pH è il cologaritmo della concentrazione di ioni H_3O^+, quindi valori bassi di pH corrispondono a valori elevati di concentrazione di ioni H_3O^+. Fra i valori di pH proposti dal quesito, quello corrispondente alla massima concentrazione di H_3O^+ sarà pertanto il più basso: 3,11. Risposta **D**.

3 Se una soluzione ha pH = 3 la concentrazione di ioni OH^- è:

A $1 \cdot 10^{-11}$

B 11

C $1 \cdot 10^{-3}$

D $1 \cdot 10^{-8}$

E non ci sono OH^- perché la soluzione è acida

Poiché l'esercizio chiede di individuare la concentrazione di ioni OH^-, è utile risalire al pOH della soluzione in questione. Analogamente al pH, il pOH è definito come il cologaritmo della concentrazione ioni OH^-:

$$pOH = -\text{Log}\,[OH^-]$$

Dato che, in soluzione acquosa, pH + pOH = 14, si ha pOH = 14 – 3 = 11, da cui si ricava che

$$[OH^-] = 10^{-\,pOH} = 10^{-11}$$

La risposta corretta è quindi la A.

4 Una soluzione 0,001 M di acido acetico (acido debole) ha pH:

A maggiore di 3

B 3

C minore di 3

D 10^{-3}

E 10^3

Mentre un acido forte in soluzione acquosa si dissocia totalmente, quindi si può dire che per un acido forte monoprotico $pH = -\text{Log}\, C_A$, un acido debole si dissocia solo parzialmente, la concentrazione degli ioni H^+ è minore della concentrazione iniziale dell'acido e per calcolare il pH è necessario conoscere la costante di dissociazione dell'acido (K_a). In ogni caso il pH di una soluzione di acido debole è maggiore di quello di una soluzione di un acido forte di pari concentrazione.

Nel caso proposto dal quesito, data una soluzione 0,001 M (10^{-3} M) di acido acetico, se questo fosse un acido forte avrebbe pH = 3, poiché è un acido debole avrà pH > 3. La risposta corretta è quindi la A.

5 Il pH di una soluzione 10^{-8} M di HCl (acido forte) è:

A uguale a 7

B inferiore a 7

C uguale a 8

D inferiore a 6

E indeterminabile

Applicando la relazione $pH = -\text{Log}\,[H_3O^+] = -\text{Log}\, C_A = -\text{Log}\, 10^{-8}$ e ricavando quindi pH = 8 si commette un grossolano errore. In ogni soluzione acida, infatti, $[H_3O^+] > 10^{-7}$ M e si ha quindi pH < 7.

Per comprendere questa apparente "eccezione" è importante notare che in soluzioni molto diluite, come quella citata, gli ioni provenienti dall'autodissociazione dell'acqua contribuiscono in modo significativo alla concentrazione totale degli ioni H_3O^+. La concentrazione degli ioni H_3O^+ provenienti dalla dissociazione dell'acqua è pari a 10^{-7} M. La concentrazione totale degli ioni H_3O^+, nel caso proposto dal quesito, è quindi uguale a $(10^{-7} + 10^{-8})$ M, ovvero $1{,}1 \cdot 10^{-7}$ M.

Si ha quindi $pH = -\text{Log}\, 1{,}1 \cdot 10^{-7} = 6{,}9$. La risposta corretta è la B.

6 **Dati i seguenti acidi:**
(1) H_2SO_4; (2) CH_3COOH; (3) H_2S; (4) HCN; (5) $HClO_4$; (6) HNO_3; (7) H_3PO_4; (8) HF, individuare la serie che indica solamente quelli poliprotici.

A (3), (4), (8)
B (1), (5)
C (2), (4), (6)
D (1), (3), (7)
E (1), (2), (3), (7)

Un acido è detto poliprotico quando reagendo con acqua può cedere più di uno ione H^+; gli acidi poliprotici, fra quelli proposti dal quesito, sono H_2SO_4, H_2S e H_3PO_4; risposta D. Si ricordi che il protone acido dell'acido acetico (CH_3COOH) è quello legato all'ossigeno nel gruppo carbonilico, COOH, mentre gli idrogeni legati al carbonio metilico, CH_3, non lo sono.

7 **Se un litro di soluzione acquosa di HCl a pH = 4 viene diluito con acqua a 10 litri, il pH della soluzione ottenuta è:**

A 0,4
B 10
C 3
D 5
E 14

Poiché il pH è il cologaritmo della concentrazione di ioni H^+, pH = 4 corrisponde a una concentrazione di ioni $H^+ = 10^{-4}$. Se un litro di soluzione di HCl a pH = 4 viene diluito a 10 litri la concentrazione dell'acido cloridrico diventa 10 volte minore e così quella dello ione H^+, che sarà pari a 10^{-5}, corrispondente a pH = 5. La risposta corretta è la D.

8 **Quale di questi composti, disciolto in acqua, dà una soluzione con pH neutro?**

A NH_4Cl
B Na_2S
C $Ca(OH)_2$
D $BaCl_2$
E $NaHCO_3$

Per rispondere al quesito è necessario individuare, fra i composti proposti, quello che non dà reazione acida né basica. $Ca(OH)_2$ è un idrossido e in acqua si comporta come una base, la risposta C è quindi errata. Tutti gli altri composti sono sali: per individuare quello che sciolto in acqua dà una soluzione neutra è necessario considerare le caratteristiche degli ioni da cui ogni sale è formato. Na_2S è un sale che possiamo considerare derivante dalla reazione dell'acido debole H_2S con la base forte NaOH e dà una soluzione basica; la stessa cosa vale per $NaHCO_3$, formato dalla reazione fra NaOH e l'acido debole H_2CO_3; le risposte B ed E sono quindi errate. NH_4Cl deriva dalla reazione fra la base debole NH_3 e l'acido forte HCl, quindi dà luogo a una soluzione acida e anche la risposta A è da scartare. L'alternativa corretta è la D: infatti, $BaCl_2$ deriva dalla reazione fra l'acido forte HCl e la base forte $Ba(OH)_2$, quindi non si comporta né da acido né da base.

8 | Cenni di chimica organica

Mettiti alla prova

I **Quali delle seguenti formule indicano composti isomeri tra loro?**

1. $CH_3–CH_2Cl$

2. $CH_3–CHCl_2$

3. $CH_3–CCl_3$

4. $CH_2Cl–CH_2Cl$

A La 2 e la 4
B La 1 e la 3
C La 1 e la 4
D La 2 e la 3
E La 3 e la 4

II **I composti organici contenenti solo atomi di C e H, vengono detti:**

A colloidi
B idruri
C grafiti
D carboidrati
E idrocarburi

III **La desinenza -olo, in chimica organica, è tipica degli:**

A acidi carbossilici
B esteri
C alcoli
D eteri
E alchini M

IV **La molecola dei chetoni è caratterizzata dal gruppo:**

A ossidrilico
B ammidico
C carbammilico
D carbonilico
E carbossilico

CHIMICA

Ecco le risposte esatte dei 4 quesiti proposti: I A, II E, III C, I D.

8.1 | I composti organici

La chimica organica è la chimica dei composti del carbonio.

Quasi tutti i composti del carbonio appartengono alla categoria dei composti organici, fanno eccezione il monossido di carbonio (CO), l'anidride carbonica (CO_2), l'acido carbonico (H_2CO_3) e i suoi sali.
I composti organici sono milioni, ma il loro studio è facilitato dal fatto che possono essere riuniti in *classi*, ciascuna contraddistinta da proprietà chimico-fisiche caratteristiche.

Nei composti organici gli atomi di carbonio sono sempre ibridati e formano sempre quattro legami covalenti.

- legami semplici → C – C (atomi di C ibridizzati sp^3);
- legami doppi → C = C (atomi di C ibridizzati sp^2);
- legami tripli → C ≡ C (atomi di C ibridizzati *sp*).

Isomeria

I composti organici, dato il loro elevatissimo numero, presentano il fenomeno dell'isomeria, in base al quale alla medesima formula bruta possono corrispondere due o più composti diversi.

Si dicono isomeri due o più composti aventi la stessa formula bruta (e quindi lo stesso peso molecolare), ma diversa formula di struttura o diversa disposizione spaziale degli atomi.

Si ricordi che le molecole sono oggetti tridimensionali. Gli isomeri sono composti diversi e hanno quindi (spesso) proprietà chimiche e fisiche diverse

Siamo ora in grado di rispondere alla prima domanda posta all'inizio del capitolo

Quesito I. Sono isomeri due composti che hanno la stessa formula bruta ma diversa formula di struttura. Nel nostro caso, il composto 1 ha formula bruta C_2H_5Cl, il composto 2 ha formula bruta $C_2H_4Cl_2$, il composto 3 ha formula bruta $C_2H_3Cl_3$ e il composto 4 ha formula bruta $C_2H_4Cl_2$. I due isomeri sono quindi il composto 2 e il composto 4 e la risposta corretta è la A.

8.2 | Idrocarburi

Gli idrocarburi sono i composti organici più semplici. Sono composti binari costituiti solo da carbonio e idrogeno e, in base alla loro struttura, vengono suddivisi in diverse classi; una prima importante distinzione viene posta fra idrocarburi **aromatici** e **alifatici**: gli aromatici contengono anelli carboniosi con legami a elettroni delocalizzati (§ 2.6), mentre gli alifatici non contengono legami a elettroni delocalizzati.

Siamo ora in grado di rispondere alla seconda domanda posta all'inizio del capitolo

Quesito II. I composti organici formati solamente da atomi di carbonio e idrogeno sono detti idrocarburi; risposta esatta: E.

8.3 | Idrocarburi alifatici: alcani, alcheni e alchini

Gli idrocarburi alifatici comprendono alcani, alcheni e alchini (a catena aperta o ciclici).
In base al tipo di legame carbonio-carbonio gli idrocarburi alifatici possono anche essere suddivisi in:

- *saturi* → contenenti solo legami semplici C – C (ibridazione sp^3): alcani;
- *insaturi* → contenenti uno o più legami multipli; comprendono:
  - alcheni → contenenti uno o più doppi legami C = C (ibridazione sp^2);
  - alchini → contenenti uno o più tripli legami C ≡ C (ibridazione *sp*).

Classe	Formula generale	ibridazione C	Legami	Desinenza
Alcani	C_nH_{2n+2}	sp^3	semplici (C – C)	**– ano**
Alcheni	C_nH_{2n}	sp^2	doppi (C = C)	**– ene**
Alchini	C_nH_{2n-2}	sp	tripli (C ≡ C)	**– ino**

8.3.1 | Nomenclatura degli alcani e regole generali di nomenclatura

I composti organici sono denominati in base a precise regole di nomenclatura (nomenclatura sistematica IUPAC). Questo sistema di regole rende possibile attribuire un nome a qualunque composto organico ed è concepito in modo tale da permettere a chi lo legga di "tradurlo" senza ambiguità nella formula di struttura corrispondente.

Ogni composto può quindi essere indicato con un nome ottenibile tramite la nomenclatura sistematica: tuttavia, molti composti organici, noti ben prima che queste regole venissero introdotte, continuano a essere indicati con un "nome d'uso" (per esempio: acido acetico, glucosio) che non permette di risalire alla relativa struttura, se non la si conosce in precedenza.

Il nome sistematico di qualunque composto organico è costituito da tre parti:

- la **desinenza** indica la classe di composti organici cui il composto appartiene;
- la **radice** indica il numero di atomi di C nella catena più lunga (principale) che è possibile individuare nel composto;
- il **prefisso** (presente nei casi più complessi) indica la posizione nella catena principale dei vari sostituenti e/o gruppi funzionali.

Secondo la nomenclatura IUPAC, il nome di un idrocarburo è formato da una radice che indica il numero di atomi di carbonio che costituiscono la molecola, seguito da una desinenza diversa a seconda della classe di appartenenza (alcani, alcheni o alchini), come indicato nella tabella seguente.

Il prefisso indica il numero di atomi di carbonio		La desinenza indica la classe
met – un atomo	**es** – sei atomi	**– ano** (alcani)
et – due atomi	**ept** – sette atomi	**– ene** (alcheni)
prop – tre atomi	**ott** – otto atomi	**– ino** (alchini)
but – quattro atomi	**non** – nove atomi	
pent – cinque atomi	**dec** – dieci atomi	

$CH_3-CH_2-CH_2-CH_3$ butano $CH_3-CH=CH-CH_3$ 2-butene $CH_3-C\equiv C-CH_3$ 2-butino

Gruppi alchilici

Negli idrocarburi a catena ramificata un gruppo laterale legato alla catena base sostituisce formalmente un atomo di idrogeno ed è indicato genericamente come *sostituente*. Se il sostituente deriva da un idrocarburo è detto *gruppo alchilico* ed è indicato genericamente con il simbolo R–.

Un gruppo alchilico è un frammento di molecola derivato formalmente da un idrocarburo per eliminazione di un atomo di idrogeno. La desinenza caratteristica dei gruppi alchilici è *-ile*: il nome del gruppo alchilico si ottiene sostituendo la desinenza dell'idrocarburo con la desinenza *-ile*.

Regole di nomenclatura dei composti organici

- Nel caso si tratti di un idrocarburo ramificato, oppure se sono presenti gruppi funzionali diversi, il composto viene considerato un derivato dell'idrocarburo corrispondente alla catena di atomi di C più lunga che si riesce a individuare (non necessariamente scritta in orizzontale);
- la posizione dei sostituenti è indicata dal numero dell'atomo di carbonio a cui sono legati, dopo aver numerato la catena dall'estremità più vicina al sostituente;
- se sono presenti due o più sostituenti uguali il loro numero va indicato con il prefisso di-, tri- ecc., preceduto dai numeri degli atomi di carbonio a cui sono legati, separati da virgole. Il numero va ripetuto anche se i sostituenti uguali sono legati allo stesso atomo;
- se sono presenti gruppi sostituenti diversi, vengono elencati in ordine alfabetico, oppure in ordine di grandezza crescente.

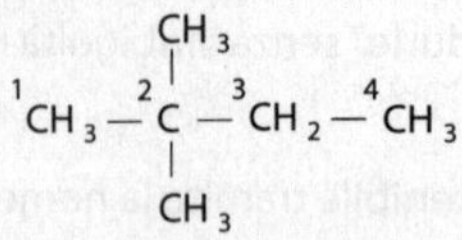
2, 2 - dimetilbutano

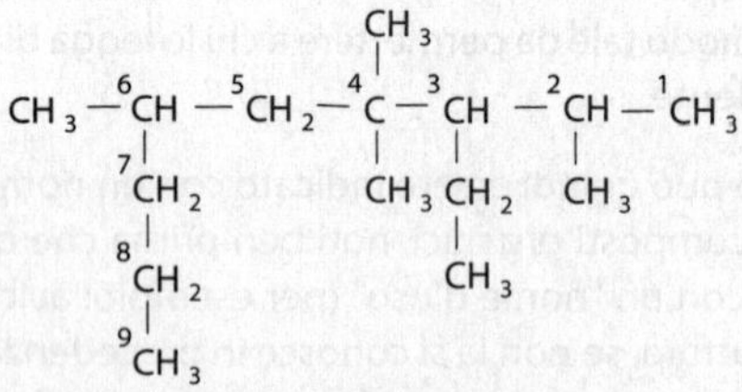
3 - etil - 2, 4, 4, 6 - tetrametilnonano

8.3.2 | Alcani

- Gli alcani sono idrocarburi alifatici saturi, in quanto contengono solo legami covalenti semplici C – C (legami σ);
- hanno formula generale C_nH_{2n+2} (con n = 1, 2, 3,...);
- la desinenza caratteristica della classe è *-ano*;
- sono privi di gruppi funzionali.

La tabella seguente riporta i primi cinque alcani lineari semplici:

Nome	Formula
Metano	CH_4
Etano	$CH_3 - CH_3$
Propano	$CH_3 - CH_2 - CH_3$
Butano	$CH_3 - CH_2 - CH_2 - CH_3$
Pentano	$CH_3 - CH_2 - CH_2 - CH_2 - CH_3$

Le formule che compaiono nella tabella sono dette *formule razionali* (o *condensate*); in esse sono evidenziati solo i legami tra gli atomi di carbonio.

Alcani ciclici (cicloalcani)

La catena carboniosa di un idrocarburo può essere aperta (lineare o ramificata) oppure chiusa a formare un anello (idrocarburi ciclici). I più semplici idrocarburi aliciclici (alifatici ciclici) sono i *cicloalcani*, derivati formalmente dagli alcani a catena aperta per eliminazione di due atomi di idrogeno da due carboni non contigui e successiva saldatura dei due atomi di carbonio a essi legati.

I cicloalcani hanno formula generale C_nH_{2n}, con $n \geq 3$.

Il nome di questi idrocarburi si ottiene anteponendo il prefisso *ciclo-* al nome dell'alcano corrispondente a catena aperta.

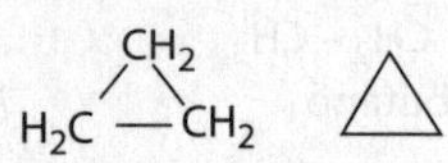
ciclopropano

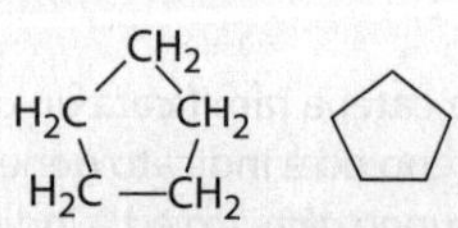
ciclopentano

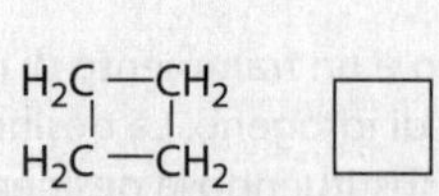
ciclobutano

PARTE QUINTA

8.3.3 | Alcheni

- Gli alcheni sono idrocarburi alifatici insaturi;
- hanno formula generale C_nH_{2n} (con $n \geq 2$);
- la desinenza caratteristica della classe è *-ene*;
- contengono uno o più doppi legami C = C (formati da un legame σ e un legame π);
- il *doppio legame* è considerato il gruppo funzionale degli alcheni.

L'idrocarburo più semplice è l'etene ($CH_2 = CH_2$), chiamato comunemente etilene.

Nomenclatura

Il nome dell'alchene si ottiene dal nome dell'alcano a ugual numero di atomi di C sostituendo la desinenza *-ano* con la desinenza *-ene*; si numera la catena più lunga dall'estremità più vicina al doppio legame, la posizione di questo si identifica indicando prima del nome il numero dell'atomo di C sul quale inizia il doppio legame.

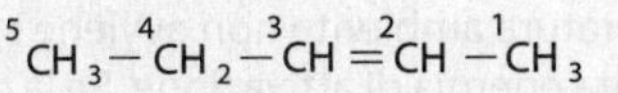

2 - pentene

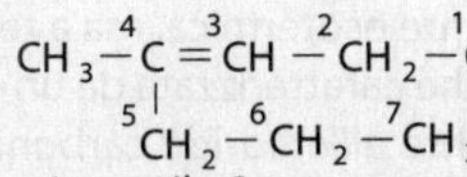

4 - metil - 3 - eptene

8.3.4 | Alchini

- Gli alchini sono idrocarburi alifatici insaturi;
- hanno formula generale C_nH_{2n-2} (con $n \geq 2$);
- la desinenza caratteristica della classe è *-ino*;
- contengono uno o più tripli legami C ≡ C (formati da un legame σ e due legami π);
- il *triplo legame* è considerato il gruppo funzionale degli alchini.

L'idrocarburo più semplice è l'etino (CH ≡ CH), chiamato anche acetilene.

Nomenclatura

Il nome dell'alchino deriva dal nome dell'alcano corrispondente sostituendo la desinenza *-ano* con la desinenza *-ino*; valgono per il resto le regole viste per alcani e alcheni.

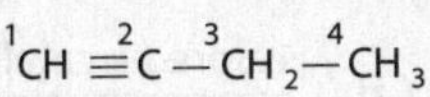

1 - butino

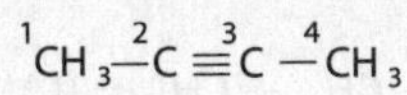

2 - butino

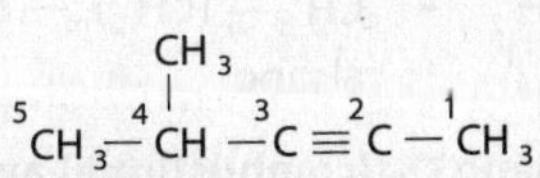

4 - metil - 2 - pentino

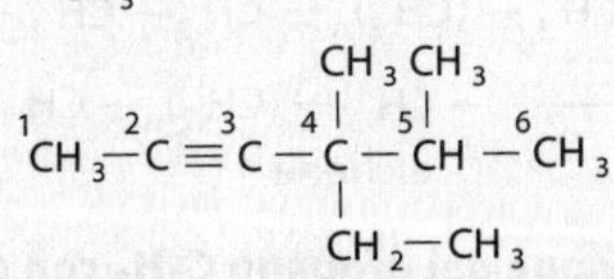

4 - etil - 4, 5 - dimetil - 2 - esino

8.3.5 | Proprietà chimiche e reazioni degli alcani

Gli alcani, detti anche *paraffine* (dal latino *parum affinis* = poco reattivo), sono caratterizzati da una bassissima reattività chimica, non vengono attaccati nemmeno da acido nitrico bollente, o acido solforico concentrato. Questo è dovuto al fatto che i legami C – C e C – H sono legami forti, assai poco polarizzati per la scarsa differenza di elettronegatività tra H e C (pari a 0,4).

Data la scarsa reattività, tutte le reazioni degli alcani avvengono in condizioni drastiche (presenza di un catalizzatore e/o di calore) e sono inoltre altamente aspecifiche (tutti i legami C – C o C – H sono perfettamente equivalenti e non vi è una posizione della molecola che reagisce preferenzialmente rispetto alle altre).

Le principali reazioni chimiche cui danno luogo gli alcani sono: *alogenazione*, *combustione* e *deidrogenazione*.

CHIMICA

Alogenazione

È una reazione di sostituzione nella quale uno o più atomi di idrogeno vengono sostituiti da altrettanti atomi di alogeno (cloro, bromo o fluoro); i prodotti della reazione sono un *alogenuro alchilico* (indicato con la formula generale R – X, dove R = gruppo alchilico e X = alogeno) e l'acido alogenidrico corrispondente. La reazione generale è:

$$R-H + X_2 \xrightarrow[\text{o calore}]{\text{luce U.V.}} R-X + HX$$

Combustione

È una reazione di ossidazione in cui l'idrocarburo (combustibile) reagisce con l'ossigeno (comburente) a dare anidride carbonica e acqua secondo la reazione generale:

$$C_nH_{2n+2} + \frac{3n+1}{2}\ O_2 \rightarrow n\,CO_2 + (n+1)\,H_2O + \text{calore}$$

La reazione è fortemente esotermica, ma a temperatura ambiente non avviene spontaneamente e deve essere innescata, perché caratterizzata da un'elevata energia di attivazione. Se la combustione avviene in difetto di ossigeno, oltre all'anidride carbonica, si ottengono anche monossido di carbonio (CO), altamente tossico, e altri composti di ossidazione parziale.

Deidrogenazione

Con la reazione di deidrogenazione degli alcani vengono eliminate molecole di idrogeno, producendo composti insaturi (alcheni e alchini), per esempio:

$$\underset{\text{etano}}{CH_3{-}CH_3} \rightarrow H_2 + \underset{\text{etene}}{CH_2{=}CH_2}$$

Cracking

È una reazione di frammentazione di una catena idrocarburica lunga in frammenti più piccoli, condotta ad alta temperatura ed eventualmente in presenza di catalizzatori. Il *cracking* dà luogo a una miscela di prodotti derivanti dalla frammentazione della molecola di partenza in diversi punti.

Il processo si effettua sui residui della distillazione frazionata del petrolio (idrocarburi ad alto PM, § 8.4.3) per aumentare la resa in benzine e idrocarburi a basso PM.

$$CH_3-(CH_2)_n-CH_2-CH_2-CH_2-(CH_2)_m-CH_3 \xrightarrow{\text{calore (+ catalizz.)}}$$

$$\longrightarrow \underset{\text{alchene}}{CH_3-(CH_2)_n-CH=CH_2} + \underset{\text{alcano}}{CH_3-(CH_2)_m-CH_3}$$

La reazione del propano C_3H_8 con ossigeno O_2 (combustione) avviene con formazione di CO_2 e H_2O; quante moli di ossigeno sono necessarie per bruciare una mole di propano?

L'equazione bilanciata della combustione del propano è:

$$C_3H_8 + 5\,O_2 \rightarrow 3\,CO_2 + 4\,H_2O$$

quindi per bruciare una mole di propano sono necessarie 5 moli di ossigeno.

8.3.6 | Proprietà chimiche e reazioni degli alcheni

Oltre alle reazioni degli alcani, gli alcheni danno reazioni specifiche dovute alla presenza del doppio legame, che ne rappresenta il gruppo funzionale e li rende più reattivi. La fragilità del legame π (§ 2.3.2) rende disponibili due elettroni *p* che vengono utilizzati per legare un reagente elettrofilo.

La reazione caratteristica degli alcheni è la reazione di addizione al doppio legame. Si tratta in genere di un'**addizione elettrofila.**

Le reazioni di addizione prendono nomi diversi in base al tipo di reagente addizionato.

- **Idrogenazione**

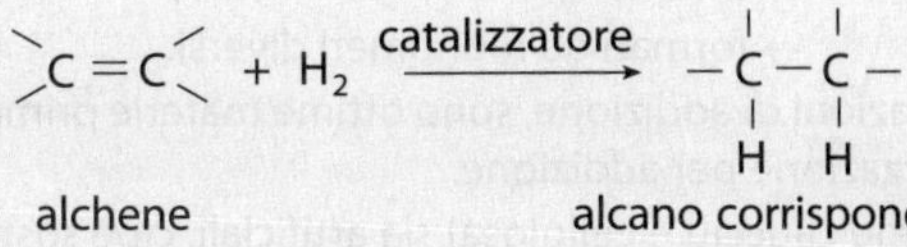

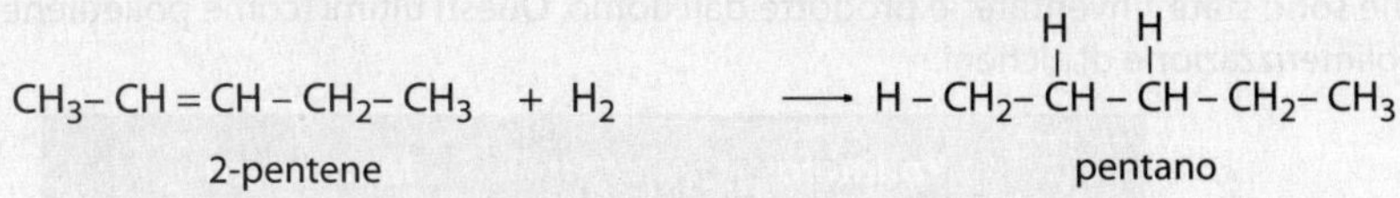

- **Alogenazione**

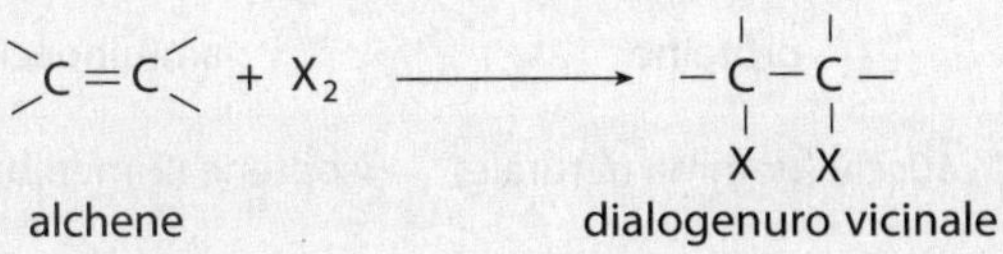

- **Idratazione**

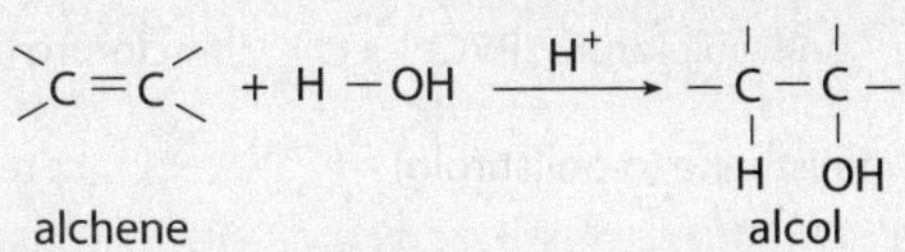

- **Addizione di acidi alogenidrici**

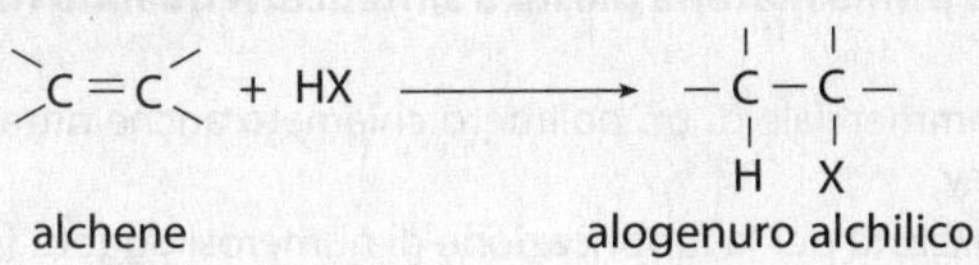

Polimerizzazione

Un *polimero* è una grossa molecola organica, ad alto peso molecolare, costituita dalla ripetizione di un numero enorme di unità più semplici, chiamate *monomeri*.

Attualmente sono disponibili diverse tecniche per ottenere polimeri artificiali di vario tipo. In base al metodo di preparazione si distinguono fondamentalmente due tipi di polimeri:

- **polimeri di addizione**: ottenuti mediante una serie di reazioni di addizione a catena (poliaddizione), ciascuna delle quali è innescata da una particella reattiva e ne produce una simile. La particella reattiva è in genere un radicale libero, un anione o un catione;
- **polimeri di condensazione**: ottenuti mediante reazione tra due gruppi funzionali diversi di due monomeri (che devono essere per lo meno bifunzionali) con eliminazione di una molecola piccola, generalmente acqua.

I polimeri possono essere lineari o ramificati.

CHIMICA

In base al tipo di monomero si distinguono inoltre:

- *omopolimeri* → formati da monomeri uguali;
- *copolimeri (o eteropolimeri)* → formati da monomeri diversi.

Alcheni e alchini, suscettibili di reazioni di addizione, sono ottime materie prime per la sintesi di polimeri attraverso le reazioni di polimerizzazione per addizione.

Esistono sia polimeri naturali (come caucciù e cellulosa) sia artificiali, cioè sostanze che non esistono in natura ma che sono state "inventate" e prodotte dall'uomo. Questi ultimi (come polietilene e PVC) derivano dalla polimerizzazione di alcheni.

	Polimero	Monomero
Naturali	cellulosa	glucosio
	proteine	amminoacidi
	caucciù (gomma naturale)	isoprene (2-metilbutadiene)
Artificiali	polietilene (PE)	etilene
	polivinilcloruro (PVC)	cloruro di vinile
	polistirene (o polistirolo)	stirene
	polipropilene	propilene
	politetrafluoroetilene (Teflon)	tetrafluoroetilene
	neoprene	2-clorobutadiene

La celluloide è stata la prima materia plastica sintetica. A quando risale la sintesi di questo polimero?

Celluloide è il nome commerciale di un polimero chiamato anche nitrato di cellulosa, ottenuto nel 1869 da John Wesley.

La celluloide è stata utilizzata per la fabbricazione di numerosi oggetti (per esempio giocattoli e articoli sanitari) e come supporto per le pellicole cinematografiche. Attualmente è stata in gran parte sostituita da altri materiali, a causa della sua elevata infiammabilità.

Cosa indica la sigla CFC?

La sigla CFC è l'acronimo di clorofluorocarburi, gas derivati dal metano e dall'etano per sostituzione degli atomi di idrogeno con atomi di alogeni (cloro, fluoro, bromo). Questi composti, noti anche con il nome di freon, in passato sono stati utilizzati in diversi campi, per esempio nei frigoriferi, come gas di propulsione per aerosol e come solventi. Attualmente non vengono più utilizzati perché riconosciuti responsabili del "buco nell'ozono".

8.4 | Idrocarburi aromatici

composti aromatici sono particolari idrocarburi ciclici insaturi.

III più semplice e più importante idrocarburo aromatico è il *benzene* (o benzolo) la cui formula bruta è C_6H_6. Il benzene è un composto ciclico a sei atomi di carbonio in cui l'alternanza di legami semplici e doppi fa sì che si realizzi una delocalizzazione degli elettroni di legame π su tutta la molecola conferendole una particolare stabilità. Il benzene viene considerato un ibrido di risonanza tra due forme limite.

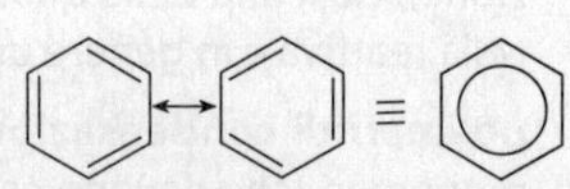

formule limite di risonanza — ibrido di risonanza

8.4.1 | Derivati del benzene

Il benzene può essere considerato il precursore della serie degli idrocarburi aromatici, derivati formalmente sostituendo uno o più atomi di idrogeno dell'anello con altrettanti radicali alchilici o gruppi funzionali. Per la nomenclatura dei derivati monosostituiti è indifferente dove si forma il legame, dato che tutte le posizioni sono equivalenti, e si utilizzano in genere nomi comuni.

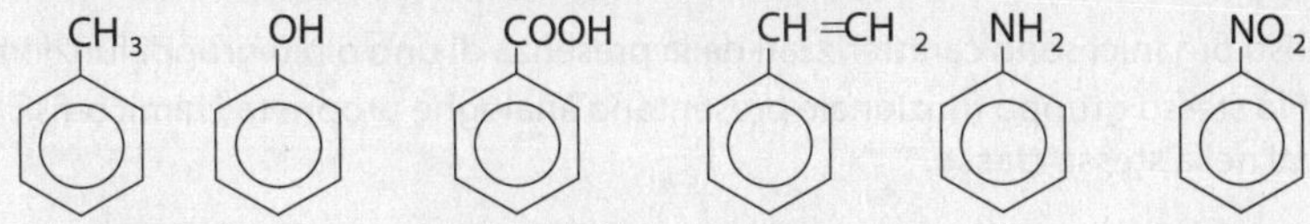

toluene fenolo acido benzoico stirene anilina nitrobenzene

8.4.2 | Proprietà fisiche e chimiche degli idrocarburi aromatici

Gli idrocarburi aromatici sono composti apolari e hanno quindi proprietà fisiche analoghe a quelle degli altri idrocarburi.

La presenza della nuvola di elettroni π delocalizzati rende il benzene un centro ricco di elettroni che si comporta come un *reagente nucleofilo* (base di Lewis) e tende quindi a reagire con i reagenti elettrofili (acidi di Lewis). Contrariamente agli idrocarburi insaturi, però, il benzene e i suoi derivati non danno reazioni di addizione elettrofila, bensì di **sostituzione elettrofila** che consentono il mantenimento del sestetto aromatico. La reazione di sostituzione elettrofila è una delle reazioni di sintesi più importanti della chimica organica e prende nomi diversi a seconda del reagente inserito. Reazioni di questo tipo sono, per esempio, la nitrazione e l'alogenazione. La prima è la reazione con acido nitrico (presente in miscela con acido solforico), che ha come risultato la sostituzione di un atomo di idrogeno con un gruppo NO_2; la seconda è la reazione con un cloruro, che porta alla sostituzione di un atomo di idrogeno del benzene con un atomo di cloro.

Nitrazione e alogenazione

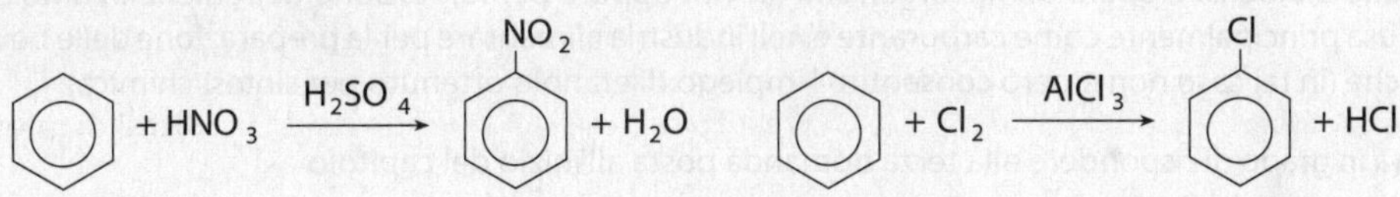

8.4.3 | Petrolio

Il petrolio è una miscela di idrocarburi alifatici (alcani lineari e ciclici, alcheni e alchini) e aromatici, mono- e policiclici.

Il petrolio greggio estratto dal sottosuolo non è utilizzabile come tale e deve essere sottoposto a *distillazione frazionata* in speciali colonne di distillazione all'interno delle raffinerie. Da tale processo si ottengono varie frazioni a diverso punto di ebollizione e PM, principalmente gas di petrolio (metano, etano, propano e butano), benzina e nafta, cherosene, gasolio e un residuo "pesante" formato da una miscela di idrocarburi ad alto punto di ebollizione.

Frazione	p. eb. (°C)	Numero di atomi di C
gas di petrolio	< 40	1-4
benzina e nafta	40-170	5-10
cherosene	170-250	10-15
gasolio leggero	250-320	15-20
gasolio pesante	300-350	20-25
residuo	oltre 350	oltre 25

Il gasolio pesante viene poi sottoposto a cracking per ottenere molecole più semplici (oli leggeri e idrocarburi gassosi) e aumentare la resa in benzina. Sul residuo pesante si effettua invece un processo di distillazione sottovuoto che permette di ottenere oli carburanti, oli lubrificanti e bitumi.

8.5 | Derivati degli idrocarburi

Quando agli atomi di carbonio sono legati atomi o gruppi di atomi diversi dall'idrogeno, questi sono detti *gruppi funzionali*.

Un gruppo funzionale è un atomo o un gruppo di atomi che, legato alla catena carboniosa, è responsabile delle proprietà chimico-fisiche del composto.

Moltissimi composti organici sono caratterizzati dalla presenza di uno o più gruppi funzionali.
I composti aventi lo stesso gruppo funzionale presentano analoghe proprietà chimico-fisiche e possono essere raggruppati nella stessa **classe**.

8.5.1 | Alcoli

- Il gruppo funzionale è il gruppo ossidrilico (o ossidrile) –OH;
- La desinenza caratteristica della classe è *-olo*.
- Il nome dell'alcol si ottiene sostituendo la lettera finale dell'idrocarburo corrispondente con la desinenza *-olo* e indicando con un numero la posizione del gruppo –OH;

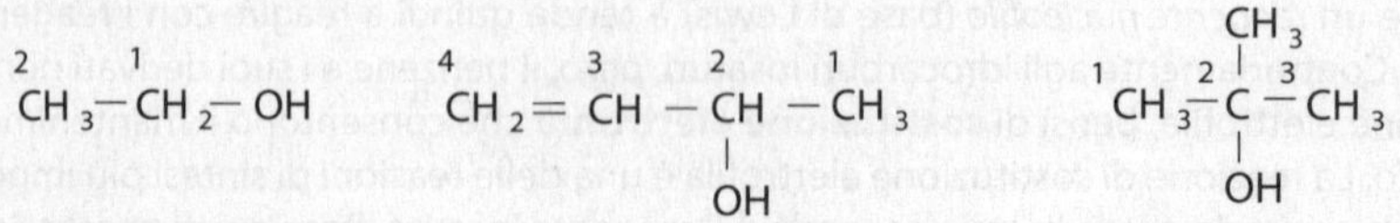

etanolo (primario) o alcol etilico — 3 - buten - 2 - olo (secondario) — 2 - metil - 2 - propanolo o *ter*-butanolo (terziario)

Alcoli più comuni

Il *metanolo* si utilizza come solvente, come anticongelante e come materia prima per la preparazione della formaldeide e altri composti organici; è tossico per l'organismo. L'*etanolo* si può ottenere mediante fermentazione biologica a opera di microrganismi (lieviti) oppure per idratazione dell'etilene in ambiente acido. Si usa principalmente come carburante e nell'industria alimentare per la preparazione delle bevande alcoliche (in tal caso non è però consentito l'impiego di etanolo ottenuto per sintesi chimica).

Siamo ora in grado di rispondere alla terza domanda posta all'inizio del capitolo

Quesito III. La desinenza -olo è tipica degli alcoli, caratterizzati dal gruppo funzionale –OH. La **C** è la risposta esatta.

8.5.2 | Aldeidi e chetoni

- Le aldeidi hanno formula generale $R-C(=O)H$, mentre quella dei chetoni è $R_2C=O$.
- Il gruppo $\rangle C^{\delta+}=O^{\delta-}$, comune alle due classi, è detto *gruppo carbonilico* o *carbonile*
- La desinenza caratteristica delle aldeidi è *-ale*, quella dei chetoni *-one*.

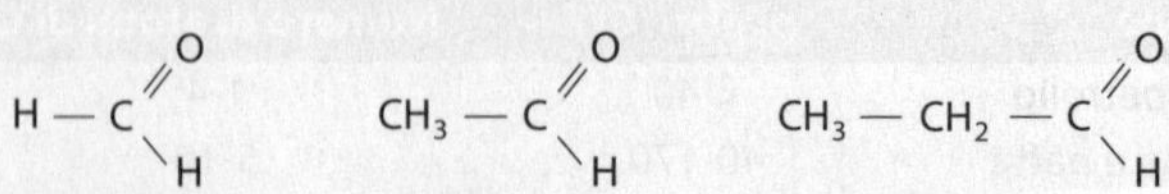

metanale o aldeide formica — etanale o aldeide acetica — propanale o aldeide propionica

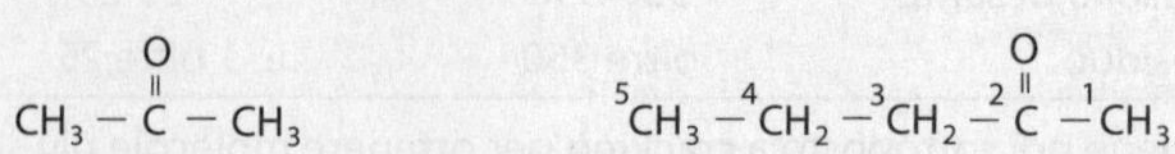

propanone o acetone o dimetilchetone — 2 - pentanone o metilpropilchetone

PARTE QUINTA

Aldeidi e chetoni più comuni

La **formaldeide** (o aldeide formica o metanale), l'aldeide più semplice, viene commercializzata come soluzione acquosa al 37% con il nome di **formalina** e come tale impiegata come conservante e disinfettante. È utilizzata anche come materia prima per la produzione di materie plastiche. Si prepara industrialmente per ossidazione del metanolo. L'**acetone** (o propanone), il chetone più semplice, viene largamente utilizzato come solvente perché in grado di sciogliere molte sostanze organiche, vernici, coloranti, resine e smalti per unghie. Si prepara industrialmente, per esempio per ossidazione dell'alcol isopropilico. Le aldeidi e i chetoni sono largamente diffusi in natura e molti, specialmente quelli ad alto PM, hanno odori gradevoli; l'aldeide cinnamica, per esempio, si trova nella cannella.

Siamo ora in grado di rispondere alla quarta domanda posta all'inizio del capitolo

Quesito IV. I composti appartenenti alla classe dei chetoni sono caratterizzati dalla presenza, nella molecola, del gruppo C = O, detto carbonilico; la risposta esatta è quindi la **D**.

8.5.3 | Acidi carbossilici

- Gli acidi carbossilici hanno formula generale 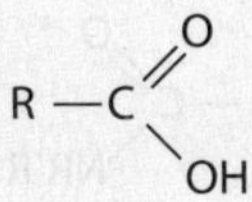
- Il gruppo funzionale è il *gruppo carbossilico* -COOH.
- La desinenza caratteristica della classe è *-oico.*

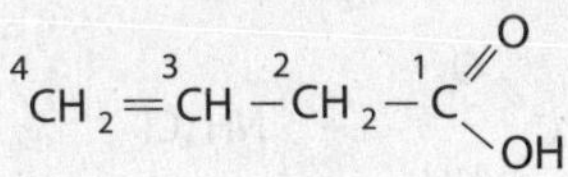

acido 3 - butenoico

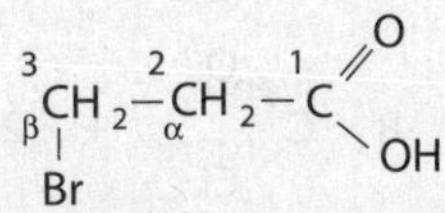

acido 3 - bromopropanoico (o β - bromopropionico)

La tabella seguente riporta i primi otto acidi carbossilici alifatici.

Nome IUPAC	Nome d'uso	Formula
metanoico	formico	H – COOH
etanoico	acetico	CH_3 – COOH
propanoico	propionico	CH_3 – CH_2 – COOH
butanoico	butirrico	CH_3 – $(CH_2)_2$ – COOH
pentanoico	valerianico	CH_3 – $(CH_2)_3$ – COOH
esanoico	capronico	CH_3 – $(CH_2)_4$ – COOH
eptanoico	enantico	CH_3 – $(CH_2)_5$ – COOH
ottanoico	caprilico	CH_3 – $(CH_2)_6$ – COOH

Acidi carbossilici più comuni

L'**acido formico**, contenuto nelle secrezioni di alcuni insetti (per esempio api e formiche rosse) e alcune piante (per esempio le ortiche) è un liquido caustico di odore pungente dotato di proprietà antisettiche e utilizzato come conservante e come mordente in tintoria. L'**acido acetico**, contenuto nell'aceto, è l'acido carbossilico più importante: viene largamente utilizzato come materia prima in numerose sintesi industriali. L'**acido citrico,** un acido tricarbossilico abbondante in tutti gli agrumi, si ottiene mediante la fermentazione di sostanze zuccherine ed è ampiamente utilizzato nell'industria alimentare e in quella farmaceutica: si utilizza inoltre per la tintura e la stampa di tessuti.

8.5.4 | Ammine

Le ammine sono formalmente derivati organici dell'ammoniaca (NH_3) ottenuti sostituendo uno o più atomi di idrogeno con altrettanti gruppi alchilici o arilici.
Si hanno quindi tre gruppi di ammine aventi formula generale:

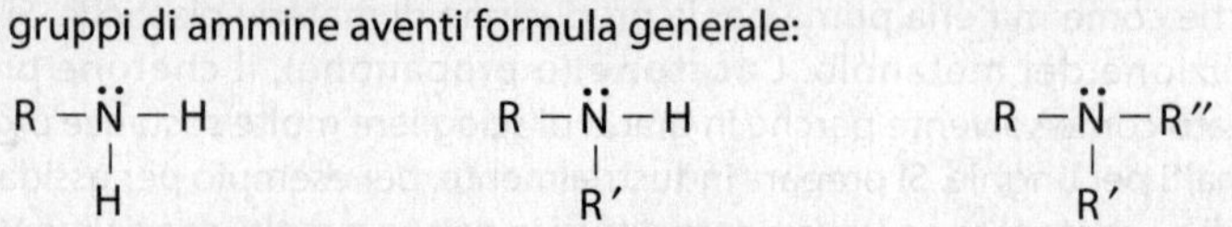

ammina primaria — ammina secondaria — ammina terziaria

Ammine più comuni

L'ammina più importante dal punto di vista commerciale è l'*anilina*, preparata industrialmente per riduzione del nitrobenzene e utilizzata soprattutto per la preparazione di coloranti, smalti e vernici. Molti composti di notevole importanza biologica, tra cui la serotonina (un neurotrasmettitore) e la morfina sono ammine.

8.5.5 | Ammidi

- Le ammidi hanno formula generale: 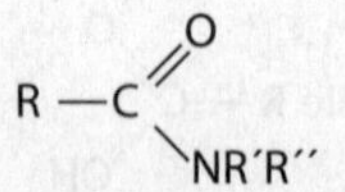
- Il nome si ricava sostituendo la desinenza *-oico* dell'acido con la desinenza *-ammide.*
- Si ottengono da una reazione di condensazione tra un acido carbossilico (o un suo derivato, come un estere o un'anidride) e l'ammoniaca (o un'ammina primaria o secondaria).

cloruro acilico — ammide

Ripassa da qui

Gruppo funzionale	Nome	Classe	Formula generale	Desinenza
—C—C—	legame semplice	alcani	C_nH_{2n+2}	-ano
>C=C<	doppio legame	alcheni	C_nH_{2n}	-ene
—C≡C—	triplo legame	alchini	C_nH_{2n-2}	-ino
—OH	gruppo ossidrilico	alcoli	R—OH	-olo
—O—	gruppo etere	eteri	R—O—R′	-etere
—C(=O)—	gruppo carbonilico	aldeidi	R—C(=O)H	-ale
		chetoni	R(R′)C=O	-one
—C(=O)OH	gruppo carbossilico	acidi carbossilici	R—C(=O)OH	-oico
—C(=O)OR	gruppo estere	esteri	R—C(=O)O—R′	-ato di -ile
—C(=O)—O—C(=O)—		anidridi (organiche)	R—C(=O)—O—C(=O)—R	
—C(=O)NR′R″	gruppo ammidico	ammidi	R—C(=O)NR′R″	-ammide
$-NH_2$	gruppo amminico	ammine (primarie)	$R-NH_2$	

CHIMICA

Quesiti svolti

1 Nelle molecole organiche:

- A è sempre possibile individuare un composto dalla sua formula bruta
- B non sempre è possibile individuare un composto dalla sua formula bruta, perché esistono molecole diverse che hanno la stessa formula bruta
- C per molte strutture non è possibile scrivere una formula bruta
- D non è possibile individuare un composto dalla sua formula bruta solo nel caso dei composti ciclici
- E non è possibile individuare un composto dalla sua formula bruta solo nel caso dei polimeri ramificati

Nei composti organici è presente il fenomeno dell'isomeria di struttura, che consiste nell'esistenza di composti diversi aventi la medesima formula bruta, ma diversa formula di struttura. A titolo di esempio, il butano e il metilpropano sono due isomeri di struttura aventi entrambi formula bruta C_4H_{10}:

$$CH_3-CH_2-CH_2-CH_3$$

butano

$$CH_3-\underset{\displaystyle CH_3}{\underset{|}{CH}}-CH_3$$

metilpropano

La risposta esatta è perciò la B.

2 Gli idrocarburi insaturi contengono sempre:

- A atomi di ossigeno
- B legami multipli fra carboni contigui
- C anelli aromatici eterociclici
- D gruppi carbonilici intermolecolari
- E legami multipli tra il carbonio 1 e il carbonio 2

Gli idrocarburi sono composti organici costituiti da due soli elementi: carbonio e idrogeno; la A è quindi errata.
Questi composti vengono distinti in due gruppi: saturi e insaturi. Mentre gli atomi di carbonio che formano gli idrocarburi saturi sono sempre legati tramite legami semplici, gli idrocarburi insaturi sono caratterizzati dalla presenza di uno o più legami multipli (doppi o tripli) fra atomi di carbonio. La risposta corretta è quindi la B.

3 Per quale motivo gli alcheni sono più reattivi degli alcani?

- A Per la presenza nella molecola del legame tra carbonio e gruppo ossidrilico
- B Per la presenza nella molecola del legame doppio tra carbonio e ossigeno
- C Per la presenza nella molecola del legame doppio tra carbonio e idrogeno
- D Per la presenza nella molecola del legame doppio tra atomi di carbonio
- E Per la presenza nella molecola del legame semplice tra atomi di carbonio

Gli alcheni sono più reattivi degli alcani perché contengono almeno un doppio legame fra atomi di carbonio; risposta D.

Gli elettroni del doppio legame formano una nuvola elettronica che può essere attaccata da reagenti elettrofili (che appunto "cercano elettroni"), come per esempio gli ioni H^+ degli acidi. In queste reazioni si rompe il doppio legame fra due atomi di carbonio e si creano legami fra i due C e gli atomi entranti (reazione di addizione).

II **Soltanto una delle seguenti affermazioni a proposito del benzene è ERRATA. Quale?**

A I sei atomi di carbonio si trovano ai vertici di un esagono regolare

B La molecola contiene quattro elettroni *p* in orbitali non ibridati

C Gli atomi di carbonio sono ibridati sp^2

D La molecola contiene sei elettroni *p* in orbitali non ibridati

E Gli angoli di legame sono di circa 120°

Il benzene, il più semplice idrocarburo aromatico, ha formula C_6H_6, è un composto ciclico a sei atomi di carbonio che può essere considerato l'ibrido di risonanza fra due forme limite in cui si alternano legami semplici e doppi. I sei atomi di carbonio sono ibridati sp^2 e ciascun atomo di carbonio possiede quindi tre orbitali ibridi sp^2e un orbitale *p* puro. Dei tre orbitali ibridi, due vengono utilizzati per formare legami σ con i due atomi di carbonio adiacenti, mentre il terzo viene impiegato per legare l'atomo di idrogeno. In realtà gli elettroni degli orbitali *p* non formano legami π bensì sono delocalizzati su tutta la molecola, situazione che viene rappresentata nella formula con un cerchio interno all'esagono e conferisce alla molecola una particolare stabilità.

Dato che gli orbitali sp^2 si dispongono su un piano, e formano angoli di 120°, la molecola ha struttura planare e geometria esagonale; mentre gli elettroni delocalizzati formano due anelli elettronici sopra e sotto il piano della molecola. In base a queste informazioni si deduce che tutte le affermazioni proposte sono corrette tranne la B: gli elettroni negli orbitali *p* non ibridati non sono quattro ma sei.

La B è quindi la risposta esatta al quesito.

---

4 **Quale delle seguenti sostanze è un alcol?**

A CH_3CN

B C_3H_8

C CH_3CH_2OH

D CH_3COOH

E $CI I_4$

Un alcol è un composto organico che possiamo considerare derivato da un idrocarburo per sostituzione di uno o più atomi di H con altrettanti gruppi –OH. Questo gruppo è presente nella formula C e nella D; quest'ultima però contiene in realtà un gruppo carbossilico (–COOH), caratteristico della classe degli acidi carbossilici. L'unico alcol è quindi CH_3CH_2OH, alcol a due atomi di C (etanolo), risposta C.

---

5 **A quale delle seguenti formule corrisponde l'etanale?**

A $H_2C{=}O$

B $CH_3{-}CH_2{-}CHO$

C $CH_3{-}CH_2{-}CH_2{-}CHO$

D $CH_3{-}CO{-}CH_3$

E $CH_3{-}CHO$

Come si deduce dal prefisso *et-* e dalla desinenza *-ale*, l'etanale è un'aldeide a due atomi di C. Ricordando che il gruppo funzionale delle aldeidi è –CHO, si deduce che la formula dell'etanale è $CH_3{-}CHO$; risposta E.

6 **Le ammine hanno carattere:**

A sempre neutro
B debolmente acido
C fortemente acido
D debolmente basico
E fortemente basico

Le ammine sono i derivati organici dell'ammoniaca (NH_3).Il doppietto elettronico disponibile sull'azoto rende l'ammoniaca un composto a debole carattere basico (secondo la definizione di Lewis), con una costante di dissociazione basica Kb ≈ 10^{-5}.Nelle ammine uno o più idrogeni dell'ammoniaca sono sostituiti con gruppi alchilici (ammine alifatiche) o gruppi arilici (ammine aromatiche). Mentre queste ultime sono basi molto più deboli di NH_3, a causa dell'effetto di risonanza sull'anello che rende meno disponibile il doppietto elettronico sull'atomo di azoto, le ammine alifatiche sono leggermente più basiche di NH_3, per l'effetto induttivo dei gruppi alchilici sull'atomo di azoto. L'effetto è comunque molto piccolo e per le ammine alifatiche si hanno solo piccole variazioni del valore della costante di basicità. La risposta esatta è quindi la D.

7 **Quale tra le seguenti affermazioni è corretta?**

A Il gruppo carbossilico delle aldeidi è legato a un carbonio terminale
B Negli alogenuri alchilici un atomo di alogeno lega due atomi di carbonio
C In acqua, il gruppo amminico primario si ionizza comportandosi da acido
D Il gruppo carbonilico dei chetoni è legato a un carbonio terminale
E Il gruppo ossidrile forma legami idrogeno con l'acqua

Nelle aldeidi e nei chetoni è presente il gruppo funzionale carbonilico C=O (risposta A errata); in particolare, nelle aldeidi il gruppo carbonilico è terminale mentre nei chetoni si trova in posizione non terminale (risposta D errata). Gli alogenuri alchilici hanno formula generica R–X, dove X indica l'alogeno e R il radicale alchilico, quindi negli alogenuri alchilici l'alogeno lega un atomo di carbonio contenuto nel radicale alchilico (risposta B errata). Il gruppo amminico primario ($-NH_2$) in ambiente acquoso si comporta da base diventando $-NH_3^+$ (opzione C sbagliata). Il gruppo ossidrile (–OH) è in grado di formale legami a ponte idrogeno con l'acqua, l'unica risposta corretta è la E.

Glossario

Abbassamento del punto di congelamento (ΔT crioscopico): variazione della temperatura di congelamento di un liquido dovuta all'aggiunta di un soluto non volatile; è una proprietà colligativa.

Abbassamento della pressione di vapore: proprietà colligativa dovuta alla presenza in soluzione di un soluto non volatile.

Acido: composto che è in grado di cedere ioni idrogeno e/o ricevere elettroni.

Acido e base coniugati: acido e base di Brønsted legati dal trasferimento di un protone dall'uno all'altro.

Acido debole: acido che, in una soluzione acquosa, subisce una dissociazione parziale.

Acido di Arrhenius: specie che cede protoni (H^+) in una soluzione acquosa.

Acido di Brønsted: donatore di protone.

Acido di Lewis: specie in grado di accettare una coppia di elettroni.

Acido forte: acido che, in una soluzione acquosa, subisce una dissociazione totale.

Acido monoprotico: acido che può cedere unicamente un protone; la molarità di un acido monoprotico è pari alla sua normalità.

Acido poliprotico: acido capace di cedere più di un protone.

Affinità elettronica: energia liberata dall'atomo all'acquisto di un elettrone.

Agente ossidante: in una reazione redox è la specie che acquista elettroni e si riduce.

Agente riducente: in una reazione redox è la specie che perde elettroni e si ossida.

Alogeno: non metallo appartenente al gruppo VIIA della tavola periodica; presenta una elevata elettronegatività e una elevata affinità elettronica.

Ambiente esterno: tutta la materia e l'energia non compresa nel sistema in esame.

Anione: ione dotato di carica negativa.

Anodo: elettrodo su cui avvengono fenomeni di ossidazione.

Atomo: forma elementare di ogni elemento esistente in natura; chimicamente parlando non può essere ulteriormente decomposto.

Base: composto che cede ioni idrossido o elettroni o che riceve protoni.

Base debole: base che subisce una dissociazione parziale in una soluzione acquosa.

Base di Arrhenius: specie che cede ioni OH^- in una soluzione acquosa.

Base di Brønsted: specie chimica in grado di accettare uno o più protoni cedutigli da un acido.

Base di Lewis: specie chimica in grado di cedere una coppia di elettroni.

Base forte: base che subisce una dissociazione completa in una soluzione acquosa.

Calore: forma di energia rappresentante l'energia cinetica delle molecole che si trasferisce spontaneamente da un corpo più caldo a uno più freddo.

Calore latente molare di evaporazione: ΔH necessario per trasformare una mole di liquido in vapore, a temperatura e pressione costanti.

Calore latente molare di fusione: ΔH necessario per trasformare una mole di solido in liquido, a temperatura e pressione costanti.

Calore latente molare di sublimazione: ΔH necessario per trasformare una mole di solido in gas, a temperatura e pressione costanti.

Calore specifico molare: quantità di calore necessaria per aumentare di un grado centigrado la temperatura di una mole di una sostanza.

Caloria (cal): unità di misura dell'energia termica (1 cal = 4,184 J). È l'energia necessaria per innalzare la temperatura di un grammo di H_2O da 14,5 °C a 15,5 °C (1 kcal = 1000 calorie).

Calorimetro: strumento utilizzato per misurare il calore assorbito o ceduto da una reazione.

Catalisi: accrescimento della velocità di reazione mediante l'aggiunta di una sostanza che non viene modificata dalla reazione (catalizzatore). Questo si ottiene attraverso la diminuzione dell'energia di attivazione.

Catalizzatore: sostanza che incrementa la velocità di una reazione (diretta o inversa).

Catione: ione dotato di carica positiva.

Catodo: elettrodo su cui avvengono fenomeni di riduzione.

Cella di Daniell: cella elettrochimica in cui l'anodo è sede dell'ossidazione del metallo Zn mentre il catodo è sede della riduzione dello ione Cu^{2+}.

Cella elettrochimica: cella in cui avviene un fenomeno di ossidoriduzione e in cui sono presenti due elettrodi tra cui si crea una differenza di potenziale elettrico.

Cella elettrolitica: cella elettrochimica che utilizza una sorgente di differenza di potenziale (generatore) per far avvenire una reazione di ossidoriduzione non spontanea.

Cella galvanica: cella elettrochimica che sfrutta una ossidoriduzione spontanea per produrre lavoro; altrimenti chiamata cella voltaica.

Celsius (°C): scala di temperatura definita attribuendo rispettivamente i valori 0 °C e 100 °C alla temperatura di congelamento e di ebollizione dell'acqua. 0þ°C = 273,16 K.

CHIMICA

Complesso attivato: stato di transizione di una reazione nel quale i legami presenti nei reagenti sono parzialmente rotti e quelli dei prodotti sono in via di formazione.

Composizione percentuale: percentuale del peso molecolare totale di un composto attribuito a un elemento.

Composto: sostanza pura formata da due o più atomi di tipo diverso che può essere scissa in sostanze più semplici mediante una trasformazione chimica. Un composto può essere molecolare (se costituito da molecole) oppure ionico (se costituito da ioni).

Concentrazione: quantità di soluto per unità di solvente o quantità relativa di un componente in una miscela.

Configurazione elettronica: nomenclatura utilizzata per descrivere la distribuzione elettronica dei vari sottolivelli energetici di un atomo.

Costante dei gas (R): costante che appare nell'equazione della legge dei gas perfetti ($PV = n \cdot RT$); il suo valore dipende dalle unità di misura utilizzate per le altre grandezze.

Costante di dissociazione acida (K_a): costante di equilibrio che misura il grado di dissociazione di un acido in specifiche condizioni. Per un generico acido HA si ha:

$$K_a = \frac{[H_3O^+] \cdot [A^-]}{[HA]}$$

Costante di dissociazione basica (K_b): costante di equilibrio che misura il grado di dissociazione di una base in specifiche condizioni. Per una generica base di tipo BOH si ha:

$$K_b = \frac{[B^+] \cdot [OH^-]}{[BOH]}$$

Costante di dissociazione dell'acqua (K_w): costante di equilibrio della reazione di dissociazione dell'acqua; vale 10^{-14} a 25þ°C.

Costante di equilibrio (K_{eq}): rapporto tra le concentrazioni all'equilibrio dei prodotti e dei reagenti, tutti elevati ai propri coefficienti stechiometrici con cui compaiono nella reazione.

Cristallo: solido i cui atomi o molecole sono disposti secondo un reticolo tridimensionale regolare.

Densità (ρ): proprietà fisica di una sostanza definita come la quantità di massa per unità di volume.

Diagramma di fase: per una sostanza pura è il grafico nel piano pressione temperatura che indica, per ogni condizione, in quale fase la sostanza può esistere.

Diffusione: movimento casuale delle molecole di un gas, tendente a uniformare la distribuzione del gas nel suo contenitore.

Dipolo elettrico: specie contenente cariche opposte separate da una certa distanza.

Distribuzione di Maxwell-Boltzmann: distribuzione delle velocità molecolari delle particelle di un gas a una data temperatura.

Eccitazione: spostamento di un elettrone di un atomo o di una molecola a un livello energetico superiore.

Elemento: sostanza che non può essere scomposta per produrre altri elementi o componenti. Tutti gli atomi di uno stesso elemento hanno lo stesso numero di protoni.

Elettrodo: conduttore elettrico che costituisce il polo di una cella elettrochimica: in esso avviene una reazione di riduzione o di ossidazione.

Elettrolisi: processo in cui una corrente elettrica viene fatta passare in una soluzione producendo reazioni chimiche che altrimenti non avverrebbero spontaneamente.

Elettrolita: specie chimica che in acqua subisce il fenomeno di dissociazione elettrolitica con la conseguente produzione di ioni.

Elettrone (e^-): particella subatomica che sta intorno al nucleo portando una singola carica negativa ($1{,}6 \cdot 10^{-19}$). La massa di un elettrone è considerata trascurabile (1/1837 della massa del protone).

Elettrone di valenza: elettrone situato nel più alto livello energetico di un atomo la cui tendenza a essere catturato o perso determina le caratteristiche chimiche dell'atomo a cui appartiene.

Elettronegatività: capacità di un atomo di attrarre verso di sé gli elettroni di legame. Generalmente si usa una scala comparativa da 1 a 4, dove 4 indica l'elettronegatività massima.

Elettroni accoppiati: due elettroni sullo stesso orbitale con spin opposto (+þ1/2 e –þ1/2).

Energia di attivazione (E_a): minimo quantitativo di energia necessario per attivare una reazione. È l'energia richiesta dai reagenti per raggiungere lo stato attivato.

Energia di ionizzazione: energia necessaria per rimuovere un elettrone dal livello di valenza di un atomo.

Energia di legame: energia (variazione di entalpia) richiesta per rompere un legame.

Energia libera di Gibbs (*G*): energia totale disponibile in un sistema per creare lavoro. La variazione dell'energia libera è calcolata con la relazione:

$$\Delta G = \Delta H - T\Delta S.$$

Se ΔG è negativa, la reazione è spontanea e si dice esoergonica, mentre se ΔG è positiva la reazione non è spontanea e si dice endoergonica.

Entalpia (*H*): quantità di calore contenuta in un sistema a pressione costante. La variazione di entalpia in una reazione è uguale alla differenza tra l'entalpia dei prodotti e l'entalpia dei reagenti.

Entropia: funzione di stato legata al grado di disordine di un sistema. Un sistema molto ordinato ha una entropia bassa; la variazione di entropia (ΔS) nel corso di una reazione è pari alla differenza tra l'entropia dei prodotti e l'entropia dei reagenti della reazione.

Equazione chimica: espressione utilizzata per descrivere la quantità e la natura dei reagenti e dei prodotti di una reazione.

Equazione di Gibbs-Helmholtz:

$\Delta G = \Delta H - T\Delta S$.

Equazione di Nernst: equazione che lega il voltaggio di una cella elettrochimica alla concentrazione dei reagenti e dei prodotti nella cella.

Equilibrio: stato di una reazione chimica in cui le velocità della reazione diretta e inversa si equivalgono; un sistema in equilibrio non evolve a meno che non intervengano cambiamenti nelle condizioni della reazione.

Equilibrio di fase: coppia temperatura-pressione in cui due o tre fasi di una particolare sostanza coesistono in equilibrio.

Equivalente: la definizione di equivalente dipende dal tipo di sostanza considerata:

un equivalente di acido o di base = quantità in grammi di acido o base che cede rispettivamente una mole di ioni H^+ od OH^- dissociandosi;

un equivalente di ossidante o riducente = quantità in grammi di ossidante o riducente che rispettivamente acquista o cede una mole di elettroni in una reazione redox.

Eterogeneo: si dice di sistema a composizione non uniforme.

Faraday (F): carica totale di una mole di elettroni (1 F = 96.487 C), da non confondersi con il farad che rappresenta una unità di misura della capacità elettrica di un conduttore.

Fase: uno dei tre stati della materia: solido, liquido e gassoso.

Formula di Lewis: metodo per rappresentare gli elettroni condivisi, e non, in un atomo, ione o molecola; è anche indicata come struttura di Lewis.

Formula molecolare o bruta: formula che mostra il numero e l'identità di tutti gli atomi presenti in una molecola o composto.

Forze di Van der Waals: deboli forze di attrazione intermolecolari comprendenti il legame a idrogeno, le interazioni dipolo-dipolo e le forze di dispersione.

Forza elettromotrice (fem): differenza di potenziale tra gli elettrodi di una cella elettrochimica non attraversata da corrente.

Forze intermolecolari: forze attrattive e repulsive tra le molecole.

Forze intramolecolari: forze attrattive e repulsive tra gli atomi di una molecola

Fotone: quanto di onda elettromagnetica, la cui energia è pari alla costante di Planck moltiplicata per la frequenza dell'onda.

Frazione molare (χ): unità di misura della concentrazione; esprime il rapporto tra il numero di moli di un componente e il numero totale di moli di tutte le specie.

Funzione di stato: funzione che dipende solo dallo stato del sistema e non dal meccanismo di evoluzione dello stesso o dal cammino seguito dal sistema durante la sua evoluzione.

Gas: stato fisico della materia a elevato disordine, nel quale le molecole interagiscono solo debolmente; in natura si parla di gas a pressioni relativamente basse e temperature alte; altrimenti si parla di vapore.

Gas ideale: gas ipotetico il cui comportamento è descritto dalla legge dei gas ideali. Le particelle di un gas ideale hanno volume nullo e non danno luogo a fenomeni di interazione reciproca a distanza. Gli urti tra le molecole di un gas ideale sono perfettamente elastici.

Gas inerte o gas nobile: elemento appartenente al gruppo 0 (o VIII gruppo) della tavola periodica. I gas inerti sono caratterizzati dall'avere una configurazione otteziale al livello più esterno; per questo motivo sono gli elementi meno reattivi della tavola periodica.

Gas reale: gas che non segue la legge dei gas ideali.

Grammo equivalente: sinonimo di equivalente.

Gruppo: colonna della tavola periodica degli elementi; contiene elementi simili nelle loro proprietà fisiche o chimiche.

Ibridazione: processo di ricombinazione di due o più orbitali atomici con la conseguente formazione di nuovi orbitali isoenergetici.

Idrolisi: reazione tra acqua e una seconda specie che induce la dissociazione delle molecole dell'acqua.

Indicatore acido-base: sostanza utilizzata in basse concentrazioni nella titolazione di una soluzione; cambia colore in funzione del pH della soluzione.

Innalzamento del punto di ebollizione (ΔT ebullioscopico): variazione della temperatura di ebollizione di un liquido dovuta all'aggiunta di un soluto non volatile; è una proprietà colligativa.

Interazione dipolo-dipolo: forza attrattiva tra due dipoli dipendente dal loro momento dipolare e dalla loro distanza.

Ione idronio: ione H_3O^+ in soluzione acquosa.

Ione idrossido: ione OH^- in soluzione acquosa.

Ioni: atomi o molecole dotati di carica elettrica a causa della perdita o acquisto di elettroni.

Isotopi: sono atomi con lo stesso numero di protoni, ma con differente numero di neutroni.

Joule (J): unità di misura dell'energia;

$$1\ J = 1\ kg{\cdot}m^2/s^2.$$

Kelvin (K): scala di temperatura (conosciuta anche come scala di temperatura assoluta) avente la stessa unità della scala Celsius e zero assoluto definito come 0 K. 0 K = – 273,16 °C.

Legame covalente: legame chimico formato tramite la condivisione di una coppia di elettroni tra due atomi. È caratterizzato dalla formazione di un orbitale molecolare responsabile della forza del legame.

Legame covalente apolare o puro: legame covalente tra due atomi aventi la stessa elettronegatività.

Legame covalente polare: legame covalente tra atomi con elettronegatività differenti nel quale la densità elettronica non è uniformemente distribuita; la forza del legame è anche dotata di una componente elettrostatica dovuta all'attrazione tra le cariche di segno opposto situate alle estremità opposte della molecola.

Legame dativo: legame covalente in cui i due elettroni di legame sono ceduti da uno solo dei due atomi coinvolti nel legame; è chiamato anche legame di coordinazione.

Legame a idrogeno: attrazione di natura elettrostatica tra un atomo di idrogeno legato con un atomo a elevata elettronegatività in una molecola e un atomo con elevata elettronegatività in un'altra molecola.

CHIMICA

Legame ionico: legame chimico formato grazie ad attrazioni elettrostatiche tra ioni positivi e negativi.

Legame metallico: tipo di legame in cui gli elettroni di valenza degli atomi del metallo sono delocalizzati all'interno del reticolo metallico.

Legge dei gas ideali: $PV = n \cdot RT$ dove R è la costante dei gas ideali. Tale legge può essere applicata a ogni gas reale che si trovi a bassa pressione e a una temperatura superiore alla sua temperatura critica.

Legge di Boyle: a temperatura costante, il volume di una sostanza gassosa è inversamente proporzionale alla pressione esercitata su di essa.

Legge di Charles: a pressione costante, il volume di una sostanza gassosa è direttamente proporzionale alla temperatura assoluta del gas.

Legge di conservazione della massa: in una reazione, la massa dei prodotti deve essere pari alla massa dei reagenti.

Legge di Dalton: la somma delle pressioni parziali dei componenti di una miscela gassosa deve eguagliare la pressione totale della miscela.

Legge di Graham: la velocità di diffusione di un gas è inversamente proporzionale alla radice quadrata del peso molecolare del gas.

Legge di Henry: la solubilità di un gas in una soluzione è direttamente proporzionale alla pressione parziale del gas.

Legge di Hess: l'energia scambiata in una reazione complessa è pari alla somma delle energie scambiate nelle singole reazioni che la compongono.

Legge di Raoult: la pressione parziale di un componente di una soluzione è proporzionale alla frazione molare dello stesso.

Legge di velocità: espressione matematica che lega la velocità di reazione alla concentrazione dei reagenti. La legge di velocità per una data reazione deve essere determinata sperimentalmente.

Liquido: stato della materia nel quale le forze molecolari sono intermedie tra quelle presenti nei gas e quelle presenti nei solidi. Si distingue dalla fase gassosa per il volume definito e dalla fase solida per il fatto che le molecole si possono mescolare liberamente tra loro.

Massa atomica: massa di un atomo espressa in rapporto all'u.m.a.(unità di massa atomica).

Meccanismo di reazione: serie di passaggi che avvengono nel corso di una reazione chimica con creazione e distruzione di prodotti intermedi e di legami chimici.

Membrana semipermeabile: membrana che può essere attraversata per diffusione da alcune sostanze (ioni o piccole molecole) ma non da altre.

Metalli alcalini: elementi che si trovano nel gruppo IA della tavola periodica. Sono altamente reattivi e cedono facilmente il loro elettrone di valenza per formare un composto ionico con un non metallo.

Metalli alcalino-terrosi: elementi che si trovano nel gruppo IIA della tavola periodica. Le loro proprietà chimiche sono simili a quelle dei metalli alcalini se non per il fatto che gli elettroni di valenza sono due.

Metalli di transizione: elementi appartenenti al gruppo B della tavola periodica degli elementi; sono caratterizzati dall'avere i sottolivelli *d* o *f* parzialmente pieni.

Metalli: una delle classi di elementi localizzata nella parte centrale o sinistra della tavola periodica degli elementi, caratterizzata da elettronegatività ed energia di ionizzazione basse: cedono facilmente elettroni per formare legami ionici. Sono caratterizzati da elevata conduttività elettrica, lucentezza e malleabilità.

Metalloide: elemento con caratteristiche intermedie tra quelle del metallo e quelle del non metallo.

Modello di Bohr: modello dell'atomo di idrogeno che postula la presenza di elettroni su orbite circolari intorno a un nucleo carico positivamente.

Molalità: unità di misura della concentrazione; esprime le moli di soluto per chilogrammo di solvente.

Molarità: unità di misura della concentrazione; esprime le moli di soluto per litro di soluzione.

Mole (mol): quantità di un elemento (composto) pari al suo peso atomico (molecolare) espresso in grammi; una mole contiene $6,02 \cdot 10^{23}$ atomi (molecole).

Molecola apolare: molecola la cui densità elettronica è uniformemente o simmetricamente distribuita sulla molecola e che non presenta quindi alcun momento dipolare netto.

Molecola polare: molecola che presenta una distribuzione di carica non omogenea.

Momento dipolare: grandezza vettoriale la cui intensità dipende dalle cariche del dipolo elettrico e dalla loro distanza. La direzione del momento dipolare è quella che va dalla carica positiva a quella negativa.

Neutrone: la più grande particella subatomica appartenente al nucleo, priva di carica e con massa leggermente superiore a quella del protone.

Non elettrolita: composto che non si dissocia in acqua e la cui soluzione acquosa non conduce elettricità.

Non metallo: elemento con energia di ionizzazione, affinità elettronica ed elettronegatività elevate; generalmente acquista elettroni per formare anioni. I non metalli sono localizzati nella parte in alto a destra della tavola periodica degli elementi.

Normalità: unità di misura della concentrazione; esprime i grammi equivalenti di soluto per litro di soluzione.

Nucleo: parte centrale di un atomo, carica positivamente e contenente protoni e neutroni.

Numero atomico: numero di protoni in un nucleo; questo numero caratterizza ogni elemento chimico e determina la sua posizione nella tavola periodica degli elementi.

Numero di Avogadro: numero di atomi o di molecole contenuti in una mole di sostanza; è pari a $6,022 \cdot 10^{23}$.

Numero di massa: numero totale di protoni e neutroni in un atomo.

Numero di ossidazione: dato un atomo legato ad altri atomi uguali o diversi per formare un composto, il suo stato di ossidazione (o numero di ossidazione) è il numero delle cariche che l'atomo assume se i doppietti elettronici di legame vengono assegnati formalmente all'atomo più elettronegativo.

Numero quantico: numero utilizzato per descrivere il livello energetico disponibile per un elettrone. Lo stato di un elettrone in un atomo è definito da quattro numeri quantici.

Numero quantico angolare (l): secondo numero quantico; indica il sottolivello a cui si trova l'elettrone; è legato al momento angolare posseduto dall'elettrone.

Numero quantico di spin (m_s): quarto numero quantico; definisce il verso di rotazione di un elettrone attorno al suo asse; può assumere solo i valori + 1/2 e – 1/2.

Numero quantico magnetico (m): terzo numero quantico; definisce il particolare orbitale del sottolivello nel quale si trova l'elettrone.

Numero quantico principale (n): primo numero quantico; indica il livello energetico occupato dall'elettrone.

Nuvola elettronica: regione di spazio che circonda l'atomo o la molecola dove è diversa da zero la probabilità di trovare gli elettroni dell'atomo o della molecola.

Orbitale atomico: regione di densità elettronica non nulla, definita da un'unica combinazione dei primi tre numeri quantici e contenente non più di due elettroni (con spin opposto).

Orbitale molecolare: orbitale formato dalla sovrapposizione di due o più orbitali atomici di atomi che partecipano a un legame chimico; la sua energia è inferiore a quella degli orbitali atomici da cui ha origine.

Orbitali degeneri: orbitali che possiedono la stessa energia.

Orbitali delocalizzati: orbitale molecolare la cui densità elettronica è distribuita sull'intera molecola invece di essere localizzata attorno a ciascun atomo.

Ordine di reazione: esponente a cui bisogna elevare la concentrazione dei reagenti per il calcolo della velocità di reazione.

Osmosi: movimento spontaneo di un solvente attraverso una membrana semipermeabile dovuto alla differenza di concentrazione tra le soluzioni ai lati della membrana.

Ossidazione: reazione che implica una perdita di elettroni cioè un aumento del numero di ossidazione.

Ottetto: configurazione elettronica esterna con otto elettroni di valenza (ns^2 np^6); è una configurazione elettronica particolarmente stabile.

Passaggio che determina la velocità di reazione: passaggio più lento del meccanismo di reazione che determina la velocità globale della reazione.

Periodo: linea orizzontale della tavola periodica degli elementi; contiene elementi con lo stesso numero di livelli elettronici occupati o parzialmente occupati.

Peso atomico: rapporto fra la massa dell'atomo e l'unità di massa atomica. La massa dell'atomo è la media delle masse dei diversi isotopi di quell'elemento chimico presenti in natura, pesata sulla loro percentuale di presenza.

Peso equivalente (PE): peso in grammi di un equivalente di sostanza.

Peso molare (PM): peso in grammi di una mole di una sostanza atomica o molecolare.

Peso molecolare: somma dei pesi atomici di tutti gli atomi che costituiscono la molecola.

pH: indice del contenuto di ioni idrogeno in una soluzione acquosa; è pari all'opposto del logaritmo della concentrazione dello ione idrogeno.

pOH: indice del contenuto di ioni idrossido in una soluzione acquosa; è pari all'opposto del logaritmo della concentrazione dello ione idrossido.

Precipitato: solido non solubile; si separa da una soluzione generalmente a causa della miscelazione di due o più soluzioni o a causa di variazioni della temperatura.

Pressione: forza normale alla superficie per unità di superficie; si misura in atmosfere, torr (mmHg) o pascal.

Pressione critica: pressione di vapore di una data sostanza corrispondente alla sua temperatura critica.

Pressione di vapore: pressione esercitata da un vapore in equilibrio con la propria fase liquida; è altamente variabile al variare della temperatura del sistema liquido-vapore.

Pressione osmotica: pressione che deve essere esercitata su una soluzione per prevenire il passaggio di solvente puro attraverso una membrana semipermeabile (si veda anche osmosi).

Pressione parziale: pressione di un componente di una miscela gassosa; è pari alla pressione che eserciterebbe tale componente se occupasse da solo tutto il volume occupato dalla miscela.

Prima legge della termodinamica: legge che afferma che la variazione di energia interna di ogni sistema in natura è pari alla somma algebrica del lavoro e del calore forniti dall'esterno al sistema. Secondo il primo principio della termodinamica, l'energia in natura non si crea e non si distrugge ma può solo trasformarsi da una forma a un'altra.

Principio della massima molteplicità (o Regola di Hund): se più elettroni occupano orbitali degeneri (di pari energia) essi si distribuiscono, con spin paralleli, sul numero massimo possibile di questi.

Principio di Aufbau: gli elettroni si posizionano in un atomo in modo da occupare il livello a minima energia ancora disponibile: prima di iniziare a riempire un nuovo livello, l'elettrone completa quello di energia inferiore.

Principio di Avogadro: nelle stesse condizioni di pressione e temperatura, volumi uguali di gas diversi contengono lo stesso numero di molecole.

Principio di esclusione di Pauli: in un atomo non possono esistere due o più elettroni con i quattro numeri quantici rispettivamente uguali.

Principio di indeterminazione di Heisenberg: principio che stabilisce l'impossibilità di determinare contemporaneamente e senza incertezza sia la quantità di moto sia la posizione di una particella.

Principio di Le Châtelier: se un sistema in equilibrio viene disturbato, questo tenderà a reagire in modo da controbilanciare il disturbo e ristabilire l'equilibrio.

Processo spontaneo: processo che si verifica in natura senza l'apporto di energia dall'ambiente esterno.

Prodotto di ionizzazione: termine generale per indicare la costante di dissociazione di sali, acidi e basi deboli; è pari al prodotto tra le concentrazioni degli ioni della base e dell'acido coniugati.

Prodotto di solubilità: costante di equilibrio per una reazione di soluzione di un elettrolita debolmente solubile. È dato dal prodotto delle concentrazioni degli ioni provenienti dalla dissociazione dell'elettrolita, ove ciascuna concentrazione è elevata a un esponente pari al coefficiente stechiometrico col quale lo ione compare nella reazione di dissociazione del sale stesso.

Prodotto intermedio di reazione: specie che non appare tra i prodotti finali di reazione ma che è presente temporaneamente nel corso della reazione.

Proprietà chimiche: proprietà di una sostanza, come l'energia di ionizzazione e l'elettronegatività, legate ai cambiamenti chimici che la sostanza subisce.

Proprietà colligative: proprietà di una soluzione dipendenti unicamente dal numero di particelle di soluto e non dalla natura delle stesse.

Proprietà fisiche: proprietà di una sostanza, come la massa, legate alle sue caratteristiche fisiche e non chimiche.

Protone: particella subatomica dotata di carica positiva e massa leggermente inferiore a quella del neutrone.

Punto di congelamento: temperatura alla quale, a una data pressione, le fasi solida e liquida coesistono in equilibrio.

Punto di ebollizione: temperatura alla quale la pressione di vapore di un liquido eguaglia la pressione esterna.

Punto di fusione: temperatura alla quale le fasi liquida e solida di una sostanza coesistono in equilibrio.

Punto triplo: condizioni di pressione e temperatura alle quali solido, liquido e vapore di una sostanza coesistono in equilibrio.

Radioattività: capacità di alcuni isotopi instabili di subire trasformazioni nucleari spontanee con emissione di una o più particelle. La natura della particella emessa determina il tipo di decadimento radioattivo.

Raggio atomico: metà della distanza tra due nuclei di un elemento nel suo stato normale (non eccitato).

Reagente in eccesso: in una reazione chimica è il reagente in eccesso rispetto ai prodotti che possono essere formati.

Reagente limitante: in una reazione chimica è il reagente presente in minore quantità che limita la quantità di prodotti ottenibili.

Reazione di neutralizzazione: reazione di acidi e basi nelle quali ioni H^+ e OH^- si combinano per produrre acqua e una soluzione neutra.

Reazione di ossido-riduzione: reazione che combina processi di ossidazione e di riduzione, chiamata anche redox.

Reazione endotermica: reazione che, per avere luogo, necessita calore dall'esterno (ΔH positivo).

Reazione esotermica: reazione che libera calore verso l'esterno (ΔH negativo).

Regola dell'ottetto: la configurazione di otto elettroni s^2p^6 prende il nome di ottetto ed è una configurazione di grande stabilità, alla quale gli atomi tendono quando si legano con altri atomi. La regola viene meno quando un atomo, in un certo composto, impegna anche orbitali di tipo d oltre a quelli di tipo *s* e *p* per formare legami.

Regola di Hund: vedi Principio della massima molteplicità.

Riduzione: reazione che comporta un guadagno di elettroni e la riduzione del numero di ossidazione.

Sale: solido ionico formato da un anione e da un catione che non siano rispettivamente ioni idrossido o protoni.

Secondo principio della termodinamica: vi sono tre enunciati equivalenti tra loro:

1) enunciato di Kelvin: è impossibile realizzare, con una macchina termica, una trasformazione il cui unico risultato sia quello di trasformare integralmente in lavoro il calore assorbito da una sorgente;
2) enunciato secondo Clausius: il calore passa spontaneamente dai corpi caldi ai corpi freddi e non viceversa;
3) terzo enunciato: in un sistema isolato, ogni trasformazione spontanea (irreversibile) comporta un aumento di entropia del sistema.

Semireazione: è la reazione che avviene a un elettrodo di una cella elettrochimica. La riduzione o l'ossidazione rappresentano la metà di una reazione di ossidoriduzione.

Sistema aperto: sistema che può scambiare sia energia sia materia con l'ambiente esterno.

Sistema chiuso: sistema che può scambiare con l'esterno energia ma non materia.

Sistema isolato: sistema che non può scambiare né materia né energia con l'ambiente esterno.

Solido: stato della materia caratterizzato dal fatto che ogni molecola è ferma in una posizione precisa.

Solido ionico: solidi costituiti da ioni positivi e negativi, legati tra loro da legami ionici.

Solubilità: quantità di soluto che può essere disciolto in un solvente a una determinata temperatura senza che si formi il corpo di fondo.

Soluto: componente di una soluzione che è presente in quantità minore rispetto al solvente.

Soluzione: miscela omogenea di due o più componenti. Può contenere componenti in ogni fase disciolti in altre fasi.

Soluzione acida: soluzione acquosa che contiene più ioni H^+ che ioni OH^-; il pH di tale soluzione è inferiore a 7.

Soluzione acquosa: soluzione in cui il solvente è l'acqua.

Soluzione basica: soluzione acquosa che contiene più ioni OH^- che ioni H^+; il pH di tale soluzione è superiore a 7.

Soluzione neutra: soluzione acquosa in cui la concentrazione degli ioni H^+ è uguale a quella degli ioni OH^- (pH = 7).

Soluzione non satura: soluzione in cui può essere ancora disciolto del soluto.

Soluzione satura: soluzione nella quale è disciolta la massima quantità di soluto possibile a una data temperatura.

Solvente: componente di una soluzione presente in quantità maggiore e in cui viene disciolto il soluto.

Sottolivello: suddivisione dei livelli elettronici o energetici definita da particolari valori del numero quantico angolare (*l*); *s*, *p* e *d* sono i principali sottolivelli, ognuno dei quali è composto da più orbitali che differiscono tra loro per il valore del terzo numero quantico *m*.

Sottolivello *d*: sottolivello corrispondente a $l = 2$ (l = numero quantico del momento angolare). Si trova a partire dal terzo livello energetico principale, e contiene cinque orbitali di tipo *d*.

Sottolivello *p*: sottolivello corrispondente a $l = 1$; si trova a partire dal secondo livello energetico principale ($n \geq 2$). Contiene tre orbitali di tipo *p* orientati ad angolo retto tra loro e chiamati orbitali p_x, p_y e p_z.

Sottolivello *s*: sottolivello corrispondente $l = 0$; contiene un solo orbitale di forma sferica ed è presente in tutti i livelli energetici.

Specie anfotere: specie in grado di reagire sia con ioni H^+ sia con ioni OH^- in funzione del tipo di reazione. Si comportano da acidi o da basi a seconda del composto con cui reagiscono.

Spin elettronico: numero legato alla rotazione di un elettrone attorno al proprio asse; sono possibili due soli stati: +1/2 e –1/2, corrispondenti ai due valori del numero quantico di spin dell'elettrone.

Stato: insieme di proprietà macroscopiche definite che possono essere specificate per la riproduzione esatta del sistema.

Stato eccitato: stato elettronico a energia superiore a quella dello stato fondamentale.

Sublimazione: passaggio di stato da solido a gassoso.

Tavola periodica: tabella che contiene tutti gli elementi chimici conosciuti organizzati in righe (periodi) e colonne (gruppi) a seconda della loro struttura elettronica e del loro numero atomico.

Temperatura: misura dell'energia cinetica media delle particelle di un sistema.

Temperatura critica: temperatura massima alla quale le fasi liquido e vapore di una sostanza possono coesistere; è anche la temperatura al di sopra della quale la sostanza non diviene liquida per nessun valore di pressione. È la temperatura al di sopra della quale i gas reali hanno un comportamento vicino a quello dei gas ideali.

Teoria cinetica molecolare: teoria formulata per spiegare il comportamento dei gas; ipotizza che le molecole del gas siano puntiformi, senza volume, in costante movimento casuale e non sottoposte a forze intermolecolari, eccetto quando subiscono collisioni con il recipiente che le contiene o con altre molecole.

Terza legge della termodinamica: legge che stabilisce che l'entropia di un cristallo perfetto allo zero assoluto è nulla.

Titolazione acido-base: processo utilizzato per la determinazione della concentrazione di una soluzione.

Torr: unità di misura della pressione; è pari a 1 mmHg.

Trasformazione adiabatica: processo nel quale non si verificano scambi di calore tra sistema e ambiente.

Trasformazione isobara: processo che avviene a pressione costante.

Trasformazione isocora: processo che avviene a volume costante.

Trasformazione isotermica: processo che avviene a temperatura costante. Possono esserci variazioni di entalpia a causa di scambi di calore o di variazioni di volume e pressione ma la temperatura deve rimanere costante.

Unità di massa atomica (u.m.a.): un dodicesimo (1/12) della massa di un atomo dell'isotopo 12 del carbonio (^{12}C).

Velocità di reazione: velocità con cui una sostanza viene prodotta o consumata in una reazione.

Vita media: tempo necessario alla concentrazione di un reagente per decrescere fino alla metà del valore iniziale.

Zero assoluto: temperatura alla quale tutte le sostanze non presentano energia termica; 0 K = – 273,16 °C. È una temperatura non raggiungibile in natura.

Tavola periodica degli elementi

Legenda

82 S 1,8
4/2
207,2
Pb
$(Xe)4f^{14}5d^{10}6s^{2}6p^{2}$
Piombo

- Numero atomico
- Stati di ossidazione (in **grassetto** il più stabile)
- Simbolo+
- Nome
- S = solido*, L = liquido*, G = gas*, A = artificiale
- Elettronegatività
- Peso atomico (in *corsivo* quello dell'isotopo più comune)
- Configurazione elettronica

* In condizioni standard

\+ In grigio gli elementi artificiali

	1 I A	2 II A	3 III B	4 IV B	5 V B	6 VI B	7 VII B	8 VIII B	9 VIII B	10 VIII B
1	1 G 2,1 1/–1 1,0079 **H** $1s^{1}$ Idrogeno									
2	3 S 1,0 1 6,941 **Li** $(He)2s^{1}$ Litio	4 S 1,5 2 9,01218 **Be** $(He)2s^{2}$ Berillio								
3	11 S 0,9 1 22,98977 **Na** $(Ne)3s^{1}$ Sodio	12 S 1,2 2 24,305 **Mg** $(Ne)3s^{2}$ Magnesio								
4	19 S 0,8 1 39,0983 **K** $(Ar)4s^{1}$ Potassio	20 S 1,0 2 40,08 **Ca** $(Ar)4s^{2}$ Calcio	21 S 1,3 3 44,9559 **Sc** $(Ar)3d^{1}4s^{2}$ Scandio	22 S 1,5 4/3/2 47,88 **Ti** $(Ar)3d^{2}4s^{2}$ Titanio	23 S 1,6 5/4/3/2 50,9415 **V** $(Ar)3d^{3}4s^{2}$ Vanadio	24 S 1,6 6/3/2 51,996 **Cr** $(Ar)3d^{5}4s^{1}$ Cromo	25 S 1,5 7/6/4/3/2 54,9380 **Mn** $(Ar)3d^{5}4s^{2}$ Manganese	26 S 1,8 3/2 55,847 **Fe** $(Ar)3d^{6}4s^{2}$ Ferro	27 S 1,8 3/2 58,9332 **Co** $(Ar)3d^{7}4s^{2}$ Cobalto	28 S 1,8 3/2 58,69 **Ni** $(Ar)3d^{8}4s^{2}$ Nichel
5	37 S 0,8 1 85,4678 **Rb** $(Kr)5s^{1}$ Rubidio	38 S 1,0 2 87,62 **Sr** $(Kr)5s^{2}$ Stronzio	39 S 1,3 3 88,9059 **Y** $(Kr)4d^{1}5s^{2}$ Ittrio	40 S 1,4 4 91,22 **Zr** $(Kr)4d^{2}5s^{2}$ Zirconio	41 S 1,6 5/3 92,9064 **Nb** $(Kr)4d^{4}5s^{1}$ Niobio	42 S 1,8 6/5/4/3/2 95,94 **Mo** $(Kr)4d^{5}5s^{1}$ Molibdeno	43 A 1,9 7 *98* **Tc** $(Kr)4d^{6}5s^{1}$ Tecnezio	44 S 2,2 8/6/4/3/2 101,07 **Ru** $(Kr)4d^{7}5s^{1}$ Rutenio	45 S 2,2 4/3/2 102,9055 **Rh** $(Kr)4d^{8}5s^{1}$ Rodio	46 S 2,2 4/2 106,42 **Pd** $(Kr)4d^{10}5s^{0}$ Palladio
6	55 L 0,7 1 132,9054 **Cs** $(Xe)6s^{1}$ Cesio	56 S 0,9 2 137,33 **Ba** $(Xe)6s^{2}$ Bario	57 S 1,1 3 138,9055 **La*** $(Xe)5d^{1}6s^{2}$ Lantanio	72 S 1,3 4 178,49 **Hf** $(Xe)4f^{14}5d^{2}6s^{2}$ Afnio	73 S 1,5 5 180,9479 **Ta** $(Xe)4f^{14}5d^{3}6s^{2}$ Tantalio	74 S 1,7 6/5/4/3/2 183,85 **W** $(Xe)4f^{14}5d^{4}6s^{2}$ Tungsteno	75 S 1,9 7/6/4/2/ 186,207 **Re** $(Xe)4f^{14}5d^{5}6s^{2}$ Renio	76 S 2,2 8/6/4/3 190,2 **Os** $(Xe)4f^{14}5d^{6}6s^{2}$ Osmio	77 S 2,2 6/4/3/2 192,22 **Ir** $(Xe)4f^{14}5d^{7}6s^{2}$ Iridio	78 S 2,2 4/2 195,08 **Pt** $(Xe)4f^{14}5d^{9}6s^{1}$ Platino
7	87 L 0,7 1 *223* **Fr** $(Rn)7s^{1}$ Francio	88 S 0,9 2 226,0254 **Ra** $(Rn)7s^{2}$ Radio	89 S 1,1 3 227,0278 **Ac**** $(Rn)6d^{1}7s^{2}$ Attinio	104 A *261* **Rf** $(Rn)5f^{14}6d^{2}7s^{2}$ Rutherfordio	105 A *262* **Db** $(Rn)5f^{14}6d^{3}7s^{2}$ Dubnio	106 A *266* **Sg** $(Rn)5f^{14}6d^{4}7s^{2}$ Seaborgio	107 A *264* **Bh** $(Rn)5f^{14}6d^{5}7s^{2}$ Bohrio	108 A *277* **Hs** $(Rn)5f^{14}6d^{6}7s^{2}$ Hassio	109 A *268* **Mt** $(Rn)5f^{14}6d^{7}7s^{2}$ Meitnerio	110 A *271* **Ds** $(Rn)5f^{14}6d^{9}7s^{1}$ Darmstadtio

Metalli — Semimetalli — Non metalli — Gas nobili

*	58 S 1,1 4/3 140,12 **Ce** $(Xe)4f^{2}5d^{0}6s^{2}$ Cerio	59 S 1,1 4/3 140,9077 **Pr** $(Xe)4f^{3}5d^{0}6s^{2}$ Praseodimio	60 S 1,2 3 144,24 **Nd** $(Xe)4f^{4}5d^{0}6s^{2}$ Neodimio	61 A 3 *145* **Pm** $(Xe)4f^{5}5d^{0}6s^{2}$ Promezio	62 S 1,2 3/2 150,36 **Sm** $(Xev)4f^{6}5d^{0}6s^{2}$ Samario	63 S 3/2 151,96 **Eu** $(Xe)4f^{7}5d^{0}6s^{2}$ Europio	64 S 1,1 3 157,25 **Gd** $(Xe)4f^{7}5d^{1}6s^{2}$ Gadolinio
**	90 S 1,3 4 232,0381 **Th** $(Rn)5f^{0}6d^{2}7s^{2}$ Torio	91 S 1,5 5/4 231,0359 **Pa** $(Rn)5f^{2}6d^{1}7s^{2}$ Protattinio	92 S 1,7 6/5/4/3 238,0289 **U** $(Rn)5f^{3}6d^{1}7s^{2}$ Uranio	93 A 1,3 6/5/4/3 237,0482 **Np** $(Rn)5f^{4}6d^{1}7s^{2}$ Nettunio	94 A 1,3 6/5/4/3 *244* **Pu** $(Rn)5f^{6}6d^{0}7s^{2}$ Plutonio	95 A 1,3 6/5/4/3 *243* **Am** $(Rn)5f^{7}6d^{0}7s^{2}$ Americio	96 A 4/3 *247* **Cm** $(Rn)5f^{7}6d^{1}7s^{2}$ Curio

PARTE QUINTA

11 I B	12 II B	13 III A	14 IV A	15 V A	16 VI A	17 VII A	18 Gas Nobili	Livelli riempiti lungo il periodo
							2 G — 0 4,0026 **He** $1s^2$ Elio	$1s$
		5 S 2,0 3 10,81 **B** (He)$2s^2 2p^1$ Boro	6 S 2,5 ±**4**/2 12,011 **C** (He)$2s^2 2p^2$ Carbonio	7 G 3,0 5/4±**3**/1 14,0067 **N** (He)$2s^2 2p^3$ Azoto	8 G 3,5 **−2** 15,9994 **O** (He)$2s^2 2p^4$ Ossigeno	9 G 4,0 −1 18,998403 **F** (He)$2s^2 2p^5$ Fluoro	10 G — 0 20,179 **Ne** (He)$2s^2 2p^6$ Neon	$2s$, $2p$
		13 S 1,5 3 26,98154 **Al** (Ne)$3s^2 3p^1$ Alluminio	14 S 1,8 ±4 28,0855 **Si** (Ne)$3s^2 3p^2$ Silicio	15 S 2,1 **5**/4/±3/1 30,97376 **P** (Ne)$3s^2 3p^3$ Fosforo	16 S 2,5 **6**/4/±2 32,06 **S** (Ne)$3s^2 3p^4$ Zolfo	17 G 3,0 7/5/3/±1 35,453 **Cl** (Ne)$3s^2 3p^5$ Cloro	18 G — 0 39,948 **Ar** (Ne)$3s^2 3p^6$ Argon	$3s$, $3p$
29 S 1,9 2/1 63,546 **Cu** (Ar)$3d^{10} 4s^1$ Rame	30 S 1,6 2 65,38 **Zn** (Ar)$3d^{10} 4s^2$ Zinco	31 L 1,6 3 69,72 **Ga** (Ar)$3d^{10} 4s^2 4p^1$ Gallio	32 S 1,8 4 72,59 **Ge** (Ar)$3d^{10} 4s^2 4p^2$ Germanio	33 S 2,0 5/±3 74,9216 **As** (Ar)$3d^{10} 4s^2 4p^3$ Arsenico	34 S 2,4 6/**4**/−2 78,96 **Se** (Ar)$3d^{10} 4s^2 4p^4$ Selenio	35 L 2,8 5/±1 79,904 **Br** (Ar)$3d^{10} 4s^2 4p^5$ Bromo	36 G 0 83,80 **Kr** (Ar)$3d^{10} 4s^2 4p^6$ Kripton	$4s$, $3d$, $4p$
47 S 1,9 2/1 107,868 **Ag** (Kr)$4d^{10} 5s^1$ Argento	48 S 1,7 2 112,41 **Cd** (Kr)$4d^{10} 5s^2$ Cadmio	49 S 1,7 3 114,82 **In** (Kr)$4d^{10} 5s^2 5p^1$ Indio	50 S 1,8 **4**/2 118,69 **Sn** (Kr)$4d^{10} 5s^2 5p^2$ Stagno	51 S 1,9 5/±**3** 121,75 **Sb** (Kr)$4d^{10} 5s^2 5p^3$ Antimonio	52 S 2,1 6/**4**/−2 127,60 **Te** (Kr)$4d^{10} 5s^2 5p^4$ Tellurio	53 S 2,5 7/5/±1 126,9045 **I** (Kr)$4d^{10} 5s^2 5p^5$ Iodio	54 G 0 131,29 **Xe** (Kr)$4d^{10} 5s^2 5p^6$ Xeno	$5s$, $4d$, $5p$
79 S 2,4 3/1 196,9665 **Au** (Xe)$4f^{14} 5d^{10} 6s^1$ Oro	80 L 1,9 2/1 200,59 **Hg** (Xe)$4f^{14} 5d^{10} 6s^2$ Mercurio	81 S 1,8 3/1 204,383 **Tl** (Xe)$4f^{14} 5d^{10} 6s^2 6p^1$ Tallio	82 S 1,8 4/2 207,2 **Pb** (Xe)$4f^{14} 5d^{10} 6s^2 6p^2$ Piombo	83 S 1,8 5/3 208,99804 **Bi** (Xe)$4f^{14} 5d^{10} 6s^2 6p^3$ Bismuto	84 S 2,0 6/4/2 *209* **Po** (Xe)$4f^{14} 5d^{10} 6s^2 6p^4$ Polonio	85 S 2,2 7/5/3/±1 *210* **At** (Xe)$4f^{14} 5d^{10} 6s^2 6p^5$ Astato	86 G 0 *222* **Rn** (Xe)$4f^{14} 5d^{10} 6s^2 6p^6$ Rado	$6s$, $(4f)$, $5d$, $6p$
111 A *272* **Rg** (Rn)$5f^{14} 6d^{10} 7s^1$ Roentgenio	112 A 285 **Cn** (Rn)$5f^{14} 6d^{10} 7s^2$ Copernicio	113 A *284* **Nh** (Rn)$5f^{14} 6d^{10} 7s^2 7p^1$ Nihonium	114 A *289* **Fl** (Rn)$5f^{14} 6d^{10} 7s^2 7p^2$ Flerovio	115 A *288* **Mc** (Rn)$5f^{14} 6d^{10} 7s^2 7p^3$ Moscovium	116 A *292* **Lv** (Rn)$5f^{14} 6d^{10} 7s^2 7p^4$ Livermorio	117 A *310* **Ts** (Rn)$5f^{14} 6d^{10} 7s^2 7p^5$ Tennessine	118 A *314* **Og** (Rn)$5f^{14} 6d^{10} 7s^2 7p^6$ Oganesson	$7s$, $(5f)$, $6d$

65 S 1,2 4/3 158,9254 **Tb** (Xe)$4f^9 5d^0 6s^2$ Terbio	66 S 3 162,50 **Dy** (Xe)$4f^{10} 5d^0 6s^2$ Disprosio	67 S 1,2 3 164,9304 **Ho** (Xe)$4f^{11} 5d^0 6s^2$ Olmio	68 S 1,2 3 167,26 **Er** (Xe)$4f^{12} 5d^0 6s^2$ Erbio	69 S 1,2 3/2 168,9342 **Tm** (Xe)$4f^{13} 5d^0 6s^2$ Tulio	70 S 1,1 3/2 173,04 **Yb** (Xe)$4f^{14} 5d^0 6s^2$ Itterbio	71 S 1,2 3 174,967 **Lu** (Xe)$4f^{14} 5d^1 6s^2$ Lutezio
97 A 4/3 *247* **Bk** (Rn)$5f^9 6d^0 7s^2$ Berchelio	98 A 3 *251* **Cf** (Rn)$5f^{10} 6d^0 7s^2$ Californio	99 A 3 *252* **Es** (Rn)$5f^{11} 6d^0 7s^2$ Einsteinio	100 A 3 *257* **Fm** (Rn)$5f^{12} 6d^0 7s^2$ Fermio	101 A 3/2 *258* **Md** (Rn)$5f^{13} 6d^0 7s^2$ Mendelevio	102 A 3/2 259 **No** (Rn)$5f^{14} 6d^0 7s^2$ Nobelio	103 A 3 *260* **Lr** (Rn)$5f^{14} 6d^1 7s^2$ Laurenzio

Indice analitico

A

B

C

D

E

F

include MyDesk

Per accedere a MyDesk vai su
www.alphatest.it/tu25363
e segui le istruzioni.

Cos'è MyDesk e cosa ti offre?

MyDesk è l'esclusivo sistema di e-learning adottato anche in tutti i corsi di preparazione Alpha Test. Acquistando questo volume, hai diritto ad accedere a MyDesk usufruendo di contenuti supplementari utili per la tua preparazione.

A tua disposizione trovi:

- **Simulazioni** d'esame
- **Esercitazioni** mirate
- **Tutorial** su test e preparazione all'esame

L'abbinamento del libro con MyDesk ti consente di potenziare lo studio, l'esercizio e la verifica della preparazione offrendoti le maggiori possibilità di successo nella selezione.

TESTUNIVERSITARI

Alpha Test
Ingegneria - Tolc I
Esercizi commentati

edizioni
Alpha Test

Via Mercalli, 14 – 20122 – Milano (Italy)
Tel. 02 5845981 – fax 02 58459896
servizi@alphatest.it
www.alphatest.it

La possibilità per l'utente di accedere a MyDesk abbinato al volume e di ricevere assistenza informatica da Alpha Test cessa due anni dopo la data di attivazione o, se viene prima, un anno dopo l'uscita dell'edizione dal catalogo editoriale di Alpha Test.

ISBN: 9788848325363

Dodicesima edizione: novembre 2022
Prima edizione: maggio 1995

Stampato da L.E.G.O. S.p.A. Lavis (TN)
per conto di Alpha Test S.r.l.
nell'ottobre 2022

Indice

Prefazione

Per gli studenti italiani (ma anche stranieri che vogliono studiare in Italia) l'iscrizione all'università è ormai da parecchi anni subordinata al superamento di una prova di selezione (o talvolta di valutazione), che ha lo scopo di verificare se e in quale misura le aspiranti matricole abbiano le potenzialità di frequentare con profitto il corso di laurea prescelto.

Attualmente, in Italia – sia nelle più importanti università private sia in quelle statali – quasi tutti i corsi di laurea magistrale a ciclo unico (Medicina e Chirurgia, Odontoiatria e Protesi dentaria, Medicina Veterinaria, Scienze della Formazione primaria, Farmacia, Architettura, Giurisprudenza ecc.) e molti corsi di laurea triennale sono caratterizzati dalla presenza del **numero programmato** a livello nazionale o locale: il numero di iscritti al primo anno di questi corsi non può quindi superare il limite di posti stabilito dal Ministero o dai singoli atenei.

La selezione tra i candidati che desiderano accedere a un corso universitario a numero programmato viene effettuata quasi sempre mediante una prova a test, composta da domande a risposta multipla: si valutano in tal modo le conoscenze e le attitudini degli studenti. Il test viene predisposto, a seconda dei casi, o a cura del ministero dell'Università e della Ricerca (come, per esempio, per le prove nazionali di accesso ai corsi di Medicina/Odontoiatria e Veterinaria) o dalle singole università o da consorzi interuniversitari (quali il CISIA o il CINECA). Il risultato che uno studente ottiene nel test determina il **punteggio** con il quale entra nella **graduatoria dei candidati** in base alla quale vengono attribuiti i posti a disposizione. In pochi corsi a numero chiuso locale, a definire la posizione nella graduatoria finale contribuiscono anche i voti conseguiti negli ultimi anni di scuola superiore o il voto dell'Esame di Stato, ma con peso minore (se non minimo) rispetto al punteggio del test.

La normativa impone ormai anche ai corsi di laurea ad accesso libero di attivare **prove valutative** e/o di **orientamento**, di solito a test; lo scopo di tali prove è rilevare per ogni studente il livello della preparazione iniziale ritenuta necessaria per frequentare con successo un dato corso (talvolta indicata con la formula "saperi minimi"). Tale valutazione non ha lo scopo di precludere l'iscrizione ma, in caso di mancato raggiungimento della soglia stabilita, attribuisce alcuni **obblighi formativi aggiuntivi** (OFA) che lo studente dovrà assolvere entro il primo semestre o il primo anno di corso, dimostrando di aver colmato le lacune evidenziate. In taluni casi, gli OFA vanno saldati prima di potere affrontare gli esami del primo anno di corso. Talvolta lo studente – prendendo atto di un esito insufficiente della prova – può decidere spontaneamente di rivedere la propria scelta di studi.

Dunque, anche chi intende frequentare un corso universitario ad accesso libero deve affrontare una prova prima dell'immatricolazione; ciò impone agli studenti seriamente motivati di prepararsi in modo adeguato per iniziare senza penalità il proprio percorso di studio.

Alpha Test è la più importante organizzazione in Italia che, per prima e da oltre 30 anni, offre agli studenti strumenti e percorsi diversi per affrontare con successo i test di valutazione o di selezione. A questo scopo pubblica la **collana TestUniversitari**, composta da oltre ottanta tra manuali ed eserciziari, specifici per ogni area di studio (informazioni su alphatest.it/Libri).

In particolare, questo libro è specifico per la preparazione ai test di ammissione per i corsi di laurea triennale delle aree di **Ingegneria** (L-7 Ingegneria civile e ambientale; L-8 Ingegneria dell'informazione; L-9 Ingegneria industriale). Le tre classi di laurea si articolano, di ateneo in ateneo, in curricula variamente caratterizzati. Per esempio, la classe **L-7** forma i profili di ingegnere civile, ingegnere ambientale, ingegnere gestionale, ingegnere per la tutela del territorio e dell'ambiente, ingegnere dei rischi ambientali e delle infrastrutture, ingegnere della sicurezza ecc. La classe **L-8** forma inoltre i profili dell'ingegnere dell'automazione, ingegnere biomedico, ingegnere elettronico, ingegnere informatico, ingegnere delle telecomunicazioni, ingegnere della sicurezza e protezione delle informazioni ecc. La classe **L-9** forma invece i profili di ingegnere aerospaziale, ingegnere dell'automazione, ingegnere chimico, ingegnere energetico, ingegnere dei materiali, ingegnere meccanico, ingegnere navale, ingegnere nucleare, ingegnere della sicurezza e protezione industriale ecc.

Il volume è inoltre adatto per quei corsi di laurea dell'area **Informatica** (L-31) che, in molte sedi universitarie, hanno come prova di ammissione il TOLC-I o test autonomi di ateneo (incentrati su domande di logica, ragionamento quantitativo, matematica ed elementi di fisica e chimica). Alcune università adottano invece per le triennali della classe L-31 il TOLC-S (che prevede anche domande di altre discipline, come Scienze della Terra non trattate in questo volume).

In generale, questo libro è adatto per l'accesso a **tutti i corsi di laurea** per i quali i singoli atenei prevedono come prova di accesso lo svolgimento del **TOLC-I** (in alcune sedi, per esempio, è utilizzato per i corsi della L-41di Statistica, o per le nuove lauree professionalizzanti come L-P01 Professioni tecniche per l'edilizia e il territorio, o per la L-25 Scienze e tecnologie agrarie e forestali e diverse altre).

Si consiglia sempre di verificare sul bando di ateneo quale TOLC è richiesto per il corso di laurea di interesse e/o quali materie sono previste dal programma di esame.

L'acquisto di un volume della collana TestUniversitari, consente di accedere a **MyDesk**, l'esclusiva piattaforma online sviluppata da Alpha Test, con materiali di studio aggiuntivi (videolezioni, tutorial dei docenti, informazioni aggiornate ecc.) e un avanzato **sistema di simulazione** per svolgere esercitazioni per materia o prove simulate secondo tempi e modalità dell'esame ufficiale.

Per **accedere a MyDesk** è sufficiente seguire le istruzioni che si trovano nella seconda pagina di questo volume.

Alpha Test – attiva su tutto il territorio nazionale, con sedi nelle principali città universitarie – si avvale inoltre della collaborazione di un corpo docente di grande esperienza, organizzando **corsi specifici di preparazione** di diversa durata, in presenza oppure online (informazioni su alphatest.it/Corsi).

Un altro utile strumento per i lettori è **Alpha Test Academy**: una piattaforma online di assistenza personalizzata allo studio, che guida lo studente in un programma graduale di esercitazioni, fino al raggiungimento di una completa preparazione al test.

Il parere dei lettori è importante

Per continuare a migliorare la qualità delle proprie pubblicazioni, Alpha Test considera estremamente prezioso il parere dei propri lettori ai quali chiede la cortesia di esprimere un giudizio su questo libro nell'apposita sezione "Valuta un libro" del sito alphatest.it.

Ringraziamenti

Alpha Test ringrazia i numerosi lettori, i partecipanti ai corsi e i collaboratori che, con i loro interventi, suggerimenti e in particolare con i giudizi ogni anno forniti al termine dei corsi, hanno contribuito a migliorare nel tempo la qualità dei volumi e dei servizi offerti.

Natura del test e caratteristiche di questo libro

Natura del test

L'accesso ai vari corsi di laurea attivati nelle università italiane può essere libero oppure a numero programmato, su base nazionale o locale. A seconda dei casi, è prevista una prova di ingresso valutativa delle conoscenze di base oppure una prova selettiva.

Le prove che dovranno affrontare i lettori di questo volume sono molto spesso **selettive** e gestite in autonomia dalle singole sedi universitarie, sia per quanto riguarda le caratteristiche pratiche sia per i contenuti dell'esame. Ciò comporta che la struttura l'ora e la data di svolgimento delle prove, le discipline interessate, il tempo a disposizione, l'attribuzione di valore a ogni quesito e i criteri con cui viene elaborata l'eventuale graduatoria di merito o assegnati gli OFA possono variare non solo tra un corso o un indirizzo e l'altro ma tra una sede universitaria e l'altra. Per questa ragione è importante che ogni studente si procuri per tempo, sul sito dell'ateneo che intende frequentare, il **bando per l'ammissione al corso di proprio interesse**. Su tale documento si possono reperire tutte le informazioni necessarie.

Il TOLC-I

In particolare, per l'ingresso ai corsi di laurea triennali delle classi L-7, L-8 e L-9 dell'area **INGEGNERIA** ciascuna università o formula **un proprio questionario** oppure si serve dei **test predisposti dal CISIA del tipo TOLC-I** (Test On Line CISIA - Ingegneria).

Diversi atenei si avvalgono del TOLC-I anche per altri corsi di laurea (ad esempio per molti corsi della classe L-31 di Informatica o L-41di Statistica, o per le nuove lauree professionalizzanti L-P01 Professioni tecniche per l'edilizia e il territorio, o L-P03 Tecniche industriali e dell'informazione, o ancora per alcuni corsi della L-25 Scienze e tecnologie agrarie e forestali ecc.).

Questa prova, composta e somministrata in modalità *computer based* dal consorzio interuniversitario CISIA, può essere sostenuta **più volte** dallo studente (anche una volta al mese), in una delle numerose date prefissate durante l'anno, a partire **da febbraio/marzo sino a novembre.** A seconda del modo di erogazione accettato nelle varie università, tutti i tipi di TOLC si possono sostenere (se previsto) presso le aule dell'ateneo (cosiddetto TOLC all'università) oppure dalla propria abitazione nella modalità TOLC@CASA. Le **date** e le **sedi** per lo svolgimento della prova e tutte le informazioni su questi test sono pubblicate sul sito www.cisiaonline.it, alle pagine relative, nel caso nostro, al TOLC-I.

Ogni prova somministrata di uno stesso tipo di TOLC è **diversa** tra un candidato e l'altro ma composta da quesiti equipollenti, estratti dallo stesso database CISIA. Tutti i test di un medesimo tipo hanno perciò pari livello di difficoltà.

Il **TOLC-I** è strutturato in sezioni, ciascuna da svolgere in un tempo prefissato, nel modo seguente:

• matematica	20 quesiti	50 minuti
• logica	10 quesiti	20 minuti
• scienze	10 quesiti	20 minuti
• comprensione verbale	10 quesiti	20 minuti
totale	**50 quesiti**	**110 minuti**
• inglese	30 quesiti	15 minuti
totale con inglese	**80 quesiti**	**125 minuti**

Per la valutazione del test, viene assegnato 1 punto per ogni risposta corretta, 0 punti per ogni risposta non data e una penalità di – 0,25 punti per ogni risposta errata.

Per la sezione di inglese invece, non è prevista la penalità per le risposte sbagliate e viene assegnato 1 punto per le risposte esatte e 0 punti per le risposte sbagliate o omesse. Non sempre il risultato dei quesiti di inglese viene computato per l'inserimento nella graduatoria di merito. Spesso è considerato a parte, come mera indicazione del livello di competenza e/o per attribuire OFA relativamente alla lingua.

Sempre per i corsi di laurea dell'area **Ingegneria**, alcuni importanti atenei somministrano prove autonome e prevedono la possibilità per gli studenti di sostenere il test ammissione anche prima dell'Esame di Stato, non solo durante il quinto anno di scuola secondaria superiore ma anche durante il quarto anno.

Il test di ingegneria al Politecnico di Milano

Il **Politecnico di Milano**, per esempio, organizza diverse "finestre" di selezione mediante una prova denominata **TOL** (Test On Line). Si tratta di un test *computer based* da svolgere a distanza in date prefissate.

Il TOL è composto da **65 quesiti** così suddivisi in 4 sezioni, ciascuna da svolgere in un tempo prestabilito:

• logica, matematica e statistica	25 quesiti	65 minuti
• fisica	5 quesiti	10 minuti
• comprensione verbale	5 quesiti	10 minuti
• inglese	30 quesiti	15 minuti

Per la valutazione del test, viene assegnato 1 punto per ogni risposta esatta, 0 punti per ogni risposta omessa e una penalità di – 0,25 punti per ogni risposta errata.

I punteggi sono convertiti in centesimi e il peso attribuito ai quesiti delle quattro sezioni che formano il test è differente. Pesa 1/3 il punteggio per ogni quesito di inglese; 2,6 per ogni quesito di logica, matematica e statistica; 3 per ogni quesito di comprensione verbale; 2 per ogni quesito di fisica.

Gli studenti di quarta, possono svolgere il **TOL anticipato** anche una volta al mese, tra gennaio e luglio. Chi ottiene un punteggio pari o superiore a 60/100 acquisisce il diritto di iscriversi al corso che desidera nella prima fase di immatricolazioni dell'anno accademico successivo al suo diploma.

Gli studenti di quinta o già diplomati possono svolgere il **TOL standard**: hanno a disposizione tre prove, una per ciascuna delle tre sessioni tra maggio e luglio. Iscrivendosi al test possono esprimere fino a quattro preferenze per i corsi di laurea attivati al PoliMi. Con almeno 60/100 lo studente viene inserito, in base al punteggio ottenuto e secondo le preferenze espresse, nella graduatoria di uno dei quattro corsi indicati e può iscriversi nella seconda fase di immatricolazioni dell'anno accademico entrante. In caso lo studente, pur avendo il punteggio necessario, non riesca a inserirsi nella graduatoria di nessuno dei quattro corsi prescelti, può indicare altre quattro preferenze per altri corsi in cui risultino posti liberi, iscrivendosi durante la terza fase di immatricolazioni. A questa fase possono accedere anche studenti con punteggio pari o superiore a 20/100, a cui però vengono imposti OFA da assolvere nelle varie discipline.

Anche chi ha sostenuto una prova CISIA **TOLC-I** può fare valere il suo punteggio per immatricolarsi al PoliMI purché esso (dopo apposito procedimento di conversione) risulti pari a 60/100 del TOL per le prime due fasi di immatricolazioni o a 20/100 del TOL per la terza fase.

Il test di ingegneria al Politecnico di Torino

Anche il **Politecnico di Torino** ha un proprio autonomo test di ingresso, denominato **TIL-I** (Test in Laib – Ingegneria). Questo ateneo consente la partecipazione solo agli studenti già diplomati o che frequentano il quinto anno di scuola secondaria di secondo grado. Si tratta di un test *computer based* da svolgere in presenza iscrivendosi alle date prefissate delle diverse sessioni, tra marzo e agosto.

Il **TIL-I** è composto da **42 quesiti** suddivisi in 4 sezioni, ciascuna da svolgere in un tempo prestabilito:

• matematica	16 quesiti	36 minuti
• comprensione del testo e logica	10 quesiti	20 minuti
• fisica	10 quesiti	22 minuti
• conoscenze tecniche di base	6 quesiti	12 minuti

La sezione tecnica, aggiunta dall'a.a. 2022/2023, comprende 3 quesiti di tipo tecnico-grafico sulla rappresentazione spaziale degli oggetti (bidimensionale e tridimensionale) e 3 quesiti di conoscenze informatiche e di programmazione. Questi argomenti vengono approfonditi in uno dei contenuti scaricabili da **MyDesk**, ma si consiglia comunque ai lettori di visionare il materiale pubblicato sul sito del PoliTo.

Per la valutazione del test, viene assegnato 1 punto per ogni risposta esatta, 0 punti per ogni risposta non data e una penalità di – 0,25 punti per ogni risposta errata. Questi punteggi vengono poi trasformati in centesimi.

Ogni studente può sostenere una sola prova per ogni sessione. Iscrivendosi al test, ciascuno deve indicare in ordine di preferenza fino a cinque corsi dell'area di Ingegneria attivati dal PoliTo. Chi ottiene un punteggio pari a superiore a 60/100 ha diritto a immatricolarsi nel suo corso di prima scelta. Chi ottiene un punteggio inferiore a 60/100 ma pari o superiore a 20/100 viene inserito nella graduatoria di merito di tutti i corsi da lui indicati e può immatricolarsi nel corso per cui si trovi in posizione utile.

Altri corsi di laurea

Per le caratteristiche dei percorsi di accesso a corsi di laurea con test che insistono sulle medesime discipline del TOLC-I (come i corsi di alcuni atenei dell'area Informatica, delle lauree professionalizzanti L-P01 e L-P03, ecc.) si consiglia di verificare la struttura delle prove e le materie previste sui bandi pubblicati dalle singole università. Tali prove infatti, pur all'interno di una certa omogeneità, possono variare da sede a sede sia per la composizione sia per la presenza o meno di alcune materie.

Caratteristiche del volume

La **prima parte** del volume è dedicata ai quesiti di **comprensione verbale** e **logica**, che possono essere raggruppati in due categorie:

- esercizi di analisi critica di brani e domande di logica verbale;
- problemi di ragionamento deduttivo e inferenziale, logica matematica, successioni di figure, numeri e lettere, esercizi di insiemistica, interpretazione di tabelle e grafici statistici ecc.;

Nella **seconda**, **terza** e **quarta parte** vengono invece presentati rispettivamente i quesiti relativi **matematica**, **fisica** e **chimica**.

Ognuna di queste parti è composta da due sezioni: nella prima, denominata "Quesiti", vengono presentate le batterie di quesiti da svolgere in autonomia; la seconda, denominata "Soluzioni e commenti", contiene invece il commento e la spiegazione di tutti gli esercizi, unitamente alle soluzioni. Naturalmente il commento alle domande **presuppone che lo studente possieda già a un discreto livello le conoscenze teoriche necessarie per la risoluzione dei quesiti**. Il commento, infatti, indica le tecniche di risoluzione più efficaci e segnala le nozioni teoriche che l'esercizio intende verificare, ma non presenta l'analisi e la spiegazione dettagliata di tali argomenti. Per utilizzare nel modo più proficuo l'eserciziario ESERCIZI COMMENTATI è utile quindi affiancarlo al manuale MANUALE DI PREPARAZIONE che, come già accennato, presenta l'analisi teorica di tutte le discipline oggetto del test attraverso centinaia di illustrazioni, schemi originali, tabelle ed esercizi svolti.

Come nelle prove ufficiali, gli esercizi presenti in questo volume sono quesiti a risposta multipla corredati da più soluzioni delle quali una sola è corretta.

La **quinta parte** dell'eserciziario contiene una **prova simulata di test**, elaborata secondo criteri del tutto analoghi a quelli che caratterizzano le prove ufficiali di ammissione alle lauree triennali a cui il volume si rivolge. Essa ricalca per struttura e discipline la prova TOLC-I, che è utilizzata dalla maggioranza dei corsi di Ingegneria, molti corsi di Informatica e una grande varietà di corsi di ambito scientifico- tecnologico (per conoscere i quali si rimanda ai bandi delle singole università).

Le materie utilizzate dal TOLC-I sono peraltro presenti in tutte le altre prove utilizzate nei corsi dell'area Ingegneria, Informatica e scientifico- tecnologico, perciò la prova è utile a tutti i candidati. Essa consente allo studente sia di applicare quanto appreso attraverso la risoluzione dei quesiti presentati nei capitoli precedenti sia di focalizzare gli argomenti sui quali registra ancora difficoltà e per i quali è necessario il ripasso dei relativi capitoli teorici del MANUALE DI PREPARAZIONE.

Dal momento che ogni anno i test di accesso ai singoli corsi di laurea possono presentare novità rispetto a quelli degli anni precedenti, si consiglia di studiare e di esercitarsi su tutte le tipologie di esercizi analizzate nel libro, **concentrandosi maggiormente su quelle che trovano corrispondenza con la natura della prova così come descritta nel bando di concorso al quale si rimanda quale fonte ufficiale di informazioni**. Si potrà in questo modo ottimizzare la propria preparazione minimizzando eventuali sorprese al momento della prova.

Per prepararsi al test di ammissione a uno specifico corso di una particolare sede universitaria, in modo conforme al programma e alle modalità ufficiali, si consiglia di frequentare il relativo **corso Alpha Test**: durante le lezioni vengono infatti descritte in modo dettagliato le **caratteristiche** peculiari della prova di ammissione e fornite **indicazioni** precise circa le tipologie di esercizi più frequenti e le modalità di svolgimento della prova stessa, tenendo conto delle eventuali e più recenti novità.

I suggerimenti e gli strumenti di Alpha Test per prepararsi al test di ingresso

Il **primo passo** in ogni percorso di preparazione consiste nel procurarsi tutte le informazioni disponibili sul test che si vuole affrontare, cominciando dai contenuti delle sue precedenti edizioni. Le fonti più autorevoli e complete sono il **sito del ministero dell'Università e della Ricerca** (MUR), i **siti degli atenei** di proprio interesse e **alphatest.it**. Sul sito del MUR gli studenti possono trovare tutta la normativa in materia, mentre sui siti delle singole università e di Alpha Test vengono pubblicati i bandi per i diversi concorsi di ammissione, che integrano le indicazioni del Ministero con le specifiche proprie di ciascuna sede.

Su **alphatest.it** vengono costantemente aggiornati il calendario con le date di svolgimento delle prove a test e pubblicata la normativa sulle prove di ingresso; si possono inoltre scaricare i test ufficiali degli anni precedenti risolti e commentati, nonché dati e approfondimenti relativi ai diversi corsi di laurea.

Anche i canali social Alpha Test (Facebook, Instagram e Youtube) informano tempestivamente su tutte le novità riguardanti sia i test sia le iniziative del Ministero o degli atenei; nelle rispettive communities gli studenti hanno inoltre la possibilità di relazionarsi tra loro e con gli esperti di Alpha Test.

Un altro utile strumento a disposizione degli studenti è il **magazine on line** di Alpha Test (**http://magazine.alphatest.it**), dove si possono consultare articoli e approfondimenti sempre aggiornati in tema di ammissione all'università, metodi e strumenti di studio, orientamento universitario e bandi di concorso.

Il metodo Alpha Test: libri, Alpha Test Academy, corsi in aula e online

Il **passo successivo** per conseguire una preparazione completa è costituito dallo **studio individuale.** Tra i libri che Alpha Test ha realizzato appositamente per chi deve affrontare i test delle Professioni sanitarie, i principali sono il Manuale di preparazione, la raccolta di quesiti suddivisi per materia Esercizi commentati, la raccolta di prove simulate Prove di verifica e il volume 4000 Quiz.

Ognuno di questi libri consente l'accesso a **MyDesk**, l'esclusivo ambiente di formazione online creato da Alpha Test, con contenuti e strumenti aggiuntivi a disposizione del lettore.

Ai fini dello studio, ciascuno dei quattro volumi è autosufficiente ma, allo stesso tempo, complementare agli altri. Ecco in sintesi le caratteristiche di ciascuno.

- **Manuale di preparazione**: è il principale strumento di studio. Raccoglie la sintesi di tutti gli argomenti previsti nei programmi ufficiali del test, materia per materia. È un valido aiuto a non disperdere gli sforzi di fronte alla vastità dei programmi da svolgere, perché consente lo **studio** e il **ripasso** mirato. L'esposizione degli argomenti è resa più efficace e completa mediante immagini, schemi, tabelle, glossari, mentre l'apprendimento è facilitato e consolidato grazie ai numerosi esercizi di esempio (sempre nella forma a risposta multipla), risolti e commentati.

  Lo spazio **MyDesk** del Manuale propone videolezioni su argomenti di matematica, tutorial sullo svolgimento dei test, sintesi, formulari e ulteriori materiali di studio. Nel libro, un'apposita icona – visibile sul margine della pagina –segnala la presenza di contenuti aggiuntivi su **MyDesk**.
- **Esercizi commentati**: questo libro rappresenta un ulteriore step da usare nella fase intermedia della preparazione. Si tratta di un volume di esercitazioni guidate, con centinaia di quesiti, suddivisi tra le materie oggetto d'esame. Lo studente può svolgere ogni quesito in autonomia per poi verificare la soluzione nel relativo commento, dove troverà richiamate le nozioni teoriche necessarie e i metodi risolutivi più efficaci. In tal modo, il lettore può sia **esercitarsi** sia **accrescere la preparazione.**

  Nello spazio **MyDesk** correlato, è possibile accedere a un **simulatore online** per svolgere esercitazioni per materia, combinando i quesiti a disposizione di una stessa disciplina, o per comporre prove simulate secondo le modalità e i tempi dell'esame ufficiale.

- **Prove di verifica**: è uno strumento agile ed efficace, consigliato nella **fase finale** del percorso di preparazione. Consente di valutare i propri risultati nella soluzione di prove strutturate, monitorare la preparazione raggiunta e intervenire sulle materie o aree in cui si rilevano incertezze o lacune. Contiene 10 test completi, composti con domande ufficiali dei concorsi degli ultimi anni, in forma di **prove simulate**, accompagnate da indicazioni pratiche (tempo a disposizione, criteri di calcolo del punteggio ecc.) che consentono di svolgerle e valutarle nei modi dell'esame ufficiale.

  Nello spazio **MyDesk** correlato, è possibile svolgere online le prove contenute nel volume e confrontare così il proprio risultato con quello degli altri lettori. Sono inoltre disponibili alcune prove aggiuntive.

- **4000 QUIZ – I QUESITI DELLE PROVE DI AMMISSIONE**: è la raccolta completa dei quesiti delle prove ufficiali. Gli esercizi sono suddivisi per materia (1600 di comprensione di testi e logica; 1100 di matematica, 500 di fisica, 400 di chimica e 400 di inglese). Alla fine di ogni sezione sono riportate in tabella le soluzioni di tutti i quesiti. Questo volume può essere utilizzato o in parallelo allo studio del Manuale, o con le stesse finalità delle Prove di verifica.

  Come nell'eserciziario, lo spazio **MyDesk** correlato consente l'accesso a un **simulatore online**, per svolgere esercitazioni mirate sulle singole discipline o argomenti e comporre numerose prove simulate da svolgere secondo le modalità e i tempi dell'esame ufficiale.

Alpha Test AlphaTestAcademy

È l'innovativo ambiente di studio online, **personalizzato** e **assistito**, che guida lo studente nella preparazione ai test. Per ciascuna delle materie e degli argomenti previsti nelle prove di ammissione, il programma accompagna lo studente ad accrescere il livello delle sue conoscenze, proponendogli in modo **adattivo** batterie di domande a difficoltà graduale e differenziata; ogni domanda è corredata da spiegazioni o da commenti multimediali (link, videotutorial), con specifici richiami di teoria. Il materiale e l'assistenza offerti da AlphaTestAcademy consentono di chiarire lungo il percorso ogni quesito e dubbio individuale, migliorando e consolidando progressivamente conoscenze e capacità in vista del test ufficiale.

Questo lavoro di preparazione mirato e specifico rappresenta quindi un utile affiancamento al manuale di preparazione o a un corso Alpha Test in aula. L'abbonamento alla piattaforma è in dotazione ai partecipanti ai corsi Alpha Test e viene abilitato al momento dell'iscrizione.

Corsi

Un ulteriore e importante strumento di preparazione alle prove di ammissione, che Alpha Test ha ideato per gli studenti più motivati, sono i numerosi **corsi**, svolti **in aula** oppure **on line**, con durata differenziata (da pochi giorni di lezione ad alcuni mesi). Frequentare un corso Alpha Test consente di completare, perfezionare e consolidare la propria preparazione grazie ai seguenti punti di forza.

1. **La didattica interattiva.** Ogni corso prevede cicli di lezioni e di esercitazioni dedicate al ripasso di tutti gli argomenti oggetto d'esame. Gli studenti possono beneficiare della professionalità di docenti con un'esperienza d'insegnamento unica in Italia, maturata in oltre 30 anni di attività di Alpha Test nel campo specifico della preparazione ai test universitari.
2. **Il materiale supplementare consegnato ai corsi.** Durante le lezioni, a ciascun partecipante viene fornito materiale di studio e di esercitazione aggiuntivo rispetto ai volumi, consegnato al momento dell'iscrizione. Si tratta di contenuti didattici aggiornati e specifici, redatti in base alla struttura e ai contenuti del test che si deve affrontare.
3. **I corsi online** prevedono un mix tra lezioni sincrone e asincrone e si svolgono nell'aula virtuale di MyDesk, uno spazio di e-learning completo, appositamente realizzato da Alpha Test e già sperimentato con soddisfazione da migliaia di corsisti. MyDesk consente infatti ai docenti Alpha Test di seguire gli studenti con la stessa cura che hanno in classe, assicurando quindi la più alta qualità non solo nelle fasi di spiegazione ed esercitazione sulle singole materie ma anche in termini di assistenza e supporto a chiarimento di dubbi individuali. Sono inoltre favoriti il rapporto e il confronto diretto con gli altri studenti nonché la puntuale verifica dei progressi nella preparazione.
4. **L'esperienza "sul campo".** In ciascun corso vengono svolte più simulazioni d'esame per mettersi alla prova e per confrontare la propria preparazione con quella di altri candidati.

Infine, chi desidera prepararsi al test di ammissione senza rinunciare a divertimento e nuove amicizie può partecipare a una delle **vacanze-studio Alpha Test** (per informazioni: **alphatest.it/Corsi**).

Test ufficiali commentati e ultimi aggiornamenti disponibili su alphatest.it

Sul sito **alphatest.it** si possono scaricare gratuitamente i test ufficiali di ammissione ai corsi di laurea in Medicina/Odontoiatria e Veterinaria, somministrati negli ultimi anni, completi delle soluzioni e dei **commenti esplicativi dei singoli quesiti**.

Sul sito sono anche pubblicati gli aggiornamenti riguardo alla normativa sui test, con le eventuali integrazioni agli argomenti e ai programmi d'esame.

Test di autovalutazione online

Su **alphatest.it** è possibile autovalutare il proprio livello di preparazione. Il test diagnostico gratuito prevede 20 domande tratte dai test ufficiali degli ultimi anni, da risolvere in 20 minuti; il suo scopo è aiutare il candidato a individuare le proprie debolezze e impostare al meglio il percorso di studio.

Indicazioni per i partecipanti ai corsi Alpha Test

Alpha Test:

- è **la prima** società in Italia specializzata nel preparare gli studenti ai test di ammissione all'università;
- è **l'unica** organizzazione che può vantare un'esperienza di 35 anni e migliaia di corsi già organizzati su tutto il **territorio nazionale**;
- dal 1987 a oggi ha **preparato con successo** ai test universitari **decine di migliaia di studenti** che si sono trovati in vantaggio rispetto alle altre aspiranti matricole;
- è **la più scelta** dagli studenti che superano le selezioni per l'università (secondo i rilievi di una primaria società di indagini di mercato, l'**84%** degli ammessi a Medicina si è preparato con Alpha Test);
- propone **corsi** con durata, programmi e costi differenziati a seconda della prova di selezione e delle esigenze dei singoli studenti, comprese **vacanze-studio, corsi online** e **corsi residenziali**;
- vanta un corpo docente composto da oltre 200 esperti rigorosamente selezionati e costantemente formati: docenti e ricercatori universitari, professionisti e insegnanti con un'**esperienza didattica unica** e **specifica** nel campo della preparazione ai test universitari;
- ha sviluppato, per prima in Italia, una **metodologia didattica innovativa** e specifica per affrontare le prove a test, oggi potenziata con **Mydesk**: un originale spazio di e-learning riservato ai corsisti;
- propone ai suoi corsisti **prove simulate**, corrette individualmente; ciò consente ai partecipanti di verificare in tempo reale il proprio livello di preparazione e di apprendimento;
- effettua l'analisi e la discussione in aula delle **prove ufficiali** somministrate negli anni passati;
- ha sviluppato una collana di volumi specifici per i diversi test di ammissione, già scelti da oltre cinque milioni di studenti, che vengono **forniti ai partecipanti ai corsi** all'atto dell'iscrizione;
- ha sviluppato **AlphaTestAcademy**, la piattaforma di training online personalizzato, attivata per tutti coloro che si iscrivono a un corso;
- mette a disposizione anche dei suoi lettori lo spazio digitale di apprendimento **MyDesk**, con materiali e contenuti aggiuntivi per la preparazione.

I risultati conseguiti nelle prove di ammissione dai corsisti Alpha Test nei tanti anni di esperienza confermano che prepararsi a un test frequentando lo specifico corso Alpha Test rappresenta la scelta migliore per chi è veramente motivato ad accedere al corso universitario desiderato. I dati dicono che in tal modo si aumenta fino a sette volte la probabilità di ammissione rispetto a quella degli altri candidati.

Alpha Test e il suo corpo docente mettono a disposizione l'esperienza maturata e forniscono tutto l'aiuto necessario affinché i propri studenti possano prepararsi nel modo più rapido, completo ed efficace alla prova di selezione. Per accrescere ulteriormente la probabilità di successo è comunque **essenziale l'impegno** di ogni aspirante matricola nelle attività di **studio individuale** e di **esercitazione** prima e durante lo svolgimento del corso.

Per facilitare la preparazione preliminare degli studenti, Alpha Test consegna già all'atto dell'iscrizione i volumi Manuale di preparazione, Esercizi commentati, Prove di verifica e 4000 quiz (quest'ultimo solo per i corsi di maggior durata) e il codice di attivazione per AlphaTestAcademy valido fino al momento del test ufficiale.

Consigliamo di leggere i libri (almeno il manuale) **prima dell'inizio del corso con l'obiettivo di acquisire almeno una conoscenza di base degli argomenti trattati**. Questa raccomandazione vale in particolar modo per chi sceglie di frequentare uno dei corsi Alpha Test di durata minore.

Sempre al momento dell'iscrizione al corso, Alpha Test fornisce una guida operativa con istruzioni e consigli utili per avviare la preparazione anche prima dell'inizio delle lezioni e con importanti informazioni sul test di ammissione di interesse dello studente.

Durante il corso l'attenzione viene focalizzata in modo specifico sulle tipologie di quesiti previsti nella prova di ammissione di interesse. Viene inoltre esaminato e discusso con i docenti un consistente numero di esercizi diversi da quelli presenti nei libri e contenuti in appositi materiali didattici aggiornati ogni anno e distribuiti durante il corso esclusivamente ai partecipanti.

Informazioni e modalità di iscrizione ai corsi Alpha Test

Le iscrizioni ai corsi Alpha Test per la preparazione ai test di ammissione universitari sono sempre aperte, sino all'esaurimento dei posti previsti. I corsi sono infatti riservati a un numero limitato di partecipanti.

Per ciascun corso, sono disponibili su **alphatest.it** le informazioni aggiornate relative al calendario e alla quota di partecipazione.

Per chi avesse già acquistato **direttamente da Alpha Test** l'ultima edizione dei libri in dotazione al corso, è prevista una riduzione della quota di iscrizione al corso pari al 100% del prezzo di copertina dei libri; se i libri sono stati acquistati **in libreria** tale riduzione è pari al 50% del prezzo di copertina.

L'iscrizione ai corsi e l'acquisto dei libri Alpha Test possono essere effettuati su **alphatest.it**

Per ricevere maggiori informazioni sui libri o una consulenza gratuita sui corsi è possibile scrivere a info@alphatest.it oppure scegliere una delle modalità indicate nella sezione "Richiedi informazioni" su **alphatest.it**

Suggerimenti per affrontare la prova a test

Per affrontare al meglio un test a risposta multipla è importante conoscerne le caratteristiche rilevanti: per esempio quali siano le modalità di svolgimento, la composizione, il numero dei quesiti e delle alternative di risposta, o – se possibile – quali tipologie di esercizi si dovranno risolvere. In tal modo si possono studiare anche opportune "strategie" per valorizzare al massimo le proprie conoscenze e potenzialità.

Nelle prove per l'ammissione ai corsi a numero programmato, i candidati sono selezionati sulla base di un criterio di tipo **comparativo**. Cioè, per superare la selezione **lo studente deve figurare tra i migliori** nella graduatoria: non è quindi tanto rilevante il punteggio assoluto ottenuto quanto svolgere il test di ammissione meglio di un certo numero di altri candidati.

È bene però ricordare, soprattutto nei casi dei test di ammissione a base nazionale, che a volte è prevista una soglia minima qualificante: in tal caso anche qualora residuassero posti disponibili, i candidati con punteggio inferiore a tale soglia non potrebbero immatricolarsi perché giudicati non idonei. Dunque, totalizzare i punti minimi rappresenta una condizione necessaria ma non sufficiente per l'immatricolazione.

Prima di addentrarsi nell'analisi dei contenuti dei test e degli esercizi che li compongono, è opportuno considerare alcuni suggerimenti solo in apparenza banali, e invece molto utili al fine di ottimizzare il risultato nella prova di ammissione.

Prima del test

Il primo suggerimento, di carattere generale, è leggere con grande attenzione e per intero il **bando di concorso**, compresi gli allegati con i programmi di esame. Inoltre bisogna tenere in considerazione anche le **disposizioni** pubblicate dalla sede universitaria dove lo studente svolgerà la prova. Gli atenei e il Ministero, infatti, sono le fonti di informazioni **ufficiali** relative alle norme, alle modalità di selezione, alla struttura e ai contenuti della prova che regola l'ammissione al corso di studi scelto.

In particolare è importante avere ben chiare le indicazioni relative a: modalità di iscrizione alla prova; titoli necessari per potere partecipare al concorso; giorno e ora di svolgimento della prova di interesse, nonché la sua durata ecc.

L'emergenza pandemica ha spinto molte università e corsi di laurea ad adottare prove selettive *computer based*, da svolgere in multisessione (cioè su più turni e/o più giorni) in una pluralità di sedi o addirittura al domicilio dei candidati. Sarà cura dello studente verificare in quale modalità sarà somministrato il test di suo interesse. Sicuramente, in caso di test in presenza, bisognerà ricordare di recarsi all'esame con un documento di identità valido, la ricevuta di iscrizione ed eventuali ricevute di pagamento richieste.

Il giorno del test

In sede d'esame, prima del suo inizio, di solito vengono comunicate ai candidati le **norme alle quali attenersi durante tutte le fasi di svolgimento del test**. Tali norme riguardano, per esempio: il tempo totale a disposizione, le modalità con cui indicare le risposte sull'apposita scheda cartacea o, in caso di prova *computer based*, le istruzioni per l'utilizzo della piattaforma; vengono inoltre fornite altre indicazioni su come comportarsi durante l'esame e al suo termine.

È necessario rispettare scrupolosamente tutte le regole, evitando così errori banali ma sostanziali (quale, per esempio, la compilazione errata della scheda per le risposte o l'omissione di una firma), che potrebbero compromettere la validità della prova e quindi l'ammissione.

In alcuni casi, all'interno del test stesso gli esercizi sono preceduti da **istruzioni circa le modalità di risoluzione** dei quesiti e a volte anche da un esempio risolto. È importante in questi casi non lasciarsi prendere dalla fretta di mettersi subito al lavoro, ma dedicare la massima attenzione alla lettura di queste istruzioni, indispensabili per capire la logica degli esercizi e per rispondere correttamente alle domande.

Domande a risposta multipla

I test che vengono utilizzati per l'ammissione all'università sono costituiti da domande a risposta **chiusa**, le cui risposte sono cioè predefinite: il candidato deve individuare la sola risposta esatta tra le alternative proposte. Per rispondere a una domanda *aperta* (cioè non corredata da risposte prefissate) come per esempio "Qual è la capitale della Colombia?", occorre conoscere l'esatta nozione che consente di dare la risposta. Nel caso di *domande a scelta multipla* è invece possibile procedere anche in maniera diversa.

Si ipotizzi, per esempio, di dover rispondere al medesimo quesito, però a risposta multipla.

---

1 **Qual è la capitale della Colombia?**

- A Delhi
- B Buenos Aires
- C Bogotá
- D Brasilia
- E Santiago

In questo caso è possibile determinare la risposta corretta procedendo in due modi distinti:

1. ragionando come se si trattasse di una domanda aperta: sapendo che la capitale della Colombia è Bogotá, si individua direttamente la risposta corretta (C) senza valutare le altre risposte proposte;
2. se, al contrario, non si conosce la risposta alla domanda, ma si ricordano altri accoppiamenti Paese/capitale, è possibile individuare la risposta corretta eliminando le alternative errate: sapendo che Delhi è la capitale dell'India, Buenos Aires dell'Argentina, Santiago del Cile e Brasilia del Brasile, per esclusione si può concludere che la risposta esatta è la C.

In altre parole, per rispondere correttamente a una domanda a scelta multipla non è sempre strettamente necessario conoscere la risposta esatta: a volte la soluzione può essere individuata indirettamente, escludendo le alternative errate.

Nel caso in cui, procedendo per esclusione, il candidato non riesca a eliminare tutte le alternative errate, il metodo di risposta per eliminazione permette comunque di aumentare le probabilità di individuare la risposta corretta: l'esclusione di una o più risposte riduce infatti il numero delle alternative tra cui si rimane incerti e quindi incrementa la probabilità di individuare l'alternativa corretta.

Valore dei quesiti e gestione del tempo

Come i partecipanti ai corsi Alpha Test hanno modo di sperimentare durante lo svolgimento delle prove simulate, il **tempo** rappresenta uno dei fattori critici per affrontare con successo un test di ammissione. Infatti, le prove sono spesso progettate e formulate in modo tale da permettere solo ai più preparati e ai più veloci di rispondere, entro i termini concessi, alla totalità delle domande.

È dunque imperativo impiegare razionalmente ogni minuto, avendo ben presente – prima di iniziare la prova – il tempo medio a disposizione per ogni quesito (calcolato sui minuti complessivi divisi per il numero dei quesiti stessi), ed evitando di soffermarsi su una singola domanda per un tempo eccessivamente superiore. In generale, il consiglio è di non superare il tempo medio per più del 20%: questa dilazione per gli esercizi più complessi viene infatti compensata dalla presenza di altri di più veloce risoluzione.

Ormai in quasi tutti i test, ogni risposta corretta fa "guadagnare" lo stesso punteggio: dunque a parità di tempo impiegato conviene risolvere due esercizi semplici piuttosto che uno complesso.

Poniamo che il tempo a disposizione per l'intero test sia di 100 minuti e gli esercizi da risolvere 60, il tempo medio per quesito è di 1 minuto e 40 secondi (100 secondi): quindi, bisogna evitare di dedicare più di due minuti allo svolgimento del singolo quesito.

L'obiettivo da raggiungere è rispondere correttamente al maggior numero possibile di esercizi; si consiglia quindi, compatibilmente con i vincoli imposti dalle modalità di svolgimento della prova, di affrontare prima gli esercizi che – per argomento o tipologia – si presume di riuscire a risolvere più facilmente e velocemente, per tornare poi a quelli più ostici per i quali si prevede un dispendio di tempo maggiore.

Scelta casuale della risposta?

La correzione dei test attribuisce in genere un punteggio positivo per le risposte corrette e, nella più parte dei casi, l'attribuzione di un punteggio negativo per ogni risposta errata (di solito quantificato in una frazione di punto). Ai quesiti omessi, a cui cioè non si è risposto, viene di norma attribuito punteggio nullo.

Spesso l'attribuzione del punteggio avviene secondo la seguente modalità:

- Risposta esatta: +1
- Risposta errata: –0,25 (–1/4)
- Risposta omessa: 0

La penalità sulle risposte errate ha lo scopo di annullare il punteggio positivo che, statisticamente, il candidato potrebbe conseguire rispondendo a caso in assenza di tale penalità.

Ma **è conveniente o no rispondere a caso** ai quesiti a cui non si sa trovare soluzione?

Si supponga di non conoscere assolutamente le risposte di 20 quesiti (con 5 risposte alternative ciascuno) della prova. Scegliendo a caso, si risponderebbe statisticamente in modo corretto a 4 esercizi (20/5) e si sbaglierebbero i restanti 16 quesiti. Il punteggio totalizzato sarebbe dunque:

- risposte esatte: $4 \times (+1) = +4$
- risposte errate: $16 \times (-1/4) = -4$
- risposte nulle: $0 \times 0 = 0$
- punteggio totale: $4 - 4 = 0$

Si otterrebbe quindi un punteggio nullo, esattamente identico a quello che si totalizzerebbe scegliendo di non rispondere ai 20 quesiti. Dunque, è possibile distillare una regola utile su come comportarsi nel caso in cui non si riesca a identificare, tra le diverse risposte alternative, quella corretta:

> conviene rispondere casualmente ogni volta che il numero di alternative tra cui si è indecisi è pari o inferiore al reciproco del punteggio negativo attribuito alle risposte errate.

È evidente che il punteggio totalizzato rispondendo casualmente potrà essere tanto maggiore quanto minore sarà il numero di alternative tra cui si è indecisi e quanto minore è la penalità attribuita alle risposte errate. Il numero delle alternative tra cui si è indecisi non coincide necessariamente con quello delle alternative esistenti. Se, per esempio, le alternative proposte sono 5, ma il candidato riesce a eliminarne due perché le si riconosce come errate, la valutazione statistica va rivista su 3 alternative (cioè 5 – 2).

Nella pratica, scartare almeno due alternative di risposta è possibile anche quando l'argomento sia poco o per nulla noto al candidato. Si veda per esempio:

---

2 **In base alla Costituzione, l'Italia è:**

A una repubblica regionale

B uno Stato federale

C una repubblica democratica, fondata sul lavoro

D una repubblica presidenziale, fondata sul lavoro

E uno Stato federato

Anche senza ricordare la definizione precisa che la Costituzione dà dello Stato italiano, è facile riuscire a escludere le alternative B ed E che si segnalano per l'evidente implausibilità. L'Italia infatti è uno Stato unitario che non si articola al suo interno in altre entità statali né è a sua volta parte di uno Stato federale. Al candidato resterà dunque, eventualmente, il dubbio tra tre sole alternative (la risposta esatta è C).

Prova cartacea e prova computer based

Se la prova di ammissione si svolge in presenza, può prevedere l'utilizzo di un supporto **cartaceo**, anche se si tratta di una eventualità oramai molto rara per quanto riguarda i corsi a cui rivolge questo libro. In questo caso, comunque, ricordiamo che il candidato – una volta individuata la risposta che ritiene corretta per un dato quesito – la deve segnare sull'apposita *scheda per le risposte*, distinta dal fascicolo del questionario con gli esercizi. L'operazione, in sé semplicissima, va tuttavia svolta con grande attenzione: si tratta infatti di evidenziare la lettera che identifica la risposta che si vuole indicare in corrispondenza del numero dell'esercizio. Scambiare un numero di esercizio per un altro è la più banale delle sviste ma comporta gravi conseguenze.

Per la correzione delle schede cartacee vengono utilizzati *elaboratori elettronici* dotati di *lettori ottici*, il candidato deve quindi contrassegnare come indicato nelle istruzioni lo spazio (un "cerchietto" o "quadratino") corrispondente all'alternativa ritenuta esatta.

In genere, i candidati hanno la possibilità di effettuare eventualmente **una sola correzione** per ogni domanda, sulla scheda delle risposte.

Si riporta nella pagina a fianco un modello di scheda cartacea delle risposte, comprensiva delle istruzioni su come indicare le risposte e su come effettuare le correzioni. Sia la scheda sia il metodo di correzione potrebbero cambiare da un test all'altro o da un anno all'altro. È quindi importante leggere sempre tutto il materiale che viene fornito in sede d'esame e seguire integralmente quanto indicato.

Da diversi anni tuttavia, moltissime prove autonome di ateneo e tutte le prove CISIA, compreso il TOLC-I, si svolgono **a computer**, sia nella modalità dal domicilio (nel qual caso bisogna anche rispettare delle precise procedure fornite dall'università per assicurare il controllo sulla correttezza dello svolgimento) sia da postazioni informatiche messe a disposizione dall'università.

In particolare, le prove computer based TOLC vengono erogate mediante la piattaforma del CISIA, previa iscrizione.

Rispetto alle prove cartacee (che hanno questionario e scheda delle risposte separate), l'indicazione della risposta è più agevole: è sufficiente cliccare lo spazio corrispondente all'alternativa che si ritiene corretta. All'interno di ogni Sezione e del tempo concesso per la soluzione dei relativi quesiti, è sempre possibile cambiare la risposta indicata. Al termine dei minuti assegnati alla Sezione, però, il sistema non consentirà di tornare sulle domande di quella Sezione.

Modulo risposte

ATTENZIONE: NON piegare o sgualcire questa scheda

0 0 0 0 0 2 5 8 1 B

Logica N° domanda	A	B	C	D	E	Comprensione verbale N° domanda	A	B	C	D	E	Matematica N° domanda	A	B	C	D	E	Scienze N° domanda	A	B	C	D	E
○ 1	□	□	□	□	□	○ 11	□	□	□	□	□	○ 21	□	□	□	□	□	○ 41	□	□	□	□	□
○ 2	□	□	□	□	□	○ 12	□	□	□	□	□	○ 22	□	□	□	□	□	○ 42	□	□	□	□	□
○ 3	□	□	□	□	□	○ 13	□	□	□	□	□	○ 23	□	□	□	□	□	○ 43	□	□	□	□	□
○ 4	□	□	□	□	□	○ 14	□	□	□	□	□	○ 24	□	□	□	□	□	○ 44	□	□	□	□	□
○ 5	□	□	□	□	□	○ 15	□	□	□	□	□	○ 25	□	□	□	□	□	○ 45	□	□	□	□	□
○ 6	□	□	□	□	□	○ 16	□	□	□	□	□	○ 26	□	□	□	□	□	○ 46	□	□	□	□	□
○ 7	□	□	□	□	□	○ 17	□	□	□	□	□	○ 27	□	□	□	□	□	○ 47	□	□	□	□	□
○ 8	□	□	□	□	□	○ 18	□	□	□	□	□	○ 28	□	□	□	□	□	○ 48	□	□	□	□	□
○ 9	□	□	□	□	□	○ 19	□	□	□	□	□	○ 29	□	□	□	□	□	○ 49	□	□	□	□	□
○ 10	□	□	□	□	□	○ 20	□	□	□	□	□	○ 30	□	□	□	□	□	○ 50	□	□	□	□	□
												○ 31	□	□	□	□	□						
												○ 32	□	□	□	□	□						
												○ 33	□	□	□	□	□						
												○ 34	□	□	□	□	□						
												○ 35	□	□	□	□	□						
												○ 36	□	□	□	□	□						
												○ 37	□	□	□	□	□						
												○ 38	□	□	□	□	□						
												○ 39	□	□	□	□	□						
												○ 10	□	□	□	□	□						

1. Ogni domanda ammette **una e una sola** risposta esatta. Si risponde barrando la relativa casella, ad esempio con una crocetta ben marcata, avendo cura di rimanere entro i bordi della casella stessa.
2. Per correggere una risposta errata è necessario **annerire completamente** la casella e barrare quella corretta. Per ogni domanda **è ammessa una sola** correzione.
3. Se si intende annullare una risposta già data o non rispondere a una domanda occorre annerire la casella circolare a sinistra del numero progressivo.

○ 1	☒	□	□	□	□
○ 2	■	□	□	□	☒
⊗ 3	■	□	□	□	☒
⊗ 4	□	□	□	□	□

Esempio di scheda delle risposte con possibilità di correzione ed estratto di istruzioni per la corretta compilazione della scheda.

parte prima

COMPRENSIONE VERBALE E LOGICA

Quesiti di comprensione verbale

In base alle informazioni contenute nel brano seguente, rispondere alle successive domande.

La storia del cavallo poliploide

Si dice che ancor oggi per gettare nell'imbarazzo i signori del premio Nobel basti menzionare i cavalli poliploidi. Vero o no, verso la fine degli Anni Ottanta il dottor P.U. Posif, il grande genetista erewhoniano, ricevette il premio per le sue manipolazioni del DNA del comune cavallo da tiro (Equus caballus). Si disse che egli aveva apportato un grande contributo all'ancor giovane scienza della trasportologia. In ogni caso vinse il premio per aver creato (nessun'altra parola potrebbe render giustizia a un'operazione di scienza applicata che quasi usurpava l'attività divina), creato, dico, un cavallo di dimensioni esattamente doppie di quelle del comune Clydesdale. Era lungo il doppio, alto e largo il doppio: era un poliploide, con un numero di cromosomi quadruplo del normale. Posif sostenne sempre che c'era stato un tempo in cui questo animale straordinario, quando era ancora un puledro, poteva reggersi sulle quattro zampe. Dovette certo essere uno spettacolo fantastico! Fatto sta che quando fu esposto al pubblico e ripreso e immortalato da tutti gli strumenti di comunicazione della civiltà moderna, il cavallo non si reggeva affatto in piedi. Per farla breve, era troppo pesante. Pesava, naturalmente, otto volte un normale Clydesdale. Per le sue comparse in pubblico o alla televisione, il dotto Posif faceva sempre chiudere gli idranti, che erano altrimenti costantemente necessari per mantenere l'animale alla normale temperatura di un mammifero; ma c'era sempre il timore che le parti più interne cominciassero a cuocere. Dopo tutto, la pelle e il pannicolo adiposo della povera bestia erano spessi il doppio del normale, mentre la sua superficie era solo quattro volte quella di un cavallo comune, sicché esso non si raffreddava adeguatamente. Ogni mattina il cavallo doveva essere sollevato sulle zampe con una piccola gru e infilato in una sorta di scatola a ruote dove poggiava su una serie di molle, calibrate per alleggerirlo di metà del suo peso. Il dotto Posif sosteneva che l'animale era straordinariamente intelligente. Aveva, naturalmente, otto volte più cervello (in peso) di qualsiasi altro cavallo, ma io non ebbi mai l'impressione che si occupasse di problemi più complessi di quelli che interessano gli altri cavalli. Aveva pochissimo tempo libero, tutto preso com'era sempre a sbuffare in parte per raffreddarsi, in parte per ossigenare il suo corpo ottuplo. Dopo tutto la sua trachea aveva una sezione soltanto quadrupla di quella normale. Poi c'era l'alimentazione. Ogni giorno doveva ingerire in qualche modo una quantità pari a otto volte quella sufficiente a un comune cavallo, e doveva far scendere tutto quel cibo lungo un esofago che aveva un calibro solo quadruplo del normale. Anche i vasi sanguigni avevano dimensioni relativamente ridotte, e ciò rendeva più difficile la circolazione e imponeva al cuore un lavoro supplementare. Una bestia infelice! Questo apologo mostra ciò che inevitabilmente accade quando interagiscono due o più variabili le cui curve siano discrepanti. Questo è ciò che produce l'interazione tra cambiamento e tolleranza. Ad esempio, la crescita graduale di una popolazione (di automobili o di persone) non ha effetti manifesti su un sistema di trasporto finché improvvisamente la soglia di tolleranza viene superata e il traffico s'ingorga. Il cambiamento di una delle variabili rivela un valore critico dell'altra. Nel caso del cavallo immaginario, lunghezza, superficie e volume (o massa) sono in discrepanza perché le loro curve di crescita hanno caratteristiche mutuamente non lineari. La superficie varia come quadrato della lunghezza e il volume come cubo della lunghezza, sicché la superficie varia come volume elevato alla potenza di 2/3. Per il cavallo (e per tutte le creature reali) la faccenda si fa più seria, poiché per rimanere in vita devono essere assicurate molte dinamiche interne. C'è una logistica interna del sangue, del cibo, dell'ossigeno e delle scorie, e una logistica dell'informazione, sotto forma di messaggi neurali e ormonali. Nelle cose viventi il fenomeno della crescita aggiunge un ulteriore ordine di complessità ai problemi della grandezza. La crescita altererà le proporzioni dell'organismo? I problemi relativi ai limiti della crescita sono risolti in modi assai diversi dalle diverse creature. Un caso semplice è quello delle palme, che non modificano la circonferenza per compensare l'altezza. Una quercia, che tra il legno e la corteccia ha un tessuto che cresce (il cambio), si sviluppa in altezza e in larghezza durante tutta la sua esistenza. Una palma del cocco, invece, dove il tessuto soggetto a crescita si trova solo all'apice del fusto (è la cosiddetta insalata dei miliardari, e ottenerla significa uccidere la palma), presenta solo uno sviluppo in altezza accompagnato da un lento ingrossamento alla base del tronco. Per quest'organismo la limitazione dell'altezza è semplicemente un normale aspetto dell'adattamento a una nicchia. È la pura e semplice instabilità meccanica provocata da un'altezza eccessiva non compensata da una circonferenza adeguata che normalmente la conduce alla morte.

1 L'Autore del testo si propone di mostrare che:

- A quando, in un qualsiasi fenomeno, vi sono parametri legati da leggi non lineari, uno di questi non può variare a piacere, senza rendere impossibile la sussistenza del fenomeno stesso
- B i parametri che legano tra loro i diversi aspetti di un fenomeno fisico sono sempre tra loro indipendenti
- C le difficoltà di ossigenazione e di smaltimento del calore corporeo del cavallo poliploide derivavano da diverse natura e conformazione degli organi interni
- D i processi di crescita di vegetali ed animali trovano un limite esclusivamente nel tempo di invecchiamento delle cellule
- E il cavallo poliploide non riusciva a reggersi sulle proprie zampe perché il suo corpo aveva dimensioni eccessive rispetto a quelle delle zampe

2 Il cavallo poliploide pesava otto volte un cavallo normale, e non riusciva a reggersi sulle zampe, perché:

- A la quantità di cibo necessaria a nutrire un corpo così grande era tale da appesantirlo eccessivamente
- B il cavallo si debilitava per l'insufficiente smaltimento del calore corporeo
- C il peso è proporzionale al volume, ed il volume è proporzionale al cubo della lunghezza
- D il cavallo era troppo alto, e le zampe si flettevano per carico di punta
- E le zampe del cavallo non avevano articolazioni adeguate

3 Il cavallo poliploide, quando era ancora un puledro, riusciva a reggersi in piedi sulle proprie zampe, poiché:

- A aveva dimensioni adeguate a sopportare il peso corporeo
- B aveva meno calorie da smaltire
- C faceva meno fatica a respirare
- D essendo giovane, aveva più energia
- E da giovane, aveva una muscolatura più resistente

4 Secondo quanto è affermato nel testo, a cosa si deve il limite della vita di una palma?

- A Al fatto che la chioma non si sviluppa a sufficienza per mantenerla in vita
- B Al fatto che l'apparato radicale non si sviluppa adeguatamente
- C Al deperimento organico delle funzioni vegetative
- D All'indebolimento progressivo del legno
- E Al fatto che la palma cresce più in altezza che in diametro del tronco

5 Quale tra le seguenti cause concorre a determinare l'infelicità del cavallo?

- A Aveva dimensioni e peso simili a quelle di un cavallo normale
- B Aveva sempre freddo
- C Faticava ad ingoiare il cibo
- D Non poteva riprodursi
- E Non era amato dal suo padrone

In base alle informazioni contenute nel brano seguente, rispondere alle successive domande.

«Un passo avanti molto importante della teoria della personalità negli ultimi venticinque anni è stato, secondo me, la progressiva consapevolezza che nessuno può essere compreso adeguatamente se isolato dal suo contesto sociale. L'esperienza e il comportamento di ognuno, sia egli considerato sano o pazzo, sono comprensibili, almeno in parte, come risposte al comportamento passato o presente di altri verso di lui e intorno a lui.

Ciò nonostante, il linguaggio e le etichette usati dagli psichiatri sono ancora orientati verso la definizione di individui malati o devianti. La nosologia psichiatrica classifica i pazienti degli psichiatri come disturbati, ma non possiede categorie per etichettare le situazioni interpersonali che possono disturbarli. Abbiamo bisogno di linguaggi appropriati, di schemi e di modelli con cui pensare agli effetti causati sulle persone dal contesto sociale - famiglie, scuole, chiese, fabbriche e circoli - e alle relazioni fra piccoli gruppi microsociali e relativo contesto macrosociale: la Società nel suo insieme.

La psicoanalisi presuppone, almeno in teoria, che il senso di persecuzione di una persona sia in parte o totalmente causato da fantasie determinate dall'istinto o filogeneticamente. Certo molti psicanalisti sanno che le storie di persecuzione infantile raccontate dai loro pazienti sono vere. Ma questo, sebbene valido, non è soddisfacente, se essi non hanno una teoria con cui spiegare come la persecuzione avvenuta nel passato possa in seguito dare origine a certe strane esperienze.

Si consideri un individuo che ritenga certi eventi verificatisi nella sua mente (pensieri, sentimenti, percezioni, ricordi ecc.) come cattivi, pazzi, osceni, impuri, sporchi o pericolosi. Se egli desidera considerarsi buono, sano, decente, puro, pulito e sicuro, ha bisogno di adottare certe tattiche mediante le quali affrontare quegli eventi, quando gli appaiono alla coscienza o prima del loro apparire. Si possono sfuggire i pericoli o gli elementi "cattivi" del mondo che ci circonda; basta allontanarsene. Ma in questo caso la fuga non è attuabile, non si può ritirare la nostra mente da se stessa.

C'è una scappatoia possibile e spesso usata: fingere che certi eventi non si verifichino nella nostra mente, cioè escluderli dal campo della coscienza. Ma fuori dalla coscienza non significa fuori dalla mente; è solo un'apparenza. Come gli oggetti del mondo esterno non scompaiono quando voltiamo loro la schiena, così gli eventi della nostra mente non cessano di verificarsi per il fatto che ci distogliamo da loro. E, anche fuori dalla consapevolezza, essi sono spesso sottoposti a mutamenti.

Freud usava parecchi termini per indicare le operazioni con cui allontaniamo o manteniamo lontani dalla consapevolezza determinati eventi, per esempio rimuovere (***verdrangen***), rinnegare (***verleugnen***) e rifiutare (***verwerfen***); e alcuni per indicare una inconsapevolezza parziale, per esempio condannare (***verurteilen***) e negare (***verneinen***). René Laforgue, psicanalista francese, usò un termine tradotto in italiano con scotomizzare, cioè rendere qualcuno cieco a qualcosa; molti psicanalisti parlano di ripudio o negazione di eventi. Tutti questi termini rappresentano dei mezzi mediante i quali ci si priva di alcune possibilità della nostra mente. Uso questi termini in modo intercambiabile, dal momento che trovo difficile distinguere in pratica le singole operazioni a cui si riferiscono. Qui, per comodità, mi riferisco a uno di questi, alla rimozione. Attraverso lo strumento della rimozione la mente cerca di espropriare da se stessa degli elementi che ritiene inappropriati; cambia cioè il "me-cattivo" nel "non-me".»

6 Qual è, secondo l'autore, il limite principale della psicoanalisi?

A L'incapacità di riconoscere il legame tra personalità di un individuo e ambiente in cui quest'ultimo è cresciuto

B L'incapacità di associare ai diversi eventi interpersonali che caratterizzano la vita di un individuo gli effetti da essi prodotti sulla personalità dello stesso individuo

C Il rifiuto che certi eventi di tipo interpersonale si siano verificati

D La mancanza di una teoria che spieghi in modo sistematico come determinati eventi interpersonali del passato possano dare origine a esperienze successive nel campo della personalità

E Non è in grado di spiegare il senso di persecuzione

7 L'intento dell'autore di questo brano è:

A mostrare le connessioni fra eventi che si verificano nell'intimo di una persona e fatti che avvengono nelle relazioni fra persone

B chiarire il significato di alcuni termini utilizzati dalla nosografia psichiatrica

C analizzare l'influenza del contesto sociale sulla personalità di un individuo

D affermare che non tutti gli individui definiti "malati" o "devianti" dalla psicoanalisi sono effettivamente tali

E mostrare che non è possibile allontanare dalla mente di un individuo determinati eventi prescindendo dalle influenze sociali che li hanno determinati

8 Quale delle seguenti affermazioni è contenuta nel brano?

A I termini "rimozione" e "scotomizzazione" hanno esattamente lo stesso significato

B Secondo tutti gli psicanalisti molte storie di persecuzione infantile non sono vere

C Gli individui definiti "sani" hanno subito minore influenza dal contesto sociale rispetto ai "pazzi"

D Scotomizzare significa cambiare il "me-cattivo" in "non-me"

E Coscienza e mente non sono sinonimi

9 Il termine "*verurteilen*":

A indica una inconsapevolezza parziale di determinati eventi

B è sinonimo di *verdrangen*

C è un termine della psichiatria degli ultimi 25 anni

D significa negare

E era usato da Jung

10 Il carattere del brano è:

A critico

B pessimistico

C descrittivo

D narrativo

E giornalistico

In base alle informazioni contenute nel brano seguente, rispondere alle successive domande.

«Nessuno negherebbe che in questa *"epoca della scienza"* in cui la società vive dipendendo dalla propria tecnologia (e perciò in definitiva dalla scienza stessa) tanto, o forse di più, di quanto un "junkie" dipende dalla sua droga preferita, lo scienziato non debba sostenere una pesante responsabilità. Prima anche di cercare di chiarire la natura e l'entità di questa responsabilità e delle obbligazioni che ne scaturiscono, forse è bene considerare brevemente alcuni aspetti preliminari relativi allo *"stato"* della scienza, cioè della *conoscenza oggettiva* in relazione all'etica. Responsabilità, doveri, obbligazioni possono essere razionalmente definiti e discussi solo in rapporto a un dato sistema di valori. È abbastanza vero che ci sono molti problemi, o alternative, che permettono una scelta o la formulazione di un giudizio senza chiamare in causa i fondamenti del nostro sistema di valori. Siamo tutti d'accordo che l'inquinamento è un male e pertanto le tecniche, gli sforzi, le petizioni, le proteste, i moniti contro di esso sono una buona cosa. Così pure siamo tutti d'accordo che i difetti genetici sono un male. Ma come sappiamo fin troppo bene vi sono larghe divergenze di opinione su quali siano i metodi tecnicamente validi che possono essere moralmente accettabili in vista di uno sforzo per prevenire il graduale deterioramento genetico della specie umana. Molti ancora sono contrari all'aborto terapeutico. Altri che sono favorevoli all'aborto terapeutico, si oppongono tenacemente a ogni specie di legislazione eugenetica. Il novanta per cento della comunità scientifica internazionale è d'accordo che la guerra è indiscutibilmente un male. Perciò una larga percentuale di questo novanta per cento rifiuterà sistematicamente di adoperarsi, in quanto scienziati, allo sviluppo di nuove armi e ordigni nel proprio Paese. Ma ci si può domandare: che cosa farebbero essi se si trovassero oggi di fronte allo stesso dilemma che fu affrontato e risolto da Szilard, Fermi e Einstein, nel 1940, con l'assumersi l'impegno di persuadere Roosevelt a dare avvio a quello che più tardi fu noto come il "Progetto Manhattan"? Io credo, tuttavia, che la maggior parte di questi scienziati bene intenzionati (compreso lo stesso Linus Pauling), in circostanze analoghe, agirebbero esattamente come Einstein. Ovviamente scegliere l'uno o l'altro atteggiamento di fronte a tali alternative implica non un atto conoscitivo, ma un giudizio di valore. La conoscenza oggettiva definisce le alternative; di per sé non aiuta in alcun modo a risolvere gli angosciosi problemi che la scienza soltanto propone. È appena necessario sottolineare che la decisione di astenersi e di non intervenire in tali problemi, è già operare una scelta. Certamente non la più onorevole. La scienza si basa su un approccio strettamente *obiettivo* all'analisi e all'interpretazione dell'Universo, compreso l'uomo e le società umane. La scienza ignora e deve ignorare i giudizi di valore, la conoscenza continua ad aprire e inevitabilmente a suggerire nuove possibilità di azione. Ma decidere di un atteggiamento è sconfinare dal terreno dell'oggettività per addentrarsi in quello dei valori, che per loro natura sono non-oggettivi e perciò non possono derivare da una conoscenza oggettiva. Non c'è nessun modo rigoroso di provare oggettivamente che è male fare la guerra, o uccidere un uomo, o derubarlo, o giacere con la propria madre. Può sembrare pertanto che uno scienziato, il quale per definizione è professionalmente dedicato all'esclusivo perseguimento della conoscenza oggettiva, non debba assumere alcuna responsabilità speciale verso la società o il benessere degli uomini. In verità non è evidente come egli in virtù della sua preparazione dovrebbe essere più idoneo di un teologo, di un giurista, di un poliziotto o di un politico, a raccomandare o suggerire la scelta di una particolare presa di posizione. Si potrebbe suggerire che il solo obbligo inerente alla sua posizione sia almeno quello di informare la società dello stato effettivo delle ricerche in cui è impegnato e delle probabili conseguenze delle varie decisioni che si possono prendere. Anche tale obbligo tuttavia è dubbio. Supponete, come scienziati, di aver scoperto un semplice, efficace, ed economico modo di uccidere una qualsiasi frazione dell'umanità in grado di nuocere alle altre. È vostro dovere rivelare al Mondo intero le vostre scoperte? O soltanto al vostro governo? O al segretario generale del vostro partito? O come probabilmente vorrebbe la maggior parte degli scienziati soltanto alla comunità scientifica, in termini così tecnici che solo gli scienziati possano comprendere le implicazioni delle vostre scoperte? Quest'ultimo atteggiamento garantirebbe la vostra fama nella comunità scientifica, ma anche la certezza che la vostra scoperta diventerà un domani inevitabilmente, prima o poi, di dominio pubblico e con ciò una minaccia per l'umanità.»

11 Nella prima parte del brano si afferma che:

A un *junkie* dipende dalla sua droga almeno quanto la società dipende dalla propria tecnologia
B lo scienziato non ha alcuna responsabilità nei confronti della società
C il peso della droga è almeno pari a quello della scienza
D etica e scienza sono due ambiti nettamente separati
E nessuna delle precedenti è corretta

12 Il brano è di natura:

A storico-filosofica
B psicologica
C filosofica
D etico-scientifica
E epistemologica

13 Scopo dell'autore è:

A chiarire il ruolo e la responsabilità dello scienziato rispetto alla società in cui vive
B chiarire la responsabilità degli scienziati in relazione al *Progetto Manhattan*
C analizzare il pensiero di alcuni scienziati della seconda guerra mondiale
D spiegare la differenza tra conoscenza oggettiva e sistema di valori
E sottolineare la superiorità morale di Einstein rispetto a Fermi

14 Secondo l'autore:

A uccidere un uomo è oggettivamente un male
B la comunità scientifica è unanime nell'affermare che la guerra è un male
C lo scienziato deve informare la società dello stato delle ricerche
D lo scienziato la cui invenzione diventerà una minaccia per l'umanità è un assassino
E nessuna delle precedenti è corretta

15 Come si pone l'autore rispetto a Fermi e Einstein?

A Li condanna con fermezza
B Li assolve come scienziati, ma li condanna come uomini
C Ritiene che la loro scelta non sia stata la più onorevole
D Ritiene che la loro scelta sia sconfinata dal terreno della scienza
E Nessuna delle precedenti è corretta

In base alle informazioni contenute nel brano seguente, rispondere alle successive domande.

Della fondamentale motivazione stilistica della luce del Caravaggio si è largamente parlato, e se ne sono cercate le fonti nella cultura lombarda dove in parte si trovano; ma l'insorgenza del luminismo caravaggesco risulterebbe inspiegabile senza lo stimolo e l'urgenza di comunicare un contenuto simbolico. Intendo simbolico in senso intenzionale, programmatico. Da questo intento simbolico può essere infine considerata distinta ma comunicante la componente espressiva ed "emozionale": tutto ciò che il luminismo caravaggesco dice ed esprime anche al di là delle più immediate intenzioni. Non hanno dunque un messaggio univoco ma un coacervo di messaggi, nel quale certo hanno la loro parte gli stessi connotati psichici dell'intensità religiosa ed umana di Caravaggio, della sua passionalità, come e soprattutto, in stretta connessione di trauma, l'eco delle inquinanti novità del pensiero post-copernicano in una nuova immaginazione esistenziale e cosmica. Finché al centro anche topografico dell'universo restavano la terra e l'uomo, era naturale relazionare questo mondo-ombelico ad un Dio-testa che lo osservava dall'alto. Quando i mondi e i centri diventano plurimi e sfuggenti, o solo si insinua il sospetto che lo siano, anche il luogo di Dio fluttua nell'universo, e se Dio un luogo ha, non può essere che dentro di noi e dentro alle cose. Non è certo un caso che il Caravaggio, al chiaro e ordinato disegno dello spazio rinascimentale che ha un centro e un perimetro, e che è misurabile attraverso la prospettiva, sostituisca fondali ciechi, uno spazio d'ombra insondabile, dove la luce, bucando, crea uno o più centri irrelati ad un qualsiasi perimetro o ad una distinta periferia («Iddio è spera intelligente, il cui centro è in ogni loco, la circumferentia in nessuno», secondo la proposizione ermetica e neo platonica che Bruno rilanciò con più drastico significato). Né par dubbio che l'angoscia e il disorientamento siano i connotati espressivi delle grandi ombre divoranti, delle luci consunte nelle opere estreme: le vicende umane lo confermano.

Ma se tutto ciò esiste nell'opera di Caravaggio a livello globalmente espressivo, sarei cauto nel riconoscere questi stessi ingredienti nella ricetta simbolica, in quello che ritengo sia cioè il significato programmatico del luminismo caravaggesco. Non credo infatti che la sua luce-ombra voglia alludere al Dio e all'universo bruniani; tanto meno ci può soccorrere, in questo senso, la dottrina della luce del Patrizi, che forse è più estranea di quella bruniana (con cui ha tuttavia in comune la componente neoplatonica ed ermetica) al pathos espressivo di Caravaggio, e neanch'essa potrà interessare il livello simbolico delle sue intenzioni rappresentative. È solo, la dottrina del Patrizi, un documento dell'importanza e dell'attenzione che si votava alla luce nella speculazione neo-platonica del tempo. Tanto vale, allora, rifarci ancora ai neo-platonici *Dialoghi d'Amore* dove si attribuisce alla luce una decisa preminenza anche formale ed estetica nell'analisi della bellezza, contestando le classiche proporzioni.

Risalendo tuttavia all'indietro, la tesi neo-platonica della luce come "sostanza", essenza delle cose corporee e «corpo incorporeo» rimanda alla matrice agostiniana, che è quella, credo, realmente operante in presa diretta sull'immaginazione luministica del Caravaggio. In Sant'Agostino, la valutazione della luce come sostanza è inestricabilmente connessa alla luce come metafora e al suo significato morale di estrazione gnostica: la luce è attributo di Dio e come tale è anche principio di bene, oltre che "lume" ovvero guida, illuminazione: assunto centrale nel pensiero di Agostino è l'assoluta dipendenza dell'intelletto umano da Dio in quanto luce di verità. Per San Tommaso, vanto della mente umana sarà il «lume naturale», che rende capace l'uomo di conoscere, ben distinto dal *lumen gloriae* e dal *lumen gratiae*: premessa questa, in qualche modo, del razionalismo umanistico. Invece per Sant'Agostino la conoscenza è pura «visione di Dio», perpetua illuminazione: questa posizione era evidentemente più consona al clima dogmatico della Controriforma. La luce della conoscenza e la luce della grazia sono tutt'uno, dono che scende dall'alto.

Se allora un significato simbolico nella luce di Caravaggio sussiste, questo va ricercato in qualcosa di più basico ed elementarmente religioso, nella vecchia simbologia gnostica (ma anche alchemica, secondo il modello del *Genesi*) del male come tenebra, e nella sua contrapposizione al bene, come la morte si contrappone alla vita.

---

16 **Nella pittura del Caravaggio, la luce:**

- **A** è una eredità delle tecniche pittoriche precedenti
- **B** serve solo a creare uno sfondo
- **C** ha solo un significato simbolico
- **D** ha solo un significato stilistico
- **E** ha due significati distinti ma correlati

---

17 **La visione del Caravaggio è influenzata:**

- **A** dalle idee estetiche del razionalismo
- **B** dalla filosofia della tarda scolastica
- **C** dalla concezione tolemaica del mondo
- **D** dalla nuova cosmologia copernicana
- **E** da fattori esclusivamente tecnici

18 Nella teoria di sant'Agostino la luce:

A deriva dalla creazione del sole
B non ha alcun significato mistico
C è solo un fenomeno naturale
D è principio della conoscenza e della grazia
E è simbolo del *lumen* naturale

Dopo aver letto il brano seguente, si risponda alle due domande proposte.

"Formare oltre 3mila tra manager e imprenditori per aprire la strada all'industria 4.0, quel modo di fare impresa in cui scienza e produzione si fondono. Un progetto, quello messo in campo da Confindustria Emilia-Romagna, che interesserà dapprima 1.100 imprese e ne "accompagnerà" circa 700 con eventi di formazione e di coaching per un totale di almeno 23 mila ore. Il tutto per un investimento di 3,5 milioni, oltre un terzo delle risorse (10 milioni di euro) che la Regione Emilia-Romagna, attingendo ai fondi Fse, ha messo a disposizione per vincere la sfida del riposizionamento in chiave hi-tech del sistema produttivo regionale, per metterlo in grado di competere a livello globale grazie ad una manifattura ad altissimo valore aggiunto.

«Formare le persone è la strada maestra per rafforzare la competitività – ha detto ieri Maurizio Marchesini, presidente di Confindustria Emilia-Romagna durante la presentazione di «Verso industria 4.0», il piano messo a punto per accompagnare le imprese della regione nei processi di innovazione e sviluppo – per una rivoluzione che è dirompente, basti pensare alla differenza tra stampante 3D e macchine utensili, ma che può vedere convivere tecnologie diverse tra loro.

Il nostro obiettivo è stimolare la consapevolezza negli imprenditori con un investimento forte da parte regionale e a cui si affiancheranno le risorse investite direttamente dalle imprese». Si tratta, ha concluso Marchesini, «di un'occasione straordinaria per dare la svolta al sistema produttivo dell'Emilia-Romagna anche perché pur essendo la crescita 2016 all'1%, e quindi più alta del sistema Italia, resta ancora troppo lenta. Dobbiamo riaccendere i motori, e questo è un tassello»."

(Giorgio Costa, *Industria 4.0, formazione a tappeto*, Il Sole 24 Ore)

19 Con riferimento al brano, qual è l'obbiettivo ultimo di Confindustria?

A formare nuovi manager
B Velocizzare il processo di industrializzazione 4.0
C Iniziare il processo di industrializzazione 4.0
D Formare nuovi operai e impiegati per l'industria 4.0
E Continuare il processo di industrializzazione 4.0 iniziato un decennio fa

20 Con riferimento al brano, quale delle seguenti affermazioni non è corretta?

A La crescita dell'Emilia-Romagna nel 2016 è stata superiore a quella nazionale
B Per Confindustria la formazione può rafforzare la competitività delle imprese
C I fondi stanziati per "Verso Industria 4.0" ammontano a più della metà dei fondi Fse
D Il progetto "Verso Industria 4.0" interessa almeno 1.100 imprese
E Nel progetto "Verso Industria 4.0" verranno erogate non meno di 23.000 ore di formazione e coaching

Soluzioni e commenti

1 La tesi sostenuta dall'autore è quella riportata nell'alternativa **A**. Infatti riguardo al cavallo poliploide nel testo si legge "lunghezza, superficie e volume (o massa) sono in discrepanza perché le loro curve di crescita hanno caratteristiche mutuamente non lineari" e questo rende impossibile che il cavallo possa rimanere in vita a lungo; esiti analoghi si hanno per tutti i fenomeni in cui due o più parametri interagiscono seguendo leggi non lineari, come nel caso del traffico o della palma: oltre un certo punto di crescita di una variabile il sistema collassa. Naturalmente ciò non avviene per tutti i fenomeni fisici: nella maggior parte dei casi, al contrario, i parametri dei fenomeni fisici interagenti sono legati l'uno all'altro per permettere al sistema di funzionare al meglio. Questo rende dunque errata l'alternativa **B**. Anche la **C** è errata: la natura e la conformazione dei singoli organi interni del cavallo potrebbe anche non essere dissimile da quelle di un cavallo ordinario (dimensioni a parte), ma è la loro interazione a dare origine ai problemi di ossigenazione e smaltimento del calore che affliggono il cavallo poliploide. L'alternativa **D** si può escludere facilmente pensando all'esempio della palma, dove, come visto poco sopra, il processo di crescita vitale non è terminato a causa dell'invecchiamento cellulare.

2 L'alternativa corretta è la **C**. Se si raddoppiano i lati di un solido (si pensi a un cubo, per esempio) ogni singola faccia ha superficie pari a quattro volte quella del solido di partenza, mentre il volume del solido è 8 volte quello iniziale. Nel caso del cavallo, raddoppiandone la lunghezza, il volume è 8 volte quello di un cavallo normale; anche il peso del cavallo poliploide, che è proporzionale al volume, è 8 volte quello del cavallo normale e questo è un peso eccessivo perché possa reggersi sulle zampe.

3 I problemi che il cavallo poliploide incontra nel reggersi in piedi dipendono, come visto anche nella domanda precedente, dallo sviluppo non lineare di lunghezza e volume, e quindi peso, della povera bestia. Questa è però la condizione del cavallo adulto. Quando il cavallo era ancora un puledro la sua superficie e il suo peso avevano un rapporto tale per cui il cavallo aveva ancora la possibilità di reggersi in piedi, in quanto le sue dimensioni ancora risultavano adeguate a questo (risposta corretta **A**). Con la crescita, le due curve discrepanti raggiungono e, purtroppo, passano la soglia di tolleranza rendendo impossibile al cavallo adulto reggersi in piedi. In altre parole, le problematiche a cui va incontro il cavallo sono date dalla crescita: se il puledro è "lungo" la metà del cavallo adulto, il suo peso è otto volte inferiore e quindi può ancora reggersi sulle zampe.

4 La crescita della palma, a differenza di quella del cavallo poliploide, rispetta fino alla fase conclusiva della vita la propria soglia di tolleranza. Fino a quando la lunghezza della palma è sostenuta dal tronco la palma sopravvive adattandosi alla nicchia in cui si trova. Quando questo limite è passato, cioè quando la palma cresce eccessivamente in altezza per la dimensione del tronco (risposta corretta **E**) la palma va incontro alla morte.

5 Nel testo in esame si parla esplicitamente di "bestia infelice" con riferimento ai problemi di alimentazione del cavallo legati ancora una volta a dati di crescita non lineari di peso, e quindi di quantità di cibo che deve essere ingerita, e di esofago, rispettivamente pari a otto e quattro volte quelli di un cavallo normale. La risposta esatta è dunque la **C**.

6 Il brano afferma che *"abbiamo bisogno di linguaggi appropriati, di schemi e di modelli con cui pensare agli effetti causati sulle persone dal contesto sociale"*. La risposta esatta è dunque la **D**. La **A** è troppo drastica per essere accettabile: nel brano si dice anche che *"molti psicanalisti sanno che le storie di persecuzione infantile raccontate dai loro pazienti sono vere"*. Anche la **E** non è precisa; la psicoanalisi infatti ha una propria teoria per spiegare il senso di persecuzione, anche se questa teoria non è accettata dall'autore.

7 L'autore sicuramente afferma che vi sono connessioni tra gli eventi intimi di una persona e le sue relazioni interpersonali (alternativa **A**), ma anche che il contesto sociale influenza la personalità dell'individuo (alternativa **C**, si tratta in realtà di affermazioni molto simili). Il suo scopo però non è tanto mostrare queste correlazioni, quanto quello di stabilire come non si può "curare" un individuo se non si tiene conto dell'influenza della società su di lui. L'autore infatti nel secondo paragrafo afferma: *"Abbiamo bisogno di linguaggi appropriati, di schemi e di modelli con cui pensare agli effetti causati sulle persone dal contesto sociale"*; e nel terzo dice che occorre *"spiegare come la persecuzione avvenuta nel passato possa in seguito dare origine a certe strane esperienze"*. La risposta esatta è dunque la **E**.

8 La **A** non è accettabile, in quanto l'autore dice che fra i due termini esiste una differenza, seppur minima. Per la precisione, l'autore sostiene che userà i due termini in modo intercambiabile, dal momento che la differenza in pratica è molto sottile; ciò però implica che i due termini *non* "hanno esattamente lo stesso significato". La **B** e la **C** si scartano facilmente, e così pure la **E**. La risposta esatta è la **D**.
Ad essa si può giungere non soltanto per esclusione, ma anche considerando che *scotomizzare* è il termine con cui il Laforgue traduce quelle che Freud aveva individuato come le azioni con cui "manteniamo lontani dalla consapevolezza determinati eventi"; fra tali azioni vi è anche la *rimozione*, il che ci consente di concludere che, nel brano proposto, scotomizzare significa cambiare il "me-cattivo" nel "non-me".

9 Come si può verificare con una ricerca nel brano dei significati delle parole in tedesco, *verurteilen* indica inconsapevolezza parziale (risposta **A**).

10 Il brano non può essere pessimistico, narrativo o giornalistico. Più difficile è scartare descrittivo (alternativa **C**). In realtà però, qui non si descrive una particolare teoria psicanalitica o una particolare patologia, ma, per lo meno nella prima parte, si esaminano i limiti della psicoanalisi. L'alternativa è dunque la **A**.

11 La risposta esatta è la **E**. Infatti, l'alternativa **A** è errata in quanto all'inizio del brano si afferma che la società attuale dipende dalla tecnologia forse anche più di quanto un *junkie* dipende dalla sua droga preferita. Analogamente, la **B** è errata in quanto, nella parte finale del brano, l'autore afferma che solo apparentemente lo scienziato è privo di responsabilità. L'alternativa **C** è da scartare in quanto priva di significato. Infine la **D** è da scartare perché tutto il brano (si veda il quesito seguente) indaga proprio il rapporto fra la ricerca scientifica e le sue conseguenze da un punto di vista morale.

12 Pur occupandosi di scoperte scientifiche, il brano si concentra sul ruolo dello scienziato nell'ambito della società e sul comportamento che egli dovrebbe adottare. Vi è dunque anche un contenuto etico. Pertanto la soluzione a tale quesito è rappresentata dall'alternativa **D**.

13 Tra le alternative proposte, si scartano facilmente la **B** e la **D** in quanto eccessivamente restrittive, e la **C**, perché nel brano viene fatto solo un cenno al pensiero di scienziati della seconda guerra mondiale. Tale cenno serve come spunto per sottolineare il vero scopo dell'autore, che è quello di chiarire il ruolo e la responsabilità dello scienziato rispetto alla società in cui vive (alternativa **A**). Di una presunta superiorità morale di Einstein rispetto a Fermi l'autore del brano non fa parola (risposta **E** errata).

14 Uccidere un uomo è, secondo l'autore, un male non oggettivamente ma moralmente. L'alternativa **A** è dunque scorretta. Anche la **B** è da scartare perché l'autore afferma, poco prima della metà del brano, che il 90%, e non l'unanimità della comunità scientifica, considera la guerra un male. Per quanto riguarda l'obbligo dello scienziato di informare la società dello stato delle ricerche, l'autore del brano si limita a sollevare delle domande (risposta **C** errata), mentre in nessun passaggio afferma che lo scienziato, la cui invenzione diventerà una minaccia per la società, sia un assassino (risposta **D** errata). L'alternativa **E**, invece, rappresenta la soluzione del quesito.

15 Come si evince da quanto affermato nella parte centrale del brano, la posizione dell'autore rispetto a Fermi e Einstein è quella espressa dall'alternativa **D**.

16 L'autore del brano si sofferma già nelle prime righe sulla duplicità di significati, fra loro correlati, nell'impiego della luce da parte del Caravaggio: «l'insorgenza del luminismo caravaggesco risulterebbe inspiegabile senza lo stimolo e l'urgenza di comunicare un contenuto simbolico... Da questo intento simbolico può essere infine considerata distinta ma comunicante la componente espressiva ed 'emozionale'» (risposta **E**).

17 Il passaggio in cui si analizza la visione del pittore e che consente di individuare la risposta corretta è il seguente: «l'eco delle inquinanti novità del pensiero post-copernicano in una nuova immaginazione esistenziale e cosmica» (soluzione **D**). Le alternative **A**, **B** e **C** sono facilmente eliminabili se si considera il riferimento a Sant'Agostino nella parte finale del brano, proprio in contrapposizione a San Tommaso.

18 L'autore, descrivendo l'influenza di Sant'Agostino sul Caravaggio, sostiene che «La luce della conoscenza e la luce della grazia sono tutt'uno, dono che scende dall'alto» (soluzione **D**).

19 "Aprire la strada all'industria 4.0", "verso industria 4.0" sono alcune delle frasi del brano che mostrano come il fine di Confindustria sia quello di "iniziare" il processo di industrializzazione 4.0, attraverso soprattutto la formazione di manager (ma il brano non parla di "nuovi" manager – alternativa **A** errata). La soluzione al quesito è, quindi, fornita dall'alternativa **C**.

20 Nel brano si afferma che nel 2016 la crescita dell'Emilia-Romagna è stata pari all'1%, e quindi più alta del sistema Italia (alternativa **A** corretta), ma anche che, per il presidente di Confindustria, formare le persone è la strada maestra per rafforzare la competitività (alternativa **B** corretta). Poiché nel brano si afferma che il progetto interesserà "dapprima" 1.100 imprese e che ci saranno eventi di formazione e coaching per un totale di "almeno" 23 mila ore risultano corrette anche le alternative **D** ed **E**. È, invece, errata (ed è quindi la soluzione del quesito) l'alternativa **C**, infatti i fondi stanziati per il progetto sono 3,5 milioni di euro, più di un terzo dei 10 milioni derivanti dai fondi Fse.

Quesiti di logica

Leggere il testo del seguente problema e rispondere alle relative domande.

Dodici scout (A, B, C, D, E, F, G, H, I, L, M, N) partono per un'escursione di più giorni in montagna. La prima sera i ragazzi devono sistemarsi in quattro tende. Ogni tenda è occupata da tre ragazzi e deve avere un capo tenda. I quattro ragazzi più anziani (A, B, C e F) sono i capi delle quattro tende e devono scegliere gli altri componenti della tenda. Per fare questo devono però tenere conto dei seguenti vincoli:

- H non vuole stare con A;
- B e N hanno litigato e non possono stare nella stessa tenda;
- E non vuole stare con F;
- G non vuole stare con C;
- N ha litigato con A e non può stare nella sua stessa tenda;
- G è il fratello di I e vuole stare in tenda con lui;
- H e N hanno litigato e non possono stare nella stessa tenda;
- E è amico inseparabile di D e vogliono stare nella stessa tenda;
- N e L non si parlano da giorni e non vogliono stare nella stessa tenda;
- G è diventato molto amico di F e vuole stare nella sua stessa tenda.

1 In base alle informazioni riportate nell'esercizio, quali dei seguenti gruppi di persone è nella tenda con B?

A L, M
B E, F
C H, L
D D, E
E N, I

2 In base alle informazioni riportate nell'esercizio, quali dei seguenti gruppi di persone è nella tenda con I?

A F, G
B H, B
C A, D
D C, M
E G, C

3 Se non fosse nota l'informazione fornita dall'ultima affermazione (G è diventato molto amico di F e vuole stare nella sua stessa tenda), cosa è possibile affermare con sicurezza?

A A si deve trovare in tenda o con G o con E
B B si deve trovare in tenda con L
C F si deve trovare in tenda o con N o con L
D C si deve trovare in tenda con H o con L
E Non è possibile sistemare gli scout in quattro tende

Leggere il testo del seguente problema e rispondere alla relative domanda.

A casa degli amici Gino e Pino, il signor Barbatrucco propone un gioco con 6 carte, nascoste sotto 6 fogli di carta numerati da 1 a 6. Le carte riportano i seguenti valori: Re, Regina, Fante, dieci, nove e otto, tutti di cuori. Prima di invitare i due amici a indovinare il corretto abbinamento fra le sei carte e il numero riportato sul foglio che le copre, il signor Barbatrucco spiega le regole con cui nasconde le carte:

- il dieci di cuori sta sotto un foglio con un numero inferiore rispetto al foglio che copre il Fante;
- il nove e la Regina di cuori sono nascosti sotto fogli che riportano due numeri consecutivi;
- il re di cuori è nascosto sotto il foglio numero 5 (e ovviamente non si può scommettere su questa carta).

4 Gino e Pino accettano di giocare con l'amico; Gino scommette che il fante di cuori sta sotto il foglio numero 2 e vince. Ciò consente a Pino di affermare con assoluta certezza che:

A la sequenza delle carte nascoste è, dal foglio numero 1 al foglio numero 6: dieci, Fante, nove, Regina, Re, otto
B il nove e il re di cuori non sono adiacenti
C la sequenza delle carte nascoste è, dal foglio numero 1 al foglio numero 6: dieci, Fante, Regina, nove, Re, otto
D il re e il fante di cuori sono adiacenti
E l'otto di cuori è nascosto sotto il foglio numero 6

Leggere il testo del seguente problema e rispondere alle relative domande.

A bordo di un piccolo pullman che ha, oltre al sedile dell'autista, quattro file di posti, viaggiano quattro amici: Luca, Marco, Fabio e Giacomo. Uno di essi è seduto al posto di guida, gli altri stanno ognuno in una fila. Una delle file rimane dunque vuota. È inoltre noto che:

- Luca è due file più avanti di Marco;
- Fabio è tre file più indietro di Giacomo;
- Luca ha solo quindici anni (e il pullman è considerato un autoveicolo pesante).

5 Chi è il più lontano dal guidatore?

A Giacomo
B Luca
C Fabio
D Marco
E Luca e Fabio

6 Chi è il più vicino al guidatore?

A Marco
B Fabio
C Luca
D Giacomo
E Marco e Fabio

7 Chi sta immediatamente dietro a Luca?

A Marco
B Fabio
C Nessuno, poiché la fila è vuota
D Giacomo
E Marco e Giacomo

Leggere il testo del seguente problema e rispondere alla relativa domanda.

8 **Siamo in presenza di 4 militari aventi 4 gradi diversi (generale, maggiore, caporale e soldato semplice), che provengono da 4 regioni italiane diverse (Calabria, Lombardia, Piemonte e Sardegna). Si sa che Antonio è un generale lombardo, Bruno è piemontese, Donato è un soldato semplice, che il maggiore non è calabrese e che Carlo non è un caporale. Si può stabilire chi è il sardo?**

- A Carlo è il sardo
- B Non lo sono né Bruno né Carlo
- C Donato è il sardo
- D Non lo sono né Antonio né Carlo
- E I dati non sono sufficienti per stabilirlo

Leggere il testo del seguente problema e rispondere alle relative domande.

La società Mirtidinotte ha una squadra di pallavolo in cui giocano sei ragazzi: Carlo, Diego, Federico, Gabriele, Marco e Paolo.

Ognuno ha un ruolo ben preciso nella squadra.

Ci sono due schiacciatori, un opposto, due centrali e un alzatore.

La peculiarità della squadra è che ogni ragazzo proviene da una città diversa: Roma, Milano, La Spezia, Pisa, Arezzo e Nuoro.

Inoltre si sa che:

- l'alzatore è di Arezzo;
- uno degli schiacciatori è Marco;
- uno dei centrali è di Pisa;
- Paolo è sardo;
- né Carlo né Federico giocano nel ruolo di centrale;
- Diego è milanese;
- nel ruolo di opposto gioca il romano;
- un centrale è Paolo;
- Carlo non gioca nel ruolo di alzatore.

9 **In quale ruolo gioca Federico?**

- A Alzatore
- B Opposto
- C Non si può dedurre
- D Schiacciatore
- E Centrale

10 **Come si chiama il pisano?**

- A Carlo
- B Federico
- C Gabriele
- D Marco
- E Non si può dedurre

PARTE PRIMA

Leggere il testo del seguente problema e rispondere alle relative domande.

Al torneo di Calcetto del Centro Sportivo Boito si sono iscritte quattro squadre: Allenati, Brocchi, Capaci e Dascartare. La formula del torneo prevede che ogni squadra incontri tutte le altre per due volte. In caso di vittoria, alla vincente vengono assegnati tre punti e zero alla perdente. In caso di pareggio ogni squadra ottiene un punto. Dopo un mese dall'inizio del torneo ogni squadra ha incontrato una volta tutte le proprie avversarie. Inoltre si sa che:

- la squadra dei Brocchi non ha mai perso;
- la squadra dei Capaci ha pareggiato due volte;
- la squadra in testa al torneo ha 7 punti e 2 punti di vantaggio sulla seconda;
- la squadra degli Allenati è penultima da sola;
- la squadra degli Allenati ha pareggiato con quella dei Dascartare.

11 Quale squadra è ultima in classifica?

A Allenati
B Brocchi
C Dascartare
D Capaci
E Non è possibile stabilirlo

12 Quanti punti dividono la squadra dei Brocchi da quella degli Allenati?

A 7
B 2
C 5
D 6
E 3

13 Quale squadra è seconda in classifica?

A Brocchi
B Allenati
C Dascartare
D Capaci
E Non è possibile stabilirlo

Risolvere i seguenti esercizi di deduzione logica.

14 **I) Chi ama il mare è pigro**
II) Chi ama il mare è sposato
III) Giulia è sposata
Se le tre affermazioni sono vere, quale delle seguenti è vera?

A Giulia è pigra
B Chi è sposato ama il mare
C Giulia ama il mare
D Giulia aspetta un bambino
E Nessuna delle precedenti

15 **Paola non ha sorelle. Chi è la sorella del figlio del nonno materno della figlia di Paola?**

A La mamma di Paola
B Una zia di Paola
C Non esiste tale persona
D Una cugina di Paola
E Paola stessa

16 **I) Paolo è goloso**
II) Chi è grasso è goloso
III) Federico è grasso
Se le tre affermazioni sono vere, quale delle seguenti è vera?

A Paolo è grasso
B Federico è goloso
C Federico e Paolo sono amici
D Chi è goloso è grasso
E Nessuna delle precedenti alternative è corretta

17 **Marco: "Giorgio suona il sassofono meglio di tutti, è lui il campione del nostro gruppo"**
Giorgio: "Alessandro suona il sassofono meglio di tutti, è lui il campione del nostro gruppo"
Alessandro: "Io non suono il sassofono meglio di tutti, non sono io il campione del gruppo"
Matteo: "Io non suono il sassofono meglio di tutti, non sono io il campione del gruppo"
Se solo una di queste affermazioni è vera, chi è il campione nel suonare il sassofono?

A Non è possibile stabilirlo
B Matteo
C Alessandro
D Giorgio
E Marco

18 **Negare l'affermazione: "chi ama la propria città la tiene pulita".**

A Chi pulisce la propria città la ama
B C'è almeno un cittadino che pulisce la propria città ma non la ama
C C'è almeno un cittadino che ama la propria città ma non la tiene pulita
D Ci sono cittadini che amano la loro città e la puliscono
E Non c'è alcun cittadino che ami e pulisca la sua città

19 **Alla corte del sultano Alì Babà, i 4/5 delle odalische hanno i capelli neri e i 3/4 hanno gli occhi neri. Si può concludere che:**

A 3/5 delle odalische hanno sia capelli che occhi neri
B 11/20 delle odalische hanno sia capelli che occhi neri
C 11/20 delle odalische hanno o capelli o occhi neri
D 4/5 delle odalische hanno sia capelli che occhi neri
E 3/4 delle odalische hanno sia capelli che occhi neri

20 **Il signor Candido constata che (a) Giovanna ha fatto una rapidissima carriera come economista. Il signor Candido ne deduce che (b) Giovanna non è una persona onesta.**

La ragione necessaria e sufficiente del passaggio logico che opera il signor Candido dalla constatazione del fatto (a) al giudizio (b) è una (e una soltanto) delle seguenti convinzioni:

- A solo alcune persone eccezionali fanno onestamente carriera come economisti
- B nessuna persona onesta fa carriera in campo economico
- C tutte le donne-economiste sono disoneste
- D le persone disoneste fanno rapida carriera solo in campo economico
- E nessuna economista onesta fa rapida carriera nel suo campo

21 **Quale delle seguenti affermazioni è logicamente equivalente a: "Le canzoni italiane non hanno sempre testi belli"?**

- A Le canzoni italiane hanno sempre brutti testi
- B Almeno una canzone italiana non ha un bel testo
- C Tutte le canzoni con un bel testo non sono italiane
- D Tutte le canzoni con un bel testo sono straniere
- E Almeno una canzone straniera è più bella di una canzone italiana

22 **Si considerino i seguenti ragionamenti:**

I) Enrico legge su una rivista scientifica che se si mangia il cioccolato si affatica il fegato. Mario ha il fegato affaticato. Questo significa che ha mangiato cioccolato.

II) Enrico legge su una rivista scientifica che i carciofi, se cucinati al vapore, diventano scuri. Enrico va in cucina e vede che i suoi carciofi non sono scuri. Ciò significa che nessuno li ha cucinati al vapore.

- A Entrambi i ragionamenti sono validi
- B I) è valido ma II) non lo è
- C II) è valido ma I) non lo è
- D Nessuno dei due ragionamenti è valido
- E Nessuna delle precedenti alternative è corretta

23 **Laura dice a Danilo: "Se venerdì starò bene, giocherò la partita. Se starà bene anche Betty la porterò a giocare con me". È venerdì, Danilo va a vedere la partita e trova Laura in tribuna, spettatrice della partita. Allora sicuramente:**

- A Laura sta bene, ma Betty no
- B Laura e Betty non stanno bene
- C Laura sta bene, Betty non ha voluto giocare la partita con lei
- D Betty non sta bene
- E Laura non sta bene

24 **Se Sara è andata al mare, allora Guido ha lavorato anche nel fine settimana.**

Se è vera questa affermazione, allora è anche vero che:

- A se Sara non è andata al mare Guido non ha lavorato nel fine settimana
- B se Guido non ha lavorato nel fine settimana allora Sara non è andata al mare
- C se Sara non va al mare, Guido lavora tutta la settimana
- D se Guido ha lavorato fino a tardi allora non ha potuto raggiungere Sara al mare
- E se Guido ha lavorato nel fine settimana Sara è sicuramente andata al mare

25 **A quale delle seguenti proposizioni risulta equivalente l'affermazione: "se la luce è spenta allora Marco non è a casa".**

A Marco è a casa e la luce è spenta

B Se Marco è a casa non è detto che la luce sia spenta

C Se Marco è a casa non è detto che la luce sia accesa

D Se Marco è a casa allora la luce è accesa

E Se Marco è a casa allora la luce è spenta

26 **Ogni qual volta si verifica una contrazione dell'offerta di petrolio dalla regione del Golfo, si registra un immediato aumento del prezzo del petrolio proveniente da quella regione.**

Se l'argomentazione sopra riportata è vera, quale delle seguenti affermazioni è vera?

A Se c'è un incremento del prezzo del petrolio proveniente dalla regione del Golfo, ciò significa che vi è stata una contrazione dell'offerta di petrolio da quella regione

B Se non vi è alcuna contrazione dell'offerta di petrolio dalla regione del Golfo, allora non vi è alcun incremento del prezzo del petrolio proveniente da quella regione

C Ogni qual volta vi è una contrazione dell'offerta di petrolio, si verifica un immediato aumento del prezzo dello stesso

D Ogni qual volta vi è instabilità politica nella regione del Golfo, si verifica un immediato incremento del prezzo del petrolio proveniente da quella regione

E Se non vi è alcun incremento nel prezzo del petrolio proveniente dalla regione del Golfo, ciò significa che non vi è stata alcuna contrazione dell'offerta del petrolio da quella regione

27 **Quale delle seguenti affermazioni è logicamente equivalente a: "I giovani non dimenticano mai nulla"?**

A Gli anziani dimenticano tutto

B Gli anziani dimenticano sovente

C Chi non dimentica nulla è giovane

D I giovani ricordano sempre tutto

E Gli anziani dovrebbero esercitare la memoria

28 **Andrea afferma che tutte le città toscane sono affascinanti. Quale delle seguenti condizioni è necessario che si verifichi affinché l'affermazione di Andrea risulti falsa?**

A Deve esistere almeno una città toscana non affascinante

B Deve esistere almeno una città ligure affascinante

C Nessuna città toscana deve essere affascinante

D Deve esistere almeno una città affascinante non toscana

E Tutte le città non toscane devono essere affascinanti

29 **La frase "Non c'è un giorno senza discussione" è equivalente a:**

A i giorni non sono tutti i tranquilli

B ogni giorno c'è almeno una discussione

C ogni giorno si fanno molte discussioni

D qualche giorno si riesce a stare tranquilli senza discutere

E l'amore non è bello se non è litigarello

30 **Voglio costruire una piramide alta 4 livelli con pietre a forma di cubi, come indicato nella figura seguente:**

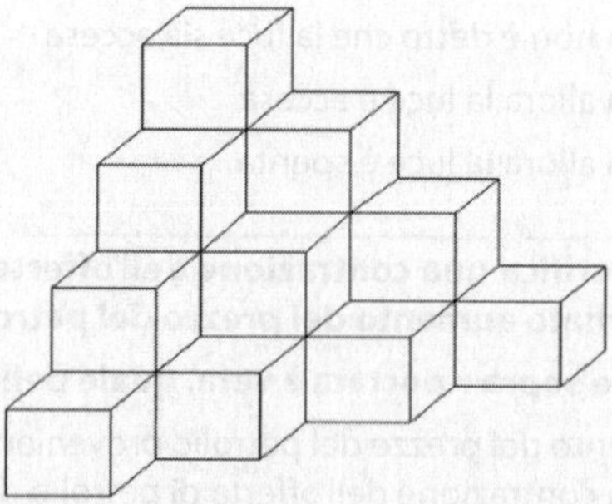

Al livello più alto c'è un solo cubo, al livello immediatamente inferiore ne abbiamo 3 e così via. Quanti cubi devo utilizzare in totale?

A 22 B 16 C 20 D 19 E 18

31 **Prese da un mazzo particolare 6 carte, ciascuna delle quali su un lato porta scritto una fra le lettere A, B, C e sull'altro porta scritto una fra le cifre 1, 2, 3, Leo dispone sul tavolo le carte nel modo seguente:**

A	B	C	1	2	3

ed afferma:

Se una carta porta la lettera B su un lato, sull'altro lato porta la cifra 2.

Qual è il numero minimo di carte che Maria deve girare per essere sicura che Leo afferma il vero?

A 6
B 1
C 2
D 3
E 4

32 **Si consideri la proposizione: "Nessun cane ha tre zampe"; dire che tale proposizione è falsa significa che:**

A almeno un cane ha tre zampe
B almeno un cane ha un numero di zampe diverso da tre
C tutti i cani hanno tre zampe
D tutti i cani hanno quattro zampe
E tutti i cani hanno un numero di zampe diverso da tre

33 **Alla festa da ballo organizzata per festeggiare il diploma sono presenti tanti ragazzi quante ragazze; esattamente un terzo dei presenti è maggiorenne. Vengono formate le coppie per il ballo, ognuna delle quali è composta da un ragazzo e una ragazza; nessuno resta senza compagno/a. Si considerino le seguenti affermazioni:**

1. in ogni coppia il ragazzo è maggiorenne e la ragazza minorenne;
2. in ogni coppia il ragazzo è minorenne e la ragazza maggiorenne;
3. in ogni coppia il ragazzo è minorenne;
4. in ogni coppia la ragazza è minorenne;
5. ci sono meno di 6 persone.

Indicando con (P) le affermazioni possibili e con (N) quelle non possibili, dire qual è la giusta sequenza di affermazioni possibili e non possibili.

A 1.N–2.N–3.P–4.P–5.N
B 1.N–2.N–3.N–4.P–5.N
C 1.N–2.N–3.P–4.N–5.N
D 1.N–2.P–3.P–4.N–5.N
E 1.N–2.P–3.N–4.P–5.P

34 **La Commissione del Turismo bandisce il Premio Traveller. I premi sono indicati di seguito.**

1° premio: un viaggio di due settimane alle isole Comore;

2° premio: un viaggio di tre giorni a Venezia;

3° premio: uno zaino.

A chi saprà effettuare una corretta previsione circa l'esito del concorso verrà consegnato, a scelta della giuria, o il primo o il secondo premio. Coloro che invece faranno una previsione errata riceveranno il terzo premio come consolazione. Ipotizzando che voi vogliate il primo premio, quale delle seguenti previsioni obbligherà la giuria a soddisfare il vostro desiderio?

A Non riceverò il terzo premio
B Riceverò il secondo premio
C Non riceverò il secondo premio
D Non riceverò il primo premio
E Non riceverò alcun premio

35 **Quale delle seguenti affermazioni equivale a dire: "Non tutti i laureati in Ingegneria fanno l'ingegnere"?**

A Nessun laureato in Ingegneria fa l'ingegnere
B Tutti i laureati in Ingegneria fanno l'ingegnere
C Non esiste un laureato in Ingegneria che non faccia l'ingegnere
D Vi è almeno un laureato in Ingegneria che non fa l'ingegnere
E Tutti i laureati in Ingegneria fanno un lavoro diverso dall'ingegnere

36 **La negazione della frase "Elena la prossima estate andrà al mare, mentre Margherita andrà in montagna" è:**

A Elena non andrà al mare e Margherita non andrà in montagna
B Elena non andrà al mare oppure Margherita non andrà in montagna
C Elena andrà in montagna mentre Margherita andrà al mare
D Elena e Margherita andranno insieme al mare
E Elena e Margherita non andranno in montagna

37 Alle prossime elezioni comunali tutti e cinque i nuovi candidati sono sicuri di arrivare al ballottaggio finale con l'attuale sindaco. Negare questa frase vuol dire affermare che:

A alcuni nuovi candidati sono sicuri di arrivare al ballottaggio finale con l'attuale sindaco

B c'è solo un nuovo candidato che è sicuro di arrivare al ballottaggio finale con l'attuale sindaco

C nessun nuovo candidato è sicuro di arrivare al ballottaggio finale con l'attuale sindaco

D c'è almeno un nuovo candidato che non è sicuro di arrivare al ballottaggio finale con l'attuale sindaco

E l'attuale sindaco verrà certamente rieletto

38 Un ricercatore osservando che una sostanza si era tinta di verde aveva constatato la presenza di mercurio o di rame o di entrambe. Sapendo che se c'è mercurio non c'è alluminio e se c'è rame c'è calcio, quale delle seguenti situazioni è possibile che si verifichi?

A Nella sostanza sono presenti solo mercurio e rame

B Nella sostanza non sono presenti né calcio né mercurio

C Nella sostanza è presente alluminio ma non è presente calcio

D Nella sostanza è presente solo rame

E Nella sostanza è presente solo mercurio

39 Si riempiano gli spazi contrassegnati da ... con i numeri da 0 a 3 in modo che la frase, che si riferisce a se stessa, sia corretta:

"in questa frase lo 0 compare ... volta/e, l'1 compare ... volta/e, il 2 compare ... volta/e e il 3 compare ... volta/e".

Quante volte compare 1 nella frase?

A 1

B 2

C 3

D 4

E Non è possibile stabilirlo

40 Ogni DNA ha un numero finito di tipologia di sequenza di legami, ma sono infinite le sequenze di legami possibili e infiniti quindi i possibili DNA. I ricercatori hanno individuato, tra le altre, alcune sequenze di legami che hanno codificato come sequenze Beta.

Quale alternativa sintetizza in modo corretto il significato della precedente affermazione?

A Le sequenze di legami di tipo Beta sono le più diffuse nel DNA

B Vi sono infinite sequenze di legami che non sono sequenze Beta

C Il numero di sequenze di tipo Beta è molto piccolo

D Le sequenze di legami di tipo Beta si trovano solo in una piccola parte di DNA

E Vi sono sequenze di legami di tipo Beta in ogni tipo di DNA

41 Da una indagine tra gli animali presenti in una riserva naturale ci si accorge che il numero di esemplari accoppiati è maggiore rispetto al numero di esemplari single e che il numero di esemplari maschi è maggiore rispetto al numero di esemplari femmine. Quale tra le seguenti affermazioni è sicuramente falsa?

A Nella riserva naturale gli esemplari maschi single sono in numero maggiore rispetto agli esemplari maschi accoppiati

B Nella riserva naturale il numero animali accoppiati è maggiore rispetto al numero totale di esemplari femmine

C Nella riserva naturale il numero di animali accoppiati è maggiore rispetto al numero di esemplari maschi single

D Nella riserva naturale il numero degli esemplari maschi single è maggiore del numero delle coppie

E Nella riserva naturale gli esemplari maschi single sono più del doppio del numero delle coppie

42 Nella facoltà di Ingegneria 1/3 degli studenti è stato bocciato ad almeno un esame e i 3/4 degli studenti sono fuori sede. Da questa affermazione si può dedurre con certezza che nella facoltà di Ingegneria:

A 1/4 degli studenti fuori sede è stato bocciato ad almeno un esame

B la metà degli studenti fuori sede è stata bocciata ad almeno un esame

C nessuno degli studenti fuori sede è stato bocciato all'esame

D almeno uno studente fuori sede è stato bocciato ad almeno un esame

E 1/3 degli studenti fuori sede è stata bocciata ad almeno un esame

43 In un'azienda sono stati distribuiti 27 computer. Poiché per ridurre gli sprechi a ogni dipendente è stato affidato al massimo un computer, cosa si può dedurre con certezza?

A Nell'azienda sono presenti esattamente 27 dipendenti

B Nell'azienda ci sono al massimo 27 dipendenti

C Nell'azienda ci sono almeno 27 dipendenti

D Nell'azienda ci sono dipendenti che non hanno il computer

E Nell'azienda tutti i dipendenti hanno almeno un computer

44 Si considerino le seguenti definizioni: un numero è trippo se è divisibile per 3, ma non per 4 a meno che non sia divisibile per 120; un numero è quadrippo se è divisibile per 4, ma non per 5 a meno che non sia multiplo di 100. Quale delle seguenti affermazioni è vera?

A 360 è un numero quadrippo, ma non trippo

B 201 è un numero trippo ma non quadrippo

C 200 è un numero trippo ma non quadrippo

D 222 non è né trippo né quadrippo

E 124 è sia trippo, sia quadrippo

45 **Tre amici hanno assistito a una finale di pattinaggio artistico femminile. Alcuni giorni dopo cercano di ricordare chi si è aggiudicato il podio dei primi tre posti, ma ognuno ha un ricordo diverso. Silvano afferma: "Si sono piazzate ai primi posti la Aista, la Batijnka e la Chunky". Teresio invece ricorda che le prime tre sono state la Aista, la Chunky e la Delatombée. Umberto invece afferma "Si sono classificate nei primi tre posti la Batijnka, la Delatombée e la Einigefallen". Sapendo che ognuno di loro ricorda due nomi esatti e uno sbagliato, possiamo affermare che:**

- A i dati sono insufficienti per rispondere
- B si piazzarono la Aista, la Chunky e la Einigefallen
- C si piazzarono la Batijnka, la Delatombée e la Einigefallen
- D si piazzarono la Batijnka, la Chunky e la Einigefallen
- E si piazzarono la Aista, la Batijnka e la Delatombée

46 **Se è falso che:**
"nessuno degli abitanti di un condominio ha almeno due automobili",
allora si può dedurre che:

- A c'è almeno un abitante del condominio che ha almeno due automobili
- B c'è un abitante del condominio che ha esattamente due automobili
- C ogni abitante del condominio ha meno di due automobili
- D c'è un abitante del condominio che ha una sola automobile
- E ogni abitante del condominio ha almeno due automobili

47 **In una scatola sono contenuti 10 cubetti bianchi, 5 cubetti neri e 5 cubetti rossi. Qual è il numero minimo di cubetti da estrarre per essere sicuri di averne 5 dello stesso colore?**

- A 11
- B 6
- C 13
- D 9
- E 10

48 **In un gioco televisivo è ammesso a partecipare chiunque non appartenga alla seguente categoria di persone: le persone di più di 50 anni con gli occhi azzurri. Allora:**

- A una persona di 60 anni con gli occhi marroni può partecipare
- B una persona di 55 anni con gli occhi marroni non può partecipare
- C una persona di 40 anni con gli occhi azzurri non può partecipare
- D può partecipare solo chi ha meno di 50 anni e non ha gli occhi azzurri
- E una persona di 58 anni con gli occhi azzurri può partecipare

49 **Gabriele, Luciano e Michele hanno sostenuto un esame all'università.**
Gabriele dice: Solo due di noi hanno superato l'esame.
Michele dice: Se Luciano ha passato l'esame, allora l'ho passato anch'io.
Se le due affermazioni precedenti sono vere, possiamo dedurre con certezza che:

- A Luciano ha passato l'esame
- B Gabriele ha passato l'esame
- C Michele ha passato l'esame
- D Gabriele non ha passato l'esame
- E Michele non ha passato l'esame

Risolvere le seguenti successioni di figure.

50 Scartare una delle cinque rappresentazioni grafiche.

A
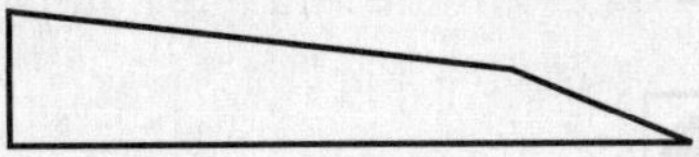

B
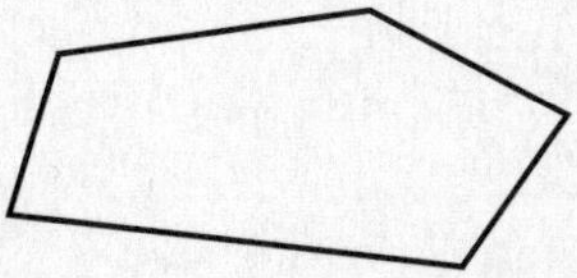

C
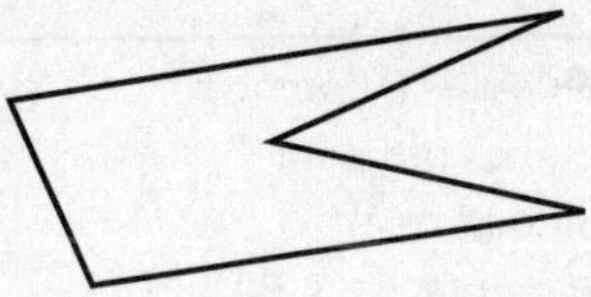

D

E
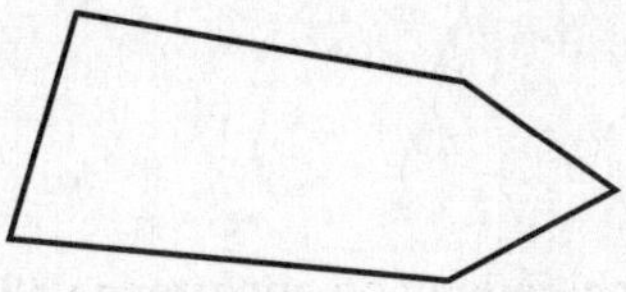

51 Scartare una delle cinque rappresentazioni grafiche.

A
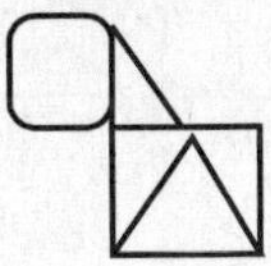

B
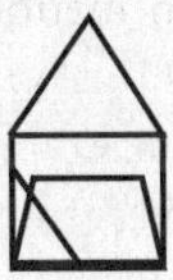

C

D

E
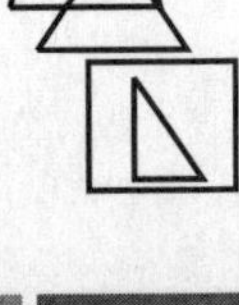

52 **Scartare una delle cinque rappresentazioni grafiche.**

A 

B 

C 

D 

E 

53 **Scartare una delle cinque rappresentazioni grafiche.**

A 

B 

C 

D 

E 

54 **Scartare una delle cinque rappresentazioni grafiche.**

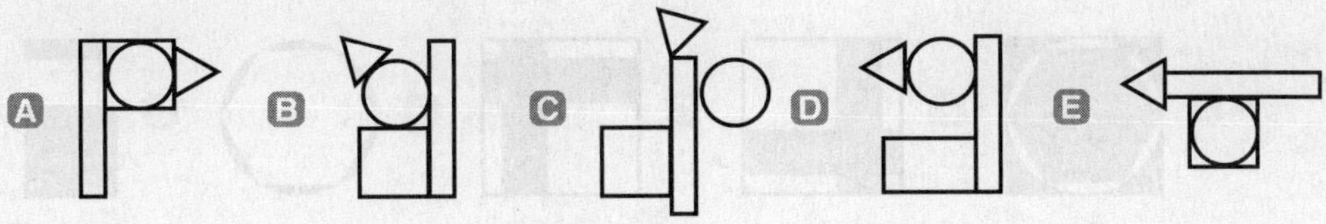

55 **Individuare la figura che completa correttamente la seguente serie.**

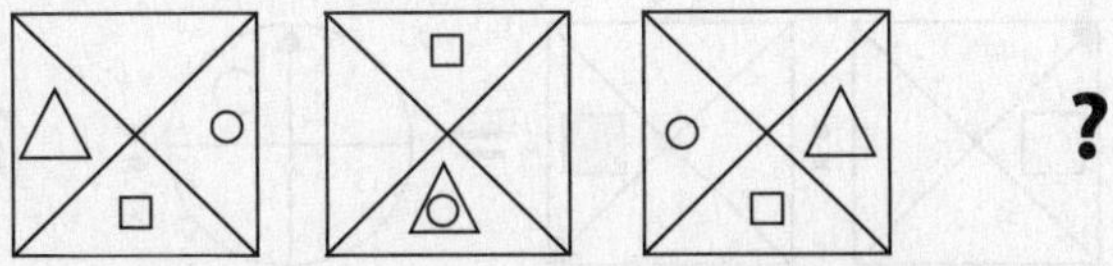

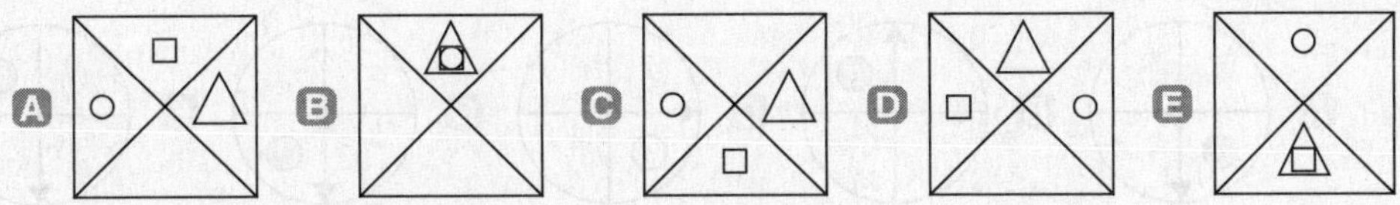

56 **Scartare una delle cinque rappresentazioni grafiche.**

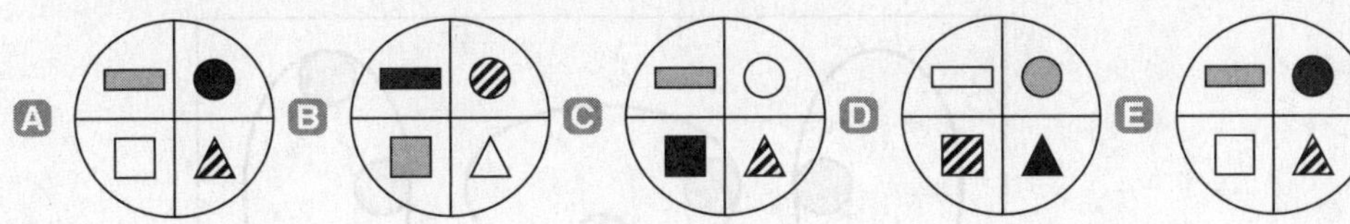

57 **Individuare la figura che completa correttamente la seguente proporzione.**

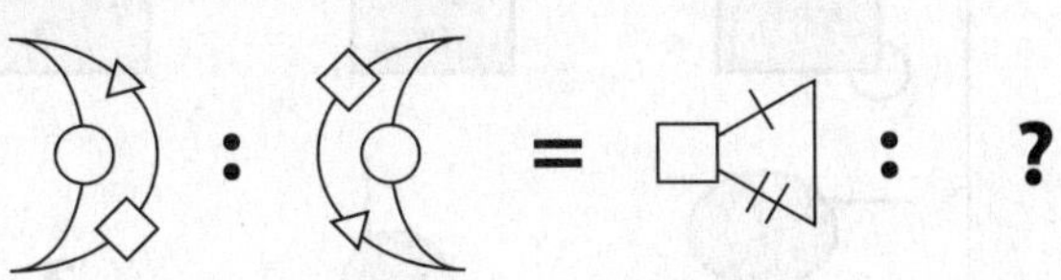

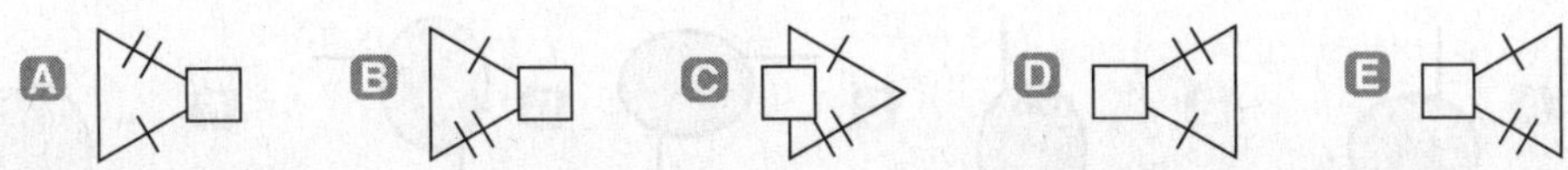

58 **Individuare la figura da scartare.**

59 **Individuare la figura che completa correttamente la seguente proporzione.**

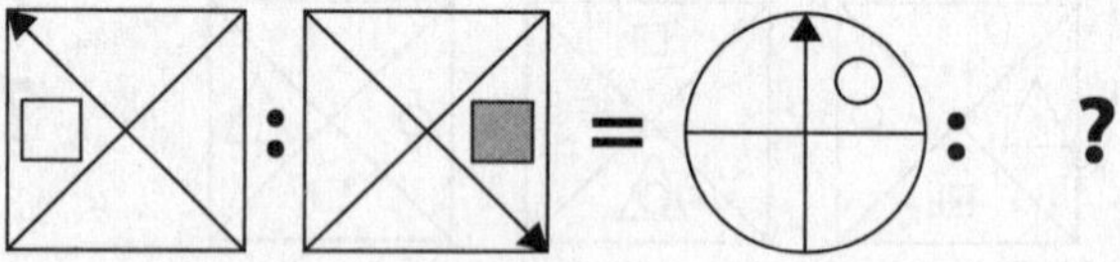

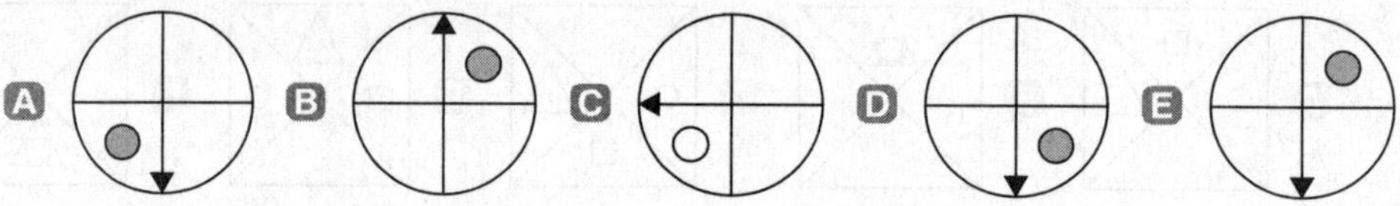

60 **Individuare la figura mancante.**

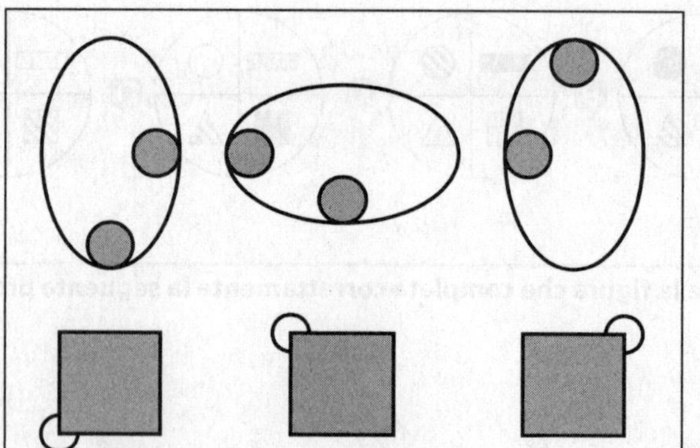

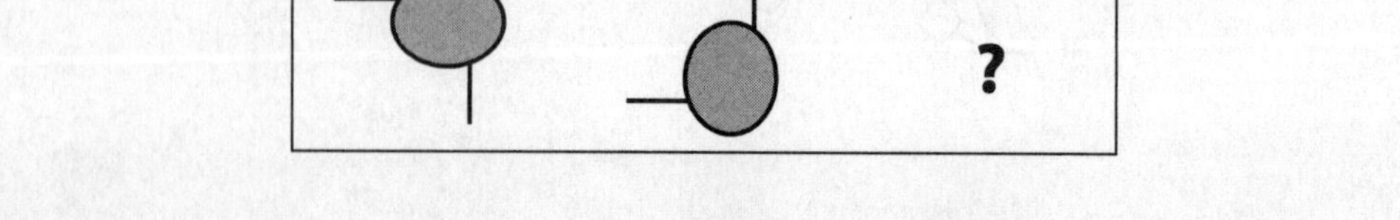

61 **Individuare la figura mancante.**

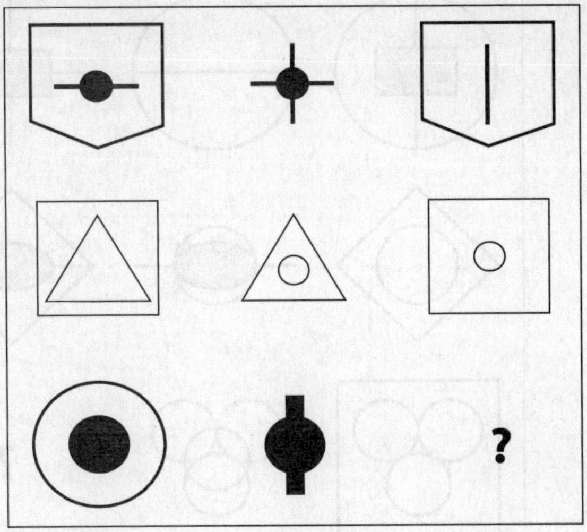

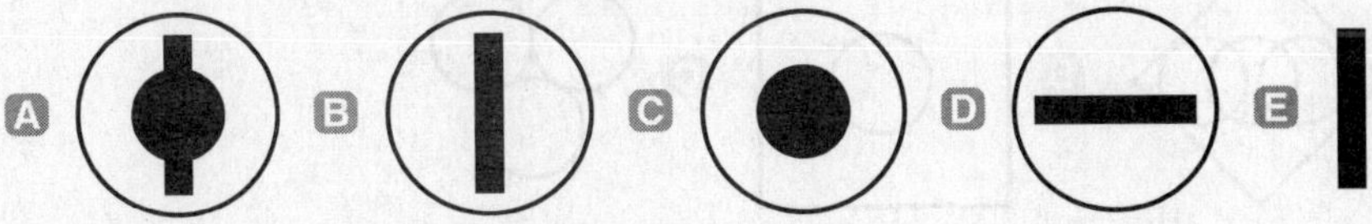

62 **Individuare la figura mancante.**

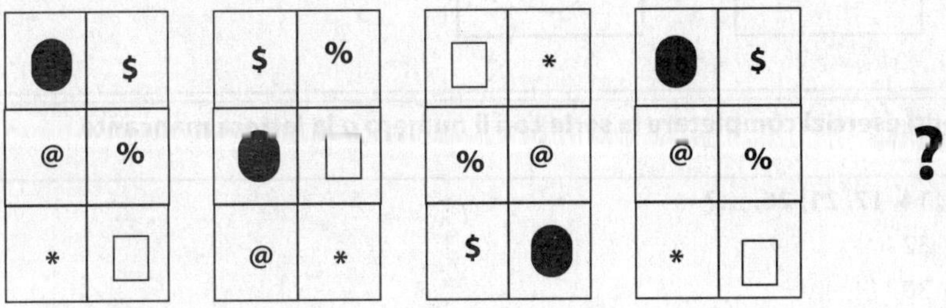

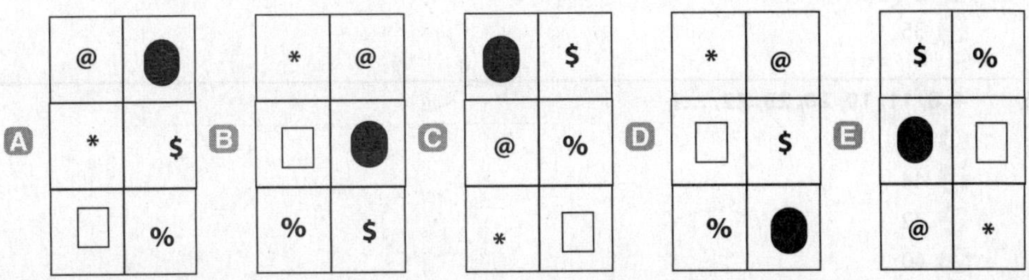

63 **Individuare la figura mancante.**

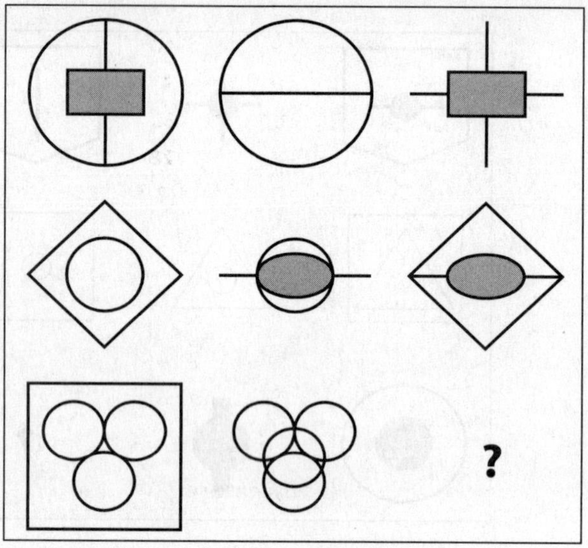

A 

B 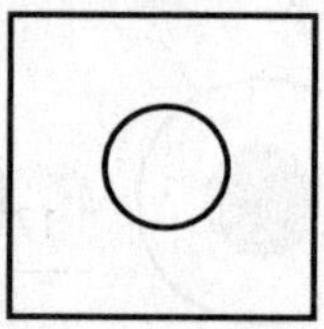

C 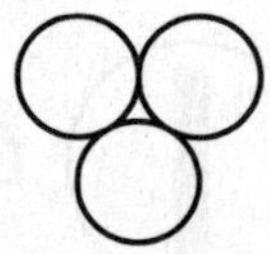

D 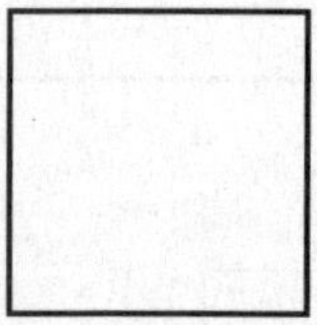

E 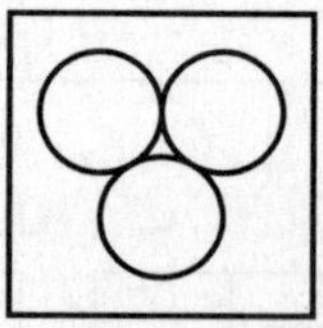

Nei seguenti esercizi completare la serie con il numero o la lettera mancante.

64 **12, 14, 17, 21, 26, ...?**

A 32
B 30
C 33
D 21
E 35

65 **4, 8, 11, 10, 20, 23, 22, ...?**

A 23
B 44
C 32
D 40
E 10

66 **Quale coppia di numeri completa la seguente serie?**

3	42
5	40
9	37
17	33
33	28
?	?

- A 32; 22
- B 65; 23
- C 66; 22
- D 67; 23
- E 65; 22

67 **Quale coppia di numeri completa la seguente serie?**

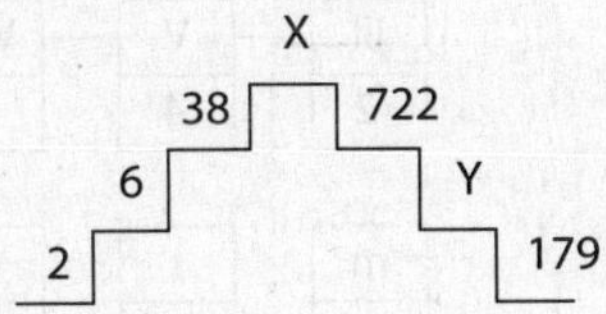

- A X = 1446; Y = 360
- B X = 1444; Y = 361
- C X = 1444; Y = 360
- D X = 1446; Y = 361
- E X = 1446; Y = 358

68 **7152, 867, 1413, 554, 109, ...?**

- A 19
- B 510
- C 6543
- D 999
- E 445

69 **A, 17, C, 14, E, 11, G, ...?**

- A 9
- B 18
- C 14
- D 22
- E 8

70 **Individuare il numero mancante.**

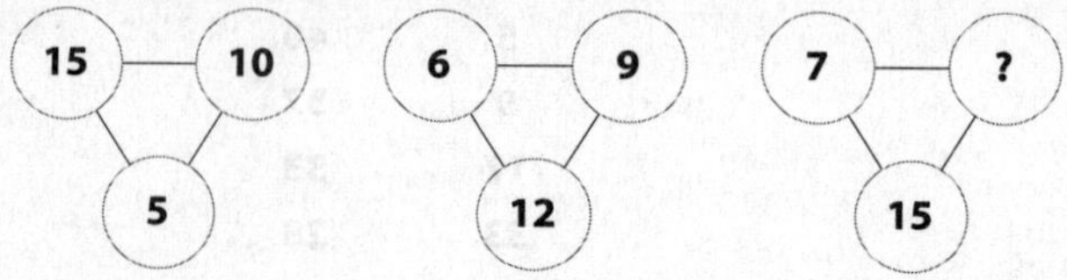

A 12
B 22
C 13
D 11
E 8

71 **Individuare l'elemento mancante.**

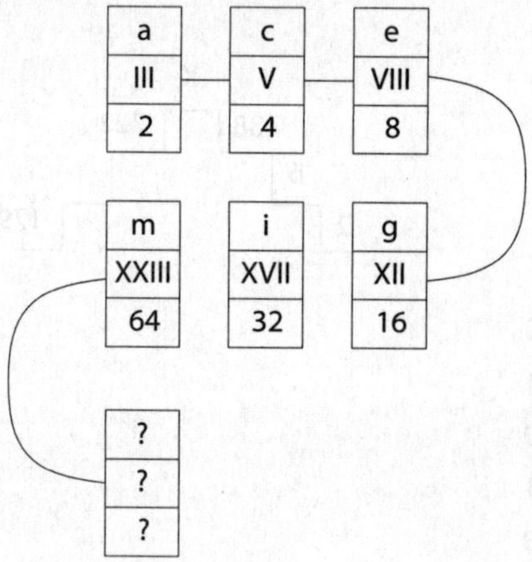

A n / VVV / 64
B o / XXX / 128
C o / XXIX / 128
D p / XXX / 128
E o / XXX / 120

72 **Individuare il numero mancante.**

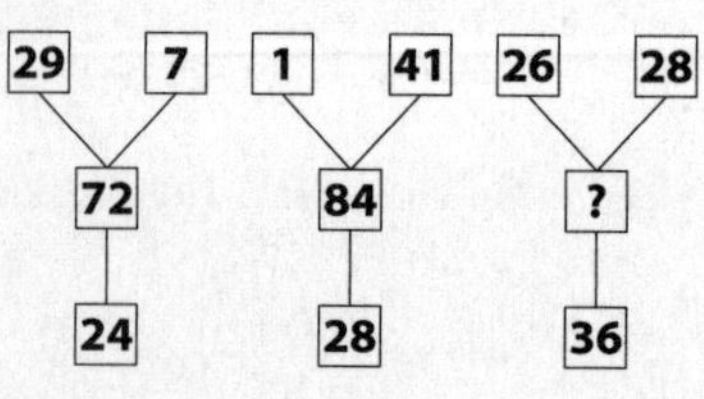

A 105 B 90 C 144 D 108 E 96

73 Individuare l'elemento mancante.

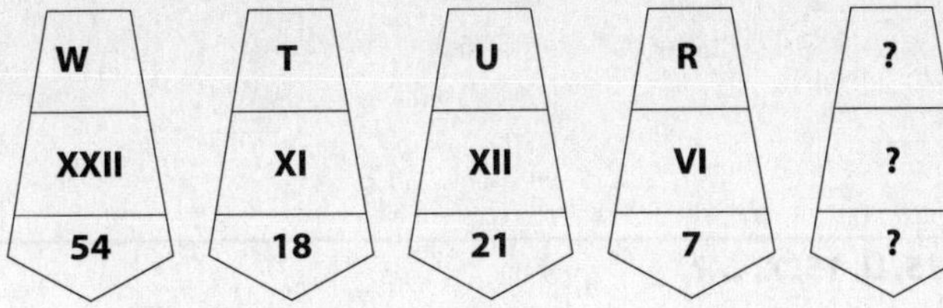

A 

B 

C 

D 

E 

74 Individuare l'elemento mancante.

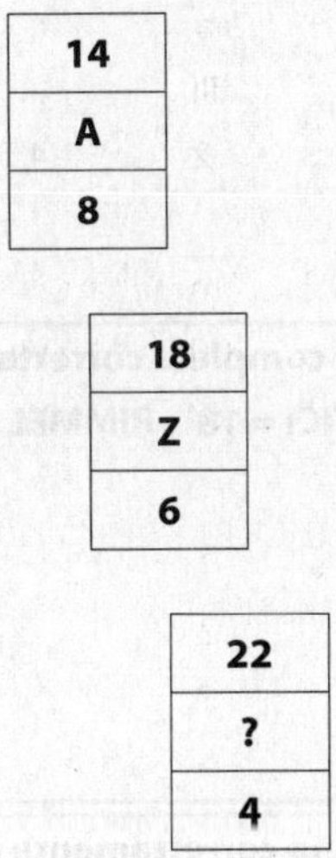

A S
B T
C V
D U
E 6

75 D, J, K, Q, R, X, …?

A Z
B V
C S
D Y
E E

76 **3, S, 6, M, 12, G, 24, ...?**

- A A
- B B
- C C
- D 48
- E 12

77 **L, 2, O, 6, R, 5, U, 15, X, ...?**

- A A
- B 14
- C Z
- D 10
- E 45

78 **Individuare l'alternativa che completa correttamente la serie.**

PERA = 12 MELONE = 18 NESPOLA = ?

- A 21
- B 24
- C 30
- D 36
- E 12

79 **Individuare l'alternativa che completa correttamente la serie.**

COSMETICI = 18 RIMMEL = 15 FONDOTINTA = ?

- A 33
- B 12
- C 30
- D 19
- E 3

Individuare l'alternativa che completa correttamente le seguenti proporzioni tra parole.

80 **Pediatra : bambini = X : Y**

- A X = gerarca, Y = anziani
- B X = casa di riposo, Y = nonni
- C X = geriatra, Y = anziani
- D X = ortopedico, Y = bambini
- E X = donne, Y = ginecologo

81 **Giusto : X = Y : avventato**

- A X = avvocato, Y = giudice
- B X = oligarchia, Y = repubblica
- C X = inesatto, Y = cauto
- D X = guerra, Y = pace
- E X = giustizia, Y = tranquillo

Risolvere i seguenti esercizi di logica verbale.

82 **Indicare la parola da scartare.**

A Coltello

B Pentola

C Cucchiaio

D Forchetta

E Cucchiaino

83 **Indicare la parola da scartare.**

A Giucedi

B Rebe

C Cirecu

D Refa

E Geleger

Per ciascuno degli esercizi seguenti, indicare la rappresentazione (A, B, C, D o E) che soddisfa la relazione insiemistica esistente tra i 3 termini dati (le alternative proposte per ciascun esercizio sono quelle raffigurate qui di seguito).

Diagramma 1

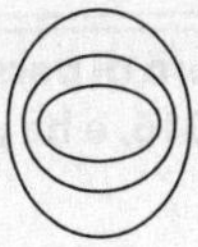
Diagramma 2

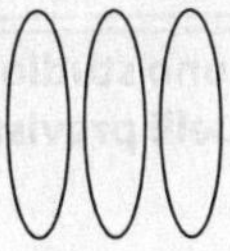
Diagramma 3

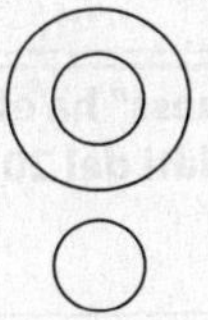
Diagramma 4

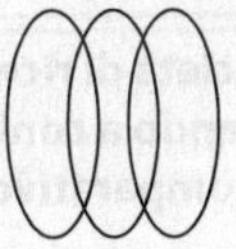
Diagramma 5

84 **Accusati, Condannati, Ergastolani.**

A Diagramma 1

B Diagramma 2

C Diagramma 3

D Diagramma 4

E Diagramma 5

85 **Camerieri, Cucine, Piatti.**

A Diagramma 1

B Diagramma 2

C Diagramma 3

D Diagramma 4

E Diagramma 5

Risolvere i seguenti esercizi di interpretazione di grafici e tabelle.

86 **Sulla base dei seguenti grafici "a torta", quale tra i prodotti 1, 2, 3, 4 e 5 ha avuto il maggiore incremento percentuale, in termini di fatturato, passando dal 2019 al 2020?**

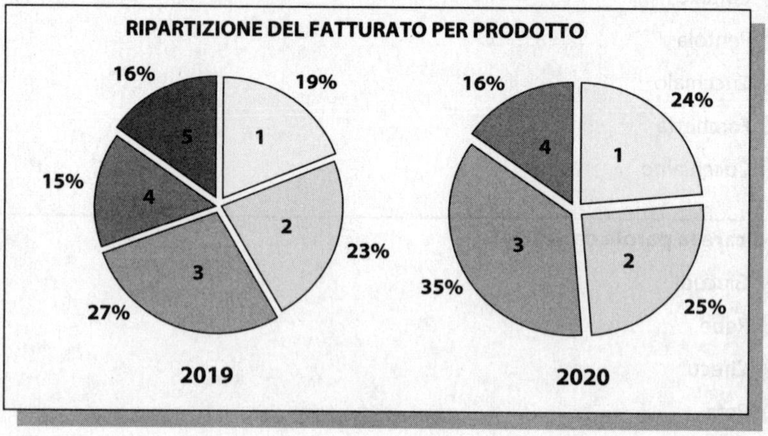

A 3
B 1
C 4
D 2
E Non è possibile rispondere sulla base delle informazioni fornite

La società di ricerche "Guess" ha effettuato uno studio sul numero di persone che praticano sport, mettendo a confronto i dati del 2015 con quelli previsti per il 2016, e ha prodotto il seguente grafico comparativo:

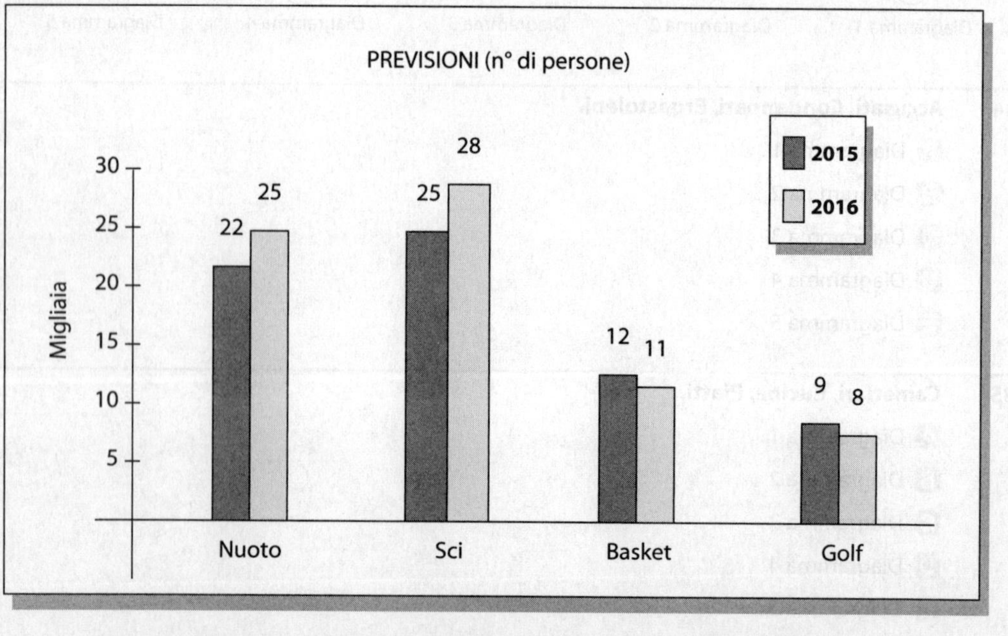

87 **Se la spesa annua sostenuta da ogni praticante è mediamente quella rappresentata nella seguente tabella, quale sport ha prodotto il maggior "giro d'affari" (spese) nel 2015?**

Sport	Spese (in Euro)
Nuoto	370
Sci	610
Basket	150
Golf	2400

A Nuoto
B Basket
C Sci
D Golf
E Non è possibile rispondere

Il grafico seguente rappresenta il fatturato ottenuto nel 2019 da alcune aziende di moda italiane, suddiviso per segmento di mercato. Leggere attentamente il grafico e rispondere alle domande seguenti.

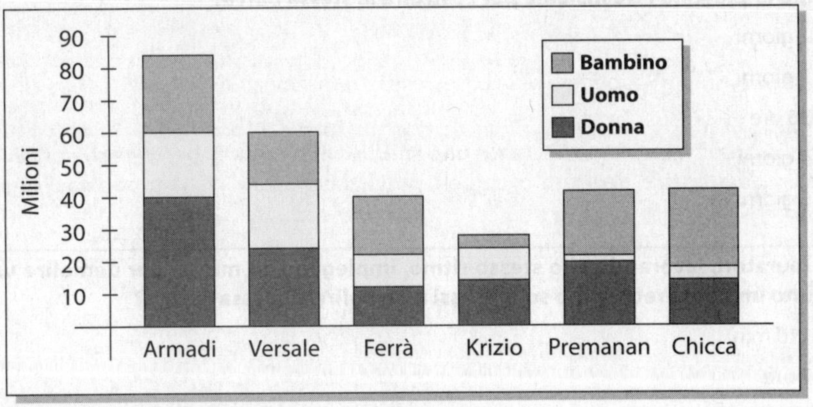

88 **Quale azienda ha ottenuto il maggior fatturato?**
A Versale
B Ferrà
C Armadi
D Premanan
E Chicca

89 **Quale azienda ha ottenuto il minor fatturato dal segmento uomo?**
A Armadi
B Ferrà
C Premanan
D Chicca
E Krizio

90 Quale azienda ha ottenuto il maggior fatturato dal segmento donna?

A Krizio
B Armadi
C Versale
D Ferrà
E Chicca

91 Se non esistesse il segmento bambino, quale sarebbe l'azienda con il minor fatturato?

A Versale
B Chicca
C Armadi
D Ferrà
E Premanan

Risolvere i seguenti problemi.

92 Giorgio impiega 4 giorni per costruire una barca. Mario ne impiega 6 e Alfredo 12. Quanto tempo impiegano i tre insieme per costruire la stessa barca?

A 2 giorni
B 3 giorni
C 36 ore
D 4 giorni
E 6 giorni

93 Tre muratori, lavorando allo stesso ritmo, impiegano 40 minuti per demolire una parete. Quanto impiegherebbe uno solo di essi a demolire la stessa parete?

A 110 min.
B 2 ore
C 100 min.
D 25 min.
E circa 13 min.

94 Tre imbianchini, lavorando insieme, impiegano 5 ore per dipingere un appartamento di 200 metri quadrati. Per compiere lo stesso lavoro, lavorando da solo, il primo imbianchino impiegherebbe 20 ore, mentre il secondo imbianchino impiegherebbe 10 ore. Quanto tempo impiegherebbe il terzo imbianchino a dipingere da solo l'appartamento?

A 30 ore
B 16 ore
C Come il 1º
D Come il 2º
E 10 ore

95 **Piero ha due libri più di Matteo, che ne possiede la metà di Luca, mentre Enrico ne ha il quadruplo di Luca. Se i quattro amici posseggono complessivamente 122 libri, quanti di questi sono di proprietà di Matteo?**

- A 17
- B 10
- C 12
- D 23
- E 22

96 **Sono 33 i partecipanti a una gita in Svezia, 15 dei quali possiedono un passaporto inglese, 20 possiedono un passaporto italiano e 3 non hanno passaporto né italiano né inglese. In base alle informazioni contenute nel brano, si può essere certi che i partecipanti che hanno passaporto sia inglese sia italiano siano in:**

- A 2
- B 3
- C 4
- D 5
- E 6

97 **Tre fratelli possiedono una canoa a due posti e vogliono allenarsi per una gara. Potendosi allenare solo due per ogni allenamento, qual è il numero minimo di allenamenti da predisporre in una settimana, se ognuno dei tre fratelli vuole partecipare ad almeno due allenamenti?**

- A Due
- B Cinque
- C Quattro
- D Tre
- E Sei

98 **3 giornali e 2 riviste costano quanto 3 riviste; 2 giornali ed una rivista costano 5 euro. Quanto costa un giornale?**

- A 3 euro
- B Il problema è indeterminato
- C 1 euro
- D 2 euro
- E 4 euro

99 **Si vuol acquistare un'automobile, disponendo di un budget di 21.000 euro. Calcolando tutte le spese accessorie, si valuta che al prezzo nominale della macchina va aggiunta una percentuale del 5%. Quale dovrebbe essere il prezzo nominale dell'auto, per rientrare esattamente nel budget?**

- A 19.950 euro
- B 20.500 euro
- C 20.000 euro
- D Non si può stabilire in base ai dati del problema
- E 20.100 euro

100 **In una libreria ci sono 170 libri. Il numero minimo di pagine di ciascun libro è 180, il numero massimo è 220. Allora sicuramente si può dire che di libri con uno stesso numero di pagine:**

A ce ne sono meno di 10

B ce ne sono più di 10

C ce ne sono esattamente 5

D ce ne sono esattamente 8

E ce ne sono almeno 5

101 **Un gruppetto di scoiattoli accantona 10 noccioline il primo giorno del mese, 20 il secondo giorno, 30 il terzo giorno, e così via. Quante sono le noccioline accantonate alla fine del trentesimo giorno?**

A 16500

B 15000

C 9300

D 4650

E 3450

102 **Se 5 persone, lavorando allo stesso ritmo, impiegano 1 ora a dipingere un appartamento, quanto impiegano 12 persone a effettuare lo stesso lavoro?**

A 25 min.

B 2/5 h

C 12/5 h

D 1/5 h

E 20 min.

103 **Matteo e Paolo sono in grado di timbrare 12 fogli in 20 secondi. Matteo ne timbra il triplo di Paolo che, a sua volta, ne timbra la metà di Sergio. Quanti fogli riuscirebbero a timbrare i tre lavorando insieme per 1 minuto?**

A 15

B 36

C 54

D 45

E 24

104 **Un treno viaggia a velocità costante 240 km/h, in quanti millesimi di secondo circa percorre 2 metri?**

A 20

B 30

C 15

D 10

E 40

105 **In una scatola si trovano nove palline, su ciascuna delle quali è scritta una cifra diversa compresa tra 1 e 9. Si estrae a caso una pallina dalla scatola e si legge il numero, poi si rimette la pallina nella scatola. Si fa una nuova estrazione casuale e si legge il numero. Qual è la probabilità che il prodotto dei numeri delle due palline estratte sia dispari?**

A 56/81
B 1/3
C 3/4
D 25/81
E 1/4

106 **Una miscela di acqua e zucchero ha un valore energetico di circa 50 kilocalorie per 100 millilitri. Lo zucchero ha un valore energetico di circa 400 kilocalorie per 100 grammi. Un cucchiaino di zucchero ne contiene circa 5 grammi. Se una lattina contiene 330 millilitri di miscela, quanti cucchiaini di zucchero sono contenuti nella lattina?**

A Più di 8
B 7
C 6,5
D 6
E 7,5

107 **Michele può tagliare l'erba di un prato in 6 ore; Ilaria impiega 9 ore per tagliare l'erba dello stesso prato. Se lavorano entrambi contemporaneamente e si dividono il lavoro in maniera da farlo il più velocemente possibile, in quanto tempo termineranno?**

A Tre ore e 50 minuti
B Tre ore e 36 minuti
C Tre ore e 24 minuti
D Tre ore e 12 minuti
E Nessuna delle risposte precedenti è corretta

108 **Una popolazione di criceti si compone per l'80% di femmine e il 20% di maschi. Si sa inoltre che il 90% dei criceti maschi è bianco mentre tra i criceti femmina è bianco il 25%. Qual è, approssimativamente, la percentuale di criceti femmina tra quelli bianchi?**

A 10,4%
B 25,5%
C 36,8%
D 52.6%
E 80,5%

109 **Un cliente di una banca ha investito una parte del suo patrimonio in azioni e una parte in obbligazioni. Dopo 10 anni il valore delle azioni è raddoppiato, quello delle obbligazioni è aumentato del 10%. Il patrimonio, alla fine, è per metà in azioni e per metà in obbligazioni. Qual era la quota in azioni all'inizio?**

A 25,7%
B 33,3%
C 35,5%
D 42,2%
E 50%

110 In un gruppo di 7 persone, l'età media è di 30 anni. Al gruppo si aggiungono altre 3 persone, di età media 40 anni. Allora l'età media del gruppo diventa:

A 33 anni
B 36 anni
C 35 anni
D 32 anni
E 34 anni

PARTE PRIMA

Soluzioni e commenti

1 Per risolvere l'esercizio è opportuno schematizzare le relazioni logiche esistenti tra i membri del gruppo scout in modo da chiarire quali ragazzi faranno parte di ogni tenda. Si sa innanzitutto che i quattro capi delle tende sono A, B, C e F (ognuno quindi insieme ad altri due compagni forma una delle quattro tende).

Si può inoltre affermare che:

$$A \neq H;$$
$$B \neq N;$$
$$F \neq E;$$
$$C \neq G;$$
$$N \neq A;$$
$$G \Rightarrow I;$$
$$H \neq N;$$
$$E \Rightarrow D$$
$$N \neq L;$$
$$G \Rightarrow F.$$

Dalle relazioni sopra illustrate si possono formare le diverse coppie da affiancare a ciascun capo tenda. Infatti, la relazione 8 specifica che E sta con D mentre la 6 specifica che G sta con I. A questo punto devono essere formate le coppie tra i quattro scout restanti: H, L, N e M. Le relazioni 7 e 9 specificano che N non può stare né con H né con L; le coppie rimanenti sono dunque H, L e N, M. Le quattro coppie da associare ai capi tenda sono quindi:

H, L
N, M
G, I
E, D

Si sa inoltre che A non può stare né con la prima né con la seconda coppia di questo elenco (non può infatti stare con H né con N, come indicato dalle relazioni 1 e 5), B non può stare con la seconda coppia (incompatibile con N per la relazione 2), C con la terza (incompatibile con G per la relazione 4) mentre F, dovendo stare con G in base alla relazione 10, è il capo tenda della terza coppia. Ne segue che A è il capo della tenda della quarta coppia, B della prima e C della seconda.

Le tende hanno dunque i seguenti componenti:

B, H, L
C, N, M
F, G, I
A, E, D

È ora facile rispondere al quesito: B ha come compagni di tenda H e L, quindi l'alternativa corretta è la **C**.

2	Nella stessa tenda di I vi sono F e G e dunque la risposta corretta è la **A**.

3 Se viene meno l'informazione della presenza contemporanea nella stessa tenda di F e G, l'esercizio deve essere nuovamente impostato. I capi tenda sono A, B, C e F mentre le coppie da associare ai capi tenda sono:

H, L
N, M
G, I
E, D

Ancora si può dire che: A non può stare né con la prima né con la seconda coppia di questo elenco; B non può stare con la seconda coppia; C non può stare con la terza e F con la quarta. L'unica cosa che si può affermare con certezza è, quindi, che A si deve trovare nella tenda o con G (terza coppia) o con E (quarta coppia). La soluzione al quesito è dunque fornita dall'alternativa **A**.

4 Per risolvere il quesito è necessario schematizzare tutte le informazioni a disposizione, sia quelle introduttive che quelle fornite dal testo della domanda. Lo schema che può contenerle in modo chiaro e semplice potrebbe essere strutturato numerando 6 caselle dall'1 al 6, nel modo seguente:

1	2	3	4	5	6

Successivamente, si aggiungano le ulteriori informazioni a disposizione. Si sa infatti che il Re sta sotto il foglio numero 5 e che il Fante sta sotto il foglio numero 2:

1	2	3	4	5	6
	Fante			Re	

Si sa inoltre, in base alla prima regola, il foglio che copre il dieci di cuori ha un numero inferiore a quello del foglio che copre il Fante; ma se il Fante è coperto dal foglio numero 2, il dieci di cuori sarà necessariamente sotto il foglio numero 1:

1	2	3	4	5	6
dieci	Fante			Re	

Sempre in base alle regole del gioco (la seconda), si sa che nove di cuori e Regina sono nascoste sotto fogli con numeri consecutivi; ma gli unici fogli con numeri consecutivi disponibili sono il 3 e il 4. Occorre però fare attenzione: la regola afferma che le due carte sono consecutive, ma non dice in quale ordine. Dunque, non sappiamo se venga prima (partendo dal foglio numero 1) la Regina o il nove di cuori. Per concludere, non resta che l'otto di cuori, il quale, per esclusione, non può che nascondersi sotto il foglio numero 6:

1	2	3	4	5	6
dieci	Fante	Regina nove	nove Regina	Re	otto

A questo punto siamo in grado di individuare nell'alternativa **E** la soluzione del quesito.

5 Per rispondere ai quesiti dell'esercizio è conveniente costruire uno schema di riferimento utilizzando le tre informazioni che vengono fornite.

Lo schema da completare è il seguente:

Autista
Fila 1
Fila 2
Fila 3
Fila 4

Se *Luca ha solo quindici anni* è evidente che non può essere l'autista. Sapendo inoltre che *Luca è seduto due file avanti rispetto a Marco*, anche quest'ultimo non può essere l'autista.

Sapendo infine che *Fabio è tre file indietro rispetto a Giacomo*, è evidente che l'autista deve essere necessariamente Giacomo:

Autista	Giacomo
Fila 1	
Fila 2	
Fila 3	Fabio
Fila 4	

Sapendo che *Luca è due file più avanti rispetto a Marco*, Luca deve per forza essere seduto nella seconda fila e dunque Marco nella quarta:

Autista	Giacomo
Fila 1	
Fila 2	Luca
Fila 3	Fabio
Fila 4	Marco

A questo è possibile rispondere alla prima domanda: il più lontano dall'autista è Marco. La risposta esatta è dunque la **D**.

6 Il più vicino all'autista è Luca. La risposta esatta è dunque la **C**.

7 Osservando lo schema è possibile notare come nella fila dietro a quella di Luca sieda Fabio. La risposta esatta è dunque la **B**.

PARTE PRIMA

8 È utile schematizzare le informazioni fornite dal testo dell'esecizio con una tabella a 3 colonne: nome, regione e grado. La prime tre informazioni permettono l'inserimento delle prime righe in tabella:

Nome	Regione	Grado
Antonio	Lombardia	Generale
Bruno	Piemonte	
Donato		Soldato

A questo punto, l'informazione "Carlo non è il caporale" porta a concludere che Carlo è il maggiore (dato che non può essere né generale né soldato):

Nome	Regione	Grado
Antonio	Lombardia	Generale
Bruno	Piemonte	
Donato		Soldato
Carlo		Maggiore

Infine, dall'affermazione "Il maggiore non è calabrese" si deduce che Carlo è sardo e per deduzione la tabella viene completata nel modo seguente:

Nome	Regione	Grado
Antonio	Lombardia	Generale
Bruno	Piemonte	Caporale
Donato	Calabria	Soldato
Carlo	Sardegna	Maggiore

La conclusione è dunque che Carlo è il sardo e la risposta corretta è la **A**.

9 Per rispondere ai quesiti dell'esercizio è conveniente costruire uno schema di riferimento utilizzando le informazioni che vengono fornite, utilizzando una tabella come nell'esercizio precedente:

Ruolo	Nome	Città

A questo punto è possibile compilarla seguendo le diverse istruzioni che vengono fornite dal testo:

Ruolo	Nome	Città
Alzatore	Federico	Arezzo
Schiacciatore	Marco	La Spezia
Schiacciatore	Diego	Milano
Opposto	Carlo	Roma
Centrale	Gabriele	Pisa
Centrale	Paolo	Nuoro

La risposta corretta al quesito, dunque, è la **A** poiché, come si ricava dalla tabella, Federico è l'alzatore.

10 Gabriele viene da Pisa e gioca al centro. La risposta esatta è la **C**.

11 Anche per risolvere questo esercizio è necessario compilare una tabella simile a quella vista negli esercizi precedenti:

Squadra	Punti
1)	
2)	
3)	
4)	

Seguendo le informazioni fornite dal testo dell'esercizio in prima approssimazione si possono compilare le prime caselle nel seguente modo:

Squadra	Punti
1)	7
2)	5
3) Allenati	
4)	

È inoltre possibile finire di compilare la tabella facendo alcuni ragionamenti. Si tenga conto di queste considerazioni:

- in ogni partita vengono assegnati al massimo tre punti (in caso di vittoria di una squadra);
- il numero di partite fino a ora giocato è pari a sei (se si fanno i diversi possibili incroci tra le varie squadre ci si accorge della validità di tale considerazione).

Il massimo numero totale di punti assegnati è quindi 18.

La squadra dei Brocchi non ha mai perso per cui (considerando anche tutte le informazioni già presenti) può aver totalizzato 5 o 7 punti (se avesse totalizzato 3 punti sarebbe ultima e la squadra degli Allenati ne avrebbe dovuti totalizzare 4, ma la somma totale dei punti supererebbe i 18).

Si sa inoltre che i Dascartare hanno pareggiato con gli Allenati e che non possono essere a 7 punti perché altrimenti avrebbero dovuto battere i Brocchi, i quali però non hanno mai perso.

Così i Capaci, che hanno pareggiato due volte, non possono aver ottenuto 7 punti. Si deduce che i primi in classifica sono i Brocchi a 7 punti:

Squadra	Punti
1) Brocchi	7
2)	5
3) Allenati	
4)	

Chi si trova al secondo posto? Se fossero i Dascartare, allora per ottenere 5 punti, oltre al pareggio con gli Allenati, dovrebbero aver almeno pareggiato con i Brocchi (che non hanno mai perso) e vinto con i Capaci. Ma allora i Brocchi, per totalizzare 7 punti, devono battere le altre due squadre (Capaci e Allenati) e i Capaci avrebbero sicuramente perso due partite (contro i Brocchi e i Dascartare), il che contraddice l'informazione 2) dell'esercizio (i Capaci hanno pareggiato due volte).

Sono quindi i Capaci a essere secondi in classifica (due pareggi e una vittoria) e i Dascartare ultimi.

Squadra	Punti
1) Brocchi	7
2) Capaci	5
3) Allenati	
4) Dascartare	

Quanti punti hanno totalizzato le ultime due squadre in classifica?

Gli Allenati e i Dascartare hanno pareggiato tra di loro e quindi hanno realizzato un punto a testa. Inoltre i Capaci hanno pareggiato oltre che con i Brocchi con un'altra squadra. Essendo gli Allenati penultimi da soli, sarà con questi che i Capaci hanno pareggiato.

Lo schema finale è quindi il seguente:

Squadra	Punti
1) Brocchi	7
2) Capaci	5
3) Allenati	2
4) Dascartare	1

Poiché gli ultimi in classifica sono i Dascartare, la risposta corretta è la C.

12 La squadra dei Brocchi ha 7 punti e quella degli Allenati 2, per cui sono 5 i punti di differenza tra le due squadre. La risposta corretta è la C.

13 La squadra dei Capaci è seconda in classifica con 5 punti, la risposta esatta è la D.

14 Il fatto che chi ama il mare è pigro non implica necessariamente che tutti i pigri amino il mare. Analogamente, il fatto che chi ama il mare è sposato non implica necessariamente che tutti gli sposati amino il mare. Ne segue che non è possibile dedurre che Giulia ama il mare, né che Giulia è pigra, né che chi è sposato ama il mare.

La risposta esatta è quindi la E.

15 Il nonno materno della figlia di Paola corrisponde al padre di Paola. Il figlio di costui è evidentemente il fratello di Paola, la cui unica sorella è quindi proprio Paola (il testo dice infatti che Paola non ha sorelle).

La risposta corretta è la E.

16 La risposta esatta è la B. Infatti, per la proprietà transitiva, se *Federico* è *grasso* e *chi è grasso è goloso*, allora *Federico è goloso*. In altre parole, poiché l'insieme *Federico* appartiene all'insieme *grassi* e quest'ultimo è sottoinsieme dell'insieme *golosi*, è evidente che l'insieme *Federico* appartiene all'insieme *golosi*.

L'alternativa C è errata in quanto il fatto che i grassi siano golosi non implica necessariamente che i golosi siano grassi. Vi possono anche essere golosi che non sono grassi.

L'alternativa A è errata per lo stesso motivo.

17 Per individuare la soluzione è importante ricordare che una sola delle affermazioni è vera. Se fosse vera l'affermazione di Marco (Giorgio è il campione) sarebbe vera anche quella di Matteo: dunque il campione non può essere Giorgio. Se fosse vera l'affermazione di Giorgio (Alessandro è il campione) sarebbe vera anche quella di Matteo: dunque anche Alessandro è da scartare. Dal momento che l'affermazione di Giorgio non può essere vera, è vera quella di Alessandro e se quest'ultima è vera significa che non è vera quella di Matteo.

Il campione è quindi Matteo (risposta B).

18 Negando l'informazione di partenza avremo: "c'è almeno un cittadino che ama la propria città ma non la tiene pulita", come detto nell'alternativa C.

19 Il problema è di tipo insiemistico. Si considerino, nell'insieme odalische, i sottoinsiemi delle odalische con i capelli neri e l'insieme delle odalische con gli occhi neri. I due sottoinsiemi hanno necessariamente degli elementi in comune, poiché entrambi valgono una frazione maggiore di 1/2 dell'insieme intero. Si indichi poi con *x* l'intersezione tra i due sottoinsiemi che comprende le odalische che hanno sia i capelli neri sia gli occhi neri. La frazione di odalische con i capelli neri ma gli occhi non neri deve valere 4/5 – *x*. Allo stesso modo la frazione delle odalische con gli occhi neri ma i capelli non neri deve valere 3/4 – *x*. Dato che la somma dei due sottoinsiemi di odalische deve essere uguale a 1 (cioè pari al 100% dell'insieme delle odalische) si ha:

$$(4/5 - x) + x + (3/4 - x) = 1$$

$$4/5 + 3/4 - x = 1$$

$$x = 4/5 + 3/4 - 1$$

$$x = 11/20$$

La risposta esatta sarà allora la B.

---

20 La conclusione (b) del signor Candido presuppone che una persona onesta non possa fare rapidamente carriera come economista. Soltanto ammettendo che tutte le persone che fanno rapida carriera in campo economico sono disoneste è possibile concludere che Giovanna è disonesta. L'alternativa esatta è dunque la E. In particolare, la risposta B non è esatta perché non fa riferimento alla rapidità della carriera, mentre la A è da scartare perché l'esercizio non fornisce alcun elemento circa l'eccezionalità o meno di Giovanna. Delle carriere in campi diversi da quello economico, infine, l'esercizio non dice nulla e dunque anche l'alternativa D non è corretta.

---

21 Per individuare la soluzione al quesito si deve fare attenzione all'espressione "non sempre": essa non significa, infatti, "mai" (non è sinonimo); equivale invece ad affermare che "almeno in un caso" i testi delle canzoni italiane non sono belli. Inoltre nulla si può dire sulle canzoni straniere, non avendo informazioni al riguardo. La soluzione al quesito è, dunque, fornita dall'alternativa B.

---

22 La I) rappresenta un ragionamento scorretto in quanto viene confusa una condizione sufficiente con una condizione necessaria: mangiare cioccolato è una condizione sufficiente ma non necessaria affinché si affatichi il fegato. Di conseguenza, il fegato potrebbe affaticarsi anche per motivi diversi dal mangiare cioccolato. Al contrario, la II) indica un ragionamento corretto, in quanto si è in presenza di una condizione sufficiente (il fatto di cuocere al vapore i carciofi è condizione sufficiente affinché i carciofi diventino scuri). Ne segue che l'assenza della conseguenza di tale condizione (i carciofi non sono scuri) implica che la condizione non si sia verificata (i carciofi non sono stati cotti al vapore, altrimenti sarebbero scuri). La risposta esatta è quindi la C.

---

23 L'esercizio è basato su due condizioni, entrambe sufficienti:

- se venerdì starà bene, Laura giocherà la partita;
- se Betty starà bene, giocherà anche lei la partita.

È dunque possibile trarre le seguenti conclusioni:

- se venerdì Laura non gioca la partita, significa che non sta bene;
- se venerdì Betty non gioca la partita, significa che non sta bene.

Osservando la prima conclusione appare evidente che, poiché Laura non sta giocando la partita (dato che è in tribuna a guardarla), sicuramente non sta bene. Ciò consente di escludere le alternative A e C. Si osservi inoltre che le due condizioni iniziali (e dunque anche le due conclusioni) sono slegate fra loro. Ciò significa in particolare che Laura potrebbe non aver giocato perché non stava bene, senza che per questo si possa concludere alcunché circa la salute di Betty. L'unica cosa certa che si può affermare è che Laura non sta bene, mentre nulla si può dire su Betty.

La risposta al quesito è dunque la E: poiché infatti Laura non gioca, l'unica certezza è che non sta bene.

---

24 L'esercizio si basa sul concetto di condizione sufficiente: "È sufficiente che Sara vada al mare affinché Guido lavori nel fine settimana". In questo tipo di esercizi è opportuno dividere in due parti la frase. Si chiamerà A la parte "se Sara va al mare" e B la parte "allora Guido lavora nel fine settimana".

Quando ci si trova di fronte a frasi del tipo "se A allora B", quello che si può logicamente dedurre è soltanto che "se non B allora non A".

L'alternativa che rispetta questa impostazione è la **B** (soluzione del quesito).

25 Una frase del tipo *se A, allora B* esprime una condizione sufficiente: è sufficiente che accada A affinché avvenga B. In questi casi l'unica deduzione possibile è che se non accade B, sicuramente non è avvenuto A (cioè *se non B, allora non A*). La parte B della frase è "Marco non è in casa", mentre la parte A è "la luce è spenta", per cui dalla frase del quesito si può dedurre con certezza che se Marco è in casa (negazione di "non è in casa"), allora la luce è accesa ("non è spenta"), come correttamente indicato dall'alternativa **D**, soluzione del quesito.

26 La risposta corretta è la **E**. Si tratta infatti di un'affermazione del tipo: se è vero X, allora è vero Y. In questo tipo di affermazioni, X è *condizione sufficiente, ma non necessaria* affinché si verifichi Y. Ciò significa che dall'affermazione presentata si può correttamente dedurre soltanto che *se non è vero Y, allora non è vero X*. Con riferimento all'esercizio, la soluzione è dunque riportata dall'alternativa **E**. Non è invece possibile dedurre: *se è vero Y, allora è vero X* (cioè: se vi è un immediato incremento del prezzo del petrolio proveniente dalla regione del Golfo, allora vi è una contrazione dell'offerta dello stesso). Ciò equivarrebbe infatti a considerare X condizione necessaria e sufficiente affinché si verifichi Y (alternativa **A**).

Analogamente, non è possibile dedurre: *se non è vero X, allora non è vero Y*, che è quanto presentato dall'alternativa **B**. Le alternative **C** e **D** sono invece errate per altri motivi: la prima generalizza il concetto al di là del caso della regione del Golfo e dunque non può essere considerata come una logica deduzione di quanto affermato nel testo dell'esercizio; la seconda introduce un elemento nuovo, quello dell'instabilità politica, non menzionato nel testo e dunque non utilizzabile per alcun tipo di conclusione logica.

27 Se una persona non dimentica nulla, significa che si ricorda tutto. Se dunque i giovani non dimenticano mai nulla, ciò significa che essi ricordano sempre tutto. La risposta esatta è quindi la **D**. Le alternative **A** e **B** sono errate in quanto l'affermazione di partenza non dice nulla circa gli anziani. Non è pertanto immaginabile, senza informazioni ulteriori, che chi è anziano si trovi in una condizione opposta o simile rispetto a chi è giovane. L'alternativa **C** è errata in quanto confonde il legame di tipo insiemistico esistente fra *giovani* e *coloro che ricordano tutto*. Affermare che chi è giovane non dimentica mai nulla implica che l'insieme *giovani* sia sottoinsieme di *coloro che ricordano tutto* e non viceversa. In altre parole, il fatto che i giovani ricordino sempre tutto non equivale al fatto che chi ricorda tutto sia giovane. Potrebbero esservi anche anziani che ricordano tutto. Quest'ultima possibilità non contraddice infatti l'affermazione di partenza.

28 Per rendere falsa l'affermazione di Andrea occorre negare che tutte le città toscane sono affascinanti, ossia affermare che esiste almeno una città toscana non affascinante. La risposta corretta è quindi la **A**.

29 Il senso della frase è che ogni giorno avviene almeno una discussione. Non è detto che ve ne sia più di una, ma almeno una. La risposta corretta è fornita dall'alternativa **B**.

30 Per individuare rapidamente la soluzione del quesito si deve prestare attenzione al fatto che ogni "piano" (o livello) di cubi contiene un numero di cubi pari al numero del piano superiore sommato al numero dei propri cubi visibili in figura. Infatti, il secondo piano ne ha 1 (piano superiore) + 2 (numero cubi visibili al secondo piano) = 3; il terzo 3 + 3 = 6; il quarto e ultimo (la base) ne contiene 6 + 4 = 10. Sommando i cubi di ciascun piano si ha che il totale è pari a 20 (soluzione **C**).

31 La prima e fondamentale considerazione da fare è che l'affermazione "Se una carta porta la lettera B su un lato, sull'altro lato porta la cifra 2" non è affatto coincidente, da un punto di vista logico, con l'affermazione "Se una carta porta la cifra 2 su un lato, sull'altro lato porta la lettera B". Per comprendere meglio, si consideri la frase: "se piove, leggo il giornale". Essa significa che il verificarsi dell'evento "pioggia" è condizione sufficiente a causare la lettura del giornale da parte mia. Sufficiente, ma non necessaria, in quanto non si può logicamente escludere che io legga il giornale anche quando c'è il sole. L'unica conclusione certa che posso trarre è che "se non leggo il giornale non sta piovendo" (perché se piove lo leggo). E se lo sto leggendo? Come già anticipato, potrebbe esserci sia il sole che la pioggia, non posso saperlo.

Applicando questo ragionamento alla frase dell'esercizio, Leo afferma il vero solo se dietro la B trova il 2 e se la B non è presente dietro i numeri 1 e 3.

Dunque, le carte da girare sono 3 (soluzione **D**).

32 Per risolvere questo esercizio occorre fare attenzione a non farsi trarre in inganno dalle proprie conoscenze, le quali indurrebbero a scegliere l'alternativa **D**. Dire che la proposizione di partenza è falsa significa: "è falso che nessun cane ha tre zampe" ovvero "è falso che non esistono cani con tre zampe" che equivale a "esiste almeno un cane con tre zampe". La risposta corretta è la **A**.

33 Poiché 1/3 (i maggiorenni) è minore di 1/2 (i maschi e le femmine) appare evidente che sia nel gruppo dei ragazzi sia in quello delle ragazze vi sono dei minorenni. Se per esempio vi sono complessivamente 60 partecipanti, 30 sono maschi e 30 femmine; i maggiorenni (1/3 di 60) sono 20 e dunque, anche nel caso siano tutti dello stesso sesso, vi sono certamente alcuni maschi e alcune femmine minorenni. Ciò significa che le prime due affermazioni non sono possibili e quindi le alternative **D** ed **E** sono certamente errate. Al contrario, la terza e la quarta affermazione sono certamente possibili: se per esempio tutti i maggiorenni fossero ragazze risulterebbe corretta la terza affermazione mentre se tutti i maggiorenni fossero ragazzi risulterebbe corretta la quarta affermazione. Ciò consente di escludere le alternative **B** e **C** e dunque la risposta corretta è l'unica rimasta, ossia la **A**. In merito all'ultima affermazione, si osserva che il numero di partecipanti al ballo deve essere divisibile per due (poiché metà sono maschi e metà femmine) e contemporaneamente deve essere divisibile per 3 (poiché i maggiorenni sono 1/3 del totale). Poiché non esiste un numero intero inferiore a 6 che abbia tali caratteristiche, ne consegue che l'ultima affermazione non può essere vera.

34 Per arrivare alla soluzione occorre procedere per tentativi. Si analizzi dapprima l'alternativa **A**: se la giuria decide di darvi il terzo premio, non avrete azzeccato la previsione e dunque è corretto che vi venga assegnato il terzo premio. Ne segue che questa prima alternativa non conduce in qualunque ipotesi al primo premio.

Alternativa **B**: se la giuria vi attribuisce il secondo premio, avrete azzeccato la previsione, la giuria avrà dunque agito correttamente scegliendo di darvi il secondo premio (la giuria è libera di scegliere fra il primo e il secondo premio) e dunque non avrete ottenuto quanto desiderato.

Alternativa **C**: in questo caso la giuria non può darvi né il secondo premio (perché non avreste indovinato la previsione e quindi vi spetterebbe il terzo premio) né il terzo premio (perché avreste indovinato la previsione e dunque vi spetterebbe o il primo o il secondo premio). Ne segue che in questo caso la giuria sarebbe obbligata a darvi il primo premio.

La risposta esatta è dunque la **C**.

Per escludere l'alternativa **D** il ragionamento è analogo: in questo caso la giuria non può darvi il primo premio perché se aveste sbagliato la previsione vi spetterebbe il terzo premio, mentre se aveste indovinato la previsione vi spetterebbe necessariamente il secondo premio.

35 L'affermazione equivalente a quella del testo dell'esercizio è: "Vi è almeno un laureato in Ingegneria che non fa l'ingegnere", che è quella riportata correttamente dall'alternativa D.

36 Siamo di fronte a una negazione di una frase che propone una contemporaneità di eventi: Elena andrà al mare e Margherita andrà in montagna. Per poter negare una frase come questa è necessario che l'uno o l'altro evento non si verifichino. Con certezza, infatti, non si può dire che Elena non andrà al mare, ma neanche che Margherita non andrà in montagna. Certamente però o l'una o l'altra non farà quanto detto (B soluzione del quesito).

37 Affinché sia falso che tutti e cinque i nuovi candidati sono sicuri di arrivare al ballottaggio finale con l'attuale sindaco deve essere vero che ce ne è almeno uno (uno o più di uno) che non è sicuro. Potrebbero essere anche tutti e cinque a non essere sicuri, ma non è detto; quel che è certo è che almeno uno non lo è (D soluzione del quesito),

38 Per risolvere il quesito si ricordi, innanzi tutto, la regola della condizione sufficiente: quando A è sufficiente per avere B, quando cioè la frase ha una struttura del tipo "se A allora B", allora si può sempre dedurre che "se non B allora non A".

Essendo la sostanza tinta di verde deve contenere o il mercurio o il rame o entrambi. Sono quindi errate le alternative B e C. Infatti se non c'è calcio non c'è rame (e nella B non c'è neanche mercurio) e se c'è alluminio non c'è mercurio (e nella C non c'è neanche calcio e quindi non c'è rame) Inoltre, poiché se c'è rame c'è anche calcio sono errate anche la D e la A. È, invece, possibile che ci sia solo mercurio (E soluzione del quesito).

39 Lo 0 deve comparire al massimo 1 volta. Se infatti comparisse più volte andrebbe in contrasto col fatto che 1,2 e 3 già compaiono almeno una volta.

Si provi a mettere 1 nel primo spazio. La frase inizierebbe così: lo = 0 compare 1 volta. A questo punto si provi a scrivere che l'1 appare 2 volte. Per poter andare avanti si deve scrivere che il 2 appare 3 volte (non si può scrivere che appare 2 volte altrimenti si scriverebbero tre 2, ma affermando che ce ne sono solo due) e quindi di conseguenza il 3 appare 2 volte. La frase è quindi: "in questa frase lo 0 compare 1 volta/e, l'1 compare 2 volta/e, il 2 compare 3 volta/e e il 3 compare 2 volta/e. La soluzione è quindi la B.

40 Sapendo che ci sono infinite sequenze e sapendo che le sequenze di tipo Beta sono solo alcune di queste sequenze, si può dedurre che esistono infinite sequenze che non sono Beta (B soluzione del quesito).

41 È bene, innanzi tutto, notare come ci sia una differenza da tenere presente nello svolgimento del quesito: una cosa è il numero delle coppie, altro il numero degli animali accoppiati, essendo ogni coppia formata da due animali, se il numero delle coppie è, per esempio 4, il numero degli animali accoppiati è 8.

Poiché il numero di di esemplari accoppiati deve essere maggiore di quello dei single, la E sarà certamente falsa e quindi è la soluzione del quesito. Se, infatti, i maschi single fossero più del doppio delle coppie, poiché in ogni coppia ci sono due animali, il numero degli animali accoppiati sarebbe inferiore al numero degli animali single.

Si può arrivare alla soluzione anche esaminando un caso con numeri a piacere che rispettino le condizioni poste dall'esercizio, per verificare cosa si possa dedurre o meno. Si ponga, per esempio che 10 siano gli animali maschi e 5 le femmine e che si abbiano in tutto 4 coppie. In questo modo il numero di animali accoppiati (8) supera quello degli animali single (7) e il numero dei maschi è maggiore rispetto a quello delle femmine. In questa situazione si hanno 6 maschi single e 4 accoppiati, 1 femmina single e 4 accoppiate. Come si vede la A è possibile (6 maschi accoppiati e 4 single), ma sono possibile anche la B (8 animali accoppiati e 5 femmine) e la C (8 animali accoppiati e 6 maschi single). È però possibile anche la D (6 maschi single e 4 coppie), ma non risulta verificata la E (6 maschi single e 4 coppie).

42 Se i 3/4 degli studenti sono fuori sede, allora il restante 1/4 non lo è. Se 1/3 degli studenti è stato bocciato ad almeno un esame, vuol dire che qualcuno degli studenti fuori sede deve far parte di questo gruppo (D soluzione del quesito). Si provi, per esempio a svolgere il quesito con dei dati a piacere. Si supponga che gli studenti in tutto siano 12 (si è scelto 12 perché numero divisibile sia per 3, sia per 4). Se gli studenti fuori sede sono pari ai 3/4 allora saranno in tutto 9. Se gli studenti bocciati ad almeno un esame sono 1/3 allora saranno pari a 4. Come si vede questi due gruppi non possono essere distinti (altrimenti si avrebbero 13 studenti): ci deve essere almeno uno studente fuori sede che è stato bocciato una volta. Questa è l'unica cosa che si può dedurre con certezza, perché non si sa quanti effettivamente dei fuori sede sono stati bocciati ad almeno un esame (potrebbero essere 4, 3, 2 o 1), ma certamente almeno uno lo è stato.

43 Affermare che a ogni dipendente è stato affidato al massimo un computer vuol dire che i dipendenti possono avere ricevuto un computer oppure non averlo ricevuto (ma non possono averne ricevuto più di uno). Potendo esistere, quindi, dipendenti che non hanno ricevuto il computer, il numero dei dipendenti è almeno pari al numero dei computer (27), ma non è escluso che sia superiore. La soluzione al quesito è quindi fornita dall'alternativa C.

44 Le regole del gioco sono le seguenti:

- numeri trippi: divisibili per 3 e divisibili anche per 4 solo se divisibili anche per 120;
- numeri quadrippi divisibili per 4 e divisibili anche per 5 solo se multipli di 100.

Si analizzino le diverse alternative considerando tali regole.

- Il numero 360 è divisibile per 3 e lo è anche per 4 e per 120: è quindi un numero trippo (alternativa A errata);
- il numero 201 è un numero divisibile per 3, ma non per 4 ed è quindi un numero trippo, ma non quadrippo (B soluzione del quesito);
- il numero 200 è un numero divisibile per 4, ma anche per 5 ed è multiplo di 100 per cui è un quadrippo (C errata);
- il numero 222 è un numero divisibile per 2 ma non per 4 ed è quindi trippo (alternativa D errata);
- il numero 124 è divisibile per 4 e non lo è per 5 per cui è un numero quadrippo (alternativa E errata).

45 Identificando con "A" Aista, con "B" Batijnka, con "C" Chunky, con "D" Delatombée e con "E" Einigefallen, si può ricapitolare quanto detto dai tre amici nel seguente modo.

- Silvano indica A, B e C;
- Teresio indica A, C e D;
- Umberto indica B, D ed E.

Si analizzino ora le alternative cercando quella che propone due nomi per ognuno dei tre amici. La B è errata, infatti tra A, C ed E Umberto ne nomina solo una (la E), come è errata la C, infatti tra B, D e E Silvano e Teresio ne indicano solo una. Risulta errata anche la D, infatti tra B, C ed E Teresio ne nomina solo una (la C). È invece corretta, ed è la soluzione del quesito, l'alternativa E, infatti Silvano nomina A e B, Teresio A e D e Umberto B e D.

46 Per negare che una totalità di elementi ha una certa caratteristica è sufficiente poter dire che ce ne è almeno uno che non la possiede. Nel caso in esame si può dunque dedurre che almeno un abitante ha almeno due automobili; la risposta corretta è la A.

47 Per essere certi di avere 5 cubetti dello stesso colore si deve pensare al caso più sfortunato possibile, cioè il numero massimo di cubetti che si possono estrarre senza ottenere il risultato a cui si vuole arrivare. Volendone ottenere 5 dello stesso colore, il caso più sfortunato è che se ne prendano 4 di ognuno dei 3 colori presenti, per un totale di 12 cubetti. Il tredicesimo però sarà certamente il quinto di uno dei tre colori. Prendendone 13, quindi, si ha la certezza di averne 5 del medesimo colore (C soluzione del quesito).

48 Per poter partecipare è necessario non possedere entrambe le caratteristiche: avere più di 50 anni e contemporaneamente avere gli occhi azzurri. Una persona di 55 anni con gli occhi marroni o una di 40 anni con gli occhi azzurri possono quindi partecipare (alternative B e C, ma quindi anche D errate). Non può partecipare invece una persona di 58 anni con gli occhi azzurri (E errata), mentre può farlo una di 60 anni con gli occhi marroni (A soluzione del quesito).

49 L'affermazione di Michele esprime una condizione sufficiente: se Luciano supera l'esame allora anche Michele lo supera; da ciò consegue che se Michele non supera l'esame anche Luciano non lo supera. Appare evidente che in questo caso verrebbe contraddetta l'affermazione di Gabriele, che il testo dell'esercizio afferma essere vera. Michele quindi deve necessariamente aver passato l'esame (C soluzione del quesito). Nulla si sa, invece su chi degli altri due lo ha passato: non si può dedurre che se Michele lo passa allora lo passa anche Luciano (quindi il secondo potrebbe essere Luciano ma anche Gabriele).

50 Tutte le figure rappresentano poligoni con cinque lati a eccezione dell'alternativa A i cui i lati sono quattro. La risposta corretta è quindi la A.

51 Le figure B, C, D ed E sono costituite dagli stessi quattro poligoni: un rettangolo, un trapezio e due triangoli. La risposta esatta è la A in quanto non rispetta questa logica (al trapezio è stato sostituito un quadrato con gli spigoli arrotondati).

52 Tra le cinque figure è possibile individuare due coppie (A e C; D ed E), i cui elementi rappresentano il positivo e il negativo della stessa immagine.

La figura da scartare è quindi quella individuata dall'alternativa B, l'unica che non si accoppia a un'altra figura all'interno della successione.

53 Le figure indicate dalle alternative A, C, D ed E sono tra loro sovrapponibili operando una rotazione. L'alternativa B invece non rispetta tale logica (per fare in modo che si sovrapponga alle altre è necessario invertire specularmente la figura) e rappresenta pertanto la soluzione dell'esercizio.

54 Le alternative A, B, C ed E sono costituite dalle stesse quattro figure geometriche: un rettangolo, un cerchio, un quadrato e un triangolo. La risposta esatta è la D in quanto non rispetta questa logica (al quadrato è stato sostituito un rettangolo).

55 Se si osservano le tre figure in serie, da sinistra verso destra, è possibile notare quanto segue: il triangolo piccolo si muove all'interno dei quattro triangoli grandi (in cui è suddiviso il quadrato grande) in senso antiorario; il cerchio si muove in senso orario; il quadrato piccolo si sposta solo verticalmente, presentandosi alternativamente nel triangolo superiore e in quello inferiore. Applicando la stessa logica alla terza figura si ottiene la soluzione indicata nell'alternativa B.

56 Tutte le figure presentano all'interno quattro elementi (quadrato, rettangolo, cerchio e triangolo), che mantengono sempre la stessa posizione ma che sono colorati in maniera differente. Passando da una figura alla successiva si osserva uno scambio della colorazione dei quattro elementi in senso antiorario. L'unica figura che non rispetta tale logica è la C che è quindi la risposta esatta.

57 Si osservi la relazione tra le figure del *primo membro*: la seconda è speculare rispetto alla prima e la posizione di due elementi (il *triangolo* e il *quadrato*) è stata invertita. Affinché la stessa relazione venga mantenuta anche al *secondo membro*, è necessario ribaltare specularmente il triangolo e invertire la posizione dei trattini posti sui due lati obliqui (risposta A).

58 Tra le cinque figure è possibile individuare due coppie (A e D; C ed E) i cui elementi rappresentano il *positivo* e il *negativo* di una stessa immagine. La figura da scartare è quindi quella individuata dall'alternativa B, l'unica che non si accoppia a un'altra figura all'interno della successione.

59 Passando dal primo quadrato al secondo si osserva che il verso della freccia è cambiato e che il quadratino interno ha posizione e colori opposti a quelli iniziali. Applicando la stessa logica al secondo membro della proporzione si giunge alla soluzione dell'esercizio (risposta **A**).

60 Nelle prime due righe sia l'ellisse con i 2 punti che il quadrato connesso al cerchio vengono di volta in volta ruotati di 90° in senso orario. Applicando questa logica anche alla terza riga si giunge alla soluzione dell'esercizio data dalla risposta **A**.

61 Nelle prime due righe, la figura a destra è ottenuta sovrapponendo le due figure che la precedono ed eliminando gli elementi che esse hanno in comune. Ragionando allo stesso modo sulle figure dell'ultima riga, si ottiene come corretta la risposta **B**.

62 Osservando gli elementi proposti nella serie ci si accorge che, passando da una figura all'altra si spostano in senso orario, rispetto alla figura precedente, prima di una posizione, poi di due e infine di tre posizioni. La figura mancante è quindi quella che presenta tutti gli elementi spostati in senso antiorario, rispetto alla quarta figura, di quattro posizioni: **B** soluzione del quesito.

63 Nelle prime due righe, l'ultima figura a destra è ottenuta mediante la sovrapposizione delle due figure che la precedono e l'eliminazione degli elementi comuni. In maniera analoga, la figura mancante si ottiene sovrapponendo il quadrato (con i cerchi interni) con la figura composta da quattro cerchi ed eliminando i tre cerchi che le figure hanno in comune: risulta quindi corretta l'alternativa **B**.

64 In questo esercizio l'andamento della successione è *crescente*. In particolare, analizzando ciò che accade passando da un numero al successivo, si osserva che si susseguono le seguenti operazioni … + 2 … + 3 … + 4 … + 5 …; la differenza tra due numeri adiacenti è dunque a sua volta una successione crescente. A questo punto, per ottenere il numero mancante, bisogna aggiungere 6 a 26 (alternativa **A**).

65 Osservando tale successione, non si evidenzia un andamento regolare, crescente o decrescente. D'altra parte, analizzando ciò che accade passando da un numero al successivo, si riscontra una logica ben precisa che prevede le seguenti operazioni: … × 2 … + 3 … − 1 … × 2 … + 3 … − 1 … Sulla base di tale logica, il numero mancante è il 44 (alternativa **B**), dato da 22 × 2.

66 Leggendo in verticale i numeri si hanno due serie: la prima segue la seguente logica + 2, + 4, + 8, + 16 e quindi viene completata dal numero 65 (+ 32), mentre la seconda serie segue la logica - 2, - 3, - 4, - 5 e dunque viene completata dal numero 22 (- 6). La soluzione al quesito è quindi la **E**.

67 Salendo ogni numero è pari al quadrato del precedente a cui si somma un valore pari a 2 (così $2^2 + 2 = 6$) e quindi il numero X è pari a $38^2 + 2 = 1446$.

Scendendo si divide il numero più in alto e si sottrae un valore pari a 1 per ottenere quello subito più in basso: 1446/2 - 1 = 722 e 722/2 - 1 = 360 (**A** soluzione del quesito).

68 In questa tipologia di esercizi, utilizzata nel test ufficiale di architettura del 2002, ogni elemento della successione è ottenuto sommando, secondo regole particolari, le cifre che compongono il numero precedente. Più precisamente, il secondo numero è ottenuto: 1. Sommando le prime due cifre del primo (7 + 1 = 8); 2. Sommando le due cifre centrali del primo (5 + 1 = 6); 3. Sommando le ultime due cifre del primo (5 + 2 = 7). Le tre cifre così ottenute, infatti, vanno a comporre, esattamente nell'ordine appena esplicitato, il secondo numero.

La stessa procedura viene applicata nel passaggio dal secondo al terzo numero, con l'unica variante che, essendo il secondo numero composto soltanto da tre cifre, non esistono due cifre "centrali" da sommare.

Applicando la medesima logica al numero 109 si ottiene 19 (alternativa **A**).

69 In questo caso è facile osservare che l'elemento incognito appartiene alla successione dei numeri ed è pari a 8. I numeri decrescono infatti di 3 unità a ogni passaggio.
È quindi esatta l'alternativa **E**.

70 In questo esercizio, il numero in alto a destra si ottiene dimezzando la somma degli altri due numeri. L'alternativa **D** soddisfa tale logica ed è dunque l'alternativa corretta.

71 Innanzitutto occorre notare che le due linee a semicerchio indicano la direzione nella quale procede la serie. In altre parole, la tessera contenente "e, VIII, 8" prosegue in quella che riporta la lettera "g" e i numeri "XII, 16". Questo ragionamento aiuta a concludere che la tessera contenente i punti interrogativi succede a quella che contiene i valori "m, XXIII, 64".
Ora si può procedere ad analizzare i valori alfanumerici uno per uno. Ciò permette di evidenziare quanto segue:

- le lettere dell'alfabeto si susseguono procedendo in avanti di due posizioni alla volta; infatti, se mettiamo fra parentesi le lettere "saltate" si ottiene "a (b) c (d) e ecc."; tenendo conto di quanto finora affermato, il relativo punto interrogativo deve essere sostituito dalla lettera "o";
- i numeri romani procedono secondo la logica seguente: III (+2) V (+3) VIII (+4) ecc., da cui si deduce che l'incremento fra un numero romano e il successivo è sempre crescente di una unità rispetto all'incremento precedente; il punto interrogativo corrispondente, dunque, deve essere sostituito dal numero romano "XXX";
- poiché sia l'alternativa **B** sia l'alternativa **E** riportano le soluzioni appena individuate, si deve procedere anche alla risoluzione della serie dei numeri arabi; la logica che sottostà alla loro successione è sempre la stessa: i numeri vengono moltiplicati sempre × 2 per ottenere il seguente; l'ultima soluzione, dunque, è "128";

A questo punto si hanno tutti gli elementi necessari per individuare nell'alternativa **B** la soluzione.

72 Per ottenere il numero mancante occorre sommare i due numeri riportati nella parte superiore della figura e successivamente moltiplicarli per 2, come nelle due figure precedenti. Infatti:

- $(29 + 7) \times 2 = 72$;
- $(1 + 41) \times 2 = 84$;
- $(26 + 28) \times 2 = 108$ (alternativa **D**).

Un'altra strada per giungere alla soluzione del quesito può invece partire dall'osservazione che l'ultimo numero in basso di ogni figura è ottenuto dividendo per 3 quello centrale:

- $72 : 3 = 24$;
- $84 : 3 = 28$;
- $? : 3 = 36$ da cui $36 \times 3 = ?$ e dunque $? = 108$.

73 Analizzando i valori alfanumerici è possibile evidenziare che:

- le lettere appartengono indubbiamente all'alfabeto inglese (come indicato dalla presenza della lettera "w"); data l'impossibilità di individuare la logica che sottostà alla serie, occorre verificare se non si tratti di due serie alternate; così procedendo si scopre che le lettere in posizioni dispari procedono a ritroso di due posizioni: W (V) U (T) ?; la lettera mancante, dunque, è la S;
- i numeri romani si susseguono seguendo in successione la doppia operazione ": 2" e "+ 1". Infatti, il primo numero è stato diviso per due per ottenere il secondo; il terzo si ricava aggiungendo una unità al secondo; il quarto, nuovamente, si ottiene dividendo per 2 il terzo; dunque, al posto del punto interrogativo si avrà quel numero che si ottiene sommando una unità al quarto numero romano (VI + I = VII); a questo punto è già possibile identificare la soluzione nell'alternativa **C** (è l'unica che riporta i valori "S" e "VII");
- per completezza, infine, si rileva che i numeri arabi situati nella posizione più bassa delle figure, come nel caso dei numeri romani, si succedono secondo la logica di più operazioni aritmetiche ripetute ciclicamente (": 3" e "+3").

74 In questo caso, i tre rettangoli vanno considerati in successione e l'unica posizione che interessa analizzare per individuare l'incognita è quella centrale, corrispondente a una lettera. La lettera mancante è la V (alternativa C), che precede di una posizione la Z, esattamente come la Z (rettangolo centrale) precede di una posizione la lettera A (primo rettangolo).

75 La difficoltà maggiore dell'esercizio consiste probabilmente nell'uso dell'alfabeto inglese. La logica che guida la serie è + 6, + 1. Dopo la X deve venire la Y. La risposta esatta è la D.

76 In questo caso, compare una successione combinata di numeri e lettere o, per essere più precisi, compaiono due successioni indipendenti l'una dall'altra, ma alternate. La successione numerica raddoppia semplicemente i suoi numeri. Quella letterale invece ha le lettere che retrocedono nell'alfabeto di sei posizioni alla volta. La serie da completare è quest'ultima e la lettera che occorre è la A. La risposta esatta è la A.

77 La successione letterale ha una logica che è facile da individuare: si avanza di tre passi nell'alfabeto inglese. Meno facile è la logica della serie numerica, che è: "× 3, – 1". Il numero successivo dovrà quindi essere 14. La risposta esatta è la B.

78 La serie proposta nel presente esercizio può essere risolta, come per gli esercizi precedenti, individuando la logica che sottostà alla successione. Questa si basa su una operazione di moltiplicazione fra il numero di lettere che compongono ciascuna parola e il numero 5:

- 4 (p-e-r-a) × 3 = 12;
- 6 (m-e-l-o-n-e) × 3 = 18;
- 7 (n-e-s-p-o-l-a) × 3 = 21.

L'alternativa corretta, dunque, è la A.

Da notare che la difficoltà di risoluzione è accresciuta dal fatto che le tre parole appartengono allo stesso ambito (la frutta), ma questo legame concettuale non ha alcuna relazione con la logica che conduce alla soluzione del quesito.

79 La soluzione del presente esercizio è analoga alla precedente. L'unica differenza consiste nell'operazione matematica che regola la serie:

- 9 (c-o-s-m-e-t-i-c-i) + 9 = 18;
- 6 (r-i-m-m-e-l) + 9 = 15;
- 10 (f-o-n-d-o-t-i-n-t-a) + 9 = 19.

L'alternativa corretta, dunque, è la D.

Da notare che fra le alternative errate si trovano numeri che potrebbero facilmente ingannare in quanto ottenuti eseguendo differenti operazioni matematiche sui due proposti dal testo dell'esercizio (18 - 15 = 3; 18 + 15 = 33 ecc.).

80 Il *pediatra* è il medico specializzato nello studio, nella cura e nella prevenzione delle malattie dell'infanzia e ha quindi come pazienti i *bambini*. Il rapporto tra i termini noti della proporzione è pertanto una relazione del tipo *professione medica-oggetto delle cure*. La stessa relazione è presente nell'alternativa C (il *geriatra* si occupa dei processi fisiologici dell'età senile e ha quindi come pazienti gli *anziani*) che è dunque la risposta corretta. Si osservi che l'alternativa E presenta una relazione dello stesso tipo, ma i termini proposti hanno un ordine invertito.

81 Sostituendo le coppie di termini proposti dalle varie alternative ci si accorge che la soluzione al quesito è fornita dalla C. In questo caso infatti si costruisce una proporzione in cui i termini delle due parti rispettano la relazione *opposizione/contrarietà*.

82 Tutti i termini proposti identificano una posata a eccezione di *pentola*. La risposta corretta è dunque la B.

83 Tutte le alternative si trasformano in verbi (*bere, cucire, fare, leggere*) a eccezione della A, il cui anagramma è *giudice*. La risposta corretta è dunque la A.

84 In questo caso l'alternativa corretta è la B, in cui l'ellisse più grande rappresenta gli *accusati*, l'ellisse intermedia i *condannati* (tutti i *condannati* sono necessariamente anche *accusati*) e l'ellisse più piccola corrisponde agli *ergastolani* (che sono infatti un sottoinsieme sia di *accusati* sia di *condannati*).

85 I tre termini proposti indicano tre categorie totalmente differenziate tra loro da un punto di vista insiemistico, anche se tra di esse esiste comunque un legame (i piatti solitamente si trovano in cucina, vengono usati dai camerieri ecc.). La soluzione corretta è dunque la C.

86 I grafici a torta riportati nel testo dell'esercizio indicano la ripartizione del fatturato complessivo fra diversi prodotti. Non forniscono invece informazioni circa la variazione, assoluta o percentuale, del fatturato relativo ai singoli prodotti. La risposta esatta è dunque la E.

87 Per rispondere alla domanda è necessario correlare le informazioni contenute nel grafico e quelle fornite in tabella. Dal grafico si ricavano i dati seguenti:

- praticanti nuoto = 22 mila;
- praticanti sci = 25 mila;
- praticanti basket = 12 mila;
- praticanti golf = 9 mila.

Moltiplicando questi numeri per la corrispondente spesa "pro capite" indicata in tabella, si ricava il giro d'affari dei diversi settori sportivi:

- Nuoto = 22 mila × 370 Euro = 8.140.000;
- Sci = 25 mila × 610 Euro = 15.250.000;
- Basket = 12 mila × 150 Euro = 1.800.000;
- Golf = 9 mila × 2400 Euro = 21.600.000.

Quindi lo sport che nel ha prodotto il maggior giro d'affari è il golf (risposta D).

88 Dal grafico si può facilmente ricavare il fatturato complessivo delle singole aziende:

- Armadi: 85 milioni circa
- Versale: 60 milioni circa
- Ferrà. 40 milioni circa
- Krizio: 30 milioni circa
- Premanan: 38 milioni circa
- Chicca: 42 milioni circa

L'azienda con il maggior fatturato nel è dunque Armadi (risposta C).

89 Il fatturato nel segmento uomo è rappresentato dall'area centrale (quella bianca); tale area è minima in corrispondenza dell'azienda Premanan.

La risposta corretta è dunque la C.

90 Il fatturato nel segmento donna è rappresentato dall'area più in basso (quella grigio scuro); tale area è massima in corrispondenza dell'azienda Armadi.

La risposta corretta è dunque la B.

91 Eliminando dal grafico il fatturato relativo al segmento bambino (l'area più in alto, grigio chiara) si ottiene un nuovo grafico in cui il fatturato minore corrisponde all'azienda Chicca. La risposta corretta è quindi la B.

92 Poiché Giorgio impiega 4 giorni per costruire una barca, in un giorno egli compie 1/4 del lavoro. Analogamente, Mario e Alfredo compiono in un giorno rispettivamente 1/6 e 1/12 del lavoro; i tre soggetti insieme compiono quindi in un giorno:

$$1/4 + 1/6 + 1/12 = 1/2 \text{ del lavoro complessivo}$$

Per l'intero lavoro sono dunque necessari 2 giorni: la risposta corretta è quindi la **A**.

93 I tre soggetti hanno lo stesso ritmo di lavoro, quindi per demolire la stessa parete un solo muratore impiega $40 \cdot 3 = 120$ minuti = 2 ore.

La risposta corretta è quindi la **B**.

94 Il primo imbianchino impiega 20 ore a dipingere da solo l'appartamento, quindi in un'ora egli porta a termine 1/20 del lavoro complessivo. Il secondo imbianchino impiega la metà del tempo del primo (ossia 10 ore), quindi in un'ora compie 1/10 del lavoro totale. Inoltre, i tre soggetti insieme compiono in un'ora 1/5 del lavoro. Per individuare la quantità di lavoro svolta dal terzo imbianchino nell'unità di tempo, occorre calcolare la differenza tra la quantità di lavoro realizzata dai tre soggetti insieme e la quantità di lavoro compiuta dai primi due: $1/5 - (1/20 + 1/10) = 1/20$. Pertanto il terzo imbianchino in un'ora porta a termine 1/20 del lavoro e quindi, per svolgere l'intero lavoro da solo, necessita di 20 ore (come il primo imbianchino).

La risposta corretta è dunque la **C**.

95 Detto x il numero di libri posseduti da Matteo, si ha che:

- Piero possiede $x + 2$ libri;
- Matteo possiede x libri;
- Luca possiede $2x$ libri;
- Enrico possiede $8x$ libri.

I quattro amici posseggono complessivamente 122 libri e quindi si ha:

$$(x + 2) + x + 2x + 8x = 122 \text{ da cui } x = 10$$

La risposta esatta è quindi la **B**.

96 Delle 33 persone che fanno parte del gruppo sono in 30 ad avere passaporto italiano e/o inglese (3 delle 33 persone non hanno né l'uno né l'altro). Se ora si ragiona per assurdo e si afferma che nessuno di coloro che possiede passaporto italiano ha un passaporto inglese e viceversa, si deve affermare che i due gruppi sono separati e che quindi il totale delle persone con passaporto italiano e inglese corrisponde a 35 (20 +15).

Ma questo è impossibile perché si è detto che il totale deve essere pari a 30.

Questo significa che 5 persone sono state conteggiate due volte nel senso che in realtà possiedono entrambi i passaporti. In questo modo risulta correttamente che, dei 33 partecipanti, 3 non hanno passaporto, 5 hanno passaporto sia inglese sia italiano, 10 (15 – 5) hanno solo passaporto inglese e 15 (20 – 5) hanno solo passaporto italiano (3 + 5 + 10 +15 = 33). La soluzione al quesito è fornita dall'alternativa **D**.

97 Siano A, B e C i tre fratelli. Per permettere a tutti e tre di partecipare ad almeno due allenamenti settimanali, che possono svolgersi solo in coppia, sono da organizzare un minimo di tre allenamenti (alternativa **D**), così distribuiti: AB, BC e AC. Si consiglia di risolvere il quesito partendo dalle alternative e considerando i valori dal più piccolo al più grande (se sono sufficienti due allenamenti, si prova con tre e così via).

98 Se 3 riviste hanno lo stesso costo di 3 giornali e 2 riviste allora i 3 giornali hanno lo stesso costo di 1 rivista. Ma allora 5 euro, il costo di 2 giornali e 1 rivista, corrisponde anche al costo di 5 giornali. Ogni giornale costa dunque 1 euro e la **C** è la soluzione del quesito.

99 Il costo dell'auto più il 5% di tale costo deve avere come risultato finale 21.000 euro. Chiamando X il costo dell'auto si può, cioè, scrivere:

$$X + 5\% X = 21.000$$

da cui

$$105/100 X = 21.000$$

che semplificando diventa

$$21/20 X = 21.000$$

da cui si ricava X = 20.000 (C soluzione del quesito).

---

100 Osservando le alternative è possibile scartarne immediatamente qualcuna: se fossero vere la C o la D (ce ne sono esattamente 5 o 8) sarebbe sempre vera anche la A (in entrambi i casi sarebbero meno di 10). Poiché la soluzione è univoca né la C, né la D possono essere soluzione del quesito. Con lo stesso ragionamento si può scartare la B: se, infatti, fossero più di 10 ce ne sarebbero certamente almeno 5 (sarebbe quindi vera anche la E). Adesso, si provi a pensare nel seguente modo: se le pagine dei libri vanno da 180 a 220, vuol dire che esistono in tutto 41 possibili numerazioni differenti (180, 181, 182, ecc. fino a 220). Si potrebbe anche avere che 169 libri hanno 180 pagine e 1 ne ha 220, ma questo è un caso solo possibile. Di cosa si può essere certi? Comunque si distribuiscono i libri ce ne saranno almeno 5 con lo stesso numero di pagine (E soluzione del quesito); se infatti questo non fosse vero dovremmo poter distribuire i 170 libri nelle 41 numerazioni possibili in modo che al massimo 4 libri abbiano la stessa numerazione. Ma il prodotto tra 4 e 41 ha come risultato 164, sono cioè 164 i libri che posso distribuire in modo che al massimo 4 abbiano la stessa numerazione. Avanzano quindi 6 libri, vuol dire che almeno uno deve avere la stessa numerazione che hanno già altri 4.

---

101 Per comodità si può risolvere l'esercizio semplificando i dati e cioè immaginando che gli scoiattoli accantonino 1 nocciolina il primo giorno, 2 il secondo e così via fino al trentesimo giorno in cui gli scoiattoli accantonano 30 noccioline. A questo punto si tratti di fare una somma di numeri consecutivi da 1 a 30. Si può procedere in diversi modi: per esempio si può pensare che in totale il primo e il trentesimo giorno gli scoiattoli accantonano 31 noccioline, che sono le stesse accantonate in totale il secondo e il ventinovesimo giorno, o il terzo e il ventottesimo giorno. Ci sono cioè 15 coppie di giorni (primo/trentesimo, secondo/ventinovesimo ecc. fino a quindicesimo/sedicesimo) in cui gli scoiattoli accantonano sempre 31 noccioline. Moltiplicando dunque 31 per 15 si ottiene 465 che è il numero di noccioline accantonate. Questo numero va poi moltiplicato per 10 per ritornare ai dati corretti dell'esercizio: 4650 è il numero cercato e la D la soluzione del quesito. Allo stesso risultato si poteva giungere moltiplicando la media delle noccioline raccolte il quindicesimo e sedicesimo giorno (cioè 155) per il numero di giorni (30).

---

102 Se i 5 soggetti impiegano 1 ora per realizzare il lavoro, ogni lavoratore realizza in 1 ora 1/5 del lavoro complessivo. Pertanto 12 persone in 1 ora realizzano 12/5 del lavoro totale.

Se *t* è l'elemento richiesto dal problema, cioè il tempo impiegato dai 12 soggetti per dipingere l'appartamento, si ha:

$$\frac{12}{5} \cdot t = \text{lavoro completato} = 1 \text{ ora} \rightarrow t = \frac{5}{12} \cdot 1 \text{ ora} = 25 \text{ min}$$ (risposta A)

---

103 In questi casi è consigliabile individuare la persona che lavora al ritmo più lento e rappresentare schematicamente, rispetto a questo, il ritmo di lavoro delle altre persone.

Nell'esempio in esame, chi lavora più lentamente è Paolo. Dunque, per ogni foglio timbrato da Paolo, Sergio ne timbra 2 e Matteo 3.

Schematicamente si ha:

Soggetto	N. fogli timbrati nello stesso tempo
Paolo	1
Sergio	2
Matteo	3

Si considerino ora Paolo e Matteo insieme: poiché in 20 secondi timbrano 12 fogli, in un minuto ne timbrano 36, di cui 9 sono timbrati da Paolo e 27 da Matteo. Inoltre, dato che Sergio lavora il doppio di Paolo, in un minuto timbra 18 fogli. Dunque si hanno i seguenti dati:

Soggetto	N. fogli timbrati in 1 minuto
Paolo	9
Sergio	9 x 2 = 18
Matteo	9 x 3 = 27

In totale, in un minuto i tre timbrano 9 + 18 + 27 = 54 fogli (risposta C).

104 Se un treno viaggia a 240 km/h, vuol dire che in un'ora compie 240 km e quindi in un minuto percorre 4 km, cioè 4000 metri. Poiché 1 minuto è composto da 60 secondi, il treno effettuerà 4000/60 = 66.67 metri ogni secondo. A questo punto conoscendo la velocità al secondo e lo spazio da percorrere (e ricordando che la formula della velocità è V = S/T) si può ricavare lo spazio risolvendo l'equazione T = T/S, cioè:

T = 2/66.67 che ha come risultato 0.02999.

Per fare 2 metri, quindi, il treno impiegherà circa 30 millesimi di secondo (B soluzione del quesito).

105 Estraendo di seguito due palline numerate da 1 a 9 (rimettendo dopo la prima volta quella estratta nella scatola) si hanno in tutto 81(9 x 9) possibili combinazioni di risultati (e quindi 81 casi possibili). I casi favorevoli sono quelli in cui il prodotto dei due numeri estratti è un numero dispari. Si deve tener presente che moltiplicando due numeri, il risultato del prodotto è un numero dispari solo se entrambi i numeri moltiplicati sono dispari. Tra 1 e 9 ci sono cinque numeri dispari: 1, 3, 5, 7 e 9 e ognuno di loro se moltiplicato per se stesso o per uno degli altri quattro ha come risultato un numero dispari. I casi favorevoli in cui il prodotto sia un numero dispari sono quindi 25 in tutto (per ognuno dei 5 numeri dispari che possono uscire con la prima pallina può uscire uno qualunque degli stessi cinque numeri con la seconda pallina – per esempio se esce 1 con la prima, si ottiene un dispari moltiplicando il numero della seconda se questo è: 1, 3, 5, 7 oppure 9). La probabilità è quindi 25/81 e la D è la soluzione del quesito.

106 Se la lattina contiene 330 millilitri allora ha un valore energetico di circa 165 kilocalorie (50 x 3,3). Un cucchiaino di zucchero contiene 20 kilocalorie (infatti avendone 400 kilocalorie ogni 100 grammi, in 5 grammi ne ha 1/20 di 400 cioè 20 kilocalorie). Per fare 165 kilocalorie occorrono quindi più di 8 cucchiaini di zucchero (A soluzione del quesito).

107 Michele taglia il prato in 6 ore e pertanto ogni ora ha tagliato 1/6 del prato; analogamente Ilaria impiega 9 ore e quindi ogni ora taglia 1/9 del prato. Lavorando insieme, ogni ora tagliano 1/6 + 1/9 = 5/18 del prato. Per fare tutto il prato necessitano pertanto dei 18/5 di un'ora. Poiché 1/5 di ora sono 12 minuti, i 18/5 sono pari a 216 minuti. Essendo ogni ora composta da 60 minuti, 216 corrispondono a 3 ore e 36 minuti (B soluzione del quesito).

108 Si supponga che i criceti in tutto siano 100. Tra questi si avranno 80 femmine e 20 maschi. I criceti bianchi sono il 90% dei maschi e quindi un numero pari a 18 nei maschi e il 25% delle femmine, quindi 20 femmine. Tra i 38 criceti bianchi totali (18 + 20), quindi, ce ne sono 20 femmine e la percentuale è data dalla frazione 20/38. Senza fare calcoli si osserva come tale percentuale debba essere di poco superiore al 50%, per cui la soluzione è certamente la **D**.

109 Si chiamino A le azioni e B le obbligazioni e si supponga che all'inizio il patrimonio investito avesse un valore di 100 euro:

$$A + B = 100$$

Si sa però anche che il doppio del valore di A è pari al 110% del valore di B (infatti quando il valore delle azioni raddoppia e quello delle obbligazioni aumenta del 10% i due valori coincidono – il patrimonio è per metà azioni e per metà obbligazioni). Si può quindi scrivere che:

$$2A = 1{,}1\ B$$

dove 1,1 è un altro modo di scrivere 110%, cioè 110/100.
A questo punto si ha un sistema di due equazioni in due incognite, quindi perfettamente risolvibile. Si può per esempio sostituire nella prima a B il corrispettivo in A ricavato dalla seconda (B = 2/1,1 A).
Risolvendo si ha che A è circa il 35,5% del patrimonio iniziale (**C** soluzione del quesito).

110 Se 7 persone hanno una età media di 30 anni, vuol dire che la somma delle età delle 7 persone è pari a 210 anni (30 x 7). Se si aggiungono 3 persone che hanno una età media di 40 anni (e quindi una somma di età pari a 120 anni) allora la somma delle età delle 10 persone diventa di 330 anni (201 + 120). Essendo 10 le persone ed essendo 330 anni la somma totale delle loro età, avranno una media pari a 33 anni (**A** soluzione del quesito).

parte seconda

MATEMATICA

Quesiti

1 **Se una certa operazione sugli elementi di un insieme ha come risultato un elemento dell'insieme stesso si usa dire che tale insieme è *chiuso* rispetto a questa operazione. L'insieme X dei quadrati degli interi positivi**

$$X = \{1, 4, 9, 16, ...\}$$

è chiuso rispetto:

- A all'addizione
- B alla moltiplicazione
- C alla divisione
- D all'estrazione di radice quadrata
- E a nessuna operazione

2 **Quanti tra i seguenti numeri non sono primi?**

549 701 937 1777 2123

- A 1
- B 2
- C 3
- D 4
- E 5

3 **Il multiplo di 15 più vicino a 777 è 780. Qual è il multiplo di 15 più vicino a 7777?**

- A 7765
- B 7770
- C 7775
- D 7780
- E 7785

4 ***a, b, c* e *d* sono numeri diversi tali che:**

$$a + b = d \quad \text{e} \quad a \cdot b \cdot c = 0$$

Quale dei quattro numeri deve essere uguale a 0?

- A *a*
- B *b*
- C *c*
- D *d*
- E Nessuno

5 **Quale dei seguenti numeri può essere espresso come il prodotto di tre interi diversi e maggiori di 1?**

I. 24

II. 27

III. 48

A Solo I e III B Solo I e II C I, II e III D Solo I E Solo III

MATEMATICA

6 **Se x è un numero reale *negativo*, allora:**

A $x \cdot |x| > 0$

B $x + |x| > 0$

C $\frac{x}{|x|} > 0$

D $-x \cdot |x| < 0$

E $x - |x| < 0$

7 **Quale delle seguenti affermazioni è vera?**

A Se x è un numero irrazionale, allora $x + \pi$ può essere intero

B Se x è un numero razionale, allora anche $x + \pi$ lo è

C Se x è un numero irrazionale, allora $x^2 + \pi$ non può essere intero

D Se x è un numero irrazionale, allora anche x^2 lo è

E Se x è un numero irrazionale, allora $x/2$ può essere razionale

8 **Disporre in ordine crescente i seguenti numeri:**

$$p = 0{,}12 \quad q = 10^{-1} \quad r = 27/200 \quad s = 6/25$$

A p, q, r, s

B s, r, q, p

C q, p, r, s

D q, p, s, r

E s, q, r, p

9 **Se il 60% di a è uguale al 120% di b, quanto vale $2a - 4b$?**

A $2a$

B $0{,}5 \cdot a$

C 0

D $3a$

E -360

10 **Se $8^x = \frac{1}{4}$, a cosa è uguale $9^{1/x}$?**

A $\frac{1}{9}$ B 27 C $\frac{1}{27}$ D $\frac{1}{3}$ E 3

11 **I due numeri p e q sono interi positivi tali che $p + q = 31$.**

Il valore della somma $(-1)^p + (-1)^q$ è quindi:

A uguale a 1 se p è pari

B uguale a -1 se q è dispari

C sempre uguale a zero

D sempre uguale a 1

E sempre uguale a 2

PARTE SECONDA

12 Quale delle seguenti espressioni è uguale a 6^5?

A $18 \times 3^3 \times 2^4$

B $6 \times 3^3 \times 2^5$

C $12 \times 3^4 \times 2^4$

D $9 \times 3^4 \times 2^4$

E $12 \times 3^3 \times 2^4$

13 Calcolare il valore della seguente espressione:

$$\frac{\frac{2}{3}+\frac{1}{2}-0{,}5}{0{,}2-0{,}8\cdot\frac{1}{8}}-0{,}2\cdot\left(3+\frac{1}{3}\right)$$

A 0

B 0,6

C $0{,}8\overline{6}$

D 6

E 0,86

14 Il numero binario 1011 equivale (nel sistema decimale) a:

A 5

B 7

C 9

D 11

E 19

15 Nel sistema di numerazione ternaria le tre sole cifre usate sono 0, 1 e 2. Quindi, ad esempio, si hanno le uguaglianze seguenti (nelle quali il numero in basso ricorda la base):

$$0_{10}=0_3 \quad 1_{10}=1_3 \quad 2_{10}=2_3,$$
$$3_{10}=10_3 \quad 4_{10}=11_3 \quad 5_{10}=12_3$$

eccetera. Quale dei seguenti numeri è 912_{10} in forma ternaria?

A 12101_3

B 20121_3

C 210212_3

D 1010101_3

E 1020210_3

16 Si sostiene che noi usiamo il sistema decimale perché abbiamo 10 dita. Un marziano vede scritta l'operazione 15 + 5 e scrive, giustamente, che il risultato è 22. Quante dita ha il marziano?

A 8

B 10

C 6

D 22

E 15

MATEMATICA

17 Dati i due numeri naturali *a* e *b*, l'affermazione "se 6 divide il prodotto $a \cdot b$, allora 6 divide *a* oppure *b*" è:

A vera qualunque siano *a* e *b*
B non sempre vera
C falsa in quanto l'affermazione corretta è "se 6 divide il prodotto $a \cdot b$ allora 6 divide sia *a* che *b*"
D falsa in quanto l'affermazione corretta è "se 6 divide il prodotto $a \cdot b$ allora 6 divide anche la somma $(a + b)$"
E falsa in quanto l'affermazione corretta è "se 6 divide il prodotto $a \cdot b$ allora 6 divide anche la differenza $(a - b)$"

18 Qual è il massimo numero intero che divide il prodotto di ogni quaterna di numeri interi consecutivi?

A 2
B 4
C 8
D 24
E 1

19 Siano *a* e *b* due numeri interi positivi tali che *a* è divisibile per 3 e *b* è pari; si ha allora:

A la somma $a + b$ è divisibile per 5
B la somma $a + b$ è sicuramente dispari
C la somma $a + b$ è nulla
D la differenza $a - b$ è sempre positiva
E per alcuni valori di *a* e *b*, la somma $a + b$ è un numero primo

20 Se una persona deposita in banca € 500,00, e ha le seguenti condizioni: 10% di interesse annuo e € 10,00 di spese annue, quanto ha dopo 3 anni?

A € 662,19
B € 632,40
C € 620,00
D € 680,00
E Nessuna delle precedenti

21 Dati tre monomi:

$$x^{n+2}y^{n+p+2}z^{p+q+1} \qquad x^{n}y^{p+2}z^{p+q+2} \qquad x^{n+p+q}y^{m+n+p}z^{m+n+p+q}$$

dove *m, n, p, q* sono interi positivi, il loro massimo comune divisore è:

A $x^n y^p z^{p+q}$
B $x^n y^p z^{p+q+1}$
C $x^n y^{p+2} z^{p+q+1}$
D xyz
E nessuno dei monomi precedenti

22 Semplificare la seguente frazione algebrica:

$$\frac{4a^2 - 4ab + b^2}{2ab + 2a - b^2 - b}$$

A $\frac{2-2a}{b}$
B $\frac{4a+2b}{b-1}$
C $\frac{2a-b}{b+1}$
D $\frac{b-2a}{b-1}$
E $\frac{2a-b}{b-1}$

PARTE SECONDA

23 **Se $a + \frac{1}{a} = 4$, quanto vale $a^2 + \frac{1}{a^2}$?**

A 16
B 14
C $5 + 2\sqrt[4]{2}$
D Il valore dipende da a
E 10

24 **Il polinomio $x^3 + 1$ è divisibile per:**

A $x + 1$
B $x - 1$
C $x^2 + x + 1$
D $x + 1$ e $x - 1$
E nessuno dei precedenti

25 **Se un polinomio $p(x)$ è divisibile per $x^2 - 4$, allora:**

A $\sqrt{2}$ e $-\sqrt{2}$ sono certamente radici di $p(x)$
B $p(x)$ non ha radici reali
C 2 non è una radice di $p(x)$
D -2 non è una radice di $p(x)$
E 2 e -2 sono certamente radici di $p(x)$

26 **Per quale valore del parametro reale k dividendo il polinomio $3x^2 + 5x + k$ per il binomio $x - 1$ si ottiene resto 2?**

A $-2/3$
B -6
C 5
D 8
E -1

27 **L'espressione $\sqrt{x}$, essendo x positivo e minore di 1, è:**

A minore di x
B maggiore di x^2
C maggiore di 1
D negativo
E minore di x^2

28 **Qual è la relazione tra le radici quadrate dei numeri sotto riportati?**

$$a = (30/31)^{15} \quad b = (30/31)^{16} \quad c = (31/30)^{15} \quad d = (31/30)^{16}$$

A $a < b < c < d$
B $c < a < b < d$
C $b < a < c < d$
D $a < c < b < d$
E Nessuna delle risposte riportate

MATEMATICA

29 **Qual è la centesima parte di 10^{12}?**

A 10^{10}

B 10^{-10}

C 10^{6}

D $10^{(12/100)}$

E 10^{-12}

30 **Posto: $c = 9^9$, $a = 9^0$, $b = c^9$, dire quale delle relazioni seguenti è vera.**

A $a > b$

B $a < b$

C $a = b$

D $a = 10b$

E Nessuna delle alternative proposte

31 **Quanto vale l'espressione $1 + (-8)^{2/3}$?**

A $19/3$

B 5

C $-13/3$

D $-15/3$

E Non è definita

32 **L'espressione $(2^n + 2^{n+1})^2$, con *n* intero positivo, è anche uguale a:**

A $9 \cdot 4^n$

B 2^{4n+2}

C 4^{4n+2}

D 2^{2n^2+2n}

E 16^{n^2+n}

33 **Posto $a = 10^{-7}$, $b = (1/10)^7$, $c = 1/(1/10)^7$, $d = 7^{10}$, dire quale delle relazioni seguenti è vera.**

A $a = b$

B $a = c$

C $a = d$

D $b = c$

E Nessuna delle alternative proposte

34 **Quanto vale l'espressione $\dfrac{43^{65} \cdot (43^2)^3}{43^{-12} \cdot 43^{20}}$?**

A 43^{78}

B $43^{-1,625}$

C $(43^3)^{21}$

D 43^{-2}

E 43^{-43}

PARTE SECONDA

35 **Sia x un numero reale. L'espressione $\sqrt{x^2}$ è uguale a:**

A $|x|$
B $\pm x$
C x
D $-\frac{1}{x^2}$
E nessuna delle alternative proposte

36 **Un'identità algebrica $f(x) = g(x)$ è verificata:**

A da qualunque valore della x
B da un numero finito di valori della x
C da un numero di valori che dipende dal massimo grado della x
D per rispondere occorre conoscere le espressioni di f e di g
E da un numero infinito di valori della x, ma non da tutti

37 **Il sistema $\begin{cases} y = 2x \\ x + \frac{y}{2} = 3 \end{cases}$:**

A non ha soluzioni
B ha la sola soluzione $x = 3/2$; $y = 3$
C ha infinite soluzioni
D ha la sola soluzione $x = 1$; $y = 3/2 + 1$
E ha la sola soluzione $x = 5/2$; $y = 5$

38 **Il volume di soluto sciolto in una soluzione è pari a 1/5 del volume del solvente. Sapendo che il volume totale della soluzione è di 300 ml, quanti ml di solvente sono contenuti nella soluzione?**

A 280 ml
B 200 ml
C 250 ml
D 50 ml
E 120 ml

39 **L'equazione $10^{2\sqrt{x}} + 100^{\sqrt{x}} - 200 = 0$:**

A non ha soluzioni
B ha una e una sola soluzione
C ha due soluzioni
D ha infinite soluzioni
E ha quattro soluzioni

40 **L'equazione $3x^5 + 96 = 0$ ha per soluzione:**

A $x = -2$
B $x = 2$
C $x = -0,5$
D non ha soluzioni reali
E nessuna delle precedenti

MATEMATICA

41 Dato il sistema $\begin{cases} \frac{3}{x} + \frac{4}{y} = 18 \\ \frac{1}{x} + \frac{2}{y} = 8 \end{cases}$ le soluzioni sono:

A $x = -1; y = 0$
B $x = -9; y = 0$
C non ammette soluzioni
D $x = 1/2; y = 1/3$
E $x = 0; y = -1$

42 A un saggio di musica di pianoforte e flauto partecipano 20 allievi. Sapendo che più del 60% suona il pianoforte e che la metà è maggiorenne, si ha necessariamente che:

A qualche allievo di flauto è minorenne
B qualche allievo di flauto è maggiorenne
C qualche allievo di pianoforte è minorenne
D tutti gli allievi di flauto sono minorenni
E tutti gli allievi di pianoforte sono maggiorenni

43 L'equazione $x^4 + 3x^2 - 1 = 0$:

A ammette 4 radici reali e distinte
B non ammette radici reali
C ammette 2 radici reali e distinte
D ammette infinite radici reali
E ammette 2 radici reali e coincidenti

44 Se $\frac{m}{n} = 2 - \frac{3x}{x+1}$ allora $\frac{n}{m} = ?$

A $\frac{x+3}{1-x}$ B $\frac{x+1}{2-x}$ C $\frac{x+1}{x-2}$ D $\frac{x-1}{2-x}$ E $\frac{x+2}{x-1}$

45 Un'equazione polinomiale di grado *n*, a coefficienti reali, ha *n* soluzioni (alcune possono essere coincidenti, altre complesse).
Questa affermazione è:

A sempre falsa
B vera o falsa, dipende dal valore di *n*
C vera quando *n* è pari
D sempre vera
E vera quando *n* è dispari

46 Sappiamo che H è un insieme di numeri interi positivi. Se in H non c'è alcun numero dispari, allora siamo certi che in H non c'è alcun numero che sia:

A un multiplo di 3
B una potenza di 5
C divisibile per 7 e per 11
D il quadrato di un altro numero
E nessuna delle precedenti risposte è corretta

47 L'equazione $(x - a) = (x - a)^2$ ha:

- A una soluzione
- B due soluzioni
- C nessuna soluzione
- D il numero delle soluzioni dipende dal valore di a
- E infinite soluzioni

48 A una certa ora del giorno un palo telegrafico e un'asta a esso parallela, infissa al suolo, proiettano ombre rispettivamente di 3 m e 50 cm. La parte dell'asta emergente dal suolo è lunga 2 m. L'altezza del palo telegrafico, espressa in metri è:

- A 24
- B 12
- C 3
- D 6
- E nessuno di questi numeri

49 Qual è il polinomio di secondo grado le cui radici sono 1 e 2?

- A $x^2 - 3x + 2$
- B $x^2 + 3x + 2$
- C $x^2 - 3x - 2$
- D $x^2 + 2x - 3$
- E $x^2 - 2x - 3$

50 La somma e il prodotto delle due radici di un'equazione di secondo grado sono rispettivamente 5 e –6. Quale delle seguenti potrebbe essere l'equazione?

- A $x^2 - 6x + 5 = 0$
- B $x^2 - 5x - 6 = 0$
- C $x^2 - 5x + 6 = 0$
- D $x^2 + 5x - 6 = 0$
- E $x^2 + 6x + 5 = 0$

51 Per quali valori reali di x è verificata l'equazione $|x - 3| = 3 - x$?

- A $x \leq 3$
- B $x = 3$
- C $x \geq 3$
- D $x \leq 3$ o $x \geq 6$
- E Per nessun valore di x

52 Sia $ax^2 + bx + c = 0$ un'equazione di secondo grado a coefficienti razionali. Allora:

- A le soluzioni sono numeri razionali
- B le eventuali soluzioni sono numeri razionali distinti
- C se $b^2 - 4ac > 0$ le soluzioni sono numeri reali distinti
- D se $c = 0$ le soluzioni sono numeri razionali coincidenti
- E ci sono sempre due soluzioni di cui almeno una è razionale

MATEMATICA

53 **Per quale valore del parametro k le due equazioni:**

$$2x + 4 = 4(x - 2) \text{ e } -x + k = 2x - 1$$

sono equivalenti?

A 6

B 2

C 17

D –1

E 20

54 **Una frazione è uguale a 8⁄3 e il numeratore supera il denominatore di 10. Qual è la frazione?**

A 107⁄13

B 16⁄6

C 18⁄8

D 22⁄7

E 18⁄13

55 **Se l'età degli studenti di una classe varia dai 18 ai 22 anni, estremi inclusi, quale delle seguenti disequazioni descrive tutte le possibili età *x* degli alunni considerati?**

A $|x - 18| \leq 4$

B $|x + 20| \leq 2$

C $|x - 21| \leq 1$

D $|x - 22| \leq 0$

E $|x - 20| \leq 2$

56 **L'espressione $-(x + 3)^2$ assume valori negativi per:**

A qualsiasi valore di x

B $x < -3$

C $x \neq -3$

D x negativo

E nessun valore di x

57 **La disequazione $\sqrt{x - 2} < 1 - x$:**

A ha infinite soluzioni positive

B ha infinite soluzioni negative

C non ha soluzioni

D ha infinite soluzioni positive e infinite soluzioni negative

E ha un numero finito di soluzioni

58 **La disequazione $\frac{1}{x} < 2$:**

A ha soltanto soluzioni positive

B ha soluzioni positive e negative

C ha soltanto soluzioni negative

D non ha soluzioni

E è verificata per ogni valore di x

59 **La disequazione $|5 - x| < 1$:**

- A non ha soluzioni
- B ha soluzioni positive e negative
- C ha solo soluzioni positive
- D ha solo soluzioni negative
- E ha la sola soluzione $x = 5$

60 **Qual è l'insieme dei valori di x per cui $12 - x^2 > 8$ e $2x + 3 \geq 5$?**

- A $1 \leq x$
- B $2 < x$
- C $1 < x \leq 2$
- D $1 \leq x < 2$
- E $-1 \leq x < 2$

61 **Dire per quali valori di x è verificata la disequazione:**

$$\frac{x+2}{x+1} \geq 1$$

- A Per qualunque x reale, diverso da -1
- B Per x maggiore di -1
- C Per qualunque x reale
- D Per x minore o uguale di -2
- E Per x maggiore di -1 oppure minore o uguale di -2

62 **Supponiamo che x, y siano reali positivi, $xy \neq 1$. La disuguaglianza:**

$$\frac{x^2}{1-xy} > \frac{x}{y(1-xy)}$$

vale per:

- A $x > y$
- B $x > 1$ e $y > 1$
- C $1 - xy > 0$
- D $y > x$
- E mai

63 **L'andamento temporale di una grandezza può essere descritto da una funzione esponenziale se essa cambia con la seguente legge:**

- A in intervalli di tempo uguali il decremento è percentualmente costante
- B la sua misura è inversamente proporzionale al tempo
- C in intervalli di tempo uguali cresce di quantità uguali
- D raddoppiando l'intervallo di tempo l'incremento quadruplica
- E la sua misura è inversamente proporzionale al quadrato del tempo

64 **Il logaritmo decimale di un numero positivo e minore di 1 è compreso tra:**

- A -1 e $+1$
- B -1 e 0
- C $-\infty$ e 0
- D $-\infty$ e -1
- E 0 e 1

MATEMATICA

65 **($\log_a b$) con *a* positivo e *b* negativo:**

A è un numero negativo
B è un numero positivo
C non esiste
D è uguale a zero
E è uguale a 1

66 **Qual è l'ordine per valore crescente delle quantità elencate?**

$$a = \ln(9/2) \quad b = \ln(15/4) \quad c = \ln(36/7) \quad d = \ln(8)$$

A $c < a < b < d$
B $b < a < c < d$
C $a < c < b < d$
D $c < a < d < b$
E Nessuno dei valori qui riportati

67 **Quanto vale $\log_4 65$?**

A 1,21
B 1,81
C 2,56
D 3,01
E 4,15

PARTE SECONDA

68 **$\dfrac{\log_{10}60}{\log_{10}\sqrt{10}}$ è uguale a:**

A $6\sqrt{10}$
B $-\log_{10}\dfrac{1}{3600}$
C $\log_{10}60 - \dfrac{1}{2}$
D $\log_{10}(6\sqrt{10})$
E $\log_{10}(6 - \sqrt{10})$

69 **Il numero $\log_{10} 10^{1993}$:**

A non può essere un numero intero
B è un numero intero di 4 cifre
C è un numero intero di 1993 cifre
D è un numero intero di 10^{1993} cifre
E è un numero intero di 10 cifre

70 **L'espressione (4 ln 3 – 2 ln 3 + 2 ln 1) risulta uguale a:**

A 2 ln 4 B ln 9 C 6 ln 3 D 4 ln 3 E 4 ln 2

71 **Siano *x*, *y* e *a* numeri reali positivi diversi da 1. Sia $x \leq y$. Quale delle seguenti affermazioni è vera?**

A $\log_a x \leq \log_a y$

B $\log_x a \leq \log_y a$

C $a^x \leq a^y$

D $y^a \leq x^a$

E $\log_{a+1} x \leq \log_{a+1} y$

72 **Quali sono le soluzioni reali della seguente disequazione?**

$$e^{2x} + 2e^x - 8 \leq 0$$

A $x \leq \ln 2$

B $-\ln 4 \leq x \leq \ln 2$

C $0 \leq x \leq \ln 2$

D $-\ln 4 \leq x \leq 0$

E La disequazione non ammette soluzioni reali

73 **Quanto misura l'area del triangolo che ha i vertici collocati nei punti A (2; 5), B (7; 5), C (11; 0) del piano cartesiano?**

A 12

B 12,5

C 13,5

D 14

E 14,5

74 **I punti P = (1; 2) e Q = (2; 4) appartengono a una retta il cui coefficiente angolare ha valore:**

A 0

B 1

C infinito

D 2

E – 1

75 **Dati i punti M = (– 1; 0) e N = (3; – 1 ⁄ 2), l'equazione della retta per l'origine perpendicolare alla retta MN è:**

A $y = 8x + 2$

B $y = -1/8x$

C $y = 8x$

D $y = 1/8x$

E $y = 8x + 8$

76 **Il punto $T(-k; k^2 + 1)$:**

A appartiene all'asse delle ascisse per il valore del parametro uguale a zero

B appartiene al semipiano negativo delle *x* per ogni valore di *k*

C appartiene al secondo quadrante per ogni valore del parametro *k*

D appartiene al semipiano positivo delle *y* per ogni valore del parametro *k*

E appartiene al semipiano positivo delle *y* solo se *k* è positivo

MATEMATICA

77 **La funzione cartesiana $y = 3x^2 + 4$ rappresenta:**

A una parabola
B una circonferenza
C una retta
D un'iperbole
E un'ellisse

78 **L'equazione $x^2 + 4y^2 = 3$ rappresenta:**

A un'ellisse di semiassi $a = 3$, $b = \frac{3}{4}$
B un'ellisse di semiassi $a = \sqrt{3}$ e $b = \frac{2}{\sqrt{3}}$
C un'iperbole di semiassi $a = \frac{1}{\sqrt{3}}$ e $b = \frac{2}{\sqrt{3}}$
D un'ellisse di semiassi $a = \sqrt{3}$ e $b = \frac{\sqrt{3}}{2}$
E un'iperbole di semiassi $a = \sqrt{3}$ e $b = \frac{2}{\sqrt{3}}$

79 **Due rette di equazioni: $x - y = 0$ e $2x - 1 = 0$ hanno in comune il punto di coordinate:**

A (1; 1)
B (2; 2)
C (0; 1)
D (1/2; 1/2)
E (0; 0)

80 **L'equazione $y^2 = -8x$ rappresenta una circonferenza o una parabola? Se è una circonferenza, determinare il centro C e il raggio R; se è una parabola, determinare il fuoco F e l'equazione della direttrice.**

A È una circonferenza di centro C = (0; 0) e raggio R = 1
B È una circonferenza di centro C = (1; 1/8) e raggio R = 1
C È una parabola di fuoco F = (0; – 3) e direttrice $x = 0$
D È una parabola di fuoco F = (– 2; 0) e direttrice $x = 2$
E È una parabola di fuoco F = (0; – 2) e direttrice $x = 0$

81 **L'equazione $2x^2 + 3y^2 - 8x + 6y - 7 = 0$ rappresenta una curva del piano. Si tratta di:**

A un cerchio di centro (1; 1) e raggio 2
B un'ellisse
C un'iperbole
D un'iperbole equilatera
E una parabola

PARTE SECONDA

82 **Fissato nel piano un sistema di assi cartesiani ortogonali *Oxy*, consideriamo i cinque punti $P = (5; 0)$, $Q = (5; -5)$, $R = (0; -5)$, $S = (-3; -4)$ e $T = (-5; 5)$.**
Quale di queste terne è formata da punti appartenenti alla medesima circonferenza che ha centro nell'origine?

A P, R, S
B Q, S, T
C P, Q, R
D Q, R, T
E P, R, T

83 **Sapendo che la distanza fra due punti $A = (8; 1)$ e $B = (0; x)$ è pari a 7, quanti valori può assumere *x*?**

A Uno
B Nessuno
C Due
D Tre
E Infiniti

84 **La funzione reale di variabile reale $f(x) = 1 / (x^2 + 1)$ è definita:**

A per tutti i valori reali di x
B per tutti i valori reali di x diversi da 0
C per tutti i valori reali di x diversi da -1
D per tutti i valori reali di x diversi da 1
E per nessuno di questi valori

85 **La funzione $y = \log x$ esiste:**

A sempre
B per $x \geq 0$
C per $x > 0$
D per $x \geq 1$
E per $x \leq 0$

86 **Si consideri la funzione $f(x) = 1 - \frac{\sqrt{x^2}}{x}$; quale delle seguenti affermazioni è vera?**

A $f(x) = 0$ per ogni x
B $f(x) = 0$ per ogni $x > 0$; $f(x) = 2$ per $x < 0$
C $f(x) = 0$ per ogni $x \neq 0$
D $f(x) = 2$ per ogni x
E Nessuna delle precedenti

87 **La curva $y = 2x^2 + 3$ possiede:**

A un massimo coincidente con il vertice
B un massimo in $x = 0$; $y = 0$
C un minimo coincidente con il fuoco
D un minimo coincidente con il vertice
E un massimo coincidente con il fuoco

MATEMATICA

88 **Se sen$\alpha = \frac{2}{3}$ e cos$\alpha > 0$ allora:**

A $45° \leq \alpha \leq 60°$

B $0° \leq \alpha \leq 30°$

C $60° \leq \alpha < 90°$

D $45° < \alpha < 60°$

E $30° < \alpha < 45°$

89 **Se tg $\alpha = 1$, si può avere che:**

A sen $\alpha = 1$ e cos $\alpha = 1$

B cos $\alpha = 1,5$

C sen $\alpha = (\sqrt{2})^{-1}$

D sen $\alpha = 1/2$ e cos $\alpha = 1/2$

E cos α + sen $\alpha = 1$

90 **Indicato con x un angolo la cui misura in radianti può variare tra 0 e 2π, l'equazione sen$x$ + cos$x$ = 0 ammette:**

A due soluzioni

B otto soluzioni

C quattro soluzioni

D una soluzione

E nessuna soluzione

91 **Il coseno dell'angolo di 330 gradi è uguale a:**

A sen 60°

B zero

C sen 30°

D cos 60°

E tg 60°

92 **Di quale tra le seguenti disequazioni l'intervallo $0 \leq x < \frac{\pi}{6}$ è la soluzione?**

A sen$x < \frac{1}{2}$ con $x \in [0, 2\pi]$

B cos$x - \frac{\sqrt{3}}{2} > 0$ con $x \in [0, \pi]$

C 3tg$x - \sqrt{3} < 0$ con $x \in \left[0, \frac{\pi}{2}\right] \cup \left[\pi, \frac{3}{2}\pi\right]$

D $\sqrt{3}$ – cotg$x > 0$ con $x \in [0, 2\pi]$

E Nessuna delle precedenti risposte è corretta

PARTE SECONDA

93 **Si lanci un dado, l'evento "faccia 5" è:**

A impossibile

B possibile

C certo

D un evento equiprobabile rispetto all'evento "faccia pari"

E un evento composto

94 **Qual è la probabilità che la somma dei risultati del lancio di due dadi sia uguale a 4?**

A 1/2

B 1/3

C 1/8

D 1/9

E 1/12

95 **Un'urna contiene 10 palline: 6 rosse e 4 bianche. Qual è la probabilità che estraendo due palline dall'urna queste siano entrambe rosse?**

A 9/25

B 3/10

C 1/3

D 1/4

E 1/6

96 **Si tirano tre dadi. Qual è la probabilità di ottenere due 6 e un numero diverso da 6?**

A 15/216

B 15/36

C 5/36

D 216/15

E 6/42

97 **Un'urna contiene 25 palline bianche e 75 palline nere. Se viene estratta una pallina nera, essa viene rimessa nell'urna; se viene estratta una pallina bianca, questa viene tolta e ne viene aggiunta una nera. La probabilità di avere nell'urna 24 palline bianche e 76 nere dopo due estrazioni (e relative inserzioni) è:**

A 7/16

B 5/16

C 151/400

D 149/400

E 1/3

98 **Lanciando in aria 2 monete qual è la probabilità di ottenere 1 testa e 1 croce?**

A 1/4

B 2/4

C 3/4

D 4/4

E 1/3

MATEMATICA

99 **Dati 3 mazzi di carte, ciascuno dei quali è composto da 40 carte e contiene 4 assi di seme diverso, calcolare la probabilità, estraendo una carta da ogni mazzo, di estrarre da ciascuno di essi l'asso di picche o l'asso di cuori.**

A $1/40$
B $3/20$
C $1/8000$
D $1/16.000$
E $3/40$

100 **La seguente tabella mostra i risultati di un sondaggio che chiede ai conducenti quanti incidenti hanno avuto negli ultimi 5 anni.**

Numero di incidenti	0	1	2	3	4	5	6
Numero di conducenti	17	13	21	4	2	2	1

Qual è la mediana del numero di incidenti per conducente?

A 0,5 B 1 C 1,5 D 2 E 4

101 **Uno studente universitario, dopo aver superato tre esami, ha la media di 28. Nell'esame successivo lo studente prende 20. Qual è la sua media dopo il quarto esame?**

A 27
B 26
C 25
D 24
E 23

102 **Le prime 10 rilevazioni dell'altezza degli studenti di una classe hanno una media pari a 168 cm. Le successive 15 rilevazioni hanno una media pari a 172 cm. Qual è la media delle 25 osservazioni?**

A 169 cm
B 170 cm
C 171 cm
D 172 cm
E Nessuna delle precedenti

103 **Il punto *medio* di un palo rettilineo verticale è collegato con una fune tesa di lunghezza 5 m con un punto *P* del terreno posto a distanza 4 m dalla base del palo. Quale deve essere la lunghezza in metri di una fune che colleghi invece la *sommità* del palo con il medesimo punto *P* del terreno?**

A $2\sqrt{13}$
B $2\sqrt{15}$
C $2\sqrt{17}$
D $3\sqrt{11}$
E $3\sqrt{13}$

PARTE SECONDA

104 **Dato un quadrato Q di lato *a*, si considerino il cerchio inscritto in Q, il cerchio circoscritto a Q e la corona circolare da essi determinata. L'area della corona circolare è uguale a quella del cerchio inscritto:**

- **A** per nessun valore di a
- **B** per ogni valore di a
- **C** se e solo se $a \geq \sqrt{2}/2$
- **D** se e solo se $a \leq \sqrt{2}/2$
- **E** se e solo se $a = \sqrt{2}/2$

105 **Un triangolo isoscele, inscritto in una circonferenza di raggio 2*a*, ha un lato lungo quanto il diametro. Quanto misura il suo perimetro?**

- **A** $4a^2$
- **B** $4a(\sqrt{2}+1)$
- **C** $4a^2+1$
- **D** $8a$
- **E** $2a(2\sqrt{2}+1)$

106 **Tra le seguenti figure geometriche quale ha la superficie maggiore?**

- **A** Quadrato di lato a
- **B** Triangolo equilatero di lato a
- **C** Cerchio di raggio uguale ad a
- **D** Esagono di lato a
- **E** Nessuna

107 **L'area della superficie totale di un parallelepipedo vale S. Allora l'area della superficie totale del parallelepipedo ottenuto dal precedente raddoppiandone le dimensioni è uguale a:**

- **A** $8 S^3$
- **B** 2 S
- **C** 4 S
- **D** 8 S
- **E** S^2

108 **Tre delle seguenti terne di numeri rappresentano le lunghezze dei lati di tre triangoli:**

(a) 3, 4, 5 (b) 2, 8, 8 (c) 1, 5, 7 (d) 2, 10, 12 (e) 3, 10, 12

Qual è, fra le possibilità indicate, quella esatta?

- **A** a, b, d
- **B** a, c, e
- **C** a, b, e
- **D** b, c, d
- **E** c, d, e

MATEMATICA

109 Sia T un triangolo isoscele con gli angoli alla base di 45°. Se la base misura 10, quanto misura l'altezza relativa alla base?

A $5\sqrt{2}$

B $\frac{10}{\sqrt{2}}$

C 5

D $\sqrt{75}$

E 10

110 Quale fra le affermazioni seguenti è possibile dedurre dalla frase "Dato il triangolo ABC, se si prolunga il lato $\overline{CA}$ di un segmento $\overline{AE} = \overline{AB}$ allora la bisettrice dell'angolo $B\hat{A}C$ è parallela alla retta EB"?

A Il triangolo BCE è isoscele

B Il triangolo ABC è isoscele

C L'angolo $B\hat{A}C$ è uguale all'angolo $B\hat{A}E$

D A è il punto medio del segmento $\overline{CE}$

E Il triangolo BAE è isoscele

PARTE SECONDA

111 Una goccia sferica di mercurio di raggio R viene suddivisa in otto goccioline di raggio R/2. Il rapporto superficie/volume del sistema diventa:

A 2 volte più grande

B 8 volte più piccolo

C 8 volte più grande

D 2 volte più piccolo

E nessuna delle precedenti

112 Quale delle seguenti terne di numeri può rappresentare la lunghezza dei lati di un triangolo rettangolo?

A 7, 7, 7

B 7, 6, 15

C 30, 40, 50

D 2, 3, 2

E 2, 3, 4

113 La somma degli angoli interni di un parallelogramma è di:

A 90 gradi

B 360 gradi

C 120 gradi

D 180 gradi

E 240 gradi

114 Indicare dove si trova il centro di una circonferenza circoscritta a un triangolo dato:

A nel punto medio del lato più lungo

B nel punto di incontro degli assi dei tre lati

C nel punto di incontro delle bisettrici

D nel punto di incontro delle mediane

E nel punto di incontro delle altezze

115 Da una lamina quadrata di metallo è stato asportato un pezzo di forma semicircolare, come indicato in figura. L'area della parte rimanente di lamina è 100 cm^2.

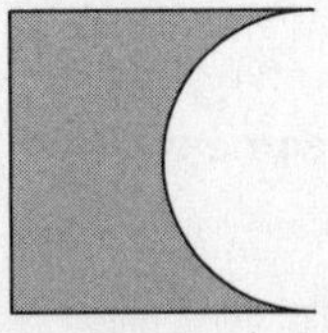

Quale delle seguenti è la corretta espressione della lunghezza del lato del quadrato, in centimetri?

A $10\sqrt{\frac{2}{4-\pi}}$

B $20\sqrt{\frac{2}{8+\pi}}$

C $10\sqrt{\frac{1}{8-\pi}}$

D $20\sqrt{\frac{1}{4-\pi}}$

E $20\sqrt{\frac{2}{8-\pi}}$

116 Dati due cerchi esterni l'uno rispetto all'altro (e non tangenti tra loro), quante sono le tangenti comuni?

A Una sola

B Due

C Quattro

D La risposta dipende dalla reciproca posizione dei due cerchi

E Tre

117 Quanto vale il rapporto fra l'area di un cerchio di raggio unitario e l'area di un quadrato inscritto nel cerchio?

A π

B π^2

C $\pi/2$

D $\pi - 2$

E $\pi - 4$

MATEMATICA

118 **Divisa una circonferenza, mediante due punti A e B, in due archi "a" e "b", si scelgono due punti a piacere, C su "a" e D su "b". Gli angoli $A\hat{C}B$ e $A\hat{D}B$ sono:**

A uguali
B supplementari
C complementari
D esplementari
E per rispondere occorre conoscere la posizione di A e B

119 **Si intende per "poliedro" un solido limitato da ogni parte da porzioni di piani (le facce) costituite da poligoni. Il cubo o esaedro è limitato da sei facce quadrate. Il poliedro avente il minor numero di facce è:**

A il prisma a base triangolare
B il tetraedro
C il triedro
D il dodecaedro
E l'esaedro

120 **Il rettangolo ABCD rappresentato in figura viene fatto ruotare attorno al lato AB.**

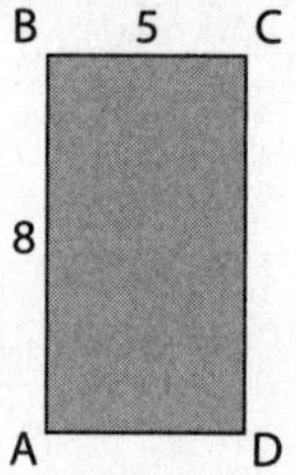

Il cilindro generato da tale rotazione ha volume pari a:

A 40π B 50π C 100π D 200π E 320π

PARTE SECONDA

Soluzioni e commenti

1 Si scelgano due elementi qualsiasi dell'insieme X: trattandosi di quadrati di interi positivi, questi due elementi possono essere scritti come n^2 e m^2. Il loro prodotto quindi vale:

$$n^2 \cdot m^2 = (n \cdot m)^2$$

e quindi anche il prodotto può essere scritto come quadrato di un intero positivo, pertanto anch'esso appartiene all'insieme X. La risposta esatta è la **B**.

2 La risposta esatta è la **B**, infatti gli unici numeri non primi tra quelli proposti sono:

$$549 = 3^2 \cdot 61$$

$$2123 = 11 \cdot 193$$

3 Qualsiasi multiplo di 15 deve essere contemporaneamente divisibile per 3 (quindi deve essere divisibile per 3 la somma delle sue cifre) e divisibile per 5 (quindi l'ultima sua cifra deve essere 0 oppure 5). Per trovare il multiplo di 15 più vicino a 7777 occorre quindi considerare i due numeri 7770 e 7785: ovviamente 7770 è il più vicino a 7777 quindi la risposta corretta è la **B**.

4 Per rispondere al quesito è indispensabile notare che "*a*, *b*, *c* e *d* sono numeri **diversi**". Dalla relazione $a + b = d$ si ricava infatti che *a*, *b* e *d* devono necessariamente essere tutti diversi da zero: se uno dei tre fosse nullo allora gli altri due dovrebbero coincidere. Si ricava quindi che deve essere $c = 0$: risposta **C**.

5 La risposta corretta è la **A**. Infatti scomponendo in fattori i tre numeri dati:

$$24 = 2^3 \cdot 3 \qquad 27 = 3^3 \qquad 48 = 2^4 \cdot 3$$

si osserva facilmente che solo 24 e 48 hanno abbastanza divisori da poter essere scritti come prodotto di tre interi **differenti**, per esempio:

$$24 = 2 \cdot 3 \cdot 4 \qquad 48 = 2 \cdot 3 \cdot 8$$

6 Essendo *x* un numero reale negativo, il suo modulo è sicuramente diverso da zero, quindi:

- il segno sia del prodotto sia del quoziente di *x* e $|x|$ risulta negativo (alternative **A** e **C** errate) e, di conseguenza, il segno del prodotto $-x \cdot |x|$ risulta positivo (alternativa **D** errata);
- la somma dei due valori *x* e $|x|$ vale zero (alternativa **B** errata);
- la differenza dei due valori *x* e $|x|$ risulta negativa, come somma di termini negativi.

La risposta esatta è quindi la **E**.

7 L'unica affermazione vera tra quelle proposte è la **A**: se *x* è un numero irrazionale, il valore $x + \pi$ può essere un numero intero. Per esempio, si consideri il numero irrazionale $x = 4 - \pi$; il valore $x + \pi$ risulta quindi:

$$x + \pi = 4 - \pi + \pi = 4 \in \mathbb{Z}$$

8 Esprimendo i numeri dati in forma frazionaria, si ha:

$$p = \frac{12}{100} \qquad q = \frac{1}{10} \qquad r = \frac{27}{200} \qquad s = \frac{6}{25}$$

MATEMATICA

Le stesse frazioni ridotte a denominatore comune 200 sono uguali a:

$$p = \frac{12 \cdot 2}{100 \cdot 2} = \frac{24}{200} \quad q = \frac{1 \cdot 20}{10 \cdot 20} = \frac{20}{200} \quad r = \frac{27}{200} \quad s = \frac{6 \cdot 8}{25 \cdot 8} = \frac{48}{200}$$

Dal confronto fra i numeratori si ricava che $q < p < r < s$ (risposta **C**).

---

9 Dal testo del quesito si ricava:

$$\frac{60}{100}a = \frac{120}{100}b \rightarrow a = 2b$$

Per trovare il valore dell'espressione $2a - 4b$ è ora sufficiente sostituire a con $2b$:

$$2a - 4b = 2(2b) - 4b = 4b - 4b = 0$$

La risposta corretta è quindi la **C**.

---

10 Dall'equazione $8^x = 1/4$, applicando le proprietà delle potenze, si ricava il valore di x:

$$8^x = 4^{-1} \rightarrow (2^3)^x = (2^2)^{-1} \rightarrow 2^{3x} = 2^{-2} \rightarrow 3x = -2 \rightarrow x = -\frac{2}{3}$$

Sostituendo tale valore in $9^{1/x}$ si ottiene:

$$9^{1/x} = 9^{\frac{1}{(-2/3)}} = 9^{-3/2} = \frac{1}{9^{3/2}} = \frac{1}{\sqrt{729}} = \frac{1}{27}$$

pertanto la risposta esatta è la **C**.

---

11 Se p e q sono due numeri interi positivi tali che $p + q = 31$ significa necessariamente che uno è pari e l'altro è dispari. Di conseguenza delle due potenze $(-1)^p$ e $(-1)^q$ una è uguale a +1 (quella con esponente pari) e l'altra è uguale a −1 (quella con esponente dispari) e la loro somma vale sicuramente zero: risposta **C**.

---

12 La scomposizione in fattori primi di 6^5 è:

$$2^5 \cdot 3^5 = (2 \cdot 2 \cdot 2 \cdot 2 \cdot 2) \cdot (3 \cdot 3 \cdot 3 \cdot 3 \cdot 3)$$

Questi 10 fattori possono essere "ricombinati" ottenendo la risposta **A**:

$$(2 \cdot 2 \cdot 2 \cdot 2 \cdot 2) \cdot (3 \cdot 3 \cdot 3 \cdot 3 \cdot 3) = (2 \cdot 3 \cdot 3) \cdot (3 \cdot 3 \cdot 3) \cdot (2 \cdot 2 \cdot 2 \cdot 2) = 18 \cdot 3^3 \cdot 2^4$$

---

13 La risposta corretta è la **D**; i passaggi sono i seguenti:

$$\frac{\frac{2}{3} + \frac{1}{2} - 0{,}5}{0{,}2 - 0{,}8 \cdot \frac{1}{8}} - 0{,}2 \cdot \left(3 + \frac{1}{3}\right) = \frac{\frac{7}{6} - \frac{1}{2}}{\frac{2}{10} - \frac{8}{10} \cdot \frac{1}{8}} - \frac{2}{10} \cdot \left(\frac{9+1}{3}\right) =$$

$$= \frac{\frac{7-3}{6}}{\frac{2}{10} - \frac{1}{10}} - \frac{2}{10} \cdot \frac{10}{3} = \frac{\frac{4}{6}}{\frac{1}{10}} - \frac{2}{3} = \frac{4}{6} \cdot \frac{10}{1} - \frac{2}{3} = \frac{20}{3} - \frac{2}{3} = \frac{18}{3} = 6$$

---

14 Il numero binario (ossia in base 2) 1011 si "traduce" nel seguente numero decimale (ossia in base 10):

$$1 \cdot 2^3 + 0 \cdot 2^2 + 1 \cdot 2^1 + 1 \cdot 2^0 = 1 \cdot 8 + 0 \cdot 4 + 1 \cdot 2 + 1 \cdot 1 = 11$$

quindi la risposta corretta è la **D**.

PARTE SECONDA

15 Il sistema di numerazione in base 3 si fonda su un insieme di 3 simboli, ossia le 3 cifre 0, 1 e 2: un allineamento del tipo $(c_k c_{k-1} \ldots c_0)_n$, dove ogni c_i rappresenta una delle 3 cifre, indica il numero:

$$c_k \cdot 3^k + c_{k-1} \cdot 3^{k-1} + \ldots + c_0 \cdot 3^0$$

Per esempio l'alternativa **C**, una valore intermedio nel range delle risposte, propone l'allineamento 210212_3 che corrisponde quindi al numero decimale:

$$2 \cdot 3^5 + 1 \cdot 3^4 + 0 \cdot 3^3 + 2 \cdot 3^2 + 1 \cdot 3^1 + 2 \cdot 3^0 = 486 + 81 + 0 + 18 + 3 + 2 = 590_{10}$$

Osservando che 590_{10} è inferiore al valore cercato 912_{10} occorre verificare valori più grandi. L'alternativa **E** propone l'allineamento 1020210_3 che corrisponde al numero decimale:

$$1 \cdot 3^6 + 0 \cdot 3^5 + 2 \cdot 3^4 + 0 \cdot 3^3 + 2 \cdot 3^2 + 1 \cdot 3^1 + 0 \cdot 3^0 = 729 + 0 + 162 + 0 + 18 + 3 + 0 = 912_{10}$$

La risposta **E** è quindi la risposta esatta.

---

16 Il numero di dita del marziano è uguale alla base del sistema di numerazione da egli utilizzato. Poiché il marziano usa le cifre presenti nell'operazione 15 + 5 = 22, cioè almeno le cifre comprese fra 1 e 5, si può concludere che la base b utilizzata è maggiore di 5. Inoltre poiché il risultato dell'addizione delle unità, 5 + 5, non è uguale a 10 o a una lettera alfabetica si può concludere che la base b è minore di 10. Provando a eseguire l'operazione nella base b con $5 < b < 10$, si ha:

$$(15+5)_6 = (24)_6 \quad (15+5)_7 = (23)_7 \quad (15+5)_8 = (22)_8 \quad (15+5)_9 = (21)_9$$

da cui si conclude che il marziano ha 8 dita (risposta **A**).

---

17 La risposta corretta è la **B**. Per dimostrare la falsità delle altre risposte è sufficiente considerare il controesempio $a = 4$ e $b = 3$.

---

18 Una generica quaterna di numeri consecutivi contiene senz'altro un multiplo di 2, un multiplo di 3 e un multiplo di 4. Pertanto ogni prodotto degli elementi di una tale quaterna ha come massimo comune divisore $2 \cdot 3 \cdot 4 = 24$. La risposta corretta è quindi la **D**.

---

19 Sfruttando il controesempio $a = 6$ e $b = 8$ è possibile dimostrare la falsità delle risposte **A**, **B**, **C** e **D**. La risposta corretta risulta quindi essere la **E**: per alcuni valori di a e b (per esempio $a = 3$ e $b = 4$) la somma $a + b$ è un numero primo, mentre per altri valori (per esempio $a = 6$ e $b = 2$) la somma $a + b$ non è un numero primo.

---

20 Dopo il primo anno la persona ha euro:

$$500{,}00 + \frac{10}{100} \cdot 500{,}00 - 10{,}00 = 500{,}00 + 50{,}00 - 10{,}00 = 540{,}00$$

Dopo il secondo anno il deposito ammonta a euro:

$$540{,}00 + \frac{10}{100} \cdot 540{,}00 - 10{,}00 = 540{,}00 + 54{,}00 - 10{,}00 = 584{,}00$$

Dopo il terzo anno la persona ha in banca euro:

$$584{,}00 + \frac{10}{100} \cdot 584{,}00 - 10{,}00 = 584{,}00 + 58{,}40 - 10{,}00 = 632{,}40$$

La risposta corretta è la **B**.

---

21 Il M.C.D. dei tre monomi è il monomio che ha per coefficiente il M.C.D. dei coefficienti, cioè 1, e per parte letterale le lettere comuni ai monomi dati, cioè x, y e z, ciascuna di esse presa una sola volta con il minimo esponente.
La x è elevata a n perché n è il minimo fra $n + 2$, n e $n + p + q$; la y è elevata a $p + 2$ perché quest'ultimo è il minimo fra $n + p + 2$, $p + 2$ e $m + n + p$; la z è elevata a $p + q + 1$, perché quest'ultimo è il minimo fra $p + q + 1$, $p + q + 2$, $m + n + p + q$. La risposta esatta è dunque la **C**.

MATEMATICA

22 Per semplificare la frazione algebrica proposta occorre osservare che il numeratore è il quadrato di un binomio, mentre a denominatore occorre effettuare un raccoglimento a fattore parziale:

$$\frac{4a^2-4ab+b^2}{2ab+2a-b^2-b} = \frac{(2a-b)^2}{2a\cdot(b+1)-b\cdot(b+1)} = \frac{(2a-b)^2}{(2a-b)\cdot(b+1)} = \frac{2a-b}{b+1}$$

La risposta corretta è dunque la **C**.

23 L'espressione $a^2+\frac{1}{a^2}$ è uguale a:

$$\left(a+\frac{1}{a}\right)^2-2a\cdot\frac{1}{a} = \left(a+\frac{1}{a}\right)^2-2 = 4^2-2 = 14$$

per cui la risposta corretta è la **B**.

24 Il polinomio x^3+1 è una somma di due cubi per cui, ricordando che a^n+b^n è divisibile per $a+b$ solo se n è dispari, si ha che la risposta corretta è la **A**.

25 La risposta esatta è la **E**. Se un polinomio $p(x)$ è divisibile per x^2-4 significa che esiste un polinomio quoziente $q(x)$ per cui risulta:

$$\frac{p(x)}{x^2-4} = q(x) \rightarrow p(x) = (x^2-4)\cdot q(x)$$

di conseguenza 2 e -2 sono certamente radici di $p(x)$, per la legge dell'annullamento del prodotto.

26 Il *teorema del resto* consente di affermare che il resto della divisione del polinomio $P(x)$ per il binomio $x-a$ è dato da $P(a)$, cioè dal valore che il polinomio assume quando in esso si sostituisce il valore a alla variabile x. Nel caso in esame, $P(x) = 3x^2+5x+k$ e il binomio è $x-1$, quindi $a = 1$ e $P(1) = 3(1)^2+5(1)+k = 8+k$. Il valore di k per cui la divisione tra $P(x)$ e $x-1$ ammette resto 2 si ottiene pertanto imponendo che $P(1)$ sia pari a 2:

$$8+k = 2 \rightarrow k = -6 \text{ (risposta B)}$$

27 Per l'esistenza del radicale di indice pari, il radicando (ossia x nel quesito proposto) deve essere *positivo*. Si ricava quindi che deve essere $0<x<1$.

Estraendo la radice quadrata di un numero compreso fra zero e uno si ottiene un numero ancora compreso fra zero e uno, ma **più grande del numero di partenza** (per esempio $\sqrt{0{,}04} = 0{,}2$), mentre elevando al quadrato un numero compreso fra zero e uno si ottiene un numero più piccolo (per esempio $(0{,}1)^2 = 0{,}01$). Più in generale, per un numero compreso fra zero e uno si ha:

$$0<\ldots<x^4<x^3<x^2<x<\sqrt[2]{x}<\sqrt[3]{x}<\sqrt[4]{x}<\ldots<1$$

La risposta corretta è la **B**. Chi avesse familiarità con la rappresentazione cartesiana delle funzioni, può anche procedere attraverso il confronto grafico tra le tre funzioni $y = \sqrt{x}$, $y = x$ e $y = x^2$. Dal grafico risulta evidente che $y = \sqrt{x}$ è maggiore di $y = x^2$ per $0<x<1$.

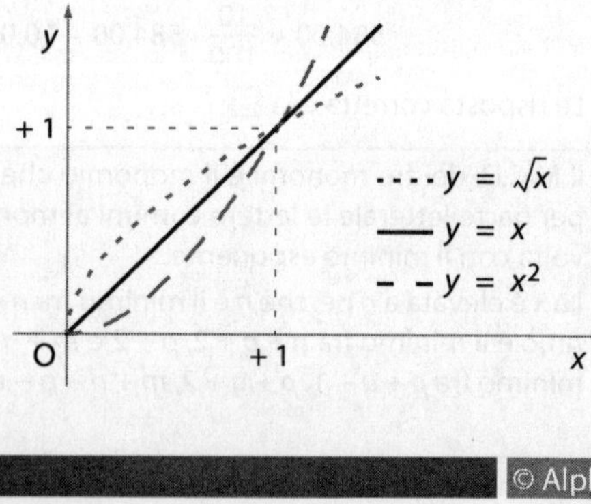

28 La frazione 30/31 è un numero positivo minore di uno, per cui, elevandolo a potenze via via crescenti, si ottengono numeri via via più piccoli. Viceversa, la frazione 31/30 è un numero positivo maggiore di uno, per cui elevandolo a potenze via via crescenti si ottengono numeri via via più grandi. Il corretto ordinamento crescente è quindi $b < a < c < d$. Il quesito richiede però di indicare la relazione esistente fra le *radici* delle quattro quantità: ricordando che la funzione radice quadrata è crescente, si ricava che l'ordinamento non cambia se si considerano le quattro quantità oppure le corrispondenti quattro radici quadrate. La risposta corretta è dunque la **C**.

---

29 Si considerino i seguenti passaggi:

$$\frac{10^{12}}{100} = \frac{10^{12}}{10^2} = 10^{12} \cdot 10^{-2} = 10^{12-2} = 10^{10}$$

da cui si ricava che la risposta corretta è la **A**.

---

30 Essendo $a = 9^0 = 1$ e $b = c^9 = (9^9)^9 = 9^{81} \approx 1,97 \cdot 10^{77}$, si ricava che la risposta corretta è la **B**.

---

31 Occorre ricordare la definizione di potenza con esponente frazionario:

$$a^{\frac{m}{n}} = \sqrt[n]{a^m}$$

che, applicata al quesito proposto, porta a scrivere:

$$1 + (-8)^{2/3} = 1 + \sqrt[3]{(-8)^2} = 1 + \sqrt[3]{64} = 1 + 4 = 5$$

per cui la risposta corretta è la **B**.

---

32 La risposta corretta è la **A**, infatti:

$$(2^n + 2^{n+1})^2 = (2^n + 2 \cdot 2^n)^2 = (3 \cdot 2^n)^2 = 9 \cdot 4^n$$

---

33 Essendo:

$$b = \left(\frac{1}{10}\right)^7 = (10^{-1})^7 = 10^{-7} = a$$

la risposta corretta è la **A**.

---

34 I passaggi sono i seguenti.

$$\frac{43^{65} \cdot (43^2)^3}{43^{-12} \cdot 43^{20}} = \frac{43^{65} \cdot 43^6}{43^{-12} \cdot 43^{20}} = \frac{43^{71}}{43^8} = 43^{63} = (43^3)^{21}$$

per cui la risposta corretta è la **C**.

---

35 Il radicale aritmetico $\sqrt{x^2}$ esiste per ogni valore di x (essendo il radicando un quadrato, è sicuramente non negativo) ed è sicuramente non negativo (essendo un radicale aritmetico). $\sqrt{x^2}$ deve essere quindi uguale a una quantità non negativa per ogni valore di x, per cui la risposta corretta è la **A**.

---

36 Per definizione, un'identità è un'uguaglianza fra due espressioni letterali verificata per ogni valore dato alle lettere. Quindi la risposta corretta è la **A**.

---

37 Si tratta di un sistema sicuramente determinato (in quanto il rapporto fra i coefficienti della x è diverso dal rapporto fra i coefficienti della y); sostituendo alle incognite i valori proposti nella risposta **B** si ricava che si tratta della risposta esatta.
Occorre ricordare che un sistema lineare determinato ammette una sola soluzione: risulta quindi inutile verificare anche i valori proposti dalle risposte **D** ed **E**.

MATEMATICA

38 Indicando con x il volume del soluto, il volume del solvente risulta essere pari a $5x$, quindi:

$$300 \text{ ml} = x + 5x = 6x \rightarrow x = 50 \text{ ml}$$

Il testo del quesito richiede il volume del solvente, per cui $5x = 250$ ml. La risposta corretta è quindi la **C**.

39 Osservando che $10^{2\sqrt{x}} = (10^2)^{\sqrt{x}} = 100^{\sqrt{x}}$, l'equazione esponenziale data può essere riscritta nella forma:

$$100^{\sqrt{x}} + 100^{\sqrt{x}} - 200 = 0 \rightarrow 2 \cdot 100^{\sqrt{x}} = 2 \cdot 100^1 \rightarrow 100^{\sqrt{x}} = 100^1 \rightarrow$$
$$\rightarrow \sqrt{x} = 1 \rightarrow x = 1$$

Essa ha dunque una e una sola soluzione (risposta **B**).

40 Si tratta di una equazione *binomia* di quinto grado:

$$3x^5 + 96 = 0 \rightarrow 3x^5 = -96 \rightarrow x^5 = -32 \rightarrow x = \sqrt[5]{-32} = -2$$

per cui la risposta corretta è la **A**.

41 Eseguendo la sostituzione $\frac{1}{x} = a$ e $\frac{1}{y} = b$, il sistema si riscrive nella forma:

$$\begin{cases} 3a + 4b = 18 \\ a + 2b = 8 \end{cases} \rightarrow \begin{cases} 3a + 4b = 18 \\ a = 8 - 2b \end{cases} \rightarrow \begin{cases} 3(8 - 2b) + 4b = 18 \\ a = 8 - 2b \end{cases} \rightarrow$$

$$\rightarrow \begin{cases} 24 - 6b + 4b = 18 \\ a = 8 - 2b \end{cases} \rightarrow \begin{cases} 2b = 6 \\ a = 8 - 2b \end{cases} \rightarrow \begin{cases} b = 3 \\ a = 8 - 2b \end{cases} \rightarrow \begin{cases} b = 3 \\ a = 2 \end{cases}$$

da cui si ricava che $x = 1/2$ e $y = 1/3$ (risposta **D**).

42 In base ai dati forniti dal quesito sappiamo che su un totale di 20 alunni, che al saggio di musica suonano o il pianoforte o il flauto, almeno 13 (più del 60%) suonano il pianoforte, 10 sono maggiorenni e altrettanti minorenni. Pertanto, l'unica deduzione certa è che tra i ragazzi che suonano il pianoforte ci sono sia minorenni sia maggiorenni: la risposta corretta è la **C**.

43 Si tratta di una equazione *trinomia* di quarto grado. Ponendo $t = x^2$ si ottiene:

$$t^2 + 3t - 1 = 0 \quad (\text{con } \Delta > 0)$$

La regola di Cartesio (data la presenza di una permanenza e una variazione) garantisce la presenza di una radice negativa t_1 e una radice positiva t_2: solo quest'ultima risulta accettabile (perché la radice negativa t_1 non porta ad alcun valore reale di x), per cui la soluzione sarà del tipo $x_{1,2} = \pm\sqrt{t_2}$. La risposta corretta è la **C**. Si noti che si è risposto al quesito senza risolvere l'equazione: il quesito stesso non richiedeva infatti di determinare i valori numerici delle radici reali, ma solo il loro numero.

44 Sapendo che:

$$\frac{m}{n} = 2 - \frac{3x}{x+1} = \frac{2 \cdot (x+1) - 3x}{x+1} = \frac{2x + 2 - 3x}{x+1} = \frac{2 - x}{x+1}$$

allora

$$\frac{n}{m} = \frac{x+1}{2-x}$$

pertanto la risposta corretta è la **B**.

45 L'affermazione è sempre vera (risposta **D**) in quanto si tratta in sostanza dell'enunciato del teorema fondamentale dell'algebra.

46 Le potenze di 5 terminano tutte per 5, pertanto sono numeri dispari. Poiché H è formato da soli numeri pari, di certo in tale insieme non c'è alcun numero che sia una potenza di 5, risposta **B**.

H potrebbe invece contenere un multiplo di 3 (per esempio 6), un numero divisibile per 7 e per 11 (per esempio 154) o il quadrato di un altro numero (per esempio 16).

47 Si tratta di una equazione di secondo grado con discriminante positivo (infatti $\Delta = 1 > 0$): ammette quindi due soluzioni reali distinte (risposta **B**).

48 Si consideri la figura seguente:

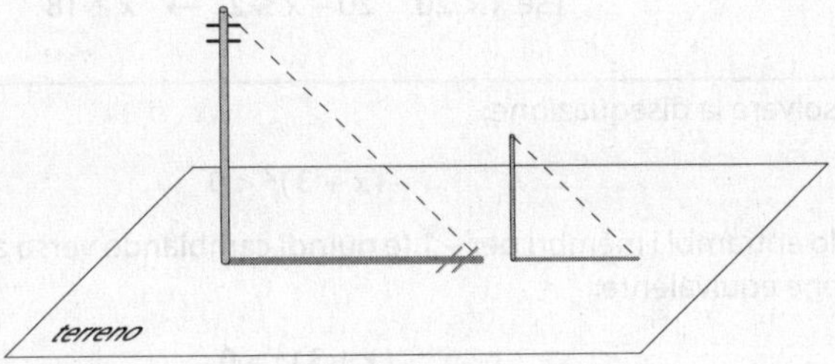

dalla quale è possibile ricavare la seguente proporzione:

x	:	3 metri	=	2 metri	:	0,5 metri
altezza del palo telegrafico		lunghezza dell'ombra del palo telegrafico		altezza dell'asta		lunghezza dell'ombra dell'asta

per cui:

$$x = \frac{3 \cdot 2}{0{,}5} \text{ metri} = \frac{6}{0{,}5} \text{ metri} = 12 \text{ metri} \quad \text{(risposta B)}$$

49 La forma più semplice di polinomio che si annulli in corrispondenza dei due valori prefissati (ossia 1 e 2) è dato da:

$$(x - 1) \cdot (x - 2) = x^2 - 3x + 2$$

ossia il polinomio che si ottiene dal prodotto dei due fattori di primo grado, ciascuno dei quali si annulla in corrispondenza di uno dei valori prefissati. La risposta corretta è dunque la **A**.

50 La risposta corretta è la **B**. Infatti conoscendo la somma s e il prodotto p delle radici di un'equazione di secondo grado, è possibile scrivere tale equazione come:

$$x^2 - sx + p = 0$$

51 Per $x \geq 3$ l'equazione diventa $x - 3 = 3 - x$, cioè $2x = 6$, da cui $x = 3$.

Per $x < 3$ l'equazione assume la forma $-x + 3 = 3 - x$, cioè $0 \cdot x = 0$, che è una equazione indeterminata. Pertanto l'equazione $|x - 3| = 3 - x$ ammette come soluzioni tutti i numeri reali minori o uguali a 3. La risposta corretta è la **A**.

52 La risposta esatta è la **C**.

53 La soluzione della prima equazione è:

$$2x + 4 = 4(x - 2) \quad \rightarrow \quad 2x + 4 = 4x - 8 \quad \rightarrow \quad 2x = 12 \quad \rightarrow \quad x = 6$$

Sostituendo il valore trovato $x = 6$ nella seconda equazione si trova il valore di k:

$$-x + k = 2x - 1 \quad \rightarrow \quad k = 3x - 1 \quad \rightarrow \quad k = 3 \cdot 6 - 1 = 17$$

La risposta esatta risulta pertanto la **C**.

---

54 In sostanza si tratta di trovare la frazione nella forma $\frac{8x}{3x}$ tale che $8x - 3x = 10$. Da quest'ultima equazione si ricava $x = 2$, per cui la frazione cercata è $\frac{16}{6}$ (risposta **B**).

---

55 La risposta corretta è la **E**. Infatti:

$$|x - 20| \leq 2 \rightarrow \begin{cases} \text{se } x \geq 20 & x - 20 \leq 2 \rightarrow x \leq 22 \\ \text{se } x < 20 & 20 - x \leq 2 \rightarrow x \geq 18 \end{cases} \rightarrow 18 \leq x \leq 22$$

---

56 Si tratta di risolvere la disequazione:

$$-(x+3)^2 < 0$$

Moltiplicando entrambi i membri per – 1 (e quindi cambiando verso alla disequazione), si ottiene la disequazione equivalente:

$$(x+3)^2 > 0$$

Essendo il primo membro il quadrato di un binomio, esso risulta sempre positivo tranne in corrispondenza dell'unico valore (ossia $x = -3$) per cui si annulla.
La risposta corretta è dunque la **C**.
Se un'espressione non è mai positiva non significa che sia sempre negativa. L'espressione:

$$-(x+3)^2$$

non è mai positiva, ma per $x = -3$ si annulla: sarebbe sbagliato affermare che è sempre negativa. Questo è il motivo per cui la risposta **A** è errata.

---

57 Per l'esistenza del radicale aritmetico al primo membro della disequazione, il radicando deve essere positivo o nullo, ossia:

$$x - 2 \geq 0 \rightarrow x \geq 2$$

mentre il secondo membro, essendo strettamente maggiore di un radicale aritmetico, deve essere strettamente positivo, ossia:

$$1 - x > 0 \rightarrow x < 1$$

Essendo vuota l'intersezione fra i due insiemi numerici trovati, la disequazione non ha soluzioni (risposta **C**).

---

58 Sicuramente tutti i valori negativi della x soddisfano la disuguaglianza (infatti $x < 0$ implica $1/x < 0$, quindi a maggior ragione $1/x < 2$).
Esistono però anche valori positivi della x che soddisfano la disuguaglianza; $x > 0$ implica $1/x > 0$, per cui i due membri della disequazione proposta sono entrambi positivi ed è quindi possibile passare ai rispettivi reciproci:

$$\frac{1}{x} < 2 \rightarrow x > \frac{1}{2}$$

La risposta corretta è la **B**.

PARTE SECONDA

59 Si tratta di una disequazione con valore assoluto. Per la sua risoluzione occorre distinguere i due casi: argomento del valore assoluto positivo o nullo oppure negativo. Se $5 - x \geq 0$ (ossia $x \leq 5$), allora la disequazione diventa:

$$5 - x < 1 \rightarrow x > 4$$

per cui la prima parte della soluzione della disequazione è $4 < x \leq 5$.

Se viceversa $5 - x < 0$ (ossia $x > 5$), allora la disequazione diventa:

$$x - 5 < 1 \rightarrow x < 6$$

per cui la seconda parte della soluzione è $5 < x < 6$.

La disequazione presenta quindi soltanto soluzioni positive.

La risposta esatta è la **C**.

60 L'insieme dei valori che soddisfano contemporaneamente le due disequazioni è dato dalle soluzioni del sistema:

$$\begin{cases} 12 - x^2 > 8 \\ 2x + 3 \geq 5 \end{cases} \leftrightarrow \begin{cases} -x^2 > -4 \\ 2x \geq 2 \end{cases} \leftrightarrow \begin{cases} x^2 < 4 \\ x \geq 1 \end{cases}$$

ovvero dall'intersezione degli intervalli seguenti:

$$\begin{cases} -2 < x < 2 \\ x \geq 1 \end{cases}$$

ovvero:

$$1 \leq x < 2$$

La risposta corretta al quesito è dunque rappresentata dall'alternativa **D**.

61 La risposta esatta è la **B**. Infatti:

$$\frac{x+2}{x+1} \geq 1 \rightarrow \frac{x+2}{x+1} - 1 \geq 0 \rightarrow \frac{x+2-x-1}{x+1} \geq 0 \rightarrow \frac{1}{x+1} \geq 0$$

Essendo il numeratore sempre positivo, il segno della frazione dipende dal denominatore:

$$x + 1 > 0 \rightarrow x > -1$$

62 Portando tutto a primo membro e riducendo le frazioni a denominatore comune, si ottiene:

$$\frac{x^2}{1-xy} > \frac{x}{y(1-xy)} \rightarrow \frac{x^2}{1-xy} - \frac{x}{y(1-xy)} > 0 \rightarrow \frac{x^2y - x}{y(1-xy)} > 0 \rightarrow \frac{x(xy-1)}{y(1-xy)} > 0$$

Ora, osservando che $xy - 1 = -(1 - xy)$, si può scrivere:

$$\frac{x(xy-1)}{y(1-xy)} > 0 \rightarrow -\frac{x(1-xy)}{y(1-xy)} > 0$$

Poiché per ipotesi $xy \neq 1$ è possibile semplificare, ottenendo:

$$-\frac{x}{y} > 0 \rightarrow \frac{x}{y} < 0$$

Dal momento che x e y sono numeri positivi, anche il loro quoziente è positivo, quindi la disequazione $\frac{x}{y} < 0$ e, di conseguenza, quella di partenza, non sono mai verificate. La risposta corretta è pertanto la **E**.

MATEMATICA

63 Se si indicano con y la grandezza e con t il tempo, si osserva che l'alternativa **B** descrive una legge di proporzionalità inversa del tipo $y = a/t$ con a costante reale. L'alternativa **C** propone invece una legge di tipo lineare. L'alternativa **D** descrive una legge del tipo $y = at^2$ con a costante reale. L'alternativa **E**, infine, presenta una funzione del tipo $y = a/t^2$ con a costante reale. Quindi, per esclusione, la risposta esatta è la **A**.

Si può inoltre dimostrare la veridicità della prima affermazione.

Si indichino con $t_2 - t_1$ e $t_4 - t_3$ due intervalli di tempo uguali: $t_2 - t_1 = t_4 - t_3$.

Dalla relazione precedente si ha: $t_2 + t_3 = t_1 + t_4$. Calcolando i decrementi tramite la funzione esponenziale $y = a^t$ (con a costante reale diversa da 0 e da 1), in corrispondenza di questi due intervalli, si ottiene:

$$a^{t_2} - a^{t_1} \text{ e } a^{t_4} - a^{t_3}$$

Dalla catena di uguaglianze:

$$t_2 + t_3 = t_1 + t_4 \rightarrow a^{t_2 + t_3} = a^{t_1 + t_4} \rightarrow a^{t_2 + t_3} - a^{t_1 + t_3} = a^{t_1 + t_4} - a^{t_1 + t_3}$$

$$\rightarrow (a^{t_2} - a^{t_1})a^{t_3} = (a^{t_4} - a^{t_3})a^{t_1} \rightarrow \frac{a^{t_2} - a^{t_1}}{a^{t_1}} = \frac{a^{t_4} - a^{t_3}}{a^{t_3}}$$

segue che i decrementi percentuali sono costanti per intervalli di tempo uguali.

64 La risposta corretta è la **C**, come si ricava dal grafico seguente:

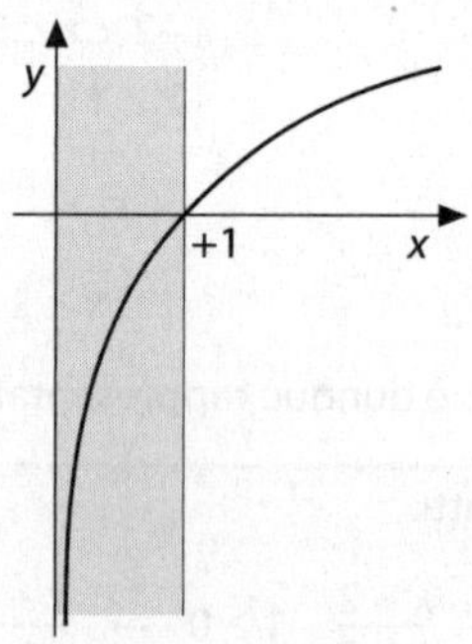

65 Un logaritmo risulta definito solo quando il suo argomento è strettamente positivo (ossia non nullo né tantomeno negativo). La risposta corretta è dunque la **C**.

66 Ricordando che la funzione logaritmica è crescente se la base del logaritmo è maggiore di uno, per ordinare correttamente i logaritmi naturali (ossia in base $e \approx 2{,}71828$) è sufficiente ordinarne gli argomenti. Essendo:

$$\frac{15}{4} < \frac{9}{2} < \frac{36}{7} < 8$$

la risposta corretta è la **B**.

67 Ricordando che il logaritmo con base maggiore dell'unità è una funzione crescente si ricava:

$$\log_4 64 < \log_4 65 < \log_4 256 \quad \text{ossia} \quad \log_4 4^3 < \log_4 65 < \log_4 4^4$$

Infine, ricordando che $\log_a a^n = n$ si conclude:

$$3 < \log_4 65 < 4$$

La risposta corretta è quindi la **D** poiché tra le alternative proposte 3.01 è l'unico numero compreso fra 3 e 4.

PARTE SECONDA

68 Applicando più volte le proprietà dei logaritmi si ottiene:

$$\frac{\log_{10}60}{\log_{10}\sqrt{10}} = \frac{\log_{10}(6 \cdot 10)}{\log_{10}10^{1/2}} = \frac{\log_{10}6 + \log_{10}10}{\frac{1}{2}\log_{10}10} = \frac{\log_{10}6 + 1}{\frac{1}{2}(1)} = 2(\log_{10}6 + 1) =$$

$$= 2\log_{10}6 + 2 = \log_{10}6^2 + \log_{10}10^2 = \log_{10}36 + \log_{10}100 =$$

$$= \log_{10}(36 \cdot 100) = \log_{10}3600$$

Nessuna delle alternative proposte coincide con il valore determinato. Essendo però:

$$-\log_{10}\frac{1}{3.600} = -(\log_{10}1 - \log_{10}3600) = \log_{10}3600 - \log_{10}1 =$$

$$= \log_{10}3600 - 0 = \log_{10}3600$$

la risposta cercata è la **B**.

69 Applicando la proprietà dei logaritmi:

$$\log(a^n) = n \cdot \log a$$

si ottiene:

$$\log_{10}(10^{1993}) = 1993 \cdot \log_{10}10 = 1993 \cdot 1 = 1993$$

per cui la risposta corretta è la **B**.

70 I passaggi sono i seguenti:

$$4 \cdot \ln 3 - 2 \cdot \ln 3 + 2 \cdot \ln 1 = \ln 3^4 - \ln 3^2 + 2 \cdot 0 = \ln\frac{3^4}{3^2} = \ln 3^2 = \ln 9$$

per cui la risposta corretta è la **B**.

71 Nel testo del quesito si afferma che x, y e a sono tre numeri positivi e diversi da 1, ma non si specifica se si tratta di valori minori o maggiori di 1: questa precisazione è importante perché le funzioni logaritmica ed esponenziale sono crescenti per valori della base maggiori di 1, decrescenti per valori della base compresi tra 0 e 1 (estremi esclusi).

Ricordando che le funzioni crescenti mantengono inalterato l'ordinamento dei rispettivi argomenti, è immediato dedurre che la risposta corretta è la **E**: in tale alternativa infatti la base della funzione logaritmo è maggiore di 1 (essendo $a + 1$ la somma di 1 e di una quantità positiva) quindi, poiché per ipotesi $x \leq y$, di certo risulta $\log_{a+1}x \leq \log_{a+1}y$.

72 Ponendo $t = e^x$, la disequazione esponenziale si riduce alla disequazione di secondo grado $t^2 + 2t - 8 \leq 0$, le cui soluzioni sono $-4 \leq t \leq 2$. Ricordando che $t = e^x$, si ottiene quindi $-4 \leq e^x \leq 2$, che equivale al sistema:

$$\begin{cases} e^x \geq -4 \\ e^x \leq 2 \end{cases}$$

Poiché la funzione esponenziale è sempre positiva, la prima disequazione è soddisfatta per ogni valore reale di x, pertanto la soluzione del sistema, e dunque della disequazione proposta dal quesito, coincide con quella di $e^x \leq 2$, $x \leq \ln 2$ (risposta **A**).

MATEMATICA

73 Posizionando i tre punti A, B e C nel piano cartesiano e considerando come base del triangolo ABC il lato AB (di lunghezza 5) si ricava che l'altezza relativa a questa base coincide con il segmento CD (anch'esso di lunghezza 5).

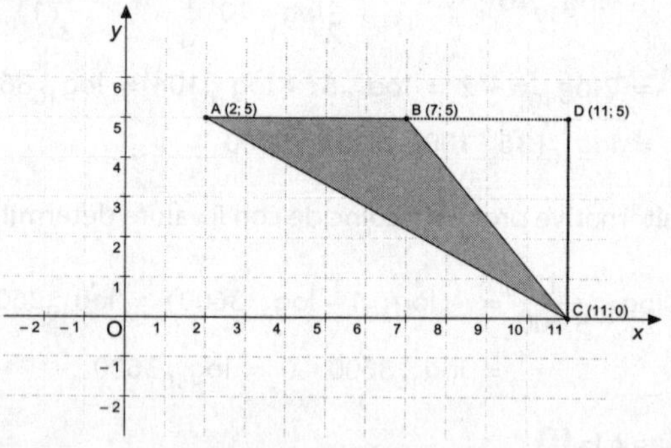

Si ricava perciò che la risposta corretta è la **B**, in quanto l'area del triangolo ABC vale:

$$\text{Area}_{ABC} = \frac{\text{base} \cdot \text{altezza}}{2} = \frac{5 \cdot 5}{2} = \frac{25}{2} = 12{,}5$$

74 Il coefficiente angolare di una retta passante per due punti generici A e B, di coordinate $(x_1; y_1)$ e $(x_2; y_2)$ rispettivamente, è dato dalla relazione:

$$m = \frac{y_2 - y_1}{x_2 - x_1}$$

quindi, applicando la formula al quesito proposto, si ottiene:

$$m = \frac{4-2}{2-1} = 2$$

per cui la risposta corretta è la **D**.

75 La risoluzione del quesito richiede due passaggi: in primo luogo occorre calcolare il coefficiente angolare della retta passante per i due punti M e N (non è necessario ricavare l'equazione):

$$m_1 = \frac{y_N - y_M}{x_N - x_M} = \frac{-1/2 - 0}{3+1} = \frac{1}{8}$$

a questo punto si scrive l'equazione della retta passante per l'origine (ossia priva del termine noto q) avente il coefficiente angolare m_2 tale da soddisfare la condizione di perpendicolarità:

$$m_1 \cdot m_2 = -1$$

per cui:

$$m_2 = -\frac{1}{m_1} = -(-8) = +8$$

L'equazione della retta cercata è dunque:

$$y = 8x$$

per cui la risposta corretta è la **C**.

76 Osservando che il segno dell'ascissa del punto T varia al variare del segno di *k*, mentre l'ordinata si mantiene sempre positiva (essendo la somma di un quadrato, positivo o nullo, e di una quantità positiva), è immediato dedurre che tale punto si trova nel semipiano positivo delle *y* per ogni valore di *k*. La risposta esatta è quindi la **D**.

PARTE SECONDA

77 Si tratta di una parabola (risposta **A**). In generale, per riconoscere una conica (ossia una curva del secondo ordine) a partire dalla sua equazione cartesiana, si utilizza un *metodo pratico*; data l'equazione generale della conica (non degenere):

$$Ax^2 + Bxy + Cy^2 + Dx + Ey + F = 0$$

si calcola per essa la quantità:

$$\Delta = B^2 - 4AC$$

Si possono presentare i seguenti tre casi:

- Se $\Delta = B^2 - 4AC < 0$ allora la conica è un'ellisse; in particolare è una circonferenza se $A = C$ e $B = 0$;
- se $\Delta = B^2 - 4AC = 0$ allora la conica è una parabola;
- se $\Delta = B^2 - 4AC > 0$ allora la conica è un'iperbole; inoltre l'iperbole è equilatera se e solo se $A + C = 0$.

Nell'equazione del quesito si ha $A = 3$ e $B = C = 0$, per cui $\Delta = B^2 - 4AC = 0$.

78 Le alternative proposte parlano di ellisse o di iperbole, le cui equazioni canoniche sono rispettivamente:

$$\frac{x^2}{a^2} + \frac{y^2}{b^2} = 1 \quad \text{e} \quad \frac{x^2}{a^2} - \frac{y^2}{b^2} = 1$$

dove *a* e *b* rappresentano le lunghezze dei relativi semiassi. Esaminando la forma dell'equazione data si deduce immediatamente che si tratta di un'ellisse, dunque si possono eliminare le risposte **C** ed **E**, che parlano di iperbole.

Dal momento che l'equazione data, dividendo ciascun temine per 3, può essere riscritta nella forma:

$$x^2 + 4y^2 = 3 \rightarrow \frac{x^2}{3} + \frac{4y^2}{3} = \frac{3}{3} \rightarrow \frac{x^2}{3} + \frac{y^2}{3/4} = 1$$

è immediato ricavare che $a^2 = 3$ e $b^2 = 3/4$, pertanto l'ellisse rappresentata ha semiassi $a = \sqrt{3}$ e $b = \sqrt{3}/2$, risposta **D**.

79 Le coordinate del punto di intersezione tra due curve generiche sono la soluzione del sistema tra le equazioni delle curve. In particolare, il punto di intersezione di due rette si trova risolvendo il sistema lineare tra le equazioni delle due rette:

$$\begin{cases} x - y = 0 \\ 2x - 1 = 0 \end{cases} \rightarrow \begin{cases} x = y \\ x = 1/2 \end{cases} \rightarrow x = 1/2 \text{ e } y = 1/2$$

La risposta corretta è dunque la **D**.

80 Si tratta di una parabola con asse di simmetria orizzontale. Per trovare le coordinate del fuoco e della direttrice si applicano le due formule seguenti (riferite all'equazione generale $x = ay^2 + by + c$):

$$\text{fuoco: } F = \left(-\frac{\Delta}{4a} + \frac{1}{4a}; -\frac{b}{2a}\right) \qquad \text{direttrice: } x = -\frac{\Delta}{4a} - \frac{1}{4a}$$

dove $\Delta = b^2 - 4ac$. Nel caso in esame si ha $a = -1/8$ e $b = c = 0$ (per cui $\Delta = 0$), quindi:

$$\text{fuoco: } F = (-2; 0) \qquad \text{direttrice: } x = 2$$

per cui la risposta corretta è la **D**.

MATEMATICA

81 L'equazione data rappresenta una curva del 2º ordine, cioè una conica. Dallo studio del segno di $\Delta = B^2 - 4AC$, si ricava che per l'equazione in questione

$$\Delta = 0^2 - 4 \cdot 2 \cdot 3 = -24 < 0$$

e dunque essa rappresenta un'ellisse. La risposta esatta è la **B**.

82 La circonferenza è definita come luogo dei punti aventi la medesima distanza da un punto fisso, detto centro. È immediato osservare che i punti P e R hanno distanza dall'origine pari a 5; i punti Q e T hanno la medesima distanza dall'origine, pari a:

$$\sqrt{(5-0)^2 + (-5-0)^2} = \sqrt{50} = 5\sqrt{2}$$

Il punto S dista 5 dall'origine, essendo:

$$\sqrt{(-3-0)^2 + (-4-0)^2} = \sqrt{25} = 5$$

I tre punti P, R e S appartengono dunque alla stessa circonferenza, avente raggio 5 e centro nell'origine: la risposta esatta è la **A**.

83 Il punto B si trova a distanza 7 dal punto A, per cui B giace sulla circonferenza con centro in A e raggio 7. Inoltre, il punto B ha ascissa nulla (ossia la prima coordinata pari a zero), per cui si trova sull'asse delle ordinate. Un grafico anche approssimativo consente di rispondere al quesito.

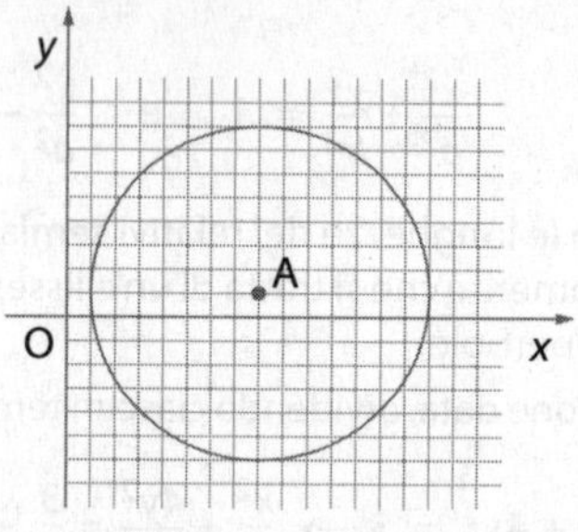

Dal momento che la circonferenza e l'asse delle ordinate non hanno alcuna intersezione, un punto B che soddisfi le condizioni poste dal quesito non esiste. La risposta corretta è pertanto la **B**.

84 L'unica possibile limitazione all'esistenza della funzione $y = \dfrac{1}{x^2+1}$ è data dalla presenza di un denominatore che deve necessariamente essere diverso da zero.
Il denominatore è però un binomio di secondo grado che non si annulla mai (le sue radici sono infatti complesse coniugate, quindi non vi sono radici reali), per cui la funzione è definita per qualsiasi valore reale (risposta **A**).

85 L'argomento di un logaritmo deve essere strettamente positivo, per cui la risposta corretta è la **C**.

86 Ricordando che $\sqrt{x^2} = |x|$, la funzione può essere riscritta nel modo seguente:

$$f(x) = 1 - \frac{|x|}{x}$$

per cui, se $x > 0$ si ha:

$$f(x) = 1 - \frac{x}{x} = 1 - 1 = 0$$

Viceversa se $x < 0$ si ha:

$$f(x) = 1 - \frac{(-x)}{x} = 1 + \frac{x}{x} = 1 + 1 = 2$$

per cui la risposta corretta è la **B**.

87 Si tratta di una parabola con concavità rivolta verso l'alto (il coefficiente di x^2 è infatti positivo), per cui la risposta corretta è la **D**.

88 Si osservi che tutti gli intervalli proposti si riferiscono a valori compresi nel primo quadrante, quindi sono tutti compatibili con la condizione $\cos\alpha > 0$. Determinando il valore della funzione seno negli estremi dei vari intervalli, si determina quindi qual è l'intervallo cui appartiene l'angolo α.

Essendo $\frac{2}{3} < \frac{\sqrt{2}}{2} = \text{sen}45°$, si deduce che $\alpha < 45°$, quindi le alternative **A**, **C** e **D** sono errate.

Essendo inoltre $\frac{2}{3} > \frac{1}{2} = \text{sen}30°$, si deduce che $\alpha > 30°$, quindi anche la risposta **B** è errata.

Per esclusione si deduce che la risposta esatta è la **E**, com'è possibile verificare:

$$\text{sen}30° = \frac{1}{2},\ \text{sen}45° = \frac{\sqrt{2}}{2} \quad \text{e} \quad \frac{1}{2} < \frac{2}{3} < \frac{\sqrt{2}}{2} \Rightarrow 30° < \alpha < 45°$$

89 Essendo tg α = 1, in corrispondenza dell'angolo α le funzioni seno e coseno devono assumere il medesimo valore. Ricordando l'unità trigonometrica (per cui la somma dei quadrati di seno e coseno deve essere pari all'unità) si ricava che la risposta corretta è la **C**.

90 L'equazione $\text{sen}x + \cos x = 0$ ammette due soluzioni interne all'intervallo considerato.

Infatti, ponendo $\cos x \neq 0$, cioè $x \neq \frac{\pi}{2} + k\pi$, e dividendo per il coseno, si ottiene:

$$\text{sen}x + \cos x = 0 \rightarrow \frac{\text{sen}x}{\cos x} + \frac{\cos x}{\cos x} = 0 \rightarrow \text{tg}x + 1 = 0$$

$$\rightarrow \text{tg}x = -1 \rightarrow x = \frac{3}{4}\pi, x = \frac{7}{4}\pi$$

La risposta corretta è quindi la **A**.

91 Applicando la formula per angoli opposti cos (–α) = cos α si ricava:

$$\cos 330° = \cos(-30°) = \cos 30°$$

quindi, applicando la formula per angoli complementari cos α = sen (90° – α) si ricava quindi:

$$\cos 30° = \text{sen}(90° - 30°) = \text{sen}\,60°$$

per cui la risposta corretta è la **A**.

92 È possibile individuare la risposta corretta osservando che le soluzioni dell'equazione proposta coincidono con le soluzioni del sistema:

$$\begin{cases} y = \text{sen}x \\ y = -x^2 - 1 \end{cases}$$

Le equazioni del sistema rappresentano, rispettivamente, la funzione seno e la parabola di vertice V(0; –1), asse coincidente con l'asse y e concavità rivolta verso il basso.
Riportando sullo stesso piano cartesiano i grafici delle due funzioni, è immediato osservare che non si intersecano in alcun punto.

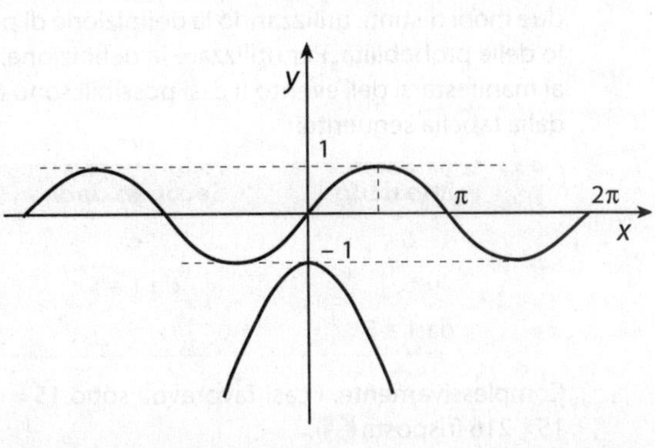

MATEMATICA

Poiché il sistema non ammette soluzioni, anche l'equazione $x^2 + \text{sen}x + 1 = 0$ non ammette soluzioni, quindi la risposta esatta è la **E**. Si osservi che la risposta **B** è errata poiché l'equazione considerata non è di secondo grado, per la presenza del termine sen$x$, che la rende un'equazione goniometrica.

---

93 La probabilità di un evento E, indicata con $P(E)$, è il rapporto tra il numero dei *casi favorevoli* al manifestarsi di E e il numero dei *casi possibili*, giudicati ugualmente probabili. Un evento E può essere:

- certo, se $P(E) = 1$;
- impossibile, se $P(E) = 0$;
- possibile, se $0 < P(E) < 1$.

Nel caso del lancio di un dado, l'evento "faccia 5" è quindi possibile e la sua probabilità è pari a $1/6$. Dal momento che la probabilità dell'evento "faccia pari" è $3/6 = 1/2$, i due eventi non sono equiprobabili, quindi la risposta corretta è la **B**.

---

94 Per trovare la probabilità dell'evento tramite la definizione, occorre conoscere il numero di casi favorevoli all'evento e il numero di casi possibili. In questo caso si tratta di valutare quanti sono i casi favorevoli, sapendo che i casi possibili sono 36.

Primo dado	Secondo dado
1	3
3	1
2	2

Nei 3 casi riportati nella precedente tabella, la somma dei dadi dà 4; dunque i casi favorevoli sono 3 e la probabilità dell'evento è $P = 3/36 = 1/12$ (risposta **E**).

---

95 La probabilità di estrarre una sola pallina rossa è pari a $6/10$ (6 sono le palline rosse presenti nell'urna, ossia i casi favorevoli, e 10 sono le palline totali, ossia i casi possibili). Estraendo una seconda pallina, la probabilità che anche questa sia rossa è pari a $5/9$ (5 sono le palline rosse rimaste nell'urna e 9 sono le palline totali dopo la prima estrazione).
Per il teorema delle probabilità composte, la probabilità che due eventi indipendenti si verifichino contemporaneamente è data dal prodotto delle probabilità dei singoli eventi. La probabilità composta cercata è quindi pari a:

$$\frac{6}{10} \cdot \frac{5}{9} = \frac{30}{90} = \frac{1}{3}$$

per cui la risposta corretta è la **C**.

---

96 Come accade spesso per i quesiti sul calcolo delle probabilità, il problema può essere risolto in due modi distinti: utilizzando la definizione di probabilità, oppure utilizzando i teoremi del calcolo delle probabilità. Per utilizzare la definizione, bisogna determinare il numero di casi favorevoli al manifestarsi dell'evento (i casi possibili sono $6 \cdot 6 \cdot 6 = 216$). I casi favorevoli sono quelli indicati dalla tabella seguente:

Primo dado	Secondo dado	Terzo dado	Numero di casi
6	6	da 1 a 5	5
6	da 1 a 5	6	5
da 1 a 5	6	6	5

Complessivamente, i casi favorevoli sono $15 = 5 + 5 + 5$ e la probabilità richiesta vale pertanto $15/216$ (risposta **A**).

Nel caso in cui, invece, si vogliano usare i teoremi, si procede come segue: l'evento si verifica se la configurazione dei dadi è una delle tre riportate nella seguente tabella:

Configurazione	Primo dado	Secondo dado	Terzo dado
1	6	6	da 1 a 5
2	6	da 1 a 5	6
3	da 1 a 5	6	6

Per il teorema delle probabilità composte, le probabilità P_1, P_2, P_3 di ciascuna configurazione (sono tutte uguali) si ottengono dal prodotto delle probabilità relative ai valori assunti dai singoli dadi; per la prima configurazione, per esempio, si ha:

$$P_1 = \frac{1}{6} \cdot \frac{1}{6} \cdot \frac{5}{6} = \frac{5}{216}$$

Per il teorema delle probabilità totali, la probabilità richiesta dal quesito si ottiene sommando le probabilità associate alle tre configurazioni:

$$P = P_1 + P_2 + P_3 = \frac{15}{216}$$

97 Dopo due estrazioni si hanno 24 palline bianche e 76 nere soltanto se si sono verificati i due eventi incompatibili E_1 e E_2, dove:

E_1 = "estrazione di una pallina nera seguita da una bianca"

E_2 = "estrazione di una pallina bianca seguita da una nera"

Gli eventi E_1 e E_2, per il teorema delle probabilità composte, hanno probabilità rispettivamente uguali a:

$$P(E_1) = \frac{75}{100} \cdot \frac{25}{100} \qquad P(E_2) = \frac{25}{100} \cdot \frac{76}{100}$$

Quindi per il teorema delle probabilità totali la probabilità P richiesta è uguale a:

$$P = P(E_1) + P(E_2) = \frac{25}{100} \cdot \left(\frac{75}{100} + \frac{76}{100}\right) = \frac{1}{4} \cdot \frac{151}{100} = \frac{151}{400}$$

La risposta esatta è la **C**.

98 I 4 casi possibili sono indicati nella tabella seguente:

Prima moneta	Seconda moneta
T	T
T	C
C	T
C	C

È evidente che i casi favorevoli sono 2 (TC e CT), quindi la probabilità di ottenere 1 testa e 1 croce è pari a 2 ⁄ 4 = 1 ⁄ 2 (risposta **B**).

99 La probabilità di estrarre dal primo mazzo l'asso di picche **oppure** l'asso di cuori è (per il teorema delle probabilità totali) pari a 1 ⁄ 40 + 1 ⁄ 40 = 1 ⁄ 20. Anche la probabilità di estrarre dal secondo e dal terzo mazzo l'asso di picche o l'asso di cuori è pari a 1 ⁄ 20. Dunque la probabilità di estrarre **contemporaneamente** dai 3 mazzi l'asso di picche o l'asso di cuori è data (per il teorema delle probabilità composte) da:

1 ⁄ 20 · 1 ⁄ 20 · 1 ⁄ 20 = 1 ⁄ 8000 (risposta **C**)

100 La mediana di una distribuzione è il valore che occupa la posizione centrale nella sequenza **ordinata** delle osservazioni.

Nel caso la successione sia costituita da un numero N **dispari** di elementi, la mediana coincide con l'elemento che occupa la posizione $(N + 1)/2$.

Nel caso invece la successione sia costituita da un numero N **pari** di elementi, si presentano due elementi centrali che occupano le posizioni $N/2$ e $(N/2) + 1$: in questo caso la mediana è la semisomma dei due elementi.

La tabella del quesito propone 60 osservazioni, ossia 60 automobilisti per i quali è stato registrato il numero di incidenti occorsi negli ultimi 5 anni: trattandosi di un numero pari occorre calcolare la semisomma dei due elementi che occupano le posizioni 30 e 31. L'elemento di posto 30 appartiene gruppo degli automobilisti coinvolti in un solo incidente, mentre l'elemento di posto 31 appartiene al gruppo di quelli coinvolti in 2 incidenti: la mediana è quindi data dalla semisomma fra 1 e 2, ossia 1.5. La risposta corretta è la C.

101 Se la media dei primi tre esami è pari a 28, allora la somma delle tre votazioni è pari a $28 \cdot 3 = 84$. Sommando anche la votazione conseguita nel quarto esame si ottiene $84 + 20 = 104$.

Per ottenere la media dei quattro esami si divide la somma ottenuta per 4:

$$\frac{104}{4} = 26 \quad \text{(risposta B)}$$

102 La media aritmetica delle 25 osservazioni si calcola nel modo seguente:

$$\frac{168 \cdot 10 + 172 \cdot 15}{25} = \frac{1680 + 2580}{25} = \frac{4260}{25} = 170{,}4 \text{ cm}$$

Dal momento che il valore ottenuto è un numero non intero (mentre tutti i numeri proposti sono interi), la risposta corretta è la E.

103 Indicando con M il punto medio del palo verticale si ottiene la seguente configurazione:

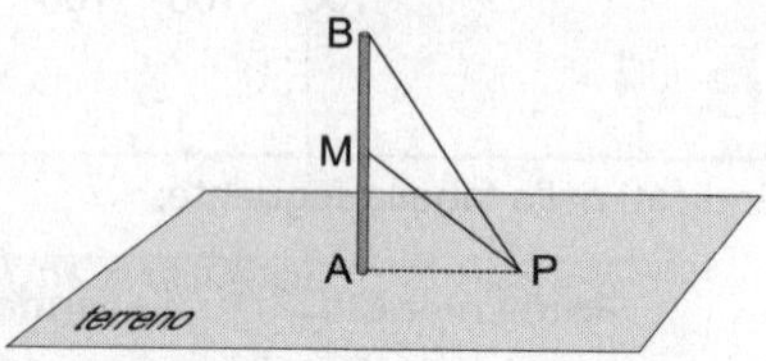

Posto $\overline{AP} = 4$ m e $\overline{MP} = 5$ m e osservando che il triangolo AMP è rettangolo è facile "completare" la terna pitagorica ricavando $\overline{AM} = 3$ m. In alternativa si applica il teorema di Pitagora al triangolo rettangolo AMP e si ricava ugualmente la lunghezza di $\overline{AM}$:

$$\overline{AM} = \sqrt{\overline{MP}^2 - \overline{AP}^2} = \sqrt{5^2 - 4^2}\text{ m} = \sqrt{25 - 16}\text{ m} = \sqrt{9}\text{ m} = 3\text{ m}$$

Quindi $\overline{AB} = 6$ m. Applicando ora il teorema di Pitagora al triangolo rettangolo ABP si ricava la lunghezza di $\overline{BP}$:

$$\overline{BP} = \sqrt{\overline{AB} + \overline{AP}} = \sqrt{6^2 + 4^2}\text{ m} = \sqrt{36 + 16}\text{ m} = \sqrt{52}\text{ m} = \sqrt{4 \cdot 13}\text{ m} = 2 \cdot \sqrt{13}\text{ m}$$

La risposta corretta è quindi la A.

104 Si osserva che il raggio r_i della circonferenza inscritta nel quadrato Q è uguale a metà del lato a, cioè $r_i = \frac{a}{2}$ e che il raggio r_c della circonferenza circoscritta a Q è uguale alla metà della diagonale d del quadrato, cioè $r_c = \frac{d}{2} = \frac{a\sqrt{2}}{2}$.

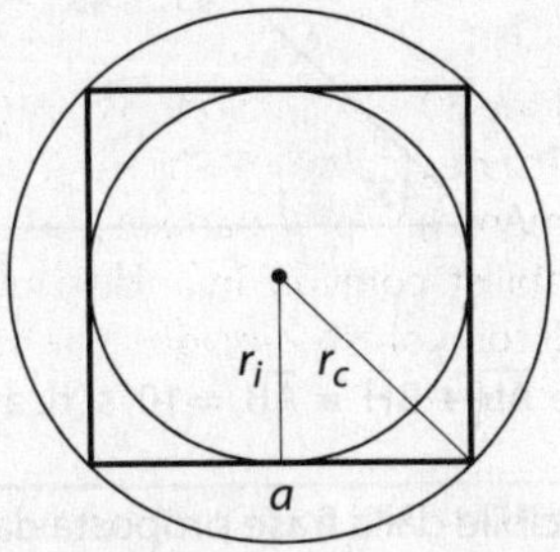

Pertanto l'area A della corona circolare è uguale a:

$$A = \pi r_c^2 - \pi r_i^2 = \pi(r_c^2 - r_i^2) = \pi\left[\left(\frac{a\sqrt{2}}{2}\right)^2 - \left(\frac{a}{2}\right)^2\right] = \pi\left(\frac{a^2}{2} - \frac{a^2}{4}\right) = \frac{\pi}{4}a^2$$

Tale area risulta essere uguale a quella del cerchio inscritto (pari a $\frac{\pi}{4}a^2$) per ogni valore di a. La risposta esatta è dunque la **B**.

105 In base a quanto afferma il quesito, il triangolo isoscele considerato ha necessariamente il lato più lungo che coincide con un diametro della circonferenza, pertanto risulta anche rettangolo:

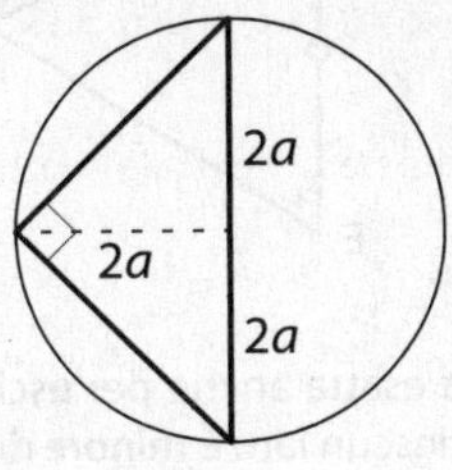

Ciascuno dei lati uguali del triangolo, pertanto, misura $2a\sqrt{2}$, quindi il suo perimetro risulta:

$$P = 2a\sqrt{2} + 2a\sqrt{2} + 4a \rightarrow P = 4a(\sqrt{2} + 1) \text{ (risposta B)}$$

106 La risposta corretta è la **C**. Infatti la superficie del quadrato vale a^2, la superficie del triangolo equilatero vale $\frac{\sqrt{3}}{4} \cdot a^2$, la superficie dell'esagono vale $\frac{3\sqrt{3}}{2}a^2$ e, infine, la superficie del cerchio vale $\pi \cdot a^2$.

107 La superficie di un solido qualsiasi è proporzionale al quadrato delle dimensioni lineari (così come il volume è proporzionale al cubo delle dimensioni lineari), per cui, raddoppiando le dimensioni lineari, la superficie aumenta di quattro volte (risposta **C**).

108 In qualsiasi triangolo, ciascun lato è minore della somma degli altri due e maggiore della loro differenza. Fra le cinque terne proposte, la (c) e la (d) non soddisfano questa condizione. La risposta corretta è pertanto la **C**.

MATEMATICA

109 La risposta corretta è la **C** in quanto l'altezza (CH in figura) divide il triangolo di partenza ABC in due triangoli ACH e BCH simili al triangolo ABC (quindi ancora isosceli).

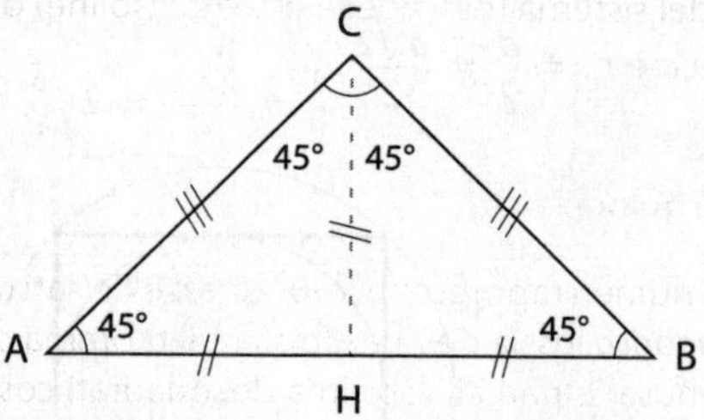

Essendo $\overline{AH} \equiv \overline{BH} \equiv \overline{CH}$ e $\overline{AH} + \overline{BH} \equiv \overline{AB} = 10$, si ricava $\overline{CH} = 5$.

110 L'unica affermazione deducibile dalla frase proposta dal testo è la **E**; come si può vedere dal disegno infatti, il triangolo BAE risulta isoscele per costruzione, essendo $\overline{AE} = \overline{AB}$.

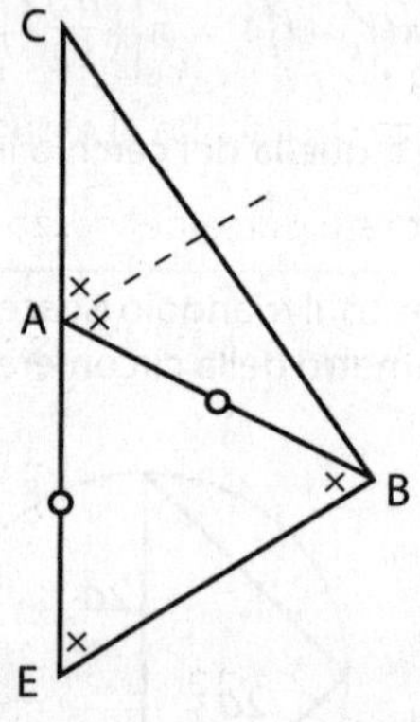

È possibile individuare la risposta esatta anche per esclusione, esaminando le varie alternative proposte. Poiché in un triangolo ciascun lato è minore della somma degli altri due, considerando il triangolo ACB si ha:

$$\overline{CB} < \overline{AB} + \overline{AC}$$

Essendo inoltre, per costruzione:

$$\overline{CE} = \overline{AC} + \overline{AE} \quad \text{e} \quad \overline{AE} = \overline{AB}$$

risulta:

$$\overline{CE} = \overline{AC} + \overline{AE} = \overline{AC} + \overline{AB} > \overline{CB}$$

quindi il triangolo BCE non può essere isoscele e la risposta **A** è errata.

La risposta **B** è errata poiché la frase considerata parla genericamente di "triangolo ABC" e la costruzione descritta non implica che il triangolo di partenza sia isoscele. Anche la risposta **C** è errata: i due angoli $B\hat{A}C$ e $B\hat{A}E$ sono supplementari, quindi sarebbero uguali solo se il triangolo di partenza fosse retto, cosa che non è. Infine la risposta **D** sarebbe esatta solo se il triangolo ABC fosse isoscele; dal momento che il triangolo considerato è generico, anche tale risposta è errata.

PARTE SECONDA

111 Se si dimezzano le dimensioni lineari di ciascuna goccia, la sua superficie si riduce a un quarto e il volume a un ottavo.
Indicando con S e V rispettivamente la superficie e il volume iniziali, il nuovo rapporto superficie/volume del sistema (ossia delle otto goccioline) diventa:

$$\frac{8 \cdot S/4}{8 \cdot V/8} = \frac{2 \cdot S}{V} = 2 \cdot \frac{S}{V}$$

La risposta corretta è quindi la **A**.

112 Affinché una terna di numeri rappresenti le lunghezze dei lati di un triangolo rettangolo, essa deve essere una *terna pitagorica*, ossia deve soddisfare il teorema di Pitagora: il quadrato costruito sul lato maggiore (ipotenusa) è pari alla somma dei quadrati costruiti sui due lati rimanenti (cateti). L'unica terna che soddisfa il teorema di Pitagora è quella individuata dalla lettera **C**.

113 La somma degli angoli interni di un poligono convesso vale $(N - 2) \cdot 180°$, dove N indica il numero di lati del poligono. Dal momento che il parallelogramma è un poligono convesso a quattro lati, la somma dei suoi angoli interni è pari a:

$$(4 - 2) \cdot 180° = 2 \cdot 180° = 360°$$

per cui la risposta corretta è la **B**.

114 Tra i punti notevoli di un triangolo vi è il *circocentro*, punto di incontro degli assi dei lati del triangolo e centro della circonferenza circoscritta al triangolo. La risposta corretta è la **B**.

115 Indicando con x il lato del quadrato, l'area del pezzo metallico senza la porzione semicircolare è:

$$\text{Area}_{\text{quadrato}} - \text{Area}_{\text{semicerchio}} = x^2 - \frac{\pi}{2} \cdot \left(\frac{x}{2}\right)^2 = x^2 - \frac{\pi x^2}{8} =$$

$$= \left(1 - \frac{\pi}{8}\right) \cdot x^2 = \left(\frac{8 - \pi}{8}\right) \cdot x^2 = 100 \text{ cm}^2$$

da cui si ricava:

$$x^2 = \frac{100 \text{ cm}^2}{\left(\frac{8 - \pi}{8}\right)} = \frac{800}{8 - \pi} \text{ cm}^2$$

quindi:

$$x = \sqrt{\frac{800}{8 - \pi}} \text{ cm} = \sqrt{\frac{400 \cdot 2}{8 - \pi}} \text{ cm} = 20\sqrt{\frac{2}{8 - \pi}} \text{ cm}$$

La risposta esatta è quindi **E**.

116 Le tangenti comuni a due cerchi esterni l'uno rispetto all'altro sono quattro (risposta **C**), come si deduce dalla figura seguente.

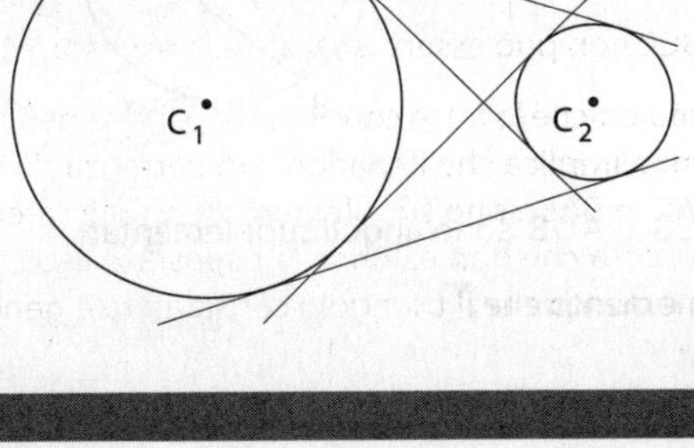

MATEMATICA

117 L'area di un cerchio vale πr^2, dove r indica il raggio: nel caso di raggio unitario tale area vale π.

Per il calcolo dell'area del quadrato inscritto conviene osservare che la diagonale d del quadrato coincide con il diametro del cerchio, quindi ha lunghezza 2.

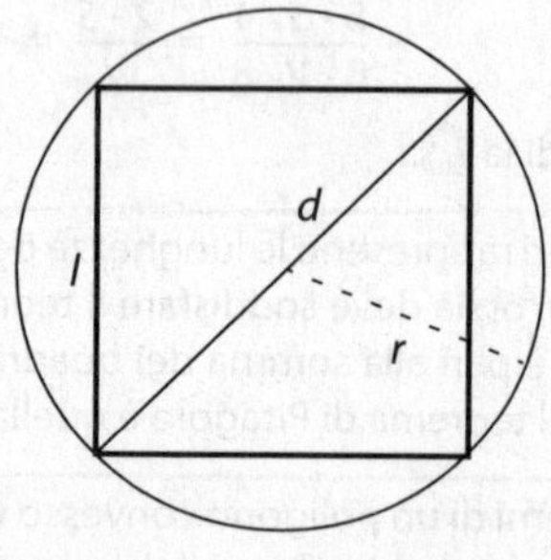

Essendo $d = \sqrt{2} \cdot l$ si ricava:

$$l = \frac{1}{\sqrt{2}} d = \frac{1}{\sqrt{2}} 2 = \frac{2}{\sqrt{2}}$$

per cui l'area del quadrato risulta essere:

$$l^2 = \left(\frac{2}{\sqrt{2}}\right)^2 = \frac{4}{2} = 2$$

Il rapporto fra l'area del cerchio e l'area del quadrato inscritto risulta quindi essere:

$$\frac{\text{area del cerchio}}{\text{area del quadrato inscritto}} = \frac{\pi}{2}$$

per cui la risposta corretta è la **C**.

118 In una circonferenza un angolo al centro è il doppio del corrispondente angolo alla circonferenza che insiste sullo stesso arco.

Nel quesito proposto quindi si ha che l'angolo al centro α è il doppio dell'angolo $A\hat{D}B$, mentre l'angolo al centro β è il doppio di $A\hat{C}B$. Appare chiaro che la somma dei due angoli α e β è pari all'angolo giro (ossia l'angolo di 360°), quindi la somma delle rispettive metà (ossia $A\hat{D}B$ e $A\hat{C}B$) è pari a 180°.

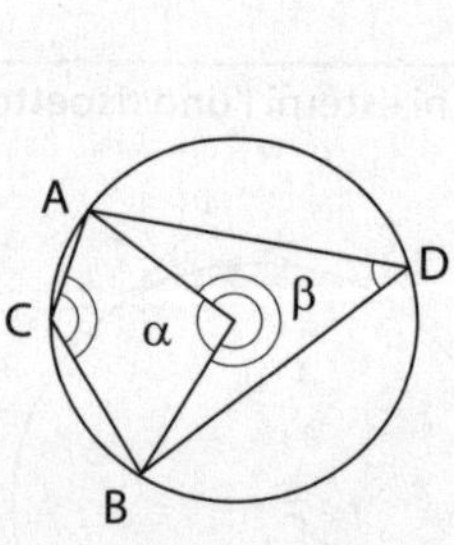

Se ne ricava che $A\hat{C}B$ e $A\hat{D}B$ sono angoli supplementari.

La risposta corretta è dunque la **B**.

PARTE SECONDA

119 Il prisma a base triangolare ha cinque facce (due basi e tre facce laterali), il tetraedro ha quattro facce (triangolari), l'esaedro ne ha sei, il dodecaedro ne ha dodici, mentre il triedro non è un poliedro. Il poliedro avente il minor numero di facce è quindi il tetraedro (risposta **B**).

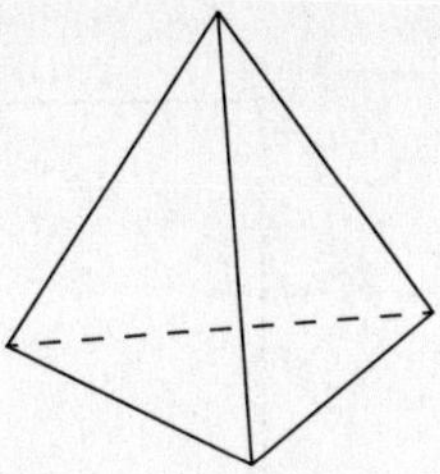

120 Tramite la rotazione del rettangolo ABCD attorno al lato AB si genera un cilindro di altezza $h = 8$ e raggio di base $r = 5$.

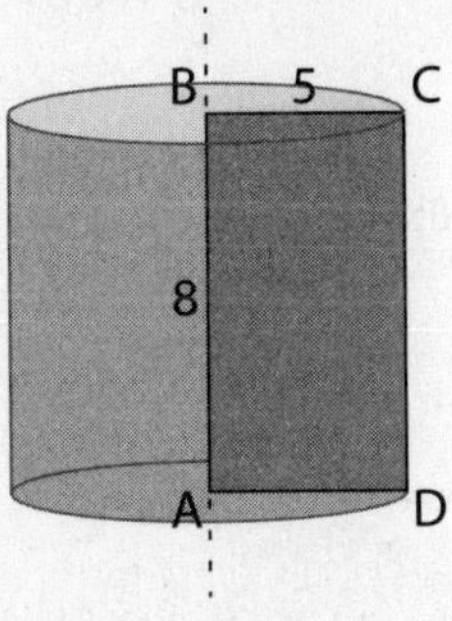

Il volume del cilindro quindi è:

$$\text{Volume}_{\text{cilindro}} = \pi \cdot r^2 \cdot h = \pi \cdot 5^2 \cdot 8 = 200\pi$$

La risposta corretta è dunque la **D**.

MATEMATICA

parte terza

FISICA

Quesiti

1 **Due grandezze fisiche si dicono omogenee se:**

A si possono moltiplicare tra loro
B si possono dividere tra loro
C si possono sommare tra loro
D sono divisibili per uno stesso numero
E nessuna delle risposte è corretta

2 **Sommando due forze, applicate allo stesso punto, di intensità 1 N e 2 N, con le rette di applicazione inclinate di $\pi/3$, si ottiene una forza di intensità pari a:**

A 3 N
B $\sqrt{5}$ N
C 5 N
D 7 N
E $\sqrt{7}$ N

3 **La differenza tra due vettori di uguale intensità è un vettore di intensità nulla. Vero o falso?**

A Vero, se i vettori hanno la stessa direzione e lo stesso verso
B Vero, se i vettori sono tra loro perpendicolari
C Falso: i vettori non possono sottrarsi
D Sempre vero
E Sempre falso

4 **Quattro forze complanari, tre di intensità F e una di intensità 2F, sono applicate nello stesso punto P come in figura.**

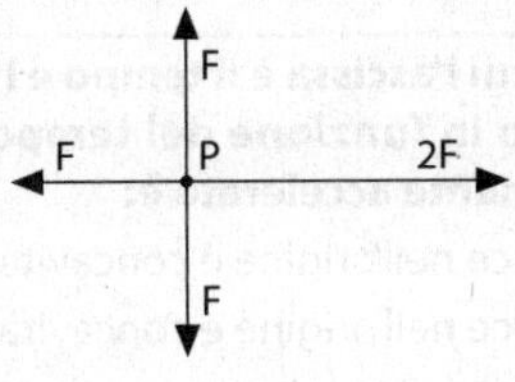

L'intensità della forza risultante è:

A F B 0 C 5F D 3F E 4F

FISICA

5 **Determinare la sequenza crescente delle seguenti unità di misura delle lunghezze: nm, cm, Gm, m, km.**

A nm, Gm, cm, m, km
B Gm, nm, cm, m, km
C km, m, cm, Gm, nm
D nm, cm, m, km, Gm
E Gm, cm, m, nm, km

6 **Un'automobile percorre un tratto di strada in salita alla velocità *v* e lo stesso tratto in discesa alla velocità *v'*. La velocità media è:**

A $\frac{v+v'}{2}$
B $\frac{vv'}{2}$
C $\frac{vv'}{v+v'}$
D $\frac{2vv'}{v+v'}$
E $v+v'$

7 **La legge oraria di un punto materiale che si muove di moto uniformemente accelerato è: $s = 5t^2 + 2t + 6$ (*s* in metri, *t* in secondi; l'uguaglianza è intesa numericamente). Quanto vale l'accelerazione del punto materiale?**

A $5 \text{ m} \cdot \text{s}^{-2}$
B $2 \text{ m} \cdot \text{s}^{-2}$
C $6 \text{ m} \cdot \text{s}^{-2}$
D $10 \text{ m} \cdot \text{s}^{-2}$
E $4 \text{ m} \cdot \text{s}^{-2}$

8 **Un treno parte da fermo con accelerazione costante pari a 3 m/s^2. Quale delle seguenti affermazioni è errata?**

A Dopo 10 s la velocità del treno è 30 m/s
B Dopo 5 s la velocità del treno è 54 km/h
C Dopo 8 s la velocità del treno è 1,44 km/min
D Dopo 10 s il treno ha percorso lo spazio *s* = 150 m
E Dopo ogni intervallo di tempo di 1 s la velocità del treno triplica

9 **In un piano cartesiano in cui l'ascissa è il tempo e l'ordinata è l'accelerazione, il grafico che rappresenta l'andamento in funzione del tempo dell'accelerazione di un corpo che si muove di moto uniformemente accelerato è:**

A una parabola con il vertice nell'origine e concavità verso l'alto
B una parabola con il vertice nell'origine e concavità verso il basso
C una retta parallela all'asse delle ascisse
D una retta parallela all'asse delle ordinate
E una retta passante per l'origine, inclinata di 45 gradi rispetto all'asse delle ascisse

10 **Due punti materiali viaggiano sulla stessa circonferenza con velocità costanti in modulo. I due periodi T_1 e T_2 sono il primo doppio del secondo. Il rapporto tra le accelerazioni a_1/a_2 vale:**

A 1

B 4

C 0

D 2

E 1/4

11 **Un anello P si muove su di una circonferenza fissa, di raggio *R*, sospinto da un'asta che ruota uniformemente, con velocità angolare ω, attorno a un punto fisso O della circonferenza.**

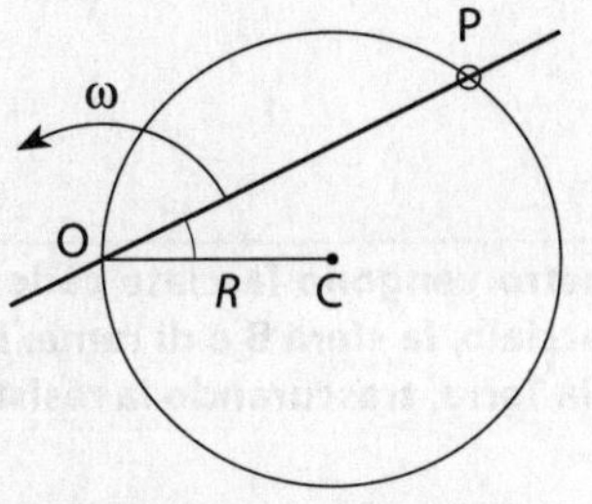

Con quale velocità l'anello si muove sulla circonferenza?

A ωR

B $2\omega R$

C $\omega^2 R \text{ sen } \omega t$

D $\omega^2 Rt$

E $4\omega^2 Rt$

12 **Con quale velocità orizzontale v_0 occorre lanciare P affinché, cadendo nel vuoto, colpisca Q? (g = accelerazione di gravità).**

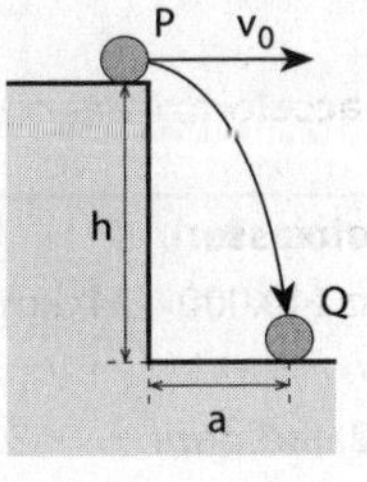

A $v_0 = a \cdot \sqrt{\frac{2h}{g}}$

B $v_0 = \frac{g \cdot h}{a}$

C $v_0 = a \cdot \sqrt{\frac{g}{2h}}$

D $v_0 = g \cdot \frac{a}{h}$

E La risposta richiede la conoscenza della massa di P

FISICA

13 **Dopo quanti secondi un grave lanciato da terra verticalmente verso l'alto, nel vuoto, con velocità di 9,8 m ⁄ s, tocca terra nuovamente?**

- A Dopo 0,5 s
- B Dopo 1 s
- C Dopo 2 s
- D Dopo 4 s
- E Dopo (9,8 ⁄ 2) s

14 **Un sasso viene lasciato cadere da una torre con velocità iniziale nulla. Dopo un tempo *t* dall'inizio della caduta la sua velocità è 10 m/s. Quanto vale la velocità all'istante 2*t*?**

- A 20 m/s
- B 50 m/s
- C 100 m/s
- D 10 m/s
- E 5 m/s

15 **Tre sfere di ugual diametro vengono lasciate cadere dalla medesima quota nello stesso istante. La sfera A è di acciaio, la sfera B è di rame, la sfera C è di legno. Si chiede qual è il loro ordine di arrivo sulla Terra, trascurando la resistenza dell'aria.**

- A Arrivano insieme
- B Arrivano nell'ordine A, C, B
- C Arrivano nell'ordine B, A, C
- D Arrivano prima e contemporaneamente A e C, e quindi B
- E Manca qualche elemento necessario per risolvere il problema

16 **La lancetta dei minuti di un orologio ha una velocità angolare di rotazione pari a:**

- A $1{,}74 \times 10^{-3}$ rad/s
- B 0, 1 rad/s
- C $7{,}27 \times 10^{-5}$ rad/s
- D 1/12 ore^{-1}
- E $1/12\pi$ ore^{-1}

17 **La Terra ruota attorno al proprio asse:**

- A con velocità angolare di circa (40.000 ⁄ 24) km ⁄ h
- B 24 volte in un giorno
- C con velocità angolare (π ⁄ 12) rad ⁄ ore
- D con frequenza (1 ⁄ 3600) cicli ⁄ secondo
- E nessuna delle precedenti risposte è corretta

18 **Un autotreno percorre una curva in autostrada e la velocità indicata dal tachimetro rimane costante. L'accelerazione del mezzo:**

- A è proporzionale al quadrato della velocità
- B è nulla
- C è tangente alla traiettoria seguita
- D è proporzionale al raggio della curva
- E è proporzionale alla velocità

19 **Un sasso viene lanciato verso l'alto in direzione verticale. Nel punto più alto della traiettoria quale delle seguenti combinazioni di accelerazione (*a*) e velocità (*v*) è corretta?**

A $a \approx 9{,}8\ m/s^2$, $v \approx 9{,}8\ m/s$

B $a \approx 9{,}8\ m/s^2$, $v = 0$

C $a = 0$, $v \approx 9{,}8\ m/s$

D $a = 0$, $v = 0$

E $a = 0$, $v \approx -9{,}8\ m/s$

20 **Una forza si dice elastica quando:**

A è di richiamo, cioè tende a ridurre la deformazione

B è costante al variare della deformazione

C aumenta decisamente all'aumentare della deformazione

D è di richiamo ed è proporzionale alla deformazione

E nessuna delle precedenti risposte è corretta

21 **Se la Terra avesse una massa doppia e un raggio pari alla metà dei valori reali, la forza peso sulla Terra risulterebbe:**

A quattro volte maggiore

B otto volte maggiore

C uguale

D la metà

E il doppio

22 **Un carrello di massa *M* = 10 kg si sta muovendo orizzontalmente alla velocità *v* = 5 m/s; a un certo punto si stacca dal carrello un pezzo di massa *m* = 2 kg. Cosa succede al carrello?**

A Prosegue a 4 m/s

B Prosegue a 6,75 m/s

C Prosegue a 5 m/s

D Si ferma

E Nessuna delle precedenti risposte è corretta

23 **Una persona munita di fucile e proiettili si trova sopra un carrello in moto con velocità pari a 3 m/s. La massa di tutto il sistema è 100 kg. Nell'ipotesi che gli attriti risultino trascurabili, si domanda se la persona, sparando in successione alcuni proiettili, può arrestare il carrello.**

A No, perché la quantità di moto di un sistema isolato si conserva

B Sì, purché la persona spari un numero di proiettili tale che l'energia cinetica complessiva risulti di 300 joule

C Sì, purché la persona spari un numero di proiettili tale che la loro quantità totale di moto risulti di verso opposto rispetto a quella del sistema iniziale e uguale a 300 kg · m/s

D Sì, purché la persona spari un numero di proiettili tale che la loro quantità totale di moto risulti dello stesso verso rispetto a quella del sistema iniziale e uguale a 300 kg · m/s

E No, perché non si conserverebbe l'energia cinetica

FISICA

24 **Un corpo C di massa *m*, isolato e in quiete, si divide in tre parti, P, Q ed R, di uguale massa, che si muovono con velocità di uguale modulo $v \neq 0$, P e Q nella stessa direzione ma in versi opposti ed R in direzione perpendicolare a quella delle prime due parti. Tale fenomeno:**

- A dipende dal tipo di meccanismo che provoca la divisione del corpo in tre parti
- B dipende dalla massa di C
- C dipende dalla velocità *v*
- D non è mai possibile
- E è sempre possibile

25 **Un'automobile giocattolo di massa 10 g viene posta su un piano inclinato di 30° rispetto all'orizzonte. Trascurando l'attrito, qual è approssimativamente la sua accelerazione?**

- A $10\ m/s^2$
- B $2{,}5\ m/s^2$
- C $8{,}7\ m/s^2$
- D $5{,}0\ m/s^2$
- E $3{,}33\ m/s^2$

26 **Nel sistema in figura le due masse A e B (con $m_A = 2\ m_B$), collegate fra di loro da un filo inestensibile di massa trascurabile, sono scorrevoli senza attrito rispettivamente lungo il piano inclinato e lungo la verticale.**

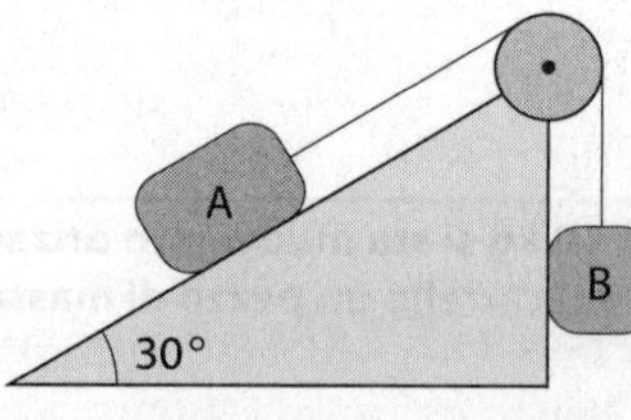

Inizialmente le due masse sono tenute ferme. Se si lasciano libere:

- A rimangono ferme
- B la massa A scende con accelerazione *g*
- C la massa A scende con accelerazione *g*/4
- D la massa B scende con accelerazione *g*
- E la massa B scende con accelerazione *g*/4

27 **Lo scivolo di un parco giochi ha una pendenza variabile: nella parte alta lo scivolo è molto ripido, poi la sua pendenza diminuisce gradualmente verso valori più bassi, fino ad essere quasi orizzontale nella parte bassa. Se un bambino scende lungo lo scivolo, come variano la sua velocità *v* e la sua accelerazione *a*?**

- A *v* ed *a* aumentano entrambi
- B *v* aumenta ed *a* rimane inalterata
- C *v* aumenta ed *a* diminuisce
- D *v* diminuisce ed *a* aumenta
- E *v* ed *a* diminuiscono entrambe

PARTE TERZA

28 **Due forze parallele e di verso opposto, entrambe di intensità *F*, sono applicate a un sistema rigido come mostrato in figura.**

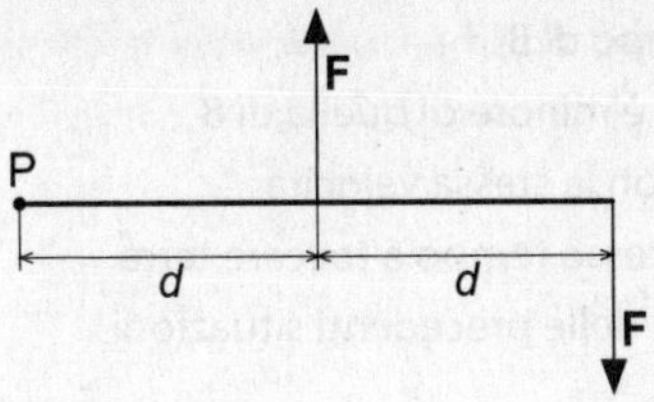

Quanto vale l'intensità del momento risultante delle due forze rispetto al punto P?

A 0

B $3F \cdot d$

C $F \cdot d$

D $2F \cdot d$

E $4F \cdot d$

29 **Un pendolo semplice è costituito da una massa *m*, collegata da un filo di lunghezza *l* di massa trascurabile a un punto fisso O. Il pendolo compie oscillazioni di ampiezza massima $\pi/4$ rispetto alla verticale, in assenza di attrito. Durante il moto, la tensione del filo:**

A è massima quando il pendolo inverte il moto

B è massima nella posizione in cui il pendolo è a quota minima

C è costante durante il moto

D dipende dal numero di oscillazioni compiute

E uguaglia il peso del pendolo

30 **Una massa *m* è lanciata lungo la guida in figura, caratterizzata da un anello circolare di raggio *r*. La velocità di lancio nel punto A (quota zero) necessaria per superare senza cadere il punto B deve essere tale che:**

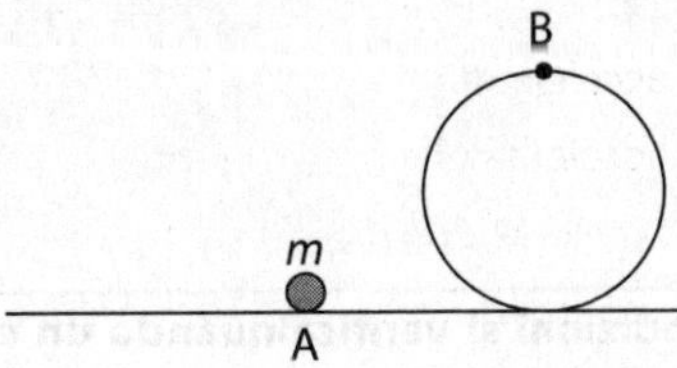

A l'energia cinetica in A sia pari all'energia potenziale in B

B l'accelerazione centripeta all'entrata della guida circolare sia pari, in modulo, all'accelerazione di gravità

C l'accelerazione centrifuga all'entrata della guida circolare sia pari, in modulo, all'accelerazione di gravità

D l'energia cinetica in A sia pari all'energia potenziale in B più l'energia cinetica necessaria in B perché ivi l'accelerazione centrifuga eguagli quella di gravità

E l'energia cinetica in A sia pari all'energia potenziale in B più l'energia cinetica necessaria in B perché ivi l'accelerazione centripeta uguagli quella di gravità

FISICA

31 Due corpi uguali A e B scivolano senza attrito lungo due piani inclinati che formano con il piano orizzontale rispettivamente un angolo di 30°, per il corpo A, e un angolo di 60°, per il corpo B, fino ad arrivare a terra. Nell'ipotesi che partano dalla stessa altezza, allora:

- A) A impiega meno tempo di B
- B) la velocità finale di A è minore di quella di B
- C) A e B toccano terra con la stessa velocità
- D) A e B impiegano lo stesso tempo a toccare terra
- E) non si verifica alcuna delle precedenti situazioni

32 Uno sciatore di massa $m = 80$ kg viene trainato da uno skilift lungo un pendio inclinato di 30° rispetto alla direzione orizzontale, alla velocità costante di 9 km/h. Sapendo che l'accelerazione di gravità vale $g = 9{,}8$ m/s^2, dire se la potenza erogata dal motore dello skilift è:

- A) 720 kW
- B) 7056 J
- C) 980 W
- D) 727 J
- E) nessuna delle precedenti possibilità è corretta

33 In un certo istante del moto, un punto materiale ha velocità *v* ed energia cinetica *E*. Se in un altro istante l'energia cinetica assume valore pari a 2*E*, quanto vale la velocità del punto materiale?

- A) $2v$
- B) $\sqrt{2}v/2$
- C) $\sqrt{2}\ v$
- D) $0{,}5\ v$
- E) $0{,}25\ v$

34 Calcolare la potenza meccanica media necessaria per sollevare di 2 m in 2 s la massa di 1,53 kg:

- A) 6,12 W
- B) 15 J·s
- C) 1,53 J
- D) 15 W
- E) 1,53 J/s

35 Quale delle seguenti condizioni si verifica quando un corpo si muove unicamente sotto l'azione di forze conservative?

- A) L'energia meccanica del corpo si mantiene costante
- B) Aumentano sia l'energia cinetica che l'energia potenziale del corpo
- C) Il lavoro fatto dalle forze sul corpo è sempre uguale a zero
- D) Il lavoro fatto dalle forze tra due punti A e B dipende dalla traiettoria seguita dal corpo per andare da un punto all'altro
- E) Diminuiscono sia l'energia cinetica che l'energia potenziale del corpo

36 L'energia consumata in un minuto da una lampadina di potenza pari a 80 W è:

A) 4,8 kJ B) 80 J C) 480 J D) 1,33 kWh E) 0,08 kWh

PARTE TERZA

37 **L'ampiezza del kelvin:**

A è la stessa del grado fahrenheit

B si ottiene dividendo per 273 l'intervallo di temperatura compreso tra quella di fusione del ghiaccio e quella di ebollizione dell'acqua

C è la stessa del grado réaumur

D è la stessa del grado centigrado

E è la metà del grado centigrado

38 **Una camera d'aria di volume V contiene aria alla pressione di 180 kPa. Se la camera viene compressa a temperatura costante fino al volume $3\,V/5$, quanto vale la pressione finale dell'aria (considerata come gas perfetto)?**

A 500 kPa

B 162 kPa

C 300 kPa

D 360 kPa

E 108 kPa

39 **Il peso dell'aria che riempie una stanza in inverno (7 °C) è maggiore o minore di quello dell'aria che riempie la stessa stanza in estate (37 °C)? E di quanto, supponendo costante la pressione?**

A Maggiore, 5 volte

B Minore, 0,2 volte

C Maggiore, 1,1 volte

D Minore, 0,9 volte

E Uguale

40 **Una bolla d'aria sale lentamente in un liquido, mantenendo inalterata la propria temperatura. Il raggio della bolla, quando arriva alla superficie del liquido, è:**

A uguale al raggio che aveva alla profondità iniziale

B minore di tale raggio

C maggiore di tale raggio

D non c'è modo di prevederlo

E zero

41 **Nella formulazione della legge dei gas perfetti $PV = nRT$:**

A è implicito che un gas perfetto a zero gradi centigradi non occupa nessun volume

B si intende che R varia in dipendenza del variare di P, V e T, ma non della natura del gas, purché perfetto

C si intende che R dipende solo dalla natura del gas, ma non da P, V, T

D n è la massa del gas espressa in grammi

E nessuna delle precedenti affermazioni è corretta

42 **Un gas perfetto sottoposto inizialmente a una pressione P passa, in seguito a una trasformazione isocora, dalla temperatura di 27 °C a 54 °C. Dunque:**

A il volume raddoppia

B la pressione finale è $P/2$

C la pressione finale è $2P$

D la pressione finale è $4P$

E nessuna delle precedenti

FISICA

43 **Il passaggio di fase, per esempio da solido a liquido, è un esempio di trasformazione:**

- **A** isoterma
- **B** isobara
- **C** isocora
- **D** adiabatica
- **E** isodensa

44 **La temperatura di ebollizione dell'acqua sul Monte Bianco (4800 metri circa) è:**

- **A** minore di 0 °C
- **B** maggiore di 100 °C
- **C** uguale a 100 °C
- **D** minore di 100 °C
- **E** uguale a 0 °C

45 **Un corpo con peso specifico pari alla metà di quello dell'acqua è immerso in acqua e tenuto fermo da una catena. A quale accelerazione si troverebbe soggetto se il corpo fosse lasciato libero improvvisamente? (*g* è l'accelerazione di gravità).**

- **A** 1,0 g
- **B** 0,5 g
- **C** 2,0 g
- **D** Dipende dalla profondità a cui il corpo si trova
- **E** Dipende dal volume del corpo

46 **Un recipiente cilindrico alto 0,5 m è completamente riempito con un liquido. Quale delle seguenti grandezze è necessario conoscere per calcolare la pressione sul fondo del recipiente?**

- **A** La viscosità del liquido
- **B** La massa del liquido
- **C** Il volume del recipiente
- **D** La densità del liquido
- **E** L'area di base del recipiente

PARTE TERZA

47 **Se su un ponte, sul quale scorre un corso d'acqua, grava un peso di *x* tonnellate, a quanto ammonterà complessivamente il peso che grava sul ponte nel momento in cui vi transita una nave del peso di 500 tonnellate?**

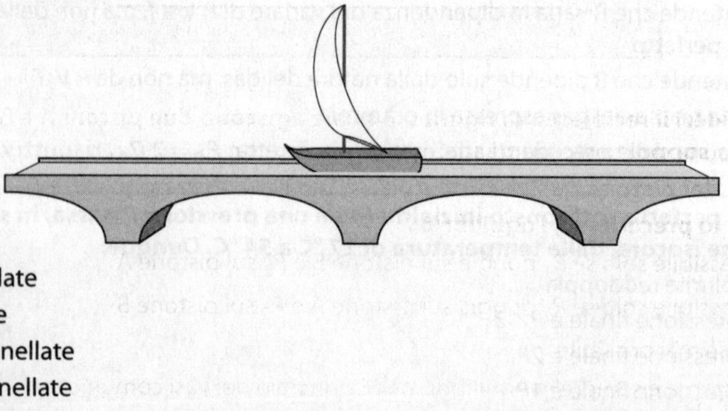

- **A** 500 tonnellate
- **B** x tonnellate
- **C** $x + 500$ tonnellate
- **D** $x - 500$ tonnellate
- **E** $500 \cdot x$ tonnellate

48 **Un corpo, che ha un volume di 0,3 m^3, galleggia sull'acqua (densità 1 kg/dm^3). Sporgono dall'acqua 30 dm^3 del corpo. La densità del corpo vale:**

- **A** 0,1 kg/dm^3
- **B** 0,9 kg/m^3
- **C** 0,9 kg/dm^3
- **D** 9 kg/dm^3
- **E** 1 kg/dm^3

49 **In una tubatura orizzontale a sezione circolare viene trasportato un flusso costante d'acqua. Se in un punto nel quale la tubatura ha una sezione di area 6 cm^2 l'acqua viaggia a 0,80 m/s, quale è la sua velocità in un punto nel quale l'area della sezione è di 4 cm^2?**

- **A** 0,40 m/s
- **B** 0,60 m/s
- **C** 0,75 m/s
- **D** 1,20 m/s
- **E** 1,50 m/s

50 **B. Pascal nel *Traité de l'equilibre des liqueurs et de la pesanteur de la masse de l'air* (1663) studia, tra l'altro, il problema dell'equilibrio dei liquidi nei vasi comunicanti facendo astrazione dal peso del liquido e considerando solo la pressione sulla superficie. Il pensiero di Pascal è ben riassunto da E. Mach nell'importante trattato *La Meccanica nel suo sviluppo Storico-Critico* (Praga, 1883):**

«Consideriamo due vasi comunicanti chiusi da pistoni di peso proporzionale alle rispettive superfici. In questo caso si ha equilibrio, giacché, in conseguenza dell'invariabilità del volume del liquido, gli spostamenti (dei pistoni) sono inversamente proporzionali ai pesi che sopportano».

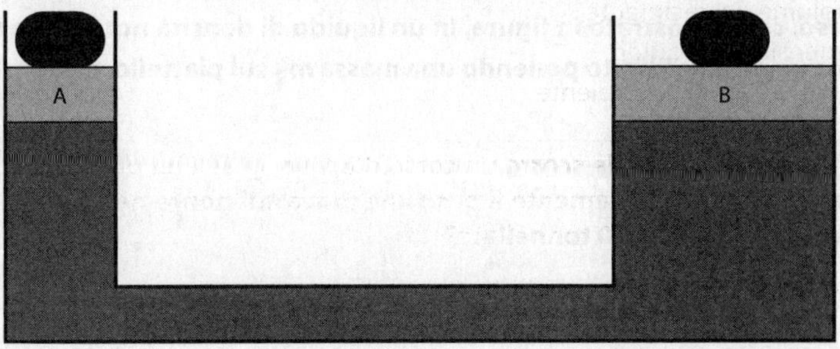

Si consideri il recipiente di figura sul quale agiscono due pistoni A e B di sezione circolare, ognuno sopportante un peso. Siano R_A e R_B, con $R_B = 2\,R_A$, rispettivamente i raggi delle sezioni dei pistoni A e B e siano P_1 e P_2 due pesi il cui rapporto è $P_1/P_2 = 4$. Dalla lettura del brano precedente, l'equilibrio:

- **A** è possibile solo se P_1 poggia sul pistone B e P_2 sul pistone A
- **B** è possibile solo se P_1 poggia sul pistone A e P_2 sul pistone B
- **C** non è mai possibile
- **D** il sistema è sempre in equilibrio per il principio dei vasi comunicanti
- **E** nessuna delle precedenti risposte è corretta

FISICA

51 Un cubetto di ghiaccio di 1 cm^3 di volume galleggia sull'acqua contenuta in un recipiente a temperatura costante di 25 °C. Quando il ghiaccio si sarà completamente sciolto, il livello dell'acqua sarà, rispetto a quello iniziale:

A invariato

B diminuito

C aumentato del doppio

D aumentato del quadruplo

E la domanda non ha senso

52 Nel libro I dell'opera sui *Galleggianti* di Archimede, si legge:

«I [corpi solidi] più pesanti del liquido, abbandonati nel liquido, sono trasportati verso il basso, fino al fondo, e saranno tanto più leggeri nel liquido, quanto maggiore è il peso del liquido avente il volume della grandezza solida». La proposizione di Archimede permette di misurare la densità di corpi solidi aventi forma non semplice. Si usa a tale scopo la bilancia idrostatica in figura.

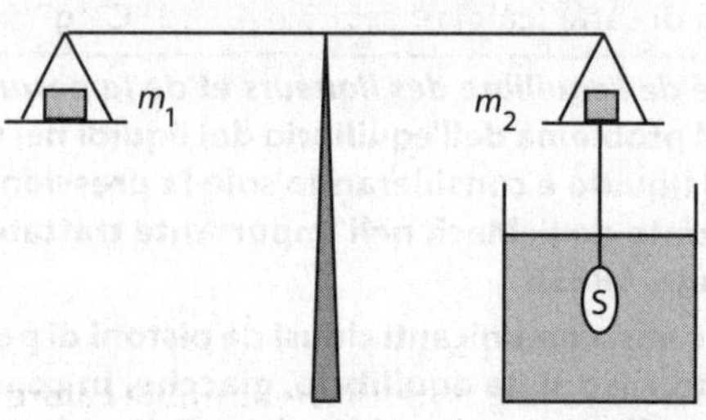

Ponendo un corpo solido S sul piattello di una bilancia si determina il suo peso e la sua massa m_1. Successivamente il corpo viene sospeso al di sotto del piattello della bilancia e immerso, come mostrato in figura, in un liquido di densità nota ρ_1; in questa situazione il sistema viene equilibrato ponendo una massa m_2 sul piattello. La densità ρ_s del corpo è:

A $\rho_s = (m_1 / m_2)\ \rho_1$

B $\rho_s = [m_1 / (m_1 - m_2)]\ \rho_1$

C $\rho_s = \rho_1$

D $\rho_s = m_1$

E $\rho_s = m_2$

53 Viene eseguito un esperimento per misurare il calore specifico del rame. Un pezzo di rame viene scaldato nel forno e poi lasciato cadere in un bicchiere d'acqua.
Per calcolare il calore specifico del rame, lo sperimentatore deve conoscere o misurare il valore di tutte le seguenti grandezze, tranne una: quale?

A La massa dell'acqua

B Le temperature iniziali del rame e dell'acqua

C La temperatura finale (di equilibrio) del rame e dell'acqua

D Il tempo impiegato per raggiungere l'equilibrio termico dopo che il rame è caduto nell'acqua

E Il calore specifico dell'acqua

PARTE TERZA

54 Se il calore latente di fusione del rame vale 212 J/g, la quantità di calore necessaria a liquefare 1 kg di rame che si trova al punto di fusione è circa:

A 212 kcal
B 2,12 J
C 2120 kelvin
D 50,7 kcal
E nessuna delle precedenti

55 Supponendo di avere, in una stanza a temperatura ambiente, una tavoletta di legno e una di metallo delle stesse dimensioni (25 cm × 15 cm × 4 mm), e di deporre al loro centro due cubetti di ghiaccio identici estratti dal frigorifero contemporaneamente, indicare se:

A i due cubetti di ghiaccio si scioglieranno contemporaneamente
B si scioglie prima il cubetto di ghiaccio posto sul legno
C si scioglie prima il cubetto di ghiaccio posto sul metallo
D i due cubetti di ghiaccio non si scioglieranno
E nessuna delle precedenti risposte è corretta

56 Per riscaldare 20 g di caffè (calore specifico 4,18 J °C^{-1}g^{-1}) da 20 °C a 70 °C sono necessari:

A 313,5 J
B 8360 J
C 4180 J
D 209 J
E 41,8 J

57 Il rendimento di una macchina termica che scambia calore con due termostati è:

A sempre uguale al 30%
B uguale al calore effettivamente trasformato in lavoro
C uguale all'energia termica utilizzata dalla macchina
D dipende dalle temperature delle sorgenti di calore (o termostati) con cui la macchina scambia calore
E sempre uguale al 70%

58 Si può affermare che il calore specifico di un gas perfetto:

A è indipendente dalle trasformazioni a cui il gas è sottoposto, in quanto dipende solo dalla natura della sostanza considerata
B diminuisce da 0 °C a 4 °C mentre poi aumenta per temperature maggiori di 4 °C
C a pressione costante è maggiore del calore specifico a volume costante
D è una quantità costante solo per i gas reali
E è espresso da un numero puro, nel senso che si tratta di una grandezza priva di dimensioni

59 Una macchina termica produce in ogni suo ciclo di funzionamento il lavoro $L = 1000$ J, con un rendimento del 25%. Il calore da essa ceduto all'ambiente in ogni ciclo è, in modulo:

A 3000 J
B 4000 J
C 0 J
D 250 J
E 1250 J

FISICA

60 In un esperimento immaginario, un blocco di 1 kg di ghiaccio a 0 °C è lasciato cadere da un'altezza *h* tale che il calore prodotto dall'impatto con il suolo lo fa fondere completamente. Da quale altezza dovrebbe cadere un blocco di ghiaccio di 25 kg per fondere completamente? (Si supponga che, in entrambi i casi, tutto il calore prodotto nell'urto venga utilizzato per fondere il ghiaccio)

- A Da un'altezza 25 volte più piccola di *h*
- B Da un'altezza 625 volte più grande di *h*
- C Dalla stessa altezza *h*
- D Da un'altezza 5 volte più grande di *h*
- E Da un'altezza 25 volte più grande di *h*

61 La velocità del suono nel vuoto assoluto è:

- A circa 340 m/s
- B pari a quella nell'aria
- C circa 1000 km/h
- D non è definita
- E uguale a quella della luce

62 Essendo $h = 6{,}6 \cdot 10^{-34}$ J·s la costante di Planck, l'energia di un fotone di frequenza $\nu = 10^{15}$ Hz è:

- A $E = 6{,}6 \cdot 10^{-7}$ pJ
- B $E = 6{,}6 \cdot 10^{-37}$ pJ
- C $E = 1{,}5 \cdot 10^{37}$ J
- D $E = 1{,}5 \cdot 10^{-9}$ J
- E nessuna delle precedenti risposte è corretta

63 La posizione del fuoco di una lente dipende:

- A dalla distanza dell'oggetto
- B dalla grandezza della lente
- C dall'indice di rifrazione della lente
- D dalla posizione del centro ottico
- E dall'intensità dell'onda incidente

64 Se un corpo si trova a 2 metri da uno specchio piano, a che distanza si trova dalla propria immagine riflessa nello specchio?

- A Per rispondere occorre conoscere la distanza focale dello specchio
- B Un metro
- C Due metri
- D Otto metri
- E Quattro metri

65 Indicare come cambiano la velocità *v* e la lunghezza d'onda λ della luce quando questa passa dall'aria al vetro.

- A *v* aumenta e λ diminuisce
- B *v* aumenta e λ aumenta
- C *v* diminuisce e λ aumenta
- D *v* diminuisce e λ diminuisce
- E *v* aumenta e λ non cambia

66 **Ponendo un oggetto a 4 m da uno specchio sferico, l'immagine si forma dalla stessa parte dell'oggetto a 2 m dal vertice. Possiamo affermare che:**

A l'immagine è diritta
B l'immagine è ingrandita
C l'immagine è virtuale
D la distanza focale è maggiore di 2 m
E la distanza focale è minore di 2 m

67 **Si riceve un segnale acustico con un ritardo di 50 periodi rispetto alla sorgente. Sapendo che la frequenza del suono è di 500 Hz e la velocità di propagazione è di 300 m/s, qual è la distanza tra il ricevitore e la sorgente?**

A 1 m
B 5 m
C 10 m
D 30 m
E 100 m

68 **Due suoni hanno diversa intensità e pertanto:**

A hanno diverso timbro
B uno è più acuto e l'altro è più grave
C hanno diversa altezza
D trasportano diversa energia meccanica di oscillazione
E nessuna delle precedenti risposte è corretta

69 **La luce:**

A è formata da particelle subatomiche
B è una radiazione elettromagnetica monocromatica
C può essere prodotta solo da lampade incandescenti
D è una radiazione elettromagnetica policromatica
E ha sempre velocità di 300.000 chilometri al secondo

70 **Una carica elettrica q viene posta fra due cariche identiche Q, alle distanze d_1 dalla prima e d_2 dalla seconda, con $d_1 < d_2$. Sia F_1 la forza di interazione con la prima carica e sia F_2 la forza di interazione con la seconda carica. Risulta:**

A $F_1 < F_2$
B $F_1 = F_2$
C $F_1 > F_2$
D $F_1 = 1/F_2$
E $F_1 = 2F_2$

71 **Il lavoro necessario per spostare una carica puntiforme di 3 C da un punto il cui potenziale è $V_1 = 150$ V a un punto il cui potenziale è $V_2 = 1000$ V è pari a:**

A 3450 J
B 2550 J
C 850 V
D 283,3 J
E 250 V

FISICA

72 Una carica puntiforme si muove su un piano orizzontale, privo di attrito, avvicinandosi a un'altra carica puntiforme, dello stesso segno, fissa sul piano. Il moto avviene lungo una retta che unisce le due cariche. All'inizio le due cariche sono a distanza *L* e la velocità della carica in moto è v_0. Indicare quale delle seguenti affermazioni è corretta:

- **A** la velocità della carica mobile aumenterà sotto l'effetto del campo elettrico generato dalla carica fissa
- **B** la carica mobile si avvicinerà alla carica fissa spendendo tutta la sua energia cinetica per vincere il potenziale repulsivo, quindi si fermerà
- **C** dopo un tempo sufficientemente lungo la carica mobile sarà nuovamente nella posizione iniziale con velocità uguale e opposta alla velocità iniziale
- **D** la carica mobile, dopo essere stata frenata dal potenziale repulsivo, comincerà a ruotare attorno alla carica fissa
- **E** nessuna delle precedenti risposte è corretta

73 Una sferetta di massa $m = 10$ g, caricata elettricamente con carica $q = 10^{-7}$ C, è immersa in un campo elettrico E diretto verticalmente, tale che la forza elettrostatica equilibra la forza peso agente sulla sferetta. L'intensità del campo elettrico è:

- **A** 10^{-6} N/C
- **B** 980 N/C
- **C** 98 kV
- **D** 980 kV
- **E** nessuna delle precedenti possibilità è corretta

74 Una carica positiva nota si trova nel punto P, tra due cariche sconosciute Q_1 e Q_2, come mostrato in figura. P è più vicino a Q_2 che a Q_1.

Se la forza elettrica totale agente sulla carica posta in P è nulla, si può correttamente concludere che:

- **A** Q_1 e Q_2 sono entrambe positive
- **B** Q_1 e Q_2 sono entrambe negative
- **C** Q_1 e Q_2 hanno segno opposto
- **D** Q_1 e Q_2 hanno lo stesso segno, ma l'intensità di Q_1 è maggiore di quella di Q_2
- **E** Q_1 e Q_2 hanno lo stesso segno, ma l'intensità di Q_2 è maggiore di quella di Q_1

75 Il lavoro per portare due cariche puntiformi e uguali *Q*, inizialmente molto distanti tra loro, a distanza *a* fissata sia *L*. Quanto sarà il lavoro speso per portare tre cariche dello stesso tipo e valore ai vertici di un triangolo equilatero di lato sempre uguale ad *a*, anch'esse inizialmente a distanze molto grandi tra loro?

- **A** $2L$
- **B** $3L$
- **C** $6L$
- **D** L^2
- **E** L^3

76 **L'energia elettrostatica immagazzinata in un condensatore di capacità 1 μF a cui è applicata la differenza di potenziale di $3 \cdot 10^3$ V vale:**

A) $3 \cdot 10^{-3}$ J
B) 4,5 J
C) 9 J
D) $3 \cdot 10^3$ J
E) 3 J

77 **Se si raddoppia la distanza tra le armature di un condensatore piano mantenendo invariata la carica elettrica su ciascuna di esse, la d.d.p. tra le armature:**

A) si raddoppia
B) si dimezza
C) rimane invariata
D) si quadruplica
E) non si può rispondere senza conoscere la superficie delle armature

78 **Un condensatore piano viene realizzato con due armature piane indefinite e parallele separate dal vuoto. All'interno del condensatore, a eguale distanza dalle due armature, viene posto un elettrone fermo. Indicare se l'elettrone:**

A) si muove verso l'armatura negativa fino a raggiungere gli altri elettroni
B) si muove verso l'armatura positiva fino a raggiungerla
C) resta fermo al centro del condensatore
D) si muove con moto oscillatorio fra le due armature
E) nessuna delle precedenti risposte è corretta

79 **Le linee di forza di un qualunque campo elettrico sono in ogni punto:**

A) dirette come il campo elettrico
B) dirette perpendicolarmente al campo elettrico
C) dirette come la velocità di una particella carica che si muove sotto l'azione del campo elettrico
D) dirette perpendicolarmente alla velocità di una particella carica che si muove sotto l'azione del campo elettrico
E) dirette orizzontalmente

80 **Un elettrone accelerato da una differenza di potenziale di 10 V possiede un'energia di:**

A) 10 erg
B) 10 joule
C) 10 eV
D) 1 keV
E) 100 joule

81 **I raggi catodici corrispondono a un flusso di:**

A) protoni
B) neutroni
C) elettroni
D) nucleoni
E) ioni

FISICA

82 Due conduttori disposti in parallelo hanno resistenza rispettivamente 10 ohm e 100 ohm. La resistenza totale è:

- A calcolabile solo se si conosce la differenza di potenziale applicata
- B circa 11 ohm
- C 110 ohm
- D circa 9 ohm
- E 0,11 ohm

83 Quali resistenze sono in parallelo nel circuito rappresentato nella figura?

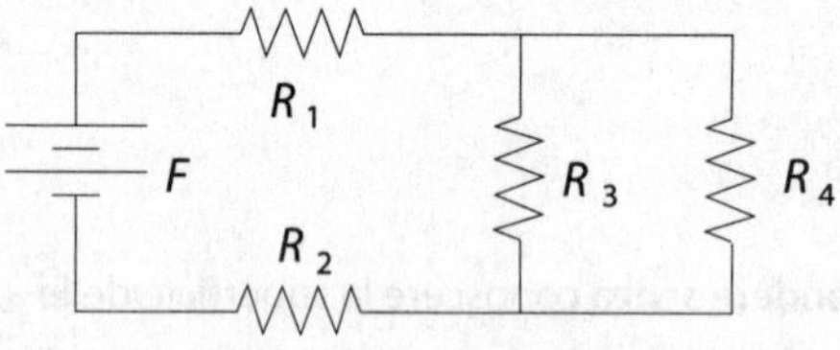

- A R_1 e R_2
- B R_3 e R_4
- C R_1 e R_2; R_3 e R_4
- D Tutte e quattro
- E Non ci sono resistenze in parallelo

84 La batteria di una automobile è caratterizzata, oltre che dalla tensione, anche dalla quantità di carica che è in grado di trasferire da un elettrodo all'altro espressa in ampere-ora (Ah). 100 Ah corrispondono a:

- A 3600 coulomb
- B 100 ampere
- C 360.000 coulomb
- D 100 coulomb
- E 3600 ampere

85 Una lampadina da 75 W è collegata a un generatore da 220 V. Qual è il valore della corrente che passa nella lampadina?

- A 2,9 A
- B 1,7 A
- C 16.500 A
- D 0,34 A
- E 0,58 A

86 La resistenza di un conduttore ohmico:

- A diminuisce all'aumentare della lunghezza del conduttore
- B aumenta all'aumentare della resistività del conduttore
- C aumenta all'aumentare della sezione del conduttore
- D diminuisce all'aumentare della temperatura
- E nessuna delle precedenti risposte è corretta

87 La forza elettromotrice è:

A la forza agente sugli elettroni di un filo conduttore
B la quantità di carica trasportata dalla corrente
C la differenza di potenziale ai capi di una pila
D la forza esercitata dagli elettroni di un filo conduttore
E tutte le precedenti

88 Si hanno due conduttori tenuti alla differenza di potenziale (costante) di 160 volt. È possibile ottenere, fra i due conduttori, un campo elettrico di 10.000 volt/metro?

A No, in nessun modo
B Sì, basta avvicinare i conduttori a una distanza opportuna
C Sì, il campo elettrico è indifferente alla differenza di potenziale
D La domanda è priva di senso
E No, a meno di mettere i due conduttori a terra

89 Due resistenze uguali sono attraversate da correnti alternate di frequenze ν e 2ν aventi lo stesso valore efficace. Dette W_1 e W_2 le potenze medie dissipate per effetto Joule nelle due resistenze percorse dalle correnti di frequenza rispettivamente ν e 2ν, quale delle seguenti relazioni è quella esatta?

A $W_1 = W_2$
B $W_1 = 2\,W_2$
C $W_2 = 2\,W_1$
D $W_1 = 4\,W_2$
E $W_2 = 4\,W_1$

90 Una corrente alternata alimenta un ferro da stiro. La potenza elettrica istantanea dissipata:

A è costante
B ha valor medio nullo e oscilla con la stessa frequenza della tensione e della corrente
C è nulla in ogni istante
D è sempre positiva e varia con la stessa frequenza della tensione e della corrente
E è sempre positiva e varia con frequenza doppia della frequenza della tensione e della corrente

91 Il modulo della forza di Lorentz agente su una particella carica in moto con velocità v in un campo magnetico B è:

A zero, solo se **B** è nullo
B zero, se **v** è ortogonale a **B**
C zero, se **v** è parallela a **B**
D sempre diverso da zero, se **v** e **B** sono non nulli
E zero, se **v** forma con **B** un angolo di 45°

92 Una carica elettrica si muove con velocità v all'interno di un campo magnetico. Il lavoro della forza di Lorentz è:

A negativo
B positivo
C nullo solo se il campo è uniforme
D nullo solo se il campo varia da punto a punto
E nullo qualunque sia il campo magnetico

FISICA

93 Nel Sistema internazionale delle unità di misura (SI) il flusso di induzione magnetica si misura in:

A tesla (T)
B magnetoni di Bohr
C weber (Wb)
D becquerel (Bq)
E henry (H)

94 Due particelle A e B, aventi la stessa carica elettrica, si muovono di moto circolare uniforme in uno stesso campo magnetico su circonferenze di ugual raggio. Sapendo che $m_A = 2\, m_B$, quale delle seguenti relazioni tra i moduli delle velocità v_A e v_B è quella esatta?

A $v_A = v_B$
B $2\, v_A = v_B$
C $2\, v_B = v_A$
D $4\, v_A = v_B$
E $4\, v_B = v_A$

95 Un pendolo viene fatto oscillare tra i poli di un magnete. Nelle sue oscillazioni il pendolo entra ed esce dal campo magnetico generato dal magnete. Quale fra le seguenti affermazioni è corretta?

A Se si eliminano tutti gli attriti, le oscillazioni non si smorzano mai, qualunque sia la natura del pendolo
B Se il disco è fatto di materiale isolante, le oscillazioni diventano sempre più frequenti
C Il disco si raffredda se è fatto di materiale conduttore
D L'ampiezza delle oscillazioni aumenta progressivamente nel tempo, se il disco è fatto di materiale isolante
E Le oscillazioni si smorzano rapidamente, se il disco è fatto di materiale conduttore

96 Il campo magnetico è conservativo?

A No, mai
B Sì, sempre
C Solo nel vuoto
D Solo nei mezzi
E La domanda è priva di senso

97 L'intensità di un campo magnetico generato da un filo rettilineo percorso da una corrente *i*, indicando con *r* la distanza dal filo, è:

A direttamente proporzionale a *i*
B direttamente proporzionale a *i* e a *r*
C inversamente proporzionale a *i* e a *r*
D direttamente proporzionale a *r*, inversamente a *i*
E nessuna delle precedenti risposte è corretta

98 Un campo magnetico stazionario è prodotto da:

A una carica elettrica ferma
B un campo di forze elettrostatiche
C una carica elettrica in moto con velocità costante
D un campo elettrico variabile nel tempo
E un campo di forze elastiche

PARTE TERZA

99 **Quale delle seguenti unità di misura può esprimere nel sistema SI la grandezza *L* · *C*, prodotto di un'induttanza per una capacità?**

- **A** s
- **B** s^{-1}
- **C** s^2
- **D** henry/farad
- **E** s/farad

100 **Come è possibile produrre un campo magnetico costante e uniforme, in una zona limitata dello spazio?**

- **A** Con un solenoide e un generatore in continua
- **B** Con una spira circolare e una pila
- **C** Con un magnete a barretta
- **D** Con un solenoide e un trasformatore
- **E** Con un filo rettilineo e una pila

FISICA

Soluzioni e commenti

1 In fisica le grandezze si dividono in fondamentali e derivate. A ciascuna grandezza fondamentale è associata una lettera che, racchiusa tra parentesi quadre, ne indica la *dimensione*. Le dimensioni delle grandezze derivate si ricavano dalle fondamentali. Se due grandezze hanno la stessa dimensione si dicono *omogenee*. Sono omogenee per esempio il calore e l'energia, mentre non lo sono la lunghezza e il peso. L'addizione di due grandezze non omogenee è priva di significato: non ha senso per esempio sommare due metri con cinque chilogrammi. Se invece due grandezze sono omogenee è sempre possibile sommarle e il risultato ha la stessa dimensione delle due grandezze. Viceversa se due grandezze si possono sommare tra loro, sono omogenee. La risposta corretta è quindi la **C**.

2 Osservando lo schema in figura, si nota che le due forze sono disposte a formare rispettivamente il lato e metà della base di un triangolo equilatero. Si possono quindi ricavare facilmente, per considerazioni geometriche, le componenti orizzontale e verticale della forza maggiore, inclinata di 60º rispetto all'altra, che abbiamo arbitrariamente allineato all'orizzontale.

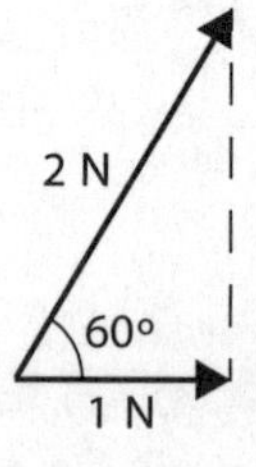

La componente verticale della forza da 2 N corrisponde all'altezza del triangolo equilatero, di lunghezza $2 \cdot \sqrt{3}/2 = \sqrt{3}$.

La componente orizzontale è invece pari a metà del lato, dunque è lunga 1 N.

A questo punto si può procedere a fare la somma dei tre vettori con la regola del parallelogramma. In particolare, due di essi giacciono sull'orizzontale e hanno lo stesso verso e la stessa intensità (1 N), quindi la loro somma vale 2 N: è quella rappresentata in figura.

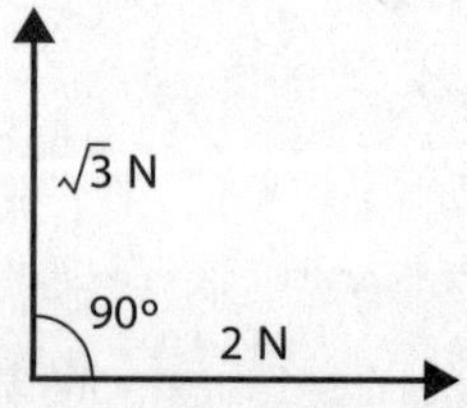

Il modulo della risultante *R* si ricava infine con il teorema di Pitagora:

$$R = \sqrt{(\sqrt{3})^2 + 2^2}\ \text{N} = \sqrt{7}\ \text{N} \quad \text{(risposta E)}$$

3 La differenza tra due vettori si ottiene sommando al primo l'opposto del secondo (l'opposto di un vettore è un vettore avente stessa intensità, stessa direzione e verso contrario). Affinché la differenza tra due vettori sia nulla, è necessario che la somma del primo con l'opposto del secondo sia nulla. Una somma tra due vettori è nulla quando i due vettori hanno la stessa intensità, la stessa direzione e il verso opposto. Quindi, affinché la differenza sia nulla, i due vettori devono avere la stessa intensità, la stessa direzione e lo stesso verso (risposta **A**).

4 Le due forze verticali, essendo opposte, hanno risultante (somma delle forze) nulla e quindi non influiscono sulla forza risultante totale. Il modulo della risultante delle due forze dotate di direzione orizzontale si ottiene dalla differenza (versi opposti) dei moduli delle due forze (risposta **A**).

5 Per mettere in ordine crescente le cinque unità di misura, è sufficiente ricordare le potenze di dieci che le legano all'unità di misura della lunghezza: il metro.

- nm = 10^{-9} m;
- cm = 10^{-2} m;
- Gm = 10^{9} m;
- km = 10^{3} m.

Da queste equivalenze si deduce che la risposta esatta è la **D**.

6 L'automobile percorre lo stesso spazio sia in salita che in discesa; indicando con s lo spazio percorso, con t il tempo di salita e con t' il tempo di discesa, si ha:

$$s = v \cdot t = v' \cdot t'$$

quindi la velocità media sull'intero percorso risulta essere:

$$v_{media} = \frac{2s}{t+t'} = \frac{2s}{\frac{s}{v}+\frac{s}{v'}} = \frac{2s}{\frac{s(v+v')}{vv'}} = \frac{2vv'}{v+v'}$$

La risposta esatta è quindi la **D**.

7 Per chi dispone delle basi del calcolo differenziale e sa che l'accelerazione è definita come la derivata seconda dello spazio s rispetto al tempo t, il quesito risulta pressoché immediato:

$$\frac{d^2s}{dt^2} = 10 \rightarrow a = 10\,\frac{m}{s^2}$$

Un'altra strada altrettanto efficace (e alla portata di tutti) è quella di confrontare la relazione fornita con la legge oraria del moto uniformemente accelerato (nel testo del quesito è infatti detto che si tratta di un moto uniformemente accelerato):

$$\begin{cases} s = 6 + 2t + 5t^2 \\ s = s_0 + v_0 t + \frac{1}{2}at^2 \end{cases} \rightarrow \begin{cases} s_0 = 6\text{ m} \\ v_0 = 2\,\frac{m}{s} \\ \frac{1}{2}a = 5\,\frac{m}{s^2} \rightarrow a = 10\,\frac{m}{s^2} \end{cases}$$

In entrambi i casi si trova che la risposta esatta è la **D**.

8 Si noti innanzitutto che il quesito chiede di trovare la risposta errata e non la risposta corretta. Il treno si muove di moto uniformemente accelerato partendo da fermo ($v_0 = 0$). La velocità del treno quando è trascorso un tempo t dall'istante iniziale ($t_0 = 0$) è data da:

$$v = v_0 + a \cdot t = a \cdot t$$

FISICA

Lo spazio percorso nello stesso tempo t è:

$$s = s_0 + v_0 \cdot t + \frac{1}{2} a \cdot t^2 = \frac{1}{2} a \cdot t^2$$

Si possono ora verificare le risposte una a una.
Dopo 10 s la velocità del treno è $v = a \cdot t = 3\ \text{m/s}^2 \cdot 10\ \text{s} = 30\ \text{m/s}$ e la risposta **A** contiene un'informazione esatta.

Dopo 5 s la velocità è $v = 3\ \text{m/s}^2 \cdot 5\ \text{s} = 15\ \text{m/s} = 54\ \text{km/h}$ e la risposta **B** contiene un'informazione esatta.

Dopo 8 s la velocità è $v = 3\ \text{m/s}^2 \cdot 8\ \text{s} = 24\ \text{m/s} = 1{,}44\ \text{km/min}$ e la risposta **C** contiene un'informazione esatta.

Dopo 10 s la strada percorsa è $s = \frac{1}{2} a \cdot t^2 = \frac{1}{2} \cdot 3\ \text{m/s}^2 \cdot 100\ \text{s}^2 = 150\ \text{m}$ e la risposta **D** contiene un'informazione esatta.

Dopo 1 s dall'inizio del moto la velocità è $v = 3\ \text{m/s}^2 \cdot 1\ \text{s} = 3\ \text{m/s}$, mentre dopo 2 s è $v = 3\ \text{m/s}^2 \cdot 2\ \text{s} = 6\ \text{m/s}$; la velocità quindi non triplica dopo ogni secondo e la **E** contiene un'informazione **errata**. La risposta da scegliere è di conseguenza la **E**.

---

9 Nel moto uniformemente accelerato, il modulo dell'accelerazione è sempre costante. Riportando nel grafico l'andamento dell'accelerazione in funzione del tempo, si ottiene una retta orizzontale la cui distanza dall'asse dei tempi è pari al modulo dell'accelerazione.
La risposta esatta è quindi la **C**.

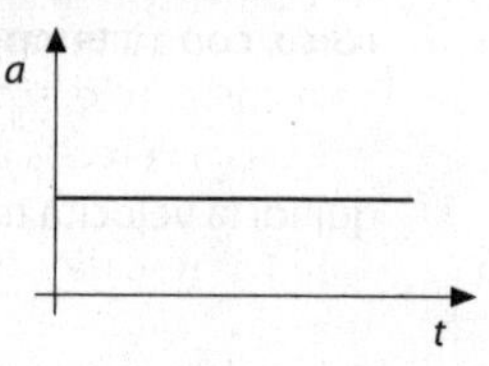

---

10 L'accelerazione in un moto circolare uniforme è data da:

$$a = \frac{v^2}{R} = \left(\frac{2\pi R}{T}\right)^2 \cdot \frac{1}{R} = 4\pi^2 R \cdot \frac{1}{T^2}$$

Essendo l'accelerazione inversamente proporzionale al quadrato del periodo, il rapporto tra le accelerazioni vale 1/4 (risposta **E**).

---

11 Si tratta di un quesito non banale, la cui risoluzione presuppone anche conoscenze di geometria elementare. Si congiunga il centro C della circonferenza con il punto P e si focalizzi l'attenzione sui due angoli $Q\hat{C}P$ e $Q\hat{O}P$ (il secondo è la metà del primo per un noto teorema della geometria elementare). Dalla relazione $v = \omega \cdot R$ si può ricavare la velocità dell'anello se si conosce la velocità angolare del raggio CP.

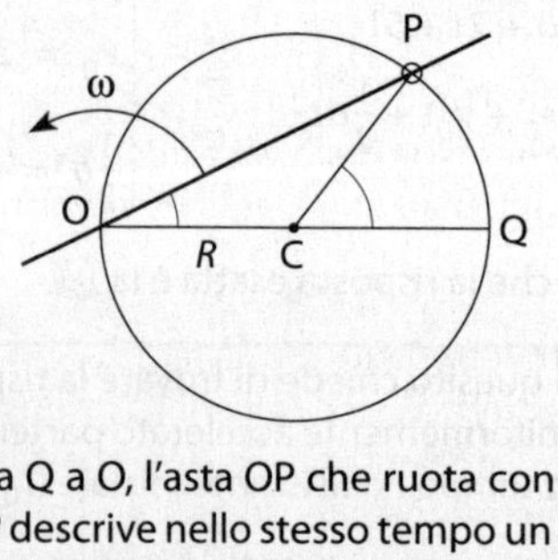

Quando l'anello in P si muove da Q a O, l'asta OP che ruota con velocità angolare ω descrive un angolo di 90° mentre il raggio CP descrive nello stesso tempo un angolo di 180°. Il raggio CP ruota dunque con velocità angolare pari a 2ω e la velocità di P è pari a 2 ω R (risposta **B**).

12 La componente orizzontale del moto di P è un moto rettilineo uniforme, per il quale vale la legge oraria: $s = v \cdot t$. Lo spazio che il corpo deve percorrere in orizzontale vale *a*, mentre il tempo a disposizione per tale spostamento coincide con il tempo di caduta. Se *h* è la quota da cui il corpo viene lasciato cadere con velocità iniziale nulla si ha:

$$\text{tempo di caduta} = t_c = \sqrt{\frac{2h}{g}}$$

La relazione $s = v \cdot t$ diventa: $a = v_0 \cdot t_c \rightarrow v_0 = a / t_c = a \cdot \sqrt{\frac{g}{2h}}$ (risposta **C**).

13 Se un corpo viene lanciato verso l'alto con una velocità *v* si ha:

$$\text{massima altezza raggiunta} = h = \frac{v^2}{2g}$$

$$\text{tempo necessario per raggiungere la massima altezza} = t_h = \frac{v}{g}$$

Il tempo impiegato a raggiungere la massima altezza è uguale al tempo impiegato per ricadere a terra dall'altezza raggiunta. Complessivamente il tempo impiegato a salire e a scendere vale

$2\,t_h = 2\,v/g = 19{,}6/9{,}8$ s $= 2$ s (risposta **C**).

14 Il sasso è immerso nel campo gravitazionale terrestre ed è sottoposto all'accelerazione gravitazionale costante g: si tratta quindi di un moto uniformemente accelerato. Poiché la velocità iniziale è nulla, la velocità al tempo *t* è proporzionale al tempo ($v = g \cdot t$). La risposta corretta è la **A**.

15 Tutti i gravi cadono nel vuoto (in assenza di attriti) con la stessa accelerazione: risposta esatta **A**.

16 La lancetta dei minuti compie 1 giro (ossia 2π radianti, pari a circa 6,28 radianti) in 1 h, ovvero in 3600 s. La velocità angolare della lancetta si trova dividendo l'angolo spazzato per il tempo impiegato, quindi:

$$\omega = \frac{6{,}28 \text{ rad}}{3600 \text{ s}} = 1{,}74 \times 10^{-3} \quad \text{(risposta A)}$$

17 Un punto sulla superficie terrestre compie ogni giorno un giro intorno all'asse di rotazione terrestre. Mentre la velocità lineare del moto di rotazione dipende dalla distanza dall'asse di rotazione, la velocità angolare ne è indipendente e assume lo stesso valore per tutti i punti della Terra. Poiché in 24 ore ogni punto fa un giro (2π radianti), la sua velocità angolare è pari a:

$$\omega = \frac{2\pi \text{ rad}}{24 \text{ h}} = \frac{\pi}{12} \frac{\text{rad}}{\text{h}}$$

La risposta esatta è quindi la **C**.

18 Il moto dell'autotreno è curvilineo uniforme, poiché il modulo della velocità non varia. In questo caso, l'accelerazione (responsabile della variazione della *direzione* del vettore velocità) è proporzionale al quadrato della velocità e inversamente proporzionale al raggio di curvatura. La risposta esatta è la **A**.

19 Nel punto più alto della traiettoria il sasso è fermo ($v = 0$): in questo punto, infatti, si inverte il verso del vettore velocità, diretto verso l'alto nella fase ascendente del moto e diretto verso il basso nella fase discendente. L'accelerazione invece è costante durante tutto il moto, poiché il sasso è immerso nel campo gravitazionale terrestre. Il suo modulo vale 9,8 m/s^2.

La risposta esatta è la **B**.

FISICA

20 Una forza si dice elastica quando si oppone ed è proporzionale alla deformazione. La risposta esatta è la **D**, per la definizione stessa di forza elastica.

21 La forza peso che agisce su un corpo sulla superficie terrestre è dovuta alla attrazione gravitazionale tra la Terra e il corpo. Indicando con **P** il peso di un corpo di massa *m*, con *M* e *r* rispettivamente la massa e il raggio della Terra si ha:

$$P = G \cdot \frac{m \cdot M}{r^2}$$

Se la Terra avesse massa 2*M* e raggio $r/2$, il nuovo peso **P**′ del corpo sarebbe:

$$P' = G \cdot \frac{m \cdot 2M}{\left(\frac{1}{2}r\right)^2} = 8G \cdot \frac{m \cdot M}{r^2} = 8P$$

La risposta corretta è dunque la **B**.

22 Il quesito richiede di studiare la velocità orizzontale di un carrello dal quale si stacca un pezzo di massa *m*: il suo peso, essendo una forza diretta verticalmente, non deve essere considerato in tale studio. Se si trascurano gli attriti, il sistema "carrello-pezzo" può essere considerato isolato, per cui la sua quantità di moto totale si conserva.

Indicando con *M* la massa del carrello, si ha:

$$(M + m) \cdot \mathbf{v} = M\mathbf{v}_1 + m\mathbf{v}_2$$

dove **v** è la velocità iniziale del sistema e $\mathbf{v}_1$ e $\mathbf{v}_2$ sono le velocità del carrello e del pezzo dopo che quest'ultimo si è staccato.

La stessa relazione vale lungo l'orizzontale:

$$(M + m) \cdot \mathbf{v}_x = M\mathbf{v}_{1,x} + m\mathbf{v}_{2,x}$$

Quando il pezzo si stacca, la sua velocità orizzontale si mantiene uguale alla velocità iniziale di 5 m/s poiché nessuna forza "orizzontale" agisce su di esso.

Si deduce che anche la velocità del carrello rimane immutata. Quindi il carrello prosegue a 5 m/s: la risposta esatta è la **C**.

23 Il sistema uomo-carrello può essere considerato come un sistema isolato; di conseguenza la quantità di moto totale del sistema si conserva. Prima che l'uomo inizi a sparare, la quantità di moto totale è pari a: $\mathbf{P} = M \cdot \mathbf{v}$ dove *M* è la massa totale e **v** è la velocità del sistema. Sostituendo i valori si ottiene $P = 300$ kg·m/s.

Quando l'uomo spara, per il principio di conservazione della quantità di moto, si ha:

$$300\,\frac{\text{kg} \cdot \text{m}}{\text{s}} = P_{\text{carrello}} + P_{\text{proiettili}}$$

Poiché si vuole fermare il carrello, nella relazione appena scritta si può porre $P_{carrello} = 0$, da cui si deduce:

$$P_{\text{proiettili}} = 300\,\frac{\text{kg} \cdot \text{m}}{\text{s}}$$

Quindi se si vuole fermare il carrello è necessario che la persona spari un numero di proiettili tale che la loro quantità di moto totale risulti dello stesso verso rispetto a quella del sistema iniziale e uguale a 300 kg · m/s. La risposta esatta è la **D**.

PARTE TERZA

24 Il corpo C è isolato e in quiete: la sua quantità di moto prima e dopo la divisione in tre parti deve essere nulla per il principio di conservazione della quantità di moto.

La somma delle quantità di moto di P e Q è nulla, mentre la quantità di moto di R è diversa da zero: la quantità di moto totale del sistema composto dai tre corpi P, Q e R non è nulla. La risposta esatta è dunque la **D**.

25 La forza che fa scendere l'automobile giocattolo lungo il piano inclinato è unicamente la componente $\mathbf{P_2}$ della forza peso parallela al piano, numericamente pari a *mg* per il seno dell'angolo di inclinazione del piano.

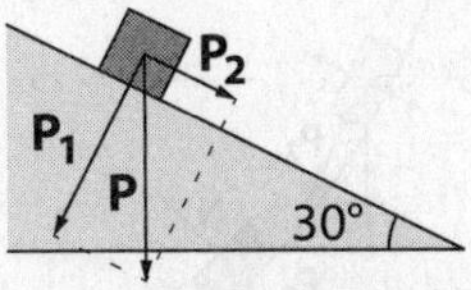

Applicando il secondo principio della dinamica è possibile ricavare il valore dell'accelerazione:

$$P = ma = mg \cdot \sin 30° \quad \rightarrow \quad a = g \cdot \sin 30° \approx 10 \text{ m/s}^2 \cdot \frac{1}{2} = 5 \text{ m/s}^2$$

L'alternativa corretta è dunque la **D**.

26 Solo una parte del peso di A (la componente diretta come il piano inclinato) tende a far scivolare il corpo A lungo il piano. Tale componente è esattamente la metà del peso di A (il piano è inclinato con un angolo di 30°).

Essendo $P_A = 2P_B$, la metà del peso di A coincide con P_B: i due corpi sono in equilibrio. La risposta esatta è dunque la **A**.

27 Per rispondere al quesito è utile analizzare brevemente una situazione più semplice rispetto a quella proposta: cosa accadrebbe al bambino (schematizzato in figura con un blocco rettangolare) se scivolasse lungo un piano inclinato liscio, privo di attrito, come quello in figura?

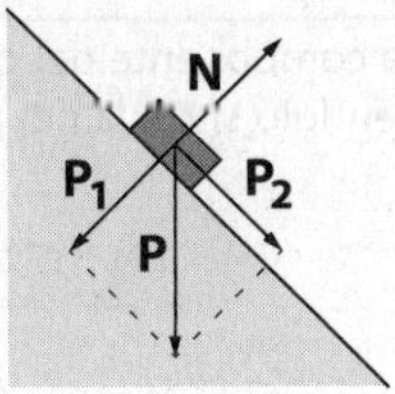

Applicate al baricentro del bambino agiscono due forze: la forza peso **P** diretta come la verticale e rivolta verso il basso e la reazione vincolare **N** diretta ortogonalmente al piano e rivolta verso l'alto.

Scomponendo la forza peso nelle due componenti (parallela e perpendicolare al piano di scivolamento) si osserva che la componente perpendicolare $\mathbf{P_1}$ è perfettamente equilibrata dalla reazione **N**: il bambino, infatti, non perde contatto con il piano. Per contro la forza responsabile dello scivolamento verso il basso è solo la componente parallela della forza peso, $\mathbf{P_2}$. Quest'ultima, essendo costante, imprime al corpo un'accelerazione parallela a essa e ugualmente costante in modulo. Su tale piano inclinato l'accelerazione è dunque costante e la velocità aumenta linearmente con il tempo.

FISICA

Il profilo proposto dal quesito è però maggiormente inclinato in alto e più dolce, cioè quasi orizzontale, in basso; supponendo che non ci sia attrito tra corpo che scivola e profilo, la reazione vincolare che questo applica al corpo è sempre diretta come la normale al profilo, ovvero è in ogni punto perpendicolare alla traiettoria di caduta del corpo. Anche in questo caso **N** equilibra istante per istante $\mathbf{P}_1$ e il moto avviene sotto l'azione di $\mathbf{P}_2$.

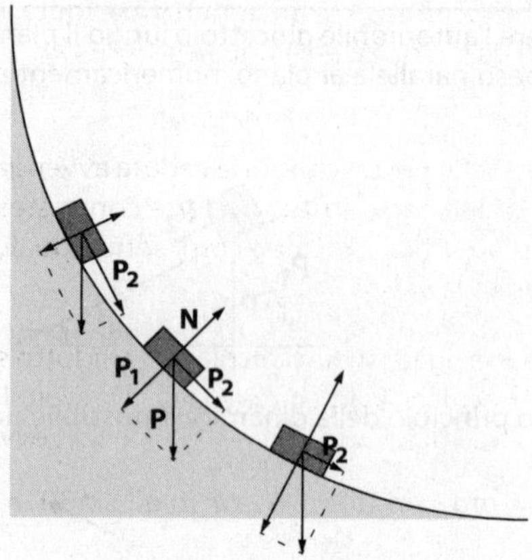

Come illustrato in figura, inizialmente $\mathbf{P}_2$ è più intenso e gradualmente diminuisce di intensità a mano a mano che il profilo si addolcisce. L'accelerazione impressa al corpo segue lo stesso andamento di $\mathbf{P}_2$: inizialmente è pari in modulo a $\mathbf{P}_2/m$ e va diminuendo, mantenendosi sempre positiva. La velocità iniziale è nulla poiché il corpo parte da fermo e nel corso del tempo sotto l'azione dell'accelerazione aumenta. La risposta esatta è l'alternativa **C**.

---

28 Il momento di una forza rispetto a un punto P è un indice della capacità della forza di generare una rotazione intorno al punto P. Il momento della forza **F** diretta verso l'alto in figura vale $-F \cdot d$, mentre il momento della forza diretta verso il basso vale $F \cdot 2d$ (i due momenti hanno segni opposti perché le due forze generano rotazioni di verso opposto). Il momento totale si ottiene dalla somma dei due momenti.

La risposta corretta è dunque la **C**.

---

29 La tensione del filo è data dalla componente del peso del pendolo lungo la direzione del filo, e questa è massima quando il pendolo si trova nel punto a quota minima. La risposta corretta è dunque la **B**.

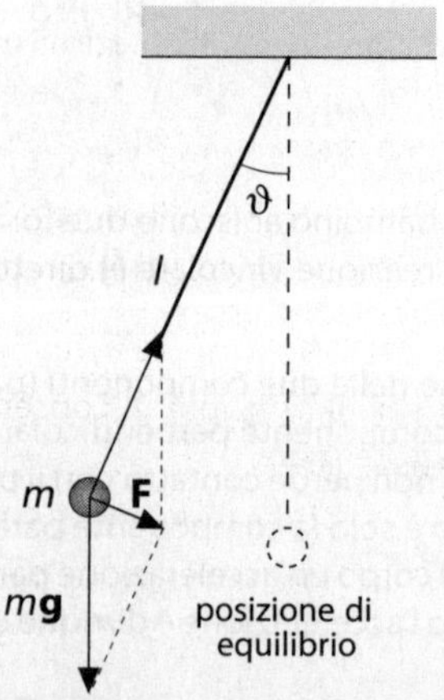

PARTE TERZA

30 Se l'energia cinetica in A è pari all'energia potenziale in B (risposta **A**) la massa m raggiunge il punto B perdendo tutta la sua energia cinetica: in B si ferma e cade. Le risposte **C** e **D** si possono scartare perché contemplano la presenza di una accelerazione centrifuga e quindi di una forza centrifuga che non esiste (nulla e nessuno esercita sulla massa una forza diretta verso l'esterno della traiettoria). La risposta esatta è la **E**.

31 In assenza di attriti, la velocità con cui un oggetto in caduta libera arriva al suolo dipende esclusivamente dall'altezza h da cui parte ed è uguale a:

$$v = \sqrt{2gh}$$

Tale relazione è valida anche nel caso in cui la caduta avvenga lungo un piano inclinato e non lungo la verticale. Quindi i due corpi arrivano a terra con la stessa velocità (risposta **C**). Si noti che nel testo del quesito si specifica che i due corpi sono uguali; se anche non lo fossero, la velocità finale sarebbe comunque la stessa.

32 Per trovare la potenza P erogata si può calcolare il prodotto scalare (cambiato di segno) tra la velocità **v** e la forza contro cui lo skilift compie lavoro, ovvero la forza peso **P**. Poiché il pendio è inclinato di 30°, l'angolo tra i due vettori è pari a 90° + 30°, ovvero 120°.

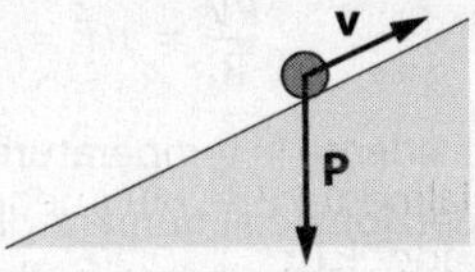

Si ha dunque:

$$P = -\mathbf{P} \cdot \mathbf{v} = -mvg \cdot \cos(120°) = mvg \cdot \text{sen}(30°) = \frac{mvg}{2}$$

Nell'eseguire il calcolo, bisogna fare attenzione al fatto che la velocità non è data in unità del Sistema internazionale. Svolgendo l'equivalenza si ha:

$$\frac{mvg}{2} = \frac{80\ \text{kg} \cdot 9{,}8\ \text{m/s}^2}{2} \cdot \frac{9 \cdot 1000\ \text{m}}{3600\ \text{s}} = 980\ \text{W} \quad \text{(risposta C)}$$

33 Indicando con x la nuova velocità del punto materiale dotato di energia cinetica $2E$ si ha:

$$2E = \frac{1}{2}mx^2 = 2 \cdot \frac{1}{2}mv^2 \rightarrow x^2 = 2 \cdot v^2 \rightarrow x = \sqrt{2} \cdot v$$

La risposta esatta è la **C**.

34 La potenza di una forza è definita come il rapporto tra il lavoro compiuto dalla forza e il tempo impiegato a produrre il lavoro.
Il lavoro fatto nel sollevare una massa di 1,53 kg a un'altezza di 2 m vale:

$$1{,}53\ \text{kg} \cdot 9{,}8\ \text{m/s}^2 \cdot 2\ \text{m} \approx 30\ \text{J}.$$

La potenza media sviluppata si ottiene dividendo il lavoro per il tempo impiegato per compierlo: si ottiene 15 W (risposta **D**).

35 In un campo conservativo vale il principio di conservazione dell'energia meccanica totale E_{tot} (energia cinetica + energia potenziale):

$$E_{tot} = E_k + E_p = \text{costante}$$

quindi la risposta esatta è la **A**. Non tragga in inganno la risposta **C**: in un campo conservativo il lavoro delle forze del campo è nullo se calcolato lungo una traiettoria chiusa; non è sempre nullo come dice la risposta.

FISICA

36 Il lavoro si ricava invertendo la definizione di potenza (il lavoro nell'unità di tempo):

$$L = P \cdot \Delta t = 80 \text{ W} \cdot 60 \text{ s} = 4800 \text{ J} = 4{,}8 \text{ kJ} \quad \text{(risposta A)}$$

37 Un kelvin è identico a un grado centigrado; le due scale sono solo traslate l'una rispetto all'altra di 273,16 gradi. La risposta esatta è la D.

38 Considerando la legge dei gas perfetti, $PV = nRT$, nell'ipotesi che la temperatura sia costante si può scrivere, per i due stati del sistema camera d'aria:

$$P_1V_1 = P_2V_2 \rightarrow P_2 = P_1 \cdot \frac{V_1}{V_2} = 180 \text{ kPa} \cdot \frac{V}{(3/5)V} = 300 \text{ kPa} \quad \text{(risposta C)}$$

39 Ci aspettiamo che, diminuendo la temperatura, aumenti la densità dell'aria e quindi il suo peso sia maggiore in inverno che in estate: questo ci consente di escludere le risposte B e D.

Approssimando l'aria nella stanza a un gas perfetto, possiamo stimarne quantitativamente il comportamento: in questo caso, la pressione e il volume sono costanti, variano temperatura e numero di moli, e si può scrivere:

$$\frac{PV}{R} = nT = \text{cost}$$

Si noti che nella relazione precedente le temperature sono espresse in kelvin.

Poiché il peso dell'aria è proporzionale al numero di moli, dalla relazione precedente si ricava il rapporto tra numero di moli in inverno e numero di moli in estate:

$$n_iT_i = n_eT_e \rightarrow \frac{n_i}{n_e} = \frac{T_e}{T_i} = \frac{37\ °C + 273\ °C}{7\ °C + 273\ °C} = \frac{310 \text{ K}}{280 \text{ K}} \cong 1{,}1$$

Si conclude che la risposta corretta è la C.

40 Si tratta di una espansione isoterma di un gas. La bolla, salendo, è sottoposta a una pressione decrescente. Trattandosi di una trasformazione isoterma, il gas è costretto a espandersi (pressione e volume sono infatti inversamente proporzionali) e il raggio della bolla aumenta (risposta C).

41 Nell'equazione di stato dei gas perfetti $PV = nRT$, la lettera R indica una costante che vale 8,314 J/(K mole) = 0,082 (l · atm)/(K · mole). Tale valore è lo stesso per qualunque gas perfetto e per qualunque trasformazione. Quindi le risposte B e C sono sicuramente sbagliate. Anche la risposta A è errata, perché la temperatura nell'equazione è espressa in kelvin e non in gradi centigradi: 0 °C corrispondono a circa 273 K, temperatura alla quale il gas non può certo occupare volume zero. La risposta esatta è quindi la E.

42 Dalla relazione $PV = nRT$ si deduce che il primo membro (PV) è direttamente proporzionale alla temperatura (n e R sono infatti costanti); se la temperatura raddoppia il prodotto PV raddoppia. Poiché la trasformazione seguita dal gas è isocora, il volume si mantiene costante e se la temperatura raddoppia, raddoppia la pressione. Sembra dunque che la risposta C sia esatta.

L'equazione di stato dei gas ideali vale però solo se la temperatura è espressa in kelvin (scala assoluta). Quando la temperatura passa da 27 °C a 54 °C è raddoppiata nella scala centigrada, ma nella scala assoluta passa da 300,16 K a 327,16 K e dunque non è affatto raddoppiata. La risposta esatta è quindi la E.

43 Durante i cambiamenti di stato la temperatura del sistema rimane costante: durante la fusione di un solido il calore fornito al sistema è interamente dedicato alla rottura dei legami chimici del solido e non comporta un aumento dell'agitazione termica delle molecole. La trasformazione è dunque isoterma (risposta A).

44 Un liquido bolle alla temperatura alla quale la tensione di vapor saturo eguaglia la pressione del gas che sovrasta il liquido. Sul Monte Bianco, la pressione atmosferica è minore di quella che si ha a livello del mare e quindi, per far bollire un liquido, la tensione di vapor saturo che bisogna raggiungere è inferiore a quella che si deve raggiungere in pianura. Poiché la tensione di vapore saturo dell'acqua cresce al crescere della sua temperatura, se si deve raggiungere una tensione di vapore minore, anche la temperatura alla quale si ha ebollizione è inferiore ai 100 °C necessari a livello del mare. La risposta esatta è quindi la **D**.

45 Poiché il peso specifico del corpo è la metà di quello dell'acqua, anche la sua densità è la metà della densità dell'acqua e la spinta di Archimede sul corpo è superiore alla forza peso.

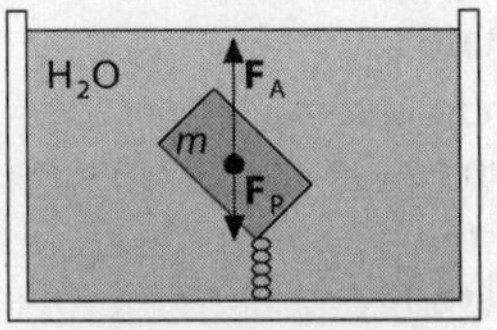

Quando lo si sgancia dalla catena, la risultante tra la forza peso $\mathbf{F}_P$ e la forza di Archimede $\mathbf{F}_A$ lo spinge verso l'alto e gli imprime una accelerazione di modulo a. Per calcolare a, è sufficiente applicare la seconda legge della dinamica al corpo di massa m. Indicando con $\mathbf{F}_{tot}$ la risultante delle due forze applicate al corpo, si ha:

$$a = \frac{F_{tot}}{m} = \frac{F_A - F_P}{\rho_{corpo} \cdot V} = \frac{\rho_{H_2O} \cdot V \cdot g - \rho_{corpo} \cdot V \cdot g}{\rho_{corpo} \cdot V} = \frac{\rho_{H_2O} - 0{,}5\rho_{H_2O}}{0{,}5\rho_{H_2O}} \cdot g = g$$

La risposta corretta è quindi la **A**.

46 La legge di Stevino permette di calcolare la pressione alla base di una colonna di altezza h di un liquido di densità ρ: $P = \rho g h$, dove g è il modulo dell'accelerazione gravitazionale. Nel testo del quesito viene fornita l'altezza del contenitore e quindi della colonna di liquido. Per calcolare la pressione alla base è quindi sufficiente conoscere la densità del liquido (risposta **D**).

47 Dato che la barca galleggia, sposta una quantità di acqua che pesa quanto la barca: quando la barca transita sul ponte dove scorre il fiume l'altezza dell'acqua rimane immutata e il carico che il ponte deve sopportare non subisce alcuna variazione (risposta **B**).

48 Il volume del corpo che galleggia vale 300 dm^3; il corpo è immerso in acqua per i nove decimi del suo volume (il volume che emerge è 1/10 del volume totale del corpo). Si deduce che la densità del corpo è 9/10 della densità dell'acqua (se il corpo fosse immerso per metà del suo volume la sua densità sarebbe la metà di quella dell'acqua). La risposta esatta è dunque la **C**.

49 Se la portata P del condotto è costante, vale l'equazione di continuità, $P = v \cdot S = \text{cost}$, dove v è la velocità del fluido ed S è la sezione del condotto. Si può quindi impostare questa equazione:

$$v_2 = v_1 \cdot \frac{S_1}{S_2} = 0{,}8\ \frac{\text{m}}{\text{s}} \cdot \frac{6\ \text{cm}^2}{4\ \text{cm}^2} = 0{,}8\ \frac{\text{m}}{\text{s}} \cdot \frac{3}{2} = 1{,}2\ \frac{\text{m}}{\text{s}}$$

La risposta esatta è quindi la **D**.

50 Nel trattato di Mach si legge che per l'equilibrio bisogna che le forze che agiscono sui due pistoni siano direttamente proporzionali alle superfici dei pistoni. Il pistone B ha una superficie quadrupla rispetto a quella del pistone A: la forza che agisce su B deve essere quattro volte superiore rispetto a quella che agisce su A (risposta **A**).

51 La parte di volume del cubetto immersa nel liquido corrisponde al volume che il cubetto occuperebbe se fosse liquido. Per la legge di Archimede, infatti, il cubetto galleggia perché sposta una quantità di acqua che pesa quanto lui. Si conclude che quando il cubetto di ghiaccio galleggiante si scioglie, il livello dell'acqua in cui galleggia rimane invariato (risposta **A**).

52 La densità ρ_S del corpo S, per definizione è data da:

$$\rho_s = \frac{m_s}{V_s} = \frac{m_1}{V_s}$$

Si tratta quindi di trovare il volume del corpo S. Quando il corpo viene immerso nel liquido di densità ρ_1 sposta un volume V_S di liquido la cui massa è pari a m_2 (m_2 è infatti la massa il cui peso è pari al peso del liquido spostato).

$$\rho_1 = \frac{m_2}{V_s} \rightarrow V_s = \frac{m_2}{\rho_1} \rightarrow \rho_s = \frac{m_1}{V_s} = m_1 \cdot \frac{\rho_1}{m_2} = \frac{m_1}{m_2} \cdot \rho_1$$

La risposta esatta è dunque la **A**.

53 La risposta esatta è la **D**. Il calore Q assorbito o ceduto da un corpo è dato dall'espressione:

$$Q = mc(T_f - T_i)$$

dove m è la massa del corpo, c il suo calore specifico e T_f e T_i la temperatura finale e iniziale rispettivamente.

Durante la fase di raffreddamento fluisce calore dal rame all'acqua la quale si riscalda fino a che i due corpi non raggiungono una comune temperatura d'equilibrio T_{eq}. Se l'esperimento è condotto in un calorimetro ideale che non disperde calore verso l'esterno allora vale il principio di conservazione dell'energia in virtù del quale il calore ceduto dal rame deve essere uguale a quello assorbito dall'acqua. Per determinare il calore specifico del rame lo sperimentatore deve quindi risolvere l'equazione in funzione del calore specifico del rame:

$$Q_{\text{ceduto}} = Q_{\text{assorbito}}$$

$$m_{\text{rame}} c_{\text{rame}} (T_{eq} - T^i_{\text{rame}}) = m_{\text{acqua}} c_{\text{acqua}} (T_{eq} - T^i_{\text{acqua}})$$

Quindi:

$$c_{\text{rame}} = \frac{m_{\text{acqua}} c_{\text{acqua}} (T_{eq} - T^i_{\text{acqua}})}{m_{\text{rame}} (T_{eq} - T^i_{\text{rame}})}$$

In tale espressione non compare il tempo (alternativa **D**) mentre compaiono le grandezze presentate nelle altre alternative.

54 La quantità di calore necessaria per fondere un corpo di massa m che si trova al punto di fusione e il cui calore latente di fusione è λ, è data da:

$$Q = m \cdot \lambda$$

Sostituendo i valori si ottiene:

$$Q = 1\ \text{kg} \cdot 212 \frac{\text{J}}{\text{g}} = 1000\ \text{g} \cdot 212 \frac{\text{J}}{\text{g}} = 212.000\ \text{J} = 212\ \text{kJ}$$

Ricordando il fattore di conversione tra joule e calorie, si può scrivere l'equivalenza:

$$212\ \text{kJ} = \frac{212\ \text{kJ}}{4{,}186 \frac{\text{kJ}}{\text{kcal}}} \approx 50{,}7\ \text{kcal}$$

La risposta esatta è quindi la **D**.

PARTE TERZA

55 I cubetti di ghiaccio si sciolgono prima sul materiale di conducibilità termica più elevata: la risposta esatta è la **C**.

56 Noti il calore specifico *c* di una sostanza, la differenza di temperatura e la massa, il calore necessario per ottenere tale variazione di temperatura è dato da:

$$\Delta Q = c \cdot m \cdot \Delta T = 4{,}18\ \frac{\text{J}}{{}^\circ\text{C} \cdot \text{g}} \cdot 20\ \text{g} \cdot (70 - 20)\ {}^\circ\text{C} = 4180\ \text{J} \quad \text{(risposta C)}$$

57 Per una macchina termica che lavora tra due *termostati* T_f (termostato freddo) e T_c (termostato caldo) il rendimento è dato da:

$$\eta = \frac{L}{Q} = \frac{Q_c - Q_f}{Q_c} = 1 - \frac{Q_f}{Q_c}$$

dove Q_f e Q_c rappresentano i valori assoluti dei calori scambiati tra la macchina termica e le due sorgenti di calore. Un esempio di macchina termica che lavora tra due termostati è offerto dal ciclo di Carnot per il quale si ha:

$$\frac{T_f}{T_c} = \frac{Q_f}{Q_c} \rightarrow \eta = 1 - \frac{Q_f}{Q_c} = 1 - \frac{T_f}{T_c}$$

Si conclude che la risposta esatta è la **D**.

58 Un gas perfetto di volume *V* sia contenuto in un recipiente chiuso da un pistone. Se si fornisce calore al gas, tale energia viene utilizzata in maniera diversa dal gas a seconda che esso sia libero di espandersi mantenendo costante la sua pressione (pistone non fissato, trasformazione *isobara*) oppure no (pistone fissato, trasformazione *isocora*).

Nel primo caso, parte dell'energia fornita al gas viene utilizzata per compiere un lavoro meccanico sul pistone spingendolo verso l'alto. Se la trasformazione avviene a volume costante, invece, tutta l'energia termica diventa energia interna del gas. Si consideri una trasformazione *isobara* di un gas perfetto. Sia ΔQ la quantità di calore scambiata nel corso della trasformazione. Dalla definizione di calore specifico molare a pressione costante c_p, si ha:

$$\Delta Q = n \cdot c_p \cdot \Delta T$$

dove ΔT è la differenza fra le temperature iniziale e finale del gas. Secondo il primo principio della termodinamica, nel corso della trasformazione si ha: $\Delta Q = \Delta U + \Delta L$. Poiché per un gas perfetto valgono le relazioni:

$$\Delta U = n \cdot c_V \cdot \Delta T \quad \text{e} \quad \Delta L = P \cdot \Delta V = n \cdot \text{R} \cdot \Delta T$$

sostituendo nell'espressione del primo principio si ottiene:

$$n \cdot c_p \cdot \Delta T = n \cdot c_V \cdot \Delta T + n \cdot \text{R} \cdot \Delta T$$

da cui:

$$c_p = c_V + \text{R}$$

detta *relazione di Mayer*.

Quindi il calore specifico del gas nel caso di trasformazione isobara è maggiore del calore specifico a volume costante, perché deve tenere conto dell'energia aggiuntiva necessaria per vincere le forze esterne. La risposta esatta è quindi la **C**.

FISICA

59 Il rendimento di una macchina termica si calcola dividendo il lavoro prodotto per il calore assorbito dalla macchina.

A sua volta, il lavoro è pari alla differenza tra calore assorbito Q_c e calore ceduto Q_f, pertanto:

$$\eta = \frac{L}{L + Q_f} \rightarrow Q_f = L \cdot \frac{1 - \eta}{\eta} = 1000 \text{ J} \cdot \frac{0{,}75}{0{,}25} = 1000 \text{ J} \cdot 3 = 3000 \text{ J}$$

La risposta corretta è la **A**.

60 Il passaggio di stato da solido a liquido del blocco di ghiaccio avviene grazie alla trasformazione della sua energia potenziale ($m \cdot g \cdot h$) in energia interna dell'acqua.

Per fondere il blocco di ghiaccio da 25 kg occorre un'energia venticinque volte superiore a quella richiesta dal blocco da 1 kg. Affinché l'energia potenziale del blocco da 25 kg sia venticinque volte quella del blocco da 1 kg è necessario che i due vengano lasciati cadere dalla stessa altezza (l'energia potenziale è direttamente proporzionale alla massa). La risposta cercata è dunque la **C**.

61 Il suono è un'onda meccanica: non si può propagare nel vuoto. La risposta **A** contiene la velocità del suono nell'aria; nel vuoto non si può parlare di velocità del suono (risposta **D**).

62 L'energia di un fotone avente frequenza ν è pari a $E = \text{h} \cdot \nu$ dove h è la costante di Planck. Sostituendo i valori si ottiene:

$$E = 6{,}63 \cdot 10^{-34} \text{ J} \cdot \text{s} \cdot 10^{15} \frac{1}{\text{s}} = 6{,}63 \cdot 10^{-19} \text{ J} = 6{,}63 \cdot 10^{-7} \text{ pJ}$$

La risposta corretta è quindi la **A**.

63 La posizione del fuoco di una lente (ossia la sua distanza focale) dipende dall'indice di rifrazione della lente (o meglio, del materiale di cui è costituita). La risposta corretta è la **C**.

64 In uno specchio piano, l'oggetto e l'immagine si trovano da parti opposte rispetto allo specchio e alla stessa distanza da questo. Un osservatore percepisce quindi la propria immagine come se questa si trovasse a una distanza esattamente doppia rispetto alla distanza a cui si trova lo specchio. La risposta corretta è la **E**.

65 Dal momento che l'indice di rifrazione relativo aria–vetro è pari a 1,33, la velocità v diminuisce nel passaggio. Rimanendo inalterata la frequenza ν dell'onda luminosa, anche la lunghezza d'onda λ deve diminuire (si rammenta che v, ν e λ sono legati dalla relazione $v = \nu \cdot \lambda$). La risposta corretta è dunque la **D**.

66 Seguendo la convenzione adottata per gli specchi, p indica la distanza tra il corpo e lo specchio ($p = 4$ m) e q la distanza tra l'immagine e lo specchio ($q = 2$ m). Poiché l'immagine si forma dalla stessa parte dell'oggetto, per convenzione si tratta di un'immagine reale con q positivo, rimpicciolita (l'ingrandimento lineare, che è dato dal rapporto tra q e p, è minore di uno) e capovolta. Queste considerazioni escludono le risposte **A**, **B** e **C**.

Dall'equazione dei punti coniugati, si ha che: $\frac{1}{p} + \frac{1}{q} = \frac{1}{f}$. Sostituendo i valori si ottiene:

$$\frac{1}{4 \text{ m}} + \frac{1}{2 \text{ m}} = \frac{1}{f} \rightarrow \frac{3}{4 \text{ m}} = \frac{1}{f} \rightarrow f = \frac{4}{3} \text{ m}$$

Si nota quindi che la distanza focale è inferiore a 2 m (risposta **E**).

PARTE TERZA

67 Poiché il segnale giunge con 50 periodi di ritardo, per calcolare la distanza dalla sorgente è sufficiente conoscere lo spazio percorso dal segnale in un periodo. Tale spazio corrisponde per definizione alla lunghezza d'onda del segnale.

La relazione che esprime la lunghezza d'onda λ in funzione della velocità v e della frequenza ν è la seguente:

$$\lambda = \frac{v}{\nu}$$

per cui, utilizzando i dati forniti, si ricava:

$$\lambda = \frac{300}{500}\ \text{m} = \frac{3}{5}\ \text{m}$$

In 50 periodi, il segnale ha coperto una distanza pari a:

$$s = 50 \cdot \lambda = 50 \cdot \frac{3}{5}\ \text{m} = 30\ \text{m}$$

La risposta corretta è dunque la **D**.

68 La risposta corretta è la **D**: l'intensità è connessa all'energia trasportata dall'onda, mentre il timbro è legato alla "forma" dell'onda e l'altezza (ossia l'essere acuto o grave) alla frequenza.

69 La risposta corretta è la **D**: una radiazione è *policromatica* quando è costituita da onde di frequenza diversa.

70 Le forze elettrostatiche sono inversamente proporzionali al quadrato della distanza fra le cariche: essendo $d_1 < d_2$ risulta $F_1 > F_2$.

La risposta corretta è quindi la **C**. Si veda anche la figura seguente:

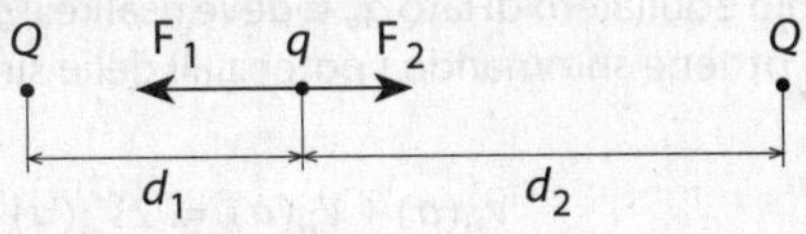

71 Nel testo non viene specificato se il lavoro richiesto è quello fatto dalle forze del campo o dalle forze esterne e se la carica è positiva o negativa. Ci si limita di conseguenza a calcolare il modulo del lavoro fatto per spostare una carica q all'interno di un campo elettrico da un punto a potenziale V_1 a un punto a potenziale V_2:

$$|L| = |q \cdot (V_2 - V_1)| = |q \cdot \Delta V|$$

Sostituendo i valori si ottiene:

$$L = 3\text{C} \cdot (1000\ \text{V} - 150\ \text{V}) = 2550\ \text{J}$$

La risposta esatta è quindi la **B**.

72 Poiché il piano su cui si muove la carica è privo di attrito, l'unica forza agente sul sistema è quella di Coulomb, repulsiva dato che le due cariche hanno lo stesso segno. La carica in moto, avvicinandosi a quella ferma, rallenta, frenata da questa forza: la sua energia cinetica diminuisce, ma aumenta la sua energia potenziale elettrica. La forza di Coulomb continua a frenare la carica fino a fermarla, per poi spingerla indietro lungo la stessa direzione di provenienza. Non essendo soggetta a forze dissipative, l'energia totale della carica si deve conservare. Quando la carica in moto ripassa per il punto di partenza, possiede la stessa energia potenziale elettrica che aveva in quel punto all'inizio e quindi anche la stessa energia cinetica.

A questa corrisponde una velocità di intensità uguale a v_0, come indicato nella risposta **C**.

73 La forza elettrica **F** bilancia la forza peso **P**, che quindi è a essa uguale e contraria. L'intensità del campo elettrico è data da:

$$E = \frac{F}{q} = \frac{P}{q} = \frac{mg}{q} = \frac{10\ \text{g} \cdot 9{,}8\ \text{m/s}^2}{10^{-7}\ \text{C}} = \frac{10^{-2}\ \text{kg} \cdot 9{,}8\ \text{m/s}^2}{10^{-7}\ \text{C}} \cong 10^6\ \frac{\text{N}}{\text{C}}$$

Si conclude che tra le tre alternative proposte nessuna è corretta (risposta **E**).

74 La risposta corretta è la **D**: Q_1 e Q_2 sono dello stesso segno e Q_1 è maggiore di Q_2.
Infatti, se la forza risultante agente sulla carica positiva situata nel punto P è nulla ciò implica che le due forze dovute alle cariche Q_1 e Q_2 devono essere opposte in verso. Si hanno allora due casi, entrambi possibili, che non permettono di stabilire con certezza il segno di Q_1 e Q_2 ma consentono di concludere che sono concordi:

- 1° caso: la carica in P è attratta sia da Q_1 sia da Q_2 e dunque esse sono entrambe negative;
- 2° caso: la carica in P è respinta sia da Q_1 sia da Q_2 e in tal caso sono entrambe positive.

Inoltre poiché le forze in gioco sono forze di Coulomb, direttamente proporzionali al prodotto delle cariche e inversamente proporzionali al quadrato della distanza, affinché si equivalgano la carica posta a distanza maggiore, ovvero Q_1 deve necessariamente essere più intensa rispetto a Q_2 più vicina al punto P.

75 Una carica q ferma nello spazio genera intorno a sé un potenziale V_q (che dipende solo dalla carica e dalla distanza da essa). Per portare una seconda carica dall'infinito a una distanza a da q si deve "risalire" lungo il potenziale, facendo il lavoro L dato da:

$$L = -q \cdot V_q(a)$$

A questo punto si hanno due cariche q ferme nello spazio a distanza a. Volendo portare una terza carica dall'infinito alla stessa distanza da entrambe (le tre cariche si verrebbero a trovare dunque ai vertici di un triangolo equilatero di lato a), si deve risalire il potenziale dato dalla presenza delle prime due. Questo si ottiene sommando i potenziali delle singole cariche; perciò nel vertice del triangolo vale:

$$V_q(a) + V_q(a) = 2V_q(a)$$

Il lavoro per sistemare la terza carica è dunque $2L$, mentre il lavoro totale per porre le tre cariche nella configurazione descritta è $L + 2L = 3L$ (risposta **B**).

76 Il lavoro di carica di un condensatore è dato da:

$$L = \frac{1}{2} \cdot \frac{Q^2}{C}$$

dove Q è la carica immagazzinata sulle armature e C è la capacità del condensatore.
Indicando con ΔV la differenza di potenziale tra le armature, si ha:

$$C = \frac{Q}{\Delta V} \rightarrow Q = C \cdot \Delta V$$

Si ricava quindi:

$$L = \frac{1}{2} \cdot \frac{Q^2}{C} = \frac{1}{2} \cdot \frac{(C \cdot \Delta V)^2}{C} = \frac{1}{2} \cdot C \cdot (\Delta V)^2$$

Sostituendo i valori si ottiene:

$$L = \frac{1}{2} \cdot 10^{-6}\ \text{F} \cdot 9 \cdot 10^6\ \text{V}^2 = \frac{9}{2}\ \text{J} = 4{,}5\ \text{J}$$

La risposta corretta è la **B**.

PARTE TERZA

77 La capacità di un condensatore piano vale $C = \varepsilon S/d$, dove d è la distanza tra le armature, S è la loro superficie e ε è la costante dielettrica del mezzo.
Vale inoltre la relazione generale $\Delta V = Q/C$, quindi per il condensatore piano:

$$\Delta V = \frac{Qd}{\varepsilon S}$$

Poiché, fissata la carica, la d.d.p. risulta direttamente proporzionale alla distanza tra le armature, si conclude che se tale grandezza raddoppia, raddoppia anche la d.d.p. (risposta **A**).

78 Un condensatore formato da due armature piane infinite viene detto condensatore piano. Una volta caricato, il suo interno è sede di un campo elettrico uniforme le cui linee di campo sono parallele tra loro e dirette dalla piastra positiva a quella negativa. Se si pone un elettrone al suo interno, le forze del campo lo spingono verso l'armatura positiva, fino ad arrivare a contatto.
La risposta esatta è quindi la **B**.

79 Le linee di forza di un qualunque campo elettrico sono linee orientate e dirette concordemente al campo; in ogni punto sono tangenti al vettore **E** associato a quel punto (risposta **A**).

80 Poiché 1 eV è l'energia acquistata da un elettrone accelerato da una d.d.p. di 1 V, se la d.d.p. è pari a 10 V, l'elettrone ha un'energia di 10 eV (risposta **C**).

81 Sia dato un tubo contenente gas rarefatto con inseriti due elettrodi tra i quali si mantiene una differenza di potenziale. Per pressioni del gas molto basse e differenze di potenziale elevate, si osserva un fascio di particelle che parte dal catodo e arriva all'anodo. Si tratta di elettroni, che fuoriusciti dal catodo vengono accelerati verso l'anodo. Questo fascio prende il nome di raggio catodico. La risposta esatta è quindi la **C**.

82 Date due resistenze in parallelo, la resistenza totale (o equivalente) è data dalla relazione seguente:

$$\frac{1}{R_{eq}} = \frac{1}{R_1} + \frac{1}{R_2}$$

Sostituendo i valori si ottiene:

$$\frac{1}{R_{eq}} = \frac{1}{10\ \Omega} + \frac{1}{100\ \Omega} = \frac{11}{100\ \Omega} \quad \rightarrow \quad R_{eq} = \frac{100}{11}\ \Omega \approx 9\ \Omega \quad \text{(risposta D)}$$

83 La disposizione spaziale di due resistenze non ha alcun legame con il fatto che le due resistenze siano in parallelo o meno. Due resistenze sono disposte in parallelo se hanno origine nello stesso nodo e si chiudono nello stesso nodo: ai capi di due resistenze in parallelo si ha la stessa differenza di potenziale. L'unica coppia di resistenze in figura che soddisfa queste condizioni è quella formata da R_3 e R_4 (risposta **B**).

84 Il quesito chiede di effettuare una serie di equivalenze per passare da Ah a coulomb o ampere. Ricordando la definizione di ampere e il passaggio da ore a secondi, si ha:

$$100\ \text{Ah} = 100\ \frac{\text{C}}{\text{s}} \cdot 3600\ \text{s} = 360.000\ \text{C}$$

La risposta esatta è la **C**.

85 La risposta esatta è la **D**. Infatti la potenza dissipata per effetto Joule è data da:

$$P = R \cdot i^2 = \Delta V \cdot i$$

Quindi l'intensità di corrente è pari a:

$$i = \frac{P}{\Delta V} = \frac{75\ \text{W}}{220\ \text{V}} = 0{,}34\ \text{A}$$

FISICA

86 La seconda legge di Ohm afferma che la resistenza di un conduttore metallico è direttamente proporzionale alla resistività del metallo, alla lunghezza del conduttore e inversamente proporzionale alla sua sezione:

$$R = \rho \cdot \frac{l}{S}$$

Poiché la resistività aumenta all'aumentare della temperatura, l'unica risposta esatta tra quelle proposte è la B.

87 Ogni generatore di corrente continua è dotato di una *forza elettromotrice* (*f.e.m.*) definita come il rapporto fra il lavoro che il generatore compie sulla carica Q che lo attraversa e la carica stessa. Numericamente la f.e.m. coincide con la d.d.p. ai capi del generatore **quando il circuito è aperto.** L'esercizio è uno dei quesiti di una prova di selezione ufficiale del 1994 e non ammette una risposta esatta. La risposta da scegliere è la C anche se non è proprio corretta perché non contiene l'informazione dell'apertura del circuito.

88 Il campo elettrico generato all'interno di un condensatore è direttamente proporzionale alla differenza di potenziale tra le armature del condensatore e inversamente proporzionale alla loro distanza. Se il dielettrico che separa le due armature è un buon isolante (cattivo conduttore) le armature si possono avvicinare fino a ottenere al loro interno un campo elettrico grande a piacere (risposta B).

89 Si definisce *intensità efficace* i_{eff} di una corrente alternata l'intensità della **corrente continua** che provocherebbe la stessa dissipazione energetica per effetto Joule. La potenza dissipata da una corrente alternata di intensità efficace i_{eff} è indipendente dalla frequenza di oscillazione della corrente alternata ed è data dalla relazione seguente:

$$W = R \cdot i_{eff}^2$$

Per quanto detto, la risposta corretta è la A.

90 Essendo $P = R \cdot i^2$ (con i variabile nel tempo con andamento sinusoidale) la risposta esatta è la E.

91 La forza di Lorentz è la forza di natura magnetica che agisce su una carica q che transita alla velocità $\mathbf{v}$ attraverso un campo magnetico $\mathbf{B}$. Più precisamente, la forza di Lorentz è definita dalla relazione seguente:

$$\mathbf{F} = q \cdot \mathbf{v} \wedge \mathbf{B}$$

La forza di Lorentz è massima quando i due vettori $\mathbf{v}$ e $\mathbf{B}$ sono perpendicolari. Se i due vettori sono paralleli, la forza di Lorentz è nulla. La risposta esatta è la C.

92 La forza di Lorentz agente su una carica q che si muove con velocità $\mathbf{v}$ in un campo magnetico $\mathbf{B}$, è pari a:

$$\mathbf{F} = q \cdot \mathbf{v} \wedge \mathbf{B}$$

Poiché il risultato di un prodotto vettoriale tra due vettori è un vettore ortogonale al piano individuato dai due vettori, la forza di Lorentz è sempre perpendicolare alla velocità e quindi allo spostamento. Se forza e spostamento sono ortogonali tra loro, il lavoro della forza è nullo e quindi il lavoro della forza di Lorentz è sempre nullo (risposta E).

93 Il flusso di induzione magnetica è per definizione il flusso del campo magnetico attraverso una superficie $\Phi = \mathbf{B} \cdot \mathbf{A}$ dove $\mathbf{B}$ è il vettore induzione magnetica e $\mathbf{A}$ è il vettore superficie definito come un vettore avente modulo pari all'area della superficie, direzione perpendicolare al piano della superficie e verso uscente dalla superficie.

L'unità di misura del flusso è il weber e vale la relazione:

$$\text{weber (Wb)} = \frac{\text{joule}}{\text{ampere}}$$

La risposta esatta è quindi la C.

---

94 Quando una carica q di massa m entra in un campo magnetico **B** con velocità **v** perpendicolare al campo, la sua traiettoria sarà una circonferenza il cui raggio è dato dalla relazione seguente:

$$r = \frac{m \cdot v}{q \cdot B}$$

Le particelle A e B hanno la stessa carica q, si muovono nello stesso campo magnetico **B** descrivendo traiettorie circolari di ugual raggio r: è necessario che valga la relazione $m_A \cdot v_A = m_B \cdot v_B$. Essendo $m_A = 2\, m_B$, la velocità di A deve essere la metà della velocità di B.
La risposta corretta è la B.

---

95 Quando varia il flusso del campo magnetico che attraversa una lamina conduttrice (tipicamente di metallo), al suo interno si originano correnti elettriche indotte dovute al fenomeno dell'induzione elettromagnetica: sono le correnti di Foucault. Se si cerca di estrarre rapidamente una lastra di materiale conduttore dall'interno di una calamita, essa oppone resistenza al moto. Ciò è dovuto al fatto che le correnti di Foucault che si originano con il movimento di estrazione della lastra si oppongono a tale movimento (per la legge di Lenz). Per quanto detto, la risposta corretta è la E.

---

96 Un campo di forze è conservativo quando il lavoro compiuto dalle forze del campo è una funzione di stato o, il che è lo stesso, quando il lavoro compiuto dalle forze del campo lungo ogni linea chiusa è nullo. Si verifica che, affinché un campo di forze sia conservativo è necessario che le linee di forza del campo siano linee aperte. Le linee di forza del campo magnetico sono sempre linee chiuse: il campo magnetico non è mai conservativo. La risposta corretta è dunque la A.

---

97 Un filo *rettilineo* percorso da corrente genera intorno a sé un campo magnetico le cui linee di forza sono *circonferenze concentriche* e la cui intensità è data dalla legge di Biot e Savart:

$$|\mathbf{B}| = \frac{\mu_0 \mu_r}{2\pi} \cdot \frac{i}{r}$$

La risposta corretta è dunque la A.

---

98 Per campo magnetico stazionario si intende un campo magnetico non variabile nel tempo. Le risposte A e B sono sbagliate perché un campo elettrostatico, generato cioè da cariche elettriche ferme, non può generare un campo magnetico di nessun tipo. La risposta E è sbagliata perché tra forze elastiche e campi magnetici non vi è alcun legame. Anche la D è errata perché un campo elettrico variabile genera un campo magnetico variabile. Una carica elettrica in moto in una spira con velocità costante è invece in grado di generare un campo magnetico stazionario. La risposta esatta è la C.

---

99 Il prodotto dell'induttanza per la capacità di un circuito elettrico percorso da corrente alternata è la costante di tempo del circuito: $L \cdot C$ si misura in secondi. La risposta esatta è la A.

---

100 L'interno di un solenoide percorso da corrente è sede di un campo magnetico uniforme; perché il campo sia costante è sufficiente che l'intensità della corrente sia costante. Con un solenoide e un generatore di corrente continua si riesce a creare un campo magnetico uniforme e costante in una zona limitata. La risposta esatta è la A.

FISICA

parte quarta

CHIMICA

Quesiti

1 Quale/i delle seguenti affermazioni su elementi, miscele e composti è/sono corretta/e?
1. Le miscele devono contenere almeno due composti.
2. I composti devono contenere almeno due elementi.
3. Due elementi diversi reagiscono tra di loro per dare sempre lo stesso composto binario.

- A Solo 2
- B Solo 3
- C Solo 1 e 2
- D Solo 2 e 3
- E Solo 1

2 L'Angstrom è:

- A l'unità di misura della dimensione atomica
- B un'unità di misura della velocità
- C un'unità di misura temporale
- D l'unità di misura degli angoli di legame
- E l'unità di misura usata dagli astronomi

3 La perdita di un neutrone da parte del nucleo di un atomo comporta:

- A un aumento di un'unità di Z per quell'elemento
- B una diminuzione di un'unità di A per quell'elemento
- C un aumento della carica positiva del nucleo
- D un'emissione di particelle alfa e beta
- E la Ionizzazione dell'atomo

4 Il numero atomico del calcio è 20. Qual è il numero totale di elettroni dello ione Ca^{2+}?

- A 40
- B 20
- C 18
- D 22
- E 21

5 Gli elettroni prima di accoppiarsi occupano:

- A tutti gli orbitali disponibili
- B tutti gli orbitali a maggior energia disponibili
- C tutti gli orbitali di uguale energia disponibili
- D orbitali casualmente
- E tutti lo stesso orbitale

CHIMICA

6 **La differenza tra un elemento e quello che lo precede nello stesso periodo è di avere sempre:**

A un neutrone in più
B un protone in più
C un protone in meno
D un elettrone in più
E un protone e un neutrone in più

7 **Quale dei seguenti elementi NON appartiene agli elementi di transizione?**

A Zn
B Hg
C Fe
D Ne
E Cu

8 **Quale dei seguenti atomi si trasforma in protone dopo aver perso un elettrone?**

A Idrogeno
B Deuterio
C Trizio
D Elio
E Calcio

9 **Gli isotopi di un elemento hanno:**

A uguale numero di protoni
B uguale peso atomico
C uguale numero di neutroni
D diverso numero di elettroni
E diverso numero di protoni

10 **Il più pesante dei seguenti gas è:**

A O_2
B CO_2
C He
D H_2
E N_2

11 **Il simbolo Co è usato per rappresentare:**

A un atomo di sodio
B una molecola di monossido di carbonio
C il carbonio nel suo stato amorfo
D un generico composto organico
E nessuno di questi

12 Dall'atomo di potassio si può formare lo ione K^+ per:

A acquisto di un elettrone
B acquisto di un protone
C perdita di un elettrone
D perdita di un protone
E decadimento di un neutrone

13 Nella tavola periodica degli elementi il potenziale di ionizzazione lungo un gruppo:

A cresce progressivamente
B decresce progressivamente
C resta invariato
D decresce nei primi due gruppi, cresce negli altri
E cresce nei primi tre gruppi, resta invariato negli altri

14 Sapendo che un comune atomo di magnesio contiene 12 protoni, 12 elettroni e 12 neutroni, quale delle seguenti combinazioni corrisponde a un suo possibile isotopo?

A 13 protoni, 12 elettroni, 13 neutroni
B 13 protoni, 12 elettroni, 12 neutroni
C 12 protoni, 13 elettroni, 12 neutroni
D 12 protoni, 12 elettroni, 13 neutroni
E 13 protoni, 13 elettroni, 12 neutroni

15 Il numero $N = 6{,}022 \times 10^{23}$:

A corrisponde al numero quantico principale
B il numero di particelle contenute in una mole di sostanza
C corrisponde alla costante dei gas perfetti
D non esiste
E nessuna delle altre alternative è corretta

16 In quale delle seguenti quantità di ossigeno è contenuto un numero di Avogadro di molecole di O_2? (Ossigeno: massa atomica relativa 16,0).

A 1,00 litri (in condizioni normali)
B 16,0 g
C 1,00 g
D 16,0 L (in condizioni normali)
E 32,0 g

17 Dati $PA_{Na} = 22{,}99$, $PA_{Cl} = 35{,}45$, stabilire a quanti grammi di composto equivalgono 1,5 moli di cloruro di sodio (NaCl).

A 34,48
B 53,17
C 876,6
D 58,44
E 87,66

CHIMICA

18 Una sola delle seguenti affermazioni a proposito del legame covalente NON è corretta. Quale?

- **A** Si instaura tra elementi con piccole differenze di elettronegatività
- **B** Può essere polarizzato o non polarizzato
- **C** Può essere semplice, doppio o triplo
- **D** Non è direzionale
- **E** È presente nelle molecole degli alcani

19 Nel composto CH_4, il carbonio:

(1) forma legami ionici;

(2) forma legami covalenti;

(3) non è ibridato;

(4) usa orbitali ibridi di tipo sp^3.

Riguardo alle precedenti affermazioni, si può asserire che:

- **A** è corretta solo la (4)
- **B** è corretta solo la (3)
- **C** sono corrette la (2) e la (4)
- **D** è corretta solo la (2)
- **E** sono tutte corrette

20 Lo ione ammonio (NH_4^+) e il metano (CH_4) hanno in comune:

- **A** il carattere nettamente acido
- **B** l'ibridazione sp^2
- **C** l'ibridazione sp^3
- **D** la struttura planare
- **E** il peso molecolare

21 Quale di queste formule rappresenta una formula di struttura?

A

```
    H       H
    |       |
H — C — O — C — H
    |       |
    H       H
```

- **B** CH_4
- **C** HNO_3
- **D** $C_n H_{2n+2}$
- **E** $Al_2(SO_4)_3$

22 Nel composto LiF è presente un legame:

- **A** ionico
- **B** covalente polare
- **C** omeopolare
- **D** a elettroni delocalizzati
- **E** a idrogeno

23 Il legame tra l'ossigeno e l'idrogeno in una molecola d'acqua è:

A ionico
B a idrogeno
C dativo
D covalente
E un legame π

24 Il legame covalente più lungo è:

A C – C
B C = C
C $C \equiv C$
D C – H
E H – H

25 Un legame covalente doppio è formato da:

A due legami σ
B due legami a idrogeno
C due legami π
D un legame π e un legame σ
E nessuna delle risposte precedenti è corretta

26 Indicare in quale di questi processi si rompono legami covalenti:

A evaporazione dell'acqua
B $O_3 \rightarrow O_2 + O$
C fusione del cloruro di sodio
D $NaOH \rightarrow Na^+ + OH^-$
E dissoluzione di KCl in acqua

27 Quale di queste sostanze o composti non può formare legami a idrogeno?

A HCOOH
B H_2O
C HF
D N_2
E Possono tutte formare legami a idrogeno

28 Indicare quale dei seguenti composti contiene legami sia ionici che covalenti:

1. NH_4Cl

2. $BaSO_4$

3. $Ca(NO_3)_2$

A Solo il composto 1
B Solo il composto 2
C I composti 2 e 3
D Tutti
E Nessuno

CHIMICA

29 **Aprendo una lattina di bibita gassata si forma, nelle immediate vicinanze dell'apertura, una "nebbiolina". Ciò è dovuto:**

- A alla CO_2 che si libera e si rende evidente
- B all'espansione improvvisa del vapore d'acqua, che condensa
- C alla formazione di un aerosol della bibita, dovuto allo scuotimento della lattina e all'improvvisa apertura
- D all'espansione della CO_2, che produce un abbassamento della temperatura con condensazione del vapore d'acqua
- E all'aumento della temperatura

30 **Il numero di ossidazione rappresenta:**

- A il numero di atomi di ossigeno acquistati da un composto
- B il potenziale normale di ossidazione
- C il numero di atomi di ossigeno presenti in un composto
- D la carica apparente o reale di un elemento in un composto
- E il numero di neutroni presenti nel nucleo di un elemento

31 **Il numero di ossidazione dello zolfo nel composto $Al_2(SO_4)_3$ è:**

- A +3
- B +6
- C −2
- D +4
- E −6

32 **Quale di queste formule rappresenta il nitrito di bario?**

- A $BaNO_3$
- B $Ba(NO_2)_2$
- C $Ba(NO_3)_2$
- D Ba_3N_2
- E $BaNO_2$

33 **L'anione derivante dall'acquisto di un elettrone da parte dell'atomo di idrogeno si definisce:**

- A idruro
- B idrogenione
- C idrogenuro
- D idrossonio
- E protone

34 **Individuare quale tra i composti elencati contiene ossigeno.**

- A Cloruro di sodio
- B Solfuro rameico
- C Ammoniaca
- D Nitrato di potassio
- E Tiocianato di sodio

35 **L'anidride dell'acido carbonico è:**

A CO
B CO^{3-}
C CH_3COOH
D CO_2
E CO_3

36 **Indicare quale delle seguenti associazioni è sbagliata.**

A HNO_2 — acido nitroso
B H_3PO_4 — acido ortofosforico
C NaH_2PO_4 — idrogenofosfato di sodio
D NH_4Cl — cloruro d'ammonio
E CO_2 — anidride carbonica

37 **Indicare quale delle seguenti formule è errata.**

A $NH_4H_2PO_4$
B H_2ClO_4
C K_2SO_4
D $KHSO_4$
E KH_2PO_4

38 **Gli idracidi sono:**

A acidi che contengono un idrossile
B composti binari formati solo da atomi di idrogeno e da un elemento molto elettronegativo, come Cl, F o I
C acidi organici che si sciolgono in acqua
D acidi che hanno un forte potere idratante
E composti ternari la cui formula contiene la molecola H_2O

39 **L'ozono, costituente dello smog fotochimico, è:**

A una miscela di ossidi acidi
B un ossido dello zolfo
C un prodotto di combustione della benzina
D un ossido dell'azoto
E una forma particolare di ossigeno

40 **Indicare la reazione non bilanciata tra quelle sotto riportate.**

A $CuO + H_2 \rightarrow Cu + H_2O$
B $AgCl + NaBr \rightarrow AgBr + NaCl$
C $Ag + HNO_3 \rightarrow AgNO_3 + H_2$
D $2\,H_2O_2 \rightarrow 2\,H_2O + O_2$
E $N_2 + 3\,H_2 \rightarrow 2\,NH_3$

CHIMICA

41 **La seguente reazione opportunamente bilanciata si scrive:**

$$As_2O_3 + HCl \rightarrow AsCl_3 + H_2O$$

A $As_2O_3 + 6\ HCl \rightarrow 2\ AsCl_3 + 3\ H_2O$
B $As_2O_3 + 3\ HCl \rightarrow AsCl_3 + 3\ H_2O$
C $As_2O_3 + HCl \rightarrow 2\ AsCl_3 + H_2O$
D $As_2O_3 + 9\ HCl \rightarrow 2\ AsCl_3 + 5\ H_2O$
E $As_2O_3 + HCl \rightarrow AsCl_3 + H_2O$

42 **Il metano (CH_4) brucia con ossigeno (O_2) dando anidride carbonica (CO_2) e acqua (H_2O). Quanti litri di ossigeno sono necessari per bruciare 1 litro di metano, se entrambi i gas si trovano a 20 °C e a una atmosfera di pressione?**

A 1 litro
B 2 litri
C 3 litri
D 4 litri
E I dati forniti non sono sufficienti per risolvere il problema

43 **I prodotti della reazione tra NaOH e H_2SO_4 sono:**

A $NaH + NaHSO_5$
B $NaHSO_3 + H_2O$
C $NaSO_4 + H_2O$
D $Na_2SO_4 + H_2O$
E $Na_2SO_3 + H_2O$

44 **Indicare la reazione di neutralizzazione.**

A $NaCl \rightarrow Na^+ + Cl^-$
B $2\ H_2 + O_2 \rightarrow 2\ H_2O$
C $HCl + KOH \rightarrow KCl + H_2O$
D $H_2O_2 \rightarrow H_2O + 1/2\ O_2$
E $BaCl_2 + Na_2SO_4 \rightarrow BaSO_4 + 2\ NaCl$

45 **NaOH può formare un sale reagendo con:**

A NH_3
B HBr
C KOH
D H_2
E H_2O

46 **Nelle reazioni di ossidoriduzione avviene sempre un passaggio di:**

A ioni tra un metallo e un non metallo
B elettroni tra specie chimiche diverse
C ioni tra specie chimiche diverse
D elettroni tra un metallo e un non metallo
E elettroni tra ioni di elementi diversi

47 **Nella reazione**

$$3\,Cu + 8\,HNO_3 \rightarrow 3\,Cu(NO_3)_2 + 2\,NO + 4\,H_2O:$$

A il Cu si riduce
B il Cu si ossida
C l'N si ossida
D il Cu è l'agente ossidante
E l'N è l'agente riducente

48 **In una reazione chimica gli ioni Ag^+ in soluzione si trasformano in atomi del metallo. Ciò significa che gli ioni Ag^+:**

A si ossidano
B si neutralizzano
C si solidificano
D agiscono da ossidanti
E cambiano il loro numero atomico

49 **La reazione di sintesi dell'ammoniaca è:**

$$N_2 + 3\,H_2 \rightarrow 2\,NH_3$$

Se la reazione procede in modo completo, facendo reagire 8 moli di H_2 con 2 moli di N_2 quante moli di ammoniaca si ottengono?

A 5
B 1
C 2
D 3
E 4

50 **Facendo reagire 6 moli di H_2 con 3 moli di O_2 quante moli di acqua si formano?**

A 9
B 3
C 6
D 8
E 2

51 **Una soluzione è definita come un sistema costituito:**

A da un numero di fasi dipendente dalla temperatura e dalla pressione
B da un numero di fasi dipendente dalla pressione
C da tante fasi quante sono le specie chimiche che la costituiscono
D da un numero di fasi variabile con la temperatura
E da una sola fase indipendentemente dal numero di specie chimiche che la costituiscono

52 **La solubilità di un gas in un liquido:**

A diminuisce all'aumentare della pressione parziale del gas
B aumenta all'aumentare della temperatura
C aumenta al diminuire della temperatura
D è indipendente dalla pressione parziale del gas
E un gas non è mai solubile in un liquido

53 Quale dei seguenti composti non è solubile in H_2O?

A $MgCl_2$
B $BaSO_4$
C Saccarosio
D KCl
E NaCl

54 L'olio d'oliva non si scioglie in acqua perché:

A è meno denso dell'acqua
B è costituito soprattutto da molecole idrofobe
C è più viscoso dell'acqua
D ha peso specifico inferiore a quello dell'acqua
E non è un composto ionico

55 Quanti grammi di HCl (PM = 36) sono contenuti in 100 mL di una soluzione 1M?

A 3,6
B 2
C 0,25
D 3,8
E 1,1

56 Una soluzione di NaCl allo 0,9% (peso/volume) contiene:

A 90 mg di NaCl in 100 mL
B 0,9 g di NaCl in 1 mL
C 0,9 moli di NaCl in 100 mL
D 900 mg di NaCl in 1 litro
E 9 mg di NaCl in 1 mL

57 Quale delle seguenti sostanze messa in acqua genera ioni?

A HCl
B C_6H_6
C SiO_2
D CH_4
E CH_3OH

58 A quale volume bisogna diluire 10 mL di HCl 6 M per ottenere HCl 0,5 M?

A 200 mL
B 30 mL
C 300 mL
D 60 mL
E 120 mL

59 Indicare quanti equivalenti di base sono presenti in due moli di $Al(OH)_3$.

A 3
B 6
C 9
D 12
E 2

PARTE QUARTA

60 **Indicare la normalità di una soluzione di H_2SO_4 0,5 M.**

A 1 N

B 0,5 N

C 0,25 N

D 0,75 N

E 2 N

61 **Se si scioglie un po' di zucchero in acqua distillata, si ottiene una soluzione che:**

A solidifica alla stessa temperatura di solidificazione dell'acqua distillata

B solidifica a una temperatura più bassa della temperatura di solidificazione dell'acqua distillata

C solidifica a una temperatura più alta della temperatura di solidificazione dell'acqua distillata

D non può solidificare in nessun modo, qualunque sia la temperatura

E solidifica a una temperatura più bassa della temperatura di solidificazione dello zucchero

62 **L'acqua minerale è un conduttore di corrente elettrica perché:**

A è una soluzione di amminoacidi

B è una soluzione di elettroliti

C risente del campo magnetico terrestre

D presenta una bassa costante dielettrica

E contiene gas disciolti

63 **La reazione $CaO + H_2O \rightarrow Ca(OH)_2$ è esotermica. Questo significa che:**

A la reazione sviluppa calore e di conseguenza il $Ca(OH)_2$ perde istantaneamente il contenuto d'acqua, che evapora, e ritorna a essere CaO

B la reazione assorbe calore dall'ambiente e il $Ca(OH)_2$ si raffredda

C la reazione avviene senza alcuna variazione di temperatura

D la reazione sviluppa calore e il $Ca(OH)_2$ si riscalda

E la reazione assorbe calore dall'ambiente e il $Ca(OH)_2$ solidifica perché l'acqua contenuta ghiaccia istantaneamente

64 **Una reazione con $\Delta G > 0$ è detta:**

A esotermica

B endotermica

C di equilibrio

D esoergonica

E endoergonica

65 **Come variano le proprietà termodinamiche del sistema quando un composto si scioglie spontaneamente nell'acqua e la soluzione si riscalda?**

A L'entalpia non varia e ΔG è maggiore di zero

B ΔH è maggiore di zero, mentre ΔG è minore di zero

C ΔH e ΔG sono minori di zero

D ΔH è minore di zero e ΔG è maggiore di zero

E ΔG è uguale a zero

66 **La velocità di reazione:**

- **A** esprime la variazione della concentrazione dei reagenti nell'unità di tempo
- **B** è pari al rapporto $\Delta t/\Delta C$
- **C** rappresenta il tempo necessario perché si consumi tutto il reagente
- **D** è un parametro che non si può misurare sperimentalmente
- **E** rappresenta il tempo necessario perché la reazione raggiunga l'equilibrio

67 **UNA sola delle seguenti affermazioni a proposito della costante di equilibrio è CORRETTA. Quale?**

- **A** È indipendente dalla temperatura, dalla pressione e dalle concentrazioni sia dei reagenti che dei prodotti
- **B** Cresce sempre al crescere della temperatura
- **C** Al crescere della temperatura può crescere o decrescere
- **D** Aumenta se si aumenta la concentrazione dei reagenti
- **E** Aumenta se si aumenta la concentrazione dei prodotti

68 **Nella seguente reazione all'equilibrio:**

$$CO + 2\ H_2 \rightarrow CH_3OH + 24\ kcal,$$

se viene aumentata la concentrazione del metanolo (CH_3OH):

- **A** l'equilibrio non si sposta
- **B** l'equilibrio si sposta verso sinistra
- **C** l'equilibrio si sposta verso destra
- **D** un equilibrio non si può spostare per definizione
- **E** la reazione si arresta

69 **Si dice che una reazione raggiunge lo stato di equilibrio chimico quando:**

- **A** la velocità della reazione diretta è uguale alla velocità della reazione inversa
- **B** inizia ad avvenire la reazione inversa
- **C** la velocità della reazione diretta inizia a diminuire
- **D** la velocità della reazione inversa inizia a diminuire
- **E** la velocità della reazione diretta si riduce a zero

70 **Se un composto A si trasforma in B per l'1%, all'equilibrio, percentualmente, indicare quanto A e quanto B si ritrovano.**

- **A** 1% A e 99% B
- **B** 1/100 A e 100 B
- **C** 99% A e 1% B
- **D** 100 A e 1/100 B
- **E** in ogni caso all'equilibrio si trovano 50% A e 50% B

71 **La teoria acido-base di Lewis:**

- **A** si basa sulla dissociazione di ioni H^+ e OH^-
- **B** si basa sullo scambio di ioni H^+ tra acidi e basi
- **C** si basa sull'acquisto di H^+
- **D** si basa unicamente su scambi di doppietti elettronici tra acidi e basi
- **E** si limita a descrivere i fenomeni acido-base in soluzione acquosa

72 **La relazione pH + pOH = 14 è valida:**

A solo per soluzioni basiche
B per tutte le soluzioni, anche non acquose
C per tutte le soluzioni acquose
D solo per soluzioni acide
E solo per soluzioni acquose neutre

73 **A quale dei seguenti valori del pH si ha la minima concentrazione di ioni OH^-?**

A 3,5
B 3,12
C 7,2
D 8,8
E 12,2

74 **Il pH di una soluzione acquosa di un acido debole è:**

A inferiore a 2
B inferiore a 7
C uguale a 7
D superiore a 7
E è uguale, superiore o inferiore a 7 a seconda della K_a dell'acido

75 **In che rapporto deve essere diluita una soluzione acquosa di un acido forte affinché il pH passi da 2 a 4?**

A 1:2
B 1:4
C 1:10
D 1:100
E 1:8

76 **Una soluzione con pH acido molto probabilmente contiene:**

A NH_4OH
B HCl
C $NaHCO_3$
D CH_3CH_2OH
E KOH

77 **La disposizione degli atomi di carbonio del benzene nello spazio è:**

A planare
B a sedia
C a barca (o tino)
D irregolare
E casuale

78 **Quale di queste formule rappresenta un'ammide?**

A RCOOR B RCOR C $RCONH_2$ D ROR E RNH_2

CHIMICA

79 L'atomo di carbonio del gruppo carbossilico ha ibridazione:

A sp

B sp^3

C sp^4

D sp^2

E non è ibridato

80 L'acetone è:

A un acido impiegato per pulire le unghie

B un chetone molto semplice

C la più semplice aldeide

D il prodotto di riduzione di un acido

E un solvente inorganico

PARTE QUARTA

Soluzioni e commenti

1 Una miscela è un insieme di due o più sostanze, le quali possono essere composti o sostanze elementari, l'affermazione 1 è errata. Un composto è formato da atomi di tipo diverso (quindi elementi diversi) legati tra di loro, come per esempio H_2O; l'affermazione 2 è corretta. Infine, due elementi diversi possono combinarsi per dare più composti, per esempio carbonio e ossigeno possono formare il monossido (CO) o il diossido (CO_2) di carbonio, quindi l'affermazione 3 è errata. La risposta al quesito è pertanto la **A**.

2 La risposta corretta è la **E**: l'Angstrom (Å) è l'unità di misura della dimensione atomica ed equivale a 0,1 nanometri (nm), cioè 10^{-10}m.

3 Z è il simbolo del numero atomico e rappresenta il numero di protoni contenuti nel nucleo di un atomo, mentre A è il simbolo del numero di massa e corrisponde alla somma del numero dei protoni e dei neutroni. La perdita di un neutrone da parte del nucleo di un atomo non comporta quindi nessuna variazione di numero atomico (la risposta **A** è pertanto sbagliata), provoca invece una diminuzione di un'unità del numero di massa A. La risposta corretta è dunque la **B**.

4 Un atomo neutro di calcio possiede 20 protoni e 20 elettroni. Il Ca neutro si trasforma in ione Ca^{2+} perdendo due elettroni. Il numero di elettroni in uno ione Ca^{2+} è dunque pari a 20 – 2 = 18 (risposta **C**).

5 La domanda fa riferimento alla regola di Hund (o principio della massima molteplicità) secondo cui gli elettroni occupano singolarmente il massimo numero di orbitali isoenergetici disponibili (per esempio i tre orbitali *p* di un dato livello energetico), disponendosi in essi con spin parallelo. La risposta corretta è quindi la **C**.

6 Lungo un periodo nella tavola periodica gli elementi sono disposti in ordine di numero atomico crescente. Dato che il numero atomico rappresenta il numero di protoni contenuti nel nucleo di un atomo dell'elemento, in un periodo ogni elemento differisce da quello che lo precede per la presenza di un protone in più nel nucleo (risposta **B**).

7 Gli elementi di transizione sono i metalli del blocco *d* della tavola periodica. Fra gli elementi indicati in questo quesito l'unico che non appartiene a questo gruppo è il neon (Ne), elemento appartenente al gruppo degli alogeni (18 o VIII A), risposta **D**.

8 L'elemento che si trasforma in protone perdendo un elettrone è evidentemente quello formato da un solo elettrone e da un solo protone. L'elemento che risponde a queste caratteristiche è l'idrogeno (risposta **A**).

9 Gli isotopi sono atomi aventi lo stesso numero atomico (quindi atomi dello stesso elemento) ma diverso numero di massa, perché contenenti un diverso numero di neutroni. La risposta esatta è quindi la **A**.

CHIMICA

10 Per calcolare il peso molecolare di una sostanza è necessario sommare i pesi atomici degli atomi che la compongono, tenendo conto dei rispettivi indici. Si ha dunque:

$$PM_{O_2} = 16 \cdot 2 = 32$$

$$PM_{CO_2} = 12 + (16 \cdot 2) = 44$$

$$PM_{H_2} = 1 \cdot 2 = 2$$

$$PA_{He} = 4$$

$$PM_{N_2} = 14 \cdot 2 = 28$$

Il gas più pesante è quindi l'anidride carbonica (CO_2), risposta **B**.

11 Il simbolo Co è il simbolo del cobalto, quindi nessuna fra le ipotesi proposte è corretta: la risposta esatta è la **E**.

12 L'atomo di potassio, K, si può trasformare nel catione K^+ perdendo un elettrone, risposta **C**.

13 Il potenziale di ionizzazione, definito come l'energia necessaria per sottrarre un elettrone a un atomo trasformandolo in un catione, è una proprietà periodica degli elementi, e come tale manifesta un andamento regolare nell'ambito della tavola periodica. In particolare questa proprietà cresce lungo un periodo e decresce lungo un gruppo (risposta **B**).

14 Gli isotopi sono atomi che possiedono lo stesso numero di protoni ma un numero diverso di neutroni. Dato che un comune atomo di magnesio contiene 12 protoni, possiamo escludere le alternative **A**, **B** ed **E**, che propongono atomi contenenti 13 protoni. Dovendo scegliere fra la **C** e la **D** si può stabilire che la **D** è la risposta corretta perché gli elettroni, nell'atomo neutro, sono presenti nello stesso numero dei protoni, e in questo caso devono essere 12.

15 Il numero $6.022 \cdot 10^{23}$ è il Numero di Avogadro, ovvero il numero di particelle contenute in una mole di sostanza. Detto in altri termini, una mole di qualsiasi sostanza contiene sempre lo stesso numero di particelle, corrispondente al Numero di Avogadro. La risposta corretta è pertanto la **B**.

16 La quantità di sostanza cui fa riferimento il quesito è la *mole*. Una mole, definita come la quantità di sostanza che contiene lo stesso numero di atomi contenuti in 12 grammi di ^{12}C, contiene un numero di Avogadro (cioè $6{,}023 \cdot 10^{23}$) di entità (atomi, molecole o ioni) e corrisponde a una quantità in peso pari al peso atomico o al peso molecolare espresso in grammi. Se la sostanza considerata è un gas, in condizioni standard (pressione di 1 atm e temperatura di 0 °C) una mole di qualsiasi gas occupa un volume pari a 22,4 litri. Considerando il dato proposto dal quesito, una mole di ossigeno molecolare contiene $6{,}023 \cdot 10^{23}$ molecole di O_2, pesa 32 g e occupa un volume pari a 22,4 litri. La risposta corretta è quindi la **E**.

17 Il peso di una mole di qualsiasi sostanza corrisponde al peso atomico (o al peso molecolare) espresso in grammi. Per rispondere al quesito è quindi necessario innanzitutto calcolare il peso molecolare (PM) del cloruro di sodio:

$$PM_{NaCl} = PA_{Na} + PA_{Cl} = 22{,}99 + 35{,}45 = 58{,}44$$

Se il peso molecolare di NaCl è 58,44, una mole di NaCl pesa 58,44 g, e per ricavare il peso di 1,5 moli è sufficiente utilizzare la formula:

$$m = n \cdot PM$$

Avremo quindi:

$$m = 1{,}5 \text{ mol} \cdot 58{,}44 \text{ g/mol} = 87{,}66 \text{ g}$$

La risposta corretta è la **E**.

PARTE QUARTA

18 Il legame covalente è un tipo di legame intramolecolare che si forma tra due atomi quando ciascuno di essi partecipa al doppietto elettronico che dà origine al legame con uno dei propri elettroni di valenza. Quando i due atomi sono dello stesso elemento, o di due elementi con la stessa elettronegatività, il legame si dice *covalente puro* o *apolare*, poiché la nuvola elettronica non è attirata preferenzialmente da uno dei due atomi ma si trova equamente distribuita tra i due. Quando i due atomi non hanno la stessa elettronegatività, il più elettronegativo tende ad attirare a sé la nuvola elettronica che si trova quindi spostata rispetto al centro del legame. In tal caso il legame è polarizzato e si chiama legame *covalente polare*. Se la differenza è troppo alta, però, l'atomo elettronegativo strappa l'elettrone all'atomo elettropositivo, formando una coppia ionica di anione e catione tenuta insieme da forze di interazione elettrostatica; in questo caso non si ha più un legame covalente e il legame si dice *ionico*. In base a queste considerazioni si possono scartare le risposte B e A. Inoltre, due atomi possono condividere anche due o tre elettroni formando legami rispettivamente doppi o tripli. Ciò è in accordo con la risposta C, che va quindi scartata. Infine, bisogna ricordare che gli alcani sono formati da atomi di carbonio e idrogeno, che hanno valori di elettronegatività simile. Questi sono esempi tipici di composti con legami covalenti e si può quindi escludere anche la risposta E.

La risposta esatta pertanto è la D: infatti, il legame covalente ha densità elettronica lungo l'asse internucleare ed è quindi direzionale, al contrario del legame ionico che è di natura elettrostatica.

19 La differenza di elettronegatività tra C e H è pari a 0,4 (2,5 – 2,1); il legame tra i due atomi è dunque di tipo covalente e non ionico. Nel composto in questione, il metano, l'atomo di carbonio è unito a quattro atomi di idrogeno mediante quattro legami covalenti semplici. La formazione dei quattro legami è possibile perché il carbonio utilizza in questo composto orbitali ibridi di tipo sp^3: gli orbitali sp^3 sono infatti quattro. Se il carbonio non fosse ibridato, invece, possedendo solo due elettroni spaiati potrebbe formare soltanto due legami covalenti. Dato che le affermazioni corrette sono la (2) e la (4) si conclude che la risposta esatta è la C.

20 La configurazione elettronica esterna dell'azoto è $1s^2\ 2s^2\ 2p^3$, e quella del carbonio è $1s^2\ 2s^2\ 2p^2$. Nelle due molecole considerate (NH_4^+ e CH_4) gli atomi centrali formano 4 orbitali ibridi di tipo sp^3, in questo modo il carbonio avrà un elettrone su ciascun orbitale e potrà formare 4 legami covalenti con altrettanti atomi di idrogeno. L'azoto, d'altra parte, avrà un doppietto in un orbitale e tre elettroni spaiati nei tre orbitali rimanenti, questi ultimi sono utilizzati per formare legami covalenti con tre atomi di idrogeno, mentre il quarto orbitale, contenente il doppietto, viene utilizzato per formare un legame dativo con uno ione H^+. La risposta esatta è quindi la C. Ricordiamo che una molecola caratterizzata da orbitali di tipo sp^3 ha struttura tetraedrica (la risposta D è sbagliata).

21 L'unica formula in cui è evidenziato il concatenamento degli atomi e che rappresenta quindi una formula di struttura è la A.

22 Ricordiamo che fra due atomi si forma un legame covalente quando la differenza di elettronegatività non è molto elevata, e comunque inferiore a 1,7. Il fluoro si trova nel gruppo 17 ed è l'elemento con la maggiore elettronegatività, mentre il litio si trova nel primo gruppo, caratterizzato da valori di elettronegatività bassi: di conseguenza, la differenza di elettronegatività tra fluoro e litio è molto elevata (per la precisione vale 3 = 4 – 1) e il legame che unisce i due atomi è ionico (risposta A).

23 Per definizione, in una molecola sono presenti legami covalenti: difatti, la differenza di elettronegatività tra ossigeno e idrogeno è 1,4 (3,5 – 2,1), le risposta corretta è la D. Il legame a idrogeno (risposta B) è invece il tipo di legame intermolecolare che tiene unite le molecole d'acqua tra loro allo stato liquido e allo stato solido.

24 La lunghezza di un legame covalente rappresenta la distanza tra i nuclei dei due atomi legati ed è proporzionale al loro raggio atomico e inversamente proporzionale al numero dei legami tra i due atomi. Il legame covalente più lungo è il legame C – C. Il legame semplice tra i due atomi di carbonio è, infatti, più lungo sia del doppio legame sia del legame triplo. Dato che il raggio atomico del carbonio è maggiore di quello dell'idrogeno, la lunghezza del legame C – C è superiore anche a quella del legame C – H e a quella del legame H – H. La risposta esatta è dunque la **A**.

25 Un legame di tipo σ si forma quando gli orbitali dei due atomi coinvolti si sovrappongono in direzione frontale (testa/testa), e l'orbitale molecolare contiene l'asse che congiunge i due nuclei. Un legame di tipo π si forma quando due orbitali si sovrappongono lateralmente (fianco/fianco) e l'orbitale molecolare risultante è costituito da due lobi giacenti su un piano perpendicolare a quello che contiene i due nuclei. Un legame covalente doppio è sempre formato da un legame σ e un legame π (risposta **D**).

26 Il cloruro di sodio (NaCl), l'idrossido di sodio (NaOH) e il cloruro di potassio (KCl) sono composti ionici in cui gli ioni costituenti (Na^+ e Cl^- nel primo caso, Na^+ e OH^- nel secondo, K^+ e Cl^- nel terzo) si dispongono a formare un reticolo cristallino tridimensionale dove sono minime le forze di repulsione fra gli ioni della stessa carica, e massime le forze attrattive fra gli ioni di carica opposta. I legami che si rompono quando l'idrossido si dissocia negli ioni che lo compongono, quando si verifica la fusione del cloruro di sodio, o quando KCl si scioglie in acqua, sono di tipo ionico. Durante il processo di evaporazione dell'acqua si rompono i legami idrogeno che sono presenti fra le molecole d'acqua allo stato liquido. L'unico processo in cui si rompono legami covalenti, fra quelli proposti, è la reazione di scissione dell'ozono (O_3): i tre atomi di ossigeno che formano la molecola di ozono sono uniti da legami covalenti (risposta **B**).

27 Come si deduce dal nome, il legame a idrogeno è un particolare tipo di legame elettrostatico in cui è coinvolto un atomo di idrogeno. L'unica sostanza tra quelle citate che non contiene idrogeno, e che non può dunque formare legami a idrogeno, è N_2 (risposta **D**).

28 Tutte le sostanze proposte sono sali e quindi composti ionici formati da aggregati di ioni positivi (cationi) e negativi (anioni), legati tra loro mediante legami ionici. Gli atomi di azoto e idrogeno nel catione NH_4^+, quelli di zolfo e ossigeno nell'anione SO_4^{2-} e quelli di azoto e ossigeno nell'anione NO_3^- sono però uniti da legami covalenti. La differenza di elettronegatività tra gli atomi legati nei tre casi è infatti pari rispettivamente a 0,84, 0,86 e 0,4. Tutte e tre le sostanze contengono dunque legami sia ionici che covalenti (risposta **D**).

29 Quando si apre una bibita gassata, la "nebbiolina" che si forma sulla lattina, intorno all'apertura, è dovuta al fatto che parte della CO_2 contenuta nella bibita fuoriesce e si espande, provocando un raffreddamento che ha come conseguenza la condensazione del vapor d'acqua e la formazione di minuscole goccioline. Risposta **D**.

30 Il numero di ossidazione indica il numero di cariche elettriche effettive o formali localizzate su un atomo di un elemento in un composto (risposta **D**). Le cariche sono effettive (reali) se l'elemento è legato a un altro con legame ionico; formali (apparenti) quando l'elemento è legato con legame covalente. In quest'ultimo caso la carica attribuita è frutto di una convenzione che prevede di assegnare gli elettroni di legame all'atomo più elettronegativo.

31 Per rispondere al quesito è necessario ricordare alcune regole che, data la formula di un composto, permettono di calcolare il numero di ossidazione (N.O.) degli atomi che compaiono nella formula stessa:

- la somma dei numeri di ossidazione di tutti gli atomi presenti in una molecola neutra è pari a 0;
- nella maggior parte dei composti il N.O. dell'ossigeno è – 2 (tranne nei perossidi, come H_2O_2, in cui è –1 e in OF_2, in cui è +2);

PARTE QUARTA

- il N.O. degli elementi del gruppo I A è + 1, il N.O. degli elementi del gruppo II A è + 2, il N.O. di Al è +3

Considerando il solfato di alluminio, $Al_2(SO_4)_3$, poiché la somma dei numeri di ossidazione degli elementi che formano questo composto deve essere pari a zero, e poiché $N.O._O = -2$, e $N.O._{Al} = +3$, sarà:

$$3\ N.O._S + 2 \cdot N.O._{Al} + 12 \cdot N.O._O = 0$$

quindi:

$$N.O._S = \frac{-(12 \cdot N.O._O)-(2 \cdot N.O._{Al})}{3} = \frac{-(12 \cdot -2)-(2 \cdot 3)}{3} = \frac{24-6}{3} = +6$$

Il numero di ossidazione dello zolfo in $Al_2(SO_4)_3$ è +6; risposta **B**.

---

32 Lo ione nitrito è l'anione poliatomico che deriva formalmente dalla perdita di uno ione H^+ da parte dell'acido nitroso (HNO_2) secondo la reazione:

$$HNO_2 \rightarrow H^+ + NO_2^-$$

Lo ione nitrito compare nelle formule $Ba(NO_2)_2$ e $BaNO_2$. Poiché il bario appartiene al gruppo II A e forma cationi bivalenti, la formula corretta è $Ba(NO_2)_2$, risposta **B**.

---

33 Il nome di un anione monoatomico si ottiene attribuendo la desinenza *-uro* alla radice del nome dell'elemento da cui deriva. Dato che la radice del nome nel caso dell'idrogeno è idr-, il nome dell'anione è idruro (risposta **A**).

L'idrogenione (risposta **B**) è invece il catione che si origina in seguito alla perdita di un elettrone da parte dell'atomo di idrogeno.

---

34 Le formule dei composti elencati sono NaCl, CuS, SNH_3, KNO_3 e NaSCN. L'unico contenente ossigeno è il nitrato di potassio (KNO_3, risposta **D**).

---

35 L'acido carbonico ha formula H_2CO_3 e si ottiene facendo reagire l'anidride corrispondente (l'anidride carbonica, CO_2) con l'acqua, secondo la reazione:

$$CO_2 + H_2O \rightarrow H_2CO_3$$

La risposta esatta è dunque la **D**.

---

36 In questo esercizio occorre fare attenzione al fatto che si chiede di individuare l'associazione sbagliata e non quella corretta. NaH_2PO_4 è un sale acido ottenuto dalla sostituzione parziale di un solo atomo di idrogeno nell'acido fosforico (H_3PO_4) con uno ione sodio (Na^+). Il sale contiene due atomi di idrogeno dissociabili, il suo nome corretto è pertanto diidrogenofosfato (o fosfato biacido) di sodio e non idrogenofosfato di sodio.

L'associazione sbagliata (e quindi la risposta esatta) è pertanto la **C**.

---

37 L'unica formula errata, fra quelle proposte, è la **B**.

Questa formula rappresenta un acido ossigenato che deriva dalla reazione con H_2O dell'anidride perclorica (Cl_2O_7), in cui il cloro ha numero di ossidazione +7 e l'ossigeno –2:

$$Cl_2O_7 + H_2O \rightarrow 2\ HClO_4$$

La formula corretta dell'acido perclorico infatti è $HClO_4$.

---

38 Gli idracidi sono composti binari formati da idrogeno e da un elemento molto elettronegativo. Sono idracidi per esempio HF (acido fluoridrico) e HCl (acido cloridrico). Il carattere acido di questi composti è dovuto all'elevata differenza di elettronegatività fra l'idrogeno e l'altro elemento, per questo motivo gli idracidi in acqua si comportano come acidi liberando ioni H^+ (risposta **B**).

CHIMICA

39 L'ozono è una molecola formata da tre atomi di ossigeno (O_3) mentre la forma comune in cui questo elemento è presente nell'atmosfera è la molecola biatomica O_2. La tossicità dell'ozono in atmosfera è dovuta all'elevato potere ossidante di questa molecola che la rende dannosa per gli organismi viventi. La risposta corretta è la **E**.

40 Affinché una reazione risulti bilanciata, il numero di atomi di ogni elemento che compare nei reagenti deve essere uguale al numero di atomi dello stesso elemento presente nei prodotti. La reazione non bilanciata è allora la **C**: nei reagenti è infatti presente un solo atomo di idrogeno mentre nei prodotti ne compaiono due. Per scrivere l'equazione in modo corretto occorre semplicemente porre il coefficiente stechiometrico 2 davanti ad Ag, HNO_3 e $AgNO_3$, la reazione bilanciata sarà quindi:

$$2\ Ag + 2\ HNO_3 \rightarrow 2\ AgNO_3 + H_2$$

41 Come abbiamo appena visto, in una reazione bilanciata ogni elemento compare con lo stesso numero di atomi nei reagenti e nei prodotti. Nel caso proposto la reazione bilanciata è la **A**: gli atomi di As sono 2 nei reagenti e 2 nei prodotti, gli atomi di O sono 3 nei reagenti e 3 nei prodotti, gli atomi di H e quelli di Cl sono 6 sia nei reagenti sia nei prodotti.

42 L'equazione bilanciata della reazione di combustione del metano è:

$$CH_4 + 2\ O_2 \rightarrow CO_2 + 2\ H_2O$$

Il numero di moli di ossigeno necessarie per la reazione di combustione è uguale al doppio del numero di moli di metano. Dato che, a parità di condizioni di temperatura e pressione, volumi uguali di qualsiasi gas contengono lo stesso numero di moli, si deduce che due litri di gas contengono un numero di moli pari al doppio di quelle contenute in un litro. Per la combustione di un litro di metano sono perciò necessari due litri di ossigeno (risposta **B**).

43 NaOH e H_2SO_4 sono rispettivamente un idrossido e un ossiacido. Questi composti reagiscono tra loro formando un sale e acqua con una reazione di neutralizzazione, che può essere rappresentata dalla seguente equazione:

$$2\ NaOH + H_2SO_4 \rightarrow Na_2SO_4 + 2\ H_2O$$

La risposta corretta è dunque la **D**.

44 Una reazione di neutralizzazione è una reazione in cui un acido reagisce con una base formando un sale e acqua. L'unica equazione in cui i prodotti di reazione sono un sale e acqua è la **C**. L'altra reazione in cui compare l'acqua come prodotto, la **D**, è invece sbagliata perché il secondo prodotto formato è ossigeno molecolare (O_2) che non è un sale, ma un elemento.

45 NaOH è la formula corrispondente al composto idrossido di sodio. Un idrossido può formare un sale reagendo con un'anidride o con un acido. Tra le sostanze proposte non vi sono anidridi e l'unico acido è HBr, l'acido bromidrico (o bromuro di idrogeno). NaOH chiaramente non forma un sale reagendo con H_2O; ma neppure con NH_3, KOH e H_2, infatti queste formule rappresentano rispettivamente una sostanza a carattere basico, un idrossido e un elemento.

La risposta giusta è pertanto la **B**.

46 Le ossidoriduzioni sono reazioni che comportano uno scambio di elettroni tra due reagenti, uno dei quali acquista gli elettroni ceduti dall'altro. L'elemento che cede gli elettroni si ossida e viene detto riducente, mentre quello che accetta gli elettroni si riduce ed è detto ossidante. Spesso, ma non sempre, i reagenti sono un metallo e un non metallo. La risposta corretta è la **B**.

47 Si procede scrivendo i numeri di ossidazione (N.O.) noti, ossia +1 all'idrogeno, š2 all'ossigeno e 0 ai composti elementari:

$$3\,\overset{0}{Cu} + 8\,\overset{+1}{H}N\overset{-2}{O_3} \rightarrow 3\,Cu(N\overset{-2}{O_3})_2 + 2\,N\overset{-2}{O} + 4\,H_2O$$

si calcolano poi i rimanenti N.O.:

$$3\,\overset{0}{Cu} + 8\,\overset{+1}{H}\overset{+5}{N}\overset{-2}{O_3} \rightarrow 3\,\overset{+2}{Cu}(\overset{+5}{N}\overset{-2}{O_3})_2 + 2\,\overset{+2}{N}\overset{-2}{O} + 4\,H_2O$$

Osserviamo quindi che il numero di ossidazione del rame aumenta, passando da 0 (in Cu) a + 2 (in $Cu(NO_3)_2$); quello dell'azoto invece diminuisce, passando da + 5 (in HNO_3) a + 2 (in NO). Il rame pertanto si ossida ed è l'agente riducente, mentre l'azoto si riduce ed è quindi l'agente ossidante. NO_3^- viene considerato un gruppo unico, quindi l'azoto non cambia il N.O. da HNO_3 a $Cu(NO_3)_2$. Si conclude dunque che la risposta esatta è la **B**.

48 Se in una reazione gli ioni di argento (Ag^+) si trasformano in argento metallico (Ag) significa che il numero di ossidazione è passato da +1 a 0, quindi hanno acquistato elettroni. La specie che acquista elettroni si riduce comportandosi da ossidanti; risposta **D**.

49 L'equazione bilanciata della sintesi dell'ammoniaca è:

$$N_2 + 3\,H_2 \rightarrow 2\,NH_3$$

Dato che una mole di N_2 reagisce stechiometricamente con 3 moli di H_2, se facciamo reagire 8 moli di H_2 con 2 di N_2 il reagente limitante è N_2 e si formano 4 moli di NH_3; risposta **E**.

50 L'equazione bilanciata che rappresenta la reazione di sintesi dell'acqua è:

$$2\,H_2 + O_2 \rightarrow 2\,H_2O$$

Il numero di moli di acqua formate è dunque uguale al numero di moli di idrogeno che reagiscono. Facendo reagire 6 moli di H_2 con 3 moli di O_2 si formeranno quindi 6 moli di H_2O (risposta **C**).

51 Una soluzione è una miscela omogenea, quindi è costituita da una sola fase, indipendentemente dal numero di specie chimiche che la costituiscono; risposta **E**.

52 La concentrazione (*C*) del gas disciolto in un liquido è uguale al prodotto della sua pressione parziale (*P*) per una costante (*K*), caratteristica per ciascun gas secondo la legge di Henry (le risposte **A** e **D** sono quindi sbagliate):

$$C = K \cdot P$$

Il valore della costante è inversamente proporzionale alla temperatura. Si conclude quindi che la solubilità di un gas in un liquido aumenta al diminuire della temperatura (risposta **C**).

53 Le sostanze proposte sono quattro composti ionici e un composto molecolare polare (il saccarosio). Il saccarosio (risposta **C**) è solubile in acqua perché può formare legami a idrogeno con il solvente (le molecole di saccarosio sono infatti unite le une alle altre nel reticolo cristallino proprio da legami a idrogeno). I composti ionici sono solitamente idrosolubili; vi sono tuttavia alcune eccezioni. I cloruri (risposte **A**, **D** ed **E**) sono solubili ad esclusione di quelli di Ag^+, Pb^{2+} e Hg^{2+}. Anche i solfati sono solubili, eccetto quelli di Pb^{2+}, Ca^{2+}, Sr^{2+}, Hg^{2+} e Ba^{2+}. Il composto insolubile in acqua è dunque $BaSO_4$. La risposta corretta è la **B**.

54 La miscibilità di due liquidi dipende dalla loro polarità: in generale, le sostanze polari si sciolgono in quelle polari, mentre le sostanze apolari si sciolgono in quelle apolari ("il simile scioglie il suo simile"). Dato che l'acqua è una sostanza polare, mentre l'olio d'oliva è una miscela di molecole organiche lipidiche, apolari e idrofobiche, i due liquidi sono totalmente immiscibili.
Si conclude pertanto che la risposta esatta è la **B**.

CHIMICA

55 Una soluzione 1M (1 molare) contiene una mole di soluto in un litro di soluzione. 100 mL di soluzione (0,1 L) contengono dunque 0,1 moli di acido cloridrico, dato che una mole di HCl pesa 36 grammi (PM = 36), 0,1 moli di acido pesano 3,6 grammi; si conclude quindi che la risposta corretta è la **A**.

56 La percentuale peso/volume indica i grammi di soluto contenuti in 100 mL di soluzione. La soluzione proposta contiene allora 0,9 g (cioè 900 mg) di NaCl in 100 mL e quindi 9 mg in 1 mL di soluzione (risposta **E**).

57 Le sostanze che in acqua generano ioni sono quelle che si dissociano in ioni (come i sali) e quelle che reagiscono con H_2O producendo ioni (come gli acidi). Fra le sostanze proposte dal quesito, C_6H_6, CH_4 e CH_3OH sono composti organici che non si dissociano in ioni e non reagiscono con H_2O; neppure SiO_2 messo in acqua genera ioni.

La risposta corretta è la **A**, infatti HCl reagisce con H_2O cedendo ioni H^+ secondo la reazione:

$$HCl + H_2O \rightarrow Cl^- + H_3O^+.$$

58 Per risolvere questo esercizio è importante innanzitutto notare che quando una soluzione viene diluita il numero di moli totali di soluto (n) non cambia; n si ricava dal prodotto fra la concentrazione molare della soluzione (M) e il volume (V) in litri:

$$n = M \cdot V$$

Poiché n ha lo stesso valore nella soluzione concentrata e in quella diluita, sarà:

$$M_{conc} \cdot V_{conc} = M_{dil} \cdot V_{dil}$$

nel nostro caso:

- $M_{conc} = 6$ mol/L
- $V_{conc} = 0{,}01$ L
- $M_{dil} = 0{,}5$ mol/L

quindi:

$$V_{dil} = \frac{M_{conc} \cdot V_{conc}}{M_{dil}} = \frac{6 mol/L \cdot 0{,}01 L}{0{,}5 mol/L} = 0{,}12\ L = 120\ mL$$

Per ottenere HCl 0,5 M, partendo da 10 mL di HCl 6 M, è necessario quindi diluire la soluzione fino al volume di 120 mL; risposta **E**.

59 Un equivalente di una base corrisponde alla quantità di base che può cedere una mole di ioni OH^-. Dato che $Al(OH)_3$ è una base tribasica (cede 3 ioni OH^-), una mole di questo composto corrisponde a tre equivalenti. Due moli di $Al(OH)_3$ contengono pertanto sei equivalenti di base. La risposta esatta è dunque la **B**.

60 Per ricavare la normalità (N) di una soluzione di cui sia nota la molarità (M) si applica la seguente formula:

$$N = n \cdot M$$

dove n rappresenta il numero di equivalenti di composto presenti in una mole. Il numero di equivalenti di un acido dipende dal numero di moli di ioni H^+ che una mole di acido può cedere dissociandosi.

Nel caso proposto, $n = 2$ (H_2SO_4 è infatti un acido biprotico contenente due ioni H^+ dissociabili) e si ha quindi:

$$N = 2 \cdot 0{,}5 = 1$$

La risposta corretta è dunque la **A**.

PARTE QUARTA

61 Il quesito fa riferimento alle proprietà colligative delle soluzioni contenenti un soluto non volatile. Le soluzioni di questo tipo, rispetto all'acqua distillata (o rispetto a una soluzione meno concentrata), mostrano un *abbassamento della tensione di vapore*, un *abbassamento del punto di congelamento*, un *innalzamento del punto di ebollizione* e un certo valore di *pressione osmotica*. L'entità di queste variazioni dipende esclusivamente dal numero di particelle di soluto presenti nella soluzione. L'unica alternativa in accordo con questo andamento è la B.

62 L'acqua minerale è una soluzione contenente sali disciolti, elettroliti che in soluzione si dissociano liberando gli ioni di cui sono costituiti, responsabili della conducibilità elettrica dell'acqua. L'acqua minerale è dunque un conduttore di corrente elettrica perché non è una sostanza pura, ma una soluzione di elettroliti (risposta B).

63 Una reazione è definita esotermica quando sviluppa calore; possiamo quindi escludere le alternative B, C ed E. La risposta corretta è la D, infatti il riscaldamento non provoca la trasformazione di $Ca(OH)_2$ in CaO, ma semplicemente il riscaldamento di questo composto.

64 In una reazione in cui ΔG è positivo, l'energia libera dei prodotti è maggiore dell'energia libera dei reagenti e la reazione di conseguenza non è spontanea. Una reazione con queste caratteristiche è detta reazione *endoergonica* (risposta E).

65 Se il composto si scioglie spontaneamente, provocando un riscaldamento della soluzione, la reazione di dissoluzione è esotermica ed esoergonica. Questo significa che il contenuto termico e l'energia libera dei prodotti sono inferiori a quelli dei reagenti e quindi che sia ΔH sia ΔG sono minori di zero. La risposta corretta è pertanto la C.

66 La velocità di reazione indica la quantità di reagente (espressa in moli) che si trasforma nell'unità di tempo, e si può rappresentare come $\Delta C/\Delta t$ (e non $\Delta t/\Delta C$ come indicato nella risposta B), ovvero come varia la concentrazione dei reagenti nell'unità di tempo. Questo parametro si può determinare sperimentalmente (anche la risposta D è quindi sbagliata) misurando in vari modi la diminuzione della quantità dei reagenti o l'aumento della quantità dei prodotti in un dato intervallo di tempo e calcolando poi il rapporto tra queste grandezze. Nel caso in cui le sostanze reagenti siano gas, si può misurare per esempio il volume di gas prodotto in un determinato tempo (metodo volumetrico). La risposta esatta è dunque la A.

67 Qualunque sia la concentrazione di partenza delle diverse specie chimiche coinvolte in una reazione reversibile, a una certa temperatura le concentrazioni all'equilibrio si trovano in un rapporto costante descritto dalla costante di equilibrio della reazione. Data una reazione generica:

$$\alpha\,A + \beta\,B \rightleftarrows \gamma\,C + \delta\,D$$

la costante di equilibrio è:

$$K_{eq} = \frac{[C]^{\gamma} \cdot [D]^{\delta}}{[A]^{\alpha} \cdot [B]^{\beta}}$$

Quando si aumentano le concentrazioni di reagenti o prodotti, il sistema si sposta (a destra o a sinistra) per raggiungere una nuova posizione di equilibrio, in accordo col valore della costante di equilibrio, quindi le risposte D ed E sono errate.

È importante ricordare che la costante di equilibrio dipende dalla termodinamica della reazione e varia in funzione della temperatura (risposta A errata) crescendo o decrescendo al variare di questa, a seconda che la reazione sia endotermica o esotermica (risposta B errata).

L'unica risposta corretta è quindi la C.

CHIMICA

68 Le concentrazioni dei reagenti e dei prodotti in una reazione all'equilibrio stanno fra loro in un rapporto descritto dalla costante di equilibrio, grandezza caratteristica di ogni reazione, che rimane costante se la temperatura non cambia; questo concetto è alla base del principio dell'equilibrio mobile di Le Chatelier. Secondo tale principio, un cambiamento provocato su una delle variabili di un sistema in equilibrio (come la concentrazione di un reagente o di un prodotto) provoca uno spostamento dell'equilibrio tale da controbilanciare l'effetto del cambiamento stesso. Nel caso proposto, se si aumenta la concentrazione del metanolo, affinché la costante di equilibrio rimanga costante è necessario che aumentino CO e H_2: la reazione si sposta quindi verso sinistra (risposta **B**).

69 Data una generica reazione reversibile $\alpha\ A + \beta\ B \rightleftarrows \gamma\ C + \delta\ D$, si indica come reazione diretta la trasformazione $\alpha\ A + \beta\ B \rightarrow \gamma\ C + \delta\ D$ e come reazione inversa la reazione $\gamma\ C + \delta\ D \rightarrow \alpha\ A + \beta\ B$. Inizialmente i reagenti si trasformano nei prodotti e prevale la reazione diretta, poi la velocità di questa reazione diminuisce, mentre inizia ad avvenire la reazione inversa e acquista via via maggiore velocità, fino al raggiungimento di uno stato di equilibrio. All'equilibrio la velocità della reazione diretta e quella della reazione inversa si equivalgono: le concentrazioni dei reagenti e dei prodotti rimangono costanti perché tante molecole di reagente si trasformano in prodotti quante molecole di prodotti si trasformano in reagenti. La risposta corretta è la **A**.

70 Su 100 molecole iniziali del composto A, all'equilibrio una sola si è trasformata in B; le molecole di A rimaste sono pertanto 100 – 1 = 99. Questo significa che, all'equilibrio, il 99% delle molecole non si sono trasformate e sono quindi del composto A, mentre l'1% ha reagito trasformandosi nel composto B. La risposta esatta è dunque la **C**.

71 La teoria di Lewis rappresenta un'estensione del concetto di acido e base rispetto alla teoria di Brønsted-Lowry. Anziché sullo scambio di ioni H^+, questa teoria è infatti basata sullo scambio di uno o più doppietti di elettroni non condivisi (risposta **D**) tra una base (nucleofilo) e un acido (elettrofilo).

72 Il pH è una notazione usata per esprimere la concentrazione di ioni H^+ (o H_3O^+) in una soluzione e il pOH, in modo analogo, esprime la concentrazione di ioni OH^-.

La relazione pH + pOH = 14 è valida in tutte le soluzioni acquose, a 25 °C, ed è conseguenza del fatto che, a una certa temperatura, in una soluzione acquosa, il prodotto della concentrazione degli ioni H^+ per la concentrazione degli ioni OH^- è costante; in particolare a 25 °C, si ha:

$$[H^+] \cdot [OH^-] = 10^{-14}$$

La risposta corretta è quindi la **C**.

73 Il pH è definito come l'inverso del logaritmo della concentrazione molare di ioni H^+: così, per esempio, una soluzione con $[H^+] = 10^{-5}$ ha pH = 5 e una soluzione con $[H^+] = 10^{-3}$ ha pH = 3. A un valore basso di pH corrisponde quindi una elevata concentrazione di ioni H^+. Analogamente, a un valore basso di pOH corrisponde una concentrazione elevata di ioni OH^-.

Dato che a 25 °C, in tutte le soluzioni acquose, pH + pOH = 14, si deduce che quando il pH è basso il pOH è elevato e un pOH elevato corrisponde a una bassa concentrazione di ioni OH^-. Considerando le alternative proposte, il valore di pH al quale si ha la minima concentrazione di ioni è il valore più basso, cioè quello della soluzione più acida: 3,12. Risposta **B**.

74 In qualunque soluzione acquosa di un acido, indipendentemente dal fatto che esso sia forte o debole, il pH è sempre inferiore a 7 (risposta **B**). Nelle soluzioni acide si ha infatti:

$$[H^+] > [OH^-] \quad e \quad [H^+] > 10^{-7}\ M$$

Dato che pH = – Log $[H^+]$, se la concentrazione degli ioni H^+ è maggiore di 10^{-7} M, il pH della soluzione sarà necessariamente inferiore a 7.

PARTE QUARTA

75 Dato che: pH = – Log [H_3O^+] e che la scala del pH è una scala logaritmica, l'aumento di un'unità del valore del pH corrisponde a una diminuzione di un fattore 10 della concentrazione degli ioni H_3O^+. In una soluzione con pH = 2, la concentrazione degli ioni H_3O^+ è quindi 100 volte superiore a quella di una soluzione con pH = 4. Per far sì che il pH della soluzione data passi da 2 a 4, la concentrazione degli ioni deve diminuire di 100 volte: è necessario diluirla secondo un rapporto 1:100 (risposta **D**).

76 L'unica sostanza acida tra quelle proposte è l'acido cloridrico (HCl) che in soluzione acquosa si ionizza e si dissocia liberando ioni H^+ (risposta **B**).

77 Il benzene è un idrocarburo ciclico avente formula bruta C_6H_6; i sei atomi di carbonio si trovano sullo stesso piano, ai vertici di un esagono e sono ibridati sp^2, ciascun atomo di carbonio possiede quindi tre orbitali ibridi sp^2 e un orbitale *p* puro. Dei tre orbitali ibridi, due vengono utilizzati per formare legami σ con i due atomi di carbonio adiacenti, mentre il terzo viene impiegato per legare l'atomo di idrogeno. I sei elettroni presenti nei sei orbitali *p* sono delocalizzati in due nubi elettroniche cicliche che si trovano una sopra e l'altra sotto il piano formato dai sei atomi di carbonio. La risposta esatta è quindi la **A**.

78 Le ammidi sono derivati degli acidi carbossilici ottenuti per sostituzione del gruppo ossidirilico –OH contenuto nel gruppo funzionale degli acidi (–COOH) con un gruppo amminico $-NH_2$. La formula generale delle ammidi è pertanto:

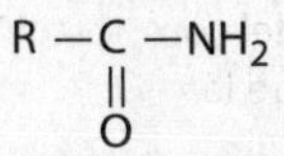

RCOOR (risposta **A**) è invece la formula generale degli esteri, RCOR (risposta **B**) quella dei chetoni, ROR (risposta **D**) quella degli eteri e RNH_2 (risposta **E**) quella delle ammine primarie. La risposta giusta è quindi la **C**.

79 Per stabilire il tipo di ibridazione dell'atomo di carbonio in un composto è sufficiente osservare a quanti atomi esso è legato: se gli atomi legati sono due, il carbonio è ibridato *sp*; se gli atomi legati sono tre, il carbonio è ibridato sp^2; se gli atomi legati sono quattro, l'ibridazione è sp^3. Il gruppo carbossilico (–COOH) è il gruppo funzionale degli acidi carbossilici è ha struttura:

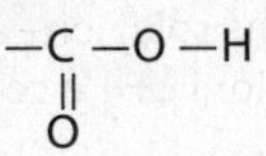

In questo gruppo il carbonio è legato a tre atomi ed è dunque ibridato sp^2 (risposta **D**).

80 L'acetone è il chetone più semplice: secondo la nomenclatura IUPAC il nome corretto del composto è propanone e la sua formula è CH_3-CO-CH_3. La risposta esatta è la a **B**.

CHIMICA

parte quinta

PROVA SIMULATA

Introduzione

Nei capitoli precedenti è stato precisato che il libro ESERCIZI COMMENTATI (al pari di MANUALE DI PREPARAZIONE e PROVE DI VERIFICA) si rivolge ai corsi di primo e secondo livello delle aree Ingegneristica, Informatica, Statistica e Scientifica perché le prove di ammissione presentano tra loro molte analogie di struttura e di contenuto. Nel contempo, possono verificarsi alcune differenze tra i test di ammissione relativamente a: numero di quesiti, attitudini e conoscenze richieste, grado di difficoltà, tempo a disposizione e criterio di attribuzione del punteggio.

In linea generale, le domande di **matematica** e **fisica** interessano i candidati a tutti i corsi universitari a cui questo volume si rivolge, mentre i quesiti di **chimica** interessano solo i candidati ai corsi di Ingegneria, Scienza dei Materiali e relativi diplomi universitari nella maggior parte delle sedi universitarie. Dal momento che si possono presentare alcune eccezioni, si consiglia di consultare il bando di concorso pubblicato dall'università a cui si è interessati, per avere le informazioni ufficiali circa il programma del test di ammissione.

La prova simulata riportata nelle pagine seguenti ricalca la struttura del TOLC-I (Test On Line Cisia Ingegneria), il test più utilizzato negli ultimi anni, ed è formulata secondo alcuni criteri fondamentali:

- le tipologie di esercizi corrispondono a quelle dei test ufficiali;
- il grado di difficoltà medio è paragonabile a quello dei quesiti che compongono le prove adottate dalle università;
- il tempo medio a disposizione per risolvere ciascun quesito è mediamente simile a quello concesso nei test ufficiali.

La prova così ottenuta è costituita da **50 domande** suddivise fra logica (10 quesiti), comprensione verbale (10 quesiti), matematica (20 quesiti) e scienze (10 quesiti).

Il tempo a disposizione per lo svolgimento dell'intera prova è di **110 minuti.**

Pur non potendo soddisfare appieno le esigenze specifiche del singolo lettore, la prova proposta consente di verificare il grado di preparazione raggiunto, sperimentando non soltanto la natura, la difficoltà e l'impegno di un'intera prova, ma anche le modalità di svolgimento che caratterizzano il test di ammissione.

La prova simulata è corredata da **due schede di risposte**: una *scheda vergine* (riportata all'inizio della prova) sulla quale il lettore deve indicare l'alternativa scelta per ogni quesito e una *scheda delle risposte esatte* (riportata al termine della prova) che riporta la soluzione di tutti i quesiti.

L'alternativa ritenuta esatta deve essere indicata annerendo lo spazio corrispondente. Come già osservato nell'introduzione del libro, è infatti questo il metodo utilizzato dalle università che si servono di elaboratori dotati di lettori ottici per la correzione dei test.

Una volta completata la prova (**e solo allora**) si confrontano le risposte indicate sulla scheda vergine con quelle presenti sulla scheda già compilata.

Per la **valutazione del risultato,** si utilizzi il seguente criterio:

- +1 punto per ogni risposta esatta
- – 1/4 di punto per ogni risposta errata
- 0 punti per ogni quesito lasciato irrisolto

Tale sistema di valutazione è infatti il più utilizzato nella correzione dei test a cui il libro si rivolge.

Per incontrare una maggiore corrispondenza con le prove ufficiali delle singole università e per prepararsi in modo mirato sono a disposizione degli studenti i corsi specifici che Alpha Test organizza ogni anno in oltre dieci città.

Nel caso di un corso a numero chiuso, il punteggio conseguito dal lettore nella prova simulata non consente di stabilire se il singolo studente sarà ammesso al corso prescelto. Infatti, le possibilità di ammissione dipendono dal rapporto tra numero di candidati e posti disponibili (variabile da università a università) e dal punteggio realizzato dagli altri candidati.

Per avere un'indicazione più precisa anche in tal senso, si rimanda agli specifici corsi Alpha Test, durante i quali i docenti sono spesso in grado di fornire a ciascun candidato il punteggio orientativo che occorre conseguire e dunque anche la preparazione necessaria per accedere al corso universitario prescelto.

Si ricorda infine che durante la prova ufficiale non è consentito l'uso di calcolatrici e di libri di testo.

PROVA SIMULATA

Tempo a disposizione: 110 minuti

Scheda per le risposte

Alpha Test

Scheda per le risposte della prova simulata

CONTRASSEGNARE LE RISPOSTE RELATIVE ALLE DOMANDE DELLA PROVA SIMULATA

	A	B	C	D	E		A	B	C	D	E
1						26					
2						27					
3						28					
4						29					
5						30					
6						31					
7						32					
8						33					
9						34					
10						35					
11						36					
12						37					
13						38					
14						39					
15						40					
16						41					
17						42					
18						43					
19						44					
20						45					
21						46					
22						47					
23						48					
24						49					
25						50					

Logica

Tempo a disposizione: 20 minuti

---

1 Luca legge in una sera 2/5 di un libro di 300 pagine. Il giorno successivo legge 2/3 delle pagine che ancora gli mancano. Quante pagine restano ancora da leggere a Luca per finire il libro?

A 40
B 60
C 120
D 180
E 300

---

2 Luigi e Nicola sono in grado di bere 24 bottiglie di birra in 100 minuti. Luigi ne beve il triplo di Nicola, il quale a sua volta ne beve la metà di Andrea. Quante bottiglie di birra bevono Andrea, Luigi e Nicola insieme in 50 minuti?

A 24
B 18
C 30
D 36
E 12

---

3 Una sarta confeziona un abito ogni 2 settimane. Quante sarte occorrono per confezionare 3 abiti ogni settimana?

A 6
B 3
C 2
D 20
E 12

Completare le seguenti successioni di numeri e lettere.

---

4 18, 20, 24, 32, ...?

A 50
B 38
C 42
D 45
E 48

PROVA SIMULATA

5 **4, 8, 11, 10, 20, 23, 22, ...?**

A 23

B 32

C 40

D 44

E 10

6 **3, 7, 10, 17, 27, 44, ...?**

A 47

B 71

C 57

D 60

E 70

7 **Individuare la lettera mancante.**

14	18	22
A	Z	?
8	6	4

A V

B S

C T

D U

E 6

Leggere il testo del seguente problema e rispondere alle relative domande.

È il lunedì mattina del 10 ottobre; Luisa, Marcella, Giulia e Riccardo devono sostenere l'esame finale di lingua inglese il giorno venerdì 14 ottobre e desiderano ripassare insieme almeno per una volta, solamente al pomeriggio o alla sera, prima dell'esame. Si risponda ai quesiti che seguono sapendo che:

1) Luisa può studiare soltanto lunedì sera, martedì sera, mercoledì sera e giovedì pomeriggio e sera.
2) Marcella può studiare soltanto lunedì sera, mercoledì sera, giovedì sera e martedì pomeriggio e sera.
3) Giulia può studiare soltanto mercoledì sera e giovedì sera, martedì pomeriggio e lunedì pomeriggio e sera.
4) Riccardo può studiare i pomeriggi e le sere del martedì e del giovedì, il pomeriggio del lunedì e la sera del mercoledì.

8 **Se Luisa decidesse di studiare tutte le sere:**

A avrebbe almeno due compagni di studio per sera

B l'incontro con gli altri tre studenti potrebbe avvenire soltanto lunedì o martedì

C dovrebbe studiare da sola il lunedì sera

D non riuscirebbe mai a incontrare Riccardo

E nessuna delle precedenti risposte è corretta

9 Se l'esame venisse anticipato a giovedì mattina, quale delle seguenti affermazioni sarebbe esatta?

I) I quattro studenti non riuscirebbero mai a studiare tutti insieme

II) Luisa non potrebbe mai studiare al pomeriggio

III) Giulia e Marcella potrebbero studiare insieme tre volte

A La I), la II) e la III)

B Soltanto la II) e la III)

C Soltanto la I) e la II)

D Soltanto la I) e la III)

E Soltanto la I)

10 Daniele vorrebbe aggiungersi al gruppo di studio. Qualora il gruppo accettasse di studiare tutti insieme, Daniele dovrebbe essere disponibile:

A giovedì pomeriggio

B martedì pomeriggio

C mercoledì sera o giovedì sera

D lunedì sera

E mercoledì pomeriggio

PROVA SIMULATA

Comprensione verbale

Tempo a disposizione: 20 minuti

In base alle informazioni contenute nel brano seguente, rispondere alle successive domande.

«Nessuno negherebbe che in questa "epoca della scienza" in cui la società vive dipendendo dalla propria tecnologia (e perciò in definitiva dalla scienza stessa) tanto, o forse di più, di quanto un *junkie* dipende dalla sua droga preferita, lo scienziato non debba sostenere una pesante responsabilità. Prima anche di cercare di chiarire la natura e l'entità di questa responsabilità e delle obbligazioni che ne scaturiscono, forse è bene considerare brevemente alcuni aspetti preliminari relativi allo "stato" della scienza, cioè della *conoscenza oggettiva* in relazione all'etica. Responsabilità, doveri, obbligazioni possono essere razionalmente definiti e discussi solo in rapporto a un dato sistema di valori. È abbastanza vero che ci sono molti problemi, o alternative, che permettono una scelta o la formulazione di un giudizio senza chiamare in causa i fondamenti del nostro sistema di valori. Siamo tutti d'accordo che l'inquinamento è un male e pertanto le tecniche, gli sforzi, le petizioni, le proteste, i moniti contro di esso sono una buona cosa. Così pure siamo tutti d'accordo che i difetti genetici sono un male. Ma come sappiamo fin troppo bene vi sono larghe divergenze di opinione su quali siano i metodi tecnicamente validi che possono essere moralmente accettabili in vista di uno sforzo per prevenire il graduale deterioramento genetico della specie umana. Molti ancora sono contrari all'aborto terapeutico. Altri che sono favorevoli all'aborto terapeutico, si oppongono tenacemente a ogni specie di legislazione eugenetica. Il novanta per cento della comunità scientifica internazionale è d'accordo che la guerra è indiscutibilmente un male. Perciò una larga percentuale di questo novanta per cento rifiuterà sistematicamente di adoperarsi, in quanto scienziati, allo sviluppo di nuove armi e ordigni nel proprio Paese. Ma ci si può domandare: che cosa farebbero essi se si trovassero oggi di fronte allo stesso dilemma che fu affrontato e risolto da Szilard, Fermi e Einstein, nel 1940, con l'assumersi l'impegno di persuadere Roosevelt a dare avvio a quello che più tardi fu noto come il "Progetto Manhattan"? Io credo, tuttavia, che la maggior parte di questi scienziati bene intenzionati (compreso lo stesso Linus Pauling), in circostanze analoghe, agirebbero esattamente come Einstein. Ovviamente scegliere l'uno o l'altro atteggiamento di fronte a tali alternative implica non un atto conoscitivo, ma un giudizio di valore. La conoscenza oggettiva definisce le alternative; di per sé non aiuta in alcun modo a risolvere gli angosciosi problemi che la scienza soltanto propone. È appena necessario sottolineare che la decisione di astenersi e di non intervenire in tali problemi, è già operare una scelta. Certamente non la più onorevole. La scienza si basa su un approccio strettamente *obiettivo* all'analisi e all'interpretazione dell'Universo, compreso l'uomo e le società umane. La scienza ignora e deve ignorare i giudizi di valore, la conoscenza continua ad aprire e inevitabilmente a suggerire nuove possibilità di azione. Ma decidere di un atteggiamento è sconfinare dal terreno dell'oggettività per addentrarsi in quello dei valori, che per loro natura sono non-oggettivi e perciò non possono derivare da una conoscenza oggettiva. Non c'è nessun modo rigoroso di provare oggettivamente che è male fare la guerra, o uccidere un uomo, o derubarlo, o giacere con la propria madre. Può sembrare pertanto che uno scienziato, il quale per definizione è professionalmente dedicato all'esclusivo perseguimento della conoscenza oggettiva, non debba assumere alcuna responsabilità speciale verso la società o il benessere degli uomini. In verità non è evidente come egli in virtù della sua preparazione dovrebbe essere più idoneo di un teologo, di un giurista, di un poliziotto o di un politico, a raccomandare o suggerire la scelta di una particolare presa di posizione. Si potrebbe suggerire che il solo obbligo inerente alla sua posizione sia almeno quello di informare la società dello stato effettivo delle ricerche in cui è impegnato e delle probabili conseguenze delle varie decisioni che si possono prendere. Anche tale obbligo tuttavia è dubbio. Supponete, come scienziati, di aver scoperto un semplice, efficace, ed economico modo di uccidere una qualsiasi frazione dell'umanità in grado di nuocere alle altre. È vostro dovere rivelare al mondo intero le vostre scoperte? O soltanto al vostro governo? O al segretario generale del vostro partito? O come probabilmente vorrebbe la maggior parte degli scienziati soltanto alla comunità scientifica, in termini così tecnici che solo gli scienziati possano comprendere le implicazioni delle vostre scoperte? Quest'ultimo atteggiamento garantirebbe la vostra fama nella comunità scientifica, ma anche la certezza che la vostra scoperta diventerà un domani inevitabilmente, prima o poi, di dominio pubblico e con ciò una minaccia per l'umanità.»

11 Scopo dell'autore è:

A chiarire la responsabilità degli scienziati in relazione al progetto Manhattan
B analizzare il pensiero di alcuni scienziati della seconda guerra mondiale
C spiegare la differenza tra conoscenza oggettiva e sistema di valori
D chiarire il ruolo e la responsabilità dello scienziato rispetto alla società in cui vive
E nessuna delle precedenti

12 Nella prima parte del brano si afferma che:

A un *junkie* dipende dalla sua droga almeno quanto la società dipende dalla propria tecnologia
B lo scienziato non deve sostenere alcuna responsabilità nei confronti della società
C il peso della droga è almeno pari a quello della scienza
D responsabilità, doveri, obbligazioni possono essere definiti indipendentemente dal sistema di valori
E nessuna delle precedenti

13 Il contenuto del brano è:

A storico
B psicologico
C filosofico
D metodologico
E etico-scientifico

14 Secondo l'autore:

A uccidere un uomo è oggettivamente un male
B la comunità scientifica è unanime nell'affermare che la guerra è un male
C lo scienziato deve informare la società dello stato delle ricerche
D la scienza si basa su un approccio sostanzialmente soggettivo
E nessuna delle precedenti

15 Come si pone l'autore rispetto a Fermi e Einstein?

A Li condanna con fermezza
B Ritiene che la loro scelta non sia stata la più onorevole
C Li biasima per non aver assunto alcun impegno
D Ritiene che la loro scelta sia sconfinata dal terreno della scienza
E Nessuna delle precedenti

In base alle informazioni contenute nel brano seguente, rispondere alle successive domande.

«La fedeltà con cui l'uomo culturale si attiene alle norme tramandate del comportamento è assicurata in larga misura dal fatto che egli traspone quei sentimenti che aveva avuto per il datore della tradizione su tutto ciò che da questi gli veniva trasmesso. La persona che, in condizioni normali, esercita maggiormente questo influsso sul giovane è molto probabilmente il padre. Nelle grandi famiglie primitive questo ruolo poteva però essere assunto nello stesso modo anche da un fratello maggiore, da uno zio o dal nonno, ma in ogni caso da un membro della stessa famiglia. In questa sede io ho parlato sempre al singolare di datore di tradizione perché volevo esprimere con ciò la mia opinione che nella maggior parte dei casi è una persona singola ad assumersi il ruolo paterno di datore di tradizione; col che non voglio dire naturalmente che anche l'azione di massa di molti portatori di cultura non sia in grado di trasmettere la tradizione. Non sarebbe possibile svincolarsi dalle più strette e peculiari norme comportamentali della tradizione familiare, se l'amore e il rispetto che l'adolescente sente per chi gli dà la tradizione non si trasformasse a un certo punto, attraverso un vero e proprio cambiamento di segno, in una moderata ostilità e aggressività o, per essere più precisi, se questi sentimenti non si mescolassero con i loro antagonisti in modo ambivalente. L'intensità di questo rovesciamento dipende da molti fattori collaterali. Se il datore di tradizione è una persona tirannica e severa, che ha imposto con la violenza all'adolescente le norme comportamentali della famiglia, la ribellione sarà più violenta e accompagnata da più forti sentimenti di odio che nei confronti di un educatore più mite e "democratico". In ogni caso, però, probabilmente non è possibile che il distacco del giovane dalla famiglia avvenga senza che intervengano in qualche modo sentimenti di ostilità. Questo distacco, comunque, è altrettanto necessario per lo sviluppo della cultura umana quanto lo è l'impollinazione per certe piante e l'esogamia per molte specie animali. Appena l'adolescente ha cominciato a contrapporsi criticamente e quasi ostilmente alla figura paterna e alle norme del comportamento sociale che questa gli ha trasmesso, comincia anche a guardarsi intorno alla ricerca di altri datori di tradizione, che siano più lontani dallo stretto ambito familiare. A ciò seguono quindi i famosi anni di vagabondaggio, dopo gli anni dell'apprendistato. A volte essi si esprimono in un vero e proprio vagabondare, ma spesso prendono la forma di un viaggio di ricognizione spirituale. Ciò che spinge lontano l'individuo giovane è la nostalgia per qualcosa di ineffabile ed elevato, che si differenzi sostanzialmente dagli avvenimenti quotidiani della vita familiare. Non è difficile indicare quale sia il vero scopo, utile alla cultura e alla conservazione della specie, di questo comportamento appetitivo: esso sta nella ricerca di un gruppo culturale le cui norme sociali tradizionali si differenzino da quelle della società dei genitori, ma che nello stesso tempo abbiano sufficienti somiglianze con esse, in modo da permettere all'individuo di identificarsi con queste nuove norme. Così l'adolescente si trova spesso ad "adottare" un maestro, un amico più anziano, a volte addirittura un'intera famiglia amica, che agiscono per lui come nuovi datori di tradizione.»

16 Il contenuto del brano è:

- A psicologico
- B religioso
- C etico
- D filosofico
- E storico

17 Secondo l'autore, il distacco del giovane dalla propria famiglia:

- A difficilmente avviene senza sentimenti di ostilità
- B riveste un ruolo marginale nello sviluppo della cultura umana
- C avviene senza sentimenti di ostilità
- D non può avvenire senza sentimenti di ostilità
- E non è necessario

18 Il comportamento appetitivo del giovane:

- A si esprime spesso in un vero e proprio vagabondare
- B presuppone una posizione critica nei confronti del datore di tradizione
- C ha come oggetto norme sociali tradizionali totalmente diverse da quelle della società dei genitori
- D nessuna delle altre risposte è corretta
- E reca danno alla cultura e alla conservazione della specie

19 Nel brano si afferma che il datore di tradizione:

- A è sempre il padre
- B è sempre un membro della famiglia del giovane
- C nessuna delle altre risposte è corretta
- D è sempre una persona singola
- E è sempre lo zio oppure il nonno

20 Individuare, tra le seguenti, l'affermazione che non concorda con quanto espresso nel brano:

- A gli anni dell'apprendistato precedono quelli del vagabondaggio
- B un individuo, nel corso della vita, può avere più datori di tradizione
- C "viaggio di ricognizione spirituale" non è necessariamente sinonimo di vagabondare
- D l'adolescente arriva spesso ad adottare un nuovo portatore di tradizione
- E sentimenti di odio e di amore non possono coesistere tra loro nella fase di distacco del giovane dalla famiglia

PROVA SIMULATA

Matematica

Tempo a disposizione: 50 minuti

---

21 Quale dei seguenti numeri è divisibile per 6?

A 124
B 412
C 633
D 252
E 706

---

22 A quale numero binario corrisponde il numero decimale 234?

A 11101010
B 10000
C 11010
D 111001
E 110010

---

23 La metà di $\left(\frac{1}{2}\right)^{50}$ è uguale a:

A $\left(\frac{1}{4}\right)^{25}$

B $\left(\frac{1}{4}\right)^{50}$

C $\left(\frac{1}{2}\right)^{51}$

D $\left(\frac{1}{2}\right)^{25}$

E $\left(\frac{1}{2}\right)^{49}$

---

24 Sia n un numero intero positivo maggiore di 2 e si ponga:

$$E(n) = n \cdot (n-1) \cdot (n-2)$$

Si può affermare che:

A $E(n)$ è divisibile per 6, qualunque sia n
B $E(n)$ è divisibile per 9, qualunque sia n
C $E(n)$ è divisibile per 7, qualunque sia n
D $E(n)$ è divisibile per 4, qualunque sia n
E $E(n)$ è divisibile per 5, qualunque sia n

25 Dati due numeri positivi *a* e *b*, la disuguaglianza $(a+b)^2 \geq a^2 + b^2$:

A per alcune coppie di numeri *a* e *b* è vera, per altre è falsa
B è vera solo se $a > b$
C è vera solo se $a < b$
D è vera per ogni coppia di numeri *a* e *b*
E è falsa per ogni coppia di numeri *a* e *b*

26 Le lettere minuscole che compaiono nelle seguenti espressioni indicano numeri reali positivi. Indicare quale delle seguenti uguaglianze è verificata.

A $\dfrac{a}{b+c} = \dfrac{a}{b} + \dfrac{a}{c}$

B $\dfrac{b+c}{a} = \dfrac{b}{a} + \dfrac{c}{a}$

C $\dfrac{a+c}{b+d} = \dfrac{a}{b} + \dfrac{c}{d}$

D $\dfrac{a/b}{1+c/d} = \dfrac{a}{b} \cdot \left(1 + \dfrac{c}{d}\right)$

E $\dfrac{1}{(a/b)+(c/d)} = \dfrac{ad+bc}{ac+bd}$

27 Posto: $a = 2^{1/2}$, $b = 3^{1/3}$, indicare quale delle relazioni seguenti è vera.

A Nessuna delle alternative proposte
B $a > b$
C $a = b$
D $a = 2b$
E $a < b$

28 La soluzione dell'equazione $\sqrt[3]{2x+2} + 2 = 0$ è data da:

A $x = 2$
B $x = \sqrt[3]{2}$
C $x = 3$
D $x = -5$
E nessuna delle precedenti

29 Il sistema $\begin{cases} x^2 = y^2 \\ x = y + 10 \end{cases}$:

A non ha soluzioni
B ha per soluzioni $x = 10, y = 0$ e $x = 5, y = -5$
C ha per soluzioni $x = 5, y = -5$ e $x = 5, y = 5$
D ha per soluzioni $x = -5, y = -5$ e $x = 5, y = 5$
E ha solo la soluzione $x = 5, y = -5$

30 **($\log_a b$) con *a* positivo e *b* negativo:**

- **A** non esiste
- **B** è un numero negativo
- **C** è un numero positivo
- **D** è uguale a zero
- **E** è un numero compreso tra 0 e 1

31 **Per $x > 0$, $x \log x$ è uguale a:**

- **A** $\log (x^2)$
- **B** $\log (x + x)$
- **C** $\log (x^x)$
- **D** $e^{(\log x)}$
- **E** $(\log x)^x$

32 **$\log_2 \frac{1}{32}$ risulta uguale a:**

- **A** -5
- **B** 3
- **C** 1/5
- **D** 5
- **E** 6

33 **Se $m > n > 0$ si ha:**

- **A** $m/n < (m + 1)/(n + 1)$
- **B** $m/n = (m + 1)/(n + 1)$
- **C** $m/n > (m + 1)/(n + 1)$
- **D** per rispondere occorre conoscere i valori di *m* e *n*
- **E** per rispondere occorre conoscere almeno il valore di *m*

34 **La disequazione $\log_{10} (1 - x^2) \geq 1$ è soddisfatta:**

- **A** tutte le risposte seguenti sono sbagliate
- **B** da nessun numero
- **C** dai numeri *x* tali che $-1 \leq x \leq 1$
- **D** dai numeri *x* tali che $x \leq -1$ oppure $x \geq 1$
- **E** dai numeri *x* tali che $x \leq -11$ oppure $x \geq 11$

35 **Per quali valori di *x* e *y* vale la relazione $(x - 5) \cdot (y - 3) > 0$?**

- **A** $x > 5; y = 3$
- **B** $x = 5; y > 3$
- **C** $x > 5; y > 3$ e $x < 5; y < 3$
- **D** Per tutti i valori di *x* e di *y*
- **E** Nessuna delle precedenti

36 La funzione sen *x* equivale a:

A $\cos(90° - x)$
B $1 - \cos x$
C $-\cos x$
D $1 - \cos^2 x$
E nessuna delle risposte qui fornite

37 Due grandezze, *x* e *y*, legate dalla relazione $y = (x/2)$:

A non hanno alcuna relazione di proporzionalità
B hanno sempre segno opposto
C sono solo confrontabili in modo qualitativo
D sono direttamente proporzionali tra loro
E sono inversamente proporzionali tra loro

38 Due rette nello spazio sono sghembe se:

A sono parallele
B appartengono allo stesso piano
C sono incidenti
D appartengono allo stesso piano ma non sono parallele
E non appartengono allo stesso piano

39 Nel triangolo rettangolo ABC di cateti $\overline{AC} = 12$ e $\overline{BC} = 5$ vengono tracciati due archi di cerchio, uno di centro A e raggio 12, l'altro di centro B e raggio 5, che tagliano l'ipotenusa rispettivamente nei punti M e N. La lunghezza del segmento MN è:

A 2
B 3
C 4
D $13/5$
E $24/5$

40 Un'urna contiene 100 palline numerate da 1 a 100. Qual è la probabilità di estrarre una pallina con un numero maggiore di 95 o minore di 6?

A 6%
B 10%
C 20%
D 95%
E 101%

PROVA SIMULATA

Scienze

Tempo a disposizione: 20 minuti

---

41 **Un corpo si muove di moto rettilineo con accelerazione costante $a = 1\ m/s^2$ con velocità iniziale $v_0 = 2\ m/s$. Quanto tempo impiega il corpo per raddoppiare la sua velocità iniziale?**

A 1 secondo
B 0,5 secondi
C 2 secondi
D 0,2 secondi
E Per rispondere si deve conoscere anche la posizione iniziale

---

42 **Un satellite con massa di 200 kg ruota lungo un'orbita circolare intorno alla Terra, all'altezza di 500 km sul livello del mare (usare i seguenti valori approssimati: diametro della Terra 12.800 km, massa della Terra $6 \cdot 10^{24}$ kg, costante universale gravitazionale $7 \cdot 10^{-11}\ m^2\ kg^{-2}$; $g = 10\ ms^{-2}$). La sua velocità è circa:**

A $5{,}62 \cdot 10^4\ m/s$
B $8{,}1 \cdot 10^4\ m/s$
C $7{,}8 \cdot 10^4\ m/s$
D $8 \cdot 10^3\ m/s$
E nessuno dei valori proposti è giusto

---

43 **Un'automobile di massa m = 1000 kg si muove su un rettilineo con velocità v = 20 m/s. Determinare la forza costante capace di frenare l'automobile arrestandola in uno spazio s = 200 m.**

A 400.000 newton
B 20.000 newton
C 1000 newton
D 20.000 joule
E 400.000 joule

---

44 **Un pendolo oscilla sotto l'azione della gravità nel piano (x, y). In corrispondenza della massima elongazione negativa (verso sinistra) la componente orizzontale dell'accelerazione:**

A è nulla
B cambia verso, da quello di x a quello di $-x$
C cambia verso, da quello di $-x$ a quello di x
D ha il verso di $-x$
E ha il verso di x

45 **Consideriamo due recipienti contenenti uno idrogeno e l'altro elio, alla medesima temperatura. La velocità media di agitazione termica è:**

A maggiore nell'elio
B maggiore nell'idrogeno
C uguale per l'elio e per l'idrogeno
D per rispondere occorre conoscere la temperatura dei gas
E nessuna delle risposte proposte è corretta

46 **Individuare, fra quelle proposte, l'affermazione corretta.**

A Le onde luminose sono longitudinali
B Le onde elastiche si propagano nel vuoto
C Le onde elettromagnetiche sono trasversali
D La luce emessa dalle comuni lampadine è polarizzata
E Le onde sonore nei fluidi sono trasversali

47 **All'aumentare della lunghezza di un conduttore di sezione costante, la sua resistenza elettrica:**

A diminuisce
B aumenta
C non varia
D a seconda del conduttore possono verificarsi tutte e tre le precedenti situazioni
E nessuna delle precedenti

48 **Una reazione si definisce eterogenea quando:**

A i reagenti costituiscono un'unica fase
B i prodotti sono in fasi diverse
C i prodotti e i reagenti sono in fasi diverse
D i reagenti sono in fasi diverse
E prevede più di un legame

49 **Soltanto una delle seguenti affermazioni relative ai catalizzatori è corretta. Indicare quale.**

A Influenzano la posizione dell'equilibrio
B Influenzano l'entalpia di reazione
C Abbassano l'energia di attivazione
D Non influenzano la velocità di reazione
E Influenzano solo la semireazione di andata

50 **Se in una soluzione prevale la concentrazione degli ioni idrossonio H_3O^+ rispetto a quella degli ioni OH^-, essa è:**

A neutra
B basica
C anfotera
D acida
E satura

Le risposte dei 50 quesiti della prova simulata devono essere riportate nella scheda vergine che si trova all'inizio della prova, per poi essere confrontate con le soluzioni riportate nella scheda delle risposte esatte: per le istruzioni dettagliate si veda l'introduzione a pagina 187.

Risposte esatte

Alpha Test

Risposte esatte della prova simulata

VERIFICARE LE RISPOSTE RELATIVE ALLE DOMANDE DELLA PROVA SIMULATA

	A	B	C	D	E		A	B	C	D	E
1	□	■	□	□	□	26	□	■	□	□	□
2	□	■	□	□	□	27	□	□	□	□	■
3	■	□	□	□	□	28	□	□	□	■	□
4	□	□	□	□	■	29	□	□	□	□	■
5	□	□	□	■	□	30	■	□	□	□	□
6	□	■	□	□	□	31	□	□	■	□	□
7	■	□	□	□	□	32	■	□	□	□	□
8	■	□	□	□	□	33	□	□	■	□	□
9	□	■	□	□	□	34	□	■	□	□	□
10	□	□	■	□	□	35	□	□	■	□	□
11	□	□	□	■	□	36	■	□	□	□	□
12	□	□	□	□	■	37	□	□	□	■	□
13	□	□	□	□	■	38	□	□	□	□	■
14	□	□	□	□	■	39	□	□	■	□	□
15	□	□	□	■	□	40	□	■	□	□	□
16	■	□	□	□	□	41	□	□	■	□	□
17	■	□	□	□	□	42	□	□	□	■	□
18	□	■	□	□	□	43	□	□	■	□	□
19	□	□	■	□	□	44	□	□	□	□	■
20	□	□	□	□	■	45	□	■	□	□	□
21	□	□	□	■	□	46	□	□	■	□	□
22	■	□	□	□	□	47	□	■	□	□	□
23	□	□	■	□	□	48	□	□	□	■	□
24	■	□	□	□	□	49	□	□	■	□	□
25	□	□	□	■	□	50	□	□	□	■	□

Soluzioni e commenti

LOGICA

1 L'alternativa **E** è facilmente eliminabile in quanto corrisponde al numero complessivo di pagine del volume. La prima sera Luca legge i 2/5 del libro e cioè $2/5 \cdot 300 = 120$ pagine; quindi il numero di pagine non ancora lette corrisponde a $300 - 120 = 180$ (anche l'alternativa **D** risulta errata). Il giorno successivo, Luca legge 2/3 delle pagine mancanti ossia $2/3 \cdot 180 = 120$. Rimangono pertanto ancora da leggere 60 pagine ($300 - 120 - 120$), quindi la risposta corretta è la **B**.

2 Luigi beve il triplo di Nicola, quindi le 24 bottiglie che i due amici bevono insieme in 100 minuti sono suddivise nel modo seguente:

- Luigi: 18 bottiglie;
- Nicola: 6 bottiglie.

Si sa inoltre che Nicola beve la metà della birra bevuta da Andrea, quindi Andrea in 100 minuti beve 12 bottiglie di birra. I tre amici insieme in 100 minuti bevono dunque $18 + 6 + 12 = 36$ bottiglie, ossia 18 bottiglie in 50 minuti (risposta **B**).

3 Una sarta confeziona un abito ogni 2 settimane e quindi in 1 settimana confeziona mezzo abito. Pertanto, per confezionare 3 abiti in una settimana, occorrono 6 sarte (risposta **A**).

4 La risposta esatta è la **E**: infatti le differenze tra un numero e il successivo sono rappresentate dalle potenze crescenti del numero 2, ossia: + 2 … + 4 … + 8 … Bisogna dunque sommare 16 all'ultimo numero noto della successione per ottenere quello incognito: $32 + 16 = 48$.

5 Osservando la successione non si evidenzia un andamento regolare, crescente o decrescente. D'altra parte, analizzando ciò che accade passando da un numero al successivo, si riscontra una logica ben precisa che prevede le seguenti operazioni: … × 2 … + 3 … − 1 … × 2 … + 3 … − 1 … Sulla base di tale logica, il numero mancante è il 44 (alternativa **D**), dato da 22×2.

6 In questa successione, ogni numero è uguale alla somma dei due che lo precedono. Il numero mancante è dunque dato da $27 + 44 = 71$. La risposta esatta è la **B**.

7 I tre rettangoli vanno considerati in successione e l'unica posizione che interessa analizzare per individuare l'incognita è quella centrale, corrispondente a una lettera. La lettera mancante è la V che precede di una posizione la Z, esattamente come la Z (rettangolo centrale) precede di una posizione la lettera A (primo rettangolo): la risposta esatta è la **A**.

PROVA SIMULATA

8 I quesiti dell'esercizio possono essere risolti basandosi su una tabella a doppia entrata nella quale inserire le informazioni disponibili.

	Lunedì		Martedì		Mercoledì		Giovedì	
	POM.	SERA	POM.	SERA	POM.	SERA	POM.	SERA
Luisa		X		X		X	X	X
Marcella		X	X	X		X		X
Giulia	X	X	X			X		X
Riccardo	X		X	X		X	X	X

Le caselle barrate con una X indicano la disponibilità dello studente.
La risposta esatta è la **A**. Infatti la tabella mostra che ogni sera, oltre alla disponibilità di Luisa (prima riga) vi è sempre almeno la disponibilità di altri due studenti.
La **B** è errata in quanto né il lunedì sera né il martedì sera sarebbero disponibili tutti gli altri tre studenti. La **C** è errata in quanto anche il lunedì sera Luisa avrebbe due compagni di studio (Marcella e Giulia). La **D** è errata in quanto Luisa potrebbe incontrare Riccardo sia il martedì sera che il mercoledì sera che il giovedì sera.

9 La I) è falsa in quanto anche escludendo il giovedì i quattro studenti avrebbero l'opportunità di trovarsi tutti insieme il mercoledì sera; la II) è esatta in quanto l'unico pomeriggio disponibile per Luisa era proprio quello di giovedì; la III) è esatta in quanto Giulia e Marcella potrebbero studiare insieme lunedì sera, martedì pomeriggio e mercoledì sera. La risposta esatta è la **B**.

10 La risposta esatta è la **C**. Infatti mercoledì sera e giovedì sera sono le uniche occasioni in cui i quattro studenti sono tutti disponibili.

COMPRENSIONE VERBALE

11 Tra le alternative proposte, si scartano facilmente la A in quanto eccessivamente restrittiva, e la B, perché nel brano viene fatto solo un cenno al pensiero di scienziati della seconda guerra mondiale. Tale cenno serve come spunto per sottolineare il vero scopo dell'autore, che è quello di chiarire il ruolo e la responsabilità dello scienziato rispetto alla società in cui vive (alternativa D).

12 La risposta esatta è la E. Infatti, l'alternativa A è errata in quanto all'inizio del brano si afferma che la società attuale dipende dalla tecnologia forse anche più di quanto un *junkie* dipende dalla sua droga preferita. Analogamente, la B è errata in quanto, nella parte finale del brano, l'autore afferma che solo apparentemente lo scienziato è privo di responsabilità. L'alternativa C è da scartare in quanto priva di significato. Infine, l'alternativa D è errata in quanto il brano afferma che "responsabilità, doveri, obbligazioni possono essere razionalmente definiti e discussi solo in rapporto a un dato sistema di valori".

13 Pur occupandosi di scoperte scientifiche, il brano si concentra sul ruolo dello scienziato nell'ambito della società e sul comportamento che egli dovrebbe adottare. Vi è dunque anche un contenuto etico. Pertanto la soluzione a tale quesito è rappresentata dall'alternativa E.

14 Uccidere un uomo è, secondo l'autore, un male non oggettivamente ma moralmente. L'alternativa A è dunque scorretta. Anche la B è da scartare perché l'autore afferma, poco prima della metà del brano, che il 90% e non l'unanimità della comunità scientifica considera la guerra un male. L'ultima parte del brano e un passaggio centrale permettono infine di escludere le alternative C e D e di individuare dunque nella E la soluzione esatta.

15 Come si evince da quanto affermato nella parte centrale del brano, la posizione dell'autore rispetto a Fermi e Einstein è quella espressa dall'alternativa D.

16 In questo caso l'alternativa corretta è la A. Nel brano viene infatti analizzato il percorso di crescita psicologica di un individuo, concentrandosi in particolare sulla fase adolescenziale di distacco dalla famiglia.

17 Da quanto si afferma nelle righe 20-21 del brano, si comprende che la risposta corretta a tale quesito è la A. L'alternativa E è errata in quanto l'autore giudica il distacco del giovane dalla propria famiglia come "altrettanto necessario per lo sviluppo della cultura umana quanto lo è l'impollinazione per certe piante e l'esogamia per molte specie animali".

18 In relazione al comportamento appetitivo del giovane, trattato nella seconda parte del brano, risulta vera l'alternativa B. Questo comportamento si esprime a volte, e non spesso (alternativa A), in un vero e proprio vagabondare e ha come oggetto norme sociali solo in parte e non totalmente (alternativa C) diverse da quelle della società dei genitori.

19 Nella prima parte del brano, l'autore afferma che "nella maggior parte dei casi è una persona singola ad assumersi il ruolo paterno di datore di tradizione" e che molto spesso è proprio il padre a rivestire questo ruolo: questa informazione è sufficiente a escludere le alternative A, B, D ed E.

La risposta esatta è dunque la C.

20 Verso la metà del brano, si afferma implicitamente che sentimenti di odio e amore possono mescolarsi tra loro nel corso della fase di distacco del giovane dalla famiglia. L'alternativa E è la soluzione del quesito perché discorde rispetto al brano.

PROVA SIMULATA

MATEMATICA

21 L'unico numero che sia contemporaneamente divisibile per 2 (ossia pari) e per 3 (ossia la cui somma delle cifre sia divisibile per 3) è 252. La risposta corretta è dunque la **D**.

22 Per ottenere la rappresentazione binaria (ossia in base 2) del numero decimale 234 si effettuano divisioni successive di 234 per 2: i resti successivi della sequenza di divisioni (allineati in ordine inverso) sono le cifre della rappresentazione in base 2 del numero decimale 234.

Divisione	Resto	Coefficiente di
$234 : 2 = 117$	0	2^0
$117 : 2 = 58$	1	2^1
$58 : 2 = 29$	0	2^2
$29 : 2 = 14$	1	2^3
$14 : 2 = 7$	0	2^4
$7 : 2 = 3$	1	2^5
$3 : 2 = 1$	1	2^6
$1 : 2 = 0$	1	2^7

Le cifre della rappresentazione binaria del numero decimale 234 sono i resti delle otto divisioni: tali cifre vanno allineate partendo dall'ultima ottenuta. Il numero richiesto è quindi 11101010 (risposta **A**).

In particolare, questo quesito può essere svolto più velocemente osservando che se il numero decimale *a* di cui viene richiesta la rappresentazione in base *n* è compreso fra le due quantità n^{k-1} e $n^k - 1$, allora la sua rappresentazione in base *n* sarà un numero di *k* cifre: se una sola delle risposte proposte ha *k* cifre, sarà possibile rispondere correttamente senza dover effettuare la conversione.

Per esempio, per trovare l'espressione nel sistema binario del numero decimale 150 può essere utile osservare che:

$$2^7 = 128 \leq 150 \leq 255 = 2^8 - 1$$

quindi la sua rappresentazione binaria avrà sicuramente 8 cifre.

23 La risoluzione del quesito richiede di applicare le proprietà delle potenze; infatti, dividere un valore a metà equivale a moltiplicarlo per $1/2$ e, in questo caso, $1/2$ equivale alla base della potenza che si vuole dimezzare:

$$\frac{\left(\frac{1}{2}\right)^{50}}{2} = \frac{1}{2} \cdot \left(\frac{1}{2}\right)^{50} = \left(\frac{1}{2}\right)^{50+1} = \left(\frac{1}{2}\right)^{51}$$

quindi la risposta corretta è la **C**.

24 Il numero E(n) è il prodotto fra tre interi **consecutivi**: fra essi si trova quindi sicuramente almeno un numero pari (per cui E(n) è sicuramente divisibile per 2) e almeno un multiplo di 3 (per cui E(n) è divisibile anche per 3). Il numero E(n) risulta quindi sicuramente divisibile sia per 2 che per 3, quindi divisibile per 6, qualunque sia n (risposta **A**).

25 Svolgendo il quadrato del binomio a primo membro della disuguaglianza proposta dal quesito, si ottiene:

$$(a+b)^2 \geq a^2+b^2 \;\rightarrow\; a^2+b^2+2ab \geq a^2+b^2 \;\rightarrow\; 2ab \geq 0 \;\rightarrow\; ab \geq 0$$

l'ultima disuguaglianza è sempre verificata (chiaramente sotto l'ipotesi che a e b siano positivi), per cui la risposta corretta è la **D**.

26 La risposta corretta è la **B**.

27 Ricordando la definizione di potenza con esponente frazionario (ossia $a^{m/n} = \sqrt[n]{a^m}$) si ricava che $a = 2^{1/2} = \sqrt[2]{2}$ e $b = 3^{1/3} = \sqrt[3]{3}$.

A questo punto, la risposta corretta potrebbe essere facilmente trovata con una comune calcolatrice tascabile, il cui uso è però normalmente vietato durante lo svolgimento della prova ufficiale. Una strada alternativa consiste nel ridurre allo stesso indice i due radicali:

$$\left.\begin{aligned} a &= \sqrt[2]{2} = \sqrt[6]{2^3} = \sqrt[6]{8} \\ b &= \sqrt[3]{3} = \sqrt[6]{3^2} = \sqrt[6]{9} \end{aligned}\right\} \rightarrow \sqrt[6]{8} < \sqrt[6]{9} \rightarrow a < b$$

dove si è sfruttato il fatto che la radice è una funzione crescente. La risposta corretta è la **E**.

28 Conviene sicuramente utilizzare il "metodo della verifica", ossia procedere per tentativi sostituendo all'incognita x i valori numerici proposti dalle diverse risposte e verificare quale di questi valori soddisfa l'uguaglianza: si ricava che la risposta corretta è la **D**.

Volendo risolvere l'equazione con il metodo tradizionale, i passaggi sono i seguenti:

$$\sqrt[3]{2x+2}+2=0 \;\rightarrow\; \sqrt[3]{2x+2} = -2 \;\rightarrow\; 2x+2 = -8 \;\rightarrow\; x = -\frac{10}{2} = -5$$

per cui si perviene (ovviamente) ancora alla risposta **D**.

29 Si tratta di un sistema di secondo grado: il metodo più rapido consiste nel verificare le alternative proposte. Si ricava facilmente che la soluzione è quella indicata dalla lettera **E**.

30 Un logaritmo risulta definito solo quando il suo argomento è strettamente positivo (ossia non nullo né tantomeno negativo) e quando la sua base è positiva e diversa da 1. La risposta corretta è dunque la **A**.

31 Ricordando il teorema dei logaritmi per cui si ha:

$$n \cdot \log a = \log\,(a^n)$$

si ricava che la risposta corretta è la **C**.

32 Essendo $\frac{1}{32} = 2^{-5}$ si ricava che:

$$\log_2 \frac{1}{32} = -5$$

quindi la risposta corretta è la **A**.

PROVA SIMULATA

33 Non occorre impostare una disequazione per rispondere al quesito. In sostanza si tratta di confrontare fra loro due frazioni letterali (ossia m/n e $(m+1)/(n+1)$). Il metodo più rapido per confrontare fra loro due generiche frazioni (indicate con a/b e c/d) consiste nel confrontare fra loro i due prodotti $a \cdot d$ e $b \cdot c$, poi utilizzare la regola seguente: la frazione più grande è quella il cui numeratore compare nel prodotto maggiore. Per confrontare m/n e $(m+1)/(n+1)$ si calcolano quindi dapprima i due prodotti $m \cdot (n+1) = mn + m$ e $n \cdot (m+1) = mn + n$, quindi (ricordando che $m > n$) si ottiene $mn + m > mn + n$, per cui la frazione maggiore è m/n (risposta **C**).

---

34 Per l'esistenza del logaritmo al primo membro, l'argomento deve essere strettamente positivo:

$$1 - x^2 > 0 \rightarrow x^2 < 1 \rightarrow -1 < x < 1$$

sotto queste condizioni di esistenza, il logaritmo assume solo valori negativi, per cui la disuguaglianza non è mai verificata (quindi la disequazione non ha soluzioni). La risposta corretta è la **B**. Si può anche procedere nel modo seguente: essendo $1 = \log_{10} 10$, la disequazione diventa:

$$\log_{10}(1 - x^2) \geq \log_{10} 10 \quad \rightarrow \quad 1 - x^2 \geq 10 \quad \rightarrow \quad x^2 \leq -9$$

Il quadrato di x non può essere negativo per nessun valore di x: la disequazione è quindi impossibile.

---

35 Affinché il prodotto fra due fattori sia positivo, i due fattori devono essere concordi, ossia avere lo stesso segno. Se i due fattori sono entrambi positivi si ottiene:

$$\left.\begin{array}{l} 1^\circ \text{ fattore} > 0 \text{ per } x > 5 \\ 2^\circ \text{ fattore} > 0 \text{ per } y > 3 \end{array}\right\} x > 5 \text{ e } y > 3$$

mentre se i due fattori sono entrambi negativi si ricava:

$$\left.\begin{array}{l} 1^\circ \text{ fattore} < 0 \text{ per } x < 5 \\ 2^\circ \text{ fattore} < 0 \text{ per } y < 3 \end{array}\right\} x < 5 \text{ e } y < 3$$

per cui la risposta corretta è la **C**.

---

36 La risposta corretta è la **A**. Infatti $\text{sen}\, x = \cos(90° - x)$ rappresenta una delle formule trigonometriche per angoli complementari.

---

37 La risposta corretta è la **D** in quanto due grandezze si dicono direttamente proporzionali se il loro rapporto è costante; nel caso in esame si ha infatti:

$$\frac{y}{x} = \frac{1}{2} = \text{costante}$$

---

38 Per definizione, due rette nello spazio si dicono sghembe se non appartengono allo stesso piano (risposta **E**).

PARTE QUINTA

39 La lunghezza dell'ipotenusa può essere calcolata applicando il teorema di Pitagora:

$$\overline{AB} = \sqrt{\overline{AC}^2 + \overline{BC}^2} = \sqrt{12^2 + 5^2} = \sqrt{144 + 25} = \sqrt{169} = 13$$

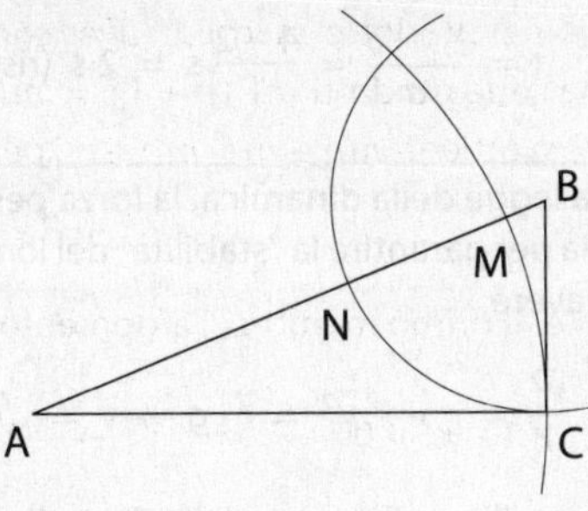

Essendo $\overline{AM} = 12$ e $\overline{BN} = 5$, si ha:

$$\overline{AN} = \overline{AB} - \overline{BN} = 13 - 5 = 8$$

$$\overline{BM} = \overline{AB} - \overline{AM} = 13 - 12 = 1$$

per cui:

$$MN = AB - AN - BM = 13 - 8 - 1 = 4$$

quindi la risposta corretta è la **C**.

40 Occorre applicare il teorema delle probabilità totali: se *E* e *F* sono due eventi incompatibili, la probabilità che si verifichi *E* oppure *F* è uguale alla somma delle probabilità dei singoli eventi. La probabilità di estrarre un numero maggiore di 95 è pari a 5/100 (ossia 5%); anche la probabilità di estrarre un numero minore di 6 è pari a 5/100 (quindi ancora 5%). La somma di queste probabilità dà una probabilità totale pari al 10%. La risposta corretta è quindi la **B**.

SCIENZE

41 La velocità finale v del corpo deve essere pari a 4 m/s. Applicando la relazione $v = v_0 + at$ si ottiene:

$$t = \frac{v - v_0}{a} = \frac{4 - 2}{1}\text{ s} = 2\text{ s (risposta C).}$$

42 In accordo con la seconda legge della dinamica, la forza peso dei satelliti deve essere uguale alla forza centripeta necessaria per garantire la "stabilità" del loro moto di rivoluzione intorno alla Terra. Per l'equilibrio si deve avere:

$$m \cdot \frac{v^2}{r} = m \cdot g \rightarrow \frac{v^2}{r} = g \rightarrow v^2 = r \cdot g \rightarrow v = \sqrt{r \cdot g} = \sqrt{6900 \cdot 10^3\text{ m} \cdot 10\ \frac{\text{m}}{\text{s}^2}}$$

dove r è la distanza fra il satellite e il centro della Terra: il suo valore, 6900 km, è stato ottenuto sommando la metà del diametro della Terra (ossia 6400 km, il raggio terrestre) e l'altezza del satellite rispetto al livello del mare (ossia 500 km). Svolgendo i conti si ottiene:

$$v = \sqrt{69 \cdot 10^6}\ \frac{\text{m}}{\text{s}} \approx 8 \cdot 10^3\ \frac{\text{m}}{\text{s}}$$

La risposta esatta è dunque la D.

43 Le risposte D ed E possono essere scartate perché presentano entrambe una energia (mentre il quesito richiede una forza). Il metodo più rapido per rispondere alla domanda consiste nell'applicare il teorema dell'energia cinetica, il quale afferma che il lavoro compiuto da una forza che agisce su un corpo libero è uguale alla variazione dell'energia cinetica ΔE_k del corpo.

$$\frac{1}{2}mv^2 = \mathbf{F} \cdot \mathbf{s} \rightarrow \frac{1}{2} \cdot 1000 \cdot 20^2\text{ J} = F \cdot 200\text{ m} \rightarrow F = 1000\text{ N}$$

La risposta esatta è dunque la C.

44 In corrispondenza della massima elongazione negativa (verso sinistra) il pendolo si ferma e inverte il moto.

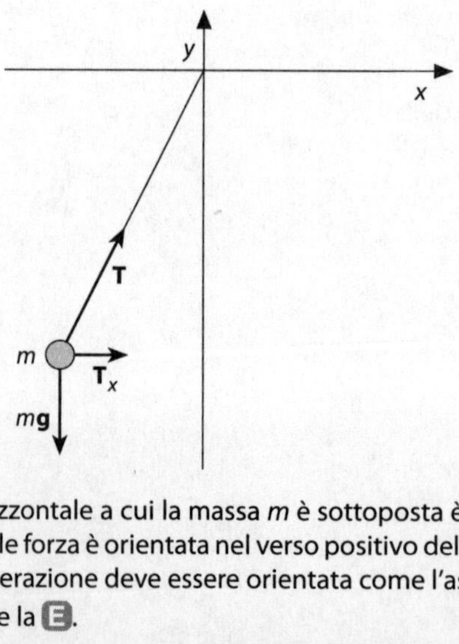

L'unica forza di direzione orizzontale a cui la massa m è sottoposta è la componente orizzontale $\mathbf{T}_x$ della tensione $\mathbf{T}$ del filo; tale forza è orientata nel verso positivo dell'asse x. Per la seconda legge della dinamica, anche l'accelerazione deve essere orientata come l'asse x (verso destra).
La risposta corretta è dunque la E.

45 Tra la temperatura T di un gas e l'*energia cinetica media* $\bar{E}_k$ delle sue molecole vi è una relazione di *diretta proporzionalità*; più precisamente si ha:

$$\bar{E}_k = \frac{1}{2}m\bar{v}^2 = \frac{3}{2}KT$$

ove T è la temperatura espressa in kelvin.
A parità di temperatura le molecole più leggere (con massa minore) si agitano con velocità maggiori di quelle delle molecole più pesanti. In particolare la molecola di elio si muove più lentamente della molecola di idrogeno (risposta **B**).

46 Le onde elastiche sono onde meccaniche che hanno bisogno di un mezzo materiale per propagarsi (la risposta **B** è quindi sbagliata) e, in particolare, le onde sonore nei fluidi sono longitudinali (anche la risposta **E** è sbagliata). La luce emessa da una comune lampadina è un'onda elettromagnetica; i campi elettrici e magnetici che la compongono vibrano in qualunque piano nello spazio (la risposta **D** è sbagliata). La luce e le onde elettromagnetiche in generale sono onde trasversali: la risposta corretta è quindi la **C**.

47 Ricordando la seconda legge di Ohm:

$$R = \rho l/S$$

si ricava che la resistenza elettrica di un filo conduttore è direttamente proporzionale alla lunghezza l del filo e inversamente proporzionale alla sua sezione S.
A parità di sezione, quindi, all'aumentare della lunghezza aumenta la resistenza (risposta **B**).

48 Una reazione è eterogenea quando i reagenti sono in fasi diverse, si presentano cioè in un diverso stato di aggregazione (risposta **D**). Un esempio tipico di reazione eterogenea è rappresentato dalla reazione di combustione del carbone:

$$C_{(s)} + O_{2\,(g)} \rightarrow CO_{2\,(g)}$$

in cui il combustibile (il carbone) è allo stato solido mentre il comburente (ossigeno) è allo stato gassoso.

49 I catalizzatori non influenzano né l'entalpia di reazione, che dipende solo dalla differenza di entalpia tra i prodotti e i reagenti, né la posizione dell'equilibrio, dato che esercitano lo stesso effetto sulla semireazione diretta e su quella inversa. Si possono pertanto escludere le risposte **A**, **B** ed **E**.
I catalizzatori fanno invece aumentare la velocità di reazione (anche la risposta **D** è dunque errata) abbassandone l'energia di attivazione. La risposta corretta è evidentemente la **C**.

50 Una soluzione in cui $[H_3O^+] > [OH^-]$ è definita acida; una soluzione in cui $[H_3O^+] < [OH^-]$ è invece basica. La risposta corretta è dunque la **D**.

PROVA SIMULATA

47 Utilizzando la seconda legge di Ohm:

$$R = \rho\frac{l}{S}$$

include MyDesk

Per accedere a MyDesk vai su
www.alphatest.it/tu25370
e segui le istruzioni.

Cos'è MyDesk e cosa ti offre?

MyDesk è l'esclusivo sistema di e-learning adottato anche in tutti i corsi di preparazione Alpha Test. Acquistando questo volume, hai diritto ad accedere a MyDesk usufruendo di contenuti supplementari utili per la tua preparazione.

A tua disposizione trovi:

- **Simulazioni** d'esame
- **Tutorial** su test e preparazione all'esame

L'abbinamento del libro con MyDesk ti consente di potenziare lo studio, l'esercizio e la verifica della preparazione offrendoti le maggiori possibilità di successo nella selezione.

TESTUNIVERSITARI

Alpha Test
Ingegneria - Tolc I
Prove di verifica

edizioni
Alpha Test

Via Mercalli, 14 – 20122 – Milano (Italy)
Tel. 02 5845981 – fax 02 58459896
servizi@alphatest.it
www.alphatest.it

ISBN: 9788848325370

Nona edizione: novembre 2022
Prima edizione: maggio 2001

Stampato da L.E.G.O. S.p.a. Lavis (TN)
per conto di Alpha Test S.r.l.
nel novembre 2022

Indice

Prefazione

Per gli studenti italiani (ma anche stranieri che vogliono studiare in Italia) l'iscrizione all'università è ormai da parecchi anni subordinata al superamento di una prova di selezione (o talvolta di valutazione), che ha lo scopo di verificare se e in quale misura le aspiranti matricole abbiano le potenzialità di frequentare con profitto il corso di laurea prescelto.

Attualmente, in Italia – sia nelle più importanti università private sia in quelle statali – quasi tutti i corsi di laurea magistrale a ciclo unico (Medicina e Chirurgia, Odontoiatria e Protesi dentaria, Medicina Veterinaria, Scienze della Formazione primaria, Farmacia, Architettura, Giurisprudenza ecc.) e molti corsi di laurea triennale sono caratterizzati dalla presenza del **numero programmato** a livello nazionale o locale: il numero di iscritti al primo anno di questi corsi non può quindi superare il limite di posti stabilito dal Ministero o dai singoli atenei.

La selezione tra i candidati che desiderano accedere a un corso universitario a numero programmato viene effettuata quasi sempre mediante una prova a test, composta da domande a risposta multipla: si valutano in tal modo le conoscenze e le attitudini degli studenti. Il test viene predisposto, a seconda dei casi, o a cura del ministero dell'Università e della Ricerca (come, per esempio, per le prove nazionali di accesso ai corsi di Medicina/Odontoiatria e Veterinaria) o dalle singole università o da consorzi interuniversitari (quali il CISIA o il CINECA). Il risultato che uno studente ottiene nel test determina il **punteggio** con il quale entra nella **graduatoria dei candidati** in base alla quale vengono attribuiti i posti a disposizione. In pochi corsi a numero chiuso locale, a definire la posizione nella graduatoria finale contribuiscono anche i voti conseguiti negli ultimi anni di scuola superiore o il voto dell'Esame di Stato, ma con peso minore (se non minimo) rispetto al punteggio del test.

La normativa impone ormai anche ai corsi di laurea ad accesso libero di attivare **prove valutative** e/o di **orientamento**, di solito a test; lo scopo di tali prove è rilevare per ogni studente il livello della preparazione iniziale ritenuta necessaria per frequentare con successo un dato corso (talvolta indicata con la formula "saperi minimi"). Tale valutazione non ha lo scopo di precludere l'iscrizione ma, in caso di mancato raggiungimento della soglia stabilita, attribuisce alcuni **obblighi formativi aggiuntivi** (OFA) che lo studente dovrà assolvere entro il primo semestre o il primo anno di corso, dimostrando di aver colmato le lacune evidenziate. In taluni casi, gli OFA vanno saldati prima di potere affrontare gli esami del primo anno di corso. Talvolta lo studente – prendendo atto di un esito insufficiente della prova – può decidere spontaneamente di rivedere la propria scelta di studi.

Dunque, anche chi intende frequentare un corso universitario ad accesso libero deve affrontare una prova prima dell'immatricolazione; ciò impone agli studenti seriamente motivati di prepararsi in modo adeguato per iniziare senza penalità il proprio percorso di studio.

Alpha Test è la più importante organizzazione in Italia che, per prima e da oltre 30 anni, offre agli studenti strumenti e percorsi diversi per affrontare con successo i test di valutazione o di selezione. A questo scopo pubblica la **collana TestUniversitari**, composta da oltre ottanta tra manuali ed eserciziari, specifici per ogni area di studio (informazioni su alphatest.it/Libri).

In particolare, questo libro è specifico per la preparazione ai test di ammissione per i corsi di laurea triennale delle aree di **Ingegneria** (L-7 Ingegneria civile e ambientale; L-8 Ingegneria dell'informazione; L-9 Ingegneria industriale). Le tre classi di laurea si articolano, di ateneo in ateneo, in curricula variamente caratterizzati. Per esempio, la classe **L-7** forma i profili di ingegnere civile, ingegnere ambientale, ingegnere gestionale, ingegnere per la tutela del territorio e dell'ambiente, ingegnere dei rischi ambientali e delle infrastrutture, ingegnere della sicurezza ecc. La classe **L-8** forma inoltre i profili dell'ingegnere dell'automazione, ingegnere biomedico, ingegnere elettronico, ingegnere informatico, ingegnere delle telecomunicazioni, ingegnere della sicurezza e protezione delle informazioni ecc. La classe **L-9** forma invece i profili di ingegnere aerospaziale, ingegnere dell'automazione, ingegnere chimico, ingegnere energetico, ingegnere dei materiali, ingegnere meccanico, ingegnere navale, ingegnere nucleare, ingegnere della sicurezza e protezione industriale ecc.

Il volume è inoltre adatto per quei corsi di laurea dell'area **Informatica** (L-31) che, in molte sedi universitarie, hanno come prova di ammissione il TOLC-I o test autonomi di ateneo (incentrati su domande di logica, ragionamento quantitativo, matematica ed elementi di fisica e chimica). Alcune università adottano invece per le triennali della classe L-31 il TOLC-S (che prevede anche domande di altre discipline, come Scienze della Terra non trattate in questo volume).

In generale, questo libro è adatto per l'accesso ai corsi di laurea di ambito scientifico-tecnologico per i quali i singoli atenei prevedono come prova di accesso lo svolgimento del **TOLC-I** (in alcune sedi, per esempio, è utilizzato per i corsi della L-41di Statistica, o per le nuove lauree professionalizzanti come L-P01 Professioni tecniche per l'edilizia e il territorio, o per la L-25 Scienze e tecnologie agrarie e forestali e diverse altre).

Si consiglia sempre di verificare sul bando di ateneo quale TOLC è richiesto per il corso di laurea di interesse e/o quali materie sono previste dal programma di esame.

L'acquisto di un volume della collana TestUniversitari, consente di accedere a **MyDesk**, l'esclusiva piattaforma online sviluppata da Alpha Test, con materiali di studio aggiuntivi (videolezioni, tutorial dei docenti, informazioni aggiornate ecc.) e un avanzato **sistema di simulazione** per svolgere esercitazioni per materia o prove simulate secondo tempi e modalità dell'esame ufficiale.

Per **accedere a MyDesk** è sufficiente seguire le istruzioni che si trovano nella seconda pagina di questo volume.

Alpha Test – attiva su tutto il territorio nazionale, con sedi nelle principali città universitarie – si avvale inoltre della collaborazione di un corpo docente di grande esperienza, organizzando **corsi specifici di preparazione** di diversa durata, in presenza oppure online (informazioni su alphatest.it/Corsi).

Un altro utile strumento per i lettori è **Alpha Test Academy**: una piattaforma online di assistenza personalizzata allo studio, che guida lo studente in un programma graduale di esercitazioni, fino al raggiungimento di una completa preparazione al test.

Il parere dei lettori è importante

Per continuare a migliorare la qualità delle proprie pubblicazioni, Alpha Test considera estremamente prezioso il parere dei propri lettori ai quali chiede la cortesia di esprimere un giudizio su questo libro nell'apposita sezione "Valuta un libro" del sito alphatest.it.

Ringraziamenti

Alpha Test ringrazia i numerosi lettori, i partecipanti ai corsi e i collaboratori che, con i loro interventi, suggerimenti e in particolare con i giudizi ogni anno forniti al termine dei corsi, hanno contribuito a migliorare nel tempo la qualità dei volumi e dei servizi offerti.

Natura del test e caratteristiche di questo libro

Natura del test

L'accesso ai vari corsi di laurea attivati nelle università italiane può essere libero oppure a numero programmato, su base nazionale o locale. A seconda dei casi, è prevista una prova di ingresso valutativa delle conoscenze di base oppure una prova selettiva.

Le prove che dovranno affrontare i lettori di questo volume sono molto spesso **selettive** e gestite in autonomia dalle singole sedi universitarie, sia per quanto riguarda le caratteristiche pratiche sia per i contenuti dell'esame. Ciò comporta che la struttura l'ora e la data di svolgimento delle prove, le discipline interessate, il tempo a disposizione, l'attribuzione di valore a ogni quesito e i criteri con cui viene elaborata l'eventuale graduatoria di merito o assegnati gli OFA possono variare non solo tra un corso o un indirizzo e l'altro ma tra una sede universitaria e l'altra. Per questa ragione è importante che ogni studente si procuri per tempo, sul sito dell'ateneo che intende frequentare, il **bando per l'ammissione al corso di proprio interesse**. Su tale documento si possono reperire tutte le informazioni necessarie.

Il TOLC-I

In particolare, per l'ingresso ai corsi di laurea triennali delle classi L-7, L-8 e L-9 dell'area **INGEGNERIA** ciascuna università o formula **un proprio questionario** oppure si serve dei **test predisposti dal CISIA del tipo TOLC-I** (Test On Line CISIA - Ingegneria).

Diversi atenei si avvalgono del TOLC-I anche per altri corsi di laurea (ad esempio per molti corsi della classe L-31 di Informatica o L-41di Statistica, o per le nuove lauree professionalizzanti L-P01 Professioni tecniche per l'edilizia e il territorio, o L-P03 Tecniche industriali e dell'informazione, o ancora per alcuni corsi della L-25 Scienze e tecnologie agrarie e forestali ecc.).

Questa prova, composta e somministrata in modalità *computer based* dal consorzio interuniversitario CISIA, può essere sostenuta **più volte** dallo studente (anche una volta al mese), in una delle numerose date prefissate durante l'anno, a partire **da febbraio/marzo sino a novembre**. A seconda del modo di erogazione accettato nelle varie università, tutti i tipi di TOLC si possono sostenere (se previsto) presso le aule dell'ateneo (cosiddetto TOLC all'università) oppure dalla propria abitazione nella modalità TOLC@CASA. Le **date** e le **sedi** per lo svolgimento della prova e tutte le informazioni su questi test sono pubblicate sul sito www.cisiaonline.it, alle pagine relative, nel caso nostro, al TOLC-I.

Ogni prova somministrata di uno stesso tipo di TOLC è **diversa** tra un candidato e l'altro ma composta da quesiti equipollenti, estratti dallo stesso database CISIA. Tutti i test di un medesimo tipo hanno perciò pari livello di difficoltà.

Il **TOLC-I** è strutturato in sezioni, ciascuna da svolgere in un tempo prefissato, nel modo seguente:

• matematica	20 quesiti	50 minuti
• logica	10 quesiti	20 minuti
• scienze	10 quesiti	20 minuti
• comprensione verbale	10 quesiti	20 minuti
totale	**50 quesiti**	**110 minuti**
• inglese	30 quesiti	15 minuti
totale con inglese	**80 quesiti**	**125 minuti**

Per la valutazione del test, viene assegnato 1 punto per ogni risposta corretta, 0 punti per ogni risposta non data e una penalità di – 0,25 punti per ogni risposta errata.

Per la sezione di inglese invece, non è prevista la penalità per le risposte sbagliate e viene assegnato 1 punto per le risposte esatte e 0 punti per le risposte sbagliate o omesse. Non sempre il risultato dei quesiti di inglese viene computato per l'inserimento nella graduatoria di merito. Spesso è considerato a parte, come mera indicazione del livello di competenza e/o per attribuire OFA relativamente alla lingua.

Sempre per i corsi di laurea dell'area **Ingegneria**, alcuni importanti atenei somministrano prove autonome e prevedono la possibilità per gli studenti di sostenere il test ammissione anche prima dell'Esame di Stato, non solo durante il quinto anno di scuola secondaria superiore ma anche durante il quarto anno.

Il test di ingegneria al Politecnico di Milano

Il **Politecnico di Milano**, per esempio, organizza diverse "finestre" di selezione mediante una prova denominata **TOL** (Test On Line). Si tratta di un test *computer based* da svolgere a distanza in date prefissate.

Il TOL è composto da **65 quesiti** così suddivisi in 4 sezioni, ciascuna da svolgere in un tempo prestabilito:

• logica, matematica e statistica	25 quesiti	65 minuti
• fisica	5 quesiti	10 minuti
• comprensione verbale	5 quesiti	10 minuti
• inglese	30 quesiti	15 minuti

Per la valutazione del test, viene assegnato 1 punto per ogni risposta esatta, 0 punti per ogni risposta omessa e una penalità di – 0,25 punti per ogni risposta errata.
I punteggi sono convertiti in centesimi e il peso attribuito ai quesiti delle quattro sezioni che formano il test è differente. Pesa 1/3 il punteggio per ogni quesito di inglese; 2,6 per ogni quesito di logica, matematica e statistica; 3 per ogni quesito di comprensione verbale; 2 per ogni quesito di fisica.

Gli studenti di quarta, possono svolgere il **TOL anticipato** anche una volta al mese, tra gennaio e luglio. Chi ottiene un punteggio pari o superiore a 60/100 acquisisce il diritto di iscriversi al corso che desidera nella prima fase di immatricolazioni dell'anno accademico successivo al suo diploma.
Gli studenti di quinta o già diplomati possono svolgere il **TOL standard**: hanno a disposizione tre prove, una per ciascuna delle tre sessioni tra maggio e luglio. Iscrivendosi al test possono esprimere fino a quattro preferenze per i corsi di laurea attivati al PoliMi. Con almeno 60/100 lo studente viene inserito, in base al punteggio ottenuto e secondo le preferenze espresse, nella graduatoria di uno dei quattro corsi indicati e può iscriversi nella seconda fase di immatricolazioni dell'anno accademico entrante. In caso lo studente, pur avendo il punteggio necessario, non riesca a inserirsi nella graduatoria di nessuno dei quattro corsi prescelti, può indicare altre quattro preferenze per altri corsi in cui risultino posti liberi, iscrivendosi durante la terza fase di immatricolazioni. A questa fase possono accedere anche studenti con punteggio pari o superiore a 20/100, a cui però vengono imposti OFA da assolvere nelle varie discipline.
Anche chi ha sostenuto una prova CISIA **TOLC-I** può fare valere il suo punteggio per immatricolarsi al PoliMI purché esso (dopo apposito procedimento di conversione) risulti pari a 60/100 del TOL per le prime due fasi di immatricolazioni o a 20/100 del TOL per la terza fase.

Il test di ingegneria al Politecnico di Torino

Anche il **Politecnico di Torino** ha un proprio autonomo test di ingresso, denominato **TIL-I** (Test in Laib – Ingegneria). Questo ateneo consente la partecipazione solo agli studenti già diplomati o che frequentano il quinto anno di scuola secondaria di secondo grado. Si tratta di un test *computer based* da svolgere in presenza iscrivendosi alle date prefissate delle diverse sessioni, tra marzo e agosto.

Il **TIL-I** è composto da **42 quesiti** suddivisi in 4 sezioni, ciascuna da svolgere in un tempo prestabilito:

• matematica	16 quesiti	36 minuti
• comprensione del testo e logica	10 quesiti	20 minuti
• fisica	10 quesiti	22 minuti
• conoscenze tecniche di base	6 quesiti	12 minuti

La sezione tecnica, aggiunta dall'a.a. 2022/2023, comprende 3 quesiti di tipo tecnico-grafico sulla rappresentazione spaziale degli oggetti (bidimensionale e tridimensionale) e 3 quesiti di conoscenze informatiche e di programmazione.

Per la valutazione del test, viene assegnato 1 punto per ogni risposta esatta, 0 punti per ogni risposta non data e una penalità di –0,25 punti per ogni risposta errata. Questi punteggi vengono poi trasformati in centesimi.

Ogni studente può sostenere una sola prova per ogni sessione. Iscrivendosi al test, ciascuno deve indicare in ordine di preferenza fino a cinque corsi dell'area di Ingegneria attivati dal PoliTo. Chi ottiene un punteggio pari a superiore a 60/100 ha diritto a immatricolarsi nel suo corso di prima scelta. Chi ottiene un punteggio inferiore a 60/100 ma pari o superiore a 20/100 viene inserito nella graduatoria di merito di tutti i corsi da lui indicati e può immatricolarsi nel corso per cui si trovi in posizione utile.

Altri corsi di laurea

Per le caratteristiche dei percorsi di accesso a corsi di laurea con test che insistono sulle medesime discipline del TOLC-I (come i corsi di alcuni atenei dell'area Informatica, delle lauree professionalizzanti L-P01 e L-P03, ecc.) si consiglia di verificare la struttura delle prove e le materie previste sui bandi pubblicati dalle singole università. Tali prove infatti, pur all'interno di una certa omogeneità, possono variare da sede a sede sia per la composizione sia per la presenza o meno di alcune materie.

Caratteristiche del volume

Questo volume delle Prove di verifica è dedicato ai test di accesso ai corsi di laurea triennale dell'area di Ingegneria, e ai corsi di molte sedi dell'area di Informatica, Statistica o di ambito scientifico-tecnologico: tali prove di ammissione presentano infatti tra loro molte analogie di struttura e di contenuto.

Nel contempo, possono verificarsi alcune differenze tra i test relativamente a: numero di quesiti, attitudini e conoscenze richieste, grado di difficoltà, tempo a disposizione e criterio di attribuzione del punteggio. Per questo è sempre indispensabile verificare ogni particolare sul **bando** pubblicato dall'ateneo e relativo al corso di interesse.

In linea generale, le domande di **matematica** e **fisica** interessano i candidati a tutti i corsi universitari a cui questo volume si rivolge, mentre i quesiti di **chimica** interessano soprattutto i candidati ai corsi di Ingegneria, o di ambito scientifico tecnologico di molte sedi universitarie. Anche in questo caso, dal momento che si possono presentare difformità, si consiglia di consultare il bando di concorso pubblicato dall'università a cui si è interessati, per avere le informazioni ufficiali circa il programma del test di ammissione.

Le **10 prove simulate** che costituiscono il libro ricalcano la struttura del **TOLC-I** (Test On Line CISIA Ingegneria), in quanto è il test più utilizzato dalle università e perché le discipline che include sono presenti in quasi tutte le prove, anche diverse dal TOLC-I, utilizzate per i corsi di laurea delle aree citate sopra.

Tutti gli studenti, pertanto, si possono allenare in modo utile e pertinente con queste simulazioni.

Le 10 prove del libro sono formulate secondo alcuni criteri fondamentali:

- le tipologie di quesiti corrispondono a quelle dei test ufficiali;
- il grado di difficoltà medio è paragonabile a quello delle domande proposte nelle prove adottate dalle università;
- il tempo a disposizione indicato è lo stesso concesso nei test ufficiali.

Le prove così ottenute sono strutturate in sezioni come il **TOLC-I**. Si consiglia ai lettori che dovranno svolgere un TOLC-I di rispettare non solo il tempo totale, ma anche quello prefissato per le diverse sezioni. In particolare:

• logica	10 quesiti	20 minuti
• comprensione verbale	10 quesiti	20 minuti
• scienze	10 quesiti	20 minuti
• matematica	20 quesiti	50 minuti
totale	**50 quesiti**	**110 minuti**

Ai lettori che dovranno invece svolgere test autonomi di ateneo, consigliamo di ridursi un poco il tempo complessivo a disposizione (per es. 100 minuti), per compensare la minore condizione di stress durante lo svolgimento della prova simulata rispetto al giorno della prova ufficiale.

Sono infine proposte **2 prove di inglese**, in appendice. Gli atenei che somministrano i TOLC non sempre considerano il risultato della sezione di inglese ai fini dell'inserimento nella graduatoria di merito, ma ne richiedono lo svolgimento per valutare il posizionamento dello studente nella conoscenza della lingua o per assegnare OFA. Queste prove sono dunque utili esercitazioni per i lettori: si tratta di 30 quesiti a prova, da svolgere in 15 minuti.

Le 10 prove simulate, quindi, consentono a tutti i lettori di verificare il grado di preparazione raggiunto, sperimentando non soltanto la natura, la difficoltà e l'impegno di un'intera prova, ma anche le modalità di svolgimento che caratterizzano il test di ammissione.

Ogni prova simulata è corredata da **due schede di risposte**: una *scheda vergine* (riportata all'inizio della prova) sulla quale il lettore deve indicare l'alternativa scelta per ogni quesito e una *scheda delle risposte esatte* (riportata al termine della prova) che riporta la soluzione di tutti i quesiti.

L'alternativa ritenuta esatta deve essere indicata annerendo lo spazio corrispondente. Una volta completata la prova (**e solo allora**) si confrontano le risposte indicate sulla scheda vergine con quelle presenti sulla scheda già compilata.

Per la **valutazione del risultato,** si utilizzi il seguente criterio:

- +1 punto per ogni risposta esatta
- – 0,25 di punto per ogni risposta errata
- 0 punti per ogni quesito lasciato irrisolto

Tale sistema di valutazione, infatti, non solo è quello applicato nel TOLC-I ma è anche quello più utilizzato nella correzione degli altri test a cui il libro si rivolge. Si ricorda, però, che nei TOLC, per le domande di inglese non è prevista penalità per le risposte errate, a cui si attribuiscono 0 punti come per le omesse.

Il punteggio conseguito dal lettore nelle prove simulate non può in sé fornire indizi sulla possibilità o meno di essere ammessi al corso prescelto. Infatti, le probabilità di ammissione dipendono non solo dalla performance individuale ma dal rapporto tra numero di candidati e posti disponibili e dal punteggio realizzato dagli altri candidati, perché i concorsi per l'accesso sono di tipo comparativo.

È più costruttivo dunque considerare il risultato di queste simulazioni come un indicatore del livello di preparazione, lavorando sulle eventuali difficoltà emerse (lacune in una disciplina o su argomenti dei programmi, eccessiva lentezza nella soluzione dei quesiti, difficoltà nella gestione del tempo complessivo e del tempo medio ecc.).

Per avere un'indicazione più precisa anche in tal senso, si rimanda agli specifici corsi Alpha Test, durante i quali i docenti sono in grado di fornire a ciascun candidato il punteggio orientativo che occorre conseguire e dunque anche la preparazione necessaria per accedere al corso universitario prescelto.

I suggerimenti e gli strumenti di Alpha Test per prepararsi al test di ingresso

Il **primo passo** in ogni percorso di preparazione consiste nel procurarsi tutte le informazioni disponibili sul test che si vuole affrontare, cominciando dai contenuti delle sue precedenti edizioni. Le fonti più autorevoli e complete sono il **sito del ministero dell'Università e della Ricerca** (MUR), i **siti degli atenei** di proprio interesse e **alphatest.it**. Sul sito del MUR gli studenti possono trovare tutta la normativa in materia, mentre sui siti delle singole università e di Alpha Test vengono pubblicati i bandi per i diversi concorsi di ammissione, che integrano le indicazioni del Ministero con le specifiche proprie di ciascuna sede.

Su **alphatest.it** vengono costantemente aggiornati il calendario con le date di svolgimento delle prove a test e pubblicata la normativa sulle prove di ingresso; si possono inoltre scaricare i test ufficiali degli anni precedenti risolti e commentati, nonché dati e approfondimenti relativi ai diversi corsi di laurea.

Anche i canali social Alpha Test (Facebook, Instagram e Youtube) informano tempestivamente su tutte le novità riguardanti sia i test sia le iniziative del Ministero o degli atenei; nelle rispettive communities gli studenti hanno inoltre la possibilità di relazionarsi tra loro e con gli esperti di Alpha Test.

Un altro utile strumento a disposizione degli studenti è il **magazine on line** di Alpha Test (**http://magazine.alphatest.it**), dove si possono consultare articoli e approfondimenti sempre aggiornati in tema di ammissione all'università, metodi e strumenti di studio, orientamento universitario e bandi di concorso.

Il metodo Alpha Test: libri, Alpha Test Academy, corsi in aula e online

Il **passo successivo** per conseguire una preparazione completa è costituito dallo **studio individuale**. Tra i libri che Alpha Test ha realizzato appositamente per chi deve affrontare i test delle Professioni sanitarie, i principali sono il MANUALE DI PREPARAZIONE, la raccolta di quesiti suddivisi per materia ESERCIZI COMMENTATI, la raccolta di prove simulate PROVE DI VERIFICA e il volume 4000 QUIZ.

Ognuno di questi libri consente l'accesso a **MyDesk**, l'esclusivo ambiente di formazione online creato da Alpha Test, con contenuti e strumenti aggiuntivi a disposizione del lettore.

Ai fini dello studio, ciascuno dei quattro volumi è autosufficiente ma, allo stesso tempo, complementare agli altri. Ecco in sintesi le caratteristiche di ciascuno.

- **Manuale di preparazione**: è il principale strumento di studio. Raccoglie la sintesi di tutti gli argomenti previsti nei programmi ufficiali del test, materia per materia. È un valido aiuto a non disperdere gli sforzi di fronte alla vastità dei programmi da svolgere, perché consente lo **studio** e il **ripasso** mirato. L'esposizione degli argomenti è resa più efficace e completa mediante immagini, schemi, tabelle, glossari, mentre l'apprendimento è facilitato e consolidato grazie ai numerosi esercizi di esempio (sempre nella forma a risposta multipla), risolti e commentati.

  Lo spazio **MyDesk** del MANUALE propone videolezioni su argomenti di matematica, tutorial sullo svolgimento dei test, sintesi, formulari e ulteriori materiali di studio. Nel libro, un'apposita icona – visibile sul margine della pagina –segnala la presenza di contenuti aggiuntivi su **MyDesk**.

- **Esercizi commentati**: questo libro rappresenta un ulteriore step da usare nella fase intermedia della preparazione. Si tratta di un volume di esercitazioni guidate, con centinaia di quesiti, suddivisi tra le materie oggetto d'esame. Lo studente può svolgere ogni quesito in autonomia per poi verificare la soluzione nel relativo commento, dove troverà richiamate le nozioni teoriche necessarie e i metodi risolutivi più efficaci. In tal modo, il lettore può sia **esercitarsi** sia **accrescere la preparazione**.

  Nello spazio **MyDesk** correlato, è possibile accedere a un **simulatore online** per svolgere esercitazioni per materia, combinando i quesiti a disposizione di una stessa disciplina, o per comporre prove simulate secondo le modalità e i tempi dell'esame ufficiale.

- **Prove di verifica**: è uno strumento agile ed efficace, consigliato nella **fase finale** del percorso di preparazione. Consente di valutare i propri risultati nella soluzione di prove strutturate, monitorare la preparazione raggiunta e intervenire sulle materie o aree in cui si rilevano incertezze o lacune. Contiene 10 test completi, composti con domande ufficiali dei concorsi degli ultimi anni, in forma di **prove simulate**, accompagnate da indicazioni pratiche (tempo a disposizione, criteri di calcolo del punteggio ecc.) che consentono di svolgerle e valutarle nei modi dell'esame ufficiale.

  Nello spazio **MyDesk** correlato, è possibile svolgere online le prove contenute nel volume e confrontare così il proprio risultato con quello degli altri lettori. Sono inoltre disponibili alcune prove aggiuntive.
- **4000 QUIZ – I QUESITI DELLE PROVE DI AMMISSIONE**: è la raccolta completa dei quesiti delle prove ufficiali. Gli esercizi sono suddivisi per materia (1600 di comprensione di testi e logica; 1100 di matematica, 500 di fisica, 400 di chimica e 400 di inglese). Alla fine di ogni sezione sono riportate in tabella le soluzioni di tutti i quesiti. Questo volume può essere utilizzato o in parallelo allo studio del Manuale, o con le stesse finalità delle Prove di verifica.

  Come nell'eserciziario, lo spazio **MyDesk** correlato consente l'accesso a un **simulatore online**, per svolgere esercitazioni mirate sulle singole discipline o argomenti e comporre numerose prove simulate da svolgere secondo le modalità e i tempi dell'esame ufficiale.

Alpha Test AlphaTestAcademy

È l'innovativo ambiente di studio online, **personalizzato** e **assistito**, che guida lo studente nella preparazione ai test. Per ciascuna delle materie e degli argomenti previsti nelle prove di ammissione, il programma accompagna lo studente ad accrescere il livello delle sue conoscenze, proponendogli in modo **adattivo** batterie di domande a difficoltà graduale e differenziata; ogni domanda è corredata da spiegazioni o da commenti multimediali (link, videotutorial), con specifici richiami di teoria. Il materiale e l'assistenza offerti da AlphaTestAcademy consentono di chiarire lungo il percorso ogni quesito e dubbio individuale, migliorando e consolidando progressivamente conoscenze e capacità in vista del test ufficiale.
Questo lavoro di preparazione mirato e specifico rappresenta quindi un utile affiancamento al manuale di preparazione o a un corso Alpha Test in aula. L'abbonamento alla piattaforma è in dotazione ai partecipanti ai corsi Alpha Test e viene abilitato al momento dell'iscrizione.

Corsi

Un ulteriore e importante strumento di preparazione alle prove di ammissione, che Alpha Test ha ideato per gli studenti più motivati, sono i numerosi **corsi**, svolti **in aula** oppure **on line**, con durata differenziata (da pochi giorni di lezione ad alcuni mesi). Frequentare un corso Alpha Test consente di completare, perfezionare e consolidare la propria preparazione grazie ai seguenti punti di forza.

1. **La didattica interattiva.** Ogni corso prevede cicli di lezioni e di esercitazioni dedicate al ripasso di tutti gli argomenti oggetto d'esame. Gli studenti possono beneficiare della professionalità di docenti con un'esperienza d'insegnamento unica in Italia, maturata in oltre 30 anni di attività di Alpha Test nel campo specifico della preparazione ai test universitari.
2. **Il materiale supplementare consegnato ai corsi.** Durante le lezioni, a ciascun partecipante viene fornito materiale di studio e di esercitazione aggiuntivo rispetto ai volumi, consegnato al momento dell'iscrizione. Si tratta di contenuti didattici aggiornati e specifici, redatti in base alla struttura e ai contenuti del test che si deve affrontare.
3. **I corsi online** prevedono un mix tra lezioni sincrone e asincrone e si svolgono nell'aula virtuale di MyDesk, uno spazio di e-learning completo, appositamente realizzato da Alpha Test e già sperimentato con soddisfazione da migliaia di corsisti. MyDesk consente infatti ai docenti Alpha Test di seguire gli studenti con la stessa cura che hanno in classe, assicurando quindi la più alta qualità non solo nelle fasi di spiegazione ed esercitazione sulle singole materie ma anche in termini di assistenza e supporto a chiarimento di dubbi individuali. Sono inoltre favoriti il rapporto e il confronto diretto con gli altri studenti nonché la puntuale verifica dei progressi nella preparazione.
4. **L'esperienza "sul campo".** In ciascun corso vengono svolte più simulazioni d'esame per mettersi alla prova e per confrontare la propria preparazione con quella di altri candidati.

Infine, chi desidera prepararsi al test di ammissione senza rinunciare a divertimento e nuove amicizie può partecipare a una delle **vacanze-studio Alpha Test** (per informazioni: **alphatest.it/Corsi**).

Test ufficiali commentati e ultimi aggiornamenti disponibili su alphatest.it

Sul sito **alphatest.it** si possono scaricare gratuitamente i test ufficiali di ammissione ai corsi di laurea in Medicina/Odontoiatria e Veterinaria, somministrati negli ultimi anni, completi delle soluzioni e dei **commenti esplicativi dei singoli quesiti**.

Sul sito sono anche pubblicati gli aggiornamenti riguardo alla normativa sui test, con le eventuali integrazioni agli argomenti e ai programmi d'esame.

Test di autovalutazione online

Su **alphatest.it** è possibile autovalutare il proprio livello di preparazione. Il test diagnostico gratuito prevede 20 domande tratte dai test ufficiali degli ultimi anni, da risolvere in 20 minuti; il suo scopo è aiutare il candidato a individuare le proprie debolezze e impostare al meglio il percorso di studio.

Indicazioni per i partecipanti ai corsi Alpha Test

Alpha Test:

- è **la prima** società in Italia specializzata nel preparare gli studenti ai test di ammissione all'università;
- è **l'unica** organizzazione che può vantare un'esperienza di 35 anni e migliaia di corsi già organizzati su tutto il **territorio nazionale**;
- dal 1987 a oggi ha **preparato con successo** ai test universitari **decine di migliaia di studenti** che si sono trovati in vantaggio rispetto alle altre aspiranti matricole;
- è **la più scelta** dagli studenti che superano le selezioni per l'università (secondo i rilievi di una primaria società di indagini di mercato, l'**84%** degli ammessi a Medicina si è preparato con Alpha Test);
- propone **corsi** con durata, programmi e costi differenziati a seconda della prova di selezione e delle esigenze dei singoli studenti, comprese **vacanze-studio, corsi online** e **corsi residenziali**;
- vanta un corpo docente composto da oltre 200 esperti rigorosamente selezionati e costantemente formati: docenti e ricercatori universitari, professionisti e insegnanti con un'**esperienza didattica unica** e **specifica** nel campo della preparazione ai test universitari;
- ha sviluppato, per prima in Italia, una **metodologia didattica innovativa** e specifica per affrontare le prove a test, oggi potenziata con **Mydesk**: un originale spazio di e-learning riservato ai corsisti;
- propone ai suoi corsisti **prove simulate**, corrette individualmente; ciò consente ai partecipanti di verificare in tempo reale il proprio livello di preparazione e di apprendimento;
- effettua l'analisi e la discussione in aula delle **prove ufficiali** somministrate negli anni passati;
- ha sviluppato una collana di volumi specifici per i diversi test di ammissione, già scelti da oltre cinque milioni di studenti, che vengono **forniti ai partecipanti ai corsi** all'atto dell'iscrizione;
- ha sviluppato **AlphaTestAcademy**, la piattaforma di training online personalizzato, attivata per tutti coloro che si iscrivono a un corso;
- mette a disposizione anche dei suoi lettori lo spazio digitale di apprendimento **MyDesk**, con materiali e contenuti aggiuntivi per la preparazione.

I risultati conseguiti nelle prove di ammissione dai corsisti Alpha Test nei tanti anni di esperienza confermano che prepararsi a un test frequentando lo specifico corso Alpha Test rappresenta la scelta migliore per chi è veramente motivato ad accedere al corso universitario desiderato. I dati dicono che in tal modo si aumenta fino a sette volte la probabilità di ammissione rispetto a quella degli altri candidati.

Alpha Test e il suo corpo docente mettono a disposizione l'esperienza maturata e forniscono tutto l'aiuto necessario affinché i propri studenti possano prepararsi nel modo più rapido, completo ed efficace alla prova di selezione. Per accrescere ulteriormente la probabilità di successo è comunque **essenziale l'impegno** di ogni aspirante matricola nelle attività di **studio individuale** e di **esercitazione** prima e durante lo svolgimento del corso.

Per facilitare la preparazione preliminare degli studenti, Alpha Test consegna già all'atto dell'iscrizione i volumi Manuale di preparazione, Esercizi commentati, Prove di verifica e 4000 quiz (quest'ultimo solo per i corsi di maggior durata) e il codice di attivazione per AlphaTestAcademy valido fino al momento del test ufficiale.

Consigliamo di leggere i libri (almeno il manuale) **prima dell'inizio del corso con l'obiettivo di acquisire almeno una conoscenza di base degli argomenti trattati.** Questa raccomandazione vale in particolar modo per chi sceglie di frequentare uno dei corsi Alpha Test di durata minore.

Sempre al momento dell'iscrizione al corso, Alpha Test fornisce una guida operativa con istruzioni e consigli utili per avviare la preparazione anche prima dell'inizio delle lezioni e con importanti informazioni sul test di ammissione di interesse dello studente.

Durante il corso l'attenzione viene focalizzata in modo specifico sulle tipologie di quesiti previsti nella prova di ammissione di interesse. Viene inoltre esaminato e discusso con i docenti un consistente numero di esercizi diversi da quelli presenti nei libri e contenuti in appositi materiali didattici aggiornati ogni anno e distribuiti durante il corso esclusivamente ai partecipanti.

Informazioni e modalità di iscrizione ai corsi Alpha Test

Le iscrizioni ai corsi Alpha Test per la preparazione ai test di ammissione universitari sono sempre aperte, sino all'esaurimento dei posti previsti. I corsi sono infatti riservati a un numero limitato di partecipanti. Per ciascun corso, sono disponibili su **alphatest.it** le informazioni aggiornate relative al calendario e alla quota di partecipazione.

Per chi avesse già acquistato **direttamente da Alpha Test** l'ultima edizione dei libri in dotazione al corso, è prevista una riduzione della quota di iscrizione al corso pari al 100% del prezzo di copertina dei libri; se i libri sono stati acquistati **in libreria** tale riduzione è pari al 50% del prezzo di copertina.

L'iscrizione ai corsi e l'acquisto dei libri Alpha Test possono essere effettuati su **alphatest.it**

Per ricevere maggiori informazioni sui libri o una consulenza gratuita sui corsi è possibile scrivere a info@alphatest.it oppure scegliere una delle modalità indicate nella sezione "Richiedi informazioni" su **alphatest.it**

Suggerimenti per affrontare la prova a test

Per affrontare al meglio un test a risposta multipla è importante conoscerne le caratteristiche rilevanti: per esempio quali siano le modalità di svolgimento, la composizione, il numero dei quesiti e delle alternative di risposta, o – se possibile – quali tipologie di esercizi si dovranno risolvere. In tal modo si possono studiare anche opportune "strategie" per valorizzare al massimo le proprie conoscenze e potenzialità.

Nelle prove per l'ammissione ai corsi a numero programmato, i candidati sono selezionati sulla base di un criterio di tipo **comparativo**. Cioè, per superare la selezione **lo studente deve figurare tra i migliori** nella graduatoria: non è quindi tanto rilevante il punteggio assoluto ottenuto quanto svolgere il test di ammissione meglio di un certo numero di altri candidati.

È bene però ricordare, soprattutto nei casi dei test di ammissione a base nazionale, che a volte è prevista una soglia minima qualificante: in tal caso anche qualora residuassero posti disponibili, i candidati con punteggio inferiore a tale soglia non potrebbero immatricolarsi perché giudicati non idonei. Dunque, totalizzare i punti minimi rappresenta una condizione necessaria ma non sufficiente per l'immatricolazione.

Prima di addentrarsi nell'analisi dei contenuti dei test e degli esercizi che li compongono, è opportuno considerare alcuni suggerimenti solo in apparenza banali, e invece molto utili al fine di ottimizzare il risultato nella prova di ammissione.

Prima del test

Il primo suggerimento, di carattere generale, è leggere con grande attenzione e per intero il **bando di concorso**, compresi gli allegati con i programmi di esame. Inoltre bisogna tenere in considerazione anche le **disposizioni** pubblicate dalla sede universitaria dove lo studente svolgerà la prova. Gli atenei e il Ministero, infatti, sono le fonti di informazioni **ufficiali** relative alle norme, alle modalità di selezione, alla struttura e ai contenuti della prova che regola l'ammissione al corso di studi scelto.

In particolare è importante avere ben chiare le indicazioni relative a: modalità di iscrizione alla prova; titoli necessari per potere partecipare al concorso; giorno e ora di svolgimento della prova di interesse, nonché la sua durata ecc.

L'emergenza pandemica ha spinto molte università e corsi di laurea ad adottare prove selettive *computer based*, da svolgere in multisessione (cioè su più turni e/o più giorni) in una pluralità di sedi o addirittura al domicilio dei candidati. Sarà cura dello studente verificare in quale modalità sarà somministrato il test di suo interesse. Sicuramente, in caso di test in presenza, bisognerà ricordare di recarsi all'esame con un documento di identità valido, la ricevuta di iscrizione ed eventuali ricevute di pagamento richieste.

Il giorno del test

In sede d'esame, prima del suo inizio, di solito vengono comunicate ai candidati le **norme alle quali attenersi durante tutte le fasi di svolgimento del test**. Tali norme riguardano, per esempio: il tempo totale a disposizione, le modalità con cui indicare le risposte sull'apposita scheda cartacea o, in caso di prova *computer based*, le istruzioni per l'utilizzo della piattaforma; vengono inoltre fornite altre indicazioni su come comportarsi durante l'esame e al suo termine.

È necessario rispettare scrupolosamente tutte le regole, evitando così errori banali ma sostanziali (quale, per esempio, la compilazione errata della scheda per le risposte o l'omissione di una firma), che potrebbero compromettere la validità della prova e quindi l'ammissione.

In alcuni casi, all'interno del test stesso gli esercizi sono preceduti da **istruzioni circa le modalità di risoluzione** dei quesiti e a volte anche da un esempio risolto. È importante in questi casi non lasciarsi prendere dalla fretta di mettersi subito al lavoro, ma dedicare la massima attenzione alla lettura di queste istruzioni, indispensabili per capire la logica degli esercizi e per rispondere correttamente alle domande.

Domande a risposta multipla

I test che vengono utilizzati per l'ammissione all'università sono costituiti da domande a risposta **chiusa**, le cui risposte sono cioè predefinite: il candidato deve individuare la sola risposta esatta tra le alternative proposte. Per rispondere a una domanda *aperta* (cioè non corredata da risposte prefissate) come per esempio "Qual è la capitale della Colombia?", occorre conoscere l'esatta nozione che consente di dare la risposta. Nel caso di *domande a scelta multipla* è invece possibile procedere anche in maniera diversa.

Si ipotizzi, per esempio, di dover rispondere al medesimo quesito, però a risposta multipla.

---

1 **Qual è la capitale della Colombia?**

- A Delhi
- B Buenos Aires
- C Bogotá
- D Brasilia
- E Santiago

In questo caso è possibile determinare la risposta corretta procedendo in due modi distinti:

1. ragionando come se si trattasse di una domanda aperta: sapendo che la capitale della Colombia è Bogotá, si individua direttamente la risposta corretta (C) senza valutare le altre risposte proposte;
2. se, al contrario, non si conosce la risposta alla domanda, ma si ricordano altri accoppiamenti Paese/capitale, è possibile individuare la risposta corretta eliminando le alternative errate: sapendo che Delhi è la capitale dell'India, Buenos Aires dell'Argentina, Santiago del Cile e Brasilia del Brasile, per esclusione si può concludere che la risposta esatta è la C.

In altre parole, per rispondere correttamente a una domanda a scelta multipla non è sempre strettamente necessario conoscere la risposta esatta: a volte la soluzione può essere individuata indirettamente, escludendo le alternative errate.

Nel caso in cui, procedendo per esclusione, il candidato non riesca a eliminare tutte le alternative errate, il metodo di risposta per eliminazione permette comunque di aumentare le probabilità di individuare la risposta corretta: l'esclusione di una o più risposte riduce infatti il numero delle alternative tra cui si rimane incerti e quindi incrementa la probabilità di individuare l'alternativa corretta.

Valore dei quesiti e gestione del tempo

Come i partecipanti ai corsi Alpha Test hanno modo di sperimentare durante lo svolgimento delle prove simulate, il **tempo** rappresenta uno dei fattori critici per affrontare con successo un test di ammissione. Infatti, le prove sono spesso progettate e formulate in modo tale da permettere solo ai più preparati e ai più veloci di rispondere, entro i termini concessi, alla totalità delle domande.

È dunque imperativo impiegare razionalmente ogni minuto, avendo ben presente – prima di iniziare la prova – il tempo medio a disposizione per ogni quesito (calcolato sui minuti complessivi divisi per il numero dei quesiti stessi), ed evitando di soffermarsi su una singola domanda per un tempo eccessivamente superiore. In generale, il consiglio è di non superare il tempo medio per più del 20%: questa dilazione per gli esercizi più complessi viene infatti compensata dalla presenza di altri di più veloce risoluzione.

Ormai in quasi tutti i test, ogni risposta corretta fa "guadagnare" lo stesso punteggio: dunque a parità di tempo impiegato conviene risolvere due esercizi semplici piuttosto che uno complesso.

Poniamo che il tempo a disposizione per l'intero test sia di 100 minuti e gli esercizi da risolvere 60, il tempo medio per quesito è di 1 minuto e 40 secondi (100 secondi): quindi, bisogna evitare di dedicare più di due minuti allo svolgimento del singolo quesito.

L'obiettivo da raggiungere è rispondere correttamente al maggior numero possibile di esercizi; si consiglia quindi, compatibilmente con i vincoli imposti dalle modalità di svolgimento della prova, di affrontare prima gli esercizi che – per argomento o tipologia – si presume di riuscire a risolvere più facilmente e velocemente, per tornare poi a quelli più ostici per i quali si prevede un dispendio di tempo maggiore.

Scelta casuale della risposta?

La correzione dei test attribuisce in genere un punteggio positivo per le risposte corrette e, nella più parte dei casi, l'attribuzione di un punteggio negativo per ogni risposta errata (di solito quantificato in una frazione di punto). Ai quesiti omessi, a cui cioè non si è risposto, viene di norma attribuito punteggio nullo.

Spesso l'attribuzione del punteggio avviene secondo la seguente modalità:

- Risposta esatta: +1
- Risposta errata: –0,25 (–1/4)
- Risposta omessa: 0

La penalità sulle risposte errate ha lo scopo di annullare il punteggio positivo che, statisticamente, il candidato potrebbe conseguire rispondendo a caso in assenza di tale penalità.

Ma **è conveniente o no rispondere a caso** ai quesiti a cui non si sa trovare soluzione?

Si supponga di non conoscere assolutamente le risposte di 20 quesiti (con 5 risposte alternative ciascuno) della prova. Scegliendo a caso, si risponderebbe statisticamente in modo corretto a 4 esercizi (20/5) e si sbaglierebbero i restanti 16 quesiti. Il punteggio totalizzato sarebbe dunque:

- risposte esatte: $4 \times (+1) = +4$
- risposte errate: $16 \times (-1/4) = -4$
- risposte nulle: $0 \times 0 = 0$
- punteggio totale: $4 - 4 = 0$

Si otterrebbe quindi un punteggio nullo, esattamente identico a quello che si totalizzerebbe scegliendo di non rispondere ai 20 quesiti. Dunque, è possibile distillare una regola utile su come comportarsi nel caso in cui non si riesca a identificare, tra le diverse risposte alternative, quella corretta:

> conviene rispondere casualmente ogni volta che il numero di alternative tra cui si è indecisi è pari o inferiore al reciproco del punteggio negativo attribuito alle risposte errate.

È evidente che il punteggio totalizzato rispondendo casualmente potrà essere tanto maggiore quanto minore sarà il numero di alternative tra cui si è indecisi e quanto minore è la penalità attribuita alle risposte errate. Il numero delle alternative tra cui si è indecisi non coincide necessariamente con quello delle alternative esistenti. Se, per esempio, le alternative proposte sono 5, ma il candidato riesce a eliminarne due perché le si riconosce come errate, la valutazione statistica va rivista su 3 alternative (cioè 5 – 2).

Nella pratica, scartare almeno due alternative di risposta è possibile anche quando l'argomento sia poco o per nulla noto al candidato. Si veda per esempio:

---

2 **In base alla Costituzione, l'Italia è:**

- **A** una repubblica regionale
- **B** uno Stato federale
- **C** una repubblica democratica, fondata sul lavoro
- **D** una repubblica presidenziale, fondata sul lavoro
- **E** uno Stato federato

Anche senza ricordare la definizione precisa che la Costituzione dà dello Stato italiano, è facile riuscire a escludere le alternative **B** ed **E** che si segnalano per l'evidente implausibilità. L'Italia infatti è uno Stato unitario che non si articola al suo interno in altre entità statali né è a sua volta parte di uno Stato federale. Al candidato resterà dunque, eventualmente, il dubbio tra tre sole alternative (la risposta esatta è **C**).

Prove di verifica

PRIMA PROVA

Alpha Test

Scheda per le risposte della prima prova

CONTRASSEGNARE LE RISPOSTE RELATIVE ALLE DOMANDE DELLA PRIMA PROVA

	A	B	C	D	E		A	B	C	D	E
1						26					
2						27					
3						28					
4						29					
5						30					
6						31					
7						32					
8						33					
9						34					
10						35					
11						36					
12						37					
13						38					
14						39					
15						40					
16						41					
17						42					
18						43					
19						44					
20						45					
21						46					
22						47					
23						48					
24						49					
25						50					

PRIMA PROVA

Tempo complessivo: 110 minuti

Logica

Tempo a disposizione: 20 minuti

Risolvere i seguenti problemi.

1 In una squadra di pallavolo giocano Anna, Bianca e Catia, nel ruolo di palleggiatrice, centrale e schiacciatrice (non necessariamente in questo ordine). Si sa che:

- **la centrale è la più bassa di statura ed è nubile;**
- **Anna è la suocera di Catia ed è più alta della palleggiatrice.**

Quale delle seguenti affermazioni è necessariamente vera?

A Anna è la centrale
B Bianca ha sposato la sorella di Catia
C Catia è la palleggiatrice
D Catia è nubile
E Bianca è la nuora di Catia

2 Individuare il numero mancante.

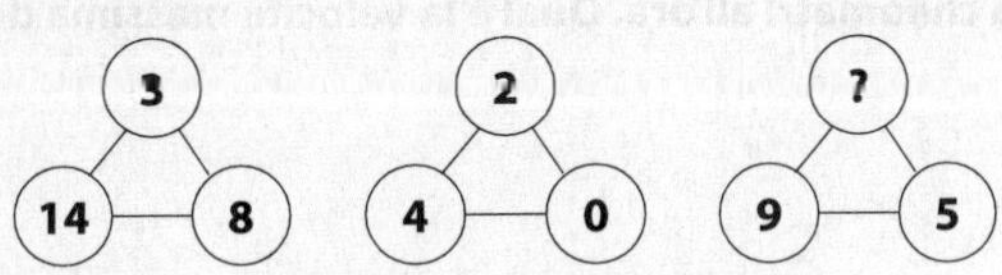

A 4   B 3   C 9   D 17   E 2

3 "Questo cubetto di ghiaccio si scioglierebbe se lo stringessi nella mano"

Se l'argomentazione precedente è corretta, quale delle seguenti affermazioni è certamente vera?

A Se questo cubetto di ghiaccio si è sciolto, allora certamente l'ho stretto nella mano
B Se non stringo questo cubetto di ghiaccio nella mano, non si scioglierà
C Se questo cubetto di ghiaccio non si è sciolto, ciò significa che non l'ho stretto nella mano
D Se stringessi nella mano un grosso cubo di ghiaccio, questo non si scioglierebbe
E Questo cubetto di ghiaccio si sarebbe sciolto anche se non l'avessi stretto nella mano

4 **Tutti coloro che hanno un computer possono utilizzare la posta elettronica; Alessandra è una giornalista; tutti i giornalisti hanno un computer.**

Se le precedenti informazioni sono corrette, quale delle seguenti affermazioni non rappresenta una conclusione corretta?

A Alessandra può utilizzare la posta elettronica
B Coloro che possono usare la posta elettronica sono giornalisti
C Alessandra ha un computer
D Tutti i giornalisti perdono tempo al computer
E Tutti i giornalisti possono usare la posta elettronica

---

5 **"È stato dimostrato che nella società odierna la diminuzione del tempo dedicato alla vita di coppia provoca un sensibile aumento dei divorzi. È dunque evidente che la mancata corrispondenza tra le esigenze personali dei coniugi e gli impegni in società e nel lavoro è una delle cause di divorzio". La conclusione precedente si basa sulla premessa implicita che:**

A le coppie sono sempre più impegnate in cause di divorzio
B gli impegni in società e nel lavoro non soddisfano le esigenze personali dei coniugi
C la mancata corrispondenza tra le esigenze personali dei coniugi e gli impegni in società e nel lavoro è una delle cause della diminuzione del tempo dedicato alla vita di coppia
D il tempo dedicato alla vita di coppia può essere uno dei fattori che influisce nell'andamento del numero di separazioni nel nostro Paese
E nessuna delle altre risposte è corretta

---

6 **Per costruire un armadio Antonio impiega dodici giorni, Luca ne impiega quattro e Gianni sei. Quanto tempo impiegano i tre insieme a costruire l'armadio?**

A 2 giorni
B 3 giorni
C 36 ore
D 4 giorni
E 12 ore

---

7 **L'auto del sig. Rossi, viaggiando ai tre quinti della sua velocità massima, raggiunge la velocità di novanta chilometri all'ora. Qual è la velocità massima dell'auto?**

A 1 km/h
B 54 km/h
C 120 km/h
D 150 km/h
E 75 km/h

---

8 **Individuare il numero mancante.**

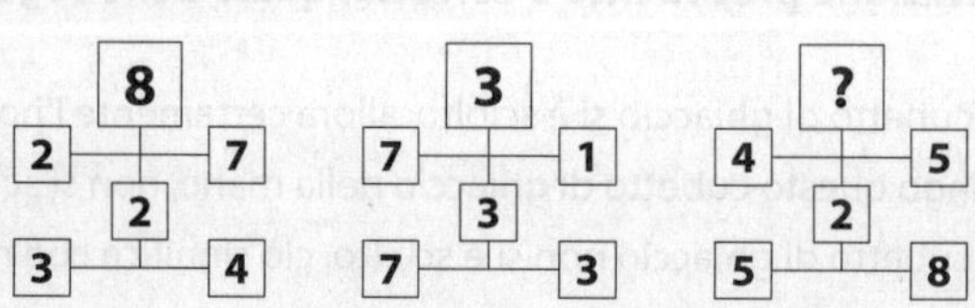

A 11 B 1 C 3 D 15 E 4

9 Soltanto se la mia automobile ha benzina può funzionare.

Se quanto affermato sopra è vero, allora quale delle seguenti affermazioni è vera?

I) Se la mia automobile ha la benzina, allora può funzionare

II) Se la mia automobile non funziona, allora non ha benzina

III) Se la mia automobile funziona, allora ha benzina

- A Solo la I)
- B Solo la II)
- C Solo la III)
- D La I) e II)
- E La II) e III)

10 Individuare la coppia di termini che completa correttamente le proporzioni seguente:

Barrire : nitrire = X : Y

- A X = elefante, Y = cavallo
- B X = asino, Y = passero
- C X = puledro, Y = elefante
- D X = topo, Y = guaire
- E X = barriera, Y = nitrito

Comprensione verbale

Tempo a disposizione: 20 minuti

In base alle informazioni contenute nel brano seguente, rispondere alle successive domande.

Prima di iniziare la stesura di un lavoro, il giovane scienziato deve decidere a quali interlocutori intende rivolgere le sue parole. La soluzione più facile è quella di indirizzarle soltanto ai propri colleghi, e tra questi solo a quanti lavorano in un settore affine al proprio. Questa soluzione però non è la più saggia. Lo scienziato, infatti, deve riflettere che molti dei suoi pari più intelligenti sono soliti leggere la letteratura scientifica; leggendo il suo lavoro, essi devono essere messi in grado di capire l'argomento del quale egli si sta occupando. Verrà inoltre il tempo in cui il giovane scienziato dovrà essere valutato in base ai suoi lavori e i suoi esaminatori avranno tutto il diritto di sentirsi infastiditi – come spesso avviene – se non riusciranno a capire di quale argomento essi trattino o comunque perché mai egli abbia intrapreso quel tipo di ricerca. Un lavoro formale deve quindi iniziare con un paragrafo introduttivo che descriva il problema in esame e le linee principali del metodo con cui l'autore ritiene di essere riuscito a contribuire alla sua soluzione. Anche il riassunto del lavoro deve essere preparato con cura, utilizzando per intero lo spazio assegnato dalla rivista per questo scopo (un quinto o un sesto della lunghezza del testo, a seconda dei casi). La sua stesura è la prova più severa a cui viene sottoposta l'abilità letteraria dell'autore, specialmente oggi che i "sunti" sono stati eliminati (o quasi) dai programmi scolastici perché, così si afferma, possono soffocare l'estro creativo degli studenti. La stesura del riassunto mette alla prova le capacità di concisione e il senso delle proporzioni dell'autore, la sensibilità per ciò che è veramente importante e ciò che può essere tralasciato. Un riassunto deve essere completo nell'ambito dei suoi limiti. Può iniziare con l'esposizione dell'ipotesi e terminare con la sua valutazione. È difficile immaginare una frase più imprecisa di: "È discussa la pertinenza di queste scoperte con l'etiologia del morbo di Bright." Se è discussa, allora deve essere riassunta anche la discussione. Altrimenti è preferibile non dire niente. La preparazione dei riassunti è un compito di utilità comune per il quale il giovane scienziato deve offrirsi di tanto in tanto, spontaneamente. Anche se il riassunto da lui preparato verrà riveduto prima della pubblicazione da un redattore esperto, esso costituirà tuttavia un buon esercizio di prosa scritta. I riferimenti bibliografici (che vanno preparati in scrupolosa osservanza delle norme redazionali della rivista) devono essere completi ma non pletorici: citare lavori comparsi in riviste tanto vecchie da essere state ormai riposte negli scaffali della letteratura fuori uso, può essere sintomo di concorrenza sleale. L'omaggio e il riconoscimento dovuti ai propri predecessori sono criteri da tenere presenti, anche se alcuni nomi sono tanto grandi e alcune idee tanto familiari che la loro omissione è un omaggio maggiore della loro citazione. È necessario però essere corretti e imparziali: l'omaggio rivolto a un uomo, può essere fonte di risentimento per un altro. Accade talvolta che, per varie ragioni, un buon lavoro sia respinto dalla rivista a cui era stato inviato. Gli editori di riviste scientifiche sono soliti affermare che la prolissità dei loro collaboratori è causa di danni economici; di conseguenza un lavoro troppo lungo in rapporto al contenuto è spesso suscettibile di rifiuto. Anche l'inclusione in bibliografia di lavori non menzionati nel testo, o viceversa la citazione nel testo di lavori non inclusi in bibliografia possono essere causa di rifiuto, che in questo caso è meritato. Tuttavia, quale che sia la ragione, il rifiuto di un lavoro ferisce sempre l'orgoglio dell'autore ed è comunque sempre meglio trovare un nuovo editore anziché lottare con i consulenti della rivista. Accade talvolta che questi siano ostili all'autore per ragioni personali e godano della sconfitta che ogni rifiuto porta con sé; ma un tentativo troppo energico per convincere il redattore di questa verità, può soltanto indurlo a credere che l'autore abbia tendenze paranoidi. Per quanto riguarda la struttura interna di un lavoro, ho ricordato soltanto che il primo paragrafo dovrebbe fungere da introduzione per il problema che sta a cuore all'autore. La stesura del testo ormai considerata convenzionale, è quella che perpetua l'illusione di una ricerca scientifica guidata da un processo induttivo. Al paragrafo d'apertura fa quindi seguito una sezione chiamata "Metodi" la quale descrive, con particolari talvolta inutili, le tecniche e i reagenti usati dall'autore nella sua ricerca.

11 Il carattere del brano è:

- A storico
- B filosofico
- C didascalico
- D giornalistico
- E tecnico

12 Il titolo del brano potrebbe essere:

- A Importanza del riassunto nella stesura di un articolo scientifico
- B Come scrivere un lavoro scientifico
- C La letteratura scientifica vista da un giovane scienziato
- D La divulgazione di un lavoro scientifico
- E Il metodo scientifico moderno

13 Secondo l'autore, un lavoro scientifico:

- A deve escludere dalla bibliografia lavori già citati nel testo
- B se è rifiutato da una rivista, lo sarà anche dalle altre
- C non deve più contenere il riassunto
- D deve citare tutti i riferimenti bibliografici, anche i più antichi
- E può contenere omaggi e riconoscimenti ai predecessori dell'autore

14 Il riassunto di un lavoro scientifico:

- A è l'inizio del lavoro
- B soffoca, secondo l'autore, l'estro creativo
- C richiede un'abilità letteraria che solo un redattore esperto può avere
- D risulta generalmente di semplice stesura
- E nessuna delle precedenti

15 Indicare l'ordine corretto dei paragrafi nella stesura di un lavoro scientifico.

- A 1) Introduzione, 2) Riassunto, 3) Metodi, 4) Bibliografia
- B 1) Introduzione, 2) Metodi, 3) Bibliografia, 4) Riassunto
- C 1) Riassunto, 2) Introduzione, 3) Metodi, 4) Bibliografia
- D 1) Riassunto, 2) Bibliografia, 3) Introduzione, 4) Metodi
- E Il brano non fornisce informazioni sufficienti per rispondere

In base alle informazioni contenute nel brano seguente, rispondere alle successive domande.

In fondo ci sono due grandi categorie di scrittori. Ci sono quelli che hanno bisogno di una preparazione molto forte e che, prima di cominciare a scrivere seriamente, devono dedicarsi a un lungo periodo di riflessione e di ricerche preliminari per informarsi, per documentarsi, elaborando al termine di questo periodo uno schema di programmazione della loro redazione: schema che servirà loro da guida durante tutto il lavoro di scrittura. Ci sono poi quelli che lavorano in modo più istintivo e meno programmato – con un minimo di schizzi e di abbozzi preparatori – ma che hanno bisogno soprattutto di una sorta di scatto iniziale, non nella forma di una programmazione nella quale sentirebbero una restrizione alla loro libertà, ma piuttosto nella forma di un nucleo embrionale. Uno scrittore come Jean Giono dichiara di non poter cominciare a scrivere un libro se non dopo aver trovato il titolo, che è spesso una formula enigmatica: per esempio *Deux cavaliers de l'orage*; il titolo deriverebbe direttamente dall'"ispirazione", come, per il poeta, quel primo verso "donato dagli dèi" di cui parlava Paul Valéry. Una volta trovato il titolo, tutto il lavoro consiste nel tentativo di giustificarlo restando allo stesso livello di qualità. Giono ha una bella immagine per evocare questo fenomeno: "*Se scrivo una storia prima di averne trovato il titolo, in generale essa mi abortisce. Mi occorre assolutamente un titolo, perché il titolo è quella sorta di bandiera verso cui ci si dirige; spiegare il titolo è la meta che si deve raggiungere".* Tutta la redazione dell'opera consisterà nel rendere significante questo titolo, nel risolverne l'enigma, nel conferire una necessità a questo dono del caso. Nello stesso spirito, ci sono altri scrittori, come Aragon, che non riescono a scrivere un'opera finché non hanno trovato l'*incipit*, la prima pagina. Una volta trovata la prima pagina, però – cosa che può richiedere un numero considerevole di stesure preliminari – è come se avesse cominciato a costruirsi una sorta di prima necessità: l'embrione è ormai formato, e si svilupperà spontaneamente. In effetti, a ben riflettervi, questi modi di procedere non sono affatto interpretabili in termini di padronanza, e complicano singolarmente questa famosa dialettica fra il caso e la necessità. Nel ritrovamento dell'*incipit* o del titolo c'è, beninteso, una parte di aleatorietà; nello stesso tempo, però, questo primo scatto dipende verosimilmente da una necessità interna, inconscia, fantasmatica; e, infine, tutto il resto del lavoro – la redazione propriamente detta – consisterà nel trasformare questa falsa *alea* del dono iniziale (che d'altronde non sempre viene donato) in una vera logica che sarà quella dell'opera, ma che perverrà a svilupparsi solo a partire da un principio in origine oscuro. Gli scrittori più numerosi sono comunque quelli che lavorano con documenti di programmazione. In questo caso si ha un vero lavoro da geometra, consistente nel definire il progetto di un senso che si deve costruire dal nulla: una sorta di scommessa, e di lotta formidabile dello spirito per costruire, contro il non-senso ambiente, una forma significante avente la sua logica e la sua necessità. Ma, una volta inventato lo schema e posta una sorta di assiomatica di partenza, il lavoro dello scrittore consisterà non solo nello sviluppare il modello (passando dal progetto alla sceneggiatura, dalla sceneggiatura a una prima stesura ecc.) ma anche nel problematizzarlo, reiniettando nel testo quel minimo di non–senso e di aleatorio senza il quale la struttura, logica e necessaria, resterebbe inerte. Si vede allora, paradossalmente, che la scrittura si sforza di conseguire un nuovo tipo di rapporto col caso: quel coefficiente d'incertezza senza il quale il certo diventa artificioso.

---

16 Il carattere del brano è:

- **A** polemico
- **B** divulgativo
- **C** apologetico
- **D** giornalistico
- **E** tecnico

---

17 Il titolo del brano potrebbe essere:

- **A** Correnti letterarie al tempo di Giono e Valéry
- **B** La scrittura di un libro: importanza del titolo e della prima pagina
- **C** Diversi approcci e percorsi di scrittura
- **D** Il titolo: l'ultimo passo della stesura di un libro
- **E** Aleatorietà letteraria

---

18 Dal brano si deduce che lo scrittore Jean Giono:

- **A** ha bisogno di una programmazione iniziale prima di cominciare a scrivere
- **B** appartiene a una categoria di scrittori diversa da quella di Aragon
- **C** amava Paul Valéry
- **D** scrive libri senza titolo
- **E** nessuna delle precedenti

---

19 Secondo l'autore:

- **A** c'è una componente di aleatorietà nei lavori di entrambe le categorie di scrittori descritte
- **B** "*Deux cavaliers de l'orage*" è un verso di Valéry
- **C** scrittori come Aragon hanno bisogno di programmare interamente l'opera prima di iniziare a scrivere
- **D** gli scrittori che lavorano in base a una programmazione sono molto rari
- **E** nessuna delle precedenti

20 **Dal brano si deduce che:**

- A Aragon e Giono sono contemporanei
- B l'autore è francese
- C l'autore è tedesco
- D l'autore è amante dell'embriologia
- E nessuna delle precedenti

PRIMA PROVA

Matematica

Tempo a disposizione: 50 minuti

---

21 L'insieme delle soluzioni (x, y) del sistema:

$$\begin{cases} x \cdot y > 1 \\ x = y \end{cases}$$

è rappresentato graficamente in un sistema di riferimento cartesiano ortogonale da:

A un punto
B due punti
C una semiretta
D due semirette
E una retta

---

22 Se una sfera e un cubo hanno uguale volume, la superficie della sfera è:

A i dati forniti non sono sufficienti per rispondere
B doppia di quella del cubo
C maggiore di quella del cubo
D minore di quella del cubo
E uguale a quella del cubo

---

23 Data la funzione $y = ax^2 + bx + c$, affinché essa rappresenti una proporzionalità diretta fra x e y si deve avere:

A $a = 0$
B $b = 0$
C $b = 0; c = 0$
D $a = 0; c = 0$
E $a = 0; b = 0$

---

24 Fissato $x \in \mathbb{R}$, le soluzioni dell'equazione $(x + a) = (x + a)^2$ sono:

A due
B tre
C infinite
D nessuna
E nessuno dei valori indicati nelle altre risposte

---

25 Per quale valore di a i punti $(-5; -3)$, $(2; a)$ e $(12; 31)$ del piano cartesiano sono allineati?

A -1
B 1
C 11
D 17
E Per nessuno dei valori indicati nelle altre risposte

26 **Data una successione di numeri indicati con x_n che rispetta la legge:**

$$x_{n+1} = 3 \cdot x_n - x_{n-1} \text{ (con } n = 2, 3, 4, ..)$$

quale delle seguenti sequenze di numeri rispetta la legge di definizione?

A 1, 2, 4, 8, 16, 32, ...
B 1, 3, 8, 26, 80, 242, ...
C 1, 2, 5, 13, 34, 89, ...
D 1, – 3, 6, – 9, 27, – 81, ...
E Nessuna delle precedenti

27 **Una casa editrice dona dei libri ai 3 studenti più meritevoli di una scuola, distribuendoli in ordine di merito nel modo seguente: al più meritevole vengono assegnati la metà dei libri più 2; al secondo la metà dei libri rimasti più 2; quanti erano in tutto i libri donati dalla casa editrice se al terzo vengono assegnati 10 libri?**

A 100
B 50
C 52
D 28
E 56

28 **Le previsioni del tempo danno per sabato prossimo piovoso al 50% e per domenica piovoso al 50%. Si può dire che pioverà in almeno uno dei due giorni al:**

A 100%
B 75%
C 25%
D 50%
E 5%

29 **Un quadrangolo è inscritto in una circonferenza se e solo se:**

A tutti gli angoli sono minori o uguali a 90°
B due angoli opposti sono complementari
C la somma degli angoli è pari a 180°
D due angoli opposti sono supplementari
E gli angoli adiacenti sono complementari

30 **Sia $a = b$, con a e b non nulli: si consideri l'uguaglianza $a^2 - b^2 = a^2 - ab$ (i due membri sono uguali: poiché $a = b$ risulta $b^2 = ab$); scomponendo in fattori si ottiene: $(a - b)(a + b) = a(a - b)$ da cui dividendo per $(a - b)$ si ottiene $a + b = a$ ovvero, essendo $a = b$, si ottiene $2a = a$ e infine, dividendo per a, si giunge all'assurdo $2 = 1$. Determinare la natura dell'errore nel precedente esempio.**

A È un errore di raccoglimento
B Non si può dividere per a
C Non può essere $a = b$
D Non si può dividere per $a - b$
E È un errore di scomposizione

31 **Determinare il perimetro del quadrilatero che ha i vertici nei punti (0; 0), (1; 0), (4; 4) e (0; 1).**

- A 12
- B $4+4\sqrt{2}$
- C 10
- D $2+4\sqrt{2}$
- E 16

32 **Qual è la soluzione del sistema** $\begin{cases} x+y=3 \\ 3x-y=1 \end{cases}$ **?**

- A $x=2; y=1$
- B $x=6; y=-3$
- C $x=6; y=5$
- D $x=1; y=2$
- E $x=3; y=1$

33 **Siano *a*, *b*, *c*, *d* numeri reali positivi. Se $a=b$, $b<c$ e $c=1/2\,d$, allora:**

- A $a>d$
- B $a<b$
- C $a=d$
- D $a>c$
- E $a<d$

34 **Per $x>0$, sen *x* ha:**

- A un punto di massimo
- B due punti di massimo
- C infiniti punti di massimo
- D nessun punto di massimo
- E un punto di minimo

35 **Se 18 giocatori di tennis organizzano un torneo in cui ognuno deve incontrare una volta ciascuno degli altri 17, quanti sono gli incontri complessivi da disputare?**

- A 153
- B 306
- C 36
- D 324
- E 289

36 **Tre amici (A, B e C) giocano a testa o croce. Le regole del gioco sono le seguenti: ciascuno tira una sola volta la moneta: prima tira A, poi tira B e per ultimo C; vince chi fa testa per primo. Dette rispettivamente P_A, P_B, P_C le probabilità di vittoria (in percentuale) di A, B e C, risulta:**

- A $P_A+P_B+P_C=100\%$
- B $P_A=P_B=P_C=50\%$
- C $P_A=P_B=P_C=33{,}3\%$ (circa)
- D $P_A=2P_B=3P_C$
- E $P_A=2P_B=4P_C$

37 Il logaritmo decimale di un numero può essere nullo?

- **A** Mai
- **B** Sì, se il numero è negativo
- **C** Sì, se il numero è uguale a 1
- **D** Sì, se il numero è uguale a 0
- **E** Sì, se il numero è uguale a 10

38 In un quadrato Q si consideri il quadrato inscritto che ha come vertici i punti medi dei lati di Q. A partire da questo secondo quadrato se ne costruisca un terzo con lo stesso procedimento, e così via. Quante volte bisogna ripetere il procedimento descritto per ottenere alla fine un quadrato la cui area sia circa la millesima parte di quella di Q?

- **A** 10
- **B** 100
- **C** 500
- **D** 1000
- **E** Più di 1000

39 Dato $a > b$ e $m > 0$ si può dire che:

- **A** $a - m < b - m$
- **B** $a \cdot m > b - m$
- **C** $a/m > b/m$
- **D** $a + m < b + m$
- **E** per rispondere occorre conoscere il valore di b

40 La radice reale dell'equazione $3x^5 + 96 = 0$ è:

- **A** $x = -2$
- **B** $x = 2$
- **C** $x = -1/2$
- **D** $x = 3$
- **E** non esiste

Scienze

Tempo a disposizione: 20 minuti

41 Una certa grandezza fisica *z* dipende da una lunghezza *L*, da una velocità *v* e da un intervallo di tempo *t* secondo la relazione $z = L^2\, t/v$. In quale tra le seguenti unità di misura potrebbe essere corretto esprimere *z*?

A km/h
B $m \cdot s^2$
C kg/m
D m/s^2
E s^3

42 La deviazione verso est o verso ovest delle correnti aeree e marine sulla Terra è principalmente dovuta:

A alla forza di Coriolis
B alla forza centrifuga
C all'attrazione gravitazionale del Sole
D all'inclinazione dell'asse terrestre
E al moto della Terra attorno al Sole

43 Detti t_L e t_T i tempi di caduta di due gravi dalla stessa altezza rispettivamente sulla Luna e sulla Terra, ove le accelerazioni di gravità sono g_L e g_T, quale delle seguenti relazioni è esatta?

A $t_L/t_T = g_L/g_T$
B $t_L/t_T = g_T/g_L$
C $t_L/t_T = (g_L/g_T)^2$
D $t_L/t_T = (g_T/g_L)^2$
E $(t_L/t_T)^2 = g_T/g_L$

44 Una persona si pesa su una bilancia appoggiata su un piano inclinato. Il peso indicato dalla bilancia sarà:

A quello reale
B minore di quello reale
C maggiore o minore di quello reale a seconda che il piano sia in salita o in discesa
D maggiore di quello reale
E non si può rispondere sulla sola base dei dati forniti

45 L'acqua contenuta in una pentola, opportunamente riscaldata, bollirà quando:

A nell'acqua verrà disciolto un sale
B la pressione di vapore raggiungerà quella esterna
C la temperatura dell'acqua supererà quella esterna
D la pressione esterna è pari a una atmosfera
E la pressione di vapore sarà inferiore a quella esterna

46 **In un dato filo conduttore percorso da corrente, se cambia la differenza di potenziale elettrico tra i suoi estremi cambia anche l'intensità della corrente elettrica, però rimane costante:**

- A il prodotto fra la prima e la seconda grandezza
- B il prodotto fra la prima e il quadrato della seconda grandezza
- C il prodotto fra la seconda e il quadrato della prima grandezza
- D il rapporto fra le due grandezze
- E la somma delle due grandezze

47 **Il cloruro di sodio, il carbonato di sodio e il cloruro d'ammonio sono sostanze che in soluzione acquosa:**

- A danno soluzioni neutre
- B si dissociano completamente solo a diluizione grande
- C precipitano
- D danno soluzioni acide
- E danno soluzioni con pH diversi

48 **Quale delle seguenti tecniche di separazione comporta dei passaggi di stato?**

- A Filtrazione
- B Distillazione
- C Cromatografia
- D Estrazione
- E Decantazione

49 **In quale dei seguenti composti il carbonio presenta il numero di ossidazione più basso?**

- A CO_2
- B $Mg(HCO_3)_2$
- C HCHO
- D C_2H_4
- E $CaCO_3$

50 **Data la reazione:**

$$Fe + Cu^{2+} \rightarrow Fe^{2+} + Cu$$

si può dire che:

- A Fe è l'agente ossidante
- B Fe si è ossidato
- C Cu^{2+} è l'agente riducente
- D Fe acquista elettroni
- E Cu^{2+} si è ossidato

Soluzioni della prima prova

Alpha Test

Risposte esatte della prima prova

VERIFICARE LE RISPOSTE RELATIVE ALLE DOMANDE DELLA PRIMA PROVA

	A	B	C	D	E		A	B	C	D	E
1	□	□	■	□	□	26	□	□	■	□	□
2	□	□	□	□	■	27	□	□	■	□	□
3	□	□	■	□	□	28	□	■	□	□	□
4	□	■	□	□	□	29	□	□	□	■	□
5	□	□	■	□	□	30	□	□	□	■	□
6	■	□	□	□	□	31	■	□	□	□	□
7	□	□	□	■	□	32	□	□	□	■	□
8	■	□	□	□	□	33	□	□	□	□	■
9	□	□	■	□	□	34	□	□	■	□	□
10	■	□	□	□	□	35	■	□	□	□	□
11	□	□	■	□	□	36	□	□	□	□	■
12	□	■	□	□	□	37	□	□	■	□	□
13	□	□	□	□	■	38	■	□	□	□	□
14	□	□	□	□	■	39	□	□	■	□	□
15	□	□	□	□	■	40	■	□	□	□	□
16	□	■	□	□	□	41	□	■	□	□	□
17	□	□	■	□	□	42	■	□	□	□	□
18	□	□	□	□	■	43	□	□	□	□	■
19	■	□	□	□	□	44	□	■	□	□	□
20	□	□	□	□	■	45	□	■	□	□	□
21	□	□	□	■	□	46	□	□	□	■	□
22	□	□	□	■	□	47	□	□	□	□	■
23	□	□	□	■	□	48	□	■	□	□	□
24	■	□	□	□	□	49	□	□	□	■	□
25	□	□	■	□	□	50	□	■	□	□	□

Prove di verifica

SECONDA PROVA

Alpha Test

Scheda per le risposte della seconda prova

CONTRASSEGNARE LE RISPOSTE RELATIVE ALLE DOMANDE DELLA SECONDA PROVA

	A	B	C	D	E		A	B	C	D	E
1	▢	▢	▢	▢	▢	26	▢	▢	▢	▢	▢
2	▢	▢	▢	▢	▢	27	▢	▢	▢	▢	▢
3	▢	▢	▢	▢	▢	28	▢	▢	▢	▢	▢
4	▢	▢	▢	▢	▢	29	▢	▢	▢	▢	▢
5	▢	▢	▢	▢	▢	30	▢	▢	▢	▢	▢
6	▢	▢	▢	▢	▢	31	▢	▢	▢	▢	▢
7	▢	▢	▢	▢	▢	32	▢	▢	▢	▢	▢
8	▢	▢	▢	▢	▢	33	▢	▢	▢	▢	▢
9	▢	▢	▢	▢	▢	34	▢	▢	▢	▢	▢
10	▢	▢	▢	▢	▢	35	▢	▢	▢	▢	▢
11	▢	▢	▢	▢	▢	36	▢	▢	▢	▢	▢
12	▢	▢	▢	▢	▢	37	▢	▢	▢	▢	▢
13	▢	▢	▢	▢	▢	38	▢	▢	▢	▢	▢
14	▢	▢	▢	▢	▢	39	▢	▢	▢	▢	▢
15	▢	▢	▢	▢	▢	40	▢	▢	▢	▢	▢
16	▢	▢	▢	▢	▢	41	▢	▢	▢	▢	▢
17	▢	▢	▢	▢	▢	42	▢	▢	▢	▢	▢
18	▢	▢	▢	▢	▢	43	▢	▢	▢	▢	▢
19	▢	▢	▢	▢	▢	44	▢	▢	▢	▢	▢
20	▢	▢	▢	▢	▢	45	▢	▢	▢	▢	▢
21	▢	▢	▢	▢	▢	46	▢	▢	▢	▢	▢
22	▢	▢	▢	▢	▢	47	▢	▢	▢	▢	▢
23	▢	▢	▢	▢	▢	48	▢	▢	▢	▢	▢
24	▢	▢	▢	▢	▢	49	▢	▢	▢	▢	▢
25	▢	▢	▢	▢	▢	50	▢	▢	▢	▢	▢

SECONDA PROVA

Tempo complessivo: 110 minuti

Logica

Tempo a disposizione: 20 minuti

1 **Individuare la coppia di termini che completa correttamente la proporzione seguente: Litro : X = Y : petrolio**

- A X = chilometro, Y = trivella
- B X = acqua, Y = barile
- C X = peso, Y = ambiente
- D X = litro, Y = giacimento
- E X = vino, Y = guerra

2 **In un ufficio si usano solo penne nere e penne rosse. Per combinazione i portapenne con almeno due penne contengono sicuramente almeno una penna nera. Quindi:**

- A se un portapenne contiene solo penne nere contiene solo una penna
- B se un portapenne contiene una sola penna questa può essere rossa
- C se un portapenne contiene due penne una deve essere rossa e una nera
- D i portapenne con almeno tre penne contengono sicuramente almeno due penne nere
- E nessun portapenne è vuoto

3 **In un piccolo paese il 40% della popolazione conosce il dialetto locale, il 25% conosce una lingua straniera e il 15% conosce entrambi. Quale delle seguenti affermazioni è certamente vera?**

- A Più del 50% della popolazione conosce o il dialetto o una lingua straniera
- B Nel paese in oggetto le lingue straniere sono molto conosciute
- C Metà della popolazione non conosce né il dialetto né una lingua straniera
- D Le persone che conoscono una lingua straniera, ma non il dialetto, sono in maggior numero rispetto a coloro che conoscono sia il dialetto sia una lingua straniera
- E Il 65% della popolazione conosce sia il dialetto sia una lingua straniera

SECONDA PROVA

4 **Non esiste alcun elemento probatorio che consenta di eliminare la possibilità che l'imputato sia estraneo al fatto.**

Dalla precedente affermazione si deduce che:

A è possibile che l'imputato sia estraneo al fatto
B è impossibile che l'imputato sia estraneo al fatto
C l'imputato è estraneo al fatto
D l'imputato non è estraneo al fatto
E nessuna delle altre risposte è corretta

5 **Nella libera Repubblica di Maraviglia c'è un paese, detto Ernesti, in cui tutti gli abitanti sono biondi; nello stato di Maraviglia nessun biondo è disonesto. L'attuale Presidente di Maraviglia è alto 160 centimentri e ha folti capelli rossicci.**

Quale delle seguenti affermazioni è necessariamente errata?

A L'attuale presidente di Meraviglia è disonesto
B Nessun disonesto è un Ernestiano
C Non c'è alcuna persona onesta che non sia Ernestiana
D Nessun Ernestiano è disonesto
E Il presidente è un onesto Ernestiano

6 **"Tutti i condottieri sono coraggiosi – nessun coraggioso è dissimulatore – dunque ... è condottiero."**

S'individui il corretto completamento del sillogismo:

A nessun dissimulatore
B ogni dissimulatore
C nessun coraggioso
D qualche condottiero
E qualche dissimulatore

7 **In un grande acquario vivono tre specie di pesci: A, B e C. Nell'ultimo anno il rapporto tra il numero di pesci di specie A e il numero di pesci di specie B è aumentato del 50%. Inoltre il rapporto fra il numero di pesci di specie B e il numero di pesci di specie C è aumentato del 20%. Di quanto è aumentato il rapporto fra il numero di pesci di specie A e il numero di pesci di specie C?**

A 40%
B 65%
C 70%
D 80%
E 100%

8 **In una famiglia ogni figlio (maschio o femmina) può dire di avere almeno tre fratelli e tre sorelle. Quanti sono in tutto i figli di questa famiglia?**

A 6
B 8
C 7
D 9
E 5

9 **Luca partecipa a una gara podistica. Se a metà percorso supera il quarto, in quale posizione si trova?**

- A Quinta
- B Seconda
- C Terza
- D Quarta
- E Ultima

10 **In una libreria ci sono diversi scaffali con libri di fisica e di biologia. Negli scaffali dove ci sono almeno due libri ce ne è almeno uno di biologia. Se questa affermazione è vera, allora è vero che:**

- A uno scaffale che contiene tre libri ne ha sempre due di fisica
- B uno scaffale che contiene quattro libri non ha libri di fisica
- C se in uno scaffale c'è un solo libro, questo è di biologia
- D il numero dei libri di fisica in uno scaffale è sempre inferiore o pari al numero di libri di biologia
- E in uno scaffale che contiene due libri potrebbero non esserci libri di fisica

Comprensione verbale

Tempo a disposizione: 20 minuti

In base alle informazioni contenute nel brano seguente, rispondere alle successive domande.

Era un giorno di maggio del 1986 nella fitta selva amazzonica, al tramonto. Il capo della tribù degli indios Secoyas disse a suo figlio: "Regala al nostro amico un poco di yagé". L'ospite era il californiano Loren Miller, presidente della società farmaceutica International Plant Medicine Corporation. Tornato negli Stati Uniti, Miller brevettò la pianta ricevuta in dono: numero 5.751. A suo dire, si trattava di una nuova varietà d'ayahuasca o yagé, un rampicante che cresce nella foresta amazzonica, considerato sacro e consumato da più di 400 tribù indigene in Perù, Ecuador, Colombia e Brasile.

Oggi, anche sull'onda della nuova moda che spinge i bogotani "bene" a consumare yagé sotto la guida di sciamani trasferitisi nella capitale, si riaccende la polemica sul "furto" statunitense della pianta sacra. Il brevetto ottenuto da Miller, infatti, è una patente di varietà che concede il monopolio sull'ayahuasca e sulle piante che saranno riprodotte asessuatamente da questa. Non è un brevetto su una formula o su una sostanza chimica estratta dalla pianta, bensì sulla pianta stessa che Miller sostiene di avere "scoperto". Negli Usa infatti chiunque può brevettare una pianta se dimostra che si tratta di una nuova varietà. In questo modo il governo nordamericano ricompensa gli agricoltori col diritto esclusivo alla produzione e vendita di nuovi alimenti. Tuttavia, secondo William Anderson, direttore dell'erbario dell'Università del Michigan, non c'è stata nessuna innovazione dato che gli indios Sionas e Secoyas coltivano e consumano l'ayahuasca da secoli. La questione riporta ancora una volta l'attenzione sulla difficoltà di adattare un sistema come quello dei brevetti al mondo delle nuove tecnologie, soprattutto delle biotecnologie. Negli Usa il sistema dei brevetti sulle piante nacque nel 1930 con il Plant Patent Act che tutela i diritti di chi inventa o scopre, e riproduce per via asessuata, una varietà vegetale distinta e sconosciuta. Se all'origine il sistema era pensato per incentivare l'introduzione di nuove varietà agricole più redditizie, oggi viene usato appunto per brevettare vegetali che, sebbene sconosciuti nei Paesi ricchi, sono parte di culture e tradizioni secolari degli indigeni.

Lo squilibrio nello sfruttamento di queste conoscenze, senza alcun beneficio per le comunità native, è eclatante: se il 90% del germoplasma, cioè la collezione delle varietà delle diverse specie vegetali utilizzata per i progetti di miglioramento genetico, è costituito da piante originarie del Terzo Mondo, solo l'1% dei brevetti è concesso a chi vive nei Paesi poveri. Gli indios non si oppongono di certo alla ricerca di nuove cure per l'umanità. Ma pretendono almeno il rispetto della propria diversità culturale, dei propri territori e delle proprie conoscenze. L'ayahuasca è il principale ingrediente di una bevanda con effetti allucinogeni usata dai popoli indigeni dell'Amazzonia durante i rituali religiosi. Gli sciamani la assumono quando devono risolvere un conflitto, rispondere alle richieste di un gruppo confinante, per scoprire le cause delle malattie, sapere se arrivano estranei o accertarsi della fedeltà della propria moglie. Per Antonio Jacanamijoy, presidente del Coica (Coordinamento delle organizzazioni indigene della regione amazzonica), "la commercializzazione di un elemento delle cerimonie religiose, rappresenta per gli indios amazzonici un grave affronto". Secondo la tradizione, infatti, solo gli sciamani possono preparare la bevanda rituale e nessun membro della comunità può berla senza la guida di uno di loro. L'ayahuasca è per gli indigeni dell'Amazzonia ciò che la coca è per i loro cugini andini: una pianta sacra, il cui uso è controllato dai saggi della tribù per il servizio della comunità, e senza alcun fine di lucro. Insomma, secondo gli indios è un po' come se qualcuno volesse brevettare la particola e il vino dell'Eucarestia.

Naturalmente, sullo sfondo di vicende come quella dell'ayahuasca vi sono gli interessi milionari delle industrie farmaceutiche che commercializzano i medicinali prodotti a partire dalle piante native. Eppure l'Articolo 29 della Carta dell'Onu sui Diritti dei popoli indigeni recita: "I popoli nativi hanno il diritto al riconoscimento della piena proprietà e controllo del proprio patrimonio culturale ed intellettuale. Hanno il diritto a misure speciali per lo sviluppo e la protezione delle loro scienze, tecnologie e manifestazioni culturali, includendo il patrimonio genetico umano e le proprie conoscenze sui benefici effetti di fauna e flora nella cura delle malattie".

11 In base a quanto riportato nel brano, che cosa brevettò Loren Miller?

- A La tecnica di riproduzione asessuata dell'ayahuasca
- B Una pianta ricevuta in dono dal capo dei Secoyas
- C La formula di un farmaco tratto dall'ayahuasca
- D Una sostanza chimica estratta dall'ayahuasca
- E Una bevanda allucinogena a base di yagé già utilizzata dagli indios dell'Amazzonia

12 In base a quanto riportato nel brano, che cosa accadde nel 1930 negli USA?

- A Si incominciarono a brevettare i farmaci a base di sostanze vegetali
- B Fu introdotta per la prima volta una sostanza a base di yagé
- C L'International Plant Medicine Corporation rubò alcune radici di yagé a una tribù india
- D Venne finalmente abolito il Plant Patent Act
- E Il Plant Patent Act stabilì la protezione dei diritti di chi riproduce per via asessuata una varietà vegetale fino ad allora sconosciuta

13 Secondo quanto sostenuto nel brano, che cosa rivendicano gli indios dell'Amazzonia?

- A Una percentuale sui profitti che le industrie farmaceutiche traggono dall'uso delle loro piante sacre
- B Il rispetto della loro cultura
- C L'indicazione, sulle confezioni di farmaci, del luogo da cui provengono le sostanze vegetali in essi contenute
- D L'esclusiva sullo sfruttamento dell'ayahuasca
- E Il diritto dei loro sciamani a guidare coloro che consumano yagé fuori dai territori amazzonici

14 Che cosa intende l'autore del brano con il termine "germoplasma"?

- A Il nome del brevetto numero 5.751 ottenuto da Loren Miller
- B L'insieme delle radici sacre utilizzate dalle tribù amazzoniche
- C L'insieme delle varietà delle diverse specie vegetali utilizzate nei progetti di miglioramento genetico
- D L'insieme delle specie vegetali conosciute
- E L'insieme di flora e fauna

15 In base a quanto riportato nel brano, chi è William Anderson?

- A Un industriale statunitense
- B Il direttore di un erbario
- C Un difensore dei diritti degli indios
- D Il cugino di Loren Miller
- E Uno sciamano traferitosi negli Stati Uniti

SECONDA PROVA

In base alle informazioni contenute nel brano seguente, rispondere alle successive domande.

Gli anni Settanta hanno visto fiorire innumerevoli programmi speciali per la diagnosi e la cura delle difficoltà di apprendimento. Gli educatori hanno acquisito una sempre maggiore consapevolezza dell'elevata incidenza di questo tipo di handicap tra i bambini in età scolare. Nella normativa emessa dal *Bureau of Education for the Handicapped,* questi bambini vengono definiti come portatori di un'alterazione riguardante uno o più processi psicologici fondamentali ai fini della comprensione e dell'uso della lingua, scritta o parlata, e tale da tradursi in un'imperfetta capacità di ascolto, pensiero, parola, lettura, scrittura, sillabazione o calcolo matematico. Rientrano in questo tipo di alterazione: gli handicap di natura percettiva, le lesioni cerebrali, le alterazioni mentali di minima entità, la dislessia e l'afasia. In questa definizione non vanno inclusi i bambini che abbiano problemi di apprendimento principalmente dovuti a difetti visivi, uditivi o motori, oppure a ritardo mentale, a turbe emotive, o a particolari condizioni sfavorevoli dell'ambiente in cui vivono. Da questa definizione consegue che il termine incapacità di apprendere non dovrebbe essere impiegato se non dopo aver escluso parecchie altre condizioni quali possibili cause delle difficoltà scolastiche o psicologiche del bambino. La varietà dei termini usati per indicare casi simili riflette sia il progressivo cambiamento nel tempo dell'approccio adottato, sia una convergenza dell'orientamento medico, didattico e psicologico. Fino a poco tempo fa, quelle che oggi sono definite difficoltà di apprendimento erano considerate indici di lesioni cerebrali o, perlomeno, di alterazioni funzionali cerebrali di lieve entità. Attualmente, invece, si ritiene che alla base dell'incapacità di apprendere ci possa essere una situazione neurologica patologica, di cui però non si può presumere la presenza in tutti i casi. Inoltre, gli esperti di questo tipo di difficoltà insistono in maniera caratteristica nell'affermare che essi non sono affatto interessati all'eziologia, ma hanno bisogno di puntualizzare il quadro specifico delle incapacità comportamentali di ciascun caso per poter predisporre un opportuno programma di rieducazione.

16 Con riferimento alle difficoltà di apprendimento, l'autore è interessato a:

- A identificarne le cause e le corrette terapie
- B identificarne i metodi di diagnosi
- C definirne con precisione i confini
- D evidenziarne la diffusione fra i bambini in età scolare
- E nessuna delle altre risposte è corretta

17 Secondo quanto affermato nel brano, quale dei seguenti non rappresenta un sintomo di difficoltà di apprendimento?

- A L'incapacità di ascolto
- B La scarsa creatività nell'affrontare problemi numerici
- C La difficoltà a svolgere calcoli matematici
- D L'incapacità di leggere
- E nessuna delle altre risposte è corretta

18 Cosa affermano gli esperti circa le cause delle difficoltà di apprendimento?

- A Che alla base di tali difficoltà vi sono sempre delle situazioni neurologiche patologiche
- B Che alla base di tali difficoltà vi sono sempre delle lesioni cerebrali
- C Gli esperti non sono interessati alle cause quanto ai programmi di rieducazione
- D Che alla base di tali difficoltà vi sono spesso problemi di tipo familiare
- E nessuna delle altre risposte è corretta

19 Secondo l'autore del brano, un bambino che soffre di un difetto visivo:

- A non deve considerarsi un soggetto con difficoltà di apprendimento
- B deve essere considerato un soggetto portatore di handicap, seppure di lieve entità
- C è un soggetto con potenziali difficoltà di apprendimento che occorre seguire con particolare cura
- D non rappresenta un problema per la medicina
- E nessuna delle altre risposte è corretta

20 Dal brano è possibile dedurre che, prima degli anni Settanta:

- **A** si sottostimava la reale diffusione delle difficoltà di apprendimento fra i bambini in età scolare
- **B** non era ancora stata chiarita la distinzione fra difficoltà di apprendimento e lesione cerebrale
- **C** si riteneva che le difficoltà di apprendimento fossero legate prevalentemente a problemi di natura ambientale
- **D** non si prestava sufficiente attenzione alla ricerca in tema di prevenzione delle difficoltà di apprendimento
- **E** nessuna delle altre risposte è corretta

SECONDA PROVA

Matematica

SECONDA PROVA

Tempo a disposizione: 50 minuti

21 **In un piano è dato un sistema di coordinate cartesiane *x*, *y*. L'insieme dei punti $P = (x, y)$ tali che $\log_2 (x^2) = 0$ è:**

- A l'insieme vuoto
- B un punto
- C una coppia di rette parallele
- D una coppia di rette perpendicolari
- E una circonferenza

22 **Se una grandezza *x* è direttamente proporzionale al quadrato di una grandezza *y*, e *y* è inversamente proporzionale a una grandezza *z*, allora:**

- A *x* è inversamente proporzionale a *z*
- B *x* è direttamente proporzionale al quadrato di *z*
- C *x* è direttamente proporzionale a *z*
- D *x* è inversamente proporzionale al quadrato di *z*
- E la relazione tra *x* e *y* è diversa da quelle indicate nelle altre risposte

23 **Quale dei numeri proposti approssima meglio $\sqrt{4 \cdot 10^7}$?**

- A $2 \cdot 10^3$
- B $6 \cdot 10^3$
- C $8 \cdot 10^3$
- D $2 \cdot 10^4$
- E $6 \cdot 10^4$

24 **Se il discriminante di un'equazione di secondo grado è negativo, le radici dell'equazione:**

- A sono entrambe reali, ma irrazionali
- B non sono reali
- C sono due, entrambe reali e di segno opposto
- D sono una reale e una immaginaria
- E sono due reali coincidenti

25 **In una scatola vi sono *r* palline rosse, *n* palline nere e *b* palline bianche. Supponiamo che le palline nere siano il doppio delle bianche, che il numero complessivo delle palline sia 5 volte il numero delle palline nere e che $r - n - b$ sia uguale a due volte il numero delle palline nere. Il numero complessivo delle palline è uguale a:**

A $4n$ B $\frac{10}{7}r$ C $9b$ D $\frac{15}{4}n$ E $\frac{7}{2}b$

26 **Se i primi tre termini di una progressione geometrica sono 1, 3, 9... , l'ottavo termine è:**

A 81

B 243

C 729

D 2187

E 6561

27 **La relazione $\log_e a = b$ equivale a:**

A $b = e \cdot a$

B $a^e = b$

C $e^a = b$

D $e^b = a$

E $a \cdot b = e$

28 **L'equazione $(\log_2 x)^{\log_2 x} = 1$ è verificata da:**

A infiniti valori reali positivi

B da un solo valore reale

C da due valori reali

D da nessun valore reale

E nessuna delle altre risposte è corretta

29 **È data la funzione $f(x) = x^2 - 4$. Per quale dei seguenti valori di t si ha $f(t+3) = 0$?**

A -5

B -3

C 0

D 2

E 4

30 **La metà di 10^{-8} è:**

A 10^{-4}

B $5 \cdot 10^{-8}$

C 5^{-8}

D $0{,}5 \cdot 10^{-7}$

E nessuna delle altre risposte è corretta

31 **Si lanciano tre gettoni su una faccia dei quali è raffigurato un leone e sull'altra una tigre. La probabilità di avere due leoni e una tigre è:**

A 3/8

B 2

C 1

D 2/3

E 1/8

32 **Determinare quanti sono i numeri reali $x \in [0, 2\pi]$ tali che $2\cos^2 x = \cos x$.**

A 0 B 8 C 2 D 4 E 1

SECONDA PROVA

33 **La media aritmetica tra $(1/2)^{-2}$ e $(1/2)^2$ è:**

- A uguale a 0
- B minore di 0
- C uguale a 17/8
- D uguale a 17/4
- E uguale a 15/8

34 **Calcolare il valore di x che verifica l'uguaglianza: $2x + (5 - 2) - (1 - x) = 3$.**

- A $x = -1$
- B $x = 3$
- C $x = 1/3$
- D $x = 1$
- E $x = 1/2$

35 **Se $a + b = 36$ e a è 8 meno di c ma 12 più di b, c vale:**

- A 12
- B 24
- C 30
- D 36
- E nessuna delle altre risposte è corretta

36 **L'equazione $4x^2 + 8x + y^2 = 0$ rappresenta, nel piano cartesiano x, y:**

- A un'iperbole
- B un'ellisse
- C una circonferenza
- D una parabola
- E un'iperbole equilatera

37 **Su quale curva devono trovarsi quattro punti perché possa esistere un punto equidistante da essi?**

- A Ellisse
- B Parabola
- C Circonferenza
- D Retta
- E Nessuna delle altre risposte è corretta

38 **Se la diagonale di un quadrato è uguale al diametro di un cerchio, allora:**

- A il perimetro del quadrato è minore della circonferenza del cerchio e l'area del quadrato è minore dell'area del cerchio
- B il perimetro del quadrato è maggiore della circonferenza del cerchio e l'area del quadrato è minore dell'area del cerchio
- C il perimetro del quadrato è maggiore della circonferenza del cerchio e l'area del quadrato è maggiore dell'area del cerchio
- D il perimetro del quadrato è minore della circonferenza del cerchio e l'area del quadrato è maggiore dell'area del cerchio
- E le due figure sono equivalenti

39 **In una data circonferenza sono inscritti un quadrato Q e un triangolo equilatero T. Quali delle seguenti affermazioni relative alle aree di Q e T è vera?**

A Sono equivalenti
B L'area di Q è maggiore dell'area di T
C L'area di T è maggiore dell'area di Q
D L'area di T è la metà dell'area di Q
E Nulla si può dire se non si conosce la misura del raggio della circonferenza

40 **Si lanciano due dadi, uno rosso e uno blu. Qual è la probabilità che il numero del dado rosso sia maggiore di quello del dado blu?**

A 1/2
B 5/12
C 7/12
D 5/6
E 1/6

Scienze

Tempo a disposizione: 20 minuti

41 L'energia potenziale di un corpo di 10 kg a 10 m di altezza è:

A non ricavabile
B 980 J
C 100 J
D 980 N
E 100 N

42 Un palloncino di gomma viene gonfiato a 20 °C e posto in un frigorifero a – 5 °C. Ci si può aspettare che:

A il palloncino mantenga inalterato il suo volume
B il palloncino diminuisca il suo volume
C l'aria fuoriesca dal palloncino
D il palloncino esploda
E il palloncino aumenti il suo volume

43 Individuare, tra le seguenti, le affermazioni corrette.

a) Se raddoppiamo la lunghezza di un filo metallico, la sua resistenza raddoppia
b) Se due lampadine sono collegate in serie, quando una brucia anche l'altra si spegne
c) Se due lampadine sono collegate in parallelo, quando una brucia l'altra emette più luce

A b); c)
B Nessuna
C a); c)
D a); b)
E Tutte

44 La capacità di un condensatore elettrico piano:

A aumenta con la carica accumulata sulle armature
B aumenta all'aumentare della costante dielettrica del mezzo interposto tra le armature
C non dipende dalla superficie delle armature
D diminuisce con la differenza di potenziale applicata tra le armature
E aumenta all'aumentare della distanza tra le armature

45 Le linee di forza del campo elettrico sono:

A sempre aperte
B sempre chiuse
C chiuse se il campo elettrico è generato dal fenomeno dell'induzione magnetica
D equipotenziali
E circolari

46 **Un filo rettilineo elettricamente neutro percorso da una corrente genera nello spazio circostante:**

A un campo magnetico **B** parallelo al filo
B un campo elettrico **E** diretto radialmente rispetto al filo e rivolto verso l'esterno
C un campo magnetico **B** il cui vettore giace nel piano perpendicolare al filo
D un campo elettrico **E** diretto radialmente rispetto al filo e rivolto verso l'interno
E nessuna delle altre risposte è corretta

47 **Quale tra le seguenti NON è una proprietà colligativa delle soluzioni?**

A L'abbassamento crioscopico
B La densità
C L'innalzamento ebullioscopico
D La pressione osmotica
E L'abbassamento della pressione di vapore

48 **Gli elementi chimici conosciuti sono:**

A circa 80
B circa 120
C circa 160
D circa 200
E circa 240

49 **Quale affermazione riguardante le miscele è FALSA?**

A Le miscele possono essere omogenee o eterogenee
B Le miscele possono essere solide, liquide o gassose
C In una miscela possono essere presenti una o più fasi
D Nelle miscele sono presenti gli atomi
E Miscela è sempre sinonimo di soluzione

50 **Un acido è detto poliprotico quando in acqua:**

A è poco dissociato
B forma più ioni H^+
C è molto dissociato
D può cedere più di un protone al solvente
E è costituito da un polimero

Soluzioni della seconda prova

Alpha Test

Risposte esatte della seconda prova

VERIFICARE LE RISPOSTE RELATIVE ALLE DOMANDE DELLA SECONDA PROVA

	A	B	C	D	E		A	B	C	D	E
1		■				26				■	
2		■				27				■	
3			■			28		■			
4	■					29	■				
5					■	30					■
6	■					31	■				
7				■		32				■	
8		■				33			■		
9				■		34			■		
10					■	35					■
11		■				36		■			
12					■	37			■		
13		■				38	■				
14			■			39		■			
15		■				40		■			
16			■			41		■			
17		■				42		■			
18			■			43				■	
19	■					44		■			
20	■					45			■		
21			■			46			■		
22				■		47		■			
23		■				48		■			
24		■				49					■
25		■				50				■	

Prove di verifica

TERZA PROVA

Alpha Test

Scheda per le risposte della terza prova

CONTRASSEGNARE LE RISPOSTE RELATIVE ALLE DOMANDE DELLA TERZA PROVA

	A	B	C	D	E		A	B	C	D	E
1	▢	▢	▢	▢	▢	26	▢	▢	▢	▢	▢
2	▢	▢	▢	▢	▢	27	▢	▢	▢	▢	▢
3	▢	▢	▢	▢	▢	28	▢	▢	▢	▢	▢
4	▢	▢	▢	▢	▢	29	▢	▢	▢	▢	▢
5	▢	▢	▢	▢	▢	30	▢	▢	▢	▢	▢
6	▢	▢	▢	▢	▢	31	▢	▢	▢	▢	▢
7	▢	▢	▢	▢	▢	32	▢	▢	▢	▢	▢
8	▢	▢	▢	▢	▢	33	▢	▢	▢	▢	▢
9	▢	▢	▢	▢	▢	34	▢	▢	▢	▢	▢
10	▢	▢	▢	▢	▢	35	▢	▢	▢	▢	▢
11	▢	▢	▢	▢	▢	36	▢	▢	▢	▢	▢
12	▢	▢	▢	▢	▢	37	▢	▢	▢	▢	▢
13	▢	▢	▢	▢	▢	38	▢	▢	▢	▢	▢
14	▢	▢	▢	▢	▢	39	▢	▢	▢	▢	▢
15	▢	▢	▢	▢	▢	40	▢	▢	▢	▢	▢
16	▢	▢	▢	▢	▢	41	▢	▢	▢	▢	▢
17	▢	▢	▢	▢	▢	42	▢	▢	▢	▢	▢
18	▢	▢	▢	▢	▢	43	▢	▢	▢	▢	▢
19	▢	▢	▢	▢	▢	44	▢	▢	▢	▢	▢
20	▢	▢	▢	▢	▢	45	▢	▢	▢	▢	▢
21	▢	▢	▢	▢	▢	46	▢	▢	▢	▢	▢
22	▢	▢	▢	▢	▢	47	▢	▢	▢	▢	▢
23	▢	▢	▢	▢	▢	48	▢	▢	▢	▢	▢
24	▢	▢	▢	▢	▢	49	▢	▢	▢	▢	▢
25	▢	▢	▢	▢	▢	50	▢	▢	▢	▢	▢

TERZA PROVA

Tempo complessivo: 110 minuti

Logica

Tempo a disposizione: 20 minuti

Risolvere i seguenti problemi.

1 **La frase "alcuni giornalisti sono bene informati" è logicamente equivalente a:**

- A non tutti i giornalisti sono male informati
- B alcuni giornalisti dovrebbero informarsi meglio
- C chi è bene informato è giornalista
- D i giornalisti bene informati sono pochi
- E è bene non fidarsi mai dei giornalisti

2 **Il Re non rispettò il consiglio del Gran Ciambellano di opporsi alla celebrazione del matrimonio della Principessa dal Collo di Cigno con il rospo che amava, qualora i giovani insistessero per celebrare il rito nella Basilica di Superga.**
Le principesse, almeno quelle delle favole, seguono la volontà paterna.
Che cosa ne deducete?

- A La principessa e il rospo potranno sposarsi, ma non nella Basilica di Superga
- B La principessa e il rospo si sposeranno necessariamente nella Basilica di Superga
- C La principessa e il rospo non si sposeranno
- D I dati del problema non autorizzano a concludere la veridicità di alcuna delle interpretazioni proposte
- E La principessa e il rospo potranno sposarsi, se lo desiderano, nella Basilica di Superga

3 **Cinque amici (Antonio, Bebo, Carlo, Dario, Enrico) decidono di fare una scampagnata, avendo a disposizione 3 biciclette e un tandem. Nessuno vuole condividere il tandem con Enrico, perché pesa più di 100 kg. Antonio è disponibile a utilizzare il tandem solo con Carlo o con Bebo. Bebo afferma che utilizzerà il tandem solo in coppia con Dario.**
Se ne deduce, necessariamente, che:

- A Antonio e Bebo utilizzeranno il tandem
- B Enrico, Carlo e Dario utilizzeranno le tre biciclette
- C Enrico, Antonio e Bebo utilizzeranno le tre biciclette
- D uno dei due, tra Antonio e Bebo, utilizzerà sicuramente il tandem
- E il tandem sarà utilizzato da Antonio oppure Dario

4 **L'affermazione: "L'evento X accade solo se accade l'evento Y" significa che Y è condizione:**

A necessaria per X
B sufficiente per X
C necessaria e sufficiente per X
D probabile, ma insufficiente per X
E nessuna delle altre risposte è corretta

5 **Individuare la coppia di termini che completa correttamente la proporzione seguente: Unire : X = costruire : Y**

A X = pezzi, Y = mattone
B X = separare, Y = demolire
C X = incollare, Y = rammendare
D X = tagliare, Y = edificio
E X = sposare, Y = abbattere

TERZA PROVA

6 **Quanti numeri dispari di quattro cifre si possono scrivere usando una e una sola volta ciascuna delle cifre 2, 3, 7, 8?**

A 12
B 6
C 18
D 9
E 8

Leggere il seguente problema e rispondere alle relative domande.

In una scuola elementare, al termine dell'anno scolastico, si premiano otto bambini che si sono distinti per le loro capacità artistiche. I bambini vengono indicati con le prime otto lettere dell'alfabeto: A, B, C, D, E, F, G e H.

I bambini B, E e F verranno premiati anche per le loro abilità musicali così come i bambini A e H verranno premiati anche per le poesie che hanno composto.

La direttrice della scuola decide di mettere alcuni dei bambini premiati in una speciale fila di sedie vicina al palco della sala in cui si tiene la cerimonia e, per evitare che i bambini litighino tra loro, ritiene opportuno non far sedere vicino i bambini che vengono premiati due volte.

7 **Quanti sono, al massimo, i bambini che si possono far sedere nella fila vicina al palco?**

A 6
B 5
C 8
D 7
E 4

8 **Quale delle seguenti successioni ordinate di bambini rispetta le condizioni poste dalla direttrice?**

A A, B, E, F, H
B B, D, G, H, E
C A, H, D, G
D A, C, G, B
E B, E, H

9 Se si rispettano le condizioni, fra quale delle seguenti coppie di bambini può sedersi F?

A D e C
B B e G
C A e H
D E e C
E B e H

10 Individuare il numero mancante:

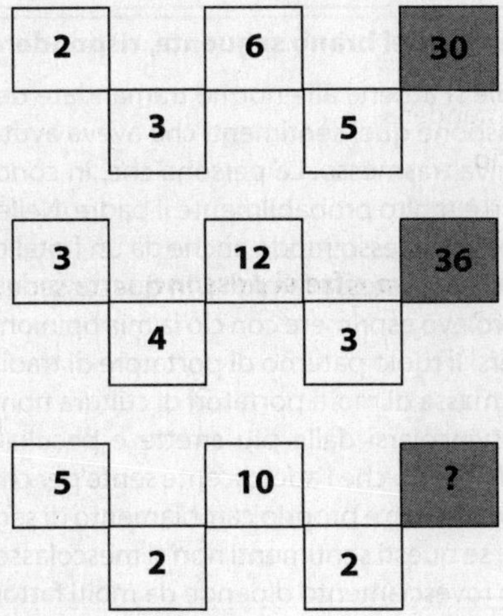

A 40 B 5 C 30 D 42 E 20

TERZA PROVA

Comprensione verbale

Tempo a disposizione: 20 minuti

In base alle informazioni contenute nel brano seguente, rispondere alle successive domande.

La fedeltà con cui l'uomo culturale si attiene alle norme tramandate del comportamento è assicurata in larga misura dal fatto che egli traspone quei sentimenti che aveva avuto per il portatore della tradizione su tutto ciò che da questi gli veniva trasmesso. La persona che, in condizioni normali, esercita maggiormente questo influsso sul giovane è molto probabilmente il padre. Nelle grandi famiglie primitive questo ruolo poteva però essere assunto nello stesso modo anche da un fratello maggiore, da uno zio o dal nonno, ma in ogni caso da un membro della stessa famiglia. In questa sede io ho parlato sempre al singolare di portatore di tradizione perché volevo esprimere con ciò la mia opinione che nella maggior parte dei casi è una persona singola ad assumersi il ruolo paterno di portatore di tradizione; col che non voglio dire naturalmente che anche l'azione di massa di molti portatori di cultura non sia in grado di trasmettere la tradizione. Non sarebbe possibile svincolarsi dalle più strette e peculiari norme comportamentali della tradizione familiare, se l'amore e il rispetto che l'adolescente sente per chi gli dà la tradizione non si trasformasse a un certo punto, attraverso un vero e proprio cambiamento di segno, in una moderata ostilità e aggressività o, per essere più precisi, se questi sentimenti non si mescolassero con i loro antagonisti in modo ambivalente. L'intensità di questo rovesciamento dipende da molti fattori collaterali. Se il portatore di tradizione è una persona tirannica e severa, che ha imposto con la violenza all'adolescente le norme comportamentali della famiglia, la ribellione sarà più violenta e accompagnata da più forti sentimenti di odio che nei confronti di un educatore più mite e *democratico*. In ogni caso, però, probabilmente non è possibile che il distacco del giovane dalla famiglia avvenga senza che intervengano in qualche modo sentimenti di ostilità. Questo distacco, comunque, è altrettanto necessario per lo sviluppo della cultura umana quanto lo è l'impollinazione per certe piante e l'esogamia per molte specie animali. Appena l'adolescente ha cominciato a contrapporsi criticamente e quasi ostilmente alla figura paterna e alle norme del comportamento sociale che questa gli ha trasmesso, comincia anche a guardarsi intorno alla ricerca di altri portatori di tradizione, che siano più lontani dallo stretto ambito familiare. A ciò seguono quindi i famosi anni di vagabondaggio, dopo gli anni dell'apprendistato. A volte essi si esprimono in un vero e proprio vagabondare, ma spesso prendono la forma di un viaggio di ricognizione spirituale. Ciò che spinge lontano l'individuo giovane è la nostalgia per qualcosa di ineffabile ed elevato, che si differenzi sostanzialmente dagli avvenimenti quotidiani della vita familiare. Non è difficile indicare quale sia il vero scopo, utile alla cultura e alla conservazione della specie, di questo comportamento appetitivo: esso sta nella ricerca di un gruppo culturale le cui norme sociali tradizionali si differenzino da quelle della società dei genitori, ma che nello stesso tempo abbiano sufficienti somiglianze con esse, in modo da permettere all'individuo di identificarsi con queste nuove norme. Così l'adolescente si trova spesso ad *adottare* un maestro, un amico più anziano, a volte addirittura un'intera famiglia amica, che agiscono per lui come nuovi portatori di tradizione.

11 Il contenuto del brano è di natura:

- A religiosa
- B etica
- C filosofica
- D storica
- E psicologica

12 Secondo l'autore, il distacco del giovane dalla propria famiglia:

A non è necessario
B riveste un ruolo marginale nello sviluppo della cultura umana
C avviene senza sentimenti di ostilità
D non può avvenire senza sentimenti di ostilità
E difficilmente avviene senza sentimenti di ostilità

13 Il comportamento appetitivo del giovane:

A si esprime spesso in un vero e proprio vagabondare
B ha come oggetto norme sociali tradizionali totalmente diverse da quelle della società dei genitori
C presuppone una posizione critica nei confronti del portatore di tradizione
D reca danno alla cultura e alla conservazione della specie
E nessuna delle altre risposte è corretta

14 Nel brano si afferma che il portatore di tradizione:

A è sempre il padre
B è sempre un membro della famiglia del giovane
C è sempre una persona singola
D è sempre lo zio oppure il nonno
E nessuna delle altre risposte è corretta

15 Individuare, tra le seguenti, l'affermazione che non concorda con quanto espresso nel brano:

A gli anni dell'apprendistato precedono quelli del vagabondaggio
B sentimenti di odio e di amore non possono coesistere tra loro nella fase di distacco del giovane dalla famiglia
C un individuo, nel corso della vita, può avere più portatori di tradizione
D "*viaggio di ricognizione spirituale*" non è necessariamente sinonimo di vagabondare
E l'adolescente arriva spesso ad adottare un nuovo portatore di tradizione

In base alle informazioni contenute nel brano seguente, rispondere alle successive domande.

Il tema del disavanzo pubblico è ormai quasi quotidianamente al centro del dibattito. Le cifre sull'andamento corrente e le previsioni sul fabbisogno complessivo dell'anno si accavallano in continuazione e vengono utilizzate come indicatore prevalente (unico?) dello stato dell'economia italiana. In realtà, la denunzia dello stato di crisi in cui versa la finanza pubblica in Italia risale a un noto articolo di Reviglio del 1975, che ha messo in rilievo l'esistenza di un disavanzo sommerso e ha contribuito alla definizione di un quadro contabile preciso per il settore pubblico allargato. Dall'analisi delle cause si passa anche all'individuazione della terapia: "Si deve affrontare con chiarezza – conclude Reviglio – la crisi delle entrate tributarie, che si sono mostrate incapaci di adeguarsi al livello della spesa pubblica, soprattutto a causa dell'evasione e in parte minore degli effetti contingenti della riforma tributaria. Si deve porre termine allo sviluppo esplosivo della spesa corrente, che si è potuto realizzare per la resa dello Stato ai privilegi corporativi che hanno saputo imporsi all'interesse collettivo, anche grazie al mancato controllo sull'efficienza delle maggiori spese decise dal Parlamento, imputabile alla facilità con cui si è potuto finanziare i disavanzi apparentemente senza costi per alcuno, almeno sino al 1973".

TERZA PROVA

In un lavoro successivo viene stabilita una connessione fra l'esplosione della spesa pubblica e la stagnazione dell'economia, aderendo così alla corrente di pensiero che attribuisce validità esplicativa alla teoria degli effetti di spiazzamento. Ma anche questa tesi viene poi qualificata, in quanto Reviglio rileva che "la stagnazione sarebbe stata assai più grave se fosse mancato il sostegno operato dalla politica di bilancio, perché senza l'aumento del livello della spesa pubblica e il crescente disavanzo nel periodo 1970-1975 si sarebbe realizzato un livello di reddito più basso e, quindi, un tasso di sviluppo probabilmente nullo o negativo". Ma, gradualmente, man mano che il dibattito esce dalla cerchia degli studiosi, queste cautele scompaiono e al disavanzo pubblico viene assegnato il ruolo di variabile esplicativa di tutti i mali che affliggono l'economia italiana, per lungo tempo attribuito in precedenza al costo del lavoro. Allo squilibrio fra entrate e spesa pubblica viene così imputata la responsabilità insieme della stagnazione e dell'inflazione, sia pure attraverso canali non bene identificati o comunque diversi a seconda dei diversi punti di vista, del disavanzo della bilancia dei pagamenti e di una inefficiente allocazione delle risorse. All'analisi si tende a sostituire sempre più frequentemente l'anatema e la prescrizione di politica economica si riassume nell'obiettivo di conseguire, costi quel che costi, una riduzione del disavanzo cui dovrebbe miracolosamente seguire la catarsi del sistema produttivo.

---

16 Dalla lettura del brano si intuisce che l'enfasi generale sul disavanzo pubblico come causa di stagnazione e inflazione è considerata dall'autore:

- A insufficiente se si considera la continua crescita del debito pubblico che il disavanzo determina
- B adeguata se si considera che una parte rilevante della popolazione non è sufficientemente informata
- C eccessiva e poco documentata
- D inesistente
- E l'autore afferma di non aver sufficienti elementi per valutare

---

17 Secondo Reviglio la crescita del disavanzo pubblico:

- A è stata determinata da una crescita della spesa non accompagnata da un'analoga crescita delle entrate tributarie
- B è stata determinata da una caduta delle entrate tributarie non accompagnata da una parallela caduta della spesa pubblica
- C ha contribuito ad aggravare la fase recessiva degli anni settanta
- D dovrebbe essere ancora più marcata
- E ha favorito lo sviluppo degli interessi corporativi

---

18 Chi è verosimilmente l'autore del brano?

- A Un giornalista
- B Uno storico dell'economia
- C Un docente universitario di economia
- D Un politico
- E Un dirigente del Ministero delle Finanze

---

19 Dal brano è possibile dedurre che nei primi anni Settanta:

- A l'economia italiana ha subito un tasso di crescita negativo
- B il Parlamento si è opposto tenacemente all'aumento della spesa pubblica deciso dal Governo
- C Reviglio era Ministro delle Finanze
- D non c'era evasione fiscale
- E il disavanzo pubblico dello Stato italiano è cresciuto

20 Secondo l'autore del brano la supposta connessione tra il disavanzo pubblico e la stagnazione dell'economia:

A dipende dagli effetti di spiazzamento
B non viene dimostrata univocamente
C dipende da un'inefficiente allocazione delle risorse economiche
D dovrebbe indurre a conseguire, costi quel che costi, una riduzione del disavanzo stesso
E non esiste

Matematica

Tempo a disposizione: 50 minuti

21 **La somma delle soluzioni dell'equazione $x^2 - 2x = 3$ è:**

- A -3
- B -2
- C 1
- D 3
- E nessuno dei valori indicati nelle altre risposte

22 **L'espressione e^{-x^2} con $x \in \mathbb{R}$ è anche uguale a:**

- A $e^{2/x}$
- B $(e^x)^{-2}$
- C $(e^{x^2})^{-1}$
- D $\left(\frac{1}{e^2}\right)^x$
- E nessuna delle altre risposte è corretta

23 **Log 399.255.040.041.042 è un numero compreso tra:**

- A 13 e 14
- B 10 e 11
- C 39 e 40
- D 14 e 15
- E 11 e 12

24 **Se per i conigli valesse la legge "il numero di conigli che saranno presenti domani in un allevamento è la somma del numero di conigli presenti ieri più il numero dei conigli presenti oggi" e inoltre si assumesse tale legge valida per tutti i giorni a partire da oggi, quale successione sarebbe del tipo ipotizzato da questa legge?**

- A 2, 3, 5, 8, 13, 21...
- B 1, 1, 1, 1, 1, 1...
- C 1, – 1, + 1, – 1, + 1, – 1...
- D 1, 2, 3, 4, 5, 6...
- E 1, 2, 4, 8, 16, 32...

25 **Se $x = -y$, allora:**

- A $x^2 = -y^2$
- B $x + 2 = -y - 2$
- C $\cos x = \cos y$
- D $\text{sen}\, x = \text{sen}\, y$
- E $\log x = \log y$

26 **La disequazione $2x^2 - 3x + 5 > 0$ è soddisfatta per:**

A $2 < x < 7$

B $x < -4/5$

C tutti i valori di x

D $x < 1$ e $x > 5$

E nessun valore di x

27 **Se si vuole ridurre alla metà la superficie di un rettangolo, quale moltiplicatore deve applicarsi a entrambi i valori dei lati?**

A 0,5

B $\sqrt{2}$

C $1/\sqrt{2}$

D 0,6

E $1/4$

28 **Nel piano cartesiano Oxy l'insieme dei punti soddisfacenti l'equazione:**

$$(x + 7) \cdot (y - 3) = 0$$

è rappresentato:

A dal punto (–7; 3)

B da due rette

C dai punti (–7; 0) e (0; 3)

D da un'iperbole

E da un piano

29 **Con nove quadrati di lato 1 cm si formano dei poligoni. Ciascun poligono formato dai nove quadrati è costruito in modo che ogni quadrato che lo forma abbia almeno un lato comune con un altro quadrato. Qual è il massimo perimetro possibile per i poligoni così costruiti?**

A 21 cm

B 18 cm

C 20 cm

D 22 cm

E 19 cm

30 **L'uguaglianza $\ln a^2 = 2 \ln a$ è verificata:**

A per ogni $a \in \mathbb{R}$

B per ogni $a \neq 0$

C per ogni $a \geq 0$

D per ogni $a > 0$

E nessuna delle altre risposte è corretta

31 **Il numero di cifre di $5^{28} \cdot 2^{32}$ (scritto in base 10) è:**

A 29

B 30

C 59

D 60

E 61

32 **Il numero $\left(\frac{1}{\sqrt{2}}\right)^5$ è anche uguale a:**

- A $\frac{1}{\sqrt[5]{2}}$
- B $\frac{1}{\sqrt[10]{2}}$
- C $\frac{\sqrt[5]{2}}{4}$
- D $\frac{\sqrt{2}}{8}$
- E nessuna delle altre risposte è corretta

33 **Si può affermare che $\frac{x+y}{\sqrt{a}\cdot\sqrt{x+y}}$ equivale a:**

- A $\sqrt{x+y}$
- B $\sqrt{\frac{x+y}{-a}}$
- C $\sqrt{\frac{x+y}{a}}$
- D $\frac{\sqrt{x+y}}{a}$
- E $(x+y)\sqrt{a}$

34 **Determinare rapidamente e senza eseguire calcoli scritti le soluzioni in $\mathbb{R}$ delle seguenti equazioni:**

1) $x=x+1$ 2) $x^2+1=0$ 3) $1/(4x+3)=0$ 4) $x(2x+1)(3x-2)=0$

- A 1) $x=1$ 2) $x=-1$ 3) $x=4/3$ 4) $x=-1/2, x=2/3$
- B 1) impossibile 2) $x=1$ 3) $x=-3/4$ 4) $x=1/2, x=2/3$
- C 1) impossibile 2) impossibile 3) impossibile 4) $x=0, x=-1/2, x=2/3$
- D 1) impossibile 2) impossibile 3) $x=-3/4$ 4) $x=-1/2, x=0, x=2/3$
- E nessuna delle altre risposte è corretta

35 **Nel piano cartesiano (*x,y*) il grafico ottenuto unendo i grafici delle due equazioni $x=\sqrt{y}$ e $x=-\sqrt{y}$, definite per $y\geq 0$, è:**

- A una parabola
- B un'iperbole
- C un'ellisse
- D una circonferenza
- E una retta

TERZA PROVA

36 **Siano dati, nello spazio, una retta *r* e un punto A giacente su *r*. Quante rette perpendicolari a *r* e passanti per il punto A si possono condurre?**

A Nessuna
B Una
C Due
D Poche
E Infinite

37 **Due cerchi hanno raggi l'uno il triplo dell'altro. Quante volte è maggiore la superficie del cerchio di raggio maggiore rispetto all'altro?**

A 3
B π
C 9
D 3π
E 27

38 **Sia T un triangolo rettangolo tale che l'ipotenusa misura 9 e un cateto 5. Quanto misura approssimativamente il perimetro di T?**

A 19,1
B 23,2
C 17,2
D 21,4
E 18

39 **Il rapporto fra i perimetri del triangolo equilatero inscritto e di quello circoscritto a una stessa circonferenza è:**

A 1/8
B 1/6
C 1/4
D 1/3
E 1/2

40 **Tenendo conto dell'ordine di nascita in quanti modi possibili possono aversi 4 figli maschi in una famiglia con 5 figli?**

A 4
B 20
C 10
D 5
E 6

TERZA PROVA

Scienze

Tempo a disposizione: 20 minuti

41 Una forza accelera un oggetto di massa $m = 10$ kg inizialmente fermo fino a portarlo alla velocità $v = 6$ m/s. Il lavoro compiuto dalla forza è:

- A 588 J
- B 60 N · m
- C 60 Kg · m/s
- D 120 N · m
- E 180 J

42 Una forza di 10 N è applicata con un angolo di 60° rispetto alla direzione dello spostamento di un corpo. La componente della forza che compie il lavoro vale:

- A 10 N
- B 5 N
- C 8,7 N
- D 600 N
- E 1 N

43 In una manovra ferroviaria un vagone viene lanciato verso un altro, al quale si aggancia; dopo l'urto ambedue procedono uniti, con moto uniforme. Confrontando gli stati del sistema prima e dopo l'urto, quale delle seguenti affermazioni è CORRETTA?

- A L'energia cinetica diminuisce e la quantità di moto non varia
- B L'energia cinetica non varia e la quantità di moto diminuisce
- C Non si può dire niente circa il segno delle variazioni dell'energia cinetica e della quantità di moto se non si conosce la massa dei vagoni
- D Tanto l'energia cinetica quanto la quantità di moto totale diminuiscono
- E L'energia cinetica e la quantità di moto totali non variano

44 Una massa M appesa ad una molla di costante elastica K compie oscillazioni di ampiezza A. Se si raddoppia l'ampiezza delle oscillazioni, quale delle seguenti affermazioni è corretta?

- A La frequenza delle oscillazioni raddoppia
- B Lo spazio percorso dalla massa in un periodo raddoppia
- C Il periodo delle oscillazioni raddoppia
- D La frequenza delle oscillazioni si dimezza
- E Il periodo delle oscillazioni si dimezza

45 Un corpo sferico cavo può trovarsi in equilibrio indifferente quando è immerso in acqua?

- A Sì, se la densità media del corpo è uguale a quella dell'acqua
- B No, perché la spinta di Archimede è sempre minore del peso del corpo
- C Occorrono altri dati per poter rispondere
- D Sì, se la densità media del corpo è inferiore a quella dell'acqua
- E No, perché la densità media di qualsiasi corpo è sempre maggiore di quella dell'acqua

46 **L'hertz è l'unità di misura:**

- A dell'energia delle onde radio
- B della frequenza di onde periodiche
- C dell'intensità delle onde sonore
- D della lunghezza d'onda delle trasmissioni radio in modulazione di frequenza
- E nessuna delle altre risposte è corretta

47 **I gas nobili:**

- A hanno una particolare stabilità dovuta alla struttura elettronica
- B hanno una particolare stabilità dovuta alle molecole biatomiche
- C sono molto reattivi nelle reazioni con gli acidi
- D sono poco reattivi solo con i metalli
- E nessuna delle altre risposte è corretta

48 **In una reazione chimica, la massa dei reagenti:**

- A è sempre maggiore di quella dei prodotti
- B è sempre minore di quella dei prodotti
- C è sempre uguale a quella dei prodotti
- D non ha alcuna relazione con quella dei prodotti
- E nessuna delle altre risposte è corretta

49 **Dove si trovano i neutroni?**

- A In orbite attorno al nucleo atomico
- B Nei legami tra atomi
- C Negli atomi, come doppietti non condivisi
- D Negli atomi paramagnetici come particelle spaiate
- E Nel nucleo dell'atomo

50 **La molalità di una soluzione indica il numero di moli di soluto contenute in un:**

- A litro di soluzione
- B litro di solvente
- C grammo di solvente
- D grammo di soluzione
- E chilogrammo di solvente

Soluzioni della terza prova

TERZA PROVA

Alpha Test

Risposte esatte della terza prova

VERIFICARE LE RISPOSTE RELATIVE ALLE DOMANDE DELLA TERZA PROVA

	A	B	C	D	E		A	B	C	D	E
1	■	□	□	□	□	26	□	□	■	□	□
2	□	□	□	□	■	27	□	□	■	□	□
3	□	□	□	□	■	28	□	■	□	□	□
4	■	□	□	□	□	29	□	□	■	□	□
5	□	■	□	□	□	30	□	□	□	■	□
6	■	□	□	□	□	31	□	■	□	□	□
7	□	□	□	■	□	32	□	□	□	■	□
8	□	□	□	■	□	33	□	□	■	□	□
9	■	□	□	□	□	34	□	□	■	□	□
10	□	□	□	□	■	35	■	□	□	□	□
11	□	□	□	□	■	36	□	□	□	□	■
12	□	□	□	□	■	37	□	□	■	□	□
13	□	□	■	□	□	38	□	□	□	■	□
14	□	□	□	□	■	39	□	□	□	□	■
15	□	■	□	□	□	40	□	□	□	■	□
16	□	□	■	□	□	41	□	□	□	□	■
17	■	□	□	□	□	42	□	■	□	□	□
18	□	□	■	□	□	43	■	□	□	□	□
19	□	□	□	□	■	44	□	■	□	□	□
20	□	■	□	□	□	45	■	□	□	□	□
21	□	□	□	□	■	46	□	■	□	□	□
22	□	□	■	□	□	47	■	□	□	□	□
23	□	□	□	■	□	48	□	□	■	□	□
24	■	□	□	□	□	49	□	□	□	□	■
25	□	□	■	□	□	50	□	□	□	□	■

Prove di verifica

QUARTA PROVA

Alpha Test

Scheda per le risposte della quarta prova

CONTRASSEGNARE LE RISPOSTE RELATIVE ALLE DOMANDE DELLA QUARTA PROVA

	A	B	C	D	E
1	☐	☐	☐	☐	☐
2	☐	☐	☐	☐	☐
3	☐	☐	☐	☐	☐
4	☐	☐	☐	☐	☐
5	☐	☐	☐	☐	☐
6	☐	☐	☐	☐	☐
7	☐	☐	☐	☐	☐
8	☐	☐	☐	☐	☐
9	☐	☐	☐	☐	☐
10	☐	☐	☐	☐	☐
11	☐	☐	☐	☐	☐
12	☐	☐	☐	☐	☐
13	☐	☐	☐	☐	☐
14	☐	☐	☐	☐	☐
15	☐	☐	☐	☐	☐
16	☐	☐	☐	☐	☐
17	☐	☐	☐	☐	☐
18	☐	☐	☐	☐	☐
19	☐	☐	☐	☐	☐
20	☐	☐	☐	☐	☐
21	☐	☐	☐	☐	☐
22	☐	☐	☐	☐	☐
23	☐	☐	☐	☐	☐
24	☐	☐	☐	☐	☐
25	☐	☐	☐	☐	☐
26	☐	☐	☐	☐	☐
27	☐	☐	☐	☐	☐
28	☐	☐	☐	☐	☐
29	☐	☐	☐	☐	☐
30	☐	☐	☐	☐	☐
31	☐	☐	☐	☐	☐
32	☐	☐	☐	☐	☐
33	☐	☐	☐	☐	☐
34	☐	☐	☐	☐	☐
35	☐	☐	☐	☐	☐
36	☐	☐	☐	☐	☐
37	☐	☐	☐	☐	☐
38	☐	☐	☐	☐	☐
39	☐	☐	☐	☐	☐
40	☐	☐	☐	☐	☐
41	☐	☐	☐	☐	☐
42	☐	☐	☐	☐	☐
43	☐	☐	☐	☐	☐
44	☐	☐	☐	☐	☐
45	☐	☐	☐	☐	☐
46	☐	☐	☐	☐	☐
47	☐	☐	☐	☐	☐
48	☐	☐	☐	☐	☐
49	☐	☐	☐	☐	☐
50	☐	☐	☐	☐	☐

QUARTA PROVA

Tempo complessivo: 110 minuti

Logica

Tempo a disposizione: 20 minuti

Rispondere ai seguenti quesiti.

1 **L'ispettore Poirot afferma: "Se il ladro non ha usato i guanti, allora o l'ispettore trova le impronte sul tavolo o è un incapace; inoltre tutti, anche i ladri che usano i guanti, lasciano qualche impronta con le scarpe." L'ispettore trova solo impronte di scarpe per terra. Se l'affermazione di Poirot è vera, una sola delle seguenti conclusioni è assolutamente certa. Quale?**

A Non è detto che le impronte di scarpe siano del ladro
B Il ladro usava i guanti
C L'ispettore è un incapace
D Non è vero che l'ispettore non sia un incapace
E Nessuna delle altre risposte è corretta

2 **Alcune recenti ricerche hanno respinto l'impossibilità della non veridicità della tesi secondo la quale non esiste una correlazione negativa tra età media delle persone e quantità media di sigarette che tali persone hanno fumato.**
Se quanto sopra riportato è vero, quale delle seguenti affermazioni è vera?

A Il fumo accorcia la vita media delle persone
B Non vi è correlazione negativa tra quantità di sigarette fumate e vita media delle persone
C Il fumo allunga la vita media delle persone
D È impossibile che vi sia una correlazione negativa tra quantità di sigarette fumate e vita media delle persone
E È possibile che vi sia una correlazione negativa tra quantità di sigarette fumate e vita media delle persone.

3 **Se Giovanna sta leggendo, allora Matteo è fuori casa.**
Se la precedente affermazione è vera, allora è anche vero che:

A se Matteo è fuori casa, allora Giovanna sta leggendo
B se Matteo è in casa, allora Giovanna non sta leggendo
C Matteo e Giovanna amano leggere insieme
D Matteo è fuori casa solo quando Giovanna legge
E Giovanna non sta leggendo e Matteo non è fuori casa

4 **Ogni qualvolta si verifica una contrazione dell'offerta di petrolio dalla regione del Golfo, si registra un immediato aumento del prezzo del petrolio proveniente da quella regione.**

Se l'argomentazione sopra riportata è vera, quale delle seguenti affermazioni è vera?

- A Se c'è un incremento del prezzo del petrolio proveniente dalla regione del Golfo, ciò significa che vi è stata una contrazione dell'offerta di petrolio da quella regione
- B Se non vi è alcuna contrazione dell'offerta di petrolio dalla regione del Golfo, allora non vi è alcun incremento del prezzo del petrolio proveniente da quella regione
- C Ogniqualvolta vi è una contrazione dell'offerta di petrolio, si verifica un immediato aumento del prezzo dello stesso
- D Ogniqualvolta vi è instabilità politica nella regione del Golfo, si verifica un immediato incremento del prezzo del petrolio proveniente da quella regione
- E Se non vi è alcun incremento nel prezzo del petrolio proveniente dalla regione del golfo, ciò significa che non vi è stata alcuna contrazione dell'offerta del petrolio da quella regione

5 **Inserire nella frase seguente la parola o i gruppi di parole opportuni.**

Una conoscenza rudimentale della ________ guidava l'antico contadino; osservando la posizione del Sole e delle stelle egli riusciva ad anticipare le variazioni di stagione.

- A astronomia
- B astrologia
- C botanica
- D agricoltura
- E meteorologia

6 **"Nel 1994, secondo i dati dell'ISTAT, la percentuale di maschi occupati nel settore industriale rispetto al totale dei maschi occupati in Italia era pari al 38,3%. Tale percentuale, se calcolata con riferimento esclusivo all'Italia centro-settentrionale, sale al 42,3%, mentre scende al 29,7% se invece si considerano i maschi occupati nell'Italia meridionale."**

Dal testo sopra riportato si può dedurre con certezza che:

- A in Italia sono più numerosi i maschi occupati nel settore industriale nel Centro-Nord rispetto a quelli occupati nello stesso settore economico nel Centro-Sud
- B la maggior parte dei maschi occupati risiede nell'Italia centro-settentrionale
- C nell'Italia meridionale i settori economici non industriali, relativamente all'occupazione maschile, sono più importanti che al Centro-Nord
- D nell'Italia meridionale il settore industriale produce poca occupazione
- E la disoccupazione maschile è più elevata nell'Italia meridionale

7 **Giulio ha promesso a Giuseppe: "Se quest'anno vado in barca, prometto che non ti chiedo la moto in prestito". In agosto Giulio non è andato in barca. Se Giulio è una persona che mantiene sempre le sue promesse, possiamo concludere che:**

- A Giulio ha chiesto la moto in prestito a Giuseppe
- B Giulio non ha chiesto la moto in prestito a Giuseppe
- C Giuseppe non ha dato la sua moto in prestito a Giulio
- D non possiamo trarre nessuna delle tre precedenti conclusioni
- E Giuseppe ha dato la sua moto in prestito a Giulio

8 **"Giuseppe è sardo; tutte le persone con i capelli neri sono italiane; tutti i sardi sono italiani."**

Se le precedenti informazioni sono vere, quale delle seguenti è necessariamente vera?

- **A** Tutte le persone con i capelli neri sono sardi
- **B** Giuseppe è italiano
- **C** Tutti i sardi hanno i capelli neri
- **D** Tutte le persone che si chiamano Giuseppe sono sarde
- **E** Giuseppe ha i capelli neri

9 **Individuare il numero mancante.**

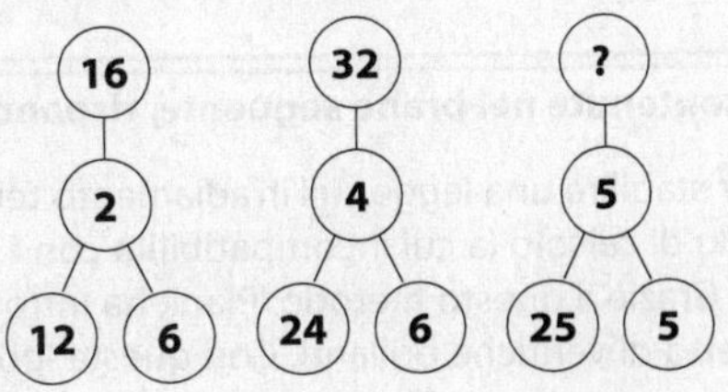

- **A** 20
- **B** 34
- **C** 40
- **D** 5
- **E** 12

Risolvere il seguente problema.

In Polinesia ci sono quattro minuscoli isolotti (si consideri irrilevante la loro dimensione) uguali per forma, allineati ed equidistanti: da sinistra a destra i loro nomi sono rispettivamente A, B, C, D. Rispondere alle domande che seguono sapendo che:

1) in uno di essi è sepolto un tesoro e in un altro c'è un naufrago;
2) la distanza tra un isolotto e quello successivo è di 1 km;
3) su due degli isolotti c'è una palma, ma in essi non c'è il naufrago né vi è sepolto il tesoro;
4) il tesoro è nel secondo isolotto a destra rispetto a quello del naufrago, e adiacente all'isolotto del tesoro ce n'è uno solo con la palma;
5) il tesoro fu accuratamente nascosto dal capitano Flint a una profondità di un metro sotto la sabbia.

10 **In quale isolotto è nascosto il tesoro?**

- **A** A
- **B** B
- **C** C
- **D** D
- **E** Non è possibile rispondere

Comprensione verbale

Tempo a disposizione: 20 minuti

In base alle informazioni contenute nel brano seguente, rispondere alle successive domande.

Plank ha dimostrato che per stabilire una legge sull'irradiamento termico concordante con l'esperienza, bisogna utilizzare un metodo di calcolo la cui incompatibilità con i principi della meccanica classica diventa sempre più evidente. Grazie a questo metodo, Plank ha introdotto nella fisica l'ipotesi dei quanti che, in seguito, è stata oggetto di verifiche brillanti. Con questa ipotesi dei quanti, egli ha capovolto la meccanica classica, nel caso in cui masse sufficientemente piccole si spostano con velocità che toccano valori assai piccoli e accelerazioni sufficientemente grandi. Di modo che oggi non possiamo più considerare valide le leggi del movimento di Galileo e Newton se non come leggi-limite. Tuttavia, nonostante gli sforzi più tenaci dei teorici, non si è potuto fino ad oggi pervenire a sostituire i principi della meccanica con altri che corrispondano alla legge dell'irradiamento termico di Plank, o all'ipotesi dei quanti. Benché non esista più alcun dubbio che abbiamo ricondotto il calore ad un movimento molecolare, nondimeno dobbiamo confessare che noi ci troviamo oggi, davanti alle leggi fondamentali di questo movimento, nella stessa situazione degli astronomi prima di Newton davanti ai movimenti dei pianeti.

Ho fatto allusione a un insieme di fatti nello studio teorico dei quali i principi vengono meno. Si può egualmente presentare il caso in cui principi nettamente formulati conducano a conseguenze che escono totalmente o quasi totalmente dai limiti del dominio dei fatti attualmente accessibili alla nostra esperienza. Può darsi che, in questo caso, un lavoro di ricerche empiriche di lunghi anni sia necessario per sapere se i principi corrispondono alla teoria della realtà. La teoria della relatività ce ne offre un esempio.

L'analisi delle idee fondamentali di tempo e di spazio ci ha mostrato che il teorema della costanza della velocità della luce nel vuoto, che si deduce dall'ottica dei corpi in movimento, non ci costringe affatto ad accettare la teoria generale che tiene conto della circostanza che, nelle esperienze eseguite sulla terra, non notiamo mai nulla del movimento di traslazione terrestre. Si fa uso, in questo caso, del principio di relatività che dice: le leggi naturali non cambiano di forma, quando si passa dal sistema iniziale di coordinate (riconosciuto corretto) ad un nuovo sistema concepito come animato da un movimento di traslazione uniforme in rapporto a se stesso. Questa teoria ha già ricevuto dall'esperienza verifiche notevoli e ha condotto, in unione con il complesso dei dati raccolti, ad una semplificazione della rappresentazione teorica.

Ma, d'altra parte, dal punto di vista teorico, questa teoria non dà intera soddisfazione, perché il principio della relatività sopra enunciato dà la preferenza al movimento uniforme. Se è vero che partendo dal punto di vista fisico non si può attribuire un senso assoluto al movimento uniforme, la questione di sapere se questa affermazione deve estendersi egualmente ai movimenti non uniformi, sorge spontanea. È stato provato che se si prende come base il principio di relatività esteso in questo senso, si ottiene una estensione molto caratterizzata della teoria di relatività e si è condotti così a una teoria generale della gravitazione, comprendente la dinamica.

Abbiamo stabilito che la fisica induttiva pone delle questioni alla fisica deduttiva e viceversa e che la risposta a queste questioni esige la tensione di tutti gli sforzi.

11 Cosa ha reso possibile l'introduzione dell'ipotesi dei quanti da parte di Plank?

A L'incompatibilità della meccanica classica con i principi dell'irradiamento termico
B La sua dimostrazione che per le leggi sull'irradiamento occorre usare metodi di calcolo in contrasto con i principi della meccanica classica
C La scoperta dell'irradiamento termico
D La scoperta dei quanti
E La conoscenza dei modelli di Newton

12 Newton si trovava di fronte ai movimenti dei pianeti come i fisici moderni si trovano di fronte alle leggi:

A della meccanica classica
B dell'irradiamento termico
C fondamentali della fisica
D fondamentali del movimento molecolare
E della fisica quantistica

13 Il principio della relatività dà preferenza:

A al moto uniformemente accelerato
B al punto di vista teorico
C al punto di vista fisico
D ad un concetto esteso di movimento
E al moto uniforme

14 Secondo l'autore, il teorema della costanza della velocità della luce nel vuoto:

A si deduce dalle circostanze generali
B non ci costringe ad accettare una teoria generale
C ci costringe ad accettare che non si nota mai il movimento della terra
D deriva dal teorema della relatività
E è immediatamente evidente

15 Il carattere del brano è:

A storico
B fisico
C descrittivo
D ottimista
E polemico

In base alle informazioni contenute nel brano seguente, rispondere alle successive domande.

Il destino dei libri a volte è strano come quello degli uomini. Herman Melville conobbe il suo primo insuccesso di critica e di pubblico nel 1851, quando diede alle stampe il suo capolavoro *Moby Dick*. Troppo ampio il divario fra i romanzi d'avventure esotiche e marinare che gli avevano regalato una certa notorietà e la tragedia senza tempo del capitano mutilato che insegue la balena (il caos?) che lo ossessiona, vicenda troppo cupa e apocalittica per poter essere subito accettata, compresa e apprezzata. Lo scrittore di New York sarebbe sopravvissuto quarant'anni al suo romanzo sulla balena bianca, non abbastanza per vedergli riconosciuti quei meriti stilistici ed epici che ne hanno fatto uno dei capisaldi di quel formidabile battaglione letterario che è il romanzo ottocentesco.

Già nell'*Etimologia* che apre il romanzo, e che Melville attribuisce a *"uno smunto assistente ginnasiale ormai morto"*, c'è un assaggio di quel che attende il lettore, del viaggio cui si sta apprestando. Prima di presentare le varie forme linguistiche con cui sono designati i cetacei, lo scrittore americano descrive così

QUARTA PROVA

l'assistente ginnasiale che le ha raccolte: *"Amava spolverare le sue vecchie grammatiche; quel gesto, in qualche modo, gli ricordava con dolcezza la sua condizione di mortale"*. E insieme alla mortalità, l'abisso, il male, il dolore dell'uomo e il caos che lo circonda sono i temi di *Moby Dick*. Argomenti con cui Melville aveva familiarità fin da quando, dodicenne, era rimasto orfano e aveva dovuto abbandonare gli studi per mettersi a lavorare, finendo per abbracciare la vita marinara, imbarcandosi su mercantili e baleniere. Temi tragici e universali con cui aveva familiarità anche Cesare Pavese, insuperato traduttore italiano di *Moby Dick*, maestro di Fernanda Pivano - la più importante americanista italiana del secondo Novecento - e poeta di un verso immortale: *Verrà la morte e avrà i tuoi occhi*. Niente ci impedisce di immaginare che siano gli occhi acquosi della balena bianca che dal libro di Giobbe a quello di Melville ha navigato e turbato l'oceano dei sogni di generazioni di lettori.

16 Dal brano si deduce che Herman Melville morì nel:

- A 1881
- B 1891
- C 1851
- D 1871
- E 1819

17 Nel brano si dice che *Moby Dick*:

- A fu tradotto subito in italiano
- B fu censurato per la sua crudezza
- C fu subito considerato come un capolavoro
- D inizialmente fu un insuccesso di critica e pubblico
- E inizialmente registrò un grande successo di pubblico ma non di critica

18 L'assistente ginnasiale cui si accenna nel brano è:

- A l'autore dell'intero romanzo di Melville
- B l'autore dell'*Etimologia* che apre il romanzo
- C la persona alla quale Melville attribuisce l'*Etimologia* che apre il romanzo
- D l'autore degli *Estratti* che aprono il romanzo
- E il narratore del romanzo

19 Nel brano c'è una citazione in cui qualcuno "ricordava con dolcezza la sua condizione di mortale". Di chi si tratta?

- A Dell'assistente ginnasiale
- B Del capitano Achab
- C Di Cesare Pavese
- D Di Giobbe
- E Del sottoassistente di biblioteca

20 Secondo l'autore del brano, il romanzo ottocentesco è:

- A uno dei capisaldi della cultura occidentale
- B soprattutto d'avventure esotiche e marinare
- C esemplificato da *Moby Dick*
- D in grado di turbare l'oceano dei sogni di generazioni di lettori
- E un formidabile battaglione letterario

QUARTA PROVA

Matematica

Tempo a disposizione: 50 minuti

21 **La media aritmetica di due numeri a e b è 30: se c vale 15, quanto vale la media dei tre numeri a, b e c?**

A 10
B 15
C 25
D 45
E 75

22 **Il numero degli individui di una popolazione si raddoppia a ogni minuto. Dopo 5 minuti metà degli individui muore. Dopo 6 minuti si hanno 160 individui. Quanti erano gli individui all'inizio?**

A 10
B 16
C 5
D 20
E 40

23 **Log_{10} 2.567.000.000.000 è un numero compreso tra:**

A 0 e 1
B 10 e 11
C 12 e 13
D 25 e 26
E 11 e 12

24 **Siano a, a', b, b' numeri reali, a e a' diversi da zero. La soluzione dell'equazione $ax + b = 0$ è minore della soluzione dell'equazione $a'x + b' = 0$ se e solo se:**

A $a'b < ab'$
B $ab' < -a'b$
C $ab < a'b'$
D $\frac{b}{a} < \frac{b'}{a'}$
E $\frac{b'}{a'} < \frac{b}{a}$

25 **La curva di equazione $y = 3x^2 + 1$ interseca:**

A solo l'asse x
B solo l'asse y
C entrambi gli assi
D l'asse y nel punto (0 ; 2)
E nessuna delle altre risposte è corretta

QUARTA PROVA

26 **Ricordiamo che i numeri naturali sono quelli del tipo 1, 2, 3, 4, ... e che i numeri razionali positivi sono quelli che si ottengono come quoziente di numeri naturali. Siano p e q due numeri razionali positivi tali che $p - q = 5/2$. Allora:**

A non esiste alcun numero naturale n tale che $q < n < p$

B non possono esistere tre numeri naturali n, m, r tali che $q < n < m < r < p$

C esiste al massimo un numero naturale n tale che $q < n < p$

D esistono almeno due numeri naturali n e m tali che $q < n < m < p$

E nessuna delle precedenti affermazioni è corretta

27 **L'espressione $\ln \frac{1}{e^2} - \ln 1$ è uguale a:**

A $-1/2$

B 2

C $\ln\left(\frac{1-e^2}{e^2}\right)$

D -2

E $1/2$

28 **Sia P l'affermazione "Se n è un numero primo, allora $n^2 - 1$ è divisibile per 4". Allora:**

A P è vera per ogni numero primo n

B P è falsa per ogni numero primo n

C P è vera per ogni numero primo n maggiore di 2

D P è falsa per $n = 3$

E nessuna delle precedenti risposte è vera

29 **Una clessidra è costituita dall'unione di due coni circolari uguali alti 10 cm ciascuno. Dopo 7 minuti il livello della sabbia nella parte superiore è sceso di 5 cm. Quanto tempo manca ancora perché la clessidra si svuoti completamente?**

A 7 minuti

B 2 minuti e 30 secondi

C 1 minuto

D 50 secondi

E 5 minuti

30 **Il circocentro di un triangolo (cioè il centro del cerchio a esso circoscritto) appartiene a un suo lato se il triangolo è:**

A acutangolo

B equilatero

C rettangolo

D ottusangolo

E scaleno

31 **Sia n un numero naturale e siano P_0, P_1, … P_n punti di un piano. L'insieme dei punti del piano equidistanti dagli $n + 1$ punti dati è non vuoto:**

- A se e solo se i punti P_0, P_1, … P_n appartengono a una stessa circonferenza
- B se e solo se P_0, P_1, … P_n sono vertici di un poligono regolare
- C qualsiasi siano n e P_0, P_1, … P_n
- D se e solo se $n = 2$
- E in nessuno dei casi precedenti

32 **L'espressione $\sqrt{\dfrac{1-x}{1+x}}$ con x un numero reale, equivale a:**

- A $\dfrac{1-x}{\sqrt{1+x^2}}$
- B $\dfrac{x-1}{\sqrt{1-x^2}}$
- C $\dfrac{\sqrt{1-x^2}}{1+x}$
- D $\dfrac{\sqrt{x^2-1}}{1+x}$
- E $\sqrt{\dfrac{x-1}{1+x}}$

33 **Disporre in ordine crescente i seguenti numeri:**

$$x = 10^{-2}; \qquad y = -10^{2}; \qquad z = 1/10^{-3}; \qquad w = -10^{-4}$$

- A w, y, x, z
- B x, y, z, w
- C y, x, z, w
- D y, w, x, z
- E z, y, w, x

34 **Scegliere, tra le seguenti, l'equazione di grado minore che ha per soluzioni tutti gli interi da – 2 a + 2, estremi compresi.**

- A $x^3 - 5x^2 + 4x = 0$
- B $x^5 - 5x^3 + 4x = 0$
- C $x^3 - 5x^2 + 4x = 0$
- D $x^4 + 2x^3 - x^2 - 2x = 0$
- E Nessuna delle precedenti

35 **In un triangolo rettangolo non isoscele, gli angoli non retti sono:**

- A uguali
- B complementari
- C supplementari
- D cardinali
- E nessuna delle precedenti

QUARTA PROVA

36 Lo spigolo di un cubo ha lunghezza 10 mm. Il volume del cubo, in m^3 ha misura:

A $3 \cdot 10^{-5}$

B 10^{-15}

C 100

D 10^{-3}

E 10^{-6}

37 Tre poligoni regolari di uguale perimetro (un quadrato, un triangolo e un pentagono) sono inscritti in tre distinti cerchi. Quale dei tre cerchi ha la superficie maggiore?

A Il cerchio circoscritto al triangolo

B Il cerchio circoscritto al quadrato

C Il cerchio circoscritto al pentagono

D I tre cerchi hanno la stessa superficie

E I cerchi circoscritti al triangolo e al quadrato

38 Si consideri una corona circolare di raggio esterno R e raggio $r = R/3$ e sia A la sua area. Se il raggio esterno raddoppia e quello interno diventa il triplo, l'area della corrispondente corona circolare è uguale a:

A $\frac{A}{27}$

B $8A$

C $\frac{27}{8}A$

D $\frac{9}{77}A$

E $\frac{77}{9}A$

39 Se un cubo e una sfera hanno lo stesso volume:

A la superficie del cubo è maggiore di quella della sfera

B la superficie della sfera è maggiore di quella del cubo

C non c'è possibilità di raffronto

D le superfici dei due solidi sono uguali

E la superficie della sfera è doppia rispetto a quella del cubo

40 L'espressione $8^6 + 8^7$ è anche uguale a:

A 8^{13}

B 8^{42}

C $9 \cdot 8^6$

D 16^{13}

E nessuna delle altre risposte è corretta

QUARTA PROVA

Scienze

Tempo a disposizione: 20 minuti

---

41 **Componendo un moto rettilineo uniforme con un moto rettilineo uniformemente accelerato aventi la stessa direzione si ottiene:**

A un moto rettilineo uniforme
B un moto rettilineo uniformemente accelerato
C un moto circolare uniforme
D un moto armonico
E un moto parabolico

---

42 **Due mobili partono contemporaneamente dall'origine di un sistema di riferimento cartesiano ortogonale. L'uno si muove con velocità 3 *v* lungo l'asse *x* e l'altro con velocità 4 *v* lungo l'asse *y*. La velocità con cui i due mobili si allontanano l'uno dall'altro è:**

A 1 *v*
B 3 *v*
C 5 *v*
D 7 *v*
E 9 *v*

---

43 **Una forza costante *F*, agendo per un certo tempo *t* su di un corpo, ne fa aumentare la velocità di un fattore 10 rispetto a quella iniziale. Allora:**

A l'energia cinetica è aumentata di 10 volte
B l'accelerazione del corpo è aumentata di 10 volte
C il lavoro compiuto sul corpo è uguale a $F \cdot t$
D la quantità di moto del corpo è aumentata di 10 volte
E l'accelerazione del corpo è diminuita di 10 volte

---

44 **Dieci moli di gas sono contenuti in un volume di 1 m^3. All'aumentare della temperatura aumenta la pressione del gas in quanto:**

A il gas tende alla condizione di gas perfetto
B il gas si allontana dalla condizione di gas perfetto
C l'energia cinetica degli atomi aumenta
D l'energia interna non varia
E l'energia cinetica degli atomi diminuisce

---

45 **Per calcolare il lavoro compiuto da un gas in una espansione a pressione costante, oltre alla sua pressione occorre conoscere:**

A il volume finale occupato dal gas
B il volume iniziale occupato dal gas
C la variazione di volume del gas
D la natura del gas
E tale lavoro risulta sempre nullo

46 **Per COMPRIMERE una molla di 10 cm rispetto alla posizione di equilibrio è necessario compiere un lavoro L = 1,7 J. Il lavoro necessario per ALLUNGARE la molla di 10 cm rispetto alla posizione di equilibrio è:**

A L = –1,7 J
B L = –3,4 J
C L = 0 J
D L = 1,7 J
E L = 3,4 J

47 **Nel sistema periodico, gli elementi di uno stesso periodo hanno:**

A lo stesso peso atomico
B gli elettroni più esterni nello stesso livello energetico
C la stessa configurazione elettronica esterna
D lo stesso numero di protoni e elettroni
E lo stesso numero atomico

QUARTA PROVA

48 **In una soluzione che ha pH = 7, la concentrazione molare di ioni OH^- è:**

A 10^{-7}
B 10^{-14}
C 7
D 14
E 10^{7}

49 **Qual è il numero di massa di un atomo formato da 13 protoni, 14 neutroni e 10 elettroni?**

A 13
B 27
C 37
D 23
E 24

50 **Per triplo legame si intende:**

A un legame fra tre molecole
B un legame fra tre ioni
C un legame fra tre atomi
D un legame derivante dalla compartecipazione di tre coppie di elettroni
E un legame tra uno ione trivalente positivo e uno ione trivalente negativo

Soluzioni della quarta prova

Alpha Test

Risposte esatte della quarta prova

VERIFICARE LE RISPOSTE RELATIVE ALLE DOMANDE DELLA QUARTA PROVA

	A	B	C	D	E		A	B	C	D	E
1	■	□	□	□	□	26	□	□	□	■	□
2	□	□	□	□	■	27	□	□	□	■	□
3	□	■	□	□	□	28	□	□	■	□	□
4	□	□	□	□	■	29	□	□	■	□	□
5	■	□	□	□	□	30	□	□	■	□	□
6	□	□	■	□	□	31	■	□	□	□	□
7	□	□	□	■	□	32	□	□	■	□	□
8	□	■	□	□	□	33	□	□	□	■	□
9	□	□	■	□	□	34	□	■	□	□	□
10	□	□	□	■	□	35	□	■	□	□	□
11	□	■	□	□	□	36	□	□	□	□	■
12	□	□	□	■	□	37	■	□	□	□	□
13	□	□	□	□	■	38	□	□	■	□	□
14	□	■	□	□	□	39	■	□	□	□	□
15	□	□	■	□	□	40	□	□	■	□	□
16	□	■	□	□	□	41	□	■	□	□	□
17	□	□	□	■	□	42	□	□	■	□	□
18	□	□	■	□	□	43	□	□	□	■	□
19	■	□	□	□	□	44	□	□	■	□	□
20	□	□	□	□	■	45	□	□	■	□	□
21	□	□	■	□	□	46	□	□	□	■	□
22	□	□	■	□	□	47	□	■	□	□	□
23	□	□	■	□	□	48	■	□	□	□	□
24	□	□	□	□	■	49	□	■	□	□	□
25	□	■	□	□	□	50	□	□	□	■	□

QUARTA PROVA

Prove di verifica

QUINTA PROVA

Alpha Test

Scheda per le risposte della quinta prova

CONTRASSEGNARE LE RISPOSTE RELATIVE ALLE DOMANDE DELLA QUINTA PROVA

	A	B	C	D	E		A	B	C	D	E
1						26					
2						27					
3						28					
4						29					
5						30					
6						31					
7						32					
8						33					
9						34					
10						35					
11						36					
12						37					
13						38					
14						39					
15						40					
16						41					
17						42					
18						43					
19						44					
20						45					
21						46					
22						47					
23						48					
24						49					
25						50					

QUINTA PROVA

Tempo complessivo: 110 minuti

Logica

Tempo a disposizione: 20 minuti

Risolvere i seguenti problemi.

1 Un posto di polizia utilizza per gli interrogatori un dispositivo con due luci: la luce V si accende sicuramente quando l'interrogato dice la verità (ma potrebbe accendersi anche se mente), la luce F si accende sicuramente quando l'interrogato mente (ma potrebbe accendersi anche se dice il vero).
Sapendo che l'interrogato o mente o dice la verità, quando è possibile escludere che l'interrogato dica la verità?

- A Mai
- B Quando si accendono sia V che F
- C Quando non si accendono né V né F
- D Quando si accende solo F
- E Quando si accende solo V

2 I bambini che frequentano una scuola materna sono nati tutti tra il 2006 e il 2008 e tutti tranne 3 sono nati in mesi distinti di anni distinti. Quale tra le seguenti affermazioni è corretta?

- A I bambini sono più di 100
- B I bambini sono almeno 38
- C I bambini sono al più 3
- D Nessuna delle altre alternative è corretta
- E I bambini sono al più 38

3 In quali dei seguenti casi l'affermazione: "Andrea ha al massimo 5 cappelli e almeno 16 giacche" è falsa?

- A Andrea ha 4 cappelli e 23 giacche
- B Andrea ha 5 cappelli e 16 giacche
- C Andrea ha 16 cappelli e 5 giacche
- D Andrea non ha nessun cappello, ma ha 100 giacche
- E Andrea ha 5 cappelli e 50 giacche

4 **Se è vero che tutte le matite che ho sono rosse eccetto due, tutte le matite che ho sono blu eccetto due, tutte le matite che ho sono nere eccetto due. Quante matite ho?**

A Uno

B Due

C Tre

D Quattro

E Cinque

5 **Alla domanda: "Quanti cugini hai?" Luca risponde: "Se il numero dei miei cugini è divisibile per sei, allora è pari".**

Basandosi sulla precedente proposizione, individuare quale delle seguenti alternative è esatta.

A Il numero dei cugini di Luca è un multiplo di sei

B Il numero dei cugini di Luca non è un multiplo di sei

C Il numero dei cugini di Luca è un numero pari

D Non è possibile aggiungere alcuna informazione certa sul numero dei cugini di Luca

E Se il numero dei cugini di Luca non è divisibile per sei, è un numero dispari

6 **Alla festa da ballo organizzata per festeggiare il diploma sono presenti tanti ragazzi quante ragazze; esattamente un terzo dei presenti è maggiorenne. Vengono formate le coppie per il ballo, ognuna delle quali è composta da un ragazzo e una ragazza; nessuno resta senza compagno/a. Si considerino le seguenti affermazioni:**

1. **in ogni coppia il ragazzo è maggiorenne e la ragazza minorenne**
2. **in ogni coppia il ragazzo è minorenne e la ragazza maggiorenne**
3. **in ogni coppia il ragazzo è minorenne**
4. **in ogni coppia la ragazza è minorenne**
5. **ci sono meno di 6 persone**

Indicando con (P) le affermazioni possibili e con (N) quelle non possibili, dire quale è la giusta sequenza di affermazioni possibili e non possibili:

A 1.N–2.N–3.N–4.P–5.N

B 1.N–2.N–3.P–4.P–5.N

C 1.N–2.N–3.P–4.N–5.N

D 1.N–2.P–3.P–4.N–5.N

E 1.N–2.P–3.N–4.P–5.P

7 **Si consideri l'affermazione "Se Michele non studia allora non avrà nessun regalo". Questo equivale a dire che:**

A Se Michele non avrà un regalo questo implica che ha studiato

B Se Michele avrà un regalo questo implica che non ha studiato

C Se Michele studia allora avrà un regalo

D Se Michele avrà un regalo questo implica che ha studiato

E Nessuna di queste affermazioni è vera

8 **In una squadra di cinque giocatori, numerati da uno a cinque, si sa che il numero 1 è più alto del numero 2 ma non del numero 3, il numero 4 è più basso del numero 5 ma più alto del numero 3. Chi è il più basso?**

- A I numero 5
- B Il numero 4
- C Il numero 3
- D Il numero 2
- E Il numero 1

9 **Individuare il numero mancante.**

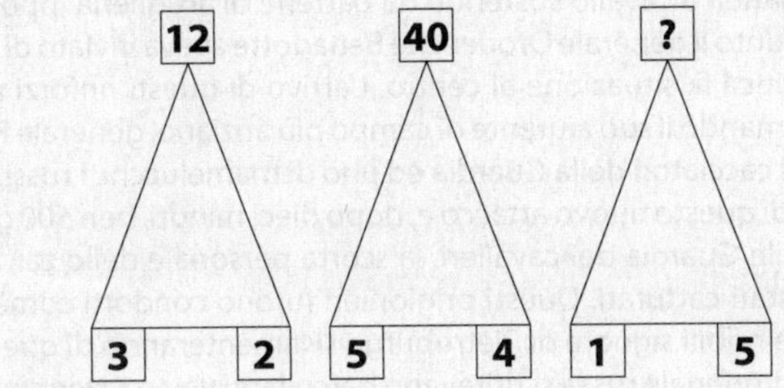

A 24 B 8 C 32 D 34 E 10

10 **Individuare la figura mancante.**

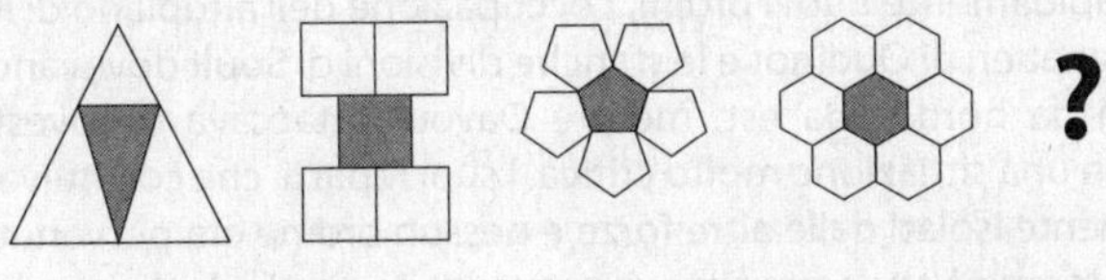

A 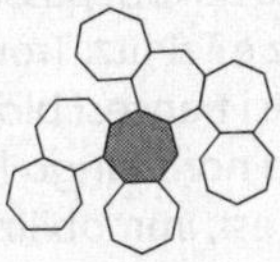 B 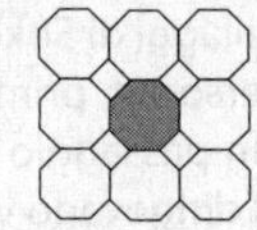 C 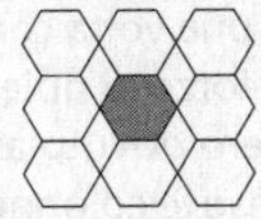 D 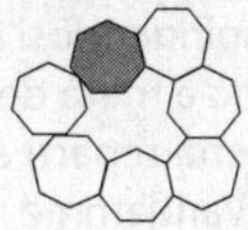 E 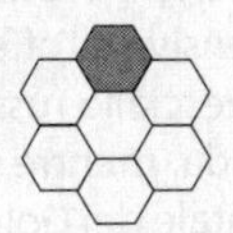

Comprensione verbale

Tempo a disposizione: 20 minuti

In base alle informazioni contenute nel brano seguente, rispondere alle successive domande.

La prima reazione di Napoleone fu di mandare avanti Bessières con la cavalleria della Guardia imperiale. I primi due squadroni furono respinti dalla Guardia russa ma la seconda ondata del contrattacco formata da tre squadroni di granatieri a cavallo sostenuti da batterie di artiglieria ippotrainata ebbe miglior successo. Giunse a questo punto il generale Drouet che Benadotte aveva inviato di sua iniziativa quando aveva visto quanto fosse critica la situazione al centro. L'arrivo di questi rinforzi riequilibrò la situazione e, subito dopo Napoleone mandò il suo aiutante di campo più anziano, generale Rapp, a dare il colpo di grazia con due squadroni di cacciatori della Guardia ed uno di mamelucchi. I russi, ormai stanchi, non riuscirono a sostenere il peso di questo nuovo attacco e, dopo dieci minuti, ben 500 granatieri erano stati uccisi e 200 membri della nobile Guardia dei cavalieri, la scorta personale dello zar, con il loro comandante, il principe Repnin, erano stati catturati. Questi prigionieri furono condotti come trionfo dall'imperatore il quale commentò: "Molte nobili signore di Pietroburgo si lamenteranno di questo giorno". Nel frattempo i superstiti della Guardia imperiale russa si ritiravano barcollanti verso Krzenowitz, inseguiti tenacemente dalle forze di Benadotte. Il centro alleato, dopo questo scacco, cessò di esistere. Poco dopo le due del pomeriggio era venuto il momento di sfruttare tutti i vantaggi ottenuti, anche se gli eventi non avevano seguito esattamente il corso previsto da Napoleone.

L'imperatore emise rapidamente nuovi ordini. L'occupazione dell'altopiano di Pratzen fu affidata a Benadotte; la Guardia, i granatieri di Oudinot e le stanche divisioni di Soult dovevano ruotare verso sud, accerchiando Buxhowden da nord e da est, mentre Davout attaccava da ovest. Verso le due e mezzo Buxhowden si trovò in una situazione molto critica. I suoi reparti, che costituivano l'ala sinistra russa, erano ormai completamente isolati dalle altre forze e nessun ordine era pervenuto né da Kutuzov né dallo zar. Dopo brevissimo tempo, Vandamme aveva occupato Augezd, e le divisioni di Davout passarono dalla difensiva all'offensiva spingendosi ancora una volta contro i villaggi di Sokolnitz e Telnitz. Troppo tardi, il maresciallo russo ordinò a metà delle sue forze di ripiegare verso est, prima che i francesi bloccassero la strada, mentre i rimanenti reparti avrebbero dovuto aprirsi un passaggio verso nord lungo la riva occidentale del Goldbach. Vandamme raggiunse le colonne che si dirigevano verso est, immobilizzandole: le forze in marcia verso nord, furono presto arrestate dall'azione concertata di St. Hilaire e del maresciallo Davout. Dopo una lunga giornata di combattimenti e di gravi perdite la sola unità del caporale Blaise aveva perduto 4 capitani, 2 tenenti e 70 uomini mentre un'altra dozzina di ufficiali era stata ferita, ed il colonnello aveva avuto 3 cavalli uccisi sotto di lui - lo stato d'animo delle truppe francesi era comprensibilmente eccitato. Il generale Thiebault della divisione di St. Hilaire ricorda: "Fino all'ultima ora della battaglia, non facemmo alcun prigioniero, non potevamo correre alcun rischio o avere scrupoli e pertanto non rimase nemmeno un nemico vivo alle nostre spalle". L'ordine rivolto da Davout ai suoi uomini fu semplicemente: "Non lasciatene scappare neppure uno".

Verso le tre i russi erano ormai in rotta a sud, in direzione dei laghi e delle paludi ghiacciate. La divisione di Przbysewski depose le armi e metà della divisone di Langeron si lasciò pure prender prigioniera. La colonna di Buxhowden, che stava ripiegando verso est fu tagliata a metà da Vandamme, che veniva da Augezd e i soli che riuscirono a scappare verso Austerlitz, furono il maresciallo e gli uomini in testa alla colonna. Il generale Doctorov, ormai completamente isolato e con le spalle ai laghi ordinò un si salvi chi può e i suoi 5.000 uomini si sparpagliarono ognuno nel tentativo di salvarsi. Molti cercarono di attraversare gli stagni ghiacciati, ma Napoleone fece venire 25 cannoni a bombardare il ghiaccio; l'effetto delle palle di cannone aggiunto al peso delle pariglie dei cavalli dell'artiglieria che galoppavano all'impazzata, fecero incrinare e spezzare la superficie ghiacciata, in modo che diverse migliaia di sfortunati soldati caddero nell'acqua gelata. Più tardi, i bollettini francesi dissero che ben 20.000 uomini erano morti in questa maniera, ma tale cifra è senza dubbio molto esagerata, perché solo 5.000 uomini dell'armata alleata si trovavano in quel momento vicino agli stagni, ed è probabile che 2.000 di questi siano affogati (alcuni esperti dicono si trattasse di appena 200 uomini). In ogni modo è certo che 38 cannoni e 130 carcasse di cavalli furono estratti dalle acque dello stagno di Satschan, dopo la battaglia.

Mentre al centro e sulla sinistra la disfatta diventava sempre più disastrosa, Bagration decise che era venuto il momento di disimpegnare le sue forze che erano rimaste relativamente intatte. La battaglia a nord era stata aspra durante la prima parte del pomeriggio e, ad un certo momento, i russi avevano quasi sopraffatto le reclute di Suchet sull'estrema sinistra francese, prima che Lannes potesse rimediare alla situazione attaccando il centro e la sinistra delle forze di Bagration, con quello che gli era rimasto del suo corpo d'armata; ma, verso le tre, Bagration era già in ritirata, e alle quattro e mezzo non si sparava più nel settore settentrionale. I francesi erano troppo stanchi per inseguire Bagration, con l'impegno necessario e, nelle quaranta ore successive, il maresciallo russo riuscì a porre ben 60 chilometri di strada tra sé e il campo di battaglia.

Verso le cinque del pomeriggio sul campo di battaglia fu suonato il cessate il fuoco. Era giunto il momento di fare il tragico bilancio delle perdite subite. Sembra probabile che giacessero sul campo 11.000 russi e 4.000 austriaci, e che altri 12.000 soldati alleati fossero stati catturati, insieme a 180 cannoni e 50 bandiere e stendardi. In questo modo, l'armata austro-russa aveva perso circa 27.000 uomini, corrispondenti ad un terzo della sua effettiva forza originale. I francesi, per contro, ne uscirono relativamente bene, pare con 1.305 morti, 6.940 feriti e 573 prigionieri.

Napoleone aveva finalmente ottenuto la sua vittoria decisiva, portando trionfalmente a termine la sua campagna. La terza coalizione era sull'orlo della disfatta. Il giorno dopo la battaglia, l'imperatore austriaco avrebbe chiesto un armistizio, mentre lo zar ed i suoi russi ripiegavano verso l'Ungheria e la Polonia. La notizia della grande vittoria in Moravia avrebbe affrettato la morte del desolato William Pitt, il nemico più inveterato della Francia. Ma tutto questo doveva ancora accadere quando, giubilante ed esausto, Napoleone scrisse un breve messaggio a sua moglie, l'imperatrice Giuseppina: "Ho battuto l'armata austro-russa, comandata da due imperatori. Sono un po' stanco. Mi sono accampato all'aperto per otto giorni ed altrettante fredde notti. Domani potrò riposarmi nel castello del principe Kaunitz, e dovrei poter dormire due o tre ore. L'esercito russo non è soltanto battuto, ma è anche distrutto. Ti abbraccio, Napoleone".

---

11 Quanti erano gli imperatori presenti alla battaglia descritta nel brano?

A 1
B 2
C 3
D 4
E Nessuno

---

12 Le forze di Bagration costituivano:

A il centro dello schieramento austro-russo
B la destra dello schieramento austro-russo
C la sinistra dello schieramento austro-russo
D la riserva dello schieramento austro-russo
E la Guardia dei cavalieri dello zar

---

13 Goldbach era:

A un generale russo
B un maresciallo russo
C un altopiano
D un fiume
E un generale francese

14 Tutte le seguenti affermazioni riflettono un giudizio dell'autore, meno una. Quale?

- **A** Napoleone si trovò a fronteggiare una situazione che non aveva del tutto previsto
- **B** Molte nobili signore di Pietroburgo rimpiansero il giorno della battaglia
- **C** La stanchezza impedì ai russi di fermare la carica di cavalleria al centro
- **D** Più di 1.500 uomini annegarono negli stagni
- **E** William Pitt avrebbe preferito che fossero stati gli austriaci a vincere

15 Quale delle seguenti non fu una conseguenza, anche indiretta, dell'arrivo delle forze del generale Drouet al centro?

- **A** L'avanzata di Bessières contro i russi
- **B** L'annientamento del centro russo
- **C** La cattura del principe Repnin
- **D** Il ripiegamento dei russi su Krzenowitz
- **E** La carica di Rapp

In base alle informazioni contenute nel brano seguente, rispondere alle successive domande.

Il Diciannovesimo secolo segna un energico risveglio dell'interesse per il trattamento umanitario dei deficienti mentali e dei matti. Prima di allora, l'abbandono, il ridicolo, e persino la tortura erano la sorte normale che toccava a questi disgraziati. Parallelamente alla crescente preoccupazione di fornire cure adeguate agli anormali, ci si rese conto della necessità di stabilire criteri uniformi per la loro individuazione e classificazione. Sia in Europa che in America, la fondazione di varie istituzioni specializzate per la cura dei ritardati mentali fece sentire con particolare urgenza la necessità di definire norme di ammissione e, di conseguenza, di un sistema obiettivo di classificazione. In primo luogo, era necessario differenziare tra pazzi e ritardati mentali: i primi manifestavano disturbi emotivi che potevano essere accompagnati o meno da deterioramento mentale, pur partendo da uno stadio iniziale del tutto normale; gli altri si distinguevano per un'insufficienza mentale, già presente fin dalla nascita o dalla prima infanzia. Probabilmente la prima esposizione chiara e precisa di questa distinzione si può trovare in un'opera in due volumi del 1838 del medico francese Esquirol, nella quale un centinaio di pagine sono dedicate al ritardo mentale. Esquirol, inoltre, pose in rilievo l'esistenza di molti gradi di ritardo mentale, che vanno, lungo un *continuum*, dalla normalità fino al cretinismo estremo. Nel tentativo di elaborare un qualche sistema per la classificazione dei diversi gradi e delle svariate forme di ritardo mentale, Esquirol sperimentò parecchi procedimenti, per giungere alla conclusione che il criterio più sicuro per determinare il livello mentale di una persona è dato dalla sua attività verbale.

16 Per quale motivo l'autore menziona il medico francese Esquirol?

- **A** Perché giudica la sua opera un punto di svolta nella psicologia moderna
- **B** Perché per primo ha chiarito la distinzione fra pazzi e malati mentali
- **C** Perché ne condivide la conclusione di basarsi sull'attività verbale per determinare il livello mentale di un individuo
- **D** Perché fondò un istituto per cura delle malattie mentali
- **E** Perché l'autore è un allievo di Esquirol

17 Secondo l'autore del brano:

- **A** un ritardato mentale è tale dalla nascita o dalla prima infanzia
- **B** un pazzo è un individuo che ha subito un deterioramento mentale
- **C** un individuo può divenire ritardato mentale a seguito di un forte trauma adolescenziale
- **D** un individuo può divenire ritardato mentale col passare degli anni
- **E** un pazzo può non mostrare alcun disturbo emotivo

18 **Il brano è di carattere:**

- A apologetico
- B scientifico
- C descrittivo
- D polemico
- E filosofico

19 **Quale fra le seguenti meglio sintetizza l'atteggiamento degli europei nei confronti dei ritardati mentali nella fine del settecento?**

- A Desiderio di giungere a criteri uniformi per la loro identificazione
- B Scarsa considerazione
- C Desiderio di identificare le corrette terapie per la loro cura
- D Indifferenza
- E Rifiuto e ostilità

20 **Quale sarà l'argomento trattato nel prosieguo del brano?**

- A L'evoluzione nei criteri per l'identificazione del livello mentale di un individuo
- B Le opere di Esquirol successive a quelle già descritte
- C Il trattamento dei pazzi in America nel ventesimo secolo
- D L'opinione dell'autore circa il modo con cui identificare i ritardati mentali
- E Il brano non può proseguire

Matematica

Tempo a disposizione: 50 minuti

21 La soluzione dell'equazione $\log_{\frac{1}{16}} x = \frac{1}{4}$ è:

A $x = \frac{1}{4}$

B $x = 4$

C $x = 2$

D $x = \frac{1}{2}$

E $x = -\frac{1}{2}$

22 Sono dati gli insiemi A e B. Si sa che $A \cap B = A$. Allora si può dedurre che

A $B = \varnothing$

B $A = \varnothing$

C $A \cup B = A$

D $A \cup B = B$

E $A \cap B = B$

23 Un triangolo ha i lati lunghi 10 cm, 10 cm e 12 cm. Qual è la sua area?

A 36 cm^2

B 48 cm^2

C 50 cm^2

D 60 cm^2

E 96 cm^2

24 Il $\ln (a^b)^c$, dove a, b e c indicano quantità positive, è uguale a:

A $c \ln a + c \ln b$

B $ac \ln b$

C $bc \ln a$

D $b \ln ac$

E nessuna delle altre risposte

25 Il $\log_{1024} 2$ è:

A 12

B 2^{10}

C 1/10

D 10

E 1/12

26 **È vero che $\frac{a}{b} + \frac{b}{a} \geq 2$, comunque scelti *a* e *b* interi positivi?**

A Sì, con $a > 2$ e b qualsiasi
B Sì, con $a > 2$ e $b > 2$
C Sì, per qualsiasi valore di a e di b
D Mai
E Sì, con $a > b > 2$

27 **Per quali valori di *a* sussiste la relazione $|a| = -a$?**

A Per qualunque valore di a
B Solo se $a = 0$
C Per $a > 0$
D Per nessun valore di a
E Per $a \leq 0$

28 **Quale tra le seguenti equazioni ha soluzioni reali?**

A $x^4 + 1 = 0$
B $\frac{1}{x^2 - 1} = 0$
C $x^4 = x^4 + 1$
D $(x^2 + 1)^3 = 0$
E $x^4 = 2x^2$

29 **L'equazione della retta che passa per il punto in cui la parabola $y = -2x^2 + 4x + 3$ interseca l'asse delle ordinate e che risulta perpendicolare all'asse della conica è:**

A $x = 3$
B $y = x + 3$
C $y = 2x + 3$
D $y = 3$
E $y = -x - 3$

30 **Lanciando due dadi regolari quale tra i sottoelencati risultati ha la più alta probabilità di verificarsi?**

A 5
B 12
C 6
D 7
E 11

31 **In un triangolo rettangolo il quadrato costruito su un cateto è equivalente al rettangolo che ha per lati:**

A l'ipotenusa e la proiezione dell'altro cateto sull'ipotenusa
B il cateto stesso e la differenza fra l'ipotenusa e l'altro cateto
C l'ipotenusa e la proiezione del cateto stesso sull'ipotenusa
D il cateto stesso e la proiezione dell'altro cateto sull'ipotenusa
E il cateto stesso e la differenza delle proiezioni dei cateti sull'ipotenusa

32 **L'espressione $\sqrt{(x^2+y^2)}$ è uguale a:**

A (x^2+y^2)
B $x+y$
C $x^2-2xy+y^2$
D $(x+y)^2-2xy$
E nessuna delle altre risposte

33 **Elevando al quadrato i due membri di una equazione si ottiene una equazione che:**

A ha le stesse soluzioni di quella iniziale
B può avere meno soluzioni di quella iniziale
C può avere più soluzioni di quella iniziale
D non ha alcuna soluzione
E ha infinite soluzioni

34 **L'espressione $(a+b)^2$ è uguale a:**

A a^2+b^2
B $2a+2b$
C a^2+b^2-2ab
D a^2-b^2
E a^2+b^2+2ab

35 **Data la retta r di equazione $y=x+a$, allora:**

A l'equazione $y=-x$ rappresenta una retta perpendicolare a r
B l'equazione $x=y+a$ rappresenta una retta perpendicolare a r
C l'equazione $y=-x+b$ rappresenta una retta parallela a r
D l'equazione $x+y=a$ rappresenta una retta parallela a r
E nessuna delle precedenti affermazioni è corretta

36 **Un triangolo rettangolo ha un angolo di 60° e altezza relativa all'ipotenusa lunga 1 cm. Il suo perimetro misura:**

A $\sqrt{3}$ cm
B $2(1+\sqrt{3})$ cm
C $(\sqrt{3}-1)$ cm
D $(4\sqrt{3}-1)$ cm
E non ci sono dati sufficienti per rispondere

37 **In una data circonferenza sono inscritti un quadrato di lato q e un triangolo equilatero di lato e. Quale delle seguenti relazioni fra q ed e è vera?**

A $q=e$
B $q>e$
C $q<e$
D $q=2e$
E Nulla si può dire se non si conosce la misura del raggio della circonferenza

38 **Nel triangolo rettangolo ABC di cateti AC = 12 e CB = 5 vengono tracciati due archi di cerchio, uno di centro A e raggio 12, l'altro di centro B e raggio 5, che tagliano l'ipotenusa rispettivamente nei punti M e N. La lunghezza del segmento MN è:**

A 2 B 13/5 C 3 D 4 E 24/5

QUINTA PROVA

39 **Di un triangolo si conoscono i tre lati *a, b, c* (con *a* > *b* > *c*) e gli angoli α, β, γ ordinatamente opposti ai lati. Quale delle seguenti affermazioni è vera?**

A $\alpha + \beta > \gamma$
B $\alpha + \beta = \gamma$
C $\alpha + \beta < \gamma$
D $b + c < a$
E $a - b > c$

40 **In un contenitore vi sono 500 palline bianche, 500 palline nere e 500 palline rosse. Qual è il numero minimo di palline che è necessario estrarre dal contenitore per essere certi di averne almeno tre nere?**

A 1003
B 3^k, con k = numero delle estrazioni effettuate
C 503
D 7
E Dipende dal colore della prima pallina estratta

QUINTA PROVA

Scienze

Tempo a disposizione: 20 minuti

41 **Per ottenere la risultante di due forze aventi lo stesso punto di applicazione cosa si deve fare?**

A Occorre orientarle nella stessa direzione
B Sommare i loro moduli
C È sufficiente applicare il Teorema di Pitagora
D Comporle vettorialmente
E Nessuna delle altre risposte è corretta

42 **Un oggetto di massa $m = 2$ kg si muove lungo una circonferenza di raggio $R = 1$ m con velocità costante $v = 3$ m/s. La forza F che agisce su di esso è:**

A nulla
B $F = 18$ N, diretta verso il centro della circonferenza
C $F = 18$ N, diretta lungo la retta tangente alla circonferenza
D $F = 6$ N, diretta lungo la retta tangente alla circonferenza
E $F = 6$ N, diretta verso il centro della circonferenza

43 **Un oggetto di massa $m = 1$ kg è in equilibrio sospeso a un filo verticale. La forza esercitata dal filo vale:**

A 1 N
B 9,8 N
C 0,102 N
D 4,9 N
E nessuna delle altre risposte è corretta

44 **Un tubo verticale di 1 cm^2 di sezione è collegato alla sola apertura praticata nella parete superiore di un recipiente pieno d'acqua, alto mezzo metro. Sapendo che il recipiente si rompe quando la differenza fra pressione interna ed esterna raggiunge il valore di 20 newton/cm^2 (pari a circa 2 atmosfere), quanta acqua si deve versare nel tubo per rompere il recipiente?**

A Circa 1 litro
B Circa 2 litri
C Circa 3 litri
D Circa 4 litri
E Circa 10 litri

45 **La pressione dell'acqua sul fondo di un recipiente dipende:**

A dalla forma del recipiente
B dalla superficie di base del recipiente
C dal peso complessivo dell'acqua
D dalla temperatura dell'acqua
E dall'altezza dell'acqua nel recipiente

46 **A due condensatori con capacità una doppia dell'altra, in due circuiti elettrici distinti, viene applicata una stessa differenza di potenziale. La carica accumulabile sulle armature dei due condensatori:**

A dipende dalla resistenza del circuito
B è la stessa perché indipendente dal condensatore
C è pari alla metà sul condensatore a capacità doppia
D è doppia sul condensatore a capacità doppia
E è quadrupla sul condensatore a capacità doppia

47 **Due isotopi di uno stesso elemento si comportano chimicamente allo stesso modo, in quanto hanno:**

A egual numero di elettroni e neutroni
B lo stesso numero di massa
C egual numero di protoni e neutroni
D lo stesso numero di neutroni
E lo stesso numero di elettroni nell'orbitale più esterno

48 **L'energia necessaria per trasformare il sodio, Na, in Na^+ è pari:**

A al potenziale di ionizzazione
B all'energia di legame
C all'energia interna
D all'energia libera di ionizzazione
E a un numero di Kcal pari al numero di elettroni

49 **Completare in modo corretto l'espressione: l'effetto di un catalizzatore positivo su una reazione di equilibrio è quello di...:**

A aumentare l'energia di attivazione
B diminuire l'energia di attivazione
C aumentare il valore della costante di equilibrio
D diminuire il valore della costante di equilibrio
E far avvenire reazioni altrimenti impossibili

50 **Calcolare i coefficienti stechiometrici della reazione:**

$$a\,P + b\,HNO_3 + c\,H_2O \rightarrow d\,H_3PO_4 + e\,NO$$

A a=3; b=10; c=2; d=3; e=5
B a=1; b=5; c=2; d=3; e=5
C a=3; b=5; c=1; d=3; e=5
D a=3; b=5; c=2; d=3; e=5
E a=3; b=5; c=1; d=3; e=5

QUINTA PROVA

Soluzioni della quinta prova

Alpha Test

Risposte esatte della quinta prova

VERIFICARE LE RISPOSTE RELATIVE ALLE DOMANDE DELLA QUINTA PROVA

	A	B	C	D	E		A	B	C	D	E
1	□	□	□	■	□	26	□	□	■	□	□
2	□	□	□	□	■	27	□	□	□	□	■
3	□	□	■	□	□	28	□	□	□	□	■
4	□	□	■	□	□	29	□	□	□	■	□
5	□	□	□	■	□	30	□	□	□	■	□
6	□	■	□	□	□	31	□	□	■	□	□
7	□	□	□	■	□	32	□	□	□	□	■
8	□	□	□	■	□	33	□	□	■	□	□
9	□	□	□	□	■	34	□	□	□	□	■
10	■	□	□	□	□	35	■	□	□	□	□
11	□	□	■	□	□	36	□	■	□	□	□
12	□	■	□	□	□	37	□	□	■	□	□
13	□	□	□	■	□	38	□	□	□	■	□
14	□	■	□	□	□	39	■	□	□	□	□
15	■	□	□	□	□	40	■	□	□	□	□
16	□	■	□	□	□	41	□	□	□	■	□
17	■	□	□	□	□	42	□	■	□	□	□
18	□	□	■	□	□	43	□	■	□	□	□
19	□	□	□	□	■	44	□	■	□	□	□
20	■	□	□	□	□	45	□	□	□	□	■
21	□	□	□	■	□	46	□	□	□	■	□
22	□	□	□	■	□	47	□	□	□	□	■
23	□	■	□	□	□	48	■	□	□	□	□
24	□	□	■	□	□	49	□	■	□	□	□
25	□	□	■	□	□	50	□	□	□	■	□

Prove di verifica

SESTA PROVA

Alpha Test

Scheda per le risposte della sesta prova

CONTRASSEGNARE LE RISPOSTE RELATIVE ALLE DOMANDE DELLA SESTA PROVA

	A	B	C	D	E		A	B	C	D	E
1						26					
2						27					
3						28					
4						29					
5						30					
6						31					
7						32					
8						33					
9						34					
10						35					
11						36					
12						37					
13						38					
14						39					
15						40					
16						41					
17						42					
18						43					
19						44					
20						45					
21						46					
22						47					
23						48					
24						49					
25						50					

SESTA PROVA

Tempo complessivo: 110 minuti

Logica

Tempo a disposizione: 20 minuti

---

1 Quest'anno Marina ha provato a imparare cinese, giapponese e russo. Sapendo che:

- **se ha imparato il giapponese, allora ha imparato il russo ma non il cinese;**
- **se ha imparato il russo, allora ha imparato anche cinese e giapponese;**
- **se ha imparato il cinese, allora ha imparato anche un'altra lingua tra giapponese e russo;**

quante di tali lingue ha imparato Marina?

A Nessuna
B Una
C Due
D Tre
E Non si può determinarlo

---

2 Un club esclusivo di appassionati d'auto d'epoca può avere per statuto al più 11 membri. Inoltre ogni membro deve avere un numero dispari di tali automobili, non superiore a 31, e due membri non possono avere lo stesso numero di auto. Qual è il massimo numero di automobili che possono avere complessivamente i membri del club?

A 211
B 221
C 231
D 201
E 251

---

3 Un venditore riesce a vendere 60 pezzi in un'ora. Un giorno si fa aiutare da un collega neoassunto e insieme vendono 60 pezzi in 40 minuti. Quanto tempo impiegherebbe da solo il neoassunto a vendere 120 pezzi?

A 75 minuti
B 1 ora
C 3 ore
D 90 minuti
E 4 ore

4 **Se ogni pagliaccio è divertente e non c'è comico che non sia pagliaccio, allora:**

- A ogni comico è divertente
- B ogni pagliaccio è comico
- C esiste almeno un comico che non è pagliaccio
- D non è possibile che esista un pagliaccio che non è comico
- E se una persona è divertente allora è anche comico

5 **Per i loro computer, le due amiche Anna e Beatrice scelgono entrambe una password di 8 cifre; decidono di utilizzare tutte le cifre da 1 a 8, disposte in modo che due cifre di posto consecutivo non differiscano né di 1 né di 2 unità. La password 36184725 soddisfa, per esempio, le richieste. Anna sceglie la password che forma il numero di 8 cifre più grande possibile, mentre Beatrice sceglie quello più piccolo possibile. Qual è la differenza tra i due numeri scelti?**

- A 72364555
- B 64729081
- C 71152712
- D 70548327
- E Non si può determinare

6 **Individuare il numero mancante:**

48, 50, 51, 53, 54, ...?

- A 57
- B 56
- C 59
- D 58
- E 60

7 **Completare la seguente serie di figure:**

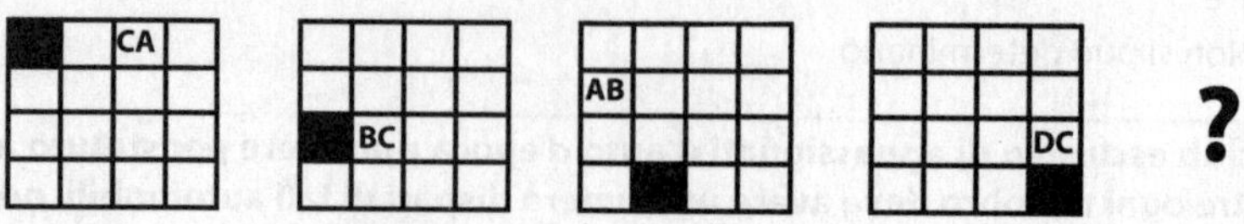

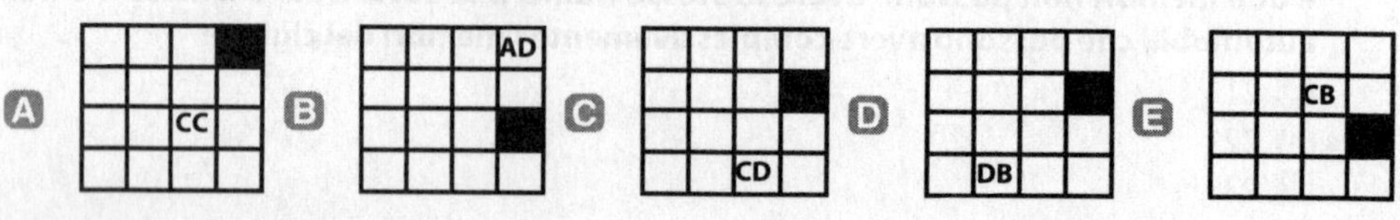

8 **Individuare il numero mancante.**

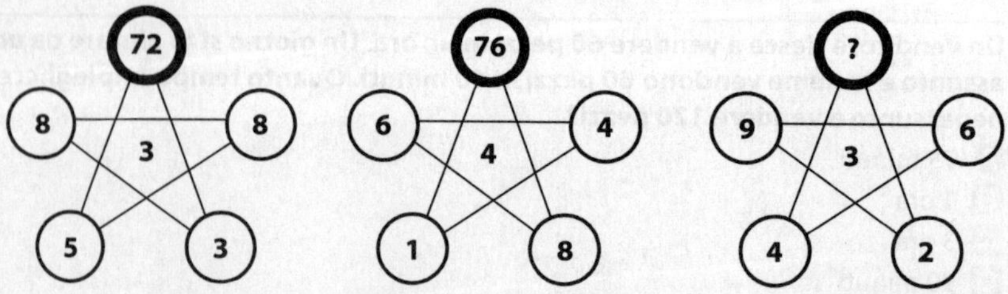

- A 66
- B 63
- C 74
- D 76
- E 58

9 Individuare l'elemento mancante.

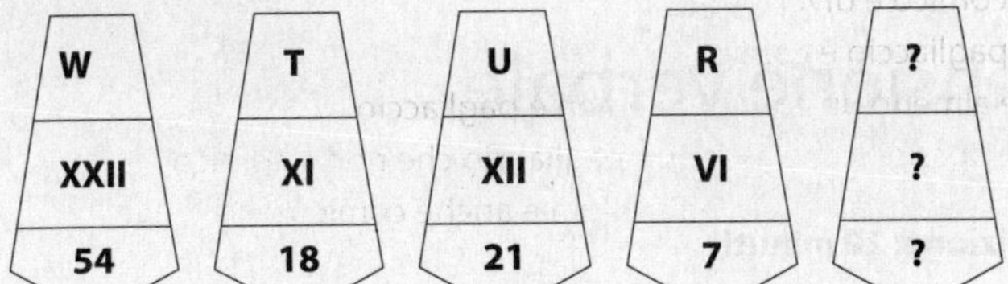

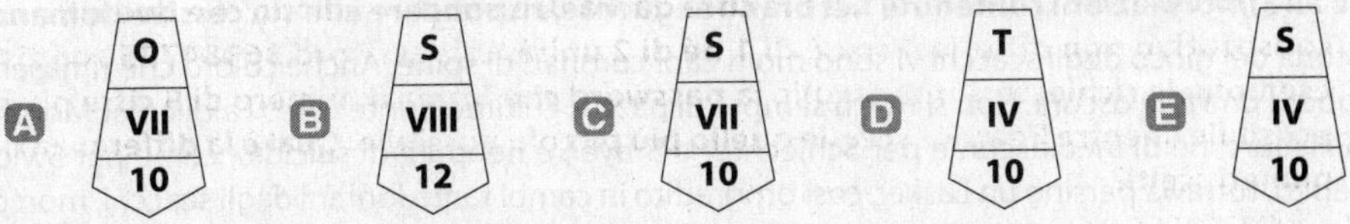

10 Individuare il numero mancante.

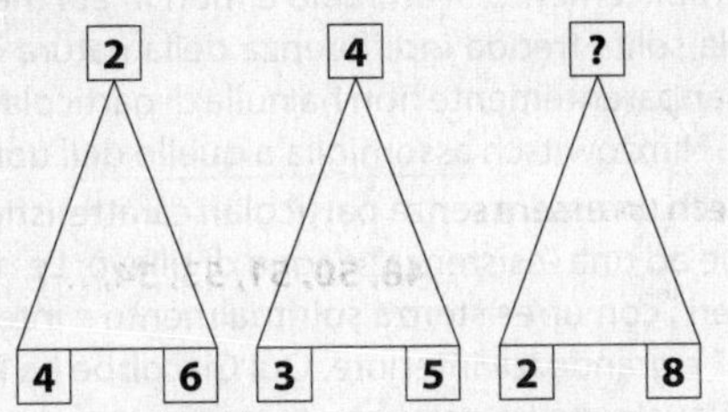

A 3 B 6 C 8 D 5 E 12

SESTA PROVA

Comprensione verbale

Tempo a disposizione: 20 minuti

In base alle informazioni contenute nel brano seguente, rispondere alle successive domande.

Nella storia del gioco degli scacchi vi sono molti capi coronati di spine. Anche coloro che rimasero luminosi ebbero una fine oscura. Non si trattò sempre di pazzia, l'ultimo ponte verso l'aldilà per Morphy, Steinitz e Pillsbury, né di inedia, come per Schlechter e Breyer, e neppure di suicidio, come per Swiderski e Bardeleben, tuttavia persino un Lasker, così progredito in campi tanto lontani dagli scacchi, morì poveramente, ed è ben noto come Alekhine terminò tristemente la propria esistenza.

Paragonata alla loro sorte, la vita di Aaron Nimzowitsch si svolse in modo regolare. Non accumulò ricchezze, trascorse i suoi giorni semplicemente, si ammalò e morì in età media. Questa è, come direbbe un inglese, "the common cold", la solita fredda indifferenza della natura che pesa sulla pluralità degli esseri viventi, un destino che solo apparentemente non ha nulla di particolarmente originale. Solo fino a questo punto, dunque, il destino di Nimzowitsch assomiglia a quello dell'uomo medio.

Nel caso di Aaron Nimzowitsch un essere senza particolari caratteristiche ha ottenuto qualcosa di sostanziale e di straordinario grazie ad una "esistenza" degna di rilievo. Le ristrettezze della vita sono state colmate con il "tesoro dei poveri", con un'esistenza spiritualmente e intellettualmente agitata, con dolore e pena, con "donchisciotteria" e grandezza interiore. Qui Giacobbe ha lottato con l'angelo, si è spezzato le reni, ma non si è arreso. Qui qualcuno ha combattuto, spesso con mulini a vento o con greggi di pecore, ma ha combattuto, ha affermato se stesso e ha opposto fino all'ultimo respiro il "Mein System" alla crudeltà della vita, all'ostilità e all'ingratitudine degli uomini.

Egli ha portato in sé il grande segreto e ha lottato per essere capito. Come ogni innovatore, ha dovuto accorgersi che tutto ciò che c'è di nuovo comincia con il non essere compreso, che si devono subire scherno e derisione, che all'inizio si rimane soli e che occorrono molte rinunce e sacrifici se si vogliono sostenere le proprie tesi. La più grande rinuncia è però il segregarsi dalla comunità, l'isolamento, la solitudine. Essa costringe all'ostinazione, all'egotismo, all'ostentazione del proprio valore, e ciò separa più che mai il solitario dalla comunità, lo rende uno stravagante.

Questo fu il caso di Nimzowitsch. La sua vita è apparentemente una catena di amarezze; essa fu ispirata solo dall'intimo, ma brilla come un castello fiabesco. A colui che si è riferito solo a se stesso e che si è messo in disparte come Nimzowitsch, non può succedere altro che oltre alle ferite, per così dire organiche, della vita, gliene vengano arrecate altre, determinate in misura maggiore dal capriccio del caso.

11 Chi era Nimzowitsch?

A Uno scacchista
B Un filosofo
C Un letterato
D Un poeta
E Un musicista

12 Quale delle seguenti affermazioni può essere logicamente dedotta dal brano?

A Alekhine morì di fame
B Nimzowitsch fu molto sensibile
C Nimzowitsch divenne egoista
D La vita di Nimzowitsch fu priva di grandi avvenimenti esteriori
E Nimzowitsch morì giovane

SESTA PROVA

13 **Il "common cold" consiste:**

- A nell'isolamento dagli altri
- B nel tesoro dei poveri
- C in un tesoro spirituale
- D in una vita mediocre
- E in un'esistenza degna di rilievo

14 **L'autore del brano menziona Giacobbe e Don Chisciotte per dimostrare:**

- A che Nimzowitsch era molto sicuro di sé
- B che la vita di Nimzowitsch è stata piena di amarezze
- C la grandezza interiore di Nimzowitsch
- D che Nimzowitsch aveva una profonda conoscenza della letteratura e delle Sacre Scritture
- E l'avidità di Nimzowitsch

15 **Secondo l'autore del brano:**

- A è corretto paragonare Nimzowitsch a Don Chisciotte
- B sarebbe scorretto paragonare Nimzowitsch a Giacobbe
- C potrebbe essere corretto paragonare Nimzowitsch a Sansone
- D è giusto paragonare Nimzowitsch a Giacobbe e all'angelo
- E Nimzowitsch combatteva abitualmente con i mulini a vento

In base alle informazioni contenute nel brano seguente, rispondere alle successive domande.

I primi psicologi sperimentali del Diciannovesimo secolo non si interessavano, generalmente, della misurazione delle differenze individuali. Il fine ultimo degli psicologi in questo periodo consisteva nella formulazione di descrizioni generali del comportamento umano. Erano le uniformità nel comportamento umano piuttosto che le differenze a richiamare la loro attenzione. Le differenze individuali venivano ignorate oppure accettate come un male necessario, che limitava però la possibilità di applicazione pratica delle leggi generali. Di modo che il fatto che una persona reagisse in modo diverso da un'altra in condizioni identiche veniva considerato come una specie di errore. La presenza di questo errore - e cioè della variabilità individuale - faceva sì che le generalizzazioni fossero approssimate piuttosto che esatte. Era questo l'atteggiamento prevalente nei confronti delle differenze individuali nei laboratori come quello fondato da Wundt a Lipsia nel 1879, nel quale si formarono i primi psicologi sperimentali.

Nella scelta degli argomenti, come in molte altre fasi del lavoro, i fondatori della psicologia sperimentale rivelavano l'influenza che su di essi esercitava la loro preparazione in fisiologia e nelle scienze fisiche. I problemi studiati nei loro laboratori erano soprattutto connessi con la sensibilità agli stimoli visivi, uditivi e altri stimoli sensoriali e con il tempo di reazione semplice. Un tale rilievo dato ai fenomeni sensoriali si riflesse a sua volta sulla natura dei primi test psicologici.

16 **Secondo quanto affermato nel brano, gli psicologi sperimentali consideravano le differenze individuali come:**

- A una fonte di errore per le leggi generali
- B un problema al quale dedicare particolare attenzione
- C una fonte di imprecisione nella diagnosi delle malattie mentali
- D una conferma delle leggi generali
- E misurabili con il ricorso a strumenti propri delle scienze fisiche

17 Secondo quanto affermato nel brano, la psicologia sperimentale è nata:

- A nei primi del novecento
- B in Germania
- C in Austria
- D in Francia
- E nel diciottesimo secolo

18 Con quale finalità l'autore menziona il gruppo guidato da Wundt?

- A Per evidenziare gli importanti risultati che il gruppo di ricercatori ha conseguito
- B Per dimostrare come la psicologia sia in realtà una scienza esatta
- C Per evidenziare come i primi psicologi sperimentali si concentrassero sull'analisi dei fenomeni sensoriali
- D Per fornire un esempio del metodo di lavoro dei primi psicologi sperimentali
- E Per tutti i motivi descritti nelle risposte precedenti

19 Dal brano si può dedurre che l'autore verosimilmente è:

- A un esperto di storia della psicologia
- B un giornalista
- C un romanziere
- D uno psicologo tedesco
- E uno storico

20 Per quale motivo, secondo l'autore, gli psicologi sperimentali attribuivano particolare rilevanza all'analisi dei fenomeni sensoriali?

- A Perché si trattava degli unici fenomeni all'epoca analizzabili
- B Perché il loro interesse erano concentrato sulle uniformità dei comportamenti più che sulle differenze individuali
- C Perché erano influenzati dalla loro preparazione in fisiologia
- D Per colmare le loro lacune in fisiologia
- E Perché i fenomeni sensoriali sono più facili da analizzare dei fenomeni emotivi

SESTA PROVA

Matematica

Tempo a disposizione: 50 minuti

21 Determinare il campo di esistenza T della funzione:

$$f(x) = \frac{1}{\sqrt{1-3x}}$$

A $T = (-\infty; 0)$
B $T = (-\infty; 0]$
C $T = [0; +\infty)$
D $T = (0; +\infty)$
E $T = (-\infty; 1/3)$

22 Quale delle seguenti condizioni deve verificarsi affinché la retta di equazione $y = mx + n$ non passi per il quarto quadrante?

A $m > 0, n < 0$
B $m > 0, n = 0$
C $m < 0, n < 0$
D $m > 0, n > 0$
E $m < 0, n > 0$

23 L'equazione $0{,}01^x + 4 = 14$ ha come soluzione:

A 2 B -2 C $-0{,}5$ D 0,5 E 0,02

24 Posto $a = 1$, trovare b e c nell'equazione $ax^2 + bx + c = 0$ in modo che le radici siano 7 e 2.

A $b = 5;\ c = 14$
B $b = -9;\ c = 7/2$
C $b = 9;\ c = 14$
D $b = -7/2;\ c = 9$
E $b = -9;\ c = 14$

25 Se $\exp(a/b) = 1$ allora:

A $a/b = 1$
B $a = 0$
C $a/b = 10$
D $a = b$
E $b = 0$

26 Il logaritmo decimale di un numero può essere negativo?

A Sì, se il numero è negativo
B No, mai
C Sì, se il numero è minore di 1
D Sì, se il numero è minore della base 10
E Sì, se il numero è compreso tra 1 e -1

27 **Siano *x, y, z* numeri interi positivi, tali che $x > y > z$. Quante delle seguenti relazioni si possono dedurre?**

$$x - y > y + z \qquad x - z > 2 \qquad x + z \geq 4 \qquad z - x > 2$$

A Una
B Due
C Tre
D Quattro
E Nessuna

28 **Il coseno dell'angolo di 110° è:**

A positivo
B maggiore di $-1/2$
C maggiore del seno dell'angolo di 110°
D uguale al coseno dell'angolo di 290°
E uguale al seno dell'angolo di 20°

29 **Quale dei seguenti insiemi numerici è formato da un solo elemento?**

A {x numero reale tale che $x^2 = x$}
B {x numero reale tale che $x \geq 1$}
C {x numero reale tale che $x^2 = 2x - 1$}
D {x numero reale tale che $x^2 + 1 = 0$}
E {x numero reale tale che $x^2 - 1 = 0$}

30 **Nel piano cartesiano O*xy* la retta passante per l'origine e perpendicolare alla retta di equazione $3x - 5y + 1 = 0$ ha equazione:**

A $5x + 3y = 0$
B $5x - 3y = 0$
C $3x + 5y - 2 = 0$
D $3x - 5y = 0$
E $3x + 5y = 0$

31 **Determinare i valori di *x* per i quali risulta soddisfatta la disequazione:**

$$(x - 1) \cdot (x + 2) > 0$$

A $x < -1$ e $x > 2$
B $x < -2$ e $x > 1$
C $x < -2$ e $x > 2$
D $x < -1$ e $x > 3$
E $-1 < x < 2$

32 **La diagonale di un cubo di lato *L* vale:**

A $L\sqrt{3}$ B L C $L\sqrt{2}$ D L^2 E $L/\sqrt{2}$

33 **Nello sviluppo di $(a - b)^8$, qual è il coefficiente di ab^7?**

A -8 B 8 C 16 D -16 E 32

SESTA PROVA

34 **L'espressione $10^9 + 10^8 + 10^9$ è uguale a:**

A 2.100.000.000
B 10^{14}
C 2.100.000
D $20^9 + 10^8$
E $2{,}1 \cdot 10^8$

35 **In un'equazione di secondo grado a coefficienti reali:**

A il segno dei coefficienti consente di stabilire se le radici sono reali
B le soluzioni non sono reali se il discriminante è positivo
C la somma delle radici è sempre reale
D il prodotto delle radici è sempre positivo
E le soluzioni sono reali se il discriminante è negativo

36 **Un rettangolo mantiene la stessa area se si aumenta la sua base di 8 cm e si diminuisce di 5 cm la sua altezza. Se invece si diminuisce la base di 5 cm e si aumenta l'altezza di 8 cm, la sua area aumenta di 130 cm². I lati, espressi in centimetri, sono:**

A $x = 40; y = 30$
B $x = 170; y = 40$
C $x = 24; y = 20$
D $x = 20; y = 24$
E non esiste soluzione

37 **L'espressione $x^2 + y^2 + 4x + 6y + 4 = 0$ rappresenta una circonferenza il cui raggio è:**

A 4 B 24 C 6 D 3 E 2

38 **Se $ax + by + c = 0$ e $a'x + b'y + c' = 0$ sono le equazioni di due rette distinte del piano, entrambe passanti per il punto P_0 di coordinate $(x_0; y_0)$, cosa può dirsi dell'insieme I dei punti che soddisfano la seguente equazione?**

$$2(ax + by + c) + 3(a'x + b'y + c') = 0$$

A I è una retta passante per P_0
B I è una retta, ma non sempre passa per P_0
C P_0 appartiene a I, ma I non sempre è una retta
D P_0 non appartiene a I, che non sempre è una retta
E Non ci sono dati sufficienti per rispondere

39 **In un triangolo rettangolo la mediana relativa all'ipotenusa:**

A è pari al cateto maggiore
B è pari al cateto minore
C è pari alla metà dell'ipotenusa
D è pari alla media aritmetica delle lunghezze dei cateti
E non ha relazione con i lati

40 **La metà di $\left(\frac{1}{2}\right)^{50}$ è uguale a:**

A $\left(\frac{1}{4}\right)^{25}$ B $\left(\frac{1}{2}\right)^{51}$ C $\left(\frac{1}{4}\right)^{50}$ D $\left(\frac{1}{2}\right)^{25}$ E $\left(\frac{1}{2}\right)^{49}$

SESTA PROVA

Scienze

Tempo a disposizione: 20 minuti

41 Quale delle seguenti affermazioni è sicuramente FALSA?

A La resistenza di un conduttore ohmico è inversamente proporzionale alla sua sezione
B La resistenza di un conduttore ohmico è direttamente proporzionale alla sua lunghezza
C La resistenza di un conduttore ohmico dipende dalla sua temperatura
D La resistenza di un conduttore ohmico dipende dal materiale di cui è costituito
E La resistenza di un conduttore ohmico è inversamente proporzionale alla sua temperatura termodinamica assoluta

42 Un oggetto viene lanciato verticalmente verso l'alto con una determinata velocità. Trascurando la resistenza dell'aria, indicare quale delle seguenti affermazioni è corretta:

A l'energia cinetica dell'oggetto è massima alla massima altezza raggiunta
B in accordo al principio di conservazione dell'energia meccanica l'energia totale dell'oggetto è costante durante il moto
C in accordo al principio di conservazione della quantità di moto, la quantità di moto dell'oggetto rimane costante durante il moto
D l'oggetto percorre uguali distanze in uguali tempi durante il percorso
E nessuna delle precedenti

43 Un corpo è appoggiato sopra un piano inclinato avente la base *b* = 4 m.

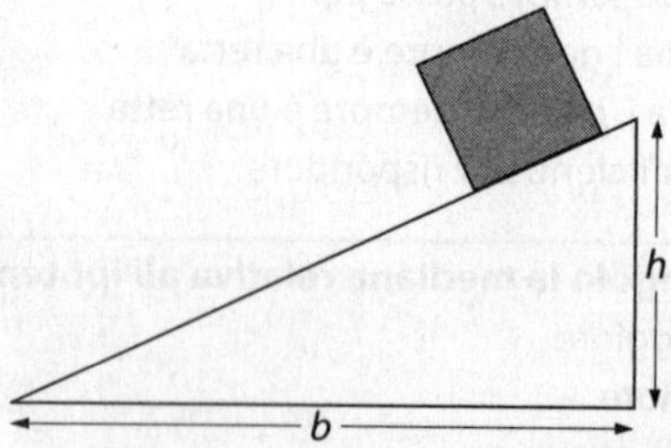

Sapendo che il coefficiente di attrito è 0,75, quale valore massimo può assumere l'altezza *h* senza che il corpo scivoli verso il basso?

A $h = 5{,}3$ m
B $h = 7{,}5$ m
C $h = 3$ m
D $h = 4{,}75$ m
E $h = 3{,}5$ m

SESTA PROVA

44 **Nell'urto anelastico di due corpi non soggetti a vincoli la quantità di moto del sistema da essi costituito:**

A si trasforma completamente in calore
B si conserva solo se hanno massa uguale
C non si conserva
D si trasforma in energia potenziale
E si conserva

45 **Sia dato un condotto di sezione variabile in cui scorre un liquido. Quale delle seguenti affermazioni è vera?**

A La velocità del fluido è costante in ogni punto del condotto
B La portata del condotto è costante
C La pressione del fluido è costante
D Velocità, pressione e portata variano da punto a punto poiché varia la sezione del condotto
E La portata è inversamente proporzionale alla sezione

46 **Il fenomeno della riflessione totale della luce si verifica quando un raggio luminoso:**

A passa dall'aria al vetro con un angolo di incidenza superiore a un angolo critico
B passa dal vetro all'aria con un angolo di incidenza superiore a un angolo critico
C incide su una superficie metallica
D incide sulla superficie di un mezzo trasparente con un angolo di incidenza di 45 gradi
E passa da un vetro a un altro in condizioni di incidenza normale

47 **Indicare la definizione di mole.**

A Quantità di molecole, atomi o ioni pari al peso molecolare
B Quantità di molecole, atomi o ioni pari alla molarità della soluzione
C Quantità di molecole, atomi o ioni pari al numero di Avogadro
D Peso molecolare pari al numero di Avogadro
E Rapporto tra numero di Avogadro e peso molecolare

48 **L'energia di un orbitale:**

A diminuisce al crescere del numero quantico principale (*n*)
B aumenta al crescere del numero quantico principale (*n*)
C è indipendente dal valore del numero quantico principale (*n*)
D è inversamente proporzionale al numero quantico secondario (*l*)
E è indipendente dal valore del numero quantico secondario (*l*)

49 **Indicare quale delle seguenti equazioni è bilanciata.**

A $C_6H_{12}O_6 + 6\,O_2 \rightarrow 6\,CO_2 + 6\,H_2O$
B $4\,NH_3 + 5\,O_2 \rightarrow 4\,NO_2 + 6\,H_2O$
C $3\,Ca(OH)_2 + 2\,H_3PO_4 \rightarrow Ca_3(PO_4)_2 + H_2O$
D $NH_3 + 2\,H_2 \rightarrow NH_4^+$
E Nessuna

50 **Nei perossidi, l'ossigeno ha numero di ossidazione:**

A +2 B −2 C 0 D +1 E −1

SESTA PROVA

Soluzioni della sesta prova

Alpha Test — **Risposte esatte della sesta prova**

VERIFICARE LE RISPOSTE RELATIVE ALLE DOMANDE DELLA SESTA PROVA

	A	B	C	D	E		A	B	C	D	E
1	■	□	□	□	□	26	□	□	■	□	□
2	□	□	■	□	□	27	■	□	□	□	□
3	□	□	□	□	■	28	□	■	□	□	□
4	■	□	□	□	□	29	□	□	■	□	□
5	□	□	□	■	□	30	■	□	□	□	□
6	□	■	□	□	□	31	□	■	□	□	□
7	□	□	■	□	□	32	■	□	□	□	□
8	□	■	□	□	□	33	■	□	□	□	□
9	□	□	■	□	□	34	■	□	□	□	□
10	□	□	□	■	□	35	□	□	■	□	□
11	■	□	□	□	□	36	■	□	□	□	□
12	□	□	□	■	□	37	□	□	□	■	□
13	□	□	□	■	□	38	■	□	□	□	□
14	□	□	■	□	□	39	□	□	■	□	□
15	■	□	□	□	□	40	□	■	□	□	□
16	■	□	□	□	□	41	□	□	□	□	■
17	□	■	□	□	□	42	□	■	□	□	□
18	□	□	□	■	□	43	□	□	■	□	□
19	■	□	□	□	□	44	□	□	□	□	■
20	□	□	■	□	□	45	□	■	□	□	□
21	□	□	□	□	■	46	□	■	□	□	□
22	□	□	□	■	□	47	□	□	■	□	□
23	□	□	■	□	□	48	□	■	□	□	□
24	□	□	□	□	■	49	■	□	□	□	□
25	□	■	□	□	□	50	□	□	□	□	■

Prove di verifica

SETTIMA PROVA

Alpha Test

Scheda per le risposte della settima prova

CONTRASSEGNARE LE RISPOSTE RELATIVE ALLE DOMANDE DELLA SETTIMA PROVA

	A	B	C	D	E		A	B	C	D	E
1						26					
2						27					
3						28					
4						29					
5						30					
6						31					
7						32					
8						33					
9						34					
10						35					
11						36					
12						37					
13						38					
14						39					
15						40					
16						41					
17						42					
18						43					
19						44					
20						45					
21						46					
22						47					
23						48					
24						49					
25						50					

SETTIMA PROVA

Tempo complessivo: 110 minuti

Logica

Tempo a disposizione: 20 minuti

Risolvere i seguenti problemi.

1 In un'azienda lavorano Carlo, Fausto e Marco, come magazziniere, programmatore e grafico (non necessariamente in quest'ordine). Il magazziniere è il più alto di statura, e non ha figli. Carlo è figlio di Marco, ed è più basso di statura del programmatore.

Quale delle seguenti affermazioni è compatibile con le premesse date?

- A Carlo è il grafico, Fausto è il magazziniere, Marco è il programmatore
- B Fausto è il grafico, Carlo è il magazziniere, Marco è il programmatore
- C Marco è il grafico, Fausto è il magazziniere, Carlo è il programmatore
- D Carlo è il grafico, Fausto è il programmatore
- E Non è possibile attribuire esattamente a ciascuna persona il proprio ruolo

2 Nel condominio di Gianluca si verifica una strana situazione: in nessun appartamento ci sono lo stesso numero di libri. Inoltre:

- **in nessun appartamento ci sono 11 libri;**
- **in ogni appartamento il numero di libri contenuto è inferiore rispetto al numero di appartamenti del condominio.**

Quanti sono al massimo gli appartamenti?

- A 12
- B 11
- C 10
- D Più del numero di libri contenuto nell'intero condominio
- E Non è possibile stabilirlo con certezza

3 Una clessidra in un'ora lascia cadere 1 hg di sabbia. Quanto tempo è passato se sono caduti 45 g di sabbia?

- A Un giorno e 21 h
- B 2 h e 13 min
- C 3 min
- D 4 h e 30 min
- E 27 min

4 Claudio costruisce un puzzle riuscendo a posizionare ogni giorno 1/3 dei pezzi rimasti e, dopo tre giorni, gli rimangono 80 tasselli. Da quanti pezzi è composto il puzzle complessivamente?

- A 2160
- B 27/8
- C 250
- D 270
- E 800

5 Paola si trova in una stanza buia e estrae a caso dalla scarpiera (senza reinserirle) alcune scarpe. Sapendo la scarpiera contenente 5 paia diverse di scarpe, qual è il minimo numero di scarpe che deve estrarre per essere sicura di trovarne un paio utilizzabile, cioè una destra e una sinistra dello stesso paio?

- A 3 scarpe
- B 4 scarpe
- C 5 scarpe
- D 6 scarpe
- E 7 scarpe

6 Non è sbagliato evitare di rinunciare a non violare la legge pur non avendo dubbi sull'impossibilità di essere colti in flagrante.
Qual è il corretto significato della precedente affermazione?

- A Non si deve violare la legge, in ogni caso
- B Non si deve violare la legge perché si è sicuri di essere colti in flagrante
- C Si può violare la legge, in quanto si è sicuri di non essere colti in flagrante
- D Si può scegliere se violare o meno la legge, a seconda della probabilità di essere colti in flagrante
- E Nessuna delle precedenti

7 Individuare la figura che completa correttamente la seguente serie.

8 Individuare il numero mancante.

4, 7, 5, 20, 23, 21, ...?

- A 27
- B 146
- C 84
- D 81
- E 35

9 **Individuare il numero mancante.**

2	4	12
3	5	?
1	1	4

A 16 **B** 22 **C** 5 **D** 17 **E** 14

10 **Individuare il numero mancante.**

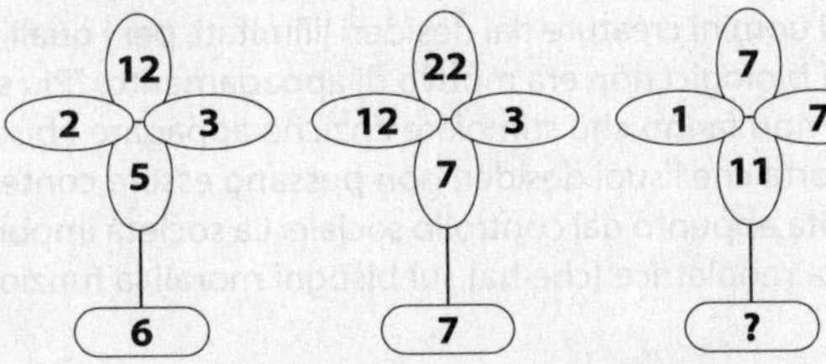

A 8 **B** 7 **C** 6 **D** 5 **E** 4

Comprensione verbale

Tempo a disposizione: 20 minuti

In base alle informazioni contenute nel brano seguente, rispondere alle successive domande.

Durkheim considerava gli uomini creature dai desideri illimitati, per i quali, a differenza di altri animali, la soddisfazione dei bisogni biologici non era motivo di appagamento. "Più si ha e più si vorrebbe avere, e le soddisfazioni ottenute non fanno che stimolare anziché appagare i bisogni". La naturale insaziabilità dell'essere umano, comporta che i suoi desideri non possano essere contenuti se non tramite un'azione limitativa esterna, costituita appunto dal controllo sociale. La società impone dei limiti ai desideri umani, e costituisce "una potenza regolatrice [che ha] sui bisogni morali la funzione che l'organismo svolge su quelli fisici".

Nelle società ben regolate, il controllo sociale pone dei limiti alle inclinazioni individuali in modo tale che ognuno tende, nella sua sfera, a rendersi conto del punto estremo cui possono giungere le aspirazioni e non aspira a nulla che lo oltrepassi ... segnando così un termine e uno scopo alle passioni. Quando i vincoli sociali si indeboliscono, l'influenza esercitata dalla società per contenere le inclinazioni individuali viene meno e gli individui sono lasciati in balia delle loro passioni. Un tale stato di cose viene definito da Durkheim anomia, termine che si riferisce a quella condizione di relativa assenza di norme che può caratterizzare una società nel suo complesso o alcuni suoi gruppi componenti. L'anomia non si riferisce a uno stato mentale, ma a una proprietà della struttura sociale; è specifica di una condizione in cui i desideri individuali non trovano più una regolamentazione nelle norme comuni e dove, pertanto, gli individui sono lasciati senza una guida morale nel perseguimento dei loro obiettivi.

Sebbene una situazione di completa anomia, o di totale assenza di norme, sia empiricamente impossibile, le società possono essere caratterizzate da un grado maggiore o minore di regolamentazione normativa. Inoltre, all'interno di qualsiasi specifica società, i gruppi possono differire tra loro in relazione al grado di anomia che li contraddistingue. Il mutamento sociale può produrre anomia sia nell'intera società sia in alcune parti di essa. Le crisi economiche, per esempio, possono avere conseguenze più rilevanti su coloro che occupano gli strati più elevati della piramide sociale che sulla popolazione sottostante. Quando un disastro economico spinge bruscamente certi individui verso una situazione inferiore a quella occupata sino allora, quanti ne sono colpiti sperimentano nella loro esistenza una perdita di quei parametri normativi, di quelle certezze morali e di quelle aspettative abituali non più vivificate dal gruppo cui essi appartenevano. Analogamente, un improvviso accrescimento di potenza e di fortuna, comportando per taluni individui un subitaneo processo di mobilità ascensionale, li priva, nel loro nuovo stile di vita, del necessario sostegno sociale. Qualsiasi rapido mutamento nella struttura sociale, che sconvolga la precedente rete di rapporti di cui gli stili di vita sono intessuti, porta con sé una possibilità di anomia.

Durkheim sosteneva che il benessere economico, eccitando i desideri umani, reca con sé un pericolo di condizioni anomiche perché "ci dà l'illusione di far capo solamente a noi stessi", mentre "la povertà protegge dal suicidio [in quanto] è di per sé un freno". Poiché la soddisfazione dei desideri umani dipende dalle risorse di cui si dispone, i poveri, possedendo soltanto mezzi limitati, sono costretti ad autoregolarsi e sono quindi meno soggetti all'anomia. "Meno si possiede meno si è portati ad allargare senza limiti la cerchia dei bisogni".

Spiegando la diversa propensione dell'anomia in termini di processo sociale, cioè sulla base dei rapporti interindividuali piuttosto che delle inclinazioni dei singoli individui, Durkheim propose una teoria propriamente sociologica del comportamento deviante anche se non riuscì a indicare le implicazioni generali di tale decisiva intuizione. Robert K. Merton, che fu il primo a individuare le implicazioni generali del pensiero di Durkheim a tale riguardo e a svilupparle in modo metodico, precisò come "le strutture sociali esercitino una pressione ben definita su certi membri della società, tanto da indurli a una condotta non conformista anziché a una conformista".

Durkheim, in tutto il suo programma di studio, in tutta la sua opera, ebbe come problema dominante quello di ricercare le origini dell'ordine e del disordine sociale, alla costituzione di una salda normativa o al venir meno di essa. La sua opera sul suicidio, di cui una parte è dedicata alla discussione e all'analisi dell'anomia, deve essere letta in tale ottica. Dopo aver scoperto che certi tipi di suicidio possono essere spiegati con il ricorso al concetto di anomia, Durkheim fu in grado di utilizzare il suicidio anomico come indice del grado di integrazione sociale altrimenti non misurabile. Non si è trattato di un ragionamento circolare, come si potrebbe sostenere, ma di una ulteriore applicazione del suo metodo di analisi. Egli infatti ha così proceduto nel suo ragionamento: non esistono società in cui il suicidio non si verifichi; inoltre molte società mostrano, nel lungo periodo, tassi di suicidio sostanzialmente costanti. Ciò indica che i suicidi possono essere considerati un fatto "normale", cioè un evento non patologico. Tuttavia, improvvisi aumenti in taluni gruppi o in talune società globali, dei tassi di suicidio sono "anormali", e rivelano l'esistenza di taluni elementi perturbatori non presenti in precedenza. Da ciò deriva che percentuali di suicidi patologicamente elevate in gruppi o categorie sociali specifiche o in società globali, possono essere considerate come un indice dell'azione di forze disgreganti all'interno di una struttura sociale.

Durkheim sulla base del rapporto tra il suicida e la società, distinse vari tipi di suicidio. Quando gli uomini diventano "distaccati dalla società", quando essi sono abbandonati ai loro impulsi e liberati dai vincoli per mezzo dei quali precedentemente erano legati ai loro simili, tendono al suicidio egoistico o individualistico. Quando le regole sociali che guidano la condotta individuale si affievoliscono, non riuscendo così a reprimere e a condizionare le inclinazioni umane, si è esposti al suicidio anomico.

---

11 L'autore del brano riconosce quale nucleo principale del pensiero di Durkheim:

A l'identificazione nella povertà dello stato di miglior sanità morale

B la distinzione fra due differenti tipologie di suicidio: quello anomico e quello egoistico

C l'identificazione nella ricchezza delle cause del suicidio

D l'analisi sociologica che conduce alla formulazione del concetto di anomia

E il riconoscimento del suicidio come stato non patologico della società

---

12 Il brano potrebbe verosimilmente essere parte di:

A un volume di storia del pensiero sociologico

B un volume di storia politica

C un'enciclopedia generale

D un articolo di un settimanale

E un articolo di un quotidiano

---

13 Qual è la differenza fondamentale fra suicidio anomico e suicidio egoistico?

A Il primo è la conseguenza di regole sociali ammorbidite e il secondo è la conseguenza della rottura dei vincoli che tengono legati gli uomini fra loro

B Il suicidio egoistico è determinata dalla mancanza di leggi ferree, mentre quello anomico è causato dalla mancanza di valori personali

C Il suicidio anomico si può verificare solo in società in decadenza, mentre il suicidio egoistico è prodotto solo da momenti di crisi personali di ogni suicida

D Sono la stessa cosa, varia solo il modo in cui vengono considerati in relazione ai parenti dei suicidi

E Il suicidio egoistico riguarda gli individui che vivono da soli, quello anomico riguarda gli individui che non rispettano nessuna legge

SETTIMA PROVA

14 Secondo l'autore del brano, il suicidio anomico è indice:

- **A** dell'incapacità di adattamento degli individui
- **B** del grado di disintegrazione civica
- **C** del grado di povertà di valori di una società
- **D** del grado di povertà economica di una società
- **E** del grado di integrazione sociale

15 Vi è qualche elemento nel brano che lascia trasparire la posizione dell'autore nei confronti dell'analisi sociologica di Durkheim?

- **A** Sì, può sembrare che l'autore condivida l'analisi sulle cause che generano il suicidio
- **B** Sì, in relazione alla condanna dell'esasperata ricerca di ricchezza come generatrice di continui bisogni e quindi di infelicità
- **C** No, il tono del brano è oggettivo e distaccato e si limita a riportare una teoria senza esprimere giudizi a tal proposito
- **D** No, perché il tono del brano è divulgativo e non si vuole influenzare i lettori che ignorano i fondamenti della sociologia
- **E** Sì, l'autore condivide la necessità che la società imponga rigide e invasive leggi per evitare fasi di decadenza

In base alle informazioni contenute nel brano seguente, rispondere alle successive domande.

Quando si tratta di spiegare i meccanismi che regolano la socializzazione della persona, ci rivolgiamo naturalmente agli psicologi delle diverse scuole. Non si tratta tuttavia di ricostruire qui tutto il processo di sviluppo e di strutturazione della personalità; alla sociologia è sufficiente attingere ai lavori degli psicologi ciò che riguarda più particolarmente la formazione di quella che si potrebbe chiamare "personalità sociale" o più esattamente lo sviluppo dell'attitudine all'azione sociale e l'acquisizione dei suoi requisiti: norme, valori, simboli ecc. È questa una distinzione che non piace a tutti gli psicologi. Costoro ci diranno, non senza ragione, che la personalità è globale e che non si presta a una tale chirurgia. Noi siamo costretti a mantenere ugualmente questa distinzione analitica, per comodità di esposizione.

Il problema che bisogna risolvere si pone in termini di motivazione e si può formulare nel modo seguente: in che modo una persona umana – in particolare il bambino, ma anche l'adulto – è portata a orientare la propria azione secondo i motivi, le aspirazioni, gli scopi che le sono proposti da una cultura, e che sono dominanti in una data collettività, in modo che, vista dall'esterno, la sua condotta sembra subire la costrizione di una pressione e dà l'immagine della conformità o della standardizzazione? Più brevemente, ci si può chiedere: in che modo una persona sviluppa la motivazione necessaria per un'azione normativamente orientata? Se una persona, agendo in conformità alle norme e ai valori di una collettività o di una cultura, segue in ciò la propria coscienza morale e risponde a un bisogno che considera "normale" o "naturale", è perché è positivamente motivata ad agire così. Ora, si sa che una tale motivazione non è inscritta nella natura biologica dell'uomo e che non fa neppure parte della "essenza della natura umana", poiché oggetti differenti, svariati modi di fare possono soddisfarla. Un cucciolo che succhia il latte per la prima volta sembra obbedire a un impulso interno, a un istinto, perché potrà farlo prima ancora di avere aperto gli occhi e di avere visto la madre che glielo indica. È l'ordine *naturale* che lo governa. Ma l'occidentale che preferisce mangiare con il coltello e la forchetta, e nel maneggiarli sa distinguere le "buone" dalle "cattive" maniere, non ha ereditato né questa preferenza né questo giudizio insieme al bisogno biologico che ha di mangiare e di bere. È l'ordine della *cultura* che lo governa. In che modo l'ordine della cultura s'impone all'uomo?

In un modo più generale, è il problema che è stato posto da Hobbes nel *Leviatano*. Hobbes ha infatti efficacemente dimostrato che occorreva spiegare come mai la società esista e permanga senza diventare una "guerra di tutti contro tutti". In altri termini, si è chiesto Hobbes, che cosa fa sì che gli uomini non ricorrano tutti alla frode e alla violenza nel conseguimento dei loro scopi personali? Come avviene che essi possano mantenere relativamente stabile una società invece di massacrarsi e di uccidersi a vicenda?

Come spiegare che l'uomo sia generalmente motivato interiormente a seguire le norme sociali, ad aderire ai valori del suo ambiente, a identificarsi con dei "Noi"?

La risposta, o almeno parte della risposta, risiede nei meccanismi psichici della socializzazione umana. Senza troppo addentrarsi nei dettagli, e semplificando le cose in maniera accettabile, si può dire che esistono due meccanismi principali della socializzazione, che sono: l'apprendimento e l'interiorizzazione dell'altro. L'apprendimento consiste nell'acquisizione di riflessi, abitudini, atteggiamenti, che si inscrivono nell'organismo e nella psiche della persona guidando la sua condotta. L'imitazione, l'applicazione di ricompense o di punizioni, le prove e gli errori sono i quattro procedimenti principali attraverso i quali si realizza l'apprendimento. Per quanto riguarda l'interiorizzazione, essa completa il precedente meccanismo: infatti, specchiandosi nello sguardo degli altri, una persona costruisce il proprio Sé attraverso l'immagine che crede di aver loro offerto e attraverso i giudizi che attribuisce loro nei propri confronti. La coscienza esistenziale, la coscienza di esistere e di essere se stessi è dunque il prodotto, nello stesso tempo, dell'intuizione delle percezioni del Sé attraverso l'altro e della comunicazione con gli altri.

---

16 Qual è lo scopo principale del brano?

- **A** Evidenziare i meccanismi fondamentali della socializzazione umana
- **B** Spiegare la teoria sociologica di Hobbes
- **C** Svalutare il lavoro degli psicologi che si occupano di problemi sociali
- **D** Creare una gerarchia fra la provenienza naturale e quella culturale dei valori umani
- **E** Spiegare la provenienza delle "buone maniere" nella società

---

17 Questo brano può verosimilmente essere parte di:

- **A** un volume di etologia comparata
- **B** un inserto di un mensile specializzato in psicologia
- **C** un volume di introduzione alla sociologia
- **D** un testo introduttivo allo studio della cultura orientale
- **E** un volume di analisi comportamentale comparata

---

18 Per quale motivo, presumibilmente, l'autore del brano cita Hobbes e il *Leviatano*?

- **A** Perché, in seguito, intende esporre dettagliatamente le teorie politiche di Hobbes
- **B** Perché serve per introdurre un discorso più generale ai meccanismi della socializzazione
- **C** Perché Hobbes spiega la genesi della società civile
- **D** Per confutarne le tesi
- **E** Per avvalorarne le analisi sociologiche

---

19 Quale potrebbe essere il titolo del brano?

- **A** Ereditarietà o ambiente sociale?
- **B** La teoria dell'apprendimento
- **C** La sociologia di Hobbes
- **D** I rapporti tra psicologia e sociologia
- **E** I meccanismi della socializzazione

---

20 Da quanto scritto nel brano, si può desumere che l'autore:

- **A** è convinto che l'apprendimento sia da ricondurre all'influenza dell'ambiente esterno
- **B** riconosce nell'attività combinata di ambiente esterno e ereditarietà il risultato dell'apprendimento
- **C** ritiene che l'apprendimento sia da ricondurre all'ereditarietà
- **D** riconosce l'importanza di ereditarietà e ambiente esterno e integra entrambe ricorrendo al *significato* che ciascuno dà a entrambi gli stimoli
- **E** non prende alcuna posizione ma si limita a riportare le due opzioni

SETTIMA PROVA

Matematica

Tempo a disposizione: 50 minuti

21 La funzione $y = \log x$ esiste:

A sempre
B per $x \geq 0$
C per $x > 0$
D per $x \geq 1$
E per $x \leq 0$

22 Se n è un numero naturale (n = 1, 2, 3, ...), allora $n(n + 1)$ è:

A pari solo se n è pari
B dispari solo se n è dispari
C sempre pari
D sempre dispari
E dispari solo se n è pari

23 Nel piano cartesiano l'insieme dei punti soddisfacenti l'equazione $xy = 0$ è rappresentato:

A dall'origine degli assi
B dall'unione di due rette
C da un'iperbole equilatera
D dalla bisettrice del II e IV quadrante
E dalla bisettrice del I e III quadrante

24 Quanti numeri interi soddisfano l'equazione $(x^2 - x - 1)^{(x+2)} = 1$?

A 2
B 3
C 4
D 5
E Infiniti

25 Se l'equazione $x^2 + ax + b = 0$ ha soluzioni 5 e 1, il discriminante vale:

A 4
B 16
C 56
D 29
E 1

SETTIMA PROVA

26 Moltiplicando due numeri negativi maggiori di – 1 si ottiene sempre un numero:

A minore del minore dei due
B maggiore del minore dei due
C maggiore del maggiore dei due
D maggiore o al più uguale a 1
E maggiore di 1

27 Le radici dell'equazione $5x^2 - 7x - 6 = 0$ sono:

A $-6/7 ; 5$
B $-3/5 ; 9$
C $3/4 ; 2$
D $6/7 ; 3$
E $-3/5 ; 2$

28 Quale, tra i seguenti numeri, è divisibile per 3?

A 26
B 61
C 57
D 43
E 46

29 Le misure di due grandezze *x* e *y* fra loro dipendenti sono espresse dai seguenti valori numerici:

x	1	2	3	4	5
y	1,5	6	13,5	24	37,5

Possiamo affermare che *y* è:

A inversamente proporzionale a x^2
B direttamente proporzionale a x
C inversamente proporzionale a x
D direttamente proporzionale a x^2
E nessuna delle risposte precedenti è corretta

30 In quali casi il logaritmo naturale di un numero è positivo?

A Quando il numero è maggiore di zero ma minore di uno
B Quando il numero è uguale a uno
C Quando il numero è maggiore di uno
D Per nessun numero
E Per ogni numero

31 Un quadrato è il solo quadrilatero avente:

A i lati uguali
B gli angoli uguali
C gli angoli retti
D le diagonali perpendicolari
E i lati e gli angoli uguali

SETTIMA PROVA

32 Un'urna contiene solo palline bianche e palline nere; le palline nere sono 75 e sono i 5/3 delle bianche. L'urna contiene in tutto:

A 45 palline
B 100 palline
C 120 palline
D 125 palline
E 135 palline

33 L'espressione $1/3 \cdot \pi \cdot h^2 (3r - h)$, con h e r lunghezze, rappresenta:

A un prodotto di due superfici
B un volume
C una superficie
D una somma di lunghezze
E il prodotto di un volume per una lunghezza

34 Il diametro della sfera circoscritta al cubo di spigolo $l = 4$ è:

A 2
B 8
C $4 \cdot \sqrt{3}$
D 12
E $4/\sqrt{3}$

35 La funzione cartesiana $3 \cdot (x^2 + y^2) = 4$ rappresenta:

A un'iperbole
B una retta
C una circonferenza
D una parabola
E un'ellisse

36 L'equazione $x^2 + 49 = 0$ ha soluzioni:

A non reali
B $x = 7$
C $x = -7$
D reali
E irrazionali

37 Siano a e b numeri reali non nulli; le radici reali dell'equazione $x^2 + (a^2 + 1)x + b^2$, se esistono e sono distinte, sono:

A entrambe positive
B entrambe negative
C una positiva e l'altra negativa
D nulla si può dire con considerazioni immediate; occorre fare il calcolo
E occorre conoscere almeno il valore di a

38 **Nel piano cartesiano *Oxy* la retta passante per (1; 2) e perpendicolare alla retta di equazione $2x - 7y + 10 = 0$ ha equazione:**

A $2x - 7y + 12 = 0$

B $7x + 2y - 11 = 0$

C $2x + 7y - 16 = 0$

D $7x - 2y - 3 = 0$

E $2x + 7y - 12 = 0$

39 **ABCD è un quadrilatero piano di forma irregolare; per farne il disegno è sufficiente avere:**

A le misure dei quattro lati AB, BC, CD e DA e di uno degli angoli

B le misure dei tre lati AB, BC, CD e della diagonale BD

C le misure dei tre lati AB, BC, CD, l'ampiezza dell'angolo $A\hat{B}C$ e la lunghezza della diagonale AC

D le misure del lato AB e dei quattro angoli $A\hat{B}C$, $B\hat{C}D$, $C\hat{D}A$ e $D\hat{A}B$

E nessuna delle precedenti affermazioni è corretta

40 **Dati 4 segmenti, di lunghezza 10, 15, 20, 25 cm, quanti triangoli non degeneri si possono costruire con tali segmenti (usando i segmenti anche più di una volta)?**

A 4

B 20

C 13

D 17

E 6

SETTIMA PROVA

Scienze

Tempo a disposizione: 20 minuti

41 **Un ragazzo scivola a velocità costante lungo uno scivolo del parco giochi. Tenendo conto dell'attrito quale delle seguenti affermazioni è corretta?**

- **A** Le forze di attrito compiono un lavoro nullo
- **B** La risultante delle forze applicate è nulla
- **C** La forza di attrito è maggiore della risultante delle altre forze agenti
- **D** La risultante delle forze applicate è diretta verso l'alto
- **E** La risultante delle forze applicate è diretta verso il basso

42 **Se l'energia cinetica di un corpo raddoppia, la sua velocità:**

- **A** diminuisce
- **B** quadruplica
- **C** aumenta di un fattore 1,41
- **D** raddoppia
- **E** si dimezza

43 **Sia P_0 la pressione atmosferica che agisce sulla superficie libera di una colonna di liquido di altezza *h* (densità assoluta ρ e massa *m*). La pressione totale P_t che agisce alla base della colonna è:**

- **A** $P_t = P_0 - \rho gh$
- **B** $P_t = P_0 + gh$
- **C** $P_t = P_0 + mgh$
- **D** $P_t = \rho gh$
- **E** $P_t = P_0 + \rho gh$

44 **Quale delle seguenti affermazioni è vera?**

- **A** La luce e il suono si propagano anche nel vuoto, ma non con la stessa velocità
- **B** Il suono si propaga con velocità differenti in mezzi differenti, mentre la luce ha sempre la stessa velocità in qualunque mezzo
- **C** La luce si propaga con velocità differenti in mezzi differenti, mentre il suono ha sempre la stessa velocità in qualunque mezzo
- **D** Sia la luce sia il suono si propagano con velocità differenti in mezzi differenti
- **E** Le precedenti affermazioni sono tutte false

45 **Se un suono si propaga in un certo mezzo con una velocità di 500 m/s e ha una frequenza di 100 Hz, la lunghezza d'onda di tale suono è:**

- **A** 500/100 = 5 metri
- **B** 500 · 100 = 50.000 metri
- **C** 100/500 = 0,2 metri
- **D** 500 – 100 = 400 metri
- **E** zero

46 **Due conduttori di resistenza R_1 e R_2 connessi in parallelo sono equivalenti a uno di resistenza:**

A $(R_1 \cdot R_2)/(R_1 + R_2)$
B $R_1 - R_2$
C $R_1 \cdot R_2$
D $R_1 + R_2$
E $2(R_1 + R_2)$

47 **Nello ione potassio (Z = 19, PA = 39):**

A nel nucleo sono presenti 19 neutroni
B nel nucleo sono presenti 39 neutroni
C attorno al nucleo sono presenti 19 elettroni
D la massa atomica relativa è 39
E nel nucleo sono presenti 39 protoni

48 **Nel cloruro di magnesio, cloro e magnesio sono uniti da:**

A forze magnetiche
B forze di Van der Waals
C forze elettrostatiche
D forze gravitazionali
E legami covalenti

49 **Nella reazione $Br_2 + 2\,KI \rightarrow 2\,KBr + I_2$ l'agente ossidante è:**

A Br_2
B KI
C KBr
D I_2
E Br^-

50 **Se il ΔG di una reazione è maggiore di zero, la reazione è:**

A spontanea
B spontanea ad alta temperatura
C spontanea ad alta pressione
D non spontanea
E all'equilibrio

SETTIMA PROVA

Soluzioni della settima prova

Alpha Test

Risposte esatte della settima prova

VERIFICARE LE RISPOSTE RELATIVE ALLE DOMANDE DELLA SETTIMA PROVA

	A	B	C	D	E		A	B	C	D	E
1	■	□	□	□	□	26	□	□	■	□	□
2	□	□	■	□	□	27	□	□	□	□	■
3	□	□	□	□	■	28	□	□	■	□	□
4	□	□	□	■	□	29	□	□	□	■	□
5	□	□	□	■	□	30	□	□	■	□	□
6	■	□	□	□	□	31	□	□	□	□	■
7	□	□	■	□	□	32	□	□	■	□	□
8	□	□	■	□	□	33	□	■	□	□	□
9	■	□	□	□	□	34	□	□	■	□	□
10	□	□	□	■	□	35	□	□	■	□	□
11	□	□	□	■	□	36	■	□	□	□	□
12	■	□	□	□	□	37	□	■	□	□	□
13	■	□	□	□	□	38	□	■	□	□	□
14	□	□	□	□	■	39	■	□	□	□	□
15	□	□	■	□	□	40	□	□	□	■	□
16	■	□	□	□	□	41	□	■	□	□	□
17	□	□	■	□	□	42	□	□	■	□	□
18	□	■	□	□	□	43	□	□	□	□	■
19	□	□	□	□	■	44	□	□	□	■	□
20	□	□	□	■	□	45	■	□	□	□	□
21	□	□	■	□	□	46	■	□	□	□	□
22	□	□	■	□	□	47	□	□	□	■	□
23	□	■	□	□	□	48	□	□	■	□	□
24	□	■	□	□	□	49	■	□	□	□	□
25	□	■	□	□	□	50	□	□	□	■	□

SETTIMA PROVA

Prove di verifica

OTTAVA PROVA

Alpha Test

Scheda per le risposte della ottava prova

CONTRASSEGNARE LE RISPOSTE RELATIVE ALLE DOMANDE DELLA OTTAVA PROVA

	A	B	C	D	E
1					
2					
3					
4					
5					
6					
7					
8					
9					
10					
11					
12					
13					
14					
15					
16					
17					
18					
19					
20					
21					
22					
23					
24					
25					
26					
27					
28					
29					
30					
31					
32					
33					
34					
35					
36					
37					
38					
39					
40					
41					
42					
43					
44					
45					
46					
47					
48					
49					
50					

OTTAVA PROVA

Tempo complessivo: 110 minuti

Logica

Tempo a disposizione: 20 minuti

1 **Daniele, Paolo e Riccardo lavorano (non necessariamente in questo ordine) come contabile, programmatore e commerciale nell'azienda Alpha. Si sa che:**

- **se Daniele è il contabile allora Riccardo è il programmatore;**
- **se Daniele è il programmatore allora Riccardo è il commerciale;**
- **se Paolo non è il contabile allora Riccardo è il programmatore;**
- **se Riccardo è il commerciale allora Daniele è il programmatore.**

Dunque:

A Daniele è il commerciale e Riccardo è il programmatore
B Daniele è il contabile e Paolo è il programmatore
C Riccardo è il commerciale e Daniele è il programmatore
D Daniele è il contabile e Riccardo è il commerciale
E Daniele è il programmatore e Paolo è il commerciale

2 **In un sacchetto sono contenute molte palline rosse, nere e bianche. Quante palline bisogna estrarre come minimo dal sacchetto, per essere sicuri di averne almeno due dello stesso colore?**

A 3
B 4
C 6
D Tutte
E Per rispondere occorre conoscere il numero delle palline presenti nel sacchetto

3 **Delle tre figlie di Giacomo – Alma, Beatrice e Chiara – almeno una è bionda. Sapendo che se Alma è bionda anche Beatrice lo è, che se Chiara è bionda lo è anche Alma, e che tra Beatrice e Chiara una non è bionda, si può dedurre con certezza che:**

A Alma, Beatrice e Chiara sono bionde
B Beatrice non è bionda mentre Alma lo è
C Chiara è bionda
D Almeno uno delle tre figlie di Giacomo è mora
E Beatrice è bionda

4 **"Domenico è un amante della musica classica; chi suona la chitarra ama la musica classica; chi suona la chitarra ha le mani grandi".**
Se le precedenti affermazioni sono vere, allora, per poter dedurre che Domenico ha le mani grandi, a quale/i affermazioni aggiuntive si deve far ricorso?

I) Chi ama la musica classica suona la chitarra

II) Chi ha le mani grandi suona la chitarra

- A Solo alla I)
- B Solo alla II)
- C Sia alla I) sia alla II)
- D La II) consente di affermare con certezza che Domenico ha le mani grandi, mentre la I) consente di giungere a tale conclusione solo se vale contemporaneamente la II)
- E A nessuna delle due: anche senza informazioni aggiuntive si ricava che Domenico ha certamente le mani grandi

5 **Individuare la figura che completa correttamente la seguente serie.**

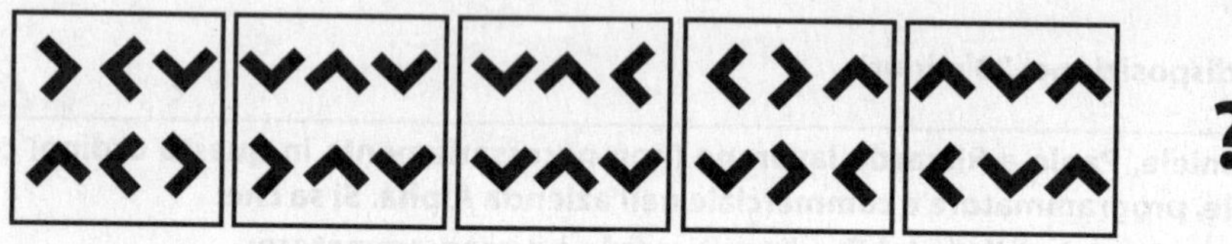

6 **Individuare la figura mancante.**

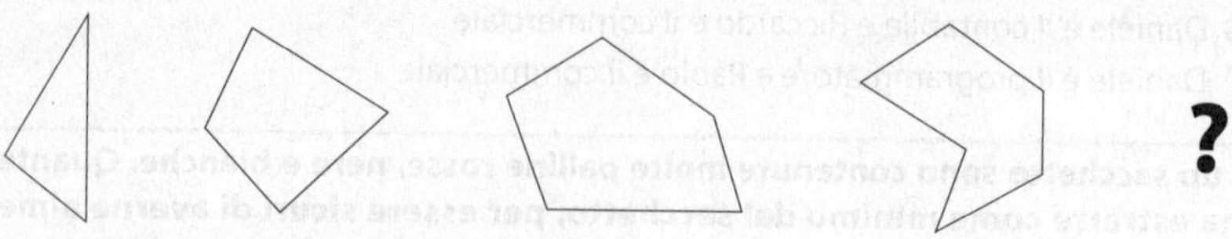

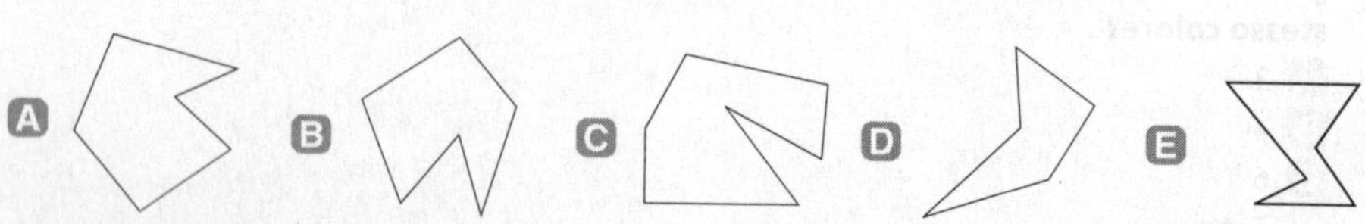

7 **Individuare il numero mancante.**

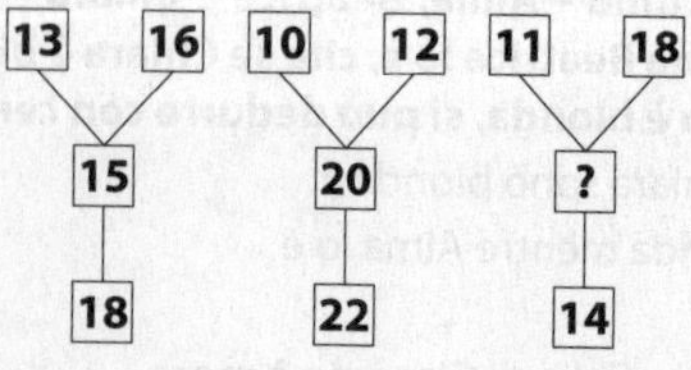

A 3 B 4 C 26 D 7 E 9

8 **Individuare il numero mancante.**

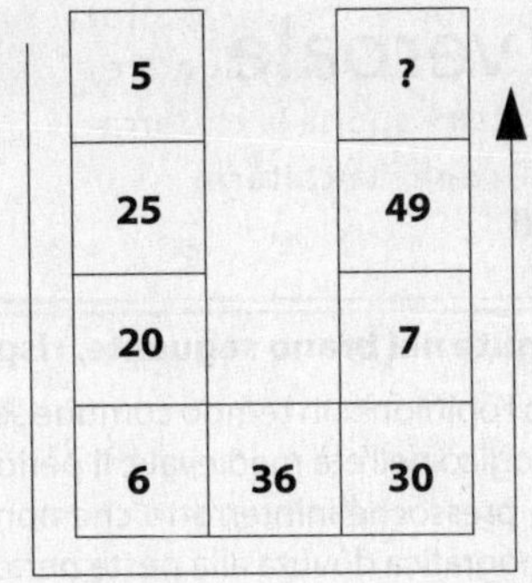

A 46 **B** 42 **C** 12 **D** 8 **E** 54

Negli esercizi seguenti individuare il numero o la lettera che completa la sequenza data.

9 **5, 25, 125, ..., 3.125 ?**

- **A** 2.125
- **B** 625
- **C** 1.125
- **D** 2.000
- **E** 2.225

10 **F, G, L, Q, ...?**

- **A** Z
- **B** S
- **C** A
- **D** U
- **E** T

OTTAVA PROVA

Comprensione verbale

Tempo a disposizione: 20 minuti

In base alle informazioni contenute nel brano seguente, rispondere alle successive domande.

La critica storica ha ormai confutato l'opinione un tempo comune secondo la quale non vi sarebbe stato alcun reale progresso scientifico e tecnologico nell'età medievale. Il periodo successivo al secolo XII fu infatti caratterizzato da uno sviluppo rapido e pressoché ininterrotto che non si esaurì neppure con il sopraggiungere della grande crisi economica e demografica dovuta alla peste nera. Sul piano culturale, col sorgere delle università si crearono dei centri per lo studio delle scienze naturali, studio che si basava in gran parte (ma non esclusivamente) sulle opere degli antichi greci. La tecnologia ricevette un forte impulso dallo sfruttamento di forze naturali quali l'acqua e il vento, dall'adozione di macchinari tessili e di una metallurgia più efficiente, nonché dal diffondersi di invenzioni più recenti come l'orologio meccanico, la bussola e la polvere da sparo, che aprirono una nuova era nella produzione, nel commercio e nella strategia militare. Naturalmente, si può obiettare che era ancora necessario smantellare buona parte delle dottrine elaborate nell'alto Medioevo perché le nuove idee e i nuovi metodi si potessero affermare nel campo della scienza e della medicina, e inoltre, che bisognava rivoluzionare le pratiche dell'artigianato medievale perché si potesse sviluppare una società moderna. Ciò nonostante, le conquiste raggiunte in ciascun campo verso la fine del XV secolo costituirono un salto di qualità rispetto agli standard prevalenti all'epoca di Carlo Magno, paragonabile soltanto a quello provocato dall'avvento della scienza e della tecnologia nel secolo XIX. Senza questo stadio intermedio, non avremmo avuto né la rivoluzione scientifica del secolo XVII, né la rivoluzione industriale del secolo XVIII.

Il riconoscimento di questi progressi è determinante per l'impostazione iniziale del nostro lavoro, in quanto sarebbe un errore attribuire tutti i mutamenti fondamentali della scienza e della tecnologia sia all'originalità senza precedenti del pensiero moderno, sia esclusivamente al gioco deterministico dei fattori economici. Nessuno di questi campi conobbe mai un momento di profonda e violenta transizione; al contrario, i cambiamenti si verificarono gradualmente man mano che nuovi metodi e nuove idee mostrarono la loro validità; alcuni orientamenti dell'età medievale ebbero applicazione concreta, mentre altri vennero abbandonati.

Contrariamente a quel che si può credere, neppure il fenomeno delle nuove invenzioni, che pure fu un attributo fondamentale della scienza e della tecnologia dell'Europa occidentale durante la prima fase dell'età moderna, produsse se non raramente dei mutamenti repentini nella vita economica o scientifica. Un aspetto basilare della progressiva differenziazione tra il mondo medievale e quello moderno forma il tema centrale di questo capitolo. Si tratta del rapporto tra il filosofo e l'artigiano, o, in termini moderni, tra lo scienziato e il tecnico. Troppo spesso si è ritenuto, in maniera alquanto sbrigativa, che la frattura esistente nella società medievale tra le due rispettive funzioni fosse essa stessa, in gran parte, la causa sia della sterilità della scienza che del livello rudimentale della tecnica. Si è finito in tal modo con il concludere che un duplice progresso ha avuto origine in tempi moderni dalla consapevolezza dei forti legami e della comunanza di interessi tra queste due funzioni: la scienza ha smesso di essere speculativa e la tecnologia è divenuta oggetto di analisi più serie. Di qui, il luogo comune che lo sviluppo tecnologico richieda un parallelo incoraggiamento della scienza "pura" e costituisca il requisito essenziale di una produzione efficiente. Il pericolo implicito in questa concezione è l'idea che la tecnologia si sviluppi sempre e soltanto se "guidata" dalla scienza, e, per converso, che la scienza avanzi soltanto se stimolata dai bisogni tecnici.

Ma, nel passato, le cose andarono ben diversamente. Nel Medioevo e nel Rinascimento, tale relazione tra lo studio della Natura e il controllo della Natura a scopi umani venne riconosciuta solo in alcuni casi particolari, tra cui quello dell'utilità di appurare le proprietà delle erbe nella cura delle malattie. Tuttavia questa connessione non venne ignorata per mera ottusità mentale, ma perché le condizioni oggettive le toglievano ogni reale valore. In effetti, le forme di ricerca scientifica allora in voga e i confusi processi di un artigiano tradizionale avevano così poco in comune che certamente nessun vantaggio sarebbe risultato da una più stretta collaborazione. Solo in alcuni casi molto limitati, la ricerca scientifica si rivelava utile a scopi pratici, come ad esempio nell'applicazione dell'astronomia alla navigazione oceanica nel secolo XV, oppure determinati bisogni pratici suggerivano ai filosofi "naturali" concreti problemi da risolvere. Benché la descrizione sistematica dei procedimenti commerciali sia cominciata soltanto nel corso del secolo XVII, buona parte delle nostre conoscenze in fatto di tecnologia dell'età medievale e della prima fase dell'età moderna risale ai resoconti dei mestieri dell'epoca redatti da uomini di cultura. Che tali scrittori, malgrado l'interesse che portavano per questo argomento, non siano stati in grado di fornire un'analisi esauriente delle tecniche degli artigiani, ci dà la misura della frattura esistente tra la teoria e la pratica.

Era dunque necessaria una lunga serie di mutamenti indipendenti e interi stadi di sviluppo sia nella scienza che nella tecnologia perché queste due discipline potessero completarsi a vicenda. Lo scienziato doveva ancora imparare l'importanza di un esame rigoroso dei fatti, del metodo sperimentale e della prudenza nella formulazione di teorie generali. Soltanto dopo aver acquisito una rigorosa base sperimentale, meccanica, fisica e chimica egli poté chiarire i relativi procedimenti tecnici. D'altra parte, perché la scienza trovasse pratica applicazione era pur sempre necessario un certo livello di organizzazione tecnica ed economica. Lo sviluppo di una produzione su larga scala, la ricerca di nuove fonti energetiche, di macchinari più elaborati, e di procedimenti chimici più complessi, gli effetti della competizione e la ricerca di un'autosufficienza nazionale, tutte queste cose messe insieme contribuirono a suscitare l'esigenza dell'analisi scientifica e di tecniche più sistematiche. Durante il periodo in questione la scienza si sviluppò in modo del tutto indipendente dalla tecnologia; solo negli ultimi anni la figura dello scienziato sperimentale fu finalmente in grado, in alcuni casi, di assumersi l'iniziativa di nuove invenzioni. Verso la fine del secolo XVIII questa grave frattura tra scienza e tecnologia cominciò a colmarsi, e tra le due discipline ebbe inizio una fase reale di collaborazione; ma fino a quel momento i loro rispettivi problemi e il loro autonomo sviluppo erano stati più importanti di qualsiasi occasionale interconnessione.

---

11 Qual è il titolo che meglio esprime le idee del brano?

- A Il progresso scientifico nel Medioevo
- B Il rapporto tra scienza e tecnologia nell'Età Moderna
- C Scienza e tecnologia dall'epoca medievale all'epoca moderna
- D Le scoperte scientifiche dal Medioevo all'Età Moderna
- E Il rapporto tra filosofia e artigianato nel Medioevo

---

12 Nel brano si affermano tutte le seguenti idee tranne una. Quale?

- A Sono rari i casi in cui, nel Medioevo e nel Rinascimento, la ricerca scientifica si è rivelata utile a scopi pratici
- B La connessione tra scienza e tecnica nel periodo medievale e rinascimentale venne ignorata a causa della scarsa comunanza dei processi utilizzati nei due rami
- C Le nostre conoscenze relative alla tecnologia medievale derivano da scritti di intellettuali dell'epoca
- D L'utilizzo delle erbe nella cura delle malattie è un esempio efficace delle frequenti applicazioni concrete della ricerca scientifica medievale
- E La descrizione sistematica dei procedimenti commerciali delle età medievale e rinascimentale è iniziata nel secolo XVII

---

13 Il carattere del brano è:

- A tecnico-scientifico
- B colloquiale
- C polemico
- D descrittivo
- E economico

OTTAVA PROVA

14 **L'autore ritiene che:**

- **A** le nuove invenzioni della prima fase dell'età moderna contribuirono a migliorare rapidamente la vita economica e scientifica dell'Europa Occidentale
- **B** il progresso scientifico e tecnologico avanza rapidamente in corrispondenza delle scoperte più rilevanti, per poi attenuare il proprio sviluppo e attraversare fasi statiche durante le quali i progressi vengono assimilati e pienamente utilizzati
- **C** il periodo dal Medioevo all'epoca moderna rappresenta uno stadio intermedio, in termini di sviluppo scientifico e tecnologico, che ha favorito la rivoluzione scientifica del secolo XVII e quella industriale del secolo XVIII
- **D** la frattura tra scienza e tecnica nel Medioevo rappresenta la causa dell'astrattezza della ricerca scientifica e della rudimentalità dei processi tecnologici del periodo
- **E** una collaborazione più intensa tra scienza e tecnica nel periodo medievale avrebbe sensibilmente beneficiato entrambe

15 **Secondo quanto riportato dal brano, la frattura tra scienza e tecnologia:**

- **A** cominciò a colmarsi soltanto verso la fine del 1800
- **B** necessitava di organizzazione tecnica ed economica per essere superata
- **C** era caratteristica del secolo XIX
- **D** era imputabile alle scarse relazioni tra scienziati e tecnici
- **E** era stata evidenziata dai resoconti degli uomini di cultura dell'epoca

In base alle informazioni contenute nel brano seguente, rispondere alle successive domande.

Lavorando alla maniera dell'esperto nel laboratorio, ho evitato i casi specifici, trascurando tutti i particolari accidentali, per concedermi un terreno ideale. Lo scopo non era di superare uno stato di fatto preesistente, bensì di arrivare a formulare i principi base per un'urbanistica moderna, organizzandoli in un'edificio teorico di estremo rigore.

Questi principi possono costituire l'ossatura dell'intero sistema dell'urbanistica contemporanea: costituiranno la regola del gioco. Affrontare in seguito il caso specifico, un caso qualsiasi - Parigi, Londra, Berlino, New York, ovvero una piccola borgata anonima - significa essere in grado, partendo da presupposti sicuri, di imporre un particolare svolgimento alla battaglia che si vuol sostenere. Poiché una vera e propria battaglia dovremo scatenare, se intendiamo dare una struttura urbanistica a una grande città contemporanea. Ora, sareste in grado di scatenare una grande battaglia senza aver chiara conoscenza degli obiettivi da perseguire? Siamo esattamente in questa situazione. Le autorità, messe alle strette tentano le ultime carte: i vigili dal bastone bianco, i gendarmi a cavallo, segnalazioni acustiche e luminose, passaggi sopraelevati, sottopassaggi con scala mobile, città-giardino, soppressione delle linee-tramviarie, ecc. Di tutto si tenta, un disperato intervento dopo l'altro, per tener testa alla bestia. Ma la BESTIA, la grande Città, è sempre la più forte; è in pieno risveglio...

Occorre una linea di condotta.

Occorrono i principi base per un'urbanistica moderna.

16 **Il testo è di carattere:**

- **A** storiografico
- **B** apologetico
- **C** giornalistico
- **D** letterario
- **E** teorico

OTTAVA PROVA

17 **I problemi delle grandi città moderne, secondo l'autore, si risolvono:**

- A con la costruzione di città-giardino
- B con misure di regolazione del traffico
- C con la costruzione di case più comode
- D con la formulazione di nuove regole dell'urbanistica
- E con l'osservanza rigorosa delle leggi da parte dei cittadini

18 **I principi dell'urbanistica, secondo l'autore:**

- A sono il prodotto della indagine rigorosa di un esperto
- B sono determinati dai caratteri particolari di ogni città
- C sono il prodotto di una intuizione artistica
- D sono decisi democraticamente dai cittadini
- E si ricavano per contrapposizione con la situazione attuale

19 **La instaurazione dell'urbanistica moderna, secondo l'autore:**

- A sarà il prodotto della inevitabile evoluzione delle città
- B è assiduamente promossa dalle autorità
- C sarà il prodotto dell'educazione generale del pubblico
- D richiede una dura battaglia teorica e politica
- E è promossa dall'esempio di alcune grandi città

20 **Le grandi città moderne, secondo l'autore:**

- A devono proseguire nella via tracciata dal loro passato
- B sono in grave crisi demografica
- C presentano una forte vitalità, fonte di problemi da tenere sotto controllo
- D sono fonte di ingiustizie sociali
- E sono oggetto di godimento estetico

OTTAVA PROVA

Matematica

Tempo a disposizione: 50 minuti

21 La soluzione della disequazione $x^3 \leq x^4$ è:

- A $x \leq 0$
- B $x \leq -1$
- C $x \geq 1$
- D $x \leq 0$ e $x \geq 1$
- E $x \leq -1$ e $x \geq 0$

22 In due triangoli simili, le misure dei lati del più piccolo sono uguali al 50% delle corrispondenti misure del più grande; il rapporto tra l'area del triangolo maggiore e quella del triangolo minore è:

- A 4
- B 0,5
- C 0,25
- D 2
- E i dati forniti non sono sufficienti per rispondere

23 Per $x > 0$, il prodotto di x per $\log x$ è uguale a:

- A $\log x^x$
- B $(\log x)^x$
- C $\log(x + x)$
- D $e^{\log x}$
- E $\log x^2$

OTTAVA PROVA

24 L'uguaglianza $\sqrt{(a+2)^2} = a + 2$ è verificata:

- A solo se $a = -2$
- B per ogni $a \geq -2$
- C per ogni $a < -2$
- D per ogni $a \in \mathbb{R}$
- E per ogni $a \in \mathbb{R}, a \neq -2$

25 L'espressione $\text{Log}\dfrac{4(1-x)+x^2}{(x-2)^2}$ ha per $x \neq 2$ valore:

- A 1
- B 2 Log 4
- C 0
- D 10^{4x}
- E $x - 2$

26 **Dato il sistema** $\begin{cases} a^x \cdot a^y = a^5 \\ a^{x^2-y^2} = a^5 \end{cases}$ **le soluzioni sono:**

A 6; 4
B 3; 6
C 3; 2
D $a^3; a^2$
E $a^{1/3}; a^{1/2}$

27 **La funzione $y = \log(1 + x)$ è definita per:**

A $x > -1$
B $x \geq -1$
C $x < 0$
D tutti i valori reali di x diversi da -1
E tutti i valori reali di x

28 **L'equazione $3x^2 + 3y^2 - xy - 1 = 0$ rappresenta nel piano cartesiano:**

A un'ellisse
B un'iperbole
C una circonferenza
D una retta
E una parabola

29 **Il polinomio $x^4 - 7x^3 + 18x^2 - 20x + 8$ coincide con:**

A $(x-1) \cdot (x^3 - 2)$
B $(x-1) \cdot (x-2)^3$
C $(x-1)^2 \cdot (x+1)$
D $(x-1)^2 \cdot (x^2 + 8)$
E $(x-1)^3 \cdot (x-2)$

30 **Un proiettile viene sparato a caso contro un bersaglio circolare. Tale bersaglio è suddiviso in nove corone circolari concentriche di spessore 1 cm e un cerchio di raggio 1 cm; le figure sono numerate da 1 a 10 con valori crescenti dal bordo del bersaglio verso il centro. La probabilità che il proiettile colpisca la corona corrispondente al valore 5 è:**

A 10%
B 50%
C 11%
D 25%
E 5%

31 **Un rombo ha lato 10 cm e una diagonale di 12 cm. La sua area è uguale a:**

A 48 cm^2
B 96 cm^2
C 54 cm^2
D 60 cm^2
E 84 cm^2

32 Tra i triangoli rettangoli aventi la stessa ipotenusa quello di area massima ha:

A un cateto uguale alla metà dell'altro cateto
B i cateti uguali fra loro
C un cateto uguale alla metà dell'ipotenusa
D la somma dei cateti uguale all'ipotenusa
E la differenza dei cateti uguale all'ipotenusa

33 Si uniscano tra loro i centri delle facce del cubo, in modo da disegnare un solido interno al cubo che ha per vertici i centri delle facce del cubo. Il solido così ottenuto ha:

A 2 facce quadrate e 6 triangolari
B 8 facce triangolari
C 6 facce triangolari e 4 quadrate
D 6 facce quadrate
E 8 facce quadrate

34 Sono dati un triangolo equilatero E, un quadrato Q e un cerchio C, tutti della medesima superficie. Detti E_1 e Q_1, rispettivamente, i perimetri del triangolo equilatero E e del quadrato Q e detta C_1 la circonferenza che racchiude il cerchio C, la disposizione di E_1, Q_1 e C_1 in ordine decrescente è:

A E_1, Q_1, C_1
B E_1, C_1, Q_1
C Q_1, E_1, C_1
D C_1, Q_1, E_1
E Q_1, C_1, E_1

35 L'espressione $(a^2 - 4)/(a^2 - a - 2)$:

A non è definita per $a = 1$
B non è definita per $a = -2$
C è uguale ad $(a + 2)/(a + 1)$, purché a sia diverso da 2
D è definita per ogni valore di a
E nessuna delle precedenti affermazioni è corretta

36 Fra i seguenti numeri reali quello che rende minima la somma del numero stesso con il suo reciproco è:

A $1/2$
B 1
C 0
D $\sqrt{2}$
E $\sqrt{3}$

37 La funzione $y = \text{sen}\, 2x$ ha periodo uguale a:

A π
B $\pi/2$
C 2π
D 4π
E 3π

38 **Il diametro di una sfera ha lunghezza 6 cm; approssimativamente, il volume della sfera è:**

A 113 cm

B 113 cm^2

C 113 cm^3

D 904 cm^3

E 904 cm^2

39 **Il rapporto tra la diagonale e il lato di un quadrato è pari a:**

A 1,41

B $\sqrt{2}$

C 2

D $\pi/2$

E π

40 **Sia V_1 il solido (corona sferica) delimitato da due superfici sferiche concentriche di raggi rispettivamente 1 m e 4 m. Sia V_2 il cilindro circolare retto con raggio di base di 3 m e altezza di 3 m. Detto *a* il rapporto fra il volume di V_1 e il volume di V_2, si ha che:**

A $1 \leq a < 2$

B $2 \leq a < 3$

C $3 \leq a < 4$

D $4 \leq a < 5$

E $5 \leq a < 6$

OTTAVA PROVA

Scienze

Tempo a disposizione: 20 minuti

41 **Qual è la definizione di accelerazione?**

A L'accelerazione è la velocità massima raggiunta da un oggetto (cioè: $a = v_{max}$)

B L'accelerazione è la velocità minima raggiunta da un oggetto (cioè: $a = v_{min}$)

C L'accelerazione è il tempo necessario per raggiungere una certa velocità

D L'accelerazione è il prodotto della variazione di velocità per l'intervallo di tempo in cui questa è avvenuta $[a = (v_2 - v_1)(t_2 - t_1)]$

E L'accelerazione è il rapporto tra la variazione di velocità in un certo intervallo di tempo e l'intervallo di tempo stesso $[a = (v_2 - v_1)/(t_2 - t_1)]$

42 **Due oggetti di massa diversa cadono nel vuoto dalla stessa altezza; quando arrivano a metà di tale altezza cosa si può dire delle loro velocità?**

A Non si può rispondere alla domanda senza conoscere il valore esatto delle masse

B Sono nulle

C È maggiore quella del corpo con massa minore

D È maggiore quella del corpo con massa maggiore

E Sono uguali

43 **Su di un corpo di massa *m* che percorre una traiettoria rettilinea di lunghezza *s* agisce una forza costante *F* che forma un angolo α con la traiettoria stessa. Il lavoro *L* vale:**

A $L = F \cdot s \cdot \text{sen}\,\alpha$

B $L = m \cdot F \cdot s \cdot \cos\alpha$

C $L = m \cdot F \cdot s$

D $L = F \cdot s \cdot \text{tg}\,\alpha$

E $L = F \cdot s \cdot \cos\alpha$

44 **Un sub osserva una bolla d'aria che da una profondità di circa 15 metri si muove verso la superficie dell'acqua. Trascurando la variazione di temperatura tra fondo e superficie, di quanto aumenta il volume della bolla? (Ricorda che a partire dalla superficie dell'acqua dove la pressione è quella atmosferica, sott'acqua la pressione aumenta di circa 1 atmosfera ogni 10 metri)**

A $V_{sup} = 0{,}25\ V_{fondo}$

B $V_{sup} = V_{fondo}$

C $V_{sup} = 2{,}5\ V_{fondo}$

D $V_{sup} = 9\ V_{fondo}$

E $V_{sup} = 15\ V_{fondo}$

45 **La resistenza in un conduttore metallico:**

A aumenta con la temperatura
B diminuisce con la temperatura
C resta costante all'aumentare della temperatura
D aumenta o diminuisce con la temperatura a seconda del tipo di metallo
E è dovuta allo spostamento di un gas

46 **Una carica elettrica negativa in riposo rispetto a un magnete:**

A subisce una forza perpendicolare al campo magnetico
B è attratta verso il polo sud del magnete
C è attratta dal polo nord del magnete
D non subisce alcuna forza
E subisce una forza diretta come le linee di forza del campo magnetico

47 **I due isotopi 238 e 235 dell'elemento Uranio differiscono fra loro per:**

A 3 neutroni
B 3 protoni e 3 elettroni
C un numero atomico diverso di 3 unità
D 3 protoni
E 3 protoni e 3 neutroni

48 **Quante moli di HCl sono presenti in 400 ml di soluzione di HCl a pH 3?**

A 0,0004
B 0,4
C 3
D 0,12
E 10^3

49 **Date due coppie ossidoriduttive, si ossiderà quella che:**

A presenta un più elevato valore del potenziale di ionizzazione
B presenta una più bassa elettronegatività
C possiede un potenziale elettrochimico maggiore
D possiede un potenziale elettrochimico minore
E presenta una più elevata elettronegatività

50 **Indicare quale delle seguenti reazioni NON è corretta.**

A $NH_3 + H_2SO_4 \rightarrow NH_4SO_4$
B $NH_3 + HCl \rightarrow NH_4Cl$
C $NH_4HCO_3 + HCl \rightarrow NH_4Cl + CO_2 + H_2O$
D $CaO + 2HCl \rightarrow CaCl_2 + H_2O$
E $K_2CO_3 + H_2SO_4 \rightarrow K_2SO_4 + H_2O + CO_2$

Soluzioni della ottava prova

Alpha Test

Risposte esatte della ottava prova

VERIFICARE LE RISPOSTE RELATIVE ALLE DOMANDE DELLA OTTAVA PROVA

	A	B	C	D	E		A	B	C	D	E
1	□	□	■	□	□	26	□	□	■	□	□
2	□	■	□	□	□	27	■	□	□	□	□
3	□	□	□	□	■	28	■	□	□	□	□
4	■	□	□	□	□	29	□	■	□	□	□
5	■	□	□	□	□	30	□	□	■	□	□
6	□	□	■	□	□	31	□	■	□	□	□
7	□	□	□	■	□	32	□	■	□	□	□
8	□	■	□	□	□	33	□	■	□	□	□
9	□	■	□	□	□	34	■	□	□	□	□
10	□	□	■	□	□	35	□	□	■	□	□
11	□	□	■	□	□	36	□	■	□	□	□
12	□	□	□	■	□	37	■	□	□	□	□
13	■	□	□	□	□	38	□	□	■	□	□
14	□	□	■	□	□	39	□	■	□	□	□
15	□	■	□	□	□	40	□	□	■	□	□
16	□	■	□	□	□	41	□	□	□	□	■
17	□	□	□	■	□	42	□	□	□	□	■
18	■	□	□	□	□	43	□	□	□	□	■
19	□	□	□	■	□	44	□	□	■	□	□
20	□	□	■	□	□	45	■	□	□	□	□
21	□	□	□	■	□	46	□	□	□	■	□
22	■	□	□	□	□	47	■	□	□	□	□
23	■	□	□	□	□	48	■	□	□	□	□
24	□	■	□	□	□	49	□	□	□	■	□
25	□	□	■	□	□	50	■	□	□	□	□

NONA PROVA

Alpha Test

Scheda per le risposte della nona prova

CONTRASSEGNARE LE RISPOSTE RELATIVE ALLE DOMANDE DELLA NONA PROVA

	A	B	C	D	E		A	B	C	D	E
1	▢	▢	▢	▢	▢	26	▢	▢	▢	▢	▢
2	▢	▢	▢	▢	▢	27	▢	▢	▢	▢	▢
3	▢	▢	▢	▢	▢	28	▢	▢	▢	▢	▢
4	▢	▢	▢	▢	▢	29	▢	▢	▢	▢	▢
5	▢	▢	▢	▢	▢	30	▢	▢	▢	▢	▢
6	▢	▢	▢	▢	▢	31	▢	▢	▢	▢	▢
7	▢	▢	▢	▢	▢	32	▢	▢	▢	▢	▢
8	▢	▢	▢	▢	▢	33	▢	▢	▢	▢	▢
9	▢	▢	▢	▢	▢	34	▢	▢	▢	▢	▢
10	▢	▢	▢	▢	▢	35	▢	▢	▢	▢	▢
11	▢	▢	▢	▢	▢	36	▢	▢	▢	▢	▢
12	▢	▢	▢	▢	▢	37	▢	▢	▢	▢	▢
13	▢	▢	▢	▢	▢	38	▢	▢	▢	▢	▢
14	▢	▢	▢	▢	▢	39	▢	▢	▢	▢	▢
15	▢	▢	▢	▢	▢	40	▢	▢	▢	▢	▢
16	▢	▢	▢	▢	▢	41	▢	▢	▢	▢	▢
17	▢	▢	▢	▢	▢	42	▢	▢	▢	▢	▢
18	▢	▢	▢	▢	▢	43	▢	▢	▢	▢	▢
19	▢	▢	▢	▢	▢	44	▢	▢	▢	▢	▢
20	▢	▢	▢	▢	▢	45	▢	▢	▢	▢	▢
21	▢	▢	▢	▢	▢	46	▢	▢	▢	▢	▢
22	▢	▢	▢	▢	▢	47	▢	▢	▢	▢	▢
23	▢	▢	▢	▢	▢	48	▢	▢	▢	▢	▢
24	▢	▢	▢	▢	▢	49	▢	▢	▢	▢	▢
25	▢	▢	▢	▢	▢	50	▢	▢	▢	▢	▢

NONA PROVA

Tempo complessivo: 110 minuti

Logica

Tempo a disposizione: 20 minuti

Risolvere i seguenti problemi.

1 Prima di decidere di andare a Milano, Nicoletta deve trovare un alloggio.
Se l'affermazione precedente è vera, quale delle seguenti deve essere vera?

- A Se Nicoletta trova un alloggio, allora andrà a Milano
- B Se Nicoletta va a Milano, allora ha trovato un alloggio
- C Se Nicoletta non va a Milano, allora non ha trovato un alloggio
- D Se Nicoletta va a Milano, è bene che si informi presso un'agenzia immobiliare
- E Se Nicoletta va a Milano, allora non ha trovato un alloggio

2 Antonella è onesta. Tutti gli impiegati sono onesti. Tutte le persone oneste sono ordinate.
Se le precedenti affermazioni sono vere, quale delle seguenti è necessariamente vera?

- A Antonella è un'impiegata
- B Le persone disordinate sono disoneste
- C Solo alcuni impiegati sono ordinati
- D Tutte le persone ordinate sono oneste
- E Antonella è ordinata

3 Francesca è alta. Le bionde sono tutte carine. Le persone alte sono agili.
Se le precedenti informazioni sono corrette, quale delle seguenti informazioni addizionali non consentirebbe di concludere che Francesca è carina?

- A Francesca è agile
- B Francesca è bionda
- C Le persone alte sono bionde
- D Le persone agili sono bionde
- E Nessuna delle precedenti

4 Individuare la figura da scartare.

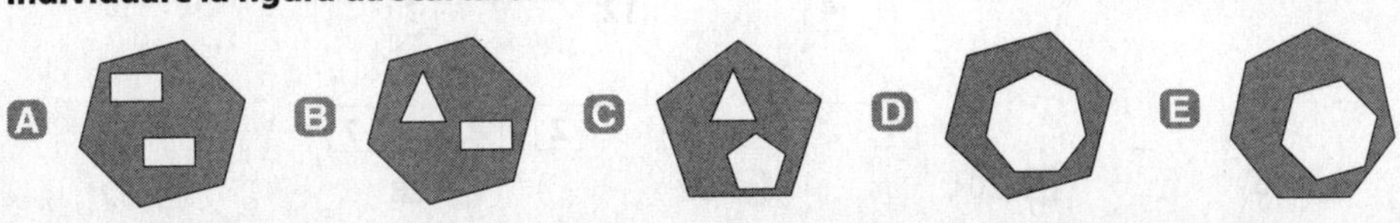

5 **Individuare la figura da scartare..**

A  B  C  D  E 

6 **Ad ogni partita di un gioco da tavolo si assegnano 4 punti per la vittoria, si toglie 1 punto in caso di sconfitta e non si assegna nessun punto in caso di pareggio. Quale dei seguenti non può essere il punteggio di un giocatore dopo 3 partite?**

A 2 B 7 C 1 D −2 E 3

7 **L'asilo nido "Fantasilandia" accetta solo le iscrizioni di bambini che hanno entrambi i genitori lavoratori. Ciò equivale al fatto che:**

A ogni bimbo che non è iscritto all'asilo nido "Fantasilandia" non ha entrambi i genitori che lavorano

B ogni bimbo che ha entrambi i genitori che lavorano è iscritto all'asilo nido "Fantasilandia"

C ogni bimbo che non ha o la mamma o il papà che lavorano è iscritto all'asilo nido "Fantasilandia"

D ogni bimbo iscritto all'asilo nido "Fantasilandia" ha entrambi i genitori che lavorano

E ogni bimbo che non è iscritto all'asilo nido "Fantasilandia" non ha la mamma che lavora

8 **Individuare il numero mancante.**

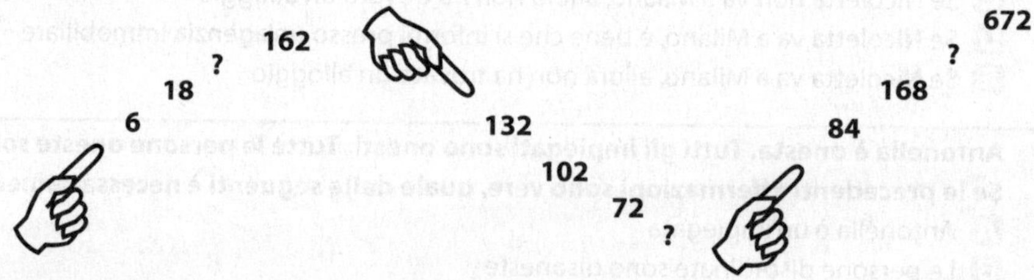

A 36, 42, 332 B 52, 54, 320 C 54, 36, 336 D 30, 42, 332 E 54, 42 , 336

9 **Individuare il numero mancante.**

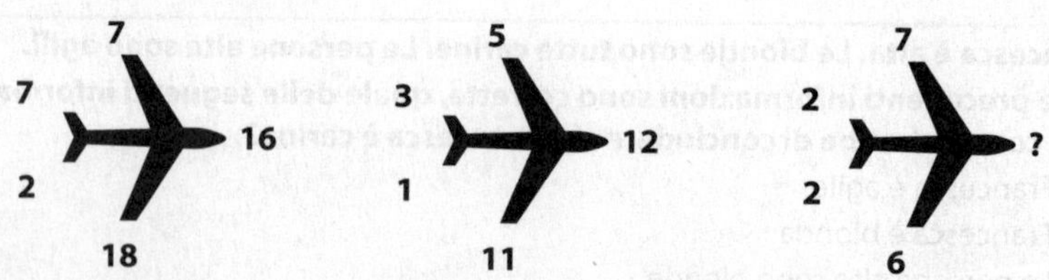

A 12 B 11 C 10 D 9 E 7

10 **Individuare il numero mancante.**

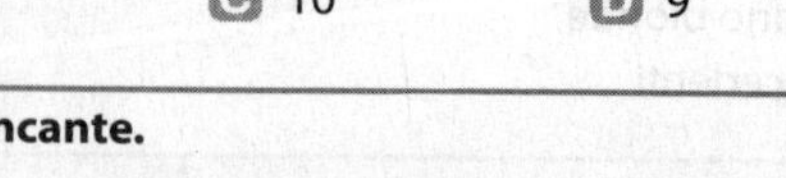

A 16 B 20 C 22 D 28 E 32

NONA PROVA

Comprensione verbale

Tempo a disposizione: 20 minuti

In base alle informazioni contenute nel brano seguente, rispondere alle successive domande.

… L'invasione della Polonia da parte della Germania rappresentò la prima dimostrazione pratica di un nuovo modo di combattere, denominato Blitzkrieg, guerra-lampo. Le sue origini si possono far risalire agli studi effettuati in Gran Bretagna da alcuni teorici militari, fra cui Liddell Hart, per evitare il tragico e inutile logoramento delle forze nella statica guerra di trincea, come era avvenuto nel 1914-1918, e cercare di assicurarsi la vittoria con maggior rapidità attraverso la guerra di movimento. Anche i tedeschi affrontarono lo stesso problema, ma si trovarono avvantaggiati potendo operare senza vincoli rispetto al passato, perché le dure clausole del trattato di Versailles in materia di armamenti e soldati li costrinsero a partire da zero. La Blitzkrieg si basava essenzialmente su veloci attacchi in profondità effettuati da reparti di forze corazzate (carri armati, artiglieria semovente, fanteria motorizzata ecc.) appoggiati dall'aviazione. Inoltre il soldato tedesco era meglio addestrato e soprattutto più motivato, in seguito anche ad abili campagne di propaganda attuate dai responsabili del partito nazista fra le forze armate. Va tuttavia sottolineato che la carenza di materie prime non permise all'esercito tedesco di avere a disposizione la quantità di mezzi corazzati necessari per condurre sempre offensive basate su grande mobilità, potenza di fuoco e rapidità d'esecuzione. Nel 1939, ma anche negli anni successivi, il nucleo più consistente delle forze di terra della Germania era formato da soldati di fanteria che marciavano a piedi, mentre la maggior parte dei rifornimenti era trasportata su carri trainati da cavalli.

Hitler, messa a punto la nuova macchina bellica, aveva stabilito l'inizio dell'invasione per il 26 agosto 1939, poi rimandata al primo settembre anche per la decisione di Mussolini di non entrare subito in guerra a fianco della Germania. Il patto di non aggressione firmato con Stalin gli assicurò l'appoggio dell'Unione Sovietica nell'eliminazione della Polonia. Le forze tedesche, suddivise nel gruppo d'armate nord, schierato in Pomerania e Prussia Orientale, e sud, dislocato in Slesia e Slovacchia, assommavano a 55 divisioni, con 1250 aerei, mentre l'esercito polacco aveva 30 divisioni di fanteria, 11 brigate di cavalleria e 1 brigata carri con circa 400 aerei, in gran parte di tipo antiquato.

Le avanguardie tedesche raggiunsero già il 9 settembre i sobborghi di Varsavia. Circondata e sottoposta a pesanti bombardamenti aerei e d'artiglieria, la capitale si arrese il 27 settembre. Dieci giorni prima, l'Armata Rossa aveva attaccato improvvisamente da est, travolgendo le deboli forze polacche schierate a presidio del fronte orientale. Anche se gli ultimi reparti si arresero il 6 ottobre, già alla fine di settembre la Polonia cessava di esistere e il suo territorio fu diviso tra Germania e Unione Sovietica dalla linea del fiume Bug …

11 Quando l'Armata Rossa attaccò da est le forze polacche?

- A Il 17 settembre
- B Il 9 settembre
- C Il 6 ottobre
- D Il 27 settembre
- E Il 27 ottobre

12 La Blitzkrieg:

- A è stata sperimentata nel periodo 1914-1918
- B si basava su attacchi veloci
- C nasce da studi effettuati in Unione Sovietica
- D è una tecnica di guerra statica, basata sul logoramento delle forze avversarie
- E si basa su studi effettuati in Francia

NONA PROVA

13 Nel 1939, il nucleo più consistente delle forze di terra della Germania era formato da:

- A artiglieria semovente
- B carri armati
- C soldati di fanteria
- D soldati a cavallo
- E nessuna delle precedenti alternative è esatta

14 Il brano è di natura:

- A scientifica
- B letteraria
- C filosofica
- D medica
- E storica

15 Quale conseguenza ebbe la decisione di Mussolini di non entrare subito in guerra a fianco della Germania?

- A La Germania rinunciò ad attaccare la Polonia
- B La Polonia riuscì ad opporre una resistenza inattesa
- C La Germania non ebbe più neanche l'appoggio dell'Unione Sovietica
- D Hitler rimandò di sei giorni l'inizio dell'invasione della Polonia
- E Hitler anticipò di tre giorni l'invasione della Polonia

In base alle informazioni contenute nel brano seguente, rispondere alle successive domande.

Il compito della scienza è, come è noto, quello di scoprire dei fatti; ma una casuale collezione di fatti non si può dire costituisca scienza. Senza dubbio, alcuni aspetti della scienza possono anche fermarsi su questo o quel fatto particolare. A un geografo, per esempio, può interessare descrivere l'esatta configurazione di una particolare costa, o a un geologo può interessare la precisa natura degli strati rocciosi in una particolare località. Ma nella scienza più avanzata, la semplice conoscenza descrittiva di questo o quel particolare ha ben poca importanza. Lo scienziato desidera scoprire verità sempre più generali, delle quali i fatti che avvengono sono soltanto casi particolari ed esempi di conferma. I casi particolari possono essere volta per volta conosciuti, in un certo senso, mediante osservazione diretta. Che un particolare oggetto cada se non trattenuto, che questa palla si muova più lentamente su un piano inclinato piuttosto che quando cade direttamente a terra, che le maree crescano e calino: queste sono tutte questioni di fatto che si prestano a un esame diretto.

Ma lo scienziato cerca qualcosa di più che una semplice registrazione dei fenomeni: si sforza di *comprenderli*. A tal fine, cerca di formulare delle leggi generali che stabiliscano uno schema degli avvenimenti simili e un contesto sistematico delle relazioni sussistenti tra essi. Lo scienziato è impegnato in una ricerca delle leggi naturali secondo le quali accadono gli eventi particolari e dei principi fondamentali che sono alla base delle leggi stesse.

Questa esposizione preliminare degli scopi teoretici della scienza può forse essere chiarita da un esempio. Quel grande fisico e astronomo che fu Galileo Galilei (1564-1642) riuscì, mediante un'accurata osservazione e l'applicazione del ragionamento geometrico ai dati così raccolti, a formulare le leggi della caduta dei gravi, le quali forniscono una descrizione generale del comportamento dei corpi in prossimità della superficie terrestre. Quasi contemporaneamente, il grande astronomo tedesco Kepler (1571-1630), fondandosi principalmente sui dati astronomici raccolti da Tycho Brahe (1546-1601), formulò le leggi del movimento dei pianeti, le quali forniscono un'accurata descrizione delle orbite ellittiche percorse dai pianeti intorno al Sole. Questi due grandi scienziati riuscirono a unificare i vari fenomeni rientranti nel loro campo di ricerca stabilendo le interrelazioni sussistenti fra essi: Kepler nella meccanica celeste, Galileo nella meccanica terrestre.

16 **Con quale finalità l'autore menziona l'astronomo tedesco Kepler?**

- **A** Per mostrare come il lavoro di Kepler e quello di Galilei fossero strettamente legati
- **B** Per evidenziare la rilevanza della scoperta delle leggi che regolano il movimento dei pianeti
- **C** Per evidenziare l'importanza del legame fra Brahe e Kepler
- **D** Per evidenziare come uno scienziato sia interessato a rilevare i fenomeni più che a comprenderli
- **E** Per evidenziare come uno scienziato sia interessato a comprendere i fenomeni più che a rilevarli

17 **Quale delle seguenti meglio rappresenta l'opinione dell'autore relativa allo scopo della scienza?**

- **A** Contribuire allo sviluppo del benessere umano
- **B** Descrivere in modo adeguato e chiaro i fenomeni naturali
- **C** Comprendere i fenomeni naturali e formulare leggi e principi generali
- **D** Interpretare le leggi che regolano i fenomeni naturali e divulgare tali leggi
- **E** Fornire una semplice conoscenza descrittiva

18 **Dal brano è possibile dedurre che, secondo l'autore, il fatto che un sasso cada più velocemente di un foglio di carta:**

- **A** non è rilevante per la scienza
- **B** è un fatto particolare che aiuta a comprendere il generale
- **C** non è in alcun modo dimostrabile
- **D** può essere indirettamente dedotto dall'osservazione empirica
- **E** non rientra nell'ambito della scienza

19 **Quale dei seguenti meglio rappresenta la finalità dell'autore del brano?**

- **A** Illustrare il fine ultimo della ricerca scientifica
- **B** Illustrare le fasi dell'attività di ricerca scientifica
- **C** Dimostrare la rilevanza del progresso scientifico
- **D** Contrastare il progresso scientifico
- **E** Polemizzare con coloro che vedono nella scienza una minaccia per l'etica

20 **Il brano è di carattere:**

- **A** polemico
- **B** giornalistico
- **C** filosofico
- **D** divulgativo
- **E** storico

Matematica

Tempo a disposizione: 50 minuti

21 4893 moltiplicato per 8.754.896 è uguale a:

A 42.837.706.124
B 42.837.706.128
C 42.837.706.125
D 42.837.706.129
E 42.837.706.126

22 L'equazione di secondo grado: $ax^2 + b = 0$ ha radici reali quando:

A a < 0 e qualunque sia il segno di b
B a e b hanno segni opposti
C a e b sono entrambi negativi
D a e b sono entrambi positivi
E b < 0 e qualunque sia il segno di a

23 L'espressione $[(0{,}1)^3 + \sqrt[3]{0{,}027}]$ ha valore uguale a:

A circa 0,3
B circa 0,001
C 0,4
D 0,07
E 0,8

24 Il Log 1234,56 è uguale a:

A 3 + Log 123,456
B – 5 + Log 0,0123456
C 3 + Log 0,123456
D – 2 + Log 123456
E Log 123456 – 1

25 Siano *x*, *y* e *a* numeri reali positivi diversi da 1. Sia $x \leq y$. Quale delle seguenti affermazioni è vera?

A $\log_a x \leq \log_a y$
B $\log_x a \leq \log_y a$
C $a^x \leq a^y$
D $y^a \leq x^a$
E $\log_{a+1} x \leq \log_{a+1} y$

NONA PROVA

26 **Determinare l'insieme delle soluzioni della disequazione $|x^2 + 3| > 4x$.**

A $(-\infty, 0)$

B $[0, 1) \cup (3, +\infty)$

C $(-\infty, 1) \cup (3, +\infty)$

D $(-\infty, -3) \cup (3, +\infty)$

E $(1, 3)$

27 **Se $x > y$ e $y > z$ risulterà:**

A $z = x$

B $y < z$

C $x > z$

D $z = y$

E $z > y$

28 **Il punto P(2; 3) è il piede della perpendicolare condotta dall'origine a una retta. L'equazione di questa retta è:**

A $2x + 3y - 13 = 0$

B $3x + 2y - 12 = 0$

C $5x - 3y - 1 = 0$

D $-4x - y + 11 = 0$

E $6x + 4y + 24 = 0$

29 **La base di un rettangolo è 22 m e l'altezza 9 m. Valutare, nell'ordine, di quanto deve aumentare l'altezza e di quanto deve diminuire la base affinché, restando l'area la stessa, il perimetro diminuisca di 4 m.**

A 4 ; 2

B 5 ; 1

C 3 ; 3

D 2 ; 4

E 1 ; 5

30 **Una sfera di superficie S e volume V è inscritta in un cilindro retto equilatero (cioè con diametro di base uguale all'altezza) di superficie laterale S' e volume V'. Quale delle relazioni seguenti è vera?**

A $S < S'$

B $S > S'$

C $S = S'$

D $V = V'$

E $V' = 2V$

31 **L'ortocentro di un triangolo è:**

A il punto che si ottiene dall'intersezione delle perpendicolari a ciascun lato tracciata per il punto medio del lato

B il punto che si ottiene dall'intersezione delle bisettrici degli angoli interni

C il punto che si ottiene dall'intersezione delle perpendicolari al lato opposto condotte da ciascun vertice

D il punto che si ottiene dall'intersezione delle mediane relative a ciascun lato condotte per il vertice opposto

E il punto che si ottiene dall'intersezione delle bisettrici degli angoli esterni

NONA PROVA

32 **Dato un quadrato Q di lato *a*, si considerino il cerchio inscritto in Q, il cerchio circoscritto a Q e la corona circolare da essi determinata. L'area della corona circolare è uguale a quella del cerchio inscritto:**

A per nessun valore di a
B per ogni valore di a
C se e solo se $a \geq 1$
D se e solo se $a \leq 1$
E se e solo se $a = 1$

33 **Si considerino i seguenti numeri: 91, 231, 640, 121. Quanti di essi sono numeri primi?**

A Uno
B Due
C Tre
D Quattro
E Nessuno

34 **Si consideri l'equazione nell'incognita reale *x*:**

$$x^2 - (k - 2)\,x + k - 1 = 0 \qquad \text{(con } k \text{ numero reale)}$$

Allora tale equazione:

A ha soluzioni reali opposte per $k = 1$
B ha soluzioni reali opposte per $k = 2$
C non ha mai soluzioni reali opposte
D ha soluzioni reali opposte per $k = -2$
E ha soluzioni reali opposte per $k = 0$

35 **Dato un rettangolo, la somma della base e dell'altezza è uguale al quadruplo della loro differenza diminuita di 7 cm e la loro differenza è uguale a 1/3 della somma aumentata di 8 cm. Il perimetro del quadrato equivalente al rettangolo è uguale a:**

A 24 cm
B 96 cm
C 48 cm
D 576 cm
E 130 cm

36 **Il punto A si trova sull'asse delle *x* e ha per ascissa $x = 1$. Il punto B si trova invece nel primo quadrante sulla retta $y = \frac{3}{4}x$ e ha distanza 1 dall'origine. Quanto distano A e B?**

A $\frac{1}{2}$
B $\frac{\sqrt{10}}{5}$
C $\frac{\sqrt{2}}{5}$
D $\frac{5}{\sqrt{2}}$
E $5\sqrt{2}$

NONA PROVA

37 **Un parallelogramma ha un angolo acuto di ampiezza α e i lati di lunghezza 2 e 3. L'area del parallelogramma è:**

A $2 \text{ sen } \alpha + 3 \cos \alpha$
B $5 \text{ sen } \alpha$
C $6 \text{ sen } \alpha \cdot \cos \alpha$
D $6 \text{ sen } \alpha$
E $6 \cos \alpha$

38 **La disequazione $x + 2 \geq |x|$ è verificata:**

A solo se $x \geq 0$
B per ogni $x \in \mathbb{R}$
C per ogni $x \leq 1$
D per ogni $x \leq -1$
E per ogni $x \geq -1$

39 **Un cilindro e un cono hanno la stessa area di base e la stessa altezza. Quanto vale il rapporto tra il volume del cilindro e il volume del cono?**

A 3,14159
B 1/3
C 3
D 1
E $1/\sqrt{3}$

40 **Tirando contemporaneamente due dadi, quante probabilità vi sono di ottenere lo stesso numero su entrambi i dadi?**

A 1 su 6
B 1 su 12
C 1 su 36
D 1 su 4
E 1 su 18

NONA PROVA

Scienze

Tempo a disposizione: 20 minuti

41 Il peso di un corpo si trova:

A moltiplicando il volume del corpo per il suo peso specifico
B dividendo il volume del corpo per il suo peso specifico
C sottraendo il volume del corpo dal suo peso specifico
D sommando il volume del corpo e il suo peso specifico
E elevando il volume del corpo al suo peso specifico

42 Un ascensore in salita veloce si stacca dal cavo, rallenta rapidamente, si arresta e comincia a precipitare. Nell'istante in cui occupa la posizione più alta:

A l'energia cinetica è massima
B gli occupanti non pesano sul pavimento
C l'ascensore è fermo e privo di accelerazione
D gli occupanti si sentono schiacciati contro il pavimento dell'ascensore
E l'energia potenziale è minima

43 Una massa di un quintale viene sollevata. Quando giunge all'altezza di 15 m dal suolo, la sua energia potenziale:

A è pari alla sua energia cinetica
B è di 50.000 joule
C è la stessa che avrebbe una massa di 200 kg a 7,5 m dal suolo
D è di 0,15 newton/m^2
E è minima

44 Un recipiente cilindrico con raggio di 5 cm e altezza di 0,5 m viene riempito d'acqua fino all'orlo. Quanto varrebbe la pressione che l'acqua esercita sul fondo del recipiente se il raggio fosse di 10 cm e il contenitore fosse sempre riempito fino all'orlo?

A Il doppio
B Il quadruplo
C La metà
D Un terzo
E Lo stesso valore

45 Un solido omogeneo galleggia in un liquido emergendo per 1/4 del suo volume. La sua densità relativa a quel liquido:

A è maggiore dell'unità
B vale 0,25 kg/m^3
C non è possibile rispondere senza conoscere la densità assoluta del liquido
D vale 0,75
E nessuna delle precedenti risposte è esatta

46 **Una palla da golf viene lanciata con inclinazione di 30° rispetto al piano orizzontale e, trascurando gli attriti, percorre una traiettoria parabolica. Quale delle seguenti affermazioni è corretta?**

A La componente orizzontale della velocità è costante
B La componente verticale della velocità è costante
C L'accelerazione della pallina è nulla lungo tutta la traiettoria
D L'accelerazione della pallina è diretta verso l'alto
E Al culmine della traiettoria la velocità è nulla

47 **L'H_2O bolle a temperatura più alta rispetto all'H_2S perché:**

A ha un peso molecolare maggiore di quello dell'H_2S
B ha un peso molecolare minore di quello dell'H_2S
C non contiene legami a ponte di idrogeno, che invece sono presenti nell'H_2S
D contiene legami a ponte di idrogeno, che invece non sono presenti nell'H_2S
E è un acido più forte dell'H_2S

48 **I metalli alcalini:**

A reagiscono vivacemente con l'acqua
B hanno tre elettroni nello strato più esterno
C sono dei metalli bivalenti
D per reazione con l'acqua danno origine ad acidi forti
E sono liquidi a temperatura ambiente

49 **Una soluzione acquosa avente una concentrazione di OH^- = 0,001 moli/litro ha un pH pari a:**

A 3
B 5
C 14
D 11
E 10

50 **Quanti grammi di H_2SO_4 (P.M. = 98 u.m.a.) sono contenuti in 250 mL di una soluzione acquosa 2 M di H_2SO_4?**

A 98 g
B 57 g
C 49 g
D 13 g
E 24,5 g

NONA PROVA

Soluzioni della nona prova

Alpha Test

Risposte esatte della nona prova

VERIFICARE LE RISPOSTE RELATIVE ALLE DOMANDE DELLA NONA PROVA

	A	B	C	D	E		A	B	C	D	E
1	□	■	□	□	□	26	□	□	■	□	□
2	□	□	□	□	■	27	□	□	■	□	□
3	■	□	□	□	□	28	■	□	□	□	□
4	■	□	□	□	□	29	□	□	□	■	□
5	□	□	□	□	■	30	□	□	■	□	□
6	□	□	■	□	□	31	□	□	■	□	□
7	□	□	□	■	□	32	□	■	□	□	□
8	□	□	□	□	■	33	□	□	□	□	■
9	□	□	□	■	□	34	□	□	■	□	□
10	□	□	□	■	□	35	□	■	□	□	□
11	■	□	□	□	□	36	□	■	□	□	□
12	□	■	□	□	□	37	□	□	□	■	□
13	□	□	■	□	□	38	□	□	□	□	■
14	□	□	□	□	■	39	□	□	■	□	□
15	□	□	□	■	□	40	■	□	□	□	□
16	□	□	□	□	■	41	■	□	□	□	□
17	□	□	■	□	□	42	□	■	□	□	□
18	□	■	□	□	□	43	□	□	■	□	□
19	■	□	□	□	□	44	□	□	□	□	■
20	□	□	□	■	□	45	□	□	□	■	□
21	□	■	□	□	□	46	■	□	□	□	□
22	□	■	□	□	□	47	□	□	□	■	□
23	■	□	□	□	□	48	■	□	□	□	□
24	□	□	□	■	□	49	□	□	□	■	□
25	□	□	□	□	■	50	□	□	■	□	□

Prove di verifica

DECIMA PROVA

Alpha Test

Scheda per le risposte della decima prova

CONTRASSEGNARE LE RISPOSTE RELATIVE ALLE DOMANDE DELLA DECIMA PROVA

	A	B	C	D	E		A	B	C	D	E
1	▢	▢	▢	▢	▢	26	▢	▢	▢	▢	▢
2	▢	▢	▢	▢	▢	27	▢	▢	▢	▢	▢
3	▢	▢	▢	▢	▢	28	▢	▢	▢	▢	▢
4	▢	▢	▢	▢	▢	29	▢	▢	▢	▢	▢
5	▢	▢	▢	▢	▢	30	▢	▢	▢	▢	▢
6	▢	▢	▢	▢	▢	31	▢	▢	▢	▢	▢
7	▢	▢	▢	▢	▢	32	▢	▢	▢	▢	▢
8	▢	▢	▢	▢	▢	33	▢	▢	▢	▢	▢
9	▢	▢	▢	▢	▢	34	▢	▢	▢	▢	▢
10	▢	▢	▢	▢	▢	35	▢	▢	▢	▢	▢
11	▢	▢	▢	▢	▢	36	▢	▢	▢	▢	▢
12	▢	▢	▢	▢	▢	37	▢	▢	▢	▢	▢
13	▢	▢	▢	▢	▢	38	▢	▢	▢	▢	▢
14	▢	▢	▢	▢	▢	39	▢	▢	▢	▢	▢
15	▢	▢	▢	▢	▢	40	▢	▢	▢	▢	▢
16	▢	▢	▢	▢	▢	41	▢	▢	▢	▢	▢
17	▢	▢	▢	▢	▢	42	▢	▢	▢	▢	▢
18	▢	▢	▢	▢	▢	43	▢	▢	▢	▢	▢
19	▢	▢	▢	▢	▢	44	▢	▢	▢	▢	▢
20	▢	▢	▢	▢	▢	45	▢	▢	▢	▢	▢
21	▢	▢	▢	▢	▢	46	▢	▢	▢	▢	▢
22	▢	▢	▢	▢	▢	47	▢	▢	▢	▢	▢
23	▢	▢	▢	▢	▢	48	▢	▢	▢	▢	▢
24	▢	▢	▢	▢	▢	49	▢	▢	▢	▢	▢
25	▢	▢	▢	▢	▢	50	▢	▢	▢	▢	▢

DECIMA PROVA

Tempo complessivo: 110 minuti

Logica

Tempo a disposizione: 20 minuti

---

1 **Nella squadra di calcio "Atletico Goleada" giocano Angelo, Stefano e Alberto nei ruoli di portiere, difensore e attaccante (non necessariamente in quest'ordine). Inoltre si sa che:**

1. Se Angelo è il portiere, allora Stefano è il difensore

2. Se Angelo è il difensore, allora Stefano è l'attaccante

3. Se Stefano non è il portiere, allora Alberto è il difensore

4. Se Alberto è l'attaccante, allora Angelo è il difensore

Dunque, è possibile dedurre che:

A Angelo è il portiere e Stefano il difensore
B Angelo è il difensore e Stefano l'attaccante
C Alberto è l'attaccante e Angelo il difensore
D Angelo è l'attaccante e Alberto il difensore
E Stefano è il portiere e Angelo è il difensore

---

2 **Un circolo ricreativo noleggia alcuni pullman per una gita sociale di tre giorni. Ogni pullman può trasportare fino a 50 passeggeri e il noleggio di ciascun pullman costa 600 euro al giorno. Se i partecipanti sono 120, quanto dovrà pagare ciascuno?**

A 15 euro
B 45 euro
C 36 euro
D 48 euro
E 30 euro

---

3 **Un gruppo di persone si è presentato all'esame per la patente di guida. Il 70% di loro ha superato l'esame. Le persone del gruppo che non sono state promosse sono 7 donne e 8 uomini.**

Da quante persone era formato il gruppo che si è presentato all'esame?

A 105
B 50
C 60
D 35
E 85

4 **L'allenatore di una squadra di calcio ha sintetizzato nella tabella seguente i risultati della propria squadra nell'ultima stagione.**

N. gol	N. partite
0	8
1	11
2	15
3	1
4	1

In ogni riga, a destra è riportato in quante partite è stato segnato il numero di gol indicato a sinistra. Sia M il numero medio di gol segnati in una partita. Allora vale:

A $1{,}1 < M < 1{,}2$ B $1{,}2 < M < 1{,}3$ C $1{,}3 < M < 1{,}4$ D $1{,}4 < M < 1{,}5$ E $1{,}5 < M < 1{,}6$

5 **Nel portamonete di Massimo vi sono solo monete da 1 centesimo, 7 centesimi e 8 centesimi. Qual è il numero minimo di monete che Massimo può utilizzare per pagare esattamente 60 centesimi?**

A 11 monete
B 10 monete
C 9 monete
D 8 monete
E 7 monete

6 **"Se non smetti di fumare, non ti passerà mai la tosse."**
dice Loredana alla sua amica fumatrice Gianna, che risponde:
"Per fare passare la tosse, smettere di fumare è sufficiente ma non necessario". Se Gianna ha ragione quale delle seguenti è necessariamente vera?

A Se Gianna smette di fumare può comunque avere ancora la tosse.
B Se Gianna continua ad avere la tosse allora non ha smesso di fumare.
C Se a Gianna è passata la tosse allora ha smesso di fumare
D Anche Loredana era una fumatrice.
E Se Gianna continua a fumare sicuramente avrà ancora la tosse

7 **A una conferenza 10 persone prendono appunti, 8 portano gli occhiali. Con questi dati si può concludere con certezza che il numero totale N degli ascoltatori a quella conferenza è:**

A $N = 18$ B $N > 10$ C $N < 10$ D $N \geq 10$ E $N > 18$

8 **Anna, Bianca, Camilla e Dalila fanno una gara tra loro, al termine della quale affermano:**

- **Anna: "Non sono arrivata né prima, né ultima"**
- **Bianca: "Non sono arrivata ultima"**
- **Camilla: "Sono arrivata prima"**
- **Dalila: "Sono arrivata ultima"**

Sapendo che una soltanto ha mentito, chi ha vinto la gara?

A Anna
B Bianca
C Camilla
D Dalila
E Le informazioni fornite sono insufficienti per rispondere

9 **Individuare la figura che completa correttamente la seguente serie.**

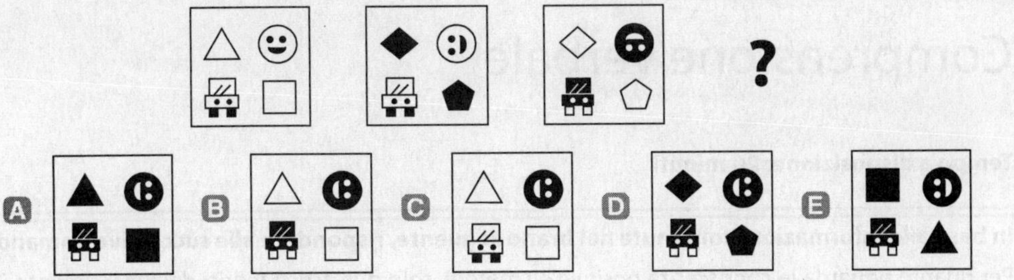

10 **Individuare la figura mancante.**

Comprensione verbale

Tempo a disposizione: 20 minuti

In base alle informazioni contenute nel brano seguente, rispondere alle successive domande.

Per quanto riguarda le conoscenze positive e i metodi, solo due artisti teorici del Rinascimento italiano compirono passi decisivi nello sviluppo della teoria delle proporzioni al di là degli schemi medioevali: Leon Battista Alberti, il profeta del "nuovo grande stile" nell'arte, e Leonardo da Vinci, il vero iniziatore di esso.

Entrambi ebbero in comune il proposito di sollevare la teoria delle proporzioni al livello di una scienza empirica. Insoddisfatti dei dati insufficienti di Vitruvio e dei loro predecessori italiani, essi trascurarono la tradizione per rivolgersi invece a un'esperienza appoggiata a un'osservazione accurata della natura.

(...) Il loro intento era di scoprire l'ideale di un tentativo di definire il normale, e invece di limitarsi a determinare le dimensioni in forma sommaria e solo nella misura in cui erano visibili sul piano, tentarono di avvicinarsi a un'ideale di antropometria puramente scientifica precisando le misure con grande esattezza e con costante attenzione alla struttura naturale del corpo, non solo nel senso dell'altezza ma anche della larghezza e della profondità.

L'Alberti e Leonardo venivano così ad integrare una pratica artistica, affrancata dalle restrizioni medioevali, con una teoria delle proporzioni che forniva all'artista più che uno schema planimetrico di disegno: una teoria che, basandosi sull'osservazione empirica, era in grado di definire la normale figura umana nella sua articolazione organica e nella sua piena tridimensionalità.

---

11 Il brano ha un carattere:

- A politico
- B filosofico
- C letterario
- D critico
- E giornalistico

---

12 In che modo Alberti e Leonardo si propongono di innalzare il livello della teoria delle proporzioni?

- A affidandosi ai predecessori italiani
- B affidandosi alla tradizione di Vitruvio
- C scartando le osservazioni empiriche
- D basandosi sulla definizione di normalità
- E ispirandosi direttamente alla natura

---

13 In che modo tentarono di scoprire l'ideale antropometrico?

- A determinando le dimensioni in forma sommaria
- B attenendosi alle dimensioni visibili sul piano
- C basandosi sulla larghezza e la profondità
- D attenendosi alle reali dimensioni
- E non attenendosi alle reali dimensioni

14 **Alberti e Leonardo nella loro pratica artistica:**

- **A** si attenevano alle restrizioni medievali
- **B** si attenevano al canone antico
- **C** si attenevano al canone rinascimentale
- **D** restauravano la teoria delle proporzioni
- **E** arricchivano la loro pratica artistica con la teoria delle proporzioni

15 **La teoria delle proporzioni:**

- **A** definisce la figura umana in maniera schematica
- **B** definisce la figura umana in maniera problematica
- **C** definisce la figura umana in maniera realistica
- **D** definisce la figura umana in maniera poetica
- **E** elimina la tridimensionalità della figura umana

In base alle informazioni contenute nel brano seguente, rispondere alle successive domande.

Le disuguaglianze di reddito tra Paesi sono ampie, né hanno accennato a diminuire negli ultimi decenni. Anche la distribuzione del reddito internazionale è molto squilibrata, poichè un piccolo numero di Paesi controlla gran parte del reddito mondiale. Ciò significa che rispetto al tenore di vita dei Paesi industrializzati la maggioranza della popolazione mondiale versa in condizioni di grave povertà.

Un altro dato poco incoraggiante è che globalmente, dagli anni cinquanta in poi, le economie dei Paesi poveri non sono cresciute più rapidamente di quelle dei Paesi ricchi; al contrario, è proprio nei Paesi industrializzati che si è manifestata una leggera tendenza a una maggiore velocità di crescita. Tuttavia, malgrado le tendenze siano globalmente sfavorevoli, l'esperienza dei Paesi che componevano il "Sud" del pianeta quarant'anni fa è ben lungi dall'essere uniforme: alcuni sono usciti dalla spirale della povertà, guadagnando lo status di "Paesi di recente industrializzazione", altri hanno accumulato un ritardo sempre maggiore.

Vi è una grande quantità di dati accumulata negli ultimi anni sul progresso economico di oltre cento Paesi. Di fronte a questi dati, che dimostrano come il sottosviluppo non sia una trappola senza uscita, gli economisti hanno cercato di individuare i fattori principali che hanno determinato lo sviluppo economico dei Paesi più poveri, aiutandolo o ostacolandolo. La ricerca economica è di recente riuscita a individuare alcuni di questi fattori anche se, purtroppo, molto resta ancora da scoprire.

La buona notizia che emerge dai nostri studi, comunque, è che lo sviluppo economico dei Paesi più poveri, non è completamente assoggettato a forze che sfuggono al loro controllo, quali per esempio un cambiamento delle ragioni di scambio internazionali o l'aiuto dei Paesi sviluppati; operando scelte adeguate, i Paesi più poveri possono influire in modo significativo sul proprio futuro. Gli strumenti efficaci sono molteplici ma in questa sede mi soffermerò solo su due di essi: gli investimenti volti a potenziare il sistema scolastico e altre fonti di sapere e formazione, e l'adozione di politiche e programmi pubblici adeguati. Qui di seguito affronterò rapidamente ciascuno di questi argomenti...

Per il profano, il termine capitale designa per lo più il denaro depositato in un conto bancario, i macchinari che fanno funzionare un'industria, le fornaci di un'acciaieria. Queste realtà costituiscono del capitale in quanto generano reddito e prodotti su un lungo periodo di tempo.

Secondo tale definizione, tuttavia, anche la scuola, un corso di informatica o le vaccinazioni sono "capitale", poiché accrescono il reddito, la produttività, o la salute di un individuo durante la sua esistenza. Il prodotto di tali investimenti è definito capitale umano, giacché salute, sapere, capacità e abitudini sono qualità inscindibili dagli esseri umani che le posseggono.

Prima del XIX secolo, nessun Paese operava investimenti sistematici in capitale umano, e la spesa destinata alla scolarizzazione, alla formazione e ad altre forme di investimento analoghe era abbastanza contenuta. La situazione cambiò radicalmente nell'ottocento, quando in Gran Bretagna e successivamente in altri Paesi la scienza cominciò ad essere applicata alla creazione di nuovi beni e allo sviluppo di metodi di produzione più efficaci.

16 Quale tra le seguenti alternative esprime una delle tesi principali del brano?

- A Lo sviluppo economico dei Paesi più poveri è possibile e dipende anche dalle scelte fatte da tali Paesi
- B I Paesi che erano in ritardo da un punto di vista dello sviluppo economico hanno tutti colmato tale ritardo negli ultimi quarant'anni
- C I Paesi più poveri dovrebbero investire meno in capitale umano
- D I fattori che determinano lo sviluppo economico dei Paesi più poveri sono ancora totalmente oscuri
- E Il tenore di vita dei Paesi più poveri è destinato ad avvicinarsi a quello dei Paesi industrializzati

17 Dal brano si deduce che l'autore è:

- A docente universitario di economia politica
- B uno studioso di politica economica
- C un premio Nobel per l'economia
- D residente in un Paese in via di sviluppo
- E un ministro del Bilancio

18 Secondo quanto affermato nel brano, l'aiuto dei Paesi sviluppati è:

- A una forza che sfugge al controllo dei Paesi più poveri
- B un fattore che determina lo sviluppo dei Paesi più poveri e sul quale questi ultimi esercitano il loro controllo
- C un fattore che non influenza lo sviluppo economico dei Paesi più poveri
- D una forza parzialmente controllata dai Paesi più poveri
- E una forza totalmente controllata dai Paesi più poveri

19 Dagli anni cinquanta in poi, la crescita economica secondo l'autore è stata:

- A globalmente maggiore nei Paesi più poveri rispetto ai Paesi industrializzati
- B sfavorevole per tutti i Paesi poveri
- C uniforme nei diversi Paesi
- D inesistente
- E globalmente maggiore nei Paesi industrializzati rispetto ai Paesi più poveri

20 La spesa destinata alla scolarizzazione, prima dell'inizio dell'Ottocento:

- A era eccessiva
- B era molto contenuta in tutti i Paesi a eccezione della Gran Bretagna
- C era ritenuta un investimento produttivo
- D era abbastanza contenuta in tutti i Paesi
- E determinava povertà

Matematica

Tempo a disposizione: 50 minuti

21 Se nella figura seguente il quadrato più esterno ha lato di lunghezza 1 m, la regione colorata in grigio ha area pari a:

A $\frac{1}{2}\left(\frac{5}{2}\pi - 3\right)\ m^2$

B $\frac{1}{4}(\pi - 1)\ m^2$

C $\frac{1}{4}\left(\frac{7}{4}\pi - 3\right)\ m^2$

D alla metà dell'area del quadrato più esterno

E non si può rispondere perché i dati sono insufficienti

22 Dati 4 numeri e sapendo che le loro somme a 3 a 3 sono 9, 10, 11 e 12, è possibile affermare che essi sono:

A 1; 2; 3; 4 B 1; 3; 5; 7 C 2; 4; 6; 7 D 2; 3; 4; 5 E 2; 4; 6; 8

23 La disequazione $\sqrt{x-2} < 1 - x$:

A ha infinite soluzioni positive

B ha infinite soluzioni negative

C non ha soluzioni

D ha infinite soluzioni positive e infinite soluzioni negative

E ha un numero finito di soluzioni positive

24 L'espressione $(a^{-1})^{-2} \cdot a^{-3}$ è uguale a:

A a B a^{-6} C 1 D $1/a$ E a^6

25 In un supermercato americano il prezzo di un oggetto viene dimezzato di settimana in settimana finché non viene venduto. Un oggetto risulta scontato dell'87,5% dopo:

A tre settimane

B un numero di settimane che dipende dal prezzo iniziale

C due settimane

D quattro settimane

E cinque settimane

DECIMA PROVA

26 **La somma dei reciproci di due numeri interi positivi è uguale ad uno. Allora la somma dei due numeri è:**

A negativa
B nulla
C uguale ad uno
D uguale alla loro differenza
E uguale al loro prodotto

27 **L'espressione $\frac{3^{a-b}}{4^{a+b}}$ è uguale a:**

A $12^{-b}\left(\frac{3}{4}\right)^{a}$

B $\frac{3^a - 3^b}{4^a + 4^b}$

C $3^a\left(\frac{3}{4}\right)^{-2b}$

D $\left(\frac{3}{4}\right)^{a^2 - b^2}$

E nessuna delle risposte precedenti è corretta

28 **Per un punto P esterno a un piano α quanti piani perpendicolari a α si possono condurre?**

A Uno B Due C Infiniti D Nessuno E Quattro

29 **Dire per quali numeri interi positivi *a* e *b* è vera questa affermazione: "Esiste *c* non multiplo di *b* tale che *ac* è multiplo di *b*".**

A *a* e *b* dispari
B *b* primo e *a* dispari
C *a* e *b* non primi tra loro
D *a* e *b* pari
E Per nessuna coppia di interi positivi

30 **Nella proporzione 5 : *x* = *x* : – 125 il valore del medio proporzionale:**

A è un numero irrazionale
B non esiste nel campo dei numeri reali
C è uguale a 1/25
D è uguale a – 25
E è uguale a 25

31 **Se *n* è un numero intero quadrato perfetto, qual è il minimo numero intero quadrato perfetto strettamente maggiore di *n*?**

A $n + 1$ B $n + 2\sqrt{n} + 1$ C $n^2 + 1$ D $n^2 + n$ E $n^2 + 2n + 1$

32 **Quanto vale il rapporto $\frac{0{,}0009}{3.000.000}$?**

A $0{,}3 \cdot 10^{-10}$ B $3 \cdot 10^{-9}$ C $0{,}3 \cdot 10^{9}$ D $0{,}3 \cdot 10^{-9}$ E $3 \cdot 10^{9}$

DECIMA PROVA

33 **Di due numeri interi m e n si sa che $m - n + 2 = 0$ e che $m^n = 243$. Determinare m e n.**

A $m = 3, n = 5$
B Non esistono soluzioni
C Infinite soluzioni
D $m = 11, n = 13$
E $m = 6, n = 8$

34 **Dire quanti sono nel piano cartesiano (x, y) i punti le cui coordinate x e y soddisfano tutte e tre le condizioni seguenti:**

$$xy > 0; \qquad x^2 + y^2 = 1; \qquad x + y = 1$$

A Nessuno B Uno C Due D Quattro E Tre

35 **La curva che nel piano (x, y) è rappresentata dall'equazione $x^2 + y^2 = a^2$ è:**

A un'ellisse
B una parabola
C un'iperbole
D una retta
E una circonferenza

36 **Indicare quale fra i polinomi di primo grado elencati è fra i fattori di $2x^3 - 3x^2 - 11x + 6$.**

A $x - 1$ B $x + 1$ C $x - 2$ D $x - 3$ E $x + 4$

37 **Per individuare una sola circonferenza nello spazio basta conoscere:**

A una retta tangente a essa, il punto di tangenza e un altro punto appartenente a essa
B due punti appartenenti a essa e la secante passante per essi
C il piano su cui giace e il raggio
D la sua lunghezza e il centro
E il raggio e il centro

38 **Qual è la probabilità che dal lancio di un dado con facce numerate da 1 a 6 esca un numero dispari?**

A 2/6 B 1/6 C 1/2 D 5/6 E 2/3

39 **Indicare per quali valori reali di x è soddisfatta la disequazione:**

$$-x^2 + 4x - 4 < 10^{-2}$$

A Per tutti e soli i valori di x maggiori o uguali a 10^2
B Per tutti e soli i valori di x compresi fra 0 e 2
C Per qualsiasi valore di x
D Solo per i valori di x strettamente minori di 10^{-4}
E Solo per i valori di x minori di 10^2

40 **In un triangolo ABC, rettangolo in C, sia $\overline{CH}$ l'altezza relativa all'ipotenusa. Se l'angolo in A è doppio di quello in B, allora $\overline{AH}$ è uguale a:**

A $\overline{CH} \cdot \sqrt{3}$ B $\overline{AC} \cdot \sqrt{\frac{3}{2}}$ C $\overline{AC} \cdot \sqrt{3}$ D $\overline{CH}/\sqrt{3}$ E $\overline{CH}/2$

DECIMA PROVA

Scienze

Tempo a disposizione: 20 minuti

41 Due oggetti si urtano in modo totalmente anelastico. Durante un urto certamente:

A si conserva l'energia potenziale
B si conserva l'energia cinetica
C si conserva la quantità di moto
D si conserva l'energia meccanica
E non si conserva la quantità di moto ma l'energia totale del sistema rimane invariata

42 L'accelerazione di gravità sulla superficie di un pianeta che ha una massa pari a metà di quella della Terra e un uguale raggio è:

A doppia
B metà
C uguale
D tripla
E quadrupla

43 Una forza costante *F* di attrito radente agisce su un corpo mentre questo si muove per un tratto *L* sopra un piano orizzontale scabro, facendone diminuire la velocità di un fattore 10 rispetto a quella iniziale. Dunque:

A l'energia cinetica è diminuita di una quantità uguale a $F \cdot L$
B l'energia cinetica è diminuita di 10 volte
C la variazione di quantità di moto del corpo è uguale a $-F \cdot L$
D l'accelerazione del corpo è diminuita di 10 volte
E l'accelerazione del corpo è aumentata di 10 volte

44 La legge di gravitazione universale stabilisce che:

A l'accelerazione di gravità è la stessa per tutti i corpi indipendentemente dalla loro massa
B l'interazione gravitazionale tra due corpi è proporzionale al prodotto delle loro masse e inversamente proporzionale al quadrato della loro distanza
C il raggio vettore che congiunge il Sole a un pianeta descrive aree uguali in tempi uguali
D i pianeti descrivono orbite ellittiche
E nessuna delle precedenti possibilità è corretta

45 La pressione esercitata da due gas contenuti nello stesso recipiente è:

A uguale alla differenza tra le pressioni parziali
B uguale al quoziente delle pressioni parziali
C uguale al prodotto delle pressioni parziali
D uguale alla somma delle pressioni parziali
E dipende dal rapporto percentuale dei gas

46 **Un condensatore piano isolato possiede una carica *q*. Se si allontanano le armature tra di loro, l'energia del condensatore:**

A aumenta
B diminuisce
C rimane costante
D può aumentare o diminuire: dipende dalla carica *q* e dalla capacità *C* del condensatore
E nessuna delle altre risposte è corretta

47 **Il bicarbonato di sodio è:**

A un sale
B un sale binario
C un sale acido
D un ossidante
E un acido debole

48 **L'isotopo radioattivo del carbonio usato per la datazione archeologica è costituito da:**

A 6 protoni, 8 neutroni, 6 elettroni
B 6 protoni, 7 neutroni, 6 elettroni
C 7 protoni, 7 neutroni, 7 elettroni
D 7 protoni, 6 neutroni, 7 elettroni
E 8 protoni, 6 neutroni, 6 elettroni

49 **L'elemento C è del quarto gruppo. Quale sarà la sua configurazione elettronica esterna?**

A $2s^2 2p^3$
B $2s^2 2p^2$
C $1s^2$
D $3s^2 3p^6$
E $2s^1$

50 **Tra i seguenti composti è solubile in acqua:**

A $CHCl_3$
B $CH_3 - CO - (CH_2)_8 - CH_3$
C $CH_3\ COOH$
D $CH_3 - (CH_2)_{16} - COOH$
E nessuno

DECIMA PROVA

Soluzioni della decima prova

Alpha Test

Risposte esatte della decima prova

VERIFICARE LE RISPOSTE RELATIVE ALLE DOMANDE DELLA DECIMA PROVA

	A	B	C	D	E		A	B	C	D	E
1				■		26					■
2		■				27	■				
3		■				28			■		
4			■			29			■		
5				■		30		■			
6		■				31		■			
7				■		32				■	
8		■				33	■				
9	■					34	■				
10		■				35					■
11			■			36				■	
12					■	37	■				
13				■		38			■		
14					■	39			■		
15			■			40				■	
16	■					41			■		
17		■				42		■			
18	■					43	■				
19					■	44		■			
20				■		45				■	
21			■			46	■				
22				■		47			■		
23			■			48	■				
24				■		49		■			
25	■					50			■		

Appendice

PROVA DI INGLESE 1

Alpha Test

Scheda per le risposte della prova di inglese 1

CONTRASSEGNARE LE RISPOSTE RELATIVE ALLE DOMANDE DELLA PROVA DI INGLESE 1

	A	B	C	D	E		A	B	C	D	E
1	▢	▢	▢	▢	▢	16	▢	▢	▢	▢	▢
2	▢	▢	▢	▢	▢	17	▢	▢	▢	▢	▢
3	▢	▢	▢	▢	▢	18	▢	▢	▢	▢	▢
4	▢	▢	▢	▢	▢	19	▢	▢	▢	▢	▢
5	▢	▢	▢	▢	▢	20	▢	▢	▢	▢	▢
6	▢	▢	▢	▢	▢	21	▢	▢	▢	▢	▢
7	▢	▢	▢	▢	▢	22	▢	▢	▢	▢	▢
8	▢	▢	▢	▢	▢	23	▢	▢	▢	▢	▢
9	▢	▢	▢	▢	▢	24	▢	▢	▢	▢	▢
10	▢	▢	▢	▢	▢	25	▢	▢	▢	▢	▢
11	▢	▢	▢	▢	▢	26	▢	▢	▢	▢	▢
12	▢	▢	▢	▢	▢	27	▢	▢	▢	▢	▢
13	▢	▢	▢	▢	▢	28	▢	▢	▢	▢	▢
14	▢	▢	▢	▢	▢	29	▢	▢	▢	▢	▢
15	▢	▢	▢	▢	▢	30	▢	▢	▢	▢	▢

PROVA DI INGLESE 1

Tempo a disposizione: 15 minuti

Fill in the blanks with the right word(s).

1 **_____ he pays a visit to his friends.**

A Yesterday
B Ever
C In two weeks
D Every now and then

2 **Massive deforestation _____ before the XX century.**

A always takes place
B didn't take place
C has never taken place
D will take place

3 **If I bought a house I would have to _____.**

A refuse a loan
B take out a mortgage
C do without a mortgage
D quit my job

4 **Bye bye, _____!**

A enjoy your day
B let's toast
C don't blame yourself
D what a sunny day

5 **Why _____ Hugh join the party without Mary's invitation?**

A has
B ought
C should
D used

6 **We are late! _____!**

- A We should arrive before
- B We need to hurry
- C You are absolutely right
- D We arrived on time

7 **Many things have happened _____ you went away.**

- A since
- B for
- C as
- D over

8 **Deserts are _____ the largest source of oil.**

- A long
- B by far
- C as long
- D far much

9 **«I usually enjoy parties, but I _____ this one very much».**

- A enjoy
- B don't enjoy
- C am not enjoying
- D am enjoying

10 **Where _____ so far?**

- A have you been
- B did you go
- C do you go
- D are you going

11 **George has planned everything for next summer: he _____ a short holiday and then he _____ a computer programming course».**

- A will have – will start
- B is going to take – will start
- C will have – is going to start
- D is going to take – is going to start

12 **Tom isn't here _____ the moment. He'll be back _____ about five minutes. He never comes home after 8.00 p.m. _____ Fridays.**

- A in – in – at
- B at – in – on
- C on – in – at
- D for – in – in

13 **The board has rejected the workers' _____ an increase in pay.**

- A asking
- B ask for
- C demand for
- D request to

14 _____, Madam, for arriving so late.

A My apologies
B I excuse
C My excuse
D Apologise

15 The doorbell rings. «It _____ Jim. He said he would come after 7.00 and it's only 6.00 now. He _____ still at work».

A can't be – must be
B mustn't be – must be
C can't be – can be
D mustn't be – can be

16 The teacher has praised Miriam's work. Mine is definitely _____ hers.

A the worst of
B as bad as
C worse than
D no better

17 If _____ has _____ questions, I'll be pleased to answer.

A somebody – some
B nobody – any
C everybody – some
D anyone – any

18 Who is the girl _____ car you borrowed last Sunday?

A whose
B which
C who
D whom

19 The train was about to leave but I _____ to the station on time.

A have to get
B am able to get
C couldn't get
D managed to get

20 _____ being grown in France, he can't speak French.

A In spite
B Even
C Despite
D Although

21 If she hadn't spoken so quickly we _____ her speech.

A would have understood
B would understand
C had understood
D are understanding

22 The offer was below our expectations and we decided to _____.

A Aagree on it
B take it over
C call it off
D turn it down

23 The discovery of the vaccine against COVID-19 will be a great _____ in scientific research.

A achievement
B goal
C commitment
D effort

24 The company could cut costs and improve quality _____.

A on the whole
B at first
C all at once
D all of a sudden

25 Last year's agricultural output _____ as farmers produced additional crops.

A decreased
B soared
C slumped
D collapsed

26 A tsunami _____ an earthquake under the sea.

A is owned to
B is given to
C is due to
D is given by

Find the right synonym of the word.

27 Issued

A Written
B Published
C Revised
D Checked out

28 Plane

A Flight
B Aircraft
C Fly
D Cockpit

Find the word that is not related to the one given.

29 **Injury**

- A Sprain
- B Blue
- C Scrape
- D Anxiety

30 **Noise**

- A Rustle
- B Crackle
- C Buzz
- D Drop

Soluzioni della prova di inglese 1

Alpha Test

Risposte esatte della prova di inglese 1

VERIFICARE LE RISPOSTE RELATIVE ALLE DOMANDE DELLA PROVA DI INGLESE 1

	A	B	C	D	E		A	B	C	D	E
1				■		16			■		
2			■			17				■	
3		■				18	■				
4	■					19				■	
5			■			20			■		
6				■		21	■				
7	■					22				■	
8		■				23	■				
9			■			24			■		
10	■					25		■			
11				■		26			■		
12		■				27		■			
13			■			28		■			
14	■					29				■	
15	■					30				■	

Appendice

PROVA DI INGLESE 2

Alpha Test

Scheda per le risposte della prova di inglese 2

CONTRASSEGNARE LE RISPOSTE RELATIVE ALLE DOMANDE DELLA PROVA DI INGLESE 2

	A	B	C	D	E		A	B	C	D	E
1	☐	☐	☐	☐	☐	16	☐	☐	☐	☐	☐
2	☐	☐	☐	☐	☐	17	☐	☐	☐	☐	☐
3	☐	☐	☐	☐	☐	18	☐	☐	☐	☐	☐
4	☐	☐	☐	☐	☐	19	☐	☐	☐	☐	☐
5	☐	☐	☐	☐	☐	20	☐	☐	☐	☐	☐
6	☐	☐	☐	☐	☐	21	☐	☐	☐	☐	☐
7	☐	☐	☐	☐	☐	22	☐	☐	☐	☐	☐
8	☐	☐	☐	☐	☐	23	☐	☐	☐	☐	☐
9	☐	☐	☐	☐	☐	24	☐	☐	☐	☐	☐
10	☐	☐	☐	☐	☐	25	☐	☐	☐	☐	☐
11	☐	☐	☐	☐	☐	26	☐	☐	☐	☐	☐
12	☐	☐	☐	☐	☐	27	☐	☐	☐	☐	☐
13	☐	☐	☐	☐	☐	28	☐	☐	☐	☐	☐
14	☐	☐	☐	☐	☐	29	☐	☐	☐	☐	☐
15	☐	☐	☐	☐	☐	30	☐	☐	☐	☐	☐

PROVA DI INGLESE 2

Tempo a disposizione: 15 minuti

1 **A waistcoat is a:**

- **A** clothes
- **B** garment
- **C** rubbish
- **D** insect

2 **The opposite of impartial is:**

- **A** prejudiced
- **B** wrong
- **C** unfair
- **D** shy

Fill in the blanks with the right word(s).

3 **_____ we meet at the coffee bar?**

- **A** Shall
- **B** Do
- **C** Will
- **D** Are

4 **Nobody turned up. I met _____ Jennifer _____ her friends.**

- **A** either, or
- **B** both, and
- **C** neither, neither
- **D** neither, nor

5 **_____ saw the thief stealing in that day.**

- **A** No
- **B** None of
- **C** No one
- **D** No of us

6 **I heard the cats _____ all night long.**

- A miaowing
- B miaows
- C to miaow
- D to be miaowing

7 **If you don't need my help I'll offer it someone _____.**

- A another
- B other
- C else
- D more

8 **Kate hasn't submitted her work _____.**

- A again
- B yet
- C still
- D already

9 **The door is open! I remember _____ it!**

- A locking
- B lock
- C to have locked
- D locked

10 **The garden needs _____.**

- A to cut
- B cutting
- C to cutting
- D to be cutting

11 **I'm sorry _____ your absence _____ the inauguration of Brenda's exhibition.**

- A about, at
- B for, from
- C about, from
- D that, at

12 **My uncle is _____ he has got two luxurious yachts and three nice cottages.**

- A as rich as
- B so rich
- C Cso rich as
- D so rich that

13 **My mother is 45 year old and _____ 46 in two days.**

- A is
- B has to be
- C must be
- D will be

14 **I'm sure he will _____ and won't make the same mistake again.**

A make a suggestion
B raise his hand
C take your advice
D bat his eyes

15 **_____ in two years I will have got my diploma and will be probably working with my father.**

A By this time
B Now
C At present
D So far

16 **_____ insist on the matter.**

A Don't let us
B Let us not
C Don't let
D Don't we

17 **My parents always go on holiday _____.**

A at summer, at July
B in summer, on July
C on summer, in July
D Din summer, in July

18 **"Would you like some tea?" "No, thanks. _____ tea in the afternoon."**

A I have usually no
B I usually have some
C I have usually none
D I usually have no

19 **There are _____ things to do.**

A lots
B enough
C plenty of
D a lot of

20 **"Will he come with us?" "No, he won't. He is _____".**

A some tired
B a few tired
C a little tired
D any tired

21 **Please, phone the campsite and ask if they have a _____ free.**

A park
B pitch
C campsite
D playground

22 **You cannot find a better offer. _____!**

- **A** Think it over
- **B** Get it through
- **C** Find it out
- **D** Let it up

23 **The lights are so low that I can't _____ a single word of this book.**

- **A** make for
- **B** make up
- **C** make over
- **D** make out

24 **I don't like well-done steaks but _____ steaks.**

- **A** rare
- **B** cut
- **C** washed
- **D** roast

Find the right synonym of the word.

25 **Almighty**

- **A** Powerful
- **B** Sweet
- **C** Possible
- **D** Weak

26 **To link**

- **A** To jump
- **B** To gather
- **C** To connect
- **D** To despise

Find the wrong synonym of the word.

27 **Match**

- **A** Combination
- **B** Couple
- **C** Competition
- **D** People

28 **To state**

- **A** To claim
- **B** To affirm
- **C** To assert
- **D** To crash

Find the opposite of the word.

29 **To rise**

- (A) To recall
- (B) To increase
- (C) To detect
- (D) To fall

30 **Zenith**

- (A) Depths
- (B) Peak
- (C) Height
- (D) Summit

Soluzioni della prova di inglese 2

Alpha Test

Risposte esatte della prova di inglese 2

VERIFICARE LE RISPOSTE RELATIVE ALLE DOMANDE DELLA PROVA DI INGLESE 2

	A	B	C	D	E		A	B	C	D	E
1	□	■	□	□	□	16	□	■	□	□	□
2	■	□	□	□	□	17	□	□	□	■	□
3	■	□	□	□	□	18	□	□	□	■	□
4	□	□	□	■	□	19	□	□	□	■	□
5	□	□	■	□	□	20	□	□	■	□	□
6	■	□	□	□	□	21	□	■	□	□	□
7	□	□	■	□	□	22	■	□	□	□	□
8	□	■	□	□	□	23	□	□	□	■	□
9	■	□	□	□	□	24	■	□	□	□	□
10	□	■	□	□	□	25	■	□	□	□	□
11	□	□	■	□	□	26	□	□	■	□	□
12	□	□	□	■	□	27	□	□	□	■	□
13	□	□	□	■	□	28	□	□	□	■	□
14	□	□	■	□	□	29	□	□	□	■	□
15	■	□	□	□	□	30	■	□	□	□	□